中国国电集团年鉴

2005

《中国国电集团年鉴》编委会

中国电力出版社

图书在版编目（CIP）数据

中国国电集团年鉴．2005/《中国国电集团年鉴》编委会编．
—北京：中国电力出版社，2005
ISBN 7-5083-3620-8

Ⅰ.中… Ⅱ.中… Ⅲ.电力工业-企业集团-中国-2005-年鉴
Ⅳ.F426.61-54

中国版本图书馆 CIP 数据核字（2005）第 112171 号

中国电力出版社出版、发行
（北京三里河路 6 号 100044 http://www.cepp.com.cn）
北京市铁成印刷厂印刷
各地新华书店经售
*
2005 年 11 月第一版 2005 年 11 月北京第一次印刷
787 毫米×1092 毫米 16 开本 41.5 印张 1408 千字 20 插页
印数 0001—2000 册 定价 **120.00** 元

2004年1月21日，除夕之夜，集团公司党组书记、总经理周大兵代表集团公司党组在公司本部总值班室向江苏谏壁电厂等8个单位奋战在生产一线的干部职工打电话拜年。

一、视察与调研

4月22日至25日，集团公司党组书记、总经理周大兵赴安徽调研考察。图为周大兵等踏勘规划装机总容量6400兆瓦的铜陵电厂沿江厂址。

5月12日至14日，集团公司总经理周大兵赴江苏调研，视察了江阴苏龙发电有限公司、常州发电有限公司、谏壁发电厂、宿迁热电有限公司等建设工程。图为周大兵视察谏壁发电厂技改工程12号机组集控室。

8月27日至29日，集团公司总经理周大兵视察了国电迪庆香格里拉发电公司所属的螺丝湾电厂和在建的吉沙水电站，考察了云南迪庆州境内金沙江上游的日冕水电站规划坝址。

9月13日至14日，集团公司总经理周大兵视察了国电泉州发电有限公司南埔电厂和国电福州发电有限公司江阴电厂一期工程现场。图为周大兵在福州发电有限公司江阴电厂一期（2×600兆瓦）工程现场听取项目公司负责人及主要参建单位对工程建设情况的汇报。

6月11日至14日，集团公司副总经理朱永芃在新疆调研，考察了国电红雁池发电公司、察汗乌苏水电站、吉林台水电站等工程。图为朱永芃在红雁池发电公司考察。

7月29日至30日，集团公司副总经理朱永芃在国电宁夏大武口电厂、石嘴山发电厂、石嘴山发电有限责任公司进行调研。图为朱永芃在石嘴山发电有限责任公司调研。

8月26日至28日，集团公司副总经理朱永芃在云南调研，考察了国电阳宗海电厂和小龙潭电厂。图为朱永芃在小龙潭电厂考察。

5月26日至30日，集团公司副总经理李庆奎到东北地区所属企业调研，考察了大连开发区热电厂、沈阳热电厂、辽宁节能环保开发公司、康平发电厂和双辽发电厂。图为李庆奎在大连开发区热电厂建设工地考察。

8月5日，集团公司副总经理李庆奎到国电费县发电有限公司调研。

11月4日至5日，集团公司副总经理李庆奎考察九江发电厂和黄金埠电厂。图为李庆奎在黄金埠电厂工地视察工作。

3月28日，集团公司副总经理刘彭龄赴小龙潭电厂、六郎洞电厂调研。图为刘彭龄在小龙潭电厂考察。

10月9日，集团公司副总经理刘彭龄在靖远发电有限公司听取甘肃、宁夏地区企业落实“管理效益年活动”任务的汇报。

12月19日至23日，集团公司副总经理刘彭龄到华中区域有关单位调研。刘彭龄先后考察了黄金埠电厂项目建设工地、九江发电厂、汉新发电公司、华中分公司和长源电力股份公司。图为刘彭龄在九江发电厂考察。

1月15日至21日，集团公司副总经理陈飞赴贵州、西北、华中地区考察。图为陈飞在贵阳电厂考察。

2月14日至21日，集团公司副总经理陈飞赴江苏、上海、浙江和福建的有关电厂、施工现场、前期项目厂址进行考察。图为陈飞考察北仑电厂生产现场。

3月17日，集团公司副总经理陈飞赴国电电力大同第二发电厂、国电电力大同发电公司视察。图为陈飞在大同第二发电厂考察。

二、重要会议及活动

2月9日至10日，集团公司2004年工作会议在京召开。总经理周大兵，副总经理朱永芃、李庆奎、刘彭龄、陈飞出席会议。

8月2日至3日　集团公司2004年年中工作座谈会在山东青岛召开。集团公司总经理周大兵，副总经理朱永芃、李庆奎、刘彭龄、陈飞，国务院派驻集团公司监事会主席孔令鉴出席会议。

12月16日，集团公司直属第一次党员代表大会在公司本部召开。集团公司党组书记、总经理周大兵作了重要讲话。

1月7日至8日，集团公司人力资源工作会议在京召开。集团公司党组书记、总经理周大兵，党组成员、副总经理李庆奎，国务院派驻集团公司监事会主席路耀华、国资委企业领导人一局局长时希平等出席会议。

2月11日，集团公司2004年纪检监察工作会议在京召开。党组书记、总经理周大兵，党组成员、副总经理朱永芃、李庆奎、刘彭龄、陈飞出席会议。

2月13日，以孔令鉴为主席的新一届国务院派出国有重点大型企业监事会进驻集团公司。图为集团公司召开的工作汇报会会场。

4月6日，集团公司2004年青年干部培训班在国家电网公司培训中心开班，副总经理李庆奎出席开班典礼并讲话。

4月27日至28日，集团公司2004年安全生产暨科技环保工作会议在宁波召开，集团公司副总经理刘彭龄、陈飞出席会议并讲话。

5月17日至18日，集团公司2004年计划发展工作会议在京召开。总经理周大兵，副总经理朱永芃、李庆奎、陈飞出席会议。

8月17日至19日，集团公司基建工作座谈会议在四川省雅安市召开。总经理周大兵在会上作了重要讲话。

8月26日至27日，集团公司审计工作会议在昆明召开。总经理周大兵、副总经理朱永芃出席会议。

9月13日，集团公司落实"管理效益年"任务汇报会在北京国电接待中心召开。会议由副总经理李庆奎主持，副总经理刘彭龄作了讲话。

10月13日，集团公司系统股东（大）会、董事会、监事会业务研讨会在海南召开，副总经理朱永芃出席会议并作重要讲话。

10月28日，集团公司在京召开财务工作会议。总经理周大兵、监事会主席孔令鉴作重要讲话，副总经理李庆奎作工作报告。

11月5日至6日，集团公司在国电九江发电厂召开深化三项制度改革扩大试点工作会议。集团公司副总经理李庆奎出席会议并作重要讲话。

12月21至22日，集团公司办公室暨外事工作会议在京召开，副总经理朱永芃出席会议并作重要讲话。

12月28至29日，集团公司工作座谈会在国电接待中心召开，总经理周大兵，副总经理朱永芃、李庆奎、刘彭龄、陈飞出席会议并讲话。

12月29日，集团公司召开电视电话会议部署元旦春节期间安全生产工作。

9月22日，2004年中国国电集团公司40亿元企业债券发行仪式在北京人民大会堂河南厅举行。总经理周大兵在仪式上致辞，副总经理朱永芃代表集团公司与中国银河证券公司签署了承销协议。

11月26日，由中国国电集团公司及其所属国电电力发展股份公司、龙源电力集团公司共同出资组建的国电科技环保集团公司在京成立。图为集团公司总经理周大兵等为公司成立剪彩。

12月22日在北京举行了《中国国电集团年鉴》首发式，集团公司总经理周大兵，副总经理朱永芃为《中国国电集团年鉴》出版发行揭幕。

5月31日，国电云南分公司成立大会在昆明举行，副总经理陈飞、云南省副省长程映萱出席大会并共同为云南分公司揭牌。

8月24日，集团公司副总经理陈飞参加在西藏拉萨西郊变电站举行的集团公司援藏资金交接仪式。

9月8日，“上海国电海运有限公司组建及委托运输协议”在国电接待中心签订。集团公司总经理周大兵出席了签字仪式，副总经理刘彭龄与福建国航远洋运输股份有限公司董事长王炎平分别代表合作双方在协议上签了字。

三、新建、扩建重点电源项目

火电

7月29日，国电黄金埠电厂工程奠基典礼在江西省余干县黄金埠镇隆重举行。集团公司总经理周大兵，中共江西省委书记孟建柱，江西省省长黄智权，江西省委副书记、常务副省长吴新雄等领导共同为电厂奠基。

国电宣威发电有限责任公司五期工程获国家“鲁班奖”。

国电双鸭山发电有限责任公司三期扩建工程（2X600兆瓦）施工现场。

国电谏壁发电厂“以大代小”2×330兆瓦技术改造工程以16个月建造一台330兆瓦机组的优异成绩刷新了同类型机组建设史上的新纪录。

1月3日，国电常州发电有限责任公司一期工程（2X600兆瓦）浇筑第一罐混凝土。

建设中的国电山东费县发电厂（2X600兆瓦）。

10月29日，国电河北龙山发电厂一期工程奠基仪式在河北省涉县举行，集团公司副总经理刘彭龄，河北省省委常委、常务副省长郭庚茂等领导出席了仪式。

3月30日，大渡河瀑布沟水电站工程正式开工。集团公司总经理周大兵与四川省委副书记、省长张中伟为奠基石揭幕。

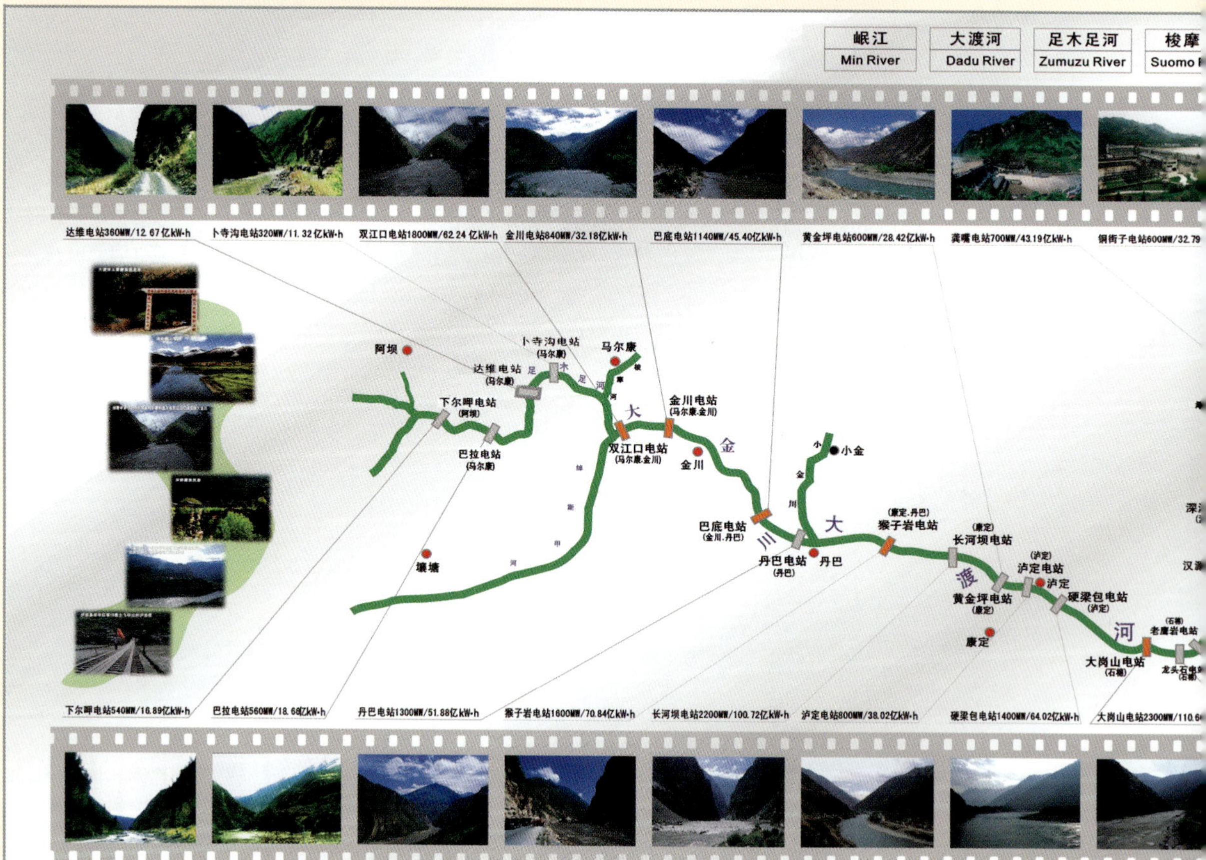

大渡河干流水电梯级开发方案图。

新建成的瀑布沟水电站工程觉托大桥。

建设中的新疆吉林台水电站。

建设中的四川南桠河冶勒水电站。

风电

中国国电集团公司所属龙源电力集团公司先后在新疆、甘肃、内蒙古、浙江、福建、广东等地建成17个风电场，总装机容量331兆瓦，占全国风电总装机容量的46%。2004年公司开工建设风电项目129.43兆瓦，投产100兆瓦。

辽宁丹东海洋红风电场。

福建东山风电场。

甘肃玉门风电场。

河北张北风电场。

浙江苍南风电场。

新疆达坂城风电场。

建设中的黑龙江大清山风电场。

建设中的内蒙古辉腾锡勒风电场。

四、合作与交流

1月19日，集团公司总经理周大兵在天津会见天津市长戴相龙，双方就国电集团在津开发电源项目交换了意见。

2月20日，集团公司总经理周大兵、副总经理李庆奎在南宁会见了广西壮族自治区党委副书记、南宁市委书记李纪恒和自治区党委常委、自治区政府副主席李今早等有关领导。双方签署了南宁电厂项目建设协议。

2月25日，集团公司总经理周大兵在长春会见吉林省省长洪虎，双方签署了合作开发电源项目意向书。

2月25日，总经理周大兵在长春出席中国国电集团公司与吉林名门电力实业集团龙华热电股份公司股权转让协议签字仪式。

2月30日，集团公司总经理周大兵与海南省省长卫留成在海口进行了友好会谈，并出席海南大广坝水电开发有限公司股权转让协议签字仪式。

3月3日，集团公司总经理周大兵，副总经理朱永芃、陈飞在钓鱼台国宾馆会见了江西省委书记孟建柱，省长黄智权，副省长吴新雄、孙刚等领导。双方就黄金埠电厂建设问题交换了意见，周大兵与吴新雄分别代表中国国电集团公司和江西省政府签订了建设黄金埠电厂工程协议。

4月14日，集团公司副总经理陈飞在北京会见GE能源集团全球水电CEO Moore女士。

7月8日，集团公司、吉林省能源交通总公司、吉林省吉能电力集团有限责任公司在长春举行了双辽发电厂出资确认协议签字仪式。副总经理朱永芃出席签字仪式。此次出资权经签字确认后，集团公司拥有国电双辽发电厂100%的资产。

7月16日，集团公司与中华科技投资有限公司、中山市人民政府、中山明阳电器有限公司就合资组建中山市天然气供应有限公司达成协议，共同签署了广东中山市天然气项目投资协议。

7月19日，国电集团公司总经理周大兵在集团公司会见了美国AES电力公司总裁兼首席执行官何励桓（Paul Hanrahan）先生一行。

9月7日，集团公司总经理周大兵，副总经理朱永芃、陈飞与西藏自治区党委副书记、区人民政府常务副主席胡春光就加快西藏电力建设等问题在北京进行了会谈，就合作开发建设西藏巴河上的雪卡和老虎嘴两座电站交换了意见，双方签署了《合作开发电力项目座谈会纪要》。

10月21日，集团公司和天津市电力公司发电企业划转移交签字仪式在天津举行，副总经理李庆奎出席签字仪式。至此，集团公司完成了全部发电资产接收工作。

11月6日，中国国电集团公司、内蒙古自治区和河北省三方项目合作框架协议签字仪式在内蒙古自治区呼和浩特市举行。副总经理刘彭龄代表集团公司出席了仪式并签字。

12月31日，国电集团公司与大唐集团公司在北京签订了《关于以融资方式解决合山发电厂“一厂两制”有关事项的备忘录》。集团公司副总经理陈飞和大唐集团公司副总经理杨庆分别代表双方在备忘录上签字。

五、科技环保与科研成果

集团公司总经理周大兵参观集团公司科技成果及产品展示。

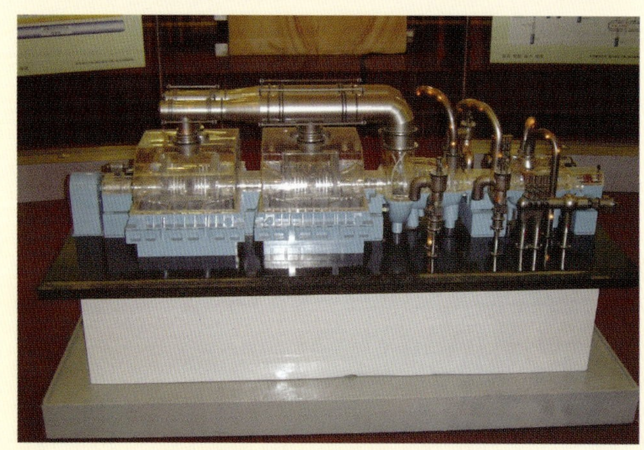

汽轮机通流部分改造模型。

湿法烟气脱硫模型。

2004 年 8 月 5 日，集团公司总经理周大兵视察烟台龙源电力技术有限公司。图为周大兵参观该公司的等离子点火实验台。

等离子点火装置模型。

国家科学技术进步奖

证 书

为表彰国家科学技术进步奖获得者，特颁发此证书。

项目名称：煤粉锅炉等离子点火及稳燃技术

奖励等级：二等

获 奖 者：烟台龙源电力技术有限公司

证书号：2004-J-217-2-04-D01

国家科技进步二等奖。

中国电力科学技术奖

获奖证书

获奖项目：双试验段环境风洞及其测控系统的研制

获奖等级：二等

获 奖 者：国电环境保护研究所

奖励年度：2004年

发证机构：中国电机工程学会

中国电力科学技术奖励工作办公室

中国电力科技二等奖。

国电环境保护研究院的“双试验段环境风洞及其测控系统的研制”获得2004年中国电力科学技术奖二等奖。图为环境风洞模拟火电厂烟羽抬升试验。

六、精神文明建设

2月24日，国家机关精神文明建设表彰大会在京召开，中国国电集团公司被授予“中央国家机关文明单位”荣誉称号。

在集团公司2004年工作会议上，集团公司领导为在2003年工作中作出突出贡献的单位颁发国电一级奖状和荣誉证书。

3月22日，集团公司举办学习贯彻“两会”精神专题报告会，特邀著名经济学家、清华大学魏杰教授作了题为《贯彻“两会”精神，促进国企改革》的专题报告。

10月29日，集团公司第七次党组中心组学习（扩大）会暨集团公司本部学习十六届四中全会精神交流会召开，党组书记、总经理周大兵主持了学习会。

加强和改进作风建设。图为集团公司本部召开加强作风建设暨部门主任述职测评大会。

集团公司工委召开一届二次委员（扩大）会议，副总经理李庆奎出席会议并作重要讲话。

4月21日，集团公司工会主席培训班在华北电力大学举行。

10月18日，国电集团公司首次共青团干部培训班开学典礼在国电接待中心举行，党组书记、总经理周大兵为培训班开班致贺信，党组成员、副总经理李庆奎出席会议并讲话。

6 月 11 日至 16 日，中国国电集团公司与中国企业文化促进会联合举办了集团公司首期“全国注册企业文化管理师”培训班。

9 月 19 至 22 日，集团公司在国电谏壁发电厂举办了 200 兆瓦、300 兆瓦火电机组运行值班员技能竞赛。图为开幕式和竞赛现场。

9月22日，集团公司举办庆祝建国55周年文艺调演汇报演出。图为演出现场和部分获奖节目。

由集团公司员工创作、编导的《国电之歌》弘扬了国电文化。图为该剧于11月20日参加在人民大会堂举行的"共创辉煌——2004全国产业（企业）文艺展演汇报演出"。

12月29日，集团公司在新落成的办公大楼举办庆元旦迎新春联欢晚会，集团公司总经理周大兵发表新年贺词。

集团公司庆元旦迎新春联欢晚会现场。

电厂分布图
Distribution Map of Power Plant
铁厂沟Tie Changgou
精河Jin He
吉林台一级
Ji Lintai 1
新疆Xin Jiang
红雁池Hong Yanchi
达板城
Da Banchen
天石燃气Tianshi Ranqi
寨汗乌苏Chahan-Wusu
洁源Jie Yuan
南桠河Nan Ya
香格里拉Shanggri-La
阳宗
哈
萨
克
斯
坦
吉
尔
吉
斯
斯
坦
塔吉克斯坦
巴
基
斯
坦
印
度
尼
泊
尔
不
丹
孟加拉国
缅
甸
老
泰
国
俄
蒙
新
疆
维
吾
尔
自
治
区
西
藏
自
治
区
青
海
省
四
川
图 例
火 电 厂
水 电 厂
抽 水 蓄 能 电 厂
核 电 厂
风 电 厂
天 然 气 电 厂
开 关 站
串 补 站
750 千伏变电站
500 千伏变电站
330 千伏变电站
220 千伏变电站
换 流 站
公司规划、在建电站
公司已运行电站
比例尺 ： 1:4 500 000

北安Bei An
双鸭山Shuang Yashan
吉林风电Ji Lin Wind Power
松白Song Bai
吉林Ji Ling
丰满Feng Man
双辽Shuang Liao
沈热Shen Re
康平Kang Pin
朝阳Chao Yang
锦州Jing Zhou
太平哨Tai Pinshao
海洋红Hai Yanghong
张家口Zhang Jiako
滦河Luan He
庄河Zhuang He
大二Da Er
东北郊Dong Beijiao
桃花寺Tao Huasi
陈塘Chen Tang
津安Jin An
滨海Bin Hai
大连Da Lian
一热Yi Re
石嘴山Shizui Mountain
石嘴山
Shizui Mountain
大武口Da Wukou
太一Tai Yi
衡丰Heng Feng
蓬莱Peng Lai
靖远Jing Yuan
霍州Huo Zhou
一五零Yi Linwu
邯热Dan Re
海阳核电Hai Yang Power
聊城Liao Chen
兰二Lan 2
濮阳Pu Yang
费县Fei Xian
济源Ji Yuan
菏泽He Ze
宝鸡Bao Ji
民权Min Quan
连云港
宿迁Su Qian
苑西Yuan Xi
泰州Tai Zhou
陡岭子Tu Lingzi
谏壁Jian Bi
南河Nan He
夏港Xai Gang
海门Hai Men
常州Chang Zhou
外高桥Wai Gaoqiao
万源Wan Yuan
铜陵Tong Lin
荆门Jing Men
湖州Hu Zhou
金堂Jin Tang
成都Cheng Du
清江
Qing Jiang
东山Dong Shan
汉新Han Xin
北仑Bei Lun
华蓥山Hua Yingshan
洞坪Dong Ping
水布垭
Shui Buya
高新Gaoxin
长源ChangYuan
富水Fu Shui
白马
九江Jiu Jiang
临海Lin Hai
潮汐Chao Xi
东屿Dong Yu
梅屿Mei Yu
百丈济Bai Zhangji
丰城Feng Cheng
苍南Cang Nan
鸭溪Ya Xi
贵阳Gui Yang
凯里Kai Li
街面Jie Mian
安顺An Shun
红枫Hong Feng
都匀Du Yun
万安Wan An
江阴Jiang Yin
平潭Pin Tan
桂林Gui Lin
永福Yong Fu
南埔Nan Pu
合山He Shan
安仔山An Zishan
福澳Fu Ao
南宁Nan Ning
南海诸岛

《中国国电集团年鉴》
编纂委员会

《中国国电集团年鉴》
编　辑　部

《中国国电集团年鉴》
特约撰稿人

（以姓氏笔划为序）

马宜斌　马焕军　王　丽　王　勇　王小洁　王大伟　王中亚　王宁生

王立标　王汝智　毛小丽　韦瑞科　石　平　石　铮　孙新宇　史晓雷

左渝军　田　琦　李　军　李　明　李国斌　李金国　李洪晖　刘　全

刘远浩　刘志强　刘进全　刘英才　刘朝元　许　涛　许志新　冉开金

朱　斌　朱　蓓　优建菊　吉俊鹏　宋志强　成家瑞　邢　芳　邢恩希

伍春华　祁学勇　阮　磊　陈　剑　陈积勋　陈爱民　陈爱英　陈建春

陈碧芳　吴　迪　杜天太　何汉胜　沈克伟　郑　义　郑远斌　张宏全

赵　翔　赵新春　罗　越　金绍正　胡江海　胡宗源　俞今晨　姚国华

侯海涛　饶昌鸿　项宝善　施晓明　徐志清　徐新荣　涂锦毅　贾俊华

高勇勇　高瑞斌　陶迎军　殷　林　黄学东　崔庆宇　梁正武　曹家军

强万荣　韩　震　韩永章　韩亚华　琚毅坚　蓝树慧　窦鸿斌　翟　丹

谭　幸　裴荣江

编 辑 说 明

一、《中国国电集团年鉴》于2004年创办，是一部融史实性、资料性为一体的专业年鉴，也是一部文、图、表并茂的综合性年鉴。其主要服务对象为从事电力生产、建设、经营管理、科研技术的人员，以及与电力相关的政府和企事业单位的有关人员。本年鉴是集团公司成立后编纂的第二卷年鉴。

二、本年鉴编纂的指导思想为：以邓小平理论和“三个代表”重要思想为指导，围绕电力工业改革与发展的主线，突出集团公司“做实、做新、做大、做强”的工作方针，全面、准确、系统地记载2004年集团公司改革与发展、生产与经营、科技与环保、电源开发与建设、人力资源开发、综合产业发展、党的建设与企业文化建设等各方面的成就，以及所属各企业的工作业绩等内容。

三、本年鉴注重突出企业特色和专业特点，在上卷年鉴的框架结构基础上作了适当调整。本期年鉴由篇目、栏目、条目3个层次共18个篇目和多幅彩色图片组成。篇目主要包括：特载、大事记、综合管理、计划发展、人力资源、财务产权、安全生产、市场营销、工程建设、科技环保、综合产业、物资与燃料、纪检监察与审计、党的建设与精神文明建设、成员单位、重要文件与规章制度、光荣榜、统计资料等。

四、本年鉴“特载”主要收录了国家对本行业工作具有重大影响的文献，集团公司领导的重要讲话；“光荣榜”收录了全国“五一劳动奖状（章）”获得单位和个人，获国家和省部级以上荣誉称号的集体和个人，以及集团公司表彰的先进集体和个人；充实了具有丰富信息含量的“统计资料”的内容；压缩了文件、制度等的篇幅。

五、年鉴稿件均由集团公司各部门及所属各企业提供，由年鉴编辑部汇总编辑。条目内容、数据等均经撰稿单位校核及审定。在年鉴的编辑过程中得到集团公司各部门和各基层单位的鼎力支持和热忱帮助，在此谨表谢意并欢迎提出改进意见。

《中国国电集团年鉴》编辑部

2005年8月26日

篇　　目

目　　录

二、大事记

三、综合管理

四、计划发展

五、人力资源

六、财务产权

七、安全生产

八、市场营销

九、工程建设

十、科技环保

十一、科技环保

十二、物资与燃料

十三、纪检 监察 审计

十四、党的建设和精神文明建设

十五、成员单位

十六、重要文件和规章制度

十七、光荣榜

十八、统计资料

2005 中国国电集团年鉴

一、特　　载

重 要 文 献

国务院关于投资体制改革的决定

国发［2004］20号

各省、自治区、直辖市人民政府，国务院各部委、各直属机构：

改革开放以来，国家对原有的投资体制进行了一系列改革，打破了传统计划经济体制下高度集中的投资管理模式，初步形成了投资主体多元化、资金来源多渠道、投资方式多样化、项目建设市场化的新格局。但是，现行的投资体制还存在不少问题，特别是企业的投资决策权没有完全落实，市场配置资源的基础性作用尚未得到充分发挥，政府投资决策的科学化、民主化水平需要进一步提高，投资宏观调控和监管的有效性需要增强。为此，国务院决定进一步深化投资体制改革。

一、深化投资体制改革的指导思想和目标

（一）深化投资体制改革的指导思想是：按照完善社会主义市场经济体制的要求，在国家宏观调控下充分发挥市场配置资源的基础性作用，确立企业在投资活动中的主体地位，规范政府投资行为，保护投资者的合法权益，营造有利于各类投资主体公平、有序竞争的市场环境，促进生产要素的合理流动和有效配置，优化投资结构，提高投资效益，推动经济协调发展和社会全面进步。

（二）深化投资体制改革的目标是：改革政府对企业投资的管理制度，按照“谁投资、谁决策、谁收益、谁承担风险”的原则，落实企业投资自主权；合理界定政府投资职能，提高投资决策的科学化、民主化水平，建立投资决策责任追究制度；进一步拓宽项目融资渠道，发展多种融资方式；培育规范的投资中介服务组织，加强行业自律，促进公平竞争；健全投资宏观调控体系，改进调控方式，完善调控手段；加快投资领域的立法进程；加强投资监管，维护规范的投资和建设市场秩序。通过深化改革和扩大开放，最终建立起市场引导投资、企业自主决策、银行独立审贷、融资方式多样、中介服务规范、宏观调控有效的新型投资体制。

二、转变政府管理职能，确立企业的投资主体地位

（一）改革项目审批制度，落实企业投资自主权。彻底改革现行不分投资主体、不分资金来源、不分项目性质，一律按投资规模大小分别由各级政府及有关部门审批的企业投资管理办法。对于企业不使用政府投资建设的项目，一律不再实行审批制，区别不同情况实行核准制和备案制。其中，政府仅对重大项目和限制类项目从维护社会公共利益角度进行核准，其他项目无论规模大小，均改为备案制，项目的市场前景、经济效益、资金来源和产品技术方案等均由企业自主决策、自担风险，并依法办理环境保护、土地使用、资源利用、安全生产、城市规划等许可手续和减免税确认手续。对于企业使用政府补助、转贷、贴息投资建设的项目，政府只审批资金申请报告。各地区、各部门要相应改进管理办法，规范管理行为，不得以任何名义截留下放给企业的投资决策权利。

（二）规范政府核准制。要严格限定实行政府核准制的范围，并根据变化的情况适时调整。《政府核准的投资项目目录》（以下简称《目录》）由国务院投资主管部门会同有关部门研究提出，报国务院批准后实施。未经国务院批准，各地区、各部门不得擅自增减《目录》规定的范围。

企业投资建设实行核准制的项目，仅需向政府提交项目申请报告，不再经过批准项目建议书、可行性研究报告和开工报告的程序。政府对企业提交的项目申请报告，主要从维护经济安全、合理开发利用资源、保护生态环境、优化重大布局、保障公共利益、防止出现垄断等方面进行核准。对于外商投资项目，政府还要从市场准入、资本项目管理等方面进行核准。政府有关部门要制定严格规范的核准制度，明确核准的范围、内容、申报程序和办理时限，并向社会公布，提高办事效率，增强透明度。

（三）健全备案制。对于《目录》以外的企业投

资项目，实行备案制，除国家另有规定外，由企业按照属地原则向地方政府投资主管部门备案。备案制的具体实施办法由省级人民政府自行制定。国务院投资主管部门要对备案工作加强指导和监督，防止以备案的名义变相审批。

（四）扩大大型企业集团的投资决策权。基本建立现代企业制度的特大型企业集团，投资建设《目录》内的项目，可以按项目单独申报核准，也可编制中长期发展建设规划，规划经国务院或国务院投资主管部门批准后，规划中属于《目录》内的项目不再另行申报核准，只须办理备案手续。企业集团要及时向国务院有关部门报告规划执行和项目建设情况。

（五）鼓励社会投资。放宽社会资本的投资领域，允许社会资本进入法律法规未禁入的基础设施、公用事业及其他行业和领域。逐步理顺公共产品价格，通过注入资本金、贷款贴息、税收优惠等措施，鼓励和引导社会资本以独资、合资、合作、联营、项目融资等方式，参与经营性的公益事业、基础设施项目建设。对于涉及国家垄断资源开发利用、需要统一规划布局的项目，政府在确定建设规划后，可向社会公开招标选定项目业主。鼓励和支持有条件的各种所有制企业进行境外投资。

（六）进一步拓宽企业投资项目的融资渠道。允许各类企业以股权融资方式筹集投资资金，逐步建立起多种募集方式相互补充的多层次资本市场。经国务院投资主管部门和证券监管机构批准，选择一些收益稳定的基础设施项目进行试点，通过公开发行股票、可转换债券等方式筹集建设资金。在严格防范风险的前提下，改革企业债券发行管理制度，扩大企业债券发行规模，增加企业债券品种。按照市场化原则改进和完善银行的固定资产贷款审批和相应的风险管理制度，运用银团贷款、融资租赁、项目融资、财务顾问等多种业务方式，支持项目建设。允许各种所有制企业按照有关规定申请使用国外贷款。制定相关法规，组织建立中小企业融资和信用担保体系，鼓励银行和各类合格担保机构对项目融资的担保方式进行研究创新，采取多种形式增强担保机构资本实力，推动设立中小企业投资公司，建立和完善创业投资机制。规范发展各类投资基金。鼓励和促进保险资金间接投资基础设施和重点建设工程项目。

（七）规范企业投资行为。各类企业都应严格遵守国土资源、环境保护、安全生产、城市规划等法律法规，严格执行产业政策和行业准入标准，不得投资建设国家禁止发展的项目；应诚信守法，维护公共利益，确保工程质量，提高投资效益。国有和国有控股企业应按照国有资产管理体制改革和现代企业制度的要求，建立和完善国有资产出资人制度、投资风险约束机制、科学民主的投资决策制度和重大投资责任追究制度。严格执行投资项目的法人责任制、资本金制、招标投标制、工程监理制和合同管理制。

三、完善政府投资体制，规范政府投资行为

（一）合理界定政府投资范围。政府投资主要用于关系国家安全和市场不能有效配置资源的经济和社会领域，包括加强公益性和公共基础设施建设，保护和改善生态环境，促进欠发达地区的经济和社会发展，推进科技进步和高新技术产业化。能够由社会投资建设的项目，尽可能利用社会资金建设。合理划分中央政府与地方政府的投资事权。中央政府投资除本级政权等建设外，主要安排跨地区、跨流域以及对经济和社会发展全局有重大影响的项目。

（二）健全政府投资项目决策机制。进一步完善和坚持科学的决策规则和程序，提高政府投资项目决策的科学化、民主化水平；政府投资项目一般都要经过符合资质要求的咨询中介机构的评估论证，咨询评估要引入竞争机制，并制定合理的竞争规则；特别重大的项目还应实行专家评议制度；逐步实行政府投资项目公示制度，广泛听取各方面的意见和建议。

（三）规范政府投资资金管理。编制政府投资的中长期规划和年度计划，统筹安排、合理使用各类政府投资资金，包括预算内投资、各类专项建设基金、统借国外贷款等。政府投资资金按项目安排，根据资金来源、项目性质和调控需要，可分别采取直接投资、资本金注入、投资补助、转贷和贷款贴息等方式。以资本金注入方式投入的，要确定出资人代表。要针对不同的资金类型和资金运用方式，确定相应的管理办法，逐步实现政府投资的决策程序和资金管理的科学化、制度化和规范化。

（四）简化和规范政府投资项目审批程序，合理划分审批权限。按照项目性质、资金来源和事权划分，合理确定中央政府与地方政府之间、国务院投资主管部门与有关部门之间的项目审批权限。对于政府投资项目，采用直接投资和资本金注入方式的，从投资决策角度只审批项目建议书和可行性研究报告，除特殊情况外不再审批开工报告，同时应严格政府投资项目的初步设计、概算审批工作；采用投资补助、转贷和贷款贴息方式的，只审批资金申请报告。具体的权限划分和审批程序由国务院投资主管部门会同有关方面研究制定，报国务院批准后颁布实施。

（五）加强政府投资项目管理，改进建设实施方式。规范政府投资项目的建设标准，并根据情况变化及时修订完善。按项目建设进度下达投资资金计划。加强政府投资项目的中介服务管理，对咨询评估、招

标代理等中介机构实行资质管理，提高中介服务质量。对非经营性政府投资项目加快推行“代建制”，即通过招标等方式，选择专业化的项目管理单位负责建设实施，严格控制项目投资、质量和工期，竣工验收后移交给使用单位。增强投资风险意识，建立和完善政府投资项目的风险管理机制。

（六）引入市场机制，充分发挥政府投资的效益。各级政府要创造条件，利用特许经营、投资补助等多种方式，吸引社会资本参与有合理回报和一定投资回收能力的公益事业和公共基础设施项目建设。对于具有垄断性的项目，试行特许经营，通过业主招标制度，开展公平竞争，保护公众利益。已经建成的政府投资项目，具备条件的经过批准可以依法转让产权或经营权，以回收的资金滚动投资于社会公益等各类基础设施建设。

四、加强和改善投资的宏观调控

（一）完善投资宏观调控体系。国家发展和改革委员会要在国务院领导下会同有关部门，按照职责分工，密切配合、相互协作、有效运转、依法监督，调控全社会的投资活动，保持合理投资规模，优化投资结构，提高投资效益，促进国民经济持续快速协调健康发展和社会全面进步。

（二）改进投资宏观调控方式。综合运用经济的、法律的和必要的行政手段，对全社会投资进行以间接调控方式为主的有效调控。国务院有关部门要依据国民经济和社会发展中长期规划，编制教育、科技、卫生、交通、能源、农业、林业、水利、生态建设、环境保护、战略资源开发等重要领域的发展建设规划，包括必要的专项发展建设规划，明确发展的指导思想、战略目标、总体布局和主要建设项目等。按照规定程序批准的发展建设规划是投资决策的重要依据。各级政府及其有关部门要努力提高政府投资效益，引导社会投资。制定并适时调整国家固定资产投资指导目录、外商投资产业指导目录，明确国家鼓励、限制和禁止投资的项目。建立投资信息发布制度，及时发布政府对投资的调控目标、主要调控政策、重点行业投资状况和发展趋势等信息，引导全社会投资活动。建立科学的行业准入制度，规范重点行业的环保标准、安全标准、能耗水耗标准和产品技术、质量标准，防止低水平重复建设。

（三）协调投资宏观调控手段。根据国民经济和社会发展要求以及宏观调控需要，合理确定政府投资规模，保持国家对全社会投资的积极引导和有效调控。灵活运用投资补助、贴息、价格、利率、税收等多种手段，引导社会投资，优化投资的产业结构和地区结构。适时制定和调整信贷政策，引导中长期贷款的总量和投向。严格和规范土地使用制度，充分发挥土地供应对社会投资的调控和引导作用。

（四）加强和改进投资信息、统计工作。加强投资统计工作，改革和完善投资统计制度，进一步及时、准确、全面地反映全社会固定资产存量和投资的运行态势，并建立各类信息共享机制，为投资宏观调控提供科学依据。建立投资风险预警和防范体系，加强对宏观经济和投资运行的监测分析。

五、加强和改进投资的监督管理

（一）建立和完善政府投资监管体系。建立政府投资责任追究制度，工程咨询、投资项目决策、设计、施工、监理等部门和单位，都应有相应的责任约束，对不遵守法律法规给国家造成重大损失的，要依法追究有关责任人的行政和法律责任。完善政府投资制衡机制，投资主管部门、财政主管部门以及有关部门，要依据职能分工，对政府投资的管理进行相互监督。审计机关要依法全面履行职责，进一步加强对政府投资项目的审计监督，提高政府投资管理水平和投资效益。完善重大项目稽察制度，建立政府投资项目后评价制度，对政府投资项目进行全过程监管。建立政府投资项目的社会监督机制，鼓励公众和新闻媒体对政府投资项目进行监督。

（二）建立健全协同配合的企业投资监管体系。国土资源、环境保护、城市规划、质量监督、银行监管、证券监管、外汇管理、工商管理、安全生产监管等部门，要依法加强对企业投资活动的监管，凡不符合法律法规和国家政策规定的，不得办理相关许可手续。在建设过程中不遵守有关法律法规的，有关部门要责令其及时改正，并依法严肃处理。各级政府投资主管部门要加强对企业投资项目的事中和事后监督检查，对于不符合产业政策和行业准入标准的项目，以及不按规定履行相应核准或许可手续而擅自开工建设的项目，要责令其停止建设，并依法追究有关企业和人员的责任。审计机关依法对国有企业的投资进行审计监督，促进国有资产保值增值。建立企业投资诚信制度，对于在项目申报和建设过程中提供虚假信息、违反法律法规的，要予以惩处，并公开披露，在一定时间内限制其投资建设活动。

（三）加强对投资中介服务机构的监管。各类投资中介服务机构均须与政府部门脱钩，坚持诚信原则，加强自我约束，为投资者提供高质量、多样化的中介服务。鼓励各种投资中介服务机构采取合伙制、股份制等多种形式改组改造。健全和完善投资中介服务机构的行业协会，确立法律规范、政府监督、行业自律的行业管理体制。打破地区封锁和行业垄断，建立公开、公平、公正的投资中介服务市场，强化投资中介服务机构的法律责任。

（四）完善法律法规，依法监督管理。建立健全与投资有关的法律法规，依法保护投资者的合法权益，维护投资主体公平、有序竞争，投资要素合理流动、市场发挥配置资源的基础性作用的市场环境，规范各类投资主体的投资行为和政府的投资管理活动。认真贯彻实施有关法律法规，严格财经纪律，堵塞管理漏洞，降低建设成本，提高投资效益。加强执法检查，培育和维护规范的建设市场秩序。

附件：政府核准的投资项目目录（2004年本）

中华人民共和国国务院

二〇〇四年七月十六日

附件：

政府核准的投资项目目录
（2004年本）

简要说明：

（一）本目录所列项目，是指企业不使用政府性资金投资建设的重大和限制类固定资产投资项目。

（二）企业不使用政府性资金投资建设本目录以外的项目，除国家法律法规和国务院专门规定禁止投资的项目以外，实行备案管理。

（三）国家法律法规和国务院有专门规定的项目的审批或核准，按有关规定执行。

（四）本目录对政府核准权限作出了规定。其中：

1. 目录规定“由国务院投资主管部门核准”的项目，由国务院投资主管部门会同行业主管部门核准，其中重要项目报国务院核准。

2. 目录规定“由地方政府投资主管部门核准”的项目，由地方政府投资主管部门会同同级行业主管部门核准。省级政府可根据当地情况和项目性质，具体划分各级地方政府投资主管部门的核准权限，但目录明确规定“由省级政府投资主管部门核准”的，其核准权限不得下放。

3. 根据促进经济发展的需要和不同行业的实际情况，可对特大型企业的投资决策权限特别授权。

（五）本目录为2004年本。根据情况变化，将适时调整。

一、农林水利

农业：涉及开荒的项目由省级政府投资主管部门核准。

水库：国际河流和跨省（区、市）河流上的水库项目由国务院投资主管部门核准，其余项目由地方政府投资主管部门核准。

其他水事工程：需中央政府协调的国际河流、涉及跨省（区、市）水资源配置调整的项目由国务院投资主管部门核准，其余项目由地方政府投资主管部门核准。

二、能源

（一）电力

水电站：在主要河流上建设的项目和总装机容量25万千瓦及以上项目由国务院投资主管部门核准，其余项目由地方政府投资主管部门核准。

抽水蓄能电站：由国务院投资主管部门核准。

火电站：由国务院投资主管部门核准。

热电站：燃煤项目由国务院投资主管部门核准，其余项目由地方政府投资主管部门核准。

风电站：总装机容量5万千瓦及以上项目由国务院投资主管部门核准，其余项目由地方政府投资主管部门核准。

核电站：由国务院核准。

电网工程：330千伏及以上电压等级的电网工程由国务院投资主管部门核准，其余项目由地方政府投资主管部门核准。

（二）煤炭

煤矿：国家规划矿区内的煤炭开发项目由国务院投资主管部门核准，其余一般煤炭开发项目由地方政府投资主管部门核准。

煤炭液化：年产50万吨及以上项目由国务院投资主管部门核准，其他项目由地方政府投资主管部门核准。

（三）石油、天然气

原油：年产100万吨及以上的新油田开发项目由国务院投资主管部门核准，其他项目由具有石油开采权的企业自行决定，报国务院投资主管部门备案。

天然气：年产20亿立方米及以上新气田开发项目由国务院投资主管部门核准，其他项目由具有天然气开采权的企业自行决定，报国务院投资主管部门备案。

液化石油气接收、存储设施（不含油气田、炼油厂的配套项目）：由省级政府投资主管部门核准。

进口液化天然气接收、储运设施：由国务院投资主管部门核准。

国家原油存储设施：由国务院投资主管部门核准。

输油管网（不含油田集输管网）：跨省（区、市）干线管网项目由国务院投资主管部门核准。

输气管网（不含油气田集输管网）：跨省（区、市）或年输气能力5亿立方米及以上项目由国务院投资主管部门核准，其余项目由省级政府投资主管部门核准。

三、交通运输

（一）铁道

新建（含增建）铁路：跨省（区、市）或100公里及以上项目由国务院投资主管部门核准，其余项目按隶属关系分别由国务院行业主管部门或省级政府投资主管部门核准。

（二）公路

公路：国道主干线、西部开发公路干线、国家高速公路网、跨省（区、市）的项目由国务院投资主管部门核准，其余项目由地方政府投资主管部门核准。

独立公路桥梁、隧道：跨境、跨海湾、跨大江大河（通航段）的项目由国务院投资主管部门核准，其余项目由地方政府投资主管部门核准。

（三）水运

煤炭、矿石、油气专用泊位：新建港区和年吞吐能力200万吨及以上项目由国务院投资主管部门核准，其余项目由省级政府投资主管部门核准。

集装箱专用码头：由国务院投资主管部门核准。

内河航运：千吨级以上通航建筑物项目由国务院投资主管部门核准，其余项目由地方政府投资主管部门核准。

（四）民航

新建机场：由国务院核准。

扩建机场：总投资10亿元及以上项目由国务院投资主管部门核准，其余项目按隶属关系由国务院行业主管部门或地方政府投资主管部门核准。

扩建军民合用机场：由国务院投资主管部门会同军队有关部门核准。

四、信息产业

电信：国内干线传输网（含广播电视网）、国际电信传输电路、国际关口站、专用电信网的国际通信设施及其他涉及信息安全的电信基础设施项目由国务院投资主管部门核准。

邮政：国际关口站及其他涉及信息安全的邮政基础设施项目由国务院投资主管部门核准。

电子信息产品制造：卫星电视接收机及关键件、国家特殊规定的移动通信系统及终端等生产项目由国务院投资主管部门核准。

五、原材料

钢铁：已探明工业储量5000万吨及以上规模的铁矿开发项目和新增生产能力的炼铁、炼钢、轧钢项目由国务院投资主管部门核准，其他铁矿开发项目由省级政府投资主管部门核准。

有色：新增生产能力的电解铝项目、新建氧化铝项目和总投资5亿元及以上的矿山开发项目由国务院投资主管部门核准，其他矿山开发项目由省级政府投资主管部门核准。

石化：新建炼油及扩建一次炼油项目、新建乙烯及改扩建新增能力超过年产20万吨乙烯项目，由国务院投资主管部门核准。

化工原料：新建PTA、PX、MDI、TDI项目，以及PTA、PX改造能力超过年产10万吨的项目，由国务院投资主管部门核准。

化肥：年产50万吨及以上钾矿肥项目由国务院投资主管部门核准，其他磷、钾矿肥项目由地方政府投资主管部门核准。

水泥：除禁止类项目外，由省级政府投资主管部门核准。

稀土：矿山开发、冶炼分离和总投资1亿元及以上稀土深加工项目由国务院投资主管部门核准，其余稀土深加工项目由省级政府投资主管部门核准。

黄金：日采选矿石500吨及以上项目由国务院投资主管部门核准，其他采选矿项目由省级政府投资主管部门核准。

六、机械制造

汽车：按照国务院批准的专项规定执行。

船舶：新建10万吨级以上造船设施（船台、船坞）和民用船舶中、低速柴油机生产项目由国务院投资主管部门核准。

城市轨道交通：城市轨道交通车辆、信号系统和牵引传动控制系统制造项目由国务院投资主管部门核准。

七、轻工烟草

纸浆：年产10万吨及以上纸浆项目由国务院投资主管部门核准，年产3.4（含）万吨——10（不含）万吨纸浆项目由省级政府投资主管部门核准，其他纸浆项目禁止建设。

变性燃料乙醇：由国务院投资主管部门核准。

聚酯：日产300吨及以上项目由国务院投资主管部门核准。

制盐：由国务院投资主管部门核准。

糖：日处理糖料1500吨及以上项目由省级政府投资主管部门核准，其他糖料项目禁止建设。

烟草：卷烟、烟用二醋酸纤维素及丝束项目由国务院投资主管部门核准。

八、高新技术

民用航空航天：民用飞机（含直升机）制造、民用卫星制造、民用遥感卫星地面站建设项目由国务院投资主管部门核准。

九、城建

城市快速轨道交通：由国务院核准。

城市供水：跨省（区、市）日调水 50 万吨及以上项目由国务院投资主管部门核准，其他城市供水项目由地方政府投资主管部门核准。

城市道路桥梁：跨越大江大河（通航段）、重要海湾的桥梁、隧道项目由国务院投资主管部门核准。

其他城建项目：由地方政府投资主管部门核准。

十、社会事业

教育、卫生、文化、广播电影电视：大学城、医学城及其他园区性建设项目由国务院投资主管部门核准。

旅游：国家重点风景名胜区、国家自然保护区、国家重点文物保护单位区域内总投资 5000 万元及以上旅游开发和资源保护设施，世界自然、文化遗产保护区内总投资 3000 万元及以上项目由国务院投资主管部门核准。

体育：F1 赛车场由国务院投资主管部门核准。

娱乐：大型主题公园由国务院核准。

其他社会事业项目：按隶属关系由国务院行业主管部门或地方政府投资主管部门核准。

十一、金融

印钞、造币、钞票纸项目由国务院投资主管部门核准。

十二、外商投资

《外商投资产业指导目录》中总投资（包括增资）1 亿美元及以上鼓励类、允许类项目由国家发展和改革委员会核准。

《外商投资产业指导目录》中总投资（包括增资）5000 万美元及以上限制类项目由国家发展和改革委员会核准。

国家规定的限额以上、限制投资和涉及配额、许可证管理的外商投资企业的设立及其变更事项；大型外商投资项目的合同、章程及法律特别规定的重大变更（增资减资、转股、合并）事项，由商务部核准。

上述项目之外的外商投资项目由地方政府按照有关法规办理核准。

十三、境外投资

中方投资 3000 万美元及以上资源开发类境外投资项目由国家发展和改革委员会核准。

中方投资用汇额 1000 万美元及以上的非资源类境外投资项目由国家发展和改革委员会核准。

国务院批转发展改革委关于坚决制止电站项目无序建设意见的紧急通知

国发［2004］32 号

各省、自治区、直辖市人民政府，国务院各部委、各直属机构：

发展改革委《关于坚决制止电站项目无序建设的意见》已经国务院同意，现转发给你们，请认真贯彻执行。

近几年来，为适应国民经济和社会发展的需要，缓解电力供应紧张的矛盾，国家加大了电力建设力度，新开工建设与投产运行的电站规模逐年增加。2004 年已批准新开工发电项目 6000 万千瓦以上，预计投产 5100 万千瓦。同时，国家还积极采取措施，努力解决当前煤电油运紧张问题，保障社会正常的生产和生活秩序。

在当前电力供应紧张的情况下，各地区、各部门总体上能够正确把握形势，按照国家规划和有关规定，积极落实各项建设条件，加快电力工程建设，为缓解当前电力供应紧张局面发挥了重要作用。但也必须看到，有些地区和企业没有认真执行国家有关政策和规定，盲目铺摊子上项目，违规建设电站工程。特别是从去年以来，一些地区和企业不顾国家多次重申电力建设必须有序发展的要求，继续违规开工建设了大量电站项目，致使电站在建规模远远超出电力规划确定的目标，同时也超出了资源和环境的承受能力，极易再次形成高耗能工业无序发展的恶性循环。这种情况如果任其发展，势必扰乱国家能源总体战略的实施，引发电力布局混乱，煤炭供应和运输能力失衡，金融风险压力加大，以及电力工业技术水平的倒退等问题，也为今后电力结构和产业结构调整留下隐患。

国务院高度重视当前电力建设中出现的问题。为巩固和扩大宏观调控成果，防止违规建设电站项目影响经济建设正常秩序，当前需要尽快采取措施，坚决制止电站项目无序建设的势头。各地区、各有关部门和单位必须按照通知精神和要求，高度重视，组织力量，认真清理违规建设的电站项目，提出停缓建的处理意见，并负责做好各项善后工作。对少数大规模违规建设电站的地区，发展改革委要会同有关部门进行专项重点检查，有关省级人民政府要认真向国务院作出说明。

各地区、各有关部门和单位要牢固树立和认真落实科学发展观，把经济发展的着力点放在调整结构、深化改革、转变经济增长方式上，努力提高能源利用效率，节约资源，正确处理好电力建设局部与全局、近期与长远的关系，切实促进电力工业的健康有序发展。

各省级人民政府和国家电网公司、中国南方电网有限责任公司、有关电力集团公司要在2004年12月31日之前，将清理情况和处理意见报国务院并抄送发展改革委等有关部门。发展改革委要会同有关部门对清理工作进行指导，加强监督检查。

中华人民共和国国务院
二〇〇四年十一月二十四日

关于坚决制止电站项目无序建设的意见

近几年，全国电力需求快速增长，一些地区电力供需矛盾突出。为尽快缓解电力供需矛盾，国家在加强电力需求侧管理的同时，加大电力建设规模，加快电力建设进度。继2001、2002和2003年分别批准开工电站项目2140万千瓦、2337万千瓦和3111万千瓦后，今年已经批准开工电站项目6110万千瓦，预计未来一至两年内，发电能力不足的问题能够基本得到解决。但是，在国家加快电力建设的同时，一些地区和企业，无视国家三令五申，违反国家规定和产业政策，未经批准和充分规划论证，大规模建设电站项目。据初步统计，今年各类电站开工规模高达1.5亿千瓦，当前全国在建电站规模已达2.8亿千瓦，其中未完成或未履行任何国家核准手续而擅自开工建设的电站项目规模高达1.2亿千瓦。

违规电站项目的建设，加剧了煤炭供应、交通运输和发电设备制造能力紧张的矛盾，严重超出了经济、市场、资源和环境的承受能力。这种情况如果发展下去，势必导致今后一段时间内发电能力大量过剩，电力建设规模出现大起大落，进而再次形成高能耗工业与电站建设相互推进的恶性循环。违规建设形成的闲置发电资产，还将大量增加金融机构不良贷款，加大金融风险，损害国家整体利益，给国民经济的健康发展带来严重的负面影响。

为巩固和扩大宏观调控成果，贯彻落实国家电力工业发展规划和相关产业政策，维护国家电力建设和投资监管法律、法规的严肃性，促进电力工业全面、协调和可持续发展，必须采取措施尽快制止当前出现的大规模违规建设电站的势头。现提出以下意见：

一、按照科学发展观的要求，进一步统一思想认识。各地区、各有关部门和企业要充分认识违规建设电站项目的严重危害，正确处理好局部与整体、近期与长远的关系，客观分析资源、市场、运输和环境承载能力等外部条件，在国家电力发展规划和产业政策指导下，严格执行国家电力项目投资监管的法律、法规和程序，合理、有序建设电站项目。

二、保持电力工业持续较快健康发展。发展改革委将按照国家电力发展规划实施进度和项目核准制的要求，从满足当前快速增长的电力需求出发，充分考虑资源开发、煤炭生产、设备制造、交通运输、环境保护等因素，继续加快规划内电站项目的核准工作。对已经国家核准的项目，各地区、各有关部门和企业，要按照保工程质量、保设备到货、保资金到位的原则，加快工程建设进度，确保项目按期投产，并争取提前投产。

三、认真清理违规电站建设项目。对于违规在建电站项目，特别是未完成土地征用、环境评价、银行贷款评审手续，取用地下水作为发电用水，煤炭、运输不落实的项目，要认真进行清理。电网企业不得为其接入系统；银行及有关金融机构不得为其提供贷款；国土管理部门不予审批用地，已批准的要收回土地使用权；交通运输部门不予安排运力或铁路接轨；设备制造企业不予供应设备。对这些项目，要根据能源、电力发展规划的要求和各电站项目的具体情况，分类予以处理：

（一）对未经国家批准或核准、未经充分论证、各方面条件不具备的电站项目，要立即停止建设，进行认真清理。

（二）对按国家原电力项目审批程序已批准项目建议书，但未完成核准程序、提前开工的项目，均暂缓建设。当地政府和项目单位要根据国家有关规定，完善建设方案，补充申报材料，补办相关手续，待相关条件具备并完成国家核准后，方可继续建设。国家将抓紧办理这类项目的核准手续。

（三）对已经投入运行的违规电站项目，要区别情况，认真清理，严肃处理。这些项目中，对违反产业政策、不具备环保和用水等条件的，要限期整改；整改后仍达不到要求的，应停止运行并做好善后工作。对符合建设运行条件或整改后符合建设运行条件、经论证可保留的项目，要采取有区别的价格政策，将价差收入上交国家财政，具体办法另行制订。

四、各省级人民政府要认真清理违规建设的电站项目，要按国家电力发展规划和合理布局的要求，会同有关单位提出停缓建的处理意见，该停的要停，该缓的要缓，并负责切实做好善后处理的各项工作。各地区和各有关企业于2004年12月底前将对所有违规项目的处理意见报国务院并抄送发展改革委。

五、发展改革委将会同国务院有关部门，加强对电力项目建设全过程的监督，做好电力规划和产业政策的宣传工作，防止继续出现违规建设电站项目的行为。要密切关注电力市场供求关系的变化，科学引导企业的投资和经营行为。对存在违规建设行为的项目单位，要认真检查其停建或缓建的工作情况。对未按照上述要求认真处理违规电站项目和未及时补办违规项目核准手续的项目单位，其申报的新建电站项目，一律不予受理。

六、各级国土、环保、铁路和水利等部门要认真执行相关法律法规，按照国家清理违规项目的总体部署，配合做好相关项目停工等善后工作。

七、请银监会督促金融机构对违规电站项目贷款进行认真清理。按有关金融法律法规应当停止贷款的，要及时纠正，收回贷款。

八、各级价格主管部门要积极推进电价改革，加强对电力价格政策执行情况的监督检查。电监会要会同发展改革委，抓紧区域电力市场的建设工作，尽快制订、完善电力市场交易模式和规则，及时公开交易信息，强化市场对投资的导向作用，抑制非理性投资电站建设的行为。

九、抓紧制定和完善电力建设管理和投资监管方面的法律、法规，进一步明确电力规划、项目前期工作、工程建设管理等环节的内容和程序，以及国家相关部门和企业的法律责任，加强项目稽察工作，加大对违规行为的处罚力度，实现电力建设的法制化管理。

清理违规建设电站项目，保持电力工业正常的建设秩序，需要地方各级人民政府、国务院各有关部门和企业齐心协力，密切配合。各有关方面要按照本意见的要求，抓紧开展工作，尽快遏制违规建设电站项目的势头，维护电力建设秩序，切实保障国家经济安全。

国家发展和改革委员会

二〇〇四年十一月

国务院办公厅转发国资委关于规范国有企业改制工作的意见

国资发改革［2004］4号

党的十五大以来，各地认真贯彻国有经济有进有退、有所为有所不为的方针，积极推进国有经济布局和结构调整，探索公有制的多种有效实现形式和国有企业改制的多种途径，取得了显著成效，积累了宝贵经验。但前一阶段国有企业改制工作中出现了一些不够规范的现象，造成国有资产的流失。国有企业改制是一项政策性很强的工作，涉及出资人、债权人、企业和职工等多方面的利益，既要积极探索，又要规范有序。为全面贯彻落实党中央关于国有经济布局结构调整和国有企业改革的精神，保证国有企业改制工作健康、有序、规范地进行，现提出以下意见：

一、健全制度，规范运作

（一）批准制度。国有企业改制应采取重组、联合、兼并、租赁、承包经营、合资、转让国有产权和股份制、股份合作制等多种形式进行。国有企业改制，包括转让国有控股、参股企业国有股权或者通过增资扩股来提高非国有股的比例等，必须制订改制方案。方案可由改制企业国有产权持有单位制订，也可由其委托中介机构或者改制企业（向本企业经营管理者转让国有产权的企业和国有参企业除外）制订。国有企业改制方案需按照《企业国有资产监督管理暂行条例》（国务院令第378号，以下简称《条例》）和国务院国有资产监督管理委员会（以下简称国资委）的有关规定履行决定或批准程序，未经决定或批准不得实施。国有企业改制涉及财政、劳动保障等事项的，需预先报经同级人民政府有关部门审核，批准后报国有资产监督管理机构协调审批；涉及政府社会公共管理审批事项的，依照国家有关法律法规，报经政府有关部门审批；国有资产监督管理机构所出资企业改制为国有股不控股或不参股的企业（以下简称非国有的企业），改制方案需报同级人民政府批准；转让上市公司国有股权审批暂按现行规定办理，并由国资委会同证监会抓紧研究提出完善意见。

（二）清产核资。国有企业改制，必须对企业各类资产、负债进行全面认真的清查，做到帐、卡、物、现金等齐全、准确、一致。要按照“谁投资、谁所有、谁受益”的原则，核实和界定国有资本金及其权益，其中国有企业借贷资金形成的净资产必须界定为国有产权。企业改制中涉及资产损失认定与处理的，必须按有关规定履行批准程序。改制企业法定代表人和财务负责人对清产核资结果的真实性、准确性负责。

（三）财务审计。国有企业改制，必须由直接持有该国有产权的单位决定聘请具备资格的会计师事务所进行财务审计。凡改制为非国有的企业，必须按照国家有关规定对企业法定代表人进行离任审计。改制企业必须按照有关规定向会计师事务所或政府审计部门提供有关财务会计资料和文件，不得妨碍其办理业务。任何人不得授意、指使、强令改制企业会计机构、会计人员提供虚假资料文件或违法办理会计事项。

（四）资产评估。国有企业改制，必须依照《国有资产评估管理办法》（国务院令第91号）聘请具备资格的资产评估事务所进行资产和土地使用权评估。

国有控股企业进行资产评估，要严格履行有关法律法规规定的程序。向非国有投资者转让国有产权的，由直接持有该国有产权的单位决定聘请资产评估事务所。企业的专利权、非专利技术、商标权、商誉等无形资产必须纳入评估范围。评估结果由依照有关规定批准国有企业改制和转让国有产权的单位核准。

（五）交易管理。非上市企业国有产权转让要进入产权交易市场，不受地区、行业、出资和隶属关系的限制，并按照《企业国有产权转让管理暂行办法》的规定，公开信息，竞价转让。具体转让方式可以采取拍卖、招投标、协议转让以及国家法律法规规定的其他方式。

（六）定价管理。向非国有投资者转让国有产权的底价，或者以存量国有资产吸收非国有投资者投资时国有产权的折股价格，由依照有关规定批准国有企业改制和转让国有产权的单位决定。底价的确定主要依据资产评估的结果，同时要考虑产权交易市场的供求状况、同类资产的市场价格、职工安置、引进先进技术等因素。上市公司国有股转让价格在不低于每股净资产的基础上，参考上市公司盈利能力和市场表现合理定价。

（七）转让价款管理。转让国有产权的价款原则上应当一次结清。一次结清确有困难的，经转让和受让双方协商，并经依照有关规定批准国有企业改制和转让国有产权的单位批准，可采取分期付款的方式。分期付款时，首期付款不得低于总价款的30%，其余价款应当由受让方提供合法担保，并在首期付款之日起一年内支付完毕。转让国有产权的价款优先用于支付解除劳动合同职工的经济补偿金和移交社会保障机构管理职工的社会保险费，以及偿还拖欠职工的债务和企业欠缴的社会保险费，剩余价款按照有关规定处理。

（八）依法保护债权人利益。国有企业改制要征得债权金融机构同意，保全金融债权，依法落实金融债务，维护其他债权人的利益。要严格防止利用改制逃废金融债务，金融债务未落实的企业不得进行改制。

（九）维护职工合法权益。国有企业改制方案和国有控股企业改制为非国有的企业的方案，必须提交企业职工代表大会或职工大会审议，充分听取职工意见。其中，职工安置方案需经企业职工代表大会或职工大会审议通过后方可实施改制。改制为非国有的企业，要按照有关政策处理好改制企业与职工的劳动关系。改制企业拖欠职工的工资、医疗费和挪用的职工住房公积金以及企业欠缴的社会保险费等要按有关规定予以解决。改制后的企业要按照有关规定按时足额交纳社会保险费，及时为职工接续养老、失业、医疗、工伤、生育等各项社会保险关系。

（十）管理层收购。向本企业经营管理者转让国有产权必须严格执行国家有关规定，以及本指导意见的各项要求，并需按照有关规定履行审批程序。向本企业经营管理者转让国有产权方案的制订，由直接持有该企业国有产权的单位负责或其委托中介机构进行，经营管理者不得参与转让国有产权的决策、财务审计、离任审计、清产核资、资产评估、底价确定等重大事项，严禁自卖自买国有产权。经营管理者筹集收购国有产权的资金，要执行《贷款通则》的有关规定，不得向包括本企业在内的国有及国有控股企业借款，不得以这些企业的国有产权或实物资产作标的物为融资提供保证、抵押、质押、贴现等。经营管理者对企业经营业绩下降负有责任的，不得参与收购本企业国有产权。

二、严格监督，追究责任

各级监察机关、国有资产监督管理机构和其他有关部门，要加强联系、密切配合，加大对国有企业改制工作的监督检查力度。通过建立重要事项通报制度和重大案件报告制度，以及设立并公布举报电话和信箱等办法，及时发现和严肃查处国有企业改制中的违纪违法案件。对国有资产监督管理机构工作人员、企业领导人员利用改制之机转移、侵占、侵吞国有资产的，隐匿资产、提供虚假会计资料造成国有资产流失的，营私舞弊、与买方串通低价转让国有美国海岸警卫队的，严重失职、违规操作、损害国家和群众利益的，要进行认真调查处理。其中涉嫌犯罪的，依法移交司法机关处理；造成国有资产损失的，按照《条例》的规定，追究有关责任人的赔偿责任。对中介机构弄虚作假、提供虚假审计报告、故意压低评估价格等违规违法行为，要加大惩处力度；国有资产监督管理机构和国有及国有控股企业不得再聘请该中介机构及其责任人从事涉及国有及国有控股企业的中介活动。

为加快建设和完善产权交易市场体系，确保产权交易公开、公平、公正，由法制办会同国资委、财政部等有关部门研究有关产权交易市场的法规和监管制度，各地依照法律法规及有关规定，根据实际情况制订具体实施细则。

三、精心组织，加强领导

（一）全面准确理解国有经济布局和结构调整战略方针，坚持党的十六大提出的必须毫不动摇地巩固和发展公有制经济，必须毫不动摇地鼓励、支持和引导非公有制经济发展的方针。国有企业改制要坚持国有经济控制重要行业和关键领域，提高国有经济的控制力、影响力和带动力。在其他行业和领域，国有企业通过重组改制、结构调整、深化改革、转换机制，在市场竞争中实现优胜劣汰。

（二）在国有企业改制工作中，各地区要防止和纠正不顾产权市场供求状况及其对价格形成的影响作用、不计转让价格和收益，下指标、限时间、赶进度，集中成批向非国有投资者转让国有产权的做法。防止和避免人为造成买方市场、低价处置和贱卖国有资产的现象。

（三）国有企业改制要从企业实际出发，着眼于企业的发展。要建立竞争机制，充分考虑投资者搞好企业的能力，选择合格的投资者参与国有企业改制，引入资金、技术、管理、市场、人才等资源增量，推动企业制度创新、机制转换、盘活资产、扭亏脱困和增加就业，促进企业加快发展。

（四）地方各级人民政府及其国有资产监督管理机构、国有及国有控股企业，要高度重视国有企业改制工作，全面理解和正确贯彻党中央、国务院有关精神，切实负起责任，加强组织领导。要从实际出发，把握好改制工作的力度和节奏。在国有企业改制的每一个环节都要做到依法运作，规范透明，落实责任。上级国有资产监督管理机构要加强对下级国有资产监督管理机构的指导和监督，及时总结经验，发现和纠正国有企业改制工作中存在的问题，促进国有资产合理流动和重组，实现国有资产保值增值，更好地发挥国有经济的主导作用。

印发国家发展改革委关于审批四川大渡河瀑布沟水电站可行性研究报告的请示的通知

发改能源［2004］450号

四川省发展改革委、中国国电集团公司：

《国家发展改革委关于审批四川大渡河瀑布沟水电站可行性研究报告的请示》（发改能源［2003］2242号）业经国务院批准，现印发给你们，请按照执行。

附：发改能源［2003］2242号文件

中华人民共和国国家发展和改革委员会

二〇〇四年三月十六日

国家发展改革委关于审批四川大渡河瀑布沟水电站可行性研究报告的请示

发改能源［2003］2242号

张国宝签发（已经委办公会讨论通过）

国务院：

四川省计委和中国国电集团公司分别报来四川大渡河瀑布沟水电站可行性研究报告，要求审批。对此，中国国际工程咨询公司已进行评估，认为可行。经研究，现将有关情况及我们的意见报告如下：

一、项目建设的必要性

四川省是我国水能资源最丰富的省份，现已形成以水电为主的电源结构。到2002年底，四川省发电装机容量为1800万千瓦，其中水电1186万千瓦，占66%，火电614万千瓦，占34%。2002年全社会最高用电负荷1210万千瓦，全社会用电量672亿千瓦时，电力供需基本平衡，但由于四川电网径流式水电站比重大、总体调节能力差，致使目前四川电网存在严重的“汛期弃水、枯期缺电”的问题。改革开放以来，四川省经济发展很快，特别是西部大开发战略实施后，四川省经济发展步伐进一步加快，用电需求呈现出强劲的增长势头，2001年、2002年及今年1至8月全社会用电量同比增长均超过13%。据初步预测，考虑小火电关停和老机组退役因素，到2010年四川电网需要新增发电装机容量约1000万千瓦。随着“西电东送”工程的逐步实施，四川电力外送规模将逐步增大，需要新增的发电装机容量将更大，继续加强电源建设十分必要。

为了发挥四川省水能资源的优势，四川电力发展仍要立足水电开发，为了缓解目前四川电网运行的丰枯矛盾，今后新建水电站要优先开发调节性能好的水电站。大渡河是岷江水系的最大支流，水能资源丰富，干流规划按22个梯级开发，总装机容量2340万千瓦，目前已建成龚嘴和铜街子两座电站，装机容量130万千瓦。瀑布沟水电站位于大渡河干流中游，是大渡河梯级开发的控制性水库电站，装机容量330万千瓦，水库具有季调节能力，是四川省调节能力较好的特大型水电站。该电站距负荷中心近，前期工作充分，是目前四川省最具建设条件的大型水电站。该电站的建设将有效增加下游已建的龚嘴和铜街子两座水电站的保证出力，对于改善四川省电源结构，缓解四川电网运行的丰枯矛盾，更好地满足四川用电增长需要，促进四川省经济和社会的全面发展，都具有十分重要的作用。因此，建设瀑布沟水电站是必要的。

二、建设规模

电站安装6台55万千瓦混流式水轮发电机组，总装机容量330万千瓦，年均发电量145.8亿千瓦时。

电站枢纽由拦河坝、溢洪道、泄洪洞、引水发电系统、放空洞、地面开关站和尼日河引水工程等组成，拦河坝为砾质土直心墙堆石坝，最大坝高186米。

水库正常蓄水位850米，总库容53.9亿立方米，调节库容38.8亿立方米，具有季调节能力。

尼日河是大渡河的一条支流，年均径流量40.4亿立方米。为了利用尼日河的径流量，采取在尼日河上建闸，将水引入瀑布沟水库，以增加瀑布沟水电站的发电量。尼日河引水工程由首部枢纽和引水隧洞组成。

三、建设条件

坝址控制流域面积68512平方公里，多年平均径流量388亿立方米。

工程区位于川滇南北构造带北段东侧，坝址和库首段区域构造相对稳定，工程区地震基本烈度为7度。

水库处于高山峡谷中，两岸山体雄厚，水库封闭条件好，不存在渗漏问题。坝址基岩主要由花岗岩、变质玄武岩、流纹斑岩和流纹质凝灰岩组成，岩体坚硬，断裂构造不发育，具备筑坝和成洞条件。

水库淹没及影响涉及雅安市的汉源县、石棉县和凉山州的甘洛县的20个乡（镇）65个村的403个村民组。2002年复核后的主要淹没实物指标为：淹没及影响人口8.6万人，淹没耕地5.04万亩，需迁建汉源县城一座。以此为基础，推算至安置规划水平年2008年，瀑布沟水电站建设共需迁移人口100865人。

瀑布沟水电站的建设，给库区人民生产、生活条件的改善提供了重要的机遇。四川省人民政府对瀑布沟水电站建设和库区的移民搬迁非常重视，承诺按照目前国家有关移民政策确定的静态投资包干负责水库移民安置工作，并将加大省内各有关部门向库区的对口支援力度，确保库区移民生产和生活条件的不断改善。

电站以500千伏一级电压接入四川电网。

四、总投资及资金筹措

按2003年一季度价格水平测算，电站工程静态总投资166.51亿元（其中水库淹没补偿投资53.19亿元），动态总投资199.43亿元。

该电站工程由中国国电集团公司、国电电力发展股份有限公司和四川省投资集团有限责任公司共同出资组建的大渡河流域开发有限公司负责建设和管理。项目资本金约占总投资的20%，为39.93亿元，由上述三方按39%、51%和10%的比例出资，首先由大渡河流域开发有限公司所属的龚嘴和铜街子水电站的发电收益解决，不足部分由各投资方按比例以现金注入。资本金以外的融资由国家开发银行贷款40亿元、中国建设银行贷款65亿元、中国银行贷款20亿元和中国工商银行贷款34.5亿元解决，上述银行均已出具贷款承诺函。

五、经济评价

按目前有关信贷、税收政策和资本金财务内部收益率8%测算，该电站建成后平均上网电价为每千瓦时0.2元，具有较强的市场竞争能力。

鉴于瀑布沟水电站地形地质条件优越、前期工作充分，工程技术方案、环境保护方案、水土保持方案、移民安置方案和资金筹措方案均已落实，因此，建议国务院批准其可行性研究报告。

妥否，请示。

中华人民共和国国家发展和改革委员会

二〇〇三年十二月十九日

国家发展改革委关于燃煤电站项目规划和建设有关要求的通知

发改能源［2004］864号

各省、自治区、直辖市发展改革委、经贸委（经委）、国家电网公司、中国南方电网有限责任公司、华能、大唐、国电、华电、中电投集团公司、神华集团、国家开发投资公司、中国国际工程咨询公司、中国电力工程顾问集团公司：

近年来，随着我国经济的快速发展和人民生活质量的不断提高，电力需求增长持续攀升，不少地区出现电力供应紧张的状况。为尽快缓解电力供需矛盾，国家抓紧制定电力规划，增加了电站建设规模，加快了电力建设步伐。但在燃煤电站项目前期工作中，出现了布局不合理、质量下降等问题，有的项目忽视了国家关于技术进步、环境保护、节约用水等方面的规定。

为了贯彻落实党中央关于树立科学发展观的精神，促进国民经济、能源和环境的协调发展，针对我国能源以煤为主的国情，必须高度重视燃煤电站规划及建设的各方面因素，尽快提升燃煤电站技术水平，严格执行国家产业政策和环境排放标准，规范电站项目建设，确保电力工业可持续发展。现将有关要求通知如下：

一、统筹规划，做好电站布局

燃煤电站项目要高度重视规划布局合理性。我国能源资源和电力负荷在地域上分布不均，电站规划布局需要符合我国一次能源总体流向，综合平衡煤源、水源、电力负荷、接入系统、交通运输、环境保护等电站建设必要条件，统筹考虑输煤与输电问题。现阶段，在电站布局上优先考虑以下项目：利用原有厂址扩建项目和“以大代小”老厂改造项目；靠近电力负荷中心，有利于减轻电网建设和输电压力的项目；利用本地煤炭资源建设坑口或矿区电站以及港口、铁道路口等运输条件较好的电站项目；有利于电网运行安全，多方向、分散接入系统的项目。

二、提高机组效率，促进技术升级

从长远看，我国一次能源是紧缺的，环境容量有限，电力建设必须要提高效率，保护环境。除西藏、新疆、海南等地区外，其他地区应规划建设高参数、大容量、高效率、节水环保型燃煤电站项目，所选机组单机容量原则上应为60万千瓦及以上，机组发电煤耗要控制在286克标准煤/千瓦时以下。需要远距离运输燃煤的电厂，原则上规划建设超临界、超超临界机组。在缺乏煤炭资源的东部沿海地区，优先规划建设发电煤耗不高于275克标准煤/千瓦时的燃煤电站。

在煤炭资源丰富的地区，规划建设煤矿坑口或矿区电站项目，机组发电煤耗要控制在295克标准煤/千瓦时以下（空冷机组发电煤耗要控制在305克标准煤/千瓦时以下）。在生产外运煤炭的坑口和煤矿矿区，结合当地电力需求和资源条件，可采用先进适用发电技术，建设燃用洗中煤、泥煤及其他劣质煤的大中型电厂。鼓励发展煤电一体化投资项目。

三、严格执行国家环保政策

按照国家环保标准，除燃用特低硫煤的发电项目要预留脱硫场地外，其他新建、扩建燃煤电站项目均应同步建设烟气脱硫设施。扩建电站的同时，应对该电站中未加装脱硫设施的已投运燃煤机组同步建设脱硫装置。鼓励发电企业对已运行的煤电机组实施除尘和脱硫改造。所有燃煤电站均要同步建设排放物在线连续监测装置。

四、高度重视节约用水

鼓励新建、扩建燃煤电站项目采用新技术、新工艺，降低用水量。对扩建电厂项目，应对该电厂中已投运机组进行节水改造，尽量做到发电增容不增水。

在北方缺水地区，新建、扩建电厂禁止取用地下水，严格控制使用地表水，鼓励利用城市污水处理厂的中水或其他废水。原则上应建设大型空冷机组，机组耗水指标要控制在0.18立方米/秒·百万千瓦以下。这些地区建设的火电厂要与城市污水处理厂统一规划，配套同步建设。坑口电站项目首先考虑使用矿井疏干水。鼓励沿海缺水地区利用火电厂余热进行海水淡化。

水资源匮乏地区的燃煤电站要采用节水的干法、半干法烟气脱硫工艺技术。

五、严格控制土地占用量

所有电站项目要严格控制占地规模，严格执行国家规定的土地使用审批程序，原则不得占用基本农田。现阶段优先考虑占地少和不占耕地的电站项目。

六、落实热负荷，建设热电联产项目

在热负荷比较集中，或热负荷发展潜力较大的大中型城市，应根据电力和城市热力规划，结合交通运输和城市污水处理厂布局等因素，争取采用单机容量30万千瓦及以上的环保、高效发电机组，建设大型发电供热两用电站。

在不具备建设大型发电供热机组条件的地区，要根据当地热负荷的情况，区别对待。对于有充足、稳定的工业热负荷和采暖负荷的地区，原则上建设背压式机组，必要时配合建设大型抽汽凝汽式机组，按“抽背”联合运行方式供热；民用采暖负荷为主的中小城市、县城和乡镇，应按统一规划、分步实施的原则，先期建设大型集中供热锅炉房，待热网和热负荷规模发展到一定水平后，再考虑建设大型热电联产电站；对已建成的单机15万千瓦等级及以下抽汽供热机组，必须按“以热定电”的原则进行调度，电厂不带热负荷时不得上网发电。

国家鼓励发展大型热电冷多联产电站。

七、坚持技术引进和设备国产化原则

坚持国产化采购原则，新建及扩建燃煤电站均有义务承担技术引进和设备国产化的任务。国家鼓励采用国产发电设备。未经国家批准，不得进口燃煤发电设备。

优先安排采用国产化设备的整体煤气化联合循环、大型循环流化床、增压流化床等洁净煤先进技术发电项目。

八、关于燃用煤矸石发电的项目

对拥有大量煤矸石资源的矿区，在满足国家环保及用水要求等条件下，可建设适当规模的燃用煤矸石的电站项目。煤矸石电厂必须以燃用煤矸石为主，一般应与洗煤厂配套建设，其燃料低位发热量应不大于12550千焦/千克。鼓励建设单机20万千瓦及以上机组，鼓励建设国产高效大型循环流化床锅炉的煤矸石电厂。

请按以上要求做好燃煤电站项目的规划和建设工作。

中华人民共和国国家发展和改革委员会

二〇〇四年五月十六日

国家发展改革委关于水电建设管理主要河流划分有关事项的通知

发改能源［2004］1716号

各省、自治区、直辖市发展改革委，中国国电集团公司、中国华能集团公司、中国华电集团公司、中国大唐集团公司、中国电力投资集团公司，国家开发投资公司：

为了做好水电项目建设管理工作，根据《国务院关于投资体制改革的决定》，经研究，现将水电建设主要河流划分的有关事项通知如下：

一、主要河流包括大型河流、国际河流和主要跨省界（含边界）河流

（一）大型河流指流域面积在5万平方公里及以上的河流和可开发装机容量在300万千瓦及以上的河流，主要包括以下河流的干流河段。

长江水系：长江干流、金沙江、雅砻江、岷江、大渡河、嘉陵江、乌江、清江、汉江、湘江、沅水、资水、赣江。

黄河水系：黄河干流、渭河。

珠江水系：珠江主源河段的珠江干流、西江、浔江、黔江、红水河和南盘江，以及北盘江、柳江、郁江。

东南沿海诸河：钱塘江、闽江。

（二）国际河流是指所有的跨国界河流和边界河流，如东北地区的额尔古纳河、黑龙江、乌苏里江、鸭绿江、图门江、绥芬河等，西南地区的红河、澜沧江、怒江、依洛瓦底江、雅鲁藏布江等，西北地区的伊犁河、额尔齐斯河、阿克苏河等。

（三）主要跨省界（含边界）河流是指水力资源可开发装机容量在100万千瓦及以上的跨省界河流和边界河流。分别为：

长江水系：鲜水河（青、川）、牛栏江（云、贵）、横江（云、川）、绰斯甲河（青、川）、白龙江（川、甘）、白水江（川、甘）、涪江（川、渝）、酉水（鄂、渝、湘）、溇水（鄂、湘）、诸河（陕、鄂）。

黄河水系：洮河（青、甘）、大通河（甘、青）。

珠江水系：黄泥河（云、贵）。

东北诸河：松花江（吉、黑）、牡丹江（吉、黑）。

二、根据《国务院关于投资体制改革的决定》，企业不使用政府性资金投资建设的水电站，在主要河流上建设的项目和总装机容量25万千瓦及以上项目由国务院投资主管部门核准，其余项目由地方政府投资主管部门核准。请各有关部门和单位按照上述主要河流划分的要求，认真做好水电建设管理工作，确保水能资源的合理开发和有效利用，实现能源资源的优化配置。

中华人民共和国国家发展和改革委员会

二〇〇四年八月十九日

国家发展改革委关于进一步疏导电价矛盾规范电价管理的通知

发改价格［2004］610号

各省、自治区、直辖市发展改革委（计委）、物价局、电力公司，国家电网公司、南方电网公司，中国华能、大唐、华电、国电、中电投集团公司，华北、东北、华东、华中、西北电网公司：

为了有利于缓解电价方面存在的突出矛盾，调节电力供求，按照国务院批准的意见，决定进一步疏导电价矛盾，规范电价管理，促进电力工业健康发展。经商国家电监会，现将有关事项通知如下：

一、进一步调整销售电价水平

本次调整电价，重点解决电网经营企业建设与改造投资还本付息问题，同时适当解决煤炭价格上涨、部分发电企业执行政府定价电量不到位和部分地区新投产发电企业核定上网电价等问题。电价调整幅度按全国平均每千瓦时提高1.4分钱安排，其中，西部地区电价每千瓦时提高2~3分钱，中部、东部地区电价每千瓦时提高0.5~2分钱。各类用户电价中，农业生产用电、中小化肥生产用电价格不做调整；商业用电价格按照与工业电价保持合理比价的原则调整；调整居民电价的，要按规定程序组织召开听证会，同时采取措施减缓电价调整对低收入居民的影响；对部分高耗能行业按国家产业政策试行差别电价（具体意见另行下达），以利于抑制不符合国家产业政策的高耗能企业盲目发展，缓解当前电力供求紧张的矛盾。各地电价具体调整标准，由我委组织集中测算后确定。

二、坚持取消地方自行出台的优惠电价措施

各地要严格按照我委《关于调整电价的通知》（发改电［2003］124号）和我委、电监会《关于对电价违法行为进行整改、规范电价管理有关问题的通知》（发改价检［2003］1152号）的规定，调整、规范高耗能企业用电价格政策，停止执行地方政府自行

出台的优惠电价措施。我委和电监会将加强对优惠电价清理规范工作的督促检查。对有令不行、有禁不止的省（区、市），将提请国务院予以通报批评，并通过媒体公开曝光；对继续执行地方政府越权出台优惠电价措施的电网经营企业，将依法予以查处。

三、规范上网电价管理

（一）对同一地区新投产的同类机组（按水电、火电、核电、风电等分类），原则上按同一价格水平核定上网电价；对安装脱硫环保设施的燃煤电厂，其环保投资、运行成本按社会平均水平计入上网电价，标准由我委统一核定公布。已投产的机组上网电价相差过大的，按《国家计委关于规范电价管理有关问题的通知》（计价格［2001］701号）有关要求，适当拉平，逐步统一，向竞价上网过渡。

（二）规范超发电价管理。对目前存在发电计划内外电量、电价的地区（已经实行区域电力市场化改革、上网电价实行全电量竞价地区除外），以区域电网或区域内省级电网为单位，对燃煤发电机组按我委核定电价和全国统一的发电机组利用小时计入销售电价；其他发电机组按我委核定电价和设计利用小时计入销售电价。超过计入销售电价利用小时的电量，按照反映市场供求关系并兼顾电厂、电网企业利益的原则，以区域电网或区域内省级电网为单位，按同一价格水平确定上网电价。对企业自备电厂自用有余电量的上网电价也按以上超发电价核定原则办理。采取上述措施尽量在发电企业内部平衡，影响电网经营企业平均购电成本变化的，通过适当调整销售电价解决。

（三）上网电价、电量按上述意见规范后，向社会公开发布，以利于监督。

四、对执行发改电［**2003**］**124**号电报有关事项的补充规定

（一）我委统一调整燃煤机组上网电价后，区域电网或区域内省级电网间交易电量的送、售电价格是否调整，由送、售电各方协商确定；协商达不成一致意见的，可报我委裁定。

（二）各地按照发改电［2003］124号电报规定调整电价后，由于电量结构不同销售电价出现缺口或富余空间的，纳入本次电价疏导方案统筹考虑。

（三）已核定电价机组上网电量未超过计入销售电价电量的，执行政府核定上网电价。

五、电力供应紧张地区，要按照我委发改电［**2003**］**124**号电报要求，抓紧修订、完善售电环节峰谷分时电价办法，研究、提出发电环节峰谷分时电价意见，与疏导电价矛盾方案一并下达。

六、请各地价格主管部门按以上要求抓紧调查情况、准备资料、研究意见，做好测算和调整电价的各项准备工作。

中华人民共和国国家发展和改革委员会
二〇〇四年四月十六日

国家发展改革委国家电监会关于贯彻落实国家电价政策有关问题的通知

发改价格［2004］1149号

各省、自治区、直辖市发展改革委、物价局、电力公司，各区域电监局，国家电网公司、南方电网公司，华能、大唐、华电、国电、中电投集团公司，华北、东北、华东、华中、西北电网公司：

为疏导电价矛盾，调节电力供求，经国务院批准，近日，国家发展改革委商国家电监会出台了调整电价水平、规范电价管理的有关政策。为了确保国家政策执行到位、落到实处，现就有关事项通知如下：

一、统一思想，提高认识，做好宣传和落实工作

今年以来，全国已有24个省（区、市）出现不同程度的拉闸限电，三季度的电力供需形势将更加严峻。同时，电力企业面临较大的成本增支压力。一方面，为提高电网供电能力和供电质量、实现城乡用电同网同价，1998年以来电网企业新增投资7000亿元，造成资产负债率上升、还本付息压力巨大；另一方面发电用煤价格猛涨，发电企业经营困难。为了调节电力供求，解决电网企业建设与改造投资还本付息、煤炭价格上涨等问题，国务院决定对全国电力价格水平作适当调整，这是当前国家为缓解电力供应紧张局面而采取的一项重大调控措施。各地区、各有关部门要提高认识，统一思想，顾大局、识大体，正确处理局部与整体、眼前与长远、中央与地方的利益关系，严格按照国家规定执行，同时要通过各种方式做好这次电价调整的宣传解释工作，确保国家出台的电价调整和规范电价管理的各项政策、措施得到贯彻落实。

二、严格执行国家电价政策，切实将各项电价调整措施落到实处

（一）各地电力企业应严格按照国家规定的价格调整水平、调整时间执行到位。不得擅自提高或降低

价格，也不得提前或推迟执行。

（二）电网企业与发电企业结算上网电价时，应严格按照国家核定的价格水平和发电利用小时执行，超过国家核价发电利用小时的电量，要严格执行国家规定的超发电价。

（三）各地电网企业应严格按照差别电价政策界限，对电解铝、铁合金、电石、烧碱、水泥、电炉钢等6个高耗能行业，区分淘汰类、限制类、允许和鼓励类企业执行差别电价。执行中如有分歧，可报请省级发改、经贸、物价部门进行认定。同时请有关部门尽快制订实行差别电价的操作办法，报国家发展改革委备案。

（四）新实行尖峰电价和修订峰谷分时、丰枯季节电价地区的电网企业应尽快调整表计，按照国家规定的原则和确定的标准执行，确保以上措施在今年迎峰度夏工作中发挥作用。严禁借执行分时电价之机变相提高或降低电价。

（五）除国家批准以外，其他地区电网企业应严格按照国家有关规定，坚决取消地方自行出台的优惠电价措施，合理引导电力消费。

（六）各地电网企业应按照本地区统一的征收标准，对自备电厂（不含利用余热余压发电、事故备用柴油发电机组）自发自用电量征收三峡基金、农网还贷基金每千瓦时2分钱、城市公用事业附加费等政府性基金和附加，上缴国家财政部门，并按照现行财务制度规定专款专用。各地电网企业对接网的自备电厂应征收系统备用费，具体征收标准由省级价格主管部门制定，报国家发展改革委备案。

（七）各地电网企业应严格执行国家规定的农业经济作物、养殖业用电价格和中小化肥用电价格政策。

（八）拟调整居民生活电价的地区，请当地省级价格主管部门认真组织召开听证会，报国家发展改革委核准。

（九）电价调整后，提价收入应用于电力建设和发展。电网企业提价收入应用于增加电网建设投入、归还贷款本息。农网还贷资金应专款专用。禁止将提价收入用于提高工资、奖金和其他福利性支出。

三、进一步推行电价、电量和电费“三公开”制度，维护电力市场正常秩序

各地价格主管部门和电力企业要按照《国家发展改革委、国家电监会关于对电价违法行为进行整改规范电价管理有关问题的通知》（发改价格［2003］1152号）和《国家发展改革委关于进一步疏导电价矛盾规范电价管理的通知》（发改价格［2004］610号）要求，推行电价、电量和电费“三公开”制度，采用适当方式尽快向社会公布电价和电量以及电费结算情况，以利于各方监督执行。国家电监会和国家发展改革委将研究制定“三公开”制度的具体办法，尽快下发实施。

四、加强对电价执行情况的监测，及时报告情况

电价疏导矛盾文件出台后，各地价格主管部门要密切监测本地区电价执行情况，注意听取电力企业、电力用户特别是高耗能用户的意见和建议，分析峰谷电价、分时电价在迎峰度夏中的作用，要按照国家有关规定妥善处理好电价执行中出现的新情况、新问题。同时，各省级价格主管部门要自6月28日至8月8日，每周一向国家发展改革委（价格司）上报一次电价执行情况，同时抄报国家电监会。遇有特殊问题要及时报告。传真电话：（010）68502287、68502183，（010）66022132（国家电监会）。

五、加强电价监督检查，加大查处力度

各地价格主管部门和电力监管机构要加强对国家政策执行的监督检查，督促各项电价政策措施执行到位，确保国家有关价格宏观调控政策的落实。国家发展改革委和国家电监会将从7月起对各地电价调整及执行电价政策情况进行专项检查，依法查处价格违法行为。

中华人民共和国国家发展和改革委员会
国家电力监管委员会
二〇〇四年六月二十一日

国家发展改革委印发关于建立煤电价格联动机制的意见的通知

发改价格［2004］2909号

各省、自治区、直辖市发展改革委（计委）、物价局，国家电网公司、南方电网公司，华能、大唐、国电、华电、中电投集团公司，国家开发投资公司，神华集团公司，中国中煤能源集团公司，中国煤炭运销协会，中能电力工业燃料公司：

去年以来，我国经济运行中资源约束矛盾加剧，煤炭、电力供应紧张，价格矛盾突出。为理顺煤电价格关系，促进煤炭、电力行业全面、协调、可持续发展，经国务院批准，决定建立煤电价格联动机制。现将《关于建立煤电价格联动机制的意见》印发你们，

并就有关问题通知如下：

一、加强电煤价格监测工作

及时、准确地掌握煤价变化情况是顺利实施煤电价格联动的关键。各级价格主管部门要加强对本地区发电用煤价格的监测，尤其是对地方国有煤矿、乡镇煤矿煤炭价格的监测；煤炭运销协会和中能电力工业燃料公司，要分别对国有重点煤矿出矿价（车板价）和发电企业到厂煤价、从煤矿购煤的车板价进行监测。有关煤炭、电力企业要及时、真实、准确、完整地提供煤炭价格资料。各省（区、市）价格主管部门和煤炭运销协会、中能电力工业燃料公司每月要向我委报告汇总的煤价监测数据。

二、稳妥实施煤电价格联动

煤电价格联动由我委组织各省（区、市）价格主管部门及有关电力、煤炭企业实施。首次煤电价格联动以2004年5月底煤炭企业销售电煤的车板价为基础，根据6～11月电煤车板价的平均涨幅，按照本文所附煤电价格联动公式测算和调整发电企业上网电价和电网经营企业对用户的销售电价。电价调整将尽量以区域电网为单位进行。区域电网内煤价涨幅差距较大的，分省（区、市）调整电价。为保证首次煤电价格联动的顺利实施，调整电价时电网经营企业输配电价标准维持现行实际水平不变，居民、农业、中小化肥电价暂不作调整。

三、适当调控电煤价格

为保持国民经济的平稳、协调发展，决定2005年在全国范围内对电煤价格进行适当调控。具体措施是：

（一）煤电双方已签订长期供货合同、并在合同中明确了电煤交易价格的，按照合同价执行，铁路、交通部门优先安排运力。

（二）对尚未签订长期合同的电煤，2005年车板价以2004年9月底实际结算的车板价为基础，在8%的幅度范围内，由煤电双方协商确定。2004年煤价已经较高、涨幅较大的，按较低的幅度协商；煤价较低、涨幅较小的，可按较高的幅度协商。

煤、电企业在协商确定电煤价格过程中，要顾全大局，不得因为价格纠纷而停止供煤或停止发电。对破坏煤、电生产秩序、危害国民经济平稳运行的企业，国家将依法予以严肃查处。

四、加强对电煤价格的监督检查

各级价格主管部门要密切关注电煤价格动态，加强对电煤价格的监督检查。尤其要采取得力措施，加强对小煤矿价格执行情况的监督检查。对不执行最高限价、哄抬价格、价格垄断等价格违法行为，要依照《价格法》、《价格违法行为行政处罚规定》等法律法规，进行严肃处理，并对典型案件予以公开曝光。

附件：一、《国家发展改革委关于建立煤电价格联动机制的意见》

二、煤电价格联动计算方法

中华人民共和国国家发展和改革委员会

二〇〇四年十二月十五日

附件一：

关于建立煤电价格联动机制的意见

（一）为理顺煤电价格关系，促进煤炭、电力行业全面、协调、可持续发展，根据国办发［2004］47号文件要求，决定建立煤电价格联动机制。

（二）从长远看，要在坚持放开煤价的基础上，按照国务院颁布的《电价改革方案》规定，对电力价格实行竞价上网，建立市场化的煤电价格联动机制。

（三）过渡期间，应加快推进电力市场建设，积极开展电力竞价上网试点。同时，按照“市场导向、机制协调、价格联动、综合调控”的思路，建立灵活的、能够及时反映煤价变化的电价调整机制。

（四）上网电价与煤炭价格联动。根据煤炭价格与电力价格的传导机制，建立上网电价与煤炭价格联动的公式（见附件）。以电煤综合出矿价格（车板价）为基础，实行煤电价格联动。为促进电力企业降低成本、提高效率，电力企业要消化30%的煤价上涨因素。燃煤电厂上网电价调整时，水电企业上网电价适当调整，其他发电企业上网电价不随煤价变化调整。

（五）建立电煤价格信息系统及指标体系。设立分煤种的煤炭交易量、交易价格统计指标体系，确定统计标准、采价点、报送制度、统计方法等，并在此基础上计算平均煤价及变化幅度，定期对外发布，作为煤电价格联动的计算依据。

（六）销售电价与上网电价联动。上网电价调整后，按照电网经营企业输配电价保持相对稳定的原则，相应调整电网企业对用户的销售电价。各类用户的销售电价中，居民电价、农业电价、中小化肥电价保持相对稳定，一年最多调整一次，调整居民用电价格应依法召开听证会；其他用户电价随上网电价变化相应调整。

（七）核定电网经营企业输配电价格。在电网经营企业实行“主辅分离”前，按照电网经营企业实际的电力购销价差，核定并公布各电网输配电价标准，作为煤电价格联动的基础。在电网经营企业实行“主辅分离”、明确界定电网输配电资产后，依据国家制定的输配电价格定价机制和输配电价格成本监审办法，合理核定电网经营企业的输配电价标准，在此基础上实行煤电价格联动。

（八）确定电价联动周期。原则上以不少于6个月为一个煤电价格联动周期。若周期内平均煤价比前一周期变化幅度达到或超过5%，相应调整电价；如变化幅度不到5%，则下一周期累计计算，直到累计变化幅度达到或超过5%，进行电价调整。

（九）按电网区域分价区实行煤电价格联动。由国家发改委根据煤炭平均车板价变化情况，按区域电网或在区域电网内分价区实施煤电价格联动，并将具体实施情况报国务院备案。

（十）政府依法对煤炭价格进行适当调控。为避免煤炭价格发生剧烈波动，依据《价格法》的规定，由国务院授权国家发改委在煤炭价格出现大幅度波动时，在全国或部分地区采取价格干预措施。

（十一）制止价格垄断和价格联盟行为。电煤价格不分重点合同内外，均由供需双方协商确定。地方政府或其职能部门不得直接干预煤价。煤炭企业要充分考虑用户的承受能力，合理调整煤炭价格，不得结成联盟哄抬煤价。电力企业要通过提高效率、降代消耗，消化部分煤价上涨成本，并增加电厂对煤价的决策权，不得串通压低煤价。

（十二）整顿煤炭流通秩序，制止中间环节各种乱加价行为。鼓励煤电双方直接订立购销合同，减少中间环节。煤电双方签订供货合同的煤炭应实行直达供应，不得经过中间环节倒买倒卖。逐步提高签订供货合同的煤量在全部发电用煤量中的比重。制止地方政府有关部门和运输企业对煤炭乱加价、乱收费的行为，逐步取消地方政府在煤价外加收的各项基金和费用，减轻煤电企业负担。

（十三）推进煤炭订货方式改革，鼓励煤电双方签订中长期合同。鼓励煤电双方稳定供需关系，签订中长期合同，运输部门应对中长期合同优先安排运力。

附件二：

煤电价格联动计算方法

（一）上网电价与煤炭价格联动

计算方法如下：

上网电价调整标准＝煤价变动量×转换系数

其中，转换系数与供电标准煤耗、发热量、消化比例等因素有关，具体计算方法为：

转换系数＝(1－消化比例)×供电标准煤耗×7000/天然煤发热量×(1＋17%)/(1＋13%)

（二）销售电价与上网电价联动

计算方法如下：

销售电价调整标准＝上网电价调整标准×比例系数

其中，比例系数＝1/（1－输配电损耗率）

关于印发《电力用户向发电企业直接购电试点暂行办法》的通知

电监输电［2004］17号

各省、自治区、直辖市发展改革委（计委）、经贸委（经委）、物价局，国家电网公司、南方电网公司，华能、大唐、华电、国电、中电投集团公司，三峡开发总公司，神华集团公司，各有关发电公司：

根据电力体制改革工作小组第六次会议精神，国家电力监管委员会、国家发展和改革委员会制定了《电力用户向发电企业直接购电试点暂行办法》，现予印发，请依照执行。

国家电力监管委员会

中华人民共和国国家发展和改革委员会

二〇〇四年三月二十九日

电力用户向发电企业直接购电试点暂行办法

在具备条件的地区，开展较高电压等级或较大用电量的电力用户（以下简称大用户）向发电企业直接购电的试点，是深化电力体制改革的重要内容。为保证试点工作规范、有序进行，根据《国务院关于印发电力体制改革方案的通知》（国发［2002］5号）的要求和国务院电力体制改革工作小组第六次会议的精神，制定本暂行办法。

一、试点的指导思想、目的和原则

(1) 开展大用户（含独立核算的配电企业，下同）向发电企业直接购电试点的指导思想是：从我国电力工业实际出发，借鉴国外有益经验，遵循电力工业发展规律，保障电网安全稳定运行，以公平开放电网为基础，以确定合理的输配电价为核心，以供需直接见面为主要特征，积极培育市场主体，促进科学合理电价机制的形成，逐步构建政府监管下的政企分开、公平竞争、开放有序、健康发展的电力市场体系。

大用户向发电企业直接购电，是一项复杂的系统工程，必须通过试点积累经验，创造条件，积极稳妥地推进。

(2) 开展大用户向发电企业直接购电试点工作，要达到下列目的：

——优化电力资源配置，提高资源利用效率，促进电力发展；

——在发电和售电侧引入竞争机制，促进企业降低成本，提高效率，提高国民经济整体竞争力；

——探索输配分开、电网公平开放的有效途径和办法，改变电网企业独家购买电力的格局，促进竞价上网，进一步打破垄断，加快建立竞争、开放的电力市场；

——探索建立合理的输配电价形成机制，促进电价改革，促进电网的可持续发展。

(3) 试点工作应当遵循下列原则：

——统一部署，稳妥推进，有计划、有步骤地搞好试点，防止一哄而上；

——规范起步，规则先行，切实保障大用户、发电企业和电网经营企业的合法权益，防止盲目无序；

——立足多赢，创造多赢，充分发挥大用户、发电企业和电网经营企业的作用；

——试点先行，循序渐进，维持电网电力电量供应平衡，保持电价总体水平稳定；

——积极试点，稳步推进，维护国家整体利益，推进相关配套改革，为试点工作创造必要的外部条件；

——维护电力调度秩序，保障电网安全稳定运行。参加试点的发电企业和大用户，按电力统一调度的要求，在电网紧急情况下，参与调峰和错峰、避峰用电。

二、试点的范围和条件

(4) 参加试点的单位原则上应处于电力供需相对宽松的地区，且具备以下条件：

参加试点的大用户、发电企业（含内部核算电厂）、电网经营企业，应当是具有法人资格、财务独立核算、能够独立承担民事责任的经济实体。

符合国家产业政策、用电负荷相对稳定、单位产值能耗低、污染排放小的大用户，可申请参加试点。

符合国家产业政策、并网运行的发电企业，原则上，装机容量60万千瓦及以上且单机容量30万千瓦及以上的火力发电企业（含核电），装机容量20万千瓦及以上或单机容量10万千瓦及以上的水力发电企业，可申请参加试点。

(5) 大用户向发电企业直接购电，一般通过现有公用电网线路实现。确需新建、扩建或改建线路的，应符合电网发展规划，由电网经营企业按投资管理权限报批，建设和运营。大用户已有自备电力线路并符合国家有关规定的，经省政府有关部门组织电网经营企业进行安全校验，并委托电网经营企业调度、运行，可用于输送直购电力。

(6) 非配电企业的大用户直购的电力电量，限于自用，不得转售或者变相转售给其他用户。配电企业销售直购的电力电量，要严格遵守国家有关政策。

(7) 由国家统一分配电量的电厂暂不参加试点。参加试点发电企业原核定的上网电量、调度、结算等关系保持不变。

(8) 试点电量依法交纳有关税费和国家规定的基金。

三、试点的主要内容

(9) 电网公平开放。在电网输电能力、运行方式和安全约束允许的情况下，电网经营企业应当提供过网输电服务。

(10) 自主协商直购电价格。大用户向发电企业直接购电的价格、结算办法，由购售双方协商确定，并在相关合同中明确。

(11) 合理确定输配电价。按照《国务院办公厅关于印发电价改革方案的通知》（国办发［2003］62号）的要求，输配电价由政府价格主管部门按“合理成本、合理盈利、依法计税、公平负担”的原则制定。近期暂按交易所在电网对应电压等级的大工业用电价格扣除平均购电价格的原则测算，报国务院价格主管部门批准后执行。国家出台新的输配电价政策后，按新的政策执行。

(12) 规范直购电合同管理。参加试点的大用户、发电企业和电网经营企业应参考《电量直接购售合同（范本）》和《委托输电服务合同（范本）》，签订相关合同（协议），并严格执行。电量直接购售合同（协议）的主要内容应包括负荷、电量、供电方式、生产计划安排、计量、结算、电价、调度管理、违约责任、赔偿以及争议的解决方式等。

(13) 专项和辅助服务。电网根据可靠性和服务质量标准的要求，负责提供专项和辅助服务。发电企业和大用户根据合同约定对电网经营企业提供辅助服务。专项和辅助服务价格标准执行国家有关规定。

在近期按交易所在电网对应电压等级的大工业用电价格扣除平均购电价格的原则确定输配电价时，电网经营企业对发电企业和大用户不再另行收取专项和辅助服务费用。

大用户已有自备线路委托电网经营企业调度、运行时，专项和辅助服务等费用按有关规定测算、报批，并在相关合同（协议）中明确。

（14）加强调度管理和调度信息披露。发电企业、大用户应当服从电力统一调度，并及时向电力调度机构报送电力直购和过网供电服务相关信息、报表。电力调度机构应当按照“公平、公正、公开”的原则和有关合同（协议）进行调度，并及时向发电企业、大用户披露电力调度信息。

四、试点的组织实施

（15）试点工作由国务院电力体制改革工作小组统一领导，国家电力监管委员会与国家发展和改革委员会根据本暂行办法制定实施细则和相关合同范本，具体负责试点的组织实施，确保试点工作规定进行。具体试点省份由电监会商发展改革委从要求开展试点工作的省份中研究确定。

（16）参加试点的单位根据本暂行办法和实施细则制定试点方案，经省人民政府指定的省政府经济综合管理部门组织有关单位初审后，报国家电力监管委员会和国家发展和改革委员会，电监会商发展改革委审定后实施。

（17）未经国家批准，任何单位不得擅自进行试点，违反规定的，国家电力监管委员会和国家发展和改革委员会按照各自职责查处。

关于中央企业主辅分离辅业改制分流安置富余人员资产处置有关问题的通知

国资发产权［2004］9号

各中央企业：

为贯彻落实《中共中央国务院关于进一步做好下岗失业人员再就业工作的通知》（中发［2002］12号），切实做好中央企业主辅分离辅业改制分流安置富余人员（以下简称改制分流）过程中的资产处置工作，根据《关于国有大中型企业主辅分离辅业改制分流安置富余人员的实施办法》（国经贸企改［2002］859号）等有关规定，现将企业改制分流过程中涉及的非主业资产、闲置资产和关闭破产企业的有效资产（以下简称三类资产）处置的有关问题通知如下：

一、中央企业应根据国资委、财政部、劳动保障部的联合批复文件精神，逐个对所属企业改制分流所利用的三类资产情况进行审核认定，出具认定证明文件，并按照《国有企业清产核资办法》（国资委令第1号）、《财政部关于印发〈企业公司制改建有关国有资本管理与财务处理的暂行规定〉的通知》（财企［2002］313号）和国有资产评估管理的有关规定，对三类资产进行清查、审计和评估。其中，对同一批实施改制的企业，原则上选取相同的评估基准日。

二、改制企业可用国有净资产进行下列支付和预留：

（一）支付解除职工劳动合同的经济补偿金。职工解除劳动合同支付的经济补偿金，按照《关于印发国有大中型企业主辅分离辅业改制分流安置富余人员的劳动关系处理办法的通知》（劳社部发［2003］21号，以下简称21号文件）执行。

（二）支付为移交社会保障机构管理的职工一次性缴付的社会保险费。企业支付的社会保险费，按照省级人民政府确定的缴费比例执行。

（三）预留因改制分流实行内部退养的人员的生活费和社会保险费。预留生活费标准由企业根据有关规定确定，最高不超过按所在省（区、市）计算正常退休人员养老金的办法核定的数额。社会保险费按内部退养前的基数一次核定，不再调整。原主体企业对预留费用应制定切实可行的管理办法，进行专项管理，确保内部退养人员费用按时、足额支付。

中央企业应根据21号文件的规定，将原主体企业解除劳动合同的情况（人数、支付经济补偿金的标准、总额及资金来源）、为移交社会保障机构管理的职工一次性缴付的社会保险费以及预留内部退养人员费用等，报企业所在地省级劳动保障部门审核备案，并按有关批复文件规定进行支付和预留。

三、国有净资产不足以进行支付和预留的，不足部分由原主体企业予以补足。补足后，原主体企业原则上不再向改制企业作新的投入。

四、用国有净资产进行支付和预留后有剩余的，剩余部分可按规定向员工或外部投资者出售，或采取租赁、入股、转为债权等方式留在改制企业，但不得无偿量化到个人。

五、中央企业应委托会计师事务所对用国有净资产进行支付和预留的情况进行专项审计，并由会计师事务所出具专项审计报告。

六、用国有净资产按规定进行各项支付和预留（含原主体企业予以补足的部分）造成账面国有资产减少的，由中央企业在每一批改制企业完成公司设立登记后30日内，将有关情况汇总报国资委批准后冲减国有权益。

七、中央企业申请冲减国有权益需报送以下材料：

（一）中央企业关于改制分流冲减国有权益的申请；

（二）企业产权登记表证；

（三）企业三类资产的认定证明文件；

（四）企业三类资产的资产清查报告或清产核资

结果批复文件；

（五）企业三类资产评估备案表；

（六）改制后企业国有股权设置方案批复文件；

（七）新设公司制企业的法人营业执照复印件；

（八）省级劳动保障部门出具的审核意见书以及企业报送劳动部门备案的职工安置情况实施结果；

（九）会计师事务所出具的关于用国有净资产进行支付和预留情况的专项审计报告；

（十）三类资产处置情况表（略）；

（十一）中央企业、原主体企业等有关企业评估基准日的财务报告；

（十二）国资委需要的其他材料。

原改制企业为公司制企业的，应同时附送有关冲减权益的股东会决议。

八、中央企业、原主体企业、改制企业等有关企业应根据规定及时办理产权登记等手续。

国务院国有资产监督管理委员会

二〇〇四年一月十九日

关于中央企业加强产权管理工作的意见

国资发产权［2004］180号

各中央企业：

为贯彻落实党的十六届三中全会《中共中央关于完善社会主义市场经济体制若干问题的决定》（以下简称《决定》）精神，推动国有经济布局和结构的战略性调整，发展和壮大国有经济，推进中央企业逐步建立“归属清晰、权责明确、保护严格、流转顺畅”的现代产权制度，促进中央企业加强产权管理，现提出以下意见：

一、认真学习贯彻《决定》，深刻领会建立现代产权制度的重要意义。现代产权制度是完善公有制为主体、多种所有制经济共同发展的基本经济制度的内在要求，是构建现代企业制度、完善企业法人治理结构、落实出资人层层到位的重要基础，也是明确相关主体权利和责任、健全企业经营者激励约束机制的基本前提。各中央企业要认真学习《决定》，深刻领会建立现代产权制度的重要意义和作用，树立产权观念、强化产权意识、理顺产权关系、加强产权管理，创造条件建立健全现代产权制度。

二、高度重视产权登记、资产评估等产权管理基础工作，做到产权归属清晰、资产估价科学。国有资产产权登记和资产评估是产权管理重要的基础性工作，也是建立现代产权制度的基础。产权登记的主要作用是依法确认国有资产权属关系，企业通过产权登记取得的国有资产产权登记表证是确认企业产权归属的法律凭证。各中央企业在对外投资、资产划转、产权转让、合并分立、企业改制等经济活动中，要严格按照有关规定办理产权登记。资产评估是维护国有产权合法权益的重要手段，评估结果是资产作价的基础依据。中央企业发生国有产权变动行为时应当认真做好资产评估工作，要聘请具有相应资质的评估机构进行评估，并按照规定程序办理核准和备案手续。各中央企业要加强对资产评估结果运用的管理，切实维护国有产权的合法权益。

三、规范国有产权转让行为，防止国有资产流失。各中央企业要认真贯彻落实《企业国有产权转让管理暂行办法》，在推进国有经济布局和结构的战略性调整、促进国有资本合理流转过程中，严格规范企业国有产权转让行为，加强对产权转让的全过程管理：一是要严格履行内部决策程序和审批程序；二是要按规定做好清产核资、财务审计和资产评估，并以评估值作为转让价格的参考依据；三是要坚持产权转让进入市场并公开披露有关转让信息，广泛征集受让方，杜绝暗箱操作；四是要选取适当的转让方式，确保国有资产不流失；五是要注意保护职工权益；六是要及时进行转让鉴证和产权变更登记，做好转让收益管理。

四、加强上市公司国有股权管理，切实维护国有股权益。各中央企业要按照有关国有股权管理法律法规要求，正确行使股东权利，依法履行股东义务，承担相应责任，指导和督促全资、控股子企业做好所持上市公司国有股权管理工作。在涉及上市公司国有股变动、增资扩股、配股、国有股质押等重大事项时，应严格履行内部决策程序和审批程序；在上市公司国有股转让中，要按照“公平、公开、公正”的原则，采取有效方式，广泛选择受让方，促进形成市场发现价格的有效机制，最大可能地实现国有资产保值增值；在受让上市公司社会法人股时，要认真做好可行性研究，严格受让股份行为的内部决策程序，确保合理定价，并及时办理股份性质变更的审批和过户登记手续。

五、认真做好主辅分离、辅业改制、分流安置富余人员中的资产处置工作。主辅分离辅业改制是解决国有大中型企业人员分流安置富余人员的重要途径，也是盘活资产、做强做大主业、深化国有企业改革的重大举措。在改制中，各中央企业要按照有关规定，严格界定辅业资产、闲置资产和关闭破产企业的有效资产，认真组织清产核资、财务审计、资产评估等工作，保证资产价值真实可靠。在使用净资产支付安置职工费用时，要严格执行国家有关社会保障的规定标准，确保职工合法权益。需要核销国有权益的，要严格履行报批程序，并根据批复结果进行账务处理。

六、加强投资和资本运作的管理。认真做好企业中长期发展战略和规划，建立规范科学的投资决策和资本运作程序，防范投资风险。各中央企业要科学、合理地确定企业内部管理级次，要适当集中投资决策权，杜绝散乱现象，保持稳健的资本结构，防止债务风险。突出主业，发展核心业务，培育优良资产，防止盲目扩张。以实物资产和无形资产对外投资的，要严格按照规定进行资产评估，投资形成的产权关系，要及时进行产权登记。

七、大力发展股份制，优化企业产权结构。股份制是公有制的主要实现形式，也是提高国有资本运营效率的有效途径。各中央企业要按照党的十六届三中全会要求，从搞活国有企业、大力发展混合所有制经济要求出发，加快股份制改革的步伐，促进形成不同产权主体间多元投资、互为补充的产权结构，提高国有资本的控制力。在股份制改革中，各中央企业要认真执行《国务院办公厅转发国务院国有资产监督管理委员会关于规范国有企业改制工作意见的通知》（国办发［2003］96号），严格按照有关规定做好行为审批、清产核资、资产评估、股权界定等各项工作；股份公司设立后，中央企业要严格履行股东职责，正确行使股东权利，认真做好股权收益收缴等工作。

八、认真做好资产划转工作。资产划转是指国有资产产权在国有单位之间的无偿转移。各中央企业要着眼于国有企业改革和发展的大局，以实现国有经济资源的优化配置、减轻企业负担、提高企业竞争力为目标，认真做好资产和产权划转的可行性研究，严格规范划转工作，确保资产和产权划转符合企业的总体发展战略和长远目标。在划转中，要严格报批手续，切实维护企业的法人财产权，注意处理好企业的债权债务关系、劳动人事关系及其他相关事宜，并保证职工的妥善安置。

九、采取切实措施加强境外国有资产管理。各中央企业在向境外投资设立企业，或将境内资产转移、转让到境外，以及将境外资产转移、转让时，要做好资产评估、产权登记等基础工作，同时要严格履行报告制度和审批程序。对在境外设立的企业、分支机构要建立健全有效的监管制度，加强监督检查，防止境外国有资产流失。

国务院国有资产监督管理委员会

二〇〇四年二月二十三日

关于企业国有产权转让有关问题的通知

国资发产权［2004］268号

各中央企业，各省、自治区、直辖市国资委：

《企业国有产权转让管理暂行办法》（国资委、财政部令第3号，以下简称《办法》）施行后，一些中央企业和地方国资监管机构反映在企业国有产权转让操作过程中的一些问题，要求予以明确。经研究，现就有关问题通知如下：

一、关于实施主辅分离、辅业改制工作中资产处置与《办法》有关规定的衔接问题

在国有大中型企业主辅分离、辅业改制，分流安置富余人员过程中，经国资监管机构及相关部门确定列入主辅分离、辅业改制范围企业的资产处置，应当按照《关于国有大中型企业主辅分离辅业改制分流安置富余人员的实施办法》（国经贸企改［2002］859号）及有关配套文件的规定执行。对于改制企业的国有净资产按规定进行各项支付的剩余部分，采取向改制企业的员工或外部投资者出售的，应当按照国家有关规定办理，具体交易方式可由所出资企业或其主管部门（单位）决定。

二、关于重要子企业的重大国有产权转让事项的确定问题

中央企业按国务院国资委印发的《关于贯彻落实〈国务院办公厅转发国务院国有资产监督管理委员会关于规范国有企业改制工作意见的通知〉的通知》（国资发改革［2004］4号）的相关规定办理，暂由中央企业确定其转让行为报国务院国资委批准或自行决定；地方企业暂由地方国资监管机构按照有关规定，结合各地实际明确相应的管理要求。在国务院国资委对重要子企业的重大事项管理办法出台后按照新的规定办理。

三、关于转让企业国有产权涉及上市公司国有股性质变化的有关操作问题

转让企业国有产权涉及上市公司国有股性质变化的，应按照《办法》规定的程序进行，到经国资监管机构选择确定的产权交易机构中公开披露产权转让信息，广泛征集受让方。在确定受让方并草签产权转让合同后，由转让方按照国家对上市公司国有股转让管理的规定，将涉及的上市公司国有股性质变化事项报

国务院国资委审核批准。其他事项按以下程序办理：

（一）转让企业国有产权涉及上市公司国有股性质变化的事项获得批准后，转让方应当持批准文件、受让方的全额现金支付凭证到产权交易机构办理产权交易鉴证手续。

（二）转让、受让双方应持国务院国资委对涉及上市公司国有股性质变化事项的批准文件、受让方的全额现金支付凭证、产权交易机构出具的产权交易凭证或省级以上国资监管机构对直接采取协议方式转让国有产权的批准文件等，按照规定程序到证券登记结算机构办理上市公司国有股变更登记手续。

（三）转让企业国有产权涉及上市公司国有股性质变化的，转让方还应按照证券监管部门的有关规定履行信息披露义务，且信息披露时间不得晚于在产权交易机构中披露产权转让信息的时间。

四、关于企业国有产权转让方案的制定及落实问题

企业国有产权转让方案是相关批准机构审议、批准转让行为以及产权转让成交后转让方落实相关事项的重要依据，转让方应重点做好以下内容的研究和落实工作：

（一）转让方应当对企业国有产权转让行为进行充分论证和深入分析，必要时可以聘请相关专业咨询机构提出企业国有产权转让的咨询、论证意见。

（二）对转让标的企业涉及的职工安置方案，应当按照国家有关政策规定明确提出企业职工的劳动关系分类处理方式和有关补偿标准，经该企业职工代表大会讨论通过，并获企业所在地劳动保障行政部门审核同意。

（三）企业国有产权转让成交后，转让方应按照《国务院办公厅转发国务院国有资产监督管理委员会〈关于规范国有企业改制工作意见〉的通知》（国办发[2003] 96号）和《办法》的相关规定，做好转让方案各项内容的落实工作。除国家另有规定外，不得采取转让前将有关费用从净资产中抵扣的方法进行企业国有产权转让。

五、关于企业国有产权转让信息公开披露问题

为保证企业国有产权转让信息披露的充分性和广泛性，企业国有产权转让相关批准机构必须加强对转让公告内容的审核，产权交易机构也应当加强对企业国有产权转让信息披露的管理。

（一）产权转让公告应由产权交易机构按照规定的渠道和时间公开披露，对于重大的产权转让项目或产权转让相关批准机构有特殊要求的，转让方可以与产权交易机构通过委托协议另行约定公告期限，但不得少于20个工作日。转让公告期自报刊发布信息之日起计算。

（二）产权转让公告发布后，转让方不得随意变动或无故提出取消所发布信息。因特殊原因确需变动或取消所发布信息的，应当出具相关产权转让批准机构的同意或证明文件，并由产权交易机构在原信息发布渠道上进行公告，公告日为起算日。

（三）在产权转让公告中提出的受让条件不得出现具有明确指向性或违反公平竞争的内容。企业国有产权转让信息公开披露后，有关方面应当按照同样的受让条件选择受让方。

六、关于对意向受让方的登记管理问题

为保证有关方面能够按照公开、公正、公平的原则参与企业国有产权交易，在企业国有产权转让公告发布后，对征集到的意向受让方按照以下规定进行管理：

（一）对征集到的意向受让方由产权交易机构负责登记管理，产权交易机构不得将对意向受让方的登记管理委托转让方或其他方面进行。产权交易机构要与转让方按照有关标准和要求对登记的意向受让方共同进行资格审查，确定符合条件的意向受让方的数量。

（二）产权交易机构要对有关意向受让方资格审查情况进行记录，并将受让方的登记、资格审查等资料与其他产权交易基础资料一同作为产权交易档案妥善保管。

（三）在对意向受让方的登记过程中，产权交易机构不得预设受让方登记数量或以任何借口拒绝、排斥意向受让方进行登记。

国务院国有资产监督管理委员会

二〇〇四年八月二十五日

国务院国有资产监督管理委员会令

第7号

现公布《中央企业经济责任审计管理暂行办法》，自2004年8月30日起施行。

国务院国有资产监督管理委员会主任 李荣融

二〇〇四年八月二十三日

中央企业经济责任审计管理暂行办法

第一章 总 则

第一条 为加强对国务院国有资产监督管理委员会（以下简称国资委）履行出资人职责企业（以下简称企业）的监督管理，规范企业经济责任审计工作，客观评判企业负责人任期经济责任及经营绩效，根据《企业国有资产监督管理暂行条例》和国家有关法律法规，制定本办法。

第二条 企业及其独资或者控股子企业的经济责任审计工作，适用本办法。

第三条 本办法所称企业经济责任审计，是指依据国家规定的程序、方法和要求，对企业负责人任职期间其所在企业资产、负债、权益和损益的真实性、合法性和效益性及重大经营决策等有关经济活动，以及执行国家有关法律法规情况进行的监督和评价的活动。

第四条 本办法所称企业负责人是指企业主要负责人，即法定代表人。

第五条 国资委按照企业负责人管理权限负责组织对企业负责人的经济责任审计工作，并会同有关部门依法对企业经济责任审计工作进行监督。

第二章 审计工作组织

第六条 企业经济责任审计工作，按照企业负责人管理权限和企业产权关系，依据“统一要求、分级负责”的原则组织实施。

（一）企业负责人离任或任期届满，都应依据国家有关法律法规规定，组织开展经济责任审计工作。

（二）企业独资或者控股子企业负责人离任或者任期届满，企业应当组织开展经济责任审计工作；对于提拔到企业总部领导岗位的子企业负责人经济责任审计工作结果，应报国资委备案。

（三）企业应当建立对主要业务部门负责人的任期或定期经济责任审计制度。

第七条 根据出资人财务监督工作需要，对企业发生重大财务异常情况，如企业发生债务危机、长期经营亏损、资产质量较差，以及合并分立、破产关闭等重大经济事件的，应当组织进行专项经济责任审计，及时发现问题，明确经济责任，纠正违法违规行为。

第八条 国资委在企业经济责任审计工作中履行下列职责：

（一）根据国家有关法律法规，制定有关企业经济责任审计工作规章制度；

（二）负责企业负责人经济责任审计工作的组织实施；

（三）决定对发生重大财务异常情况企业进行专项经济责任审计；

（四）指导监督企业按照国家有关规定开展企业内部经济责任审计工作。

第九条 国资委组织实施企业经济责任审计工作，主要采取以下三种形式：

（一）按国家有关规定，委托国家有关审计机关具体实施审计工作；

（二）根据出资人财务监督工作需要，聘请具有相应资质条件的社会审计组织承担审计工作任务；

（三）根据实际工作需要，组织或者抽调企业内部审计机构人员实施有关审计工作。

第十条 企业在经济责任审计工作中履行下列职责：

（一）按照国家有关规定和国资委统一工作要求，制定本企业经济责任审计具体实施细则；

（二）组织实施独资或者控股子企业负责人任期经济责任审计工作；

（三）组织实施企业主要业务部门负责人任期或者定期经济责任审计工作；

（四）决定并组织实施对发生重大财务异常情况子企业的专项经济责任审计工作。

第十一条 中央有关部门干部管理权限内的企业负责人经济责任审计工作按照有关规定办理。

第十二条 按照重要性原则，企业总部及重要子企业应当纳入经济责任审计工作范围内，其他子企业可视不同情况决定审计工作范围，但审计户数不得低于50%，审计资产量不得低于被审计企业资产总额的70%。

第十三条 在经济责任审计工作中，企业或者承办审计业务的社会审计组织应当将经济责任审计工作与其他财务审计工作相结合，在确保审计结果客观公正的基础上，可以参考利用相关财务审计或者经济责任审计工作资料，避免重复审计。

第十四条 企业领导班子其他成员（不含企业负责人）离任或者任期届满，可根据出资人监管工作需要或者企业负责人建议开展相应的经济责任审计工作。

第三章 审计工作内容

第十五条 根据国家有关规定，结合出资人财务监督工作需要，企业负责人经济责任审计工作主要内容包括：

（一）企业负责人任职期间企业经营成果的真实性；

（二）企业负责人任职期间企业财务收支核算的合规性；

（三）企业负责人任职期间企业资产质量变动状况；

（四）企业负责人任职期间对企业有关经营活动和重大经营决策负有的经济责任；

（五）企业负责人任职期间企业执行国家有关法律法规情况；

（六）企业负责人任职期间企业经营绩效变动情况。

第十六条 企业经营成果的真实性是指企业负责人任职期间会计核算是否准确，企业财务决算编报范围是否完整，企业经济成果是否真实可靠，以及企业计提资产减值准备与资产质量是否相匹配。主要内容包括：

（一）企业财务会计核算是否准确、真实，是否存在经营成果不实问题；

（二）企业年度财务决算报告合并范围、方法、内容和编报质量是否符合规定，有无存在故意编造虚假财务决算报告等问题；

（三）企业是否正确采用会计确认标准或计量方法，有无随意变更或者滥用会计估计和会计政策，故意编造虚假利润等问题。

第十七条 企业财务收支核算合规性是指企业负责人任职期间财务收支管理是否符合国家有关法律法规规定，会计核算是否符合国家有关财务会计制度，年度财务决算是否全面、真实地反映企业财务收支状况。主要内容包括：

（一）企业收入确认和核算是否完整、准确，是否符合国家财务会计制度规定，有无公款私存、私设“小金库”，以及以个人账户从事股票交易、违规对外拆借资金、对外资金担保和出借账户等问题；

（二）企业成本开支范围和开支标准是否符合国家有关财务会计制度规定，有无多列、少列或不列成本费用等问题，以及企业工资总额来源、发放、结余和企业负责人收入情况；

（三）企业会计核算是否符合国家有关财务会计制度规定，是否随意改变资产、负债、所有者权益的确认标准或计量方法，有无虚列、多列、不列或者少列资产、负债、所有者权益的问题；

（四）企业会计账簿记录与实物、款项和有关资料是否相符，有无存在账外资产、潜亏挂账等问题，有无存在劳动工资核算不实等问题。

第十八条 企业资产质量变动情况是指企业负责人任职期间各项资产质量是否得到改善，是否存在严重损失、重大潜亏或资产流失等问题，企业国有资本是否安全、完整，以及对企业未来发展能力的影响。主要内容包括：

（一）企业负责人任职期间有关企业资产负债结构合理性及变化情况，以及对企业未来发展的影响；

（二）企业负责人任职期间企业资产运营效率及变化情况，以及对企业未来发展的影响；

（三）企业负责人任职期间企业有效资产及不良资产的变化情况，以及对企业未来发展的影响；

（四）企业负责人任职期间企业国有资产保值增值结果，及企业在所处行业中水平变化的对比分析。

第十九条 企业有关经营活动和重大经营决策是指企业负责人任职期间做出的有关对内对外投资、经济担保、出借资金和大额合同等重大经济决策是否符合国家有关法律法规规定，及其企业内部控制程序，是否存在较多问题或者造成重大损失。主要内容包括：

（一）企业重大投资的资金来源、决策程序、管理方式和投资收益的核算情况，以及是否造成重大损失；

（二）对外担保、对外投资、大额采购与租赁等经济行为的决策程序、风险控制及其对企业的影响情况；

（三）涉及的证券、期货、外汇买卖等高风险投资决策的审批手续、决策程序、风险控制、经营收益或损失情况等；

（四）改组改制、上市融资、发行债券、兼并破产、股权转让、资产重组等行为的审批程序、操作方式和对企业财务状况的影响情况等，有无造成企业损失或国有资产流失问题。

第二十条 企业经济责任审计要认真检查企业负责人及企业执行国家有关法律法规情况，核实企业负责人及企业有无违反国家财经法纪，以权谋私，贪污、挪用、私分公款，转移国家资财，行贿受贿和挥霍浪费等行为，以及弄虚作假、骗取荣誉和蓄意编制虚假会计信息等重大问题。

第二十一条 企业经济责任审计在全面核实企业各项资产、负债、权益、收入、费用、利润等账务的基础上，依据国家有关经营绩效评价政策规定，对企业负责人任职期间经营成果和经营业绩，以及企业资产运营和回报情况进行客观、公正和准确的综合评判。

第四章 审计机构委托

第二十二条 企业负责人经济责任审计工作，采取委托国家有关审计机关或者聘请有关社会审计组织等方式具体组织实施。

（一）对于资产规模较大企业负责人经济责任审计工作，根据国家有关规定，委托国家审计机关组织实施；

（二）对于未委托国家审计机关实施企业负责人经济责任审计的，按照“公开、公平、公正”的原则，采取招标等合理方式，聘请具有相应资质条件的社会审计组织组织实施。

第二十三条 委托国家有关审计机关开展企业经济责任审计工作的，有关审计工作组织实施依据国家有关规定进行。

第二十四条 承办企业负责人经济责任审计的社会审计组织，应当具备以下资质条件：

（一）资质条件应与企业规模相适应；

（二）具备较完善的审计执业质量控制制度；

（三）拥有经济责任审计工作经验的专业人员；

（四）3年内未承担同一企业年度财务决算审计业务；

（五）与企业或企业负责人不存有利害关系；

（六）近3年未有违法违规不良记录；

（七）能够适时调配较强的专业人员承担经济责任审计任务。

第二十五条 接受聘请的社会审计组织应严格依据国家有关法律法规，以及国资委对企业经济责任审计工作的统一要求，按照规定的方法、程序和内容，依据独立审计原则认真组织经济责任审计工作，并对审计报告的真实性、合法性负责。

第二十六条 国资委根据财务监督工作需要，可委托企业内部审计机构承担相关专项经济责任审计工作任务。

第二十七条 受委托承担国资委专项经济责任审计工作任务的企业内部审计机构和专业人员，应依据国资委统一工作要求，独立、客观、公正地开展审计工作，对审计工作结果承担相应的工作责任。

第五章 审计工作程序

第二十八条 国资委组织实施企业负责人经济责任审计基本工作程序如下：

（一）编制审计工作计划；

（二）确定审计机构；

（三）下达审计工作通知；

（四）拟定审计方案；

（五）成立审计项目组；

（六）组织实施审计；

（七）交换审计意见；

（八）出具审计报告；

（九）下达审计意见或审计决定。

第二十九条 根据干部管理部门提出的任期经济责任审计工作要求，以及出资人财务监管工作需要，编制企业经济责任审计工作计划，明确审计的对象、时间安排、范围、重点内容、方法与组织方式等内容。

第三十条 国资委应当在实施审计7日前通知被审计企业。被审计企业在接到审计通知书后，应做好接受审计的有关准备工作，如实地提供有关资料。

第三十一条 按照企业经济责任审计工作要求，审计机构应拟定审计方案，明确审计目标、审计范围、审计重点、审计要求、审计组织、延伸审计单位和其他审计事项等，并报国资委同意。

第三十二条 审计机构按照企业经济责任审计工作任务要求，成立由具有相关工作经验和一定专业知识的专业人员组成的审计项目组，组长应由具有经济责任审计工作经验和具备较高专业技术资格的业务负责人担任。

第三十三条 审计项目组在对企业负责人任职期间企业经营成果、财务收支、资产质量和有关经营活动、重大经营决策，以及经营绩效等资料审计过程中，也可采取向有关单位、个人调查等方式，充分听取企业董事会、监事会、纪检监察、工会和职工反映的情况和意见。

第三十四条 审计项目组完成现场审计后，审计机构应在10个工作日内向国资委提交审计报告。审计报告提交前，应当征求被审计企业负责人及其所在企业的意见，并将审计报告及企业负责人或其所在企业的书面意见一并上报。

第三十五条 审计项目组应当在计划工作时间内完成审计任务，确需延长审计时间的，应当商国资委同意，并及时通知被审计企业及其负责人。

第三十六条 国资委依据审计报告，对发现的重大问题，经研究核实后正式下达相关审计决定。

第三十七条 在经济责任审计工作中发现企业负责人有严重违法违纪问题的，应移交有关管理机构予以处理。

（一）对于需由企业负责人承担一般经济责任的，移交相应管理部门予以处理；

（二）对于企业负责人违反党纪政纪的，移交纪检监察机关予以处理；

（三）对于应依法追究企业负责人刑事责任的，移送司法机关处理。

第三十八条 相关审计机构在企业负责人经济责任审计工作中，采用其他审计资料和审计结果时，应进行必要的复核工作，并对其真实性、合法性承担相应的法律责任。

第六章 审计工作结果

第三十九条 企业经济责任审计应当分清企业负责人本人应当负有的直接责任和主管责任。

（一）直接责任是指企业负责人因对主管的资产经营活动和财务管理事项未履行或者未正确履行职责，致使企业经营管理不善，或由于决策失误而事后又处理不力以及违规操作等，造成所在企业经济损失或经济效益下降应负的经济责任。

（二）主管责任是指企业负责人在其任期内对其所在企业资产和财务状况，以及有关经济活动应当负有的直接责任以外的领导和管理责任。

第四十条 企业负责人应对下列行为负有直接责任：

（一）直接违反国家财经法规和财经纪律的；

（二）授意、指使、强令、纵容、包庇下属人员违反国家财经法规的；

（三）失职、渎职的；

（四）其他直接违法违规行为。

第四十一条 承办企业负责人经济责任审计的社会审计组织提交的审计报告，应当对企业负责人的经济责任做出客观、公正的评价，并对提交的审计报告真实性、客观性承担相应责任。

第四十二条 承办企业负责人经济责任审计的社会审计组织提交审计报告前，报国资委审核。国资委审定的内容主要包括：审计证据是否充分、审计评价是否适当、主要事实是否清楚和审计处理意见是否正确。

委托国家审计机关进行经济责任审计工作的，审计工作结果应送国资委，并抄送被审计企业。

第四十三条 企业对财务部门负责人开展经济责任审计工作的结果，应当向国资委备案。

第四十四条 企业经济责任审计工作结果，作为对企业负责人任免、奖惩的重要依据。

第四十五条 对于在经济责任审计工作中，发现因经济决策失误给企业造成重大损失，或者企业资产状况不实、经营成果虚假等问题，应当视其影响程度相应追究有关负责人责任，并予以经济处罚。

第四十六条 企业应根据经济责任审计工作所反映出的有关管理问题，及时加强整改工作，堵塞管理漏洞。企业内部审计机构应当对企业有关整改工作做好后续跟踪审计。

第四十七条 在经济责任审计工作中，发现企业领导班子有关成员存在严重问题的，经国资委批准后，可进一步开展延伸审计工作。

第七章　罚　　则

第四十八条 被审计企业负责人或所在企业拒绝、阻碍经济责任审计，或拒绝、拖延提供相关资料或证明材料的，国资委或企业上级单位应当责令改正或给予警告，并对负有直接责任的主管人员和直接责任人给予行政或者纪律处分。

第四十九条 被审计企业负责人所在企业转移、隐匿、篡改、伪造、毁弃有关经济责任审计资料的，国资委或企业上级单位对负有直接责任的主管人和直接负责人给予行政或者纪律处分；涉嫌犯罪的，依法移送司法机关处理。

第五十条 对于打击报复或者陷害检举人、证明人、资料提供人和审计人员的，国资委或企业上级单位应当责令其改正，并给予行政或纪律处分；给被害人造成损失的，应当依法予以赔偿；涉嫌犯罪的，依法移送司法机关处理。

第五十一条 审计人员利用职权谋取私利、徇私舞弊、玩忽职守、索贿受贿和泄漏国家机密或者商业秘密的，应当给予行政或纪律处分；涉嫌犯罪的，依法移送司法机关处理。

第五十二条 承担经济责任审计的社会审计组织出具虚假不实的审计报告，或者违反国家有关审计工作要求，避重就轻、回避问题或明知有重要事项不予指明的，移交有关部门予以处罚；涉嫌犯罪的，依法移送司法机关处理。

第八章　附　　则

第五十三条 各中央企业可结合本企业实际情况，制定具体实施细则。

第五十四条 各省、自治区、直辖市国有资产监督管理机构可参照本办法，结合本地区实际，制定相应的工作规范。

第五十五条 本办法自2004年8月30日起施行。

国务院国有资产监督管理委员会令

第8号

现公布《中央企业内部审计管理暂行办法》，自2004年8月30日起施行。

国务院国有资产监督管理委员会主任　李荣融

二〇〇四年八月二十三日

中央企业内部审计管理暂行办法

第一章　总　　则

第一条 为加强对国务院国有资产监督管理委员会（以下简称国资委）履行出资人职责企业（以下简称企业）的内部监督和风险控制，规范企业内部审计工作，保障企业财务管理、会计核算和生产经营符合国家各项法律法规要求，根据《企业国有资产监督管理暂行条例》和国家有关法律法规，制定本办法。

第二条 企业开展内部审计工作，适用本办法。

第三条 本办法所称企业内部审计，是指企业内部审计机构依据国家有关法律法规、财务会计制度和企业内部管理规定，对本企业及子企业（单位）财务收支、财务预算、财务决算、资产质量、经营绩效，以及建设项目或者有关经济活动的真实性、合法性和效益性进行监督和评价工作。

第四条 企业应当按照国家有关规定，依照内部审计准则的要求，认真组织做好内部审计工作，及时发现问题，明确经济责任，纠正违规行为，检查内部控制程序的有效性，防范和化解经营风险，维护企业正常生产经营秩序，促进企业提高经营管理水平，实现国有资产的保值增值。

第五条 国资委依法对企业内部审计工作进行指导和监督。

第二章 内部审计机构设置

第六条 企业应当按照国家有关规定，建立相对独立的内部审计机构，配备相应的专职工作人员，建立健全内部审计工作规章制度，有效开展内部审计工作，强化企业内部监督和风险控制。

第七条 国有控股公司和国有独资公司，应当依据完善公司治理结构和完备内部控制机制的要求，在董事会下设立独立的审计委员会。企业审计委员会成员应当由熟悉企业财务、会计和审计等方面专业知识并具备相应业务能力的董事组成，其中主任委员应当由外部董事担任。

第八条 企业审计委员会应当履行以下主要职责：

（一）审议企业年度内部审计工作计划；

（二）监督企业内部审计质量与财务信息披露；

（三）监督企业内部审计机构负责人的任免，提出有关意见；

（四）监督企业社会中介审计等机构的聘用、更换和报酬支付；

（五）审查企业内部控制程序的有效性，并接受有关方面的投诉；

（六）其他重要审计事项。

第九条 未建立董事会的国有独资公司及国有独资企业，应当按照加强财务监督和完善内部控制机制的要求，依据国家的有关规定，加强内部审计工作的组织领导，明确工作责任，强化企业内部审计工作，做好内部审计机构与内部监察（纪检）、财务、人事等有关部门的协调工作。

第十条 企业内部审计机构依据国家有关规定开展内部审计工作，直接对企业董事会（或主要负责人）负责；设立审计委员会的企业，内部审计机构应当接受审计委员会的监督和指导。

第十一条 企业所属子企业应当按照有关规定设立相应的内部审计机构；尚不具备条件的应当设立专职审计人员。

第十二条 企业内部审计人员应当具备审计岗位所必备的会计、审计等专业知识和业务能力；内部审计机构的负责人应当具备相应的专业技术职称资格。

第三章 内部审计机构主要职责

第十三条 根据国家有关规定，结合出资人财务监督和企业管理工作的需要，企业内部审计机构应当履行以下主要职责：

（一）制定企业内部审计工作制度，编制企业年度内部审计工作计划；

（二）按企业内部分工组织或参与组织企业年度财务决算的审计工作，并对企业年度财务决算的审计质量进行监督；

（三）对国家法律法规规定不适宜或者未规定须由社会中介机构进行年度财务决算审计的有关内容组织进行内部审计；

（四）对本企业及其子企业的财务收支、财务预算、财务决算、资产质量、经营绩效以及其他有关的经济活动进行审计监督；

（五）组织对企业主要业务部门负责人和子企业的负责人进行任期或定期经济责任审计；

（六）组织对发生重大财务异常情况的子企业进行专项经济责任审计工作；

（七）对本企业及其子企业的基建工程和重大技术改造、大修等的立项、概（预）算、决算和竣工交付使用进行审计监督；

（八）对本企业及其子企业的物资（劳务）采购、产品销售、工程招标、对外投资及风险控制等经济活动和重要的经济合同等进行审计监督；

（九）对本企业及其子企业内部控制系统的健全性、合理性和有效性进行检查、评价和意见反馈，对企业有关业务的经营风险进行评估和意见反馈；

（十）对本企业及其子企业的经营绩效及有关经济活动进行监督与评价；

（十一）对本企业年度工资总额来源、使用和结算情况进行检查；

（十二）其他事项。

第十四条 企业内部审计机构对年度财务决算的审计质量监督应当根据企业的内部职责分工，依据独立、客观、公正的原则，保障企业财务管理、会计核算和生产经营符合国家各项法律法规要求。

第十五条 为保证企业年度财务决算报告的真实和完整，企业内部审计机构应按照国资委相关工作要求，对下列特殊情形的子企业组织进行定期内部审计工作：

（一）按照国家有关规定，涉及国家安全不适宜社会中介机构审计的特殊子企业；

（二）依据所在国家及地区法律规定，在境外进行审计的境外子企业；

（三）国家法律、法规未规定须委托社会中介机构审计的企业内部有关单位。

第十六条 企业内部审计机构对本企业及其子企业的经营绩效及有关经济活动的评价工作，依据国家有关经营绩效评价政策进行。

第十七条 企业内部审计机构应当加强对社会中介机构开展本企业及其子企业有关财务审计、资产评估及相关业务活动工作结果的真实性、合法性进行监督，并做好社会中介机构聘用、更换和报酬支付的监督。

第十八条 企业内部审计机构相关审计工作应当与外部审计相互协调，并按有关规定对外部审计提供必要的支持和相关工作资料。

第十九条 企业应当依据国家有关法律法规，完善内部审计管理规章制度，保障内部审计机构拥有履行职责所必需的权限：

（一）参加企业有关经营和财务管理决策会议，参与协助企业有关业务部门研究制定和修改企业有关规章制度并督促落实；

（二）检查被审计单位会计账簿、报表、凭证和现场勘察相关资产，有权查阅有关生产经营活动等方面的文件、会议记录、计算机软件等相关资料；

（三）对与审计事项有关的部门和个人进行调查，并取得相关证明材料；

（四）对正在进行的严重违法违规和严重损失浪费行为，可作出临时制止决定，并及时向董事会（或企业主要负责人）报告；

（五）对可能被转移、隐匿、篡改、毁弃的会计凭证、会计账簿、会计报表以及与经济活动有关的资料，经企业主要负责人或有关权力机构授权可暂予以封存；

（六）企业主要负责人或权力机构在管理权限范围内，应当授予内部审计机构必要的处理权或者处罚权。

第四章　内部审计工作程序

第二十条 企业内部审计机构应当根据国家有关规定，结合企业实际情况，制定企业年度审计工作计划，对内部审计工作作出合理安排，并报经企业主要负责人或审计委员会审核批准后实施。

第二十一条 企业内部审计机构应当充分考虑审计风险和内部管理需要，制定具体项目审计计划，做好审计准备。

第二十二条 企业内部审计机构应当在实施审计前5个工作日，向被审计单位送达审计通知书。对于需要突击执行审计的特殊业务，审计通知书可在实施审计时送达。

被审计单位接到审计通知书后，应当做好接受审计的各项准备。

第二十三条 企业内部审计人员在出具审计报告前应当与被审计单位交换审计意见。被审计单位有异议的，应当自接到审计报告之日起10个工作日内提出书面意见；逾期不提出的，视为无异议。

第二十四条 被审计单位若对审计报告有异议且无法协调时，设立审计委员会的企业，应当将审计报告与被审计单位意见一并报审计委员会协调处理；尚未设立审计委员会的企业，应当将审计报告与被审计单位意见一并报企业主要负责人协调处理。

第二十五条 审计报告上报企业董事会或主要负责人审定后，企业内部审计机构应当根据审计结论，向被审计单位下达审计意见（决定）。

对于报请审计委员会、主要负责人协调处理的审计报告，应当根据审计委员会、主要负责人的审定意见，向被审计单位下达审计意见（决定）。

第二十六条 企业内部审计机构对已办结的内部审计事项，应当按照国家档案管理规定建立审计档案。

第二十七条 企业内部审计机构应当每年向本企业董事会（或主要负责人）和审计委员会提交内部审计工作总结报告。

第二十八条 企业内部审计机构对主要审计项目应当进行后续审计监督，督促检查被审计单位对审计意见的采纳情况和对审计决定的执行情况。

第五章　内部审计工作要求

第二十九条 企业内部审计机构应当根据国家有关规定和企业内部管理需要有效开展内部审计工作，加强内部监督，纠正违规行为，规避经营风险。

第三十条 企业内部审计机构应当对违反国家法律法规和企业内部管理制度的行为及时报告，并提出处理意见；对发现的企业内部控制管理漏洞，及时提出改进建议。

第三十一条 对于被审计单位及相关工作人员不及时落实内部审计意见，给企业造成损失浪费的，企业应当追究相关人员责任；对于给企业造成重大损失的，还应当按有关规定向上一级机构及时反映情况。

第三十二条 企业内部审计机构下列工作事项应当

报国资委备案：

（一）企业年度内部审计工作计划和工作总结报告；

（二）重要子企业负责人及企业财务部门负责人的经济责任审计报告；

企业内部审计工作中发现的重大违法违纪问题、重大资产损失情况、重大经济案件及重大经营风险等，应向国资委报送专项报告。

第三十三条 根据出资人财务监督工作需要，企业内部审计机构按照国资委有关工作要求，对企业及其子企业发生重大财务异常等情况组织进行的专项经济责任审计，应当向国资委提交审计报告。

第三十四条 企业内部审计机构要不断提高内部审计业务质量，并依法接受国资委、国家审计机关对内部审计业务质量的检查和评估。

第三十五条 企业内部审计机构应当根据本办法组织开展内部审计工作，并对其出具的内部审计报告的客观真实性承担责任。

第三十六条 为保证内部审计工作的独立、客观、公正，企业内部审计人员与审计事项有利害关系的，应当回避。

第三十七条 企业内部审计人员应当严格遵守审计职业道德规范，坚持原则、客观公正、恪尽职守、保持廉洁、保守秘密，不得滥用职权，徇私舞弊，泄露秘密，玩忽职守。

第三十八条 企业内部审计人员在实施内部审计时，应当在深入调查的基础上，采用检查、抽样和分析性复核等审计方法，获取充分、相关、可靠的审计证据，以支持审计结论和审计建议。

第三十九条 企业董事会（或主要负责人）应当保障内部审计机构和人员依法行使职权和履行职责；企业内部各职能机构应当积极配合内部审计工作。任何组织和个人不得对认真履行职责的内部审计人员进行打击报复。

第四十条 企业对于认真履行职责、忠于职守、坚持原则、作出显著成绩的内部审计人员，应当给予奖励。

第四十一条 企业应当保证内部审计机构所必需的审计工作经费，并列入企业年度财务预算。企业内部审计人员参加国家统一组织的专业技术职务资格的考评、聘任和后续教育，企业应当按照国家有关规定予以执行。

第六章 罚 则

第四十二条 对于企业出现重大违反国家财经法纪的行为和企业内部控制程序出现严重缺陷，除按规定依法追究企业主要负责人、总会计师（或者主管财务工作负责人）及财务部门负责人的有关责任外，同时还相应追究企业审计委员会及内部审计机构相关人员的监督责任。

第四十三条 对于滥用职权、徇私舞弊、玩忽职守、泄漏秘密的内部审计人员，由所在单位依照国家有关规定给予纪律处分；涉嫌犯罪的，依法移交司法机关处理。

第四十四条 对于打击报复内部审计人员问题，企业应及时予以纠正；涉嫌犯罪的，依法移交司法机关处理。受打击报复的企业内部审计人员有权直接向国资委报告相关情况。

第四十五条 被审计单位相关人员不配合企业内部审计工作、拒绝审计或者不提供资料、提供虚假资料、拒不执行审计结论的，企业应当给予纪律处分；涉嫌犯罪的，依法移交司法机关处理。

第七章 附 则

第四十六条 各中央企业可结合本企业实际情况，制定具体实施细则。

第四十七条 各省、自治区、直辖市国有资产监督管理机构可参照本办法，结合本地区实际制定本地区相关工作规范。

第四十八条 本办法自2004年8月30日起施行。

国务院国有资产监督管理委员会令

第9号

现公布《企业国有资本保值增值结果确认暂行办法》，自2004年8月30日起施行。

国务院国有资产监督管理委员会主任 李荣融

二〇〇四年八月二十五日

企业国有资本保值增值结果确认暂行办法

第一章 总 则

第一条 为加强对企业国有资产的监督管理，真实反映企业国有资本运营状况，规范国有资本保值增值结果确认工作，维护国家所有者权益，根据《企业国有资产监督管理暂行条例》和国家有关财务会计规定，制定本办法。

第二条 国务院，各省、自治区、直辖市人民政府，设区的市、自治州级人民政府履行出资人职责的企业（以下简称企业）国有资本保值增值结果确认工作，适用本办法。

第三条　本办法所称企业国有资本，是指国家对企业各种形式的投资和投资所形成的权益，以及依法认定为国家所有的其他权益。对于国有独资企业，其国有资本是指该企业的所有者权益，以及依法认定为国家所有的其他权益；对于国有控股及参股企业，其国有资本是指该企业所有者权益中国家应当享有的份额。

第四条　本办法所称企业国有资本保值增值结果确认是指国有资产监督管理机构依据经审计的企业年度财务决算报告，在全面分析评判影响经营期内国有资本增减变动因素的基础上，对企业国有资本保值增值结果进行核实确认的工作。

第五条　国务院国有资产监督管理机构负责中央企业国有资本保值增值结果核实确认工作。

各地国有资产监督管理机构负责监管职责范围内的企业国有资本保值增值结果核实确认工作。

第六条　企业应当在如实编制年度财务决算报告的基础上，认真分析和核实经营期内国有资本增减变化的各项主客观因素，真实、客观地反映国有资本运营结果，促进实现国有资本保值增值经营目标，并为企业财务监管与绩效评价、企业负责人业绩考核、企业工效挂钩核定等出资人监管工作提供基础依据。

第二章　国有资本保值增值率的计算

第七条　企业国有资本保值增值结果主要通过国有资本保值增值率指标反映，并设置相应修正指标和参考指标，充分考虑各种客观增减因素，以全面、公正、客观地评判经营期内企业国有资本运营效益与安全状况。

第八条　本办法所称国有资本保值增值率是指企业经营期内扣除客观增减因素后的期末国有资本与期初国有资本的比率。其计算公式如下：

国有资本保值增值率＝（扣除客观因素影响后的期末国有资本÷期初国有资本）×100%

国有资本保值增值率分为年度国有资本保值增值率和任期国有资本保值增值率。

第九条　企业国有资本保值增值修正指标为不良资产比率。其计算公式为：

不良资产比率＝（期末不良资产÷期末资产总额）×100%

本办法所称不良资产是指企业尚未处理的资产净损失和潜亏（资金）挂帐，以及按财务会计制度规定应提未提资产减值准备的各类有问题资产预计损失金额。

第十条　因经营期内不良资产额增加造成企业不良资产比率上升，应当在核算其国有资本保值增值率时进行扣减修正。

（一）暂未执行《企业会计制度》的企业，经营期内企业不良资产比率上升，其增加额在核算国有资本保值增值率时进行直接扣减。计算公式为：

修正后国有资本保值增值率＝（扣除客观影响因素的期末国有资本－不良资产增加额）÷期初国有资本×100%

不良资产增加额＝期末不良资产－期初不良资产

（二）已执行《企业会计制度》的企业，经营期内对有问题资产未按财务会计制度计提资产减值准备，应当在核算国有资本保值增值率时进行扣除修正。其计算公式为：

修正后国有资本保值增值率＝（扣除客观影响因素的期末国有资本－有问题资产预计损失额）÷期初国有资本×100%

有问题资产预计损失额＝各类有问题资产×相关资产减值准备计提比例

（三）国有控股企业修正国有资本保值增值率，应当按股权份额进行核算。

第十一条　企业国有资本保值增值参考指标为净资产收益率、利润增长率、盈余现金保障倍数、资产负债率。

（一）净资产收益率：指企业经营期内净利润与平均净资产的比率。计算公式如下：

净资产收益率＝（净利润÷平均净资产）×100%

其中：平均净资产＝（期初所有者权益＋期末所有者权益）÷2

（二）利润增长率：指企业经营期内利润增长额与上期利润总额的比率。计算公式如下：

利润增长率＝（利润增长额÷上期利润总额）×100%

其中：利润增长额＝本期利润总额－上期利润总额

（三）盈余现金保障倍数：指企业经营期内经营现金净流量与净利润的比率。计算公式如下：

盈余现金保障倍数＝经营现金净流量/净利润

（四）资产负债率：指本经营期负债总额与资产总额的比率。计算公式如下：

资产负债率＝（负债总额÷资产总额）×100%

第十二条　本办法所称客观增加因素主要包括下列内容：

（一）国家、国有单位直接或追加投资：是指代表国家投资的部门（机构）或企业、事业单位投资设立子企业、对子企业追加投入而增加国有资本；

（二）无偿划入：是指按国家有关规定将其他企业的国有资产全部或部分划入而增加国有资本；

（三）资产评估：是指因改制、上市等原因按国家规定进行资产评估而增加国有资本；

（四）清产核资：是指按规定进行清产核资后，经国有资产监督管理机构核准而增加国有资本；

（五）产权界定：是指按规定进行产权界定而增加国有资本；

（六）资本（股票）溢价：是指企业整体或以主要资产溢价发行股票或配股而增加国有资本；

（七）税收返还：是指按国家税收政策返还规定而增加国有资本；

（八）会计调整和减值准备转回：是指经营期间会计政策和会计估计发生重大变更、企业减值准备转回、企业会计差错调整等导致企业经营成果发生重大变动而增加国有资本；

（九）其他客观增加因素：是指除上述情形外，经国有资产监督管理机构按规定认定而增加企业国有资本的因素，如接受捐赠、债权转股权等。

第十三条 本办法所称客观减少因素主要包括下列内容：

（一）专项批准核销：是指按国家清产核资等有关政策，经国有资产监督管理机构批准核销而减少国有资本；

（二）无偿划出：是指按有关规定将本企业的国有资产全部或部分划入其他企业而减少国有资本；

（三）资产评估：是指因改制、上市等原因按规定进行资产评估而减少国有资本；

（四）产权界定：是指因产权界定而减少国有资本；

（五）消化以前年度潜亏和挂帐：是指经核准经营期消化以前年度潜亏挂帐而减少国有资本；

（六）自然灾害等不可抗拒因素：是指因自然灾害等不可抗拒因素而减少国有资本；

（七）企业按规定上缴红利：是指企业按照有关政策、制度规定分配给投资者红利而减少企业国有资本；

（八）资本（股票）折价：是指企业整体或以主要资产折价发行股票或配股而减少国有资本；

（九）其他客观减少因素：是指除上述情形外，经国有资产监督管理机构按规定认定而减少企业国有资本的因素。

第十四条 国有资本保值增值率计算以企业合并会计报表为依据。企业所有境内外全资子企业、控股子企业，以及各类独立核算分支机构、事业单位和基建项目等应当按规定全部纳入合并会计报表编制范围。

第十五条 企业应当按国家有关财务会计制度和企业财务决算管理规定，委托会计师事务所审计经营期内影响企业国有资本变化的客观增减因素，并由会计师事务所在审计报告中披露或出具必要鉴证证明。

第十六条 企业本期期初国有资本口径应当与上期期末口径衔接一致。企业对期初国有资本进行口径调整应当符合国家财务会计制度有关规定，并对调整情况作出必要说明。本期期初国有资本口径调整范围具体包括：

（一）对企业年度财务决算进行追溯调整；

（二）经营期内子企业划转口径调整；

（三）企业财务决算合并范围变化口径调整；

（四）其他影响企业期初国有资本的有关调整。

第十七条 根据企业国有资产监督管理工作需要，企业保值增值结果按照会计年度、企业负责人任期分别确认。企业负责人任期国有资本保值增值结果以任职期间年度企业财务决算数据为依据。

第三章 国有资本保值增值结果的确认

第十八条 企业应当在规定的时间内，将经营期国有资本保值增值情况和相关材料随年度财务决算报告一并报送国有资产监督管理机构。报送材料应当包括：

（一）《国有资本保值增值结果确认表》及其电子文档；

（二）企业国有资本保值增值情况分析说明，具体内容包括国有资本保值增值完成情况、客观增减因素、期初数据口径、与上期确认结果的对比分析、相关参考指标大幅波动或异常变动的分析说明以及其他需要报告的情况；

（三）客观增减因素证明材料。

第十九条 企业国有资本保值增值客观增减因素的证明材料除年度财务决算审计报告外，还应当包括：

（一）国家有关部门的文件；

（二）有关专项鉴证证明；

（三）企业的有关入账凭证；

（四）其他证明材料。

第二十条 企业上报国有资本保值增值材料应当符合下列要求：

（一）各项指标真实、客观，填报口径符合规定；

（二）电子文档符合统一要求；

（三）各项客观增减因素的材料真实、完整，并分类说明有关情况。

第二十一条 企业负责人、总会计师或主管会计工作的负责人应当对企业上报的国有资本保值增值材料的真实性、完整性负责。承办企业年度财务决算审计业务的会计师事务所及注册会计师应当对其审计的企业国有资本保值增值材料及出具的相关鉴证证明的真实性、合法性负责。

第二十二条　根据出资人财务监督工作需要，国有资产监督管理机构依照《中央企业财务决算报告管理办法》（国资委令第5号）及其他有关规定，对企业财务会计资料及保值增值材料进行核查，并对企业国有资本保值增值结果进行核实确认。

第二十三条　国有资本保值增值结果核实确认工作，应当根据核批后的企业年度财务决算报表数据，剔除影响国有资本变动的客观增减因素，并在对企业不良资产变动因素分析核实的基础上，认定企业国有资本保值增值的实际状况，即国有资本保值增值率。

第二十四条　企业国有资本保值增值结果分为以下三种情况：

（一）企业国有资本保值增值率大于100%，国有资本实现增值；

（二）企业国有资本保值增值率等于100%，国有资本为保值；

（三）企业国有资本保值增值率小于100%，国有资本为减值。

第二十五条　企业国有资本存在下列特殊情形的，不核算国有资本保值增值率，但应当根据经营期国有资本变动状况分别作出增值或减值的判定。

（一）经调整后企业国有资本期初为正值、期末为负值，国有资本保值增值完成情况判定为减值；

（二）经调整后企业国有资本期初为负值、期末为正值，国有资本保值增值完成情况判定为增值。

第二十六条　国有资产监督管理机构应当以经核实确认的企业国有资本保值增值实际完成指标与全国国有企业国有资本保值增值行业标准进行对比分析，按照"优秀、良好、中等、较低、较差"五个档次，评判企业在行业中所处的相应水平。

中央企业国有资产保值增值率未达到全国国有企业保值增值率平均水平的，无论其在行业中所处水平，不予评判"优秀"档次。

第二十七条　下列情形之一的企业国有资本保值增值水平确认为"较差"档次：

（一）存在重大财务问题、年度财务决算严重失实的；

（二）年度财务决算报告被会计师事务所出具否定意见、无法表示意见审计报告的；

（三）持续资不抵债的。

持续资不抵债企业，在经营期间弥补国有资本亏损的，可确认其国有资本减亏率。

第二十八条　经营期内没有实现国有资本保值增值目标的企业，其负责人延期绩效年薪按《中央企业负责人经营业绩考核暂行办法》（国资委令第2号）及其他有关规定扣减。实行工效挂钩的企业，经营期内没有实现国有资本保值增值的，不得提取新增效益工资。

第二十九条　企业在对外提供国有资本保值增值结果时，应当以经国有资产监督管理机构核实确认的结果为依据。

第三十条　国有资本保值增值指标行业标准由国务院国有资产监督管理机构根据每年全国国有资本总体运营态势，以全国国有企业年度财务决算信息为基础，按行业分类统一测算并公布。

第四章　罚　　则

第三十一条　企业报送的年度财务决算报告及国有资本保值增值相关材料内容不完整、各项客观因素证据不充分或数据差错较大，造成企业国有资本保值增值确认结果不真实的，由国有资产监督管理机构责令其重新编报，并进行通报批评。

第三十二条　企业在国有资本保值增值结果确认工作中存在弄虚作假或者提供虚假材料，以及故意漏报、瞒报等情况的，由国有资产监督管理机构责令其改正；情节严重的，按照《企业国有资产监督管理暂行条例》等有关法律法规予以处罚，并追究有关人员责任。

第三十三条　会计师事务所及注册会计师在企业国有资本保值增值有关材料的审计工作中参与作假，提供虚假证明，造成国有资本保值增值结果严重不实的，国有资产监督管理机构应当禁止所出资企业聘请其承担相关审计业务，并通报或会同有关部门依法进行查处。

第三十四条　国有资产监督管理机构相关工作人员在国有资本保值增值结果核实确认过程中徇私舞弊，造成重大工作过失或者泄露企业商业秘密的，依法给予纪律处分；涉嫌犯罪的，依法移交司法机关处理。

第五章　附　　则

第三十五条　各省、自治区、直辖市国有资产监督管理机构可依照本办法，结合本地区实际，制定相应工作规范。

第三十六条　本办法实施前的有关企业国有资本保值增值结果确认工作的规章制度与本办法不一致的，依照本办法的规定执行。

第三十七条　本办法自2004年8月30日起施行。

国务院国有资产监督管理委员会令

第10号

《中央企业发展战略和规划管理办法（试行）》已经

国务院国有资产监督管理委员会第21次主任办公会议审议通过，现予公布，自2005年1月1日起施行。

国务院国有资产监督管理委员会主任 李荣融

二〇〇四年十一月二十六日

中央企业发展战略和规划管理办法（试行）

第一条 为规范中央企业发展战略和规划的编制与管理工作，提高企业发展战略和规划的科学性和民主性，依法履行出资人职责，根据《中华人民共和国公司法》、《企业国有资产监督管理暂行条例》等法律法规，制定本办法。

第二条 本办法所称中央企业，是指国务院国有资产监督管理委员会（以下简称国资委）履行出资人职责的企业（以下简称企业）。

第三条 本办法所称企业发展战略和规划，是指企业根据国家发展规划和产业政策，在分析外部环境和内部条件现状及其变化趋势的基础上，为企业的长期生存与发展所作出的未来一定时期内的方向性、整体性、全局性的定位、发展目标和相应的实施方案。

第四条 企业发展战略和规划的管理，是指国资委根据出资人职责依法对企业发展战略和规划的制订程序、内容进行审核，并对其实施情况进行监督。

第五条 国资委对企业发展战略和规划进行管理应当坚持以下原则：

（一）依法履行出资人职责；

（二）尊重企业的合法权益；

（三）推动国有经济布局和结构的战略性调整，指导企业进行结构调整；

（四）客观、公正、科学、统筹；

（五）提高工作效率，遵守职业道德，严守国家机密和商业秘密。

第六条 企业要明确负责发展战略和规划编制的工作机构，建立相应的工作制度并报国资委备案。

第七条 企业应当按照本办法规定，制订本企业的发展战略和规划。有条件的企业可以设立发展战略和规划决策委员会。

第八条 企业发展战略和规划包括3~5年中期发展规划和10年远景目标。编制重点为3~5年发展规划，并根据企业外部环境和内部情况的变化和发展适时滚动调整。

第九条 企业发展战略和规划应当包括下列主要内容：

（一）现状与发展环境。包括企业基本情况、发展环境分析和竞争力分析等；

（二）发展战略与指导思想；

（三）发展目标；

（四）三年发展、调整重点与实施计划；

（五）规划实施的保障措施；

（六）需要包括的其他内容。

第十条 企业在制订发展战略和规划时，可参照国资委编制的《中央企业发展战略与规划编制大纲》，并可根据实际情况进行适当调整，但应当涵盖其提出的内容。

第十一条 企业应当按照国资委要求在规定时间内报送发展战略和规划草案。报送内容包括企业发展战略和规划草案文本及编制说明。

第十二条 国资委组织对企业的发展战略和规划草案进行审核，在规定时间内将审核意见反馈企业。

第十三条 国资委对企业报送的企业发展战略和规划内容的审核主要包括：

（一）是否符合国家发展规划和产业政策；

（二）是否符合国有经济布局和结构的战略性调整方向；

（三）是否突出主业，提升企业核心竞争力；

（四）是否坚持效益优先和可持续发展原则。

第十四条 国有独资企业、国有独资公司应当根据国资委的审核意见，对企业发展战略和规划进行修订。

第十五条 国有控股、国有参股企业中国资委派出的股东代表、董事，应当在企业股东会或董事会上充分表述国资委对企业发展战略和规划的审核意见。

第十六条 企业按照内部决策程序对发展战略和规划修订后，应当将企业发展战略和规划正式文本报国资委备案。

第十七条 企业在实施发展战略和规划过程中应当制定年度计划，对实施情况与发展目标进行对比评价，及时调整。

第十八条 国资委将企业发展战略和规划的目标和实施，纳入对中央企业负责人经营业绩考核的内容。

第十九条 本办法自2005年1月1日起施行。

关于《中央企业发展战略和规划管理办法（试行）》的编制说明

由我委编制的《中央企业发展战略和规划管理办法（试行）》（以下简称《规划管理办法》）按照立法程序已通过审查并公布。该办法根据《中华人民共和国公司法》、《企业国有资产监督管理暂行条例》等相关法律法规，结合中央企业实际情况研究制定。

一、《规划管理办法》的编制背景

(一) 企业发展战略和规划的管理工作是出资人监督管理工作的重要组成部分。

企业发展战略和规划关系到企业的长远发展和国有资产的保值增值，属于企业的重大决策。国有资产监督管理机构作为出资人，对其所出资企业发展战略和规划依法履行出资人职责，进行监督和管理，维护所有者权益，是保证出资人职责到位，实现管资产与管人、管事相结合，权利、责任、义务相统一的基本要求。

(二) 企业发展战略和规划的管理是一项基础性工作。

企业发展战略和规划是企业面对激烈变化、严峻挑战的经营环境，为求得长期生存和持续发展进行的总体性谋划，是企业发展战略思想的集中体现，也是企业制定各种计划和国资委对企业领导人进行任期考核的基础。加强企业发展战略和规划的管理，既是企业的一项基础性工作，也是国资委依法监督管理企业的基础性工作。为提高依法办事的能力和水平，减少工作中的随意性和盲目性，避免干预企业的经营决策自主权，企业发展战略和规划的管理要强化基础性工作，要建立健全规章制度，进行规范管理。

(三) 企业发展战略和规划的管理工作与国有经济布局和结构的战略性调整工作是一个有机的整体。

国资委根据国有经济布局和结构的战略性调整要求，研究提出中央企业布局和结构调整的方向、原则、重点和工作思路，并以此作为编制企业发展战略和规划的工作指南；企业应根据中央企业布局和结构调整的总体思路和自身情况研究提出企业的发展定位和发展战略。二者是相辅相承的一个有机的整体。

(四) 中央企业发展战略和规划管理办法的实施，有利于加强企业的市场主体地位。

国资委依法对企业重大投资活动进行管理，是出资人的重要职责。企业面对的市场竞争日趋激烈，为使企业能够抓住机遇、加快发展，同时有效规避投资风险，必须加强战略研究和管理，正确把握企业发展方向。今后国资委对企业重大投资活动的监管，主要依据企业发展战略和规划，凡是规划内的、主业投资，符合企业发展方向的，由企业自主决定，国资委实施备案管理；规划外的、非主业投资，则要进行严格监管。为企业创造更加宽松的环境，有利于加强企业市场主体地位。

(五) 办法制定的原则。

在《规划管理办法》编制工作当中，我们主要坚持以下原则：

1. 尊重企业合法权益、促进企业发展；

2. 依法行使管理职权和建立合法、高效的管理程序。

(六)《规划管理办法》的编制过程。

办法的编制工作经历了一年零五个月时间。在编制的过程中，采用了集体讨论、广泛征求意见的工作方法。办法的文本进行了10多次大的修改和完善。

二、《规划管理办法》明确的几个问题

(一) 企业是编制和实施发展战略和规划的主体。

《规划管理办法》体现了企业是编制与实施发展战略和规划的主体。企业负责其发展战略和规划的编制，国资委对其进行审核。主要是对制订的程序和内容进行审核，并对企业发展战略和规划的实施进行监督。

(二) 企业发展战略和规划管理工作应坚持的原则。

《规划管理办法》规定，在企业发展战略和规划的管理工作中，始终要坚持以下原则：首先，企业编制的发展战略和规划，要符合国家发展规划和产业政策，有利于国有经济布局和结构的战略性调整，突出主业、可持续发展。通过对企业发展战略和规划的审核，明确企业主业和整合优化业务的调整方向及目标，促进企业稳定发展、做强做大；其次，国资委在审核企业发展战略和规划和对企业实施进行监督管理中，也要坚持上述原则。

(三)《规划管理办法》明确了国资委对企业发展战略和规划管理的工作程序：

1. 企业按要求制订本企业的发展战略和规划，并向国资委报送发展战略和规划草案；

2. 国资委对企业发展战略和规划进行审核，并将审核意见反馈企业；

3. 企业对发展战略和规划修订后，将正式文本报国资委备案；

4. 企业对发展战略和规划进行实施，国资委将企业发展战略和规划的目标和实施纳入企业负责人经营业绩考核的内容。

三、《规划管理办法》的结构与主要内容

(一) 按照国资委立法工作规则的要求，该办法的内容包括了立法目的、适用范围、具体规定和实施日期等。

(二) 按照《规章制定程序条例》的规定，该办法不设章和节，文章结构是按照总则、组织机构、企业发展战略和规划的编制、审核、实施、附则六个部分的框架进行构思。主要内容包括：

1. 办法制定的法律依据和办法的适用范围；

2. 企业发展战略和规划的管理的定义；

3. 国资委规划管理工作应当坚持的原则和要遵

守的内容；

4. 企业应尽的义务与责任，包括建立工作机构和建立相应的工作制度等；

5. 企业发展战略和规划应包括的主要内容。在办法中规定了一般情况下企业发展战略和规划应包括的主要内容，并与之相配套，制定了《中央企业发展战略与规划编制大纲》（已先期下发中央企业）；

6. 企业发展战略和规划的管理程序，即报送、审核、企业对审核意见的处理、备案（报正式文本）、实施与调整等。

四、关于《规划管理办法》的施行

该办法自2005年1月1日起施行，其规范的中央企业发展战略与规划的管理工作具有探索性，因此有待于在今后的管理工作当中不断总结经验，并根据情况的变化逐步加以完善和及时修订。

2004年度工作会议

会议综述

2004年2月9日，中国国电集团公司2004年工作会议在京隆重开幕。集团公司党组书记、总经理周大兵，党组成员、副总经理朱永芃、李庆奎、刘彭龄、陈飞出席会议，国家电力监管委员会副主席宋密，国务院派驻集团公司监事会前主席路耀华、新任主席孔令鉴，中国电力企业联合会副理事长孙玉才，中国能源化学工会主席赵永金应邀出席会议并讲话；财政部企业司副司长陆庆平，国资委办公厅副主任刘长虹、业绩考核局副局长刘南昌，中组部干部五局二处副处长徐锋等有关负责同志应邀出席了会议。集团公司各部门正、副主任，各分支机构负责人，各直属、全资、控股单位厂长（经理）、党委书记参加了会议，本部全体员工、在京单位副处级以上领导干部参加了9日上午的大会。周大兵在会上作了题为《强化管理，提高效益，深化改革，求真务实，扎实推进国电集团持续快速健康发展》的工作报告，报告分三个部分对集团公司成立一年来的工作进行了总结，分析了当前面临的形势、存在的困难和问题，提出了集团公司2004年的工作目标和工作重点。

刘彭龄在会上作了题为《抓住关键，统筹协调，坚定信心，务期必成，努力实现"管理效益年"的三大目标》的"管理效益年"专题报告，强调了2004年"管理效益年"的工作重点，提出了做好此项工作的要求。朱永芃作了总结讲话，要求各级领导要提高对做好2004年重点工作的认识，坚定完成目标任务的决心。

国家电力监管委员会副主席宋密代表电监会党组和柴松岳主席在会上作了讲话，充分肯定了国电集团公司成立一年来，一手抓组建，一手抓运营取得的可喜成绩。同时通报了全国电力市场建设方面的进展，当前面临的问题及关注的热点，希望集团公司在新一年振奋精神，推进改革，稳步发展，加强管理，狠抓安全，保证供应，取得更大发展。

国务院派驻集团公司监事会前主席路耀华作为集团公司成立发展的见证人，在讲话中赋诗一首，题为《再创新的辉煌》，表达了对集团公司的深厚感情和美好祝愿；新任主席孔令鉴在讲话中表示将与集团公司一道，各司其职，共同努力，完成好确保国有资产保值增值和促进集团公司发展的任务。中国电力企业联合会副理事长孙玉才、中国能源化学工会主席赵永金在讲话中，对会议的召开表示祝贺，通报了中国电力企业联合会、中国能源化学工会新一年的工作思路。

会议的主要任务是以邓小平理论和"三个代表"重要思想为指导，认真贯彻落实党的十六大、十六届三中全会和中央经济工作会议精神，回顾总结集团公司成立一年来的工作，分析面临的形势和任务，部署2004年集团公司的工作，动员公司系统深入开展"管理效益年"活动，强化管理，提高效益，深化改革，求真务实，推进国电集团公司持续、快速、健康发展。

强化管理 提高效益 深化改革 求真务实 推进国电集团持续快速健康发展

——周大兵在国电集团公司2004年工作会议上的报告

(2004年2月9日)

同志们：

春节刚过，我们就聚集一堂召开集团公司成立后第二次全年工作会议。在此，我代表集团公司党组给大家拜个晚年，祝大家在新的一年事业辉煌、身体健康、万事如意！

这次会议的主要任务是，以邓小平理论和“三个代表”重要思想为指导，认真贯彻落实党的十六大、十六届三中全会和中央经济工作会议精神，回顾总结集团公司成立一年来的工作，分析面临的形势和任务，部署2004年的工作，动员公司系统深入开展“管理效益年”活动，强化管理，提高效益，深化改革，求真务实，推进国电集团公司持续、快速、健康发展。

下面，我讲三个方面问题。

一、2003年工作回顾

2003年是集团公司组建并正式运转的第一年。一年来，在“三个代表”重要思想和党的十六大精神指引下，在党中央、国务院正确领导下，在国家有关部门大力支持下，集团公司广大员工坚持“做实、做新、做大、做强”的工作方针，边组建、边运营，克服重重困难，开拓创新，奋力拼搏，取得了各方面工作开门红。集团公司系统全年安全生产形势基本平稳，无重大人身伤亡和重大设备损坏事故，无影响电网安全稳定重大责任事故，无垮坝、漫坝、水淹厂房事故；全年全口径发电量完成1371亿千瓦时，同比增长16.37%；全口径上网电量完成1269.48亿千瓦时，同比增长15.97%；供电标准煤耗371.3克/千瓦时，同比降低2.8克/千瓦时；投产发电容量193.35万千瓦，超额完成全年计划投产任务；实现产品销售收入262亿元，同比增加33亿元；快报合并口径利润总额实现14.35亿元（内部核算电厂发电环节以零利润计算）。集团公司以良好的业绩，为发展奠定了扎实基础，为国民经济发展和人民生活水平提高做出了积极贡献。

（一）主要工作成绩

1. 高度重视安全生产，保持了良好的安全生产形势

集团公司十分重视安全生产工作，始终把安全生产当作头等大事抓实抓好。公司上下认真学习贯彻《安全生产法》，坚持“安全第一、预防为主”的方针，落实各级行政一把手为第一责任者的安全生产责任制，通过健全管理组织，理顺管理关系，建立规章制度，加强设备管理，落实安全责任，严格考核奖惩，对安全生产实施了有效管理。通过开展“安全互学互查月”活动和季节性的安全大检查，促进了安全管理水平整体提高，保证了重大节日、重要政治活动期间安全生产。一年来，集团公司直属、全资、控股75个发电企业，实现安全生产无事故单位62个，占82.7%。

针对老旧机组较多、设备健康状况较差的现状，集团公司加大设备治理和改造力度，坚持“应修必修、修必修好”的原则，认真开展检修工作，提高设备健康水平；利用先进成熟的新技术、新设备、新材料、新工艺进行技术改造；加强以经济效益为中心的运行管理，降低消耗，稳发多供。谏壁电厂10号机组大修技术改造后供电煤耗下降40克/千瓦时，全厂供电煤耗与去年同比下降4.9克/千瓦时；衡丰发电公司1号机组大修后，连续安全运行250天；菏泽电厂二期两台30万千瓦机组全年无非计划停运；大同二电厂2、4号机组在全国20万千瓦机组竞赛中名列前茅。

2. 建立管理体系，初步实现了科学、规范运转

为尽快确立符合自身特点的管理模式，集团公司经过认真研究，确定了“两级法人、分层授权、垂直管理”的“扁平化”组织架构的总体构想，建立了公司系统组织管理体系，初步构建了信息通畅、指挥有力、落实到位的运行机制。加强集团公司本部建设，按照“六个中心”的功能定位，完成了本部机构设置、人员配置和职责划分。设立分支机构，初步理顺了分支机构和所在地区企业的管理关系。积极推进新建扩建电源项目筹建机构组建工作。加强燃料、物资管理，实现集约化经营，组建了国电新源能源公司和国电物资公司。理顺产权关系，维护出资方合法权益，加强和规范了对有限责任公司董事会及股权的管理。加强规章制度建设，制定并施行了党组议事规则、公司工作规则等一系列规章制度，建立各部门、各专业的管理制度体系，全年共出台各类规章制度88件，有力地促进了管理的规范化、科学化。

3. 完成了安全生产和管理接收，资产财务劳资保险接收工作稳步进行

按照电力体制改革的统一部署，“先接管理、后接资产”，在集团公司成立一个月内，顺利完成划入单位安全生产和管理的平稳交接，及时承担起安全生产责任，确保了生产安全稳定。在第二阶段资产财务和劳资保险接收中，按照“清清楚楚、明明白白、实

实在在”的原则，克服各种困难，率先签署了谏壁电厂划转协议。目前，大部分单位已按计划完成了资产财务和劳资保险确认工作，接收工作正按计划进行。

4. 以电源开发为核心，发展工作取得实质性进展

集团公司十分重视电源发展，成立之初就提出平均每年三个400万千瓦和各个阶段的电源发展目标，以此为基础制定集团公司电源发展规划，并积极落实项目前期工作。针对已掌握的前期资源，提出“十五”后三年优先安排报批进展快、市场前景好、地方政府积极性高和集团公司电源空白地区的项目规模3000多万千瓦，其中，今年新开工1366万千瓦，预备开工近1000万千瓦。常州、荆门、蓬莱、铜陵、双鸭山等项目单位积极主动开展前期工作，使项目建议书和可研报告在短时间内上报国家发改委，为后期工程建设赢得了宝贵时间。

由于发展战略明确，决心大，力度强，电源发展取得显著成果：争取了一大批新电源项目；填补了河南、山东、福建、安徽、重庆等地区电源空白；取得国家发改委审批的项目总量也从由于划拨项目中获审批项目较少而处于五大发电集团末位，有望在2004年提升到中上水平，为集团公司实现“三个400万”，2004年实现总资产规模突破1000亿元创造了条件；集团公司“十五”后三年新开工项目中单机容量30万千瓦以上机组占96%，这批机组投产后将大大提高集团公司的装备质量，实现电源结构升级。

5. 创新工程建设管理，超额完成全年建设目标

按照“控制工期，保证质量，降低造价，争创一流”的工程建设指导思想，集团公司初步建立了“小业主、大咨询”，精干、高效的工程建设管理模式。基建战线树立全新的工程管理理念，努力建立完善、适用的工程建设管理程序体系，实现管理科学化、规范化、程序化，确保了各在建工程造价、进度、质量、安全的可控、在控。初步理顺了工程建设管理体制，经董事会授权，由集团公司对大渡河公司进行了直接管理，加强对瀑布沟项目工程建设管理，实现安全施工733天。国电电力大同发电公司工程管理严格，施工进度和质量控制得好，成为集团公司基建规范化示范单位之一。常州项目是集团公司成立后启动的第一个60万千瓦超临界火电机组，筹建班子思路清晰，工作力度大，项目推进速度和工作效率都较高。

6. 建立以预算管理为龙头的财务运行体系，“治亏”工作成效显著

以预算管理为龙头，资金管理为核心，资产经营考核为手段，建立集团公司财务运行体系，推行全面预算管理，克服困难，超额完成了以利润为核心的全年经营目标。统筹资金管理，成立资金结算中心，构筑了资金结算网络平台。与各大银行签署《战略合作协议》、《综合授信协议》，取得了总计1484亿元的综合授信额度。加强贷款管理，合理安排融资方式，通过置换贷款15.5亿元和使用综合授信额度9亿元等措施，年节约财务费用3500万元。

为实现“治亏”目标，集团公司领导率领“治亏”工作组几赴现场调研，分析问题，专业部门明确措施，落实责任，取得明显成果。太一公司扭亏1.2亿元；双辽电厂减亏2亿元；九江三期扭亏1.27亿元，实现投产盈利；三个“治亏”重点单位共减亏4.5亿元，改变了新机投产亏损的局面，为集团公司新项目投产树立了榜样。针对老厂、空壳电厂提出了“一厂一策”治理思路，盘活资产，稳定队伍。对成都热电厂投入980万元，盘活了10万千瓦的发电设备，可望在今年扭亏为盈。

7. 适应形势，转变观念，全面提高市场营销工作水平

面对新的电力市场格局和严峻挑战，集团公司适应形势，转变观念，建立了市场营销网络，积极落实任务、责任和措施，千方百计开拓市场，使集团公司全年发电量增长水平在各发电集团公司中名列前茅；全力以赴打好电价测算报批攻坚战，除山西和天津的三个电厂未获批复外，其余33家电厂的零利润电价均已批复；发扬“三千”精神迎难而上，积极争取国家主管部门的支持，解决电价执行不到位和热价偏低问题取得重点突破；早做准备，积极参与区域电力市场竞争，东北、华东两个区域电力市场的各项工作有序推进；探索开拓电力市场新途径，稳步推进向大用户直供电的工作；积极开展市场营销培训工作，提高了市场营销人员素质；系统地建立了市场营销信息、统计分析系统，提高了电（热）量和电（热）费管理水平及电（热）费回收率。

8. 加强物资、燃料管理，初步理顺多种经营管理体制

集团公司坚持“以电为主导，多元化发展”的发展方针，把多种经营作为总体发展战略的重要组成部分和主辅分离的重要途径，全年多种经营实现总收入47亿元，实现利润0.9亿元，产业结构有所调整，经营保持稳定。

物资管理注重发挥统一采购的规模和专业优势，降低成本，提高效益，圆满完成三批新电源项目主机设备招标工作，有力地保证了集团公司电源发展的需求。

燃料管理以保证供应、提高质量、控制价格、降低成本为中心，充分发挥集团公司整体优势，加强与煤炭企业和铁路部门的协调，建立了燃料供应保障体系和燃料经营运作机制。与同煤、阳煤集团签订战略伙伴框架协议，在煤电联营方面迈出实质性步伐。谏壁、衡丰、九江、聊城电厂组织人员深入煤矿和铁路

部门，加强电煤调运，确保了生产用煤需要。

9. 坚持科技领先，加大了科技环保工作力度

坚持科技领先、发展与环保并重，做好科技工作。目前，集团公司系统已拥有一批具有自主知识产权的专有技术，其中“等离子点火技术”荣获2003年中国电力科学技术一等奖，达到世界先进水平；正在开展的多项“863”研究课题也处于国内领先地位。依靠科技手段，积极开展空壳电厂治理，维护了职工队伍稳定，提高了企业经济效益。通过实施在运设备环保治理和新建项目环保工程，提升了发电装备环保水平。建设了覆盖全集团公司的多媒体广域网和五个综合业务平台，初步形成运转高效、可靠的集团公司信息网络系统。

10. 确立人才强企战略，加强了领导班子和队伍建设

集团公司十分重视人才使用培养和队伍建设，积极探索人力资源管理新模式。加强领导班子建设，先后对64家全资、内部核算、控股企业的领导班子进行了全面考察。完成了对全资、控股、参股公司董事、监事人员的选派。制定了《中国国电集团公司人才强企战略规划纲要》和后备人才推荐、管理办法，提出了“168人才工程”的实施意见。谏壁发电厂坚持以人为本思想，合理规划，初步建立了“培养、评价、使用与待遇一体化”的工作机制，有力地推动了企业发展。

11. 坚持“两手抓”，党建、政工和审计工作发挥了思想保障作用

集团公司始终把学习贯彻“三个代表”重要思想、十六大和十六届三中全会精神作为思想政治工作的主线，坚持“两手抓、两手都要硬”的方针，努力把思想政治工作做实。初步理顺了基层单位党组织管理关系，强化了党员领导干部民主生活会制度，举办了处级以上领导干部“三个代表”学习班，狠抓党员先进性教育，开展了“为发展作贡献、为党旗增光辉”主题活动，“七一”期间表彰了先进党组织和优秀共产党员，集团公司被中央文明委评为精神文明建设先进单位。加强党风廉政建设，切实加强廉洁自律教育。发挥效能监察审计“管理的再管理、监督的再监督”作用，提高监察审计效果。注重发挥企业文化功能，开展了形象标识、文化理念主题词及《国电之歌》征集活动，形成了“忠诚事业，忠诚集团，爱岗敬业，岗位成才”的职业道德观，提炼了“以电兴业，强企报国”的企业理念，增强了集团公司的凝聚力和向心力。

在抗击非典特殊时期，各单位一手抓生产经营，一手抓防治非典，全系统没有发生一起非典或疑似病例，夺取了生产经营和抗击非典双胜利。集团公司还向北京市捐款600万元，各地员工也踊跃捐款捐物，为抗击非典做出了贡献。

以上成绩的取得，是公司系统广大员工团结一致努力拼搏的结果。在此，我代表集团公司党组，向一年来为公司的改革发展付出辛勤劳动的公司系统广大员工和家属以及离退休老同志表示衷心的感谢！

（二）体会和收获

2003年，集团公司认真贯彻“八字方针”，密切结合实际，适时明确和不断深化工作思路，使各个阶段重点突出，措施得力，脉络清晰。一系列逐步深入的工作思路，成为指导集团公司全年工作的总纲。回顾一年来工作思路的形成、发展和实践过程，我们有如下深刻体会：

第一，集团公司党组坚持以党的十六大和十六届三中全会精神指导实践，结合实际学习“三个代表”重要思想，形成了“三真五学”的学习特色；始终坚定地与党中央保持高度一致，认真按照中央关于电力体制改革的部署，不断深化内部体制和管理机制改革。

第二，坚持把确保安全生产和队伍稳定作为开展各项工作的前提和基础，为公司改革发展创造了有利条件。

第三，坚持以“八字方针”和发展战略为指导，统领全年各项工作。集团公司一成立，党组即明确提出“做实、做新、做大、做强”的工作方针，以此指导实践，形成鲜明的工作特色，“八字方针”已在公司系统深入人心，成为开展各项工作的出发点和落脚点。

第四，坚持以发展为第一要务，努力推进电源前期工作和工程建设。针对不同地区特点，确定了加快华东、华北、四川、山东，兼顾东北、西北长远发展，加强东部经济发达省份电源发展的思路；在区域分布上，提出了大渡河流域“装机一千五，流域统调度，沿江一条路，两岸共致富”，东北地区“辽宁新建、黑龙江扩建、吉林重组”的发展方针，因地制宜，目标明确，措施得力，效果显著。

第五，不断深化改革，努力建设与新型电力市场和现代企业制度相适应的全国性发电公司的管理体制与经营机制。明确提出把集团公司建成要素组合合理、资源配置优化、经营状况良好、综合实力较强、管理机制先进，具有规范法人治理结构的复合控股型、规模效益型、集团化、市场化、国际化的现代企业集团的发展战略构想。为切实推进改革，集团公司专门成立了体制改革领导小组和办公室，集中精力制定改革重组方案，已于春节前得到有关部门领导肯定。

第六，始终坚持调查研究和及时总结，在实践中不断检验和发展工作思路。党组成员先后两次开展较长时间调研，召开了四次务虚会和年中工作座谈会，从“求真务实，加快发展”，重点落实前期项目；到针对企业竞争环境和内部经营管理实际，提出“强化

管理，提高效益”；再到提出开展“管理效益年”活动，每一次会议都及时明确了下阶段的工作重点，促进了整体工作“纲举目张”。针对企业现状进行的调查研究，则从深入基层了解实际情况，到党组成员分工负责把治亏作为一项战役来抓，在整体推进的同时极大促进了重点工作的开展。

二、面临的形势和问题

（一）电力供需形势为加快发展提供了难得机遇

去年，全国电力供需形势总体紧张，22个省（区、市）出现拉闸限电，预计今年电力供需矛盾会更加突出。根据电力工业“十一五”发展规划和2020年远景目标，全国电力装机容量到2020年将达到9亿千瓦。从今年到“十一五”期间，全国平均每年需新增装机3000万千瓦以上，才能满足经济发展的要求。根据这一市场需求，各大发电公司都在通过加快发展，竞争电源市场空间。为此，我们提出了到2005年可控装机容量达到4000万千瓦，2010年达到6000万千瓦，2020年达到1亿千瓦的发展目标，分别占全国装机容量的9%、10%和11%。这一目标是从集团公司自身实际出发制定的，是符合国家要求的。因此，必须抓住近三年难得的发展机遇，采取新扩建和并购相结合的方针，大力发展电源建设。同时，抓紧进行技术改造和电源结构调整，促进资源优化配置和结构升级，提高现有装备的安全经济运行水平，力争稳发多供。

（二）面对改革后的竞争环境以及自身资产现状，强化管理提高效益任务十分艰巨

随着电力体制改革的不断深化，原有体制下的一些深层次矛盾开始显现出来，给发电公司生产经营带来困难。一是电力输配侧改革尚未进行，发电企业在竞价上网、调度运行、安全生产等方面面临巨大压力；二是电价矛盾突出，缩小了发电企业的盈利空间；三是“一厂多制”现象，影响了正常的生产经营活动；四是煤炭资源紧张、价格上调，环保费用提高，增加了发电企业经营压力；五是电源发展资本金不足，资金压力巨大，财务费用增高；六是部分企业管理水平落后，不适应发展需要。

国资委最近提出，要培养30~50家具有国际竞争力的大型企业集团，在每个行业重点发展前三名。从今年起，国资委开始对国有大型企业进行考核。无论从上级加大考核力度，还是从各企业之间的竞争来看，面对自身状况，都要求我们必须采取有力措施，强化管理，提高效益，努力降低成本，挖潜增效，最大限度地提升盈利能力，壮大集团公司实力。

（三）十六届三中全会为国企改革指明了方向，集团公司改革重组任务紧迫

党的十六届三中全会提出，要进一步增强公有制经济的活力，深化国有企业改革，建立现代产权制度和规范的法人治理结构，实现投资主体多元化，使股份制成为公有制的主要实现形式。中央经济工作会议要求按照稳定政策、适度调整，深化改革、扩大开放，把握全局、解决矛盾，统筹兼顾、协调发展的思路，做好各项工作。党中央、国务院对深化国企改革提出了新的要求，深化改革势在必行。

国电集团公司是国有重要支柱企业，在国民经济发展中担负着光荣而艰巨的历史使命。我们要按照党中央、国务院的要求，进一步深化改革，为全面建设小康社会和发展经济做出应有贡献。从目前集团公司现状来看，虽然管理体制与经营机制初步建立，但与电力市场新形势和现代企业制度的要求还有不适应的地方，表现在：对实施集团公司发展战略与改革实践中的矛盾急需深入研究；对改革的总体目标、实施步骤、工作安排等需要进一步论证；按照“两级法人、分层授权、垂直管理”的“扁平化”体制框架，集团公司本部与分支机构和各单位的管理界面有待明确。当前，特别要抓紧研究解决，如何进一步既保证集团公司整体资源优化配置，实现管理效益最大化，又保证现代企业制度的落实；既发挥集团公司对企业的控制力，又充分调动各级单位的生产经营积极性这二者的关系问题，真正做到责、权、利统一和上下协调一致，高效运转。

当前，必须重点在如下几方面实现突破：一是深化内部改革，理顺管理体制，健全经营机制；二是推进集团公司改革重组，建立现代产权制度和法人治理结构；三是实施“主辅分离、辅业改制”，在多经企业建立规范的现代企业制度。

（四）进一步转变思想观念和工作作风，是各级干部员工面临的当务之急

经过一年运行，集团公司系统广大干部员工在适应改革现状，提高竞争意识等方面，都有不同程度的提高。但是，受长期计划经济和旧有体制影响，仍然存在着市场意识、竞争意识和效益观念不强，对改革承受力较差的问题；多数员工对市场经营的必要知识掌握不够，市场运作经验不足；作风建设有待加强，分工负责、互相配合、运转顺畅的工作机制还需健全，工作效率有待提高，集团公司本部“管理、监督、指导、服务”的宗旨有待深入贯彻落实；有些工作落实不到位，措施不得力；有的单位工作主动性不够。这些都需要我们进一步提高认识，转变观念，加强学习，切实改进。

三、2004年工作的总体要求和任务

根据自身现状和发展要求，党组决定2004年集团公司的中心任务是开展“管理效益年”活动。“强化管理，提高效益”是企业管理的永恒主题，应当常抓不懈。

这项工作分"三步走",2003年是第一步,找准问题,对症下药,重点突破,初见成效;2004年迈开第二步,开展"管理效益年"活动,狠抓基础管理,显著提高经济效益;2005年以后迈开第三步,以创建中国国电集团公司星级电厂为载体,进一步提升发电企业现代化管理水平和集团公司总体经济效益与综合实力。

开展"管理效益年"活动,是集团公司认真学习邓小平理论和"三个代表"重要思想,全面贯彻十六届三中全会精神的重大举措,是集团公司深化改革、加快发展、承前启后的关键环节。今年集团公司的各项工作,都要围绕开展"管理效益年"活动来展开,按照"抓基层,打基础,办实事,求实效"的要求,达到"夯实基础、确保安全、提高效益"的基本目标。夯实基础,就是要初步建立起科学规范、标准统一,具有国电集团鲜明特色的企业管理基础体系;确保安全,就是要努力实现无人身伤亡、无涉及电网的重大事故、无主设备损坏的"三无"目标;提高效益,就是要使集团公司各项生产经营指标明显改善,盈利能力显著提高。要加强对开展"管理效益年"活动的领导和考核,防止走过场图形式,各单位主要负责人要切实承担起第一责任人的职责,广大干部要发挥带头作用,明确责任,扎实工作,把"管理效益年"活动引向深入。关于"管理效益年"活动的具体要求,将在刘彭龄同志的报告中做详细说明。

围绕"管理效益年"活动,党组确定集团公司2004年工作的总体要求是:以邓小平理论和"三个代表"重要思想为指导,深入贯彻党的十六大、十六届三中全会精神,认真落实"做实、做新、做大、做强"的八字方针,以可持续发展为主线,以深化改革为动力,以"管理效益年"活动为载体,努力实现存量资产的科学管理和集约经营,大力推进增量资产的理性扩张和健康发展,实施"主辅分离、辅业改制",积极稳妥推进改革重组,为集团公司持续、快速、健康发展打好基础。

（一）2004年安全生产目标和经营主要指标

1. 安全目标:不发生人身死亡事故;不发生全厂停电或责任性的电网瓦解、大面积停电事故;不发生重大及以上设备损坏事故;不发生电厂垮坝事故;不发生重大及以上火灾事故;不发生重大及以上施工机械事故;不发生重大及以上交通事故。

2. 发电量:1470亿千瓦时,比上年增长7.2%。

3. 利润:比上年增长16%。

4. 电热费回收率:100%,陈欠回收20%以上。

5. 新增容量:开工1200万~1500万千瓦,投产228.5万千瓦,通过重组并购实现全年新增400万千瓦。

（二）2004年的重点工作

1. 强化安全管理,建立安全生产长效机制

胡锦涛总书记在中央经济工作会议上强调,"安全生产问题,事关人民群众的生命财产安全,事关社会稳定大局。各级领导对此要高度重视,努力减少和排除各种重大事故隐患,切实把有关安全生产的各项工作落到实处。"我们要认真学习,深刻领会,一如既往地抓好安全生产工作。要认真贯彻《安全生产法》和国务院《关于进一步加强安全生产工作的决定》,坚持"安全第一、预防为主"的方针和"保人身、保电网、保设备"的原则,树立安全就是效益的观念,正确处理安全与进度、安全与质量的关系,把安全作为一切工作的基础,进行全员、全过程、全方位、全天候的安全管理。要进一步落实各级行政一把手第一责任人的安全生产责任制和事故责任追究制,实施安全目标管理,层层落实责任;坚持"四不放过"的原则,严格奖惩考核;树立以人为本的安全理念,高度重视人身安全工作,真正做到"三不伤害"。加强设备管理,坚持"应修必修、修必修好"的原则,抓好设备检修工作,确保检修质量;依靠技术进步,改善设备性能,提高设备的可靠性、经济性和自动化水平。要认真开展安全性评价工作,建立安全生产长效机制,对安全生产的隐患要心中有数,对存在的问题要有预案,舍得对安全生产进行投入,抓好《重大事故预防措施》的落实,进一步规范安全生产条件,夯实安全生产基础。

2. 挖掘潜力,降低成本,努力提高经济效益

开展"管理效益年"活动的最终目的就是提高经济效益。要围绕活动目标,加强全过程管理,以努力降低上网售电成本为根本目标,在提高效益上做足文章。

要发挥集团公司整体优势,实施集约化经营。科学调度、优化配置资金、物资、人力资源,以最小的成本获取最大的收益。充分发挥资金结算中心作用,开拓融资渠道,控制融资成本,加速资金周转,提高资金使用效益。

要强化预算管理,建立预算执行情况跟踪考核制度,对不同类型企业单位千瓦发电成本和实际利润实行动态控制,确保实现全年利润目标。

要用好政策,合理安排电源布局,提高投资收益,降低投资风险。努力缩短基建工期,降低工程造价,保证工程质量,使新扩建项目早日发挥效益。特别是新近开工的项目,与大批电厂同时投产,早一天投产就可以创造更多的效益,因此,一定要抓好在建项目,保证工期,保证质量,降低造价,按时投产。

要降低生产成本,做好增收节支。加强运行管理,遵守调度纪律,争取多发电量。做好新建、扩建电厂生产准备,促使新机组早日投产和稳定运行。要树立经济运行观念,优化运行方式,提高运行效率,通过开展竞赛活动,使供电煤耗等主要技术经济指标

向设计值靠拢，向同类型机组先进水平看齐。

要下大力气开拓市场，努力提高平均电价水平，加大亏损电厂治亏力度，加强陈欠电费回收力度。

加强燃料管理，加快煤电联营步伐，建立燃料供应主渠道，力争实现燃煤直供。严格控制燃煤价格，确保燃煤质量，保证燃料供应。

加强物资管理，严格执行集团公司物资管理办法，发挥集团公司整体优势，实行设备统一招标采购，降低成本，提高效益。

3. 继续坚持以发展为第一要务，积极落实电源项目，加强工程建设管理

电源建设是集团公司规模迅速扩大，调整电源结构，实现跨越式发展的中心环节。当前，要加强前期工作力度，确保实现集团公司电源发展规划特别是近三年开工目标。要在已经达成开发意向的前期项目中，比选出近三年内具备开工条件的项目，把近三年“三个400万”的项目落实；要集中资金，保投产、保进度、保开工，力争提前实现集团公司2005年新投产规模1000万千瓦的目标；要建立健全投资风险防范机制，对所有新开工项目进行认真比选和科学论证，认真进行投资风险评估和项目的后评价，把缩短工期、控制投资、降低造价、满足市场需求以及争取合理电价作为决策项目开工与否的主要标准；要加大项目催批力度，在做好电力市场预测和平衡的基础上，落实前期工作专人负责制，积极创造条件争取项目早日列入国家规划，早日获得批复。

产权置换和重组并购也是实现电源项目增长的有效形式，是实现发展目标的重要组成部分。要针对存量电源资产“一厂多制”股权交叉等情况，研究发电集团公司间的资产置换问题。要在充分论证的基础上，积极稳妥地收购部分现有电厂股权，实现控股。要通过内部重组盘活资产，从股本市场直接融资，减轻资本金压力，达到用较少的资本金扩大可控资产的目的。

要加强工程建设管理，打造国电品牌。强化全过程管理，积极衔接前期工作，以服务生产运行为宗旨，解决好基建与生产脱节的问题；发挥整体优势，降低采购成本，做到工程建设中的设备、大宗物资采购由集团公司统一安排；选好项目经理，落实项目公司责任，实现责、权、利的有效统一；树立全新的项目管理理念，建立完善、适用的工程建设管理程序体系，实现工程建设管理科学化、规范化、程序化；要狠抓落实，确保工程造价、进度、质量、安全的有效控制；增强法治观念和合同意识，逐步实现工程项目管理与国际惯例接轨。为加强工程管理，今年对工程项目实行目标责任制，对项目责任人，要做到有责有权，有奖有罚，真正把工程落实，真正把工程做好，真正保证现在开工项目能够按期投产。

4. 深化改革，推进资产重组、主辅分离和集团公司改革重组

要坚决贯彻党中央关于深化企业改革的决定，积极稳妥地推进改革。党组经过认真研究提出，要深入推进集团公司改革重组工作，积极创造条件，争取在2005年前基本完成改革重组任务，建立现代产权制度和规范的法人治理结构，实现投资主体多元化。

按照“明确目标，统筹规划，坚定信心，稳步推进”的原则，积极推进改革重组方案的实施，谨慎处理好改革的长远利益和近期改革风险的矛盾。改革的成功与否，关键之一要看今年“管理效益年”活动的效果。要把开展“管理效益年”活动同深化改革有机结合起来，通过管理增效促进改革，通过改革进一步促进管理水平和效益的提高。在改革重组进程中，要坚持资产经营和资本运作并举的方针，推动生产要素的合理流动和重组。

集团公司改革重组的重要组成部分是对辅业和不良资产进行剥离处置。在深化主业改革的同时，辅业和多经企业要加强管理，规范经营，深化改革；核心是精干主业，提高效益，妥善安置富余人员；重点是要做好清产核资、资产重组、主辅分离、辅业改制工作，使集团公司的资产质量有较大提高。辅业和多经企业改革的第一步是实施主辅分开，规范运作；第二步发挥优势，规模重组；第三步实现改制剥离，自主发展。

5. 切实加强财务和投融资管理，做好资产财务劳资保险接收和清产核资工作

要建立和完善既适应国有资产管理体制需要，又符合集团公司实际的财务管理模式，保证出资人的权利到位。要切实加强经营管理，深化全面预算管理，强化资产经营考核，确保经营目标顺利实现。要采取措施向管理要效益，做到“增产、增收、增效”同步，严格控制成本费用的不合理增长，拓展利润空间。要加大“治亏”力度，今年供热单位要全面扭亏，发电单位要争取扭亏；加大排污费返还力度。

进一步加强资金管理，实施金融运作。以资金结算中心为平台，发挥集团公司整体优势，搞好资金管理、金融运作、资本经营，合理安排资金流量和流向，控制资金风险，优化财务结构，降低资金成本，提高资金效益。既要学会用电来赚钱，也要学会用钱来赚钱。

要加强投融资管理，努力筹集发展资金。一是利用两个上市公司，通过资本市场进行融资。二是做好发行企业债工作，确保2004年发行40亿元。三是变现部分资产，在保持集团公司控制力的前提下，通过盘活存量资产变现资金。四是向有投资能力的子公司分散部分股权，减轻集团公司集中筹集资金的压力。五是充分利用各种金融产品筹集资金，降低融资成本。

要研究如何把集团公司整体负债率降下来的方式方法,以具体项目资本金不低于20%的限度,确保满足每年开工、投产和并购以及前期工作的资金需求。

要继续扎实妥善地做好资产财务和劳资保险接收工作。在此基础上，作好清产核资工作，切实摸清家底，建立“归属清晰、权责明确、保护严格、流转顺畅”的现代产权制度，为“新会计制度”实施作好准备。要尽可能用好国家政策，处理部分不良资产。大力开展资产和产权专项调研，逐步理顺“一厂多制”、“投贷不分”以及“产权关系不清”等问题，规范主业与多经的关联关系，合理规划存量资产盘活，优化资产结构。

6. 以市场营销为龙头，增强集团公司市场竞争力

要落实一把手营销工作第一责任人的责任，完善市场营销体系，提高整体运作效率。要转变观念，将工作重点从过去单一的生产经营转移到以经济效益为中心，以安全生产为基础，以市场营销为龙头，以开拓市场为重点上来。在内部核算电厂电价测算报批工作取得显著成果的基础上，以全面提高各发电企业的总体电价水平、改善电价结构、提高发电量为重点，以百分之百回收电费为目标，力争实现新突破。进一步提高各级营销人员的市场意识，更新营销知识，充实和强化营销理念；通过培训等方式，建设一支了解市场、掌握政策、工作得力的营销人才队伍；进一步夯实和拓展营销基础性工作，加大市场营销信息收集、统计分析工作的深度；下大力气解决电煤顺价、环保收费补偿及内部核算电厂成本上涨等问题，力争年内有所突破；加强亏损电厂的治亏力度，逐步解决供热电厂的热价问题；积极参与区域电力市场建设，做好市场竞价的基础性工作和技术支持系统的开发应用及大用户直供电的准备工作，全面提高集团公司整体竞争力。

7. 坚持“科技是第一生产力”，不断提高装备和管理技术水平

要注重科技创新，积极运用新技术新成果，不断提高集团公司发电装备技术水平和管理水平。加强大容量、高参数先进火电机组建设，提高优良资产比重。新建项目机组选型，要本着先进适用的原则，瞄准国产一流设备。建设项目要积极开展设计革命，积极采用新技术、新产品、新工艺和新材料。要加大老旧设备技术改造，依靠科技手段，提高存量资产质量。要不断改善电源结构，加大水电开发力度，积极稳妥发展气电、核电、风电、垃圾发电和潮汐发电等。加快建设集团公司信息网络系统。

环保工作要坚持控制与治理相结合的原则，积极采取措施，减少污染，提升环保水平。根据不同地区、不同条件，大力发展洁净煤发电技术，建设一批环保型“绿色电厂”。要高度重视排污费的上缴和返还工作。千方百计管理好现有设备，强化入炉煤质量管理，做到少排污、少缴费，多立项、多返还。要争取上缴，供集团公司集中调配使用。

8. 实施人才强企战略，加强领导班子建设

走人才强企之路，是集团公司党组落实中央人才强国战略要求，立足现实、着眼长远而作出的重大决策。要积极营造人人都是有用之人、人人都是可塑之才、鼓励人人争做贡献、倡导人人岗位成才的良好氛围。充分发挥集团公司人力资源配置中心的调控功能和市场机制的基础性作用，建立人才结构与发展需求相协调的动态机制，积极培养复合型战略后备人才。要着力培养和造就市场、社会、同行认可的高级经营管理人才、高级专业技术人才和高级生产技能人才。尤其是加强对各种高级专业人才和高级技能人才的培养、使用，并注重提高其待遇，这些人才是保证我们电厂安全运行的基础。要以启动“168人才工程”为载体，吸引外部优秀人才，留住内部关键人才，培养战略后备人才。

要按照市场经济的要求，继续推进企业转换经营机制工作。要按照总体设计、分步实施，先试点、后推开的原则，不断深化劳动用工、人事和分配制度改革，建立员工能进能出、岗位能上能下、收入能增能减和岗位靠竞争、收入凭贡献的现代企业劳动用工、人事和收入分配制度。要坚持党管干部的原则，建立与社会主义市场经济和现代企业制度相适应的企业领导人员管理体制。探索建立以市场化、职业化为重点,市场配置、组织选拔、依法管理和群众参与相结合的选拔任用机制。坚持从严治企,探索建立有效的企业领导人员监督约束体系。坚持“德才兼备”的选人用人标准,树立正确的用人导向,强化年度考核和任期考核,努力构建科学的企业领导人员考核评价体系。要加大人才的使用培养力度,逐步建立人才竞争机制。

9. 加强思想政治工作和党风廉政建设

要认真学习贯彻“三个代表”重要思想和党的十六届三中全会精神，学习胡锦涛同志有关重要讲话，统一思想认识，以此武装头脑，指导实践。加强党的建设，认真落实企业党委参与重大问题决策、发挥政治核心作用等各项职能，完善党委内部议事和决策机制。加强精神文明建设，继续突出抓好道德素质教育，深化群众性的文明单位创建活动，着力培育与集团公司发展相适应的“四有”员工队伍。落实企业文化建设实施纲要，开展文化铸魂工程，建设独具特色的企业文化，为集团公司发展提供强有力的文化支撑。加强对工会、共青团工作的领导，积极开展民主管理、劳动竞赛以及“青年文明号”、“岗位能手”等活动。

要认真贯彻中纪委三次全会和国资委中央企业纪检监察工作会议精神，认真学习胡锦涛同志在中纪委三次全会上的讲话，围绕国有企业反腐倡廉“四项工作”，落实党风廉政建设责任制，加强反腐败斗争。坚决执行“四大纪律八项要求”和国有企业领导人员的“三个不准”，促进和保证各级领导人员廉洁自律。坚持惩防并举、注重预防，建立健全教育、制度、监督并重的惩治和预防腐败体系，加大从源头上治理腐败的力度。加强审计监督，规范经营行为。要增强监督意识，健全党内监督制度。加强领导班子建设，发挥整体合力和整体效能。领导干部要加强思想道德修养，严于律己，清正廉洁，身先士卒，率先垂范。

胡锦涛同志在中纪委三次全会上向全党发出号召：大力弘扬求真务实精神、大兴求真务实之风。我们要按照胡锦涛同志的要求，求真理、讲真话、用真心，务实效、办实事、重实绩。要实事求是，不能脱离实际；要脚踏实地，不能华而不实；要重在落实，不能光说不做。集团公司本部各部门要树立为基层服务的思想，加强内部组织建设、制度建设，运用科学的管理手段和工作流程，不断提高工作水平和工作效率。本部和各单位的管理人员，要切实转变工作作风，下基层要提倡“下去一把抓，回来再分家”，主动开展调查研究，现场办公解决问题，为基层排忧解难，提高办事效率。要精简会议和文件，转变会风、文风，提高工作质量和工作效率。要充分发挥集团公司本部、分支机构和各基层单位几方面的积极性，科学合理界定管理界面，努力营造“信息快捷、决策高效、落实有力、政令畅通”的工作氛围，优质、高效地完成各项工作任务。

同志们，今年是集团公司深化改革和加快发展的关键一年。让我们在以胡锦涛同志为总书记的党中央领导下，以邓小平理论和“三个代表”重要思想为指导，认真贯彻党的十六大和十六届三中全会精神，进一步落实“做实、做新、做大、做强”的方针，秉承“以电兴业、强企报国”的企业理念，围绕集团公司发展战略目标和全年工作总体要求，认真开展“管理效益年”活动，埋头工作，努力拼搏，为实现集团公司持续、快速、健康发展而努力奋斗。

朱永芃在集团公司2004年工作会议上的总结讲话

（2004年2月10日）

同志们：

在与会代表的共同努力下，集团公司2004年工作会议圆满完成各项议程，即将结束。受集团公司党组委托，我做会议总结。

在这次会议上，集团公司党组书记、总经理周大兵同志作了题为《加强管理，提高效益，深化改革，求真务实，推进国电集团持续快速健康发展》的工作报告，全面、系统地总结了集团公司成立一年来的成绩和经验，客观分析了集团公司面临的形势和存在的问题，围绕集团公司发展战略和“八字”工作方针，提出了2004年的指导思想和工作目标，部署了今后一段时期的重点工作。集团公司刘彭龄副总经理就开展“管理效益年”活动的目的、意义及具体实施方案进行了详细的说明。两天的会议紧张、高效，内容充实，取得了很好的效果。

一是肯定了成绩，振奋了精神。2003年是集团公司的开局之年，尽管我们遇到了很多困难和挑战，但在以周总为党组书记的集团公司党组正确领导下，全体干部员工统一思想，加强团结，同舟共济，取得了事业发展的“开门红”。周总对2003年的工作给予了充分肯定，大家很受鼓舞。

二是统一了思想，提高了认识。大家认为，周总的报告通篇贯穿了“三个代表”重要思想和十六届三中全会精神，指明了集团公司前进的方向，主题鲜明，定位准确，是指导今后一个时期集团公司各项工作的纲领性文件。报告为我们明确了抓好工作的着力点和基本思路，加深了对集团公司各项工作部署的认识。

三是部署了工作，增强了信心。大家认为，周总对集团公司面临的形势和任务进行了准确、透彻的分析，明确了解决问题的措施和要求。大家信心增强了，表示回去后一定要结合本单位实际，认真落实。

四是对集团公司“做实”的工作要求有了切身的体会和认识。大家反映，这次会议会风实、内容实、效果好。整个会议议程安排紧凑，会议效率较高。会议总结成绩实实在在、分析形势实事求是、工作部署切实可行，是集团公司“做实”特色的又一次具体体现。

下面，围绕贯彻落实这次会议精神，重点讲三个问题：

一、对2004年重点工作的认识

2004年是集团公司深化改革加快发展的关键一年，任务很重，关键是抓落实。结合会议的讨论情况，针对2004年的重点工作谈几点认识。

1. 关于“管理效益年”活动

“强化管理、提高效益”是企业永恒的主题和不变的追求，不仅仅是2004年的重点工作。但2004年是摸索经验，建立考核体系，规范管理，效益明显增长的关键一年，所以定名为“管理效益年”。“管理效益年”活动的根本目的就是通过强化管理，迅速提高集团公司的整体盈利能力，建立规范、高效的管理体系，增强集团公司总体实力和市场竞争力。

与会代表非常关注的一件事情是完成2004年利润目标。每个单位都有很多实际困难，每位代表都有很大压力，但大家一致表示：要克服一切困难，坚决完成集团公司下达的任务。

集团公司非常理解各单位的实际困难，我们正处在体制、机制转轨时期，思想、组织方面的准备尚不充分；我们也正逢电力体制改革深化和电力市场建立的过程中，外部环境十分严峻；我们的存量资产质量总体水平比较落后，增量资产刚刚起步，整体实力和竞争力不强。尽管如此，我们仍要强调：实现2004年的利润目标意义重大，一定要务期必成。

良好的经济效益是国有资产保值增值的必须，也是企业持续健康发展的动力，是员工创建美好生活的源泉，更是企业深化改革的保证和基础。市场经济的基本规则是以效益为中心。归根结底，不论你机组有多大，资产有多少，不能产生利润就谈不上价值，更不用说为国家作贡献。

集团公司今年的利润指标比去年有较大的增幅，这是在深入调研、分析后提出的，目标是实事求是的，通过努力应该能够实现。让我们一起来算两笔账：首先是现有的存量资产仍有较大的利润空间。以单位售电成本来讲，在同等条件下，各个电厂的差距很大，其中个别先进的电厂与落后的电厂比较相差更大。如果以2003年集团公司售电量近1400亿千瓦时计算，若平均售电成本能够下降一点，就可为集团增加上亿元的利润。其次是增量资产对效益有很大贡献。集团公司去年投产装机近200万千瓦，今年计划投产机组300多万千瓦，另外还有并购容量。考虑到2004年用电形势仍呈增长趋势，集团公司的新增容量应能够为实现当年利润目标做出几亿元的贡献。同时，我们还要进一步加强管理，包括市场营销、安全生产与经济运行等方面工作，争取合理的电价水平，在保证机组健康稳定运行的基础上力争多发电量，提高利润水平。

当然，部分与会代表反映的意见，如要考虑不同企业的差别，降低成本对争取电价的影响，不要“鞭打快牛”等等，集团公司会汇总意见，认真考虑。对个别单位的实际困难和问题，会区别情况，在具体实施中逐一核实，做适当调整。

但无论如何应该看到，与先进指标相比，我们确实有很大的管理差距，我们确实存在增效空间。只要我们瞄准先进目标，紧紧咬住销售成本这一关键环节，加大管理力度，切实转变观念，从存量资产挖潜力，从增量资产求发展，我们的利润目标是一定能够实现的。

2. 关于发展问题

集团公司创业伊始，党组就深刻地认识到了电力行业发展的新形势，紧紧抓住发展这个第一要务，旗帜鲜明地提出了“八字”工作方针和“三个400万”的建设目标。由于发展战略明确，态度坚决，措施有力，经过全体员工一年多的奋力拼搏，公司电源建设项目成果显著，新电源项目的布局、规模、结构均处于较理想水平，对提升公司资产质量，推动今后的长远发展将发挥重要作用。

IBM公司前任总经理郭士纳先生在他的自传中说，“公司大，很重要。因为规模就是杠杆。深度和广度可以容纳更大的投资、更大的风险以及更长久的对未来的投入。”在公司的整个生命过程中，发展都是第一要务。发展是解决经营中的困难、凝聚人心、开创工作新局面的关键，发展的大旗要克服一切困难长期高举下去。实践证明，只有通过发展，才能不断推动现代企业制度的建设，实现传统国有独资企业向现代企业的过渡；只有通过发展，才能不断优化配置资源，改善资产结构，增加竞争力；只有通过发展，才能为培养人才、消化吸收富余人员创造条件；也只有通过发展，才能使集团公司的事业立于不败之地，并在激烈的市场竞争中脱颖而出。

在发展中要注意以下几个问题：一是改革和发展要同步，没有思想解放，没有与发展相适应的各项改革措施，没有体制和机制的创新，就无法为发展提供动力，企业的发展战略也不可能持久和健康地推进；二是要处理好改革发展与稳定的关系。要通过改革和发展促进稳定，通过稳定推动改革和发展，在新的发展阶段达到新的稳定；三是发展是有风险的，在规模扩张的同时，投资风险、财务风险及市场风险等越发显现，既要求企业领导有勇于挑战风险的意志，也要求建立和完善科学决策体系和防范风险机制。

3. 关于集团公司改革重组

电力形势、行业竞争、企业发展的需要，使集团公司的改革重组势在必行。

十六届三中全会以后，国企改革将在会议精神的指引下进入一个全新的阶段。以股份制为公有制的主要实现形式，建立健全适应市场经济要求的现代企业制度，将是国企改革的主流。行业竞争同样形势逼人，五大发电集团的竞争日趋激烈，随着形势的发展，这种竞争将更趋白热化，届时大规模的电力资产重组将全面展开，如果不能抓住近几年这一战略机遇期，快速发展，壮大实力，就将会在竞争中处于劣势，甚至可能被兼并重组。

发展所面临的机制和资金问题也需要通过改革重组来解决。国际国内大企业的发展历史证明，企业做大必须克服通过自身积累实现渐进式发展的局限，走重组和资本运作的道路，以资产、效益、装备规模的超常快速扩张，实现跨越式发展。国企改革多年来成效不显的重要原因之一是未能真正解决机制问题，现代企业制度的建立步履维艰。集团公司需要在改革重组的过程中完善公司治理结构，通过建立以市场为导向、追求效益的、科学合理的机制来激发企业快速发展的活力。超常规发展需要的巨额资金也是改制的重要原因之一。据估算，到2010年集团公司需要资本金约500亿元，但可用于投资的自有资金只有约180亿元，约320亿元的资金缺口不能全通过银行借款解决，必须靠从资本市场直接融资来解决。

根据十六届三中全会精神和国资委的要求，2004年中央企业的改革重组将起步，它将在很大程度上决定集团公司的未来。我们要清醒地认识改革的大趋势，要有紧迫感和使命感，特别要强调解放思想，转变观念。体制改革是一场冲破企业现有利益格局、企业文化和体制框架的巨变，必然会遇到各种各样的思想认识上的问题甚至阻力。要采取各种行之有效的办法，区别各个层面的不同情况，对干部员工进行关于党和国家的政策、市场经济理论以及国内外企业改革实践的宣传教育和学习培训。在改革过程中，党组织的政治核心作用是保障，领导集体的团结一致和坚定信念是关键，启用和培养一批拥护改革、思想敏锐、善于经营的骨干力量是基础。

4. 关于主辅分离、辅业改制问题

实施“主辅分离、辅业改制”，在多经企业建立现代企业制度是关系到集团公司发展，关系到改革重组能否成功的大问题，是集团公司内部改革的重要环节。长期以来，电力企业主辅业之间在产权管理、劳动关系、隶属关系上不明确，辅业“吃”主业，企业包袱沉重，主业发展严重受到制约，劳动效率低下的问题一直没有得到有效解决。现在该是彻底解决的时候了。

周总在工作报告中指出：集团公司重组改制的重要组成部分是对辅业和不良资产进行剥离处置。这种剥离不是简单的“甩包袱”，而是通过精干主业，明晰辅业产权，理清主辅业关系，规范运作，在深化主业改革的同时，帮助辅业企业深化改革，建立现代企业制度，实现真正的独立自主发展，摆脱附庸主业的地位。

关于这项工作，在此提以下几点意见：一是要从关系公司发展的高度，正确认识这项工作的必要性和艰巨性，将之作为一项重要工作来抓；二是要与公司的“人才强企”战略结合起来，指导多经企业按照现代企业制度的要求选好人才，在多经企业中选拔任用一批能够把企业办好办大的“能人”；三是充分利用国家改制分流的政策，在主辅分离中着重理顺“三个关系”，即产权管理、劳动关系、隶属关系，尽最大可能安置分流一批人员；四是严格执行国家有关政策规定，规范操作，防止国有资产流失，维护职工合法权益；五是要充分考虑各方面的承受能力，把工作做细做实，做好稳定工作。

二、对干部的几点要求

毛泽东同志指出，政治路线确定之后，干部就是决定因素。各位代表都是各单位的主要负责人，能否完成本次会议确定的各项任务，关键在你们，集团公司党组对你们寄予厚望。在这里，向大家提出四点要求：

1. 认清形势，顾全大局，保持团结协作、奋发有为、开拓进取的精神状态

贯彻落实会议精神，要把思想统一到促进集团公司改革发展的大局上来。当前，深入践行“三个代表”重要思想，贯彻落实十六大、十六届三中全会精神，强化管理、提高效益、深化改革、加快发展是现阶段集团公司工作的大局。要坚持在大局下统一思想和行动，把我们的工作放到大局中来认识、来把握、来部署，善于利用大局推动各项工作，善于围绕大局狠抓落实。

能否做到识大体、顾大局，是对领导干部的基本要求，也是对领导干部党性、组织纪律性的考验。在各项工作中，必须坚决贯彻落实集团公司党组的指示，摆正局部利益与全局利益、当前利益与长远利益、个人利益与全体员工利益的关系。作为管理一个与市场接轨企业的领导干部，除了党对干部的必备要求外，还须特别强调：一是要坚决服从党的原则和党的纪律，自觉贯彻执行党的民主集中制，维护班子团结，作风正派，以党性和人格的魅力影响群众；二是要精通业务，胜任岗位，有较强的效率意识、成本意识和创新意识，有将企业办成一流现代化企业的抱负和驾驭全局的能力；三是要有强烈的工作热情，廉洁奉公、艰苦奋斗、勤奋敬业，有为企业兴衰和员工利益鞠躬尽瘁、死而后已的精神。

能否完成公司党组下达的各项任务目标，重要一点是各级领导班子要团结协作，奋发有为，开拓进取，保持良好的精神状态。能否保持良好的精神状态是完成各项任务的保证；是评价领导干部和班子的标尺；是带领企业打开局面、改革创新、奋发有为的关键。去年，一批企业在转变观念、提高效益等方面为集团公司做出了突出贡献，今天上午发言的单位就是

他们中的优秀代表。大渡河公司的“平庸是过，无功是错”的理念，双辽、太一、九江在治亏工作中树立效益、市场、忧患意识等等，都为我们树立了奋发有为的榜样。

公司党组将进一步对领导干部加大考核力度。在重点表彰一批考核优秀、业绩突出的领导集体的同时，也要警惕出现下述情况的班子：一是不能认真贯彻公司要求，不能适应市场竞争需要，观念陈旧，没有能力搞好工作，长期无所作为；二是思想作风不正，违背国家政策法规，以权谋私搞腐败；三是面对困难，精神不振、畏缩不前，不主动开拓，不发动干部员工眼睛向内挖掘潜力，一味等待外部环境变化，等待公司党组照顾；四是班子成员不团结，热衷于拉帮结派搞内耗或搞“家长制”、“一言堂”，长期形不成合力，影响本单位发展。

2. 求真务实，开拓创新，弘扬高效、务实、贴近基层、贴近群众的工作作风

最近，胡锦涛总书记在中央纪委第三次全体会议上突出强调要在全党大力弘扬求真务实精神、大兴求真务实之风，指出这是推进党和国家各项工作的一个十分重要而又具有基础性、根本性意义的重大问题。公司党组始终把“做实”作为开展工作的基本出发点和落脚点，八字方针首先强调的就是“做实”。应该说，2003年之所以取得良好开局，是与公司党组始终强调求真务实的工作作风分不开的，是公司系统全体干部员工实事求是、脚踏实地努力奋斗的结果。做好2004年的工作，尤其要继续保持和发扬求真务实的工作作风。

一是领导干部一定要树立“贴近基层、贴近群众”的意识，真正把工作抓实。基层是强化管理推行改革的主体，基层是集团公司事业发展的基础。一年来，全体干部员工为公司组建和各项工作的推进做出了重要贡献，党组是满意的。同时也要看到，存在的一些问题，比如公司召开的会议有的发生了交叉，信息重复报送，反映的问题得不到及时解决等等，致使企业负担较重。这些都需要我们在贴近基层、求真务实方面再下功夫。各级领导干部一定要认真查找本单位存在的问题和不足，立足岗位抓作风建设，特别要牢固树立为基层服务和为基层排忧解难的思想；要贴近基层和群众，深入一线了解真实情况，找准问题，正确决策；要提倡现场办公，及时解决问题，提高工作效率，使正确的思路尽快变成正确的决策并尽快付诸实施，真正把工作做实，抓出成效。

二是领导干部要坚决贯彻公司决策，高质、高效完成工作目标，积极营造“用业绩”说话的工作氛围。当前，各级领导班子绝大多数是好的，但是，我们也应看到，也有的干部一定程度上还存在“等、靠、要”思想，习惯于按部就班、安于现状的工作。各级领导干部一定要不折不扣地贯彻公司党组的各项决策和工作部署，反对本位主义、浮夸风、“花架子”。公司党组将加强以业绩考核为重点的综合考核评价体系建设，确立科学的考核指标和考核标准，重点考核领导干部的工作实绩。

三是要努力创建上下协调一致、运转高效的集团公司管理体系。集团公司是新成立的企业，是改革的新生事物，对如何建立适应全国性独立发电公司的新的管理体制我们还缺乏经验，还需要有一个摸索、改进的过程。公司成立初期，在磨合中出现一些问题也是正常的。解决这些问题，只有通过两种途径，一是不断加强上下左右的沟通和协调，二是建立和完善规范的规章制度体系。第一条偏重人治，第二条强调法治。某种程度上讲，第二条比第一条更重要。我们应不断加强制度建设，以此来规范工作程序和业务流程，提高工作水平。

当前集团公司治理结构的一个重大命题是如何处理好集团公司与分支机构、集团公司与独立法人单位之间的管理界面划分问题。集团公司党组已充分认识到了这一问题并正在认真深入地研究解决。成功的国际国内大型企业都是在较好地解决了集权与分权的基础上发展起来的。适度的集权是必要的，有利于充分发挥专业化经营的优势，实现规模效益；适度的分权同样是必要的，有利于调动各方面的积极性，有利于实现责权利的统一。管理界面划分要根据实际情况，不断进行调整。既要充分发挥控股股东作用，又要落实法人治理结构，推进现代企业制度建设，发挥集团公司整体优势。

3. 坚持学习，改善知识结构，争做熟悉国际国内市场，具有国际化、现代化、职业化素质的优秀企业家

长期以来，电力事业培养和造就了一批高素质的干部，形成了一套严谨的、行之有效的管理规范，这是我们进一步深化电力体制改革的宝贵财富。但同时也应该看到，我们的领导干部中工程技术专家居多，往往有重技术、轻经营的倾向，经济、财务、法律等方面的知识和实践相对不足。随着“厂网分开、竞价上网”电力新格局的形成，我们确实感觉到，过去不需要了解和掌握的知识，现在需要马上掌握；过去已经习惯的某些经验和思维方式，现在却在某种程度上自觉不自觉地束缚着我们的思想和行动。面对全新的竞争环境，我们的领导干部迫切需要学习，成为能够驾驭市场，懂经营、善管理的企业家。

企业的竞争是人才的竞争，人才的竞争是学习的竞争。领导干部要有强烈的求知欲望，具备能够适应复杂多变环境的广博知识，一是要认真学习政治理

论，掌握党的路线方针政策和国家法律法规，加强工作的原则性、系统性、预见性和创造性，不断提高政策水平；二是要不断加强业务学习，重点学习金融、财务、法律、市场营销和公共关系等知识，特别要学会看懂财务报表，掌握资本运作知识，了解一些证券知识，多读一些管理书籍和国内外企业改革的书籍，不断拓宽视野，吸取经验和教训，提高工作能力；三是要勤于思考，善于在总结中创新。领导干部一定要勤于动笔，善于从理论上凝聚和升华工作经验。要善于发现工作中的闪光点，以点带面推广典型经验和做法，实行以统一管理模式为方向的标准化管理，逐步形成和完善规范化、标准化的管理制度。

4. 以人为本，关心群众，切实处理好改革、发展、稳定的关系

确保稳定是各级领导班子的政治责任。检验一个领导干部的业绩，不仅要看利润的增长，还要看稳定的情况，要把稳定工作作为衡量干部业绩的重要指标。当前，公司系统稳定工作总的形势是好的，但也存在一些不稳定因素，如空壳电厂和部分老电厂的员工，对企业未来发展和个人的出路有担忧；一些离退休员工原有的福利待遇诸如医疗、子女就业等发生变化，存在实际困难；部分周边电力企业员工待遇提升较快，企业出现人才流失现象，给部分员工的思想造成了一定的冲击；有的单位的部分下岗、内退人员思想波动较大；个别单位发生“法轮功”案件等等。

改革是动力，发展是目标，稳定是基础。各级领导班子要正确把握好改革、发展、稳定的辩证关系，把实现好、维护好群众的根本利益作为处理好改革发展稳定关系的结合点。随着各项改革措施的不断推进，以前沉积的深层次的矛盾将逐渐暴露出来，困难和阻力也将越来越大。各项改革措施的推行，没有群众的积极参与是注定要失败的。各级领导干部一定要牢固树立群众观点，坚持群众路线。要相信和依靠广大干部员工，积极稳妥地推进各项改革措施。我们的财富是员工创造的，我们的改革最终是符合企业和员工的长远利益的。要相信电力系统的员工有遵守纪律、服从大局的优良传统，只要我们把企业面临的困难讲明白，把道理讲清楚，广大员工就一定能够积极参与和支持改革。我们要正视困难，增强信心和决心，把握好推行各项改革措施的节奏、力度和进度。

实践证明，哪个单位在坚决推进各项改革措施的同时，稳定工作也做得好，就一定是在以人为本、凝聚人心方面做得好。我们要从员工普遍关心的热点问题和涉及员工切身利益的问题入手，及时排解各种可能引发不稳定的因素，努力把不稳定因素消灭在萌芽状态。要强化宣传和引导，营造和奠定改革的思想基础。要加强领导协调作用，形成以基层党组织为核心，基层群众组织为基础，基层政法组织为骨干的维护社会稳定工作网络，充分发挥各级基层组织的整体作用。在推动改革中，要制定严谨可行、全面系统的操作方案、配套措施和应急预案，做到执行政策，规范操作，稳步推进。要讲求工作方式和工作方法，既要强调千方百计地完成集团公司的各项工作任务，同时也要避免不顾客观条件和实际、不顾群众承受能力的蛮干；要注意对干部尤其是年轻干部的培养、教育，对他们既要严格要求，同时也要为他们制定人才发展计划，创造学习、进步的条件；各级领导干部尤其是一把手，要及时了解员工的思想情绪和利益要求，不管工作有多忙，也要抽时间到基层去，多听听群众的意见，多交普通员工朋友，把握群众的思想脉搏，引导员工正确认识和处理共同利益与特殊利益、集体利益与个人利益、眼前利益与长远利益的关系；各级领导班子要尽量多为群众办实事、办好事，及时发现和解决员工中存在的实际问题。对退下来的老领导、老同志，要贯彻落实中央关于老干部工作的有关文件精神，关心他们的政治待遇、生活待遇，对他们要尊重、照顾和关心，通过各种方式和措施，切实帮助他们解决实际困难，使他们感受到公司党组的关怀和企业的温情。

三、关于贯彻落实这次会议精神

1. 统一认识，坚定完成目标任务的决心

这次会议提出的2004年工作总体要求和工作任务将对集团公司今后工作产生深远影响，各级干部尤其是领导班子，要深刻领会周总讲话的思想内涵和现实意义，把思想认识统一到集团公司2004年工作的总体要求和任务上来，在事关集团公司改革、发展的根本性问题上达成高度共识。要把加快集团公司改革重组和快速发展作为一切工作的出发点和落脚点，充分认识开展好“管理效益年”活动的长远意义；充分认识集团公司改革重组，对于开拓国内外资本市场融资渠道，实现集团公司跨越式发展的历史性意义。公司系统广大员工要有良好的精神状态，坚定信心，自我加压，艰苦奋斗，克服困难，通过创造性的工作，不折不扣地落实好这次会议提出的各项要求，努力完成各项工作指标，为实现宏伟目标奠定良好基础。

2. 抓好学习，充分发动广大员工投身创业实践

集团公司拥有一支敢打硬仗、敢于胜利的员工队伍，要完成好会议确定的目标和任务，当务之急是迅速把广大员工发动起来，使他们积极投身到为完成任务努力拼搏中去。大家回去后要尽快把这次会议的精

神传达到班子成员；通过召开中层干部会、职代会、全体员工大会等多种形式，将会议精神尽快传达到广大员工中去。要展开多种形式的学习、讨论活动，使集团公司的目标和任务以及改革重组的方向目标深入人心，家喻户晓，充分调动广大员工的工作热情和昂扬向上的斗志。不仅要把会议文件原原本本传达好，更要把周总在讲话中对集团公司改革、发展的形势分析向广大员工讲清说透，使他们对集团公司面临的形势和竞争环境有充分认识，对集团公司的工作部署有明确的了解，对完成任务有必胜的信心。

3. 抓紧落实，制定切实可行的贯彻措施

各单位要结合本单位的工作实际，围绕中心任务，理清思路，抓住根本，明确重点，研究和制定出有针对性、切实可行的措施并抓紧实施。要按照这次会议对开展“管理效益年”活动的部署，抓好“强化管理、提高效益”工作；要按照会上签订的目标责任书要求，结合即将下达的综合计划指标、全年预算指标，抓紧提出本单位全年工作的总体思路、工作目标和具体措施。要特别注重工作的创造性、针对性和实效性，不因循守旧，不追求形式，密切关注企业面临的电力市场、经营环境和生产经营的新动态，扎扎实实地把工作部署好，落实好。

为使会议的贯彻落实尽快落到实处，做到有部署、有监督、有检查，各单位要把贯彻落实会议精神的情况和开展“管理效益年”活动的部署及时向集团公司汇报。

“长风破浪会有时，直挂云帆济沧海”。同志们，我们肩负着继续深化电力体制改革，促进国民经济发展的重要历史使命。过去的一年，我们高起点、高标准地完成了各项改革任务，取得了良好开局。2004 年的工作和今后的发展任务还很艰巨，也给我们提出了新的更高要求。相信在以周大兵同志为首的公司党组的领导下，依靠全体干部员工的聪明才智和顽强拼搏，脚踏实地，真抓实干，我们一定能够全面完成各项任务，把中国国电集团公司推向新的发展阶段。

抓住关键　统筹协调
坚定信心　务期必成
努力实现“管理效益年”
的三大目标

——刘彭龄在集团公司 2004 年工作会议上的专题报告（摘要）

（2004 年 2 月 9 日）

一、抓住关键，扎实工作

今年的“管理效益年”活动，集团公司的每一个单位都必须抓住抓好三个关键：

第一，确保安全。保人身、保电网、保主设备，实现无人身死亡、无涉及电网的重大事故、无主设备损坏的“三无”目标，这些最基本的要求必须做到。随着时代的发展，我国市场经济体制的建立和电力体制改革的深化，我们必须以更高的标准，从广义上来研究和确保安全。这包括很多方面，既包括装备水平，特别是自动控制及保护系统的科技含量和安全生产管理的制度建设，也包括现代的、科学的管理方法和管理手段，更包括要坚持以人为本、人性化的管理理念。这里我只强调一点，就是要进一步加强设备管理。不仅要杜绝主设备损坏的事故，而且设备的可靠性、经济性必须比原来有更高的标准。设备管理搞不好，调度下令并网，机组启动不起来；在高峰时段要求满发，机组带不到铭牌出力甚至掉机了，这怨谁呀，说得尖刻一点只怨咱们自己没有本事，明摆着的市场丢掉了，应该到手的票子咱们没有能力去赚。甚至包括影响设备出力的主要辅机，比如，给水泵、风机、磨煤机等等，这些都必须要有更高的标准和要求。固步自封，抱残守缺是不行的，我们必须与时俱进，适应新形势，研究新举措。

第二，狠抓营销。电厂的效益最终是通过上网电量和电价来实现的，企业效益的好坏与市场营销工作息息相关。周总十分重视市场营销工作，在五大发电集团公司中率先成立了市场营销部，并在多个场合强调指出，市场营销工作是龙头，要尽快培养这方面的人才，加紧研究和探索营销策略，抢占市场商机。

首先是电价到位。咱们集团公司一年的净上网电量是一千多亿千瓦时，平均上网电价差区区一厘钱，就影响集团公司合并报表的损益一亿多元。因此，电价对咱们的极端重要性是不言而喻的。去年的电价测算报批工作，在周总的高度重视和正确领导下，集团公司上下齐心协力，密切配合，千方百计，千辛万苦，取得了成效，为今年的工作奠定了一定的基础。国家发改委已陆续批复了各省的电力厂网分离价格，现在的关键是要全力以赴确保这些电价能够执行到位。

二是各所属单位主要领导一定要高度重视，切实抓好本单位与电网公司签订《并网调度协议》和《购售电合同》的工作。分管生产、经营的领导和部门更要认真研究、十分熟悉《并网调度协议》、《购售电合同》的条款，才有可能做到既不违规，又能依据协议和合同最大限度地维护和争取我们的利益。

三是各所属单位负责营销的领导和部门要透彻了解、全面掌握、积极适应本单位所在供电营业区或者说电力市场的有关规则，比如说国家电监会发布的《跨区跨省电力优化调度暂行规则》、国家已经确定进行竞价上网试点的东北、华东区域电力市场运营规则及监管办法，还有国家发改委刚刚下文明确的湖北省实施峰谷、丰枯分时上网电价和用电高峰季节电价的有关规定等等，抓紧研究，尽快落实有针对性的措施。

第三，加强公关。在激烈的市场竞争中，企业是否有一个良好的外部环境至关重要，我们一定要切实加强和做好这方面的工作。关于如何做好公共关系工作是高等院校的专业课程，在座各位都有丰富的实践和很好的经验，我讲四句话供同志们参考：立足自身，尊重他人，诚信合作，实现双赢。

所谓立足自身，就是我们自己首先要站得住，不仅要遵章守纪，依法经营，而且咱们的硬件即设备要过得硬，真正做到调度随时调得动，高峰、关键时刻顶得上。咱们自己不行，只靠公共关系是解决不了问题的。

关于尊重他人，就是我们不仅要尊重和服从政府有关部门的指导和监管，而且要服从电网调度，尊重电网的合法权益，我们才能指望得到他们的支持和尊重，也才有可能争取我们应得的利益。

我想只要做到了这两点，诚信合作，实现双赢就是自然的结果。

二、统筹协调，形成合力

为了加强对“管理效益年”活动的组织、协调和指导，确保取得实实在在的效果，集团公司成立了周总任组长、各部门主任参加的“管理效益年”活动领导小组。这项工作，涉及到集团公司的方方面面，也需要得到各股东方的配合和支持。因此，搞好统筹协调，充分发挥各方面的积极性，形成合力，非常重要。根据目前的情况，这里明确以下几点：

第一，要协调好“管理效益年”活动领导小组和现有管理系统的关系。“管理效益年”活动领导小组要依靠现有的管理系统开展工作，不应该也不可能代替各职能部门的工作。毫无疑问，在周总的领导下，“管理效益年”活动领导小组关于活动开展的安排和要求，都必须得到坚决的贯彻落实，但其贯彻落实是由现有的管理系统按照有关的规章制度和办事程序有条不紊地进行的。

第二，要协调好集团公司本部、各分支机构和各所属单位在“管理效益年”活动中的工作关系，努力做到职责清楚，责任明确。经请示周总同意，今天先定下来三条：

一是由各分支机构统一负责集团公司在其辖区内各电厂（包括各上市公司，有限责任公司的电厂）上网电价、上网电量、电费回收工作。各电厂要在各分支机构的统一协调和组织指挥下，努力做好本单位的上述三项工作并承担相应的责任。

二是集团公司所属总装机容量300兆瓦以下（不含300兆瓦）的火电厂和150兆瓦以下（不含150兆瓦）的水电厂开展“管理效益年”活动的工作由各分支机构负责组织领导，并对集团公司负责。

三是集团公司在各参股公司的董事、监事除清江水电开发有限责任公司、丰城发电有限责任公司外，全部从各分支机构的人员中推荐并按集团公司的有关制度和各参股公司的章程确定，承担维护集团公司权益的责任。

第三，要协调好集团公司与各股东方的关系。集团公司极为重视自己控股公司的运营并要在其中发挥主导作用，应该说这与其他股东的利益是完全一致的。但我们应该切实做到这种主导作用的发挥必须在尊重其他股东的基础上按各公司章程的规定和程序进行，特别是上市公司更要严格遵守证监会的有关规定。

第四，要处理好当年收益和可持续增长的关系。我们一定要按照集团公司党组，特别是周总的要求，以高度的责任感和强烈的事业心，不仅为集团公司今年的收益，更要为集团公司将来收益的可持续增长精心谋划，奋力拼搏。我们决不允许搞竭泽而渔的短期行为，更要严格禁止做假账，搞虚盈实亏、贻害后人的错误行为；一定要按照《中国国电集团公司关于开展“管理效益年”活动的决定》的要求，坚决反对形式主义，做表面文章，严肃处理弄虚作假骗取荣誉的行为，切实保证“管理效益年”活动取得实实在在的效果。

三、坚定信心，务期必成

今年的“管理效益年”活动尽管只有“夯实基础、确保安全、提高效益”三大目标，但工作量很大，困难不小，特别是今年的目标利润比去年有相当大的增长。集团公司财务部的同志们说，在编制今年的预算时，大家都喊难，都感到压力太大。坦率地讲，集团公司完全清楚实现“管理效益年”三大目标，特别是利润指标的种种困难，集团公司领导和本部有关部门也同大家一样都感到压力很大。怎么办？我们要么在困难和压力面前退缩，导致企业的逐渐衰亡；要么在困难和压力面前奋起，实现集团公司的腾飞和可持续发展。很显然，无论是从国资委对我们的要求和期望，还是从集团公司全体员工眼前和长远利益出发，我们都必须横下一条心，聚精会神抓管理，一心一意创效益，精心组织，埋头苦干，坚决全面完成“管理效益年”的三大目标，特别是要实现今年的利润目标。这绝不是搞什么“人有多大胆，地有多高产”的唯意志论，而是有一定的基础和根据的。大家可以讨论一下，主要的是不是有以下三条：

一是经过去年一年的努力，包括新投产和收购，我们新增了2530兆瓦的装机容量，特别是通过我们的积极争取和多方工作，集团公司不仅实现了在山东省内电源点“零”的突破，而且增加装机容量1800兆瓦。今年我们又将新投和收购4000兆瓦的装机，应该说物质基础比去年有较大增强。

二是外部环境和政策环境好。由于大家的努力工作，各网省公司和政府有关部门对我们是比较支持的。同时，我们也争取到了一个基本合理的电价。我们相信国家有关部门不会因为我们狠抓管理，内部挖潜产生点效益，就鞭打快牛，从而挫伤企业加强管理、提高效益的积极性。

还有更重要的一条就是集团公司成立一年来的实践证明，在党的长期教育培养下成长起来的集团公司员工队伍，特别是各级领导班子是靠得住、有本事的，完全有能力做好各项工作。

当然，不利的因素和困难也很多。尽管今天没有讲，工作会议后，我们将同大家一起来实事求是地正视困难，冷静科学地分析困难，坚定勇敢地战胜困难。

同志们，商场如战场，两军相逢勇者胜。关键时刻指挥员的勇气和决心极为重要甚至是决定性的。今年我们要实现“管理效益年”的三大目标，尤其是利润目标，在座各位领导同志肩负着特别重大的责任。让我们在集团公司党组和党组书记、总经理周大兵同志的领导下，坚定信心，迎难而上，团结一致，奋力拼搏，在各自的岗位上为实现“管理效益年”的三个基本目标作出应有的贡献。

重要讲话

大力实施人才强企战略　全面创新人力资源管理　为把中国国电集团公司做实做新做大做强而努力奋斗

——周大兵在集团公司人力资源工作会议上的讲话（摘要）

（2004年1月7日）

一、认清形势，抓住机遇，进一步增强做好人力资源工作的责任感与紧迫感

从现在起到本世纪头20年，是我国全面推进社会主义现代化建设的重要战略机遇期。按照党的十六大确立的全面建设小康社会的奋斗目标，到2020年国民生产总值将比2000年翻两番，基本实现工业化。随着全面小康社会的建设，电力工业面临着前所未有的发展机遇。2002年，全国发电装机容量为3.56亿千瓦，按照支撑国民生产总值翻两番计算，到2020年，全国发电装机容量将达到9亿千瓦，比现在新增约5.4亿千瓦。这一新增装机规模，意味着在未来近20年当中，我国发电装机将保持平均每年6.2%的高速度增长。

去年，全国发电量较前年增长超过15.6%，国民经济增幅约为8.5%，但发电量即使保持这样高速度的增长，仍然不能满足社会的用电需求。全国有20多个省市出现了不同程度的电力供应短缺现象，尤其是上海、浙江、江苏、广东等经济较为发达的沿海省份，拉闸限电现象相当严重。社会用电需求的旺盛增长，给我们提出了加快发展的客观要求。为了不辜负人民的重托，担负起为国民经济发展提供充足、优质电力的重任，抓住这一大有可为的重要战略机遇期，使集团公司尽快进入国资委管理大型企业集团的先进行列，我们坚持把发展作为第一要务，提出了平均每年“三个400万”、可控容量2005年达到4000万千瓦、2010年超过6000万千瓦的发展目标。

实现集团公司这一战略发展目标，我们有许多有利的条件，同时也面临着严峻的挑战。随着五大发电集团的成立和国家对发电市场的全面开放，外资企业、民营企业、地方投资企业大举进入发电领域，一场以争夺电源项目和市场份额为主要内容的竞争已经全面展开，并呈现出愈演愈烈的态势。能否在激烈的市场竞争中抓住发展机遇，能否在复杂的局面中抢占市场先机，对于我们是一个重大的考验。

企业间的竞争，是企业综合实力的竞争，但归根结底是人才的竞争。谁拥有了高素质的人才，谁就能

占领市场竞争的制高点，拉开同其他竞争对手的差距。目前，集团公司员工队伍的总体状况是好的。各级各类优秀人才正在各自的工作岗位发挥着愈益重要的作用，他们当中的绝大多数，不仅素质优良、业务精通，而且具有强烈的事业心和责任感，是集团公司可以信赖的中坚力量。整个员工队伍也经受住了电力体制改革的严峻考验，保证了企业安全生产、经营管理秩序的稳定。现在，集团公司政通人和，人气兴旺，这是我们事业发展的希望所在，也是我们的竞争优势所在。

但是，也应该清醒地看到，同日益激烈的市场竞争形势和集团公司事业发展的长远需要看，员工队伍的整体素质还存在较大的差距。其突出表现是，一是员工队伍文化素质整体偏低，在集团公司76009名员工中，具有高中及以下学历的共2.6万人，占职工队伍总数的29%；具有大学及以上文化程度的，只占职工总数的8.1%。二是缺少能够打开工作局面、懂经营、会管理的高级经营管理人才和能够独当一面、具有丰富项目建设管理经验的高级工程管理人才以及熟悉市场经济规则、具有较强资本运营能力的高级财务人才和市场营销人才。三是缺少能够解决锅炉、汽机、电气等复杂生产技术问题，在行业内部出类拔萃的高级生产技术人才。四是缺少掌握先进生产工艺、技术、技能，具有丰富现场工作经验的高级生产技能人才。目前，在集团公司员工队伍中，高级技师仅有63人，还不到生产技能人员总数的0.2%！随着集团公司一大批大容量、高参数、高技术机组的开工建设，对人才队伍的科技素养、专业水平与管理能力提出了新的更高的要求，高级人才短缺的矛盾将会更加突出。在高级人才严重不足的同时，在中央、地方、民营、外资电力企业之间，一场以优秀高级经营管理人才、高级专业技术人才和高级生产技能人才为主要争夺对象的“人才大战”已经全面展开，使我们面临着更加严峻的人才竞争形势。目前，在集团公司一些企业已经出现了人才流失现象，如何防范人才流失，已经成为必须着手加以解决的一个刻不容缓的重大问题。

国电大业，人才为本。员工队伍的现状和人才竞争的严峻形势，要求我们必须树立人才忧患意识，进一步增强做好人力资源工作的责任感、紧迫感。惟有以振奋的精神、昂扬的斗志、开拓的思路、务实的作风，不断壮大人才队伍数量，优化人才队伍结构，提高人才队伍素质，才能在激烈的竞争中保持主动，赢得持续的竞争优势。

二、更新观念，创新机制，营造人才健康成长的良好环境

人力资源工作事关集团公司改革发展的大局，在集团公司整体工作格局中处于极其重要的位置。我们必须以开拓创新、与时俱进的精神，树立科学的人力资源理念，用事业造就人才，用机制激励人才，用环境凝聚人才，构筑起支撑集团公司发展战略的人才高地，搭建起各类人才大显身手的事业舞台。

当前和今后一个时期，集团公司人力资源工作的指导思想是：以邓小平理论和“三个代表”重要思想为指导，坚持党管干部、党管人才的原则，尊重劳动、尊重知识、尊重人才、尊重创造，以实施人才强企战略为核心，以优化员工队伍结构为主线，以加强能力建设为主题，以建设高素质的经营管理人才、专业技术人才和生产技能人才队伍为重点，以深化劳动人事分配制度改革、创新人力资源管理体制和运行机制为动力，为集团公司强化管理、提高效益、加快发展提供有力的人才支持和组织保证。

（一）树立科学的人力资源观念

观念是行动的先导。做好人力资源工作，必须根据时代的发展潮流，结合集团公司实际，确立科学的人力资源观念。

第一，牢固树立人力资源是第一资源的观念。要坚持以人为本，坚决克服重物轻人的落后观念，充分发挥人力资源在集团公司发展中的基础性、战略性、决定性作用。要大力倡导人才资源是集团公司最重要的战略资源、对人才培养的投入是收益最大的资本性投入、对人才资源的浪费是最大的浪费、人才的流失是最大的资本流失的理念。要深怀爱才之心、识才之智、容才之量、用才之艺，唯才是举，广纳群贤，努力形成百舸争流、人才辈出的生动局面。

第二，牢固树立人人可以成才的观念。集团公司的发展需要各级各类不同的人才，无论是生产技术专家，还是普通的运行检修人员，只要具有一技之长，在本职岗位上能够进行创造性劳动，为集团公司发展做出积极贡献的员工，都是集团公司所需要的人才。要在集团公司内部，积极营造人人都是有用之人、人人都是可塑之才、鼓励人人都作贡献、倡导人人岗位成才的良好氛围。

第三，牢固树立服务人才的工作理念。管理就是服务，我们必须树立人性化、柔性化的现代人力资源管理理念，强化服务意识，深入分析各类人才的心理需求，关心、支持人才的全面发展。各级党政“一把手”要从我做起，切实当好各级各类人才的“后勤部长”，想人才之所想，急人才之所急，切实帮助他们解决工作、学习、生活中的实际困难。要通过为广大员工尤其是各级各类人才提供真诚、高效、优质的服务，营造人尽其才、才尽其用的良好环境，真正使他们有用武之地而无后顾之忧，有苦练“内功”的动力而无应付“内耗”的压力，有专心谋事的成就感而无

分心谋人的疲惫感。

需要特别指出的是，集团公司“忠诚事业、忠诚集团、爱岗敬业、岗位成才”的职业道德观和上述人力资源观念在精神内涵上是一致的。集团公司的职业道德观，充分体现了事业、环境、服务的内涵。经过近一年的实践，已经深入人心，得到了广大员工的普遍认同，需要我们在实践中积极遵循，并不断丰富其内涵。对于人力资源工作来讲，事业就是感召力，环境就是吸引力，服务就是凝聚力。“忠诚事业、忠诚集团”是职业道德的政治标准，作为国有企业员工，报效国家、服务社会，是义不容辞的神圣使命，忠诚事业、忠诚集团就是忠于祖国、忠于人民的具体体现；忠诚事业、忠诚集团也包含着集团公司的伟大事业召唤人才，集团公司改革发展的伟大实践可以成就人才这一深刻思想。“爱岗敬业”既是集团公司对员工职业道德的内在要求，也是员工对集团公司的期望，包含着集团公司为员工提供合适的岗位、创造良好工作环境的要求，使岗为其爱、业为其敬。“岗位成才”是员工实现自我价值的内在需要，同时也体现了集团公司对员工负责的精神，承担着对员工培养的责任。岗位成才，一方面要求员工要具有履行岗位职责所需要的知识、能力，另一方面要求员工必须在本职岗位上做出积极的贡献。只要符合这一要求，就是集团公司的有用之才，集团公司就有责任为他们服务好、保护好、引导好。随着集团公司的发展，只要具有一技之长，都会在集团公司找到合适的事业舞台；只要为集团公司发展做出了积极的贡献，也一定会在集团公司的发展过程中实现自身的价值。

(二) 创新人力资源工作机制

机制、体制在人力资源工作中具有基础性、全局性的重要作用。从一定意义上讲，人才竞争就是人才机制的竞争。因此，加强人力资源工作，必须把创新机制放在优先的位置。

一是要建立以竞争、择优为基本特征的选用机制，真正做到公开平等、公平竞争，优胜劣汰，充分激发广大员工的岗位竞争意识和职业风险意识，挖掘员工潜能，优化人力资源配置。

二是要建立科学严格的绩效考评机制，不唯学历、不唯职称、不唯资历、不唯身份，以素质论高低，以能力比强弱，以业绩定优劣，实现对员工评价由资历、职称、学历向品德、知识、能力、绩效的转变。

三是要建立有效的激励约束机制，通过分配倾斜、岗位晋升、荣誉表彰，充分激发广大员工“忠诚事业、忠诚集团，爱岗敬业、岗位成才”的内在动力。

四是要建立终身化、多元化、制度化的教育培训机制，通过大力开展各种形式的岗位培训和继续教育，不断更新员工的知识结构，提高工作能力，以适应企业转型、技术升级、社会与人的可持续发展的需要。

(三) 营造人才健康成长的良好环境

环境是吸引力，也是竞争力。良好的人才环境对于留住人才、培养人才、聚集人才具有重要的作用。我们必须高度重视人才环境建设，为优秀人才的脱颖而出、健康成长、发挥才干创造良好的环境和条件。

一是牢固树立人才环境意识，坚决破除一切不合时宜，束缚人才健康成长，不利于人才积极性、主动性、创造性发挥的观念、做法和制度，将优化人才工作环境、生活环境、人际环境放在人力资源工作更加突出的位置，不断提升人才环境的竞争力。

二是善于使用人才、放手重用人才，为人才自我价值实现提供更多的发展机遇，创造更为适宜的成长空间，形成鼓励人才干事业、支持人才干成事业、帮助人才干好事业的良好氛围。

三是对优秀人才实行适度的待遇倾斜，体现人才的资本价值，不断增强薪酬的竞争力。要根据全国人才工作会议精神，积极探索人才资本有偿转移制度，通过适当提高待遇，吸引和留住骨干人才。

四是以人为本，尊重人才、爱护人才、信任人才。要积极创造条件，满足人才身心健康发展、相互交流沟通和不断提高知识能力的需要，努力为各级各类人才营造健康高尚、宽松和谐、温馨幸福的生活环境。

三、开拓创新，突出重点，全面推进人力资源工作

人力资源工作是一项涉及方方面面的系统工程，头绪多，任务很重。当前和今后一个时期，我们尤其需要做好以下四项工作：

(一) 全面实施人才强企战略

走人才强企之路，是集团公司党组落实中央人才强国战略要求，立足现实、着眼长远而作出的重大决策，是提高集团公司核心竞争力、支撑和保障集团公司发展目标实现的战略选择。

人才强企包括两层意思：一是通过大力加强人才队伍建设，认真做好人才的培养、吸引、使用工作，使集团公司人才济济，人才优势明显，人才效用突出；二是通过有效开发人才资源，充分发挥人才作用，增强集团公司在市场竞争中的核心能力，壮大集团公司的经济实力，促进集团公司的可持续发展。关于实施人才强企战略的指导思想、奋斗目标和配套措施，集团公司已经下发了《人才强企战略规划纲要》及4个实施意见。这里，我着重强调以下几点：

一是必须以能力建设为主题。要紧紧抓住教育培训、岗位培养、实践锻炼等关键环节，在全面加强人才职业道德建设的基础上，重点培养人才的学习能力、实践能力，着力提高人才的创新能力。要根据各类人才的不同特点，制订不同的能力建设目标，对经营管理人才，突出创新精神、创业能力和经营管理能力的培养；对专业技术人才，着重科技创新能力、专业创新能力的提升；对生产技能人才，加大熟练掌握先进生产技术、工艺、技能的力度。

二是必须以优化结构为主线。根据集团公司发展对各级各类人才的需要，充分发挥集团公司人力资源配置中心的调控功能和市场机制在人才资源配置中的基础性作用，建立人才结构与集团公司发展需求相协调的动态机制，积极培养高级营销、财务、工程管理、高新技术等紧缺人才，适度引进法律、环保、金融和复合型战略后备人才。通过优化人才结构，实现人才专业、能级、年龄的相互协调，促进集团公司内部不同企业之间人才的有序流动与合理分布，发挥人才队伍的整体功能。

三是必须以“三支人才队伍”建设为重点。经营管理人才、专业技术人才和生产技能人才是集团公司人才队伍的主体。必须坚持分类指导、分级负责、整体推进、重点突破的方针，通过三支人才队伍建设，着力培养和造就市场、社会、同行认可的高级经营管理人才、高级专业技术人才和高级生产技能人才队伍，并通过高层次人才的辐射、示范作用，以点带面，进而全面推动集团公司人才队伍和员工队伍的建设。

四是必须以启动“168人才工程”为载体。“168人才”是指：在集团公司范围内，培养和选拔100名左右德才兼备、精于管理、群众拥护，具有开拓创新精神和驾驭市场能力，能够创造优良业绩的复合型优秀高级经营管理人才；600名左右业务精良、善于组织、勇挑重担，具有技术创新能力，能够解决技术难题，在专业岗位上起骨干和核心作用的优秀专业技术人才；800名左右爱岗敬业、技艺精湛、作风扎实，具有诊断复杂问题和解决实际难题的能力，在生产岗位上起关键作用的优秀生产技能人才。通过实施“168人才工程”，并建立严格的考核制度和动态的人才“进、出”管理制度，吸引外部优秀人才，留住内部关键人才，培养战略后备人才，形成人才的良性竞争。

五是必须以服务集团公司中心任务为根本目的。集团公司的中心任务是强化管理、提高效益、加快发展。人才强企战略的目标必须围绕集团公司发展目标来确立，人才强企战略的各项措施必须根据集团公司的发展任务来制定，人才强企战略的成效必须以集团公司的发展成果来检验。只有坚持把促进集团公司发展作为人才强企战略的根本出发点和落脚点，自觉把人才强企战略纳入集团公司改革发展的总体规划和布局之中，促进集团公司的可持续发展，才能够有效统筹发展这个“第一要务”与人才资源这个“第一资源”，实现企业发展与人才发展的双赢。

(二) 切实加强领导班子和领导人员队伍建设

去年，党组对公司系统基层企业的领导班子进行了一次全面考察，并做了必要的调整和重新聘任。从公司组建一年来的工作情况看，各级领导班子和领导人员认真贯彻集团公司八字工作方针，在安全生产、队伍稳定、改善经营、加快发展等方面做了大量工作，为集团公司改革、发展、稳定做出了积极的贡献。

在肯定班子成绩的同时，我们应该清醒地看到，在个别班子中和少数领导人员身上还存在着一些不容忽视的问题。有的在讲政治、顾大局、守纪律方面做得不够；有的开拓创新精神不强，存在消极等待、守摊子现象；有的班子内部不够团结，协调、沟通不够，没有形成合力；有的法制观念淡薄，小团体主义膨胀，甚至出现了私自设立“小金库”等违反财经纪律的严重问题；有的领导人员还存在用人不公、对亲属子女要求不严的问题，还有个别领导人员热衷于同个体户打交道，在经济活动中存在损害企业利益的问题。这些问题必须引起我们的高度重视，必须深入剖析问题的根源，采取切实有效措施坚决予以纠正和改进。

关于今后一个时期的领导班子建设和领导人员管理工作，在这次提交大会讨论的《中国国电集团公司2004－2010年企业领导人员队伍建设纲要》中做了全面规划，在征求大家意见后，将印发执行。这里我重点强调以下几个问题：

1. 完善领导人员管理体制，创新选拔任用机制

完善体制是基础，创新机制是动力。今年，我们要在这方面加大工作力度，务求取得突破。

一是坚持党管干部的原则，建立与社会主义市场经济和现代企业制度相适应的企业领导人员管理体制。作为国有重要骨干企业，作为支撑国民经济的基础性产业，必须坚定不移地坚持党管干部原则，这是国家的政治体制决定的，丝毫不能动摇。在工作中，关键是要把党管干部原则和现代企业制度的要求有机结合起来，不能偏颇。要不断完善公司法人治理结构，将党管干部与董事会、总经理依法行使用人权有机结合起来，坚持履行民主推荐、组织考察、充分酝酿、集体讨论决定的选拔任用程序，维护程序的严肃性。要进一步规范控股、参股公司领导人员的选拔任用方式，在推荐、考察时要注意听取和尊重各股东方

的意见。集团公司派出的董事、总经理要自觉与集团公司党组保持高度一致，贯彻集团公司党组关于企业领导人员任用的决议。要通过扎实的工作，建立起各负其责、协调运转、权力制衡、科学决策的领导人员管理新体制。

二是探索建立以市场化、职业化为重点，市场配置、组织选拔、依法管理和群众参与相结合的选拔任用机制。改革和完善选拔任用机制要充分体现公平性、不断强化竞争性、努力扩大开放性。要以公开、平等、竞争、择优为原则，进一步拓宽选人用人视野，加大公开选拔的力度，在竞争中选人才、定上下。今年，集团公司将进行公开选拔企业领导人员的试点。要以扩大民主为方向，不断完善民主推荐、民主评议、民主测评制度，进一步落实广大职工对领导人员选拔任用的知情权、参与权、选择权和监督权。要以加强监督为保证，进一步完善对领导人员选拔任用工作的监督，坚决防止和克服选人用人上的不正之风。要进一步加强对领导人员的管理，积极探索建立引咎辞职、责任追究、末位淘汰、降职、免职、离岗培训的办法，拓宽企业领导"下"的渠道。

三是坚持从严治企，探索建立有效的企业领导人员监督约束体系。加强监督约束是完善企业领导人员选拔任用的重要环节，是加强领导班子建设的重要任务。要加强产权代表监督、董事会监督、监事会监督、党组织监督、职工代表大会监督。要以思想教育为基础，强化自我监督；以政治素质为重点，强化组织监督；以民主集中制为主要内容，强化班子内部监督；以拓宽渠道为途径，强化群众监督；以经济责任审计为手段，强化财经纪律监督；以事前防范为措施，强化日常监督。要探索建立各种监督联动的机制，把群众评议、失职追究、离任审计等监督方式有机地结合起来，真正建立思想教育和制度建设齐抓并举，预防性监督和惩治性监督双管齐下，领导人员自律和组织监督有效结合的监督约束体系。

2. 提高素质、优化结构，加强企业领导班子建设

一要坚持"德才兼备"的选人用人标准，树立正确的用人导向。选人用人问题事关人心向背、事关集团公司改革发展全局。选好用好一个人，就是树立一面旗帜，就会激励带动一批人；选错用错一个人，就会伤了一批人，失去凝聚力。选拔任用各企业的领导人员，要坚持政治坚定、作风优良、业绩突出、廉洁自律、群众公认的标准。这既是对选拔任用企业领导人员的基本要求，也是对我们所有在职领导人员的基本要求。要按照《党政领导干部选拔任用工作条例》的要求，凭党性、看实绩、重公认。要大胆起用政治坚定、顾全大局、作风过硬的人，精神振作、开拓创新、业绩突出的人，淡泊名利、勤奋敬业、埋头苦干的人，干事、干成事的人；对那些脱离群众、脱离实际、热衷搞形式主义的人，作风漂浮、不干实事、弄虚作假的人，因循守旧、照搬照抄、不思进取的人，作风霸道、不顾大局、闹不团结的人，贪图享受、拉帮结伙、以权谋私的人，不但坚决不能使用，还要严肃处理。要大力营造"用好的作风选人、选作风好的人"的良好氛围。

二要切实选好配强"一把手"。"一把手"素质的高低、能力的强弱，在很大程度上决定着班子整体功能的发挥，加强领导班子建设，选好配强"一把手"是关键。目前各基层企业党政"一把手"的表现总体是好的，但也有个别存在驾驭全局能力不足、创新能力不强、党政之间配合不够协调等问题。"一把手"要切实负起责任，发挥模范带头作用，当好班长、带好队伍。"一把手"要自觉加强党性修养，树立大局意识、全局意识，提高驾驭复杂局面、解决实际问题的能力。"一把手"要有宽广的胸怀，善于集思广益，能够听取各方面的意见。党政"一把手"要切实加强团结，明确职责，维护大局，集中力量谋大事、抓发展。

三要在优化领导班子结构方面实现突破。要针对部分企业班子职数配备过多、年龄偏大、专业搭配不合理等问题，采取必要的组织措施进行优化，今年，要以骨干电厂配备总会计师为契机，切实推进这项工作。要站在集团公司事业发展的高度，重视优秀年轻干部的培养、选拔，要进一步建立完善领导人员后备人才管理考核制度，加强对后备人才的培养锻炼，今年，要启动本部、基层优秀年轻干部双向挂职工作，本部没有基层经历的同志要下到基层企业锤打磨练，真正接受实践的检验，向群众学习、向实践学习，在实践中增长才干；同时，也要创造机会让长期在基层工作的同志到本部来进行挂职锻炼，开阔视野，提高政策水平和把握全局的能力。要明确目标，落实责任，切实把集团公司的部署和要求落实到位，争取用一到两年时间在优化领导班子结构方面实现突破。

四要努力构建科学的企业领导人员考核评价体系。严格考核是有效管理的基础。要建立企业领导任期制和任期目标责任制，强化年度考核和任期考核；要进一步规范企业领导人员的岗位职责，建立企业领导人员岗位目标责任制；要探索建立企业领导人员综合评价指标体系，既要反映企业经营业绩，还要反映企业的综合管理水平。要积极研究开发企业领导人员考核测评技术，努力提高对企业领导人员评价的客观性、科学性、真实性。要在严格考核的基础上，加大对企业领导人员的有效激励。

3. 大力加强企业领导人员的自身建设

集团公司的兴旺发达，关键在于领导人员的工作能力和精神状态。在此，我提几点要求：

一要深入学习实践“三个代表”重要思想，切实加强思想政治建设。要进一步掀起学习邓小平理论和“三个代表”重要思想的新高潮。要在真学、真懂、真会、真用上下功夫，学出境界、学出思路、学出胸怀、学出目标、学出动力。要特别强调的是，加强思想政治建设，必须树立正确的政绩观，真正做到权为民所用、情为民所系、利为民所谋。树立正确的政绩观同树立科学的发展观是相辅相成的，一个缺乏正确政绩观的企业领导，往往也缺乏科学的发展观。要按照为民、务实、清廉的要求，牢固树立群众观点，坚持群众路线，切实转变工作作风，深入基层，深入实际，讲实话，察实情，办实事，求实效，做表率。

二要以能力建设为重点，提高决策能力和管理水平。加强领导班子能力建设是全面推进集团公司各项事业的重要保证。各级企业领导人员要不断提高把握大局的能力、把握客观规律的能力、应对复杂局面的能力、开拓创新的能力。衡量能力和水平的主要标准要看工作中是否取得了一定成绩，要看是否为企业创造效益做出贡献，还要看在经营管理的各项工作中是否能够遵规守纪、依法经营。各级领导人员要善于理论联系实际，善于将集团公司的战略部署和本单位的实际紧密结合，锐意改革进取，不断提高决策能力和管理水平，开创工作的新局面。

三要进一步增强领导人员的党性观念、全局观念和纪律观念。要大力加强企业领导人员的党性修养、党性锻炼，坚决贯彻执行民主集中制原则，不断完善领导班子的议事制度和决策制度，对干部任免、重大投资决策、重大工程招标、重大物资采购和大额度资金运作，必须实行集体决策。要健全领导班子民主生活会制度，提倡思想交锋、坦诚相待，不断提高领导班子解决自身问题的能力。要增强领导班子的团结，党政之间、正职与副职之间要相互支持、相互信任，严以律己、宽以待人，形成整体合力，营造“聚精会神搞建设、一心一意谋发展”的良好氛围。

在这里我想特别强调一下领导人员的廉洁自律问题，希望能引起各级领导人员的高度重视，在这方面，原国家电力公司系统是有深刻教训的。前事不忘，后事之师。我们的各级领导人员务必严格遵守廉洁自律的各项规定，争做廉洁自律的模范。古人云：“其身正，不令而行；其身不正，虽令不从。”廉洁自律，一是要处理好权力与责任的关系，树立正确的权力观，切实做到用权为公，用权尽责，而绝不以权谋私；二是要处理好大节和小节的关系，树立“大节固然大、小节亦不小”的辩证观点，自觉地于细微处加强修养，于小节处坚守纪律，防止“千里之堤，溃于蚁穴”；三是要处理好自律与他律的关系，把自律作为立足点，慎权、慎独、慎欲、慎微，管好自己，管好家属，管好身边工作人员。同时诚恳接受来自组织和员工群众的监督，虚心听取批评意见。

（三）不断深化劳动人事分配制度改革

党的十六届三中全会通过的《决定》明确指出，要继续推进企业转换经营机制，深化劳动用工、人事和收入分配制度改革。我们必须按照《决定》的要求，根据总体设计、分步实施、先试点、后推开的原则，积极稳妥地推进“三项制度”改革。通过改革，建立起员工能进能出、岗位能上能下、收入能增能减和岗位靠竞争，收入凭贡献的现代企业劳动用工、人事和收入分配制度。当前，在推进“三项制度”改革中，应紧紧围绕以下几个关键环节开展工作，务必取得突破。

1. 规范“四定”工作，夯实“三改”基础

科学的机构设置、定员、定岗、定责工作，是深化三项制度改革的前提和基础。要针对现有老厂的实际，研究提出规范企业机构设置的意见，并按照精干主业、规范辅业、主辅分离的要求和新的发电企业定员标准，重新核定老厂的人员编制。各有关企业要根据集团公司的统一部署，按照精简高效的原则，精简组织机构，减少管理层次，控制管理幅度；按照“一专多能”“一岗多责”的原则，合理确定岗位设置和职数，规范岗位名称和岗位职责，切实改变目前机构臃肿、人浮于事的状况。新建电厂在基建阶段，要按照“小业主、大监理、大咨询”和“基建生产一体化”的要求，精干机构设置和人员编制；转入生产后，要按照集团公司关于新建电厂组织管理办法的要求设置机构和编制。

2. 引入竞争机制，深化劳动人事制度改革

各企业要在“四定”的基础上，积极引入竞争机制，进一步加大竞争上岗的力度，除个别岗位应按法定程序选举产生外，其他岗位都必须按照公平、公正、公开的原则，实行公开竞争、双向选择、择优上岗。今年上半年，将选择九江、谏壁、菏泽电厂进行竞争上岗试点，然后，在集团公司全面推开。对企业高级经营管理岗位，也要在全面考核并完成调整的基础上，拿出一定的职位，面向集团公司内外进行公开选聘，并逐步扩大市场化选聘的范围，提高公开竞聘的比例。从现在起，各企业空缺和新增岗位，原则上都应采取竞争上岗的方式。在实施竞争上岗时，要打破“干部”、“工人”身份界限，主业、辅业界限，让所有符合条件的人员参加竞争上岗。

要加强对在岗人员的管理和考核。上岗人员要签订岗位合同，管理人员要实行聘任制和任期制，对考核不合格的，实行转岗、待岗培训和下岗。要建立岗

位动态管理机制和淘汰机制，真正实现能者上、平者让、庸者下。

要加强劳动合同管理，各企业要与职工在平等自愿、双向选择、协商一致的基础上签订劳动合同，依法确定劳动关系，并依法做好劳动合同的变更、续订、终止、解除等工作 。

集团公司要对新进人员实行统一管理，按照“招聘为主、调配为辅”和“先系统内、后系统外”的原则，严格控制新进人员数量，提高新进人员质量，实现人员结构优化和人员数量负增长。对新进人员，一律实行试用期制和聘用制。对考核不符合要求的人员，要解除试用或聘用合同。

3. 推行目标管理，强化绩效考核

推行目标管理，强化业绩考核，是全面落实集团公司各项工作目标、加强企业管理的重要手段，也是深化分配制度改革的客观需要。最近，国资委颁发了《中央企业负责人经营业绩考核暂行办法》。考核的主要内容包括利润总额、净资产收益率、国有资产保值增值率、连续三年主营业务收入平均增长率等年度和任期经营指标。能否全面完成国有资产保值增值目标，对于我们是一个重大的考验。

从今年起，集团公司将根据国家有关文件精神，在改进和完善“三项责任制”的基础上，全面实行安全生产、资产经营、工程建设、企业管理、党风廉政与精神文明建设目标责任制，并根据承担责任的不同，分别与分支机构、生产企业、在建企业签订目标责任书。集团公司将对目标完成情况进行过程控制，年终考核，并将考核结果与企业负责人的奖惩直接挂钩。各企业要将集团公司下达的目标层层分解，逐级落实，使责任到人，考核到人，奖惩到人，确保全面完成集团公司的目标任务。

4. 建立有效的激励约束机制，深化分配制度改革

要按照十六届三中全会精神，坚持按劳分配为主体、多种分配并存和效率优先、兼顾公平的原则，树立现代企业薪酬理念，搞活内部分配，打破“大锅饭”，理顺收入分配关系，充分发挥薪酬的激励作用。

建立科学的工资总量决定机制。根据国资委的有关要求，集团公司将统一纳入国家工效挂钩管理的范围，对国家实行工资总额同发电量和实现利税双挂钩的办法，接受国家工资总量的宏观调控。同时，集团公司将在所属企业全面推行工资总额同经济效益挂钩的管理办法，并根据企业的不同特点，实行不同的工效挂钩办法，建立职工工资随企业经济效益上下浮动的机制。

完善企业负责人收入分配办法。目前，集团公司已对各有关企业 2003 年三项责任制完成情况进行了考核，并将按集团公司三项责任制考核管理暂行办法的有关规定在今年工作会上兑现奖惩。今年，要在推行目标责任制的同时，进一步加大对企业负责人的激励力度，将企业负责人的薪酬与其责任、风险和经营业绩直接挂钩。并选择北仑、谏壁等一批内、外部环境较好的企业进行年薪制试点，为集团公司在具备条件的企业全面实行企业负责人年薪制提供可借鉴的经验。

建立以岗位工资为主的基本工资制度。在工资改革中，要以岗位劳动分析、岗位劳动评价为基础，积极探索岗位工资制的多种实现形式。明确岗位职责和技能要求，实行以岗定薪、岗变薪变。要坚持职工工资与岗位职责、工作业绩和实际贡献直接挂钩，真正形成重实绩、重贡献的分配机制。要调整工资分配结构，加大对优秀专业技术人才和优秀生产技能人才激励的力度，将工资增量向关键岗位、关键人才倾斜，并根据留住关键人才的需要，积极探索中长期激励方式。要注重发挥市场对企业分配的基础性调节作用，对社会通用性岗位工种实行劳动力市场价格工资。

5. 妥善安置富余人员，确保职工队伍稳定

妥善安置富余人员，是企业三项制度改革的重要环节，也是改革的难点。各企业要把改革的力度与职工可接受的程度有机结合起来，并按照“先开渠、后放水”的原则，把握分流企业富余人员的节奏，通过辞退临时工腾出岗位、适度发展多经企业扩大就业岗位、参加新厂岗位竞聘、鼓励自谋职业、实行内部退养、辅业改制、分离企业办社会职能等多种方式分流安置富余人员。要做好分流富余人员的思想稳定工作，积极组织他们开展多种形式的学习培训，提高工作技能，为他们重新竞争上岗和再就业创造条件。

（四）大力开展职业教育培训

目前，集团公司有七万六千多名员工，这是我们人才潜力的巨大优势，同时也是制约我们发展的瓶颈。如何把丰富的人力资源总量转化为现实发展的竞争优势，为实现集团公司发展战略目标提供有效的人才智力保障，是当前和今后一个时期必须解决的重大问题。

解决这一问题的主要办法就是大力开展教育培训。持续、有效的教育培训活动，不仅能够弥补员工在知识、能力上的缺陷，满足和保证集团公司发展对员工素质、能力的要求，而且有利于提高员工的事业责任感及对工作的满意度，有利于团队精神的形成。在此我强调几点：

1. 改革教育培训内容和方式

要根据集团公司生产经营的需要和各类人员的岗位特点，确定切合实际的教育培训内容，进一步加大市场经济基本理论、基础知识、运行规则和专业前沿知识与先进实用技术培训的力度，不断增强教育培训

的针对性、实用性和先进性。要坚持分级分类和急需先行的原则，对重点人才重点培训，优秀人才优先培训，年轻人才经常培训，紧缺人才加速培训。要充分利用信息技术和网络技术的优势，灵活开展各种形式的在线教育和远程教育，不断满足广大员工自主选择培训内容和形式的需要。要改革教育培训方式，正确处理好学历教育与岗位培训、国内培训与境外培训的关系，坚持以岗位培训、国内培训为主，大力开展岗前培训、岗位培训、转岗培训和再就业培训，广泛进行岗位练兵、技能竞赛和技术交流，倡导岗位成才。

2. 建立教育培训激励约束机制

一是要建立健全并严格执行“先培训后就业、先培训后上岗、先培训后转岗”和在职定期培训制度，并根据在职培训、脱产培训等不同形式，制定科学而严格的考试考核制度。二是要进一步完善落实培训与使用相结合的制度，将教育培训与薪酬待遇、职位晋升、评先创优挂钩，形成谁善于学习、具有发展潜力、并在工作中做出成绩，谁就能得到重用的导向，充分激发广大员工的终身学习需求。三是要进一步完善教育培训责任制度。今后，集团公司将把各企业教育培训工作和人力资源开发情况作为一项重要的工作内容进行检查、督促。

3. 加大教育培训经费的投入

做好教育培训工作，需要一定的经费保障。按照国家的有关规定，各企业的教育培训经费不得低于职工工资总额的2.5%。对于这一比例，不能打折，必须确保，并根据企业发展的实际情况，逐年增加对教育培训经费的投入。要充分发挥好教育培训经费的作用，采取多种形式支持员工参加学习和培训，并建立企业、个人双方合理负担继续教育经费的投入机制。

四、求真务实，齐抓共管，切实加强对人力资源工作的组织领导

加强和改进人力资源工作，不仅需要提高人力资源工作者的自身素质，更需要各级领导的高度重视和各有关部门的密切配合。

(一) 形成人力资源工作的整体合力

人力资源工作不仅仅是人力资源部门的工作，更是所有管理人员及全体员工的共同责任，需要各方面的有力支持与配合。只有形成党政统一领导，人力资源部门主抓，各方面齐抓共管、密切配合，广大员工广泛参与的工作格局，才能真正把人力资源工作做实、做新、做好。

各级领导班子，尤其是党政“一把手”，要切实加强对人力资源工作的组织领导，努力做到在确立发展目标时考虑人才保证，在制定工作计划时考虑员工需求，在研究政策措施时考虑人员导向。人力资源部门要加强对人力资源工作方针政策的学习和研究，开阔工作视野，创新工作机制，改进工作方法，充分履行牵头组织、协调各方的职能。各有关部门要牢固树立全局观念，发挥各自的优势，密切配合、支持人力资源部门的工作，形成人力资源工作的强大合力。

(二) 提升人力资源管理水平

人力资源是集团公司发展最为重要的战略资源。开发好、管理好这“第一资源”，必须进一步提升人力资源管理的水平。

首先，要统筹规划，突出重点。在当前深化改革的过程中，人力资源工作头绪纷繁，必须统筹规划，突出重点。突出重点是推进人力资源工作的一个重要方法，也是我们工作中一条成功的经验。没有重点，工作无法取得突破，也无法带动其他工作，确保整个工作任务的完成。

其次，要创造性地开展工作。人力资源工作的政策性很强，涉及每一位员工的切身利益，有其自身的特殊性和复杂性。但同时作为一门科学，作为一个专业，又具有自身的规律性和一般性。因此，提高工作水平，必须将人力资源工作的特殊性和一般性、复杂性和规律性有机结合起来，不断增强工作的系统性、全局性、前瞻性。

第三，要提高人力资源工作的科学化水平。目前，人力资源工作突出的问题是，定性的东西多，定量的内容少，工作中主要依靠的是对政策的把握和实践经验的指导，技术的、量化的手段不够。要研究、探索切合实际的技术措施和手段，不断提高人力资源工作的科学化水平。

第四，要狠抓各项任务的落实。做实是我们的一项基本工作方针，集团公司各项工作都要做实，人力资源工作更不能例外。实践证明，我们取得的每一项工作成绩，都是狠抓落实的结果。人力资源工作的对象是广大员工，是关于人的工作，尤其需要我们把工作做实、把事情办好。

(三) 加强人力资源部门的自身建设

人力资源部门担负着管理、开发、服务“第一资源”的重要职责，其工作成效如何，直接影响公司战略目标的实现。这里我对从事人力资源工作的同志提几点要求：一是要加强政治理论学习，讲政治、讲正气、讲团结、讲奉献、作表率，不断增强政治的敏锐性和思想的先进性。二是要善于学习借鉴现代企业人力资源管理的先进理论，树立新观念、掌握新知识、分析新情况、总结新经验、提出新措施，不断提高工作效率和水平。三是要积极参加中组部组织的“树组工干部形象”集中学习教育活动，严格遵守《组织人事干部行为若干规范》，坚持原则，廉洁自律，公道正派，树立“公正勤廉、务实创新”的形象。四是要

深入基层、深入实际、联系群众，当好沟通本企业党委、行政与广大员工思想的桥梁和纽带，准确把握职工思想脉搏，及时化解矛盾，维护企业安全生产局面的稳定，维护经营管理秩序的稳定，维护员工队伍思想情绪的稳定。

同志们，集团公司各项事业的全面推进，对人力资源工作提出了新的要求，为人力资源工作者施展聪明才智提供了广阔的舞台，集团公司党组对人力资源工作和人力资源工作者寄予了殷切希望。让我们紧密地团结在以胡锦涛同志为总书记的党中央周围，高举邓小平理论伟大旗帜，全面贯彻“三个代表”重要思想，认真落实十六届三中全会、全国人才工作会议和组织部长会议精神，发扬成绩，再接再厉，积极进取，扎实工作，为把集团公司“做实、做新、做大、做强”而努力奋斗！

坚持科学的发展观大力推进大渡河流域水电开发

——周大兵在大渡河瀑布沟水电站开工典礼上的讲话（摘要）

（2004年3月30日）

2004年3月30日，国家“十五”重点建设项目、装机容量330万千瓦、四川大渡河流域最大的水电工程——瀑布沟水电工程正式开工。建设瀑布沟、开发大渡河，是实践“三个代表”重要思想，实施西部大开发战略，贯彻国家优先开发水电策略的重要举措，是大渡河沿岸各族人民的热切期盼，对于促进四川省经济发展，增强民族团结，具有十分重要的意义。党中央、国务院和国家有关部门对开发大渡河高度重视，四川省委、省政府给予了有力的支持，为瀑布沟工程顺利开工创造了很好的条件。瀑布沟工程的开工建设，是大渡河流域开发新的里程碑，标志着中国国电集团公司拉开了大渡河流域水电开发的序幕。

瀑布沟水电站是一座以发电为主，兼有防洪、拦沙等综合利用效益的大型水利水电工程，计划2004年底截流，2008年第一台机组发电，2010年工程竣工。瀑布沟水电站工程量巨大、移民任务重，而且技术复杂，被称为大渡河开发的“硬骨头”。瀑布沟工程的全体建设者将发扬红军长征精神，以克服一切困难的英雄气概，团结协作，求真务实，艰苦奋斗，推进工程的顺利进行；以如临深渊、如履薄冰的严谨态度，科学组织，精心设计、精心施工、精心监理，解决好工程建设中的每个问题；以对历史高度负责、对人民高度负责的责任感，把瀑布沟水电工程建设成经得起历史检验和大自然考验的精品工程。

加快开发大渡河流域为四川经济发展服务

大渡河是长江上游的重要支流，是四川水能资源最丰富的三大河流之一，开发条件优越，距离负荷中心近，落差大而集中，可开发容量2340万千瓦，规划建设3库22级水电站。目前流域滚动开发机制已初步形成，已建成龚嘴水电站（装机70万千瓦）和铜街子水电站（装机60万千瓦），正在建设中的有瀑布沟工程，还有一批电站项目正在进行前期工作。中国国电集团公司把加快大渡河流域开发作为集团公司的重大战略来实施。

为做好大渡河流域的开发工作，去年我对大渡河进行了全面考察，并听取了专家们对流域规划的介绍和水能资源开发经济、技术指标的比较分析。考察中，我们在风雨兼程中感受了两岸人民的热情，在泥泞跋涉中倾听了两岸人民政府的呼声，特别是有一句标语“要像当年支援红军一样支持双江口建设”，让人十分感动，考察使我们坚定了开发大渡河流域的决心和信心。抱着服务四川省经济发展和造福两岸人民的良好愿望，经过认真思考，我提出了到2020年大渡河流域实现“装机一千五、流域统调度、沿江一条路、两岸共致富”的流域开发目标。

“装机一千五”，是指根据四川省经济社会发展的需要，以及流域梯级开发前期工作的进度，计划到2020年在大渡河流域建成投产水电站总容量1500万千瓦。“流域统调度”，这句话不是我的发明，而是根据水能资源的自然属性，同一条河流上下游水电站的运行规律，以及国内外水电开发的成功经验提出来的。梯级电站建成后实施联合运行、统一调度，可以有效提高电站的保证出力水平，使水能资源得到充分利用，发挥最大发电效益。“沿江一条路”，是说大渡河流域中上游处于少数民族地区，又是红军长征经过的地方，有很多国家和省级风景区，随着梯级电站的建成，依托成都至攀枝花高速公路的建设，沿河修好一条路，形成既连接大中城市，又连接流域各电站的公路网架，形成展示民族风情、地域特色的生态旅游线，带动民族地区和贫困地区经济发展。“两岸共致富”，就是通过流域水电开发促进地方经济发展，为两岸人民致富奔小康服务。

目前，国电集团已和四川省人民政府就大渡河流域水电开发达成共识。我们将按照四川省委、省政府的要求，加快瀑布沟工程建设进度，加大流域开发力度，让这条古老的英雄河早日为全面建设小康社会做出更大的贡献。

大力开发水电资源 推进电力工业可持续发展

党中央、国务院要求，要坚持以人为本，以全面、协调、可持续的发展观来实现全面建设小康社会的宏伟目标。电力工业必须贯彻科学的发展观来实现可持续发展，落实“五个统筹”。一方面，全面建设小康社会，必须保证充足、可靠的电力供应；另一方面，实现可持续发展，必须依靠清洁能源，提高能源转换和利用效率，减少环境污染。我们之所以把积极发展水电放在优先地位，是因为水能资源是清洁的可再生资源，开发水电可以实现经济与环境的协调发展。我国水能资源比较丰富，技术可开发容量达4亿千瓦左右，目前已开发的约占24%，未来开发前景还很大。国电集团将立足大渡河，加大水电开发力度。

水电虽是清洁能源，但水电开发对环境完全没有一点影响是不可能的，必须遵循自然规律，努力把工程建设对环境的负面影响降低到最小。在流域规划和项目选址阶段，应优先考虑对环境影响相对较小的方案。在项目规划设计阶段，则尽可能减少移民数量，尽量减小淹没耕地，避免淹没自然保护区、风景名胜区、自然和文化遗产遗址等。最近刚刚审查完成的《四川省大渡河干流水电规划调整报告》，调整方案减少淹没耕地约3万亩，减少移民8万多人，并且保留约50公里的天然河道。在工程建设阶段，则要切实做好施工环保规划并认真实施，努力做到人与自然的和谐统一，实现可持续发展。

水电开发要坚持“流域、梯级、滚动、综合”方针

“流域、梯级、滚动、综合”是被水电开发实践证明了的、行之有效的建设方针，是近30年来我国水电建设经验的总结，体现了流域水能资源开发的基本规律。在新的建设时期，这一方针仍然具有十分重要的指导意义，而且应该赋予其新的内涵。“流域”两个字强调了流域水能资源开发要建立在全流域统一规划的基础上，进行有序、合理、科学开发；“梯级”是强调按照规划的梯级建设目标，突出龙头水库电站的控制性、经济性和优先开发性；“滚动”是指在目前电力紧缺阶段，流域流动开发不再是过去的逐级滚动，而是成批建设。在开发大渡河时，在龙头电站建设的同时，考虑2至3个电站同步开发，就可以确保实现到2020年装机1500万千瓦的目标；“综合”是指不但要注重实现发电、防洪、拦沙、航运等基本建设目标，而且要发挥大型水电建设项目对国民经济的拉动作用，建设一批电站，带动一域经济发展，同时，更重要的是实现对水资源综合利用和保护，为经济和社会的可持续发展提供保障。

以科学的发展观确定国电集团发展战略和目标

中国国电集团公司是在电力体制改革中于2002年12月29日成立的五大全国性发电企业集团之一。作为国有重点骨干企业、国家基础性产业，我们要贯彻科学的发展观，统筹兼顾，实现经济社会更快更好的发展。以科学的发展观确定公司发展战略和规划，把加快发电力发展，为经济、社会发展和人民生活提供充足、优质电能，推进电力工业持续、健康发展，实现国有资产的保值增值作为发展战略目标。

面对新的改革竞争形势，我们提出了“以改革和创新为动力，以市场需求为导向，以安全生产为基础，以经济效益为中心，坚持以电源建设和运营为核心竞争力，重视发展电力关联产业，适度开展多元化经营，积极开拓电力市场，大力开展资本运作，多方筹集发展资金，积极走向国际，把中国国电集团公司建成要素组合合理、资源配置优化、经营状况良好、综合实力较强、管理机制先进的复合控股型、规模效益型，集团化、市场化、国际化的现代企业集团”的发展战略构想。同时，我们提出了把中国国电集团公司“做实、做新、做大、做强”的工作方针，以此指导集团公司实践。

根据集团公司电源发展战略，我们确定了“十五”后三年及“十一五”期间电源建设项目发展目标为“三个400万千瓦”，即集团公司平均每年在建400万千瓦、开工400万千瓦、投产400万千瓦，确保实现到2005年底可控发电装机容量超过4000万千瓦，2010年底超过6000万千瓦，2020年达到1亿千瓦的电源发展目标。围绕这一发展目标，集团公司上下将以邓小平理论和“三个代表”重要思想为指导，在以胡锦涛同志为总书记的党中央领导下，认真贯彻党的十六大、十六届三中全会和今年“两会”精神，团结一心，奋力拼搏，坚持科学的发展观，进一步强化管理，提高效益，扎实推进集团公司改革发展工作，以良好的业绩为国民经济发展和人民生活水平的提高做出积极的贡献。

坚持科学发展观提高集团公司综合竞争力

——周大兵在集团公司2004年计划发展工作会议上的讲话（摘要）

（2004年5月17日）

今年3月1日，国家发改委在北京召开2004年

全国电力工业工作会议，要求科学认识电力形势，努力缓解供需矛盾，遏制局部经济过热。4月27日，国务院办公厅下发了《关于清理固定资产投资项目的通知》，要求按照国家产业政策和行业规划，严格执行土地管理、环境保护、银行信贷、项目审批等方面的法规和政策，对已投资项目进行清理。5月11日，国家发改委专门开会布置固定资产投资项目清理工作。最近，党中央、国务院召开会议，深入研究当前的经济形势，并针对固定资产投资增长过快、规模过大，特别是一些行业投资增长过猛等突出问题提出了一系列有针对性的措施。

我们召开这次会议的目的，就是坚决执行党中央、国务院有关宏观调控的一系列措施，以科学发展观推动集团公司改革和发展，进一步防范投资风险，提高企业效益，努力提升集团公司综合竞争力，全面实现集团公司发展目标。下面，我讲三点意见。

一、求真务实，坚持科学发展

今年初，中央专门举办省部级主要领导干部树立和落实科学发展观专题研究班，要求在各个领域以科学发展观指导和开展各项工作。集团公司是国有大型企业集团，必须以科学发展观为指导，自觉服从国家的发展规划和宏观调控政策，把握、遵循和运用发展的客观规律，积极推进电源项目的建设和重组并购，合理把握建设节奏，规范建设管理，防范投资风险，推进集团公司可持续发展。

第一，坚持科学发展观，要求以人为本，把发展看做是全面、系统、协调的过程。不仅要尊重经济规律，还要尊重社会规律和自然规律。要调动发展主体的积极性，加强各种发展要素的内在联系和有效整合，推进各方面发展的良性互动，注重发展的持久永续，实现结构优化和产业升级。对集团公司来说，在电源布局方面，必须兼顾东、中、西部的电源平衡发展，目前重点在经济比较发达、市场前景较好的东部沿海地区，抓紧开工建设一批项目并储备一批项目；在资源比较丰富、市场前景较好，以及国家鼓励实施西电东送的中西部地区，选择一批电源建设项目，在开工建设的同时储备一批项目；在资源丰富、目前市场前景不理想的西部和东北地区，为长远发展选择一批前期储备项目，择机开工建设。在电源结构方面，要积极开发水电，重点发展火电，适当发展核电和天然气发电，扩大风力等新能源发电规模，加大老厂改造力度，积极参与资产重组和并购，努力扩大市场份额，增强集团公司在各区域电力市场中的控制力和竞争力。在技术结构方面，近期选择国家已批准的30万千瓦机组项目，中长期主要选择60万千瓦机组项目，“十一五”末期及以后，在华东、京津唐、广东等大电网负荷中心地区，规划选择100万千瓦级机组项目；在现有核电前期项目中，选择1~2个项目在2010年前控股建设；选择气价适当、气源稳定、电价承受能力较强的地区，开发建设部分天然气发电项目；以龙源公司为主体，集中发展风力发电，引进制造技术或购买制造厂家，实现风机设备本土化，在形成规模的同时形成特色。在发展中，要统筹规模扩张与提高效益的关系、当前利益与可持续发展的关系、发电主业与多元化经营的关系、核心竞争力与一般控制力的关系、新建扩建与重组并购的关系。

第二，坚持科学发展观，要求我们尊重基本建设程序。电源项目前期工作包括选址、水源勘查、环境评价、电网接入系统、交通运输、燃料供应、设备选型、市场分析等许多方面，是一个系统工程。高质量的前期工作是建设具有竞争力精品工程的前提，意味着必须有扎实的基础工作，有一定的时间保证。国家坚持对电源项目的宏观调控，对电力项目尤其是火电项目，从立项、可研到新开工等主要阶段均需国家有关部门批准。近期，国家又提出对火电项目要按照“三个标准、六个原则”优先安排。我们投资建设电源项目，一方面必须尊重基本建设程序，千方百计使项目列入国家的规划，争取国家早日批复，保证电源项目在国家宏观调控下开发建设；另一方面必须扎实推进各项前期工作，千方百计争取各种资料、文件，深入进行经济技术评估和论证，建立起防范风险的控制和约束机制。在对投资项目进行评估时，不仅要根据可行性研究报告中的厂址、煤源、水源、运输、环境等因素进行评估，还要对投资、造价、上网电价和电力市场情况以及项目评估溢价等因素进行评估，深入对这些因素进行敏感性分析，把缩短工期、控制投资、降低造价、满足市场需求以及争取合理电价等作为评估、决策项目开工与否的主要因素。最近，计划发展部结合《国务院办公厅关于清理固定资产投资项目的通知》精神，对集团公司2003年已开工和2004年抓紧开展前期工作的22个项目的市场、效益情况进行内部评估，根据内部评估结果提出优化项目投资和工作进度的建议，为项目决策进行了开创性的探索。

第三，坚持科学发展观，必须树立正确的业绩观。企业改革与发展的最终目标是保证企业有良好的经济效益，这是企业一切工作的出发点和落脚点。我们谋求发展，必须是科学、可持续的发展，必须是有市场、有效益的发展。如果争取到的项目不考虑市场、不分析当前，尤其是项目建成投产后的市场和效益，就急于开工建设，造成集团公司财务负担加重或项目亏损，这样争取到的项目就不是好项目，这样的项目争取再多也不是好的业绩。经济效益是企业的最主要业绩，对所有项目单位，不仅要考核项目如何节省投资、降低造价、控制工期，还要考核项目投产后的上网电价、标煤单价、利用小时和赢利能力。因此，所有分支机构、项目公司和筹建单位，必须把项目的经济效益、市场竞争力等作为项目成功与否的主要业绩。

树立和落实科学发展观，要求集团公司系统实现发展战略的“三个转变”：一是从全力寻找、争取新电源项目转变到优化、平衡区域电源布局上，提高集团公司在区域电力市场中的竞争力。二是从积极争取近期开工建设新电源项目转变到尽快使这些项目纳入规划、得到批复并对项目进行审慎评估上，提高新上电源项目的抗风险能力。三是从单纯依靠新扩建项目转变到新扩建项目和资产并购并重上，迅速实现规模扩张和跨越式发展，增强集团公司的控制力。

集团公司成立初期，我们花费了大量精力，争取到一批电源前期项目。现在要在认真分析和科学论证的基础上，对这些电源前期项目排出开发次序，确定近期、中期和长期发展目标，合理确定每年的开工规模和开工项目，重视风险防范，坚持在稳定中达到持续、快速发展。一是在选择前期电源项目时，要注意长期目标与短期目标相结合。长期目标重在培养公司的可持续发展能力和竞争力，短期目标确保公司的盈利能力和控制力，改善公司财务状况，为长期目标的实现做准备。二是确定每年开工电源项目时，必须考虑项目的合理布局、经济效益、可批程度、风险大小，将项目分级分类，杜绝无市场项目、无效益项目。三是今年必须把要争取的电源项目列入国家电力发展规划，至少列入省级电力发展规划，落实银行贷款尤其是中长期贷款，作为重点工作。

为了使每一个新项目都有良好的效益，一定要把好三个关。第一关就是项目的选择和评估。要选准项目，选好项目，选有效益、有市场的项目。第二关就是缩短工期、降低造价、保证质量。如果工期延长了，我们就不能抓住电力市场紧缺这一机遇；如果造价控制不住，我们的市场竞争力就削弱了；如果质量不高，返工或运行后经常停机，项目就没有效益。第三关是电厂168小时试运行后，要抓管理，抓运行，降低成本，提高效益。要进行全过程管理、全过程控制，才能真正实现可持续发展。

二、抓住机遇，推进可持续发展

当前，集团公司的发展既面临严峻的形势，也出现了难得的机遇：

第一，全国电力供需矛盾突出，电力工业处在战略发展机遇期，加快电力发展成为各发电集团的基本要求。2002年四季度以来出现的国民经济高速增长已经持续了18个月，今年1至4月，全国规模以上工业增加值增幅高达18.2%，第二产业用电增速高达17.6%，全社会用电增长15.7%，使得全国电力供需形势继续保持紧张局面，22个省（区、市）出现拉闸限电。当前出现的电力供应紧张形势，促使各大发电集团公司都在抓住时机获取电源项目资源，加快电源项目前期工作进度和施工进度，抢占市场，因此，2004～2006年将会出现全国性电源建设的高峰期。

根据电力工业“十一五”发展规划和2020年远景目标，全国电力装机容量到2020年将达到9亿千瓦。从今年到“十一五”期间，全国平均每年需要新增发电装机3000万千瓦以上，才能满足经济社会发展的要求。根据这一市场需求和发展机遇，集团公司落实国家发改委划入我集团公司的电源前期项目制订了《中国国电集团公司电源建设项目发展规划纲要》，提出2004年底集团公司总资产超过1000亿元；到2005年可控装机容量达到4000万千瓦、2010年达到6000万千瓦、2020年达到1亿千瓦的发展目标，届时分别占全国发电装机容量的9%、10%和11%。这些目标是从集团公司自身实际出发制定的，是符合当时经济社会发展需要的。同时集团公司根据上述发展战略目标，提出近几年每年平均实现“三个400万”的目标，结合现有存量资产情况和已掌握电源前期项目情况，抓住机遇开工建设一批电源项目，争取储备一大批电源前期项目，重组并购一批优良电源资产，以实现集团公司的可持续发展。

集团公司成立以来，在按照“清清楚楚、明明白白、实实在在”的原则接收存量资产的同时，先后与四川、云南、河南、山东、新疆、宁夏、辽宁、河北、吉林、陕西、江西等省、自治区政府或部门签订了50多份投资开发电源项目意向书或协议书；组织多个工作小组，克服非典影响等种种困难，与有关省网公司签订了前期项目划转协议，使一批开发条件较好的前期项目很快纳入集团公司的计划。到目前为止，集团公司共争取新电源项目120多项1.3亿千瓦，改写了集团公司在山东等七个省区电源空白的纪录，尤其是在山东接收了180万千瓦比较优良的存量资产；委托设计咨询机构完成了40多个新建控股电源项目的初步可行性报告或可行性研究报告；针对集团公司2003年已开工和开展前期工作的22个火电项目的市场、效益情况，进行了内部评估；积极落实投资主体，组建了38个电源项目筹建处，多次主持召开投资方会议；多方协调，促使国家发改委先后安排中咨公司对18个项目进行了评估，使2003年和2004年的拟开工项目基本上纳入了国家电力发展规划，国家批准的电源项目数量由2002年底居五大发电集团的最末位上升到第三位，并为集团公司实现2020年达到1亿千瓦的发展目标奠定了基础，也为电源项目的优化开发创造了条件。

第二，电力体制改革形势严峻，实现机制创新成为各发电集团的强劲动力。集团公司成立后，虽然管理体制与经营机制已初步建立，但与电力市场新形势和现代企业制度的要求还有不适应的地方，摆在集团公司面前的主要任务，就是如何既保证集团公司整体资源优化配置，实现管理效益最大化，又保证现代企业制度的落实；既针对当前电力供需紧张的形势大力开发电源项目，又能够多渠道筹集企业发展所需的大量资金，降低企业的负债率；既发挥集团公司对企业的控制力，又充分调动各级单位的生产经营积极性，真正做到责、权、利统一和上下协调一致，高效运转。我们应当紧紧抓住当前电力供需紧张的有利时机，努力通过改制上市，实现体制创新、机制创新，重点实现三个方面的突破：一是深化内部改革，理顺管理体制，健全经营机制；二是推进改革重组，建立现代产权制度和法人治理结构；三是实施“主辅分离、辅业改制”，在多经企业建立规范的现代企业制度。

集团公司正在积极筹划整体改制上市。这项工作经过一年多的准备，党组决定开始操作。集团公司已两次向国资委汇报，得到了国资委的支持和批复。同时也向有关部门进行了汇报。我们要充分认识这项工作的复杂性和艰巨性：一是国有大型企业集团改制本身就是一个新事物，改革就是革命；二是我们选择整体改制的方案，主要是吸取前一段其他企业的一些经验和教训。考虑到我们是新组建的企业集团，公司层面没有存量资产。我们的发电资产总体上是好的，各个电厂通过加强管理，提高效益，可以达到上市所要求的经济指标；没有必要把公司资产一部分上市，留一部分作为存续企业。经过这段工作，我们认为整体改制上市是有希望的，也是有把握的。公司整体改制上市也是为集团公司的可持续发展打下机制基础，也为电源发展筹集资金。

最近公司党组决定，加快推进内部三次重组。第一次重组是在电厂层面进行，主要是竞争上岗、主辅分离、强化管理；第二次重组是在区域范围内进行重组，主要是发挥规模优势和区域优势；第三次重组是在集团内部进行重组。这项工作党组分工由刘彭龄副总经理负责，很快一些具体工作就要涉及到各个分公司和各个电厂。三次重组要达到三个目标。第一个目标，是减少集团的管理跨度。我们现在有内部核算电厂、控股电厂、参股电厂，还有没有理顺关系的单位，横向管理120多个单位，靠集团的力量是管理不过来的。要实现我们公司成立之初提出的纵向管理“两级法人，扁平化管理”，不搞上市公司是不可能实现的。通过三次重组，要使我们横向管理的企业降到50个左右，纵向实现两级法人，扁平化管理。第二个目标，是把空壳电厂和小电厂消化掉，使每一个二级独立核算单位，通过强化管理、提高效益，都能达到重组改制上市所要求的经济指标。第三个目标，是在集团公司范围内实现资源优化配置。重组总体规划由集团公司制订，各个电厂内部的重组由厂长负责，区域内部的重组由分公司总经理负责。要考虑如何利用大厂带小厂、新厂带老厂，形成规模效益。集团公司还要研究如何壮大一批企业，如何放手一批企业，集中有限资金把控股企业做大、做好。

第三，激烈的市场竞争，使兼并重组、规模扩张成为各发电集团的工作重点。去年，国资委提出，要培养30~50家具有国际竞争力的大型企业集团，在每个行业重点培育发展前三名，这就要求我们不仅要通过新建扩建电源项目，还要通过重组并购存量资产，实现增长方式的根本转变。现在，在厂址资源和电力项目竞争之后，各发电集团与其他投资主体间的重组并购已经展开，外商在国内投资的发电企业，也出现了出售或重组的迹象。在这种情况下，如果我们不能抓住这一机遇，优化电源项目资源，增加优良资产比重，实现规模迅速扩张，就有可能在激烈的市场竞争中“不进则退”，甚至被兼并重组。集团公司在研究实现平均“三个四百万”发展目标的同时，提出了通过新建扩建和重组并购双重目标来实现跨越式发展，确保集团公司分阶段发展目标的实现。跨越式发展不是超常规发展，而是科学、良性、理性的发展，是在按照基建程序新建、扩建电源项目的同时，通过重组并购实现规模的迅速扩张。一年多来，集团公司与吉林龙华公司和吉林省电力公司洽谈吉林热电厂一厂两制的重组方案，收购了吉林龙华公司90多万千瓦存量资产；理顺云南硕多岗河开发公司的股比，实现了控股开发硕多岗河流域；与重庆市计委、市电力公司等就收购重庆恒泰发电有限责任公司并开发重庆万盛电源项目达成协议，填补了集团公司在重庆市的电源空白；贵州鸭溪的4台30万千瓦机组在建项目的控股投资谈判也取得了突破，即将签订投资协议书。

三、狠抓落实，提高综合竞争力

当前，正逢电力体制改革深化和电力市场建立的过程中，外部环境十分严峻，电源建设领域竞争激烈，加上集团公司存量资产质量总体水平较低，增量资产经营刚刚起步，整体实力和竞争力不强，迅速提高集团公司的整体盈利能力和竞争能力，是集团公司的当务之急。综合竞争力是国有资产保值增值的基础，是企业持续永久发展的动力，更是企业深化改革的保证。因此，集团公司要在2003年深化改革、加快发展的基础上，今年通过“强化管理，提高效益”，确保今年实现税后净利润10亿元，明年实现13亿元，从而为改革和发展奠定扎实的基础。

一季度尽管煤价增长加大了我们的成本，但各个电厂努力压缩成本，强化管理，提高效益。最近市场营销部和有关分公司、各个电厂就电价调整向国家发改委及有关部门进行了汇报，争取在这次电价调整中取得较好结果。在改革过程当中，很多政策不可能一步到位，这就要求各个部门做大量细致的争取、协调、汇报工作，我们要像争取电价那样做到千辛万苦、千方百计、千言万语。为实现集团整体发展目标，今年我们提出的保10亿元利润的目标绝不能变，要有信心，要有决心，要有措施，保证目标实现。

我们要及时分析，灵活应对电力市场改革中出现的新问题。国家发改委对电价工作一直是关注的，相信随着改革的深入，随着我们工作力度的加大，电价会逐步到位，会尽快同社会主义市场经济的电价体制接轨。应该看到，电力市场是在不断变化的，去年中部、西部和东部地区电力都很紧缺。今年国家发改委对投资规模，特别是高能耗产业的投资规模进行宏观调控，西部有些省市新建的一批高能耗企业生存困难，西部地区的电力增长就不能保持10%～30%的高速增长，要研究这种变化对下一步建设西部地区电源项目的影响。根据情况的不断发展变化来修改我们的决策。作为国有企业，我们要自觉服从国家的宏观调控政策，既要抓住机遇，加快发展，又要珍惜机遇，求真务实，量力而行。当前要重点抓好以下几项工作：

1. 抓紧制订企业发展战略

发展战略与规划，关系集团公司的发展方向。现代企业管理已经进入战略管理阶段，我们要通过客观分析企业所处的社会、政治、经济、法律等外部环境，认清集团公司面临的机遇与挑战，明确集团公司在行业和电力市场中的战略地位和发展方向，以科学发展观指导集团公司“做实、做新、做大、做强”的各项工作。要按照国资委《关于开展中央企业发展战略与规划编制工作的通知》的要求，吃透国家宏观调控政策精神，于九月底前完成集团公司中长期发展战略与规划编制工作。

2. 合理优化电源项目

要优化前期项目资源，合理安排电源布局。根据电力市场变化和国家对项目批复情况，深入进行项目经济效益和市场竞争力的评估，滚动编制投资项目综合竞争力评估报告，严格把住市场关、效益关、投资关，适时调整开工时间和工程进度，降低投资风险，提高企业收益。对于在建项目，要努力缩短基建工期，降低工程造价，保证工程质量，做到项目落实、责任落实、人员落实、资金落实。

3. 提高综合竞争力

集团公司工作的各个侧面、各个环节都要围绕提高综合竞争力开展工作，从体制、机制等方面为提高综合竞争力创造条件。在项目的前期和建设阶段，一是努力使工程造价低于社会同期的电力建设平均成本；二是对项目布局、煤炭资源、交通运力、运量、水资源、环境容量空间、市场、上网电价等情况进行评估；三是组织相关部门开展新开工电源的建设成本、运行成本、上网竞价能力、现金流支撑分析、人力资源保证、煤炭资源的可靠性等项目的综合竞争力分析，找出风险，克服风险；四是建立健全体制和机制，科学制订各类管理制度。在这里要特别强调，要规范决策程序和评估体系，建立起防范投资风险的控制和约束机制。今后所有投资项目，各分支机构要先行把关，提出项目列入国家规划的工作目标，预测分析项目的市场、效益状况和区域内竞争力等情况，评估项目布局、煤炭资源、交通运力、运量、水资源、环境空间、市场、上网电价等情况，由计划发展部形成内部评估报告，在此基础上组织工程建设部、安全生产部、市场营销部、财务产权部、人力资源部、综合开发部等开展拟开工项目的建设成本、运行成本、上网竞价能力、财务和现金流支撑分析、人力资源保证、煤炭资源的可靠性等分析，最终形成项目的综合竞争力评估报告。

最近有两个方面的问题特别突出，一方面是发电厂煤炭供应吃紧。今年用煤量没有增加更多，煤应该能够保证供应的，一旦国家宏观调控到位，煤炭供应不是很紧缺。从长远上讲，中国的煤炭是紧缺的，所以要高度重视煤炭工作，新源能源公司要加大工作力度，要千方百计保证煤炭供应。以后新建电厂要认认真真落实煤源。综合开发部要抓紧研究开发上下游产品，研究投资建设新的煤矿，落实在山西、贵州签订的合同，在保证当地用煤的同时争取外运煤炭。另一方面是环保问题主要是脱硫问题。现在再上新电厂必须考虑脱硫问题，高度重视环保。环保产业在集团公司内部有巨大的市场，老厂要进行脱硫改造，新建项目要上脱硫设施。科技环保部要认真研究，先把集团公司内部脱硫项目全部争取到手，主要通过价格、质量提高竞争力。

4. 积极筹集发展所需资金

为保持集团公司有序发展和理性扩张，必须在“强化管理，提高效益”的基础上，发挥集团公司的整体优势，实施集约化经营。要科学调度、优化配置资金、物资、人力等资源，加强年综合计划管理和经济活动分析，及时跟踪、检查项目投资计划执行情况，以最小的成本获取最大的收益；要积极开拓融资渠道，综合安排短期贷款、中长期贷款、发行企业债券的比例，控制融资成本，加速资金周转，提高资金使用效益。

5. 做好新扩建电厂的生产准备

集团公司现有的在建项目和2003年已开工、2004年拟开工项目，在明后两年就要陆续投产。为此，要做好新建、扩建电厂的生产准备，确保新机组早日投产和稳定运行。要树立经济运行的观念，优化运行方式，提高运行效率。要下大力气开拓市场，努力提高平均电价水平，加大亏损电厂治亏力度，加强陈欠电费回收力度。要加强物资管理，发挥集团公司整体优势，实行设备统一招标采购，降低成本，提高效益。这次我在江苏提出“四新”，即新电厂、新机制、新水平、新面貌。要实现这“四新”，除建设机制要新外，运行机制也要新。

同志们，今年是集团公司强化管理、提高效益、深化改革、加快发展的关键一年。我们要按照“做实、做新、做大、做强”的工作方针，围绕集团公司发展战略目标和全年工作总体要求，求真务实，开拓创新，坚持以科学的发展观指导集团公司的计划发展工作，为实现集团公司全面、可持续和理性发展而努力奋斗。

周大兵在集团公司2004年年中工作座谈会上的讲话（摘要）

（2004年8月3日）

一、上半年集团公司的工作很有成绩，效果明显

今年是集团公司正式接收了资产，各方面工作步入正轨后的第一年。上半年，集团公司本部各部门和系统各单位按照2004年工作会议的统一部署，以“管理效益年”活动为载体，狠抓安全生产和经济效益，推进改革重组，取得了可喜成绩，有力地支持了国民经济发展，为缓解全国电力供应紧张局面做出了重要贡献。

在生产方面：上半年集团公司安全生产基本平稳，未发生重大及以上人身、设备事故，未发生影响电网稳定的责任事故，在直属、全资、控股的75个发电企业中，有69个安全无事故。完成发电量729.41亿千瓦时，同比增长12. 79%，在五大发电集团公司中名列第三；供电标准煤耗实现366.4克/千瓦时，同比降低4.3克/千瓦时。

在经营方面：上半年集团公司实现产品销售收入151.74亿元，同比增加26.77亿元，增幅21.43%；比进度预算增加2.47亿元，增加1.6%。实现利润总额11.74亿元，同比增长2.86亿元，增幅32.21%；比进度预算增加1.74亿元，增幅17.40%。

在前期工作方面：集团公司今年在全国16个省市在建和准备动工的项目达到33个，其中，2003年结转项目18个共1156万千瓦、2004年拟动工项目15个共1366万千瓦，总规模2522万千瓦，基本纳入国家和各省市的电力发展规划，还填补了集团公司在一些省市电源项目空白。同时先后对32个项目总容量共2800万千瓦的初步可行性报告、33个项目总容量共2700万千瓦的可行性研究报告进行了审查，大部分已上报国家发改委。

在工程建设方面：上半年集团公司累计完成固定资产投资227.14亿元，其中在建项目219.23亿元，新开工项目7.91亿元。外高桥5号机（90万千瓦）、石嘴山4号机（33万千瓦）、宣威10号机（30万千瓦）、贵阳技改8号机（20万千瓦）共4台128万千瓦，均按计划或提前投产，完成全年计划的50.4%。

在市场营销方面：上半年集团公司累计完成上网电量675.31亿千瓦时，同比增长12.83%；累计平均上网电价为258.19元/千千瓦时；累计售热量为2452. 68万吉焦，同比增长3.96%；累计平均热价为16.05元吉焦，同比提高0.08元/吉焦。截至5月底，集团公司应收电费126.18亿元，实收电费119.14亿元，回收率为94.42%，陈欠电费回收率为39.39%；热费回收率为80.64%，陈欠热费回收率为3.38%。

总的来看，上半年集团公司各方面工作都按照计划稳步推进，为完成全年任务打下了良好基础，公司系统广大干部员工付出了大量心血，在此，我代表集团公司党组，向集团公司广大员工表示亲切的慰问和衷心的感谢！

二、集团公司面临的形势和任务

做好集团公司的各项工作，离不开对国家宏观经济形势和政策以及对国家关于国有企业总体要求的准确把握和判断。认清形势对于我们的改革、发展至关重要。当前，对以下三个方面我们必须有清醒的认识。

（一）煤电油运供应紧张，加大了我们的保电责任

今年上半年我国经济平稳较快增长，国家采取的宏观调控措施收到了明显成效，国内生产总值增长了9.7%，形势继续看好。目前经济运行中最突出的问题是，固定资产投资规模过大，原材料价格上涨幅度过快，煤电油运全面紧张，特别是电力供求矛盾十分

突出。今年的电力迎峰度夏形势与往年相比，一是供需矛盾突出，拉闸限电范围扩大；二是发电机组几乎全部满负荷运行，系统备用容量严重不足，发电设备健康水平下降；三是电煤供应紧张，部分地区干旱少雨，火电缺煤，水电少水，发电企业面临少有的“断粮”局面。

对今年的迎峰度夏和安全生产工作，集团公司党组高度重视，多次召开会议研究部署。集团公司各有关部门、分公司和各电厂加大了工作力度，通过多项措施使集团公司发电机组做到了稳发满发，今年夏季高峰期间的发电量显著增长。仅7月1日至25日，就完成发电量115亿千瓦时，同比多发21亿千瓦时，增长22.3%。燃料方面，尽管今年困难重重，但经过努力工作，集团公司6月底存煤达到245.3万吨，可满足集团公司10天满负荷发电用煤需要，高于其他发电集团的库存水平，进厂煤综合单价同比上涨21.88元/吨，涨幅低于其他发电集团。上半年只有九江和荆门电厂发生过缺煤停机，集团公司缺煤停机台次在五大发电集团中最少。

党中央、国务院十分关心今年的电力供应工作，7月26日至29日胡锦涛总书记在上海考察时，专程到华东电网公司了解情况，要求电力系统克服困难，挖掘潜力，优化调度，确保安全，努力完成好迎峰度夏任务。温家宝总理7月26日专程到国家电力调度中心，听取了电网公司和五大发电公司有关迎峰度夏工作的汇报，他要求认真落实调整电价、差别电价政策；充分挖掘现有电源、电网潜力，提高设备利用率，尽快实施和完善煤电价格联动机制，妥善处理煤炭企业和电力企业的利益关系；按照“公开、公平、公正”的原则，加强优化调度和做好短期电能交易工作；千方百计抓好节约用电；确保电力安全运行；积极改善电力服务。我们要认真落实胡锦涛总书记、温家宝总理的指示精神，继续毫不松懈地认真做好安全生产和当前的迎峰度夏工作。

(二)科学发展观和宏观调控措施，要求集团公司制定出与之相适应的发展战略

科学发展观的思想，是建设有中国特色社会主义实践经验的总结，是“三个代表”重要思想的组成部分。践行科学发展观，要求我们以全新的思维来确定和调整集团公司的发展思路，使规划和部署符合科学发展观的要求。国家今年实施宏观调控措施，要求我们对发展的规划、内容、节奏、布局等进行调整，合理安排开工、投产时序，合理调用资金，规避各类风险。要坚持以人为本，把发展看做是全面、系统、协调的过程，尊重经济规律，尊重社会规律和自然规律；要尊重基本建设程序，保证电源项目在国家宏观调控下开发建设，同时建立起防范风险的控制和约束机制；树立正确的竞争观，把项目的经济效益、市场竞争力等作为衡量项目成功与否的主要标准。这方面今年集团公司已经专门开过会，有些工作要赶在前面，要研究具体措施，特别要十分重视资金问题。当前，集团公司在电源发展方面要处理好四个关系：一是目标与宏观调控的关系；二是尊重程序与适度超前的关系；三是地区布局与企业效益的关系；四是项目投产与送出工程的关系。

(三)只有实现机制创新，才能在激烈竞争中占据主动

电力体制改革使五大发电集团居于竞争地位，由于一些先天因素，目前华能和大唐实力较强，中电投、华电和我们在资产规模、质量等方面处于同一水平。先天不足注定我们不能靠常规思维平稳发展，而要出奇制胜。瞄准先进目标，通过重组改制整体上市，迅速筹集发展资金，实现集团公司跨越式发展，力争在最短的时间里超过竞争对手，就成为我们的必然选择。

由于国有大型企业集团改制本身就是一个新事物，再加上集团公司刚刚成立一年多，资产交接还没有完全结束，对某些资产的产权归属尚有争议，所属企业的产权关系也比较复杂，而改革重组上市也有时间要求。因此，我们要充分认识这项工作的复杂性和艰巨性，通过细致的工作，加快重组步伐，最终按计划实现我们的目标，在竞争中占据主动。

三、对讨论中涉及的几个问题的意见

(一)关于“管理效益年”工作

“管理效益年”活动已经过去半年，效果明显，这次会上一些单位也介绍了有益的作法和经验。下半年要再接再厉，总结前半年的经验教训，及时采取更有力的措施，全面推进，再上台阶，夺取“管理效益年”活动的全面胜利。集团公司将按照活动要求，对“管理效益年”活动进行检查、指导、考核，把活动引向深入。管理效益年，在管理方面不仅要制度到位，还要思想到位、行动到位；在效益方面，就要追求效益的提高和最大化，这两条没到位，管理效益年就不能说到位。我们讲集团公司的“四做”，第一条就是“做实”，“实”就是讲效益，就是实实在在做事。下半年“管理效益年”活动要重点抓好以下四点：

一是夯实管理基础，整合规范电厂的基础管理工作。要对基础管理制度进行深入讨论、修订，形成科学规范、标准统一、具有国电集团特色的发电企业基础管理体系，在试点后向所有发电企业推广。

二要狠抓安全管理，努力建立安全生产长效机制。认真贯彻安全生产各项法规，坚持“安全第一、

预防为主”的方针，实行集团公司安全生产委员会例会制度，落实各级行政一把手第一责任人的责任。

三要继续做好迎峰度夏工作，加强运行管理，确保机组安全稳定运行。严格执行调度命令，共同维护电力系统安全稳定运行。加强设备巡视检查，做好防汛和水库调度工作。努力缩短检修工期，增加可调出力。

四要搞好集约化经营，提高综合营利能力。要优化运行方式，增收节支，提高发电效益。加强燃料管理，增加煤炭库存，确保燃煤质量。关注电煤价格政策，随时掌握价格变化对燃料成本及利润的影响。

（二）关于项目清理与工程管理

发展仍然是集团公司的第一要务。下半年要抓住当前电力供需紧张的时机，在服从国家发展规划和宏观调控的前提下，积极推进电源项目的投资建设和重组并购。首先要把确保今年总资产达到1000亿元，2005年实现可控发电装机容量4000万千瓦作为下半年的工作重点。具体就是，一要组织力量对未来投资项目，尤其是2005年拟开工项目进行内部评估和综合竞争力分析；二是落实基建程序，今年要争取把电源项目尤其是2004年和2005年拟开工项目列入国家电力发展规划，至少列入省级电力发展规划；三是对已经投资的电源前期项目，认真进行风险评价和重新评估，做好项目分级排序工作。

（三）关于集团公司内部“三次重组”

为配合集团公司重组改制、整体上市，党组决定加快推进内部“三次重组”，通过在基层企业、区域和集团公司三个层面的重组，达到优化资产结构，改善财务状况，减少管理幅度，完善“扁平化”管理体系，实现重组上市的目的。这次重组涉及集团公司在五大区域和四个省区45个企业3万多人，重组后将会减少到19个企业。按照这一方案，上半年“三次重组”工作取得了积极进展。下半年，三次重组工作仍要按照党组确定的“因地因企制宜，实事求是，注重实效”的原则，围绕主业、辅业、企业办社会这三条线，全面推进和落实“三项制度”改革和分离企业办社会职能工作。要按照“明确目标，精心组织，稳步推进”的要求和保证安全生产和职工队伍稳定的原则，总体设计，统筹安排，分步实施；先管理重组，后资产重组，效率优先，以效益为核心，以大并小，以新并老，不留存续空壳企业，缩小管理幅度，理顺管理关系，简化和明晰管理体系，优化配置资源；慎重处理改革重组的长远利益和近期风险的矛盾；重点推进区域性检修、运行的专业化，开发电力上下游技术，整合环保产业，充分发挥集团公司的技术、人才和整体优势。对于“三次重组”，我在这里强调一点，重组的目的是减少管理跨度，优化资产结构，这项工作无论上市不上市都需要做，我们要实事求是开展工作，对于批复方案中能做的要加快进度，对于不能做的要创造条件以后再做，总之要予以积极推进。

（四）关于集团公司管理体制

集团公司成立后，确定了“两级法人、分层授权、垂直管理”的“扁平化”管理模式，成立了分支机构，并认真研究明确了分支机构的职能定位和相应授权。如何处理好集团公司、分公司、基层企业三者的关系，是我们应当继续探讨的课题。同时，由于所属企业性质不同，有内部核算单位、控股公司，还有上市公司，因此，如何处理好直接管理和股权管理的关系，也是摆在我们面前的一个现实问题。

集团公司、分公司、基层企业之间的关系是一个新生事物，需要我们在已经确定的职能和授权范围内摸索尝试，然后在一定时间后对不适应的部分进行调整。这是一个动态管理的问题，应当随着管理的深入进行相应的修正。鉴于目前集团公司的工作刚刚起步，希望大家从做好工作的角度出发，本着“宁过勿缺”的原则，互相尊重，加强协调，团结一致把工作做好，同时积极反映暴露出来的问题，认真研究，加以改进。

对于上市公司、控股公司的现代企业制度管理要求与集团公司增强控制力的问题，是一个不容回避的问题。将来集团公司优质资产上市，几乎所有的企业都要成为有限公司，集团公司那种各部门一管到底，大事小事都要集团公司说了算的情况就不能再出现了。现代企业制度是经过实践检验的、最能焕发企业生机与活力的、科学的企业管理制度，我们应当坚定不移地执行。在已经建立现代企业制度的单位，集团公司各部门、各分公司在管理方式上要尊重相应的制度要求，探索通过股权管理方式，通过股东会、董事会、监事会来行使管理权力。这并不是不管，而是要通过合乎法律规定的方法进行科学管理。

（五）关于队伍稳定问题

今年，集团公司推出的举措比较多，主辅分离、三次重组、改革工作等，都会涉及到员工队伍稳定问题。再加上电力体制改革，有的电厂由于各种原因，不愿意划入集团公司，有的单位的同志感到待遇没有提高甚至下降，有些历史遗留问题还没有完全解决，出现了一些不稳定因素。没有稳定就没有改革、发展，我们要高度重视员工队伍稳定工作。各分公司要把稳定工作作为一项重要工作，协助基层企业作好工作。各基层企业要明确第一责任人的责任，作深入细致的思想政治工作，对改革举措进行广泛深入的宣传，作过细的工作，排查不稳定因素，制定工作预案，关心员工生活，及时化解矛盾，确保队伍稳定，为集团公司的改革发展创造良好环境。

四、抓紧推进集团公司的重组改制工作

改制上市是集团公司今年的一项重点工作。在党组的领导下，经过集团公司全体员工积极努力，体改办的同志日夜兼程，上半年改制工作取得了重要进展。但在工作中也发现了如电力体制改革尚未完全到位，一些资产存在产权争议；资本市场增加了一些不利于新股发行的变化等新问题。经过认真分析，慎重研究，党组认为，目前集团公司整体改制一步到位的客观条件尚不具备，决定对上市方案进行适当调整。7月27日党组会原则通过了体改调整方案，这次会后还要专门召开体改领导小组会议进行布置。

（一）体制改革方案调整的原因

第一，由于时间紧迫，必须尽快确定上市范围。据分析，明年上半年香港市场仍将有利于发行，但下半年不容乐观。因此，必须在今年11月份完成股份公司的设立工作。对于一些存在问题的资产，只能暂时留在集团公司，待将来问题解决后再注入股份公司。

第二，集团公司资产的盈利状况尚不能满足整体上市需要。发行H股能否成功，既取决于发行时的市场状况，也取决于股份公司和主要可比电力上市公司的比较情况。如果与可比上市公司的差距过大，将不利于股份公司的估值水平，甚至发行不成功。根据主承销商的预测，华能国际的净资产收益率未来几年将保持在15%以上，大唐电力和华电国际都在12%~13%左右，而集团公司目前平均净资产收益率不到8%，净资产收益率在10%以上的企业数量有限。我们要想缩小差距，获得与这3家公司的比较优势，就必须做好上市方案的设计和上市资产范围的选择，在主要指标上缩小与可比上市公司的差距或超过他们，拓展后续发展空间，力争把发行风险降低到最小。这就可能导致一些由于历史原因或电热价等原因造成的盈利能力暂时不佳的企业，在此次重组改制中无法进入股份公司。

第三，国资委关于国有企业改制的最新指导精神，也客观上要求集团公司相应调整重组改制的方案和步骤。最近国资委有关负责人明确表示，目前企业整体上市还存在诸多问题和障碍，企业整体上市没有大规模推进的可能性。因此，集团公司也要根据国资委对整体上市的这些指导意见，调整上市方案。在确定方案时，要充分考虑到既要通过优质资产进行融资，又要保证集团公司自身的健康发展。

（二）体制改革方案调整的思路

调整后的改革方案思路是，对进入股份公司的资产规模进行调整，把一步走变为分步走，把大步走变为小步走，最终实现“整体上市”。首先，将集团公司条件较好、不存在争议的优质资产注入股份公司，股份公司的净资产收益率要超过10%，这部分资产大概占50%左右。由于资产质量提高，在进入股份公司资产数量较最初方案大幅减少的情况下，募集资金总额仍然保持不变，仍为4亿~6亿美元。然后，在股份公司成功上市、保持良好业绩和发展势头的情况下，经过几次注资，最终将集团公司全部资产注入股份公司，实现整体上市。我们的最终目标仍然是“整体上市”，这是坚定不移的，现在只是在实施步骤上进行了调整。

下半年的体改工作要按照这一方案要求，精心组织，周密安排，全力以赴，确保按期完成。各基层单位要正确对待是否能够进入股份公司的问题，不管是进入股份公司还是留在集团公司，日常的管理工作不能放松，年初党组确定的各项工作目标和任务不能改变，各项工作要继续推进。进入股份公司的企业要在做好日常工作的基础上，根据上市工作要求，积极配合有关部门和中介公司开展工作，绝不能影响上市工作的进程。

五、加强和改进思想作风建设

集团公司组建一年半了，经过上上下下共同努力，公司的改革、发展工作正按照预定的目标有条不紊地进行，可以说总体上是顺利的，我们正在向一个规范的、有实力的国有大型企业集团迈进。大家分别从不同的单位、不同的岗位，聚到国电集团这个新的大家庭中，一头扎进繁忙的工作中，一心为集团公司的创业加班加点，不辞辛劳，做了大量工作。对此，党组是满意的。这一年多来，我们开正式的会议多，布置任务多，和大家谈心少。今天参加会议的都是公司领导、部门负责人、集团公司重要企业和百万大厂的一把手，可以说是集团公司的精英，我想借这个机会和大家谈谈思想作风问题。

思想作风是一个单位、一个领导集体的精神风貌，是做好工作的基础，关系到各项工作甚至是企业的成败。对于我们这样一个新组建单位来说，在领导干部中培养和树立什么样的思想作风、工作作风尤为重要，因为它是关系到集团公司从一开始树立什么风气，打下什么基础的大问题。作风建设有许多方面，在近期至少应当在以下几个方面重点予以加强：

第一，要做到政令畅通，步调一致。再好的宏伟蓝图也需要一笔笔认真描绘，再好的计划也需要按部就班认真执行。如果对于一项已经决定了的大事，仍然还是各有各的理解，就会在政策执行的准确性和及时性上发生偏差。集团公司所制定的方针政策，需要广大干部员工尤其是领导干部的积极参与。在确定之后，要在思想上特别是在行动上保持高度一致，要心

往一处想，劲往一处使，路往一条上走。我们鼓励大家集思广益，畅所欲言，群策群力，出主意想办法，充分发表个人意见，充分酝酿方案的优劣，以使决策更科学。一旦讨论后成为决定，就应当形成一种统一的声音，就应当不折不扣地坚决执行。无论是党组成员、部门主任，还是企业领导、普通员工，都应如此。只有这样，我们在一个统一意志下，大家按照工作分工，各自施展自己的才华，才能不走弯路，才能保证既定目标的顺利实现。我们这样的国有独资企业通常有两个决策机制：一是党组会，一是总经理办公会。党组会是党内民主集中制度的体现，它是少数服从多数，最终形成决议；总经理办公会是行政管理体制，是总经理负责制，是在充分讨论基础上由总经理进行最后决策。由于公司刚组建，我们很多决策是通过党组会决定下来的。这两种决策机制互为补充，形成了一个国有企业完善的决策机制。无论是党组会还是总经理办公会，有一点是共同的，就是都要经过与会同志的充分讨论和发表意见，集思广益，在此基础上形成一个最后的统一决策。因此，我们每个同志都有维护决策严肃性的责任，都要对经过这样的决策程序后所作出的决定，予以严格的认真执行，不能含糊，更不能走样，否则，就形不成统一步调，就不可能实现既定的目标。

第二，要有良好的精神状态。精神状态是工作、学习、生活的一种人生态度的反映，是人生观、价值观的体现，它关系到工作生活质量、事业发展走向和人格品质的塑造。作为领导干部，他的精神状态不仅关系到其本人工作业绩的好坏，而且关系到他所领导的团队的整体工作质量。无论是部门领导还是企业领导，都要有争强好胜、勇创业绩的进取心，有千方百计、积极主动开展工作的敬业心，有大胆工作、勇于创新、敢于负责的事业心，有求真务实、踏踏实实、实事求是、不搞花架子、不做表面文章的责任心，有宽以待人、以德育人、以理服人的包容心。

第三，要有团结协作的精神。俗话讲，团结一致才能争取胜利，团结就是力量。许多企业把“团结”作为企业精神来弘扬，可见团结的重要性。我们集团公司是一个新集体，是一个整体，大家从四面八方、五湖四海聚集到“国电”这个旗下，是工作的需要，也是一种缘分。无论从做好工作的角度说，还是从人与人的关系讲，同志们都要互相支持，团结协作，顾大局，讲全局，守纪律。

第四，要营造适应集团公司发展的人文机制。每个单位都要有一定的工作规则、程序和人文机制。我们是新组建的单位，同志们有来自企业也有来自政府，有来自基层也有来自机关；许多同志进入了新的工作岗位，担任了新的领导职务，大家都面临着一个适应过程，一个调整旧习惯、进入新角色、建立新秩序的过程。这个适应过程越短，对我们的事业和自身就越有利。我们讲“忠诚事业、忠诚集团，爱岗敬业、岗位成才”，包括了集团公司从老总到员工每一个人。我们的人员很精干，应该充分发挥每个人的积极性，做到人尽其才，科学分工，避免人力资源的浪费，避免影响工作，大家团结一致把工作做好。要使每位同志各司其职、各负其责，形成人人心情舒畅的工作氛围。要通过制度建设，促使人人去适应统一的工作规则，不能让工作规则去适应某个人。

第五，要严格要求自己，清正廉洁。加强党风廉政建设，消除腐败，清正廉洁，是我们每会必讲的内容，也是党对每个领导干部的要求。这不是只对别人讲的，不是只用来教育别人的，而是对每个党员领导干部的要求。我们是特大型国有企业，总资产规模超过了800多亿，所属单位近百个，每年各项费用支出、资金来往达到几十个亿甚至更多，这样庞大的企业、这么多的流动资金，说明我们无论是公司领导、部门主任、处级干部甚至普通员工，还是基层企业的各级领导与工作人员，手里都握着相当大的权力，也一定会有许多商人找上门来，会有许多所谓的“发财机会”。面对这种充满诱惑的“机会”，我们的各级领导干部务必要保持清醒的头脑，把持住自己，用好权、用对权，切不可一时糊涂，贪图小利，铸成大错，毁了一生。欲望是无止境的，按理说我们现在的福利待遇已经很好，工资水平在电力系统不能说最高，但与行业外的单位比，我们还是好得多，将来随着集团公司的发展和经济效益的进一步提高，我们的工资水平还会增长，因此，要知足常乐，没有必要在这方面铤而走险。大家一定要好好把握住自己，做到自重、自省、自警、自励，时时提醒自己要清正廉洁，正确行使手中的权力，不能以权谋私，不能贪污受贿。除了自身清正廉洁外，领导干部还要管好自己的队伍和身边的人。否则，出了问题，无论对个人还是对单位，都是一个损失。

同志们，上半年我们已经打下了很好的基础，取得了满意的成绩，下半年的任务更重。让我们再接再厉，埋头苦干，为完成全年的各项任务，努力拼搏，再铸辉煌！

周大兵在集团公司财务工作会议上的讲话（摘要）

（2004年10月28日）

前不久，党中央召开了十六届四中全会，会议通过了《中共中央关于加强党的执政能力建设的决定》。《决定》突出强调，必须坚持把发展作为党执政兴国的第一要务，不断提高驾驭社会主义市场经济的能力，扭住经济建设这个中心不动摇。国有企业改革发展是整个经济体制改革的中心环节，其成功与否，关系到经济建设这个中心的兴衰，关系到能否把发展这个党执政兴国的第一要务真正落到实处。中央企业关系国家安全和国民经济命脉，对于巩固党的执政地位具有重要作用。集团公司作为中央骨干企业，责任重大。因此，我们要率先落实好党的十六届四中全会《决定》精神，为完善社会主义市场经济体制，加强党执政的经济基础，巩固、扩大党的阶级基础和社会基础作出应有的贡献。在新的形势和任务面前，我们必须以发展为第一要务，进一步树立和落实科学发展观，努力把握国有大型企业集团发展的客观规律，着眼于丰富集团公司发展内涵、创新集团公司发展观念、开拓集团公司发展思路、破解集团公司发展难题，以科学发展观引领集团公司做实、做新、做大、做强。要坚持开工建设、前期储备、重组并购并举，使每年平均实现“三个400万”的具体目标扎扎实实地得到落实。确保到2005年可控装机容量达到4000万千瓦、2010年达到6000万千瓦、2020年达到1亿千瓦。进一步强化管理，夯实基础，确保安全，提高效益，提升集团公司的管理水平和盈利能力，以实现集团公司的可持续发展，将集团公司建设成“复合控股型、规模效益型、集团化、市场化、国际化的现代企业集团”。这一战略发展目标的实现是一项艰巨的任务。要确保这些目标的实现，必须有足够的资金支持。经测算，到2010年集团公司的资本金需求约350亿元。能否筹集足够的资本金，是集团公司财务管理迫切需要解决的问题。财务管理是企业管理的重要组成部分，渗透到企业的各个领域、各个环节之中，直接关系到企业的生存与发展，是企业可持续发展的一个关键，是企业管理的核心。因此，我们必须高度重视财务管理在集团公司改革发展中的地位和作用，切实加强对财务工作的领导，不断提高科学理财、依法理财的能力和水平。

下面，我讲四点意见。

一、转变观念，开拓创新，切实提高科学理财的能力

适应集团公司改革发展新形势、新任务的要求，切实提高科学理财的能力，一定要确立科学理财的观念，理顺科学理财的体制，突出科学理财的重点，创新科学理财的方式，实现财务管理的现代化。

1. 树立大财务观念，将财务管理融入企业管理的全过程

信息时代的企业组织结构日益体现出扁平化、网络化的特征，企业内每个部门就如同网络上的“节点”，分工协作，密切配合，在企业利益最大化这一共同目标引导下整合资源，增收节支。“大财务观”是网络经济时代的基本理财观。现代企业的财务管理职能，不仅仅体现在财务部门的资金筹集、资产评估、债务重组、税收策划等方面的工作，而是已经渗透到企业管理的各个方面。企业在项目规划、基建施工、安全生产、科技环保、审计监察以及人力资源配置等方面工作的成果，都与企业效益有关，也都将在财务指标中得到反映。因此，现代企业的财务管理涉及到企业管理的全过程，财务管理已成为企业管理的核心。

要突破传统的成本管理模式，树立大成本观念，逐步建立涵盖设计、基建、融资、生产、营销等全过程的全面成本控制体系。在成本管理中，重点是控制好基建项目造价。基本建设成本的高低将直接影响集团公司今后的盈利水平和市场竞争力。从源头上控制好基建成本，核心问题就是实现基本建设“安全、质量、工期、造价四大控制”目标。在这里，我只强调一下工期问题，财务部门算了一个账，如果一台60万千瓦机组早投产一个月，就可以增加边际利润4800万元。如果考虑到资金的时间价值，利润将会更可观。机组早投产一年，就意味着延长了一年的“经济寿命”。确保工程按期投产，既是抢占市场份额的需要，也是争取合理电价，确保集团公司长远效益的需要。

总之，“大财务观”包括“纵”和“横”两个方面的内容。从“纵”的方面讲，包括设计、基建、融资、生产、营销等全过程。从“横”的方面讲，包括项目规划、基建施工、安全生产、科技环保、审计监察、人力资源以及综合开发等各部门。

2. 完善财务管理体制，推行全面预算管理

集团公司成立后，我们确立了“两级法人、分层授权、垂直管理”的“扁平化”组织结构，实行了“总分公司”与“母子公司”两种形式并存的财务管理模式。集团公司本部是集团公司的利润中心、投融资中心、资本运营中心、预算管理中心和资金管理中心。通过一年多的实践，证明这种管理体制有利于增强集团公司的控制力，也有利于各企业按照现代企业制度，行使法人财产权和经营权。因此，这种财务管理体制要在今后的实践中不断完善。推行全面预算管理，是完善这一体制的有效方式之一。全面预算管理的深度与广度，是衡量一个公司管理成熟程度的标志。在国外，大型跨国公司实现全面预算管理的比例，美国为91%，日本为93%，英国为100%。实行全面预算管理是一项系统工程，不能仅仅依靠财务部门来完成，各部门、各企业都要通力配合并认真执

行。做好预算管理工作还要与集团公司的薪酬激励机制相结合，从机制上促进预算管理的有效执行。

3. 创新财务管理方式，推进财务管理现代化进程

随着信息技术的迅猛发展，经济全球化趋势凸显，企业产权变动频率加快，信息披露透明度增强，外部环境对企业管理的定量化、科学化要求更加迫切。财务管理方式要直面挑战，不断创新，努力实现与国际接轨。创新财务管理方式，一是要实现管理方法的现代化，既要掌握现有的经济、法律和行政等方法，又要掌握系统方法和数学方法，使决策分析模型化、电子化和定量化；二是要实现管理手段的现代化。财务现代化建设的近期目标是，充分利用计算机和互联网技术，按照统一规划、分步实施的原则，争取在三年内实现会计信息的集中核算与管理，建立以预算管理为中心的集团化、网络化、一体化的财务管理信息系统，实现动态理财、电子化理财，最大限度地发挥资本、资金的效益。三是要不断拓展财务管理的广度与深度。改变分散的财务管理，推行集中式财务管理，实现财务管理模式的创新。改变以财务会计为核心的会计核算体系，建立以管理会计为平台的责任会计体系，实现会计功能的创新。

4. 加大资本运作力度，为集团公司发展提供资金保障

能否筹集足够的资本金，是公司财务管理迫切需要解决的问题。我们必须按照市场化、国际化的理财标准，充分利用国内、国际两个资本市场，引进国际资本、国有资本和民间资本，通过上市、合资、并购、转让等多种方式，拓宽融资渠道。做好资金筹集工作，首先是要实现集团公司内部资金的集中管理、实时监控，增强集团公司自我融资功能；二是要充分发挥国电电力和长源电力两个上市公司的筹融资功能；三是通过股权转让、资产出售、资产置换、资产入股等方式，实现资产的流动和重组；四是积极争取财政贴息贷款、企业可转债和企业债券等国家政策性资金投入。当前，要重点做好集团公司改制上市工作，构筑直接融资“平台”。

二、完善制度，防范风险，不断提高依法理财的水平

1. 加强制度建设，完善内控机制

最近，国家审计署对原国家电力公司系统进行了审计，查出了许多问题，我们一些企业也是被审计对象。之所以产生这么多的问题，关键原因就是制度建设薄弱。突出表现为，一是缺乏相应的制度，二是制度执行不到位。市场经济是法制经济，企业各项管理制度一经制定，任何人都要执行。各级领导人员要支持财务人员执行财务制度，切实“当好家，理好财”。按照《会计法》的规定，企业主要负责人要对本企业的会计工作和会计资料的真实性、完整性负责。这个责任非常严肃，非常重大。各级领导人员应该学习财务会计知识，看懂“三张表”，要通过利用会计信息，对本企业的财务状况有所了解，并针对会计信息反映出的问题，采取相应的管理措施。通过制度建设，完善企业内控机制，实现业务流、信息流、资金流、实物流之间的复合控制，实现财权与事权相分离，财务与会计相制约。对于预算内开支，要坚持“一支笔”审批制度；对于预算外开支，要按程序审批。确实做到“凡事有章可循，凡事有人负责，凡事有人检查，凡事有据可依”。

2. 加强会计监督，规范经营行为

在市场经济中，企业经营者的行为必须受到一定的监督约束。会计监督是维持市场秩序、确保依法经营、规范企业行为的基础和保障，一方面对企业经营过程进行监督，降低企业经营风险；另一方面可以对企业负责人进行制度约束，并对其工作业绩做出公正评价，保障企业依法经营和健康发展。在做好会计监督的同时，也要做好审计、纪检监督。另外，还要建立、完善集团公司外派董事、监事财务报告制度。集团公司外派到各类公司的董事、监事人员要提高自身素质，改进工作方法，贯彻落实好集团公司的精神，切实履行好职责。

3. 防范经营风险，维护企业权益

当前，我们面临的经营风险主要有：一是煤价电价政策和市场风险。煤电价格没有实现真正的联动，电价调整滞后于煤价的上涨速度。已出台的电价还没有执行到位。公平合理的电力市场尚未建立起来，不公平的竞争依然存在，在电源建设和电量份额的争取方面，发电公司还属“弱势群体”。二是阶段性资金短缺风险。今后的三年将是集团公司快速发展的三年，也是资金需求最集中的三年。2008 年以后随着目前在建机组的陆续投产发电，资金压力将会有所缓解。三是担保风险。目前，集团公司系统个别企业已经发生过在原国家电力公司时期因担保而造成损失的事件，教训是深刻的。担保风险主要来自于基层企业原来的对外担保，集团公司对此要认真加以清理和规范。要严格对外投资、贷款担保的审批程序。要比照处理生产事故的“四不放过”原则，对重大经济事故进行处理。

在防范经营风险、依法经营的同时，也要学会依法保护自己的合法权益，维护企业的利益和形象。在市场经济完善的过程中，我们在排污费、水资源费的缴纳，在土地使用权、资产所有权的界定，在电价、煤价的商定等方面，面临着与多个利益主体相冲突的

局面，要学会依法办事、依法维权。

三、强化管理，降本增效，确保完成今年的利润目标

1. 加强资金管理，盘活存量资产

资金流量是否充足，是衡量一个企业能否持续发展的重要标志。国外许多大企业之所以破产，并不是因为它没有利润，而是由于它没有足够的资金流量。目前集团公司正处于快速发展时期，资金需求量大。资金流量对集团公司的发展至为重要。

首先，要加强电费回收工作，将纸上的利润变为集团公司可以使用的“真金白银”。集团公司下达的“当年电费结零、陈欠回收20%”的任务要坚决完成。各企业欠缴集团公司的折旧资金和投资收益要按期足额上缴，要按照“收支两条线”的原则，将资金归集到资金结算中心。

其次，要做好贷款管理工作，降低融资成本。目前集团公司系统对外借款440亿元，偿债压力巨大，一年支付给银行的贷款利息高达22亿元，比我们的利润还高。我们要积极与银行沟通，调整借款结构，缓解资金压力。要健全新建项目公司的法人治理结构，已批准的基建项目尽快成立项目公司，由项目公司直接融资，集团公司按股权比例进行担保，规避集团公司的经营风险。在保证集团公司控制力的前提下，合理设计新建项目控股比例，节约资本金支出。

第三，积极开展资本运营，放大存量资产控制力。要以存量资产带动增量资产的发展，以增量资产促进存量资产的盘活。一方面，要结合公司发展和资产重组工作，将存量资产以资本金方式注入新建的公司。另一方面，要通过转让部分参、控股发电公司股权，盘活存量资产获取资本金。

2. 合理控制成本，努力增加收入

加强成本管理是企业管理永恒的主题。在成本控制范围方面，不存在无法控制的成本，任何成本项目都应在控制之内。在成本控制手段上，在继续加强科技降损、管理降耗的同时，要探索从体制上降低运营成本的新路子。在燃料成本控制上，要积极开展煤电联营工作，掌握煤炭资源。利用区域煤炭优势，建设坑口电站，实现煤电联营。同时，要争取地方税收优惠政策，减少费用开支。

集团公司家大业大，小指标的微小改变，都将对集团公司的利润产生巨大影响。在成本控制“切入点”选择上，要加强对煤耗、厂用电率、标煤单价等小指标的管理，把我们的管理工作做细。集团公司全年发电量约1500亿千瓦时，如果发电煤耗每下降一克，可以节约标准煤15万吨，节约成本4300万元。如果我们的厂用电率能降低0.5个百分点，全集团可以增加售电量7.5亿千瓦时，增加利润1.6亿元。如果我们的标煤单价能降低一元，全集团就将增加利润5000万元。如果集团公司的售电单位成本每下降一厘，就将增加毛利1.5亿元。我们集团的利润就体现在这一克煤、一度电、一厘钱里面。抓管理就要抓住关键点做工作，抓看得见摸得着的地方，定出标准，按标准去做。

成本与收入，对于企业效益如同“鸟之双翼，车之两轮”，不可偏颇。既要做好成本方面的“节流”，也要做好收入方面的“开源”工作，特别是电热价政策工作。首先，要减少热力亏损。目前集团公司大部分热电厂，热力产品都亏损，去年一年热力亏损高达2.7亿元。由于热力价格的调整涉及千家万户，难度很大，还需做大量的艰苦工作。其次，要跟踪“煤电联动”政策，继续争取合理的电价。今年，在电价工作方面我们取得了一定成绩，但是也要看到，在电价政策出台后，煤炭价格又大幅度攀升了，部分地区还存在着，已出台的电价政策执行不到位的问题，这方面还有很多工作要做。

3. 坚定必胜信心，完成今年利润目标

党组根据集团公司改革发展的实际，确定了今年利润目标，并与各企业签订了经营目标责任书。经营目标责任书所包含的考核指标中，难度最大的就是利润指标。之所以要强调利润指标，是因为利润指标具有综合性，能完整地体现出企业的经济价值和社会价值，可以反映出一个企业生产经营水平和资本运营水平的高低。利润指标还具有权威性，是国家衡量集团公司资产保值增值的重要标准。

各企业利润目标的完成情况，直接影响到集团公司整体利润目标的实现，也可以反映出各企业对集团公司贡献和各级领导班子的整体能力。企业亏损的原因多种多样，但盈利和减亏的企业总有一条是相同的，就是领导班子团结，班子成员有事业心、有责任心。我们对企业领导人员的评价，是看他想不想干事、能不能干事，更关键的是看他能不能干成事。因此，资产经营责任制完成情况将作为集团公司对各级领导人员考核的重要依据。对于长期不盈利的企业，集团公司将加大各方面的治理力度，并进行资产结构调整和组织调整。

经过集团公司上下的共同努力，“管理效益年”已初见成效，明年我们还要继续搞，而且要大见成效。明年的“管理效益年”要以财务管理为中心，进一步控制成本，提高效益。关于2005年利润预算目标，庆奎同志将会具体布置。需要强调的是，明年集团公司的利润要比今年增长20%到30%。财务部要按照这个目标将利润指标分解下去。

四、以人为本，提高素质，切实加强财会队伍建设

实现集团公司的战略目标，完成各项经营预算，推行科学理财的理念，归根结底要依靠人来完成。市场竞争就是人才的竞争。坚持以人为本，建设一支政治合格、业务精通、结构合理的财会队伍，是当前集团公司的一项迫切任务。

1. 加快财会队伍建设步伐

从适应日益激烈的市场竞争形势和满足集团公司发展的需要来衡量，目前集团公司财务队伍的整体素质还存在一定的差距，一是总会计师队伍有待充实；二是缺少熟悉市场经济规则、具有较强资本运营能力、能够独挡一面的高级财务人才；三是严重缺少能够解决会计信息化建设、具备国际金融和国际会计知识，并能熟练使用外语的复合型人才。随着集团公司的上市、外资的进入，会计信息日益透明，财务人员的素质面临着巨大的挑战，高级财会人才短缺的矛盾也将会更加突出。要在集团公司系统内形成尊重知识、尊重人才、促进优秀财务人才脱颖而出的良好风气和选拔机制，做好财务骨干的培养、选拔、引进、使用与储备工作。

2. 切实提高财会人员从业素质

"经济越发展,会计越重要"。在与国际会计惯例逐渐接轨的过程中,新情况、新问题将不断出现,财务人员要不断地加强业务知识和思想政治学习,树立正确的世界观、人生观和价值观 。要培养诚信意识,依法理财。财务制度无论多么完善,都需要人来执行。财务人员要恪守职业道德,自我约束,不钻法律法规的空子。前段时间,美国的"安然"事件和国内的"银广夏"事件,都是由于企业缺乏诚信意识,会计信息弄虚作假,才出现了财务危机,直至破产。集团公司重组改制上市后,我们的会计信息必将面对全球范围内的投资人和潜在投资者,市场的监管将更为严格,企业的诚信度如何,对集团公司今后的发展尤为重要。财务人员要敢于坚持原则,敢讲真话。必须本着实事求是的原则,真账真算,坚决杜绝弄虚作假。效益是干出来的,不是靠造假做出来的。各级领导人员要树立正确的业绩观,对弄虚作假,骗取荣誉,以及设立"小金库"的企业和个人,要进行严肃处理。

3. 认真做好总会计师配备工作

根据《会计法》和《总会计师条例》的有关规定，下一步各企业的一项主要工作是做好总会计师的选择、推荐和配备工作。集团公司尚未配备总会计师的企业，要积极创造条件，争取在两年内配齐总会计师，今年就着手启动这项工作。已经配备总会计师的企业，要认真贯彻《总会计师条例》，使总会计师有责有权，全面参与企业的重大决策。同时，总会计师也要加强自身素质建设，适应集团公司改革与发展的需要。

同志们，今年是国资委对集团公司实行绩效考核的第一年，也是集团公司改制上市的基础年，能否完成今年的各项目标，对集团公司的改革与发展至关重要。再过60多天，2004年就将结束，各企业、各部门要抓好各项工作的"收口"，巩固前段时间取得的成绩，全面完成各项任务。"改革无穷期，创新无止境"。集团公司的改革与发展任重道远，希望同志们继续发扬坚韧不拔的敬业精神，树立科学理财观，恪尽职守，励精图治，为实现集团公司"做实、做新、做大、做强"做出更大的贡献！

强化管理 深化改革 科学发展 努力提高中国国电集团公司整体实力

——周大兵在集团公司工作座谈会上的讲话（摘要）

（2004年12月28日）

一、2004年工作简要总结

主要经济指标完成情况：

生产指标：一年来，集团公司系统安全生产形势平稳，没有发生重大及以上人身和设备事故，没有发生影响电网安全稳定的设备事故（集团公司管辖的68家发电企业，61家未发生事故，占90%）。全年集团公司直属、全资、控股企业预计完成发电量1585亿千瓦时，同比增长15.6%；预计完成上网电量1468亿千瓦时，同比增长15.7%；预计供电煤耗完成366.5克/千瓦时，同比下降4.8克/千瓦时；机组平均利用小时为6000小时，同比增加300小时。

经营指标：截至11月底，集团公司实现产品销售收入203.5亿元，同比增加74.6亿元，增幅32.6%；主营业务成本262.29亿元，同比增加61.41亿元，增幅30.6%。预计集团公司全年可完成利润总额18.6亿元。

工程建设情况：集团公司控股续建和新开工项目1~11月份累计投资完成128.79亿元，累计资金到位153.34亿元；自开工累计完成投资303.98亿元，自开工累计资金到位338.97亿元。1~11月份集团公司共计投产发电装机容量226万千瓦。

资产状况：截至11月末，集团公司资产总额956

亿元，同比增加197.6亿元，增长26%；所有者权益245.8亿元，同比增加26.5亿元。

2004年，集团公司主要开展了如下几个方面的重点工作：

（一）深入开展“管理效益年”活动，安全生产基础更加牢固，经济效益显著提高

今年全公司按照“抓基层，打基础，办实事，求实效”的要求，开展了“管理效益年”活动，努力夯实管理基础，确保安全生产，提高经济效益。集团公司上下按照《“管理效益年”活动实施方案》和预算方案，围绕资产经营考核指标，加大工作力度，实行对标管理，按月公布各分公司、各发电企业各项指标完成情况；各分公司和发电企业坚决执行预算安排，深入挖潜增效，制定实施细则并认真落实，以确保实现利润目标。加强企业基础管理，完成了基础管理课题研究工作，制定了火电、水电企业管理标准，促进了企业基础管理科学化、规范化、制度化。建立安全评价体系，开展春、秋季安全大检查和“安全生产月”活动，公司系统各单位的安全生产长效机制初步建立，安全生产的基础性工作更加牢固。各单位合理安排设备检修工期，严格遵守调度命令，在迎峰度夏的关键时期，实现设备稳发满发，为满足国民经济发展和人民生活的用电需求做出了重要贡献。

燃料供应方面尽管今年遇到了很大困难，但集团公司燃料工作系统积极工作，想方设法解决燃“煤”之急，控制燃料成本，进一步理顺燃料管理体制，建立了价格、质量审批管理制度，不仅使得今年集团公司燃料供应得到保证，而且价格水平居于五大集团最低。同时，发挥集团规模优势，开展煤电联营，与内蒙古、山西等资源大省结成了战略联盟；组建了上海国电海运有限公司，拓宽了煤炭运输渠道。

按照“资金集中管理、收支两条线、统贷统还”的管理模式，集团公司资金管理进一步加强，全年直接管理的信贷资产52.9亿元；间接管理贷款516亿元；通过优化重组贷款结构，节约财务费用1.073亿元。

针对国家提高环保排污收费标准的情况，集团公司加强了对排污收费缴纳情况的预测和分析，全年争取环保补助专项资金1.56亿元，超过了年度上缴额的40%，实施了13项环保技改项目。

经过各部门、分公司和各单位的共同努力，预计今年集团公司可以全面完成国资委下达的四项资产经营考核指标，利润总额可比国资委下达的考核指标增长24%，净资产收益、流动资产周转率也得到进一步优化。

（二）坚决贯彻国家宏观调控政策，调整电源发展规划和项目前期工作

今年国家实施宏观调控，集团公司积极响应国家要求，树立和落实科学发展观，通过开展投资项目清理，加强项目前期工作的风险控制，开展项目优化和综合竞争力排序，调整中长期发展战略和规划，确保了集团公司系统电源发展规范有序、风险在控。目前在建电源项目中已批复可研报告和项目建议书共20项1440万千瓦，2004年当年批复11项共1110万千瓦，其中瀑布沟、宣威六期等5个项目按照核准制要求可以开工建设。通过对吉林龙华公司等项目重组并购，增加可控发电装机容量210万千瓦，为集团公司2004年实现三个400万千瓦起了重要作用。今年集团公司还首开直接融资先河，抓住时机成功发行了40亿元债券，为集团公司发展筹集了宝贵资金。

（三）积极稳妥开展重组改制工作，企业内部改革稳步推进

1. 整体改制工作取得阶段性成果，企业内部改革不断深化

今年，集团公司党组决定启动重组改制上市工作，经过艰苦努力，于4月中旬向国资委上报了重组改制方案，得到了国资委的全力支持。考虑到资产交接现状、存在的产权纠纷问题以及大多数发电资产净资产收益率低等实际情况，党组于今年年中工作座谈会上进一步提出，对进入股份公司的资产规模进行调整，把一步走变为分步走，先选取16家发电企业和7家在建单位进入股份公司，最终实现“整体上市”，此举得到了国资委领导和主要职能部门的支持。10月中旬，国资委向国务院上报了《关于中国国电集团公司重组改制设立股份有限公司并到海外上市的请示》。

在开展整体改制工作的同时，按照建立现代企业制度的要求，今年集团公司在理顺管理体制，建立科学高效的经营机制方面进行了“三项制度”改革和“三次重组”等内部改革。按照“总体设计、分步实施、先试点、后推开”的原则，在九江电厂等5家企业开展了深化劳动、人事、收入分配三项制度改革的试点工作。在取得阶段性成果的基础上，决定在北仑等16家企业进行扩大试点。

为满足集团公司上市需要和提高现有资产运作效率，集团公司加快了内部“三次重组”工作，重组涉及五大区域和四个省（区），共计45个所属企业，职工约3.2万人。各有关单位按照“严格保密，做好工作，维护稳定，逐步推进”的要求，严密组织，稳步推进。目前，企业重组基本完成的有17个企业；已做好准备工作，正等待集团公司有关工作结果的涉及7个企业；已初步确定实施方案，正在积极落实的有12个企业；进展基本正常，正研究具体实施方案的涉及7个企业；按照集团公司党组要求暂不重组的有2个企业。

按照精干壮大主业、放开搞活辅业、培育发展核心竞争力的改革思路，制定了《集团公司主辅分离、辅业改制指导意见》，确定了主辅界面的划分，主辅分离、辅业改制实施方案。

2. 瀑布沟移民事件对集团公司整体改制造成重要影响

正当集团公司上下积极准备上市的时候，10月底发生了瀑布沟水电站工地大量移民聚集事件，致使瀑布沟工程全面停工。集团公司坚决执行党中央、国务院的决定，讲政治、顾大局、保稳定，配合地方政府在事态平息过程中做了大量工作。中央工作组和有关部门多次表示，集团公司在这次事件中没有责任，并对国电集团和大渡河公司在这次事件中所做的一系列工作给予了充分肯定，认为国电集团和大渡河公司组织有力，措施得当，尽量避免了正面冲突，对防止事件进一步扩大和平息事件起到了积极作用。

应该看到，瀑布沟事件对于国家来说只是一个局部地区的偶然事件，但对国电集团公司各方面工作的影响是广泛和深远的。在集团公司重组改制上市方案中包括了大渡河公司，其资产和效益在股份公司中占有较大比例，对股份公司的合规性影响重大。瀑布沟事件对重组改制工作的影响表现在，一是影响国务院及国资委对方案的批复，何时批复和上市有待瀑布沟事件解决后再行办理。二是引起各中介机构和香港联交所的关注，影响其对拟上市股份公司的认识，在没有处理结果时难以对外正式披露。三是影响股份公司的效益。因此，经请求上级有关部门，党组决定，暂缓H股上市，是适时的、正确的。但是一年来为重组改制所做的大量工作仍然是我们下一步推进改革的基础。待瀑布沟工程恢复施工，仍将继续启动重组改制工作。

3. 整体改制工作在准备上市的过程中，起到了摸清家底、完善管理、规范运作的效果

改革重组工作对集团公司各方面工作已经产生了深刻影响，取得了一些其他方面的效果。一是统一了思想，形成了合力，使集团公司系统各单位和广大员工对改革达成了高度共识；二是通过尽职调查，掌握了各电厂2004年预算执行情况、多经企业和第三产业的情况，达到了摸清家底，规范企业经营行为的目的；三是促进了资产接收和清产核资，集团公司在中央企业中第一个完成了清产核资工作，完成了全国26个省市的资产接收工作，明晰了产权关系，夯实了财务管理基础；四是通过规范小机组关停、新项目审批、排污费缴纳、关联交易、房产证和土地证的办理等各方面工作，增强了依法治企的意识；五是各级领导和广大员工观念转变，对境外资本市场的认识进一步加深，市场意识、竞争意识和效益意识不断增强；六是培养了一批了解国际资本市场运作、了解电力生产经营、具有良好协调能力和组织能力的干部。

（四）开展有效的市场营销，集团公司的市场竞争力不断提高

一年来，集团公司以完善市场营销体系，提高整体运作效率为目标，以提高电价水平、改善电价结构、提高发电量为重点，突出抓好电力市场营销工作。积极落实有关电价政策，落实了去年底国家发改委批复的内部核算电厂的电价。这次调整电价还解决了甘肃靖远、兰州二热等7家电厂的电价，每年可增收2.6亿元。加强电力市场建设，积极参与大用户直供电工作，公司所属吉林热电厂率先成为全国第一家试点电厂。通过各种渠道争取调整热价，取得了较好的效果，集团公司14家热电厂中，有6家电厂的热价在年内先后得到提高。做好电热费回收工作，集团公司今年电费回收率达到95%，比去年提高2个百分点；陈欠电费回收率达到50%，比去年提高10个百分点。

（五）加强工程建设管理，确保工程顺利推进

按照年初确定的“保投产、抓在建、促开工、重管理、创效益”的工作思路，集团公司加大在建工程设备供货的协调力度，加强对工程的组织、指导和协调，确保工程按计划推进。严格控制设计标准，积极开展设计优化；加强招标管理，降低采购价格；严格合同管理；严格控制和考核，工程造价基本受控。在集团公司和各单位的共同努力下，基本完成了今年的工程建设任务，全年新投产226万千瓦，具体项目为：上海外高桥二期1、2号机90万千瓦（按180万千瓦的一半容量计算），宁夏石嘴山扩建4号机33万千瓦，云南宣威六期10号机30万千瓦，贵州贵阳技改8号机20万千，江苏谏壁技改2号机33万千瓦，青山油改煤20万千瓦。在抓好工程建设日常管理工作的同时，重视加强制度建设，初步确立了集团公司基建管理制度的三级结构体系，在计划推出的95个管理制度中目前已经正式颁发或制定76个。开展了集团公司新建火电厂形象设计方案竞赛活动，树立了国电集团的良好企业形象。

物资工作卓有成效，在当前设备制造和供应紧张的情况下，通过艰苦努力，完成了总额为155.6亿元的主机、辅机和“四大管道”采购合同的签约工作；通过严格的招投标管理，降低了采购成本，保证了合同严格履约，保障了集团公司电源建设工程顺利进行。

（六）思想政治工作和党风廉政建设扎实开展，人才强企战略初见成效

2004年，通过进一步落实党组中心组学习制度、民主生活会制度、党风廉政精神文明建设责任制度，

深入开展“为发展作贡献，为党旗增光辉”主题活动、保持共产党员先进性教育活动准备工作和管理效益年活动的宣传舆论工作，促进了集团公司系统的精神文明、企业文化、党建思想政治工作制度的建设，以及工会和共青团工作的全面协调发展。

通过组织培训、教育、宣传，公司系统党风廉政“大宣教”机制不断完善，党风廉政建设责任制得到全面落实，效能监察工作取得新的成效，违法违纪案件查处力度进一步加大。按照国家审计署的要求，对审计出的在原国家电力公司期间有关单位涉及到的问题全面进行了纠正处理。

为吸引和留住人才，打造集团公司核心人才队伍，集团公司全面启动了“168 人才工程”，评选出了首批“168 人才”。进一步加强领导班子建设，在制定并实施企业领导人员队伍建设纲要等 11 项制度的基础上，组织起草了《公开招聘企业领导人员工作的暂行规定》和《实施意见》。通过对部分单位领导班子进行考察、考核，调整任免干部 464 人次、推荐董事监事 139 人次，初步建立了一支朝气蓬勃、奋发有为的领导干部队伍。

二、2005 年工作的主要思路

以邓小平理论和“三个代表”重要思想为指导，认真贯彻十六届三中、四中全会和中央经济工作会议精神，以树立和落实科学发展观统揽集团公司全局工作。加强结构调整和项目优化，努力实现发展目标；深化企业改革，转换经营机制，建立现代企业制度；加强内部管理，提高经济效益；坚持“三个文明”一起抓，保证改革、发展、稳定工作的正确方向，为提高集团公司整体实力努力奋斗。

2005 年的重点工作，概括起来就是，坚持一个中心(以加快集团公司的科学发展为中心)，深化两项活动(开展“强化管理，提高效益”活动和党员先进性教育活动)，推进三方面改革(“三项制度改革”、整体改制及三次重组、主辅分离辅业改制)，建设“四好班子”(加强队伍建设，创建“政治素质好、经营业绩好、团结协作好、作风形象好”的“四好班子”)。

(一) 深入推进“强化管理，提高效益”活动

今年集团公司系统通过开展“管理效益年”活动，在电煤供应严重紧缺的情况下，取得了很大成绩。明年煤炭产量虽然可增长一亿吨，但仅新增发电机组用煤就达到 8000 万吨，电煤供应仍很紧张，加之煤炭价格大幅度上涨，集团公司燃料成本剧增，集团公司仍将面临巨大的经营压力。面对严峻的经营形势，我们必须清醒地认识到，2005 年经营指标完成得如何，关系到能否实现国有资产的保值增值，关系到能否为集团公司电源项目发展提供有力的资金支持，关系到能否继续推进整体改制工作。在今年的财务工作会议上我们提出明年利润指标在今年的基础上提高 20%，要实现这一目标，就必须进一步挖掘潜力，提高经济效益。2005 年，我们要继续深化“强化管理，提高效益”活动，以开展创建集团公司“星级电厂”活动为载体，贯彻即将下发试行的《发电企业基础管理标准》，努力提高管理的科学化、标准化、现代化水平。要重点加强以下四个方面的工作：

第一，在微观方面要加强对标管理，通过加强技术经济指标管理，降低成本，提高效益。安全生产部、财务产权部要抓紧制订发电企业对标管理标准，按国际先进、全国领先、集团公司先进、区域先进和企业基本达标五个水平层次对发电企业的各项指标进行考核。各单位要对照先进技术经济指标，找准差距，抓紧制定相关办法，把“强化管理，提高效益”的工作力度和工作措施分解落实到每个指标上，并与企业员工的业绩考核挂钩。

第二，在宏观方面要以财务管理为中心，努力实现利润增长目标。要以预算管理为龙头，以资产经营考核为手段，以成本控制为重点，以资本运营为纽带，努力实现效益最大化。要充分发挥财务公司在资金内部调剂和集中融资的作用，严格执行“资金集中管理、收支两条线”制度，通过积极有效的资本运作，用较少的钱办更大的事。要注重发挥市场营销功能，加强电（热）价、电费、电量管理，落实购售电合同，积极参与市场竞争，开展大用户直供试点，努力提高公司系统的销售收入和市场占有率。完善集团公司物资、燃料管理体制，做好基建设备招投标和燃料供应工作，努力降低基建和生产成本。通过结构调整和加大科技投入，从根本上提高环境治理水平。

第三，加强投入产出分析，提高风险管理水平。要充分发挥投资委员会、预算委员会在投资管理、风险管理、项目决策和经济活动分析等方面的主导作用，加强对新建和并购项目的经济性分析，加强对预算和投融资风险的防范。各单位在确保利润增长的同时，要密切关注资产负债率、应收账款周转率等财务指标的变化，优化借款方案，控制借款规模，加速资金周转，有效降低负债率，减少经营风险。

第四，牢固树立勤俭办企业的观念，集中更多的资金用于集团公司的发展。集团公司本部机关要努力提高工作效率，降低管理成本；各基层单位要坚决压减非生产性开支。大家要明确这样一个思想，至少在最近几年内，集团公司资金使用的重点是雪中送炭，而不是锦上添花。凡是与加快集团公司发展、提高生产力、提高效率和效益没有直接关系的投资能缓则缓，不能片面追求没有效益的一些气派和形式主义的东西。

(二) 一如既往地抓好安全生产

安全生产工作必须长抓常新，务求实效。2005 年要把建立长效机制作为重点，在强化意识、夯实基础、落实责任、超前工作上下功夫，坚决杜绝人身死亡事故和恶性设备事故，努力建设本质安全性企业。一是认真贯彻《安全生产法》，坚持“安全第一，预防为主”的方针，认真开展安全质量标准化工作，落实各级各类人员的安全生产责任制，特别要强化现场工作负责人的安全意识，做到安全生产。二是落实集团公司的各项安全生产管理制度和《重大事故预防措施》，杜绝汽轮机大轴弯曲、发电机烧损等恶性事故。三是坚持做好安全性评价工作，在 3～5 年内完成对公司系统所有发电企业第一轮安全性评价工作，建立安全性评价的查评、整改、考核闭环管理机制，实现系统无缺陷、管理无漏洞、设备无故障。四是做好防洪、防汛和大坝安全工作，确保不垮坝、不漫坝、不水淹厂房。五要加强运行管理，提高经济运行水平；加强设备管理，提高设备可靠性、经济性和自动化水平。

（三）按科学发展观的要求做好项目前期和电源建设工作

前不久，国务院出台了国发［2004］32 号文件，要求认真开展项目清理，控制电站项目无序建设的局面，促进电力工业的健康有序发展。集团公司作为国有大型企业，要坚决执行国务院文件精神，做好项目清理工作。同时，也要注意不要因为清理整顿工作而把该发展的项目停下来。应该看到，我们确定的每年“三个 400 万千瓦”，明年达到 4000 万千瓦，2010 年达到 6000 万千瓦，2020 年达到 1 亿千瓦的目标不是超常规的无序发展，即使这些目标如期实现，集团公司届时在全国发电市场的份额也只有 10%左右。

2005 年集团公司发展工作的重点是调整内部结构、优化电源项目、转变增长方式、促进可持续发展。要把工作重点从积极寻找、争取新电源项目转变到优化电源项目、平衡区域布局上，提高集团公司在区域电力市场中的竞争力。从积极开展拟开工电源项目工程现场各项工作转变到同时落实各项建设条件、尽快使这些项目纳入规划、获得核准并对项目进行审慎评估上，发扬“三千”精神，做实、做深、做好、做快前期工作；从依靠新扩建项目扩大规模转变到新扩建项目和资产重组并购并重上，实现规模扩张和跨越式发展。要积极研究并拓展融资新途径，综合安排短期贷款、中长期贷款、发行企业债券的比例，控制融资成本。

工程建设要继续解放思想，开拓创新，落实各级责任制，建立健全竞争、激励、约束、监督机制；充分调动各方面积极性，切实发挥和利用各种资源；进一步加强规范管理，逐步构建符合集团公司实际的工程建设管理体制；落实“四项控制”目标，树立“品牌项目”，确保完成全年计划投产 23 台共 454 万千瓦装机容量，切实抓好明年计划开工项目条件的落实。

（四）坚定不移地推进各项改革

在中央经济工作会议上，中央领导同志强调指出，深化国有企业改革仍然是经济体制改革的中心环节，是明年经济工作特别是经济体制改革的一个重点。中央企业负责人会议强调，要增强深化企业改革的紧迫感和责任感，不失时机地加快推进改革，力争在投资主体多元化和完善公司治理结构等重要方面取得新的突破，进一步消除影响和制约中央企业快速高效发展的体制机制障碍。中央关于深化国有企业改革的精神使我们对继续深化集团公司各项改革坚定了信心和决心。

整体改制、海外上市是集团公司重大改革战略，符合中央精神和集团公司实际，不管遇到什么困难，集团公司建立现代企业制度的方向不会变，建立规范的法人治理结构，完善管理体制和经营机制的工作不会停。

要继续深化企业内部改革，积极推进北仑等 16 家企业“三项制度”改革扩大试点工作。引入竞争机制，建立健全岗位动态管理制度，对外采用聘任制，对内实行竞争上岗。打破分配上的大锅饭，对各企业全面推行“两挂五考核”，全面推行绩效工资制度，合理拉开收入差距，在经营业绩好的较大的电厂推行年薪制改革。全面实施“人才强企”战略，加大各类人员的教育培训力度。建立分类考核评价体系，完善目标责任制考核办法，全面推行绩效管理。要在“三改”的基础上，合理划分主业与辅业的界限，妥善分流安置富余人员，全面开展“主辅分离、辅业改制”工作。要继续积极稳妥地推进“三次重组”，进一步优化资产结构，改善财务状况，减少管理跨度。充分发挥集团公司的规模优势，积极探索成立区域运行、检修等专业化公司。开展盘活空壳、退役电厂有效资产工作。

（五）加强思想政治工作和党风廉政建设

集团公司作为中央企业 53 家试点单位之一，将于 2005 年元月全面开展“保持共产党员先进性教育”工作。要按照动员、检查、整改三个环节，加强组织领导，落实工作责任，做到“六个坚持、六个达到”，着力解决好在部分党员干部中存在的工作能力不强、工作作风漂浮、理论水平低下、反腐倡廉思想防线脆弱的问题和基层组织凝聚力、战斗力不强的问题，最终达到提高党员素质、加强基层组织、服务人民群众、促进各项工作的目的。

要按照中央企业负责人会议的要求，进一步强化领导班子能力建设，创建“四好班子”。坚持把树立和落实科学发展观与正确业绩观统一起来，坚持集体领导和个人分工相结合的原则，围绕集团公司各个时期的工作中心，切实转变作风，不断增强班子的创造力、凝聚力和战斗力，努力把各级领导班子建设成为“政治素质好、经营业绩好、团结协作好、作风形象好”的“四好班子”。

要坚持审计监督与纪检监察并举，完善党风廉政建设和反腐败惩治、预防体系。要按照“两个条例”的要求，在集团公司系统内建立结构合理、配置科学、程序严密、制约有效的权力运行机制，加强监督，不断完善反腐倡廉“四大体系”；进一步完善反腐败的领导体制和工作机制，落实党风廉政和精神文明建设责任制，坚持和完善领导干部民主生活会制度，特别要加强工程建设、招投标和物资采购等重点环节的反腐败制度建设和廉政教育，形成防止和惩治腐败的合力，提高拒腐防变和抵御风险的能力。

最后，我再强调一下加强集团公司本部机关作风建设问题。本部是集团公司的战略决策和指挥中心，本部员工的工作作风、工作效率和工作水平对公司系统具有很强的示范和带动作用。本部各部门更要恪守“忠诚事业、忠诚集团、爱岗敬业、岗位成才”的价值观，努力争做学习型、管理型、服务型、效能型、廉洁型员工的模范，不仅要在业务上做基层的表率，而是要同时在政治上也要做好表率。要主动热情为基层做好服务，加强正式渠道的信息沟通，严格工作程序和纪律，确保集团公司各项工作政令畅通，令行禁止。

同志们，2005年是中国国电集团公司实现快速发展的关键一年，希望这次会议在充分学习领会中央精神的基础上，结合集团公司的实际，确定出明年集团公司工作的思路、重点和策略，形成明年二月中下旬召开的集团公司2005年工作会议的主基调。让我们进一步统一思想、坚定信心、凝聚力量、奋发图强、顽强拼搏，努力做好公司的改革、发展、稳定各项工作，为集团公司的持续、快速、健康发展，为国有资产的保值增值，为国民经济发展和人民生活水平提高做出更大的贡献。

坚持规模与效益并重
全面做好计划发展工作

——朱永芃在集团公司2004年计划发展工作会议上的报告（摘要）

（2004年5月17日）

一、集团公司成立以来计划发展工作的回顾

集团公司开局之年，计划发展工作在全力争取电源前期资源、积极开展资产重组并购、大胆探索投融资新路以及在综合计划管理，建立健全计划管理工作制度等各方面取得了较好的成绩。

1. 抢抓机遇，积极推进电源项目前期工作

集团公司作为国家的主要专业发电集团之一，在成立伊始就针对资产划分中存在的后续项目严重不足问题，高度重视发展工作。周总等主要领导多次带队踏勘项目现场，与国家有关部门和有关省市领导洽谈电源项目投资开发事宜，各部门也是协同作战，与各分公司、项目单位密切配合，在各地积极抓好前期项目争取工作，抢抓机遇，签订了一批投资意向书和投资协议书。集团公司对国家先后划分的部分电源前期项目也十分重视，在文件下发后立即组成接收小组进行落实，克服非典影响等各种困难，及时与有关各省电网公司签订了前期项目划转协议。经过一年多时间工作，我们取得了一批具有较好投资价值的开发资源。包括结转的在建项目在内，经国务院常务会议同意、国家发改委批准开工的有瀑布沟水电站等5个项目，常州、濮阳等10个项目的项目建议书，四川南桠河等8个项目的可行性研究报告。集团公司今年在全国16个省市的范围内在建和准备前期动工的项目达到33个，其中，2003年结转项目18个共1156万千瓦、2004年拟动工项目15个共1366万千瓦，总规模2512万千瓦，基本上都纳入了国家和各省市的电力发展规划，还填补了集团公司在一些省市没有电源项目的空白。

在短短的一年多时间里，集团公司牵头委托有关设计院完成了47个电源项目总容量共4500多万千瓦的初步可行性报告。配合政府主管部门、咨询机构先后对32个项目总容量共2800万千瓦的初步可行性报告、33个项目总容量共2700万千瓦的可行性研究报告进行了审查，大部分已经上报了国家发改委。集团公司前期方面取得的成绩虽然与发展的要求还存在差距，但这批项目的落实对集团公司提高装备水平，关停小机组，提升全员劳动生产率，提高整体竞争力，以及从规模扩张向经济效益转化具有重大的意义。

2. 大胆探索，进行重组并购开拓投融资新路

随着全国范围内发电资产移交工作的完成，集团公司及时展开了以资产整合为核心的资源优化配置工作，率先与华能集团公司就转让河南沁北、广西北海、山东海阳核电等项目的部分股权，签署了友好协商备忘录，为集团公司收购成都热电厂和控股庄河项目创造了条件。集团公司还先后进行了大渡河梯级开发的资产重组，理顺了云南硕多岗河公司的股份关系，实现了控股开发硕多岗河流域。基本完成了吉林龙华公司资产购并工作，对吉林热电厂一厂两制提出

了重组方案；控股收购重庆恒泰发电有限公司，获得了万盛电源项目的控股开发权；贵州鸭溪电厂4台30万千瓦机组在建项目控股投资工作也取得了突破，即将签订投资协议书。完成这批重组并购项目后，可以使集团公司在近期增加发电容量433万千瓦。

在融资工作方面，配合国电电力发行了20亿元可转换债券，并将邯郸热电公司35%股份的优质资产注入到国电电力；长源电力股份分别将持有的长源第一发电有限公司股份增至69.15%，将汉新发电公司的股份增加到30%。通过近一年时间的申报、策划，集团公司与中金、银河证券等金融投资机构密切合作，完成了发行40亿企业债券的调研、方案设计、初步报批工作，计划在今年下半年发行，用于满足集团公司发展的资金需求，经过简单估算发债可以降低资金成本4亿元以上，同时可以防范资金供求形势变化后的风险。

3. 规范管理，通过加强综合计划实现有序发展

集团公司的综合计划管理工作按照近期抓好存量资产运作，提高效益，确保投入产出，实现滚动发展的方针，积极探索综合计划管理模式，为提高集团公司盈利能力服务。以编制好固定资产投资计划为纲，对各专业计划进行综合平衡和优化调整，逐步理顺了综合计划管理关系。在下达集团公司2003年综合计划以后，及时组织系统各单位对综合计划执行及经济运行进行跟踪分析，按季编写了集团公司经济活动分析报告，按月出版综合统计月报，加大了集团公司经济活动分析的工作力度，为实现集团公司经营盈利目标最大化和可持续发展作了大量的工作。通过对集团公司内部、外部环境进行综合分析，先后提出了《集团公司2003至2010年资金需求及资金平衡滚动报告》、《全面落实近三年“三个400万”、到2005年可控发电容量达到4000万千瓦的发展规划》，编制了《中国国电集团公司电源建设项目发展规划纲要》。

集团公司计划与投资管理委员会先后8次召开会议，对2003年拟开工项目和2004年预备开工项目认真审议，详细听取汇报，进行科学评议，充分发挥了对投资项目的预审作用，为集团公司逐步建立和完善投资决策机制奠定了基础。集团公司在积极推进电源项目的同时，落实投资主体多元化，完成了15个项目公司章程、合同文本的签订并组建了项目公司。同时，在加强计划发展工作的制度建设方面，先后制订了集团公司综合计划管理办法、经济活动分析管理办法、投融资管理办法、综合统计管理办法、小型基建投资管理办法和电源建设项目前期工作管理暂行办法。

计划发展工作取得以上的成绩，应该说是与各分公司、各电厂和项目单位紧紧围绕集团公司的战略部署，调动各方面的积极性，发挥各自的优势，抓住机遇，密切配合分不开的。河北龙山、四川金堂、福建江阴等18个项目在有关分公司的配合下，争取国家发改委的支持，安排了中国国际咨询公司进行评估。湖北荆门、黑龙江双鸭山、福建南埔 、四川华蓥山等项目在国家批准项目建议书以后，继续花大气力争取国家发改委批复可行性研究报告，目前进展顺利。华东、西北、东北、华中、华北、四川、云南、广西、贵州等分公司根据电力体制改革后投资环境发生的变化和出现的新情况，认真编制了区域电源规划，及时开展了项目的经济分析。特别是国电电力、华东、华中、四川、山东分公司一手抓在建项目施工，一手抓电源项目落实，取得了较好的业绩。在座各位在抓工程、创效益方面的大量工作，充分展示了执着的敬业精神和很高的业务水平，在此，我代表周总和党组，向各位为集团公司发展所做的努力和贡献表示感谢！同时，集团公司的发展工作也得到了国家发改委和国资委等有关主管部门的大力支持，在此向关心和支持集团公司发展的各位领导表示衷心的感谢！

二、集团公司计划发展工作面临的形势和存在问题

1. 电源项目大规模发展带来新问题

由于全国较大范围内出现电力供需紧张，加上各大发电集团和投资公司的竞争，电源建设项目规模大、势头猛。根据有关报道，全国实际的开工规模已经达到2亿千瓦，而且三分之二没有经过国家有关部门批准。这种情况导致的后果，一是电力工程的设计、审查、评估单位超负荷工作，部分项目提供的设计文件缺乏严肃性，前期工作和建设质量很难得到保证。二是造成电力项目布局失衡，结构恶化，建厂的外部条件不落实，电源、电网建设失调，煤炭供应和运输压力增大。三是火电机组主机设备价格平均上涨30%甚至更多，钢材、水泥等三大材料价格也大幅度上涨，工程造价控制难度加大。全国性的电源建设热潮，很可能发生有窝无机、投产无煤、有电送不出去的状况。根据有关资料的分析，到2007年这批发电项目相继集中建成投产，很可能会出现电力供过于求的局面，特别是在水电比较多和用电结构以高能耗为主的地区，将造成投资回收延期、收益下降，甚至出现一段时间严重亏损的结果。

2. 电源项目集中报批增加新难度

按照现行国家要求的基本建设管理程序规定，电力项目从立项、可研报告到新开工都需国家有关部门批准。根据国家发改委张国宝副主任最近在全国电力工作会议上的讲话，我国的发电设备制造能力合理规

模为每年2500万~3000万千瓦，国家初步考虑2004年新开工安排4000万千瓦，备选项目总规模5000万千瓦。但目前全国上报待批的火电、核电项目已经达到3亿千瓦，要求今年开工的1.4亿千瓦，远远超过市场的需求和资源的承载能力，这一方面加大了项目批准的困难以及可批复的不确定因素，竞争更加激烈；另一方面，进一步落实宏观调控措施，特别是在国务院严肃查处江苏铁本公司违规建设钢铁项目以后，对没有获得国家批准就开始动工建设的发电项目，由于严格把住信贷投放和土地供给两个闸门，会加大前期动工项目的成本和投资风险。

3．集团公司投资项目存在的主要风险

⑴ 投资环境与决策时相比发生了不利的变化。同一地区各类投资者同时开工几个大型电力项目，抢占资源，抢占市场，设备、设计、施工等企业借机涨价，使区域的电力平衡、煤炭、运输平衡发生变化，项目的竞争力下降。特别是主机设备和煤炭价格增长过快，地方政府支持电厂建设的优惠政策逐步取消，土地价格大幅上升，出现了部分地区的电网公司把送出系统的投资分摊给电厂项目，甚至以没有规划为由要电厂全部承担投资，增加了项目的投资总额和风险。

⑵ 竞争激烈增加项目同步批准的困难。集团公司根据发展的需要和各地区提出的项目建设要求，对一批项目已经全面加快前期工作深度和现场进度，而且，如果这批项目获得国家正式审批，有利于集团公司规范运作和整体改制上市。但从国家宏观调控的形势来看，这批项目被及时、同步批准的困难比较大。如果我们这批项目成为国家信贷调控和清理违规建设项目的对象，则建设资金没有长期贷款合同作保障，融资不能落实，设备不能按合同如期交货，可能会面临进退两难的境地。

⑶ 投资集中在短期内，资本金平衡难度大。据初步测算，如果集团公司总规模2512万千瓦按期全面开工建设，近3年每年需要安排资本金30多亿元。在我们通过对现有电厂加强管理，提高收益和发行企业债券增加资本金的来源后，平衡还比较困难。另外，国务院最近重申不得利用银行短贷滚动作为资本金，以及国家上调银行存款的准备金率，必然引起银行对风险较大的项目控制投入，取消贷款优惠利率，增加集团公司财务费用，加大财务压力。

通过上述分析，我们在回顾总结计划发展工作取得成绩的同时，必须清醒地看到集团公司发展工作面临的形势，要充分分析内部和外部的环境，提高对存在问题和困难的认识。进一步树立科学的发展观和正确的业绩观，把握有利时机，以求真务实的精神，把集团公司科学发展工作落到实处。

三、提高集团综合竞争力，做好计划发展工作

1．落实建设项目的规范管理工作，确保政令畅通

今年全国人大召开前夕，国家发改委专门在北京召开了全国电力工业工作会议，这次会议的主题就是要求科学认识电力形势，正确把握调控力度，遏制电力建设过热趋势。最近，中共中央、国务院以中办发［2004］16号文件发出了《关于当前经济形势问题的通知》，要求齐心协力，切实贯彻落实中央确定的宏观调控政策措施。同时，国务院办公厅以国办发［2004］38号文件下发了《关于清理固定资产投资项目的通知》、以国办发明电［2004］20号文件下发了《关于深入开展土地市场治理整顿严格土地管理的紧急通知》。国务院还严肃处理了江苏铁本公司违法违规建设钢铁项目有关人员，并以国办发［2004］41号文发了通报。

集团公司作为国有大型企业集团，必须确保国家宏观调控政令畅通，强化责任意识、全局意识和法制意识，切实树立和落实科学发展观，服从国家发展规划和宏观调控的安排。项目能否尽快获得批复，既是加强基建程序管理的要求，也关系到项目能否被作为重点工程予以支持，关系到电网配套投资的落实、投产后煤炭、运输的保障，电量、电价，市场份额的落实。高质量的前期工作是建设精品工程的前提，项目建设必须尊重基本建设程序。电源投资项目必须通过扎实的基础工作和一定的时间保证，在厂址选择、水源勘查、环境评价、燃料供应、交通运输、接入系统、设备选型、电力市场等各方面进行负责任的可行性分析和客观评估，按照国家发改委提出的当前火电项目优先安排的“三个标准、六项原则”进行排序，重点落实集团公司和省级计委已同时上报可研报告或项目建议书的项目，争取列入国家“十一五”电力发展计划。其他基本符合条件的项目要争取列入国家2010年电力发展规划，至少列入省级电力发展规划。

这次会议以后，各有关单位要齐心协力把落实拟开工项目的国家批复，作为近期工作的重点，积极创造条件争取项目早日列入国家计划，批准开工。集团公司在“十五”后两年，将优先安排国家已批可研报告或项目建议书，同时区域经济发展快、市场前景好、电价承受能力强的项目。严重缺电地区已经建设并即将投产的应急项目，要切实做好纳入国家补办审批程序的工作。在集团公司计划发展部作为职能部门牵头负责的同时，分公司、筹建处和项目公司要切实负起责任来，建立前期工作专人负责制，把责任和任务落到实处。各分公司和项目公司、筹建单位务必从

大局出发，树立效益意识、风险意识、责任意识，理性、客观地提出项目适宜开工的时机，减少投资失误。同时，要不折不扣地贯彻落实中央确定的宏观调控措施，增强法制纪律观念，坚决克服相互攀比、盲目追求速度的倾向。

2. 做好投资项目竞争力分类排序工作，防范投资风险

电力项目是资金密集型行业，行业关联度高，但市场反馈信号滞后，一旦出现反复会导致大量的资金和资产闲置，造成重大经济损失。针对当前电力发展的实际情况，集团公司决定调整发展策略，把工作重心转变到优化项目建设条件上来，对已经列入和近期争取开工的项目，做好项目综合竞争力分类排序工作。

第一，为了确保投资决策的正确性和科学性，要重视研究经济评价的指标和方法。要加大调查研究力度，在项目公司、分公司、集团公司三个层面上认真进行经济评价和风险重新评估，对影响赢利能力的各项不确定因素进行深入的敏感性分析。切实以可能掌握的最新数据，对上网电价、标煤单价、利用小时，包括工程造价、分摊的电网送出投资、建设工期以及区域电力市场竞争对手的项目进展等情况，进行以项目经营期内部收益率（IRR）为主要指标的经济评价。如果说对3年以后的煤炭价格、火电的利用小时、上网电价不掌握，那么就多看看现在周边电厂的煤炭供应、运输情况，煤价是多少？结算电价是多少？欠费情况如何？还有网内在建项目装机容量、电力负荷增长、潮流方向等情况，只要我们去跑、去了解，就不难得到贴近市场的第一手资料。

集团公司下发《关于开展区域电源规划和项目经济分析的通知》后（计［2004］12号），计划发展部对22个投资项目用相对比较客观的上网电价、标煤单价、利用小时，包括工程造价等数据进行了IRR的测算和排序，并在会上印发给了各部门和各分支机构。我看这个评价报告的测算数据相对科学了、贴近市场了。希望会后各有关单位重视这项工作，在已经进行初步论证的基础上，按要求继续深化，包括对我们的竞争对手在当地建设情况进行分析，对整个投产局面进行分析，通过实实在在的情况调查和科学分析，把我们内部好的项目往前排，积极争取国家报批，把前期工作落到实处。

第二，在进行内部收益率（IRR）计算进行排序的基础上，项目分类如何操作，会后我们要进行讨论，拿出具体办法来。总体上要结合当地的生产形势、发电形势、投资形势，还要考虑报批工作，包括环保和土地等是否符合程序，从不同角度考察项目的经济性，进行统筹分类。几种情况归纳起来，原则上大致分为三类。

第一类项目所在区域通常用电结构合理、市场前景好、资源供应可靠、上网电价、投资回报率高，有的已经批项目建议书，或有把握尽快批复。第一类投资项目要全力以赴来保证，继续集中集团公司的财力、物力保证工程需要，并在完善报批手续的同时加快建设，缩短工期、降低造价，让它尽快投产。

第二类情况比较复杂，区域用电市场近期情况虽然较好，但其他发电投资企业在这一轮建设高峰中，同时开工的项目也很多。这类项目已纳入国家或地方发展规划，虽现在没有批，但由省、自治区已经报出了，应该说有很大的把握批准。这种项目我们能不能并行进行，在完成初可之后继续推进可研报告和勘测设计等工作？我认为是可以做了。设备订货可以通过集团公司采取统一招标方式进行调配，把前期工作衔接起来，不能全部停下来。第二类投资项目要积极争取国家的项目批复，加强动态管理，拉开建设时序，通过努力缩短工期、控制造价，落实外部条件，避免不利因素，使项目投资条件向好的方向转化。

第三类项目的特点是所在区域形势不好，如水电比较多，或以高能耗用电结构为主，或用电市场需求不足。这类项目在省里连发展规划都没有进入，有的即使进规划了，也不是轻易能批复的。周围的环境发生变化，有些情况已经看得很清楚了，当水电项目集中投产或者来水丰富时，火电利用小时低；在煤炭涨价的情况下，电价承受能力弱；建成投产后配套电网送出不落实，不能保证发电上网；资源不落实，尤其是煤炭资源不落实，通过计算利用小时数很低，项目内部收益率在5%以下，银行不同意长期贷款。我看22个项目中有三分之一达不到国家投资收益率起码的标准，这类项目我们要当风险来对待。

对第三类项目也不是不要了，我们的发展目标是到2020年达到1亿千瓦，还没有考虑替下的小机组，所以不能轻易放弃。我们要合理安排时序，拉开投产时间，严格按照基建程序，稳步推进前期工作。既要积极争取纳入发展规划保住项目，又要争取政策支持改善投资条件，作为电源项目储备适时开工。

第三，在项目的开发建设中，地方政府要么把好的项目留给自己，不让我们建，要么同意我们投资但必须马上开工，或者投资主体不确定让我们去投标，致使五大集团进行无序竞争，这说明投资环境对集团公司的发展存在不利因素。但我们部分同志思想认识跟不上形势，对投资的风险，项目亏损造成财务负担考虑较少，缺乏正确的业绩观和统筹发展的全局意识，还在一味地争取新电源点马上开工建设，甚至出现动员职工、附近地方政府来要求集团公司进行超常投资。我们说，这样的项目建起来，不会促进集团的

发展只会损害集团的利益。我们要进一步严格项目的考核制度，确定项目责任人，把投资项目的工期、造价和效益最终是否成功，作为分公司、项目公司和筹建单位业绩考核的主要依据。对出现的问题，要切实负起责任，发生在哪个环节，就要在哪个环节解决，决不能互相推诿、久拖不决。

各分公司、电厂和筹建处的领导，一方面要抓项目，抓开工，应对政府报批的压力，还要面对老厂扩建项目来自职工盼了多年想实现的压力。这里我讲几个观点。第一个观点是去年目标明确，措施得力，抓住有利时机争取到的一批电源项目是个大蛋糕，没有这个规模今年就没有切蛋糕的能力和条件，就无法进行优化选择。同时，我们作为中央企业手中拥有的项目分析起来规模还不够，集团到2010年要增加3000万千瓦，到2020年达到1亿千瓦装机，五大集团加起来到2020年也就达到全国装机容量的50%。第二个观点是规模与效益的统一问题。电力行业应该说是以外延为主扩大再生产的，这是行业发展的特点。没有基本建设，就没有电力企业的发展，就没有电力装备的优化，这是一个客观规律。在过去较长一段时间内我们产生了一种定式，建电厂好像没有亏损的。但在新的情况下，资源发生了变化，经营环境发生了变化，国家政策也在调整，规模与效益在新形势下的对立开始突出，发电企业投产之日就是停产之时、就是亏损之时的情况完全可能发生。所以，我们要研究规模和效益的统一，在一定时期以规模为主，在一定时期要规模与效益并重，在国家电力供需趋于平缓的情况下就要重视效益。对市场规律而言，没有效益的规模就是无效的规模。第三个观点是项目排序和评估要以效益为基本标准。我们在集团公司工作会议上，包括生产和财务系统会议上，尤其在今年管理效益年中，都对效益提出了更高的要求。怎样才能提高效益呢？我们说投资是第一关，建设是第二关，生产运行是第三关，营销是第四关，项目整个流程中都与效益有关，影响最大的是投资和基建。60万千瓦的机组每千瓦控制造价500元，投资就能降低3亿元，提前一天投产就能增收300万元左右；100万千瓦的电厂如果电价提高一分钱，每年可以增加收入5000万元左右；煤炭价格下降10元钱，可降低成本2000万元左右。工期、造价、电价、煤炭、利用小时对效益敏感性分析都是影响很大的，要抓好每个环节。预计在2007到2008年区域电力紧张局面趋于缓和或达到平衡时投产的个别项目，火电利用小时数仅为2500小时，这类项目就需要果断调整开工建设时序。

3. 注重集团的重组并购和投融资工作，把握有利时机

重组并购工作是集团公司发展战略和实现发展目标的重要组成部分。为了使集团公司资产的整体优势能够得到充分发挥，必须及时处置闲置的资产，关停或退出效益不佳的电厂，剥离不良资产，以降低经营成本，提高存量资产的经营效益，优化存量资产的质量。要重视在各发电集团公司之间进行资产整合，通过产权置换，理顺关系、规范管理、方便经营。同时，通过重组并购可以减少当前电力建设项目过于集中，工期、造价难以控制带来的建设期风险、财务风险，以及燃料供应、电力需求等方面的风险。我们要进一步加大资产并购的工作力度，既要关注电力体制改革中留给辅业的电源资产，提前研究购并方案，还要研究抓住有利时机并购地方电力公司和各省电网多经企业的电源资产，争取获得快速发展扩张的机会。这次会上同时提出的《集团公司重组、并购和转让工作指导意见》（讨论稿），对如何有序、有利地开展这项工作具有一定的指导意义，希望大家认真研究，进行修改补充后认真执行。

在投融资工作方面，要针对国家逐步提高银行存款准备金比例以后，市场资金供应已经开始出现紧张的情况，重点落实发行40亿元企业债券工作。同时，研究今后几年集团公司增量的资本金来源、可能出现的资金问题，在需求分析和预测中，以集团公司的投资发展为主线做好所需资金的平衡，落实相应比例的银行中长期贷款，改变融资的时序结构。以存量带动增量，以增量提升存量，集中优质资产，通过市场化运作，继续开展集团公司整体改制上市的工作，吸引国内外有实力、讲信誉的投资者作为集团公司改制后的战略合作伙伴，实现投资主体多元化，并通过盘活存量和重组变现来解决一部分资金的需求，减轻集团公司资金压力，分解财务风险，发挥资本的放大效应。

4. 抓好集团发展战略与规划编制工作，实现有序发展

当前，企业管理已经进入了战略管理阶段。集团公司作为争取在海外上市，参与国内、国际市场竞争的企业，必须有定位准确、目标明确、重点突出、控制策略具体的中长期发展战略与规划。前不久，国务院国有资产监督管理委员会下发了《关于开展中央企业发展战略与规划编制工作的通知》，布置了这项工作。我们要按照国资委的通知精神和要求，结合集团公司关于开展区域电源规划和项目经济分析的工作，根据各分支机构上报的区域电源规划，把集团公司的投资项目放入区域中平衡分析，结合集团公司整体改制上市工作，科学地、客观地编制好集团公司第一部发展战略与中长期规划。

企业发展战略与规划编制不仅仅涵盖电源规划，而是一个综合性规划。要在发展战略的编制中，分析

集团公司资产的市场分布、结构、质量，还要考虑集团公司有5万千瓦以下机组达200万千瓦需要退役的情况和因素，以及有310万千瓦10万千瓦级机组的出路问题。要分析集团公司发展的内外部环境，重点分析国有企业深化改革对发展的影响、电力市场化改革前景和趋势、主导产业竞争对手的发展策略、一次能源的资源及供给对发展的影响、电力供需形势的展望及对集团公司发展的影响，确定重点发展的地区和投资类型的组合，以及影响战略的重大项目分析，提出集团公司战略实施的具体措施。希望集团公司本部各部门和分支机构在这次会议之后，重视这项工作，按照即将下发的文件要求，按时、按质完成第一阶段的任务，及时进行汇编。

5. 以求真务实精神，把集团公司科学发展工作落到实处

我们要围绕集团公司的发展目标，把各项专业计划、各个经营环节纳入集团综合计划，提高管理效能。综合计划是企业经营指标的全面综合体现，是企业进行决策分析和制定战略的依据。综合计划涉及投资、技改、营销、财务、成本、人力资源等企业经营的各个方面，是经营理念、经营思想由粗放型转为集约型的管理手段，是企业管理方式的变革。综合计划也是平衡和优化调整的过程，要与时俱进，协调好各相关计划指标，重点协调好投资计划与预算计划的关系、生产经营计划和资产经营计划的关系。切实通过综合计划优化公司内部资源，改善经营状况，减缓公司创业初期的各种困难和矛盾。要做好各类项目之间的资金平衡，包括对下达的前期费用进行跟踪。我们每年拨出的前期费用有几千万，分到每个单位几百万，但对集团来讲几千万也是很大的费用。有些项目单位调拨合理，也有些单位资金在沉淀，没有及时使用。最近我们想调研一下各筹建单位的资金需求情况，研究前期费用统筹调剂使用的管理办法，既要保证项目资金需要，又尽可能减少资金的沉淀，把资金用在刀刃上。同时，集团公司为了进一步防范项目投资风险，规范投资项目的决策及全过程管理，这次在会上印发的《集团公司加强电源项目投资管理指导意见》（征求意见稿），明确了投资项目的决策管理流程，包括项目退出决策流程，希望各单位认真进行研究，在会后10个工作日内正式提出书面修改意见和说明，报集团公司。

同志们，过去的一年，我们较好地完成了发展的各项任务，取得了良好的开局。当前的经济形势和发展任务又给我们提出了新的更高要求。这次会议以后，各部门、各单位一定要深刻领会周总讲话的思想内涵和现实意义，提出本单位的工作目标和具体措施，对面临的形势和竞争环境有充分的认识，对集团公司的工作部署有明确的了解，把思想认识统一到集团公司的总体要求上来，在以周大兵同志为首的公司党组领导下，以科学的发展观做好计划发展工作，全面完成各项任务，把中国国电集团公司推向新的发展阶段。

强化审计监督 提高审计水平 为集团公司经营管理和改革发展更好服务

——朱永芃在集团公司审计工作会议上的工作报告（摘要）

（2004年8月26日）

一、集团公司成立以来审计工作回顾

集团公司成立以来，审计部门坚持“全面审计、突出重点”的原则，服从服务于集团公司经营管理和改革发展的需要，抓好审计重点，加大审计力度，做好迎审配合，参与清产核资，配合体制改革，为集团公司抓管理促效益，抓改革求发展，规范经营管理，防范经营风险，维护合法权益，促进廉政建设，发挥了审计监督体系的促进和保障作用。

（一）建立了集团公司审计管理体制和基本制度，为审计工作提供了组织保证和制度基础

党的十六大以来，党和国家对审计工作寄予了殷切期望，提出了更高要求。集团公司章程规定：“集团公司按照国家有关规定，建立内部审计机构，实行内部审计制度。在总经理领导下，内部审计机构对集团公司及全资企业、控股企业以及分公司、代表处等分支机构的经营管理活动进行审计监督，并定期提交内部审计报告。”党组书记、总经理周大兵在集团公司第一次工作会议上明确提出，“按照管资产、管人、管事相结合的原则，强化审计监督，建立有效约束机制”。根据公司章程规定，集团公司在成立之初设立了审计机构，配备了审计人员。到目前为止，集团公司所属单位设立审计部门的有60个单位，其中设独立审计机构34个，与监察部门联设的13个，与其他部门联设的13个；共有审计人员163人，其中专职审计人员137人，兼职审计人员26人，为审计工作的开展提供了组织和人员保障。

集团公司所辖单位多，管理幅度大，使得审计工作面临前所未有的挑战。集团公司积极探索适应新形势的管理模式和工作方式，按照“两级法人，分层授权，垂直管理”的组织管理框架，初步确立了“全面

审计，突出重点；分级负责，分层管理；统一组织与自主安排相结合”的审计工作管理体制和工作方式，进一步理顺了审计管理体系，明确了集团公司和所属单位审计职责功能，整合了审计资源，促进了审计工作的开展。

为推进审计工作制度化、标准化和科学化，适应现代企业制度和公司治理要求，集团公司着手建立新的审计制度体系。一是制定下发了《中国国电集团公司审计工作标准》，明确了各级审计部门和人员的权利和责任，建立了审计工作的标准和程序。在此基础上，进一步研究制定各项专业审计标准，其中《中国国电集团公司任期经济责任审计工作标准》已于去年12月24日正式下发施行。二是组织好对国家新颁布审计制度的学习贯彻，配合《审计署关于内部审计工作的规定》、《中国内部审计基本准则》、《内部审计人员职业道德规范》等制度的发布实施，要求各单位结合实际认真执行，切实履行法律法规赋予内部审计的职责和权限，开展好内部审计工作。三是各单位结合集团公司成立后工作变化和新的需要，制订和完善了相应审计工作制度和实施办法。

（二）积极配合迎审和清产核资等工作，保证各方面工作顺利进行

2003年国家审计署组织16个省审计厅、18个特派办和社会审计人员共2000多人，对原国家电力公司领导班子进行了任期经济责任审计。集团公司高度重视，积极配合。一是自上而下成立了迎审工作领导小组，统一领导、协调、指导迎审工作；二是监察审计部指定专人负责迎审具体工作，建立上下信息联系制度、重要事项报告制度和定期汇报制度；三是对所属单位审计中遇到的问题及时进行研究，针对有关问题的处理提出具体指导意见。集团公司所属单位正式接受审计署审计的共有22家，各单位都能够按照集团公司要求，以这次迎审工作为契机，认真做好自查自纠和整改，促进了各单位的规范管理和制度完善。

资产财务和劳资保险接收、清产核资、重组改制工作，是集团公司成立以来的重点工作，也是审计部门参与较多的工作，广大审计人员积极参与，主动配合，为保证各项工作的顺利进行发挥了积极作用。

（三）围绕重点难点问题开展专项审计调查，为集团公司经营管理提供决策依据

集团公司成立以来，党组倡导大力开展调查研究，妥善处理和解决遇到的各种矛盾和问题，审计部门积极响应，大力开展审计调查和研究。一是在集团公司成立初期对电煤价格进行专项调查，分析电煤价格管理存在的问题，为理顺电煤价格管理提供依据；二是对集团公司系统“多经”企业基本情况进行专项调查，从“多经”企业人员结构、资本结构及资金来源、主营业务及关联程度、财务状况及经营成果等方面进行分析，并对资产移交过程中如何处理“多经”企业问题提出建议；三是对集团公司所属单位资产财务状况进行审计调查，研究存在的主要问题，提出资产财务接收过程应把握的原则和应关注的重点问题；四是参与对部分单位治亏、重组购并等事项的调查，分析研究财务审计方面的重点问题，提出意见和建议；五是针对个别单位存在的“小金库”问题，下发《关于加强党风廉政教育和严肃财经纪律有关问题的通知》和《关于取缔和禁止设立“小金库”的通知》，要求各单位认真进行“小金库”的自查自纠工作，并规定了对“小金库”问题处理的政策界限，明确提出集团公司不容许任何单位设立“小金库”，特别是集团公司成立以后继续违规设立“小金库”的，一经发现，将严肃处理；六是最近集团公司安排由监察审计部牵头，东北、华北、西北、华中四个分公司带队，组成四个调研组，分赴14家发电企业进行绩效审计调查，对电价执行情况和6月份以来电煤大幅度涨价情况进行调研，目的是摸清企业现状，了解企业面临的困难和问题，和电厂一道研究解决问题的措施和办法。这次调查仍在进行之中，希望各单位高度重视并做好配合。

（四）加强经济责任和绩效审计，为集团公司强化管理、提高效益发挥积极作用

周总在2004年的人力资源工作会议上提出，要把“以经济责任审计为手段，强化财经纪律约束”作为从严治企，建立对企业领导人员有效监督约束体系的一项重要内容，把经济责任审计与干部的其他方面考核考察结合起来，力求全面、准确、科学地评价领导干部的功过是非，使审计成果真正成为干部选拔任用的重要依据。集团公司成立以来按照中办和国办（1999）20号文件规定，制定了《中国国电集团公司任期经济责任审计工作标准（试行）》，积极开展企业领导干部任期经济责任审计，到目前共完成任期经济责任审计项目89个，其中由集团公司监察审计部组织和实施的项目10个。通过审计，对企业领导人员任期经济责任履行情况作出了客观正确的评价，同时及时发现和纠正了存在的问题，为加强和改善经营管理，保障国有资产保值增值，促进企业领导人正确履行职责和廉洁从业，发挥了积极作用。

此外，围绕提高企业经济效益这个中心任务，集团公司积极推动各单位大力开展绩效审计工作。一是抓好燃料管理，物资采购，大修、更改和新建电源项目的审计，促进降耗增效，控制成本；二是结合“管理效益年”活动，提出开展十个方面审计的要求，并对审计覆盖面、整改率提出考核指标，保证绩效审计工作取得好的效果。据统计，集团公司成立以来，所

属单位共完成各类审计项目938个，合同签证审计10846份，共查出违规金额3383万元，已责令纠正违规金额2014万元，促进增收节支2786万元，降低工程成本4985万元，提出并已采纳的审计建议1634条，有力地促进了集团公司经济效益的提高。

同时，结合各类项目审计，通过对制度规定执行情况和内部控制的检查、分析、评价，审计工作在促进企业依法经营，保证企业政令畅通，防范企业经营风险，维护企业合法利益等方面也发挥了积极作用。此外，通过审计规范和完善了经营管理工作，产生了难以计量的间接效益，其意义更加深远。

（五）发挥整体优势加强自身建设，运用信息手段提高工作效率

集团公司成立以来，坚持“以人为本”的理念，把加强审计队伍建设当作审计工作的一项迫切任务来抓。一是加强对审计人员的培训提高，通过举办《企业会计制度》培训班，使审计人员学好用好《企业会计制度》；通过审计、财务、工程预算、计算机、法律等知识培训，不断提高审计人员的业务水平和综合能力。二是先后抽调基层单位72名审计人员参加集团公司组织实施的11个单位任期审计和14个电厂绩效审计调研，使审计人员在实践中得到了锻炼提高。三是集团公司及所属国电电力、谏壁电厂、北仑发电有限公司等8单位加入了中国审计协会电力分会，建立了与全国电力系统审计同行进行业务交流的渠道。

为加强信息交流，对重要情况和重大事项作出快速反应，掌握工作主动，集团公司建立了以《审计信息》为主体的信息流转工作平台，规范了信息流转管理程序，制定了信息管理制度，初步建立了“上情下达，下情上达”的信息工作网络。到目前共印发《审计信息》16期。山东聊城发电厂提供的《聊城发电厂向管理要效益》文章，还在《中国审计报》上刊发，得到了较高评价和充分肯定。

二、审计工作面临的形势和存在的问题

（一）集团公司审计工作面临的新形势

1. 政府对国企监管力度越来越大，市场对企业经营管理透明度要求越来越高，必然要求集团公司建立良好的内部监督约束机制。改革开放以来，特别是党的十六大以后，我国政治领域出现三大趋势，一是民主在发展，二是监督在强化，三是依法治国在推进。党的十六报告在谈到加强对权力的制约和监督时明确指出，要“从决策和执行等环节加强对权力的监督”，要“重点加强对领导干部特别是主要领导干部的监督，加强对人、财、物的管理和使用监督”，要“发挥司法机关和行政监察、审计等职能部门的作用”。近年来，国务院监事会、国资委、审计署等对国企的监管监督力度都在加大。同时，随着社会主义市场经济体制不断完善，电力体制改革深化及电力市场的建立和完善，对电力企业财务信息披露的要求越来越高，企业经营行为的透明度也越来越高。特别是国资委成立以来，陆续发布了一些重要规章制度，如《中央企业负责人经营业绩考核暂行办法》，《企业国有产权转让管理暂行办法》，《中央企业财务决算审计工作规则》。据了解，国资委正在起草《中央监管企业内部审计工作制度》、《中央企业经济责任审计管理办法》，根据这些规定，今后国资委将对中央企业内部审计工作直接进行监督和指导。因此，我们要清醒地看到，集团公司加强审计工作，建立良好的内部监督约束机制，是贯彻落实中央精神，依法依规经营的必然要求。

2. 现代企业制度要求建立健全有效的内部审计和控制制度，达到对经营目标实现过程的可控在控。集团公司成立以来，随着电力市场竞争的加剧，公司来自市场的压力已逐步增大，客观上要求公司必须尽快完善内部经营管理体系，强化自我约束机制，增强竞争能力，使公司成为具有较高管理水平、较好控制能力和较强经济实力的大型现代企业集团。集团公司成立之初就提出了“做实、做新、做大、做强”的工作方针，为实现这一宏伟目标，建立科学的内部控制体系是必须的，其中审计监督体系是其重要的组成部分。按照现代企业制度要求，建立健全公司决策、执行、监督体系，是确保公司快速、健康、稳定发展的需要。党的十六届三中全会确立了资本市场的主流地位，将资本市场发展作为完善社会主义市场经济体制的重要环节。企业要搞资本运作，就得遵守资本市场的规则；企业要改制上市，就得按照监管机构的要求建立健全内部审计和内部控制制度，按照中国证监会《上市公司治理准则》和境外上市公司治理的要求，建立健全有效的公司审计制度，完善公司内部控制和监督约束机制，达到对经营目标实现过程的可控在控。业务经营的复杂化、股东多元化和社会公众股的引入，国内外监管机构监管力度的加强，都对上市公司的审计工作提出许多新的挑战，也对内部审计和内部控制制度提出了更高要求。集团公司在研究体制改革和资本运作问题时，要充分关注在公司治理结构中建立有效监督约束机制的问题，要对内部审计工作进一步规范，逐步和资本市场规则接轨，满足公司治理需要，满足利益相关者监督和监管要求。要借鉴国内外大型上市公司的经验，研究董事会下的审计委员会制度，研究建立总审计师制度，研究审计机构派出派驻制度，研究建立有效的内部控制制度。

3. 部分单位在经营管理中存在一些突出问题，要求从管理上进一步加以规范并加强监控力度。集团

公司成立以来，从内审和外审对部分电厂的审计情况看，有的电厂确实存在不少需要认真改进的问题，特别是在集团公司成立之前少数单位长期延续的一些问题必须加以解决。例如：财务制度执行不严、会计核算不合规；大修、技改、基建工程、燃料管理不规范；主业通过关联交易向多经企业转移利益；不少单位存在违规设立“小金库”问题，存在盘盈燃料物资不入帐形成巨额帐外资产等。刚才，周总在讲话中列举了国家审计署《关于对国电集团公司所属原国家电力公司下属部分单位设立“小金库”实施处罚的审计听证告知书》中涉及的4个单位，“小金库”金额高达4600.53万元，罚款金额达到460.04万元。这些“小金库”的来源主要是：煤款让利、虚列工资奖金、多经上交费用和管理费、利息收入、帐外资金买卖股票收入等。这些“小金库”中已经支出4123.30万元，“小金库”的余额在国家审计署审计时仍未按集团公司要求并入大帐进行纠正，其行为是恶劣的，在员工中产生了极坏的影响，也导致了个别企业的不稳定。正如周总指出“这是国有资产流失主渠道之一，也是滋生腐败的‘温床’。”个别领导设立“小金库”是以关心职工利益为名，实际掩盖了牟取个人利益的动机。我希望被通告的4个单位领导班子及主要负责人要认真反省，做出深刻检查，切实从中吸取教训。刚才，周总讲话中还提到14个单位，因为税款、账目、管理等问题，将受到国家审计署处理。希望这些单位要严格按照周总的要求，“深刻吸取教训，开展警示教育，认真进行整改”，并以此为契机，加强制度建设，制定防范措施，强化内部监督，严守财经法纪，规范经营管理。整改结果于9月底前报集团公司。我认为通过审计主要暴露出以下几个问题：第一，经济上的违法违纪，这是目前最严重的问题，其中包括私设“小金库”；第二，领导集体尤其一把手重大决策失误造成经济损失；第三，内部管理薄弱，违反财务制度，包括新旧财务制度衔接中出现帐务处理差错；第四，不同地区、不同时期政策的不一致给企业执行政策带来困难；第五，“三产”、多经挤占主业利益，关联交易不规范，迄今为止仍然是电力企业进一步规范管理需要认真研究解决的重要问题。今后我们一定要正确处理好两个矛盾：一是处理好对下级负责和对上级负责的矛盾；二是处理好暂时利益和长远利益特别是与集团公司实施规模效益型发展战略之间的矛盾。

另外，近几年对外投资、担保、出借资金虽然得到了控制，但仍有个别单位再次发生此类违规问题。这次清产核资，集团公司得到核准的申报损失为29.88亿元，其中按原会计制度清查出的资产净损失24.59亿元，按新制度预计损失5.29亿元，虽然有各方面的原因，其中也有管理不善的因素，必须引起重视，认真加以改进。

上述问题的存在，对企业的正常经营管理和改革发展会带来一定制约和消极影响，有的在一定条件下还会产生腐败问题。特别是部分企业存在的问题已经引起了政府部门和外界的关注，集团公司必须对所属企业从制度上、机制上、管理上进行规范，并加强监督监控。

（二）集团公司审计工作存在的主要问题和不足

根据《审计法》的规定，2003年3月经修订后的《审计署关于内部审计工作的规定》重新发布，这是惟一由政府部门制定的内部审计规定。近年来中国内部审计协会陆续发布了《中国内部审计准则》、《中国内部审计职业道德规范》、《内部审计具体准则》等规范，形成了内部审计行业基本规范。电力企业内部审计伴随经济体制改革而产生，已有20余年的历史，随着市场经济体制的发展而得到了新的发展，积累了许多宝贵经验。集团公司成立后按照《公司章程》规定，制定了《中国国电集团公司内部审计工作标准》，建立了内部审计制度。但是由于管理体制和自身原因，内部审计远远还没有发挥应有的作用。如：“上审下”作用大，“同级审”力度小；内部审计独立性不强，工作受制约较多，基层单位同级审计流于形式甚至空白；部分单位审计人员少，审计人员业务素质不适应形势发展要求，内部审计难以发挥应有作用；由于利益相关和地位较低原因，有的审计部门执行审计时存在回避问题，放弃原则情况，同级审计监督功能被大大弱化；部分审计人员审计观念和方法都比较传统，在审计工作中过多拘泥于对会计事项处理的审查，不能从企业管理的全局和战略高度审视问题，习惯于传统的财务收支审计，对预算执行审计、绩效审计和内部控制审计的研究和实践都比较少，尤其是现代企业审计中积极倡导的风险控制审计基本没有开展，审计效果不够理想。这些方面都需要我们通过制度创新和加强管理逐步加以完善。

三、全面审计，突出重点，强化监控，规范运作，进一步加强和改进审计工作

今后一个时期集团公司审计工作的指导思想是：以“三个代表”重要思想和十六大、十六届三中全会精神为指导，认真贯彻《审计法》、《审计署关于内部审计工作的规定》和《中国内部审计准则》，按照“全面审计，突出重点；治理源头，监控运作；促进管理，增加效益”的总体思路，强化三种意识，实现四个转变，抓好六项重点，紧紧围绕企业中心任务开展各项审计工作，建立符合现代企业制度和公司治理要求的内部审计制度和内部控制制度，努力为实现集

团公司"做实、做新、做大、做强"目标发挥审计监督保障作用。

强化三种意识：一是从维护国家法律法规和企业规章制度严肃性的高度加强审计工作，强化责任意识，在促进国有资产保值增值中担当重任；二是从集团公司整体角度看待审计工作，强化全局意识，把审计工作作为完善公司治理、实现总体目标的重要控制手段，各方面都要支持审计工作的开展；三是审计工作要始终把促进企业经营管理和改革发展作为最高目标，强化服务意识，努力通过卓有成效的工作为企业中心任务服好务。

实现四个转变：一是由发现型的事后审计逐步向预防型的事前审计转变；二是从以查错防弊为主逐步向以绩效审计、内部控制审计、风险控制审计为主转变；三是由手工型审计向大量运用现代计算机和网络审计技术转变；四是由被动服务向主动为企业经营管理全方位服务转变，努力使内部审计工作成为决策层的"耳目"，企业的"经济卫士"。

今后一段时期集团公司及所属单位要抓好以下六项重点工作：

（一）以加强干部管理监督，促进正确履行经济责任为目标，进一步深化领导人员任期经济责任审计

要认真执行中办发［1999］20号、［2000］16号、审计署审办发［2000］121号和五部委［2001］7号文件，按照《中国国电集团公司任期经济责任审计工作标准》，进一步加强领导人员任期经济责任审计工作。要结合任期经济责任审计开展企业绩效审计，客观全面地评价任期经济责任履行情况和企业绩效情况。要把重大经营决策、重要项目招标和大宗物资设备招标采购、大额资金使用作为任期经济责任审计重点。各单位要加强对经济责任审计工作的领导，定期召开会议，加强指导检查。纪检、监察、人事、审计等部门，要密切配合，加强沟通，协调处理好任期经济责任审计工作中遇到的有关问题。要把经济责任审计结果作为干部考核和任用的重要依据。对审计中发现的违纪违规问题，要实行问责制。

（二）以促进企业经济效益提高和实现国有资产保值增值为目标，大力开展企业绩效审计

绩效审计是以评价单位经营活动的经济性、效率性和效果性为目的的审计，是以真实性和合规性审计为基础的审计，是现代企业审计的重要拓展领域。效益最大化是企业追求的主要目标，抓好绩效审计能够实现审计目标和企业目标的一致性，既体现了内部审计服务的内向性，又体现了内部审计是一种增值服务，有利于发挥审计增加企业价值的作用。要通过对企业决策、制度、程序的评价，通过对收入、成本、利润的分析，通过对市场、政策、环境的研究，剖析影响企业绩效的深层次原因，寻找提高企业效益的关键点，提出降耗增效、增收节支的对策建议。各单位要按照周总刚才讲话中对绩效审计工作的要求，对最近集团公司组成的4个绩效审计调研组有关14个单位的调研工作加以重视，对调研成果进行认真总结分析，切实将调研成果转化到提高集团公司总体效益的工作中。

（三）以控制工程造价和提高投资效益为目标，加强对电源建设项目的审计力度

加快电源项目建设是集团公司今后长期努力的任务，电源建设投资在集团公司预算支出中占有相当大的比重，加强电源建设项目的审计，对于严格控制工程造价、提高投资效益和新建项目的市场竞争力具有重要意义。要对电源建设项目的全过程进行审计监督，重点对工程招投标、设备物资采购、合同签订和执行、工程结算和决算、资金管理使用情况进行审计监督。特别是要搞好竣工决算审计工作，结合本单位实际，合理安排审计力量，切实把这项工作做好。对于委托社会审计机构完成的审计项目，内部审计要对委托社会审计项目的工作质量进行监督。

（四）以保证预算执行的严肃性和履行责任制为目标，积极开展预算执行审计

要按照公司目标责任考核办法和预算管理办法要求，做好对所属单位目标责任制完成情况和财务预算执行情况的审计。要重点搞好目标责任考核指标和预算考核指标的真实性、正确性、合规性审计，落实各项考核指标的完成。通过审计，对预算执行的实际情况进行检查，促进预算执行的严肃性；对预算编制的科学性进行验证，促进预算管理水平的提高；对存在的问题提出改进意见和建议，努力促进集团公司各项经营目标的实现。

今年利润指标关系到集团公司能否完成国家任务目标，关系到集团公司体改上市任务能否顺利完成，也关系到"管理效益年"的目标能否全面实现，各单位无论如何要克服困难，务必完成各项经营目标。

（五）以促进科学管理和提高管理水平为目标，努力开展内控制度审计

内部控制审计，重点要审计经营决策是否按程序、按规定办理，经济行为是否符合制度规范，履行经济责任是否到位，内控制度是否健全、有效，企业战略方针、政策和各项规章制度是否全面贯彻落实等。对内部控制的薄弱环节和失控点要加大审计力度，努力做到有法必依、有章可循、政令畅通，促进内部控制制度的健全和完善。

（六）以研究分析和解决企业热点难点问题为目标，积极开展专项审计和审计调查

各单位要围绕本单位的中心工作，围绕经营管理和改革发展中的热点和难点问题积极开展专项审计和审计调查，为企业决策提供对策建议和决策依据。每年都要安排一定时间开展专项审计或审计调查，专项审计或审计调查要有一定深度，要组织计划、财务、劳资、市场营销、生产、工程、多经、审计等方面的人员参加，形成综合成果。

四、加强审计组织和审计人才队伍建设，不断提升审计工作水平

集团公司的经营管理和改革发展赋予审计工作艰巨的任务，要完成当前和今后的审计任务，需要为审计工作创造良好的外部环境，也需要进一步加强审计组织和审计队伍自身建设。

（一）加强对审计工作的领导，支持审计部门正确履行职责

各单位主要负责人要加强对审计工作的领导，要从贯彻“三个代表”重要思想、实践“做实、做新、做大、做强”工作方针、建立现代企业制度的高度去认识审计工作。要协调好各部门的工作关系，支持审计部门正确履行职责。要为审计部门提供必要的工作条件和设备；要关心审计人员的、工作和生活，积极培养和放手使用审计人员，帮助解决工作、生活中的具体困难和后顾之忧。各单位审计人员要增强责任感和使命感，积极做好服务工作，努力当好单位领导的参谋和助手。对审计发现的问题要从帮助的角度予以揭示和指正，提出改进和加强管理的建议。要按照“三个代表”重要思想的要求，坚持“三个有利于”的原则，正确把握审计中发现问题的处理，既要坚持原则、依法审计，又要做到实事求是、客观公正。审计人员还要遵守纪律，严于律己，廉洁自律。

（二）加强审计组织和审计人才队伍建设，快速提升审计工作水平

要抓好现有审计资源的开发和利用，加快对审计人才的培养，努力造就一支政治强、业务精、作风硬的高素质审计队伍。审计人员要有较高的政治素质和业务素质，善于分析问题和发现问题，适应经济工作的复杂性，保证审计结论客观、真实、准确，能够提出有价值的审计意见和建议。要逐步建立审计人员持证上岗制度，按照“多师结构”调整审计人员结构。要搞好审计人才培训，当前特别要注重提高金融证券、电力市场、法律方面的知识，适应集团公司审计工作发展的需要。要鼓励审计人员参加“国际注册内部审计师”资格培训和考试，掌握国际内部审计先进理论和方法。

（三）改进审计手段和方法，提高审计质量和效率

要改变传统审计方式，努力向现代企业审计方式拓展，大胆运用和实践现代企业审计理念方法。要努力运用各种经济分析工具研究和分析问题。要逐步探索开展风险控制审计，对企业经营风险问题进行分析研究，掌握风险控制方法和手段。要积极使用和开发计算机网络和信息技术手段，努力提高审计工作质量和效率，不断跟上内部审计国际先进水平。

同志们，集团公司成立时间虽短，在集团公司党组的正确领导下，我们已经迈出了坚实的步伐，取得了可喜成果。我们正在朝着新的更高的目标前进。让我们以十六大和十六届三中全会精神和“三个代表”重要思想为指导，同心同德，扎实工作，开拓创新，为实现集团公司“做实、做新、做大、做强”而努力奋斗！

树立科学理财观创新财务管理手段为实现财务管理现代化而努力奋斗

——李庆奎在集团公司财务工作会议上的工作报告（摘要）

（2004年10月28日）

一、集团公司成立以来的财务工作回顾

集团公司成立以来，坚持“做实、做新、做大、做强”八字方针，企业改革、发展等各方面工作都取得了可喜的成绩。财务工作围绕集团公司改革和发展的总体目标，充分发挥财务管理在企业管理中的核心作用。初步建立了高效统一的财务管理体系，规范了财务工作程序，制定了财务内控制度，理顺了税收管理关系，完成了资产接收和清产核资工作，通过推行全面预算管理，落实资产经营责任制，稳步提升了集团公司的整体效益。

1.科学定位，初步建立集团公司的财务管理体系

根据集团公司管理框架，明晰了集团公司与所属单位在财务管理上的界面，体现了职权清晰、层次合理、管理到位，实现了对经营活动的有效控制和监督，完善了财务内控体系、运作程序和管理规范。以建章立制为重点，规范财务基础工作，制定下发了《中国国电集团公司成本管理办法》等20个管理制度，财务工作做到了有章可循、有规可依。统一了会计核算办法和软件，构建了会计核算和财务管理的信息平台。

2. 积极推行全面预算管理，实行资产经营考核

通过制定《预算管理办法》、《资产经营考核办法》，成立预算管理委员会，在公司系统推行了全面预算管理。认真组织预算编制、分析和考核工作。通过对预算执行情况分析和调研，提出纠偏措施。按照集团公司改革和发展的阶段性目标，合理确定了2003和2004两个年度的预算目标。以资产经营考核为手段，通过与所属单位签订《资产经营考核责任书》的形式，层层分解，落实责任，保证了集团公司年度经营目标的顺利实现，为集团公司改革和发展提供了有力的支撑。

3. 扎实细致地开展了资产劳资接收和清产核资工作

根据原国家计委［2002］2704号文件精神，以及电力体制改革领导小组的总体部署，按照周总提出的“清清楚楚、明明白白、实实在在”的要求，集团公司成立了资产劳资接收领导小组和四个工作小组，制定了《资产财务接收实施方案》，通过各小组人员大量艰苦细致的工作，妥善解决了一些历史遗留问题。2003年9月3日，集团公司在五大发电集团中，率先与江苏省电力公司启动了资产交接，迈出了国家电力体制改革厂网分开实质性的一步。今年10月21日，集团公司与天津市电力公司签订资产交接协议，标志着集团公司资产接收工作已经全部完成。

根据国资委关于清产核资工作的部署，为保证集团公司执行《企业会计制度》及改制上市需要，集团公司从2003年11月开始，组织开展了清产核资工作，共有96个单位纳入本次清查范围。经国资委审核批准，集团公司2003年末资产总额757亿元，资产损失29.88亿元。通过清产核资工作，摸清了“家底”，减轻了后续经营压力，为集团公司进一步加快发展和改制工作创造了条件。同时，以资产接收为契机，完成了接收企业的产权变动登记工作。成功运作了邯郸股份公司股权转让和长源公司资产收购，有效地盘活了存量资产，支持了上市公司的发展。

4. 强化资金管理，保证生产经营和企业发展资金需求

成立资金结算中心，构建集团公司资金结算网络和内部融资“平台”，基本实现了资金集中管理，很大程度上满足了电源建设资金需求，满足了机组大修、技改和科技投入等资金需求，特别是在煤炭市场多变的情况下，保证了电厂煤炭供应和冬储煤的资金供应。到今年9月底，为康平等21个前期项目支付前期费0.56亿元，为常州等33个项目注入资本金18亿元，收购大广坝水电公司等项目出资3.5亿元。

为防范资金风险，建立了资金管理定期报告制度和资金风险分担机制，制定了《担保管理办法》。根据集团公司电源项目发展规划，认真开展了电源项目的财务评价工作，做到了风险可控、在控。同时，加大资金运作力度，成功置换九江三期高息日元贷款，置换太一高息债券，节约了财务费用8000万元。

5. 以“治亏”为突破口，充分发挥财务职能作用

集团公司成立初期，明确把“治亏”作为当年“两大战役”之一。集团公司成立了由公司领导带队的“治亏”工作领导小组，通过实地调研，分析问题，明确措施，治亏工作取得了明显成效。三个“治亏”单位，2003年减亏4.5亿元，2004年预计可实现利润1.6亿元。

扎实开展“管理效益年”活动，在区域范围内实行“平均先进成本”管理，广大财务人员和营销人员认真进行“零利润电价”及疏导电价测算，充分争取电价政策，取得了较好效果。实现了增值税就地缴纳、所得税统一汇缴，争取到了技术开发费税前列支等优惠政策。

2003年，国家审计署确定了集团公司系统22个审计单位，集团公司成立了迎审工作领导小组，相关单位积极配合，圆满完成了迎审工作。各级财务人员全力支持集团公司改制上市，认真填报了近三年的企业基础材料，完成了中介机构的审计、咨询和全面尽职调查工作。

同志们，在集团公司党组的正确领导下，在各部门、各单位和广大财务人员的共同努力下，集团公司财务工作开局良好，成效显著，为集团公司“做实、做新、做大、做强”打下了坚实的基础。在此，我再一次向大家表示衷心的感谢！

二、当前财务工作面临的形势和存在的主要问题

随着社会主义市场经济的逐步完善，国有资产管理体制和电力体制改革不断深入，国家宏观调控力度逐步加大，企业生产经营环境发生了深刻的变化，给财务工作带来了新的挑战和机遇，对此，我们必须有清醒的认识。

1. 市场竞争激烈，经营形势严峻

电力体制改革目的就是引入竞争机制，实现市场资源的优化配置。目前，区域电力市场稳步推进，虽然竞价上网刚刚试点，但必将过渡到全部电量和电价的竞争。国资委对中央企业实行以资产经营责任为核心的绩效考核机制，明确要在行业内重点培育前三名，实行优胜劣汰。这对集团公司实现做大、做强目

标，提出了迫切要求。

当前，集团公司面临的经营形势比较严峻。一是煤炭资源短缺，电煤价格飚升。据统计，到9月末，集团公司所属火电厂标煤单价同比上升41.8元/吨，导致燃料成本增支14亿元，尽管大家在疏导电价方面做了大量工作，仍不能抵减燃料涨价支出。二是环保排污费支出大幅增加，2003年，缴纳排污费1.38亿元，到2006年，缴费总额将高达12亿元；国家规定新投产机组加装脱硫装置，单位造价平均增加7%左右。三是人工成本持续上升。四是电热费回收困难，到9月末，集团公司财务口径累计欠费52亿元。

2. 集团公司发展战略对改善财务状况提出了更高要求

今后几年，是集团公司快速发展的时期，集团公司确定了每年“三个400万”的电源发展目标，到2010年装机容量将达到6000万千瓦，需要350多亿元的资本金，为此，我们必须认真解决资金需求问题。首先要加强管理，提高效益；其次要调整产权结构，盘活存量资产，通过发债、上市等筹集资本金；三是通过调整债务结构，降低利息支出；四是提倡节约，杜绝大手大脚、铺张浪费现象；五是通过严肃纪律，解决制度执行不到位问题；六是要严格依法治企，防止任何形式的国有资产流失。

3. 财务管理手段还不能完全适应竞价上网和财务管理现代化的需要

目前的财务信息化仍停留在会计核算阶段，只是用于记账、算账、编制会计报表，会计核算的最小周期为月。实行竞价上网，发电企业要进行实时报价，针对机组不同运行方式、出力曲线、燃料价格等来核算单位成本，仅此一点，目前的财务核算手段是无法满足的。

财务信息化水平较低，财务管理信息系统开发不够，不能实现财务信息的网络共享。对财务信息的加工、利用率不高，难以发挥管理会计的职能。各单位还存在财务数据采集和处理口径不一致，信息交换困难等问题，信息化进程亟待加快。

4. 会计基础工作有待加强，财务人员素质有待提高

为全面执行《企业会计制度》，集团公司举办了四期财务人员培训班，培训人员900余人。然而，一些单位会计基础工作薄弱的现象仍较为突出，部分单位会计制度不够完善，内控制度不健全，依法理财观念薄弱。个别单位财务机构不独立，部门职责不清，没有按照《总会计师条例》设置总会计师，总会计师职能不到位。一些财务人员竞争意识、法律意识、学习创新意识不强，财会队伍的建设和财务骨干的培养，还未能从制度和机制上得到有效的落实。

三、树立科学理财观，努力实现财务管理现代化

集团公司财务工作的指导思想是：以邓小平理论、“三个代表”重要思想和十六大、十六届四中全会精神为指导，紧紧围绕集团公司改革和发展的中心工作，坚持以预算管理为龙头，以资产经营考核为手段，以成本控制为重点，以资本运营为纽带，以效益最大化为目标，依法经营，科学理财，努力推进集团公司财务管理现代化。

1. 牢固树立科学理财观，创新财务管理手段

树立科学的理财观，是建立健全现代企业制度的内在要求，是企业依法经营、诚实守信的客观要求，更是实现集团公司“做实、做新、做大、做强”的必然选择。树立科学的理财观，要树立全局观念。全局观念可以从三个方面理解，首先，它是一项综合性管理工作，通过价值形式，把企业的各种资源、经营过程和经营结果，都合理地加以规划和控制，达到企业效益不断提高、资产不断增加的目的；其次，财务管理与企业各方面具有广泛联系，必须树立“大财务”、“大成本”的观念。企业的一切收支活动，都与财务管理有关，每个部门都会通过资金的使用与财务部门发生联系，每一个部门也都要在合理使用资金、节约资金支出等方面接受财务的指导和预算的约束；第三，财务管理能迅速反映企业生产经营状况。因此，要将企业看成实物流、资金流、信息流三位一体的综合系统，将财务管理延伸到企业管理和规模发展的所有层面和环节。

树立科学理财观，必须树立集中理财的理念。我们社会主义国家的优越性就是集中力量办大事。财务工作要按照周总提出的“把集团公司建设成资本运营中心、预算管理中心”的要求，进一步整合资源、优化配置、改善集团公司整体财务状况。要充分发挥整体优势，加速资金的流通，把现有的资金管好、用好。目前，90%以上的控股公司能够积极说服各股东方，执行集团公司资金集中管理的规定。但是还有个别单位到现在仍没有与其他股东方达成一致意见，影响了集团公司整体工作目标。

要积极推进财务管理信息化，按照“统一规划、分步实施、集中控制、实时查询”原则，通过构建统一标准的广域网络和数据库系统，建立以预算管理为中心的财务信息系统和辅助决策系统，实现财务信息的实时共享。要实现对财务信息的深加工，实现财务会计向管理会计的转变，为领导科学决策提供依据。在实施步骤上分三步走，第一步，在明年上半年，完成财务信息网站建设、数据大集中的各项准备工作、实施数据集中、完成集中核算；第二步，在明年年底

前，完成预算管理、资产管理、产权管理系统；第三步，在2007年底前，完成债务管理、工程管理，基本实现财务管理信息化。

2. 以成本管理为重点，大力推进全面预算管理

要强化“大成本”意识，切实加强成本管理。一是要加强生产运营成本的管理，成本管理的重点是燃料，难点是控制费用。要进一步强化过程管理，完善成本核算和控制体系；二是要加强工程成本的管理，核心是控制安全、质量、工期和造价，要优选投资项目，优化项目设计，控制工程造价，缩短建设周期，从源头上控制成本。要严格项目前期费管理，杜绝费用支出的随意性；三是要控制融资成本，充分发挥集团公司整体融资优势，探索多渠道融资；四是在管理体制上创新，探讨研究电力产品上下游资源的有效配置，在煤电联营和大用户直供上取得突破。

要继续大力推进全面预算管理，一是不断提升全面预算的管理水平，逐步实现全员参与、全面覆盖和全过程跟踪控制。在集团公司层面，要协调好全面预算与综合计划的关系，要坚持财权与事权分离的原则。二是坚持以成本控制为基础，以现金流量管理为核心，科学确定各类预算标准，实现现金流量的有效控制。三是突出全面预算对生产经营活动的导向作用，为各预算责任部门提供明确的控制目标，充分发挥预算的反馈和纠偏功能；四是提倡“柔性控制”与“刚性控制”相结合，各单位要充分发挥主观能动性，以“柔性控制”为主体，选择最优方式实现预算目标。在预算分解、落实责任指标时，强调“刚性控制”，体现预算的严肃性，预算一经确定必须不折不扣地执行。要严格控制预算外支出，预算外支出必须严格审批程序，涉及到影响利润变化的所有指标调整，必须经集团公司预算委员会批准，财务产权部要抓紧制定《集团公司预算外资金管理办法》。五是实现全面预算与企业绩效管理体系相结合，形成一个完整的、广义上的企业业绩控制系统。

3. 广开筹资渠道，保证集团公司发展的需要

企业资金的来源，包括自有资金、债权融资和股权融资三个方面。对于自有资金，要通过加强成本管理，提高盈利能力，加大电热费回收力度，形成稳步增长的净现金流入。要发挥集团公司的规模优势，通过建立统一高效的资金运作平台，减少资金存量，提高资金运转效率。各单位一把手要高度重视，不折不扣地执行“资金集中管理、收支两条线”的规定，加大资金归集力度。

在债权融资方面，要优化借款结构，降低借款利率。要加大电源项目的报批力度，合理调整拟开工项目的规模和结构，已报批的项目，由项目公司融资，各股东方按投资比例进行担保。对外融资的电源项目，要按照国家有关规定，加大监控力度，防范汇率和利率风险。

对于股权融资，要坚定不移地按照集团公司党组“整体上市、分步实施”的统一部署，积极稳妥地推进改制上市工作，到国际资本市场上筹集企业发展资金。

在资金筹集和使用过程中，各单位要认真把握以下几个原则：一是坚持效益优先，价值取向，要兼顾眼前与长远利益。二是搞好项目的经济效益评估，充分考虑到投资项目所面临的风险，做好投资项目现金流量预测，充分考虑资金的时间价值和投资风险。三要追求规模效益，要遵循经济规律，发挥市场作用，坚持以资本为纽带，突出主营业务，增强企业竞争优势。四是把握多元化或专业化投资时机，要根据不同发展阶段，充分考虑经济杠杆、财务杠杆、盈利能力、金融市场状况，及其相互作用，选择综合成本最低的融资组合，实现企业价值的最大化。

4. 切实加强资产管理，明晰产权关系

加强资产管理，一要巩固清产核资成果，防止“前清后乱”，做到“家底”清晰；二要高度重视新投产项目竣工决算工作，严格执行集团公司的有关规定；三要加强技改、零购资产的变动管理工作，做到账、卡、物“三相符”。

要准确把握国家对国有企业的改革方向和要求，一是积极推进集团公司“整体上市、分步实施”步伐，通过制度创新，带动管理创新；二是以“三次重组”为契机，解决好“一厂多制”问题，理顺集团内部企业的产权关系；三是做好主辅分离工作。

要按照“归属清晰、权责明确、保护严格、流转顺畅”的现代产权制度的要求，充分发挥集团公司派出的董事、监事作用。要维护和保障出资人权利，对重大事项和重要财务资源，实行集中管理，增强集团公司控制力。要依据《公司法》，探讨出资人地位的财务实现形式，学会用股权实施财务管理。

5. 进一步完善制度建设，实行有效的财务监督

制度建设是依法理财的基础，要通过制度建设，规范企业理财行为，规范财务管理业务流程。首先，要吸收和借鉴先进企业的经验，学习和掌握国际惯例，做到与国际惯例接轨，强调可操作性。这次会上，集团公司将下发一些管理制度，各单位要认真组织学习，坚决贯彻执行。其次，要通过整体安排、统一规划，建立健全涵盖预算、核算、资金等全方位的制度体系，使集团公司财务工作真正做到以全面预算管理为龙头，以资金管理为核心，以资产经营考核为手段，以内部控制制度为基础，不断优化企业财务运行机制。第三，要高度重视财务会计基础工作。各单位要按照《会计法》、《企业会计制度》，以及集团公

司财会制度的要求，依法理财，确保会计信息真实、完整。集团公司将制订财务会计基础工作达标实施方案，通过检查、评比等形式，促进集团公司财务基础工作整体提高。

切实加强财务监督工作。要从完善公司治理结构、实现经营管理和改革发展的总体目标出发，通过对企业收益状况、资产质量、市场环境等因素的监控和分析，促进企业努力实现经济效益最大化。要通过对所属单位目标责任制完成情况，及预算执行情况的实时掌握，确保集团公司下达的各项年度考核指标落实到位。要通过对企业资金筹集、使用、对外担保等行为的监督，积极防范和化解财务风险。

在财务监督的方式上，要实现制度化监督与重要事项、重点环节监督相结合；实现财务监督与审计监督、人事监督、纪检监督相协调；实现企业内部财务监督和中介机构等外部财务监督分工协作，形成衔接有序、重点突出的企业财务监督体系。

6. 切实加强队伍建设，提高财会队伍整体素质

结合集团公司“人才强企”战略、“168人才工程”的规划和财务工作的特点，要抓好三个层面财会人才队伍的建设，一是建立一支德才兼备、精于管理、适应市场经济和信息化需要、具有开拓创新精神和驾驭市场知识能力的总会计师队伍；二是造就一支适应现代企业制度和市场化理财需要的，能够创造优良业绩、担任财务专业带头人的优秀财会骨干队伍；三是培养一支爱岗敬业、忠诚集团、业务熟练、作风扎实的财会从业队伍。

根据周总要求，从今年开始，力争用两年时间，配齐各单位总会计师。集团公司以人力资源部为主，财务产权部配合，认真做好财务人员情况调查，作好规划，争取在明年年底前，一半以上单位配齐总会计师，到2006年，全部配齐总会计师。各单位要积极创造条件，保障总会计师依法行使职权，充分发挥总会计师的作用。总会计师作为单位行政领导成员，协助单位一把手的工作。总会计师要按照《总会计师条例》的要求履行好职责，组织领导本单位的财务管理、监督等方面的工作，参与本单位重大经济活动、重要经济问题的分析和决策，组织财会人员执行国家财经法律、法规和制度。同时，集团公司要加大对总会计师的培训力度，提高其业务素质和职业道德。

四、对当前几项重点工作的要求

1. 采取有效措施，确保今年利润目标的顺利实现

到9月底，集团公司可控装机容量达2554.5万千瓦，总资产907亿元，比2003年末增加154亿元；净资产244亿元，比2003年末增加28亿元；完成发电量1082亿千瓦时，同比增长12%；实现销售收入241亿元，同比增长25%；利润总额16.7亿元，同比增长19%，低于进度预算3亿元，降低15.64%；期末资产负债率73.10%。

从主要指标分析情况看，影响今年利润主要是发电量和标煤单价两个因素。水电厂主要是来水的影响，个别火电厂由于设备原因，也将影响发电量和利润任务的完成。由于燃料供应紧张及煤炭价格上涨，使燃料成本大幅增加，严重影响了集团公司的利润。

希望各分公司要进一步落实责任，各单位要结合自身的实际情况，采取卓有成效的措施，确保今年利润目标顺利实现。一是要确保设备健康水平，保证安全稳定运行，确保发电量增幅不低于区域平均增长水平；二是确保电价政策执行到位；三是在确保燃料供应的前提下，合理控制标煤单价，特别是标煤单价增长超过区域平均水平的单位，要认真分析原因，力争年底有所降低；四是对供电煤耗、厂用电率等指标的管理，要巩固“管理效益年”成果。五是严格控制成本费用，严格预算外支出。

2. 严格考核，认真地做好资产经营考核兑现工作

各单位要高度重视资产经营考核工作，集团公司将严格按《2004年度资产经营责任书》和有关规定进行考核。去年，集团公司考虑资产交接与电网公司商谈问题较多等实际情况，对应收电热费指标视同全部完成。今年，将严格按“当年全部收回，陈欠收回20%”的目标进行考核。要按考核结果兑现企业领导奖惩，兑现企业增长工资，亏损企业和利润目标没有完成的企业不能涨工资。在兑现工资问题上，我们一方面要贯彻落实“三个代表”重要思想，不能损害职工利益，尽可能把政策用足用好，另一方面又要充分考虑集团公司长远发展，留有一定的储备和积累。

3. 加强组织领导，积极做好明年预算编报工作

周总在讲话中指出：“2005年集团公司的利润要比今年增长20%到30%”，各单位要按这个总原则确定本单位利润目标，认真落实“全面预算、综合平衡、量入为出、兼顾一般、保证重点”的要求。关于明年的预算口径和范围，仍按集团公司现行的财务管理体系编制。

一是将资产经营预算与企业年度综合计划有机结合起来，做到上下沟通协调一致。集团公司发电量增长应与全国电力市场预测水平相一致，供电煤耗等技术经济指标要进一步优化，成本预算要继续体现区域成本平均先进的原则，人工成本要坚持“两个不高于”原则。二是组织好内部相关职能部门的分工和协调，集团公司本部各部门要就分管专项预算各负其

责，各分公司要认真按照集团公司的授权，做好资产经营预算初审工作，各单位要认真编报，努力提高预算编制的科学性和准确性。三是按时上报预算报告。明年预算涉及到集团公司改制上市等重大决策，各单位要统筹合理安排时间，保证集团公司预算工作总体进度。

4. 周密安排，扎实做好年度财务决算和企业基础材料编报工作

今年的财务决算，是集团公司“整体上市、分步实施”决策的重要依据，更要体现“管理效益年”成果，因此，今年财务决算意义重大。各单位、各部门，一要高度重视，周密安排，组织到位，责任落实。二要做好决算准备工作，及早进行债权债务确认、库存盘点等决算基础工作。三要按照会计政策和会计估计，合理界定决算合并范围。四要提高财务决算报告的质量，确保数据真实、准确和完整。

5. 严肃财经纪律，认真贯彻落实“五不准”要求

各单位要以增收节支为核心和目标，规范运作，从严要求，强化监督，严肃纪律。一是真实反映企业经营成果，不得人为调节利润，不得出现新的潜亏挂账。二是充分披露财务会计信息，不得对重大财务事项隐瞒不报。三是严格日常开支，不得年终突击花钱和滥发奖金。四是加强会计核算管理，不得设置“账外账”和“小金库”。五是遵守职业道德，企业负责人不得授意和指使财会人员编制虚假报表，财务人员也要恪守“诚信为本，不做假账”的职业道德。发现违规行为，集团公司将给予严肃处理。

同志们，树立科学理财观，创新财务管理手段，以人为本，依法经营，努力推进财务管理现代化进程，是当前和今后一个时期集团公司财务工作的中心任务。让我们在集团公司党组和周总的正确领导下，坚定信心，开拓进取，为实现集团公司“做实、做新、做大、做强”而努力奋斗！

李庆奎在集团公司深化三项制度改革扩大试点工作会议上的讲话（摘要）

（2004年11月5日）

一、抓住机遇，迎接挑战，深刻认识三项制度改革的重大意义

1. 深化三项制度改革是贯彻落实十六届三中、四中全会精神，提高企业经营管理能力的重大举措

为了适应社会主义市场经济体制和现代企业制度的需要，党的十六届三中全会通过的《中共中央关于完善社会主义市场经济体制若干问题的决定》明确指出，国有企业要“继续推进企业转换经营机制，深化劳动用工、人事和收入分配制度改革，分流安置富余人员，分离企业办社会职能，创造企业改革发展的良好环境”。我们是国有企业，自觉地把思想和行动统一到中央的决策和部署上来，不失时机地推进劳动、人事和收入分配制度改革，这是我们同党中央保持一致，讲政治、讲大局的具体体现。

刚刚结束的十六届四中全会是在我们党带领全国人民为实现全面建设小康社会宏伟目标努力奋斗的重要时期召开的一次极其重要的会议。全会通过的《中共中央关于加强党的执政能力建设的决定》，系统提出了党的五种执政能力，强调必须“坚持把发展作为党执政兴国的第一要务，不断提高驾驭社会主义市场经济的能力”。集团公司作为中央管理的国有企业，学习、贯彻落实《决定》精神，最重要的就是要全面提高企业经营管理的能力，切实增强各级领导干部驾驭市场、总揽全局和处理复杂问题的本领。只有不断提高各级领导班子驾驭市场经济的能力，通过深化改革，充分调动广大职工的积极性，加快企业的发展，确保国有资产的保值增值，进一步增强国有经济的控制力和竞争力，才能为我们党进一步增强执政能力提供更加稳固的经济基础。这是我们义不容辞的责任。

2. 深化三项制度改革是提高企业竞争力，实现集团公司发展战略的客观需要

集团公司成立后，党组审时度势，明确提出了“做实、做新、做大、做强”的八字工作方针，确立了把集团公司建成“复合控股型、规模效益型、集团化、市场化、国际化的现代企业集团”的发展战略构想，并根据这一目标定位，制定了平均每年“三个400万”千瓦、可控容量2005年达到4000万千瓦、2010年超过6000万千瓦的阶段性电源发展目标。目前各发电集团围绕资源、电源点建设和发电市场份额等方面的竞争十分激烈，都在积极采取各种措施，提升竞争实力，谋求发展优势。近一年来，公司上下在党组和周总的正确领导下，围绕“管理效益年”活动，各项工作取得了长足的进展，实力不断壮大。1～9月份，集团公司完成发电量1082亿千瓦时，同比增长12%；实现产品销售收入241亿元，同比增长25%；实现利润总额16.7亿元，同比增长19%。截至九月底，集团公司运行装机容量达到2734.5万千瓦，比成立之初增加269万千瓦；资产规模为907亿元，比成立之初增加240亿元，到今年年底有望突破

1千亿元。为了进一步提高集团公司的核心竞争力，使集团公司成为行业的排头兵，实现集团公司“做实、做新、做大、做强”的目标，我们必须居安思危，以科学的发展观为指导，从战略和全局的高度，进一步加大体制、机制和管理创新的力度，坚决冲破一切不符合市场经济要求的思想观念的束缚，坚决革除一切妨碍生产力发展的体制弊端，把劳动、人事、收入分配制度改革放在更加突出的位置，构筑人才发展的平台，释放企业发展的活力。只有这样，我们才能在复杂多变的形势下抓住机遇，在激烈的市场竞争中抢得先机，实现集团公司全面、协调、快速、持续的发展。

3. 深化三项制度改革是增强企业活力，提高企业管理水平，建立现代企业制度的内在要求

劳动、人事、收入分配制度改革是企业发展历久弥新的主题，不可能一蹴而就。自1992年以来，电力企业普遍进行了一轮三项制度改革，取得了一定的成效。随着电力体制改革的不断深入，进一步改革旧的劳动、人事和收入分配制度已经成为集团公司的重要工作。当前，部分企业劳动、人事、收入分配方面存在的主要问题：一是思想观念陈旧，市场竞争意识淡薄；二是主辅界限不清，机构臃肿，效率低下；三是人浮于事，人员配置不尽合理，“两多两少”现象突出（机关多、一线少，人员多、人才少）；四是收入分配上的平均主义色彩浓厚，存在着关键岗位人才收入竞争力不强，而一般人员收入高于市场劳动力价位，个别企业人才流失现象严重等问题。解决这些问题，要求我们必须与时俱进，继续推进劳动、人事和收入分配制度改革，精兵简政，重组主业业务流程，优化人力资源配置，并建立市场化的激励约束机制。

改革是企业发展的不竭动力。为了适应厂网分开后的新形势，建立现代企业制度，去年下半年以来，集团公司党组作出了“整体改制、分步实施”的决策。目前各项工作正在积极稳妥地向前推进。区域层面的厂际间的资产重组也取得重要进展，目前已经完成了13家企业的重组，另有20多家企业也已基本具备重组的条件；按照工作进程，下一阶段的重组改制，就是要理顺企业内部主业与辅业的关系，重组主业业务流程，并按照现代企业制度的要求改革劳动、人事、收入分配制度，实现岗位能上能下，人员能进能出，收入能增能减，从根本上转换公司经营机制，全面提高企业运行效率和管理水平。通过管理体制、机制与制度的创新，我们不仅可以树立良好的企业形象，而且将为集团公司今后的发展注入强大的活力和发展后劲，为集团公司发展战略目标的实现打下坚实的基础。

二、明确目标，把握重点，全面推进三项制度改革

集团公司深化三项制度改革的指导思想是：以“三个代表”重要思想和党的十六大、十六届三中、四中全会精神为指导，紧紧围绕集团公司发展战略，以实现管理体制、机制创新和优化人力资源配置为目标，坚持以人为本，统一规范劳动标准，精干主业，规范辅业，分离企业办社会职能，建立人员能进能出、岗位能上能下、收入能增能减的用人机制和分配制度，形成以鼓励竞争和有效的激励约束为主要特征的、充满活力的人力资源管理体制与运行机制。

这次三项制度改革，主要应达到以下目标：

一是转变职工的思想观念。三项制度改革是新旧观念的一次激烈碰撞，是一次深刻的思想洗礼。要通过深化三项制度改革，使广大职工切实转变等、靠、要的传统思想观念，自觉克服懒散的作风，以更加开放的心态，认识市场经济条件下企业的各项改革，正确对待劳动用工方式的变革、工作岗位的调整和不同岗位间的收入差距，进一步强化市场意识、效益意识、危机意识和职业竞争意识，牢固树立岗位靠竞争、收入凭贡献的理念，使广大员工更加“忠诚事业、忠诚集团，爱岗敬业、岗位成才”，争做知识型员工，争当企业利益的维护者和企业价值的创造者。

二是实现管理体制和机制的创新。要通过重新界定主业业务范围，实现精干主业，规范辅业，逐步移交企业办社会职能。要通过优化组织结构，减少管理层次，控制管理跨度，提高管理效率。要通过劳动用工制度改革，打破干部与工人的身份界限，规范企业与员工的劳动合同，建立和谐的劳动关系，实现劳动用工的规范化、制度化、法制化。要通过人事制度改革，为所有员工提供公平竞争的平台，实现人力资源的优化配置。要通过收入分配制度改革，打破收入分配上的平均主义，建立员工收入与企业的经济效益、个人工作业绩密切挂钩，以岗定薪，岗变薪变，上下浮动的分配机制，形成对广大员工的有效激励与约束。

三是提升企业的科学管理水平。劳动、人事、收入分配制度是企业管理的核心制度，其先进性与否直接关系企业的整体管理水平。要通过深化三项制度改革，全面推行劳动合同管理、目标管理、绩效管理和精细化管理，全面提升科学管理、民主管理、依法管理企业的水平，提高企业的管理效率和效益，实现企业管理理念、管理方式、管理手段的创新。

四是构建崇尚业绩、追求卓越的企业文化。企业

文化是增强企业凝聚力、向心力和吸引力的内生力量，对于企业战略目标的实现具有重要的促进作用。作为一个刚刚组建的企业集团，我们必须从一开始就把构建先进企业文化放在突出的位置，胸怀全局，志存高远，使广大职工自觉认同集团公司“以电兴业，强企报国”的价值理念和“忠诚事业、忠诚集团，爱岗敬业、岗位成才”的职业道德观，在公司系统形成一种以人为本、业绩至上、崇尚学习、乐于奉献、鼓励创新、追求卓越的现代企业文化。

关于如何搞好三项制度改革，周总在年初集团公司人力资源工作会上明确提出，要把握好“四定”、竞争上岗、绩效考核、分配制度改革和富余人员分流安置等五个关键环节，要求我们创造性地开展工作，务求取得实效。下面我重点强调几个问题。

1. 科学界定主辅界限，实现精干主业，规范辅业，移交企业办社会职能

主辅分离、辅业改制、移交企业办社会职能，是中央深化国有企业改革的重大举措。我们要按照中央文件的精神，并结合发电企业自身的特点，在确保电力生产、经营管理过程完整性的基础上，合理划分主业与辅业的界限，将发电生产、经营管理以及与发电生产直接相关的燃料、物资、检修纳入主业的范围。检修公司由主业全资或控股经营，条件成熟的地区，可以大型骨干电厂为依托，组建区域性的检修公司。

要对后勤、服务等辅业和综合产业进行规范的公司制改组，鼓励对其进行股份制改造、民营化经营、承包经营、租赁经营等改革，并规范主业与辅业和综合产业的业务往来。综合产业不能无偿占有国有资产，国有资产要通过转让、出售等方式，逐步从综合产业退出。对由主业分流到综合产业工作的员工，可保留原来身份，但应实行合同管理。

要进一步加大与政府有关部门沟通联系的力度，积极移交企业办社会职能。能移交的，要尽快移交；暂时不能移交的，要进行合并，逐步萎缩。

2. 做好“四定”工作，夯实三项制度改革基础

“四定”是三项制度改革的基础和前提。要按照精干高效的原则，积极推进企业内部组织结构的调整，精简管理层次，优化管理链条，规范企业机构设置和中层管理人员职数，统一集团公司各企业内设机构名称和职务名称。各单位要严格按照集团公司的要求，对职能交叉、相近、重复的部门进行合并，不得擅自扩大机构设置的规模和中层干部职数。要通过这次改革，对中层干部队伍进行消肿，坚决把职数降下来。集团公司也要对厂级领导职数进行规范，企业领导班子职数，老厂原则上不超过7人，新厂不超过5人。

要参照原国家电力公司《火力发电厂劳动定员标准》和《水力发电厂劳动定员标准》，重新核定企业的主业劳动定员，按定员组织生产，并严格按照规定的比例配备管理、党群、生产人员。需要特别指出的是，目前这一轮定员仍是过渡性的，最终定员要向新建电厂标准看齐。多余人员向新建项目输出。要按照以需设岗、因事设岗和满负荷工作的原则，科学设置工作岗位，对现有岗位进行清理、归并，建立集团公司统一的岗位系列。要进一步完善岗位规范，明确工作内容、工作职责、工作标准、工作流程和任职条件。要按照集团公司确立的岗位级别区间和典型岗位级别，规范岗位级别，不得随意抬高最高、最低岗级和平均岗级。

3. 引入竞争机制，建立健全岗位动态管理制度

竞争上岗是三项制度改革的关键环节，是真假改革的试金石。我们必须克服畏难情绪，从引入竞争机制入手，进一步加大竞争上岗的力度。在这次三项制度改革中，除国家法律、法规规定需要选举产生的外，其他岗位，包括新增、空缺岗位，都应采用竞争上岗的方式，双向选择，择优聘用合适人员。对于厂级领导干部，集团公司也将在适当时候拿出部分岗位，进行市场化公开选聘试点，然后逐步扩大竞争上岗的范围和比例。在这里，我想特别强调，在这次深化三项制度改革中，没有建立正常的竞争上岗机制的企业必须实行全员竞争上岗，这是一条刚性的要求，不能打折扣、走过场；竞争上岗已经制度化、经常化的企业，也要按照集团公司的要求进行规范和完善，定期进行竞聘上岗工作。竞争上岗的周期，各企业可依据实际情况确立，不要一年搞一次全员竞争上岗，在竞争上岗制度化以后，主要是要对考核不合格的，拿出岗位来进行竞争。

在实施竞争上岗时，为了保持相对的稳定，应确立岗位任职条件，设置一定的台阶，实行有限竞争。要按照“先主业后辅业、先管理后生产”的顺序，主业与辅业两个平台，一个机制，自上而下，由高岗到低岗，分层分批操作，竞争一批，聘用一批，稳定一批。

要坚持德才兼备原则，把品德、知识、能力、业绩作为衡量的主要标准，为所有员工提供公平竞争的平台，并根据不同岗位的特点，灵活采取考试、考核、答辩等方式，择优聘用合适人员。对职数较多的生产、服务岗位也可根据实际情况采取双向选择、优化组合的上岗方式。

要打破学历、职称、资历、身份对优秀人才的限制，重学历而不唯学历，重台阶而不唯台阶，允许人才跨部门、跨专业合理流动，充分发挥他们的聪明才智，努力为优秀人才的脱颖而出、健康成长创造良好的环境和条件。但也要按照岗位要求进行严格考核，决不允许出现拉帮结派的现象。

要强化岗位动态管理。所有竞争上岗人员均实行聘任制和任期制，并签订上岗合同，明确岗位职责和聘任期限。聘任期满，要重新组织竞争上岗，实现岗位竞争的经常化、制度化。要建立健全动态的考评制度，对考核不合格的要及时调整工作岗位，建立正常的淘汰机制。

要加大对各类在岗、转岗人员教育培训的力度，尤其是对由辅业到主业、由非生产岗位到生产岗位、由低岗到高岗和生产部门跨专业流动人员，要进行系统的安全知识培训和岗位专业知识、技能培训。

4. 建立分类考核评价体系，全面推行绩效管理

最近，国资委继去年对中央企业负责人全面实行年度经营业绩考核后，又启动了任期经营业绩考核工作。两个考核体系的建立，从制度上较好地解决了中央企业负责人的激励与约束问题，对于提高企业的竞争力，实现国有资产的保值增值具有重要的意义。我们要结合自身的实际，完善目标责任制考核办法，建立对企业负责人的任期考核制度。

各试点企业要积极探索对各类人员有效的绩效考核办法。要以能力和业绩为导向，以岗位职责为基础，以绩效目标为核心，建立科学的各类人员考核评价体系。对企业行政领导人员，主要考核其经营决策能力、市场应变能力、诚信守法表现以及经营效果；对企业党群领导人员，主要考核其政治理论水平、组织协调能力、职工信任程度和企业稳定状况，评价精神文明建设和企业文化建设情况；对专业技术人员和生产技能人员，主要考核其解决专业技术难题的能力，以及完成任务的数量、质量和成本。要以科学的发展观和正确的业绩观为指导，确立不同人员的关键绩效考核指标，将集团公司下达给各企业的年度责任目标，层层分解，落实到部门、班组和每个岗位。考核指标应以定量为主、定性为辅，能量化的要量化，不能量化的，也要细化。

要不断提高绩效考核的科学化水平，积极学习、借鉴国外企业绩效管理的先进经验，对广大员工的工作态度、能力、绩效进行客观公正的评价。要建立合理的绩效考核周期，确立月度考核与年度考核的不同内容，并实行分层考核，企业考核部门，部门考核个人，自上而下，一级考核一级。

要加强对绩效考核结果的反馈和运用，通过持续的沟通，帮助员工分析存在问题的原因，制定绩效改进计划。并建立健全考核——使用——待遇一体化机制，把绩效考评结果作为员工职位升降、经济奖罚和教育培训的主要依据，以业绩论英雄，切实做到干与不干不一样，干多与干少不一样，干好与干坏不一样。

5. 深化分配制度改革，打破分配上的大锅饭

分配制度改革是三项制度改革的重点和难点，也是广大职工关注的焦点。集团公司已在公司系统全面推行了工资总额同企业经济效益挂钩的办法，对各企业全面实行“两挂五考核”，根据发电量和经济效益核定各单位的工资总额。实践证明，这一工资总量决定机制对于提高集团公司的经济效益、调动各基层企业的积极性发挥了重要作用。这次收入分配制度改革，主要是要按照效率优先、兼顾公平的原则，充分发挥薪酬的激励功能，搞活企业内部分配。收入增长不能盲目“追风”，必须坚持企业效益和劳动生产率增长高于职工收入增长的原则，关键是要打破“高水平的大锅饭”，使骨干人才的收入不低于当地劳动力市场价位。

一是全面推行岗位绩效工资制度。在完善绩效考评制度的基础上，全面实行岗位薪点工资，以岗定薪，一岗多薪，岗变薪变，员工个人收入依据企业经济效益和工作业绩上下浮动，简化工资结构，提高浮动收入比例，并建立正常的晋薪制度，奖勤罚懒，奖优罚劣。各试点企业在验收合格后执行新的工资标准。

二是以劳动力市场价格为导向，合理拉开收入差距，提高关键岗位和优秀人才的待遇，使其收入水平与所在区域人才市场水平相适应。并充分发挥收入分配的杠杆作用，引导人才向生产一线流动。

三是对企业领导人员逐步实行年薪制。集团公司已在10余家企业开展了年薪制试点，明年将在总结经验的基础上，进一步扩大年薪制的试行范围，把企业领导人员的收入同其工作责任、业绩和风险挂钩。

四是积极探索多种收入分配形式。充分发挥劳动力市场对企业分配的基础性引导作用，对社会通用工种应实行劳动力市场价格工资。对企业招聘的特殊人才可实行协议工资。要积极探索管理、技术等要素参与收入分配的实现形式，对为企业做出重大贡献的人员，条件具备的企业可探索建立项目成果奖励、新增净利润提成、关键技术折价入股、奖励股份期权等制度，形成对优秀人才、紧缺人才的有效激励。

6. 拓宽就业渠道，妥善分流安置富余人员

富余人员分流安置是改革的难点，也是容易引发不稳定的环节，必须引起我们的高度重视，希望各单位慎之又慎。

分流安置富余人员，要解放思想，开阔思路，着力在以下两个渠道上下功夫：

一是政策性安置。要通过清退临时用工、继续实行内部退养、鼓励自谋职业等形式，分流安置富余人员。各单位要按照集团公司的意见，结合本企业的实际，制订具体的实施办法。企业制订的内部退养政策，要注意保持政策的连续性，避免产生不稳定因素。要全面清理、减少各种临时用工，为富余人员腾出岗位。凡是有富余职工的企业应优先安排富余人

员。对于暂时不能清退的临时工，也应通过当地劳务组织签订劳务租赁合同，实现临时用工管理的专业化和社会化，降低企业用工成本，规避临时用工可能带来的风险。

二是发展性安置。通过积极发展综合产业、组建各种适应市场需要的专业化公司，大力拓展就业渠道，分流安置富余人员。同时，各企业要抓住当前集团公司电源建设高峰的有利时机，积极组织年龄较轻、学历层次较高的生产技术、技能人员进行生产运行岗位备员性培训，并按照集团公司的统一安排，适时向新建发电企业输出合格的人才，扩大就业渠道。

三、统筹规划，精心组织，确保三项制度改革的顺利进行

深化三项制度改革是一项复杂的系统工程，涉及面广，政策性强，事关广大职工的切身利益和企业发展稳定的大局，必须切实加强领导，落实工作责任，精心安排，周密部署，扎实有序地推进各项工作，确保改革的顺利进行。

1. 切实加强对深化三项制度改革的组织领导

劳动、人事、收入分配制度是企业重要的基本管理制度，改革牵一发而动全身。本次改革任务重，时间紧，各级领导班子，尤其是党政一把手必须从企业改革发展全局的高度，进一步强化政治意识、大局意识和责任意识，以对事业高度负责的精神，把深化三项制度改革作为当前转换企业经营机制、建设现代企业制度的一项重点工作抓紧抓好。最近，中组部决定在国有企业开展创建政治素质好、经营业绩好、团结协作好、作风形象好的“四好班子”活动。应该说，这次三项制度改革对于我们各级领导班子的素质、能力是一次重大的考验，各级领导班子必须高度一致，集中全部精力和智慧，齐心协力，大公无私，把方案制定好，按程序操作好。各分公司、基层企业都要成立由主要领导挂帅的深化三项制度改革领导小组，加强对各层面三项制度改革的领导，形成党政工团齐抓共管的工作格局。要明确工作责任，集团公司全面负责公司系统的三项制度改革工作，负责制订集团公司关于深化三项制度改革的指导意见和相关配套政策，审批各试点企业的三项制度改革方案；分公司负责组织、指导、协调、督促、检查验收所在区域发电企业的三项制度改革工作；各基层企业根据集团公司的部署和要求，负责制定本单位的三项制度改革方案和三项制度改革的具体组织实施工作。

2. 正确处理改革与稳定的关系

三项制度改革是企业管理的一场深刻革命，是各种利益关系的一次重大调整。我们的改革，必须坚持稳定压倒一切的原则，在稳定的前提下进行。如果没有一个宽松的内、外部环境，没有安全生产和职工队伍的稳定，是不可能进行下去并取得成功的。对此，我们必须保持清醒的头脑，要从企业改革发展稳定全局的高度，正确把握改革与稳定的辩证关系，统筹改革的力度、进度与职工可承受的程度，妥善处理好改革中出现的各种问题，统筹规划，精心组织，积极稳妥地推进各项工作，既不能消极无为，又不能草率冒进。各项改革措施应依法依规制定，方案出台前，要提交职代会审议通过，切实保障职工的合法权益。要认真倾听职工的意见，不要堵塞言论渠道，做好细致的说服教育工作。要善于处理职工中的热点和难点问题，既不能回避矛盾，也不能简单行事。对工作中出现的各种问题，一定要及时解决；对政策性强或一时解决不了的问题，要耐心进行解释和说明。要及时掌握和排查各种不稳定因素，对改革中可能出现的矛盾问题要有充分的思想准备，并制定、完善各项应对预案，努力把矛盾化解在基层，把不稳定因素消灭在萌芽状态，做到职工队伍思想不乱，工作不松，作风不散，干劲不减。要牢固树立“以人为本”的思想，以调动广大职工工作的积极性、主动性和创造性为改革的出发点和落脚点，真情关心职工、真心爱护职工，不断满足广大职工的精神、物质、文化需求，让广大员工各得其所、各尽所能，实现企业与员工的和谐发展。在竞聘上岗、改制分流中，要充分考虑一些弱势群体的实际问题，并认真做好富余人员的分流安置工作，尽可能为他们提供合适的工作岗位，最大限度减少改革的阻力，维护企业的稳定。

3. 坚持公开、公平、公正原则

公开、公平、公正是三项制度改革的生命线。能否在三项制度改革工作中真正做到“三公”，直接关系到三项制度改革的成败，关系到企业的价值取向，领导班子的政策水平、管理能力和在职工群众中的威信、形象。“三公”体现在改革的各个方面、各个环节，从三项制度改革方案的制定到竞聘上岗的组织，从考核小组人选的组成、选拔程序的设置到岗位人选的确立，都应遵循公开、公平、公正的原则，规范操作，做到方案公开、标准公开、程序公开，起点公平、结果公平，评价公正、考核公正。要充分发扬民主，切实保证广大职工对三项制度改革的知情权、参与权、选择权和监督权。为了防止“暗箱操作”，保证三项制度改革在“阳光”下进行，各单位要成立由纪检监察部门牵头、职工代表参与的监督小组，对三项制度改革进行全过程的监督。要严格工作程序，严肃工作纪律，对各种徇私舞弊行为，一经查实，要从严处理，决不能手软。

集团公司各部门、分公司要积极支持各单位的三项制度改革工作，充分相信基层企业领导班子，理解

他们的难处，切实帮助解决实际问题，不要写条子、打招呼，干预基层企业的机构设置、人事安排和工资待遇等工作。有不同意见应向集团公司人力资源部反映，由人力资源部统筹考虑。

4. 做好深入细致的宣传发动工作

宣传发动是深化三项制度改革顺利进行的重要保证。宣传到位，对于整个三项制度改革可以起到事半功倍的效果。一是要大造声势，营造深化改革的舆论氛围。在改革方案出台前和实施过程中，要利用网络、报纸等多种形式和宣传阵地，进行广泛的宣传，形成强大的宣传声势，使改革的目的、意义、方案内容人尽皆知，耳熟能详，积极引导广大职工转变观念，提高对改革必要性、紧迫性的思想认识和对改革的心理承受能力，使广大职工思想上正确理解改革、行动上积极支持改革。二是要深入发动，形成推进改革的整体合力。这次三项制度改革，无论是涉及的范围、层次，还是工作的难度，都是前所未有的，必须动员党、政、工、团等各方面的力量，发挥各自的优势，做好深入细致的思想政治工作，形成思想政治工作的强大合力。要准确把握职工的思想脉搏，尤其是从主业岗位到非主业岗位、从管理岗位到非管理岗位和多层次竞聘又多次落聘人员的思想动态，有针对性地做好教育疏导工作，帮助他们正确处理个人利益与企业利益、短期利益与长远利益的关系，正确对待竞争上岗和个人岗位的变化，并积极创造条件，对他们开展各种形式的教育培训，切实提高他们的知识技能，为今后的竞争上岗作好准备，使他们切实感受到组织的温暖。

同志们，党的十六届四中全会明确提出要建设一支善于治国理政的高素质干部队伍，能否全面实现集团公司提出的三项制度改革目标，对于我们各级领导班子的领导能力和组织管理能力是一次重大的考验。希望大家认真学习贯彻落实十六届四中全会精神，全面增强正确决策能力、经营管理能力、市场竞争能力、推动企业创新能力和应对复杂局面的能力，坚定信心，扎实工作，克难奋进，务期必成，以三项制度改革的实际成果向广大职工和集团公司交出一份满意的答卷。

刘彭龄在集团公司2004年安全生产暨科技环保工作会议上的讲话（摘要）

（2004年4月28日）

这次会议总结了2003年也是集团公司成立以来，安全生产、科技环保工作方面的情况，交流了集团公司成立以来，安全生产方面的经验和体会。特别是同志们考察了北仑电厂，北仑电厂现在有一个大修，大家去看了，这个厂管理得怎么样，大家会有结论。去年的安全生产会是分别在天津和谏壁开的，这是第三次会议了。除了天津以外，选择在谏壁和北仑，这表明集团公司对这两个单位，在安全生产乃至于全面工作的一个基本看法。

现在我就这个会议，以及昨天周大兵总经理来电话指示的情况，讲三点意见。

一、通报刚刚结束的全国经济运行工作会议的主要精神

今年以来，国家的经济建设在党中央、国务院的正确领导下，发展快速，一季度GDP增长是9.7%，电力增长是15.7%，其中国电集团增长19.6%，总的国民经济是快速健康的发展，形势是好的。但是，也出现一些需要高度重视的问题。除了原来固有的一些问题以外，突出的是固定资产投资规模过大、速度过猛，带来一些方面的问题。特别是造成煤、电、油、运的全面紧张。同时国外煤炭市场价格至今还是看涨的，动力煤离岸价可能到48～50美元一吨，往欧盟出口的焦炭，2000、2001年大约还是79美元一吨，现在欧盟市场已经涨到大约370多美元一吨，而且供不应求。国内，因为缺煤停机，限负荷的不算，最严重的时候同时停机300多万千瓦。油同样也很紧张，现在中石油、中石化的炼油能力已经达到设计生产能力的120%左右。去年全年进口原油大约是9000多万吨，今年肯定要突破1亿吨。运力方面：现在每天各个方面向铁路请车大约是30万个车皮。实际上可以调动的、组织的车皮只有10万个左右，现在的运力只能满足需求的35%左右。中国这么快的一种发展势头，不仅在国内已经引起局部环节的紧张，在国际也已经造成影响。现在通过马六甲海峡的船，55%～60%都是往中国来的。

电煤市场发展趋势，今年与往年有显著的不同。往年春节之后，电煤的供应从量上来说是趋缓的，今年不仅没趋缓，反而更加紧张；从煤炭价格上来说是逐渐地下降的，今年不仅不降，还要往上涨。今年全国发电设备，一季度利用小时数总的比去年同期可能提高近100小时，即使这样，还有接近20个左右的省，出现不同程度的拉闸限电。个别的省市，已经开始“开四停三”了。

所有这些情况，已经引起党中央、国务院的高度重视。国务院在4月9日，温家宝总理召开国务院常务会议，专门研究了当前国家的经济运行情况。4月22日，中央政治局常委开会，听取经济运行情况的

汇报，研究相应的措施，继续贯彻十六届三中全会和今年政府工作报告，以及今年中央经济工作会议的精神，继续保持经济的健康、快速发展。中国的经济增长没有一定的速度是不行的，但是要健康、更要可持续、还要协调，就是要实现科学的发展。现在用电很紧张，电又成为社会经济发展的一个瓶颈，作为电力职工一定要认清当前的形势，有一种责任感，有责任、有义务为缓解当前电力紧张做出应有的贡献。

二、认真贯彻落实这次会议的精神，进一步把安全生产工作抓好

安全生产要年年讲、月月讲、天天讲，一时一刻都不可忘记。但是要与时俱进，要有所创新。总的来说电力行业的安全管理制度是健全的，现在没有几个事故是因为制度不健全而出事的。

第二，所出的事故中，绝大部分不是设备的问题，也不是投入的问题，基本上是因为有章不循，或是违章指挥，或是违规野蛮作业造成的。

无论做什么事，都要分析清楚实际情况，从实际出发，同时找准自己的位置。再根据实际情况和自己的位置，采取有针对性的措施。对安全生产来说，首先要清楚现在的安全生产面临什么样的形势。

电力体制改革以后，原有的管理体系被打破了，新的体系刚刚建立，还不健全。今天的会，相当于原国家电力公司安全生产工作会议。过去厂网一家的时候，无论是电厂的事故，还是电网的事故，作为调度是要统筹考虑的，现在调度的责任就是保证电网的安全。电厂的事故是电厂自己负责，而且如果影响了上网电量，还要受惩罚。跟过去完全不一样，这就是利益主体、地域主体变化后的新形势。

现在除了要适应厂网分开和管理架构这两个新的变化以外，其他的没有什么太大的变化，我们必须继续继承、坚持和巩固几十年来电力安全管理方面好的制度、传统、做法。作为集团公司来说，管安全的思路要有比较大的调整。还是要抓去年工作会议上强调的三件事：第一，抓领导；第二，抓机制；第三，抓载体。

第一，抓领导。《安全生产法》明确规定，各单位的行政一把手是本单位的安全生产的第一责任人。作为集团公司，首先要明确，一把手不到位，安全生产很难搞好，也肯定搞不好。去年有一个单位，连续发生伤亡事故，就是一把手思想不稳定造成的。

一把手重视，既要讲思想，同时也要有制度。周总在干部会上讲过，在党组会上多次强调，衡量一个干部，特别是主要领导干部，有三个方面：一是政治上，主要是党风廉政建设，还有联系群众、民主作风，总的叫政治方面；第二个是安全稳定；第三是经济效益。特别是安全稳定、经济效益，是可以考核的。这一点，一定要跟主要领导汇报到，安全稳定的情况、经济效益的情况，绝对影响对厂领导的评价，马虎不得。安全稳定出了问题，经济效益搞坏了，对领导干部评价是不合格的。厂领导如果不把安全这第一责任应该到位的事情抓好，这是最大的失职。

同志们在百忙之中还要注意一下时政。最近国务院温家宝总理主持研究，处理了三次事故：一个是中石油川东钻探公司井喷特大事故，一个是北京市密云县“2·5”特大伤亡事故，还有一个是吉林省吉林市中百商厦“2·15”特大火灾事故，处理的力度还是很大的。所以我希望各厂的一把手，关于安全生产至少要做到以下三个到位。

第一，认识到位。要按照“三个代表”重要思想和党的十六届三中全会精神，牢固地树立以人为本的观念。高度重视员工的生命安全和国家财产安全。“三个代表”、“以人为本”，已经写入宪法了，这是政治高度方面的认识。第二个方面的认识，是从企业经济效益的角度讲，没有安全，谈什么效益。去年集团公司设备利用小时低的单位，显然效益就低。这个道理不用多讲。第三从个人出发，从自己的角度讲，也要对自己负责。这三个方面：第一讲政治，“三个代表”，以人为本；第二讲效益，从集团公司出发；第三为自己，对自己负责，一定要做到位。

第二，指导到位。一把手是管全局，把握方向的，不可能什么都事必躬亲，什么都自己去做，但是必须要随时了解本单位安全生产的全局，及时敏锐地发现存在的问题，给予必要的指导。

第三，支持到位。主要是三个方面：第一是人员的配备。比如安全生产部配备的人员，要求都比较严，人是生产力里面第一要素，这个不必多说。人员素质要与所在的岗位适应，尤其是生产部门决不能含糊。第二是必要的资金支持。为了提高设备的安全水平，为了解决安全的重大隐患，必要的投入必须投入，一把手不仅要支持，而且要保证。坦率地说，这也是《安全生产法》所要求的。今年是管理效益年，资金这么紧张，集团公司从一开始就明确提出来，要继续坚持应修必修、修必修好的原则。第三是制度保障的支持。安监科、分管生产的领导同志要按照规章制度严格要求。处罚时，一把手必须支持。一把手主要是做到这三个方面的支持：人力资源的支持、资金的支持和制度保障的支持。认识到位了，支持就到位了，分管的同志既要尊重服从一把手，经常汇报重大的情况，更要积极主动地开展工作，在一把手的领导之下具体地组织领导好本单位的安全生产。

第二抓机制。机制这个词是从医学、解剖学引用过来的，医学上的免疫机制、条件反射机制，就相当

于人的植物神经所发出的指令。再引申一下，就是一个主体对于外界的变化自动做出适应性反应的能力。集团公司安全生产机制的建立还有差距，还需要继续探索，包括这次会议，会开得很好，但是以后也要开适当的、小型的、专业性比较强的会，争取能够解决一些具体问题。

第三抓载体。抓载体去年已讲过，周总已经要求，安全生产部正在搞。这个活动包括今年开展的安全性评价，明年或今年下半年准备开始试点的星级企业竞赛的活动等。

关于安全生产，总的要求还是求真务实。大家回去，结合各单位的情况，真正把这次会议精神贯彻落实。

三、统一思想，扎实工作，统筹兼顾，突出重点，切实抓好今年后八个月的工作，全面完成和超额完成集团公司今年的任务

第一，各单位回去，立即开一次领导班子会议，传达贯彻这次会议的精神。二是认真地回顾今年四个月来本单位安全生产、市场营销、企业管理（新项目建设）工作，安排好今年后八个月本单位的各项工作，集团公司各分支机构的负责同志，根据辖区内各单位的情况，适当地参加辖区内所属单位的会议，一要督促检查，二要指导帮助。各单位也要支持、尊重、服从分支机构代表集团公司对你单位的督促检查、指导和帮助。

第二，妥善安排好近期要抓好的几项工作。

一是“五一”期间的安全生产。国务院办公厅4月27日开了全国安全生产电视电话会议，周总参加了这次会议，并强调要学习、关键是贯彻落实这次电视电话会议的精神，确保“五一”期间的安全生产。

二是按照国务院的要求，对本单位的有害有毒药品和放射源进行认真清查，逐一登记，健全制度，落实责任，明确到人。由分管生产的同志任本单位清查的总负责人，负责对本单位的有毒有害药品和放射源，开展拉网式的清查。特别是放射源，要注意，没有的就写没有，有的有多少，负责人是谁，制度健全不健全，都要写清楚。在清查的基础之上，健全制度，严密管理，落实责任，明确到人，有毒药品和放射源必须时时刻刻保证在控、可控。5月9日各单位把情况报到安全生产部和各分支机构，安全生产部负责汇总。

三是立即按照国家发改委6102号文件的要求，各单位在各分支机构的统一组织、领导下，集中精力，明确专人，突出地抓好这一次的电价报批工作。

四是抓紧燃煤的采购和储备，做好迎峰度夏准备工作。各地区、各单位情况不一样，由新源能源公司配合各单位把这件工作做好。

五是各单位要针对前一阶段春季季安全大检查所查出来的问题，制定计划、明确专人、限定时间，予以整改，做到闭环管理。此项工作集团公司授权各分支机构予以督促检查。集团公司安全生产部将适当地抽查有关单位工作开展情况。

六是要认真地分析今年以来本单位经营管理的情况，包括设备运转情况、煤炭市场情况、电力市场情况，预测今年后八个月本单位的经营形势。目标很明确，今年集团公司下达的预算，必须完成。但是不能搞短期行为，不能做假账，不能再搞什么递延资产。这是影响集团公司大局的事情，必须完成。各分支机构的领导对所辖区域内的指标完成情况负责，各单位要开源节流，保证年度利润指标的完成。

实事求是　分类指导
真抓实干　务期必成

——刘彭龄在华中分公司落实“管理效益年”任务汇报会上的讲话（摘要）

（2004年9月16日）

这里，我主要讲三点意见：

首先，向各位通报一下今年以来，集团公司在改革、发展和“管理效益年”工作中取得的可喜成绩，以及今年后几个月集团公司党组的整体工作思路。

集团公司在党组和周总的正确领导下，坚决贯彻党的十六大精神，特别是党中央、国务院关于宏观调控的一系列决策和政策、措施，各项工作，特别是加快发展、“管理效益年”、改制上市等三件大事都取得了很好的成绩。在加快发展方面，我们在去年超常规发展的基础上，各项工作更加扎实、更加科学、更加稳固；在“管理效益年”工作方面，周总与国资委签订的2004年资产经营责任状完全有把握完成，而且能够超额完成，将向党和国家上交一份完美的答卷；在集团公司改制上市工作方面，尽管涉及面广，困难很多，但总体进展顺利，具体方案已上报国家有关部委，整体进度基本达到年初预定的目标。周总和集团公司党组确定的集团公司今年三件大事，不仅符合集团公司的实际情况，而且符合党中央、国务院今年以来关于国民经济发展的一系列重大举措和决策。

集团公司党组从去年到今年的整体思路是明确的、坚定的，并且在具体操作上又与时俱进地进行了调整。在今年下半年，特别是在7月中下旬召开的几个重要的会议上，集团公司党组决定将集团公司改制

重组方案调整为“整体改制，分步实施”，确保集团公司H股在海外首发成功。

周总在前几天集团公司党组会议上再次明确了集团公司今年后四个月的工作思路，即“保上市，加压力，调计划”。

“保上市”是指已经确定上市的单位，无论有多少困难，今年初确定的利润指标必须完成。否则，不仅影响本单位的形象，而且影响集团公司的整体战略部署。这必须放在第一位。

“加压力”是指必须维护年初周总与各单位签订责任状的严肃性，责任状中确定的利润是衡量各单位2004年资产经营业绩的重要指标，也是评价各单位领导班子，特别是主要领导干部的重要依据之一。

“调计划”是指在完成年初签订的利润指标的前提下，根据今年集团公司改制上市的需要，可以进行适当的调整。一是调整的前提是：今年签订的利润指标不能变。如果由于人力不可抗拒的因素，完成利润指标确有困难，如万安电厂和富水电厂，今年老天爷不下雨，完成利润指标确实有困难，就要实事求是地进行适当调整。二是调整的范围和目的：根据今年集团公司“整体上市，分步实施”的工作部署，对没有进入股份公司的单位，要加大整治设备的力度，提高设备的健康水平，为更好地生产经营打下坚实的物质基础，同时相应调整有关损益。三是调整的权限全部在集团公司，其他任何单位和个人都不允许擅自进行调整。集团公司将按照程序，依靠分公司和各基层单位实施并落实调整方案。

第二，向大家传达一下今年青岛会议以后，周总对集团公司今年后几个月“管理效益年”工作如何开展的重要批示。今年7月20日，李庆奎副总经理主持召开了各分公司上半年预算执行情况汇报会，并将汇报情况报告周总，周总在该报告上明确批示：“今年十亿元的净利润要千方百计完成，请李总、刘总组织有关部门立即采取切实可行的措施，层层落实。”根据周总的批示精神，9月14日，李庆奎副总经理和我在北京召开了一个短会，人力资源部、财务产权部、安全生产部、科技环保部、市场营销部、新源能源公司等部门负责人以及各分公司的主要负责人和分管的副职都参加了会议，会议听取了各分公司关于“管理效益年”情况的汇报，李庆奎副总经理作了重要讲话。会上，我提出要坚持“管理效益年”活动目标不动摇，按照“实事求是、分类指导、真抓实干、务期必成”的要求，进一步狠抓落实，务期必成。

最后，对华中分公司今年后几个月进一步开展好“管理效益年”工作提几点建议：

一是要实事求是。华中分公司要实事求是地总结、分析今年前八个月区域各单位的资产经营情况，形势比较好的、盈利的要分析；形势不乐观的，特别是亏损、甚至预测全年亏损的更要分析。要分清主观因素和客观因素。客观因素中，哪些是人力不可抗拒的，哪些是通过主观努力可以改善和弥补的；主观因素中，工作思路是否正确，采取措施是否有效，贯彻落实是否到底。凡是亏损的单位，固定费用剔除不可比因素后，与去年同比要有显著的下降。我们讲“忠诚事业、忠诚集团”，就要拿出实际行动来，要干出业绩来。

二是要分类指导。分类指导的范畴和方式是各不相同的，这里我提出几种分类方法，供大家参考，互相启示。

第一，按产权性质以及是否上市进行分类。第一大类是指列入集团公司首发H股上市的单位，这些单位无论如何必须完成利润目标，要坚决落实周总要求的第一条“保上市”，华中分公司务必采取有力的措施予以指导、支持和帮助；第二大类是指内部核算电厂，根据该单位今年以来的资产经营情况、设备的健康状况以及所在网省公司在计划安排上可能调整的实际条件，统筹考虑集团公司的整体大盘，华中分公司商各有关单位作出适度安排后报集团公司批准；第三大类是指其他控股公司，除了参照内部核算电厂的方式作出适当安排外，还必须按照公司章程，经过董事会批准后，方能适当调整年初批准的预算。

第二，按完成今年目标利润的难易程度进行分类。第一类，对能够完成今年目标利润的企业，要信任、支持和鼓励企业的领导班子率领职工群众自己干，不要过多干预；第二类，对完成今年目标利润有一定困难的，基本上要靠企业自己克服困难，同时给予必要的指导和支持；第三类，对完成今年目标利润困难比较大的，要重点地予以指导和帮助，必要时可组织精干的专家小组和企业一起进行企业管理的诊断，找出问题所在，对症下药解决实际问题。

请华中分公司和区域各单位根据各自的实际情况进行合理的分类，采取适当的方法、制定得力措施，有针对性地解决存在的问题。

三是要真抓实干。今天会上大家提出的需要集团公司协调解决的问题，有的要回集团公司研究后尽快予以答复，有的现在就可以明确。一是河南项目的前期费用问题，栾宝兴同志刚才已答复，集团公司将尽量予以支持；二是松源公司的人员生计问题，我已同夏才清同志商量，夏总已表示华中分公司会尽快拿出解决方案；三是青山的辅机问题，集团公司将施加强有力的影响，妥善解决；四是荆门三期工程贷款担保问题，集团公司将努力争取9月底前予以解决；五是电煤问题，集团公司将加强统筹协调，特别是九江、荆门两厂明年的煤炭订货会和长源一发理顺电煤管理关系的工作，若有困难可向集团公司和华中分公司汇报反映。

其他问题，请华中分公司组织各单位认真研究，以积极进取的精神状态，努力做好各项工作。

四是要务期必成。这不仅是周总的重要指示，也是集团公司改革与发展的必然要求，更关系到集团公司全体员工的切身利益。我相信，国电集团在华中的全体员工是一支能打硬仗的队伍，是忠诚集团、忠诚事业的，是令行禁止、雷厉风行的，一定能圆满完成今年“管理效益年”的利润目标。

中秋佳节就要到了，我代表周总和集团公司向各位道一声“辛苦了!”，同时请各位回去以后，向本单位的员工以及离退休老同志带去集团公司党组和周总对大家节日的问候和良好祝愿!

谢谢大家!

在狠抓落实中实践科学发展

——陈飞在集团公司2004年计划发展工作会议上的总结讲话（摘要）

（2004年5月18日）

一、扎实工作 精心谋划 编制好集团发展规划

胡锦涛总书记指出：“科学发展观是用来指导发展的，不能离开发展这个主题。”集团公司是国有大型企业，大型企业的运行不再简单地是一种经济行为，而是一种提升国家综合国力，占领世界市场资源的重要手段。国资委提出要培育具有国际竞争力的大型企业集团，对行业前三名企业进行重点扶持和指导，对后进企业进行兼并重组，这都向我们提出了十分紧迫的发展要求。没有发展，就没有出路，但发展必须坚持科学发展，坚持数量和质量并重，所以，集团公司目前面临着数量和质量双重发展的重大课题。

集团公司成立之初，提出了到2005年实现装机4000万千瓦，2010年实现6000万千瓦，2020年达到1亿千瓦和近期每年“三个400万千瓦”的发展目标。这个目标届时占全国总装机容量的9%、10%、11%，这个发展速度是集团发展的需要，是集团为全面建设小康社会提供电力保障的责任。而且这只是根据预测确定的，将来要根据国民经济和社会的实际发展进行相应调整。提出的这些数量目标是符合实际的，是科学的。

集团所要求的发展，不但有数量目标，而且还有质量目标。对于如何高质量发展，周总在讲话中提出了明确要求：要从电源布局、电源结构、技术结构、经济效益指标等方面注重发展的质量。要从项目的规划、立项审批、建设、运行、竞价上网全过程，注重集团公司市场综合竞争力的形成。要牢固树立科学发展观和可持续经济效益观。朱总在工作报告中要求做到规模和效益并重。

要做到科学发展，就要编制好发展规划。集团公司成立之初，在计划发展部的组织下，在各分公司、各项目公司和筹建处的努力下，已编制了初步的发展规划。现在一年过去了，条件也发生了很大的变化，我们必须对发展规划及时作出进一步的调整。所以，在今年集团公司签订责任书中明确，要求各分公司做好区域的发展规划。发展规划的编制，是一项复杂、系统、科学的工作，需要及时、准确、完整地收集资源、市场、环境、政策以及竞争伙伴等的综合资料。收集资料不仅要用科学的方法，还要有科学的态度，要历尽千辛万苦，想尽千方百计，说尽千言万语。不仅如此，而且还要及时，速度太慢就会错过时机。然后通过科学的分析，据此作出我们的正确判断，来不得半点虚假。资料和各方面信息的采集以及对信息的判断正确与否，关系到将来的发展，一定要真实准确，务必“做实”。

发展规划的编制工作是一个从实践到认识、再实践到再认识的动态过程，必须精心谋划。收集的资料、市场情况、资源情况，包括竞争对手的情况，随时会发生变化，所以要有一个修正和调整的机制。编制后，还要组织集团有关部门，根据国家的方针政策和经济发展形势，分时段进行综合分析后再作适当调整，然后才能用于指导各个区域的发展。只有真正“做实”，才能使发展规划始终处于指导发展状态。

二、开拓创新 科学组织 实施好集团发展规划

发展规划再好，只有通过实施才能够把理想变为现实，把可能竞争力变成现实竞争力，因此，实施过程十分关键。

随着电力体制改革的不断深化，发电企业从计划全面走向了市场竞争。电源项目从规划、立项审批、设计、建设、运行、上网全过程的条件、目的、任务也发生了深刻变化。规划阶段：原来只要满足国家和社会发展需要就可以了。现在不仅要满足国家和社会发展需要，还要满足市场需要；立项审批阶段：原来

只要可批就行了，现在不仅要可批，还是项目竞争力生成的源头；设计阶段：原来只要可靠就行，现在设计不仅可靠，而且是项目控制的龙头，质量、安全、工期、造价从设计阶段就要开始控制；建设阶段：原来主要目标就是要确保质量和安全，现在必须以成本控制为核心，以质量、安全和工期控制为主线全过程进行控制；运行阶段：原来的运行是以确保安全为主，现在不仅要确保安全，还要降低运行成本，满足竞价上网调度要求；上网阶段：原来的上网电价，实行定价制，确定电价解决前面过程中的所有问题，消化所有的矛盾。现在要竞价上网，全过程成本，低于社会平均成本，才可能盈利，有竞争力。否则将被市场逐步淘汰。所以，整个电力规划、电力建设、电力生产、电力销售全过程的每个环节，目的和任务都发生了根本性的变化。

面对上述情况，我们必须创新，通过创新，解决遇到的困难和问题。就是八字方针中要求的“做新”。做新是融责任、勇气、态度、方法、精神于一体的实践。首先是观念的更新，原来对电力建设项目的全过程各种经济、技术指标的判断靠的是评估，请别人来评价和估计，必须转变这个观念。我们现在提出开展项目全过程的竞争力分析，不是请别人做，而是我们从事这项工作的所有部门、单位、各级责任人自己做，并且每个环节都要做，通过竞争力分析，决定电源项目上还是不上，是早开工，还是择机建设。对要建设的电源项目，通过竞争力分析，找出风险和问题，提出解决办法，认真组织实施，克服风险。通过全过程和每个环节的科学组织，使项目的竞争力得以实现，最终使集团综合竞争力得到提高。

其次是制度的创新。制度本身带有根本性、全局性、稳定性和长期性，有了制度的支持，实践科学发展才有可靠保证。集团公司构筑的适应市场需要的体制和机制最后都用具体制度表达，用制度来支撑集团核心竞争力的逐步提高。所以，根据集团发展的实际需要和市场的要求，按全面、协调、可持续科学发展观建设制度，我们不仅要建立和健全各项制度，创新各项制度，还要坚持执行制度所规定的要求，每个人都要认真执行，做到赏罚分明，使制度所确定的各种规范和标准得到切实贯彻落实。通过“做新”和科学组织，实施好集团的发展规划，使可能的竞争力充分地变成集团的现实竞争力。

三、转变作风　狠抓落实　实践科学发展提高集团综合竞争力

实践科学发展提高集团综合竞争力，就是要把集团公司“做大、做强”。做大就是集团要有一定的抗风险的规模和承载核心竞争力的平台。做强就是要形成集团公司强大的竞争力，这个竞争力是别人拿不走的核心竞争力，是能够抵御激烈市场竞争风险的竞争力。

实践科学发展提高集团的综合竞争力，需要我们切实转变工作作风。特别是参与决策的各级领导干部，在制定决策过程中要做到唯实，一切从实际出发，实事求是；在执行决策过程中要做到务实，真抓实干，把决策变成现实；在完善决策的过程中，做到求实，因为正确的决策往往不是一次就能完成的，要经过实践、认识，再实践、再认识的过程，才能使决策更加完善，才能实践科学发展。

转变作风，一要力戒浮躁。浮躁心理、浮躁作风与社会风气有关，更与我们的世界观、人生观和价值观有着内在联系。消除浮躁情绪，重要的是要正确对待名利、地位和权利，树立正确的政绩观。无论在什么行业，什么岗位，诚实最可靠，踏实最可贵。为了集团的发展，埋头苦干，任劳任怨，这样的人永远会受到人们的尊敬和社会的承认。一个人一心只想着名利、地位，很难保持清醒和冷静，很难脚踏实地，也很难愉快。二要力戒主观。如果不作调查研究，不根据实际情况开展工作，仅靠主观意志、主观判断去工作，这样的工作特别是对我们新组建的集团是非常有害的，根本就不能实践科学发展。三要力戒表面。通过开会的形式来落实，以文件来落实，这是落实的形式。更重要的还是要落实的内容，我们要把科学发展观，高速度、高质量地落实到行动中，注重实际效果，做好本职工作，不作表面文章，就能抓好落实。

实践科学发展提高集团的综合竞争力，需要我们狠抓落实。狠抓落实，要有数量要求。要牢固树立量化管理的理念，克服随意性，将任务完成的时间、数量、质量贯彻到整个工作过程中去；狠抓落实，要有时间要求。要牢固树立以最快的速度获得最佳效益的理念，争分夺秒求发展。确定的各项工作都要有明确的完成时间，在规定的时间内分阶段完成，明确每个阶段的任务，责任落实到人；狠抓落实，要有标准要求。我们作为国有大型企业，制订的工作标准应该是国家一流。工作要讲究质量和效益，高起点、高标准，向世界一流看齐；狠抓落实，要有责任要求。就是将目标逐级分解到责任领导、责任部门、责任单位、责任人，严格实行检查考评、重大责任追究制和表彰奖励制度，使目标、责任、权利相对统一。

统一思想狠抓落实。集团所属的企业虽然分布很广，情况各不相同，但抓落实的要求是一致的，坚持可持续经济效益的要求是一致的，只有统一思想狠抓落实，集团科学发展才能实现；顾全大局狠抓落实。由于区域经济发展不平衡，集团在各地区的发展也很不平衡，虽然各个区域都有加快发展的强烈愿望，但

由于资源、市场等情况不同，发展不可能做到齐头并进，特别需要顾全大局狠抓落实；突出重点狠抓落实。作为一个新组建的集团，又处于电力发展的特殊时期，各种矛盾错综复杂，需要我们突出重点，抓住主要矛盾，特别是要抓住当前科学发展这个主题；千方百计狠抓落实。在落实的过程中，会遇到各种各样的困难，不能绕过困难走，而是要迎难而上，要想尽千方、施尽百计、百折不挠，抓好落实。只有切实转变作风，狠抓落实，才能使各个项目的竞争力逐步形成，才能使集团的综合竞争力得到提高，才能实现“做大、做强”，才能实践科学发展。

以上三点意见，是在学习了周总的重要讲话，听了朱总的工作报告以后的体会，也是对这次会议的总结。我相信，在集团公司党组和周总的正确领导下，中国国电集团公司一定能认真贯彻执行好党中央、国务院有关宏观调控的一系列措施，一定能够沿着科学的发展道路，把国电集团“做实、做新、做大、做强”，为全面建设小康社会提供可靠的电力保证。

做实做新　科学管理 为提高新建电源综合 竞争力而努力工作

——陈飞在集团公司基建工作座谈会上的工作报告（摘要）

（2004年8月17日）

一、大同会议以来的工作回顾

去年9月，集团公司在山西大同召开了基建工作现场座谈会，会议提出了“加快发展，深化管理，建设一流电源工程”的要求。近一年来，集团公司基建系统广大干部员工认真贯彻大同会议精神，围绕集团公司战略发展目标和“管理效益年”活动，开拓进取，团结拼搏，强化管理，狠抓落实，全面完成了2003年基建任务，确保基本建设各项工作的顺利推进，为集团公司的改革、发展奠定了基础。

在建、新开工项目建设全面推进。2003年集团公司共投产机组193.35万千瓦，为缓解电力紧张局面，提高集团公司整体经济效益做出了贡献。2003年计划开工项目9项318万千瓦，在2003年底全部按计划实现开工目标，截至2003年底集团公司在建工程达到18个1156万千瓦。集团公司今年的基建任务是：新投产机组8台228.5万千瓦，新开工15个项目1366万千瓦。截至目前计划投产机组已实现投产4台128万千瓦。其中外高桥二期1号、石嘴山扩建4号、宣威六期10号均比原计划提前投产；贵阳技改工程也已投产；谏壁技改工程、青山油改煤工程即将开始整套启动；冶勒水电站、宿迁工程正在积极采取措施，加快进度，力争年底前投产。计划开工的15个项目千方百计采取措施，克服征地、资金筹措等种种困难，在抓紧项目报批工作的同时，努力落实开工条件，积极推进现场开工准备工作。各在建工程正在按集团公司年初确定的目标积极推进，大同二期工程已进入安装高峰阶段，力争2005年实现双投；瀑布沟水电站导流工程进展顺利，今年11月将实现截流目标；吉林台水电站大坝填筑已达蓄水高程，8月底下闸蓄水；常州、南埔、华蓥山、岷江、豫源工程已开始锅炉钢架吊装。

工程建设安全、质量形势平稳。各工程项目认真抓好工程建设的组织、管理，保证各项工作正常有序地开展。在安全管理方面，全系统基建单位认真学习和借鉴大同二期等工程安全文明施工管理的先进经验，强化各级安全责任的落实，加大监督检查力度，确保安全施工。今年以来，集团公司基建工程没有发生人身死亡及其他重大安全事故。各水电工程针对今年雨水偏多，防汛形势严峻的情况，认真开展工程防汛检查，积极落实各项防汛措施，对可能出现的危急情况做好预案，为确保工程安全度汛奠定了基础。在质量管理方面，狠抓工程质量的过程控制，严格执行质量四级验收和质量监督检查，开展火电工程重点阶段的质量监督检查和水电工程质量监督巡视，集团公司组织专家对瀑布沟水电站、吉林台一级水电站进行了质量巡视，南埔、华蓥山、常州、豫源、宿迁、岷江火电项目按质量监督程序完成了主厂房土建工程的质量监督检查工作，工程质量总体处于受控状态。持续开展达标投产验收，完成了石嘴山扩建工程、九江三期工程的1、2号机组的达标投产验收考核工作，通过达标投产活动，提高了机组移交生产水平。

工程造价控制取得初步成效。一是从设计源头控制工程造价，制定“火电工程初步设计原则编制规定”，严格控制设计标准，开展设计优化，加强设计审查。初步测算，费县、铜陵、江阴等项目通过对初步设计方案的优化，比原方案节省投资约4.9亿元。二是加强工程招标管理，上半年，集团公司工程设计、施工、监理、辅机设备招标采购金额73.54亿元，其中，主要辅机设备采购总额32.36亿元，比初设概算节余约2.41亿元；设计、施工、监理招标额41.18亿元，比初设概算节余约5.89亿元。开展对通用性较强的大宗材料“打捆”招标，对同类型工程的“四大管道”实行集中采购，既满足了供货期，又降低了造价。三是强化工程造价考核，集团公司正在制定集团公司工程造价控制管理办法和执行概算编制原则，目前大渡河瀑布沟水电站执行概算编制已完成，其他水电项目和各火电项目执行概算的编制工作已逐步展开。

加强工程管理制度建设。深入开展调研，不断总结经验，确定了集团公司“以造价控制为核心，以质量、安全、进度控制为主线”的工程建设管理思路，围绕造价、质量、安全和进度“四控制”的要求，逐步完善集团公司工程建设管理的三级制度框架体系。目前一、二级制度及部分三级制度征求意见稿已形成，争取年内初步完成制度体系建设。制度建设的加强，为规范集团公司工程建设管理，完善工程管理体制，强化工程建设“四控制”提供了保证。

二、基本建设工作面临的形势和任务

在总结一年来工作成绩的同时，我们应该清醒地认识到当前集团公司基本建设面临的形势和任务。

（一）面临的形势

1.2002年四季度以来全国电力供应持续出现紧张局面，今年上半年全国24个省（市、自治区）出现拉闸限电。据统计，今年上半年全国已投产装机容量1639万千瓦，下半年还将投产2000多万千瓦，由于电力需求的超常规增长，今年全国的发电装机仍存在2000多万千瓦的缺口。目前，全国全口径在建规模为约1.3亿千瓦，相对电力需求来说，近几年能够投产的机组仍显不足。为保证电力工业的发展后劲，满足经济、社会发展对电力的需求，国家将抓紧规划建设一批大中型发电项目，预计2004年到2010年的7年间，全国平均每年将投产发电装机容量3000万千瓦以上。根据这一市场需求，各大发电公司都在通过加快发展，竞争电源市场空间。

2.集团公司作为新成立的发电公司，在国家发改委划转电力项目时，承接的前期项目比较少。近两年，全国严峻的缺电局面，促使各大发电集团和投资公司都在抢抓机遇，加快电源建设的速度，许多项目处于超常规运作，前期工作时间非常紧，电源项目市场竞争激烈，前期工作的难度加大。今年以来国家加强宏观调控，要求新建电源必须经过充分论证后才能批准立项，项目的立项审批面临着种种困难，集团公司确定的新开工项目中部分项目的进展受到了影响。集团公司成立以来，针对资产划分中存在的后续项目严重不足的情况，加大了前期项目的开发力度，积极争取了一批电源项目，并抓紧项目立项审批工作，截至目前，在建、新开工的33个项目（2522.26万千瓦）和备选的24个项目（2615.74万千瓦）中，国家已批可研报告的有12项895.26万千瓦，已完成可研评估的5项420万千瓦，已批复项目建议书的有5项360万千瓦，已安排项目建议书评估的有12项1236万千瓦，其余项目大部分完成初步可行性研究报告，并已上报项目建议书，前期工作取得很大的成绩。但是与竞争伙伴相比，离集团公司加快发展的要求，还有一定的差距。

3.集团公司现有企业中绝大多数是生产企业，这就决定了人员结构中从事生产经营和运行管理人员占绝对多数，基建管理人员相对缺乏。目前新建电源项目中，从事工程建设的技术、计划、财务、设备、物资、合同、现场管理人员有相当一部分是从生产转过来的，有些还是多年未进行扩建的小厂、老厂转过来的，管理跨度大，管理经验不足。集团公司成立后，陆续聚集了一批热爱电源建设的基建人才，但新一轮电力建设高峰的兴起，使基建人才的争夺日趋激烈，集团公司现有基建管理力量难以满足快速发展的需要。

4.电源项目大规模发展和迅速扩张带来以下问题，需要引起高度重视并采取有效措施加以解决：一是电力工程设计、审查、评估单位超负荷工作，一部分项目前期工作深度不够，外部条件不完全落实，影响了工程建设的顺利推进；二是电力设备供应紧张已成为制约工程正常进展的重要因素，一方面已签订设备合同的项目，面临着艰巨的设备催交、催运和监造任务，另一方面设备交货期集中，生产周期紧张，制造厂压力大，有些制造厂首次生产超临界、空冷等新技术发电设备，设备制造发生质量问题的可能性增加，设备监造的任务更加繁重；三是自去年以来，设备、材料价格大幅度上涨，造成建设成本急剧上升，工程造价的控制难度和压力加大。

（二）当前的主要任务

1.目前我国电力装机容量已超过4亿千瓦，当前电力工业正处于战略发展的机遇期，集团公司作为全国性大型专业发电集团，满足国民经济发展和人民生活的用电需求是我们义不容辞的责任，是历史赋予我们的光荣使命。集团公司提出近几年每年平均实现“三个400万”近期目标，工程建设、开工、投产的任务非常艰巨，我们必须抓住机遇，加快发展，实现集团公司装机规模、质量的快速增长和提高，增强集团公司综合实力，在激烈的市场竞争中抢占先机，赢得主动。

2.随着电力体制改革的不断深化，电源建设的外部环境也发生了深刻变化，发电企业从计划全面走向了市场竞争，原来商定的上网电价能够解决建设过程中的所有问题，消化所有的矛盾；现在竞价上网的电价，只有全过程成本低于社会平均成本，才可能盈利，形成竞争力。新建电源工程项目公司必须适应形势，更新观念，增强效益意识、风险意识和市场竞争意识，加强对资源、市场、环境、建设成本、运行成本、人才队伍进行客观、科学、全面的分析，坚持以造价控制为核心，质量、安全、进度为主线，科学管理，不断提高工程建设管理水平，保证质量，保证安全，缩短工期，降低工程造价，增强新建项目的市场竞争力和盈利能力，提高集团公司整体经济效益，壮大集团公司的实力。

3. 集团公司成立不久，组织结构、管理体制、制度体系建设等诸多方面正处于不断完善的过程中，面对新的形势和艰巨的工程建设任务，我们要根据现代企业制度要求，结合集团公司现行的管理模式，从实际出发，建立健全与集团公司改革、发展需要相适应的工程管理体制，充满活力的竞争、激励、约束、监督机制，构筑责任明确，责、权、利相统一的科学、规范、高效工程建设管理体系，通过实行标准化、规范化、程序化、科学化管理，实现对工程“造价、质量、安全、进度”的有效控制。

4. 企业的发展必须有充足的、高素质的人才做保障。当前和今后一个时期，集团公司发展的任务艰巨，在建和新开工项目的规模将逐步扩大，要保证建设项目安全、优质、高效、低耗地建成投产，必须拥有一批懂技术、会经营、善管理、能奉献的基建人才。营造良好的环境吸引人才、凝聚人才，创新机制培养人才、造就人才，不断壮大集团公司基建管理人才队伍是我们当前十分重要的工作。

三、努力提高新建电源项目的综合竞争力

今年及今后几年是集团公司发展的关键时期，面对当前电力建设的形势和任务，我们一定要增强使命感、责任感和紧迫感，下定决心，知难而进，开拓创新，扎实工作，以饱满的精神状态，全新的工作面貌，迎接新的挑战，为实现集团公司战略发展目标做出应有的贡献。

（一）以造价控制为核心，以安全、质量、进度为主线，构建工程管理责任体制

“前期规划、建设、运行、竞价上网”是竞争力形成过程中的四个重要环节。前期规划阶段要选准项目，选好项目，选有效益项目，选有市场的项目；建设阶段要加强工程造价、质量、安全、进度有效控制，确保工程安全、优质、快速、低耗地建成投产；运行阶段要抓好管理、安全运行，降低成本；竞价上网阶段要熟悉电厂和运行调度，掌握市场和竞价规则，强化营销管理，千方百计拓展市场，提高效益。工程建设作为承上启下的环节，是竞争力形成的关键，要对前期工作负责，前期项目选好了，建设阶段要巩固成果。可能有些项目选择处于战略需要，效益不是很理想，要通过建设形成竞争力。建设好项目，为今后运行、竞价上网创造有利条件。过去是靠最后的电价来解决建设过程中的所有矛盾，但现在只有把四个环节的每个环节控制好，才能形成较强的竞争力，所以建设环节的任务非常艰巨。工程建设必须以造价控制为核心，质量、安全、进度控制为主线，并通过质量、安全、进度的全过程控制，支撑造价控制目标的实现。质量、安全和进度这条主线是贯穿工程建设始终的，在实际工作中，要辩证地处理好三者之间的关系，做到统筹规划，协调推进。

要根据集团公司确定的“两级法人、分层授权、垂直管理”的管理体制，以及工程“造价、质量、安全、进度”四控制的要求，明确集团公司，分公司、子公司，项目公司各自在工程建设“四控制”管理中的责任，形成集团公司进行决策、管理、指导和监督，分公司进行协调、协助和监督，子公司进行管理、协调、监督，项目公司是责任主体的管理体制和工程建设管理责任体系。

（二）建立健全竞争、激励、约束、监督机制

建立了适应工程建设需要的管理体制，还要建立与管理体制相匹配的管理机制。建立健全“竞争、激励、约束、监督”四项机制，使四项机制贯穿于工程建设的始终，成为体制的灵魂，保证工程管理体制的有效、高效运转。竞争使人产生压力，也能够使我们保持旺盛的斗志，保持技术、经济、管理、文化的先进性。我们要把过程激励和总体目标激励统一起来，落实责任，加强考核和监督，充分调动各方面的积极性，共同努力，促进工程建设的顺利进行。集团公司目前已初步制定了“工程建设总体目标责任制考核办法”和“工程建设年度责任制考核办法”，在征求集团公司有关部门、分公司、子公司和项目公司的意见后，将颁布实施。今年年初集团公司与各分公司、子公司、项目公司签订了年度目标考核责任书，这次又明确了瀑布沟、常州等10个项目工期、安全、质量、造价总体考核目标。各单位要根据集团公司制定的考核目标和办法的具体要求，结合本单位自身实际，制定实施细则，分解细化目标，落实保障措施，使责任到人、考核到人、奖惩到人，确保考核目标的实现。四大主要机制要始终体现在工程管理制度的体系中，要通过建立有效的约束机制规范所有人的行为，做到警钟长鸣。所有基建系统的管理者，要主动接受纪律监督、组织监督、社会监督、群众监督，在参与工程建设的全过程中做到清清白白做事，干干净净做人。各负有监督职责的部门要主动开展监督。要实现工程建设环节中增强集团竞争力的同时，使我们这支建设管理队伍得到锻炼，经受考验，健康成长。

（三）进一步加强工程管理制度体系建设

体制、机制在管理中具有基础性、全局性的重要

作用，体制和机制的有效运转，必须用制度来支持。管理目标的实现、管理水平的提高必须依靠科学合理、行之有效的制度体系来保证。根据集团公司的组织结构、管理理念和电源项目建设的需要，制定一套完整、有效的建设管理制度十分重要。集团公司已确定的工程建设管理的三级制度就是要围绕项目公司这个责任主体，解决好各级、各方面在工程建设管理中管理界面，明确各级责任，依法依规，实现规范化管理、科学化管理。

一级总制度就是要解决好工程建设四个大方面的关系问题，第一，根据集团公司的管理体制，明确集团公司，分公司、子公司，项目公司在工程建设管理中的各自责任及责、权、利关系；第二，根据公司法的要求，明确股东会、董事会、经理层之间的关系，发挥监事会的监督职能。集团公司要加强对派出股东代表、董事、监事的管理，派出的股东代表，董事长、副董事长、董事，监事会主席、监事在执行国家有关法律、法规的同时，要认真执行集团公司在工程建设中确定的原则、制度、目标，把集团公司的意志通过董事会落实到工程建设中，同时处理好控股方与其他股东方的关系，既要维护集团公司的利益，又不能损害其他股东的利益，加强沟通，形成合力，共同促进项目的顺利进展。项目公司要严格履行自己的职责，把完成好董事会确定的各项任务与完成好集团公司确定的各项任务统一起来，努力完成工程建设各项目标。第三，根据专业分工和协调的要求，明确集团公司部门之间在项目建设管理上的职责，前期阶段以计划部门为主，其他部门协助；建设阶段以工程部门为主，其他部门协助；生产运行阶段以安全生产部为主，加强各部门之间的协调，保证各项工作的有机衔接和顺利推进。第四，根据专业归口管理的要求，明确集团公司各部门与分公司、子公司、项目公司各部门在专业上垂直管理方面的关系。

二级制度是在一级制度框架下，明确集团公司，分公司、子公司，项目公司在工程造价、质量、安全、进度“四控制”方面的责任及实现“四控制”目标的相关保证措施，同时二级制度又延伸到设计、招标、综合管理三个方面的内容。三级制度是在相应的二级制度下建立的可操作性的文件、执行标准和实施细则。

集团公司工程建设管理要通过建立健全各级制度，坚持执行制度所确立的行为规范和准则，坚持公开、公平、公正，赏罚分明，制度面前人人平等，使各项管理工作和管理行为制度化、规范化，程序化。

（四）加强工程管理队伍的建设

企业的竞争是人才的竞争，与时代相适应的管理思想、管理方法和管理手段，最终都要通过管理者来实施，管理的主体是人。随着一大批大容量、高参数、高技术装备的机组的开工建设，对基建管理人员的技术素养、专业技术水平和综合管理能力提出了新的更高的要求。在快速发展的过程中，我们要高度重视人才的培养，逐步完善选人、用人机制，把讲政治、有能力、肯实干、能自律的人放到重要岗位上来，加强培训、使用、考核、激励和监督，努力培养一批有理想、懂技术、善管理、能奉献的工程管理人才。

人才的竞争是学习的竞争，电力企业的技术、管理在不断进步，面临的外部环境时刻都在发生变化，要求我们各级基建管理人员必须适应形势，与时俱进，加强学习，增长才干。一是加强政治理论的学习，掌握党的路线方针政策和国家的法律法规，不断提高政策水平；二是要加强业务学习，要学习新技术、新工艺、新材料、新的管理手段，要学习财务、法律、经营管理等方面的知识，不断拓宽视野，提高工作能力；三是要勤于思考，善于总结经验，开拓创新，不断提高工作水平。不要让经验成为学习应用新知识的障碍，要把我们的经验变成学习、应用新知识的本领。学习必须面向实际、面向未来，与集团公司发展需要、与企业发展实际相结合，要把内部学习和外部学习结合起来，既要向集团内部的先进学，还要向外部的先进学，学以致用，用所学的知识指导实际工作。

作风建设是工程建设管理队伍建设的重要方面。基本建设是一项崇高的事业，崇高的事业必须由具有崇高理想、崇高境界、崇高品德的人来完成。集团公司艰巨的工程建设任务，必须用高素质、思想和工作作风过硬的团队来完成。集团公司基建战线的广大干部员工，要自觉按照周总讲话中所要求的那样，强化“四个意识”，加强作风建设。要在基建战线提倡艰苦奋斗、敢于拼搏，勇于胜利的奉献精神，提倡讲实话、办实事、求实效的求实精神，提倡勤于学习、善于创新的开拓精神。要严于律己，步调一致，确保集团公司发展目标的实现。

在这里，我要特别强调一下工程建设中的廉政建设问题，希望引起全体工程管理人员的高度重视。工程建设领域是腐败的高发区，当前集团公司在建、新建开工项目规模很大，我们必须加强设计、工程招标、物资采购、合同执行全过程的管理，完善制度，建立健全约束监督机制，预防和杜绝各种违法、违纪现象的发生，保证工程建设的顺利进行。各级负责人要认真学习贯彻落实党中央关于党风廉政建设的一系列规定，坚决执行“四大纪律、八项要求”，始终牢记“两个务必”，树立正确的世界观、人生观、价值观、权力观、地位观、利益观，在实际工作中，自始至终不断进行世界观的改造，锤炼意志品德，提高思想境界，牢固构筑抵制各种不良风气的思想长城，切实做到“自重、自省、自警、自励”和“警钟长鸣”，为集团公司的发展干成事。

（五）全力以赴，确保完成基本建设各项任务

近几年是集团公司电源建设高峰期，新开工、投产和在建规模逐年增加。今年集团公司将投产机组228.5万千瓦，计划新开工1366万千瓦，预计到2004年底，在建规模将达到2500万千瓦左右。根据目前集团公司计划安排，去年和今年的开工项目大多数将在2005至2007年投产。这些机组的投产，将对实现集团公司装机的规模和结构、数量和质量、速度和效益的协调发展，增强集团公司综合竞争力和综合实力，实现集团公司做大做强具有十分重要的意义。根据集团公司今年的基建任务，下一步在工程建设方面要重点抓好以下几项具体工作：

精心组织，强化管理，圆满完成今年投产、新开工任务。今年计划投产的宿迁、冶勒、谏壁、青山、外高桥二期要严格按照集团公司下达的计划，采取一切措施，确保按期投产。新开工项目要根据确定的开工目标，抓紧落实项目报批和开工前准备工作，高标准地实现开工目标。在建工程要加快建设，缩短工期，降低造价，提高水平，力争早日高质量建成投产。

切实加强在建工程的安全管理。针对当前集团公司基建工程安全形势，各分公司、子公司、项目公司要认真贯彻落实集团公司关于加强安全生产管理的部署和要求，进一步强化和落实各级安全管理责任，建立健全安全监督机构，加大现场的安全监督和检查力度，规范分包工程管理，落实各项安全措施和安全设施，强化安全教育。要高度重视水电工程防汛、大型施工机械、机组调试的安全，坚决杜绝群伤群亡和重大火灾、机械设备、交通等事故的发生，实现工程安全管理目标。新开工程要扎扎实实抓好现场的施工准备工作和安全文明施工策划，坚持高起点、高标准，树立集团公司安全品牌工程，争创全国一流安全文明施工现场。各工程项目公司要在合同中对承包商明确提出安全投入的要求，建立安全激励机制，加大考核、奖惩力度，促进和保证施工安全。

高度重视质量管理工作。一是要保证前期设计工作的深度，加大可研、初设、施工图各环节的审查力度，严把设计质量关，保证设计质量；二是要加强材料采购过程中的质量管理，加强设备监造，确保设备供货质量，严把材料入厂关。三是要强化工程质量管理，加强质量过程控制和监督检查及质量巡视工作，坚决不留质量隐患，确保每个项目都建成优质工程；四是要坚定不移地推行达标投产考核，通过达标投产考核，不断提高机组移交生产的整体水平。

加强工程组织协调力度。一是要加强设备催交监造工作，各分公司、项目公司要在集团公司工程建设部、物资公司的协助下，全力以赴落实设备的催交监造工作，并落实专人坐地催交，千方百计采取措施，保证设备的交货进度和交货质量；二是要加强设计管理，项目公司一定要积极采取措施，制定详细的设计图纸交付进度计划，和催交设备一样派专人催交图纸，加大设计合同执行的奖罚力度，不仅要保证图纸的按时交付，而且要保证交付图纸的质量，要组织现场专家加强施工图的审查；三是要加强现场的组织领导，项目公司的领导班子一定要到位，主要的管理人员要到位，各项组织、协调和管理工作要有人抓、有人管，项目公司领导班子未配齐的要按规定程序加紧配备，管理人员不够的及时抽调补充；四是要注重外围工程与主体工程的同步协调。各分公司、项目公司要加强与地方政府、环保部门、铁路部门及各电网公司的联系、协调，积极落实用水、灰场、铁路、送出、征地、移民等外部条件，决不能因外围工程影响机组的正常建设和投产。要高度重视环保、水保工程与主体工程“三同时”，抓紧落实环保工程招标、设计、施工等工作，加快工程进度，保证按期投产。

加强工程造价管理。发电项目要在未来具有较强的市场竞争力和盈利能力，工程造价应该努力降低到本地区同期同类型工程的平均造价水平以下。周总在讲话中已明确提了要求，火电工程平均造价控制在4000元/千瓦，集团公司基建系统全体人员要切实转变观念，充分认识控制工程造价的重要意义，主动控制工程造价。切实抓好工程造价的“事前、事中、事后”三个环节的控制。事前控制，就是要严格实行设计概算、执行概算和业主预算管理制度；事中控制，就是要加强设计、招标、采购、合同执行等环节的管理，控制设计变更、合同变更和索赔的处理；事后控制，就是要抓好合同结算和竣工决算。

这次会议确定了常州等10个项目的造价控制目标，下一步将确定全部项目的造价控制目标。集团公司已初步制定了工程造价管理办法，征求与会代表的意见，下一步将颁布实施。各项目公司要根据集团公司的要求，明确责任人和责任部门，根据造价控制目标，制定各阶段造价控制的具体措施，确保工程造价目标的实现。

同志们，在大家的共同努力下，集团公司的基本建设工作取得了很大的成绩，我们的前途充满光明。抓好今年各项工作的落实，全面完成今年的基本建设任务，对集团公司“十五”及今后几年发展至关重要，集团公司基建系统要认真学习和领会周总的讲话精神，贯彻落实本次会议的各项要求，全面完成集团公司2004年各项基建任务，为提高集团公司综合实力和综合竞争力而努力工作。

二、大　事　记

一 月

1月6日 国电集团公司副总经理朱永芃赴双辽发电厂调研，充分肯定了双辽发电厂的治亏工作成绩，代表集团公司慰问了该厂的困难职工。

1月7日至8日 国电集团公司人力资源工作会议在京召开。总经理周大兵出席会议并作重要讲话，副总经理李庆奎作会议总结，国务院派驻国电集团公司监事会主席路耀华、国资委企业领导人员管理一局局长时希平出席会议。会议贯彻落实全国人才工作会议和组织部长会议精神，提出实施“人才强企”战略，启动了“168”人才工程。周大兵强调指出，要树立人人都可以成才的理念，把品德、知识、能力和业绩作为衡量人才的主要标准，不唯学历、不唯职称、不唯资历、不唯身份。

1月9日 国电集团公司项目单位负责人座谈会在京召开，副总经理陈飞出席会议。会议总结了集团公司工程建设管理经验，就提高工程项目管理水平、完成集团公司基本建设任务提出了要求。

1月12日至13日 国电集团公司2004年第一次总经理工作会议暨重组改制座谈会在京召开。总经理周大兵，副总经理朱永芃、刘彭龄、陈飞出席会议(副总经理李庆奎因参加中纪委会议未参加本次会议)。会议学习了中央、国资委有关国企改制的政策和文件精神，听取了中介公司关于集团公司重组改制的咨询意见，讨论了集团公司重组改制事宜并提出了工作原则和具体要求。会议认为国电集团公司整体改制上市势在必行。周大兵提出了集团公司重组改制原则：“明确目标、统筹规划、坚定信心、稳步推进”。

1月15日 国电集团公司东北区域电力市场运营动员会在沈阳召开，副总经理刘彭龄出席会议并作重要讲话。会议提出了电力市场模拟运行后，企业参加竞价、提高市场竞争能力、加强市场营销的工作思路。

1月15日至21日 国电集团公司副总经理陈飞赴贵州、西北、华中地区考察，分别会见了贵州省、宁夏自治区及银川市的有关领导，考察了有关电厂，出席了石嘴山电厂2×330兆瓦技改工程可研报告预审会。

1月16日 国电集团公司总经理周大兵、副总经理朱永芃在公司本部会见了国家发改委副主任张国宝。周大兵简要汇报了集团公司成立一年来所取得的成绩和今年的工作思路，朱永芃对电源建设情况及存在的问题作了汇报。张国宝表示，国电集团公司为满足国家经济建设和人民生活用电要求做出了贡献，公司的工作思路和设想符合十六届三中全会精神，他要求国电集团公司按照“四做”方针继续做好工作。

1月17日 国电集团公司总经理周大兵、副总经理朱永芃向国资委副主任邵宁汇报中国国电集团公司重组改制方案。邵宁认为集团公司整体上市，少量包袱挂在国资委或国资委托管公司下面，由上市公司代管，并逐步消化掉的思路基本可行。若能走通，对中央企业现代企业制度建设和股份制改造将是一个突破，值得一试。

1月18日 总经理周大兵签发向国资委上报中国国电集团公司重组改制方案申请。

1月19日 国电集团公司总经理周大兵赴天津会见天津市长戴相龙，双方就国电集团在津开发电源项目交换了意见。周大兵希望天津市政府对天津热电厂的供热价格给予关注。戴相龙欢迎国电在津开发电源项目，特别欢迎开发北塘电厂的电、热、水项目。会见后，周大兵赴天津热电厂慰问职工并召开座谈会，肯定了天津热电厂和滨海电力有限公司的工作，要求做好春节期间的安全稳定工作。

1月20日 国电集团公司副总经理李庆奎到菏泽电厂慰问，肯定了菏泽电厂的工作，就加强安全生产管理、开展“管理效益年”活动、实施“人才强企”战略等方面的工作提出了要求。

1月21日 除夕之夜，总经理周大兵在公司本部总值班室向江苏谏壁电厂等8个单位奋战在生产一线的干部职工打电话拜年，代表国电集团公司党组向基层企业致以新春的问候，并就确保春节期间安全稳定发电提出了要求和希望。

二 月

2月9日至10日 国电集团公司2004年工作会议在京召开。总经理周大兵，副总经理朱永芃、李庆奎、刘彭龄、陈飞出席会议，国家电监会副主席宋密，国务院派驻国电集团公司监事会前任主席路耀华、新任主席孔令鉴，中电联副理事长孙玉才，中国能源化学工会主席赵永金应邀出席会议并讲话；中组部、财政部、国资委的有关负责同志应邀出席会议。

会议以邓小平理论和“三个代表”重要思想为指导，认真贯彻落实十六大、十六届三中全会和中央经济工作会议精神，回顾总结了集团公司成立一年来的工作，分析了面临的形势和任务，部署了2004年的工作，动员公司系统深入开展“管理效益年”活动，强化管理，提高效益，深化改革，求真务实，推进国电集团公司持续、快速、健康发展。

周大兵作了题为《强化管理，提高效益，深化改革，求真务实，扎实推进国电集团持续快速健康发展》的工作报告，刘彭龄作了题为《抓住关键，统筹协调，坚定信心，务期必成，努力实现“管理效益年”的三大目标》的“管理效益年”专题报告，朱永芃作了会议总结。

集团公司本部及所属各单位209名代表参加了会议。会上，表彰了获得“2003年度国电一级奖状”荣誉称号的国电北仑发电有限公司等13家企业和获得“2003年度治亏成效显著企业”荣誉称号的国电九江发电有限公司等4家单位。周大兵与华北分公司等15家单位签订了三项责任制责任书。

2月11日 国电集团公司2004年纪检监察工作会议在京召开。总经理周大兵，副总经理朱永芃、李庆奎、刘彭龄、陈飞出席会议，中纪委有关领导应邀出席会议。

会议学习贯彻了中纪委三次全会和国资委中央企业纪检监察工作会议精神，研究部署了集团公司年度党风廉政建设和纪检监察的工作目标、基本思路和主要任务。对全系统各级领导特别是主要领导干部的廉洁自律提出了新的更高的要求。

周大兵作了重要讲话，李庆奎代表党组作了题为《坚持教育制度监督并重，深入推进反腐倡廉工作，为集团公司改革和发展提供坚强的政治保证》的工作报告，刘彭龄作了会议总结。

2月13日 以孔令鉴为主席，孙忠义、姜世勇、崔一贺、申小林为专职监事的国务院派出国有重点大型企业监事会第43办公室进驻国电集团公司。总经理周大兵主持召开工作汇报会，副总经理李庆奎、刘彭龄、陈飞出席了会议（副总经理朱永芃因出席国电电力2004年工作会议未参加本次会议）。周大兵向监事会汇报了集团公司的基本情况和2004年的工作思路，孔令鉴通报了新一届监事会的工作思路和工作要求。

2月13日 国资委以《关于中国国电集团公司整体改制的批复》（国资改革［2004］79号）同意集团公司进行整体重组改制上市。

2月13日 国电集团公司总经理周大兵在公司本部会见法国电力公司亚太总部总裁马识路先生和副总裁达德奈先生。周大兵介绍了国电集团公司的发展战略和中国电力市场情况，双方就加强长期战略合作问题进行了探讨。

2月14日至21日 国电集团公司副总经理陈飞赴江苏、上海、浙江和福建的有关电厂、施工现场、前期项目厂址进行考察，重点对华东地区2004年投产项目进展情况、2004年及“十五”期间新开工项目准备工作、工程建设管理及发电企业多种经营情况进行了调研。

2月16日 国电集团公司召开本部加强作风建设暨部门主任述职测评大会。会议由副总经理李庆奎主持，总经理周大兵、副总经理朱永芃、刘彭龄出席会议。会议听取了各部门主任的述职报告，本部全体员工对各部门主任、副主任进行了民主测评，周大兵就加强作风建设作了重要讲话。

2月19日 国电集团公司总经理周大兵、副总经理朱永芃在公司本部会见了江西省发改委主任洪礼和、上饶市市长刘和平。双方就集团公司在江西合作开发电源项目尤其是黄金埠电厂项目进行了会谈，并签署了合作意向书。

2月20日 国电集团公司总经理周大兵、副总经理李庆奎在南宁会见了广西壮族自治区党委副书记、南宁市委书记李纪恒和自治区党委常委、自治区政府副主席李今早等有关领导。双方就集团公司在广西的电源建设问题交换了意见，李庆奎与林国强分别代表集团公司和南宁市政府签署了南宁电厂项目建设协议。

2月24日 国家机关精神文明建设表彰大会在京召开，中国国电集团公司被授予“中央国家机关文明单位”荣誉称号。

2月25日 国电集团公司总经理周大兵在长春会见吉林省省长洪虎、副省长矫正中，双方就集团公司在吉林的有关电源合作项目交换了意见，签署了合作开发电源项目意向书。同日，周大兵出席集团公司与吉林名门电力实业集团龙华热电股份公司股权转让协议签字仪式。

三　月

3月2日至5日 国电集团公司副总经理李庆奎赴四川视察有关电厂，充分肯定了成都热电厂在老厂恢复性改造和治亏工作方面取得的成绩，现场察看了华蓥山电厂2×300兆瓦工程建设情况，要求进一步提高安全生产和经济效益水平，加快项目前期工作进度。

3月3日 国电集团公司总经理周大兵总经理，副总经理朱永芃、陈飞在钓鱼台国宾馆会见了江西省委书记孟建柱，省长黄智权、副省长吴新雄、孙刚等领导。双方就黄金埠电厂建设问题交换了意见，周大兵与吴新雄分别代表国电集团公司和江西省政府签订了建设黄金埠电厂工程协议。

3月5日至14日 国电集团公司总经理周大兵列席十届全国人大二次会议。

3月5日 国电集团公司副总经理朱永芃在公司本部会见了汇丰银行执行总裁 John J Studzinski，双方分析了当前国际资本市场形势。汇丰银行介绍了在公司重组上市方面的经验，并就集团公司重组上市提出了建议。

3月8日 国电集团公司总经理周大兵、副总经理朱永芃在公司本部会见了吉林省委常委、吉林省常务副省长王儒林。双方就集团公司在吉林省的电源项目建设问题交换了意见，王儒林表示全力支持集团公司在吉林省新建或收购电源项目。

3月9日 国电集团公司总经理周大兵、副总经理朱永芃在公司本部会见了广东江门市市长王南健、市委副书记赵基耀和副市长何羡松。双方就集团公司在江门的电源项目建设交换了意见。

3月10日 国电集团公司副总经理朱永芃在公司本部会见了摩根士丹利添惠亚洲有限公司董事兼总经理崔纳（Sheldon Trainor），双方对当前香港股本市场的形势及电力股的表现进行了分析，并就集团公司整体上市方案作了深入探讨。

3月11日 国电集团公司总经理周大兵、副总经理朱永芃在公司本部会见了广东中山市委副书记、市长陈根楷和副市长冯煜荣。双方就集团公司在中山市的电源项目建设交换了意见。

3月11日 国电集团公司副总经理朱永芃在公司本部会见了河南中孚实业股份有限公司董事长张洪恩，河南省巩义市市委副书记王福松、副市长张国宏，双方就中孚巩义电厂2×300兆瓦工程股东协议书及董事会章程的有关事宜进行了磋商，并签署了合作协议。

3月11日 国电集团公司副总经理朱永芃在公司本部会见了云南省迪庆藏族自治州州长齐拉扎、副州长谢晖，双方就集团公司在迪庆州开发水电资源问题交换了意见。

3月17日 国电集团公司副总经理陈飞赴国电电力大同第二发电厂、国电电力大同发电公司视察，对设备治理、经营管理及各项工作取得的成绩给予了充分肯定，并就今后的工作提出了要求。期间，陈飞会见了大同市委书记来玉龙、常务副市长张富文，双方就加强集团公司与大同市的合作、加快新建电源项目建设问题交换了意见。

3月22日 国电集团公司举办学习贯彻“两会”精神专题报告会，会议由副总经理李庆奎主持，特邀著名经济学家、清华大学教授魏杰作了题为《贯彻“两会”精神，促进国企改革》的专题报告。李庆奎在会议总结中就贯彻落实“两会”精神、开展好“管理效益年”活动提出了要求。

3月24日 国电集团公司在民族饭店召开体改领导小组第一次会议，听取体改办和中金公司就集团公司体制改革情况、集团公司现状及发展态势以及重组改制上市方案汇报。

3月27日 国电集团公司副总经理李庆奎在京参加“建绿色家园—共和国部长义务植树”活动，与来自全国绿化委员会、中央各部门和国务院各部委的140余位部级领导共同栽植树木。

3月28日 国电集团公司副总经理刘彭龄赴小龙潭电厂、六郎洞电厂调研，深入了解了小龙潭电厂三期2×300兆瓦扩建工程进展情况和两个厂的生产经营状况，分别提出了工作要求。

3月29日 国电集团公司副总经理朱永芃赴九江发电厂视察，充分肯定了九江发电厂取得的成绩，就开展好“管理效益年”活动、加强安全生产、市场营销等方面的工作提出了要求。

3月30日 大渡河瀑布沟水电站工程正式开工。国电集团公司总经理周大兵与四川省委副书记、省长张中伟为奠基石揭幕，国家有关部委负责人，四川省委常委、省国资委党委书记甘道明等出席开工仪式，集团公司副总经理陈飞主持了开工仪式。周大兵在开工仪式上就加强瀑布沟水电站工程建设管理等问题作了重要讲话。

3月31日 国电集团公司召开系统企业基础情况调查电视电话会议，副总经理朱永芃作了重要讲话，强调企业基础情况调查对“管理效益年”和体改工作的重要意义，并进一步布置了集团公司系统基础材料组织和填报工作。

四 月

4月6日 国电集团公司2004年青年干部培训班在国家电网公司培训中心开班，副总经理李庆奎出席开班典礼并讲话，来自集团公司所属单位的68名青年后备干部参加了培训。李庆奎希望青年干部加强学习，树立正确的政绩观，为推动集团公司发展做出新的贡献。

4月7日 国电集团公司2004年度第四次党组（扩大）会议在新世纪饭店召开。会议由党组书记周大兵主持，党组成员朱永芃、李庆奎、刘彭龄、陈飞出席会议，国务院派驻国电集团公司监事会主席孔令鉴、专职监事申小林，公司本部各部门负责人和体改办全体成员列席会议。会议听取了重组改制方案和工作要点汇报。

4月13日 国电集团公司总经理周大兵，副总经理朱永芃、李庆奎、刘彭龄、陈飞在中商大厦会见了以中共中央候补委员、重庆市委副书记姜异康为组长的中组部后备干部考察组。考察组一行8人，由中组部、国资委等有关部委的同志组成。

会见结束后，周大兵在中商大厦主持召开集团公司后备干部民主推荐大会，中组部后备干部考察组领导，朱永芃、李庆奎、刘彭龄、陈飞出席了会议，公司本部各部门主要负责人，部分基层企业负责人和在京单位省级以上人大代表、政协委员、省部级以上劳动模范共61人参加了会议。会上，姜异康传达了中央有关精神，介绍了考察工作的主要任务和有关要求；周大兵代表党组作了考察动员讲话，与会代表进行了民主投票。

4月14日　国电集团公司副总经理陈飞在中商大厦会见了日本冈野阀门公司社长冈野正敏先生、日本东红株式会社山田忠男先生，双方就开展电力阀门供应合作进行了友好会谈。

同日，陈飞在中商大厦会见了GE能源集团全球水电CEO Moore女士、全球风电CEO Zwolinski先生、GE能源集团中国区总裁Fludder先生，就开展双方合作交换了意见。

4月15日　国电集团公司副总经理刘彭龄在兰州主持召开靖远发电有限公司二届一次股东会暨二届二次董事会，就推进靖远公司经营管理和可持续发展提出了要求。

4月20日　国电集团公司总经理周大兵、副总经理朱永芃向国资委主任李荣融汇报集团公司重组改制上市方案。李荣融表示支持国电集团整体改制上市，要求国电集团抓住当前有利时机，加快推进工作，并针对集团公司的汇报作了明确指示。国资委有关司局就改制方案提出了具体意见和建议。

4月20日　国电集团公司副总经理朱永芃在中商大厦会见了美国爱迪生电力协会（EEI）副总裁约翰·伊斯顿先生，双方就开展未来合作进行了初步探讨。

4月21日　集团公司2004年工会主席培训班在华北电力大学开班，集团公司党组成员、副总经理李庆奎，全国总工会党组成员、经审委主任董力，华北电力大学校长刘吉臻出席开班典礼并讲话，来自集团公司所属单位的75位工会主席参加了培训。

4月21日至22日　国电集团公司副总经理陈飞赴河南豫源发电公司、濮阳热电有限公司调研。调研期间，陈飞会见了濮阳市市长梁铁虎，双方就加强交流合作、加快电源项目建设交换了意见。

4月23日至25日　国电集团公司总经理周大兵在安徽会见了安徽省省长王金山，双方就铜陵电厂、蚌埠电厂建设问题交换了意见，周大兵代表集团公司与安徽皖能集团公司签订了战略合作协议。在皖期间，周大兵考察了铜陵项目厂址，出席了蚌埠2×600兆瓦电源项目投资协议签字仪式。

4月27日至28日　国电集团公司2004年安全生产暨科技环保工作会议在宁波召开，集团公司副总经理刘彭龄、陈飞出席会议并讲话。会议总结了集团公司成立以来的安全生产和科技环保工作，部署了2004年安全生产及科技环保重点工作，表彰了2003年度实现安全生产目标的先进单位和获得“国电二级奖状”、“国电二级奖章”的先进单位及个人，同时套开了集团公司“管理效益年”一季度活动情况专题分析会。

4月27日　国电集团公司总经理周大兵在京参加国务院全国安全生产电视电话会议。中共中央政治局常委、国务院副总理黄菊出席会议并讲话。

4月28日至5月11日　国电集团公司总经理周大兵，副总经理朱永芃、李庆奎、陈飞分别在中商大厦接受了埃森哲公司访谈，介绍了集团公司战略与组织、薪酬等有关方面的情况。

4月28日　全国总工会在京召开庆祝“五一”国际劳动节大会，国电集团公司所属谏壁发电厂、菏泽发电厂、合山发电厂、国电电力朝阳发电厂主机班荣获“全国五一劳动奖状”。

五　月

5月11日　国电集团公司电价测算准备会议在中商大厦召开，副总经理刘彭龄出席会议并讲话，公司本部有关部门及分支机构有关负责人参加了会议，会议研究并明确了集团公司落实国家发改委发改价格[2004]610号文件的实施意见。

5月12日至14日　国电集团公司总经理周大兵赴江苏调研，视察了江阴苏龙发电有限公司（2×330兆瓦）扩建工程、常州发电有限公司一期（2×600兆瓦）工程、谏壁发电厂（2×300兆瓦）“以大代小”技改工程、宿迁热电有限公司（2×135兆瓦）工程，慰问了一线职工，并对在苏电源项目建设提出了要求。

5月12日　国电集团公司系统首届审计干部新《企业会计制度》培训班在华北电力大学开班，副总经理朱永芃出席开班典礼并讲话。

5月12日　国电集团公司副总经理朱永芃赴广西永福发电有限公司调研，察看了生产现场和2×300兆瓦机组扩建工程场地，就加快项目建设进度、加强投产后的生产管理提出了要求。

5月12日　国电集团公司副总经理刘彭龄赴长源电力股份有限公司调研，要求长源公司积极探索新形势下的科学管理模式，逐步发展为资本运作和资产经营型的投资控股型公司。

5月12日　国电集团公司在常州电厂建设工地

召开现场办公会，副总经理陈飞出席会议并讲话。会议以“坚持科学发展观，提高在建项目的综合竞争力”为重点，研究部署了加快常州项目建设，促进华东地区项目进展等有关工作。

5月14日 国电集团公司副总经理刘彭龄参加国资委迎峰度夏工作座谈会。会议由国资委主任李荣融主持，刘彭龄代表集团公司向国资委汇报了国电集团安全生产情况和迎峰度夏工作措施。

5月17日至18日 国电集团公司2004年计划发展工作会议在京召开。总经理周大兵，副总经理朱永芃、李庆奎、陈飞出席会议，国资委、发改委有关领导应邀出席会议，集团公司本部及所属单位170余名代表参加了会议。

会议回顾了集团公司成立以来的计划发展工作，分析了计划发展工作面临的形势和任务，提出按照国家宏观调控的有关要求，树立科学发展观，规范管理集团公司建设项目，做好投资项目竞争力分级排序，抓好集团发展战略与规划编制，防范投资风险。

会上，周大兵作了题为《坚持科学发展观，提高集团公司综合竞争力》的重要讲话，朱永芃作了题为《坚持规模与效益并重，全面做好计划发展工作》的报告，李庆奎在会上讲话，陈飞作会议总结。

5月18日 国电集团公司体改领导小组召开第三次会议。会议由总经理周大兵主持，副总经理朱永芃、李庆奎、陈飞出席会议，体改领导小组成员及体改办有关人员参加了会议。会议研究讨论了近期重组改制上市工作的进展情况、各部委对上报方案的意见以及近期资本市场的变化，周大兵作会议总结，并就资产交接、全资企业是否改制、办理土地证和房产证、多经企业问题进行了布置。

5月19日至22日 国电集团公司总经理周大兵应邀出席在韩国汉城举行的国际大坝会议第72届年会，就大坝安全及方案经验共享、大坝项目的可持续性发展及环境问题与各国专家、代表进行了广泛深入的探讨。

5月20日 国电集团公司副总经理朱永芃在京主持召开双鸭山发电有限公司第八次股东大会暨二届三次董事会，就加强安全生产管理和市场营销工作、提高经济效益、维护队伍稳定等方面工作提出了要求。

5月26日至30日 国电集团公司副总经理李庆奎到东北地区所属企业调研，考察了大连开发区热电厂、沈阳热电厂、辽宁节能环保开发公司、康平发电厂和双辽发电厂，就加强安全生产管理、深入开展“管理效益年”活动等提出了要求。

5月28日 国电物资有限公司在京举行成立一周年座谈会，国电集团公司副总经理陈飞出席座谈会并讲话，要求物资公司做好市场运营和资本运作，为提高集团公司整体效益做出贡献。

5月31日至6月1日 国电集团公司副总经理李庆奎在京参加国资委人才工作会议。

5月31日 国电集团公司云南分公司成立大会在昆明举行，副总经理陈飞、云南省副省长程映萱出席大会并共同为云南分公司揭牌。

六 月

6月1日 国电集团公司总经理周大兵为北京国电龙源环保工程有限公司题词：“发挥人才技术优势，铸造国电环保精品”。

6月1日 国电集团公司副总经理刘彭龄在京出席集团公司华北区域2004年二季度安全生产会议，就贯彻落实《安全生产法》、进一步加强安全生产管理提出了要求。

6月2日 国电集团公司体改工作协调会在民族饭店召开。会议由总经理周大兵主持，副总经理朱永芃、李庆奎、刘彭龄、陈飞出席会议，集团公司各部门主任、体改办全体成员、凯源律师事务所及各中介机构代表参加了会议。会议逐项研究并布置落实了重组改制工作涉及的25个主要问题，同意各项问题的工作目标和时间要求。

6月4日 国电集团公司体改工作动员及培训会议在北京九华山庄召开。会议由副总经理李庆奎主持，总经理周大兵，副总经理朱永芃、陈飞出席会议，集团公司本部各部门、各分支机构及90余家内部核算、全资、控股单位的负责人及有关业务人员，以及中介机构的代表共350余人参加会议。

周大兵就集团公司重组改制上市工作作了重要讲话，通报了重组改制上市的工作情况，明确了重组改制上市的重要意义、任务和目标，动员公司系统全体员工积极支持改革，统一思想，提高认识，坚定信心，全力以赴，按时完成重组改制上市工作。朱永芃就体改专项问题工作布置作了讲话。中介机构就有关情况做了说明。

6月11日 国电集团公司总经理周大兵、副总经理李庆奎在广州会见中国南方电网有限责任公司袁懋振董事长及领导班子成员，共商合作发展大计。

6月11日至14日 国电集团公司副总经理朱永芃在新疆调研，考察了红雁池发电公司、察汗乌苏水电站（3×100兆瓦）项目、吉林台水电站（4×115兆瓦）工程，出席了开都河流域水电开发有限公司揭牌仪式。在新疆期间，朱永芃会见了新疆维吾尔族自治区政府副主席艾力更·依明巴海。

6月11日至17日 国电集团公司副总经理陈飞到华北调研，考察了天津第一热电厂、天津滨海电力公司、河北衡丰发电有限责任公司、河北邯郸热电厂、河北一五〇发电厂、山西霍州发电厂和山西太原第一热电厂，就工程建设管理、企业发展规划、体制机制创新等方面工作提出了要求。

6月15日 国电集团公司总经理周大兵在中商大厦主持召开集团公司迎峰度夏再动员暨六月份生产营销调度会，副总经理朱永芃、李庆奎出席会议，刘彭龄作迎峰度夏工作再动员讲话，集团本部各部门及在京单位负责人在主会场参加会议，所属单位有关负责人在全国64个分会场收听收看了会议。

6月16日 国电集团公司总经理周大兵在中商大厦会见了通用电气能源集团总裁兼首席执行官约翰·赖斯先生，双方就加强多领域合作进行了友好会谈。

6月16日 国电长源嘉里黄金埠发电有限公司合资合同及章程签字仪式在中商大厦举行，国电集团公司副总经理刘彭龄出席并讲话。签字仪式结束后，总经理周大兵会见了香港嘉里建设公司副董事长兼总经理黄小抗，双方就电源项目开发合作事宜交换了意见。

6月17日 国电集团公司副总经理刘彭龄在杭州出席浙江北仑第一发电有限责任公司股东会和董事会。在第二届董事会第一次会议上，刘彭龄当选为浙江北仑第一发电有限责任公司新任董事长。

6月22日 国电集团公司副总经理陈飞在中商大厦会见了日立控制系统事业部部长滝田敦、日立中国有限公司总经理大月惇、北京日立控制系统公司总经理手岛俊明一行，陈飞希望日立控制公司凭借产品的技术和价格优势进一步参与集团公司的发展。

6月23日 国电集团公司总经理周大兵，副总经理朱永芃、刘彭龄在京出席国电电力发展股份有限公司第四届董事会第十八次会议。会议讨论并通过了关于国电大渡河流域水电开发有限公司对外投资等有关议案。

6月23日至24日 周大兵总经理、李庆奎副总经理在京参加国资委纪念建党83周年暨中央企业党建工作会议。

6月28日 国电集团公司副总经理朱永芃在华北电力大学出席国电电力发展股份有限公司与华北电力大学合作协议签字仪式，为国电电力高级培训中心揭牌并发表讲话。

6月30日 国电集团公司总经理周大兵、副总经理李庆奎在海口市会见海南省副省长刘琦，通报了收购大广坝电厂等有关事宜，就进一步谋求双方的合作与发展交换了意见。

6月30日 国电集团公司总经理周大兵为大同第二发电厂建厂二十周年题词："风雨二十年，光明洒人间，努力争一流，铸造新辉煌"。副总经理朱永芃赴大同出席该厂建厂二十周年庆典并讲话。

6月30日至7月1日 国电集团公司副总经理朱永芃在山西调研，分别会见了山西省副省长牛仁亮、山西省电力公司总经理李援朝等，探讨了如何尽快推进太原第一热电厂扩建工程的问题。朱永芃还实地考察了太原第一热电厂和晋中项目。

6月30日至7月3日 国电集团公司副总经理陈飞赴广西、贵州调研，考察了永福发电有限公司、桂林电厂管理处、合山发电厂、南宁发电厂厂址及贵阳发电厂。调研期间，陈飞会见了广西壮族自治区崇左市委书记罗殿龙，并代表集团公司与崇左市政府签订了崇左市火电厂投资意向。

七 月

7月1日至5日 国电集团公司副总经理陈飞在广西调研，期间考察了合山发电厂300兆瓦级机组改扩建工程和8号炉改建CFB工程的施工现场，听取了合山发电厂的工作汇报。在崇左市，陈飞代表集团公司与崇左市人民政府签订了《投资开发广西崇左市电厂项目合作协议书》。

7月5日 国电集团公司在本部召开体改领导小组第四次会议。体改领导小组组长周大兵主持会议，副组长朱永芃、李庆奎、刘彭龄、陈飞出席了会议，体改办及有关中介机构列席了会议。会议听取了体改工作进展情况的汇报，对存在的重点问题进行了讨论。公司领导分析了目前改制工作中的进展情况和遇到的问题，并分别做了重要发言。

7月6日至9日 为贯彻第四次领导小组会议精神，加快体改工作步伐，国电集团公司总经理周大兵主持召开了每天下午四点的体改工作碰头会，集中突破解决当前九项重点工作。副总经理朱永芃、李庆奎、刘彭龄、陈飞，体改办及有关部门负责人参加了会议。会议分别研究了资产接收、全资企业改制、产权不清企业处理、资产变动、审计调整、外资贷款担保、山华电、参股控股公司优先受让权和国电电力31%股权九项事宜。各相关部门汇报了各项工作的进展情况，通过认真研究和探讨，对每项工作如何突破解决都形成了明确的处理意见。

7月7日 由中国电力企业联合会主办的第十届国际电力设备及技术展览会、第三届国际电机工程及电工装备展览会在北京国际展览中心开幕。国电集团公司在展览会上向国内外同行充分展现了集团三个文明建设成果，展示了集团良好的企业形象，突出了国电企业精神和集团公司在新技术、环保产业、新能源领域的特色和领先优势。集团公司副总经理朱永芃、陈飞参观了展览，陈飞出席了开幕式。

7月8日 国电集团公司、吉林省能源交通总公司、吉林省吉能电力集团有限责任公司在长春举行了双辽发电厂出资确认协议签字仪式，副总经理朱永芃代表国电集团公司在协议上签字。此次出资权经签字确认后，国电集团公司拥有国电双辽发电厂100%的资产。

7月13日 国电集团公司和集团公司党组联合向公司系统全体员工和家属发出慰问信，感谢集团公司系统各级干部员工在迎峰度夏期间作出的贡献，要求广大员工以高度的政治责任感，坚决贯彻落实党中央、国务院的有关决策部署，把集团公司迎峰度夏工作安排全部落到实处。

7月16日 国电集团公司与中华科技投资有限公司、中山市人民政府、中山明阳电器有限公司就合资组建中山市天然气供应有限公司达成协议，并在集团公司本部共同签署了广东中山天然气项目投资协议。总经理周大兵在签字仪式上讲话，副总经理朱永芃主持了签字仪式，副总经理陈飞代表集团公司在协议书上签字。此项协议的签订，不仅推进了中山燃气电厂4×350兆瓦燃气蒸汽联合循环项目前期工作，而且使电厂建成投产后的燃料供应得到了保证。

7月16日 国电集团公司在本部召开体改领导小组第五次会议，听取了体改办关于不同方案和相应工作建议的汇报，并对方案进行了研究和讨论。会议由体改领导小组组长周大兵主持，副组长朱永芃、李庆奎、刘彭龄、陈飞出席了会议，领导小组其他成员参加了会议，体改办的有关人员列席了会议。在对领导小组各位成员的意见进行归纳后，周大兵指出，体改办提出方案是大家讨论的基础，至于具体方案，还需要抓紧工作，进行研究，并对体改办下步工作提出了要求和指示。

7月19日 国电集团公司总经理周大兵在集团公司会见了美国AES电力公司总裁兼首席执行官何励桓（Paul Hanrahan）先生一行。双方就我国风电的发展、电力市场的建立等内容进行了交流，并进一步探讨了未来双方合作的可能性。

7月21日至22日 国电集团公司总经理朱永芃在邯郸热电厂、一五〇电厂、龙山电厂调研，并出席国电河北龙山发电有限责任公司揭牌仪式。

7月27日 国电集团公司党组书记周大兵主持召开了集团公司本年度第十一次党组会议，党组成员朱永芃、李庆奎、刘彭龄、陈飞出席会议。在听取了体改办负责同志关于集团公司改制上市方案的汇报后，党组对下阶段集团公司改制上市工作提出了新的要求：集团公司改制上市要坚持“全面重组、整体改制、分步实施”的原则不变，要坚持改制与融资并重。

7月29日 国电黄金埠电厂工程奠基典礼在江西省余干县黄金埠镇隆重举行。中共江西省委书记孟建柱，国电集团公司总经理周大兵，江西省省长黄智权，江西省委副书记、常务副省长吴新雄，集团公司副总经理陈飞等领导共同为电厂奠基。奠基典礼前，周大兵、陈飞在南昌会见了江西省委副书记、省长黄智权，副省长凌成兴。

7月29日至30日 国电集团公司副总经理朱永芃在宁夏大武口电厂、石嘴山发电厂、石嘴山发电有限责任公司进行调研，听取了各单位工作汇报，参加了石嘴山发电有限责任公司4×330兆瓦机组投产发电表彰大会。调研期间朱永芃会见了宁夏回族自治区政府主席马启智。

八 月

8月2日至3日 国电集团公司2004年年中工作座谈会在山东青岛召开。本次会议的主题是，贯彻落实党的十六届三中全会精神和党中央、国务院有关会议文件精神，围绕集团公司2004年工作会议主题和工作任务，研究如何增强集团公司电源项目的市场竞争力、提高集团公司的总体效益，理顺管理体制和经营机制，进一步转变作风、解放思想、增进团结、坚定信心、形成合力，更好地贯彻落实集团公司党组的各项决定。

国电集团公司党组书记、总经理周大兵，党组成员、副总经理朱永芃、李庆奎、刘彭龄、陈飞，国务院派驻集团公司监事会主席孔令鉴出席会议。公司本部各部门、各分支机构、直属单位、公司系统百万千瓦以上装机容量的发电企业和部分基建单位主要负责人参加了会议。会议听取了各分支机构、直属单位和有关发电企业的工作汇报。集团公司各位副总经理分别就分管工作讲话。孔令鉴在会上讲话，周大兵做会议总结讲话。会议充分肯定了集团公司2004年上半年各项工作所取得的成绩，客观分析了当前面临的形势，对下半年工作进行了部署和安排。

8月3日 国电集团公司体改领导小组第六次会议在青岛海情宾馆召开。会议由体改领导小组组长周大兵主持，国务院派驻集团公司的监事会主席孔令鉴和监事申小林、体改领导小组副组长朱永芃、李庆奎、刘彭龄、陈飞出席了会议，领导小组其他成员参加了会议，体改办和总经理工作部的有关人员列席了会议。周大兵首先传达了第十次党组会和第十一次党组会对体改工作的指示和要求。体改办汇报了集团公司重组改制上市方案。在听取了体改办的汇报和领导小组成员对方案调整的发言后，公司领导分别讲话。周大兵进行会议总结并提出要求。

8月5日 国电集团公司总经理周大兵到国电电力发展股份有限公司控股的烟台龙源电力技术有限公司调研。在烟台期间，周大兵会见了蓬莱市委、市政府领导，就集团公司在蓬莱开发电源项目的有关事宜与蓬莱市领导进行了磋商。

8月5日 国电集团公司副总经理李庆奎到国电费县发电有限公司调研。李庆奎指出，费县电厂是集团公司进入山东的重点发展战略基地之一，希望地方政府与费县发电有限公司团结一致，齐心协力，为项目早立项、早建设、早投产、早出效益而共同努力。

8月16日 国电集团公司总经理周大兵带队向国资委主任李荣融汇报了集团公司重组改制上市自五月份以来的阶段性工作。国资委副主任邵宁、国资委办公厅主任马国安、产权局副局长邓志雄、规划局副局长张忠林、企改局助理巡视员贾小梁一同听取了汇报，集团公司副总经理朱永芃、体改办主任张玉新、副主任陈景东、姜洪源及有关人员参加了汇报。

周大兵向国资委领导汇报了开展重组改制工作的进展情况，请国资委同意集团公司调整后的重组上市方案，并尽快上报国务院。在听取汇报后，国资委各主要职能部门均分别提出了意见。邵宁表示肯定集团公司调整后方案，并就三个专项问题提出建议和意见。李荣融进行总结，表示赞同大家意见并做了重要指示。

8月17日至19日 国电集团公司基建工作座谈会议在四川雅安市隆重召开。总经理周大兵在会上作了题为《求真务实，埋头苦干，为集团公司做大做强而努力奋斗》的重要讲话，副总经理陈飞作了题为《做实做新，科学管理，为提高新建电源综合竞争力而努力工作》的基建工作报告。会上，周大兵代表集团公司分别与瀑布沟等10个项目单位的总经理签订了工程建设总体目标责任书。集团公司本部各部门主要负责人，各分公司、控股子公司、项目公司（筹建处）共65个单位的主管领导和代表参加了会议。

8月19日 国电集团公司召开安全生产电视电话会议，副总经理刘彭龄传达了8月5日至6日召开的中央企业安全生产工作会议精神，副总经理陈飞就集团公司如何贯彻会议精神做出了部署。

8月24日 国电集团公司与西藏电力公司在拉萨西郊变电站举行了隆重的援藏资金交接仪式。副总经理陈飞代表集团公司将619.7万元援藏资金支票交给了西藏电力公司。西藏自治区政府副主席武继烈出席交接仪式。交接仪式后，陈飞与武继烈共同为西郊变电站增容改造工程纪念碑揭幕。国电集团公司是电力体制改革后完成了援藏任务的第一家新成立公司。

8月26日至27日 国电集团公司审计工作会议在昆明召开。总经理周大兵、副总经理朱永芃出席会议，周大兵做了重要讲话，朱永芃做了工作报告。集团公司本部有关部门、分支机构负责人，各单位分管审计工作的领导、审计部门负责人参加了会议。

8月26日至28日 国电集团公司副总经理朱永芃在云南调研，考察了阳宗海电厂和小龙潭电厂，并对电厂扩建工作提出了具体要求。

8月27日至29日 国电集团公司总经理周大兵视察了国电迪庆香格里拉发电公司所属的螺丝湾电厂和吉沙水电站（在建），考察了在云南迪庆州境内金沙江上游的奔子栏、日冕水电站规划坝址。

8月28日 由国家发改委、国家电监会举办的“全国科学用电知识电视大赛”在京举行，国电集团公司副总经理刘彭龄出席了闭幕式和颁奖仪式。

8月30日 国电集团公司总经理周大兵、副总经理朱永芃与云南省委副书记、常务副省长秦光荣在昆明就集团公司加大云南有关电力项目开发力度等有关事宜举行了会谈。双方达成了共同推进中国国电集团公司在云南省的电力开发项目前期工作的意向，并签署了会谈纪要。

九　月

9月5日 国电集团公司副总经理朱永芃在重庆出席了2004中国五百强企业发布会。大会公布了最新的中国五百强企业名单，中国国电集团公司位居500强第67位。

9月5日至6日 国电集团公司副总经理朱永芃实地调研了重庆万盛项目，与地方政府就项目工作推进问题进行了会谈。

9月7日 国电集团公司总经理周大兵与西藏自治区党委副书记、区人民政府常务副主席胡春光就加快西藏电力建设等问题在北京进行了会谈，就合作开发建设西藏巴河上的雪卡和老虎嘴两座电站交换了意见。集团公司副总经理朱永芃、陈飞和有关部门主任，西藏自治区发改委副主任金世洵、自治区电力公司总经理王庆华参加了会谈。陈飞主持仪式，周大兵和胡春光分别代表双方在《合作开发电力项目座谈会纪要》上签字。

9月8日 “上海国电海运有限公司组建及委托运输协议”在国电接待中心签订。国电集团公司总经理周大兵出席了签字仪式，副总经理刘彭龄与福建国航远洋运输股份有限公司董事长王炎平分别代表合作双方在协议上签了字。

9月13日至14日 国电集团公司总经理周大兵赴福建先后视察了国电泉州发电有限公司南埔电厂一期（2×300兆瓦）工程和国电福州发电有限公司江阴电厂一期（2×600兆瓦）工程现场，听取了各项目公司负责人及主要参建单位对工程建设情况的汇报，并对集团在福建的发展和南埔、江阴项目提出了要求。

9月13日 国电集团公司落实“管理效益年”任务汇报会在北京国电接待中心召开。会议由副总经理李庆奎主持，副总经理刘彭龄讲话。有关部门、各分公司负责人参加了会议。会议要求公司系统各单位总结工作经验，继续深入开展“管理效益年”活动，做到实事求是、分类指导、真抓实干、务期必成。

9月14日 国电集团公司在北京召开了国电财务有限公司发起人会议，副总经理李庆奎出席了会议。

9月15日 国电集团公司副总经理刘彭龄出席国电荆门热电厂三期2×600兆瓦扩建工程动工仪式，要求该厂保证工程质量，控制工程造价，确保按期投产，争创精品工程。

9月19日至21日 国电集团公司200兆瓦、300兆瓦火电机组运行值班员技能竞赛在谏壁发电厂举行。这是目前五大发电集团公司中惟一纳入国家级竞赛表彰的项目，7个单项的第一名将被授予“全国技术能手”称号。

9月21日 国电集团公司2004年领导干部培训班开学，副总经理李庆奎出席开班典礼并讲话。

9月22日 2004年中国国电集团公司40亿元企业债券发行仪式在人民大会堂河南厅举行。总经理周大兵在仪式上致辞，副总经理朱永芃代表集团公司与中国银河证券公司签署了承销协议。本期债券发行期限为5个工作日，自9月22日至9月28日，实际募集资金总额为39.56亿元人民币。

9月28日 国电集团公司党组召开第六次党组中心组学习（扩大）会议，认真学习党的十六届四中全会精神。党组书记、总经理周大兵做重要讲话。

9月28日 国电集团公司召开系统各单位班组长及以上人员参加的“安全生产电视电话会议”，会议由副总经理陈飞主持，副总经理刘彭龄在会上传达了全国安全生产电视电话会议精神，部署了国庆期间及第四季度的安全生产工作。

9月28日至29日 国电集团公司办公地点由北京市西城区三里河东路5号中商大厦迁至北京市西城区阜成门北大街6－8号。

十　月

10月9日 国电集团公司副总经理刘彭龄出席靖远发电公司投产发电15周年暨安全生产1000天庆典。刘彭龄要求国电靖远发电公司增强紧迫感、责任感和使命感，以安全生产为基础，坚持以人为本，全面、协调和可持续发展，坚持在继承中创新、在求实中进取。下午刘彭龄出席了西北分公司所辖甘肃、宁夏地区企业落实“管理效益年”任务汇报会并作重要讲话，要求西北区域各单位确保安全、完成目标、解决问题、服从大局、加快发展、统筹协调。

10月11日 国电集团公司党组书记、总经理周大兵与内蒙古自治区人民政府副主席赵双连在京会谈。双方表示将在巩固现有鄂尔多斯煤电联营项目的基础上，进一步加强交流与合作，努力促进内蒙古自治区电力工业的发展。

10月13日 中国国电集团公司系统股东（大）会、董事会、监事会业务研讨会在海南召开，副总经理朱永芃出席会议并作重要讲话。与会代表就如何规范各控股公司三会运作方面进行了讨论，并对《中国国电集团公司控股公司股东（大）会、董事会、监事会业务规范》提出了修改建议。

10月14至16日 国电集团公司副总经理陈飞检查瀑布沟水电站工程截流准备工作。陈总对工程安全、质量、进度等给予了充分肯定，对截流前后的工作和移民工作提出了要求。

10月17日 中国企业文化促进会建会10周年庆典暨第三届全国会员代表大会在人民大会堂举行。大会表彰了企业文化建设先进单位和先进个人，国电集团公司被授予中国企业文化建设十大杰出贡献单位称号，总经理周大兵荣获中国企业文化建设十佳个人称号。国电北仑第一发电公司、国电菏泽电厂分别获得中国企业文化建设先进单位称号，国电小龙潭电厂获得2004年度中国企业文化建设优秀成果奖。

10月18日 第15届东亚及西太平洋电力工业协会大会在上海国际会议中心隆重召开。国电集团公司总经理周大兵、副总经理朱永芃率团参加了亚太电协大会。大会以“创新、竞争与合作——经济全球化进程中的电力工业”为主题，共吸引了来自37个国家和地区的2000多名代表。中共中央政治局常委、国务院副总理黄菊发来贺信，代表中国政府对会议召开表示热烈祝贺，对各国（地区）代表光临表示诚挚欢迎。在历时5天会期里，大会安排266篇论文进行现场交流、为期一天的技术参观活动以及贯穿会议期间的展览会，展示了改革开放以来中国电力所取得的巨大成就。集团公司精心设计、主题鲜明的展场吸引了众多的中外来宾和设备供应商，收到了很好的宣传效果。

10月18日 国电集团公司首次共青团干部培训班开学典礼在国电接待中心举行，党组书记、总经理周大兵为培训班开班致贺信，党组成员、副总经理李庆奎出席会议并讲话。本次培训班为期8天，期间召开集团公司共青团工作会议。

10月19日 国电集团公司总经理周大兵出席永诚财产保险股份有限公司开业庆典。永诚财产保险股份有限公司是首家拿到中国保监会新批独立中资保险公司牌照的公司，由中国华能集团公司、中国国电集团公司、中国电力投资集团公司等12家股东共同组建，国电集团公司出资10%。

10月21日 中国国电集团公司和天津市电力公司发电企业划转移交签字仪式在天津举行，副总经理李庆奎出席签字仪式。当日，李庆奎一行到天津第一热电厂生产现场慰问了一线岗位的干部职工，了解了机组生产运行情况。

10月26日 国电集团公司党组书记、总经理周大兵参加龙源集团公司党员领导干部民主生活会。他要求，集团公司系统党员领导干部要讲团结，领导班子要形成团结、紧张、严肃、活泼的生动局面。要一切从实际出发，干实事，求实效，真正做到求真务实。

10月28日 国电集团公司在京召开财务工作会议。总经理周大兵、监事会主席孔令鉴作重要讲话，副总经理李庆奎做工作报告。周大兵在讲话中明确今后集团公司财务工作的任务，一是要转变观念，开拓创新，切实提高科学理财的能力；二是要完善制度，防范风险，不断提高依法理财的水平；三是要强化管理，降本增效，确保完成今年的利润目标；四是要以人为本，提高素质，切实加强财会队伍建设。孔令鉴在讲话中充分肯定了集团公司取得的较好业绩，要求财务工作坚决不能做假账；坚决不能设置小金库；坚决不搞对外担保；坚决不能随意处置国有资产；坚决不搞关联交易。李庆奎在工作报告中，总结了集团公司成立以来的财务工作，分析了财务工作面临的形势和主要问题，明确了财务工作的指导思想、重点工作和要求。

10月29日 国电集团公司第七次党组中心组学习（扩大）会暨集团公司本部学习十六届四中全会精神交流会召开，党组书记、总经理周大兵主持了学习会。党组成员发表了书面发言，各部门主任结合学习贯彻党的十六届四中全会精神和部门工作，进行了交流发言。

10月29日 国电集团公司副总经理刘彭龄在河北省涉县出席国电河北龙山发电厂一期工程奠基仪式。中共河北省省委常委、常务副省长郭庚茂等领导出席了仪式并讲话。刘彭龄在讲话中要求建设人员要以严谨的科学态度、务实的工作作风，确保施工质量和安全，努力控制造价，建设精品工程，力争早日投产，为河北经济腾飞做出积极贡献。

十 一 月

11月1日 国电集团公司副总经理陈飞出席国电南宁发电有限责任公司成立揭牌仪式。广西壮族自治区党委副书记、南宁市委书记李纪恒，自治区政协副主席徐文彦，南宁市市长林国强等领导参加了揭牌仪式。陈飞在讲话中指出，集团公司将调动一切积极因素，高效推进国电南宁发电有限责任公司的项目工程建设，争取工程早日投产，早日为广西人民造福。

11月3日 “2004年世界工程师大会”在上海举行。国电集团公司党组书记、总经理周大兵出席会议并做了题为《大力开发可再生能源，是电力工业可持续发展的战略选择》的主旨演讲，介绍了我国电力工业开发可再生能源情况，国电集团公司开发风电的主要成就及战略设想，并对加快我国风电发展提出了建议。

11月4至5日 国电集团公司副总经理李庆奎考察九江发电厂和黄金埠电厂。李庆奎要求九江发电厂在目前基础上管理好三期机组，改造一、二期机组，启动四期工程。要求黄金埠电厂筹建处努力把该项工程建设成优质工程、精品工程，使黄金埠发电厂早日建成投产。

11月5日至6日 国电集团公司在九江发电厂召开深化三项制度改革扩大试点工作会议。集团公司副总经理李庆奎出席会议。这次会议的主要任务是总结、交流试点单位经验，讨论集团公司关于深化三项制度改革的意见和有关配套改革办法，部署下一阶段深化三项制度改革扩大试点工作。李庆奎要求各单位要切实加强对深化三项制度改革的组织领导，正确处理改革与稳定的关系，坚持公开、公平、公正的原则，做好深入细致的宣传发动工作，以确保改革的顺利进行。

11月6日 国电集团公司副总经理朱永芃到国电天津第一热电厂考察。在听取该厂领导的工作汇报后，朱永芃询问了该厂生产经营状况和东北郊电厂筹建工作的进展情况，要求进一步加快新机建设的步伐，积极督促有关方面落实建设厂址问题，通过加快发展争取效益。随后朱永芃在天津滨海电力有限公司调研时要求滨海公司尽早在市政府的协调下双方签署具有法律效力的供气合同，争取开发新的气源点，抓紧同中海油进行沟通协调，谋求更大的发展。

11月6日 中国国电集团公司、内蒙古自治区和河北省三方项目合作框架协议签字仪式在内蒙古自治区呼和浩特市举行。副总经理刘彭龄代表集团公司出席了仪式并签字。此前，在11月5日，刘彭龄会见了内蒙古自治区党委书记储波等自治区领导，并与自治区政府签订了双方合作协议。

11月18日和22日 国电集团公司副总经理朱永芃分别考察国电常州电厂工程和国电谏壁发电厂。他要求常州项目公司加强安全、质量、工期、造价控制，确保项目按期优质投产；在谏壁发电厂，他要求该厂按照集团公司周大兵“讲政治、守纪律、顾大局、保稳定”的要求，讲党性、守纪律、树正气、办实事，继续降本增效，努力为集团公司做出新的更大的贡献。考察期间，朱永芃代表集团公司与各投资方和江阴市政府联合签署了江阴苏龙发电有限公司四期工程2×100万千瓦机组投资意向书。

11月26日 国电集团公司总经理周大兵，副总经理朱永芃、李庆奎、刘彭龄、陈飞在京出席国电科技环保集团公司成立大会。国电科技环保集团公司由中国国电集团公司、国电电力发展股份公司、龙源电力集团公司共同出资组建。国家电力监管委员会副主席史玉波，中国科协副主席、中国电机工程学会理事长陆延昌，以及国家发改委、科技部、环保总局、中电联、有关电力企业、电力科研机构的领导、院士、专家出席大会。朱永芃代表集团公司发表了热情洋溢的讲话。

十 二 月

12月3日 国电集团公司副总经理陈飞到国电物资有限公司调研，就当前集团公司物资管理工作的形势及物资公司下一步发展做了讲话。陈飞要求物资公司全体员工树立成长意识、市场意识、规范意识、危机意识，利用好集团公司内、外两种资源，开发好集团公司内、外两个市场，认真做好物资管理、服务、经营工作，把物资公司建成持续发展、盈利能力较强的公司。

12月5日至6日 国电集团公司副总经理刘彭龄出席新组建的上海国电海运有限公司第一次股东会暨一届一次董事会、一届一次监事会。会议签署了股东会决议、董事会决议和监事会决议，选举产生了第一届董事会和监事会。董事会选举刘彭龄担任董事长。

12月6日 国电集团公司党组书记、总经理周大兵，党组成员、副总经理陈飞在京出席集团公司设计联谊座谈会暨电厂形象设计方案竞赛颁奖仪式。

12月6日 国电集团公司副总经理刘彭龄参加集团公司2004年市场营销研讨班开班仪式并作重要讲话。会议就煤炭供需形势、电煤价格上涨和区域电力市场建设等热点问题进行了深入分析和探讨。

12月16日 国电集团公司直属第一次党员代表大会在本部召开。集团公司在京直属单位的117名党员代表出席了大会。国资委党建局副局长、组织部副部长刘汉滨应邀出席了大会。大会听取审议并通过了直属临时党委书记李庆奎《加强和改进直属党建工作，为推进集团公司改革和发展作出新的贡献》的工作报告。审议并通过了直属纪委书记许援朝《围绕中心和大局，服务改革和发展，以求真务实的精神不断推进党风廉政建设深入开展》的工作报告。大会经过差额一次直接选举，产生了集团公司直属第一届党委委员和纪委委员。

集团公司党组书记、总经理周大兵作了重要讲话。周大兵充分肯定了直属临时党委成立以来所做的大量工作，要求新一届直属党委要更好地团结带领集团公司本部和在京单位的全体党员和员工，紧密结合集团公司改革发展的实际，全面贯彻党的十六届三中、四中全会精神，牢固树立和认真落实科学发展观，认真落实国资委党委和集团公司党组的各项决策部署，充分发挥党组织的政治核心作用、战斗堡垒作用和党员的先锋模范作用，为把集团公司建设成“复合控股型、规模效益型、集团化、市场化、国际化的现代企业集团”发挥更大的作用、作出更大的贡献。

12月18至22日 国电集团公司副总经理陈飞对集团公司所属安顺、凯里、都匀、贵阳、红枫发电厂等在黔企业进行了调研。调研期间，陈飞与贵州省副省长包克欣进行了会谈，就有关问题交换了意见。

12月19至23日 国电集团公司副总经理刘彭龄到华中区域有关单位调研。刘彭龄先后考察了黄金埠电厂项目建设工地、九江发电厂、汉新发电公司、华中分公司和长源电力股份公司，转达了集团公司党组和周大兵对广大干部职工新春的慰问，并听取了有关单位的专题汇报。视察期间，刘彭龄还考察了湖北鄂州电厂二期扩建工程，会见了湖北省电力公司主要领导。

12月21至22日 国电集团公司办公室暨外事工作会议在京召开，集团公司党组书记、总经理周大兵出席会议，党组成员、副总经理朱永芃出席会议并作重要讲话。朱永芃简要回顾了集团公司一年来工作的成绩，对当前面临的形势进行了分析，要求集团公司办公室系统和外事系统紧密围绕全年工作中心，发挥职能，服务大局，务求实效。会议期间还举行了《中国国电集团年鉴（2004）》首发式。

12月24日 国电集团公司与内蒙古平庄煤业（集团）有限公司合作协议签字仪式在京举行。签字仪式前，集团公司总经理周大兵会见了平煤集团孙国建总经理，集团公司副总经理朱永芃、陈飞及有关部门负责人与平煤集团有关负责人举行了会谈，就双方共同合作开发煤电项目的有关事宜交换了意见。

12月28至29日　国电集团公司工作座谈会在国电接待中心召开，集团公司党组书记、总经理周大兵，党组成员、副总经理朱永芃、李庆奎、刘彭龄、陈飞出席会议并讲话。周大兵传达了中央经济工作会议、中央企业负责人会议和全国国有企业领导班子思想政治建设座谈会议精神，通报了集团公司2004年主要经济指标完成情况、总结了主要成绩和经验，提出了集团公司2005年工作的基本思路和重点工作目标。朱永芃在会上传达了全国发展和改革工作会议的有关精神。在听取各单位、部门意见的基础上，朱永芃、李庆奎、刘彭龄、陈飞分别作了讲话，周大兵对会议进行了总结，分析了新一年面临的形势和任务，强调了2005年的工作重点，号召公司上下团结一心，为实现集团公司“做实、做新、做大、做强”的目标而继续努力。

12月29日　国电集团公司召开电视电话会议部署元旦春节期间安全生产工作。会议由集团公司党组书记、总经理周大兵主持，集团公司党组成员、副总经理刘彭龄在会上传达全国安全生产电视电话会议精神，部署元旦、春节期间的安全生产工作。集团公司领导、集团本部各部门负责人以及各分公司、国电电力、长源电力、龙源集团公司的主要负责人在北京主会场参加会议。

12月30日　国电集团公司党组书记、总经理周大兵与海南省省长卫留成在海口进行了友好会谈，并出席海南大广坝水电开发有限公司股权转让协议签字仪式并讲话。海南省常务副省长吴昌元、集团公司副总经理李庆奎和海南省水利电力发展有限公司董事长王尤魁分别代表各方在协议上签字。

12月31日　国电集团公司与大唐集团公司在北京签订了《关于以融资方式解决合山发电厂“一厂两制”有关事项的备忘录》。国电集团公司副总经理陈飞和大唐集团公司副总经理杨庆分别代表双方在备忘录上签字。

（总经理工作部）

三、综合管理

综　　述

2004年在集团公司党组领导下，总经理工作部认真贯彻落实集团公司2004年工作会议精神，围绕集团公司“管理效益年”和体制改革等中心工作，解放思想、求真务实、开拓创新、扎实工作，发挥“综合协调、参与政务、管理事务、搞好服务”等职能作用，加强科学化、规范化、程序化管理，努力提高工作质量和工作效率，较好地完成了各项工作任务。

（一）围绕中心，着眼大局，积极主动地为集团公司领导决策提供服务

总经理工作部作为参与政务、决策服务和综合协调的职能部门，是集团公司承上启下、联系左右、沟通内外的中心枢纽。为集团公司领导决策和执行搞好服务是总经理工作部各项工作的重中之重。该部力求从总揽全局的高度，提出适应形势发展、符合领导思路、对部门和基层企业有指导意义的参谋意见，努力为领导决策提供理论依据、政策依据和事实依据，以此作为工作的出发点和着力点。

总经理工作部牵头组织或协助有关部门筹备召开了集团公司各类重要会议，筹备召开了2004年度工作会议、年中工作座谈会，完成了会议主报告撰写和会议材料准备工作。截至11月中旬，完成了1次总经理工作会议、13次总经理办公会议的会议组织和会议材料、会议纪要整理发布工作；完成了集团公司领导出席的41次专题会议纪要的整理发布工作。

在总结2003年工作经验的基础上，2004年重点在工作的预见性、规范化和程序化方面下功夫。每次召开办公会，都提前征求议题，精心印制会议材料，尽快形成会议纪要下发，做到高效率、高质量。配合其他部门，编辑集团公司投资委、预算委和新办公大楼装修领导小组会议纪要，做到准确、可查，对推动集团公司各项工作发挥了重要作用。

加强对阶段性和月度重点工作的安排和组织，立足于抓宏观、抓重点、抓协调，每月按期收集、编辑、下发公司各部门工作计划和完成情况，保证公司本部正常运转。

围绕集团公司中心任务和重点工作，加强调查研究，重点开展发电企业基础管理课题调研。按集团公司2004年工作会议精神和“管理效益年”活动领导小组的要求，集团公司由总经理工作部负责落实发电企业基础管理工作的规范和考核。经请示公司领导，以课题的方式将这项工作委托给中电联调研部具体操作，与中电联签订了委托课题研究协议。确定集团公司“管理效益年”活动基础管理工作试点单位，基础管理制度框架和活动安排步骤，并赴谏壁发电厂召开现场会，落实课题组和试点单位的工作任务。到11月底，初步完成《标准》文本的编撰工作，起草有关文件和前言，为正式发布试行做好准备。

督办工作是实现集团公司决策目标落实的重要环节，是促进各项决策部署贯彻落实的重要手段。为确保集团公司重要会议和领导指示落到实处，总经理工作部起草制定《中国国电集团公司督办制度》，重点针对总经理办公会议决定事项和公司领导指示开展督办工作，完成第1至12期办公会议纪要上共55项决议的督促办理工作，并将具体情况报告公司领导，有力地促进了各项工作的落实。

公司本部的工作作风建设是一个新组建的集团公司增强凝聚力、塑造现代企业形象的重要环节，根据公司领导的要求，总经理工作部起草了改进公司本部工作作风的具体措施，由直属机关党委形成文件下发。

（二）加强策划与协调，规范管理流程，确保集团公司的高效运转

2004年，总经理工作部加强与国家有关部门和地方政府的沟通联系，做好协调和服务工作，树立集团公司良好形象。重点完成了监事会领导来集团公司监督检查工作的接待和服务。2004年度工作会议期间和11月底，国务院派驻国电集团公司监事会先后两次进驻集团公司，认真为监事会做好联系、协调、服务等配合工作，撰写集团公司工作汇报材料，安排监事会与公司领导、各部门主任交流意见；安排监事会领导先后赴华东、宁夏、山西、河北、天津、四川、湖北、江西、吉林等省的发电企业调查，做到事先有布置，行程有安排；事中有协调，有陪同；事后有总结，有反馈，圆满完成调研工作。同时，按照上级要求，在集团公司召开党组会、总经理办公会以及公司其他重要会议时，提前2至3天向监事会领导汇报，请监事会领导参加。在公司领导出国时，也及时向监事会汇报。

围绕集团公司中心工作和公司领导指示，重点做好公司领导内、外部事务等活动的协调和安排。2004年，随着集团公司工作步入正轨，集团公司领导出访和会见活动往来频繁，会谈内容也由2003年的会谈合作意向，向2004年的落实投资协议和落实工作项目转变，工作量加大，工作质量要求高，总经理工作部按照流程化管理的思路，确保每一个环节及时、准确、周到、热情，努力使双方领导在融洽的气氛中会谈。2004年两会期间，集团公司领导与江西省委、省政府主要领导在钓鱼台国宾馆签订合作开发黄金埠电厂协议，总经理工作部筹备了签字仪式，取得较好效果。

(三) 重视新闻宣传和公共关系工作，提升集团公司的知名度、美誉度，为公司改革与发展营造良好的内外部环境

总经理工作部充分发挥集团公司各类媒体的舆论阵地作用，为集团公司的改革与发展呐喊助威。目前，集团公司已拥有《中国国电》杂志、《国电集团信息》、集团公司对外网站（简称“两刊一网”），以及《内部情况通报》、《分支机构月报》等，是集团公司重要的舆论阵地，不仅发挥着宣传党和国家大政方针、报道行业动态的作用，更重要的是要把集团公司党组的重大决策、重要部署传播给基层广大干部职工，让他们及时了解集团公司改革和发展的大局，更积极主动地参与进来，为集团公司“做实、做新、做大、做强”做出自己的贡献。为了配合集团公司2004年开展的“管理效益年”活动，采取设置专栏和专题等形式，加强对“管理效益年”活动的宣传报道，刊登有关报道近百篇，起到传递信息、交流经验的作用，对“管理效益年”活动起到“推波助澜”作用；对集团公司2004年工作会议、年中工作座谈会、大渡河瀑布沟水电站开工仪式，以及上海海运公司、科技环保集团成立仪式等集团公司的重要会议、重大活动，都作了及时的宣传报道，使系统内广大干部职工能够及时地了解集团公司的政策动向和工作动态；2004年，共编辑出版《中国国电》杂志12期、《国电集团信息》47期，《内部情况通报》9期，《分支机构月报》5期，为及时反映公司领导和各部门下基层调研的情况，经公司领导批准，创办《调研报告》。另外，为记载集团公司的发展历程，留存集团各发展阶段的史料，按照公司领导要求，总经理工作部策划创办了《中国国电集团年鉴》，出版后受到了公司上下一致的好评。

按照公司领导的有关指示，在对外新闻宣传上仍继续保持低调，但对一些有利于提高公司社会形象、改进公司公共关系的新闻宣传报道，都给予了大力支持，主动开展和配合工作。为了塑造集团公司积极参与西部大开发、积极开发水电的良好形象，邀请中央电视台、《人民日报》等中央新闻媒体，采访瀑布沟水电站开工仪式，在全国掀起一次较有影响的宣传高潮。为了宣传集团公司“忧国家之所忧、急社会之所急”的形象，组织稿件，在《中国电力报》等媒体上宣传报道集团公司积极采取措施开展“迎峰度夏”工作，集团公司组织学习十六大和十六届三、四中全会精神落实科学发展观，以及响应国家号召配合清理在建项目等方面的工作情况。还先后在《人民日报·海外版》、《中国统计年鉴》、《中国工业年鉴》、《中国企业年鉴》等重要媒体上做了集团公司的形象宣传，并积极组织材料参加了“中国企业500强”的申报工作。

同时，积极有序地推广公司视觉识别（VI）系统，塑造集团公司统一的社会形象。集团公司VI系统推广以来，受到了基层企业的广泛重视，推广应用的积极性很高。对此，总经理工作部一方面鼓励和支持，帮助他们正确使用公司的标识系统，另一方面告诫基层企业不要急于求成，要根据企业的具体情况，有步骤有计划地推广应用，不能因此而造成浪费或过多增加企业成本。为了降低推广成本，在系统内开展摸底调查，统一制作集团公司VI推广用品，如公司司旗、公司徽章等。

另外，根据集团公司的发展情况，及时启动了对公司宣传画册的修订，编辑出版《公司2003年年报》，组织实施新办公大楼户外广告的设计制作，配合在北京举办的国际电力技术设备展、在上海举办的亚太电协大会，策划组织集团公司展厅的设计与制作，安排拍摄制作集团公司宣传专题片，较好地宣传了集团公司作为国有特大型企业的良好形象，受到与会领导和代表的好评。

(四) 加强公司网络信息系统和办公自动化系统的维护管理，为集团公司的正常高效运转提供技术支持

随着集团公司广域网络和各专业信息平台的正式投运，以及物资公司、燃料公司、资金结算中心、科技环保集团的相继成立和人员队伍的不断扩充，公司网络信息系统的维护管理工作成倍增加，对此，一方面加强制度建设、规范管理，修订机房管理办法和机房人员轮流值守管理办法，另一方面与国电商务网协商，及时补充人员，保证网络系统的正常运转，进而为集团公司的正常高效运转提供技术支撑。

与此同时，在人力不足的情况下，主动征求员工意见，及时对公司外网进行完善，对内网进行彻底改进，使其内容更丰富、实用，也更易于维护。

为提高公文运转效率，进一步规范公文管理，启用了电子公务传输系统，对办公自动化存在的问题进行多次修改，增加项目，完善功能，并制订下发了《中国国电集团公司电子公文传输管理暂行办法（试

行)》、《中国国电集团公司归档文件整理细则》等制度。根据国务院公文格式的要求起草了公文排版格式，极大地方便了文件制作，提高公文运转效率，为实现办公自动化和文件信息资源的共享创造了条件。

协助科技环保部进行新办公大楼的信息系统的设计、建设工作。

(五) 重视信访和值班工作，努力维护集团公司改革、发展和稳定的大局

2004年，根据公司领导指示，起草制订《集团公司处理重大突发性事件应急预案》，并签报公司领导成立了“集团公司集中处理信访突出问题及群体性事件领导小组及办公室”，为集团公司及时应对发展改革过程中可能发生的影响稳定的突发事件提供组织和制度保证。全年共处理信访案件36例、上访案件5例，处理过程中，坚持“合情合理合法”的原则，耐心细致、认真对待，做到化解矛盾、解决问题。同时，建立了与国家信访局、国资委以及两大电网公司、兄弟发电集团、四大辅业集团信访机构和人员的联系和沟通，为更好地开展工作和共同解决一些历史遗留问题提供了保证。

加强值班工作，对值班信息处理实行流程化、规范化管理，严格按照处理权限和工作分工，过滤掉无用的信息，把重要、紧急的信息以最快的速度呈报集团公司领导，并跟踪值班信息流转，保证信息的闭环运行。编辑印发了集团公司2004年版通讯录。在发生瀑布沟移民事件期间，总值班室作为集团公司对外联系的信息窗口，连续20余天24小时运转，为事件的及时妥善处理发挥了重要的作用。

(六) 认真做好行政管理和后勤服务工作，为公司员工提供良好的工作环境和生活条件，增强集团公司的凝聚力

从体现集团公司党组对公司广大员工的关怀，增强员工对集团公司归属感、认同感的高度，认真细致做好行政管理和后勤服务工作，努力创造良好的工作和生活环境，调动广大员工的工作积极性。

根据集团公司研究确定的职工住房分配货币化的原则，重点围绕住房分配方案的完善、报批和实施操作开展工作，完成了住房补贴账务处理及员工房补开户、归集、支取工作。将批复资金准确、及时归集入户，并按照批件为购房员工办理支取手续。经过多方努力，完成了职工的住房补贴支取工作，基本解决了职工特别是外地进京职工的安居问题。

围绕入驻新办公楼，配合办公楼建设领导小组进行了资产验收、前期物业管理、大楼的交接（包括产权面积的确认），在1个月内组织完成了大楼办公家具款式的设计、招标、配备、集团公司本部的搬入等工作，至12月上旬，新办公大楼的各种办公条件已全部到位。

(七) 加强公司本部财务预算管理和会议计划管理，减少开支，为“管理效益年”活动添砖加瓦

认真落实集团公司“管理效益年”活动的各项部署，机关本部带头精打细算，努力节约各项费用开支。根据集团公司批复的2004年度预算，做好2004年预算分解工作。首先，分析各部门2003年度经费执行情况，归纳出支出中哪些是经常性支出，哪些是临时性支出，哪些是有节约潜力项目。在此基础上，测算出一个支出系数，结合本年部门工作计划、定编数，留出公司重点工作需集中支出的资金后，编制出公司本部各部门“四项”费用预算分解方案，报公司领导审批后通报各部门。同时，通过对公司本部2003年度经费预算执行情况的全面分析，针对管理的薄弱环节，提出改进建议；为实现集团公司2004年经营目标，通过开展深入细致工作，大力压缩公司本部损益性支出预算，完成了压缩损益性支出预算3000万元的任务。

2004年初，对集团公司各部门2004年拟召开的会议按照“能合并则合并，宜压缩则压缩”的原则进行预安排，减少了会议数量，降低了会议支出，保证了集团公司“四项”费用预算目标的实现。

(八) 强化董事会管理，推进现代企业制度建设

2004年，董事会办公室围绕明确工作思路、加强制度建设、强化业务协调三个方面开展工作。

针对集团公司所属68家公司制企业普遍存在的法人治理结构不完善的现实情况，结合集团公司目前的管理体制，深入研究并出台《中国国电集团公司控股公司股东（大）会、董事会、监事会业务规范（试行)》以及《中国国电集团公司参股公司三会业务规范（试行)》。10月中旬，在海南组织召开了集团公司股东会、董事会、监事会业务研讨会，对上述业务规范和集团公司的三会业务管理体制进行认真的讨论研究，进一步完善和明确了“依靠职能部门，紧盯公司三会，开展业务协调，贯彻集团方针，保护合法权益”的三会业务管理思路，明确提出了各企业要确保集团公司作为股东方在企业中拥有的知情权、收益权、通过股东会决议时的投票权、对董事的选择权以及通过董事会对高层经理人员进行聘任监督等重要权利的履行。

在三会业务规范中提出项目负责人制度和业务联系人制度，明确项目负责人和业务联系人的业务职责，规定董事会办公室、项目负责人以及董事会秘书协调配合的具体业务运作程序，为集团公司顺利开展三会业务管理奠定了工作基础。

在业务协调方面，一方面加强对外联系，与各公司紧密沟通，使其在征求集团公司意见后再组织召开

三会会议，尽量将项目公司的决策与集团公司作为股东方的意见一致起来；另一方面加强各部门、董事、监事、项目负责人、业务联系人之间的内部沟通，指导项目负责人以及业务联系人履行职责，督促其充分征求集团公司各职能部门意见，将其思想统一到集团公司战略方针上，增强集团公司作为控股方的控制力，保障集团公司合法权益。

2004年，先后协调股东会、董事会、监事会126次，审核办理股东代表授权委托书50余份，基本上实现了在增强集团公司控制力的同时，也促进了各控股公司的独立规范运作。在办理三会业务时，围绕集团公司“管理效益年”活动并根据集团公司重组改制工作的需要，将集团公司的既定方针通过董事会贯彻到项目公司的经营管理中。

（九）积极开展法律事务，规范管理，依法治企

2004年，完成了对集团公司系统内各单位企业法律事务工作情况、机构建设情况、队伍建设情况的摸底调研，并形成“关于集团公司所属单位法律事务工作队伍建设情况的报告”，在该调研的基础上拟定了“中国国电集团公司法律顾问培训方案”。建立了集团公司经济合同及授权委托的系统化管理制度，制定并下发了《中国国电集团公司合同管理办法（暂行）》、《中国国电集团公司合同专用章管理办法》、《中国国电集团公司授权委托书管理办法（暂行）》，完成了《中国国电集团公司规章制度汇编（2003年度）》的编辑印发工作。

在日常法律事务方面，指导完成集团公司拟重组改制后系统内各直属、全资企业已经签订并正在履行的重大合同主体变更的法律程序；指导并协助集团公司各直属、全资、控股单位完成集团公司组建后的工商变更登记、企业章程、股东协议书的修改、股权过户等手续；对集团公司所属各有关单位“四五”普法及依法治企的工作进行指导；完成向中电联推荐2003年度集团公司系统内全国电力行业优秀企业法律顾问候选人的工作。

在参与国家有关立法工作方面，对全国人大环境与资源保护委员会主持的《中华人民共和国可再生资源法（草案）》提出书面修改意见并参加论证会；对国务院法制办公室主持的《电力监管条例（送审稿）》提出书面修改意见；参加了国家电力监管委员会主持的《华东电力市场监管办法》起草工作；依照国家电力监管委员会《关于涉电案件适用法律司法解释提出建议等有关问题进行调查的函》，对有关涉电案件适用司法解释提出书面建议。

（十）明确思路，完善管理，强化服务，推动国际合作工作走上新台阶

2004年，在总结2003年国际合作工作的基础上，认真分析研究集团公司在企业改革与壮大发展的未来前景，形成集团公司国际合作工作的总体思路：努力开展与国际同业公司的横向交流，提高集团公司的国际形象；充分利用“两种机制”、“两个市场”，积极引进国际先进发电技术与设备；努力寻求利用外资、多项融资的国际渠道；落实各项外事权限的基础工作，保障申办出国手续有条不紊地正常进行；按照集团公司外事管理规定的要求，做好出国审查审批的各项工作。

根据上述总体思路，对集团公司国际合作工作所涉及的对外经济技术合作、对外工程承包、国际贸易洽谈、发电设备进出口业务、出国人员审查、出国任务审批、因公出国（境）管理、国际交流、礼宾会见等方面通过较为广泛和深入的研究，结合实际，相继起草出台了一系列的管理规章制度，实现了管理制度与监督实施的统一，管理方法与服务意识相结合的外事工作新局面。

在继续做好涉外项目参与配合工作的同时，探索与发现新的合作领域与渠道，在国际上一些大型公司极为热情地参与集团公司新电源建设项目合作时，理智地进行分析，了解实际情况，为集团公司领导做好外事参谋咨询工作，配合各个部门做好外事咨询、标书翻译、项目谈判、资格审核、实地考察等一系列服务工作。为直属企业做好涉外年审、出国任务申请、办理护照、签证等各项服务。

参与集团公司涉外项目有关工作。完成集团公司与印度尼西亚曼瑞科普诺提集团关于在印尼电厂建设及印尼提供动力煤等项目的联络和谈判工作；代表集团公司作为中德技术合作“风能研究与培训中心”项目指导委员会和中方项目领导小组成员，全面负责项目实施；承担了柬埔寨甘再水电站项目综合组的工作，负责投标日常工作的组织、协调、联络、文件翻译及审批办理有关出国手续等工作；9月底参与了利用荷兰政府基金在集团公司两个新建电厂试点使用荷兰欧罗公司筒仓技术的有关工作。

做好经贸团组出国任务工作。全年完成经贸合同项目约80个团组600余人次的出国任务，促进了企业对国外先进技术、设备的认识和了解，推动了集团公司“走出去、引进来”国际合作战略的实施；同时，加强因公出国管理，抵制社会上以赢利为目的的双跨团组，拒绝公款出国旅游的歪风。

主动办理集团公司涉外工作有关手续。先后办理了集团公司对外经济合作经营资格和进出口资格的年度审核，加入了中国机电产品进出口商会，在北京海关成功注册备案取得了海关自理报关权，为甘再水电站项目能顺利投标做了铺垫。

组织参加大型国际会议、交流会等，扩大集团公司的国际认知度，举办有关先进发电技术的介绍会。

先后与世界银行、亚洲发展银行、汇丰银行、摩根士丹利公司、ABB、ALSTOM、GE、日本东红株式会社、日立控制系统、三菱商事、荷兰欧罗公司、美国AES电力公司、东京电力公司、韩国电力技术株式会社等有关金融机构、设备厂商、有关电力公司等开展交流。同时，结合集团公司的发展需要，先后举办法国电力公司（EDF）洁净煤技术、ALSTOM除尘技术等有关技术交流会，或组织参加有关的技术交流会；2004年10月和11月，分别组织集团公司系统参加在上海召开的第15届东亚及西太平洋电力工业协会大会和2004年世界工程师大会。

另外，为配合集团公司改制上市工作，根据集团公司领导安排，组成招股书翻译小组（共7人），对上市招股书进行翻译，先后完成招股书英文第一版讨论版、第二、三、四、五版修改版本，共5个版本的翻译工作。

（杨万涛）

综 合 事 务

对 外 宣 传 工 作

2004年是集团公司的“管理效益年”，是集团公司强化管理、提高效益、夯实发展基础的关键一年，集团公司的在对外宣传上继续保持相对的“低调”，只对一些影响重大、有益于提高集团公司社会形象的活动做了些对外宣传工作。记述如下：

（1）2月9日，集团公司召开2004年工作会议，会议邀请《中国电力报》等新闻媒体进行了宣传报道。

（2）3月3日，集团公司与江西省人民政府在北京钓鱼台举行建设江西黄金埠电厂工程签字仪式，邀请《中国电力报》等新闻媒体进行采访报道。

（3）3月30日，国家“十五”重点建设项目、西部大开发标志性工程、四川目前在建最大水电站——大渡河瀑布沟水电站正式宣布开工建设，配合大渡河流域开发公司邀请中央电视台、《人民日报》、《经济日报》、《中国电力报》等主要宣传媒体对开工仪式进行宣传报道。在《人民日报》刊登了周大兵总经理就工程建设有关情况的答记者问。

（4）7月16日，国电大渡河公司瀑布沟水电工程主机设备合同在北京签订，邀请《中国电力报》等新闻媒体进行采访报道。

（5）9月22日上午，集团公司在北京人民大会堂举行40亿元企业债券发行仪式，邀请了中央电视台、《人民日报》、《经济日报》、《中国电力报》等主要宣传媒体对发债仪式进行宣传报道。

（6）11月26日，国电科技环保集团公司成立大会在北京香格里拉酒店举行，邀请《中国电力报》、《中国科技报》、《中国环境报》等新闻媒体进行宣传报道。

（7）在《人民日报》、《经济日报》、《瞭望》周刊上，刊登了周大兵总经理关于做好迎峰度夏工作的署名文章。

另外，还在《中国电力报》等媒体上宣传报道集团公司积极采取措施开展“迎峰度夏”工作，集团公司组织学习十六大三、四中全会精神，落实科学发展观，以及响应国家号召积极配合清理在建项目等方面的工作情况。还先后在《人民日报·海外版》、《中国统计年鉴》、《中国工业年鉴》、《中国企业年鉴》等媒体上做了集团公司的形象宣传。

（杨万涛）

“两刊一网”宣传工作

为了加强集团公司系统内部宣传工作，提高“两刊一网”的办刊（网）质量，2月份，编辑部对“两刊一网”工作流程进行完善和调整，进一步建立各负其责、层层把关的运转程序；3月份，改进和调整了《中国国电》杂志部分栏目设置，以提高刊物的思想性、理论性、指导性和权威性。固定的栏目：刊首语、政策动向、高层论坛、集团要情、基层动态、行业纵深。根据组稿情况相应设置的栏目：制度建设、经验交流、工作研究、理论探讨、调查报告以及人物。增设管理效益年专栏，以突出对“管理效益年”活动的宣传报道；同时，为丰富和活跃刊物的内容，增设艺术天地栏目。不再设置经营管理、工程建设、政工聚焦、企业文化栏目。加强了对基层企业的宣传介绍，在封面上刊发基层电厂全景照片，在封三上对应刊发该基层电厂的情况简介及相关图片。12月下旬，在集团公司系统办公室暨外事工作会议上，结合全年的新闻宣传工作，对10个新闻宣传先进单位和30名优秀通讯员进行了表彰。截至2004年底，《中国国电》杂志包括增刊、双月合刊共出版12期；《国电集团信息》印发47期；集团公司网站也越办越活，以其日臻完善的栏目和不断更新的内容，受到集团公司系统内外的广泛关注。

（姜学洪 杨万涛）

VI系统推广工作

自2003年11月集团公司下发通知开始推广统一的视觉识别系统以来，所属大多数企业高度重视，采取各种措施进行宣传和推广应用，对塑造集团公司的统一形象起到了积极的作用。2004年，总经理工作部一方面加强对基层企业推广VI工作的指导，通过电话、传真、电子邮件等方式对其设计方案进行把关，帮助企业使用集团公司的标识系统，另一方面鼓励企业根据企业的具体情况，有步骤有计划地推广应用，不能因此而造成浪费或过多增加经营成本。

4月中旬，总经理工作部以总综［2004］21号文下发通知，要求企业上报推广集团公司VI系统工作的进展情况和存在的问题，在公司系统内开展了一次大检查，从而进一步规范了集团公司VI系统推广使用。为了降低推广成本，在开展摸底调查后，统一制作下发了集团公司司旗、公司徽章；为了宣传集团公司VI系统，提高集团公司VI的公众认知度，定制了带集团公司LOGO的各种办公用品、公关礼品，在集团公司主要宣传媒体“两刊一网”以及公司本部各种公文、印刷材料上广泛地使用了集团公司LOGO和标志色，在集团公司召开的每一次大会上制作以集团公司LOGO为主要图案、以集团公司标志色或辅助色为背景色的会议背板和各种会议引导系统，对集团公司VI系统的推广使用起到了较好的示范作用。

6月，总经理工作部集中为系统单位统一定制中国国电集团公司标志旗帜，包括1号、3号司旗和桌旗。经询价比选，确定北京市京工红旗厂有限公司和北京市锦旗套垫厂作为指定制作旗帜单位，由系统各单位根据需求进行定制，完成制作司旗2000面；完成制作签字桌旗6000面。

7月，总经理工作部集中订制中国国电集团公司徽章。经询价比选，授权北京先达华融科技发展有限公司为集团公司制作4枚徽章套装，包括金色、银色、红色、蓝色4种，完成制作徽章75000套；同时对系统各单位配戴徽章提出了具体要求。

两次订制工作顺利完成，在应用视觉识别系统方面有效指导了系统单位规范使用、增强集团公司统一形象。同时总经理工作部为集团公司设计制作国电锡罐、水晶镇纸、贺卡等宣传品，为宣传集团公司企业文化、加强对内、对外宣传联系起到了促进作用。

（杨万涛 汪 昱）

办公大楼楼顶广告制作

集团公司新办公大楼内部装修开始不久，为了迎接集团公司的正式入驻，总经理工作部于2004年初正式开始启动大楼楼顶广告的设计招标工作，3月中旬就广告的初步设计方案、招标方式及组织机构、工作程序和进度等正式签报李庆奎副总经理，经批准后，成立了以副总经理李庆奎为组长，以张玉新、高伟力、李志忠、温绪廷、阳光、梁世斋为成员的招评标领导小组，同时成立了以温绪廷为组长，以杨万涛、宋蕊、陈冬青、陈保卫、姚建斌、伊正利（后由蒋晓东替代）为成员的评标工作组。3月下旬，邀请北京柏利盛展示制品（北京）有限公司、北京杰威广告公司、北京赛太阳广告公司对初步方案进行优化设计并进行投标，委托国电物资公司下属招标公司组织招标。4月10日，由招标公司组织，评标工作组成员参加，在北京银龙苑宾馆进行开标和评标，经过认真评议，评出了3家公司的得分顺序，并推荐麦当劳亚洲广告代理商——北京柏利盛展示制品（北京）有限公司中标。此结果报招评标领导小组（后扩大为办公楼装修工程领导小组）后得到批准。之后，总经理工作部又与柏利盛公司就制作方案、合同价格等事宜进行了几番谈判，最终将合同价格确定为95.87万元（三套广告牌），平均每套31.96万元。

9月6日与柏利盛公司签订了合同并正式开始制作安装。

广告灯箱的钢架结构由柏利盛公司委托北京京奥凯芬斯设计有限公司（甲级资质证号010925－sj）负责，为了保证钢结构与大楼整体结构的安全性，总经理工作部与负责大厦物业的北京国投物业公司进行协调，与大厦原设计方——北京建筑设计院进行咨询，取得原设计负责人对钢结构设计施工方案安全性的口头确认。制作安装施工由办公大楼装修工程部负责组织并监理，总经理工作部负责协调配合，于10月23日完工并投入使用。（注：安装了一套）

（杨万涛）

信息网络维护工作

2004年，总经理工作部参与了新办公大楼的信息网络系统的需求调研工作，按照将新办公大楼信息网络系统建设成为一个兼具先进性、开放性、易用性和可扩展性的信息化办公系统，作为实施管理信息化的基础，更好地展示企业的实力和形象的要求，积极配合相关部门工作，最终形成《新办公大楼信息网路系统功能需求说明书》，作为新办公大楼信息网络设计、建设的基础。

作为新办公大楼信息网络建设小组的成员部门，自2004年7月开始参与新大楼信息网络系统的建设，经过两个月的紧张工作，完成新办公大楼的广域网及视频会议增容、局域网系统、综合布线、通信系统、公网接入、语音中继、ups电源、智能化会议室、生产营销显示大屏等系统的建设，并成功实施搬家期间新旧办公大楼信息网络的平顺衔接，保证了集团公司在10月8日入驻新办公大楼后的正常办公。

进驻新办公大楼后，着力建立起以流程为基础，以客户为中心的网络运行维护管理的理念，构建信息网络运行维护的管理平台，以标准化作业程序文件的形式规范运行中的配置管理、变更管理、事故管理、问题管理、IT服务持续性管理等内容；同时，为集团公司的业务系统提供安全、可靠、高效的运行平台。

（张向东　杨万涛）

信访工作

2004年，共处理信访案例37例，比上年增加约50%。其中上访案例6例，人大提案1例。在所有案例中，反映劳资、待遇等方面问题的有15例，约占40%，其中又以退休职工居多；反映领导干部违章违纪等方面问题的10例，约占27%；其他案例所反映的问题比较分散，有反映工程建设、人才选拔、单位管理等工作问题的，也有反映个人住房、子女就业、转业安置等个人问题的。

四川石棉县全国人大代表毛兰珍（少数民族）在全国人大关于南桠河开发时序和工程注册地的提案得到了全国人大办公厅的关注，几次来电询问此事。总经理工作部协调计划发展部、工程建设部对此提案进行了认真且有理有据的答复，在毛兰珍代表对答复表示不满意的情况下，又安排川渝分公司派人专程前往石棉县毛兰珍家中，作当面解释沟通工作，最终取得了对方的理解。

多次收到东屿电厂、松木坪电厂、桂林电厂管理处的职工来信，反映空壳电厂职工的待遇和工作安置问题，甚至部分职工在当地集体上访。对此情况，总经理工作部均及时向公司领导和有关职能部门进行了反映，配合有关部门和单位做好维护稳定工作，推动空壳电厂问题的最终解决。

（杨万涛）

创办集团公司年鉴

为了记载集团公司发展的光辉历程，达到“知往鉴来”之目的，2004年初，集团公司总经理周大兵提出创办《中国国电集团年鉴》（以下简称《集团年鉴》）的要求，并把这项任务交由总经理工作部牵头负责。总经理工作部在公司各部门、各基层企业的配合下，较好地完成了此项工作，受到了公司领导和员工的肯定。《集团年鉴》创刊过程大致有以下几个阶段：

一、调研策划阶段

总经理工作部在对《中国电力年鉴》、《中国水力发电年鉴》等有关年鉴进行分析和研究的基础上，结合集团公司的实际情况，于3月初提出了《集团年鉴》的编辑思路的初步设想，召集各部门综合处征求意见后，形成了年鉴结构框架（第一稿），以“签报”的形式报送集团公司领导批准。

二、收稿编辑阶段

（1）集团公司本部各部门根据年鉴结构框架（第一稿）设置的栏目分工，对资料进行收集、整理、加工。

（2）4月22日以总综［2004］25号文对各分支机构及全资、控股单位就提供年鉴资料的工作进行了布置并提出了要求。

（3）6月初，集团公司本部各部门及部分基层单位编写的材料陆续报到总经理工作部综合处。

（4）6月20日，从谏壁、霍州、滦河、大同第二电厂抽调了4名有编撰年鉴经验的同志参加本年鉴的编纂工作。21日，召开会议就此前拟定的结构框架和目录进行了讨论，会议根据年鉴体例要求，确定了编撰原则。会后，结合已上报的年鉴材料和确定的编撰原则，对结构框架进行了调整。根据调整后的结构框架，并对目录进行细化，形成框架结构设置（修改稿）。

（5）6月24日召开了由集团公司本部各部门副主

任参加的会议，就年鉴框架结构设置（征求意见稿）进行讨论，广泛征求意见，形成了初步共识，并进一步得到了各部门的重视和支持。会议要求各参编单位根据征求意见稿的内容列出具体条目，并对原先报送的材料进行梳理和补充。会后还对基层企业下发了补充通知，对上报的年鉴材料提出了要求并附发了样本。

(6) 根据6月24日会议与会领导提出的要求，30日组织集团公司本部各部门综合处处长和部分参加撰写的人员就年鉴体例、条目选题、条目撰写等内容进行了培训。

(7) 7月份开始对陆续上报的稿件进行编辑，由于种种原因，直至8月底才基本结束。8月中旬请中国电力出版社介入此项工作，开始对部分编撰完成的稿件进行编辑，于9月1日拿出第一批校样。

三、审校出版阶段

(1) 9月2日组织集团公司本部各部门综合处处长和负责编撰的人员在国电接待中心集中对第一批校样进行审校。参加审校的同志对各自部门撰写的条目内容、引用的数据、计量单位和图表以及版式等，按要求进行了认真的审核和校对。当日下午将修改意见集中后返回给出版社重新出样。

(2) 9月3日上午将出版社重新出样的稿件送达集团公司本部11个部门，交由各部门审阅。9月6日上午审阅结束，并由部门领导签字确认。在此期间，编撰人员也对校样进行了审读并汇总各部门修改意见，同时进行总纂。9月9日交出版社出正式校样稿。9月15日正式校样稿报送总经部领导审阅。

(3) 10月10日召开由各部门主任参加的编委会议，对正式校样稿进行了审核定稿。之后，根据各位领导提出的意见进行了修改完善，10月15日报公司领导审定签发。

(4) 12月18日正式出版，在12月21～22日召开的2004年集团公司办公室暨外事工作会议上举行了首发式，总经理周大兵、副总经理朱永芃出席首发仪式。

（杨万涛）

秘 书 工 作

领导活动安排

2004年，总经理工作部认真执行集团公司领导活动安排制度。每日汇总更新集团公司领导当日与近期的会议、会见及其他重要活动安排；每周对领导活动进行预安排，提前做好各项服务资金积累工作；每月统计回顾集团公司领导重要活动，撰写大事记。认真安排集团公司领导在京会见、会议活动，以及赴集团公司系统有关单位调研、考察工作；认真安排集团公司领导就集团公司系统电源项目发展、资源开发利用、理顺企业管理关系、推进公司系统“三次重组”等工作与有关省（自治区）党政领导进行磋商和会谈，签订了相关合作意向协议书。

（石双泉　王　冬）

文字综合工作

总经理工作部负责撰写重要会议报告材料、领导讲话等文字综合处理工作，2004年组织起草了总经理周大兵2月9日在年度工作会议上的讲话、8月2日在年中工作座谈会上的讲话和12月28日在全年工作座谈会上的讲话等材料，并向公司系统各单位下发《内部情况通报》；参与组织了集团公司领导的重要调研活动并撰写调研报告；组织召开集团公司党组会议、总经理工作会议、总经理办公会议，并负责准备会议材料、撰写会议纪要；参与组织集团公司各类专题会议并起草有关报告，并负责制发《办公通报》50期；参加各种重大活动和会议的组织筹备工作，起草有关会议材料、重要文稿、讲话报告、调研报告、合作意向协议书、总结材料等；完成了集团公司向中组部、国务院国有资产监督管理委员会、电监会、监事会等上级单位的汇报材料。

（石双泉　王　冬）

重要活动和会议的策划与筹备工作

2004年，先后筹备召开集团公司全年工作会议1次、集团公司工作座谈会2次；党组会议10次；总经理工作会议1次；总经理办公会议15次；其他专业会议和专题会议多次。在筹备组织上述会议的同时，负责制发有关会议纪要和办公通报。总经理工作部牵头或配合其他部门组织的集团公司重大会议和活动如下：

（1）2月9～10日在京召开的集团公司2004年工作会议。

（2）3月30日在四川举行的大渡河瀑布沟水电站工程开工仪式。

（3）8月2～3日在山东青岛召开的集团公司2004年年中工作座谈会。

（4）12月28～29日在国电接待中心召开的集团公司工作座谈会。

（石双泉　王　冬）

总值班室工作

2004年，集团公司总值班室在集团各部门的配合下，圆满完成了值班工作，确保了集团公司信息畅通，保障了公司的正常运转。

（一）严格管理，以高水平的标准不断规范值班工作

集团公司成立不久，值班室工作在摸索中不断完善和规范，以高标准、严要求来管理值班工作，不断提高值班管理制度化、规范化、流程化水平，形成一套完整的运行体系。主要有：

（1）处长轮流值班制度。集团公司处长参与值班室值班，每月月底编制下月处长值班表及统计当月处长值班情况，发至每位值班处长。特别是在春节、“五一”、“十一”、元旦等节假日中，实行公司领导带班、部门主任值班、处长轮流值班。2004年，公司领导值班24人次，部门主任24人次，各部门处长493人次。

（2）值班培训制度。对新来人员或新参加值班的处长，值班前都要进行上岗培训，学习《中国国电集团公司值班制度》及工作中应该注意的问题。

（3）交接班制度。每大交接班，都要进行签字交班，保证值班工作不断不乱。

（4）信息报告制度。值班室所来传真、电话、文件，都在第一时间报告值班室分管处长，然后分别进行处理，编制值班信息、电话记录报总经理工作部领导，进入流转程序。

（5）信息登记存档制度。值班室所来传真、电话、文件，都要进行登记、复印，按月进行分类留存，便于领导查询。

（二）严谨踏实，以负责任的态度保证集团公司信息畅通

总值班室是集团公司信息汇集和运转的枢纽，为使值班工作规范有序，总经部不断对值班管理进行改进与创新，理顺值班工作程序，建立了值班信息接收、登记、留存、报告、流转、处理、归档运转流程，确保每一条值班信息落到实处。严格值班制度，完善值班信息日志、值班信息处理单、值班电话记录单、交接班记录、收文登记单等，确保正常的值班秩序。

2004年，值班室收到传真、文件600多条，做值班信息处理单387条，接听各种电话3000多次，做电话记录20条。接收电子邮件500多件。保证经手的事项不漏报、不错报，值班信息得以落实、归档。没有发生值班事故，没有发现脱岗误事情况，没有延误集团公司和基层单位工作。

每逢春节、“五一”、“十一”、元旦等节假日，集团公司提前向各分公司及下属单位下发加强值班工作的通知，要求各单位要切实做好节日期间的安全稳定值班工作，领导班子成员要带班值班，深入生产一线，了解安全生产情况，掌握职工思想动态，保证节日期间生产稳定、职工队伍稳定；并编制集团公司系统节日值班表。

2004年10月，集团公司办公地点迁入新大楼。为保证过渡期间值班工作不间断，值班室一边在老办公地点值班，一边加紧在新办公室进行电话、传真等设施的安装，在最短的时间内实现了搬迁。特别是红机电话和保密传真，重新进行申请安装、换号、调试，保证信息畅通，对不符合保密规定的房门进行整改，对值班电话进行保密测试。

（梁玉祥　王　冬）

发电企业基础管理课题研究

根据集团公司2004年工作会议精神，按照“抓基层，打基础，办实事，求实效”的要求，集团公司系统开展“管理效益年”活动。这项活动的基本目标是：夯实基础、确保安全、提高效益。为落实集团公司“管理效益年”活动工作安排，提高企业基础管理

水平，集团公司决定以课题形式委托中电联开展企业基础管理研究，并明确了指导思想和主要任务。按照公司领导在总经理工作部的签报《关于委托中电联进行“管理效益年”课题研究的请示》上的批示，6月1日集团公司与中电联签订了《委托课题研究协议书》，启动了发电企业基础课题研究工作。

（一）发电企业基础管理课题研究进展情况

6月7~17日，课题组在国电谏壁发电厂和国电万安发电厂集中讨论，拟定了发电企业基础管理二级目录，收集了有关规章制度。7月3~6日在青岛召开了发电企业基础课题研讨会，研究审定了发电厂二级目录和基础管理制度框架。7月20日，中电联课题组将发电企业基础管理制度征求意见稿交总经理工作部。7月23日，总经理工作部将上述规章制度汇编发给集团公司各部门征求意见，总经理工作部于8月31日将修改意见返回课题组，要求课题组进行修改完善。

9月8日，集团公司副总经理刘彭龄在接待中心主持召开“管理效益年”活动基础管理课题汇报会。会议听取《发电企业基础管理标准》课题组工作汇报，初步审阅了《标准》文本。要求进一步作深入细致的调研，征求职能部门的意见并进行修订，增补有关风电企业管理内容和与现代企业制度有关的内容。

根据刘彭龄在会议上的指示，9月25日龙源公司开展的风力发电企业基础管理制度二级目录的编写工作结束；9月中下旬，课题组再次与有关部门进行沟通，就有关内容达成一致意见；10月份，课题组对《标准》进行整体修改完善；11月中旬，课题组编写的《标准》文本初稿提交集团公司；12月初，各部门完成《标准》的审核工作，具备付印条件。

（二）发电企业基础管理课题研究成果

开展发电企业基础管理课题研究，主要任务就是对集团公司发电企业现有的规章制度进行整合、改进、补充和完善，在此基础上编撰出版《中国国电集团公司发电企业基础管理标准》。作为发电企业基础管理课题研究的重要阶段性成果，《中国国电集团公司发电企业基础管理标准》以统一的体例分成《制度汇编（按年度汇编）》、《火电分册》、《水电分册》、《风电分册》，分别适用于不同生产性质的发电企业。全书充分体现依法治企的指导思想、鲜明的时代特征和国电集团企业特点，层次清楚、覆盖面广，同时适当考虑了前瞻性，体现与现代企业制度接轨的思想，是一部起点较高、可操作性强的企业管理标准。

（石双泉 王 冬）

文秘档案与文印工作

综 述

2004年完成公司发文546件，公司函166件，党组发文41件，党组函10件，公司任免159件，党组任免44件，其他138件，完成了公司各种会议的文件排版和印刷工作。据统计，以上完成印刷694万余张。部门文件875件，部门函184件。发信20225件，特快专递914件。完成公司收文2571件，机要收文398件；公司签报561件流转。除正常发文用印以外，协议、章程、委托书等用印3万余枚。2004年6月底前完成了集团公司2003年度归档工作，合计3573件，永久153件，长期1870件，短期1550件，不包括声像档案，装订成册目录6本。查阅、咨询、复印归档文件及传阅文件100人次，120件次，复印4000余张。文档文印处共起草了27份有关公文、档案管理方面的文件。

（陆 红 胡 建）

机要（保密）工作

国电集团公司十分重视公司系统的保密工作，成立了相应的工作机构，制定了管理制度和管理办法。

（1）成立保密机构。在签报总经理周大兵、副总经理朱永芃得到批准后，2004年6月以国电集人[2004]209号文件印发成立中国国电集团公司保密管理委员会的通知，集团公司党组书记、总经理周大兵担任委员会主任；日常办事机构为保密工作委员会办公室，负责人由总经理工作部主任张玉新担任。

先后建立健全保密规章制度，并起草了集团公司内部制度《中国国电集团公司办公大楼文件资料保管、销毁办法》，该办法规定了定期收集需销毁文件，做到监销，保证国家、企业文件材料的安全保密。

（2）国资委非涉密公文管理系统设立在文档文印处，传输公文设备专机、专人管理，凡涉及到企业秘密以及标有密级的文件一律不准在网络上传输，保证公文的安全、保密。

（3）根据国务院国有资产监督管理委员会办公厅《关于清退监销2003年度中央文件的通知》（国资函［2004］38号）文件精神，完成了国资委对2003年度机要文件管理、销毁工作，并对此项工作进行了专题汇报。

根据国务院国有资产监督管理委员会办公厅《关于调查中央企业稳定及保密工作基本情况的通知》（国资厅［2004］56号）文件精神，做了专题报告。

（4）与国务院交换站、中办局、新华社等单位申请、更换车证。订阅2004、2005年全年17种内部文件、期刊，供公司领导、各部门主任参阅。机要交换文件，发信507件，收信3698件，做到有证可查，无一丢失、泄密。

（陆　红　胡　建）

公文管理和办公自动化

2004年完成网络传输公文工作。印发《中国国电集团公司电子公文传输管理暂行办法（试行）》的通知（总综［2004］5号）简称办法，办法共计16条，初步实现了带有发文机关全称、没有印章的公文先行办理，后发纸质文件归档，节省信封，提高公文传输速度和效率；对一部分未有印章的文件，采用以电子版为主，不发纸质文件，减少纸张的消耗和印刷。办法规定了专人专机管理，保证安全、可靠、保密。并对接收时间、邮箱地址等都做了具体规定。邮箱地址根据新建项目单位工作需要随时增加，保证所属单位更快地了解集团公司精神，更好地开展工作。

（陆　红　胡　建）

研讨和培训工作

2004年12月1～3日在北京召开了中国国电集团公司档案研讨会，参加人员主要来自新开工项目单位、筹建单位以及扩建项目单位，参会代表40余人，主要是从事科技档案或者主管档案的负责人。会上邀请了电力专家陈秀菊对国家、行业档案标准进行了细致讲授，对工作中的有关问题进行了交流。总经理工作部副主任温绪廷做了总结讲话，对基建单位档案管理从人员、库房、现代化管理都提出了要求。

（陆　红　胡　建）

档案工作

2004年，档案方面做了以下工作：贯彻国家档案局及有关上级单位档案工作的法律法规；制定了集团公司本部的归档制度；配合国家档案局组织公司所属单位100余人参加了在成都、长沙举办的基建档案、企业档案业务培训工作；集中统一管理公司本部和建设项目中形成的全部档案，并指导秘书立卷归档工作；对所属单位的档案工作进行业务咨询等工作。

根据国家档案局的要求，为了适应档案管理现代化的需要，以总综［2004］12号文印发了《中国国电集团公司归档文件整理细则》，对所属单位文书档案归档工作进行了一次改革。细则以“简化整理，深化检索”为宗旨，对原有的归档文件整理方法“立卷”进行了改革，推行文件级整理，大幅度简化了整理过程的手工操作，有力地促进了文档一体化管理。

文档文印处起草印发了关于做好2003年度中国国电集团公司文件归档工作的通知（总综［2003］13号），对各部门有关人员提出了具体要求，要求做到文档整理符合国家档案局有关精神，移交规范。2004年6月底，完成档案归档工作，并就有关情况向部门主任进行了汇报。在广泛征求各部门意见的基础上，进一步完善了中国国电集团公司档案分类表。因未配有档案管理自动化系统，暂时使用手工检索方式进行查询。

根据国家档案局的要求，企业必须具备2种基本的编研材料，全宗介绍、机构沿革。文档文印处编制了《中国国电集团公司全宗介绍》、《中国国电集团公司组织机构沿革》，依据归档文件，逐年添加所需内容，充实材料，截至2004年底，全宗介绍7100余字，机构沿革63000余字。

集团公司建立以来，建立了档案统计报表制度，对2003年进行统计工作，填报、汇总所属39家单位档案工作统计年报的任务（未报18家，因分支机构和筹建处属于新成立单位）。布置了2004年档案统计工作。

根据集团公司工程建设部的要求，完成了九江三期1、2号机组，石嘴山发电公司1、2号机组，聊城发电厂1、2号机组达标复检，并对6台机组档案管理检查、评分，提出整改意见，提交专项验收意见，为竣工工程档案验收做准备。

组织有关档案专业人员学习讨论国家档案局《电子邮件公文归档与管理规则》、《关于加强企业档案信息化建设的意见》等业务标准，将讨论中提出的具体意见，汇总上报；对所属单位档案安全工作总体情况向国家档案局作了具体的汇报；对工程建设部《中国国电集团公司火电机组投产达标考核办法》（国电集工［2004］125号）、《中国国电集团公司水电建设工程达标投产考核办法（试行）》（国电集工［2004］110号）文件中有关工程档案考核项目提出了修改意见，均被吸收采纳。

（陆 红 胡 建）

行 政 管 理

办公楼接收管理

国际投资大厦是集团公司组建后购买的永久性办公场所，2004年2月9日主体工程竣工，10月8日集团公司正式入驻办公。在办公楼的接收管理工作中，总经理工作部牵头协调有关部门对主体工程进行了竣工验收，研究提出了办公楼内分区功能设计和办公区分配方案，负责组织了办公家具配置的总体设计，并参与了招标采购有关工作。

为满足现代化办公的要求，实现办公环境与建筑风格的和谐统一，总经理工作部根据集团公司领导的要求，会同华东建筑设计院研究提出了家具配置的总体设计方案，对各个标段的家具分别制定了详尽的技术标准，作为招标文件的重要内容予以发布。在此基础上，通过组织各部门参与技术标评审等方式，总经理工作部广泛征求家具使用方面的建议，对设计方案不断进行优化和完善，并在招标结束后会同中标商就有关细部功能进一步开展深化设计，较好地了实现功能性与人性化相结合的设计目标。

为规范办公家具的招标采购工作，委托北京国电诚信招标代理有限公司负责招标组织，通过采用强制性条件进行招标资格预审，对投标单位的资质、注册资金、履约能力、ISO9000质量认证、国家家具绿色环保认证等基本情况严格把关，经集团公司招标办综合评价，确定了各标段的入围单位和最终中标商。

2004年9月底，集团公司决定利用“十一”长假由中商大厦搬迁到新办公楼办公，由总经理工作部负责搬迁组织工作。搬迁工作适逢办公楼二次装修收尾和办公家具安装高峰，现场条件复杂。为了保证按时入驻，总经理工作部统筹安排，一方面协调各家具供货商，在保证质量的前提下打破常规，加快安装进度；另一方面克服时间紧、任务重、现场复杂等困难，与项目部、物业公司、家具供应商、搬家公司等紧密配合，利用国庆节假期加班加点，集中人力物力组织搬迁，确保了集团公司10月8日前按计划迁入新办公楼。

为规范新办公楼的使用管理，总经理工作部在进驻前组织编制了《新办公大楼使用手册》和《中国国电集团公司办公大楼管理规定（暂行）》，对新办公楼的安全保卫管理、出入证件管理、会客管理、文件资料保管和销毁管理、计算机网络安全及使用管理、机动车和非机动车管理、员工着装管理等方面作出了明确规定，通过推行规范化管理营造了良好的现代化办公环境，同时为方便职工使用大楼设施提供了便利条件。

（宋 蕊）

职工福利工作

为了解决集团公司成立后大量外地调京人员的安居问题，根据国家有关住房改革的有关政策，集团公司在广泛调研的基础上，制订了职工住房分配货币化方案，经与有关部门反复咨询、沟通，对方案作了进一步完善修改。在实施过程中，按照国务院机关事务管理局的批复和有关规定，为职工建立了住房补贴档案，将补贴资金及时准确归集入户，并为已购房员工办理支取手续，从而基本解决了职工、特别是外地进京职工的住房困难。

（宋 蕊）

日常行政管理

计划生育管理方面，响应中宣部等四部委号召，参加中央国家机关计划生育第十四协作组赴西藏自治区文化、科技、卫生“三下乡”活动。活动中，考察了拉萨市的“幸福工程”项目，了解了自治区计生委救助贫困母亲的情况，在平均海拔4300米的当雄县开展“关爱贫困家庭”活动，到林芝县中学进行义务教育情况调查。为支持自治区开展“幸福工程”，集团公司参与了向自治区计生委捐款活动，参加活动的员工还以个人名义向部分学校捐款。2004年集团公司本部及直属在京单位干部、职工的晚婚率、晚育率、计生率、独生子女领证率、统计准确率保持100%，集团公司被推荐为国管局计划生育工作先进集体。

安全保卫工作方面，认真落实“预防为主、打防结合、突出重点、保障安全”的内保方针，2004年未发生治安事件，在内保局先进评选工作中，集团公司1人获积极分子荣誉称号、4人获先进个人荣誉称号。

（宋　蕊）

机关财务工作

结合集团公司开展“管理效益年”活动，强化公司本部预算管理，提高资金使用效益。一是分析公司本部2003年度经费预算执行情况，认真总结经验，有针对性地提出改进建议。二是为实现集团公司本年度经营目标，将集团公司本部2004年度损益性支出预算压缩3000万元。三是分析各部门2003年度经费执行情况的基础上，结合本年各部门工作计划、定编数，留出公司重点工作需集中支出的资金后，编制出公司本部各部门“四项”费用预算分解方案，报公司领导审批后向各部门作了通报。四是严肃财经纪律，严格预算管理，配合各部门管好用好机关经费。机关财务每月统计分析支出情况并及时通报，在提供正常经费保证的前提下，充分发挥资金的使用效益。

加强资金用款的计划性，保证公司本部的正常资金需要，力求避免资金沉淀，节约财务费用。为最大限度地减少资金沉淀，支持公司发展的资本金需要，机关财务制定并实施部门按月申报用款计划制度，将资金存量由过去的3500万元减少到500万元，初步测算每年可节约财务费用100万元。

认真审核办公楼装修、家具采购合同条款，规范合同款结算审批程序及审批权限。按照规范的结算流程、审批程序及审批权限，办理了与50家施工单位、设备材料供应商60多份合同的结算工作。

（钟建林）

董事会暨“三会”业务管理

建章立制工作

遵循国家有关法律规章，结合集团公司所属控、参股公司的特点，研究制订并下发了《中国国电集团公司控股公司股东（大）会、董事会、监事会业务规范（试行）》、《中国国电集团公司参股公司三会业务规范（试行）》，对各控股、参股公司办理三会业务的程序进行了规范，明确集团公司各职能部门对控（参）股企业的有关议题审议出具意见，控股公司集团公司推荐出任的董事、董事长按照职能部门的要求发表意见，从而既有效保障了集团公司战略思想、经营目标的实现，又使得控股公司运作管理合乎法律规范。

（陈　勇　尹爱勤）

协调落实控（参）股企业三会业务

2004年董事会办公室初步建立以项目负责人为平台的三会业务运作体系，依据有关制度的要求，依托控股公司董事会秘书、项目负责人，将控股公司的决策事项与职能部门意见协调一致，全年召开集团公司系统各控股、参股公司股东（大）会、董事会、监事会150余次，实现集团公司在各控股公司中的控制力，较好地保证了各控股公司依法独立运营的权利。

（陈　勇　尹爱勤）

“三会”业务研讨

推进完善管理模式和控股公司法人治理结构。为促进集团公司系统各控股公司的现代企业制度建设，促进完善其法人治理结构，董事会办公室于2004年10月在海南组织召开集团公司成立以来首次三会业务研讨会，面对集团公司推荐出任控股公司的部分董事、部分控股公司主管三会业务的负责人、办公室主任或董事会秘书，集团公司副总经理朱永芃阐述了集团公司对控股公司的管理理念和思路，会议邀请国内著名的经济学家邓荣霖教授做了集理论研究和事务操作于一体的生动的学术报告，为全面提高队伍素质、推进完善管理模式和控股公司法人治理结构奠定良好的基础。

（陈 勇 尹爱勤）

法律事务管理

法律业务规章制度建设

截止到2004年末，国电集团公司系统共有77家单位制定了本单位的合同管理实施办法或细则；64家单位制定了本单位授权委托书管理办法或法人授权委托管理办法，国电阳宗海发电有限公司等单位还制定了《法定代表人手签章管理办法》；8家单位制定了知识产权管理制度；一些单位还制定了法律事务管理办法，统一规范合同、诉讼等各项法律业务工作。公司系统各层面的法律业务主要管理规章体系基本建立健全。

（张 彤 刘 纹）

法律事务机构和队伍建设

集团公司明确由集团公司总经理工作部承担公司本部的法律事务工作职能和公司系统的法律事务工作归口管理、指导监督职能。在公司组建法律事务处之前，其工作职能由总经理工作部政策研究室承担。2004年9月组建集团公司总经理工作部法律事务处，执行总经理工作部法律事务工作职能。

截至2004年底，公司系统共有11家单位设置了法律事务机构，其中独立设置的1家，与其他部门合署办公或挂靠设置的10家。公司系统共有法律工作人员88人（含专、兼职），其中专职36人，兼职52人。具有国家企业法律顾问资格的41人，其中专职29人，兼职12人；同时具有国家注册律师（司法执业）执业资格和国家企业法律顾问执业资格的12人。

（张 彤 刘 纹）

合同管理

国电集团公司系统各单位普遍建立了重大合同审核会签、合同专用章管理、合同履行监督、合同统计归档等合同管理制度，合同管理工作形成一整套“事前防范、事中控制、事后监督补救”的行之有效、比较成熟的管理模式。2004年度，本部审核合同153件，涉及合同金额84.55亿元，下属单位共审查各类合同7918份，涉及金额181.95亿元，有效防范了合同经济风险和法律风险。

（张 彤 刘 纹）

日常法律事务

法律事务日常工作主要围绕项目法律服务、授权委托管理、企业规章审核管理、法律纠纷处理、知识产权管理等开展。2004年，国电集团公司系统共参与项目招标1135次，涉及金额71.77亿元，通过招、投标为企业节省资金4.3亿元。本部共审核控股、参股公司章程及股东协议书58份，促进了项目公司规范运作。审核本部规章制度10件，下属单位审查企业规章制度共1138份；将集团公司2004年颁发的规章制度汇编成册，并将集团公司组建以来颁布的规章制度制作成光盘，印发所属各单位，促进了集团公司规章制度管理规范化和执行效力。本部办理各类授权委托书144份。系统各单位共处理民事、经济、行政等各类纠纷67起，涉案金额8145.3万元，通过法律工作者的努力，为企业挽回经济损失1958万元。完成集团公司商标注册申请（33件），促进了集团公司知识产权管理。积极参与国家有关立法草案征求意见工作，对《中华人民共和国可再生能源法（草案）》、《重大建设项目稽查条例（送审稿）》等提出具体书面建议，维护了集团公司长远利益。

（张　形　刘　纹）

开展“四五”普法工作

国电集团公司研究制定了“四五”普法规划方案，公司系统各单位根据集团公司规划方案，结合本单位实际，制定了本单位“四五”普法实施方案，各单位建立了普法工作领导机构，党政主要领导亲自挂帅，严格按照“规划”方案有序调度。各单位普遍建立了中心组学法制度，制定了员工普法学习制度，通过专家讲座、普法知识考试、以案说法、宣讲典型案件进行警示教育等多种形式，广泛开展法制宣传教育，做到了“广播上有声、电视上有影、厂刊上有报道、板报上有宣传”。通过“四五”普法，普及了常用法律法规知识，提高了公司系统广大干部员工的法律意识和法制观念。

（张　形　刘　纹）

中国国电集团年鉴

国 际 合 作

亚太电协第十五届会议

由东亚及西太平洋电力工业协会、中国电力企业联合会主办的第十五届亚太电协大会（CEPSI 2004）于2004年10月18～22日在上海国际会议中心召开，本次大会是中国加入东亚及西太平洋电力工业协会后首次承办，目前，中国共有15个亚太电协会员单位。

集团公司作为亚太电协会员单位与国家电网公司、中国南方电网有限责任公司、中国华能集团公司、中国大唐集团公司、中国华电集团公司、中国电力投资集团公司等单位共同协助筹办了此次大会。会议期间，集团公司总经理周大兵、副总经理朱永芃以及来自集团公司所属各单位近40位正式代表参加了此次电力盛会。大会共吸引来自37个国家和地区的2000多名代表，其中既包括亚太地区及世界范围内著名电力企业的管理者和技术人员，也包括世界知名的电力设备制造厂商以及从事电力行业咨询与科研的专家学者。

会议期间，由主办、协办单位共同筹办的亚太电协展览会同期开幕，集团公司参加了此次电力展览，并通过文字、图片、模型等形式向参观人员展示了集团公司在火力、水力、风力发电、科技环保等领域的发展状况，得到了大会代表的充分肯定并受到国内外专家的普遍关注。

（方少平）

世界工程师大会

被誉为“工程师的奥林匹克”的世界工程师大会于2004年11月3～6日在上海举行，会议期间，有包括中国在内的70个国家和地区的近3000名工程界精英云集上海，中共中央政治局常委、国务院副总理黄菊出席了大会开幕式并作了重要讲话。

中国国电集团公司总经理周大兵率集团公司参会代表，参加了此次迄今为止在我国召开的规格最高、规模最大的工程技术界的国际盛会，并在会上作了题为“大力发展再生能源，是电力工业可持续发展的战略选择”的专题学术报告。

（方少平）

第十届国际电力设备及技术展览会

第十届国际电力设备及技术展览会于2004年7月7～10日在北京中国国际展览中心隆重举行。这次规模庞大的展会有来自中国、法国、德国、韩国、日本、俄罗斯、英国、美国等国家和地区近300家电力、电工设备制造企业参展，囊括了几乎所有世界著名电力设备制造企业。

中国国电集团公司为加强电力企业与国内外电力设备制造企业间的合作，为增进与国内外电力设备制造企业在开拓市场、获取供求信息、研发新技术新产品等方面更加拓展交流与协作的前景，在此次展览中布置了包括文字图片以及实物实景模型的80平方米的展台，向参观人员展示了中国国电集团创业“八字方针”以及企业精神风貌，同时，概括介绍了中国国电集团公司电源投产与在建的基本情况。目前，中国电力工业正处于快速发展阶段，电力市场充满了生机与活力，第十届国际电力设备及技术展览会为国内外电力企业提供了广阔的合作空间。

（方少平）

重组改制工作

综 述

国电集团公司成立之初，就在发展战略中考虑公司重组改制有关事宜，并聘请中介机构对重组改制上市的可行性进行研究。经过近一年的反复全面论证，2004年初，集团公司党组做出决定，启动重组改制上市工作。

2004年1月12～13日，集团公司在北京西郊宾馆召开了重组改制座谈会，根据中介机构介绍的有关情况和建议，会议讨论认为集团公司整体改制上市势在必行。1月18日集团公司向国资委上报了整体重组改制上市方案的基本框架，重组改制上市工作正式启动。2月13日，国资委原则同意集团公司重组改制上市，要求制定具体方案。以国资委批复为标志，重组改制上市工作进入了实质性工作阶段。

2月初，党组决定调整并充实集团公司体制改革领导小组及办公室，由总经理周大兵任领导小组组长，副总经理朱永芃任常务副组长，副总经理李庆奎、刘彭龄、陈飞任副组长，公司本部各部门主要负责人均为领导小组成员。2月底，集团公司聘请各中介机构开展重组改制上市前的基础工作。

之后，集团公司体制改革办公室（以下称体改办）与中介机构对重组改制方案进行了反复研究论证，并经集团公司体改领导小组开会讨论，在4月7日集团公司第四次党组（扩大）会议确定重组改制上市的目标，即：一是整体改制上市；二是在香港发行H股；三是要在2004年底、2005年初完成。4月16日，集团公司向国资委上报了重组改制方案，并专门向国资委领导进行了汇报。国资委领导表示，国资委全力支持国电集团重组改制上市。4月底，国资委分别向发改委、财政部、国土资源部、电监会、证监会、税务总局、工商总局发出征询意见函。与此同时，体改办会同各中介机构，按照整体改制方案，全面开展各项工作。

按照“全面重组，整体改制，分步实施”的原则，考虑到资产交接现状、存在的产权纠纷问题以及大多数发电资产净资产收益率低于可比公司发电资产的实际情况，根据党组第十次和第十一次会议的决定，体改办与中介机构反复研究具体方案，并提交体改领导小组第六次会议讨论通过，确定了16家发电企业和7家在建单位进入股份公司的具体方案。8月16日，总经理周大兵带队向国资委主任李荣融汇报了上市资产调整等有关工作，并得到了国资委领导和主要职能部门的理解与支持。

在先后得到发改委、财政部、国土资源部、电监会、证监会、税务总局、工商总局等相关部委关于公司重组改制上市工作的正式书面反馈意见后，经会签证监会，10月15日国资委给国务院上报了集团公司重组改制的请示，《关于中国国电集团公司重组改制设立股份有限公司并到海外上市的请示》（国资发改革［2004］295号）。随后，副总经理朱永芃带队拜会了国办有关部门，汇报工作回答问题。期间，根据国资委转达的国办要求，补报了有关材料。10月29日，国资委上报方案通过国办秘书二局的初步审核，上报主管副秘书长。

11月19日，党组第十五次会议决定，暂缓同基准日相关的各项改制工作。

（王文捷）

重点工作及主要成效

（一）制定重组改制方案

重组改制方案研究制定过程分为五个阶段：重组

改制酝酿及可行性研究论证阶段（2003年10月～2004年2月初）；整体改制上市方案研究阶段（2004年2月初～3月24日）；整体改制上市方案确定阶段（2004年3月25日～4月底）；方案完善和调整阶段（2004年5月～8月）；收口前上市方案的最后调整阶段（2004年8月～11月）。

1. 重组改制酝酿及可行性研究论证阶段　经过初步研究，2003年10月，体改办初步提出集团公司体改的三种可能的方案。2004年1月在北京西郊宾馆重组改制座谈会上，总经理周大兵提出了“明确目标、统筹规划、坚定信心、稳步推进”的集团公司重组改制原则。在向国资委汇报后，得到国资委关于整体上市的支持。2004年1月18日，集团公司向国资委上报请示，申请整体重组改制上市。2月13日，国资委以国资改革［2004］79号《关于中国国电集团公司整体改制的批复》同意集团公司进行整体改制上市。

2. 整体改制上市方案研究阶段　在得到国资委批复后，根据集团公司领导指示，体改办会同中介机构对整体上市方案进行了研究，并于2004年3月24日在体改领导小组第一次会议上汇报了上市备选方案。总经理周大兵做了重要指示，对重组改制上市工作提出了“一个目标，两个突破，三个方案，四项原则，五项工作”的要求，指示体改办在三个方案的基础上拿出倾向性意见。

3. 整体改制上市方案确定阶段　根据第一次体改领导小组会议精神，体改办对整体上市方案进行了进一步深入研究，在综合比较发行条件、政策障碍、时间等因素的基础上，将研究重点转到海外整体上市方案。4月7日，集团公司第四次党组（扩大）会议作出“整体改制，分步实施，首发H股上市方案”的决定。并向国资委正式上报集团公司重组改制上市方案。

4. 方案完善和调整阶段　集团公司改制方案上报国资委后，由于一些产权纠纷、资产交接、法律障碍以及资不抵债等原因，考虑到有关部委对公司上报重组改制方案的意见，考虑对上市方案进行调整，研究能否将某些存在争议的企业电厂保留在集团公司，避免影响上市时间，并多次向体改领导小组汇报了方案调整的情况。根据集团公司2004年度第十次、第十一次党组会议精神，体改办将多次研究后调整的方案于2004年8月3日在体改领导小组第六次会议上进行汇报，其中，拟进入股份公司的16家电厂可控容量合计1537万千瓦、权益容量904万千瓦，分别占集团公司总量的53.6%和46.7%；2003年底总资产392亿元、净资产71亿元，分别占集团公司的52%和55.2%。党组决定将调整后方案上报国资委。

2004年8月10日，集团公司向国资委上报《关于中国国电集团公司重组改制上市方案的补充报告》。报告中说明了上市资产范围调整的原因，指出国电集团拟以资产质量和净资产收益率较高的16家企业为基础组建股份公司，请求予以批准。根据“整体改制，分步实施”原则，整体上市的目标不变，股份公司是集团公司内发电资产统一运营管理的唯一平台。集团公司将通过委托管理的方式，将可能与股份公司构成同业竞争的资产委托给股份公司经营管理。

5. 收口前上市方案的最后调整阶段　在上报国资委补充报告后，各项收口工作开始展开。同时根据企业调查情况，继续对方案进行研究。后由于瀑布沟事件的发生，方案研究测算工作暂停。

在研究方案的同时，对同业竞争、国电电力31%股权、三次重组、多经企业、社会职能处理、全资企业改制、发起方式、小机组关停、理顺电价、环保收费、职代会等问题进行了专项研究和分析。

（二）完成重组改制的基础工作

集团公司进行重组改制，拟投入股份公司的资产要求必须产权清晰，隶属关系明确；也要求企业内部资产有相关权属证明。为此，体改办与有关单位开展了大量工作，包括进行工商变更登记、取得房产证和土地证等。

1. 明确产权、完成工商变更登记　由于2003年电力体制改革时划入集团公司资产的所属方、股东方多数都还挂在原国家电力公司、省公司名下，从法律角度讲尚未正式属于国电集团公司的资产。因此这些资产需完成相应工商变更登记才能进入股份公司，前提是与相关网省公司签署资产交接协议。

重组改制工作启动之初，体改办即加紧了这方面的工作。一方面跟踪资产交接协议的签署，一方面加紧督促所属单位进行工商变更登记。截至2004年10月30日，完成了相关工作，包括规范13家内核单位持有“企业法人营业执照”的不规范行为。

2. 取得土地证和房产证等相关权属证明　通过中介机构调查，发现虽然绝大多数企业已经经营多年，但是并没有相应的土地证和房产证，从法律角度并不合规。通过每周跟踪办证进度，了解情况，一方面发现办证中存在的问题并向领导反映，另一方面主动协调办证工作。到目标截至日，绝大多数单位取得了相关权属证明。

3. 完成审计和资产、土地、物业评估等基础工作　根据国资委等有关部门的规定，集团公司重组改制必须进行资产评估（土地资产评估是重要的组成部分）和物业评估，其中，资产评估需要在审计的基础上进行，审计报告包括国内、国际两个报告。为此，集团公司专门聘请了各有关中介机构开展工作。工作包括下现场调查、收集资料、评估并出具报告等。体改办负责与各部门和有关单位的协调工作。

目前，中介机构在审计、资产、土地和物业评估等方面的基础工作已基本完成。

4. 完成重大合同变更、取得优先受让权等完善法律手续等工作 取得优先受让权、进行重大合同变更是法律对重组改制工作的要求，必须按时完成。经过努力，在截至日之前，完成了所有重大合同变更并取得了所有控股公司其他股东的优先受让权等相关工作。

（三）重组改制工作推进了集团公司其他工作

1. 重组改制工作推进了清产核资工作的进度 清产核资工作涉及评估资产的变化，因此成为审计师和评估师共同关心的问题。由于国电集团公司改制工作的需要，集团的清产核资工作在五大发电集团中率先启动，由财务部组织了清产核资小组负责此项工作，并聘请了以岳华会计师事务所为主审所的七家审计机构，共同开展工作。参加集团公司清产核资单位69家。

2. 重组改制工作促进了资产交接工作进度 集团公司改制要求明晰资产的所有权，这也是资产评估和律师非常关注的问题。为了保证改制工作的顺利进行，集团成立了多个资产接收小组，在全国六大区域电网26个移交单位紧锣密鼓地铺开了资产交接的谈判。

根据工作安排，体改办密切跟踪资产接收进程，及时收集已签订交接协议或备忘录，并反馈给评估等参加集团改制的中介机构，同时：(1) 及时反馈资产交接中的问题，起草了《关于资产交接进展情况的报告》，向国有资产监督管理委员会企业改革局汇报了集团在资产接受中遇到的产权变动、产权不清及争议、资本金不到位、收益分配、流动资金及其他等问题，希望得到国资委给予相关的政策支持；对资产接收工作遇到的疑难交接单位问题，起草了《关于资产接收疑难问题处理意见报告》，向体改领导小组具体分析3家企业资产接收中存在的问题及对公司容量和效益的影响，并提出了有关建议；(2) 及时请国家财政部同意启动改制程序；(3) 认真研究资产接收遗留问题的财务处理意见，形成了《国电集团资产接收情况说明》，形成了“将所有权利主张放在集团公司，以目前账面值进入资产重组范围”的财务处理原则，同时就共同关注的霍州电厂、红雁池发电公司、丰城发电公司等争议问题，形成了《关于资产交接中有关问题的处理意见》。

3. 重组改制工作与管理效益年工作相互促进 集团公司开展管理效益年的基本目标是夯实基础、确保安全、提高效益，这与重组改制上市工作密切相关，二者相互促进。

集团公司重组改制上市，就是要到海外发行股票、吸引投资者。海外投资者最重视企业价值，对一个企业的估值高低主要建立在企业价值基础上，而企业价值最直接、最外在的表现就是净资产收益率。因此，企业效益的好坏直接关系到重组改制工作的成败，效益不好，得不到市场认可，就不能发行上市。

重组改制上市工作十分重视企业效益，在制定方案时主要以2004年预算为基础，因此，党组多次强调、要求下属企业务必完成2004年预算目标，间接地促进了管理效益年各项指标的落实。同时，为了重组改制工作的需要，集团公司还聘请了专业管理咨询顾问公司，在对集团公司下属电厂进行充分调研的基础上，提出了集团公司发展战略、业务改善目标与策略建议，对管理效益年具有直接参考意义。

体改工作意义及其影响

体改工作给集团公司带来的深刻影响是前所未有的，对企业未来发展意义是重大的，主要表现在以下几个方面：

1. 重组改制工作增强了集团公司的凝聚力、促进了各部门间的统筹协调 重组改制工作是一个系统工程，涉及内部各个职能部门，涉及拟上市资产的各个方面，重组改制工作暴露出了集团公司内部统筹协调中诸多存在问题，也在改革推进过程逐步解决和克服统筹协调的困难和问题，从而在一定程度上促进了公司内部部门间的统筹协调，也提高了所属单位执行公司决策的效率。

集团公司重组改制工作正处于新旧体制交替之中，通过重组改制上市工作的开展，集团公司本部、系统各单位和全体员工队伍在改革的认识方面达到了高度的统一，为今后集团公司把改革不断推向深入奠定了坚实的思想基础。

2. 重组改制工作有利于摸清家底，完善基础工作 党组确定“全面重组，整体改制，分步实施”的原则后，重组改制上市工作全面推进，涉及各部门、系统内所有企业。中介机构也进行了全方位的尽职调查。这些调查对于摸清家底，进而完善基础工作起到了重要作用。

虽然集团公司绝大多数企业已经经营多年，但是并没有相应的土地证和房产证，从法律上讲属于违规经营。举例来说，到目前为止，集团公司下属电厂已经取得了561宗土地证，占应办证总数的86%；房产证也从一开始统计50%没有办证，经过各级单位的努力，所有拟进入股份公司的企业基本达到了上市要求；全系统目前尚余2000宗左右未办理。

通过改制，集团公司了解并掌握了下属电厂多经企业和三产的情况，对于今后进一步规范经营奠定了基础。

另外，通过体改的尽职调查，发现下属企业完成2004年预算利润存在困难，针对发现的问题、采取措施、进一步落实降本增效，以期努力完成年初确定的预算利润目标。

3. 重组改制工作推进资产接收和清产核资，夯实了资产财务基础　由于集团公司成立时间不长，资产接收和清产核资工作在重组改制工作开始之时都在进行过程中，重组改制工作对于时间要求的紧迫性和敏感性，客观上要求集团公司尽快完成资产接收和清产核资工作。因此，在体制改革工作的推进下，集团公司7月份在中央企业中第一个完成清产核资产工作，10月23日完成了全国26个省市的资产接收工作，明晰了集团公司产权关系、夯实了财务基础，为做好体制改革和财务管理等各项工作奠定了基础。

4. 增强了公司追求利润的动力　国有企业在追求利润方面缺乏动力是长期以来的痼疾。集团公司2004年提出了较高的预算利润目标，主要是公司领导的自觉行为，而不是制度安排。重组改制上市工作，从两个方面激发了企业追求利润的动力：在上市过程中，如果企业没有合理预期的收益水平，投资者就不会认同企业，因而也就不能上市募集资金；在上市以后，如果缺乏盈利能力的支撑，投资者可以通过出售持有股票、影响股票价格和形象制约公司。因此，在股份公司，特别是上市公司中，追求利润是一种制度安排。集团公司通过重组改制工作，虽然没有组建股份公司，但公司管理层和员工已经充分认识到重组改制上市是集团公司发展壮大的必然选择，也认识到了追求利润对集团公司的重要意义，从而增强了追求利润的动力。

5. 增强法制观念，提高法治意识　国有企业法律意识淡薄，而国有企业的重组改制工作，特别是境外上市工作，对企业经营管理各个方面的合法性进行全面的审核，小机组关停、新项目审批、排污费缴纳、关联交易、房产证和土地证的办理等，均成为审核合法性的重要方面，公司在解决各个问题的过程中，准确理解了法律的有关要求，增强了企业管理者依法经营、规范运作的意识。

6. 树立现代企业制度观念、转变经营理念　集团公司成立后，党组提出“做实，做新，做大，做强”的发展战略，要做大、做强，必须要有新思路，重组改制上市就是新思路的体现。改革是一场革命，改革是一场洗礼。通过重组改制上市工作的开展，对集团公司经营机制、管理体制产生了巨大的冲击，对广大干部员工解放思想、转变观念、统一认识具有重要意义。

集团公司改制的主要目的是建立现代企业制度，即通过发起设立股份公司，形成包括股东会、董事会、监事会的完善的法人治理结构。在集团公司重组改制上市过程中，现代企业制度中权力机构、决策机构、监督机构和经营者之间的均衡理念已深入人心。

随着电力体制改革的不断深入，电力企业市场竞争日益激烈。而受长期计划经济和电力垄断经营的影响，集团所属单位的管理层仍然存在着市场意识、竞争意识和效益意识不强的问题。通过改制，这种观念发生了很大的转变。

重组改制的一项重要任务就是要建立与现代企业制度相适应的是市场化的激励约束机制。在改制过程中，集团公司多次强调各单位管理层、电厂负责人乃至系统全体员工要转变观念，要在企业发展与个人发展，企业利益与个人利益之间形成良性的、健康的纽带关系，企业管理层要以提高效益、提升企业价值为工作重心，树立企业价值最大化、股东利益最大化的经营理念。“管理效益年”的深入开展，也使全体员工深刻感觉到了效益和效率的压力，市场意识、竞争意识得到了切实的转变。

7. 增强集团公司关于资本市场的意识　通过开展境外上市工作，使系统员工对境外资本市场有了进一步的认识，对“资本”在集团公司发展中的重要意义有了更为深刻的理解。境外上市后，市场监督和外部压力对每个人都将构成冲击和挑战。这就需要转变观念，适应资本市场对企业运作提出的新要求，才能确保规范运作。

8. 锻炼了人才，培养了干部队伍　通过重组改制工作，锻炼了人才，尤其是锻炼了一大批基层队伍人才，通过重组改制的各项具体工作使得他们了解了国际资本市场对企业经营的要求，了解了国际投资者如何看待企业价值，也了解了政策、法规、法律对企业规范经营的要求。另外，通过办理各种权属证明，也锻炼了基层人员协调能力，最典型的例子就是办理房产证、土地证的过程。同样，重组改制工作也培养了一批了解国际资本市场运作、了解系统情况、具有良好协调能力和组织能力的干部队伍。

（王文捷）

四、计划发展

综　　述

2004年，集团公司根据国家宏观调控要求，树立和落实科学发展观，通过清理投资项目，进行项目优化和综合竞争力排序，完善中长期发展战略和规划，进一步加强了项目前期工作的风险控制，确保了公司系统电源发展规范有序、风险在控。目前，在建的电源项目中已批复可研报告和项目建议书共19项1430万千瓦，2004年当年批复13项1230万千瓦，其中瀑布沟、宣威六期、双鸭山、华蓥山、邯郸热电厂扩建工程等5个项目获国家正式批准开工。

为缓解资本金紧张的压力，集团公司抓住时机，首次成功发行了40亿元企业债券。

通过对吉林龙华、江苏苏龙等公司的重组并购，在国电集团公司投产机组的基础上，实现了2004年集团公司新增可控装机容量400万千瓦的目标。

根据集团公司的发展战略和总体部署,2004年,计划发展部以科学发展观探索集团公司的发展战略和规划思路,不断深化电源前期工作,积极开展资产重组并购,大胆探索计划投融资新路,逐步完善投资项目和并购项目的评估论证和风险控制的工作制度和工作程序。

（王宝乐）

2005
中国国电集团年鉴

战略和规划

中长期发展战略和规划（纲要）的编制

根据国家国有资产监督管理委员会《关于开展中央企业发展战略与规划编制工作的通知》（发规划［2004］10号）精神，国电集团公司对编制《中国国电集团公司中长期发展战略和规划》做出了部署，由计划发展部提出详细的编制《中国国电集团公司中长期发展战略和规划》的工作计划和工作安排，于2004年5月17日，国电集团公司在北京召开的全系统计划发展工作会议上下发了《中国国电集团公司中长期发展战略和规划编制提纲》。随后，国电集团公司分别与国电动力经济研究中心、美国埃森哲咨询公司（ACCENTURE）签订了咨询合同，请两家咨询机构分别就国电集团公司中长期发展战略和规划、改善投资营运水平开展全面的尽职调查，并提供相应的咨询研究报告。

2004年6月下旬，各分支机构和直属单位根据国电集团公司部署，陆续上报了所在区域的发展战略和规划。在整理、汇总这些发展战略和规划、并反复征求各业务部门、分公司意见，吸取咨询公司的研究成果，凝聚共识、提炼观点的基础上，专门召开咨询会议，听取国资委、国家电网公司、电力规划院、水电规划院有关专家的意见后，形成了《中国国电集团公司中长期发展战略和规划（纲要）》（2004～2020），并于2004年底上报国家国有资产监督管理委员会。随后，又根据国家宏观调控的要求和国家发展改革委员会组织专家对在建电站项目进行清理的实际情况，开展相关材料的补充修订，形成了《中国国电集团公司中长期发展战略和规划（第一版）》。

2005年4月6日，国资委组织了战略规划专家评审组对此进行了评审，给予了充分肯定。随后，根据专家意见作了修订后，于7月初上报国资委。

（张志文）

中长期发展战略和规划的指导思想

根据党的“十六大”提出的全面建设小康社会的

发展蓝图和国民经济翻两番的战略目标，全面评估集团公司内部资源和财务状况后，提出国电集团公司的发展战略的指导思想是：坚定高举邓小平理论的伟大旗帜，始终坚持和体现“三个代表”重要思想，运用马克思主义的立场、观点和方法，紧紧围绕“做实、做新、做大、做强”发展战略，树立并坚持科学发展观，在社会主义市场经济框架内构筑集团公司的发展战略和规划，科学遵守社会主义市场经济的基本规律和电力工业特有规律，不断增强集团公司的竞争力、控制力、影响力、带动力。

做实。就是以扎实的工作作风，实事求是，实实在在，把制定的各项工作目标和任务落到实处。要从集团公司的实际出发，深入基层，深入群众，团结务实、脚踏实地、艰苦奋斗、讲求效率，把集团公司提出的各项决策和任务落到实处，不搞形式主义。

做新。就是以改革为动力，以市场为导向，以资本运营为纽带，推动企业改组、改制，建设有规范的法人治理结构、适应市场经济要求的现代企业。集团公司要通过制度创新、管理创新、科技创新和观念创新，使集团公司逐步发展成为具有先进管理水平和较强市场竞争力的大型企业集团公司。

做大。就是坚持“发展是硬道理”，把发展作为集团公司的第一要务，实现规模效益发展。要以发电经营为核心业务，以电源开发为重点，以结构调整和资产优化为主线，实现集团公司的稳步发展。当前一方面要发挥集团公司的优势，加快电源项目的前期开发工作，另一方面，要发挥上市公司的融资优势，多方筹集建设资金，为发展壮大提供有力保证。

做强。就是要提高集团公司的整体实力和竞争能力，走在国内大型企业前列，直至成为国际知名，进而成为国际领先的大型企业。为此，要在管理上不断加强，在技术上不断创新，在效益上不断提高。要建立科学的目标管理体系、现代财务体系、投融资体系、市场营销体系、上下游产业链开发体系、科技环保体系，降低成本，改进技术，提高效率，确保国有资产保值增值，不断增强集团公司的整体实力，使国电集团发展成为管理先进、科技领先的具有强大竞争力的大型企业集团。

电力工业是国民经济的基础产业，服务于整个社会经济的发展，为社会提供稳定、可靠的服务。作为电力体制改革后成立的五大发电集团之一，国电集团的发电企业为电力市场提供了不可或缺的电力，自2003年、2004年组建以来，全国部分地区电力供需紧张，煤炭价格剧烈上涨，而相应的电价调整未能及时到位，国电集团以高度的政治觉悟，以大局为重，服从电力调度，千方百计调集煤源，最大限度地提供电力，保障了社会生产和稳定，显示了国有资本在具有控制性的经济命脉中的重要作用。

国电集团是在国民经济中具有控制力、发挥主导作用的大型国有企业，担负国有资产保值增值和实现国家战略控制的重任。国电集团以发电为核心业务，以国内电源开发、建设和管理为基础，以为国民经济的可持续发展提供优质清洁的能源保障为首要任务，坚持以市场为导向，以经济效益为中心，通过制度创新、管理创新、科技创新的观念创新，加快结构调整和资源优化配置，逐步发展成为以电力为主、适度延伸上下游产业链，立足国内、面向世界，管理先进、科技领航，以人为本、回报社会，资本控制和实体经营相结合，具有国际竞争力的国家控股的混合型股份制集团公司。作为中国五大发电集团公司之一，国电集团的品牌已得到社会的认可，受到各级地方政府、电网企业、设备供应商、金融机构、建设设计咨询单位的信任和欢迎。在各个环节上，体现了中央企业在全国各地的影响力和控制力。

(张志文)

中长期发展战略和规划的战略定位

功能定位：体现国有经济控制地位、发挥主导作用的大型国有企业，为国民经济可持续发展提供电力保障，实现国有资本保值增值。

市场定位：是为用户提供优质电力的独立的发电供应商，从事电源投资、开发、建设、生产和管理，并适度延伸上下游产业链。

产权定位：国有控股、产权多元的控股大型企业集团。

组织定位：是资产经营和实体结合的复合型控股公司，实行“二级法人，分层授权，垂直管理”的管理体制。集团公司是集团的发展战略中心、投融资中心、资本运营中心、预算管理中心、人力资源配置的决策管理中心和利润中心。

实力定位：通过先进管理和科技创新，发展成为国际领先的大型企业集团。

形象定位：树立不断创新的现代企业形象，树立以人为本、注重环保、回报社会的良好社会形象，创造“国电”绿色优质电力品牌形象。

(张朝阳)

集团公司战略发展重点和总体发展目标

国电集团发展的战略构想是：以改革和创新为动

力，以市场需求为导向，以安全生产为基础，以经济效益为中心，坚持以电源建设和运营为核心竞争力，适度延伸上下游产业链，积极开拓电力市场，大力开展资本运作，多方筹集发展资金，积极走向国际，把集团公司建成要素组合合理、资源配置优化、经营状况良好、综合实力较强、管理机制先进的复合控股型、规模效益型、集团化、市场化、国际领先的现代企业集团。

（张朝阳）

阶段发展目标

2004～2006年发展目标。2004～2006年三年，是国电集团起步发展的重要时期。如果说，2003年是国电集团“基础年”，即接收核实资产、规范管理、建章立制的一年；2004年是国电集团“管理年”，即，加强管理、降本增效、增收节支；2005年是国电集团“效益年”，即通过2003年的打基础和2004年的抓管理，通过继续深化管理，提高企业的经济效益，则2006年是国电集团在前三年的“强化管理、提高效益”的基础上开始收成的一年。

2005～2010年中期发展目标：基本建成具有现代企业制度、管理先进的国有控股集团公司，成为在境外和国内两地上市的大型集团公司。国电集团以发电为主，适度延伸，立足国内市场，积极开展国际合作和投资，到2010年形成多元化、国际化的基本体系，在国内外树立“中国国电”品牌形象。通过制度创新、管理创新、科技创新、观念创新，打造公司“科技领先、管理先进、人才高地”为一体的核心竞争力，发电产业规模不断扩大，2010年可控发电装机容量达到6000万千瓦，总资产达到3200亿元，综合实力进入国内发电行业前三名。

2010～2020年远期发展目标：把国电集团建成具有适应国际竞争需要的现代企业制度和管理体制及运作方式，形成具有世界先进电力企业的综合实力和市场竞争力的核心产业，发电产业经营管理达到世界先进电力企业的利润水平和劳动生产率水平，基本把集团公司建成要素组合合理、资源配置优化、经营状况良好、综合实力较强、管理机制先进，具有规范的法人治理结构的复合控股型、规模效益型、集团化、市场化、国际领先的现代企业集团。到2020年实现集团可控发电容量1亿千瓦以上，集团公司总资产达到5000亿元。

（张朝阳）

固定资产清理

2003年底，中央召开经济工作会议，专门提出要树立和落实科学发展观，在各个领域以科学发展观指导和开展工作。2004年3月1日，国家发改委在北京召开2004年全国电力工业工作会议，要求科学认识电力形势，正确把握调控力度，努力缓解供需矛盾，遏制局部经济过热发展的趋势。4月27日，国务院办公厅下发了《关于清理固定资产投资项目的通知》，要求按照国家产业政策和行业规划、土地管理、环境保护、银行信贷、项目审批等方面的法规和政策，对已投资电源项目进行清理。11月24日，国务院下发了《国务院批转发展改革委关于坚决制止电站项目无序建设意见的紧急通知》文件，要求对无序建设的电站项目提出停建、缓建等处理意见。从党中央、国务院提出树立和落实科学发展观，到清理电站投资项目、到坚决制止电站项目无序建设，国家对电力的宏观调控渐趋严肃，力度加大。

为切实贯彻落实中央宏观调控的方针，以科学发展观指导集团公司的改革和发展，全面落实“三个400万”的电源发展目标，五月中旬，组织召开集团公司计划发展工作会议，会上下发集团公司“防范投资风险、提高投资效益”、“电源项目接入系统指导意见”、“重组并购和资产转让指导意见”等文件作为征求意见稿。会议后，立即组织开展系统内电源投资项目的清理工作，根据清理结果，提出电源项目拉开建设时序的处理意见，上报国电集团公司计划与投资委员会（以下称计投委）审议和总经理办公会议决定后，向国家发展改革委员会上报了《关于报送固定资产投资项目清理情况的报告》，在提出处理意见的同时也提出工作建议。

为贯彻国务院国发［2004］32号文件精神，积极开展电站项目清理工作，研究提出项目清理及处理意见，经总经理办公会议批准，向国务院上报了《中国国电集团公司关于电站项目清理情况及处理意见的报告》文件。

在此基础上，积极与地方政府、投资方沟通，争取地方政府将国电集团公司的电源项目列入地方电力发展“十五”末或“十一五”前两年发展规划，抓住国家坚决制止电站项目无序建设的机遇，为国电集团公司前期电源项目深化前期工作、有序开发、防范风险赢得时间、争取空间。

（刘连玉）

电 源 项 目

项目报批工作

2004年，按照国家加强宏观调控的要求，以项目报批为重点，对照国家的产业政策和电力规划，重点落实电源项目土地征用、环境保护、银行信贷、项目审批等方面所需的文件，争取尽可能多的项目得到国家批复。

2004年，国家核准了四川瀑布沟水电站和黑龙江双鸭山、四川华蓥山、云南宣威六期、湖北荆门三期、福建南埔6个项目570万千瓦。

批复了江苏常州、河北龙山、江苏夏港、天津东北郊、河南濮阳5个项目400万千瓦的项目建议书。经过多方努力抓紧做好超前建设项目的补办手续，争取国家发改委批复了江苏夏港项目建议书，使集团公司对江苏夏港项目由参股转为控股，增加存量资产120万千瓦。

向国家发改委上报了江苏常州、山西大同三期、河北邯郸热电厂、河南濮阳、河南豫源项目可研报告，协调落实了四川万源项目投资主体，并向国家发改委上报了可研报告；向国家发改委上报了广西南宁、重庆万盛、安徽蚌埠、甘肃天水、河北怀安、河南荥阳、河南南阳宛西等项目建议书。

组织开展了山东费县、安徽铜陵、江苏谏壁、宁夏石嘴山、河南濮阳等项目可研报告的审查工作和广西南宁、甘肃天水等项目初可研审查会议工作；组织召开了福建南埔、四川华蓥山可研报告评估会议和江苏泰州、江西余干、宁夏石嘴山、新疆察汗乌苏、云南小龙潭扩建等项目建议书的评估会议；组织召开甘肃天水、广西南宁（2×60万千瓦）项目初可研审查会议工作；完成了安徽铜陵项目建议书的中咨公司评估工作；组织完成辽宁康平项目中水可行性论证工作。与国网公司协调了河南民权、福建江阴、辽宁康平、江苏泰州等电厂接入系统审查事宜。

组织审查并签订了河南民权、福建江阴、安徽铜陵、新疆察汗乌苏、辽宁康平、四川华蓥山、四川金堂、四川岷江、云南小龙潭三期共10个项目的股东协议书和公司章程；组织召开了重庆万盛电厂股东会议；协调国电龙山电厂的股东协议书、公司章程事宜；组织筹备成立河南民权、山东费县、山东菏泽、山东蓬莱、安徽铜陵、四川华蓥山发电、广西南宁等项目公司章程和股东协议书的谈判、签订工作。协调修改安徽安庆、浙江乐清项目股东协议书和公司章程。组织签订江西余干、宁夏石嘴山、四川华蓥山三个项目的投资协议书。

通过多方工作，与广西南宁市和崇左市、广东中山市、山东日照市等政府部门签署了由国电集团公司控股开发的广西南宁（4×60万千瓦）、广西崇左（4×60万千瓦）、广东中山（4×35万千瓦）、山东日照岚山（4×60万千瓦）等项目的投资意向书。与广东中山和有关投资方签署了天然气供气协议。

（池金铭）

投资项目综合竞争力分析

为贯彻集团公司“做实、做新、做大、做强”的方针，以科学发展观指导集团公司的发展，加强投资管理，防范投资风险，提高投资效益，根据国电集团公司领导的要求，为建立健全投资风险防范机制积极进行探索。

一方面对拟投资的电源项目进行认真比选和科学论证，进行投资风险评估和项目后评估，把缩短工期、控制投资、降低造价、满足市场需求以及争取合理电价作为决策项目开工与否的主要标准。

另一方面以集团公司2003年已开工和2004年拟开工的22个火电项目（其中部分是国家发改委划入的前期项目，部分是集团公司2003年新争取的项目），在对照“三个标准、六项原则”（三个标准：一是煤源落实；二是水源可靠且对生态环境影响较小；三是靠近电力负荷中心。六项原则：一是扩建项目，包括大代小技改项目；二是靠近用电负荷中心；三是靠近资源，建设坑口电厂，以及路口、港口等煤源运输条件优越的电厂；四是采用高参数、大容量、高效率的发电机组；五是符合当前环境保护、用水和热电联产政策的项目；六是有利于电网安全，分散接入电力系统的项目的基础上），充分利用各设计咨询机构提供的可研报告和分析材料，尤其是利用国家发改委已经颁发的各电网统一上网电价和利用小时，重点分析项目的市场供需形势、项目的国家审批可能、外部建设条件的落实程度、项目执行情况，以及项目的经济效益。其中：外部建设条件的落实，主要考虑燃料来源、运输、水源、环保和送出工程的落实情况；项目执行情况主要考虑项目推进中各项工作，包括土地征用、融资安排、主设备订货、施工准备的进展情况；经济效益主要考虑在平均运行指标、合理利用小时和已定的上网电价情况下，测算运营期内的盈利水平。这五个方面都是影响项目经营期内盈利水平实现的主要因素，也是项目综合竞争力要体现的主要方面。

针对这22个火电项目，国电集团公司各业务部门积极提供相关资料，工程建设部分析了工程造价、设备供货、现场状况、电厂送出工程投资及分摊的问题等；安全生产部分析了火电设备的预期运行指标、当地的煤炭价格的问题等；市场营销部提供了国家发改委新颁布的各电网统一上网电价的文件及对项目的影响等；人力资源部提供了各个项目的定编情况和不同级别机组定员以及分析结果，财务产权部分析了资金供应及平衡情况。最终形成国电集团公司电源投资项目综合竞争力分析报告。

该报告一是分析、评估项目所在地区电力生产（供需）情况、电价水平、已有机组中可能退役情况，项目是否已列入地方电力发展规划；在2010年前投产对区域容量的影响，以及项目在电网中的位置和可能发挥的作用（送电方向）；二是项目在经营期内对集团公司现金流的影响。参照电力规划设计总院对项目建设资金静态投入的年度安排并作相应简化，分析、评估项目在这期间对集团公司资本金投入需求、现金回收（投资收益回收）情况；三是按照资本金内部收益率（IRR）进行项目综合竞争力排序。根据项目在电网中的地位、项目与其他集团公司项目的竞争力，以及项目对集团公司的重要程度、参考可比经济效益测算结果，对这些已开工或拟开工项目进行排序。

（张朝阳）

中国国电集团年鉴

综合计划管理

综　　述

2004年初，经国电集团公司总经理办公会议审议通过《2004年集团公司综合计划（草案）》，随后下达了2004年集团公司综合计划。编制并下达了2004年第二批新开工电源项目计划和国电集团公司电源项目第二季度计划、2004年年度资金计划调整及下半年投资计划、2004年国电集团公司一季度前期费用计划。

在做好年度资金计划调整及下达下半年投资计划的同时，制订了国电集团公司2005年综合计划建议的文件；组织并编制完成了国电集团公司2005年生产计划和投资计划草案，由计投委审议后经总经理办公会议原则同意，向国家发改委上报国电集团公司2005年生产计划和固定资产投资计划建议报告。

（杨素萍）

经济活动分析和统计工作

为加强对综合计划和投资计划的跟踪、检查，把经济活动分析工作作为全面掌握计划执行情况的风向标，按季完成集团公司经济分析工作，定期向国资委、电监会正式上报集团公司经济活动分析报告，并为集团公司领导和各部门了解集团公司生产运行、投资活动提供资料。

全面完成2003年集团公司综合统计年报，包括生产经营统计和固定资产投资统计；定期向中电联和国家统计局上报综合统计报表。

组织相关部门讨论确定《集团公司综合计划管理程序》的用户需求，包括综合统计、综合计划及经济活动分析三部分，正式启动《集团公司综合计划管理程序》的开发工作。举办“固定资产投资计划管理”计算机培训班，请专家介绍有关计划和统计方面知识，并对“固定资产投资计划管理”程序进行了培训。指导谏壁电厂初步研究确定了《江苏

谏壁电厂综合计划管理程序》的设计方案。 (梅竞谊)

投融资管理

成功发行国电企业债券

为了筹措大量稳定、可供长期使用的资金，保障国电集团公司电源项目的投资与建设，使集团公司获得持续和健康的发展，2003年初，计划发展部提出了拓宽国电集团公司融资渠道，积极进入资本市场，发行企业债券的资金筹集方案。2月，国电集团公司总经理周大兵、副总经理朱永芃在计划发展部《关于发行企业债券的情况汇报》中批示"发行企业债券对集团发展至关重要，要尽力争取"。此后，计划发展部在中国国际金融有限公司的协助配合下，开始了国电集团公司企业债券发行申报的筹备工作。6月，集团公司向国家发改委上报了《关于申请发行2003年国电企业债券的报告》，申请债券发行规模30亿元，募集资金运用项目确定为：四川大渡河瀑布沟水电站、新疆吉林台一级水电站、四川南桠河梯级水电站一期工程等3个大中型水电工程项目。为了尽快取得发行额度，7月，朱永芃亲自带队向国家发改委财金司进行了专题汇报，积极推进企业债券申报工作。年底，中国银河证券公司应邀加入国电集团公司债券发行申报工作，并提出调增债券发行申请额度的建议，国电集团公司采纳了其建议，决定将债券申请额度由30亿元调增至40亿元。2004年1月中旬，国家发改委副主任张国宝到集团公司调研，表示支持国电债券的发行工作，并指示要加快进度，尽早发行。通过计划发展部深入、及时、细致的汇报和工作，在国家发改委的支持下，3月15日，《国家发改委关于下达铁道部等企业债券发行规模有关问题的通知》(发改财金[2004]448号)下发，国电集团公司成功挤入2004年第一批债券发行企业，获得40亿元发行额度，在已获得发行额度的两家电网公司和四家发电集团中，国电集团公司的发行额度仅次于国家电网公司，与华能集团公司并列第二。

企业债券发行额度取得后，发行申报材料的编制工作随之全面展开。2004年2月，国电债券工作领导小组设立后，确定了律师、审计和评级等中介机构，并于3月中旬通过议标方式，选聘中国银河证券有限责任公司、中国国际金融有限公司为联合主承销商，开始进场进行尽职调查和其他中介服务工作。4月29日，国电债券发行申报材料上报国家发改委。进入4月份以后，国家加大了宏观调控力度，市场资金紧缩，加息预期增强，债券市场出现大幅波动，二级市场收益率上升较快，市场观望气氛较浓，投资者心态谨慎，市场成交的活跃程度明显下降，在此情况下，国电集团公司放缓了债券发行申报进度。随着宏观调控效果的显现，市场对央行加息预期开始缓解，对债券的需求有所上升，债市收益率逐级振荡回落，债券发行时机逐渐来临。8月20日，银河证券提交了发行方案，发债小组在对发行方案分析测算并认为发行方案可行、发行时机稍纵即逝后，立即签报集团公司领导，建议债券发行工作应在9月底完成。8月23日国电集团公司企业债券发行方案正式上报国家发改委。9月20日国家发改委下发《国家发展改革委关于同意发行2004年中国国电集团公司企业债券的批复》（发改财金[2004] 2029号)。9月22日，集团公司企业债券发行仪式在人民大会堂河南厅举行。与此同时，40亿元"04国电债"向社会公开发行的工作全面展开，至9月28日，经过5个工作日的销售，国电企业债券的发行工作成功结束，截至10月15日，发债募集资金全部到账。

本期"04国电债券"发行方案为两个不同期限的固定利率品种，每年付息一次，到期一次还本，其中10年期品种票面年利率5.3%，投资者有权在第七个付息日将债券按面值回售给发行人；15年期品种票面年利率5.6%，投资者有权在第十个付息日将债券按面值回售给发行人。本期企业债券的加权平均存续期为10.32年，平均利率水平为5.47%，综合融资成本率为5.59%（平均利率+融资费用率)，与1年期银行贷款利率5.58%相当，低于5年以上期限银行贷款利率6.12%（按季付息，年利率为6.26%)，在本期企业债券存续期内，共计节约融资成本约2.19亿元。"04国电债"发行所募资金将投入四川大渡河瀑布沟水电站等大中型水电建设项目。这些项目均为国家批准的重点建设项目，具有良好的发展前景，建成后将产生较好的经济效益和社会效益。同时，上述项目地处我国西部地区，对于西部地区的经济发展、资源开发也将起到积极的推动作用。

（郭万宇）

资产重组并购

1.收购吉林龙华热电股份有限公司27%相对控股权　为实现国电集团公司基建项目和收购兼并并举战略，同时为解决吉林热电厂“一厂两制”问题，2003年3月国电集团公司根据东北分公司上报的《关于解决吉林热电厂一厂两制问题的可行性研究报告》，计划发展部拟定了《关于解决吉林热电厂一厂两制的初步方案》，及时与吉林龙华热电股份有限公司（以下称龙华公司）和吉林省电力公司沟通。4月，国电集团东北分公司与吉林名门电力实业集团公司签署《关于转让吉林龙华热电股份有限公司部分股权的意向协议》。5月，东北分公司派出专门工作小组对龙华公司进行实地调研，在摸清情况的基础上进行合理的利润预测。7月，东北分公司与吉林省电力公司签定《名门集团股权转让和龙华公司重组意向书》，同意国电集团公司控股龙华公司。8月初，东北分公司上报《关于中国国电集团公司重组吉林龙华热电股份有限公司有关问题的情况汇报》。8月底国电集团公司副总经理朱永芃主持投资委第四次会议，专题讨论吉林龙华重组事宜，会议同意继续开展重组龙华公司各项工作，要求东北分公司积极推进，进行实质性谈判。9月，国电集团公司总经理周大兵与吉林省电力公司总经理李树东就重组吉林龙华达成共识，一致认为应加快重组工作。10月，朱永芃主持投资委第五次会议，讨论吉林龙华重组事宜，会议同意集团公司重组龙华公司，要求立即成立以东北分公司为主的谈判小组，争取1个月内完成谈判工作。10月16日，国电集团公司第十次总经理办公会议决定，同意以现金方式收购龙华公司27%股权，具体价格待评估和商谈后确定。2004年2月25日，国电集团公司与吉林名门电力集团公司签署了《吉林龙华热电股份有限公司股权转让协议》，明确了转让总价值为16800万元，国电集团公司拥有27%股权，持有相对控股权。4月22日，吉林龙华热电股份有限公司召开2003年度股东会、五届一次董事会和五届一次监事会，审议通过了龙华公司章程，并选举米树华为董事长、李树东为副董事长，孙少平为监事会主席。

2.相对控股江阴苏龙发电有限公司　为使国电集团公司控制更多的优良电力资产，在集团公司筹备期间，总经理周大兵代表集团公司于2002年11月与江苏省江阴电力投资有限公司和江苏电力发展股份有限公司签署了《江苏江阴苏龙发电有限公司股权转让原则协议》，明确在夏港电厂三期扩建工程得到国家计委批准的前提下，江阴电力投资有限公司原则同意转让3%给龙源公司所属雄亚（维尔京）有限公司，使雄亚（维尔京）有限公司达控股地位。2003年6月国电集团公司以国电集计〔2003〕157号《关于增加江阴苏龙发电公司投资比例的批复》，要求以龙源为主、华东分公司协助，尽快与江阴苏龙发电有限公司（以下称苏龙公司）相关投资方进行商务谈判，签订雄亚（维尔京）收购苏龙公司3%股份合同。同时同意维持苏龙公司目前的管理体制，董事长、总经理不变，苏龙公司股权要按原有股东的实际出资进行拆分以达到相对控股。在经多次谈判，2004年1月华东分公司向国电集团公司汇报了江阴电力投资有限公司的方案，即江阴市转让3%～5%的股份，经合法程序，报经江阴市政府批准后先进行管理层收购，然后再将股权进行拆分，使龙源公司成为苏龙公司的第一股东，实现相对控股。3月19日国电集团公司副总经理朱永芃主持召开研究相对控股江阴苏龙发电有限公司专题会议，并形成如下纪要：坚持原签订协议的基本原则不变，即集团公司相对控股苏龙公司，在此条件下同意雄亚（维尔京）不再增持3%股份；确定操作方案是将江阴电力投资公司48%股份按原股东持股比例拆分，并同时进行部分股权转让；由龙源公司具体负责操作、华东分公司协助，计划发展部归口负责此项工作。江阴市政府经讨论，同意管理层收购苏龙公司部分股权和对江阴电力投资公司股权进行分拆。计划发展部和龙源公司多次研究龙源公司相对控股苏龙公司的措施和具体操作方式，聘请中介机构出具意见书。10月22日江阴苏龙发电有限公司召开第三十二次董事会，审议通过了股权拆分和股权转让的决议，签署了合作经营合同和章程，明确由龙源公司合并统计容量、发电量和会计报表。11月4日完成了苏龙公司的工商变更登记，标志着国电集团公司从法律上新增了121.5万千瓦（其中88.5万千瓦为存量机组，33万千瓦为在建机组）的可控容量。

3.鸭溪项目的并购工作　根据国家发改委前期项目划分意见，贵州鸭溪发电项目划归国电集团公司，按照国电集团公司和贵州省电力公司高层领导达成的意见和原则，2003年底由计划发展部牵头，与贵州西电公司经过一年的谈判，于2004年11月8日签订了《投资补充协议书》、《股东协议书》和《公司章程》。

4.其他　与重庆市建设投资公司、重庆市鼎泰能源集团公司签署了《重庆恒泰发电有限责任公司股权转让协议书》；签署了《国电永福发电有限责任公司扩建工程投资协议书》；开展迪庆香格里拉公司与大寨公司的重组研究工作；提出硕多岗公司重组大寨和六郎洞的初步方案；完成对深圳美视公司的调研并完成分析报告，提出了收购价格和收购范围。配合完成高坝洲借壳上市事宜，并与中石化签署相关的协议。配合中国证监会对清江借壳的审查提供相关材料；提出不参股投资上海电气集团的研究报告。起草了集团公司处置大渡河流域10%股权的初步意见。研究提出集团公司参股项目处置建议。上报国家发改委请求协调太一七期投资权问题。组织开展了兰州二热公司规范改制的协商工作；向国家相关部门正式报出有关国电电力31%股权处置意见的建议。与相关部门讨论龙源公司划转国电电力9.9%股权后的有关补偿事宜；召开相关分公司和业务部门就收购国网公司预出售的647万千瓦存量资产的研讨会，建议成立专门的工作小组开展相关工作。

（张志文　李士兴）

探索以经营租赁方式的管理体制

电力体制改革以后，合山电厂“一厂两制”的问题开始显现，为了解决大唐桂冠公司合山新厂运行问题，理顺合山电厂的管理体制，从2003年8月开始，国电集团公司与大唐集团公司多次就资产置换、收购老厂、租赁经营等方案进行沟通、协商。经过多层次的谈判和磋商、多方案的比选和论证，双方于2004年11月22日就大唐桂冠股份公司租赁国电合山电厂方案基本达成一致，12月31日双方签署《关于以融资租赁方式解决合山发电厂“一厂两制”有关事项的备忘录》，次年3月4日，国电集团公司与大唐集团公司及其间接控股的大唐桂冠合山发电有限公司正式签署了《关于解决合山发电厂“一厂两制”问题的资产租赁合同》。合同约定，集团公司将所属合山发电厂资产租赁给合山公司经营，租赁经营期限为10年，租金为8200万元/年，自租赁起始日起，合山发电厂人员成建制划转至合山公司，租赁期满后，合山发电厂资产的所有权无偿移交给合山公司，大唐集团公司为合山公司就合同约定的其责任和义务向国电集团公司承担连带保证责任。

（胡　谦）

五、人力资源

综 述

2004年是集团公司强化管理、深化改革、加快发展的关键一年。人力资源工作坚持“做实、做新、做大、做强”的工作方针，以领导班子建设为重点，以实施人才强企战略为主线，以深化劳动、人事和收入分配制度改革为动力，锐意进取，扎实工作，为集团公司改革发展稳定提供了有力的人才、组织、体制和动力保障。

（一）突出重点，服务中心，全面加强领导班子和领导人员队伍建设

1.进一步加大领导人员调整充实力度　先后完成了山东、四川等7家分公司领导人员的调整充实工作和云南、贵州、广西分公司的组建。完成了国电电力发展股份有限公司、龙源电力集团公司、国电大渡河流域水电开发有限公司、国电长源电力股份有限公司、国电科技环保集团公司等骨干企业，国电黄金埠发电厂等10家新建发电项目筹建处，国电河北龙山发电有限责任公司等13家新建项目公司及国电菏泽发电有限公司等11家控股、内部核算企业领导班子和有关领导人员的考察和调整。全年共任免干部464人次，推荐董事、监事139人次。

2.积极推进本部员工队伍建设　组织了本部主任、副主任2003年度的民主测评和员工年度考核工作，完成了本部部门、处室负责人的调整和重新聘任。充实了分公司的人员配备，完成了分公司燃料管理部的组建。

3.有序开展优秀年轻干部双向挂职工作　按照集团公司党组“上下交流，形成制度”的要求，从本部选派了两名年轻干部到基层发电企业挂职，从基层后备干部队伍中选拔了18名年轻干部到本部挂职锻炼。通过双向挂职，拓宽了挂职干部的工作视野，增长了工作才干。

4.不断完善领导人员管理制度　先后组织起草了《中国国电集团公司关于公开招聘企业领导人员工作暂行规定》、《中国国电集团公司公开招聘企业领导人员的实施意见》等制度，并从规范干部管理的角度，提出了交流任职干部组织关系、人事关系、工资关系转移的意见，为集团公司建立健全科学的选拔任用机制和规范新形势下领导人员的正常流动奠定了基础。

（二）尊重规律，大胆探索，不断完善集团公司组织体系

1.进一步理顺了集团公司、分公司和基层单位的管理关系　根据集团公司管理体制运行的实际情况，对分公司进行了重新定位，制定了《中国国电集团公司分公司职责（试行）》，进一步明确了分公司的职责范围，规范了集团公司、分公司、基层单位三个层面的关系。同时根据分公司的职责，调整了分公司的机构设置和人员编制。

2.全面推行了“新厂新办法”　在充分调研的基础上，制定了《中国国电集团公司新建火力发电企业组织管理办法（试行）》，按照主辅分离、运检分离的原则，提出了有老厂依托、无老厂依托和老厂扩建三种形式新扩建火力发电厂的组织模式，明确了各种管理模式电厂的内设机构、劳动定员、岗位设置等，使新建火力发电厂的组织管理标准达到了国际一流电厂的标准。

3.探索、完善了集团公司专业化公司的管理体制　进一步明确了国电物资有限公司，国电燃料有限公司的工作定位和工作职责，授权燃料公司和物资公司行使集团公司的燃料、物资管理职能；对集团公司科技型企业进行了重组，成立了国电科技环保集团公司；开展电源建设专业化管理试点，组建了华中电源建设管理公司；提出了国电财务有限公司的组建意见。

4.提出了部分空壳企业机构、人员的重组实施方案　根据集团公司领导三次重组的指示精神，完成了桂林电厂与永福发电公司、南宁电厂与南宁发电公司、都匀电厂与凯里发电厂等3家空壳电厂的重组工作。

（三）突出绩效、强化激励，建立健全了集团公司薪酬绩效体系

1.全面推行目标责任制　在总结安全生产、资产经营和党风廉政建设三项责任制经验的基础上，在集团公司系统全面推行资产经营、安全生产、工程建设、党风廉政和精神文明建设目标责任制。会同有关部门，完成了所属单位109份目标责任书的签订工作，为全面提高集团公司的经营管理水平和经济效益提供了有力的制度保证。

2.实行工资总额与经济效益挂钩　根据集团公

司对国资委的工效挂钩方案，制定了《中国国电集团公司工资总额同经济效益挂钩管理暂行办法》，明确了不同类型企业的工效挂钩方案，在发电企业推行了“两挂五考核”办法，建立健全了集团公司有效的激励机制和约束机制。

3. 开展了企业领导人员年薪制试点工作　制订了《中国国电集团公司企业负责人年薪制管理暂行办法》，并在国电北仑发电有限公司等11家企业开展了企业领导人员年薪制试点，将企业领导人员的收入与承担的责任、风险和工作业绩挂钩。

4. 深化企业内部分配制度改革　制定了《中国国电集团公司关于深化企业内部工资制度改革的实施意见》，将工资与企业效益和员工个人业绩挂钩，向关键岗位和优秀人才倾斜。

（四）总体设计、分步实施，积极稳妥推进劳动人事和收入分配制度改革

1. 开展了三项制度改革的试点　根据年初人力资源工作会议的部署，选择了国电九江发电厂、国电菏泽发电有限公司、国电电力大同第二发电厂、国电宣威发电有限责任公司、国电谏壁发电厂等5家企业进行劳动、人事和收入分配制度改革试点，经过深入基层调研、听取各试点单位的汇报，顺利地组织、指导了5家试点单位的三项制度改革工作。并在总结试点单位经验的基础上，适时召开了扩大试点工作会议，明确了国电北仑发电有限公司等16家第二批试点单位三改的工作要求与完成时间。

2. 出台了集团公司三改的相关政策文件　为了指导国电集团公司各单位的三改工作，在广泛调研、反复讨论、多方测算、不断完善的基础上，制定出台了《中国国电集团公司关于深化劳动、人事和收入分配制度改革的指导意见》和5个配套办法。这些制度的出台，对于集团公司三改工作的健康推进发挥了重要的作用。

（五）盘活存量，控制增量，大力实施人才强企战略

1. 构建了人才强企战略的基本框架　根据集团公司党组和党组书记、总经理周大兵的指示，1月，在北京成功召开了集团公司首届人力资源工作会议，率先在全国电力系统提出了“人才强企”的基本方略，同时，以党组一号文印发了《中国国电集团公司人才强企战略规划纲要》和关于加强人才评价工作、加强教育培训工作、优化人力资源配置和加强人才激励工作的4个实施意见，明确提出了人才强企的指导思想、主要目标、主要任务和具体措施，为集团公司人才兴企、人才强企提供了有力的制度保障。

2. 完成了集团公司首届“168人才”评选　作为“人才强企”战略的重要载体，全面启动了集团公司系统“168人才工程”，完成了首届“168”人才选拔。经过基层单位推荐（技术比武）、专家评审、集团公司党组审定，共产生1282名首届“168”人才，在集团公司系统内外产生了积极的反响。

3. 开展了职称评审的前期准备工作　提出了国电集团公司职称评审工作的总体思路，从人事部、国资委争取到了工程、经济、会计、政工四大系列职称评审权，建立了以上4个系列的评委专家数据库。

4. 优化了集团公司系统人力资源配置　研究制定了《中国国电集团公司新建、扩建发电项目单位人员聘用实施办法》，并按照就近和经济的原则，因地、因厂制宜，积极组织、引导集团公司系统内部人员有序流动，全年老厂共向新建发电项目输出298人，为控制集团公司人员增长，优化人力资源配置，实现新老企业的“双赢”积累了成功经验。

5. 实现了集团公司人员的负增长　除聘用少量紧缺的高级专业技术人才外，严格控制系统外一般人员的调入；对应届大学毕业生，坚持专业对口、按需接收的原则，适度从紧，全年实际接收418人。由于严把人员入口，在一大批电源项目陆续开工建设、投产运行的情况下，人员总量比上年末的76305人减少2755人（含江油电厂成建制划出），实现了集团公司领导提出的员工总量负增长的目标。

（六）规范管理、注重实效，全面启动了教育培训工作

1. 构建了教育培训工作体系　明确了集团公司与基层单位培训工作的职责与分工，成立了国电镇江电力培训中心和集团公司职业技能鉴定中心。组织指导了基层企业的岗位练兵、技术比武等活动；与工会组织开展了仿真比赛，组织参加了全国电力行业变电检修技能大赛；全面推进持证上岗制度，对教育培训率和持证上岗率提出了明确要求。加强了对培训的监督、考核与管理，逐步形成了全员参与、多层次、多渠道、多形式的教育培训工作格局和运行机制。

2. 规范对教育培训工作的管理　制定并印发了集团公司2004年教育培训计划，建立了培训班申报审批制度。以领导人员、后备干部和董事监事培训为重点，举办了29个各类培训班。规范了对培训证书的管理，制定了集团公司员工教育培训管理的暂行规定、复转退伍军人培训管理办法和新（扩）建电厂集控运行生产准备人员培训管理办法。教育培训工作不断走向制度化、规范化。

（王　兵）

"人才强企"战略

"人才强企"战略规划纲要的编制

为建设一支高素质的人才队伍，适应国电集团公司改革发展形势的需要，促进人才资源向人才资本转变，增强集团公司核心竞争力，保证集团公司持续、快速、健康发展，按照集团公司"做实、做新、做大、做强"的工作方针，2004年1月编制了《中国国电集团公司人才强企纲要（2004～2010年）》。

《纲要》分析了人才队伍建设面临的形势和任务，提出了实施"人才强企"战略的指导方针、总体目标和各项主要预期目标。《纲要》从树立正确的人才评价理念、建立科学的人才指标体系、改进人才评价方法、完善人才评价配套制度、加强人才评价基础工作等五个方面，全面阐述了加强人才评价工作的具体要求；从优化人才队伍结构、改革人才配置方式、平衡"三高人才"布局、促进人才相互流动、规避人才流失风险、建立内部人才市场等六个方面，对优化人才资源配置作出具体部署。《纲要》还对加大教育培训力度、完善人才激励机制、加强"人才强企"战略实施的组织和领导等方面提出了具体措施和要求。

（王　兵）

实施"人才强企"战略的指导方针

国电集团公司实施"人才强企"战略，以邓小平理论和"三个代表"重要思想为指导，全面贯彻国家"人才强国"战略，着眼于集团公司的长远发展和对人才的整体需求，面向企业、面向市场、面向世界，以能力开发为主题，以优化结构为主线，以改革创新为动力，尊重劳动、尊重知识、尊重人才、尊重创造，把握规律、体现特色，紧紧围绕人才评价、配置、培训和激励四个环节，着力建设经营管理人才、专业技术人才和生产技能人才三支队伍，为集团公司"做实、做新、做大、做强"提供坚强的人才保证。

2004～2010年实施"人才强企"战略必须贯彻以下指导方针：

1. 坚持"两个第一"，高度重视　必须把开发人力资源，提高人才的综合素质作为集团公司发展需求的第一要务；必须树立人才资源是第一资源、人才流失是最大的"资本"流失的观念，把人才开发作为一项紧迫而具有战略性的任务高度重视认真落实；努力营造鼓励员工干事业、支持员工干成事业、帮助员工干好事业的浓厚氛围。

2. 坚持统一领导，分级负责　按照"两级法人、分层授权、垂直管理"的要求，充分发挥集团公司是公司系统人才资源配置管理中心的职能，调动各分支机构、各企业在人才工作中的积极性、主动性和创造性，建立统一领导、分工合理、各负其责、相互协调的人才工作组织领导管理体系。

3. 坚持突出重点，整体推进　以培养和选拔高级经营管理人才、高级专业技术人才、高级技能人才"三支人才队伍"为重点，总体规划、分步实施，以点带面、整体推进，保持人才培养使用的系统性、整体性和连续性。

4. 坚持深化改革，制度创新　深刻把握人才工作的时代特征，顺应人才成长的客观规律，不断推进集团公司人才工作的观念创新、机制创新和体制创新，将创新贯穿于集团公司人才工作的全过程。

5. 坚持围绕中心，服务大局　以为集团公司发展提供人才支持作为根本出发点，将人才工作纳入集团公司改革发展的总体规划和布局之中，在加强人才队伍建设的同时，促进企业的可持续发展。

6. 坚持以人为本，文化凝聚　以"忠诚事业、忠诚集团、爱岗敬业、岗位成才"的集团公司价值观为导向，以公司长远的发展战略鼓舞人，以广阔的事业空间吸引人，用有效的激励机制激发人，以和谐合作的人际关系感染人，创建尊重人才、爱护人才、理解人才的企业文化，把优秀人才聚集到集团公司的各项事业中来。

（王　兵）

实施“人才强企”战略的总体目标

（一）总体目标

人力资源总量得到有效控制，人才队伍比重大幅上升；人才有效供给与发展需求基本适应；人才结构趋于合理，人才队伍整体素质明显提高；人才评价机制科学，人才培训机制健全，人才资源配置优化，人才激励充分有效；内部人才市场功能完备；以尊重知识、尊重人才为核心内容的人才环境全面形成。

实施“168人才工程”。即培养和造就100名忠诚集团、忠诚事业，德才兼备、群众拥护，具有开拓精神和驾驭市场能力，创造优良业绩的优秀高级经营管理人才队伍；600名精于管理、善于组织，业务精良、勇挑重担，具有技术创新能力，能够解决技术难题，在专业岗位上起骨干和核心作用的优秀专业技术人才队伍；800名爱岗敬业、素质优良，技艺精湛、作风扎实，在生产岗位能够诊断和解决复杂技术问题的优秀技能人才队伍。

2004年前，基本建立起现代电力企业人才资源开发和管理制度体系；适应市场经济需要的人事、劳动、分配三项制度改革取得重大进展，经营者能上能下、员工能进能出、收入能增能减的机制初步形成。

2010年前，建立功能完备的人才资源开发与管理体系，人才资源与生产要素相互匹配，内部人才市场实现信息化、法制化、多元化。

（二）各项主要预期目标

1.人才总量进一步扩充　到2005年，具有中等职业技术教育及以上学历员工比例达到60%，其中具有大学本科及以上学历达到10%；具有各类专业技术职称人员达到70%，其中具有高级专业技术职称占3%。到2010年，具有中专及以上学历员工比例达到70%；具有各类专业技术职称人员达到80%。

2.人才结构进一步合理　到2005年，人才队伍的学历、专业、年龄结构，地域分布和高、中、初级专业人才层次比例趋于合理，学历结构比研究生:本科:专科:中专达到1:25:65:60，能级结构（专业技术职称）比高级:中级:初级达到1:3:5，形成以“168人才”为核心、各类人才比例相互协调的格局。到2010年，人才结构进一步优化，人才结构配比与集团公司事业发展相协调，从根本上保证集团公司综合竞争能力的提高。

3.人才素质进一步提高　到2005年，高级经营管理人才90%达到大学本科及以上文化程度或高级专业技术职称；专业技术人才70%达到大专及以上文化程度或中级专业技术职称；高级技能人才（高级工及以上）总数达到生产人员总数的35%以上，其中技师及以上人才占高级技能人才的5%以上。到2010年，具有大专及以上学历人才达到人才总量的35%；中级及以上专业技术职称占各类专业技术职称比例达到45%；35岁以下员工全部达到中等职业技术教育及以上学历。

4.人才机制进一步健全　到2005年，初步建立起科学、规范、高效的人才评价机制，人才评价体系基本形成；初步建立竞争、择优、开放的人才动态管理机制，人才资源配置基本优化；初步建立起可持续发展的人才培养机制，人才教育培训工作向纵深推进；初步建立起人才成长的动力机制，人才激励充分有效。到2010年，基本建立起与市场经济和现代企业制度相适应、具有集团公司特色的人才管理制度与组织保证体系。

5.人才环境进一步优化　到2005年，鼓励公平竞争、崇尚知识尊重创造的观念深入人心，人才选用制度改革取得重大进展。到2010年，在精心打造有利于优秀人才脱颖而出、健康成长的企业文化的基础上，重视自我发展、追求价值实现成为每一员工的自觉行为。

（王　兵）

“168”人才工程

为培养和选拔集团公司核心人才队伍，吸引、留住和用好优秀人才，落实“人才强企”战略，集团公司组织开展了首届“168”人才评选。

为确保“168”人才选拔的质量，集团公司成立了以李庆奎副总经理为主任的评审委员会，并印发了《关于开展第一届中国国电集团公司“168人才”选拔工作的通知》（人［2004］3号）和《关于开展集团公司第一届“168人才”选拔工作的补充通知》（人［2004］7号），对“168”人才的选拔标准、评选程序、评审规则和有关事项做出了明确的规定。

根据集团公司的部署，各全资、控股发电企业在个人自愿申报的基础上，共向集团公司推荐“168”人才候选人1491人，其中优秀高级经营管理人才82人，优秀专业技术人才673人，优秀生产技能人才736人。经过集团公司专家组评审、集团公司党组审定，最终产生1282名首届“168”人才，其中优秀高级经营管理人才 55 人，优秀专业技术人才 547 人，优秀生产技能人才 680 人。

"168"人才评选及相关激励政策的出台，极大地激发了广大员工忠诚事业、忠诚集团、爱岗敬业、岗位成才的动力，在集团公司系统营造了尊重知识、尊重人才、尊重劳动、尊重创造的良好氛围。

（王　兵）

首届"168"人才名单

优秀经营管理人才（共 55 人）

国电环境保护研究所　张世山
国电滦河发电厂　王怀国
国电天津第一热电厂　宫业民
国电霍州发电厂　史太平
国电谏壁发电厂　陈建社　薛建凡
国电万安水力发电厂　梁明云
国电大武口发电厂　刘　彤
国电石嘴山发电厂　胡文森
国电凯里发电厂　朱润洲
国电红枫水力发电厂　代振炎
国电贵阳发电厂　白　江
国电小龙潭发电厂　程　岩
国电吉林热电厂　王慕文
国电聊城发电厂　赵　平
国电菏泽发电厂　宋　健
国电荆门热电厂　万昌发
国电衡丰发电有限公司　杨同贺
国电双辽发电有限公司　祝文东
国电北安热电有限公司　郗海臣
国电北仑第一发电有限公司　韩大卫　童汇源
国电南桠河流域水电开发有限公司　陈建春　何仲辉
国电靖远第一发电有限公司　杨尚谦　焦宪同
国电红雁池发电有限公司　毕可利
国电新疆吉林台水电开发有限公司　阎保建
国电永福发电有限公司　董佳玉
国电安顺发电有限公司　张金星
国电阳宗海发电有限公司　张　增
国电兰州热电厂　王保东
国电常州发电有限公司　孙一峰　戴船龙
国电电力大同第二发电厂　王眉林
国电电力太平哨发电厂　袁普银
国电电力桓仁发电厂　李方柱
国电电力朝阳发电厂　黄建田
国电电力大连开发区热电厂　王亚军
国电电力大同发电有限公司　武　俊　李怀普
国电石嘴山发电有限公司　沈　冶
国电宣威发电有限公司　李宏远
北京国电龙源环保工程有限公司　刘汉强
中能科技开发有限责任公司　张宝全
烟台龙源电力技术有限公司　王雨蓬
国电天风发电股份有限公司　路　峰
国电大渡河流域水电开发公司　丁继云　李攀光　胡　卫　涂杨举
国电长源富水水力发电厂　李学超
国电长源陡岭子水电有限公司　宋新明
国电四川电力股份公司　高　建
国电辽宁节能环保公司　刘朋杰

优秀技能人才（共 680 人）

国电滦河发电厂（共 10 人）
王同胜　周永茂　戴学泉　黄春华　张晓峰
赵春民　李永峰　郭利民　马新春　刘立文
国电天津第一热电厂（共 10 人）
马长明　窦广剑　王春涛　魏宝丰　祁树江
孙连臣　方　斌　王　捷　刘　捷　凌　焱
国电一五〇发电厂（共 8 人）
李学锋　张海兵　姬建兵　牛俊杰　樊金明
刘会令　李俊如　江　勇
国电霍州发电厂（共 12 人）
申小虎　李天飞　崔小雁　赵宝庆　段金锁
薛文泽　赵黎明　刘玉新　张文澜　阎金生
高　森　陈晓军
国电谏壁发电厂（共 22 人）
张建伟　丁小明　孙百中　江茂林　朱庆华
文成海　印泽令　王双童　段金林　赵周龙
张宝明　刘国华　高文胜　朱中朝　霍顺宝
李林染　巫学前　胡国强　丁　铭　王　江
柳　倩　郭　钧
国电温州东屿发电厂（共 2 人）
徐如雅　黄文春
国电万安水力发电厂（共 14 人）
何广泉　肖冬梅　刘万平　邱正华　陈海龙
高新华　邓毅坤　钟庆余　郑雄波　谢承辉
周小武　曹志淦　陈安华　李　明
国电沙市热电厂(国电长源江津热电厂)(共 8 人)
伍友军　陈　凡　陆家才　黄晓鸣　肖会清
吕在华　周　军　杨　华
国电成都热电厂（共 10 人）
张　蓉　孙　亮　高宝明　余　海　任兴源

易 涛 刘 勇 胡 军 巍郑兵 李时兵

国电华蓥山发电厂（共10人）

冉启军 陈 果 祝万兵 刘新军 杨国辉 江泽友 杨小龙 李 波 郭 明 何 韬

国电大武口发电厂（共14人）

袁志军 路洪荣 梁君智 李国熙 薛 毅 祁庆宁 曹艳国 潘永忠 臧耀利 冯宝柱 于运洲 马振龙 宋永祥 虞宁峰

国电石嘴山发电厂（共11人）

彭发荣 郤东海 张玉川 张 军 谷风云 王新宁 白艳民 田建新 杨菊梅 陈庆军 高领军

国电凯里发电厂（共11人）

杨传康 韩仙飞 丰志臣 吴安德 罗 俊 吴应龙 朱正匀 宋碧芳 王登林 任庭军 茹福建

国电红枫水力发电厂（共10人）

谌宏江 熊前刚 尚发志 李 燕 袁 波 王有才 冉光天 刘 铭 李 杰 卢国林

国电贵阳发电厂（共16人）

许 矛 于 泉 杨胜豪 陈家宾 何朝蓉 汪 刚 陈小晖 曾 军 吴光辉 李昌宾 彭先明 陆桂荣 罗 山 陈 震 吴 烜 刘 旭

国电大寨水力发电厂（共3人）

陈建克 张文平 陈吉华

国电六郎洞水力发电厂（共3人）

吴闹忠 罗洪海 黄 飞

国电小龙潭发电厂（共16人）

张志雄 陶 平 何继林 蔡应祥 陶定生 朱家庆 陈文云 邱 永 王兆恒 李光明 吕永琨 马宏杰 龙成文 杨 忠 李 杰 徐 灵

国电合山发电厂（共8人）

倪声涛 庞超忠 覃万勤 杨大高 刘建江 杨振坤 陈 飞 欧维军

国电吉林热电厂（共21人）

荣庆善 马福江 孟繁刚 苏瑞祥 金秀宪 王海国 李铁峰 王兴权 赵巍然 徐俊龙 薄 权 韩大利 韩国臣 王 昱 王凤智 吕 光 张明忱 张树军 张鲲鹏 付志文 马 驰

国电聊城发电厂（共21人）

刘述显 郑兴华 洪 军 赵士红 赵文军 辛培振 张德书 刘立新 王延华 孙 波 刘 鑫 冀贞生 陈大众 刘传军 刘 虎 刁学联 李小兵 张瑞华 侯保真 赵绍强 慈成恩

国电菏泽发电厂（共18人）

龚爱军 吕胜利 马 勇 李 琳 张本起 崔广金 乔月明 佟西科 张根生 石岱业 秦景华 玄 华 靳红辉 蒋学霞 国连生 黄贤东 刘 斌 宁如锋

国电邯郸热电厂（国电邯郸热电股份有限公司）（共16人）

王永召 韩志军 秦志江 管新平 柴红旗 孙继增 宋巧玲 古振兴 杨安民 马海和 景振华 郭立志 沈 杰 刘 颖 乔 彬 顾秀敏

国电太原第一热电厂（国电太原发电有限公司）（共29人）

王三喜 于智远 张 钰 高晓阳 解立元 张小平 张玉亮 刘志青 张建平 周尚周 郝立前 张好德 文二小 张育新 张开鹏 游卿峰 韩 毅 李彦庆 雷金海 王旭君 周建利 王晋彦 武燕军 邬晓刚 刘瑞生 曾建军 赵小刚 李志伟 贾育康

国电九江发电厂(国电九江发电有限公司)(共28人)

余晖良 沈宏帆 张中文 王培元 孙锦传 周成刚 周义彪 周小明 魏朝林 周金昌 曾广庆 张良亮 聂益民 兰春铭 侯昌光 余安泉 翁林新 毛卫华 宋彦春 董玉龙 吴 刚 陈接新 易国文 李 江 殷 勇 肖 刚 胡 先 胡 勋

国电荆门热电厂(国电荆门江山发电有限公司)(共19人)

宁 军 郭庆全 骆德才 廖开林 张君平 贾宇强 李建雄 周丰华 汤志才 付加红 彭志锋 雷 斌 刘 洋 赵新旺 胡冬英 陈绍龙 肖 志 王松勤 郭 方

国电滨海电力有限公司（共2人）

李 旭 王 刚

国电衡丰发电有限公司（共20人）

董彦森 侯士峰 齐 军 左亮杰 车 迅 薛洪泽 杨同斌 李江冲 李大沉 谢明远 孙裔文 牛克俭 杜 岩 赵 江 史西银 李大强 肖贵昌 谢宝良 郗文增 扈朝华

国电双辽发电有限公司（共26人）

王吉伟 马忠福 燕辰凯 张恩奎 孟令野 钟祥奎 李少华 李延民 郑德生 郭绪林 张箭飞 马树根 姜天培 田福林 杨占山 孙立山 刘洪财 王 丹 刘 东 陈 哲 赵 坤 周 健 陈 强 侯 佳 郝 春 姜广伟

国电双鸭山发电有限公司（共20人）
王宝云 孙利才 刘海生 王天城 李宝民 文高营 单广保 邱继新 金忠勋 杨静国 姜彦秋 周玉林 周忠民 李丛庆 冯贵文 赵俊生 丁振明 陈 岩 汪 伟 韩 庆

国电北安热电有限公司（共6人）
王晨峰 王大勇 冯宝成 郭晓山 张晓飞 王秀斌

国电北仑第一发电有限公司（共29人）
姜丰平 刘全民 范云华 杨泽荣 谢建华 章恩毅 洪勇志 朱明程 胡志平 王式周 盛浩明 黄蕾斐 朱建华 齐 勇 秦 勇 乐 磊 徐 勇 陈 烽 王 虹 顾光成 瞿腾虹 袁 颖 包承泽 钱新红 金黎炜 陈 卫 李康良 李 军 张建创

国电靖远第一发电有限公司（共20人）
金 强 滕保辉 王 理 麦 军 屈浩湘 肖文义 蔡 葵 张建莉 何富国 孙永斌 吕文生 王承庭 刘 意 宋光玉 孟 辉 赵卫东 李晓炯 孙 峰 郭玉雷 刘兴平

国电红雁池发电有限公司（共14人）
姚 强 刘庆彬 王新林 闫晓春 韩卫东 肖运军 张俊彪 陈连武 邵 昱 孟新华 土彦生 张新建 王 侃 王 霞

国电精河发电有限公司（共1人）
边尚斌

国电永福发电有限公司（共8人）
李伟镇 覃永忠 凡树朋 张悦恩 黄兴志 石火建 韦智珍 冯泽栋

国电安顺发电有限公司（共10人）
阳克成 董 智 胡 泉 张爱中 刘玉华 秦 谊 周 龙 季正权 王 鹏 黄 鹏

国电阳宗海发电有限公司（共12人）
刘成周 何 志 王金文 张铁伟 李志娟 费海涛 王云东 李昌祥 杨留芳 胡惠全 王繁荣 周 青

国电迪庆香格里拉发电有限公司（共2人）
和明宇 伍绍鹏

国电兰州热电厂（共12人）
马立晨 张之炜 焦永明 汤 超 毛 渊 杨 巍 赵进满 刘 旭 王文生 吴兆瑞 吴 凯 孟正德

国电天水发电厂筹建处（共1人）
许 峰

国电电力大同第二发电厂（共19人）
欧同生 许学理 陈卫斌 刘永生 秦日武 温 源 靳丽霞 张向阳 柴建国 刘 峰 贾 瑞 张宝云 王 勇 米磊峰 蒋守彬 付进民 李建国 刘俊祥 赵云生

国电电力太平哨发电厂（共7人）
唐殿元 张显平 柳振富 庞建军 姜福仁 王文利 闫奎生

国电电力桓仁发电厂（共12人）
陈基伟 聂 闯 武锡彦 丁文昌 王成礼 刘 良 刘会山 邓 彤 刘 岩 贾广峰 薛连秋 吴云波

国电电力朝阳发电厂（共17人）
崔中山 薛殿奎 韩志宏 郭文忠 孙孝杰 张金祥 宋昌维 孟繁业 郭晓东 胡晓波 于晓军 丁彦辉 闫 冰 安 磊 滕红飞 赵玉坤 伏龙峰

国电电力大连开发区热电厂（共8人）
乔文芳 曲金溪 李长志 陈 旭 阎殿利 郭 淳 何 勇 张 伟

国电石嘴山发电有限公司（共15人）
尚 东 吴志刚 赵红星 王 亮 邹 学 王正兴 韩世祥 刘永清 周利军 赵远征 常 林 张 敏 吕建军 莫晓波 张 晔

国电宣威发电有限公司（共20人）
宋闻鲜 朱 浩 唐明东 刘依莉 何丽馨 施 俊 张孟云 陈云书 罗永新 张志民 易自红 高惠德 覃 坚 李振林 戚小丁 黄河敏 冷崇概 田 怡 曹俊海 宁德尚

国电温岭江厦潮汐实验电站（共1人）
章福何

国电浙江风力发电有限公司（共3人）
张俊浩 郑志勇 廖诗旺

国电天风发电股份有限公司（共3人）
张水基 戴 毅 周世东

国电大渡河流域水电开发公司龚嘴水力发电总厂（共19人）
王树伦 江华贵 钟应贵 李春华 张 厅 徐 波 崔英华 吴 勇 姜华富 叶建中 朱晓斌 胡 北 姚 云 毕 海 汪 琦 侯树林 盛宝财 杜秋良 盛利学

国电长源富水水力发电厂（共4人）
黄西钢 孙 宁 傅 杰 王仕军

国电长源陡岭子水电有限公司（共2人）
石光林 刘 忠

国电南桠河发电厂（共4人）
李 翔 何明林 郭应忠 朱尚清

国电辽宁节能环保公司（共12人）
林艳军 凤 晓 贾劲松 丁文俭 马洪伟 高亚军 肇洪达 陈 峰 张法胜 蒋再宏

付振宇　杜朝霞

优秀专业技术人才（共547人）

国电环境保护研究所（共8人）

王小明　王　强　颜　俭　肖　萍　徐志清　魏季宁　朱　林　薛建民

国电滦河发电厂（共8人）

刘俊山　李茂忠　李　杰　张振方　胡秋敏　张春晖　马建立　周长虹

国电天津第一热电厂（共8人）

胡安辉　聂洪英　叶兴荣　杨富锁　蒋海涛　王慎祯　段锡纯　陈光立

国电一五〇发电厂（共5人）

杨树清　刘燕彬　赵玉斌　刘红权　刘跃文

国电霍州发电厂（共10人）

王　经　贺卫国　辛树茂　张晋亮　赵　平　王小创　郝寅生　樊仰平　姚崇兴　柴　义

国电谏壁发电厂（共14人）

许　琦　黄书益　裴玉良　莫建益　杨向东　赵启明　陈宝林　李秋白　聂志清　冒士平　陈　鹏　史伟民　鞠北扬　冷卫平

国电万安水力发电厂（共12人）

李圣田　黄胜伟　郭志文　柯丰华　肖小东　许经南　郭爱军　刘德良　罗成金　陈启平　邱义质　戴维国

国电沙市热电厂(国电长源江津热电厂)(共6人)

余义元　陈纯国　江　鹏　张定烈　彭　晶　唐忠超

国电成都热电厂（共3人）

顾根年　王　勇　张应红

国电华蓥山发电厂（共4人）

谢定明　杨　林　刘　波　唐放舒

国电大武口发电厂（共8人）

夏孝军　李春奇　李生录　刘宗礼　王胜景　郭护林　庞希顺　姚丽娟

国电石嘴山发电厂（共6人）

马明生　李　刚　李海林　胡博忠　刘　旭　暴新义

国电凯里发电厂（共10人）

宋友军　唐洪江　李　科　杨　智　马　曦　陈宗陆　吴晓伟　任　斌　龙　建　吴劲松

国电红枫水力发电厂（共9人）

陈　荣　李　峰　赵秀梅　卢玉强　田维扬　杨成仁　张孝勇　徐向阳　李开相

国电贵阳发电厂（共12人）

韩忠贵　曾昭勇　李筑生　刘朝元　钟广骥　方　睿　金继刚　王庆琛　司大权　魏学军　刘晓燕　罗枫武

国电大寨水力发电厂（共1人）

裴荣江

国电六郎洞水力发电厂（共1人）

贾瑞芳

国电小龙潭发电厂（共12人）

俞建云　李长武　杨马逢　魏德华　张凤兰　张卫东　何宏伟　涂　霞　李　锦　苏　黎　王正荣　李光能

国电合山发电厂（共6人）

高　伟　覃小光　何学山　韦　杰　唐小鸿　杨伟涛

国电吉林热电厂（共18人）

蔡光荣　于万春　于胜波　李凌汉　孙继国　任景龙　王　健　夏玉春　张国辉　李　军　牟云龙　韩炳文　刘文生　肖明辉　刘春晓　陈广志　王　晶　权新华

国电聊城发电厂（共17人）

孙东海　范圣江　秦占锋　谭培东　高玉花　吕中法　仙树祥　王春溪　刘建忠　范培华　张雪军　牛传杰　常焕涛　战龙光　李道波　乔桂增　郝　军

国电菏泽发电厂（共16人）

赵铁军　李凡波　赵爱忠　王庆想　盛兆峰　谢航云　刘永文　张秋常　杨真学　杨志奇　乔德华　王汉民　孙学元　王俊杰　李增华　井　静

国电邯郸热电厂（国电邯郸热电股份有限公司）（共9人）

王建平　常金旺　田桂宇　张敬坡　王增民　李彩霞　张俊亮　崔　翔　郦卫成

国电太原第一热电厂（国电太原发电有限公司）（共21人）

王文飚　郭友生　倪　红　石占山　李素卿　李　宁　任贵明　岳新有　郝　强　郭晓东　程锡河　刘为众　高丕德　尹立新　杨乃冈　帖险峰　成　刚　张　斌　刘　彤　赵　伟　张　强

国电九江发电厂（国电九江发电有限公司）（共22人）

郭本琳　罗俭良　杨庆波　刘海峰　蔡　涛　林　雷　沈　勤　李向明　代　华　孙艳芹　王　虎　詹晓华　罗　纲　严　辉　陈　军　周平平　王　颖　杨世炳　韩林川　徐卫文　宋　武　闵相立

国电荆门热电厂（国电荆门江山发电有限公司）（共11人）

樊希林　朱福舟　刘　军　陈龙新　黎泽元
彭　杰　徐　斌　张人斌　刘朝洪　王志国
杨春笋
国电滨海电力有限公司（共 1 人）
顾　新
国电衡丰发电有限公司（共 14 人）
宋志强　康立辉　郑占国　邹志起　张同卫
王　强　郭红专　赵文军　王玉林　滕会英
张长围　杨宝林　王文彬　胡兰海
国电双辽发电有限公司（共 15 人）
姚　恩　王喜丰　吴景文　刘　辉　邵建波
王守河　任义明　国　龙　康　龙　冷秀峰
高仲祥　孙成波　胡晓宇　卢　刚　宋占国
国电双鸭山发电有限公司（共 16 人）
于云忠　厉云蓬　慕景生　艾　光　王庭柱
朱军政　鲁　琦　孙灵革　于洪志　赵林峰
李洪志　纪海东　王振义　王　颢　谢兴华
贾永成
国电北安热电有限公司（共 3 人）
苗晓枫　殷　文　杨　军
国电北仑第一发电有限公司（共 23 人）
项岱军　陈立强　毛水法　屠小宝　陈旭伟
张红阳　严银旭　张国鸣　俞明芳　赵万荣
戴关明　吕　农　王　旺　祁菊仙　蔡利军
王　敏　宣浙建　柴筱琴　沈士军　张企达
石志文　许伟峰　袁小红
国电南桠河流域水电开发有限公司（共 2 人）
李昌兵　吴鸿飞
国电靖远第一发电有限公司（共 14 人）
吴培璋　李敏勇　周海文　刘克明　李万旭
李德福　董　刚　高启宏　张晓文　刘玉海
李建伟　李克家　李有明　田　万
国电红雁池发电有限公司（共 10 人）
张金玲　杨芳慧　陈新顺　肖　斌　汪淑军
贺新民　王　成　宋瑞梁　王立刚　陈红梅
国电新疆吉林台水电开发有限公司（共 2 人）
高　闻　李风华
国电永福发电有限公司（共 7 人）
胡祖培　冯　彪　旷贤启　邓光岩　张志刚
杨昌明　李硕汉
国电安顺发电有限公司（共 13 人）
郭应红　刘运飞　管　文　冷明昊　曾　军
王艳宇　丁　勇　张鸿雁　罗　春　文远林
王丽萍　奚晓红　唐德军
国电阳宗海发电有限公司（共 7 人）
董其学　魏兴文　冯国元　朱　雄　张苏发
雷董俊　柴永金
国电迪庆香格里拉发电有限公司（共 1 人）
孙庚宁
国电兰州热电厂（共 7 人）
张志业　魏立中　王晰屏　吕　群　尤海燕
石林鸿　王　伟
万源发电厂（共 1 人）
徐乾尧
国电常州发电有限公司（共 2 人）
孙　建　李彩云
国电泉州发电有限公司（共 2 人）
王　凯　路春林
国电库车发电有限公司（共 1 人）
王　千
国电天水发电厂筹建处（共 2 人）
王锡胜　陈登平
国电电力本部（共 6 人）
刘曙光　刘建民　高富斌　吴　强　曹震岐
王存福
国电电力大同第二发电厂（共 14 人）
马新平　杨　晋　杨天胜　谷曙明　靳玉芳
刘天炉　孙洪廷　陈如轩　王俊康　孙成武
李文海　王　芬　李文远　赵　伟
国电电力太平哨发电厂（共 6 人）
赵仲元　高源泉　于存龙　董振伟　王　锋
王延春
国电电力桓仁发电厂（共 8 人）
李中镇　王闵田　黄　军　王善武　车　晔
陈凤祥　刘凤林　刘　晟
国电电力朝阳发电厂（共 11 人）
樊俊海　王晓平　赵晓梅　李晓春　郑学智
杨宗和　李凤俊　李宝君　邹德普　张积轩
谷雪冬
国电电力大连开发区热电厂（共 6 人）
周国强　孙严冬　孙同敏　陈　光　王元成
王家政
国电电力大同发电有限公司（共 4 人）
刘文斌　韩　华　王秀英　马　徽
国电石嘴山发电有限公司（共 8 人）
窦红斌　王富宁　陈　忠　朱丽青　赵　斌
邵　华　禹红杰　朱立平
国电宣威发电有限公司（共 12 人）
刘金平　耿成尤　刘　伟　朱良明　曹茂荣
陈道科　樊则辉　张学智　韩仕团　把明祥
李昌松　韩文祥
北京国电龙源环保工程有限公司（共 6 人）
张　华　孟照杰　边新坚　杨　东　李敬东
彭　俊

中能科技开发有限责任公司（共 2 人）
朱树立　苏文利
龙威发电技术服务有限公司（共 1 人）
刘东远
烟台龙源电力技术有限公司（共 8 人）
刘　鹏　陈学渊　程跃彬　李本伟　刘清澄
唐　宏　张永彩　郑丽丰
国电电力大连庄河电厂（共 2 人）
郭玉东　肖红兵
国电通达电气有限公司（共 1 人）
史盛春
龙源集团公司本部（共 4 人）
杨校生　韩　彬　张世惠　吴　昊
国电浙江风力发电有限公司（共 2 人）
陈耿彪　吴金城
国电天风发电股份有限公司（共 2 人）
孙　浩　夏　晖
国电大渡河流域水电开发公司本部（共 6 人）
付　军　覃朝明　袁溢涛　宗仁怀　宋静刚
赵建蓉
龚嘴水力发电总厂（共 12 人）
张祥金　叶立群　徐乾安　杨忠伟　张建军
曾克成　宋　柯　何红荣　袁永生　秦茂国
邓方雄　文　庆
国电大渡河流域水电开发公司瀑布沟水电站工程建设分公司（共 2 人）
罗烈宇　郭德全
国电长源电力股份有限公司（共 3 人）
胡　谦　张家斌　朱　虹
国电长源富水水力发电厂（共 3 人）
别必胜　黄锡茂　贾　俊
国电长源陡岭子水电有限公司（共 2 人）
吴大兵　胡忠豪
国电四川电力股份公司（共 1 人）
兰　彬
国电南桠河发电厂（共 2 人）
华东箭　吴德静
国电蜀润电力开发公司（共 1 人）
曾　炜
国电辽宁节能环保公司（共 12 人）
张燕来　李鹏飞　杨守春　任忠海　赵国辉
董志恒　陈海荣　孙琪凡　谭文蒲　冯　军
洪景春　李玉刚

（摘自国电集人［2004］451 号）

优化人力资源配置

2003 年末，国电集团公司系统共有 76738 员工，随着定编、定员、定岗、定责的深入推进，冗员已经成为影响老厂稳定的一大突出问题。同时 2004 年也是集团公司新建、扩建发电项目开工的高峰期。随着一大批发电项目的开工建设，急需一大批高素质的专业技术人才。数量庞大的人员供给与一定数量的人才需求，为集团公司发挥人力资源配置中心职能，调剂新老企业人力资源余缺提供了广阔的空间。

在对这一“企情”精准的分析之上，2004 年上半年集团公司正式出台了《中国国电集团公司新建、扩建发电项目人员聘用实施办法》。该办法明确提出：为了控制集团公司人员数量，降低劳动成本，提高集团公司人力资源的整体竞争力，在配置新建、扩建发电项目人员时，必须坚持集团公司内部招聘为主、社会招聘为辅，组织调配为主、市场配置为辅的方针，在满足新建、扩建发电项目对人员的专业技术要求的前提下，不断优化集团公司新、老企业人力资源的配置，最大限度吸纳集团公司系统内部人员。

根据内部优先原则，2004 年 4 月，以四川江油发电厂向成都金堂，四川岷江、黄桷桩输出优秀专业技术人才为先河，集团公司先后组织实施了吉林双辽，湖北荆门、松源、沙市，江西九江、万安等老厂向江苏宿迁、福建泉州、河南豫源、新疆吉林台等新建发电项目的人员输出工作。通过双向选择，新建发电项目全年实际择优录用老厂人员 298 人。这些老厂人员和面向社会招聘的少量专业技术骨干的到位，为各新建、扩建发电项目各项工作的顺利进行提供了有力的人力资源保障。

（王　兵）

组 织 机 构

集团公司组织机构图

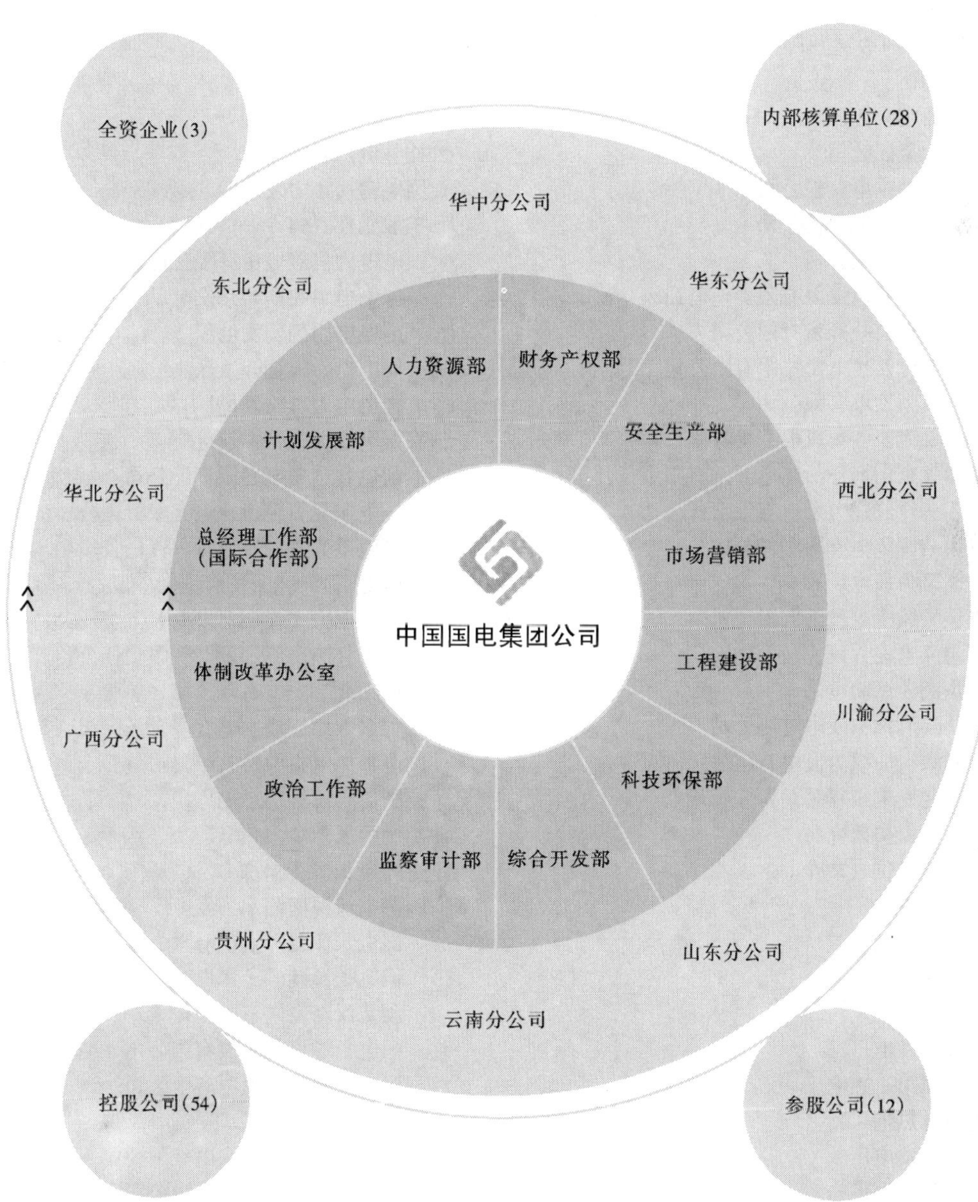

成员单位

分支机构（10个）

华北分公司
东北分公司
华东分公司
华中分公司
西北分公司
川渝分公司
山东分公司
云南分公司
贵州分公司
广西分公司

全资企业（3个）

龙源电力集团公司
　江阴苏龙发电有限公司
　中国福霖风能开发公司
　雄亚投资有限公司
　浙江风力发电发展有限责任公司
　中能电力科技开发有限公司
　北京龙源西热电力技术有限公司
　福建风力发电有限公司
　福建平潭长江澳风电开发有限公司
　福建省东山澳仔山风电开发有限责任公司
　丹东海洋红风力发电有限责任公司
　甘肃洁源风电有限责任公司
　新疆风力发电厂
　新疆天风发电股份有限公司
　新疆风电设计研究所
　江厦潮汐试验电站
　汕头福澳风力发电有限公司
　伊春兴安岭风力发电有限公司
湖州浙北发电工程公司留守管理处
国电环境保护研究所

内部核算单位（28个）

国电滦河发电厂
国电邯郸热电厂
国电天津第一热电厂
国电一五〇发电厂
国电霍州发电厂
国电太原第一热电厂
国电吉林热电厂
国电谏壁发电厂
温州东屿发电厂
国电岷江发电厂
国电万安水力发电厂
国电九江发电厂
松木坪电厂
万源发电厂
国电成都热电厂
国电华蓥山发电厂
国电大武口发电厂
国电石嘴山发电厂
国电凯里发电厂
国电红枫水力发电厂
国电贵阳发电厂
国电大寨水力发电厂
国电六郎洞水力发电厂
国电小龙潭发电厂
国电合山发电厂
国电南宁电厂管理处
桂林电厂管理处
国电南河水力发电厂

控股企业（54个）

国电电力发展股份有限公司
　国电电力大同第二发电厂
　国电电力朝阳发电厂
　国电电力大连开发区热电厂
　国电电力桓仁发电厂
　国电电力太平哨发电厂
　国电宣威发电有限责任公司
　国电宁夏石嘴山发电有限责任公司
　国电电力大同发电有限责任公司
　国电邯郸热电股份有限公司
　国电电力大连庄河发电有限责任公司
　上海外高桥第二发电有限责任公司
　浙江北仑发电有限公司（参股）
　甘肃大唐连成发电有限责任公司（参股）
国电长源电力股份有限公司
　国电长源荆门热电厂
　国电长源沙市热电厂
　国电长源富水水力发电厂
　国电长源南河水力发电厂
　国电长源第一发电有限责任公司
　国电长源陡岭子水电有限责任公司
　湖北汉新发电有限公司
　国电长源科技发展有限公司
　国电长源荆门发电有限公司
　国电黄金埠电厂
　国电长源老渡口水电有限公司
　国电长源堵河水电有限公司
　武汉高新热电股份有限公司

国电大渡河流域水电开发有限公司
- 龚嘴水力发电总厂
- 瀑布沟水电站工程建设分公司

国电物资有限公司
- 国电物资有限公司广州分公司
- 国电接待中心
- 北京国电诚信招标代理有限公司
- 国诚亿泰科技发展（北京）有限公司

国电燃料有限公司
- 国电燃料有限公司华北办事处
- 国电燃料有限公司东北办事处
- 国电燃料有限公司华中办事处
- 国电燃料有限公司华东办事处
- 国电燃料有限公司西北办事处
- 国电燃料有限公司川渝办事处
- 国电燃料有限公司山东办事处
- 国电燃料有限公司云南办事处
- 国电燃料有限公司贵州办事处
- 国电燃料有限公司广西办事处
- 国电燃料有限公司秦皇岛分公司
- 国电燃料有限公司朔州分公司
- 国电燃料有限公司菏泽运营分公司
- 国电燃料有限公司聊城运营分公司

国电财务有限公司

国电科技环保集团有限公司
- 国电科技环保集团有限公司环保工程分公司
- 烟台龙源电力技术有限公司
- 国电环境保护研究院
- 国电龙源电力技术工程有限责任公司
- 北京国电智深控制技术有限公司
- 龙威发电技术服务有限公司
- 北京国电联合商务网络有限公司
- 国电龙源电气有限公司
- 上海复旦网络股份有限公司
- 北京嘉铭环保工程有限公司
- 南京龙源东大环保工程有限公司
- 南京龙源环保有限公司
- 甘肃国电龙源洁净燃烧工程技术有限责任公司

国电四川电力股份有限公司
- 国电白马电厂
- 国电南桠河发电厂
- 国电蜀润电力开发公司（含蜀润磨房沟电站）
- 国电紫马电力有限公司
- 国电安宁河能源开发有限公司

国电南桠河流域水电开发有限公司

国电辽宁节能环保开发有限公司
- 沈阳热电厂

国电吉林龙华热电股份公司
- 国电吉林龙华长春热电一厂
- 国电吉林龙华白城热电厂
- 国电吉林龙华蛟河热电厂
- 国电吉林龙华龙井热电厂
- 国电吉林龙华吉林热电厂

天津滨海电力有限公司

河北衡丰发电有限责任公司

国电河北龙山发电有限责任公司

国电双辽发电有限公司

国电双鸭山发电有限公司

国电北安热电有限公司

国电北仑第一发电有限公司

国电靖远发电有限公司

国电新疆红雁池发电有限公司

国电新疆吉林台水电开发有限公司

国电精河发电有限公司

国电塔城铁厂沟发电有限公司

国电永福发电有限公司

贵州安顺发电有限公司

国电阳宗海发电有限公司

国电迪庆香格里拉发电有限公司

国电兰州热电厂

国电菏泽发电有限公司

国电聊城发电有限公司

国电常州发电有限公司

国电宿迁热电有限公司

国电豫源发电有限公司

国电泉州发电有限公司

国电铜陵发电有限公司

国电泰州发电有限公司

国电福州发电有限公司

国电濮阳热电有限公司

国电重庆恒泰发电有限公司

国电库车发电有限公司

国电费县发电有限公司

国电蓬莱发电有限公司

国电民权发电有限公司

国电新疆开都河流域水电开发有限公司

国电大广坝水电开发有限公司

国电太原发电有限公司

江苏苏源谏壁发电有限公司

国电岷江发电有限责任公司

国电九江三期发电有限公司

国电荆门江山发电有限公司

国电深能四川华蓥山发电有限公司

国电开远发电有限公司

贵州鸭溪发电有限公司
国电南宁发电有限公司
参股企业（12）
天津津安热电有限公司
天津陈塘热电有限公司
湖北清江水电开发有限责任公司
江西丰城发电有限责任公司
甘肃靖远第二发电有限公司
浙江北仑发电有限公司
国投北部湾发电有限责任公司
山东海阳核电有限公司
西安热工研究院有限公司
安徽安庆皖江发电有限责任公司
湖北洞坪有限责任公司
国电长源荆门发电有限公司

中国国电集团年鉴

干 部 队 伍

中国国电集团公司领导班子

党组书记、总经理：周大兵
党组成员、副总经理：
朱永芃 李庆奎 刘彭龄 陈 飞

国务院派出国有重点企业监事会

主席：孔令鉴

中国国电集团公司总经理助理、副总师

总经理助理：于崇德（兼）
张宗富（兼）
张树民（兼）
副总会计师：李汝革

中国国电集团公司各部门负责人

总经理工作部（国际合作部）主任：张玉新
总经理工作部副主任：李志忠 温绪廷
计划发展部主任：王宝乐
副主任：方春阳 顾 群
人力资源部主任：张成杰
副主任：刘 焱 许兴洲
社会保险中心主任：许兴洲（兼）
财务产权部主任：王 萍
副主任：姜洪源 栾宝兴
安全生产部主任：于崇德
副主任：王保忠 王忠渠
市场营销部主任：张树民
副主任：孙少平 张文建
工程建设部主任：张宗富
副主任：贾彦兵 阳 光
科技环保部主任：王龙陵
副主任：钟鲁文
监察审计部主任：许援朝
副主任：梁世斋 王乃戎
政治工作部主任：许援朝（兼）
副主任：蒋兰英 陈乃灼
工会工作委员会主任：许援朝（兼）
党组纪律检查组副组长：许援朝（兼）
资金结算中心主任：邵国勇

分公司负责人

华北分公司
党组书记、总经理：高 嵩
党组成员、副总经理：张广宇 李恩义
东北分公司
党组书记、总经理：米树华

党组成员、副总经理：孙金国 马晓平

华中分公司

党组书记、总经理：夏才清

党组成员、副总经理：戚名辉 汤方辉 孟令县

党组成员、总工程师：吴岳生

华东分公司

党组书记、总经理：徐 斌

党组成员、副总经理：刘宝铭 朱跃良

西北分公司

党组书记、总经理：田世存

党组成员、副总经理：张成龙 李忠国

川渝分公司

党组书记、总经理：陈武生

党组成员、副总经理：段凌剑 曾签名

总经济师：邓元明

山东分公司

党组书记、总经理：池若德

党组成员、副总经理：任子芳 宋 健

云南分公司

党组成员、总经理：张耀昆

党组书记、副总经理：刘学海

党组成员、副总经理：李宏远

贵州分公司

负责人：陈树森

广西分公司

总经理：李茜玲

党组书记、副总经理：梁庆廉

党组成员、副总经理：甘世超

党组成员：董佳玉

全资企业负责人

龙源电力集团公司总经理：谢长军

党委书记：王光华

国电环境保护研究所所长：徐凤刚

党委书记：谭国柱

国电湖州浙北发电工程公司留守处

主任兼党总支书记：董庭甫

内部核算企业负责人

国电滦河发电厂厂长：杨瑞春

党委书记：赵荣阁

国电天津热电厂厂长：宫业民

党委书记：蒋志勇

国电一五〇发电厂厂长：陈彦强

党委书记：杨怀柱

国电太原第一热电厂厂长：魏建朝

党委书记：任晓林

国电邯郸热电厂厂长：孟增其

党委书记：杨卫国

国电霍州发电厂厂长兼党委书记：史太平

国电双辽发电厂厂长：祝文东

党委书记：孟令威

国电吉林热电厂厂长兼党委书记：王慕文

国电谏壁发电厂厂长：朱跃良

党委书记：陈建社

国电温州东屿发电厂厂长：王贤文

党委副书记：戴小龙

国电九江发电厂厂长：李觉华

党委书记：蔡书仁

国电万安水力发电厂厂长：汤方辉

党委书记：梁明云

国电沙市热电厂厂长：黄忠祥

国电荆门热电厂厂长兼党委书记：万昌发

国电岷江发电厂厂长：魏光德

党委书记：幸祝康

国电万源发电厂厂长兼党委书记：周跃群

国电成都热电厂厂长：刘兴伟

党委书记：赖祖培

国电华蓥山发电厂厂长兼党委书记：许保卫

国电大武口发电厂厂长：刘彤

党委书记：王文彪

国电石嘴山发电厂厂长：胡文森

党委书记：张安源

国电凯里发电厂厂长：朱润洲

党委书记：李巧玲

国电红枫水力发电厂厂长兼党委书记：代振炎

国电贵阳发电厂厂长：白 江

党委书记：杨大华

国电大寨水力发电厂厂长兼党总支书记：肖文祥

国电小龙潭发电厂厂长：程 岩

党委书记：李朝阳

国电合山发电厂厂长：陈发雄

党委书记：朱玉和

国电南河水力发电厂厂长：黄德伟

党委书记：李庆勇

国电聊城发电厂厂长：赵 平

党委书记：郭清河

国电菏泽发电厂厂长：杨祥良

党委书记：聂 旭

控股企业负责人

国电电力发展股份有限公司董事长：周大兵
总经理、党组副书记：刘润来
党组书记、副总经理：王风华
国电大渡河流域水电开发有限公司董事长：周大兵
总经理、党委副书记：刘金焕
党委书记、副总经理：付兴友
国电物资有限公司董事长：陈　飞
总经理：韩方运
国电新源能源有限公司董事长：刘彭龄
总经理：孟廷荣
国电财务有限公司董事长：李庆奎
总经理：邵国勇
国电科技环保集团公司董事长：朱永芃
总经理：徐凤刚
党组书记、副总经理：冯树臣
国电长源电力股份有限公司董事长：刘彭龄
总经理：刘兴华
党委书记：张明冲
国电四川电力股份有限公司董事长：张成杰
总经理兼党总支书记：高　建
国电滨海电力有限公司董事长：高　嵩
总经理：沈国强
党总支书记：郝　良
国电太原发电有限公司董事长：高　嵩
总经理：魏建朝
党委书记：任晓林
国电双辽发电有限公司董事长：米树华
总经理：祝文东
党委书记：孟令威
国电辽宁节能环保开发有限公司董事长：米树华
总经理：刘朋杰
党委书记：周学志
国电双鸭山发电有限公司董事长：朱永芃
总经理：田绍林
党委书记：张延儒
国电北安热电有限公司董事长：米树华
总经理：郗海臣
党委书记：武俊祥
国电北仑第一发电有限公司董事长：刘彭龄
总经理：韩大卫
党委书记：刘宝铭
国电荆门江山发电有限公司董事长：夏才清
总经理兼党委书记：万昌发
国电松源发电有限公司董事长：夏才清
总经理兼党委书记：史玉龙
国电南桠河流域水电开发有限公司董事长：陈武生
总经理：何仲辉
国电靖远发电有限公司董事长：刘彭龄
总经理：杨尚谦
党委书记：王爱民
国电精河发电有限公司董事长：张成龙
总经理：王　军
党委书记：张秀振
国电红雁池发电有限公司董事长：田世存
总经理：毕可利
党委书记：陶小林
国电吉林台水电开发有限公司董事长：张宗富
总经理兼党委书记：闫保健
国电永福发电有限公司董事长：王　萍
总经理：董佳玉
党委书记：曹广华
国电安顺发电有限公司董事长：张树民
总经理：张友贤
党委书记：蒋云开
国电阳宗海发电有限公司董事长：张玉新
总经理：刘伟民
党委书记：张　增
国电迪庆香格里拉发电有限公司董事长：王宝乐
总经理兼党总支书记：刘学海
国电兰州热电厂厂长：王平良
党委书记：王保东

新建发电公司及电厂筹建处负责人

国电龙山发电有限公司董事长：高　嵩
总经理：陈彦强
国电东北郊发电厂筹建处主任：宫业民
国电滦河发电厂五期扩建项目筹建处主任：杨瑞春
国电榆次热电厂筹建处主任：魏建朝
国电内蒙古东胜热电厂筹建处主任：顾玉春
国电康平发电厂筹建处主任：张　奇
国电白城发电厂筹建处主任：张　奇
国电双鸭山发电有限公司扩建工程筹建处主任：田绍林
国电常州发电有限公司董事长：徐　斌

总经理兼党委书记：孙一峰
国电宿迁热电有限公司董事长：徐　斌
总经理：周宝山
国电泰州发电有限公司董事长：徐　斌
总经理：唐正华
国电泉州发电有限公司董事长：王宝乐
总经理兼党委书记：郑群星
国电福州发电有限公司董事长：贾彦兵
总经理：李达彪
国电铜陵发电有限公司董事长：徐　斌
总经理：王　一
国电江苏海门发电厂筹建处主任：费　智
国电蚌埠电厂筹建处副主任(主持工作)：池金铭
国电民权发电有限公司董事长：张树民
总经理：朱国庆
国电豫源发电有限公司董事长：张树民
总经理兼党总支书记：卢光明
国电濮阳热电有限责任公司董事长：张树民
总经理：吴岳生(兼)
党委筹备组组长：杨　浩
国电宛西发电厂筹建处主任：常　超
国电荥阳发电厂筹建处主任：常　超
国电长源荆门发电有限公司董事长：刘彭龄
总经理：万昌发
国电黄金埠发电厂筹建处主任：汤方辉
国电开都河流域水电开发有限公司董事长：张宗富
总经理：张成龙
国电石嘴山发电厂技改工程筹建处主任：胡文森
国电天水发电厂筹建处主任：王平良
国电重庆恒泰发电有限责任公司董事长：陈武生
总经理：陈守华
国电申能华蓥山发电有限公司董事长：段凌剑
总经理：许保卫
国电岷江发电有限公司董事长：陈武生
总经理：魏光德
国电黄桷庄电厂筹建处主任：陶　宏
国电费县发电有限公司董事长：池若德
总经理：史佩珍
国电菏泽发电有限公司董事长：任子芳
总经理：杨祥良
国电蓬莱发电有限公司董事长：韩方运
总经理：王永杰
聊城发电厂二期工程筹建处主任：赵　平
国电石横、新泰项目协调组组长：张宝贵
国电石横电厂乙站三期扩建工程筹建处主任：付明时
国电开远发电有限公司董事长：刘学海
总经理：程　岩
国电罗平电厂筹建处主任：张耀昆
国电西藏雪卡水电站筹建处主任：刘学海
贵州鸭溪发电有限责任公司董事长：张宗富
第一副总经理：王　水
国电织金电厂筹建处主任：陈树森
国电都匀技改项目筹建处主任：朱润洲
国电南宁电厂筹建处主任：梁庆廉
国电中山燃气电厂筹建处主任：刘连玉

龙源电力集团公司全资、控股企业负责人

国电浙江风力发电有限公司总经理：冯让达
国电温岭江厦潮汐试验电站站长：柯有根
国电洁源风电有限公司总经理：王自绪
国电天风发电股份有限公司总经理：刘　洪
中能科技开发有限责任公司总经理：张宝全

国电电力发展股份有限公司全资、控股企业负责人

国电电力大同第二发电厂厂长：王眉林
国电电力太平哨发电厂厂长：袁普银
党委书记：陈焕成
国电电力桓仁发电厂厂长：李方柱
党委书记：乔邳彬
国电电力朝阳发电厂厂长：黄建田
党委书记：刘惠文
国电电力大连开发区热电厂厂长：王亚军
党委书记：汪振宏
上海外高桥第二发电有限责任公司董事长：王风华
总经理兼党委书记：徐国宝
国电电力大同发电有限责任公司董事长：刘润来
总经理：武　俊
党总支书记：马文杰
国电宁夏石嘴山发电有限责任公司董事长：王风华
总经理：沈　冶
党委书记：刘　毅
国电宣威发电有限责任公司董事长：王风华
总经理兼党委书记：李宏远
国电邯郸热电股份有限公司董事长：陈　斌

总经理： 孟增其
党委书记： 杨卫国
国电电力庄河发电厂筹建处主任： 赵连陟

国电科技环保集团公司控股企业负责人

北京国电龙源环保工程有限责任公司董事长：徐凤刚
总经理： 叶伟芳
国电龙源电力技术工程有限公司董事长：关晓春
总经理：任爱群
国电龙源电气有限公司董事长： 关晓春
总经理： 王国泉
北京国电智深控制技术有限公司董事长：缪 军
总经理：潘 钢
烟台龙源电力技术有限公司董事长： 王雨蓬

总经理： 王公林

国电长源电力股份有限公司控股企业负责人

国电长源富水水力发电厂厂长： 李学超
党委书记： 柯大东
国电长源陡岭子水电有限公司总经理： 宋新明

四川电力股份有限公司控股企业负责人

国电南桠河发电厂厂长： 李永递
党委书记： 李鹏举
国电蜀润电力开发公司总经理： 许启林

（何 深 赵宏兴）

劳动工资

三项制度改革工作

（1）根据年初人力资源工作会议的精神，选择了九江、菏泽、大同第二发电厂、宣威、谏壁等五家企业进行试点，经过多次深入基层调研以及听取各试点单位的汇报，顺利地组织、指导了五家试点单位的三项体制改革工作，并取得了阶段性的成果。

（2）为积极稳妥地推进三改工作，根据公司领导扩大试点的指示精神，我们选择了北仑等十六家大型和拟上市的企业做为第二批试点单位。十一月五日，集团公司在九江电厂召开了扩大试点工作会议，达到了统一认识、明确任务、交流经验、完善办法的目的。

（3）为更好的指导各单位的三改工作，我们认真调研、反复讨论、修改、测算、完善，经过五次研讨，四次征求意见，充分听取各方面的建议的基础上，组织拟定了集团公司深化三项制度改革的一个总体意见和五个配套办法，对三改工作的顺利进行起到了很好的指导作用。

（孙劲飚）

健全完善集团公司组织体系

（1）大力推行“新厂新办法”。制定了《中国国电集团公司新建火力发电企业组织管理办法（试行）》（国电集人【2004】377号），提出了新建火力发电厂的三种组织模式，明确了电厂的内设机构、劳动定员、岗位设置等，对新建火力发电厂的组织建设起到了很好的指导作用。

（2）制定了《中国国电集团公司分公司制责（试行）》（国电集人【2004】191号）。进一步对分公司进行授权，明确了分公司的职责范围，规范了集团公司、分公司、基层单位三个层面的关系。初步解决了分公司职责不清的问题。

（3）按照三次重组的整体方案，提出了机构、人员的重组实施意见，按此意见，下发了《关于都匀发电厂并入凯里发电厂的通知》（国电集人【2004】339号）、《关于委托国电永福发电有限公司管理桂林离退休人员管理处的通知》（国电集人【2004】340号）、《关于南宁离退休人员管理处并入南宁发电厂筹建处的通知》(国电集人【2004】341号),对都匀等三家空壳电厂已经进行了重组。

(4)为适应集团公司改革发展的要求加强集团公司系统的物资、燃料管理,发挥集团公司整体优势,降低成本,提高集团公司整体效益。下发了《关于进一步完善集团公司燃料管理体制等有关问题的通知》(国电集人【2004】372号)和《关于进一步明确国电物资有限公司工作定位、职责等有关问题的通知》(国电集人【2004】404号)。

(孙劲飚)

完善工资薪酬体系

(1)制定下发了《中国国电集团公司工资总额同经济效益挂钩管理暂行办法》(国电集人【2004】90号),在集团公司内部实行工资总额与经济效益挂钩(即两挂五考核)。建立健全了集团公司有效的激励机制和约束机制,调动了企业和职工的积极性,提高了集团公司的竞争力,规范了集团公司工资总额的管理工作。

(2)制定下发了《中国国电集团公司目标责任制考核管理暂行办法》(国电集人【2004】31号)和《中国国电集团公司企业领导人员年薪制暂行办法》(国电集人【2004】35号),建立和完善了对企业领导人员的激励、约束、监督机制,对充分调动企业领导人员的积极性和创造性,提高企业经营管理水平和经济效益发挥了作用。

(3)组织编写了《中国国电集团公司关于深化企业内部工资制度改革的实施意见》,为建立与现代企业制度相适应的薪酬分配制度,强化工资分配的激励作用,吸引、留住企业发展所需的关键人才和业务骨干,促进人力资源的优化配置,调动广大职工的积极性提供了保障。

(孙劲飚)

教 育 培 训

构建教育培训工作体系

按照统一规划、统一标准、分级管理、各负其责的原则,遵照周大兵总经理提出的“在职培训,上岗培训,事关重大。一批新厂即将投产,专业技术人才的培训要作为一件大事抓紧、抓好、抓实”的指示精神,对集团公司系统各级各类人员的教育培训从培训内容、培训方式、培训职责等方面,明确了集团公司与基层单位培训工作的职责与分工,构建了集团公司教育培训工作体系。

(王进强)

加大各类人员培训力度

为加大对高级经营管理人员培训力度,举办了领导人员、董事监事培训班和企业后备领导人员培训班等培训班。在培训过程中,克服没有培训基地、没有师资队伍、缺乏办班经验等困难,在教学课程设置、培训管理等环节上积极探索,不断创新。比如:对领导管理人员的培训在课程设计上既有党校班的主题课程,又有工商管理的课程,在培训时间上由原来的三个半月压缩到两个半月,通过培训拿到了“双证”(中央党校毕业证书和集团公司工商培训证书),使领导人员培训班和后备干部培训班逐步成为了集团公司的“品牌”班,已形成制度,每年坚持。学员们认为,培训层次高、启发大、收获多,不仅在理论上、知识上长进很大,而且在观念上、思路上,都获益非浅。

为加强对专业技术人员的培训,举办了人力资源管理、火电厂状态检修等专业技术培训班,既提高了人力资源管理者的自身素质,又为今后做好专业技术人员培训积累了经验,奠定了基础。

加大了对技能人才的培训力度。通过“168”人才选拔等形式,指导基层单位广泛开展岗位练兵、技术比武等活动;全面推进持证上岗制度,对教育培训率和持证上岗率提出了明确要求,加强了对培训的监督、考核与管理,逐步形成了全员参与、多层次、多渠道、多形式的教育培训工作格局和运行机制。

（王进强）

加强对培训的规范管理

为规范培训工作，避免多头下达培训任务和重复培训，制定并印发了集团公司2004年教育培训计划。为加强对培训的规范管理，制作了培训证书，加强了对培训证书的管理，建立了培训班申报审批制度。制定了集团公司员工教育培训管理的暂行规定、复转退伍军人培训管理办法、新（扩）建电厂集控运行生产准备人员培训管理办法等管理制度，促进了教育培训工作制度化、规范化。

（王进强）

大力加强培训基地建设

按照统一指导、分工负责、相互沟通、优势互补的原则，组织对公司系统现有的培训基地和仿真培训基地进行了调研、分析，对培训资源进行了优化整合；成立了国电镇江电力培训中心，为开展高级技能人才和生产准备人员培训奠定了一定的基础。通过选择国内具有培训资质的培训机构和高等院校作为集团公司相对固定的培训基地等途径，解决了集团公司目前没有高级培训基地的实际困难。

（王进强）

技能鉴定工作

组织对公司系统现有的技能鉴定情况进行了调研统计分析，提出了开展技能鉴定的实施意见，成立了集团公司职业技能鉴定中心，召开了技能鉴定会，加强了对公司系统现有的国电谏壁、大武口等三个鉴定站的管理，明确了公司系统开展技能鉴定工作的办法与途径。并组织开展了相关工种的鉴定工作，为公司系统开展技能鉴定工作积累了一定的经验，为加快高技能人才的培养奠定了一定的基础。

（王进强）

六、财 务 产 权

综　　述

概　　况

2004年，国电集团公司实现产品销售收入340亿元，同比增加79.5亿元，增幅30.5%；按照合并口径，实现利润总额18.63亿元，全面完成了国资委下达的四项资产经营考核指标，净资产收益率、流动资产周转率得到进一步优化。

加强预算和资金管理，按照“资金集中管理、收支两条线、统筹统还”的管理模式，圆满完成了筹资任务，集团公司全年直接管理信贷资产56.8亿元，间接管理信贷资产351.8亿元。通过优化重组贷款结构，节约财务费用1.073亿元，并实现较高的资金效益。通过重组并购，顺利成立了国电财务有限公司，构筑了集团公司金融运作平台。在会计核算、税收管理、财会队伍建设和内部控制管理等方面均取得较好成绩。

（刘晓燕）

财务工作会议

10月28日，国电集团公司在京召开首次财务工作会议。集团公司总经理周大兵、副总经理李庆奎，监事会主席孔令鉴出席会议，周大兵、孔令鉴作重要讲话，副总经理李庆奎做工作报告。

周大兵在讲话中明确提出了国电集团公司财务工作任务，一要转变观念，开拓创新，切实提高科学理财能力；二要完善制度，防范风险，不断提高依法理财的水平；三要强化管理，降本增效，确保完成2004年利润目标；四要以人为本，提高素质，切实加强财会队伍建设。

孔令鉴在讲话中充分肯定了国电集团公司取得的业绩，用“坚决不能作假账；坚决不能设置小金库；坚决不搞对外担保；坚决不能随意处置国有资产；坚决不搞关联交易”五句话提出了做好财务工作的希望。

李庆奎在《树立科学发展观，创新财务管理手段，为实现财务管理现代化而努力奋斗》的工作报告中，总结了国电集团公司成立以来的主要财务工作，分析了财务工作面临的形势，指出了财务工作存在的主要问题，明确了财务工作的指导思想，确定了下一步财务工作的重点内容，提出了对财务工作的具体要求。

会议指出，树立科学理财观，创新财务管理手段，强化“大成本”意识，推进全面预算管理，开辟筹资渠道，筹集发展资金，加强资产管理，明晰产权关系，完善制度建设，实施财务监督，加强财会队伍建设，提高整体素质，是新时期集团公司财务管理的重点工作，也是做好下一步财务工作的基础。会议确立的2005年集团公司的利润要比2004年增长20%到30%的经营目标，既具有挑战性，又具有现实性，是集团公司经营国有资产的基本义务，也是集团公司改制上市、树立良好市场形象、增强投资者信心的内在要求。

会议表彰了在国电集团公司清产核资工作中做出突出成绩的28个先进集体和91名先进个人。国电长源电力股份有限公司、国电辽宁节能环保开发有限公司、国电谏壁发电厂、国电大渡河流域水电开发有限公司、国电燃料有限公司等5个单位在会上交流了财务管理工作的经验和体会。

（刘晓燕）

财务经营状况

生产经营的基本财务状况

截至2004年底，国电集团公司拥有纳入合并报表单位57家，其中：母公司1家，独立核算49家，全资和未建立资本纽带关系各3家。集团公司资产总额1010亿元，负债总额787亿元，少数股东权益111.62亿元，所有者权益112.09亿元。国电集团公司期末发电设备容量2652万千瓦，其中：火电2324万千瓦，水电311万千瓦，风电14万千瓦。

2004年度财务决算，由中瑞华恒信会计师事务所进行审计，出具了无保留意见的审计报告。

主要财务及资产经营指标见表1。

表1　2004年主要财务及资产经营指标

项　目	行次	本年实际数	上年同期数	增减额	增减率
资产总额（万元）	1	10103839.62	7255785.74	2848053.88	39.25%
负债总额（万元）	2	7866671.62	5395248.28	2471423.34	45.81%
少数股东权益（万元）	3	1116221.58	785475.82	330745.76	42.11%
所有者权益（万元）	4	1120946.42	1075061.64	45884.79	4.27%
主营业务收入（万元）	5	3334368.42	2620878.22	713490.20	27.22%
其中：电力收入（万元）	6	3164197.23	2514624.70	649572.53	25.83%
热力收入（万元）	7	83182.46	63508.65	19673.81	30.98%
主营业务成本（万元）	8	2887893.76	2264837.04	623056.72	27.51%
其中：电力成本（万元）	9	2719799.67	2142294.28	577505.39	26.96%
热力成本（万元）	10	122995.50	90421.60	32573.90	36.02%
主营业务利润（万元）	11	410440.43	328056.69	82383.74	25.11%
其中：电力利润（万元）	12	411800.15	345851.46	65948.69	19.07%
热力利润（万元）	13	－40657.60	－27202.67	－13454.93	49.46%
财务费用（万元）	14	211701.66	205758.15	5943.51	2.89%
利润总额（万元）	15	186327.01	142351.40	43975.61	30.89%
净利润（万元）	16	26442.07	29164.65	－2722.58	－9.34%
发电量（亿千瓦时）	17	1548	1351	197	14.58%
售电量（亿千瓦时）	18	1431	1261	170	13.48%
发电标煤单价（元/兆瓦时）	19	301.78	249.99	51.79	20.72%
平均利用小时（小时）	20	6035.13	5868.09	167.04	2.85%

从总体上看，国电集团公司2004年扭亏增盈工作取得成效，整体盈利能力增强。由于在建项目大量融资，资产负债率上升，随着新增债务规模扩大，增

加了集团公司以后的经营风险和还本付息压力。

2004年度国电集团公司财务状况与上年度相比有较大改善，表现在以下三个方面：

（一）公司资产规模进一步扩大，经营实力不断增强

国电集团公司2004年末资产总额1010.38亿元，比上年增长284.8亿元，增幅39.26%（母公司286.58亿元，比上年增长69.59亿元，增幅32.07%）。

负债总额786.67亿元，比上年增长247.15亿元，增幅45.81%（母公司159.12亿元，比上年增长65.26亿元，增幅69.53%）。

少数股东权益111.62亿元，比上年增长33.07亿元，增幅42.1%。

所有者权益112.09亿元（剔除未处理资产损失2201万元后），比上年增长4.59亿元，增幅4.27%（母公司127.47亿元，比上年增长4.34亿元，增幅3.53%）。

上述情况表明，集团公司从可持续发展的战略高度出发，积极挖潜增效，盘活存量资产，努力扩大增量资产并不断提高资产质量和盈利能力，加强资本性支出控制，及时清理债权债务，在一定程度上控制了资产负债率的增长，集团公司盈利能力不断增强。

（二）经过艰苦努力，年初制定的利润目标圆满完成，投资收益起很大的支撑作用

2004年按照合并口径，国电集团公司实现利润总额18.63亿元，比上年增长4.39亿元，增幅30.83%。

投资收益5.43亿元，比上年增长0.84亿元，增幅18.3%，投资收益对利润总额起很大的支撑作用。

净利润2.64亿元，比上年的2.92亿元减少0.28亿元。

2004年度财务决算合并后，国电集团公司有29家单位盈利。内部核算单位全部亏损，部分控股电厂亏损依然严重。

水电厂因来水少，减少了发电量。万安、大广坝水电厂2004年下半年出现旱情，上游来水量锐减，机组长时间低负荷运转，加之调节能力差，造成发电量大幅下降，收入减少，未能完成集团公司下达的利润。

燃料价格上涨是造成火电厂亏损的直接原因。其他因素还有：个别电厂电价偏低、热亏、支付超标排污费等影响成本上升，造成亏损。

另外，根据财政部和国资委有关资产保值、增值的要求，从2004年1月1日起，国电集团公司执行《企业会计制度》，按规定计提的坏账准备使成本增加。以上因素使企业形成亏损。

（三）融资额增加，资产负债率上升，经营风险有所增加

国电集团公司2004年末资产负债率77.86%（母公司55.54%），较2003年末资产负债率71.4%增长6.4个百分点。主要原因是借款和债券的增加。

集团公司系统长期借款388.17亿元，比上年同期308.94亿元增加79.23亿元。应付债券54.8亿元，比上年同期16亿元增加38.8亿元。短期借款163.95亿元，比上年同期96.08亿元增加67.87亿元。随着新增债务规模的扩大，增加了集团公司还本付息压力。

国电集团公司属于享受国务院确定的大型企业试点集团合并缴纳企业所得税政策的范围，2004年根据集团公司实际情况确定内部核算电厂在北京合并缴纳企业所得税，暂不实行就地预缴办法。增值税实行就地清交。

2004年度应交税金总额47.81亿元，实际上交税金总额49.69亿元。其中：应交增值税37.83亿元，实际交纳40.15亿元；应交营业税0.56亿元，实交0.34亿元；应交城建税2.38亿元，实际交纳2.37亿元；应交企业所得税3.84亿元，实际交纳3.9亿元；应缴其他各税2.04亿元，实际交纳1.8亿元。

（四）国电集团公司在生产经营方面主要存在的问题

1. 燃料成本上升给电厂经营造成压力　一方面煤炭价格上涨，迫使电厂为确保电网稳定和社会安定不得不支付煤炭涨价款项；另一方面，铁路运力紧张，部分地区运费涨价也造成了燃料成本的上升。

2. 拖欠电费给电厂造成资金周转困难　由于有些网省公司按其回收电费比例支付各电厂电费，拖欠电厂电费出现日益增长趋势，导致电厂资金周转呈现困难局面，很多电厂不得不靠贷款以维持正常的生产经营活动。

3. 由于历史原因，热力产品巨额亏损　内部核算单位热亏按规定不能全部核入电价，企业承担政府职能问题还比较突出，目前供热电厂全部亏损。建议国家继续给予政策支持，解决供热严重亏损问题（注：2002年亏损3.4亿元，2003年亏损2.7亿元，2004年亏损4.07亿元）。

4. 资产负债率偏高，财务负担沉重，还贷压力大　国电集团公司的资产主要是从原国家电力公司接收过来的，部分单位资本金不到位，资产负债率较高，相当一部分单位资不抵债。集团公司发展所需资本金缺口较大。

为确保国电集团公司的可持续发展，实现“做实、做新、做大、做强”方针和国有资产保值增值。针对存在的问题，集团公司将采取措施予以解决，一

是眼睛向内，苦练内功，进一步加强成本管理和控制。二是希望政府有关部门帮助企业协调解决以下问题：

1. 合理解决新增排污费的资金来源　新颁布的《排污费征收使用管理条例》、《排污费征收标准管理办法》已于2003年7月1日起施行，与原政策相比，排污费征收政策、征收标准等方面均有很大调整，这将对发电公司生产经营带来很大影响。

2. 继续给予电力企业税收优惠政策　主要是水力发电企业，其增值税将近16%，税赋沉重。建议给予先征后返政策。

目前，国电集团新建项目资本金严重不足，严重影响了集团可持续发展。恳请国家予以考虑。

（唐超雄）

基本建设财务状况

2004年适逢电源建设扩张期，给基本建设资金的筹集带来了很大困难，国电集团公司财务产权部对于基本建设项目的财务管理本着以科学发展观为指导，坚决贯彻执行国家宏观调控政策的指导思想，积极筹措工程建设所需资金，加强财务管理，降低工程造价，为增强集团公司的可持续发展能力，实现集团公司三步走的发展战略提供了财务保障。

(1) 2004年合并口径在建工程期末余额1938646万元，工程物资期末余额706988.2万元，两项合计2645634.2万元。其中电源项目2525916.6万元，技改科环项目43145.5万元，非电热项目76572.1万元。详见表1。

表1　2004年集团公司在建工程情况表（含工程物资）　（万元）

	年初余额	本年发生	本年转出	年末余额
电源项目	1080771.3	2227844.4	782699.0	2525916.6
技改科环项目	62238.1	134756.5	153849.0	43145.5
非电热项目	59188.9	33619.9	16236.7	76572.1
合　计	1202198.3	2396220.8	952784.7	2645634.2

(2) 国电集团公司2004年在建工程本年支出主要是电源建设项目。在建电源项目包括：集团公司本部控股项目31项1779480万元，龙源集团控股项目2项384万元，国电电力控股项目6项673565万元，长源电力在建2项72488万元。2004年期末国电集团公司在建电源项目情况见表2。

表2　2004年期末国电集团公司在建电源项目情况表　（万元）

序　号		项　　目	在建工程、工程物资期末余额
集团本部	1	国电成都金堂发电厂	60313
	2	国电贵阳发电厂技改	56370
	3	国电河北龙山发电有限责任公司	41371
	4	国电双鸭山发电有限公司	51690
	5	国电泉州发电有限公司	102741
	6	国电福州江阴发电有限公司	33731
	7	国电九江三期发电有限公司	36362
	8	国电南桠河流域水电开发有限公司（冶勒、栗子坪）	203210
	10	国电岷江发电有限公司	49826
	11	国电深能四川华蓥山发电有限公司	98440
	12	国电新疆吉林台水电开发有限公司	157421
	13	国电新疆开都河流域水电开发有限公司	6404
	14	国电库车发电有限公司	13270
	15	国电永福发电有限公司	15940
	16	国电阳宗海发电有限公司	18188
	17	国电香格里拉发电有限责任公司（冲江河、吉沙）	19927
	18	国电豫源发电有限责任公司	59923
	19	国电贵州鸭溪发电厂	269600
	20	国电濮阳热电有限公司	22791
	21	国电民权发电有限公司	1238
	22	国电宿迁热电有限公司	75473
	23	江苏苏源谏壁发电有限公司	48095
	24	国电常州发电有限公司	161080
	25	国电泰州发电有限公司	13321
	26	国电蓬莱发电有限公司	44915
	27	国电菏泽发电有限公司	32600
	28	国电费县发电有限公司	35693
	29	国电铜陵发电有限公司	14537
	30	国电重庆万盛	35010
		小　计	1779480
龙源集团	31	国电新疆天风发电股份有限公司	380
	32	国电甘肃洁源风电有限公司	4
		小　计	384

续表

序 号		项 目	在建工程、工程物资期末余额
国电电力	33	国电大渡河流域水电开发有限公司	258750
	34	国电宣威发电有限责任公司	45470
	35	国电宁夏石嘴山发电有限责任公司扩建	1680
	36	上海外高桥第二发电有限责任公司	4241
	37	国电电力大同第二发电有限责任公司	339000
	38	国电电力大连庄河发电厂	24424
		小 计	673565
长源电力	39	国电长源荆门发电有限公司三期	57610
	40	国电长源堵河水电发展有限公司	14878
		小 计	72488
		合 计	2525917

(3) 2004 年国电集团公司本部拨付控股在建项目资本金共计 147961 万元。

(4) 2004 年，国电集团公司本部拨付 21 个前期项目前期费共计 5950 万元。详见表 3。

表 3 电源项目前期费拨付情况表 (万元)

序号	项 目	规 模	已拨付
1	国电辽宁康平电厂	2×60 万千瓦	500
2	国电天津东北郊热电厂	4×30 万千瓦	450
3	国电聊城发电厂二期	2×60 万千瓦	300
4	国电石横新泰项目	4×30 万千瓦	100
5	江苏连云港	2×60 万千瓦	300
6	国电江苏海门发电厂	2×30 万千瓦	300
7	国电宛西发电厂	2×60 万千瓦	400
8	国电成都金堂电厂	2×60 万千瓦	400
9	国电四川万源发电厂	2×30 万千瓦	200
10	国电四川黄桷庄发电厂二期	3×30 万千瓦	400
11	国电宁夏石嘴山发电厂	2×33 万千瓦	200
12	国电小龙潭发电厂	2×30 万千瓦	300
13	国电吉林白城发电厂	2×60 万千瓦	100
14	内蒙东胜	2×30 万千瓦	300
15	国电蚌埠发电厂	2×60 万千瓦	400
16	国电河南荥阳发电厂	2×60 万千瓦	200
17	国电黄金埠发电厂	2×60 万千瓦	200
18	宁东方家庄	2×60 万千瓦	100
19	国电陕西宝鸡二扩建	2×60 万千瓦	500
20	国电南宁发电厂	2×60 万千瓦	200
21	国电贵州织金发电厂	2×60 万千瓦	100
	合 计	5950	

（王晓非）

预 算 管 理

综 述

继续扎实推进全面预算管理，落实资产经营责任制，圆满完成了国资委下达的 2004 年度资产经营考核任务，履行了国有资产保值增值责任。

运用科学的财务管理模式，有效地确保国电集团公司出资人地位实现，促进集团公司各项管理职能的发挥和发展战略的推进，不断提高集团公司的经济效益和市场竞争力，确保国有资产保值增值目标的实现。

根据国电集团公司组织管理体制，在财务管理过程中，针对不同性质的单位，采取了不同的管理模式，把内部核算单位定位为“内部利润中心”实行全过程管理，把控股公司定位为“利润中心”实行目标管理。对内部核算单位和全资企业，集团公司实行人、财、物全方位管理，加强人事管理，建立主要领导人任免制度，推行全面预算管理，以实现对财务全过程、全方位的管理。对控股公司，集团公司严格按照《公司法》的规定，完善企业法人治理结构，强化股东会、董事会职能，充分发挥股东会、董事会作用，推行重大事项报告制度、年度预算建议制度、董事监事报告制度，通过股东会、董事会指导企业的经营和发展，在促进控股公司发展壮大的同时，使控股公司的发展服务于集团公司发展战略。对参股公司，主要通过股东会、董事会、监事会参与管理。

积极推进全面预算管理，一是提升集团公司系统对预算的理性认识，建立利益共同、相互信任的全面预算管理机制，使预算既能体现经营目标又成为实现目标的手段。预算管理的各层次应统一对集团公司合理控制成本、适度利润增长等总体战略目标的认识，努力落实资产经营责任，形成集团公司经营者与管理层、管理层与各预算执行单位相互信任、目标一致、共同努力的预算管理机制。二是充分发挥预算管理预警机制，利用财务会计信息和管理会计分析方法，根据公司生产经营实际，建立一套层次分明、概念清晰、内容全面、符合公司特点的预算分析报告体系，细化预算执行情况分析，为各级管理层经营决策提供支持。利用信息化手段，推动预算管理控制点的前移，逐步实现预算的过程控制。三是加强预算监督控制。为确保预算在资产经营中的权威性和严肃性，生产经营活动应切实围绕确定的预算目标来运行，建立预算监督控制制度、预算分析报告制度。四是建立科学的预算模型。针对集团公司内部各类单位的特点，逐步建立起符合实际的预算模型，实现预算管理的动态化、科学化。

以资产经营责任制考核为手段，落实资产经营目标责任，是实现全面预算管理的激励约束机制。为实现集团公司的发展目标，确保各项工作按照既定的方针路线执行，实现公司的经营目标，实现国有资产的保值增值，集团公司重新制定了《中国国电集团公司资产经营目标考核暂行办法》，以预算管理目标为基础，将预算指标纳入到资产经营考核范围，以指标完成情况作为对经营者绩效评价、奖惩考核的主要依据。同时，建立了两级责任制，将分支机构的业绩与辖区内各生产单位的经济效益挂钩，发挥分支机构熟悉当地企业状况、便于协调沟通的优势。通过资产经营目标责任制的确立，以实现利润和成本控制目标为重点，按照分级负责、责权利相结合的原则，集团公司完善了覆盖各层次管理人员的业绩指标考核体系。既考核利润又控制成本，既反映盈利能力、发展能力又体现经营风险、规范经营等方面，激发每一个员工忠诚集团、爱岗敬业，发挥潜能，从整体上提高公司系统的盈利能力，体现预算的刚性控制和柔性激励。

扎实开展“管理效益年”活动。4月27日，国电集团公司在宁波召开“管理效益年”一季度专题分析会议，会上，财务产权部主任王萍做了专题发言，通报了一季度“管理效益年”主要指标完成情况。7月19~20日，在集团公司本部召开分公司区域预算执行情况分析会。9月13日，召开落实集团公司“管理效益年”任务汇报会，会议听取集团公司各专业部门落实资产经营责任及“管理效益年”任务情况汇报，财务产权部主任王萍通报1~8月份集团公司利润完成情况，各有关部门和分公司讨论和研究经营中的重大问题，研究确保集团公司全年经营目标全面实现的措施。

认真开展“治亏”工作。国电集团公司将“治亏”作为2003年重点工作之一，2004年把这项工作继续推向深入，经过集团公司和各单位的共同努力，“治亏”工作取得了显著的成效，各单位克服煤炭涨价等因素的影响，有效地支撑了集团公司整体效益稳步提升。

（杨向斌）

2004年资产经营预算完成情况

根据2004年财务快报数据，国电集团公司合并报表资产总额1007亿元，负债总额757亿元，所有者权益124亿元，少数股东权益126亿元。2004年实现主营业务收入340.41亿元，其中电力销售收入302.81亿元；主营业务成本297.26亿元，其中电力销售成本261.26亿元；财务费用支出21.22亿元；实现利润总额18.6亿元。集团公司全口径发电量1681亿千瓦时，财务报表口径发电量1551亿千瓦时，售电量1436亿千瓦时，售电平均单价218.61元/千千瓦时（不含税），发电煤折标煤单价299.6元/吨，供电煤耗368克/千瓦时。资产负债率75.16%，净资产收益率1.21%（含少数股东权益为6.53%）。

利润总额比国资委考核指标15亿元增长24%，其他指标均全面完成年度考核任务。

（杨向斌）

2005年资产经营预算编制情况

（一）损益性预算

1. 发电量　2005年国电集团公司财务口径发电量预计1694亿千瓦时（含山东中华电力全部口径预计1786亿千瓦时），售电量1583亿千瓦时，比2004年实际1436亿千瓦时，增加147亿千瓦时，增长10.24%。售电量增长主要来源于苏龙、汉新、宿迁、豫源等增量资产电量增长。

2. 售电平均单价　2005年售电平均单价预计为231.73元/千千瓦时，比2004年实际218.61元/千千瓦时，提高13.12元/千千瓦时。售电单价提高的主要原因：一是2004年6月15日疏导电价翘尾；二是2005年新投产机组及收购项目电价较高所拉动。

3. 销售收入与成本　按照上述售电量和平均售电单价测算，预计实现主营电力销售收入366.82亿元，比2004年实际302.81亿元，增加64.01亿元，增长 21.14%；销售成本 315.93 亿元，比 2004 年实际 261.26 亿元增加 54.67 亿元，增长 20.93%。销售收入增长幅度大于销售成本增长幅度。

4. 标煤单价　2005 年入炉综合标煤单价 320.1 元/吨，比 2004 年实际 299.6 元/吨上升 20.5 元/吨。按预算耗用发电标准煤量 5170 万吨计算，增加燃料成本约 11 亿元。

5. 供电煤耗　2005 年集团供电煤耗预算 365 克/千瓦时，比 2004 年实际 368 克/千瓦时下降 3 克/千瓦时。

6. 厂用电率　2005 年集团厂用电率预算 6.79%，比 2004 年实际 6.73%上升 0.06 个百分点。厂用电率上升的主要原因：一是新投产机组厂用电率普遍比较高；二是有谏壁电厂等约 120 万千瓦机组进行脱硫改造，增加了厂用电；三是煤质影响。

7. 发电总成本　发电总成本 304.53 亿元，比 2004 年实际 261.26 亿元增加 43.27 亿元，增长 16.56%。其中：

燃料费：预算燃料费 165.48 亿元（内部核算单位 5.35 亿元），比 2004 年实际 139.78 亿元增长 18.39%。

水费：预算水费 2.64 亿元（内部核算单位 0.59 亿元），比 2004 年实际 2.26 亿元增加 0.38 亿元，增长 16.81%。

材料费：预算材料费 8.42 亿元（内部核算单位 2.35 亿元），比 2004 年实际 7.39 亿元增加 1.03 亿元，增长 13.94%。主要原因是预算口径新增单位影响，若同口径比较，同比下降约 5%。

工资：预算成本工资 28.4 亿元（内部核算单位 10.06 亿元），比 2004 年实际 26.08 亿元增加 2.32 亿元，增长 8.9%。

福利费：预算福利费 3.44 亿元（内部核算单位 1.31 亿元），比 2004 年实际 3.12 亿元增加 0.32 亿元，增长 10.26%。

折旧费：预算折旧费 52.33 亿元（内部核算单位 8.23 亿元），比 2004 年实际 43.15 亿元增加 9.18 亿元，增长 21.27%。

修理费：预算修理费 10.83 亿元（内部核算单位 3.38 亿元），比 2004 年实际 9.73 亿元增加 1.1 亿元，增长 11.31%。

其他费用：预算费用 32.63 亿元（内部核算单位 10.86 亿元），比 2004 年实际 29.48 亿元增加 3.15 亿元，增长 10.69%。主要原因是预算口径单位增加，若同口径比较，其他费用中可控费用下降约 10%。

8. 热力亏损　预计年度亏损 2.32 亿元，比去年同期减亏 1 亿元。

9. 投资收益　公司本部预计投资收益 3.2 亿元，其中：山东中华 2 亿元、大渡河公司 1.2 亿元。

10. 营业外支出　营业外支出 0.5 亿元，其中支付子弟学校经费 0.25 亿元，赞助中国水利水电建设集团公司、华北电力大学、援藏等项支出 0.23 亿元。

11. 财务费用　财务费用 28.87 亿元，比 2004 年实际 21.22 亿元增加 7.65 亿元，同比增加 36.05%。增长主要原因是新建项目贷款。

12. 利润指标及构成情况　汇总合并口径利润总额 19 亿元。根据集团公司确定的“2005 年利润要比 2004 年实际增长 20%”的目标，确定集团公司 2005 年利润总额目标为 22.63 亿元。

利润预算构成情况：控股公司 23.26 亿元、全资单位 4.56 亿元、内部核算单位及本部 -5.4 亿元、未建立资本纽带单位 0.21 亿元。

各区域利润预算情况：华东 5.48 亿元、华北 2.61 亿元、山东 2 亿元、西北 1.11 亿元、东北 0.92 亿元、贵州 0.62 亿元、云南 0.47 亿元、广西 0.4 亿元、华中 0.32 亿元、川渝 -0.15 亿元。

利润前十名单位：国电电力 15 亿元、龙源集团 4.67 亿元、北仑 3.8 亿元、衡丰 2.1 亿元、长源电力 1.25 亿元、太一电厂 1 亿元、谏壁电厂 1 亿元、苏源谏壁 0.63 亿元、靖远 0.8 亿元、双鸭山 0.6 亿元。

（二）资本性收支预算

2005 年资本性收支预算，以各专业部门提供的专项资金需求计划为基础，以集团公司资产负债率 78%为最高控制点，平衡后进行编制。

1. 合并口径预算情况

资金来源 380.42 亿元。

其中：折旧 47.53 亿元；
税后利润 11.26 亿元；
投资方注入资本金 21.22 亿元；
盘活存量资产收益 2.2 亿元；
融资 279.7 亿元；
其他 18.51 亿元。

支出安排 380.42 亿元。

其中：基建项目资金 290.4 亿元；
技改科技环保等项目资金 20.01 亿元；
归还贷款 50.98 亿元；
收购兼并投资 14.43 亿元；
项目前期费 2.87 亿元；
总经理基金 1 亿元；
其他 0.73 亿元。

2. 母公司口径预算情况

资金来源 43.42 亿元。

其中：内部核算单位折旧 8.56 亿元；
控股公司收益 1.66 亿元；

盘活存量资产收益 2.2 亿元；

融资 31 亿元。

支出安排 43.42 亿元。

其中：发电项目资本金 30 亿元；

收购兼并投资 7 亿元；

内部核算单位技改资金 3.42 亿元；

内部核算单位环保资金 1 亿元；

项目前期费 1 亿元；

总经理基金 1 亿元。

（三）资产负债预算

（1）根据 2005 年度损益性预算、资本性收支预算的安排，按资产负债率 78%平衡。

（2）资产负债预算情况。预计 2005 年末资产总额 1249 亿元，比 2004 年实际 1007 亿元增加 242 亿元；负债总额 970 亿元，比 2004 年实际 757 亿元增加 213 亿元；少数股东权益 152 亿元，比 2004 年实际 126 亿元增加 26 亿元；所有者权益 127 亿元，比 2004 年实际 124 亿元增加 3 亿元。

（杨向斌）

2005 年资产经营预算存在的主要风险

（1）煤炭市场变化及电价顺价政策的出台时间和价格调整幅度，将严重影响集团公司的损益。

（2）排污费缴纳的协调力度，将影响成本增加的幅度。

（3）水资源费政策的出台与执行，将影响水费成本的增加。

（4）人工劳务成本持续攀升。

（5）基建项目的清理程度，将影响到项目投资和资金供应。

（6）资本金严重不足，电热费收缴困难，热力持续亏损等仍是影响集团公司经营的主要困难。

（7）部分企业亏损和空壳电厂的补贴影响集团公司的效益。

（杨向斌）

产 权 管 理

清产核资工作

根据国资委关于清产核资工作的部署，为执行《企业会计制度》，国电集团公司从 2003 年 11 月开始，组织开展了清产核资工作，共有 96 个单位纳入本次清查范围。由于各单位领导的高度重视和全体工作人员的共同努力，克服了时间紧、任务重、涉及面广等诸多困难，历时 8 个月，成为国资委批复清产核资的第一家发电集团。经国资委核准，国电集团公司核销了资产损失 29.88 亿元。通过清产核资工作，集团公司摸清了“家底”，减轻了后续经营压力，为进一步加快发展创造了有利的条件。

一、开展清产核资工作总体情况

1. 清产核资工作基准日　根据国务院国有资产监督管理委员会《关于印发中央企业清产核资工作方案的通知》（国资评价［2003］58 号）文件精神，国电集团公司清产核资的基准日为 2003 年 12 月 31 日。

2. 执行《企业会计制度》时间　根据国资评价［2003］45 号文件，中国国电集团公司拟于 2005 年 1 月 1 日起开始执行《企业会计制度》。

3. 清产核资范围　本次开展清产核资工作的范围包括：集团公司本部及所属的内部核算单位、全资、控股企业（包括已经执行企业会计制度的企业）。截至 2003 年底，国电集团公司所属二级单位共有 91 户。纳入本次清产核资范围的有 68 户，未纳入 23 户（包括集团公司 10 家分支机构和成立不到一年的 8 家控股发电公司、集团公司本部、江苏谏壁电厂、浙江北仑发电有限责任公司及两家上市公司，未纳入的单位直接以企业账面数作为企业清产核资工作结果。

二、清产核资工作的具体实施情况

1. 清产核资工作的组织　为及时、全面地完成国电集团公司的清产核资工作，集团公司下发了《关于全面开展企业清产核资工作的通知》（国电集财［2003］323 号），成立了以集团公司副总经理李庆奎为组长、财务产权部主任王萍为副组长、各部门主任为成员的国电集团公司清产核资领导小组，领导全集团公司的清产核资工作；成立集团公司清产核资办公室，负责全集团公司清产核资的具体工作；成立集团公司清产核资专业技术鉴定委员会，对集团公司所属企业报损金额在规定限额之上的资产进行技术鉴定。集团公司所属各企业都成立了以本单位主要负责人为首的清产核资领导小组和工作班子，并成立了由本单位各方面技术专家组成的资产报损技术鉴定小组，负责开展本单位的清产核资工作。

2. 清产核资工作步骤　根据《国务院国有资产监督管理委员会关于印发中央企业清产核资工作方案的通知》(国资评价[2003]58号)文件精神，结合国电集团公司的实际情况，制定了本公司的《清产核资工作实施细则》。主要完成了以下工作：

(1) 聘请具有丰富执业经验的社会中介机构。本次清产核资工作通过招标，确定了岳华、中瑞华恒信、天职孜信、信永中和、中建华、中兴华、中喜共7家中介机构作为集团公司清产核资中介机构，并确定由岳华会计事务所为集团公司清产核资工作主审所。

(2) 选定《企业清产核资管理系统》软件。通过性能比较及全面测试，集团公司选定了北京世纪友通科技有限公司开发的软件作为国电集团公司此次清产核资工作软件。

(3) 制定集团公司清产核资工作方案。结合集团公司的具体情况，集团公司清产核资办公室在认真研究有关政策、文件的基础上制定出了集团公司清产核资工作方案，对集团公司清产核资工作的工作目标、工作安排、工作内容、工作组织领导、工作要求进行了明确。

(4) 组织集团公司清产核资工作培训。为了顺利开展此次清产核资工作，集团公司于2003年12月中旬召开了清产核资工作动员大会，公司副总经理李庆奎亲自出席了会议，并对清产核资工作做了指示；集团公司财务产权部王萍主任在会上对本次清产核资工作的重要性作了进一步阐述，对集团公司清产核资工作进行了动员；同时请有关中介机构具体讲解了清产核资有关文件、清产核资报表以及具体操作规程；请软件公司讲解了清产核资软件操作。

(5) 出版《清产核资简报》，指导清产核资工作顺利开展。集团公司不定期编印了《清产核资简报》，简报主要包括以下内容：对国资委、财政部出台的有关清产核资政策及时向所属企业进行转发、宣传；对集团公司当前清产核资情况进行通报；对在清产核资过程中遇到的疑难问题进行解答；对集团公司清产核资阶段性工作进行布置。

(6) 制定集团公司清产核资工作实施细则。集团公司清产核资办公室在通过认真研究有关政策、文件，并与清产核资中介机构广泛沟通的基础上，制订了集团公司清产核资工作实施细则。

(7) 对集团公司所属单位清产核资损失情况进行摸底调查。集团公司集团清产核资办公室于2004年元月12日下发了清产核资损失摸底调查工作要求和损失摸底调查表，要求各单位充分利用年度决算时机，在中介机构的参与下完成货币资金、存货、固定资产等资产清查工作，初步确定损失金额，填报《损失情况摸底表》，在2004年2月10日前上报集团公司清产核资办公室。

(8) 制定《清产核资工作基础表》及填报说明。根据国资委清产核资报表要求，结合集团公司实际，制定了集团公司《清产核资工作基础表》并编制了填报说明。基础表是为具体开展清产核资工作而设计的工作底表，将账务清理、资产清查、损失认定等工作以表格的形式贯穿起来。在基础表填报的基础上自动生成国资委报表。

(9) 印发集团公司清产核资有关文件汇编。为巩固集团公司清产核资工作成果，指导集团公司清产核资工作，集团公司清产核资办公室将国资委清产核资有关文件进行了整理、汇编，编印成《中国国电集团公司清产核资文件汇编》和《中国国电集团公司清产核资工作基础表及编制说明》，和基础表软件一起分发给集团公司所属各单位。

(10) 召开集团公司清产核资中介机构协调会议。为按时完成清产核资工作，2004年3月9日，集团公司在本部召开清产核资中介机构协调会议。会议强调了清产核资工作的重要意义，明确了各中介机构的清产核资范围和工作职责，要求各中介机构尽早进行清产核资现场工作。

(11) 按时上报有关资料。为了全面、及时地完成清产核资工作，根据各单位实际情况，下发了《中国国电集团公司关于填报清产核资报表的通知》，在通知中，集团公司清产核资办公室对各单位的报送时间、报送内容进行了明确。

(12) 集团公司参加清产核资单位的报表数据上报、审核、汇总、证据审核工作于4月15日全面展开。集团公司清产核资办公室会同主审中介机构，对各单位上报材料及时进行审核、汇总，并对在工作中出现的问题及时向集团公司清产核资领导小组有关领导反映。

(13) 及时召开中介机构协调会，统一执行政策，解决清产核资工作中遇到的问题。为了统一对集团公司清产核资政策的理解、统一会计处理方法，对各中介机构在清产核资工作中提出的问题进行解答，对集团公司有关清产核资政策进行了解释和说明。

(14) 按时完成集团公司清产核资工作。为了按时完成任务，集团公司清产核资办公室全体人员牺牲“五一”长假的休息时间，按时完成了整个集团公司所属单位清产核资报表的汇总、证据的审核等工作，并将原制度损失和预计损失进行明细分类。

三、清产核资工作结果

本次清产核资申报损失中，合计全口径申报损失为29.89亿元。按原会计制度资产净损失24.60亿元，其中：流动资产损失1.95亿元；固定资产损失4.48亿元；长期投资损失0.40亿元；其他资产损失17.47亿元（其中：递延资产损失17.33亿元）；其他资金损失0.30亿元。按新的《企业会计制度》预计损失为5.28亿元，其中：应收款项预计损失5.10亿元；存货预计损失0.016亿元；长期投资预计损失0.054亿元；固定资产及在建工程预计损失0.11亿元。

按照本次清产核资范围口径，合并的资产总额为757亿元，负债总额为542亿元，少数股东权益为87亿元，净资产为128亿元。损失金额占总资产的3%，占集团和其他少数股东权益之和的11%。总损失金额在1000万元以上的单位有33户，损失合计28.70亿元。占集团公司总损失额的96%。

截至2004年底，集团公司所属各单位全部按照批复进行了账务处理。

（宗　立）

资产接收工作

从2003年9月开始，国电集团公司在五大发电集团中，率先与江苏省电力公司启动了资产交接，迈出了国家电力体制改革厂网分开实质性的一步。截至2004年10月，集团公司与天津市电力公司签订资产交接协议，标志着资产财务接收工作已经全部完成。根据资产接收协议中交接双方反应的问题，组织完成了《关于资产财务、劳资保险接收情况报告》，并上报财政部及国家有关部委，对历史遗留的问题，提出了处理建议。

（宗　立）

资产产权管理

为国电集团公司电源发展筹措资金，满足集团公司新电源项目发展资本金的需求，弥补资金缺口，同时确保集团公司“做大”资产规模的要求，在深入研究、分析集团公司资产状况，按照产权清晰、资产质量适度、易于操作、维护人员稳定的原则，审慎筛选存量资产盘活项目和确定资产收购对象。按照国务院企业国有产权转让要求，完成了邯郸股份公司股权转让和荆门等3家电厂资产转让工作，盘活了存量资产，协调各有关方面关系，依法评估和合理确定转让价格，确保转让行为的实现和资金筹措。按照集团公司三次重组方案，启动了部分企业的资产重组工作。完成对合山发电厂的资产清查和决算审计工作，并配合完成了合山发电厂租赁备忘录和协议的签订工作。

随着集团公司系统产权关系的逐步理顺以及资产产权管理工作逐步开展、深入和企业国有资产管理职能的不断强化，研究制订集团公司相关产权管理办法、规定，完善产权管理制度。结合国家有关制度规定，研究制订了《固定资产管理办法及固定资产目录》、《集团公司担保管理办法》、《集团公司清产核资核损资产管理办法》等规章制度，以满足集团公司企业国有资产产权管理需要，使下属企业做到有章可循，有法可依。完成了电力体制改革后出资人变更等产权变更登记工作，完成了集团公司产权结构分析报告，巩固了产权管理基础工作。完成了国电集团公司作为国电电力的国有控股股东在上海证券交易中心的变更工作。完成了系统财产保险管理，针对电厂资产性质，提出了合理的财产保险方案，合理控制保险费用。在对集团公司系统各单位固定资产管理信息化水平及软件使用情况调研的基础上，组织完成了固定资产管理软件的开发、测试、调整，以及软件模块确定，统一了全系统固定资产管理信息化软件管理，下发了固定资产管理软件光盘和操作手册，并组织了相关培训。

（宗　立）

税收、稽核和内控制度

税收体系

一、税项

国电集团公司系统在继续执行国家统一的税收政策及享受经批准执行的优惠政策的同时，也在进一步争取有利于集团公司的税收政策。2004年度应交税金总额478098.23万元，实际上交496910.71万元（其中上交增值税401528.78万元，企业所得税39005.98万元）。

1. 增值税　2004年度，国电集团公司继续执行国家税务总局下发的《关于电力企业增值税征收问题的通知》（内部明电国税发明电［2004］1号及5号）。集团公司全资或参股的发电公司所属的非独立核算的电厂，凡具备增值税一般纳税人资格的，由该企业按照一般纳税人的增值税计算方法向其机构所在地税务机关计算缴纳税款；原未认定为增值税一般纳税人，与核算地不在同一省、自治区、直辖市的，可由该企业按照一般纳税人的增值税计算方法向其机构所在地税务机关缴纳增值税。集团公司所属发电企业的其他征税事项，仍按照《国家税务总局关于印发<电力产品征收增值税的具体规定>的通知》（国税发［1994］064号）有关规定执行。

2. 企业所得税　为支持集团公司的进一步发展，2004年11月16日，国家税务总局以国税函［2004］1278号文件批复国电集团公司所属45个全资企业（其中10个分公司或办事处，1个全资企业，34个内部核算电厂），从2004年度起，按照《国家税务总局关于汇总（合并）纳税企业实行统一计算、分级管理、就地预交、集中清算所得税问题的通知》（国税发［2001］13号）的有关规定，由集团公司在北京市合并缴纳企业所得税，合并纳税成员企业暂不实行就地预交企业所得税办法；合并纳税成员企业，在企业改组、改造或资产重组过程中，因股权发生变化而变成非全资控股的企业，集团公司要及时报告成员企业所在地主管税务机关，经所在地主管税务机关确认后，从股权变化的年度起，就地缴纳企业所得税，并报国家税务总局备案；合并纳税的成员企业，按照国家税务总局的有关规定，向所在地主管税务机关报送所得税纳税申报表和财务会计报表，并接受所在地主管税务机关的检查和监管。2004年度合并缴纳企业所得税为集团公司节税4212.71万元。

另外，集团公司正在指导公司系统各单位做好各种税收优惠政策的争取及运用，包括技术改造国产设备投资抵免企业所得税、西部开发地区税收优惠以及九江三期外汇还贷免税政策，等等。为配合争取电价工作，与各有关部门进行多方面的协调，妥善解决基层单位的税收问题。为集团公司节税400余万元。

编写印发《财税疑难问题解答》。为贯彻落实2004年中国国电集团公司财务工作会议“以人为本、提高素质、切实加强财会队伍建设”精神，把在财税工作中遇见的一些疑难问题编成《财税疑难问题解答》作为内部参考读物。该书涉及近十个税种、200余条、13万字的财税问题解答，为集团公司系统广大财务人员提供了纳税辅导和帮助。

二、杂费

对于各地政府、部门未按国家规定报批的诸多项目收费，集团公司及其所属各单位坚决予以抵制；对于有些国家允许的收费，企业承担困难且没有来源的，集团公司及其所属各单位积极向国家及地方有关部门呼吁申请政策支持。

1. 全国性及中央部门和单位行政事业性收费　根据法律、行政法规规定，以及2004年国务院和财政部、国家发改委批准设立、调整、取消行政事业性收费项目的情况，财政部、国家发改委在《2003年全国性及中央部门和单位行政事业性收费项目目录》的基础上，编制了《2004年全国性及中央部门和单位行政事业性收费项目目录》（以下简称《收费目录》），并于2005年3月4日以财综［2005］6号文件正式下发。《收费目录》中的行政事业性收费项目包括法律、行政法规规定，经国务院或财政部和国家发展改革委批准，截至2004年12月31日的全国性及中央部门和单位的行政事业性收费项目，其具体征收范围、征收标准及资金管理方式等，分别按照《收费目录》中注明的文件依据执行。2004年12月31日以前全国性及中央部门和单位的行政事业性收费项目，一律以《收费目录》为准；凡未列入《收费目录》以及《收费目录》所列文件依据中未规定的行政事业性收费项目，公民、法人和其他社会组织可以拒绝支付。2005年1月1日以后，全国性及中央部门和单位新增或调整的行政事业性收费项目，按照法律、行政法规、国务院或财政部和国家发展改革委的有关规定执行；各省、自治区、直辖市新增或调整的行政事业性收费项目，按照省、自治区、直辖市地方性法规规定，省、自治区、直辖市人民政府及其所属财政、价格主管部门规定执行。各省、自治区、直辖市财政部门应当会同价格主管部门，在《收费目录》的基础上，统一按照《收费目录》格式，编制本行政区域内截止2004年12月31日的行政事业性收费项目目录，包括法律、行政法规规定，经国务院或财政部和国家发展改革委批准，省、自治区、直辖市地方性法规规定，省、自治区、直辖市人民政府及其所属财政、价格主管部门批准的行政事业性收费项目。同时，在目录中注明哪些行政事业性收费项目涉及企业负担，在本省（自治区、直辖市）范围内公布，并报财政部、国家发展改革委备案。

2. 全国政府性基金　为了加强政府性基金监督管理，根据法律、行政法规、中共中央和国务院文件，以及财政部有关规定，财政部编制了《全国政府性基金项目目录》（以下简称《基金目录》），并于2004年12月31日以财综［2004］102号文件正式下发。《基金目录》中所列的政府性基金项目为该通知发布之前法律、行政法规、中共中央和国务院文件规定，以及财政部会同有关部门批准的正在执行的向社会征收的全国政府性基金项目（包括资金、附加、专项收费，下同），不包括通过财政预算拨款建立的基金，公民、法人和其他组织自愿捐赠、赞助设立的基金，基金会募集建立的基金，通过社会统筹建立的社会保障基金，以及行政事业单位按照国家财务会计制度规定建立的专项基金。政府性基金具体征收范围、征收标准、资金管理方式等，应分别按照《基金目录》中注明的有关文件规定执行，征收期限按《财政部关于公布保留的政府性基金项目的通知》（财综［2002］33号）等有关文件规定执行。截止到该通知发布之日，全国政府性基金项目以《基金目录》为准，凡未列入《基金目录》的政府性基金项目，有关地区、部门和单位都应当停止执行，公民、法人和其他社会组织有权拒绝支付。该通知发布后新设立的政府性基金项目，统一按照国务院或财政部文件规定执行。

（章　萍）

稽　核　工　作

一、目标及原则

为保障国电集团公司经营战略目标的实现，必须强化企业财务监督工作，健全企业内部监督机制，这就要求加强集团公司系统各单位财务、会计基础管理工作，提高财务管理水平，正确评价企业的经营成果，并且按照统一组织、分级负责的原则实行内部稽核制度。

二、依据、内容及实施

稽核以国家的法律、法规和政策规定，企业会计准则和企业会计制度，集团公司的各项规章制度为依据。其主要内容包括国家有关财经政策与法规的执行情况，集团公司有关财务制度的执行情况，检查企业的经营效益、资产运营情况，检查企业财务工作情况，验证企业财务会计报告的真实性、合法性，企业接受内、外部检查机关或部门查出的问题及相应整改措施的落实情况，内部会计控制制度建设、执行情况及其他有关事项。集团公司及所属各单位每年按照集团公司的整体部署及安排开展稽核的实施工作。

三、资金管理检查工作

为了认真贯彻落实集团公司2004年工作会议精神，深入开展“管理效益年”活动，根据集团公司《关于开展资金管理情况检查的通知》的精神，资金管理检查小组于2004年3～6月期间对集团公司系统华北、西北、华东、华中、四川、西南、东北、山东等地区70家单位的资金内控管理制度、资金规范运作、保证资金安全措施等情况进行了全面的检查。

四、企业基础材料填报及上报工作

根据国资委监事会要求，完成2003年度企业基础材料填报及上报工作。组织集团公司本部各部门填报相关材料，汇总填报内容；布置指导集团所属各单位完成上报工作。2003年度共上报监事会46家书面材料，其中全资企业4家，控股企业39家，未建立纽带企业3家。

五、国有资产监管工作

配合国资委监事会驻集团公司的第四十三办相关领导赴基层单位进行全面稽核检查，做好国有资产监督管理工作。

（章　萍　刘晓燕）

内部控制制度

1. 总体目标　在国电集团公司成立之初，确立了内部控制的总体目标为建立一套符合国家现行法律法规制度、国际惯例和集团公司特点、满足集团公司经营管理及发展需要的完整且完善的企业内部财务控制体系，并使其具有先进性及可操作性。通过建立内部控制制度，形成能够适应环境变化自我调整的内部控制机制，增强整个集团的内部控制力，以达到协调各方利益、完成经营目标的目的。

2. 内容及实施情况　2004年度，集团公司继续按照内控制度的总体目标和规划进行实施。在继2003年下发了预算管理暂行办法、资金结算中心章程（试行）、电源建设项目前期费财务管理暂行办法、成本管理暂行办法、会计核算办法（试行）、基本建设工程竣工决算报告编制办法（试行）、现金收支两条线管理办法（试行）、网络银行业务账务处理办法、清产核资工作方案、分支机构费用管理暂行规定、分支机构财务及会计核算管理暂行规定、内部核算单位有关会计处理规定之后，2004年又相继下发了固定资产管理办法及目录（试行）、基本建设工程财务管理办法（试行）、资产经营目标责任制考核暂行办法、折旧资金使用管理办法、担保管理暂行办法，技术开发费财务管理暂行办法、资产减值准备、财会队伍建设指导意见正在制订过程中。

3. 编写印发《财务管理规章制度汇编》　包含了自集团公司成立至2004年8月财务工作会议召开为止财务产权部印发的财务管理相关文件18个及两个管理办法的讨论稿。作为对集团公司系统财务工作的指导依据。

（章　萍）

财务培训

为适应集团公司于2004年实行企业会计制度的大趋势，做好新旧会计制度衔接工作，提高财务人员整体素质，为集团公司的长远发展造就一批优秀的财务人才，从6月底至8月初历时两个月，集团公司财务产权部组织了总计近800人参加的《企业会计制度》培训班。此次培训共分四期，其中总会计师和财务负责人培训班一期，培训内容偏重于宏观管理；一般财务人员培训班三期，培训内容偏重于实务操作。培训教材以最新发布的《企业会计制度》为基础，结合集团公司电力企业的特殊性，由财务产权部组织编写，内容丰富详实，又具有一定的可操作性，受到了广大学员的好评。

培训聘请了拥有丰富教学经验的名校教授教学，讲解条理清晰、深入浅出，获得了全体学员的一致称赞。本次培训摒弃一些培训班考勤松散、学无所成的陋习，严格考勤，采取考试和培训相结合的形式，学员们课上认真听讲，课下积极讨论，考试中取得了良好的成绩，达到了较好的培训效果。培训发放集团公司专用培训证书，以后拟作为财务人员内部上岗的依据之一。

培训结束后，印发了《〈企业会计制度〉培训班资料选编》。其中包含了学员的学习经验和体会，以及培训考试试题和解答等，帮助学员总结学习经验，提高总体培训效果。

（刘晓燕）

资金管理与运作

资金结算中心总体工作

2004年资金结算中心紧紧围绕集团公司年度工作会议和年中工作座谈会的要求，深入开展“管理效益年”活动，实施资金的集约化管理。集团公司资金结算中心（以下简称“资金结算中心”）对内强化管理，不断完善资金结算中心内部管理制度、内部控制制度；借鉴银行信贷管理方式，建立了资金结算中心信贷管理台账，实现了会计账和信贷账的互相校核；建立了资金管理信息的定期报告制度，统一了各种内部结算凭证；资金结算中心基本实现了资金运作管理的标准化、制度化、程序化、电子化、规范化；资金结算中心对集团公司各单位资金实施集中管理，对各单位新增贷款执行严格的审批程序；开展集团公司资金管理大检查工作，自集团公司成立以来未发生新的乱投资、乱借款、乱担保现象。

（孟宪军）

构筑资金管理模式

集团公司实行“集中管理、统贷统还、收支两条线”的资金管理模式，资金结算中心依托中国工商银行、中国建设银行两家全国性大型商业银行，利用其电子网络结算平台，建立了集团公司安全、方便、快捷的资金结算网络系统。

一、收支两条线的资金管理模式

集团公司对所属单位资金实行收支两条线管理。集团公司资金结算中心在所依托的银行开设总存款账户（一级账户），所属各单位在当地依托银行设置收入账户和支出账户，在集团公司资金结算中心设立二级账户，一并构成集团公司资金结算中心结算系统账户体系。资金结算中心对各分支机构、直属单位的资金集中采用“网上银行集团账户＋收支两条线”的管理模式，对各全资、控股单位的资金集中采用“网上银行集团账户＋委托贷款”的管理模式。

二、统贷统还的融资管理模式

1. 对外融资

（1）对外融资的原则。集团公司资金结算中心坚持多渠道筹集资金，努力降低贷款成本的原则。

（2）拓宽融资渠道。保证资金供应，优化融资结构，降低财务费用，充分发挥集团公司整体优势，为集团公司可持续发展提供了强有力的资金保证。

2. 内部资金调剂

（1）内部资金调剂的原则。资金结算中心坚持统一管理的原则。内部借款的发放根据集团公司的总体发展战略，优化资源配置和资金投向，优先考虑电力的生产、建设的资金需要；内部借款的发放遵循效益性、安全性、流动性的原则，确保按期收回内部借款的本金和利息；内部借款的发放必须以保证集团公司资金结算中心资金正常运作为前提。

（2）内部借款的资金来源。资金结算中心发放内部借款的资金来源主要是集团公司向金融机构融资和集团公司资金结算中心的存量资金。

（3）内部借款期限、种类和利息。内部借款的期限根据借款人的生产经营周期、还款能力和资金到位时间，考虑集团公司的资金供给能力，分为短期借款、中期借款和长期借款。内部借款的方式分为信用借款和担保借款，按照内部借款的性质分为固定资产借款、流动资产借款和基建临时周转借款。资金结算中心发放内部借款的利息，在确保其安全性、效益性和流动性并符合集团公司政策投向的前提下，参照中国人民银行颁布的同期贷款利率收取利息，内部借款的利息按照借款合同约定按期归还，或由集团公司资金结算中心通过金融机构从借款单位存款账户直接划转。

（4）内部借款管理。为充分发挥集团公司资金整体优势，加强对各种借款的管理，集团公司对直属单位和全资企业的贷款实行“统借统还”管理。集团公司直属单位和全资企业，一律不准擅自借款，确因生产经营需要可向集团公司提出借款申请，所需资金由集团公司负责筹措。

集团公司资金结算中心对控股单位贷款实行报批制管理。控股公司需要贷款，首先提出申请，资金结算中心根据资金情况安排委托贷款或指定贷款银行。控股、参股企业需要集团内部委托贷款时，应向提供贷款方提供有效担保。

（孟宪军）

实施资金集中管理、统贷统还、收支两条线

资金结算中心按照确定的资金管理模式对集团公司所属单位的资金进行管理。

一、资金集中管理

资金结算中心以资金结算网络为平台，办理所属单位日常资金结算业务。根据集团公司制定的有关规定，以资金预算为前提，对集团公司所属单位燃料、大宗材料等大额支付采取集中直接支付的办法，减少资金支付的中间环节，缩短资金的在途时间，提高资金的使用效率。资金结算中心日常结算工作及时、准确、方便，切实维护了各结算单位的合法权益。2004年，集团公司各单位均已开通资金结算网络，投入正常运行的单位已达到全部开通单位总数的90%。2004年集团公司各单位通过资金结算中心结算网络的结算量超过800亿元，实现了资金往来实时到账，降低资金在途时间，提高了资金使用效率。资金结算中心通过资金结算网络归集沉淀在集团公司内部的存量资金，一方面最大限度地降低了集团公司整体的财务费用，另一方面有力支持了集团公司基建项目的建设。集团公司“集中管理、统贷统还、收支两条线”的资金管理模式已经进入良性循环。

二、统贷统还

2004年底集团公司累计取得综合授信2024亿元，资金结算中心充分发挥贷款一口对外管理的优势，通过置换外汇贷款、置换高息债券、置换存量贷款、使用综合授信额度、优化业务流程等方式，积极促进和帮助集团本部及下属企业降低财务费用，集团公司整体财务费用节约10730万元，圆满完成财务费用可比降低超亿元的目标，主要有：

（1）用中国银行日元贷款成功置换江西九江三期高息日元外汇贷款，全年节约财务费用3000万元；利用工商银行优惠贷款置换了太原第一热电厂原高息债券7.4亿元，9至12月节约财务费用3650万元（含减免利息2880万元）。

（2）通过使用和授权集团内部核算单位使用综合授信额度46亿元，年节约财务费用近2430万元。

（3）调整本部和内部核算单位的资金归集业务流程，使本部少借款4亿元，7～12月减少财务费用960万元；拓宽融资渠道，使用开行年利率为3.6%的5年期技术援助贷款和中信实业银行年利率为4.1%的1年期组合贷款，比正常优惠利率进一步减少财务费用690万元。

三、多渠道筹措资金，保证工程建设顺利进行

资金结算中心冷静地面对银行信贷规模紧缩的局面，未雨绸缪，多方筹集资金，为国电四川华蓥山电发厂技改项目、国电岷江发电发电有限公司、国电成都金堂电厂、国电豫源发电有限公司、国电贵阳发电厂、国电湖北荆门热电厂三期、国电濮阳热电有限公司、国电河北龙山发电有限责任公司、国电永福发电有限责任公司、福州江阴、国电铜陵发电有限公司、国电蓬莱发电有限公司、国电荷泽发电有限公司、国电费县发电有限公司、国电聊城发电厂、国电重庆恒泰发电有限公司、国电新疆开都河流域水电开发有限公司等18个基建项目提供资金支持，累计提供28.3亿元融资支持，为集团公司本部提供资金28.5亿元。

2004年集团公司基建项目资金缺口由高峰时6月份的58亿元降低至11月份的9亿元，为保证集团公司2005年总装机4000万千瓦的目标提供了资金支持。

资金结算中心利用集团内部存量资金办理内部信贷业务、委托贷款业务。资金结算中心对各集团公司内部单位的内部信贷，主要用于支持电力生产、建设的资金需求，对借款单位的申请参照银行信贷的有关规定和批准权限、程序办理，并通过金融机构办理贷款的发放、收息工作。同时，资金结算中心通过对所属单位资金运作的监督、对信贷资金使用的跟踪和对内控制度的完善，确保资金的安全性和效益性，努力防范金融风险，确保贷款的安全性、效益性。

（孟宪军）

完成财务公司重组并购工作

一、财务公司的筹建

随着资金结算网络的开通，资金结算中心成为了集团公司资金运作中心和融资的平台。但由于资金结算中心只是集团公司内部的管理机构，缺乏对外融资、直接贷款、中介、投资等功能，不能进入金融市场，难以充分发挥其潜在的能力，为此在请有关专家就集团公司成立财务公司可行性进行充分的论证的基础上，资金结算中心提出了财务公司筹建方案，经过对新设和并购两个渠道的论证，确定重点从借壳并购方面着手，并选定湖南有色财务公司作为壳资源。经过审计、尽职调查、公告，近百次谈判，2004年9月14日在北京召开了“国电财务有限公司发起人会议”，审议并通过了股权转让协议、财务公司章程、财务公司名称变更、营业场所变更、注册资本变更、高管人员变更。2005年1月7日，召开财务公司成立大会，资金结算中心兼作财务公司筹备组，完成财务公司筹备工作，并为财务公司正式营业做好制度、人员等方面的基础准备。财务公司将坚持立足国电，服务集团的宗旨，全力做好集团公司资金筹集、资金管理、资金运作工作，为集团公司全面打造横跨银行（财务公司）、证券、信托、保险的金融运作平台打好坚实的基础。为实现集团“做实、做新、做大、做强”做出贡献。

二、国电财务有限公司简介

国电财务有限公司是集团公司控股、经中国银行业监督管理委员会批准成立的非银行金融机构，由集团公司、国电电力发展股份有限公司、龙源电力集团公司、国电大渡河流域水电开发有限公司、国电长源电力股份有限公司共同出资组建，注册资本6亿元。公司将以“立足国电，服务集团，诚信服务，追求卓越”为企业宗旨，坚持“管理、经营、服务”并举，严格按照《企业集团财务公司管理办法》的有关规定，科学管理、防范风险、稳健经营。同时，将加强与各金融机构的合作，积极参与国际、国内金融市场竞争。财务有限公司的成立标志着集团公司产业资本与金融资本实现一体化运作。

（孟宪军）

七、安 全 生 产

综　　述

概　　况

2004年国电集团公司系统安全生产形势平稳，没有发生重大及以上人身和设备事故。全年发电量完成1681亿千瓦时（含江阴苏龙、吉林龙华、海南大广坝），同比增长22.6%；完成上网电量1560亿千瓦时，同比增长22.9%；供电煤耗完成365.7克/千瓦时，同比下降5.6克/千瓦时；机组平均利用小时达6041小时，同比增加341小时，其中火电机组6382小时。全年新增发电容量417.46万千瓦，到2004年底，国电集团公司可控容量达到2930万千瓦。

2004年，国电集团公司系统认真开展"管理效益年"活动，围绕"夯实基础、确保安全、提高效益"的目标，开展企业基础管理课题研究，制定发电企业基础管理标准，使管理工作更趋科学化、规范化、制度化；建立安全性评价标准，开展安全性评价工作，促进了企业建立安全生产长效机制；克服电煤供应紧张、台风袭击等自然灾害的影响，圆满完成了迎峰度夏任务；及时组织季节性安全大检查和"安全月"活动，保证了重要节日、重大政治活动期间的安全稳定生产；按月公布发电企业各项运行经济技术指标完成情况并排序，促进了各单位指标不断向高标准看齐，机组供电煤耗和非计划停运次数显著下降；加强检修管理，提高检修质量，机组大修后连续安全运行的时间不断延长，成功地举办了国家级火电机组运行值班员技能竞赛，激发了员工敬业爱岗、岗位成才的积极性。

（肖建平）

安全生产工作总体要求

2004年国电集团公司安全生产工作总体要求是：认真贯彻落实国电集团公司工作会议精神，坚持"做实、做新、做大、做强"的方针，扎实开展"管理效益年"活动，以规范管理为手段，以提高效益为中心，落实安全生产责任制，建立安全生产的长效机制，实现安全生产的长治久安。

抓设备管理，提高设备的可靠性、经济性和自动化水平；加强运行管理，提高经济运行水平；加强技改工程管理，提升设备技术含量；加强新建、扩建电厂的生产准备工作，提高新机投产水平。

抓制度建设，逐步建立管理规范、运转高效的安全生产管理体系。抓好已颁发制度的学习、宣传、贯彻、执行工作，做到有章必循，违章必究；根据国电集团公司改革发展的新要求，与时俱进，进一步建立健全各项规程制度，在安全性评价和两票管理等方面进行规范，做到两票管理标准化，努力形成具有国电集团公司特色的安全生产管理制度体系。

抓奖惩考核，进一步健全完善安全生产激励约束机制。建立发电设备主要技术经济指标考核办法，对发电设备运行主要技术经济指标进行分类排序并考核，对发电设备大修后连续无故障运行时间进行分类排序并考核。完善安全生产目标责任制考核办法。将涉及企业效益和机组可靠性能的主要指标供电煤耗、非计划停运次数等列入安全生产目标责任制考核，安全生产目标责任制的考核范围由发电企业上挂到各分支机构。

（肖建平）

"管理效益年"活动

为规范管理，夯实基础，增强企业盈利能力和经济效益，落实"做实、做新、做大、做强"的工作方针，国电集团公司作出2004年在集团公司系统开展"管理效益年"活动的决定。成立了由总经理周大兵任组长，副总经理刘彭龄任副组长，各部门主任参加的"管理效益年"活动领导小组，负责活动的组织、协调、督导和考核，领导小组办公室设在安全生产部。领导小组下设基础管理工作组、安全生产工作组、经济效益工作组、在建工程工作组等4个专业工作组，分别由总经理工作部、安全生产部、财务产权部和工程建设部牵头负责相关专业的督导、考核及协调工作。

安全生产部制定了《"管理效益年"活动实施方案》，国电集团公司各直属、全资、控股单位结合实际制定"管理效益年"的活动实施细则，围绕夯实基础，确保安全，提高效益三大目标认真开展活动，精心组织，全员参与，扎实工作，务求实效。

4月27～28日，国电集团公司活动领导小组在宁波召开“管理效益年”一季度专题分析会，进一步明确任务，分解指标，落实措施。

9月13日，国电集团公司在北京召开了落实“管理效益年”任务汇报会。集团公司党组成员、副总经理李庆奎、刘彭龄出席了会议。会议由李庆奎主持。人力资源部、财务产权部、安全生产部、市场营销部、科技环保部、新源能源公司根据各自的职责汇报了前8个月的活动情况并对后4个月工作提出了意见。各分公司负责人围绕加强安全管理、资产经营责任落实、燃料供应、电价执行、排污费缴纳等问题做了汇报发言。听取汇报后，刘彭龄作了讲话，他指出“管理效益年”活动是集团公司2004年的工作重点，必须按照“实事求是、分类指导、真抓实干、务期必成”的十六字方针，坚定“管理效益年”活动和改革的目标不能动摇，实现务期必成。李庆奎做了会议总结，对各区域分公司前八个月“管理效益年”工作给予了充分的肯定，指出了存在问题，提出了要求：一要认清形势，坚定信心；二要摸清实情，解决问题；三要转变作风，狠抓落实。

各发电企业和在建单位每月或每季向国电集团公司报送“管理效益年”活动报表，国电集团公司按照“管理效益年”活动考评标准，对发电企业实行月统计、季考评、年终总评；对在建工程实行季统计、半年考评、年终总评。对发电企业主要考评基础管理、安全生产和经济效益等内容，对在建工程考评安全文明施工、工程质量、工程进度、工程造价、综合管理、监察审计等内容。

经年终考评，国电谏壁发电厂、国电北仑第一发电有限公司、国电大渡河龚嘴水力发电总厂、国电衡丰发电有限公司、国电靖远发电有限公司、国电聊城发电厂、国电石嘴山发电有限公司、国电双辽发电有限公司、国电荆门热电厂、国电双鸭山发电有限公司等10家发电企业和国电大同发电有限公司、国电泉州南埔发电有限公司等2家在建单位被评为“管理效益年”优胜单位。

（肖建平）

管理制度建设

2004年颁发安全生产管理制度10项。

(1)《中国国电集团公司生产营销月调度会制度》，该制度明确了生产营销调度会的内容，参加人员和召开时间。

(2)《中国国电集团公司节约能源管理制度》，该制度明确了节约能源管理的职责、内容，重点对火电企业的节能工作提出了要求。

(3)《中国国电集团公司防汛管理办法》，该办法明确了防汛责任，工作内容和考核制度。

(4)《中国国电集团公司锅炉压力容器管理规定》，该规定对电力生产用蒸汽锅炉、压力容器、压力管道等管理作出规定。明确了管理机构及职责，提出了资格要求和管理基本要求，制定了工作制度。

(5)《中国国电集团公司安全性评价实施细则》，该细则对安全性评价的专家选拔与管理，安全性评价内容和专业要求，评价程序，评审费用作出了规定。

(6)《中国国电集团公司安全生产委员会例会制度》，该制度明确了安全生产委员会例会的组织、内容、时间、参会人员等。

(7)《中国国电集团公司检修、技改外包工程管理办法（试行）》，该办法对检修、技改外包工程管理作出规定，明确了管理职责，对立项程序、招标管理和安全、质量及资金管理提出了要求。

(8)《中国国电集团公司发电企业工作票管理制度》和《中国国电集团公司发电企业操作票管理制度》，两个管理制度对工作票、操作票的内容、填写、使用和管理等作出了规定。

(9)《中国国电集团公司春、秋季安全大检查工作制度》，该制度规范了春、秋季安全大检查工作，明确了检查的重点内容、时间安排与组织、总结要求等。

(10)《中国国电集团公司总经理安全生产奖励基金使用规定》，该规定明确了安全生产奖励基金的奖励范围、奖励对象、奖励名额、推荐审批程序和奖金额度等。

（肖建平）

安全生产暨科技环保工作会议

2004年4月27～28日，国电集团公司在宁波召开了安全生产暨科技环保工作会议，国电集团公司副总经理刘彭龄、陈飞主持了会议。国电集团公司各部门负责人和有关人员，各分支机构负责人和各直属、全资、控股发电企业的分管安全生产的领导、安监及生技部门负责人参加了会议。

总经理助理安全生产部主任于崇德在会上作了题为“求真务实，规范管理，确保安全，提高效益”的工作报告。会议总结了2003年及2004年1季度的安全生产工作及科技环保工作，分析了安全生产和环境保护的形势，部署了2004年安全生产及科技环保的重点工作，表彰了2003年度实现安全生产目标单位、安全生产先进单位和做出突出贡献的先进个人。会议对在“管理效益年”活动中开展厂际竞赛等活动作了安排，对“管理效益年”一季度活动情况进行了专题分析。国电北仑第一发电有限公司、国电宣威发电有限公司、国电菏泽发电厂、国电大渡河流域水电开发公司和国电华北分公司在大会上进行了交流发言。与会代表围绕安全生产、科技环保及“管理效益年”活动进行了讨论。会议期间参观了北仑发电厂。

（肖建平）

生产营销调度会

每月定期召开生产营销调度会议。会议以电视电话会议的形式召开，国电集团公司本部在北京设主会场，全国设有64个分会场。会议由安全生产部或市场营销部负责人主持，国电集团公司有关部门负责人及华北分公司、国电电力、龙源电力有关负责人在主会场参加会议，国电集团公司各分支机构、各生产单位生产负责人及安全、生产、营销和燃料等部门负责人在分会场参加会议。会上安全生产部通报上月安全生产情况，市场营销部通报市场营销情况，燃料公司通报火电企业电煤供应情况等，同时根据各自的职责对当月及近期的工作提出要求。会后形成会议纪要发各参会单位。2004年共召开会议12次。

（肖建平）

安 全 管 理

安全生产委员会

7月15日，集团公司安全生产委员会召开第一次会议，会议由安全生产委员会主任、集团公司总经理周大兵主持，集团公司副总经理刘彭龄、陈飞出席了会议，安全生产委员会全体成员参加了会议。

会议传达学习了《国务院办公厅关于加强中央企业安全生产工作的通知》（国办发〔2004〕52号）及近期国务院领导对电力安全生产工作的指示和上级有关安全生产的文件、会议精神。

安全生产部、工程建设部分别汇报了生产、基建方面的安全工作。

周大兵作了重要讲话，对安全生产工作提出了要求。一是要高度重视安全生产工作。安全生产关系改革和发展稳定大局，关系国家财产和人民生命的安全，也是集团公司“做实、做新、做大、做强”的基本要求。各级领导和管理人员要从实践“三个代表”重要思想的高度，充分认识安全工作的重要性，自觉摆正安全与效益、安全与发展的关系，认真贯彻“安全第一、预防为主”的方针和国家有关安全生产的政策法规，加强安全生产日常管理，做到警钟长鸣，常抓不懈。安全生产是基础，没有安全，效益上不去，谈不上改革。上半年的事故一类是责任事故，都是老厂出的事，是不该发生的；一类是设备事故，有制造质量问题，有设计问题。环保事故也要按生产事故考核。要加强对安全生产工作的领导，落实各级人员安全生产责任制和事故责任追究制。要重视安全生产技术进步和必要的资金投入，加强对安全生产薄弱环节的监控与治理。要加大对安全生产的考核力度，努力建立安全生产的长效机制。二是认真做好迎峰度夏和防洪防汛工作。今年的电力供需形势和防洪防汛形势十分严峻。既要抓好在役设备的管理，提高可靠性，确保迎峰度夏期间机组安全稳定运行；又要抓好在建工程的现场管理，保证质量，力争提前投产，为缓解电力供需矛盾做出贡献。要加强防洪防汛工作的检查，对防汛重点地区，要重点检查。防汛工作要有预案，立足防大洪、防大汛，确保防洪防汛工作万无一失。三是深入扎实地开展“管理效益年”活动。加强对基层企业的指导，务求实效，确保全年利润目标的实现。要通过“管理效益年”活动进一步夯实基础、确保安全、提高效益，为企业改革发展奠定扎实基础。

会议讨论通过了安全生产部起草的《中国国电集团公司总经理安全生产奖励基金使用规定》。

10月15日，国电集团公司副总经理刘彭龄主持召开了安委会第二次会议，会议分析讨论了三季度的安全生产工作，对第四季度的安全生产工作进行了部署。会议还讨论了《中国国电集团公司安全生产长周期奖励办法》。

（肖建平）

安全性评价

国电集团公司在坚持行之有效的安全管理制度、办法的同时，积极探索建立安全生产长效机制，努力实现安全生产的长治久安。安全性评价是近几年来国家着力推行的安全管理的新举措，是经过实践检验行之有效的标本兼治的好方法，对夯实企业安全生产基础和提高安全管理水平具有积极的作用。

1. 制定评价标准　2003年末，国电集团公司抽调部分发电企业的专家，在北京研究起草了《火力发电厂安全性评价标准》、《水力发电厂安全性评价标准》和《风力发电厂评价标准》初稿。2004年3月份，国电集团公司组织部分电厂各专业的专家在国电滦河发电厂对评价标准进行修改、完善，形成了试行稿。同时，通过逐级选拔推荐建立了由40名专家组成的安全性评价专家库。5至6月份，国电集团公司组织安全性评价专家组依据标准试行稿，分别对国电菏泽电厂、国电万安水电厂、国电靖远发电有限公司进行了评价，在此基础上，再次对评价标准进行修改完善，于7月份正式颁布执行。

2. 开展安全性评价　2004年9月份开始，安全性评价工作正式启动。国电集团公司抽调21名政治素质高、具有8年以上专业技术管理经验人员组成相对固定的专家查评组，分锅炉、汽机、热工、电气一次、电气二次、化学、燃料、安全管理、劳动安全与作业环境等10个专业组，开展对国电集团公司系统发电企业的安全性评价工作，专家们全面、深入、认真、细致地检查每一台设备、每一个作业现场、每一本台账，召开管理人员和生产人员座谈会，进行安全知识考试，对存在的问题提出整改意见，形成安全性评价报告。2004年完成了国电双辽发电厂、国电双鸭山发电公司、国电霍州发电厂、国电华蓥山发电厂、国电荆门热电厂、国电谏壁发电厂、国电北仑第一发电有限公司等10个电厂的专家安全性评价。

（肖建平）

安全培训

2004年9月14~18日、11月15~19日，国电集团公司举办了两期安全生产管理人员任职资格培训班。发电企业安监部门负责人及安监人员共131人参加了培训。培训内容包括国家有关安全生产的政策、法律和法规，安全生产管理的基本知识、方法，重大危险源管理与应急救援预案编制方法，国内外先进的安全生产管理经验，化学性、物理性物质爆炸机理和典型事故案例分析等，经考试参培人员均取得了培训合格证书。

（刘穆轩）

电视电话会议

1. 迎峰度夏再动员电视电话会议　2004年6月15日，国电集团公司召开迎峰度夏再动员电视电话会议。总经理周大兵主持会议，副总经理刘彭龄作了讲话，对国电集团公司的迎峰度夏工作进行了部署。

刘彭龄指出，要充分认识迎峰度夏工作面临的新形势，进一步增强做好迎峰度夏工作的责任感和紧迫感。电力迎峰度夏工作年年都抓，但今年的迎峰度夏形势与往年有三个显著不同的特点。一是全国电力供需矛盾突出，拉闸限电范围扩大。二是电煤供应紧张，部分地区干旱少雨，出现了火电缺煤，水电少水的局面。水电机组电量减少，进一步加重了火电机组的发电压力。三是2004年电力迎峰度夏工作事关国家改革、发展、稳定大局，党中央、国务院高度重视。温家宝总理、黄菊副总理亲自主持会议，国务院办公厅下发《关于做好电力迎峰度夏工作的通知》（国办发［2004］47号），对做好电力迎峰度夏工作，确保安全有序供电提出明确要求。刘彭龄要求，认真贯彻“三个代表”重要思想，切实做好迎峰度夏工作，以实际行动落实党中央、国务院宏观调控政策措施。国电集团公司党组特别是总经理周大兵，对今年的迎峰度夏工作高度重视，早在4月份，根据周大兵迎峰度夏工作要“早安排，早布置”的指示，国电集团公司在宁波召开的安全生产暨科技环保工作会议上，对迎峰度夏工作进行了全面部署和安排。6月10日集团公司党组召开会议听取安全生产部工作汇报，进一步研究了安全生产及迎峰度夏工作。集团公司要求各级领导班子尤其是党政一把手一定要从实践“三个代表”重要思想的高度，以对党对人民高度负责的态度，切实做好迎峰度夏工作，以实际行动落实党中央、国务院宏观调控政策措施。一是要严格遵守调度纪律，严格执行调度命令，共同维护电网的安全稳定运行；二是错峰安排机组检修，在确保机组安全的前提下，迎峰度夏期间原则上不安排机组特别是大机组的检修，提高迎峰度夏期间的可调出力；三是抓好设备的日常消缺维护工作，尤其是对影响设备出力的缺陷要利用低谷时段及时消除，减少非计划停运；四是千方百计抓好电煤供应，避免因电煤供应不足限负荷或停机的情况出现；五是加强与地方防汛部门的联系，抓好水库调度和大坝安全管理。要高度重视小水电的安全问题，确保大坝和水工建筑物安全度汛，防止出现垮坝和水淹厂房的事故发生，各水电厂要及时掌握雨情、水情，科学调度，最大限度地减少弃水，利用水力资源多发电；六是做好升压站和继电保护装置管理工作，防止因设备故障、保护误动引发电网事故；七是要重视施工安全和交通安全，健全制度，落实责任；八是各在建项目要在保证工程安全、质量的前提下，加快建设进度，争取机组早投产，多发电，缓解当前电力供需矛盾；九是坚持迎峰度夏期间领导24小时带班制度，及时处理发生的情况，确保安全生产和队伍稳定。同时要严格执行信息报告制度，确保信息及时、准确、完整。

刘彭龄强调，加强领导，落实责任，坚决完成迎峰度夏任务。2004年1~5月份以来，集团公司系统安全生产形势基本平稳，但还存在薄弱环节，个别企业安全生产基础不牢，重复性故障频发，锅炉灭火、四管泄漏频繁，机组长期带不满负荷，特别是发生了一起人身死亡事故，非计划停运次数偏高。分析其原因，有技术问题、管理问题和员工素质问题，更有企业领导者管理不到位、工作不细不实和责任制不落实的问题。集团公司要求各级领导同志一定要认真查找本企业在安全生产中存在的问题，制定目标和措施，层层分解，落实责任，真抓实干，严格考核，切实做好2004年迎峰度夏各项措施的落实。每一个单位包括目前安全生产形势较好的单位，都要克服麻痹思想，增强忧患意识。特别是管理人员一定要转变工作作风，关口前移、重心下沉，深入生产一线，摸清安全底数，紧紧盯住那些容易出现问题的重点设备、重点部位和关键环节，采取有针对性的措施，超前防范，避免事故的发生。对因管理不到位、责任制不落实，发生性质严重或社会影响范围较大的事故单位，集团公司将严格按照有关规定，严肃追究有关领导的责任。

2. 国庆及第四季度安全生产电视电话会议 2004年9月28日，国电集团公司召开安全生产电视电话会议，会议由副总经理陈飞主持，副总经理刘彭龄作了讲话，传达全国安全生产电视电话会议精神，部署国庆期间及第四季度安全生产工作。

3. 元旦、春节安全生产电视电话会议 12月29日，国电集团公司召开电视电话会议部署元旦春节期间安全生产工作。会议由党组书记、总经理周大兵主持，党组成员、副总经理刘彭龄在会上传达全国安全生产电视电话会议精神，部署元旦、春节期间的安全生产工作。

（肖建平）

安全目标及考核

集团公司安全生产的总体目标是：不发生人身死亡事故；不发生全厂停电或责任性的电网瓦解、大面积停电事故；不发生重大及以上设备损坏事故；不发生电厂垮坝事故；不发生重大及以上火灾事故；不发生重大及以上施工机械事故；不发生重大及以上交通事故。发电企业每年应实现的百日无事故记录个数：600兆瓦及以上容量电厂2个；其他容量的电厂3个。

2004年，国电集团公司所属单位无重大人身伤亡和重大设备损坏事故，无影响电网安全稳定的重大责任事故，无垮坝、漫坝、水淹厂房事故。集团公司直属、全资、控股75个发电企业中，实现连续安全生产无事故的单位69个，占92%。

2004年，直属、全资、控股发电企业共发生生产人身死亡事故1起，死亡1人；人身重伤事故1起，重伤1人；人身轻伤事故12起，轻伤12人。设备事故8起，一类障碍193次。

根据《中国国电集团公司安全生产奖惩办法》（暂行），2004年，有90个单位（含分支机构、基建）实现了安全生产责任目标，16个单位获得“国电二级奖状”，220名员工获得“国电二级奖章”。被评为2004年度安全生产先进集体（获得“国电二级奖状”）的单位是：国电谏壁发电厂、国电浙江北仑第一发电有限公司、国电双辽发电有限公司、国电电力大同发电厂、山东聊城发电厂、国电衡丰发电有限公司、国电甘肃靖远发电有限公司、国电双鸭山发电有限公司、国电大渡河流域开发公司龚嘴发电厂、国电凯里发电厂、国电东北分公司、国电华东分公司、龙源电力集团公司、国电电力发展股份公司。

（刘穆轩）

事 故 摘 编

1月4日，霍州发电厂2号发电机（100兆瓦）定子一硅钢片断裂凸出割伤绝缘，造成定子接地，绝缘损坏事故。

2月12日，云南宣威发电有限公司9号机组2号除尘器的2号、3号、4号、5号灰斗因设计施工质量原因，运行中脱落。

4月2日，邯郸热电厂一化验员在取煤样过程中，不慎滑倒，右手被未盖上盖的螺旋输送机绞住。造成“右上肢挤压离断、右上肢缺失”，构成重伤事故。

4月27日，菏泽发电厂因母线短路，厂用电系统电压瞬间降低，空压机电脑控制器由此出现“死机”，现场人员处理故障不及时，仪用空气压力持续降低，4号机组（300兆瓦）B磨煤机跳闸，锅炉MFT动作，机组跳闸。菏泽发电厂二期单机运行时全厂对外停电，构成一般设备事故。

4月30日，九江发电厂一叉车驾驶员站在叉车顶部处理叉刀卡涩故障时，未采取安全措施，锤击叉刀时，失去重心，栽落到叉刀下，被突然下落的叉刀砸中头部，送医院医治无效死亡。

5月10日，湖北长源江津热电厂8号汽轮机（60兆瓦）发生调节级和第15级叶片断裂事故。

6月3日，河北邯郸热电股份有限公司11号汽轮机（200兆瓦）中轴承箱滑销系统卡涩，停机冷却时中轴承箱无法顺利复位，导致高压缸高压侧上抬，造成动静部分磨损，5月30日小修结束启动时，未对机组冷态启动前中压缸膨胀量由1999年的4毫米逐步变化到本次启动前8.28毫米的异常现象引起重视，盲目启动机组，造成高压转子弯曲。

9月24日，云南阳宗海发电有限公司1号汽轮机（200兆瓦）因第16级隔板焊接部位蠕变、断裂，导致动静间隙消失，运行中动静部件碰撞，造成中压缸4级叶片损坏。

10月28日，九江发电厂2号发电机（125兆瓦）定子线棒水电接头漏水，造成定子绝缘击穿损坏。

12月23日，云南宣威发电有限责任公司9号机组汽轮机因轴承轴振增大，轴振保护动作跳闸停机。

（刘穆轩）

运 行 管 理

生 产 指 标

2004年，集团公司直属、全资、控股发电企业完成发电量1681万千瓦时（含江阴苏龙、吉林龙华、海南大广坝），同比增长22.6%；完成上网电量1560万千瓦时，同比增长22.9%。其中火电完成发电量1565亿千瓦时，水电完成发电量112.8亿千瓦时，风电完成发电量3.4亿千瓦时；供热量完成4418万吉焦，同比增长1.6%。

2004年，基建新增装机容量211.06万千瓦，包括江苏苏源谏壁发电有限公司2号机组（330兆瓦），宣威发电有限公司10号机组（300兆瓦），上海外高桥第二发电有限责任公司1、2号机组（900兆瓦，按40%股权计算新增容量），宁夏石嘴山发电有限公司4号机组（330兆瓦），长源第一发电有限公司（青山热电厂）11号机组（200兆瓦），贵阳发电厂8号机组（200兆瓦），甘肃洁源风电有限公司30.6兆瓦（36×0.85兆瓦）。技改新增装机容量30兆瓦，包括大武口发电厂1、2号机组各增容10兆瓦，长源江津热电厂8号机组增容10兆瓦。机组退役减少装机容量1.2万千瓦，为天津第一热电厂7号机组。并购增加装机容量203.4万千瓦，包括江阴苏龙发电有限公司88.5万千瓦（1、2号机组单机137.5兆瓦，3、4号机组单机140兆瓦，5号机组330兆瓦），吉林龙华热电股份有限公司90.9万千瓦（吉林热电厂1~4号机组单机25兆瓦，5号机组50兆瓦，8、9号机组单机125兆瓦，10、11号机组单机200兆瓦。蛟河热电厂1、2号机组单机12兆瓦。白城热电厂6号机组6兆瓦，7、8号机组12兆瓦。长春一热0号机组10兆瓦，1、2号机组单机12兆瓦。龙井热电厂1、3号机组单机6兆瓦，2号机组3兆瓦），海南大广坝水电开发公司24万千瓦（1~4号机组单机60兆瓦）。2004年底，集团公司直属、全资、控股发电企业运行机组装机容量2930.4万千瓦，其中火电2589.1万千瓦，占88.35%；水电323.5万千瓦，占11.04%；风电17.8万千瓦，占0.61%。

（肖建平）

迎 峰 度 夏 工 作

2004年的电力供应形势十分紧张，拉闸限电区域进一步扩大，作为全国性的发电集团公司，把做好迎峰渡夏工作作为应尽的责任，为缓解电力供应紧张局面作贡献。

4月份，国电集团公司在宁波召开的安全生产暨科技环保工作会议上，对迎峰度夏工作进行了全面部署和安排。6月10日，国电集团公司党组召开会议听取了安全生产部工作汇报，进一步研究了安全生产及迎峰度夏工作。6月15日，国电集团公司总经理周大兵主持召开电视电话会议，对集团公司迎峰度夏工作进行再一次动员和部署，制定切实措施，确保机组安全稳定运行。

迎峰度夏期间（6月15日～8月20日），认真开展了春季安全大检查的整改落实和“安全生产月”活动，进行了易燃易爆有毒有害化学危险品、放射源的安全生产专项整治，消除缺陷和隐患。

错峰安排机组检修，增加夏季负荷高峰的可调出力。根据设备状况调整机组检修计划，错峰检修，充分挖掘设备潜力，保障电力供应。双辽3号机组（300兆瓦）由8月份检修调整到11月份进行。在汛期到来之前，安排完成了水电机组检修，使其在汛期能大发稳发。在夏季高峰到来之前，完成了电网主力火电机组的检修工作，并在保证质量前提下，缩短工期。浙江北仑1号机组（600兆瓦）提前10天完工；山东聊城2号机组（600兆瓦）提前15天完工；山西太一13号机组（300兆瓦）提前10天完工；山西霍州2号机组（100兆瓦）提前10天完工；宁夏大武口1号机组（100兆瓦）提前10天完工；山西大二6号机组（200兆瓦）提前5天完工；辽宁朝阳2号机组（200兆瓦）提前5天完工。集团公司在夏季负荷高峰期间机组可调容量达2372万千瓦。

加快基建步伐，多台新机提前发电。宁夏石嘴山发电公司4号机组（330兆瓦）6月4日投产，提前26天；云南宣威发电公司10号机组（300兆瓦）6月16日投产，提前45天；上海外高桥第二发电公司6号机组（900兆瓦）4月20日投产，提前71天；贵阳电厂技改工程8号机组（200兆瓦）5月22日投产。这些机组的投产，缓解了当地电力供应紧张的局面。

服从调度，精心操作，精心维护，增发电量。迎峰度夏期间，集团公司直属、全资、控股发电企业共耗用煤炭1499.6万吨，完成发电量295亿千瓦时，比去年同期增加17.44%。上网电量274亿千瓦时，同比增加17.6%。

（肖建平）

可靠性管理

2004年国电集团公司对直属、全资、控股发电企业的100兆瓦及以上火电机组主机、40兆瓦及以上水电机组主机；200兆瓦及以上容量的火电机组的主要辅助设备；220kV及以上输变电设施进行了可靠性统计、分析与评价。

2004年，各直属、全资、控股发电企业机组等效可用系数完成91.17%，与上年同比提高0.07个百分点，其中火电机组完成91.09%，水电机组完成91.84%。机组平均设备利用小时为6041小时，与上年同比增加341小时，其中火电机组6382小时，水电机组3722小时，风电机组2111小时。公司所属华东、西北区域电厂平均年利用小时数超过7000小时，南方、华北区域电厂平均年利用小时数超过6000小时。集团公司所属48家火力发电企业中年利用小时数超过7000小时的有11家：吉林热电厂9634小时（超铭牌发电），小龙潭电厂7916小时，靖远发电公司7914小时，大武口电厂7673小时，永福发电公司7666小时，石嘴山电厂7503小时，石嘴山发电公司7422小时，霍州电厂7322小时，凯里电厂7312小时，北仑第一发电有限公司7279小时，一五〇电厂7030小时。公司所属100兆瓦以上火力发电机组共100台（其中2004年新投产的5台），年利用小时数超过8000小时的有7台：靖远4号机8281小时，小龙潭6号机8249小时，小龙潭4号机8223小时，大武口4号机8159小时，靖远3号机8124小时，小龙潭2号机8106小时，北仑2号机8037小时。10万千瓦及以上火电机组中有37台机组的利用小时超过7000小时。

2004年国电集团公司所属及控股100兆瓦以上火电机组100台，共发生非计划停运事件174台次，平均1.74次/（台·年），非停时间共9314小时，同比减少91台次、1.05次/（台·年）和3986小时。石嘴山发电公司、九江发电公司通过抓达标投产，非计划停运较上年显著下降。凯里电厂通过加强管理，机组非计划停运较上年下降19台次。2004年，锅炉故障发生非计划停运84台次，占48.3%；热控故障发生非计划停运25台次，占14.4%；电气故障发生非计划停运23台次，占13.2%；辅机原因发生非计划停运22台次，占12.6%；汽机故障发生非计划停运20台次，占11.5%。非计划停运超过3台次有14个电厂的16台机组，较2003年减少2个电厂和15台机组，2004年机组非停最多的是长源一发（青山热电）的11号机组（200兆瓦新投产机组），达12台次。

2004年国电集团公司所属及控股40兆瓦以上水电机组28台，共发生非计划停运事件22次，平均0.79次/（台·年），非停时间共155小时，同比减少22次、0.79次/（台·年）和1166小时。其中，电气原因发生非计划停运12次，占54.5%；水轮机故障发生非计划停运5次，占22.7%；自控系统原因发生非计划停运5次，占22.7%。龚嘴水电厂铜街子电站3号机组非计划停运3次。

2004年发生持续300小时以上非计划停运事件有：

(1) 2月12日，宣威发电有限公司9号炉2号电除尘灰斗脱落，停炉检修。机组非计划停运423.58小时。

(2) 6月2日，小修后的邯郸热电股份有限公司11号汽轮机启动过程中，发生高压转子大轴弯曲，经过抢修，机组于7月8日并入电网，非计划停运869小时。

(3) 7月29日，消缺后启动过程中的白马发电厂23号机组发生高压转子弯曲事故。原因系7月21日在停机过程中，由于高排逆止门未关闭，高压缸进冷汽，致使高压转子弯曲。进行抢修直轴处理。机组非计划停运698小时。

（肖建平）

防汛和大坝安全工作

2004年，国电集团公司直属、控股水电厂共16家。分布在东北、华中、南方等地区，总库容98.9亿立方米（不含大广坝）。

一、水情、雨情

2004年，集团公司直属、控股水电厂来水总体上属平水偏枯年，降雨量来水量分布不均匀。

龚嘴水力发电总厂。汛期平均入库水量279亿立方米，比多年平均增多6.8%，属于平水年。

桓仁水电厂、回龙山水电站、太平哨水电厂汛期水库来水量为29.35亿立方米，比多年平均值29.0亿立方米增加1.1%，为平水年。

南桠河水电厂、姚河坝水电厂、紫马水电站、岷江发电厂、六郎洞水电厂、迪庆香格里拉发电有限公司螺丝湾电站、冲江河电站为平水年。

万安水电厂，1~9月来水量为137.0274亿立方米，为历年同期均值的50.8 %，为枯水年。

红枫水电厂，1~10月实测来水量为4.738亿立方米，比实测多年同期来水量偏少2.68亿立方米，为枯水年。

大寨水电厂、陡岭子水电站、富水水电厂、南河水电厂为枯水年。

磨房沟水电站降雨量较多，属丰水年。

2004年汛期，部分火电企业、风电企业遭遇了台风、洪水的袭击。8月12日，14号强台风“云娜”在浙江登陆后，袭击了北仑第一发电有限公司和浙江风电公司、江厦潮汐试验电站；8月25日，18号强台风“艾利”在浙江登陆后，袭击了温州东屿发电厂；9月初，华蓥山电厂遭受了百年不遇的洪水袭击，台风和洪水对受灾企业造成了一定的经济损失。

二、防汛工作

(1) 领导重视，早做部署。4月份在浙江宁波召开的安全生产工作会议上、6月份召开的迎峰度夏电视电话会议上，集团公司领导对做好2004年的防洪渡汛工作进行了全面的部署。各分公司、子公司在春季安全大检查工作中，对发电企业的防汛工作进行了认真的检查。5、6月份，集团公司对部分发电企业防汛工作进行了检查。

(2) 准备充分，工作扎实。各发电企业认真落实集团公司的部署，建立防汛领导指挥机构，制定了防洪预案，落实防汛责任制和防洪渡汛措施。按照原国电公司“电力企业防汛工作检查大纲”的要求，对所属大坝、发电设备设施、厂区生活区进行全面检查，对查出的问题进行整改，消除了安全隐患，并备齐配足了防洪抢险物资材料。

(3) 掌握信息，准确预报，科学调度，发挥水库的防洪、发电等效益。

南桠河水电厂、姚河坝水电厂处于同一流域，两家互通信息，密切配合，充分发挥水库的防洪发电效益，在来水量比2003年减少的情况下，两厂共多发电1.43亿千瓦时。

四川紫马电厂奋力抢险，战胜泥石流。8月15日，石棉地区遭遇暴雨袭击，在暴雨区的紫马河流域河水陡涨，上游施工中的电厂堰渠跨塌，堆积在河道弃碴，形成泥石流，将紫马电厂引水隧洞堵塞，机组被迫停运。紫马电厂全体职工，在川电股份公司的领导下，奋力抢险，在洞内空间狭小无法采用机器设备，只能靠人力把隧洞内的砂石清理干净的情况下，连续奋战十几天，清除泥沙，9月1日紫马电厂恢复发电。

桓仁水电厂根据气象部门天气预报和水库来水情况，科学调度，增发电量。在后期有雨时，提前满发，减少弃水；在后期无雨时，及时关闭了泄水闸门，多拦蓄洪水。该厂全年的水量利用提高率达7.29%。

迪庆香格里拉发电有限责任公司加大投入对设备陈旧的冲江河一期电厂进行改造，提高设备可靠性，增发了电量。冲江河一期水电厂全年累计发电量17026万千瓦时，设备利用小时达7715小时。

龚嘴水力发电总厂科学调度，利用洪水过程进行水库拉沙，减少淤积。9月3~4日，对龚、铜两库进行了两次集中降水位运行（拉沙）。经初步计算，两库两次集中排沙100万吨左右。

（肖建平）

节 能 降 耗

2004年，国电集团公司供电煤耗完成365.7克/千瓦时，同比下降5.6克/千瓦时，其中内部核算电厂完成389.43克/千瓦时，同比降低1.81克/千瓦时；直接持股并控股电厂完成353.8克/千瓦时，同比下降2.92克/千瓦时；控股子公司完成356.18克/千瓦时，同比下降7.13克/千瓦时。

各单位以“管理效益年”活动为载体，狠抓节能降耗，供电煤耗大幅度下降。一是部分机组实施了节能技术改造，提高了机组效率，如靖远发电有限公司、谏壁发电厂、衡丰发电有限公司等单位；二是加强了设备治理和运行管理，机组可靠性进一步提高，负荷率和运行小时增加，运行经济性提高，如北安热电有限公司、邯郸热电有限公司、石嘴山发电有限公司等单位；三是加强了厂用电管理，优化运行方式，降低厂用电率，使供电煤耗降低，如邯郸热电有限公司、靖远发电有限公司、衡丰发电有限公司等单位。全年供电煤耗比计划值下降幅度较大的单位有：北安热电有限公司低10.7克/千瓦时；邯郸热电有限公司低8.5克/千瓦时；石嘴山发电有限公司低7.1克/千瓦时；成都热电厂低6.4克/千瓦时；靖远发电有限公司低5.3克/千瓦时；谏壁发电厂低4.5克/千瓦时；衡丰发电有限公司低2.9克/千瓦时；宣威发电有限公司低2.7克/千瓦时；聊城发电厂低1.9克/千瓦时；北仑第一发电有限公司低1.5克/千瓦时。

但是，部分电厂供电煤耗比计划值升高，其原因一是由于煤炭供应紧张，煤质下降情况严重，入炉煤热值18978千焦/千克，同比下降517千焦/千克，飞灰可燃物含量升高，锅炉效率降低。如永福发电有限公司，由于燃用煤质严重偏离设计煤种和校核煤种，锅炉飞灰可燃物含量最高达45%；二是部分机组非计划停机多，机组运行不可靠，如长源一发、安顺发电有限公司等单位；三是有的机组真空度下降，端差升高，也使供电煤耗升高，如长源一发、太原一热等单位。全年供电煤耗超出计划值的电厂有：永福发电有限公司超25克/千瓦时；松源发电有限公司超12克/千瓦时；合山发电厂超8.9克/千瓦时；滦河发电厂超5.3克/千瓦时；长源一发超4.4克/千瓦时；华蓥山电厂超2.7克/千瓦时；安顺发电有限公司超2.2克/千瓦时；长源江津热电厂超1.2克/千瓦时；吉林热电厂超1.2克/千瓦时。特别是永福发电有限公司两台135兆瓦机组（2000年投产），设计供电煤耗为363克/千瓦时，实际高达396克/千瓦时，同比上升18克/千瓦时，比2002年上升26克/千瓦时，其主要问题是飞灰可燃物高、预热器漏风大、厂用电率高。

（卢　刚）

设 备 管 理

检 修 管 理

2004年，国电集团公司完成机组检修335台次，其中A级检修84台次（水电31台次，火电53台次），B级检修24台次（水电4台次，火电20台次），C级检修227台次（水电76台次，火电151台次）。

各单位坚持“应修必修、修必修好”的原则，加强检修管理，确保检修质量，机组大修后连续安全运行天数不断延长。截止2004年底，大修后连续安全运行较长时间的机组有：衡丰2号机组（300兆瓦）317天、谏壁7号机组（300兆瓦）231天、北仑1号机组（600兆瓦）193天、太一13号机组（300兆瓦）186天、靖远1号机组（200兆瓦）179天。另外，河北衡丰1号、江苏谏壁7号、甘肃靖远1号、浙江北仑1号、山东聊城2号、江西万安4号、山西太一13号和贵阳9号等机组大修，既确保了安全、质量，又较好的完成了工期、费用指标控制，修后机组运行稳定，获得集团公司检修质量奖励。

但也有个别电厂检修质量不高，贵州安顺发电有限责任公司1号机组大修后，高温过热器连续发生2次泄漏致使按计划9月16日应结束的大修，到10月26日才恢复运行。

（全　声）

技 术 监 督

技术监督是安全生产的重要基础工作，为了加强技术监督管理工作，根据《中国国电集团公司技术监督管理制度》，制订了《技术监督工作委托管理框架协议》和《技术监督管理和技术服务合同》（规范样本），经友好协商，12月22日，各分公司与区域省（市、区）电力科学研究院签订了技术监督工作委托管理框架协议。

框架协议明确了技术监督和技术服务价格参考标准（元/千瓦）。

火电机组	600兆瓦等级	300兆瓦等级	200兆瓦等级	100兆瓦等级	50兆瓦及以下等级
单价	1.5~3.2	1.6~3.5	2~3.6	2.5~3.8	3~4.5

水电机组	200兆瓦等级	100兆瓦等级	50兆瓦及以下等级
单价	1.8~3.3	2~3.5	3~3.5

框架协议明确了考评指标为供电煤耗、机组非计划停运次数和主保护投入率等。因技术监督不到位使考评指标达不到集团公司的要求，要对受委托技术监督管理的电力科学研究院扣减技术监督服务费。

技术监督管理和技术服务合同明确了合同双方的责任和各项技术监督的内容与要求。

（殷培光）

技 术 改 造

2004年集团公司下达技改项目756项。其中单项费用1000万元以上的资本性支出项目（即限上技改项目）6项；单项费用500~1000万元的重大资本性支出项目10项；单项费用100~500万元的重点资本性支出项目115项；单项费用100万元以下的一般性支出625项。

靖远发电公司1号机组汽轮机通流部分和发电机增容改造。更换了汽轮机转子和隔板，对发电机通风冷却系统改造后，机组出力增加20兆瓦，年可增加发电量1.1亿~1.2亿千瓦时；机组供电煤耗下降约15~20克/千瓦时。

太原第一热电厂通过对凝汽器酸洗、二次滤网改造为旋转滤网及1、2号循环泵、电机增容改造、凉水塔更换填料及增加凉水塔出口滤网等措施，解决了13号机组真空低问题。

衡丰发电公司对2号汽轮机进行了综合节能改造。更换了调节级喷嘴组，更换高压进汽平衡环汽封及布莱登汽封等，低压缸加装导流板，提高了汽轮机效率。经热力试验，汽轮机300兆瓦工况下，热耗由8660千焦/千瓦时降低至8317千焦/千瓦时，下降343千焦/千瓦时，热耗下降3%，折合煤耗12克/千瓦时左右。

北仑第一发电公司1号机组DCS改造，将原来ABB TAYLOR公司的MOD300系统整体改造为西屋公司的OVATION系统。新系统除覆盖原DCS系统内容外，还加入了ECS系统、吹灰器程控系统。硬件得到升级，提高了模件的可靠性，解决了因原系统硬件进入劣化期，故障频繁的问题；软件得到完善，增加了控制调节方式，提高了自动化控制水平。

霍州发电厂2号机组DCS改造，提高了设备自动化控制水平，实现了减人增效，机组运行人员由原来的12人减少到了9人，厂用电率降低0.41%，供电煤耗下降9.78克/千瓦时。

（肖建平　全　声）

八、市场营销

2005
中国国电集团年鉴

综　述

2004年，国电集团公司市场营销工作以强化管理、提高效益为主线，全面提高各发电企业的电价水平，改善电价结构，不断提高盈利能力和市场竞争力，全面完成了国电集团公司制定的营销指标和工作任务。

第一，抓住国家发改委两次电价疏导的契机，积极做好所属火电企业的电价调整工作，并认真贯彻落实国家发改委的调整方案，确保了批复电价基本执行到位，平均上网电价达到了264.44元/兆瓦时，比上年提高了2.2分/千瓦时。第二，积极做好热价调整工作，14家供热电厂中有8家电厂的热价得到提高。第三，开展发电量和供热量计划与考核，规范关口表计量管理，发电量完成1860.59亿千瓦时，同比增长22.57%，供热量完成4418.44万吉焦，同比增长1.56%。第四，全面分析电热费回收情况，开展欠费调查，解决电热费回收中的难点问题，电热费回收好于去年，欠费大幅减少。第五，加强指导区域电力市场建设和市场竞价工作，正确掌握和运用市场规则，贯彻竞价策略，达到了预期的竞价目标。第六，认真指导购售电合同的签订工作，76家发电企业中有41家签订了购售电合同。第七，积极做好大用户直供电工作，吉林龙华热电有限公司向吉林碳素厂直供电成为电力体制改革后全国首个试点项目。第八，进一步夯实和拓展营销的基础性工作，加大市场营销信息、统计分析工作的深度，为了系统、全面地掌握市场营销情况，于2004年上半年全面收集了2003年全国主要电力生产情况，以及2002年和2003年国电集团公司所属各发电企业的基本情况和主要经营指标，完成了《2003年市场营销基本情况》的汇编工作。由于国电集团公司各级市场营销在不同的部门分管，为了方便联络、便于工作，在全面收集各级市场营销主管领导、主管部门和联系方式的基础上，编印了《市场营销通讯录》，为各级市场营销工作创造了便利条件。第九，以提高政策水平、业务素质和沟通能力为目的，开展了营销人才的培训和培养工作。进一步完善了市场营销组织体系，提高了营销队伍的整体运作效率。

（刘春桂）

中国国电集团年鉴

市场营销培训

市场营销研讨班

为提高各级市场营销主管领导的政策水平和业务素质，2004年12月6~8日在北京国电接待中心举办了市场营销研讨班。请国家发改委、电监会、中电联主管电价、电力市场建设和能源发展的领导讲课，介绍了国家电价改革、电力市场化建设、能源发展的历史、现状以及未来的发展方向和近期的工作重点。各分公司、子公司及80万千瓦以上电厂主管营销工作的领导参加了研讨班，并就当前出现的电煤供需紧张、煤价大幅上涨、区域电力市场竞价等热点问题进行了深入讨论。集团公司副总经理刘彭龄出席了开班仪式并讲话，总经理助理、市场营销部主任张树民做了总结讲话。

（刘春桂）

电价和电力市场考察

为了学习国外发电企业在市场竞价中的成功经验，加强与物价主管部门的沟通，2004年8月11~27日由集团公司市场营销部组织并带队到英国国家电网公司、德国 STEAG 发电公司、北欧电力市场进行了电价和电力市场考察。了解了国外电力市场化建设的经验，学习了国外先进发电企业参与市场竞争中的成功经验。国电华中分公司副总经理戚名辉、国电荆门电厂副长厂宋燕萍、国电九江电厂副主任曹江波等同志，以及湖北省物价局、江西省物价局的主管领导参加了考察活动。

（刘春桂）

东北区域电力市场方案及规则培训班

为了做好区域电力市场两部制上网电价改革试点的启动运营工作，2004 年 6 月 12～15 日在哈尔滨举办了东北区域电力市场方案及规则培训班。参加培训的单位有东北分公司、龙华公司以及集团公司东北区域所属各发电企业。参与培训的人员有主管营销的企业负责人、营销主管、值长、报价员共 32 人。培训主要内容：关于《东北区域电力市场实施方案》、《东北区域电力市场初期运营规则》以及东北电网结构及潮流分布的专题讲座。培训方式采取集中授课与分组研讨相结合的方式，统一对相关规则、方案进行详细系统的学习，结合答疑和专题讲座，分组讨论相关规则和个案策略，对首期参与竞价的三个企业研讨竞价策略，提出合理化建议。

（赵 兵）

《购售电合同》培训班

为进一步做好购售电管理工作，2004 年 10 月 19～22日在国电九江发电厂举办《购售电合同》培训班，参加培训的人员有各分支机构和部分发电企业负责购售电管理工作的部门负责人共 90 多人。培训班特邀国家电监会市场监管部有关同志授课，他们围绕两个范本的起草原则、设计理念、主要思路和重点、难点问题进行了详细讲解，并与学员座谈，认真细致地回答了学员提出的有关问题。

（赵 兵）

电、热价管理

电价执行情况

2004年，国电集团公司电价执行情况明显好转，但个别地区仍存在执行不到位问题。一是个别地区电价执行不到位，导致发电企业电价水平下降。如湖北省，协议电量、外送电量的电价水平偏低，而上网电量按照“依次按协议供大用户电量、协议外送电量、一般上网电量的先后顺序结算，前一类电量足额结算后，方可结算后一类电量”，这实际是“先低价后高价”或是“先超发后基数”的结算方式，变相降低了发电企业的基数利用小时，如果部分电厂电量完成情况不好时，就会出现测价内电量不能足额结算的情况。再如四川省，既不属于国家批准的竞价试点地区也不属于国家批准的直供电试点地区，但其电价结构却分为合同电量电价、竞价电量电价、直供电量电价等，导致电厂实际结算电价普遍低于批复电价。又如吉林省，基数利用小时低于国家发改委核定的小时数，如双辽电厂差 150 小时，双辽公司差 372 小时。吉林龙华公司的基数电量仅占全部电量的 55%，其余超发、外送等电量的电价低于批复电价 5～8 分/千瓦时。二是发电侧峰谷分时电价的浮动比例不对称，导致发电企业电价水平下降。如四川省，目前仍执行的是 1998 年不缺电时出台的峰谷分时电价政策。峰电价格上浮比例与谷电价格下浮比例不一致，导致电厂实际结算电价普遍低于批复电价。再如所属江苏谏壁电厂，从 2004 年 7 月 1 日执行峰谷分时电价，减少收入 2000 多万元。2003～2004 年集团公司平均上网电价对比情况见表 1。2004 年集团公司平均上网电价见图 1。

表 1　2003～2004 年集团公司平均上网电价对比　(元/千千瓦时)

	2003 年	2004 年		2003 年	2004 年
集团合计	242.80	264.44	7 月	236.30	256.07
1 月	249.94	265.65	8 月	238.99	256.66
2 月	251.60	267.93	9 月	238.72	254.07
3 月	247.82	268.48	10 月	237.07	256.07
4 月	250.99	265.87	11 月	233.15	265.61
5 月	241.42	245.61	12 月	236.54	267.70
6 月	237.66	233.07			

注　2003 年上网电价为内部核算电厂全部结算后价格；2004 年部分电厂上网电价按争取到的燃料成本补贴金额进行调整后，集团公司全口径平均上网电价为 264.44 元/千千瓦时。

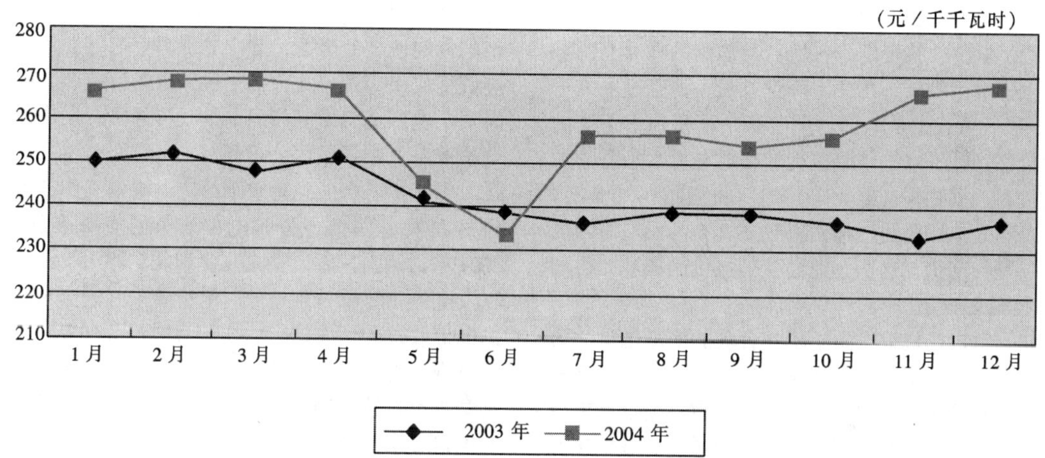

图 1　2004 年国电集团公司平均上网电价

(刘春桂)

电价调整情况

2004 年，国家对上网电价进行了两次大的调整：①依据发改委 124 号电报对燃煤机组上网电价进行了统一上调。为缓解日益尖锐的电煤价格矛盾，2003 年 12 月 21 日，发改委以电报形式下发了发改电［2003］124 号文，规定从 2004 年元月起，对所有燃煤机组的上网电价在原批复电价基础上上调 7 厘/千瓦时。截止到年底，除新疆外，全国其他各省均已按文件调整到位。国电集团公司各火电机组电价调整情况见附表。②依据发改委 610 号文件对上网及销售电价进行了调整。经国务院批准，4 月 25 日，国家发改委下发了《关于进一步疏导电价矛盾规范电价管理的通知》(发改价格［2004］610 号)。根据文件精神，国家发改委在集中测算基础上，分别上调各省销售电价及上网电价，主要解决电网建设还本付息、新机上网电价、定价电量不到位以及煤价上涨等电价矛盾。同时，进一步规范电价管理，制定统一的新机上网电价和超发电价。5 月 12～30 日，国家发改委在西北电网办事处召开集中测算会，按照 610 号文件精神组织物价部门、电网公司、发电企业等单位分省测算调整电价。随后，国家发改委分别下发了各区域上网及销售电价具体调整文件。

全国电价调整结果：据发改委统计，此次调价全国销售电价平均每千瓦时上调 2.23 分，对应电量为 15343 亿千瓦时（全国 2004 年预计可调总售电量），调价金额全年总计 343.54 亿元。其中，电网为 1.32 分、202 亿元，占 59%；电厂为 0.913 分、141 亿元，占 41%。

国电集团公司电价调整结果：此次调整后的电价，分别从 6 月 15 日、25 日起执行。调价后，预计集团公司所属发电企业（风电、新机除外）2004 年将增加售电收入 15.3 亿元，调价后平均上网电价水平将达到每千瓦时 258.19 元，比去年提高 1.81 分，比全国发电企业电价平均上调水平每千瓦0.913分高0.897分。单位容量每千瓦平均调价金额71.08元，比全国统调机组容量平均单位调价额37元高34元。

电价调整成效主要体现在以下几个方面：

(1) 部分电厂原批复电价得以上调。据统计，在此次电价调整过程中，集团公司的有63家发电企业中（不含新疆和新机），电价得到不同程度上调的有41家，占65%，其中，火电有34家，水电有8家。电价下调的只有4家（长源一发、长源陡岭子、姚河坝、邯郸热电），其他19家电厂批复上网电价保持不变。

(2) 无电价电厂得到了正式批复电价。在此次电价调整前，国电集团公司共有甘肃靖远、兰州二热、吉林双辽、湖北南河、湖北松源、广西永福、云南香格里拉、新疆塔城、四川紫马等9家电厂没有国家的正式批复电价，执行的是各地自行规定的临时上网电价，电价水平较低。在此次调价过程中，经过多方争取，9家无正式批复电价电厂中有7家得到了正式批复电价，且电价水平较原执行的临时电价水平有较大幅度提高。据测算，因无电价电厂批复电价的落实，预计全年为集团公司增加销售收入2.6亿元左右，更重要的是长期困扰这些企业经营的电价问题从此得到了根本解决。

(3) 新投产机组得到了统一合理的批复电价。为正确引导电力投资，在此次调价中，国家发改委统一制定并颁布了各省新投产机组上网电价。新投产机组上网电价水平根据社会平均单位发电成本和各地煤炭价格及电力供求关系确定。电价水平趋向合理。此次调价中，国电集团公司新投产的外高桥二期、九江三期、长源青山、贵阳电厂8号机组均得到了较合理的上网电价。

(4) 核价电量及超发电价得到了统一规范。此次国家发改委在调整电价水平，疏导电价矛盾的同时，加大了规范电价的力度，对发电价格实行了“三统一”，即在同一省级电网内，统一新机上网电价，统一发电企业定价利用小时，统一超发电价水平。此次调价后，各地定价发电利用小时及超发电价水平比原来均有大幅提高。

（梅　孟）

电价工作开展情况

全面贯彻已出台的国家电价政策。①全面贯彻落实352号文。一是以最快速度转发发改委电价批复文件，并提出贯彻执行的指导意见；二是跟踪收集各地执行情况，及时掌握各地在执行中存在的共性问题和个性问题，为下一步争取合理的电价政策提供事实依据；三是针对各地暴露的问题，积极协助各分公司和电厂加强与地方物价部门和电网公司的协调沟通，确保批复电价政策执行到位。目前，各内部核算电厂的批复电价均已执行到位，且执行情况良好。②全面贯彻落实发改委124号文件。为确保124电价政策落到实处，各级营销部门与物价局及电网公司加强沟通的同时，及时将各地执行124号文的情况上报给发改委，使集团所属燃煤机组的上网电价在原批复电价基础上上调7厘/千瓦时。截止到年底，除新疆外，其他各地124号文基本执行到位。③全面贯彻落实《关于进一步疏导电价矛盾规范电价管理的通知》（发改价格［2004］610号文），“610”电价疏导调整是继内部核算电厂电价报批后又一极其重要的电价工作，也是集团公司2004年电价工作的中心工作，经过全体市场营销人员的努力，此次电价测算疏导工作取得了突破性成果。调价文件批复后，市场营销部会同各分公司、电厂全力做好新的电价政策的执行工作，巩固调价成果，维护集团公司利益。

做好拟出台的电价政策的应对准备工作。①积极做好在发电侧推行分时电价政策的应对准备工作。2004年，经国家发改委批复，湖北、四川、江苏等省在发电侧执行峰谷丰枯分时电价政策。为应对这一新的电价政策的全面执行，市场营销部及有关分公司高度重视，对方案进行认真学习研究，并在认真测算评估基础上，按照趋利避害的原则，提出了贯彻执行分时电价方案的对策和建议，并指导各电厂制定具体的应对措施。②积极做好在东北区域执行两部制电价的准备工作。根据国家发改委和电监会的统一部署，国家将在东北区域进行发电侧两部制电价试点工作。为在电价改革中维护集团公司利益，市场营销部同东北分公司一起，进行了周密细致的准备工作：积极参与国家发革委和电监会有关两部制电价方案的制定，在方案草案出台后多次组织东北分公司及所在区域电厂进行研讨，并制定应对预案，对方案执行后可能产生的重大问题及时向有关部门反映，以引起决策部门重视。经过国电集团公司和其他发电集团的共同努力，最终使发改委出台的两部制电价方案更趋公平、合理。③配合发改委做好东北送华北的跨区送电价格协调工作。2004年年中，国家发改委下发了《关于征求东北送华北电量电价初步意见的通知》，提出了关于东北送华北电量电价的初步协调意见，拟将东北电网送华北发电价格每千瓦时0.164元提高到0.214元，提高5分钱。按照国电集团公司2004年东北区域电厂向华北供电量5.01亿千瓦时计算，预计将增加收入1944.9万元。

在国电集团公司系统开展了电价工作表彰活动。

为表彰市场营销工作人员在贯彻发改委352号文件开展内部核算电厂电价报批，以及按照发改委610号文件进行电价疏导调整工作中取得的显著成绩，2004年9月，经过认真评选，国电集团公司下发了国电集人［2004］405号文《关于表彰电价优秀工作者、先进工作者的决定》，授予13名同志“电价工作优秀工作者”称号，颁发“国电二级奖章”；授予88名同志“电价工作先进工作者”称号，颁发“国电三级奖章”。

（梅　孟）

热价基本情况

国电集团公司所属热电联产企业共有15个，主要集中在华北、东北、西北、华中地区。这15个热电联产企业中，成都热电厂已于2004年下半年起停止供热，温州东屿发电厂年供热量仅为8万吉焦左右，没有正式的批复热价，现在执行的结算热价是通过双方合同约定的。其他13个热电厂中有5个是供工业用热的，5个是供居民采暖的，另外3个企业，即国电天津第一热电厂、国电吉林热电厂和国电大连开发区热电厂既供工业用热又供居民用热。

截止到2004年12月，国电集团公司各供热企业累计平均热价为16.64元/吉焦，同比提高0.51元/吉焦。其中华北地区累计平均热价为11.51元/吉焦，同比提高0. 15元/吉焦；东北地区累计平均热价为22.06元/吉焦，同比提高1.13元/吉焦；华中地区累计平均热价为28.02元/吉焦，同比提高3.46元/吉焦；西北地区累计平均热价为14.56元/吉焦，同比提高1.12元/吉焦。

（梅　孟）

热价调整情况

2004年集团公司所属13家热电联产企业中（除成都热电厂和东屿发电厂）共有8家热电厂的热价有了不同程度的提高，占总数的61.54%。其中华北地区太原第一发电有限公司工业热价上调6元/吉焦，天津第一热电厂工业、民用热价上调6.01元/吉焦，邯郸热电厂工业热价上调5元/吉焦；东北地区吉林热电厂工业用热热价上调3元/吉焦，民用热热价上调2元/吉焦，沈阳热电厂工业热价上调3元/吉焦；华中地区沙市热电厂和长源江津热电厂热价分两次分别上调1.2元/吉焦和2.3元/吉焦，西北地区大武口发电厂民用热价总体上调3元/吉焦，分步执行到位。

由于热价上调，2004年新价执行期集团公司供热企业可因此增收2986.53万元，2005年预计可增收12078.5万元，合计为15065.03万元（含税）。

（梅　孟）

平均热价及热价调整情况

2004年国电集团公司平均热价及热价调整情况见表1。

表1　　平均热价及热价调整情况表　　（元/吉焦）

序　号	单　　位	本　年 实　际	同比提高	本年止 批准热价	本年批准热价 提　高
	集团合计	16.64	0.51		
1	天津第一热电厂	9.99	0.00	16.00	6.01
2	太原第一发电有限责任公司	10.26	1.26	15.00	6.00
3	国电电力邯郸热电厂	15.00	0.00	20.00	5.00
4	沙市热电厂	28.02	1.52	30.00	3.50
5	湖北长源江津热电厂	28.06	1.56	30.00	3.50
6	吉林热电厂	18.37	1.33	20.0/15.0	3.00/2.00
7	沈阳热电厂	20.76	0.76	23.00	3.00
8	宁夏大武口发电厂	10.54	2.29	11.50	1.50
9	北安热电有限责任公司	20.17	0.87	20.08	0.00

续表

序 号	单 位	本 年 实 际	同比提高	本年止 批准热价	本年批准热价 提 高
10	兰州第二热电厂	17.82	0.66	17.82	0.00
11	国电电力大开热电	33.73	0.27	33.00	0.00
12	太原第一热电厂	10.75	0.00	10.75	0.00
13	国电电力邯郸热电公司	12.30	0.00	12.30	0.00
14	浙江温州东屿电厂				

（刘春桂）

热价工作开展情况

千方百计，提高热价。2004年，国电集团公司市场营销部、各分公司和电厂充分发挥职能作用，积极与各地物价部门沟通和协调，千方百计，提高热价。经过各级市场营销人员的共同努力，2004年集团公司所属13家热电联产企业中（除成都热电厂和东屿发电厂）共有8家热电厂的热价有了不同程度的提高，占总数的61.54%。平均热价为16.64元/吉焦，比2003年提高0.51元/吉焦。热价调整工作取得了积极进展。

多方协调，确保批复热价执行到位。热价批复难，批复热价执行更难。2004年，集团公司、各分公司以及各热电厂对热价执行工作一直非常重视，将批复热价执行到位与争取上调热价摆在同等重要地位，在极其困难情况下，多方协调，确保了批复热价得到较好执行。目前，13家供热企业除大武口电厂外，其余企业批复热价基本执行到位。

积极争取，落实供热优惠政策。为支持环保、节能型热电联产电厂的发展，国家为此出台了系列的优惠政策。争取这些优惠政策的落实，对缓解热价过低矛盾、减轻热电企业经营压力具有十分重要意义。2004年，集团公司各热电企业在千方百计争取提调热价基础上，还积极争取其他配套优惠政策的落实。沙市热电厂、吉林热电厂等争取并落实了“以电补热”政策，兰州热电厂、大武口发电厂积极争取到了减免税政策。

（梅 孟）

电、热量管理和电、热费回收

发电量完成、考核情况

2004年，国电集团公司完成发电量1680.59亿千瓦时，同比增长22.57%，完成年度计划的114.34%，发电量增长的主要原因：一是发电厂加强安全生产管理，减少设备生产事故，提高机组利用小时；二是2004年末新增发电设备容量341.53亿千瓦。

2004年，国电集团公司发电量比上年增加309.5亿千瓦时。其中，存量部分发电量增加146.03亿千瓦时，占47%；基建新增容量211.06万千瓦，使发电量增加58.5亿千瓦时，占19%；通过并购增加装机容量203.4万千瓦，使发电量增加104.98亿千瓦时，占34%。

2004年度发电量指标考核的直属电厂和控股公司46家，其中44家完成公司下达发电量指标，2家未完成集团公司下达的发电量指标，未完成比例是4.35%，未完成发电量指标的单位是国电安顺发电公司和国电阳宗海发电公司。考核分公司、子公司共15家，其中只有贵州分公司1家未完成2004年度发电量指标。

2004年国电集团公司装机容量和发电量统计见图1。

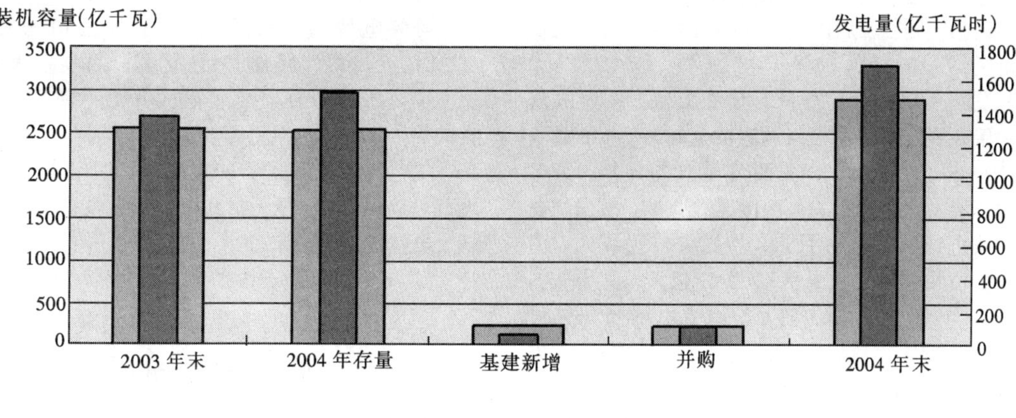

图1 2004年国电集团公司装机容量和发电量统计图

（刘春桂）

规范关口表计量管理

在2003年集团所属关口表调研的基础上，对集团所属电厂的关口表深入实际进行二次调研摸底，了解关口表的基本情况，调查了所有止在运行的发电厂62个，共有关口表482块，针对调研发现现有关口表精度等级总体偏低，部分关口表产权不清的现状，编制技术标书，并成立评标委员会发标和评标，积极组织设备选型更换工作，并于2004年11月份下发《关于做好各电厂关口电能表更换有关工作的通知》，对集团公司所属的29家电厂在2005年按照安生部的安排陆续将更换364块关口表。同时为了加强集团公司电量计量管理工作，全面提高关口电能表数据的管理水平，全面征求意见的基础上下发了《中国国电集团公司关口电能计量系统管理办法（试行）》和《中国国电集团公司关口电能计量表技术规范书（试行）》。

（赵秀梅）

编制2005年度发电量计划

根据各电厂上报的2005年的综合计划，同时根据国电集团公司所属电厂2002～2004年的实际完成发电量和机组利用小时以及根据2005年预计与2004年实际机组平均检修容量比较，不同区域的发电利用小时数、大修计划、非计划停运率以及各地区2004年度电力供需形势等影响发电量计划的参数，在考虑新投产机组基础上，编制2005年度发电量计划为1786.73亿千瓦时，比2004年实际增长9.26%。

（赵秀梅）

供热量计划完成情况及2005年度供热量计划编制

2004年度完成供热量4418.44万吉焦，同比增长1.56%，完成率100%。依据国电集团公司2004年供热量的实际完成情况及2005年检修计划的预安排，2005年度供热量计划为5548万吉焦，同比增长25.58%。

（赵秀梅）

电热费回收工作

1. 做好电热费结算工作　2004年一季度，国电集团公司各级营销及财务部门将电费回收作为头等大事来抓，采取有效手段，克服各种困难，基本结清了上年度应收电费。同时，为最大限度减少新欠电热费，各级营销及财务部门制定过硬措施，提高当月电费回收率，争取当月电费当月结零。经比照，2004年，集团公司电热费当期回收率比上年有明显提高，从而减轻了期末的回收压力。

2. 做好电费回收情况分析，解决电费回收中的难点问题　电费回收情况分析是做好电费回收的基础性工作。通过对2003年及每月生产经营调度会对当月的电费回收情况的分析，找出电费回收工作存在的问题和原因。针对这些问题，一方面多次反复与各省网公司交涉，据理力争，阐明道理，另一方面积极向国家发改委、电监会等职能部门反映。目前，电费回收中的这些问题已引起国家有关部门重视，可望逐步得到解决。

3. 完成集团公司欠费情况调查工作　按照电监会《关于开展发电企业欠费调查的通知》（办价财函［2004］99号）要求，国电集团公司于2004年5月完成了对所属发电企业有关欠费情况的调查。根据调查情况，截止到2004年6月末，按财务口径统计，国电集团公司共累计欠收电费47.2267亿元，其中，国家电网公司欠付35.3263亿元，南方电网公司欠付11.9亿元；2004年新欠9.8412亿元，往年累计陈欠37.3855亿元。按营销口径统计，截止到2004年6月末，国电集团公司所属电厂共计欠收电费29.4136亿元，其中，国家电网公司欠付19.46亿元（新欠5.1026亿，陈欠14.3572亿），南方电网公司欠付9.953亿元（新欠1.3944亿，陈欠8.5593亿）。

（梅　孟）

电费回收情况

国电集团公司当年电费和陈欠电费回收均好于去年，欠费大幅减少。2004年集团公司应收电费362.43亿元，实收电费356.96亿元，回收率为98.49%，比上年提高5个百分点。其中：直属电厂电费回收率为99.40%；控股公司的电费回收率为99.37%；子公司的电费回收率为95.95%；电费回收实现100%的有滦河、天津一热、一五〇等59家发电企业。

陈欠电费回收情况：国电集团公司陈欠电费21.31亿元，累计回收13.85亿元，回收率为65%，比上年提高25个百分点。陈欠电费回收实现100%的有谏壁、小龙潭、凯里等17家发电企业。

欠电费情况：截至2004年底，国电集团公司欠电费总额为12.92亿元，其中：陈欠电费7.46亿元，新欠电费5.46亿元。

（刘春桂）

热费回收情况

国电集团公司当年热费回收好于去年，陈欠热费回收难度大，欠费略有减少。热费回收情况：集团公司应收热费7.92亿元，实收7.80亿元，热费回收率为98.40%，比上年提高2个百分点；热费回收实现100%的有天津一热、太一电厂、吉林热电厂、温州东屿、大武口、太一公司、北安热电、邯郸股份、长源江津和沙市热电、沈阳热电厂。

陈欠热费回收情况：国电集团公司陈欠热费1.07亿元，累计回收1807万元，回收率为16.82%，比上年降低5个百分点。

欠热费情况：截至2004年底，国电集团公司欠热费总额为1.02亿元，其中：陈欠热费8940万元，新欠热费1268万元。

（刘春桂）

区域电力市场建设及直供电工作

区域电力市场建设

2004年，在国家电力监管委员会的主导下，各区域电力市场加快了建设的步伐。12月13～22日，东北区域电力市场2005年度合约电量竞价工作进行了试运行。这是真正意义上的竞价工作，是真报价、真调电、真结算。区域内所有29家竞价企业参与了激烈竞争。国电集团公司所属的双鸭山发电有限公司、双辽发电有限公司和朝阳发电厂等3个竞价企业很好地贯彻集团公司的竞价战略，在东北分公司的统一组织、协调和指导下，充分发掘各自的优势和特点，正确掌握和运用市场规则，取得了很好的竞价结果，达到了预期的竞价目标。

这是国家区域电力市场建设以来，首次进行的上网电量实行价格竞争的尝试，因而具有十分重要的示范意义。

（于永平）

大用户直供电工作

参加国家电监会和国家发改委2004年9月21日

在吉林市联合召开的吉林省向大用户直供电试点方案审查会，原则通过了吉林热电厂向吉林碳素厂直供电的试点方案。在国电集团公司各层面和多方面努力下，吉林热电厂向吉林碳素厂直供电成为全国的第一个试点，在电力市场中建设具有里程碑的作用和影响。

2004年10月，为进一步掌握大用户直供电的情况，安排有关电厂有目的、有计划、有步骤地与用户进行接触、沟通，进行可行性研究，并设专人管理，定期组织研究、解决大用户直供电工作中出现的各类问题。

(赵　兵)

购售电合同工作

为进一步掌握国电集团公司所属各发电企业的合同签订情况，2004年9月对集团公司直属、全资、控股发电企业与电网企业之间签订购售电合同的情况进行了调查。国电集团公司现有的76家发电企业，与电网企业签订了《购售电合同》的有41家，占54%；未签订《购售电合同》的有35家，占46%。南方区域和华中区域绝大部分电厂与电网企业签订了合同，合同签订率达90%以上；华北区域签订率为31%；西北区域签订率为27%；东北、华东区域的大部分电厂未与电网企业签订合同，签订率只有18%和12%。

2004年11月，五大发电集团联合向国家电监会和国家工商行政管理总局反映执行《购售电合同（示范文本）》中存在的问题，共同维护《购售电合同（示范文本）》严肃性，促进和推动电监会和工商行政管理总局对范本的执行情况展开检查。

(赵　兵)

信息系统和基础性工作

电力营销月报

在认真指导各电厂按要求及时、准确报送数据的同时，完成了12期电力营销月报。月报中全面反映了集团公司电量、电价、电费回收及电价执行等情况，并对指标完成情况进行分析。按照刘彭龄副总经理的要求，从3月份开始，对月报进行了改版，注重以市场为核心，增加对国家宏观经济走势的分析，反映国家主管部门出台或即将出台的有关政策、全国电力供需形势，以及集团公司重点营销工作的进展情况等内容。更好地发挥了月报“决策参谋”的作用。

(刘春桂)

煤价管理体系的设计和开发

开展煤电价格联动工作，是当前解决发电企业燃料成本巨额增支的有效办法，为了配合国家发改委等有关部门做好工作，在营销统计分析工作中新增了煤价管理体系，主要负责向中能公司报送煤价指标和煤价上涨情况。完成了煤价管理体系的设计和开发的各项基础性工作，并按旬、月完成煤价的统计报送工作，以及各种临时情况的统计报送工作。

(刘春桂)

生产营销调度会

按照国电集团公司“管理效益年”活动的要求，每月15日集团公司召开生产营销调度会，会议的主要目的是向各分公司、电厂通报安全生产、市场营销、燃料供应情况，并提高下一阶段的工作要求。负责完成了12期市场营销通报、会议纪要等相关工作。

(刘春桂)

电力营销态势分析

为了不断提高营销水平，准确把握政策，提高整体盈利能力，把电力营销态势分析作为常规性工作，完成了电力营销态势半年分析、三季度分析和年度分析。以全面汇总集团公司电量、电价、电费回收及煤价等指标完成情况为基础，在营销指标分析方面注重同业竞争分析和指标进度分析，在市场竞争力分析方面注重市场份额分析和电价水平分析，在经营分析方面注重盈利能力分析、盈利质量分析和盈利持续性分析，进而对不同地区、不同产权、不同电价水平的电厂进行综合评价，提出营销工作的重点和努力方向，并结合国家宏观经济环境、电力市场竞争环境、电力产业政策环境，对集团公司电力营销指标进行预测，并就相关工作提出建议。

（刘春桂）

电力市场形势分析

2004年度共完成了4期电力市场形势分析报告，进一步完善各项分析指标体系，理顺电力市场分析工作体制。分析报告新增内容有：国内经济增长的主要特点分析、电力行业形势和特点分析、各地区电力市场供需形势预测、宏观经济形势预测、电煤走势预测、电力市场形势的政策导向等内容。

通过指导和督促，分公司进一步熟练掌握电力市场分析原则、程序和方法，提高了市场分析工作水平。

（赵 兵）

课 题 研 究

1. 中国国电集团公司可持续发展战略研究——全国煤炭供需形势对集团公司盈利能力的影响分析 自2003年以来，全国煤炭供需矛盾越来越突出，煤炭价格上涨幅度一浪高过一浪。作为发电企业，电煤的供需形势和价格走势是影响集团公司盈利能力的关键因素市场营销部在大量收集全国煤炭、电煤、电力建设相关信息的基础上，对全国煤炭和电煤的供需形势、煤炭价格进行分析和预测，对全国燃煤机组和电力供需形势进行分析和预测，并进一步分析和预测集团公司燃煤机组的成本变化趋势、影响成本增加的主要因素和对盈利能力产生的影响，提出集团公司提高盈利能力的对策和发展战略。

2. 以煤价联动为契机，开展煤价变动对成本和电价影响的研究 针对煤价持续上涨，对火电厂的经营效益产生很大的影响的现状，以及国家即将出台的煤价联动政策，研究火电厂的燃煤成本构成因素，研究煤价与电价之间的关系，于2004年9月至10月对集团公司所属的12个电厂进行调研，通过调研发现火电厂存在燃料管理体制不合理、部分地区燃料核算方式不合理、采制化手段落后等问题，通过调研初步得到煤价变动与电价之间的关系，为配合国家煤价联动电价调整工作奠定了基础。

3. 配合电监会“亚行电价”课题的研究 参加亚洲开发银行、国家电力监管委员会《电价形成机制与电价监管》课题研究工作，将现行电价分解为发电价格、网络服务价格、零售服务价格，建议今后电力定价原则，推荐定价策略和定价方法。

（刘春桂 赵秀梅）

九、工 程 建 设

综　述

概　况

为确保年度投产目标的实现，按照“保投产、抓在建、促开工、重管理、创效益、树品牌”的工作思路，国电集团公司加强对基建工程的组织、指导和协调，按计划推进各项在建工程。严格控制设计标准，积极开展设计优化；严格合同管理，实现工程“安全、质量、工期、造价”基本受控；加强工程项目的建设管理，全面完成全年228.5万千瓦计划投产任务；实现各在建和计划新开工项目进度按计划正点运行，杜绝重大安全和质量事故，工程造价控制在执行概算以内；工程建设管理不断深化，工程管理水平进一步提高。

（陈冬青）

工程建设任务和目标

2004年国电集团公司系统控股建设工程项目32个，建设总规模2155万千瓦，其中水电424万千瓦，火电1731万千瓦。针对面临的建设任务和管理要求，制订颁发《关于加强工程建设管理确保完成全年基建任务的通知》（国电集工［2004］96号）文件，明确提出2004年基建工作目标和任务，以及加强工程建设管理的具体要求。

（一）工程进度目标

1. 投产目标　确保谏壁技改2号、贵阳技改10号、宿迁1号、青山油改煤工程、冶勒1号、宣威六期10号、石嘴山二期4号、外高桥1、2号共9台机组按期投产。

2. 在建项目进度目标　按里程碑进度计划正点运行。其中华蓥山、岷江、南埔、豫源等项目土建要全面交付安装；瀑布沟、冲江河一级、吉沙按期截流；冶勒、吉林台一级按期下闸蓄水。

3. 新开工项目进度目标　切实落实各项目的开工条件，保证常州一期、双鸭山三期、庄河、龙山、石嘴山技改、蓬莱、菏泽三期、费县、金堂、江阴、宣威七期、阳宗海、永福、荆门三期、濮阳等15个项目年内按期开工建设，其中，常州一期等条件较好的项目，年底前土建要交付安装。

（二）质量控制目标

不发生重大工程质量和设备损坏事故；重点项目监检一次成功率100%；建筑单位工程优良率≥85%（水电工程为80%），安装单位工程优良率≥90%；投产机组实现达标投产。

（三）安全管理目标

杜绝人身死亡事故，杜绝重大施工机械事故，杜绝重大火灾事故，杜绝负主要责任的重大交通事故，杜绝职工群体健康事故。

（四）造价控制目标

各项目建贷利息控制在计划额度之内，年度工程造价控制在对应工程量执行概算以内，工程总造价控制在执行概算以内。

截至2004年底，上述各项目标的完成情况如下：

工程进度目标中，由于受设备供货的影响，宿迁1号机组、冶勒1号机组未能按期实现投产；新开工项目进度目标因项目核准制，部分项目未能部按计划完成；在建项目进度目标基本按计划完成。质量控制目标、安全控制目标和造价控制目标均完成。

（陈冬青　杨　勤　张书军）

工程建设管理具体要求

1. 加强组织和协调　加强工程建设计划管理。由国电集团公司审定各在建工程项目的里程碑进度计划和2004年新开工项目进度计划，未经国电集团公司审批，原则上不得调整。各单位结合实际情况，逐级分解，不断优化，严格按照各类计划组织实施，确保工程项目按计划有序推进，避免盲目性和随意性；加强组织和协调，确保在建工程进度。加强设备催交催运、设计图纸交付、资金筹措等关键问题的协调，采取措施，确保年度主要控制工期目标按期实现。国电集团公司会同分公司每季度组织一次各区域的工程建设协调会，及时解决工程建设中的问题；切实落实新开工项目的各项准备工作，确保年度计划开工的15个项目按期开工建设。对列入2004年新开工计划的项目，高度重视项目的报批工作，切实落实征地拆迁，抓紧确定总平面布置方案，加快推进初步设计工作及审查，及时开展现场“五通一平”，进一步完善项目组织机构，筹措建设资金，全面落实工程各项开工条件，确保工程按计划开工建设。

2. 强化工程质量管理　针对设计单位任务饱满的现状，重视对设计质量的把关，切实保证初可、可研、初步设计等各阶段的设计深度；加强和规范招标管理，确保设备材料的采购质量；抓好设备监造，把制造质量缺陷消灭在出厂之前；严格执行国家、行业和集团公司有关质量监督、检验规定，加强关键工序的质量监督和检验；发挥监理单位的作用，把好质量验评关；分公司采取质量联检、互检等有效措施，提高工程质量；按照达标投产要求，对设计、施工、调试、运行各个阶段，进行全过程控制，所有新投产机组必须实现达标投产，争创精品工程，树立“国电品牌”。

3. 加强安全文明施工管理　各级领导高度重视安全管理工作，各工程项目单位坚持高标准、严要求，坚定死亡“零”目标的决心和信心。切实落实各级、各参建单位的安全责任，建立健全工程的安全保证和监督体系，加强现场的安全检查、监督和协调，加大反违章力度和安全奖惩力度，坚决杜绝重大事故发生，确保人身和设备安全。国电集团公司每年组织两次系统安全大检查，各分公司每季度组织一次所在区域范围内的安全检查，查找问题，消除隐患，并向集团公司提供季度基建安全分析报告。凡发生人身死亡及其他重大安全事故的项目，其所在地区分公司负责人和项目单位一把手必须到集团公司“说清楚”。认真贯彻执行国电集团公司《文明施工管理办法》，推行施工总平面管理模块化、现场设施标准化、工程施工程序化、文明区域责任化、作业行为规范化、环境卫生经常化，争创文明施工样板工程，展示良好的精神风貌，树立国电集团公司良好形象。

4. 严格控制工程造价　随着“厂网分开，竞价上网”进程的不断深化，降低工程造价已经成为提高机组市场竞争力的关键。国电集团公司“管理效益年”活动，对控制工程造价提出了明确要求。各单位切实转变观念，克服“贪大求洋”思想，树立科学的效益观，积极主动采取措施，降低工程造价。严格控制设计和建设标准，压缩非生产性开支，不搞锦上添花，不做表面文章。鼓励和支持设计单位进行设计优化，确保工程造价控制在限额设计控制指标之内。加强合同管理，定期检查工程项目合同履行和索赔情况。加强工程设计变更管理，对重大设计变更由分公司初审，报经国电集团公司审批后实施。加强财务管理，优化资金结构，降低财务费用。建立科学合理的工程付款体系，合理支付资金，减少资金沉淀，节约动态投资。进入试运期的工程项目，制定有关节水、节油和节电的措施，降低试运成本。2004 年投产的机组，投产后及时组织竣工决算，杜绝不应从工程款项中列支的费用发生。为降低工程造价，国电集团公司制订工程建设执行概算编制管理办法，并对所有工程项目下达执行概算，各工程项目的工程造价必须控制在执行概算以内。

5. 加强和规范工程招标管理　加强招标工作的计划性，严格按计划执行；按照国家《招投标法》和国电集团公司工程招标管理办法规定的程序，坚持“公平、公正、公开”的原则，规范工程招标管理，不得简化和变更程序；通过规范的招投标，切实降低工程造价。超前考虑，抓紧进行供应紧张的部分辅机和四大管道的招标采购工作，满足项目进展需要。

6. 推行规范化管理　切实规范工程项目管理。2004 年国电集团公司颁发工程建设安全、质量、造价、进度、招投标管理等一系列规章制度和程序，完善管理制度体系，规范管理和运作工程项目。工程建设管理是一项政策性很强的工作。各单位要认真组织学习国家工程建设管理的政策法规，尤其是对电力基本建设程序和电力工程项目管理知识的学习，提高政策水平和业务素质。理顺各级管理关系，形成责任明确、分工负责、互相配合、运转顺畅的工程建设管理体系。国电集团公司是决策和控制中心，负责制定工程建设管理的规章制度，确定工程安全、质量、工期、造价管理办法和总体目标，协调解决重大事项。分公司承担和发挥“指导、监督、协助”的管理职能，抓好所在区域的项目建设管理。国电电力、长源电力等公司在做好“协调、监督”工作的同时，承担所投资项目的管理责任。项目公司是工程项目管理的责任主体，对工程项目建设安全、质量、进度、造价的控制等负直接责任。妥善处理国电集团公司作为控股方和项目公司法人治理结构之间的关系；协调好各参建单位之间的关系，切实理顺关系，及时解决工程中的各种问题。

7. 加强队伍和作风建设　工程项目单位任务重、责任大，管理和使用大量资金，掌握着一定的权力。因此，加强队伍和作风建设，对保证项目的顺利实施和推进，具有十分重要的意义。各级领导以身作则，努力提高自身素质，切实改变工作作风，为员工做出榜样。以大团队的精神，处理好与设备制造商、设计、施工、监理等参建单位的关系，保证项目建设顺利推进。强化内部监督机制，将反腐倡廉活动经常化、制度化，防患于未然。

8. 加强工程信息管理　为保持信息渠道畅通，为国电集团公司协调和决策提供信息支持，各工程项目单位按时上报工程进度、投资、安全、质量等方面的有关材料和报表。工程简报类信息可以直接报集团公司，并同时报分公司，其中，国电电力控股项目报国电电力，对工程建设计划、统计类信息原则上要求报分公司审查、国电电力控股项目报国电电力审查汇总后，再向集团公司报送。

（陈冬青 杨 勤 张书军）

中国国电集团年鉴

工程建设任务

在建项目基本情况

2004年国电集团公司系统控股建设工程项目32个，建设总规模2155万千瓦，其中结转在建项目18个957万千瓦（水电412万千瓦，火电545万千瓦），2004年集团公司确定新开工项目14个1198万千瓦（水电12万千瓦，火电1186万千瓦）。国电集团公司系统控股建设工程项目见表1。

表1 国电集团公司系统控股建设工程项目

序号	项 目 名 称	类型	建设规模（兆瓦）
1	北安电厂	火电	1×220t/h锅炉
2	宿迁电厂	火电	2×135
3	豫源热电	火电	2×135
4	岷江技改	火电	2×135
5	库车	火电	2×135
6	贵阳技改	火电	脱硫工程
7	南埔电厂	火电	2×300
8	华蓥山技改	火电	2×300
9	鸭溪	火电	4×300
10	谏壁电厂技改	火电	2×330
11	夏港三期	火电	2×330
12	大同二厂二期	火电	2×600
13	冶勒水电站	水电	2×120
14	栗子坪	水电	2×66
15	吉林台一级水电站	水电	4×115
16	冲江河（扩容）	水电	2×24
17	松树林水电站	水电	4×12.5
18	瀑布沟	水电	6×550
19	濮阳热电	火电	2×200
20	蓬莱一期	火电	2×300
21	菏泽三期	火电	2×300
22	宣威七期	火电	2×300
23	永福电厂	火电	2×300
24	石嘴山技改	火电	2×330
25	常州一期	火电	2×600
26	荆门三期	火电	2×600
27	费县一期	火电	2×600
28	江阴一期	火电	2×600
29	金堂一期	火电	2×600
30	龙山一期	火电	2×600
31	双鸭山三期	火电	2×600
32	吉沙水电站	水电	2×60
	合 计		21550

（杨 勤 张书军 马 骏）

投产项目完成情况

国电集团公司下达2004年投产计划228.5万千瓦。投产项目为上海外高桥二期1、2号，石嘴山扩建4号、宣威六期2号、谏壁技改2号、贵阳技改10号、青山油改煤二期、夏港1号及龙源集团公司风电项目5.64万千瓦。

为全面完成国电集团公司下达的投产任务，重点做了两个方面的工作：

(1) 充分发挥集团公司整体优势，加大在建工程设备供货的协调力度，保证工程建设需要。分别于9月和10月份组织两次大规模的主机设备供货问题的集中协调。9月份，到哈尔滨三大厂进行协调，10月份，请东方、哈尔滨、上海三大集团及各制造厂到北京进行集中协调和沟通，取得良好的效果，基本保证集团公司各工程对设备供货的需要。

(2) 加强对工程的组织、指导和协调，确保工程按计划推进。切实加强对工程的组织、指导和协调，对瀑布沟、常州、谏壁、宿迁、南埔、冶勒、青山油改煤等重点和难点项目，组织设计、施工、监理等参建单位进行研究和攻坚。按照例会制度，坚持开好每月1次的工程协调会，根据项目的建设情况，共组织召开49次针对具体项目、具体问题的专题协调会，及时解决和协调工程进展中存在的各种问题，确保各项工作的正常推进。经过各方共同努力，顺利完成2004年投产任务。

集团公司2004年完成投产264.64万千瓦，超额完成全年投产任务。另外，集团公司并购了吉林龙华、海南大广坝、江阴苏龙三个项目，全年新增装机容量396万千瓦，到2004年底，集团公司系统可控容量达2930万千瓦。2004年国电集团公司投产项目见表1。

表1 2004年投产项目一览表

序号	完成投产计划项目	投产容量（万千瓦）	投产日期
1	上海外高桥电厂二期1号机组	90（按45计列）	2004年4月20日
2	上海外高桥电厂二期2号机组	90（按45计列）	2004年9月22日
3	国电宁夏石嘴山电厂扩建4号机组	33	2004年6月4日
4	国电云南宣威电厂六期2号机组	30	2004年6月16日
5	国电谏壁电厂技改2号机组	33	2004年9月16日
6	贵州贵阳电厂技改10号机组	20	2004年5月19日
7	湖北青山油改煤二期工程	20	2004年10月30日
8	江苏夏港电厂扩建工程1号机组	33	2004年12月14日
9	龙源集团公司风电项目	5.64	
	合　　计	264.64	

（马　骏　刘　伟）

计划新开工项目

2004年国电集团公司确定计划新开工项目共14项1198万千瓦，其中水电12万千瓦，火电1186万千瓦。具体项目是常州一期、荆门三期、石嘴山技改、蓬莱、菏泽三期、永福、宣威七期、濮阳、双鸭山三期、金堂、费县、江阴、龙山及吉沙。

为切实落实集团公司确定的2004年开工项目的各项准备工作，重点做了以下三个方面的工作：

一是深入各工程现场，对照年初下达的各工程综合进度计划，逐项检查落实，并形成现场协调纪要，及时下达到各项目单位执行，确保各项目开工前各项准备工作规范有序进行；

二是加强与电规院、水规院、中咨公司和各项目设计单位的协调和沟通，完成费县、蓬莱、菏泽三期、龙山、濮阳、金堂、石嘴山技改、双鸭山三期、庄河、江阴等10个项目的初步设计评审，基本保证工程项目的设计工作和审查进度，同时加强对施工图设计进度和质量的把关，为工程开工后设计工作满足工程连续施工奠定基础；

三是按照年初确定的招标计划，组织物资公司、有关分公司和项目单位，按期开展招标采购，对通用性强、供货紧张的材料，发挥集团整体优势进行“打捆”招标，既满足工程进展，又降低造价。

以上计划新开工项目至年底全部实现开工目标（见表1）。

表1 2004年计划新开工项目一览表

序号	项目名称	建设规模（万千瓦）	开工日期
1	常州一期	2×60	2004年4月15日
2	荆门三期	2×60	2004年9月15日
3	费　县	2×60	2004年11月26日
4	江　阴	2×60	2004年12月6日
5	龙　山	2×60	2004年12月26日
6	双鸭山三期	2×60	2004年12月30日
7	金　堂	2×60	2004年11月8日
8	蓬　莱	2×30	2004年9月26日
9	石嘴山技改	2×33	2004年10月8日
10	宣威七期	2×30	2004年11月18日
11	菏泽三期	2×30	2004年12月26日
12	永　福	2×30	2004年12月30日
13	濮　阳	2×20	2004年11月28日
14	吉沙水电站	2×6	2004年1月
	合　　计	1198/28	

（杨　勤　陈冬青　马　骏　张立东）

工程建设管理

安全管理

制订颁发国电集团公司《工程建设安全健康与环境工作规定》、《水、火电工程文明施工管理规定》及《火电工程安全标识设施标准化图册》等安全文明施工管理的制度文件和标准，规范集团公司系统工程建设安全文明施工管理工作。委托分公司、控股子公司组织在建工程项目的安全大检查和防汛检查，对存在的安全隐患提出整改措施，各项目单位及时做了整改。全年安全施工形势总体处于受控状态。

2004年，集团公司基建系统没有发生人身死亡事故，安全施工形势总体处于受控状态。

（杨 勤 张书军）

质量管理

2004年，制订颁发集团公司《水、火电工程达标投产考核办法》、《工程建设质量管理办法》等质量管理制度文件，规范集团公司的工程建设质量管理。工程建设部会同有关分公司，组织专家组，对瀑布沟、南桠河、松树林、常州、华蓥山、南埔、岷江、豫源等工程项目进行质量巡视和阶段性监督检查，项目单位对存在的问题进行整改。

为持续开展达标投产活动，进一步提高基建机组移交生产的质量，集团公司按照《中国国电集团公司火电机组达标投产考核办法（试行）》，组织完成九江三期1、2号机组，宣威六期9号机组，石嘴山扩建工程1、2、3号机组，聊城电厂1、2号机组达标投产验收和复检工作。

2004年，集团公司在建工程项目没有发生重大质量事故，工程质量总体受控。各项目机组达标投产考核评分结果如表1～表4所示。

复检组经过综合评议，九江三期1、2号机组，聊城一期工程1、2号机组和石嘴山扩建工程1、2、3号机组具备达标投产条件，通过集团公司组织的达标投产复检验收；宣威六期9号机组除技术指标以外其余5项考核得分均满足要求，技术指标方面由于机组振动考核未能达到考核标准要求，经复检评审组研究决定，宣电公司如能在2005年一季度前处理好9号机组汽机振动问题，经确认技术指标满足达标投产考

表1　九江三期工程1、2号机组

机组号	专业组评分（各专业评分标准分均为100分）						总评分（标准分为600分）
	安全管理	质量工艺	调整试验	技术指标	工程档案	综合管理	
1号机组	93.1	90.05	93.7	91.79	90.1	93.2	551.94
2号机组	95.3	90.6	96.16	93.76	92	95.2	563.02

表2　聊城一期工程1、2号机组

机组号	专业组评分（各专业评分标准分均为100分）						总评分（标准分为600分）
	安全管理	质量工艺	调整试验	技术指标	工程档案	综合管理	
1号机组	91.4	90.2	88.5	92.91	90.18	90.2	543.39
2号机组	93.1	91	82	97.5	91.3	90.2	545.1

表3　石嘴山扩建工程3号机组

机组号	专业组评分（各专业评分标准分均为100分）						总评分（标准分为600分）
	安全管理	质量工艺	调整试验	技术指标	工程档案	综合管理	
1号机组	92	92.1	96.6	91.97	90.7	92.9	556.27
2号机组	94.9	92.7	92.5	90.79	91.5	92.7	555.09
3号机组	92.6	85.55	92.5	84.06	91.3	94.1	540.11

表4　宣威六期9号机组

机组号	专业组评分（各专业评分标准分均为100分）						总评分（标准分为600分）
	安全管理	质量工艺	调整试验	技术指标	工程档案	综合管理	
9号机组	96.9	87.4	93.23	暂空	91.5	91.8	暂空

核条件后，宣威六期扩建工程9号机组即可通过复检。

2004年12月集团公司正式命名九江三期1、2号机组，石嘴山二期1、2、3号机组，聊城发电厂1、2号机组为基建移交生产达标投产机组。

（杨 勤 马 骏 刘 伟 张立东）

工程造价控制

为切实控制工程造价，对国电集团公司系统在建和新开工工程的设计标准进行严格控制、开展设计优化、实行招投标和强化目标考核，增强控制造价的责任和压力，有效降低工程造价，并取得良好效果，在建工程造价总体受控。

（1）严格控制设计标准。为规范和控制设计标准，制订并颁发《火电工程初步设计原则编制规定》，在保证安全可靠和运行经济性的基础上，对主要设备和系统的配置标准提出原则意见，要求项目单位不得擅自提高和改变，从源头上控制工程造价；积极开展设计优化，在工程初步设计阶段，组织有关方面对工程的设计方案进行论证和优化，据统计，2004年通过初步设计阶段的设计优化，共节约投资约4.9亿元。同时，要求各项目单位在设计合同中明确鼓励设计单位开展优化、降低投资的条款，增强设计单位降低工程造价的主动性和积极性。

（2）2004年共采购主机设备480万千瓦，其中火电机组120万千瓦，水电机组360万千瓦。在公司领导的重视和协调下，经过招标和合同谈判，取得良好的效果：①项目主机设备价格比投标价降低1.45亿元；②设计、施工、监理招标额71.34亿元，比概算节余约15.22亿元；③主要辅机设备采购总额56.65亿元，比概算节余约2.83亿元；④针对近期电站设备和材料供货紧张，价格上涨的局面，采取措施，对通用性较强的大宗材料开展“打捆”招标，取得明显的效果。其中，主蒸汽管材和再热热段管材比同期其他公司单个工程招标降低约2000~4000美元/米，总共降低约2000万美元。

（3）在2004年集团公司工作会上，与各项目单位签订年度造价考核目标责任书，通过考核增强各级控制造价的责任和压力。

（陈冬青 钟儒耀 张书军 张立东）

工程招标管理

国电集团公司系统各级管理机构在工程招标工作中定位准确、程序严格、运作规范、监督到位、效果良好。2004年，通过建立和完善国电集团公司“五级”招标组织管理体系，加强制度建设，明确各级管理职责和权限，保证采购质量，有效地节约投资。

2004年完成的主要标的招标有：

（1）主机设备：阳宗海2×300兆瓦、濮阳2×210兆瓦供热机组、铜陵2×600兆瓦超临界、天津东北郊2×300兆瓦供热、永福2×300兆瓦、黄金埠2×600兆瓦、小龙潭2×300兆瓦、瀑布沟6×550兆瓦、栗子坪2×66兆瓦、冲江河扩容2×24兆瓦、吉沙2×60兆瓦共计882万千瓦；另有北安1台220t/h锅炉。

（2）常州、蓬莱、濮阳、双鸭山三期、荆门三期、石嘴山技改、金堂、菏泽三期、永福、龙山项目主体施工；荆门三期、濮阳安装工程；华蓥山技改、蓬莱项目输煤、化水工程施工；蓬莱取水工程；瀑布沟水电站放空洞、溢洪道及尼日河引水系统隧洞工程施工及基础防渗墙和灌浆工程施工；吉沙、栗子坪首部枢纽工程施工；察汗乌苏导流洞施工；冲江河（扩容）、吉沙水电站土建施工；冲江河（扩容）大坝土建工程施工；吉沙厂区枢纽土建工程施工；栗子坪厂区枢纽施工；察汗乌苏水电站两岸坝肩及引水洞进口开挖招标；大渡河流域梯级电站调度中心施工工程。

（3）蓬莱、荆门三期、石嘴山技改、龙山、双鸭山三期、菏泽三期、濮阳、费县、黄金埠、小龙潭、江阴、金堂、永福及冲江河（扩容）、吉沙、察汗乌苏水电站共16个项目的工程监理招标。

（4）金堂、阳宗海、濮阳、江阴、费县、蓬莱、双鸭山三期、菏泽三期、常州、黄金埠、石嘴山技改、龙山、永福项目共20批次的主要辅机设备招标。

（5）华蓥山技改、南埔、荆门三期、费县、蓬莱、菏泽、濮阳、黄金埠共8个项目烟气脱硫岛EPC总承包工程。2004年主机设备招标完成情况见表1。

表1 2004年主机设备招标完成情况一览表

项目	规 模（万千瓦）	设备厂商	设备名称	招标日期
铜陵	2×60	东 锅	锅 炉	2004年2月
		上 汽	汽轮机	2004年2月
		上 电	发电机	2004年2月
黄金埠	2×60	上 锅	锅 炉	2004年5月
		上 汽	汽轮机	2004年5月
		上 电	发电机	2004年5月
阳宗海	2×30	武 锅	锅 炉	2004年1月
		东 汽	汽轮机	2004年1月
		东 电	发电机	2004年1月
永 福	2×30	东 锅	锅 炉	2004年2月
		东 汽	汽轮机	2004年2月
		东 电	发电机	2004年2月

续表

项目	规 模（万千瓦）	设备厂商	设备名称	招标日期
小龙潭	2×30	上 锅	锅 炉	2004年2月
		上 汽	汽轮机	2004年2月
		上 电	发电机	2004年2月
东北郊	2×30	哈 锅	锅 炉	2004年2月
		上 汽	汽轮机	2004年2月
		上 电	发电机	2004年2月
濮 阳	2×21	东 锅	锅 炉	2004年1月
		东 汽	汽轮机	2004年1月
		东 电	发电机	2004年1月
瀑布沟	6×55	东 电	3台水轮机 6台发电机	2004年4月
		GE	3台水轮机	2004年4月
栗子坪	2×6.6	东 电	水轮机	2004年3月
			发电机	2004年3月
冲江河（扩容）	2×2.4	昆明电机	水轮机	2004年3月
			发电机	2004年3月
吉 沙	2×6	昆明电机	水轮机	2004年3月
			发电机	2004年3月

（田　京）

制度建设和规范化管理

重视加强制度建设，初步确立国电集团公司基建管理制度的三级结构体系，其中一级制度1个，二级制度6个，三级制度90个。一级管理制度是集团公司工程建设管理的纲领性文件，主要是理顺管理关系，明确管理职责；二级管理制度包括设计、采购、造价、工期、安全、质量等6个方面的管理办法；三级管理制度是对二级管理制度的延伸和细化。截至2004年底，97个管理制度中共有75个管理制度已经正式颁发和制定完毕。制度建设的加强，促进了对集团公司工程建设规范化管理的不断深化。至2004年底，已颁发的制度文件见表1。

表1 2004年颁发的工程建设制度文件一览表

序号	文 件 标 题	文 号
1	基建工程协调会制度	国电集工［2004］72号
2	对工程主要参建单位考核评价办法	国电集工［2004］73号
3	工程文明施工管理办法	国电集工［2004］78号
4	水电建设工程达标投产考核办法（试行）	国电集工［2004］110号
5	工程建设安全健康与环境管理工作规定	国电集工［2004］122号
6	火电机组达标投产考核办法（试行）	国电集工［2004］125号
7	设计招标文件范本（2004年版）	国电集工［2004］153号
8	火电工程主机设备招标条件和流程	国电集工［2004］224号
9	工程招标管理办法	国电集工［2004］321号
10	工程设计管理办法	国电集工［2004］322号
11	水电工程重大设计变更管理办法	国电集工［2004］324号
12	火电工程初步设计编制原则规定	国电集工［2004］325号
13	工程建设质量管理办法	国电集工［2004］327号
14	工程建设工期管理办法	国电集工［2004］328号
15	火电工程设计变更管理办法	国电集工［2004］333号
16	烟气脱硫岛EPC总承包招标文件范本	国电集工［2004］504号
17	火电工程建设监理招标文件范本	国电集工［2004］538号
18	工程项目基建MIS功能构建原则性方案	工［2004］10号
19	火电工程建设工期定额（试行）	工［2004］21号
20	规范使用火电工程有关费用的通知	工［2004］40号
21	火电厂工程施工标段划分原则	招办［2004］15号
22	火电工程主要辅机设备招标分批原则和招标流程	招办［2004］16号
23	火电工程安全标识设施标准化图册	图册已印发

（田　京）

目标责任考核

国电集团公司于2004年初分别与分公司和国电电力、长源电力等公司、各项目单位（筹建处）签订工程建设目标责任书，明确各级的工程建设任务和目标，将严格按照这些目标进行考核，兑现奖惩。对投产工期延误、造价超出执行概算、发生重大安全、质量事故的单位，除取消年度奖励外，集团公司将按照有关规定，追究各级领导的责任，并对责任单位的领导班子和主要负责人进行严肃处理。

2004年8月17日，国电集团公司在四川雅安召开的基建工作座谈会上，分别与10个在建项目公司签订工程建设总体目标责任书。各项目签订的总体建设目标见表1。

表1 工程建设总体目标责任书

项目名称	造价目标	工期目标	质量目标	安全目标
瀑布沟	总造价控制在1900000万元；力争控制在1893600万元	首台机组2008年12月30日投产，其他机组每隔4个月投产1台。在确保实现以上目标的前提下，力争首台机组2008年7月1日投产，其他机组按间隔4个月顺延	不出现重大及以上质量事故；不遗留质量隐患；实现达标投产；争创国优工程	无重大事故（重大人身伤亡、重大火灾、重大施工机械及设备、重大交通运输、重大坍塌及重大环境污染事故）；无人身死亡事故；在集团公司历次组织的安全检查中，考核评价为良好及以上
常州一期	总造价控制在482800万元以内，并力争再降低1%~3%	1号机组2006年10月28日投产；2号机组2007年4月28日投产；在确保实现以上目标的前提下，力争再提前1~3个月投产		
荆门三期	总造价控制在432300万元以内，并力争再降低1%~3%	1号机组2007年5月15日投产；2号机组2007年11月15日投产；在确保实现以上目标的前提下，力争再提前1~3个月投产		
双鸭山三期	总造价控制在397200万元以内，并力争再降低1%~3%	1号机组2007年9月15日投产；2号机组2008年3月15日投产；在确保实现以上目标的前提下，力争再提前1~3个月投产		
南埔一期	总造价控制在269400万元以内，并力争再降低1%~3%	1号机组2005年11月30日投产；2号机组2006年4月15日投产；在确保实现以上目标的前提下，力争再提前1~3个月投产		
华蓥山技改	总造价控制在257900万元以内，并力争再降低1%~3%	1号机组2005年12月20日投产；2号机组2006年4月30日投产；在确保实现以上目标的前提下，力争再提前1~3个月投产		
濮　阳	总造价控制在182300万元以内，并力争再降低1%~3%	1号机组2006年7月31日投产；2号机组2006年11月30日投产；在确保实现以上目标的前提下，力争再提前1~3个月投产		
岷　江	总造价控制在112400万元以内，并力争再降低1%~3%	1号机组2005年8月10日投产；2号机组2005年12月31日投产；在确保实现以上目标的前提下，力争再提前1~3个月投产		
豫　源	114000万元以内，并力争再降低1%~3%	1号机组2005年4月15日投产；2号机组2005年8月20日投产；在确保实现以上目标的前提下，力争再提前1~3个月投产		
宿　迁	总造价控制在112000万元以内，并力争再降低1%~3%	1号机组2005年2月28日投产；2号机组2005年5月26日投产；如果实现1号机组2004年12月31日投产，2号机组4月26日投产，按提前投产4个月给予工期考核奖		

（陈冬青　杨　勤　张书军　钟儒耀）

信息化建设

利用信息化手段，实现信息共享，优化资源配置，提升综合管理水平，提高电厂核心竞争力，已逐步成为电力建设发展的方向。为加强对各新建电厂信息化建设的宏观指导，统一新建电厂的信息化建设标准，控制新建电厂信息化建设造价，工程建设部提出规范新建电厂的信息化建设的思路。2004 年下半年，工程建设部组织华东分公司、常州项目公司、电力规划设计总院、华东电力设计院、清华同方等单位的专家和人员对部分电厂数字化建设和应用进行收资调研。在调研的基础上，结合国电集团公司的实际情况，提出新建电厂信息化建设的建议报告。建议报告得到集团公司领导的高度重视，并作出“统一规划，分步实施，控制造价，注重实效”的重要批示。根据集团公司领导的指示精神，下一步将委托国电科技环保集团和华东电力设计院进行新建电厂信息化建设的规划工作，提出规划设计方案，以常州项目为试点工程，逐步推广。

（刘　伟）

电厂新形象设计

为树立国电集团公司发电企业的新形象，2004 年，在集团公司与电力规划设计总院的策划下，组织开展集团公司新建火电厂形象设计方案竞赛活动。全国 12 个电力设计院参与方案竞赛，对集团公司新建火电厂的总平面布置、重要建筑物的外观形象等提出好的思路和方案，基本形成集团公司火电厂的形象设计方案，同时，促进集团公司工程设计理念的创新。

按照形象设计方案的思路，常州、荆门、南埔等项目进行优化，取得良好的效果。并选择常州、龙山、蓬莱、金堂 4 个新建工程为依托，开展集团公司火电厂新形象设计方案，并逐步推广使用，以充分展示集团公司良好的社会形象。

（陈冬青）

典型工程建设管理经验

国电宁夏石嘴山发电有限责任公司石嘴山二期工程

国电宁夏石嘴山发电有限责任公司 4×330 兆瓦工程是原国家电力公司确定的“2000 年全国燃煤示范电厂”试点项目之一。“全国燃煤示范电厂设计模式”具有 6 个方面的特点：

（1）项目运用模块化和三维 CAD 设计方法进行设计，设计质量较高；

（2）通过全厂监控和信息系统网络化的应用，电厂运行的安全经济性较高；

（3）通过缩小厂区及主厂房面积和体积，简化工艺系统，减少备用、仪表，优化控制系统等手段，工程造价较低；

（4）采用国际先进通信技术，建立覆盖全厂生产管理系统的自动化控制系统，电厂自动化管理水平高，参与电力市场竞争具有较强的技术优势；

（5）建设工期短，调整后的设计建设工期为 46 个月，比原常规设计工期减少 11 个月；

（6）采用 SIS、DCS、MIS 等信息技术手段，电厂的生产运行管理方式比较先进。

一、采用科学的工程建设管理模式，提高工程管理效率

为使工程建设达到人员少、效率高的目的，采用与国际惯例接轨的“小业主、大监理、大咨询”的管理模式。在此模式下，项目公司主要负责工程设计方案和设备选型的确定以及工程安全、进度、质量、造价的宏观控制管理与外部条件协调、生产准备工作；监理单位主要根据项目公司制定的工程总体目标，全面负责工程设计的审核和建设过程中的安全、进度、质量、造价控制以及信息管理、合同管理和组织协调工作（即“四控制、两管理、一协调”）。另外，项目公司在工程建设中还经常聘请一些专家和有关专业人

士对工程建设进行评定、指导，对有关问题进行诊断，以此弥补监理单位与施工单位的不足，促进工程建设质量的提高和工程建设的顺利进行。

“小业主、大监理、大咨询”模式的实行使项目公司对工程的管理由“现场事务型”转为“宏观控制型”，有利于公司加强对工程的宏观管理和正确决策，较大地提高管理效益；而且，还使工程建设安全、进度、质量、造价控制管理得到保证，实现“工程实际进度与计划进度同步，建设资金到位，设备、材料供应与工程实际进度需求同步”的目标。

二、采取切实有效的管理措施，加强工程建设管理，确保工程建设安全、进度、质量、造价的可控、在控

在工程建设方面，公司确定“安全好（保持六项零目标）、工期短（40个月建设4台机）、质量优（土建工程和安全工程优良率分别为85%和95%以上，168试运全优）、造价低（控制在3223元/千瓦内）”的目标，在实际工作中抓了以下工作：

（一）加强工程建设安全管理，实现六项安全“零”目标

工程建设之初，即确定“人身死亡事故为零，重大机械和设备事故为零，重大交通、火灾事故为零，同一现场发生性质相同的事故为零，重大环境污染事故为零，大面积传染病、突发性中毒事故为零”的工程安全管理六项零目标；成立由业主、监理、施工单位组成的工程安全管理委员会，建立组织严密的三级安全管理网络；制定相应的安全职责、安全奖惩条例等规章制度。

具体工作中，严格审查进入现场的施工队伍资质，严格执行特殊工种上岗制度，严格执行大型起重机具使用规定；加大安全设施和资金的投入力度，严格执行安全奖惩条例；加强现场安全管理，要求现场安全管理办公室和各施工单位人员每天对施工现场进行巡查；要求施工单位推广施工危险点分析制度，切实做到超前控制和预防事故的发生；坚持以人为本的思想，以文明施工促工程安全管理。由于措施落实到位，工程建设期间安全状况总体平稳，保持六项“零”目标。

（二）加强工程建设进度管理，确保40个月建成四台机

按照原工程设计，石嘴山4×330兆瓦工程计划工期为52个月，后经优化设计调整为46个月，首台机组投产后又缩减至40个月，最终只用39个月。采取的措施主要有6个方面：

（1）采取计划管理模式，建立健全进度控制的计划管理网络。对整个工程建设从项目设计到施工阶段均建立进度控制计划体系，实行计划管理，使工程建设按计划有序进行。

（2）抓好施工图、设备、物资交付等关系工程建设进度控制的源头工作。每年派出得力人员深入各设备厂家和设计院催交设备与图纸，千方百计地确保所需要的施工图和设备、材料及时交付，包括派生产检修人员到设备制造厂参加制造和组装，保证工程建设进度按期完成。

（3）加强施工组织协调管理。要求监理单位组织各参建单位每天召开碰头会，每周召开协调会，及时协调和研究解决施工各方存在的问题，从而保证每一个控制网点进度按时完成。

（4）引用P_3软件管理工程，提高工程管理效率。将P_3软件应用到工程所有建设项目中，要求所有参加工程建设的施工单位必须掌握应用P_3管理软件，并对P_3软件进行二次开发，建立符合本工程需要的P_3应用系统。通过P_3软件对工程进展情况进行实时监控，保证工程建设按计划推进。

（5）适时做好进度控制的动态比较和监控。在设计阶段，要求监理单位各级、各专业监理工程师定期检查设计工作的实际完成情况，并与进度计划进行分析、比较，一旦发现偏差，就提出措施，对原进度计划进行调整或修订，以加快设计工作进度。

（6）坚持进行冬季施工。严格审定“土建冬季施工技术措施、方案”，要求施工单位冬季也要进行土建工程施工，以此节约工期。

（三）加强工程质量管理，创建一流精品工程

工程建设总目标：“确保达标投产、争创鲁班奖、建全国示范电厂”。

质量建设目标：土建、安装工程合格率100%，土建优良率85%以上，安装工程优良率95%以上。

为实现工程建设质量目标，按照国家及行业建设质量管理有关规定，成立工程质检站，对工程建设实行两级监督（工程质检站、宁夏电力质检中心站）、四级验收（班组、工地、项目部、监理）制度；制定出施工建设、分部试运、调试投产、试生产等分阶段的工程质量目标和施工验收技术规范、质量验评标准等质量验评制度。根据工程建设过程的不同特点，对各工程项目的建设进行事前、事中、事后全过程质量监管和控制，严把施工质量关。在施工和机组分部试运、调试、整套启动过程中采取相应措施，使工程的建设质量有了可靠的保证，在整个建设过程中未发生过质量事故，土建和安装工程质量合格率均达到100%；其中，土建工程优良率达到95%以上，安装工程优良率达到98%以上，4台机组均实现168小时试运全优通过的目标。

（四）加强造价控制，实现工程造价降低的最大化

在工程建设过程中，遵从工程建设以经济效益为中心的原则，在工程造价管理方面采取有效的措施，以确保最大限度地降低工程造价。

(1) 优化工程设计，从源头上降低工程投资。认真执行示范电厂设计思路，在工程主厂房布置、厂区平面设计、工艺系统设计方面采用优化设计，通过减少厂区面积、主厂房体积、四大管道工程量、材料用量等措施有效降低工程投资。

(2) 全面实行招投标制，有效降低设备、材料及施工费用。建立健全组织机构，完善有关招投标的规章制度，在实施过程中认真严格地按制度执行，由此保证工程招投标工作的顺利实施和工程的建设质量。

经统计，通过招投标，1、2号机土建工程合同价比概算价降低1654万元；安装工程合同价比概算价降低2813万元；设备合同价比概算价降低2532万元，即仅此三项的合同价就比概算降低6999万元，4台机组累计降低约1.4亿元。

(3) 编制执行概算，对工程造价实行严格监控。以初设批准的规模、建设标准、设计范围、施工图的工程量为依据，以“造价合理、符合实际、便于管理”为原则，在批准概算的基础上重新编制执行概算，将工程建设各项支出费用全部纳入执行概算范围，执行概算的费用控制在工程初设批准概算的95%以内。

(4) 认真抓好工程造价的过程控制。重视加强工程建设中造价控制的动态管理。通过联络会制度，加强与监理单位及各施工单位的沟通、协调与配合工作，解决施工过程中与技经有关的问题，使问题解决在萌芽状态，减少费用支出。通过大面积推广使用P_3项目管理软件，及时掌握工程进度以及建设资金使用情况，合理安排调度工期、资金和各种资源的使用，合理控制成本费用。

严格工程进度款的支付，合理控制资金使用。

严格资金使用和管理，提高资金使用效益，降低工程费用成本。合理掌握工程项目资本金和银行贷款的使用，一方面根据工程计划确定贷款计划，适时贷款，减少资金沉淀；另一方面，用流动资金贷款替代固定资产项目贷款，降低资金使用成本。整个工程建设期间，通过以上方式，就节约筹资费用近千万元。

通过选择合理的付款方式，有效地利用工程建设资金。在工程建设中，根据不同情况确定设备采购合同款项的支付方式为1:8:1和1:2:3:3:1两种，材料采购合同不支付预付款，货到验收合格后支付90%设备款，留10%作为质保金；建筑安装施工合同按工程进度控制付款，付到80%时停止支付，其余待工程结算后支付，这样不但延长资金支付时间，提高资金使用率，有效地控制单项工程投资，而且有效规避财务风险。

完善有效的措施，使工程4台机组投资将控制在执行概算范围内，单位造价控制在3223元/千瓦以内。

四、求真务实，开拓创新，积极克服工程建设困难，保证示范思路得到实现

(一) 对施工提出挑战

针对工程建设过程中出现交叉作业多、大型起重设备不好布置、施工工序衔接困难等问题，对此，公司授权监理，由监理全权负责现场各施工单位和各施工项目，根据现场的情况和设备到货情况，合理安排施工工序；对于拖后的工期，当情况允许时，要求他们通过集中施工力量，增加施工班次等办法，抢回工程进度，由此使优化设计对施工造成的影响得到解决。

(二) 对运行人员提出挑战

由于示范电厂设计模式要求电厂必须实行运行人员全能值班制度，公司运行人员均为常规电厂单专业知识结构，且大多数运行人员未从事过30万千瓦机组集控运行工作。为使运行人员能达到全能值班员的条件，公司对招聘的运行人员从头开始，认真进行理论培训、仿真机培训、现场实习、机组试运等培训工作，并采取将运行人员学习成绩、工作表现与岗位、岗级直接挂钩的“赛马”机制，使运行人员在最短的时间内具备全能值班员的专业知识和操作技能。经过四台机组的试运，如今一支素质合格的运行全能值班员队伍已经成长起来。全能值班员的推行和实施也成了该公司实施示范电厂管理的一个成功典型。

(三) 检修也面临着严峻的挑战

由于示范设计对定员的限制，公司没有设立大、小修人员，只配置设备日常维护人员，并且要求维护人员为复合型技能人员，要具备本专业多岗位检修技能，因此，机组投产后检修人员工作量大，日常维护工作任务重，员工压力十分大。对此，采取利用机组一切检修时机加强对员工的现场技术培训，通过举办讲座、专业技术比武、技能竞赛等手段提高员工技术水平，培养复合型检修员工，提高工作效率。通过一年多的生产实践检验，目前公司检修人员技术水平有了很大长进，投产机组保持安全稳定运行态势。

(陈玉普)

国电泉州发电有限公司
南埔一期工程

国电福建南埔电厂是集团公司在福建省控股投资建设的第一个大型电厂。电厂由中国国电集团公司、

福建省煤炭工业（集团）有限责任公司、福建省亿力能源投资有限公司、泉州市国有资产投资经营公司按51%、23%、21%、5%的投资比例兴建。工程规划容量为180万千瓦，一期工程投资27.9694亿元，建设2台30万千瓦亚临界燃煤脱硫发电机组，1号机组计划于2005年11月30日发电，2号机组计划于2006年4月15日发电。工程竣工后，将成为福建电网的骨干电源，并为福建省社会经济发展和“海峡西岸经济区”的建设提供更加可靠的电力保障。

国电泉州发电有限公司自2003年8月22日揭牌运作，作为项目法人负责工程的建设和管理。

国电福建南埔电厂自1994年7月开始前期工作，1996年2月获国家计委批准立项，筹建工作逾十年，其间历史沿革复杂，投资方和股权几经变化，2003年5月19日起由国电福建南埔电厂筹建处承担前期工作，2003年8月20日经福建省政府批准为福建省重点建设项目。10月20日通过工程初步设计预审查，项目可行性研究报告于2004年6月14日顺利通过中国国际工程咨询公司的评估，目前正由国家发展和改革委员会上报国务院审批。

回顾近一年来的工程建设管理情况，能认真应对“工期紧、任务重、人手少、压力大”的局面，系统思考，分析制定不同阶段的工作重点、关键路线，将一级网络进度计划分解成每个月的计划、目标，做到周安排、日检查，有问题及时反馈，及时协调，狠抓落实。在做法上形成“四重”，即“工程进度管理与控制重在一个‘紧’字，工程造价管理与控制重在一个‘严’字，工程质量管理与控制重在一个‘细’字，安全文明施工管理重在一个‘实’字”。

一、努力实践“主导、监督、协调、服务”的工作方针，齐心协力推进工程建设

按照“小业主、大监理”的模式，在强调项目公司的核心和主导作用的同时，倡导合作共事的协作精神，加强对监理工作的监督、考核，以合同为基础疏导理顺监理、施工、设计各方关系，确保工程建设顺利开展。根据监理公司“四控制，两管理，一协调”难到位的问题，尤其是针对监理人员投资控制意识淡薄的问题，和监理部进行多次沟通，要求监理改变观念，熟悉监理合同和施工合同，要求监理工程师在处理现场签证和付款签证前先和工程部现场工程师沟通；另外，在监理人员和项目公司工程人员均不足的情况下，互相补台；对监理工程师处理的问题有不同意见时，耐心地指出其不妥之处，并提出正确的处理意见，不断使监理部逐渐适应“小业主，大监理”的要求，改善其协调能力。同时，树立服务意识，及时协调解决施工中出现的问题，帮助施工单位解决实际困难，充分发挥他们的积极性、主动性和创造性，形成合力，为工程建设服务。

二、发挥“三千”精神，克难制胜，巧解工程建设疑难杂症

（1）征地拆迁工作：国电福建南埔电厂征地面积为94.9612公顷（1424.418亩），其中陆域42.776公顷（641.64亩），海域面积52.1893公顷（782.8395亩），拆迁房屋114幢近3万平方米，涉及181户749人。且面临电厂地处闽南地区，民情风俗繁多，当地群众文化素质较低，思想心态复杂，工作难做；征地拆迁补偿标准需进一步明确；工程建设开工急等诸多问题，要完成“天下第一难”的征地拆迁工作任务艰巨。为打开局面，突破难点，积极与市、区两级政府进行协商，经过反复沟通，取得地方政府的大力支持，成立由政府五套班子领导组成的项目建设协调指挥部，从区机关干部中抽调18名得力“干将”，组成现场协调、评估动迁安置、后勤保障、群众工作等四个工作组，进驻动迁村，一线研究制定方案，一线宣传解释政策，一线掌握发现问题，一线协调解决矛盾。同时，会同指挥部组织动迁群众到厦门嵩屿电厂等地参观，把电厂设计方案交给群众，消除群众在环保等问题上的疑虑。针对部分群众闹事困扰征地拆迁的问题，与地方政府、边防武警大队及公安机关加强沟通协调，运用各种宣传思想工作方法和人力资源，进行耐心细致的宣传解释，妥善处理阻挠拆迁问题，最大限度地争取群众的支持，通过连续不懈地工作，使群众的思想逐渐转变，意识到“工程已经开工，拆迁是大势所趋”，促进拆迁工作顺利进展。公司与地方各级政府等部门和单位的沟通机制得到进一步协调，关系进一步融洽。在短短三个月内基本完成工程“三期用地、一次征用”的征地拆迁任务，还实现“五无”，即无群众上访、无聚众闹事、无安全事故、无强制拆迁、无出现生活未着落者。

（2）场平工作：针对厂区内存在40余个底标高为－0.8～－39.6m不等的采石深坑，造成电厂烟囱、厂房等重要建筑物地基处理难题，集思广益，有关领导和知名专家多次召开地基处理专题论证会，获取将原设计的烟囱基础平移以避开深坑的科学经济的地基处理方案，对于其他采石坑，根据其上部建筑物的布置情况，分别采取抛石混凝土、回填土后强夯、回填砂后振冲的处理方法。及时科学的决策，为场地平整工作赢得时间。本工程场平难度大，除采石坑外，还体现在填海面积大、海域使用批准手续无法满足工期需要，挖方量（93.126万立方米）比填方量（144.179万立方米）小且石方比土方多。针对这种情况，在二期升压站区域把山上的好土寄存10余万立方米作为

主厂房回填用土，带石方的土回填部分采石坑，为场地平整争取时间，也节约大量的外购土费用。另外，二期煤场区围海部分暂时不回填，平衡二期施工时的挖方，并可作为临时灰场使用。通过以上措施，外购土数量大大减少，节约了投资。

(3) 严谨缜密组织项目工程初步设计工作以及各项专题报告和主、辅机设备技术规范书的评审出版。通过领导接触、会议讨论和专题研究、专业沟通等方式，确保提高设计质量，优化设计方案。

三、完善机制，加强协调，工程按一级网络进度准点推进

(1) 以信息化为手段，提高科学计划水平。根据工程建设实际，引进并开发“南埔电厂建设管理信息系统”，对工程管理、质量管理等信息进行管理，强化参建单位工程日报表工作，及时掌握现场信息。建立共享数据库，通过信息的扩散和再加工，为工程建设提供服务和决策依据。根据集团公司下达的考核工期目标，编制详细的分部、分项工程网络进度计划，列出每个分部、分项工程的最迟开工时间和完工时间，并制定详细的考核管理办法，狠抓落实。应用 P_3 软件做出总进度计划和多种相关作业的关系计划，明确总工期内和各时段内的关键线路，优化施工组织方案。同时，进行进度计划动态控制，及时调整实际进度与计划进度的偏差。在完善工程建设年度计划的同时，进一步分解为季度、月度、旬、周计划安排。推行进度计划网络化管理，采取规划、控制和协调的方法，要求各有关施工承包商及时编制和完善工程二级网络进度计划、施工图交付计划、设备到货计划，及时指导施工，确保关键节点工程如期实现，4 月 28 日主厂房基础提前 3 天出零米（原计划 5 月 1 日）、6 月 25 日（原计划 8 月 15 日）1 号锅炉钢架开始吊装，现第二层已吊装完，第三层钢架已到现场。

(2) 建立健全工程程序管理体系，不断推进工程建设。本工程无施工总承包商，进场的施工承包商目前已达 13 个，协调管理工作量大，在工程一开始即制定 25 项现场施工管理制度，包括工程建设文明施工管理制度、安全管理制度及施工组织、验收、工作联系等工程管理程序文件，及时下发监理部和施工承包商认真学习并贯彻执行，不定期检查工程程序管理制度执行情况。每月会同监理部、施工单位协调制定下月施工进度计划，每周召开协调调度会进行工程进度协调，及时发现问题，尽早采取解决措施。制定《工程形象进度考核办法》、《里程碑奖励办法》、《P_3 管理考核办法》等，完善激励约束机制，促进参建单位按网络节点推进工程建设。

(3) 积极协调沟通，加大设备、图纸催交力度。加强与设计院联系，跟踪设计进度，及时催交图纸。与设计院签订施工图交付协议书，明确交图时间，落实奖惩措施。重点抓好设备催交验收工作，特别对三大主机设备催交工作落实到人，科学合理安排人员分区域进行催交。加强与主机设备厂的沟通与联系，取得厂家对南埔电厂的理解和支持；采取适当的经济补偿和奖励措施，促进厂家采取措施争取加快生产进度；积极向省政府和国电集团公司汇报，请求帮助协调哈电集团三大动力厂，争取设备提前交付。通过努力，主机设备交货期有望比原合同所签订的交货期提前 2~3 个月，锅炉的地脚螺栓比预定日期提前四个月，第一、二、三层的钢架及附件也全部到现场，1 号汽轮机的地脚螺栓和锚固板已到现场。及时与设计单位、制造厂商联系，协调解决出图较慢而导致制造厂无法安排生产的矛盾。根据工程的进度和合同合理安排到货时间，以减少设备现场保管周期。从 8 月份起，大部分辅机设备将按工程进度和设备合同交货期陆续到达现场。

(4) 精心编写培训教材，生产准备工作同步推进。根据工程建设实际和厂家提供的设备技术规范书，组织编写一套生产培训教材，该教材包括八个分册，均具备很强的操作性和实用性，为将来发电调试及生产工作做足技术准备。同时，完善生产准备人员培训和管理制度。

四、合法有序开展招标工作，加强财务管理，努力降低工程造价

（一）认真贯彻招标投标法，加强合同管理，合法有序开展招标工作

(1) 坚持工程设计、设备订货、工程项目施工、工程监理等全面招标投标制度，建立完整有效的招标工作程序，加大招标管理的力度。以“敞开大门，欢迎投标；公平竞争，公正决标；综合选优，利于工程”为指导思想，引入竞争机制，运用招投标的方式逐步形成一个以合同为纽带、资源和技术配置合理的工程建设格局。通过对所有限额以上的工程项目均进行招标发包工程，择优选定服务商、承包商、供货商，加强工程概预算和结算管理，加强施工合同管理，努力避免并减少施工单位的索赔。截至 2004 年为止完成建筑安装工程招标 40 项，合同造价 70638.2706 万元，概算造价 76614.1764 万元，投资节约 5975.9057 万元，工程投资比概算投资节约 7.8%。

(2) 严格按照“三合”要求进行设备的公开招投标工作，通过网上公布，向全国有资质的厂家发出邀请，组织有经验的专业人员，按照集团公司制定的招标管理办法对技术协议和商务条款进行认真的评标工作，从中选出质优价廉的产品。充分利用集团公司其

他项目的经验，比照其合同，有选择性的挑选制造厂商，采用增订的方式订购设备，达到设备性能优良、价格合理，缩短谈判周期，为工程争取时间，降低成本。

本工程共组织五批95项828台套设备的公开招标订购，目前已基本完成辅机设备采购工作。

(二) 加强财务管理，强化预算管理，严格控制工程造价

制定预算管理制度，把预算管理贯穿企业活动中去；建立预算执行情况跟踪考核制度，及时调整偏差。充分利用竞争激烈的金融市场，引进竞争机制，强调快捷的工作效率和优质的服务意识，构筑优质的理财理念和理财环境，提高资金使用效率，达到高效利用资金的效果。至六月底为止，公司共贷款24500万元，开出银行承兑汇票6505万元，累计发生贷款利息532万元，财务费用控制在极低的范围之内。同时还充分利用金融产品衍生工具，在许可的范围内，开展银行承兑汇票业务，创新支付手段，目前银行承兑汇票保证金不超过10%，极大地减少融资成本。为降低融资风险，与银行本着互惠互利、真诚相待、友好合作的原则，加强信息沟通，及时交换意见，在融资承诺额度内，依照公司工程实际需要，进行期限长短、额度不等的极其灵活的融资方式。规范工程价款、设备材料价款支付程序，财务支出依据内部控制管理制度，按照程序和合同条款，层层审核把关，做到程序有条不紊，审核意见明确，支付手续齐全。

五、严把质量关，健全质量管理体系，力创精品工程

以施工材料、设备管理，施工工艺管理和“四级验收，两级监督”制度为重点，创建精品工程。

(1) 完善管理体系，健全组织保证。深刻认识工程质量的重要性，坚定不移地贯彻创“优质工程”思想，向福建省电力建设工程质量监督中心站申请成立“南埔电厂质监站”。根据《电力建设工程质量监督规定》认真开展质量监督工作。组织编写《质量控制手册》，发至每位业主工程师、监理工程师、施工承包商的技术管理人员手中，明确工程的质量方针和目标，规定业主、监理、承包商质量管理的职责以及质量控制程序和内容。重点抓单位工程的施工组织设计、单项工程的施工技术方案和作业指导书、原材料入场、隐蔽工程旁站监督、中间验收以及建筑工程的外观工艺。在施工过程中，严格控制各个环节，使各分部、分项工程能全面实施到位。在各标段开工之前，对各标段的质量保证体系进行检查，保证体系健全，组织完善。要求监理工程师以规范、规程为依据，对工程质量进行全过程、全方位的控制，对于重要工序实施旁站监理，深入现场、严格把关，确保工程顺利进行。实行质量监督动态管理，专门配置质量监督车和摄像工具，随时到现场进行检查，发现问题，及时整改。从工程开工到2004年年底，未发生质量问题，建筑工程外观工艺达到清水混凝土的标准。

(2) 加强过程控制，质量管理可控在控。开展工程质量监督综合性检查，检查内容涉及质量管理体系及制度建设、主要施工技术资料、主要施工技术记录、质量检验记录、出厂证件及试验资料等，确保工程质量。严格执行验收制度、见证取样制度、工程巡视制度和隐蔽工程隐蔽前检验制度。发现问题及时发出“整改通知单”并监督整改，如浇筑混凝土之前对钢筋模板的检查；抽查到有疑问焊口，加倍检查和返工，合格后才允许使用。每月组织召开工程质量分析会，分析工程质量情况和趋势，提前预警，制定可行的方案并实施。此外，针对主厂房部分结构混凝土存在的胀模及凝结水泵坑混凝土漏振等质量问题做专题分析，从产生的原因、纠正措施以及保证措施等方面进行讨论总结，以确保工程质量。同时，在每周召开的协调会上，也对出现的质量隐患及时进行纠正处理。

(3) 加强设备监造，严格控制设备和建材质量。委托国电物资有限公司进行设备监造，并加强对设备监造单位监造活动的检查，严格考核设备监造活动，发挥设备监造单位的作用。同时，成立设备监造小组，加大设备监造的力度，严格执行有关设备进厂检验的有关规定，组织人员参加出厂试验等。把好设备出厂前的质量验收关，努力把设备缺陷消灭在出厂前，设备到达现场后敦促、协调安装单位及时卸车(船)、清点，做好保管工作，对于可立即安装的设备，组织施工单位、监理单位、工程管理部门的专业人员和设备供货商开箱验收，及时解决出现的问题。对于设备厂配套的设备，严格执行合同，审查分包商的资质，保证设备的整体性能，确保设备产品优质。为保证工序质量，多次派人到钢管制造厂、钢梁加工厂和水泥厂等原材料源头去检查质量。1号锅炉第一层钢架组装非常顺利，所有螺栓孔均未出现偏差。

六、筑牢四道防线，强化闭环管理，安全文明施工呈现良好态势

坚持“安全第一，预防为主”的方针，树立“安全工作只有起点没有终点”的观念，严格按照集团公司下达的安全生产目标，抓安全专管机构建设，完善规章制度，紧跟施工强化安全监督，创建安全文明工作，用扎实严谨过细的工作，筑牢安全工作四道防线，实现“零事故”、“零死亡”，一个环境优美、规

范有序、安全文明的施工环境基本形成。

（一）从思想上筑牢安全生产防线，提高参建人员的安全意识

提倡“以人为本，安全第一；关注安全，关爱生命”的安全理念和“每个人都是安全的执行者，每个人都是安全的受益者”的安全观。除组织公司职工进行安规考试外，还会同各参建单位围绕安全目标，进行广泛宣传，使所有参建人员牢固树立“安全第一、预防为主”的观念，增强责任意识、忧患意识、法制意识。同时，要求各参建单位加强安全教育和安全培训，对所有上岗人员建立台账，保证所有人员经过进场“三级安全教育”和安全考试。设立“安全宣传栏”，宣讲安全知识，加大对不安全行为曝光力度。编发《安全施工手册》至每一位施工人员手中，使安全深入人心。特邀专家到现场开展安全知识培训，所有施工承包商主要负责人均参加听课，收到良好的效果。

（二）从组织上筑牢安全生产防线，充分发挥“两个体系”作用

公司深刻认识到安全的重要性，高度重视安全工作。成立工程建设安全委员会，安委会各成员均为各施工单位项目第一负责人，使安全工作从头头抓起。项目公司、监理公司和各建设单位均设立专职安全员负责安全文明施工；落实安全生产责任制，在公司内部层层签订安全责任状，与各施工单位的负责人签订《安全、文明施工责任状》，做到从上到下落实各级安全生产责任制，实行“责任追究制”，从下到上实行安全逐级负责制。充分发挥安委会的组织协调与督导作用，每周召开安全文明施工例会，分析安全文明施工情况和趋势，解决存在的问题和单位之间需要协调的安全问题。每月编辑出版《安全简报》，及时反映现场安全文明施工情况、存在问题。建立完善“两个体系”的作用，做到凡事有人负责，凡事有人监督。

（三）从制度上筑牢安全生产防线，使安全工作有章可循、有据可查

建立健全施工现场安全健康环境管理体系，使所有参建单位在安全文明施工过程中有章可循、有据可查，并严格贯彻落实，使安全工作制度化、标准化、规范化。出台应急预案管理系统，提前防范，及时、正确处理灾害及事故，最大限度地减少损失。实行安全文明处罚单制度，加强安全文明施工考核。

（四）从措施上筑牢安全生产防线，确保安全工作有效长效

以服务工程建设为中心，重点抓好事前预防、事中控制和事后处理三阶段安全管理控制。坚持执行现场安全监督检查制度，专门配置“安全监察车”和摄像工具，随时到现场进行安全检查，施工单位专职安全员巡查，专职安全监理工程师的督查、安监组的现场巡查已形成制度，提高隐患现场整改时效，对施工单位也起到促进作用。建立气象指挥系统，使各参建单位能了解天气变化，提前做好准备。在工程各标段开工之前，对各标段的安全文明施工保证体系进行检查，保证施工单位体系健全，组织完善。实行各施工单位进场施工机械检查、登记、挂牌制度和脚手架的使用验收规定，加强安全工器具管理。对各施工单位的特种工统一管理，对特种工进行备案，不定期检查，对于无证操作者勒令其退场，对于情节严重者令责任单位停工整顿。开展为期一个月的春季安全大检查，对安全生产责任制、安全教育和安全技术措施的落实情况、设备安全状况及施工现场、生活、办公区的防火、防汛、防台风措施落实情况等四个方面进行检查，并下发整改通知单进行整改。此外，组织有针对性的安全大检查十多次，发现并消除安全隐患。根据本工程处于沿海地区，台风较多的特点，开展专项防汛、防台风专项检查工作，确保安全度汛，重点抓厂外排洪沟工程，在雨季来临之前，建设好排洪沟，有效地进行排洪和防止潮水倒灌。坚持“四不放过”，加大“反违章”处罚力度，对违章行为分别实行通报、说清楚、停工整改、经济处罚和离岗学习制度。

（五）加强整体规范策划，“六化”促文明施工

在文明施工方面，要求各施工单位做到“六化”，即“施工总平面管理模块化、现场设施标准化、工程施工程序化、文明区域责任化、作业行为规范化、环境卫生经常化”。委托咨询公司进行安全整体策划，对现场总体布局、安全文明施工措施作出明确规定，供设计、监理、施工承包商进行现场规划、安全文明施工管理时参照执行。按照安全文明施工《设施、标志、标示》标准化要求和《工程施工中危害辨识、风险评价方法手册》以及《工程安全策划》开展工作，利用咨询公司策划的安全标志、设施标准化图集对各自施工区域进行安全文明施工布置。现场安全文明局面逐步形成：办公区绿化完成、厂区绿化正在进行、六牌一图已经建立、各种标志正在完善。整个工地环境日趋美化，为参建人员创造良好的施工环境，为安全施工提供条件。

七、以规范化为重点，以文化为动力，提高公司整体运作水平

积极开展“管理效益年”活动，以“夯实基础、确保安全、提高效益”为目标，坚持以人为本，搭建两个舞台，即为员工搭建“忠诚事业、忠诚集团、爱岗敬业、岗位成才”的舞台、为参建单位构筑展现企业形象的舞台。重点抓好基础工作的规范和基本工作制度的建设完善，完善管理制度体系；出台《规章制

度管理办法》，明确制度立项、修订、审核等流程，促进科学规范管理；开展清理制度活动，提高管理制度的系统性、规范性和有效性。加强企业文化建设，大力推行集团公司VI系统，统一企业标识。以集团公司企业理念为核心，出版企业文化手册，并通过开展“学习宣贯企业理念”主题活动，进一步形成企业和员工共同的价值观。加强与上级、政府部门的沟通，营造良好的外部环境，为工程顺利推进提供保障。

（郭滨传）

十、科技环保

综 述

概 述

国电集团公司科技环保工作包括该公司的科技、环保发展规划、重大项目开发计划和年度计划；组织协调集团公司重大科技项目的开发和技术攻关；组织对进入该公司系统新技术的技术认定和新技术、新材料、新工艺的推广应用；负责公司系统产业信息化工作；负责公司系统的环境保护工作及环保技术改造工作。

2004年，科技环保工作贯彻落实党的十六届四中全会精神，按照集团公司“做实、做新、做大、做强”的发展方针和“管理效益年”的思路，以改善集团公司资产质量、提高集团公司竞争力，为集团公司上市打好基础为重点，扎实工作，奋力拼搏，科技、环保、信息工作得到进一步发展，为促进集团公司全面、协调和可持续发展提供了坚实的保障。

（翟 彤）

管理制度体系

进一步建立和完善了新的科技、环保、信息制度体系。

《中国国电集团公司科技项目管理办法（暂行）》（国电集科［2004］93号）规定了集团公司科技项目资金筹集与使用、项目立项与审批、性能测试与验收、科技成果鉴定等内容，规范了集团公司科技项目的管理，保证项目的顺利开展。

《中国国电集团公司科学技术成果鉴定办法（试行)》（国电集科［2004］262号）规范了集团公司科学技术成果鉴定工作，是推动集团公司科学技术事业持续健康发展，促进科学技术资源优化配置，提高科学技术管理水平的重要手段和保障。

《中国国电集团公司排污权交易技改项目管理办法(试行)》（国电集科［2004］169号）是为促进中国国电集团公司“做实、做新、做大、做强”，满足国家和地方环保行政主管部门和燃煤电厂扩建（新建、改建）的环保指标要求，对经过环保技改后获得扩建（新建、改建）工程污染物排放总量指标的在运机组项目进行规范管理，进一步提高集团公司发电企业污染物排放控制水平而制定的。

《中国国电集团公司多媒体广域网络系统管理办法（试行）及信息技术规范》（国电集科［2004］83号）规范了集团公司系统的信息化管理，同时对集团公司信息化建设、运行和管理提供规范和依据，指导所属各级企业开展信息化工作。

2004年11月，组织编辑、出版了《电力环境保护最新法规文件选编》，收录了截至2004年10月底国内最新的、与电力环境保护有关的政策、法规，供有关人员学习参考。

（翟 彤）

2005
中国国电集团年鉴

科 技 工 作

实施科技项目计划

2004年4月，下达国电集团公司年度科技项目计划，总计下达科技项目32项，费用总额4122万元。

科技项目涉及新能源发电；新技术、新产品、新材料、新工艺的推广及应用；电力控制系统开发与升级；环保技术开发、引进及消化吸收；信息化等领域，由21家企业、科研单位、发电厂开发。

（崔利群　张杰群）

国家科学技术进步奖

在2004年度“国家科学技术进步奖”的评选中，烟台龙源电力技术有限公司等单位攻关的“煤粉锅炉等离子点火及稳燃技术”项目荣获二等奖。

项目特点：逐级点火、分级内燃、气膜冷却；双筒压差平衡式等离子燃烧器，可兼做主燃烧器；点火性能稳定、出力大、效率高、不结渣、不烧损；适用范围广，不影响正常燃烧组织，配套系统简单。

（崔利群　张杰群）

中国电力科学技术奖

2004年7月，在“中国电力科学技术奖”的评选中，集团公司获得中国电力科学技术奖二等奖一项、三等奖两项。分别是：

(1) 国电环境保护研究所完成的《双试验段环境风洞及其测控系统的研制》项目获中国电力科学技术奖二等奖。

项目特点：①在环境风洞的一个气流回路中，实现2个试验段的设计；②研制48点自动采样器并与分析设备（气相色谱仪）连接；③研制计算机控制的3位移动测量坐标架，为试验过程的自动化创造条件。

(2) 国电环境保护研究所完成的《江苏省电力行业二氧化硫排放总量控制研究》项目获中国电力科学技术三等奖。

项目特点：①成功地将二氧化硫排放配额分配给江苏省内193家火电厂；②制定出江苏省电力行业二氧化硫污染防治“十五”实施计划；③制定出我国第一部排污权交易规则和管理暂行办法，成功实施了全国首例跨地区的二氧化硫排污权交易。

(3) 国电聊城发电厂完成的《600兆瓦“W”火焰锅炉安全经济环保运行》项目获中国电力科学技术三等奖。

项目特点：①建立吹灰器运行模式优化模型；②防止了锅炉结焦、降低了NO_X排放量；③修改锅炉BMS控制逻辑，降低了燃油消耗。

（崔利群　张杰群）

全国电力行业企业管理创新奖

2004年10月，集团公司荣获全国电力行业企业管理创新成果一等奖1项，二等奖3项，三等奖8项，详见表1。

表1　2004年集团公司荣获全国电力行业企业管理创新成果奖名录

等级	成　果　名　称	创 造 单 位
一等奖	以持续优化管理体系为目标的系统控制管理	国电菏泽发电厂
二等奖	深化管理范围 创新管理手段 严格管理考核 切实提高全面预算管理的应用成效	国电石嘴山发电有限责任公司
二等奖	火力发电厂内部绩效评估体系的建立和运用	国电荆门发电厂
二等奖	以指标工资考核为中心的绩效管理	国电九江发电厂
三等奖	SIS系统在“全国燃煤示范电厂”项目中的成功应用	国电石嘴山发电有限责任公司
三等奖	构筑现代安全管理系统实现安全生产可控在控	国电聊城发电厂
三等奖	塑造新型的衡丰文化	国电衡丰发电有限责任公司
三等奖	改制科研院所的人力资源管理	国电环境保护研究所
三等奖	以科技成果为先导 以管理创新为动力 不断推进企业的管理创新进程	国电谏壁发电厂
三等奖	600兆瓦机组在线耗差管理系统	国电北仑第一发电有限责任公司
三等奖	实施煤电联营确保发电用煤的实践	国电宣威发电有限责任公司
三等奖	学习型领导班子的实践与创新	国电小龙潭发电厂

（崔利群　张杰群）

科学技术交流活动

2004年10月，与阿尔斯通公司（ALSTOM）公司召开技术交流会议。会议双方就除尘技术进行了交流、讨论。

2004年10月，会同所属发电及科技企业与北京埃普瑞电力科技有限公司召开技术交流会，邀请美国张博士（Peter S Chang）做了锅炉燃烧、过程控制，环保治理、耗差分析等方面的讲座，并针对相关的热点技术进行了交流、讨论。

2004年7月，参加第十届“国际电力设备及技术展”。

（崔利群　张杰群）

发电机蒸发冷却方式收资论证

2004年9月，会同成勘院、东方电机厂就瀑布沟水电站水轮发电机蒸发冷却方式，赴三峡水电站、李家峡水电站、东方电机厂进行了考察调研，收集了多方资料，为集团公司形成技术储备。

（崔利群　张杰群）

环 境 保 护

年度在运环保技改项目计划

2004年5月下达了2004年度环保技改项目计划，当年环保技改项目共12项，其中内部核算企业新立项目3个，上年度结转项目5个；控股企业新立项目4个，往年结转项目1个；涉及11个电厂，总投资126960万元。

（关维竹　朱　林）

环保达标与考核

2004年各分支机及各基层发电企业按照集团公司环保考核制度执行环保指标考核工作。

2004年参与考核的45家电厂中有40家电厂（发电公司）完成了烟尘达标排放率考核值，占88.9%，太一发电厂（公司）、九江发电厂、红雁池发电公司和小龙潭发电厂的烟尘超标排放问题比较突出，吉林热电厂烟尘排放浓度最高。有40家电厂（发电公司）完成废水达标排放率考核值的，占88.9%，华蓥山电厂、大连开发区热电厂、朝阳发电厂废水超标现象已持续多年；全部45家电厂（发电公司）污染治理设备正常运转，投入率为100%；30家电厂完成单位电量SO_2排放量考核指标，占所有考核电厂的66.7%，没有完成单位电量SO_2排放量考核指标的电厂有15家，占所有考核电厂的33.3%，集团公司系统控制燃煤质量的任务繁重。

根据2003年排污缴费的统计结果，对排污费进行归类、分析，对2004年、2005年排污缴费进行了预测，形成了《关于集团公司2003排污费及2004、2005年排污费预测情况的汇报》以及《集团公司2003年环保费补助专项资金到位情况及存在问题的初步分析》，提出并完成全集团公司2004年“环保补助专项资金不低于上缴排污缴费40%”的考核指标。

（关维竹　朱　林）

项目前期环保工作

结合2004年集团公司“管理效益年”活动，为规范、有序地开展建设项目前期环保、水保工作，2004年1月18日下发了《关于规范建设项目前期环保、水保工作的通知》。11月12日又召开了集团公司前期环保工作座谈会，提出进一步规范并加强集团公司前期环保工作、努力适应形势的变化，促进集团公司发展。

经过努力，常州电厂、万源电厂、南桠河冶勒水电站、河南豫源发电公司、黄金埠电厂、康平电厂、龙山电厂等项目的环境影响报告书已经顺利通过国家环保总局审批。在与四川分公司的共同努力下，经过优化环保方案节省了近1亿元的投资。

（关维竹　朱　林）

污染物排放与排污缴费情况

2004年集团公司系统电厂烟尘排放总量28万吨，为2003年的101%；二氧化硫148万吨，为2003年的114%，废水排放总量6500万吨，为2003年的70%。

2004年集团公司系统共缴纳排污费3.7亿元，为2003年的181%。其中SO_2排污费为2.8亿元，占全年排污缴费的75%以上。

（关维竹　朱　林）

年度环保会议

2004年6月7~9日，国电集团公司环保政策法规培训班及新技术推广会在南京召开。

会议分析了集团公司科技环保工作面临的形势和任务，以及集团公司的环保工作思路，并对下一步的工作提出了具体要求。有关专家讲解了排污收费政策和环境保护专项资金申请使用政策，会议分别介绍了新的《火电厂大气污染物排放标准》（GB13223—2003）和环保新技术、新工艺，川渝分公司等单位分别介绍了环保工作经验。会议讨论了如何结合“管理效益年”进一步提高环保管理工作，并对集团公司环保工作提出了建议。

（关维竹　朱　林）

国债资金申请

在各厂申报环保技改项目基础上，配合国电集团公司基建发展项目，经多次论证、优选，决定2004年度集团公司环保技改项目13项，申请使用环保补助资金1.56亿元。太原第一热电厂等8个脱硫技改项目向国家发展改革委申请脱硫国债资金9000余万元，为集团公司的环保技改工程开拓了资金渠道。

（关维竹　朱　林）

环保设施竣工验收

2004年11月16日，参加了国家环保总局组织的聊城发电厂一期工程（2×600兆瓦）环境保护现场检查及验收。验收结论认为，聊城发电厂一期工程环保手续齐全，各项污染物的排放基本达到了国家标准要求，符合环保验收条件，同意通过环保验收。

同年通过国家环保总局环保设施现场竣工验收还有云南宣威电厂五期扩建工程。

（关维竹　朱　林）

五大发电集团环保工作联系会

在国电集团公司倡议下，由五大发电集团公司自发成立的环保工作联系会是电力环保工作的一项机制创新，对五大发电集团公司在求同存异基础上，探索和解决电力环保长远性和根本性问题，具有重要意义和作用，受到了国家发改委、中电联的支持和肯定。联系会每年安排两次，由五大发电集团公司轮流主办，国电环保所为会议联系单位，特邀中国电力企业联合会参加会议。

2004年3月11日，由中国国电集团公司主办，中国华能集团公司、中国大唐集团公司、中国华电集团公司及中国电力企业联合会等代表12人，在国电天津第一热电厂召开了五大发电集团公司环保工作联系会第一次会议。会议确立了联系会的制度；就环保经济政策、环保技术等问题进行了交流与探讨；实地考察了国电天津第一热电厂烟气脱硫除尘改造场地。

2004年10月12日，由中国华电集团公司主办，中国国电集团公司、中国华能集团公司、中国大唐集团公司、中国电力投资集团公司并邀请中国电力企业联合会等代表12人，在福建召开了五大发电集团公司环保工作联系会第二次会议。与会代表各抒已见，就排污费、环保电价、“两控区”内“十五”燃煤电厂脱硫计划等问题进行了充分交流与研讨。

（关维竹　朱　林）

环　保　宣　传

注重公司形象，积极参加有助于宣传国电集团公司环保形象的学术、社团活动。

结合“6·5世界环境日”的宣传活动，在《中国电力报》头版上发表了总经理周大兵的署名文章，向社会公布和宣传了中国国电集团公司的环保发展路线和特色。

2004年10月，第一届世界工程师大会在上海召开，国电集团公司总经理周大兵作了题为《大力开发可再生能源，是电力工业可持续发展的战略选择》的大会发言，提出了国家和集团公司可再生能源的发展战略建议，得到了与会代表的高度评价。

（关维竹　朱　林）

信息化管理

概　述

国电集团公司信息化工作已进入了全面开展的第二年，信息化工作按照“统一领导、统一标准、统一规划、统一建设、统一管理、分步实施”的“五统一”原则有序进行。开展集团公司信息化规划，加强了信息化工作在规范化和制度化方面的建设，充分发挥已有信息网络系统和应用系统平台作用，完善集团公司信息系统平台建设，完成集团公司新办公大楼信息网络系统的规划、建设，满足了集团公司管理工作最基础的需要，在五大发电集团中信息化建设起步快，资金投入适度，应用效果最好，信息化利用率较高。

（范海虹）

信息化规划

在2003年公司系统的信息化调研和初步规划的基础上，制定了《中国国电集团公司“十一五”信息化发展规划大纲（讨论稿）》，内容包括信息化规划的指导思想和基本原则、规化的范围、现状、管理与建设目标、标准和内容以及具体措施等，指导信息化工作的开展。

（范海虹）

信息化工作制度建设及技术路线和技术规范

为全面贯彻执行集团公司信息化“五统一”原则，建立科学、严格、规范的管理体系，规范集团公司系统的信息化管理；确保信息系统和信息网络的安全、可靠、稳定运行，有利于集中专业建设、专人管理维护；同时对集团公司信息化建设、运行和管理提供规范和依据，指导所属各级企业开展信息化工作，结合集团公司信息化建设的情况和特点，制定和印发了相关管理办法和6个技术规范。包括：《中国国电集团公司多媒体广域网络管理办法》、《中国国电集团公司信息安全规范》、《中国国电集团公司IP地址编码规范》、《中国国电集团公司域名（DNS）编码规范》、《中国国电集团公司VOIP语音编码规范》、《中国国电集团公司多媒体广域网系统网络拓扑规范》、《中国国电集团公司多媒体广域网系统路由策略与协议规范》以及《中国国电集团公司网络与信息安全信息通报机制》等技术标准与规范；完成了集团公司多媒体广域网络IP地址规范的扩充工作。组织开展了《中国国电集团公司信息化建设与管理技术路线》、《中国国电集团公司企业信息编码体系》和《中国国电集团公司物流编码标准》的编制工作，为集团公司信息化工作奠定了技术基础。由于涉及的单位范围广、历史问题多、情况复杂、技术性要求强，为保证管理办法与技术规范的贯彻执行，对基层应用单位进行了全面技术培训，保证了集团公司信息化工作的规范化，保证了集团公司信息网络与信息系统的安全畅通。

（范海虹）

新办公大楼信息网络系统工程建设

为满足集团公司新办公大楼信息网络系统建设的需要，为新办公大楼提供高效、便利、安全的信息化网络办公环境，为保证整体工程进度要求，组建了新办公大楼信息系统组，负责集团公司新办公大楼信息系统组的协调、管理工作。信息系统组于2004年2月全面启动信息网络系统工程工作，内容包括：综合布线、信息网络系统（局域网建设、广域网增容和公网接入）、语音通信系统、公共电子公告系统、视频会议室智能化、网控中心机房、UPS系统、过渡搬迁等方面建设与管理。

在时间紧，任务重、人员少的情况下，开展了需求调研、需求分析、系统设计、工程建设工作，在较短的时间内编写完成了《集团公司新大楼信息网络系统需求规格说明书》、《集团公司新大楼信息网络系统详细设计方案》、施工图纸和工程预算，并通过了电力规划设计总院组织的专家审查。同时，认真组织业务部门人员和专家对《项目实施规约书》和《各子系统详细设计方案》进行认真讨论和审查，严格工程管理，圆满完成了集团公司新办公大楼信息网络系统工程的建设，按期保质地投入使用。

同时，全面负责组织和协调了新、老信息系统的搬迁过渡和平滑移植工作，新、老信息系统的搬迁过渡工作是一件繁琐和涉及面广的工作，在各方的积极配合下，在精心、周密的设计和组织安排下，圆满完成了新、老信息系统的搬迁过渡工作，满足两地同时办公的需要。

（范海虹）

信息网络和应用系统规划与建设

2004年信息化工作贯彻了“建、管、用”并重的思想。既注重信息化管理与建设，同时也强调注重应用，充分发挥了2003年建设完成的信息网络与信息系统的作用，做好系统验收工作，与业务部门加强协作与交流，在使用中不断完善，尤其在视频会议系统、安生统计分析系统、燃料管理系统方面进行了功能完善。

2004年3月，工程建设管理系统和固定资产投资计划管理系统投入试运行；根据2004年工作计划和业务开展的需要，全面启动了综合计划管理系统、物资管理信息系统和国电物资商务网的规划建设工作，并进一步对人力资源管理系统、在建项目视频监控系统进行规划设计，满足生产、经营和管理的需要。同步完成了大同二电厂和大渡河瀑布沟电站的广域网和视频监控系统的开通工作。

（范海虹）

国电科技环保集团有限公司

国电科技环保集团公司成立

11月26日，由中国国电集团公司及其所属国电电力发展股份公司、龙源电力集团公司共同出资组建的国电科技环保集团公司成立大会在京举行，集团公司总经理周大兵、副总经理朱永芃、李庆奎、刘彭龄、陈飞，国家电力监管委员会副主席史玉波，中国科学技术协会副主席、中国电机工程学会理事长陆延昌，以及国家发改委、科技部、环保总局、中电联、有关电力企业、电力科研机构的数百名领导、院士、专家出席大会，朱永芃代表集团公司发表了热情洋溢的讲话。

新组建的科技环保集团整合了国电集团公司系统内的龙源环保工程公司、国电环境保护研究所、烟台龙源电力技术有限公司、北京国电智深控制技术有限公司等13家高科技公司，拥有较强的技术优势和人才优势。公司所属的高科技企业在环保、节能、节水、自动化与网络技术、电厂技术服务等方面均曾创造过良好的业绩，拥有国际和国家专利40余项，获国家和省、部级奖励36项，国家863计划等重点扶持项目3项，国家级重点新产品5项，其中脱硫技术、除尘技术和水处理技术在国内具有较高水平。

组建国电科技环保集团公司，是国电集团进一步落实科学发展观、实施可持续发展战略、不断开拓发展思路、丰富发展内涵的具体体现，是贯彻集团“做实、做新、做大、做强”的工作方针，充分利用现有资源，优化产业结构，促进科技环保产业快速发展的重要举措。国电科技环保集团公司的成立，为集团公司系统内科技环保企业的腾飞搭建了广阔的平台，必将有利于提升整体竞争实力，发挥规模和技术优势，在为国电集团公司持续、健康、快速发展提供技术支持的同时，为全电力行业更好地服务。

（董志民）

企业简介

国电科技环保集团有限公司是由国电集团公司对其下属的环保、节能和信息化产业进行整合而组建的企业集团，拥有1个分公司、10个控股子公司和1个全资单位，均为从事国家重点扶持技术领域的高新技术企业。该公司以电力节能、环保、信息化和工程服务为主营业务，拥有一支高学历、高职称、高素质的年轻员工队伍。

国电科技环保集团所属企业拥有大量的专利技术和专有技术，涵盖了电力环保、节能、节水、自动化与网络、电厂技术服务等各个领域，具备较强的核心技术竞争能力，湿法烟气脱硫、锅炉等离子无油点火等环保节能高新技术居于国内、乃至国际领先地位。

拥有甲级工程设计、咨询、建设项目环境影响评价资格证书及国家进出口企业资格等数十项国家批准的资格证书；专有技术 90 余项，国家专利 48 项，其中国际专利 1 项、发明专利 2 项。共获得各级科技进步奖 60 余项。

承担国家 863 计划、科技部、国家环保总局、美国环保协会、国家级火炬计划和国家级科技成果重点推广等 30 余项国家重点攻关项目。

面对新的发展机遇，国电科技环保集团将把握“竞争赢得市场，融合创造力量，诚信铸就品牌”的经营理念，找准“经营、研发、服务、管理”的工作定位，树立“大企业、大发展、大市场、大集团”的观念，不断做实、做新，实现做大、做强，打造世界知名、国内一流的科技环保企业。

（董志民）

筹建期间要务摘编

2004 年 9 月 13 日，组建科技环保集团筹备组；9 月 23 日，召开国电龙源环保工程有限公司董事会、股东会，通过了增资扩股、变更股东的决议。增资后，环保公司的注册资本金将达到 19268.27 万元（由总出资 2.04 亿元按工商管理的有关规定计算出来），股东方变更为国电集团公司、国电电力、龙源三方，持股比例为 45%、49%、6%；9 月 28 日，国电集团公司批准成立科技环保集团公司党组，确定了党组成员和公司主要领导；11 月 26 日，在北京香格里拉饭店召开国电科技环保集团公司成立大会；12 月 26 日，科技环保集团公司取得北京市工商局颁发的工商营业执照。

（董志民）

十一、综合开发

综　　述

任务和目标

2004年，集团公司综合产业开发工作围绕“管理效益年”这个中心，全面贯彻年度工作会议精神，理顺管理体制，提高整体管理水平、经济效益和核心竞争力。通过规范所属企业综合产业管理，建立强有力的保障服务体系；通过对所属企业综合产业指导，推进综合产业和谐发展和队伍稳定；通过推进企业重组改革，优化资源配置；通过资源开发，提高集团公司的核心竞争力；坚持“走出去”战略，逐步适应集团公司改革与发展的需要；通过加强部门组织建设，提高管理水平和工作效率。具体工作任务和目标是：坚持“三统一”，做好“两服务”，实现“两延伸”。

“三统一”：把思想统一到集团公司“四做”方针上来，把工作作风统一到“四实”要求上来，把步调统一到提高集团公司可持续发展能力上来。

“两服务”：坚持“电为主导，综合开发，建立强有力的保障服务体系”的工作方向，为集团公司改革发展稳定做好服务，为集团公司综合产业健康发展做好服务。

“两延伸”：牢固树立科学发展观，以提高集团公司可持续发展能力和创建和谐企业为主线，积极延伸电力上下游资源的开发，推进和加快海外资源的开发利用的延伸步伐。

（陈保卫）

重点工作和主要措施

（一）贯彻落实工作会议精神，明确工作思路

认真贯彻落实工作会议精神，进一步理清思路、统一思想、明确工作目标，确定了“建立一个保障服务体系，实现三个确保，抓好四项建设”的工作思路，即发挥职能作用，构建燃料和物资供应主渠道，建立强有力的保障服务体系；抓好燃料供应、发电设备招标采购和综合开发管理，确保安全生产，确保公司发展，确保职工队伍稳定；抓部门内部建设、队伍建设、制度建设和信息化建设，提高管理水平和人员素质，建立高效率工作秩序，完成各项工作任务。

（二）按照集团公司的总体部署，努力抓好改革、发展和稳定工作

1. 组织协调集团公司部分所属企业重组工作

根据集团公司党组三次重组的要求，认真组织、协调集团公司部分所属企业重组工作，制定了《集团公司部分所属企业重组方案》，经党组会审议通过后下发执行。全过程跟踪、检查企业重组进展情况，及时协调和解决有关问题，定期向集团公司党组汇报。集团公司各有关部门、分公司和基层企业高度重视重组工作，按照党组的统一部署，各级领导班子思想统一，严密组织，责任到位，认真工作，稳步推进。本次实施企业重组，涉及五大区和四个省（区），共计45个所属企业，职工约3.2万人。按照集团公司的要求，各地区重组工作进展顺利，取得一定成效，安全生产和职工队伍稳定得到了保障。

2. 理顺物资和燃料管理体系，实现平稳过渡

为满足集团公司改革的需要，集团公司决定物资公司和燃料公司实行独立运作。综合开发部积极理顺物资和燃料管理体系，在实现平稳过渡的同时，做到工作不断档，管理不空白。为进一步加强物资和燃料管理，建立了集团公司、分公司、电厂三级保障服务体系，明确各自分工职责，确保燃料和物资的供应。针对燃料供应的紧张形势，综合开发部和燃料公司精心策划，严密组织全国电煤订货会，落实供煤计划，做到“早准备、早动手、早安排、早落实”，确保了“两节”、“两会”期间的安全生产运行。

3. 积极协调，精心组织，保证燃料和物资供应

在全国电煤严重紧张的情况下，综合开发部和燃料公司，积极与国家发改委、铁道部、交通部、煤矿等有关单位进行沟通，落实煤炭供应计划，协调运力，建立稳定、高效的工作协调机制和调运网络，保证了集团公司所属火力发电企业的燃料供应。

在发电设备招标工作中，完成了双鸭山发电有限公司等15个单位的主、辅机设备的招标，以及谏壁发电厂等4个单位改造项目的招标工作；组织开展主机、主要辅机质量监造和催交工作，以满足电源项目建设的要求。

4. 认真落实“多种经营暨物资、燃料工作会议”改革与发展的工作要求　在深入领会会议精神的基础上，按照集团公司党组的战略部署及实现集团公司“扁平化”管理和提高效益的要求，积极参与开展厂内、厂间和集团公司三个层面的改革重组工作。按照党组确定的改革重组思路，结合各区域的实际情况，起草了《集团公司厂内、厂间改革重组的建议》。在集团公司各有关部门、分公司、基层单位的通力合作下，经认真细致的组织落实，实现了三个目的：一是摸清了集团公司所属单位的基本情况；二是为集团公司改革与发展奠定了基础；三是为集团公司资产接收和强化管理，创造了有利条件。

（三）围绕集团公司“管理效益年”活动，认真抓管理、保服务，促效益、谋发展

1. 推动集团公司物资、燃料管理两个办法的贯彻执行，促进物资和燃料管理工作　通过贯彻执行集团公司物资、燃料管理办法，规范了集团公司物资、燃料管理工作，有效防止跑冒滴漏，减少中间环节，控制燃料成本和设备造价，提高了集团公司总体盈利能力。

2. 积极进行市场调查，参与煤炭资源开发　在集团公司的统一规划下，积极进行市场调查，参与并组织同煤、阳煤、郑煤、罗平、织金和内蒙煤炭资源的开发工作。落实集团公司与同煤、阳煤战略合作框架协议的签订工作，与同煤、阳煤、神华签订了中长期订货合同，与郑煤签订了合作意向，保证电煤供应数量，锁定价格浮动范围。配合西北分公司进行宁夏、蒙西煤炭资源开发；华北分公司蒙中开发鄂尔多斯煤电一体化项目。

3. 加强燃料计划和调运管理，有效控制成本　组织所属火力发电企业参加 2004 年全国煤炭订货交易会及省内煤炭订货会。充分发挥集团整体优势，统一组织谈判，控制燃料价格。在全国煤炭订货会完成计划内订货 3210 万吨，计划外订货 1800 万吨；完成省内电煤订货 2695 万吨。2004 年煤炭订货 7705 万吨，实际电煤供应 8095.9 万吨，同比增加 12.8%；入厂煤价 213 元/吨（含税），同比增加 20.8%；入炉综合标煤单价 300.74 元/吨，同比增加 19.7%。

4. 组织调研，提出开拓市场和控制成本的意见和建议　会同有关部门，对集团公司火力发电机组的燃料需求数量、煤种和区域划分等情况进行了调研，结合集团公司火力发电项目的发展规划，起草了《关于煤炭资源开发的意见》和《国电集团公司煤炭资源开发建议》，提出了开拓市场和控制成本的意见和建议，对煤炭资源开发和建立供应主渠道，抑制市场电煤价格大起大落的不利影响，有效控制成本起到了积极的作用。

5. 建设综合产业、物资和燃料管理信息平台，实现信息管理现代化　应用现代信息技术，构建综合产业、物资和燃料管理信息平台，准确掌握信息，及时提供决策依据，提高工作管理水平。积极建立“国电集团物资销售协作网络”，探索网上采购等新的交易方式，减少资金占用，努力实现零库存管理，降低物资采购成本。

6. 组织召开集团公司磨煤机钢球生产与使用座谈会　集团公司 23 个单位，共计 31 名代表出席了这次会议。会议通报了集团公司磨煤机钢球生产与使用调研情况，各单位介绍了本单位磨煤机钢球生产或使用情况。与会代表就如何发挥规模优势，合理配置资源，确保集团公司整体利益等十个题目进行了热烈的讨论，并达成共识。会议对下一步建立生产与使用协调机制等工作提出了明确要求。

7. 配合开展分离企业办社会职能工作　实施分离企业办社会职能是深化集团公司改革的要求。综合开发部积极配合有关部门开展分离企业办社会职能工作，科学释义了主营业务和辅助业务的内容，对实施分离企业办社会职能工作，提出了具有可操作性的意见和建议。

（四）进一步规范综合产业管理，推进健康发展

（1）组织集团公司所属企业贯彻实施《综合产业改革与发展指导意见》，并按照“现代化管理，专业化组织，市场化运营，规范化运作”的要求，推动综合产业结构调整，优化配置资源，建立“管理严，有效率，效益高，专业化”的强有力保障服务体系。

（2）制定并下发《中国国电集团公司关于规范发展综合产业的若干规定》和《中国国电集团公司综合产业开发管理办法（试行）》，进一步理顺综合产业关系，规范综合产业管理，完善监督机制，确保集团公司电力生产、建设安全经济运行，实现综合产业健康、稳定、持续发展，经济效益稳步增长，职工队伍基本稳定，外聘临时工有所减少。初步实现了综合产业产权清晰，管理科学、经营规范和效益提高的目标。

（3）按照《集团公司综合产业统计工作管理办法》的要求，认真做好综合产业的快报、年中报和年报编制的组织工作，负责汇总集团公司系统综合产业信息统计数据，对重要经济指标进行分析，指导集团公司综合产业工作。

（五）组织实施集团公司“走出去”发展战略

柬埔寨甘再水电站 BOT 项目作为集团公司成立以来第一个“走出去”的项目，从 6 月份购买招标文件开始，在集团公司甘再水电项目领导小组的领导下，综合开发部积极协调集团公司有关部门和中电技、昆明院、葛洲坝、安能等单位的工作；9 月份组

团赴柬埔寨进行现场考察和收资工作，与有关参与投标的单位进行沟通；11月中旬对项目融资方案和“三个协议”进行评审；邀请水规院对项目技术方案进行了论证，确定投标策略；12月份完成中英文标书的编制及印刷，组建投标工作组，全面做好柬埔寨甘再水电站BOT项目投标工作。

（六）加强部门内部建设

（1）加强党员干部思想建设。坚持用集团公司“做实、做新、做大、做强”工作方针，统一党员干部思想，加强组织和制度建设，充分发挥党组织战斗堡垒作用和党员先锋模范作用，在思想上、行动上与公司党组保持高度一致，做到工作积极，补位及时，扎实有序，各项工作得到稳步推进。

（2）发扬团队精神，真抓实干，不搞花架子。围绕集团公司改革、发展、效益的总体目标，克服困难，扎实工作，各项工作取得了实效。

（3）强化党员干部廉洁建设。对党员干部进行廉洁教育，提高廉政意识。在党员干部中树立克己奉公，严于律己，主动接受监督的良好风气，切实加强了党员干部廉洁建设，提高党员干部防腐蚀能力。

（郝德胜）

综合产业经营管理

2004年，集团公司所属单位综合产业工作，紧紧围绕“管理效益年”活动工作目标，在规范综合产业管理、推进企业改革、面向市场开拓市场、稳定职工队伍等方面取得一定成效，为集团公司综合产业持续、稳定、健康发展，提高集团公司综合实力做出了积极的贡献。

（一）主要指标完成情况

（1）总收入51.09亿元，同比增长6.7%；利润总额1.86亿元，同比降低22.5%；利税总额4.42亿元，同比降低42.5%；亏损企业53家，同比降低58.3%。

（2）从业人员29999人，同比减少12.1%，其中：安置主业人员12462人，占从业人员总数41.54%，同比减少26.6%；长期工18884人，占从业人员总数62.07%。

（3）全年从业人员劳动报酬67259.14万元，同比减少25.9%，其中：安置主业劳动报酬47699.22万元，同比减少8.11%。

（4）有本科及以上学历的从业人员为1095人，占长期职工总数5.6%；大专3307人，占长期职工总数16.98%；中专3036人，占长期职工总数15.6%。

有高级职称的从业人员为232人，占长期职工总数1.2%；中级职称1170人，占长期职工总数6.0%；初级职称2329人，占长期职工总数11.96%。

（5）总资产49.71亿元，同比增加2.5%，其中：流动资产38.66亿元，长期投资8.65亿元，固定资产11.62亿元，无形资产0.78亿元。负债25.46亿元，同比增加5.2%，其中：流动负债24.78亿元，长期负债0.68亿元。

（6）所有者权益24.25亿元，同比降低0.2%，其中：资本公积3.81亿元，盈余公积2.48亿元，未分配利润1.5亿元。

（7）企业法人为222家，同比降低14.9%，其中：集体企业100家，股份合作4家，公司制99家，中外合资1家，其他18家。

（二）主要工作及成效

1.在企业实施“三项制度”改革的同时，积极推动集团公司所属单位综合产业改制工作　谏壁发电厂作为第一批试点单位，制定综合产业公司的“定岗定编”方案；实施中认真做好协调工作，保证“三项制度”改革政策的一致性。按照《公司法》有关规定，在公开招聘、党委推荐的基础上，进行综合产业公司的董事会（理事会）的换届工作。

浙江北仑第一发电有限责任公司，对综合产业产权结构和资本结构的调整，做了大量探索和尝试性的工作。在资产重组、优化配置资源、探讨集团化发展思路等方面取得阶段性的成果；通过强化经营意识，规范交易行为，树立诚信理念，拓展企业内部市场等工作，理顺了主业与综合产业的关系，加大企业内部预算和考核力度，形成激励氛围，探索薪酬激励机制，努力营造宽松、稳定、朝气蓬勃的经营管理局面。

九江发电有限责任公司在“三项制度”改革中，进行综合产业机构重组，撤消五个综合产业公司，成立物资部和检修部，其他并入实业总公司。

北安热电有限责任公司，无偿收购“原北安市热力公司”的净资产4000万元，同时接收退休人员200人及在职175人。由物业公司与北能公司出资组建“北安市北能热力有限公司”，承担北安市热力供应的经营，使综合产业公司的产业链得到延伸。

2. 服务主业，面向社会，拓展经营领域　浙江北仑第一发电有限责任公司，积极实施向外拓展战略，在房地产开发领域取得较大进展；积极开展资本运作为实现多元化经营打下扎实的基础，在粉煤灰综合利用、房地产开发、工业旅游等项目取得实质性进展。

谏壁发电厂综合产业配合燃煤机组的脱硫工程，为确保该厂脱硫系统石粉的供应，同镇江江源水泥有限公司共同出资组建镇江江源脱硫材料有限公司。镇江国电发电运行有限责任公司走向市场，承包国电宿迁热电有限公司的生产准备工作；苏源谏电电力设备工程公司积极参与妈湾、扬二、秦山等电厂的检修工程，参加了巴基斯坦国恰希玛核电站常规岛的检修工作，取得明显的经济效益。

双鸭山发电有限责任公司实业总公司，抓住三期建设的机遇，开拓市场空间。在原制氧厂增建液态氧罐装生产线，扩大生产；开发粉煤灰项目；加强市场营销扩大钢球、衬瓦的市场，全年销售钢球413万吨，销售衬瓦123吨。

3. 强化管理，规范经营　华东分公司对所属单位综合产业公司，强化安全生产管理，落实年度安全生产目标，规范责任制内容。通过多种形式签约（即部门安全承包责任书、员工之间安全互保书、操作互保书等），使各部门和员工都明确各自的安全责任，做到层层落实，有效避免事故发生；分公司组织各部门开展春季、秋季安全大检查和安全性评价等专项例行检查工作，并针对存在问题，进行认真整改；充分发挥网络功能，把安全生产情况、规章制度、上级有关安全工作文件等在网上及时发布。

谏壁发电厂从制度建设入手，规范综合产业与核心产业之间的经营活动，以服务为宗旨、以质量为前提，积极为主业的发电生产服务；从控制成本的角度出发，加强材料采购和使用的管理，强化材料领用、使用管理，最大限度地降低生产成本。以推行项目经理负责制的形式，明确公司管理层、项目管理层、劳务作业层三者之间的关系，工程项目管理工作的权、责、利得到明确。

荆门热电厂针对综合产业班组台帐管理薄弱的实际情况，组织进行企业标准内审工作，建立健全综合产业各种技术和管理台账，促进基层单位管理工作的提高。

沙市热电厂坚持每月一次经济分析会制度，依照预算对经营情况进行分析，做到发现问题及时处理。为强化管理厂内出台物资归口管理、废品利旧利废、绩效考核等一系列办法和规定。

（赵　刚）

办公楼装饰工程

工　程　概　况

中国国电国电集团公司办公楼室内装饰工程建设地点位于北京市西城区阜成门北大街6号，共有四座连体建筑组成的建筑群体，集团公司办公楼位于该建筑群体的中部，包括B栋及B、C栋连接体，办公楼地上20层，地下3层，工程装修规模41000m²。

（一）工程组织机构

2003年集团公司成立办公楼室内装饰工程领导小组，对办公楼前期的验收交接、室内装饰工程招标、设计方案审定、工程建设管理、工程造价等进行全面领导，领导小组下设工程管理组、信息系统组、综合管理组、监察监督组四个专业组分别开展工作；2004年2月组建办公楼工程项目部，落实现场组织管理机构，编制提出工程建设组织管理实施方案、施工管理实施细则，落实工程管理职责，编制工程进度网络计划，明确质量及工期目标。

（二）工程建设有关单位

设计单位：华东建筑设计研究院有限公司

监理单位：北京赛瑞斯监理有限责任公司

物业单位：中兴公司国电集团物业管理中心

总协调单位：北京神龙建筑装饰工程有限公司

装修施工单位：北京神龙建筑装饰工程有限公司、北京市建筑工程装饰公司、中建三局东方装饰设计工程公司、中国建筑装饰工程公司、深圳市建筑装饰（集团）有限公司、北京国都建筑发展有限公司、深圳市晶宫装饰工程公司、汕头市建安装饰工程总公司、北京建峰建设装饰集团公司、北京振冲装饰公司等；

机电施工单位：中国建筑技术集团公司、北京安富业消防有限公司、北京江森自控有限公司等。

（三）工程主要形象进度

2003年

完成设计单位招标和施工单位招标

2004年

3月1日，在工程现场召开样板间施工开工仪式；

4月2日，举行办公楼室内装饰工程样板间审定会；

4月30日，设计单位完成办公楼室内装饰施工图的设计（未含：19、20层及大堂修改设计）、完成机电拆改设计范围的空调系统、消防系统第一版和第二版施工方案设计图；

5月1日，室内装饰工程开工，机电拆改工程开始施工；

6月15日，正式向北京市公安局消防局申报集团公司办公楼改造装修工程设计防火审核；

7月20日，在办公楼现场召开建设“优质工程、廉政工程”双文明共建会议；

8月30日，在办公楼现场召开“大干20天，确保集团公司办公楼室内装饰工程竣工动员会；

9月27日，办公楼室内家具开始进场；

9月29日，完成办公楼室内环保检测；

9月30日，完成办公楼电气防火安全检测；

10月2日，办公楼室内装饰工程基本完工，逐项验收，并完成向物业管理单位的使用管理移交工作；

10月8日，集团公司入住办公（12层至18层），B栋6层至9层具备交付条件；

12月23日，完成办公楼消防设备系统安全检测工作；

12月24日，正式向北京市公安局消防局申报集团公司办公楼装饰工程消防验收；

12月28日，消防验收通过，于2005年1月11日出具合格的书面报告。

（陈保卫）

装 饰 设 计

（一）设计理念

1. 统一、整体又不失个性的设计思路　办公楼设计的功能布局、设计风格、材料选择、工艺做法上都分别体现这一思想。

功能布局从设计方面尽可能按标准化单元化标准模式形成布局，从普通的部门办公到中层甚至高层领导的办公室都做到标准式的功能布局，使大楼整体性更强。而对于大堂、贵宾接待、会议用房等又做到个性化设计，在统一的思想中又寻求其自身的空间特质。

在材料的选用上做到品种少而精，分空间分档次选用材料即保证效果又考虑造价。设计选用新颖石材和木饰面作为主要材质，局部的金属及玻璃、木饰相互组合，加之地面石材基本以黑金沙及翠香米黄为主，使整幢办公大楼的不同空间，通过统一和谐、简洁明快的设计手法，得以充分体现它的整体性、系统性，为公司集团提供良好的社会形象。由于使用了尽量统一的材质，但用不同的表现手法加以诠释、渲染，不仅新颖、富有特色、与众不同，又降低采购工作量及造价，施工中又便于材料套用。

设计上选用的造型也配合工厂化成品的要求，运用几个具有特色的标准单元造型加钢木结构的玻璃单元隔断，木挂单元饰面板，硬包单元饰面板，门式造型等几个经典元素，进行排列组合，形成丰富但又不失统一的造型语言来适应大模式的生产制作方式。

2. 局限的空间中塑造有层次、有系统、有特性的办公空间　因大楼层高限制，怎么用好有限的空间资源，达到最佳的空间效果，满足使用功能同时又体现公司品质。

设计后的办公区大堂比原来显得更大气、庄重；餐厅、健身等服务设施用房也富有个性特色；主体办公楼层标准化、系统化，不同于一般办公楼办公层单一布局，而是功能清晰、空间有韵律有变化；会议用楼层也十分注重空间感，在有限的楼层空间里营造有变化有特色的适合各类功能需要的会议空间。

3. 与时俱进，将高科技充分融合在整体设计中　在设计之初为使工程质量得以很好地保证，工程造价很好地控制，管理工作最大程度地简化，在工艺上使用大量的工厂化、装饰化或半装配化的施工工艺，用工业化的手段来从根本上保证施工质量，也充分体现对环保的要求。

考虑日后公司的发展变化，贯彻集团公司领导对设计提出的要求，做好平滑升级设计理念，适应信息技术不断日新月异发展变化的时代，设计中的标准办公室普遍都采用网络地板，通过网络地板，可以方便地变更、增加各类的接线，以适应发展变化，而在将来的变更中不大量破坏基本的装修。

智能化的办公及会议系统如：电视电话会议系统、同声传译系统、自动调光系统等等，均很好的满足现代办公及会议功能的要求。

（二）各功能区域设计理念及达到的空间效果

1. 大堂设计　对原有大堂充分分析之后，设计选择非对称性方案，非常理性的对立面及空间比例关系进行重构，贝沙金墙面与黑金沙地面的搭配，毛面与光面的结合，沉稳与温情对话的色调、活泼而又现代的分割方式表达古典、高尚的情怀并唤起人们对自然和纯朴的回忆，左侧大气的整片金属网、下部极具雕塑感的黑金沙石材块体，以及临空而出以钢拉杆与顶部相连的钢构玻璃挑台，均极为渲染的表达现代工业文明的精神；挑台下的U型窗口将后部一片红墙框入眼帘，表达国电人对电力建设事业的火热情怀和忠诚，窄长的电子显示屏设计及施工过程中均极为细致的推敲视角和比例关系以及细部设计，使功能与造型达到完美结合。大堂最终营造一个庄重而不乏创意，典雅而又有人情味的大气的空间效果，符合国电集团大企业的形象和热情大度的企业文化。

2. 电梯厅　一层、二层电梯厅的设计与大堂中庭相呼应，以整块玻璃和不锈钢材料为主，以简练的建筑语言营造简洁明快的空间效果，其他层电梯厅基本形式与一，二层的一致。材质以贝沙金石材为主，地面向墙面的延续翻起，顶面向墙面的折下，U形的黑水晶套边，使空间的逻辑性有机联系，得到有效的表现；顶层会所的电梯厅在形式上也与此基本一致，但在石材的选用上增加毛面的运用，和谐统一中又略有变化。基本一致的电梯厅将整幢大楼上下联系起来，整体感强。

3. 公共走廊　公共走道的设计十分注重空间的收放变化，公共空间与艺术造型相结合，使大楼呈现出一个统一的，高品质的公共空间；主要的公共区域及转换空间，同样以石材作为过渡，精致耐看的门套、灰色钢框玻璃隔墙、木饰面，在灯光的配合下虚实相融，生动通透，并在局部设置休息区，体现人性化的关怀。

4. 标准办公　标准层以单元式、大开间、开放式的办公格局为主，功能布局合理。用材简洁整体，采用单元系统天花，网络地板、地毯、涂料饰以少量的木饰面及玻璃金属隔断构筑一个简约高效的办公区域，灯光、材料、造型均注重员工的心理舒适感，单元区设有档案、文印、茶水、吸烟区等功能用房。

5. 会议中心（10层）　会议中心设有多功能厅、大、中、小型的会议室，并且为了使用合理设计可分可合不同大小的会议室，齐全的功能设备配置，电视电话会议系统及同声翻译系统，局部的木饰面配以大面积的涂料，使整个会议区达到高效、智能化、现代化的会议需求。

6. 领导层办公区　同样采用的是标准化的设计，在用材及色彩上略有区别，齐全的功能配置、合理的工作流线，既有个性、又协调统一，木饰面、壁布、涂料及造型天花、自动调光系统最终形成的是一个简约高雅的办公空间。

7. 商务接待区　主要材质基本适用办公空间的用材，只是其处理手法更为含蓄，又因其特殊的功能性，它的灯光及装饰更为柔和、亲切，空间分别依功能而各有不同，每个区域的设计变化相对较大，使整体风格依然统一传承主体设计格调。

贵宾接待区的用材相对较为高档，吸音板、石材、硬包、地毯，力求让人在舒适的氛围中，体会到集团公司的企业精神与实力。

8. 员工餐厅　考虑到地下职工餐厅的层高低，因此采用暴露式吊顶，活泼的白色铝板造型间或悬浮于顶面，简洁、明亮的暖色PVC地面，与墙面协调统一的餐桌椅，柱面及局部墙面明快的色彩均极为有效地呼应空间主题，生动的视觉和灯效最终营造一个温馨舒适的餐饮空间。二层高职餐厅使用仿木金属条板、吸音板、夹丝玻璃等自然、高雅的材料，注重灯光对空间氛围的烘托，餐桌椅配置舒适，环境优雅轻松惬意的空间效果使紧张工作后的人们在此交流用餐的同时，得到有效的小憩和松弛。

从设计方面体现并贯彻集团公司办公楼室内装饰工程领导小组的总体要求，设计风格及装饰效果体现“简洁明快、环保实用、不奢华”，满足使用功能需要并能够实现平滑升级的智能化办公楼。

（陆　嵘）

施工组织

2004年2月，成立集团公司办公楼工程项目部并进驻现场，组织整个办公楼装饰工程建设的实施。

（一）工程项目建设总目标

充分满足集团公司要求的用途和功能，充分体现集团公司的良好形象，充分反映现代建设特点和时代特色，确保装修施工效果能充分反映建筑师的设计指导思想，做到简洁、明快、大方、美观、实用，通过加强管理，狠抓施工质量、安全文明施工，通过过程精品战略，使项目成为最终精品，按计划工期完成项目建设，严格控制预算，确保造价合理，通过双文明共建，确保本工程为廉政工程。

（二）建全现场管理体制、抓好施工组织管理工作

工程项目部认真贯彻集团公司办公楼室内装饰工程领导小组对办公楼建设提出的指示精神，坚持“四个凡事”的管理方针，逐步完善各种规章制度，逐步建立、建全整个工程的管理体制，编制“工程建设施工组织实施方案”、“工程管理实施细则”、“项目部工作人员岗位职责”；在“工程建设施工组织实施方案”中提出工程建设的总目标，在“工程管理实施细则”中明确建设单位、监理单位、设计单位、总协调单位、施工单位、物业管理单位、开发商及原总包单位的职责；并制定现场“装修管理规定”、“现场人员出入管理规定”、“施工时间管理规定”、“动火管理规定”、“物品进出管理规定”、“成品保护规定”，将“工程管理实施细则”及各种管理规定分发至各有关单位，按制定的规章制度严格进行现场管理，使各项管理工作走向规范，项目部、设计、监理、物业、总协调及各施工单位分工明确、职责清楚，各司其职，形成职责明确，分工合作，程序明晰，约束有力，高效有序、管理规范的现场管理体系。

要求所有施工单位在进场前编制施工组织设计、质量保证措施、安全文明施工保证措施。

根据工程开展情况，由项目部组织召开的每天的例会、监理召开周会及不定期召开有关专题会等会议组织形式；会上及时通报各单位的进度、施工管理人员及施工人员到位情况、质量情况、安全情况，布置当天的工作、解决协调施工中存在的问题等。每周召开监理例会，检查一周的工作任务完成情况及下周的工作安排，进行月施工进度考核，通报施工质量、安全文明施工情况，协调解决工程中存在的各种问题，每次会议都出会议纪要，并发至各相关单位。专题会主要是根据例会及监理周会反映出的问题，对设计方面、施工工艺方面、施工质量方面、现场安全文明施工、甲供材料进场报验发现的质量问题等有关方面进行专题开会解决。通过抓好工程会议工作，加强现场施工管理协调的力度，对工程施工组织、工程进度、施工质量、现场安全文明施工等各方面都做到有效控制。

根据工程施工进度网络计划，阶段性控制工期，要求监理、各施工单位要有书面的周、月工作计划，并严格执行；各相关单位来往信息，都以书面为准，并做好收发登记工作。对行动迟缓、工作不力、标准不高的单位进行通报批评，对工程中表现优异的单位进行通报表扬。

在施工过程中，设计单位加班加点，进行装饰方案设计，积极配合施工单位施工图深化工作，积极联系工程所用材料，在现场积极解决发生的设计及技术问题；监理公司重点对装修材料的进场报验进行严格把关，对施工工艺、工程质量进行严格验收，对工程进度协助进行控制，对工程资料的竣工组卷进行指导和把关；物业公司负责现场的管理协调工作及保洁、安全保卫、材料运输组织等工作，并承担部分总包单位职责，很好地配合装修施工。

（三）创优质工程、抓好工程质量过程控制

为落实工程项目建设总目标，使集团公司办公大楼在建成后能充分体现大企业良好形象，并充分满足集团公司办公及其他特殊使用功能，确保装修工程建设质量能创优质工程水平，确保装修效果能充分反映建筑师的设计指导思想。在工程建设中，加强质量管理，建立质量管理体系，工程项目验收严格按三级质检验收程序进行，由施工单位自检及验收合格后，报监理验收，对重要工序及隐蔽工程项目由监理与项目部共同联合验收，验收严格执行相关验收规范和标准，抓好质量过程控制，对不符合规范标准及工艺粗糙的项目，要求必须整改验收合格。

充分发挥监理的作用，严把质量关，对施工单位的施工资质进行审核，对施工单位管理人员及劳动力组织情况进行审查，对所有进场材料进行严格把关，每次材料进场都由监理牵头组织验收，凡不符合要求的，进行退场处理，钢材、木门、挂板、金属天花、波纤板、大芯板及机电设备均做过退场处理。为确保材料进场质量，根据工程特点，项目部要求监理、设计、项目部每天夜间均有人值班，工程材料一到能够及时组织验收，发现问题及时解决处理。

机电拆改工程、室内装饰工程各种材料进场报验经监理审核全部符合规定要求；整个装饰工程共对503个分项工程进行验收，验收合格率100%。

大楼内所选用的装修材料、设备系统全部采用绿色环保材料，为建成一个绿色生态工程提供良好的基础。在办公楼室内装修工程基本完工后，于2004年9月，由南京环保设备质量监督检验中心对国电集团公司办公楼4层、6层至18层（自然层）室内环境空气质量、室内γ射线辐射进行监测，经环保监测室内空气中甲醛、苯、氨的含量及室内γ射线辐射值等各项指标全部合格，均符合国家标准。

在办公楼消防安全项目的检验中，由北京京安新力消防科技有限公司对办公楼进行电气防火安全检测；由北京安福业消防检测中心对办公楼进行消防设备系统安全检测，包括：火灾自动报警系统、消火栓系统、自动喷水灭火系统、气体火火系统、防排烟系统、防火卷帘、防火门等消防设备系统；办公楼电气防火安全检测及消防设备系统安全检测均一次合格。2004年12月28日由北京市公安局消防局对国电集团

公司办公楼室内装饰工程进行消防验收，验收一次通过，并出具合格的书面报告。

按北京市地方标准《建筑工程资料管理规程》（编号：DBJ01－2003）标准要求整理组卷，竣工图3套、竣工资料3套，竣工图电子版2套，每套竣工图共计55册（盒），每套竣工资料共计63册（盒）。

（四）工程竣工验收

根据中华人民共和国建设部、国家质量技术监督局联合发布的《建设工程监理规范》的条款规定，国电集团公司办公楼室内装饰工程竣工验收程序如下：

（1）施工单位自查合格并整理好竣工资料后提出验收申请；

（2）监理单位在检查资料合格后，组织建设单位、监理、施工单位三方参加进行竣工预验收，提出书面整改意见；

（3）施工单位整改完成后，监理单位提交《工程质量评估报告》、设计单位提交《工程质量检查报告》；

（4）项目部于2005年1月29日组织监理、设计、总协调单位及施工单位，进行现场四方验收；

（5）工程于2005年1月29日进入保修阶段，建设单位与装修施工单位已签订完成工程质量保修书。

（五）贯彻安全生产以预防为主的方针，确保安全文明施工

为确保现场安全文明施工，坚决贯彻安全生产以预防为主的方针；项目部加强在这方面的协调管理力度，分析在办公楼装饰工程中，防触电、防火灾是工程安全管理的重点工作，紧紧围绕安全工作的重点开展安全生产工作，在工程开工后，坚持每周进行一次安全生产联合大检查，由工程项目部、监理及各有关单位的负责人组成，每周五在现场进行安全施工检查，对发现的不安全的问题，在每天的协调会中进行通报，限时整改，并布置进行复查，每次安全检查都发一期安全简报。现场临电是重点监查项目，施工电源箱均要符合安全施工用电规范要求；按制定的现场消防措施规定，在每个施工楼层均设有蓄满水的消防水桶，每个大消防水桶旁，配备小消防桶作为消防专用水桶，并设有一定数量的灭火器，要求进场材料分类码放整齐，易燃物品及施工垃圾做到每天及时清运；现场动火施工，要开动火证，并设专人监护；从现场安全生产管理方面，总体做的较好，各装修单位及机电拆改单位各负其责并严格遵守现场各项管理制度及安全管理规定，工程建设过程中，无火险发生并未发生一起人身、设备事故，没用发生一起影响国电集团公司形象和社会稳定的事，现场安全文明施工情况始终保持良好状态。

（王志宏）

双文明共建

为了认真贯彻党中央关于抓好精神文明建设的指示和落实党风廉政建设责任制的精神，根据工程建设之初集团公司领导的要求，集团公司办公楼室内装饰工程开展建设“优质工程、廉政工程”共建活动，通过双文明共建活动，切实加强工程项目的党风和廉政建设，使集团公司办公楼室内装饰工程项目达到质量一流、管理一流、安全一流、工期和精神文明建设一流。

（一）双文明共建总体目标

围绕集团公司办公楼室内装饰工程“优质工程、廉政工程”建设目标，进行规范化运作，坚持两个文明一起抓，在大楼建设过程中，无违法、违纪和腐败现象发生，把集团公司办公楼室内装饰工程建设成一个廉政工程。

共建各方正确履行各自的职责，按照创建工程精品的要求，要标准高、质量优、要求严，科学组织，认真落实，确保工程按期、优质、安全圆满完成。

工作人员做到廉洁自律，勤政廉政，勤奋工作，尽职尽责，在工程建设中无违法违纪问题发生，不出现影响国电集团公司办公楼室内装饰工程项目声誉的事件，做到参加工程建设的单位和人员遵纪守法率100%。

（二）组织领导

成立集团公司办公楼室内装饰工程建设“优质工程、廉政工程”共建领导小组，组长、副组长由集团公司领导担任，成员由集团公司有关部门负责人及参与工程建设有关单位负责人组成。

（三）双文明共建活动情况

建设“优质工程、廉政工程”共建领导小组制定《中国国电集团公司办公楼室内装饰工程开展建设“优质工程、廉政工程”共建活动的实施意见》、《中国国电集团公司办公楼室内装饰工程工程项目管理人员行为规范公约》，2004年7月20日召开国电集团公司办公楼室内装饰工程建设“优质工程、廉政工程”共建会议，参加会议的有集团公司有关部门、办公楼工程项目部及北京赛瑞斯监理公司、中兴物业管理公司及北京神龙建筑装饰工程有限公司等13家施工单位及主要材料供应厂家的负责人，与会单位有关负责人在《中国国电集团公司办公楼室内装饰工程建设“优质工程，廉政工程”共建责任书》上签字。

根据国电集团公司办公楼室内装饰工程开展建设“优质工程、廉政工程”共建活动的实施意见，对“双文明共建”活动情况进行总结测评。

对单位考核测评结果：39家单位考核测评打分的基本情况是，单位最高得分98.74分，单位最低得分88.31分；其中工程“双文明”共建活动的5家主要单位测评平均分为：集团公司办公楼装修工程项目部平均得分98.74分；华东建筑设计院平均得分96.28分；赛瑞斯监理公司平均得分96.92分；中兴物业国电物业管理中心平均得分96.08分；北京神龙建筑装饰工程公司平均得分95.10分；各单位总体评价为优秀。

对个人的测评结果：参加个人考核测评共计54人，包括：集团公司与工程建设有关的全体管理人员，参与工程建设的华东建筑设计院及北京赛瑞斯监理公司的全体管理人员，物业管理公司及主要施工单位的负责人等。个人考核测评最高得分：99.64分，个人考核测评最低得分95.87分。

通过对收回的考核测评表的审核和统计，未发现有违法违纪和违反“双文明”共建公约的现象和行为，也未发现对本工程有不好影响的事件，共建各单位是按照建设“优质工程、廉政工程”共建活动实施意见的要求，认真落实，严格管理的，从工程开工至今未发现索贿的行为和举报的现象，参加“双文明”共建单位员工的遵纪守法率达到100%的要求，实现既定目标，很好地完成“双文明”共建任务。

（王志宏）

十二、物资与燃料

国电物资有限公司

综　述

国电物资有限公司（以下简称“物资公司”）。成立于2003年5月13日，注册地在北京市昌平区昌平镇超前路9号。注册资本金为10000万元人民币（2004年11月完成工商变更手续），其中：国电集团公司出资9600万元，龙源电力集团出资400万元。企业类型为有限责任公司。

2004年9月30日国电集人［2004］404号文件对物资公司的工作定位和工作职能做了进一步明确。

1. 工作定位　国电集团公司授权国电物资有限公司行使集团公司物资管理职能。国电物资公司要以服务为宗旨，坚持管理、服务、经营并举的方针，以良好的服务信誉获得管理权和市场经营权，同时要发挥集团公司的整体优势和规模优势，通过集中采购等方式，降低成本，做好物资经营和基建、生产的物资供应服务工作，努力培养和造就一支优秀的物资管理队伍。

2. 主要职责　负责贯彻落实国家有关物资供应和管理方面的方针政策和法律法规，制定并组织实施集团公司物资管理的规章、制度；负责对集团系统物资计划、招标、采购、监造、调度、调剂的管理，对物资的合同、仓储、结算、统计等进行监督、检查；负责对集团公司所属企业物资采购管理工作的指导、组织协调、监督和服务；负责集团公司系统的招标代理，监督和审查招标采购程序；负责集团公司物资管理信息系统的建设与营运管理以及物资供应渠道管理，建立集团公司设备物资采购推荐名录，对物资供应的质量进行监督和管理；承担集团公司系统基建工程主机、重要辅机、主要控制设备、大宗材料等基建工程物资招标采购工作，参与设备选型等前期工作，组织合同谈判，负责设备监造；负责集团公司系统生产设备大修、更改和科技环保项目等物资计划的汇总和物资招标采购工作，负责备品配件的集中分级储备和管理工作；负责组织实施集团公司的物资配送及应急物资的统一调配和供应；负责集团公司系统进口设备材料管理，对通用产品实行集中采购，对部分系统设备、材料成套供应；负责对集团公司物资系统的专项考核和有关专业人员培训工作。

3. 经营范围　机械电子设备、成套电力设备的销售；电力设备、设施和工程设备的成套服务；电力、交通、能源高新技术产品的开发、利用；国内招标代理；与上述业务相关的信息、技术咨询；技术服务、进出口业务。

公司现有员工51人，设综合管理部、财务部、生产物资部、基建物资部、国际贸易部等5个部门。下设5个分支机构，其中国电接待中心、广州分公司已正式成立，哈尔滨、上海、成都分公司正在筹建阶段。投资组建了北京国电诚信招标代理有限公司、国诚亿泰科技发展（北京）有限公司两个控股公司。

2004年是物资公司独立运作的第一年。在集团公司党组的正确领导和关怀下，该公司贯彻集团公司“做实、做新、做大、做强”的工作方针，全面落实集团公司2004年工作会议和多种经营暨物资、燃料工作会议精神，按照集团公司“管理效益年”活动的部署，从集团公司改革和发展的战略高度谋划物资管理工作，充分履行物资管理职能，发挥统一采购的规模和专业优势，降低成本，提高效益，为集团公司的基建、生产提供了可靠的物资保障，全面完成了集团公司下达的绩效指标。公司2004年度销售收入达到8384万元，利润1795万元；合并口径全年收入14514万元，利润4841万元，净资产收益率47.62%，资产负债率59.34%，资产保值增值率620%。

（刘志强）

基建物资管理工作

2004年物资公司牢固树立服务意识，充分发挥国电集团公司的整体优势和规模优势，采取有力措施，全力抓好基建项目物资的供应工作。共完成铜陵、黄金埠等14个项目的主机、辅机采购任务，其中主机合同金额近80亿元，辅机合同金额100亿元。利用集团公司整体规模优势，严格按照“公平、公正、公开”的原则，通过严格执行招标程序，实现工程物资集约化管理，规模化采购，增加工程物资采购透明度，有效规避市场风险，保证工程质量和节约费用，获得最大的经济效益。主要采取集中招标采购和对四大管道打捆招标采购两种方式进行运作，大幅降低采购成本，实现降本增效。

此外，还加大了监造工作力度，使电厂的主要设备可靠性、安全生产水平得到提高，使得集团整体安全生产效益水平得到提高。通过召开座谈会、交流会等形式，进一步加深与各制造集团的沟通与理解，确保设备的质量和工期。2004年3月在五大发电集团中率先在东方、上海、哈尔滨三大集团和沈阳机电装备工业集团公司成立了代表组，监督设备质量、履行合同交货进度及协调供需双方关系。2004年已在上海、哈尔滨、成都等6个地区组建了14个驻厂代表组。充分发挥驻厂代表组的作用，利用专业和经验优势，以及良好协作关系，加大监造和催交力度，抓住关键环节和时机，加强管理，超前运作，确保设备保质按期交货，保证工程顺利进行，实现早日投产发电。

积极开展工程招标工作。编制了集团公司基建项目的主体施工、施工监理、整体调试三种主要工程类招标文件范本（集团公司），提高了工程合同的严密性，降低了工程造价。2004年先后组织了永福、蓬莱、菏泽等多个项目的工程招标代理，工程合同金额达到了11亿元左右。

（丛中华）

生产物资管理经营工作

认真抓好生产物资的计划管理。要求集团各单位、企业认真执行《集团公司物资管理办法》，按规定及时准确地上报物资采购计划。根据计划，掌握整个集团公司在运电厂的物资需求，分类进行统计，形成批量、形成规模，为物资的集中采购，降低采购成本奠定基础。按照物资管理办法，较好的完成了大型技改项目的招标采购。为确保物资供应，根据市场形势，主动到制造厂家协调交货进度，服务到一线。加大积压物资及备品配件的管理力度。对集团系统的积压物资进行了统计，研究了具体处理措施。加大备品配件工作力度，分别到上海、哈尔滨以及四川等生产基地进行调研并签订了合作书，制定出台了《中国国电集团公司备品配件管理办法》和《中国国电集团公司采购供应商管理办法》，组织召开了备品配件工作座谈会，加强经验交流，积极推进企业“物资超市”的建设。为强化在运电厂生产物资管理，有效降低库存储备，2004年4月在山东菏泽召开了集团公司物资管理经验交流暨物资超市推广会。会议统一认识、理清思路、明确了物资经营管理的发展方向。为规范物资采购流程，降低采购成本、提高供应效率，6月启动建设集团公司物资管理信息系统，12月底系统程序开发已基本结束，实施部署各项工作进展顺利，系统预计2005年4、5月份开始在集团侧及3家电厂展开试运行。12月14日集团公司下发了国电集工［2004］481号文《关于对集团公司基建工程部分通用物资实行集中采购的通知》，明确了对开关柜等13类通用物资实行打捆招标、集中采购、配送供应的物资供应模式，通过实际操作，大幅度降低了采购价格，充分体现了集团公司的整体优势和整体效益。

（丛中华）

国际贸易工作

物资公司国际贸易部于2004年10月份正式组建。成立以来，在国际市场四大管道供货极为紧张的情况下，采取各种措施，提前打捆采购，不仅完成了集团公司基建所需，而且同比为集团节省了近30%的资金。目前进口设备、材料（包括四大管道、给水管、管件、阀门、执行机构、智能变送器等）招标采购累计金额达1.6亿美元；同时，由国际贸易部负责开拓的外部市场也卓有成效，在2005年年初完成了北方联合电力公司委托的宝日希勒4×600兆瓦项目和黑岱沟2×600兆瓦主机设备的招、评标工作。

（丛中华）

综合管理工作

建章建制，为加强物资管理打好基础。抓好了《中国国电集团公司物资管理办法（试行）》、《中国国电集团公司生产设备大修、技改及科技环保项目物资计划和招标采购管理实施细则》、《物资采购招标管理办法》等制度的制定落实工作，基本理顺了集团公司与各基建单位、发电企业的物资管理关系，提高了整个集团公司的效益水平。

组建了国电接待中心、国电物资有限公司广州分公司、国诚亿泰电科技发展（北京）有限公司。北京国电诚信招标公司顺利取得了工程招标代理甲级资格证书。物资公司取得了国家进出口企业资格证书，成为中国设备监理协会理事会员单位，完成了2004年度中国设备监理协会个人会员的注册登记报批及质量管理体系的认证工作。

加强公司内部管理，提高服务大局的能力和水平。根据物资公司的职能定位及董事会有关决议，对内设机构进行了重新调整，修订了管理制度，做到了标准明确，程序规范，责任落实。按照建立现代企业制度的要求，规范了“股东会、董事会、监事会”业务管理，完善了制度体系，加强了法律工作及合同管理，促进了公司独立规范运作。文秘、行政、人事、劳资等各项工作正逐步走上规范化的轨道。严格执行总经理办公会和计划调度会制度，实行重大事项集体研究，集体决策，保证了决策的科学化、程序化。加强廉政和职业道德教育，加大从源头上管理的力度，坚决杜绝了影响集团公司声誉和形象的事件发生，保持了队伍的稳定。按照集团公司直属党委的统一部署，精神文明、企业文化、党建和思想政治工作，以及工会和共青团工作得到了发展。

（丛中华）

财务管理工作

严格按照国电集团公司的财务管理规定，规范财务管理工作，提高财务管理水平和经济效益。从建章立制、规范会计基础工作入手，全面推行财务预算管理、完成了2004年财务决算、2005年财务预算的数据测算、财务清产核资、国际贸易业务的信用证开证、集团公司监审部的收支审计、公司新增资本金的增资、财务管理制度的修订等方面工作，规范了财务工作程序，建立了高效规范的财务管理体系，提高了财务管理水平和综合经济效益。

（丛中华）

国电接待中心

国电接待中心是物资公司的分支机构，领取非法人营业执照，其经营范围根据物资公司的授权确定。主要负责集团公司组织的各类会议服务工作；负责集团公司本部组织在京学习、培训接待服务工作；负责为各类宾客提供住宿和其他辅助性服务工作。7月初进行试运营，10月1日正式运营。

（丛中华）

广州分公司

广州分公司为物资公司的分公司，领取非法人营业执照，其经营范围根据物资公司的授权确定。主要负责南方电网区域物资的统一配送、成套服务及物资保障工作，充分发挥“桥头堡”作用，建成物资公司乃至集团公司的窗口。主要进行清远、南海电厂的前期工作的协调，开展了永福、阳宗海项目的服务业务。

（丛中华）

国电燃料有限公司

综　述

2004年国电集团公司深入研究燃料工作面临的新形势和新问题，深化体制改革，机制创新，建立了燃料分级管理模式。国电燃料有限公司围绕“做实、做新、做大、做强”的工作方针，结合实际开展“管理效益年”活动，以保障供煤为基础，以提高效益为中心，加大调运协调，强化煤价控制，加快煤炭经营开发，充分发挥集团公司的整体优势，开拓进取，扎实工作，基本保障了基层单位发电用煤需要，较好地控制了燃料成本，为提高集团公司整体效益做出了应有的贡献。

（饶昌鸿）

主要指标

集团公司全年煤炭到货8096万吨，上年同期为7175万吨，同比增加12.8%，计划内合同到货率为95.7%；市场采购煤量998万吨，占总到货量的12.3%；耗煤8035万吨，同期7079万吨，同比增加13.5%。

进厂煤平均低位热值为19.49兆焦/千克，同比下降0.75兆焦/千克；入炉煤平均低位热值为19.00

兆焦/千克，同比下降 0.64 兆焦/千克；煤质明显下降。集团公司 2004 年度综合标煤单价比上年上升 49.40 元/吨。其中，内部核算企业比上年上升 52.48 元/吨；直接持股并控股企业 322.73 元/吨，比上年同期上升 60.28 元/吨，同比升高 23%。

重油耗用 17010 吨，比去年同期增加 3486 吨，柴油耗用 67663 吨，比去年同期减少 8289 吨，燃气耗用比去年同期增加 91 万立方米。

（饶昌鸿）

管理体制改革

根据国电集团公司电厂分散和煤炭资源分布的特点，结合煤炭市场紧张和运力不足的实际，为保障燃料供应，调动集团各分公司、电厂的积极性，集团公司下发了《关于进一步完善集团公司燃料管理体制等有关问题的通知》（国电集人［2004］372 号）文件，对原管理体制进行了改革。

国电集团公司授权国电燃料有限公司行使集团公司燃料管理职能，全面负责集团公司的燃料管理工作；集团各分公司对本区域内的燃料供应保障和燃料管理工作负责，集团各分公司设立燃料管理部，对外称集团燃料公司驻某地办事处，一套人马，两块牌子。燃料管理部（办事处）只承担保障供应、加强管理的职能，不是燃料的经营单位。业务上接受集团公司燃料公司的领导，日常行政管理由集团各分公司负责。各电厂是本单位燃料保障供应和管理的主体，对本单位燃料供应保障和燃料成本负责。

（饶昌鸿）

主要工作完成情况

（一）加强制度建设，规范公司内部管理

强化管理是企业发展永恒的主体，管理出效益。为了逐步规范公司的各项管理工作，把建立科学、规范的规章制度作为重要的基础工作来抓，组织制定了“集团公司燃料管理办法”、“集团公司燃料管理制度”，编制了公司岗位职责、费用管理办法、公文处理、车辆管理等 32 项规章制度，建立了工作流程，明确了标准要求，落实了岗位职责。为了增强各项制度的可操作性，结合执行的实际情况，对其中 22 项制度进行了重新修订和完善，进一步提高了公司制度化、规范化、科学化管理水平。为了能够及时准确掌握各基层单位燃料收耗存和量质价情况，还开发建设了燃料管理信息系统，提高了管理的效率和效益。

（二）狠抓资源和运力落实，保障燃料供应

2004 年电煤供应持续紧张，威胁集团公司安全生产。集团公司要求以高度的政治责任感，加强调运组织协调，保障供应，满足发电用煤需要。为此，燃料公司把保障稳定供应放在燃料工作的首要位置，在福州召开的全国煤炭订货会和各区域煤炭订货会上，严密组织，统筹协调，共签订重点合同计划 6806 万吨，占集团公司煤炭总需求量的 80%。日常调运工作中，密切与集团各分公司、电厂的联系，上下一致，积极争取发改委、铁道部和主要供煤单位的支持，努力提高合同计划到货率，并为供应紧张的电厂增补重点合同计划 380 多万吨。燃料公司经过多方协调，为九江、菏泽等 6 个电厂开通 13 列直达列，大大缓解了部分告急电厂供应紧张状况。集团各分支机构与电厂深入走访主要供煤企业，加强调运协调，提高了合同兑现率；谏壁、九江、荆门等供煤紧张的电厂安排专人驻矿驻路，加大催装催运力度，有力地促进了本单位电煤供应工作。

（三）全面控制燃料成本，提高整体效益

强化燃料管理是集团公司提高效益、加快发展的重要环节。为全面强化管理，主要抓了以下三个方面的工作：

一是严格控制煤炭涨价。制定煤炭价格审批管理制度，加强购煤合同价格管理。明确规定电厂在保障供应的基础上，不得随意涨价；各电厂煤炭涨价需按职责划分，请示集团各分公司或燃料公司同意后方可执行。在严格煤价管理的同时，加强内部协调，努力避免相互争夺资源、哄抬煤价，避免造成煤价无序上涨。

二是抓好燃料日常管理。要求各电厂加快建立健全本单位燃料管理办法、规章制度和工作标准，并抓好贯彻落实，逐步实现规范化、标准化管理。为加强质检人员的技能培训，组织开展高级质检员培训，45 人获得国家质检中心颁发的高级质检员资格证书；加强燃料管理信息系统的运行监控和管理，安排专人及时统计分析各电厂燃料收、耗、存及量、质、价情况，发挥该系统在计划调运、统计、经济活动分析和管理决策等方面的功能。

三是严格煤炭质量管理。加强集团内部电厂之间的协调，统一思想，共同抵制煤矿掺杂使假、以次充好的行为；各电厂完善煤质验收监督机制和质量保证体系，严格进厂煤采制化工作，维护企业利益。

通过采取一系列措施，集团公司燃料成本控制相对较好。根据统计，集团公司天然煤车板价、到厂价虽然同比分别上涨 29.31 元/吨和 34.49 元/吨，但涨幅在同行业中是较低的，取得显著的经济效益。

（四）加大煤炭经营开发力度，建立燃料供应主渠道

为贯彻落实集团公司加快煤电联营步伐的战略举措，加强项目考查，加大经营开发力度，重点做了以下几个方面的工作。

一是加紧考察煤炭资源，先后对山西、陕西、内蒙、甘肃、宁夏、贵州等产煤省的煤炭资源进行调研，储备了一批前景较好的项目。公司还投资参股了山西晋通物流有限公司，组建了河北清漳能源有限公司（相对控股）。

二是开展煤电联营，实现优势互补，促成集团公司与大同煤矿集团和山西阳泉煤业集团签订战略合作框架协议，合作开采同忻、寺家庄煤矿，目前项目正在稳步推进。经过多方位协商谈判，与神华集团、中煤集团、同煤集团签订中长期供煤协议。

三是利用山西朔州周边地区中小煤矿较多、运输便利的资源优势，租赁经营大新集运站，公司只拨付流动资金500万元，开展煤炭经营，在提高供应保障能力的同时，创造良好的经济效益，全年实现利润1029万元。

四是组建成立“上海国电海运有限公司”，为保障集团公司下水煤供应，降低燃料成本创造有利条件。

（饶昌鸿）

十三、纪检 监察 审计

纪检监察工作

综　　述

2004年，国电集团公司以党的十六届三中、四中全会和“三个代表”重要思想为指导，认真贯彻落实中央纪委第三次、第四次全体会议、国资委中央企业纪检监察工作会议精神，坚持标本兼治、综合治理，全面落实党风廉政建设责任制，围绕“做实、做新、做大、做强”的工作方针，紧扣“管理效益年”中心工作，着力构建教育、制度、监督并重的惩治和预防腐败体系，为保持队伍稳定，加快改革和发展提供了有力的政治保证。通过组织培训、教育、宣传，国电集团公司系统党风廉政“大宣教”机制不断完善，党风廉政建设责任制得到全面落实，效能监察和绩效审计取得新成效，违法、违纪案件查处力度进一步加大。

（张紫娟）

惩治和预防腐败体系建设

着力构建反腐倡廉全方位宣传教育体系。按照国电集团公司党组的部署，将政工各部门的教育功能进行有机整合，充分利用多种宣传教育手段，把党风教育渗透于各项重点工作的每个环节，初步建成全方位宣传教育体系。

着力构建反腐倡廉制度保障体系。纪检监察系统按照国电集团公司党组的要求，把制度建设的重点放在对企业领导人员权力的制约、“三重一大”决策监控和腐败现象易发、多发部位和环节的监督上，形成了“凡事有章可循，凡事有据可查，凡事有人负责，凡事有人监督”的制度保障体系。

着力构建“大监督”体系。按照国电集团公司纪检监察工作会议的要求，大部分单位成立了“监审工作委员会”，完善了监督内容和范围，将党内监督、行政监督、人事监督、财务监督、审计监督、群众监督、法律监督等“七位一体”监督有机地结合起来，进一步整合企业各种监督资源，基本上建成了“强化政治安全，目标责任明确，谋求力量整合，注重监管结合”的“大监督”体系。

着力构建“危险源点”控制体系。国电集团公司系统各单位纪委从规范工作人员履行职务行为入手，围绕人事、财务、物资、燃料、工程招投标等管理工作开展监督，把苗头性、倾向性的问题消灭在萌芽状态，初步构建了“点面结合、立体交叉”的危险源点控制体系。2004年，全系统共清理乱投资、乱担保、乱借贷问题4个，涉及金额3452万元；经营管理人员竞争上岗183人，关键岗位轮换102人。

（孙久平）

党风廉政宣传教育工作

以全方位宣传教育体系为依托，充分利用各种宣传资源，开展了《中国共产党党内监督条例（试行）》和《中国共产党纪律处分条例》的宣传、教育和测试活动，国电集团公司系统共举办两个《条例》培训班97期，培训5016人次，组织廉洁从业法规及党内法规知识测试和竞赛123场，参加者19701人次；开展了勤廉典型学习活动，组织观看《为民书记——郑培民》、《任长霞事迹报告会》等电教片208场次，参加者26614人次。

（张紫娟）

党风廉政建设责任制工作

2004年，国电集团公司系统各单位结合企业实际重新修订了党风廉政建设责任书，对责任书制定的目标进行了层层分解，并与所在单位中层以上领导人员签订了党风廉政建设责任书，做到了把党风建设和反腐倡廉工作同资产经营和安全生产责任制同部署、同检查、同考核、同奖惩，把党风建设贯穿于生产、经营的全过程。全系统共签订党风廉政建设责任书841个，签订承诺书718个，各级领导人员述职述廉1508人次，对党员和各级领导人员廉政谈话561人次，上交现金、有价证券、支付凭证37人次。年末，国电集团公司以单位自查、分公司集中检查和集团公司组织抽查的方式,采取定量考核和定性考核相结合,领导班子汇报和召开座谈会相结合,问卷调查和个别谈话相结合的方法,对所属87个单位进行了考核,44个单位被评为优秀,35个单位被评为良好,8个单位被评为合格。在全面实行党风廉政建设责任制的同时,国电集团公司纪检组对党风廉政建设责任制落实不力的单位和个人,按《党风廉政建设工作管理办法》的有关规定,进行了责任追究。全年,共追究集团公司管理领导人员4人,企业中层管理人员11人。

(张紫娟)

效能监察工作

2004年,国电集团公司纪检监察系统紧紧围绕“管理效益年”目标,积极有效地开展了清产核资、清查“小金库”、物资采购、燃煤管理、项目招标、工程改造等的效能监察工作。集团公司监察审计部对新办公大楼装修工程、信息网络系统工程以及10多个新建和扩建工程项目主、辅机设备的招标进行了监督。4月份,集团公司下发文件对开展“清产核资效能监察”活动进行了专项部署,各单位纪检监察机构围绕对外担保、借款、投资损失等问题开展了专项监察。全年,国电集团公司纪检监察系统对涉及产权转让实施监督检查5件次,在清产核资工作中挽回经济损失250万元。各单位还按照《关于取缔和禁止设立“小金库”的通知》文件精神,清理二级“小金库”34个,合计金额21.3万元。2004年,国电集团公司纪检监察系统在效能监察工作中共立项176项,建章立制99项,挽回经济损失2456万元,节约资金17725万元。

(孙久平)

案件管理和信访工作

2004年,国电集团公司纪检监察系统着重受理查办了在企业重组改制和产权变更、交易过程中隐匿、侵占、转移国有资产,违反“三重一大”规定,失职、渎职造成国有资产损失,企业领导人员私办企业、为亲友非法牟利等损害企业和员工利益等案件。全年,纪检监察系统共受理各种渠道来信来访193件,较去年同比增长61%。根据案件线索,给予纪律处分6人,组织处理13人。其中,集团公司纪检组收到89件次,来信84件次,来访1次,其他方式4件次。纪检组对部分事实清楚、证据确凿的案件进行了立案查处,对有关违纪人员给予了相应处分,对可能出现的群体性事件和个别员工过激行为进行了及时处理。此外,纪检组还积极配合中央纪委对有关问题进行了调查。

(孙久平)

纪检监察工作会议

2月11日,国电集团公司2004年纪检监察工作会议在北京国际会议中心召开。集团公司党组书记、总经理周大兵,党组成员、副总经理朱永芃、李庆奎、刘彭龄、陈飞出席会议;中央纪委有关领导应邀出席会议;集团公司各部门负责人、各分支机构负责人、在京直属单位处级以上领导人员、各基层单位党政主要领导、纪委书记共239名正式代表参加会议;本部全体员工、在京单位副处级以上干部列席了上午的会议。党组书记、总经理周大兵在会上作了重要讲话;党组成员、副总经理李庆奎作了题为《坚持教育制度监督并重,深入推进反腐倡廉工作,为集团公司改革和发展提供坚强的政治保证》的工作报告;荆门热电厂、大渡河流域水电开发有限公司、大同第二发电厂、北仑发电有限公司做大会交流发言,另外5个单位书面交流。会上还分别下发了《中央纪委第三次全体会议和中央企业纪检监察工作会议精神传达提纲》、《关于取缔和禁止设立“小金库”的通知》、《中央纪委副书记、监察部部长李至伦及监察部副部长陈昌智同志在国有企业纪检监察工作座谈会上的讲话》和《国资委纪委书记黄丹华同志在中央企业效能监察工作研讨会上的讲话》等多个文件。最后,集团公司党组成员、副总经理刘彭龄对大会进行了全面总结。

(张紫娟)

业务培训工作

按照国电集团公司党组提出的“培育和造就一支高素质的纪检监察人员队伍”的要求,集团公司纪检监察系统在纪检监察人员中开展了各类教育培训活动。4月份,集团公司纪检组在深圳福田区委党校举办了“纪检监察信访和案件管理软件”培训班,52名纪检监察人员参加了培训。中央纪委办公厅、国资委纪委综合室的专家亲自为培训班授课。5月份,集团公司纪检组在国电菏泽发电厂召开了部分纪委书记参加的案件检查培训暨研讨会,会后向中央纪委递交了一篇《发电企业案件检查工作的难点及对策》研讨论文,该论文在中央企业纪检监察工作研讨会上进行了交流。9月中旬，国电电力公司组织所属13个单位，在宁夏石嘴山发电公司召开纪检监察培训暨研讨会，专门聘请了中央纪委同志作了《两个条例》的培训辅导，进一步提高了该公司纪检监察人员政策理论和执纪办案水平。全年，国电集团公司纪检监察系统共举办各类培训班19期，参加培训的纪检监察人员152人，组织各类纪检监察理论研讨126个，撰写研讨文章178篇，获奖33篇。

（张紫娟）

要事摘编

1月9日，转发中纪委《关于2004年元旦、春节期间严格遵守廉洁自律有关规定反对铺张浪费的通知》（监审［2004］1号），要求各单位做好节日期间廉洁自律工作 。

2月6日，下发《 关于取缔和禁止设立“小金库”的通知》。

2月10日，下发《关于印发〈中国国电集团公司招投标监督管理暂行办法〉的通知》 （集监审［2004］38号）。

3月3日，转发《关于印发〈中共中央纪委监察部关于领导干部利用职权违反规定干预和插手建设工程招标投标、经营性土地使用权出让、房地产开发与经营等市场经济活动，为个人和亲友谋取私利的处理规定〉的通知》（监审［2004］5号）。

3月5日，下发《关于认真组织党员干部学习〈中国共产党党内监督条例（试行）〉和〈中国共产党纪律处分条例〉的通知》（国电集党［2004］6号）。

3月12日，对党风廉政、精神文明建设责任制考核办法进行修订和完善，下发文件《关于印发〈中国国电集团公司党风廉政、精神文明建设责任制考核办法（试行）〉的通知》（国电集党［2004］8号）。

4月6日，转发《关于印发〈关于组织中央企业纪检监察机构在清产核资中开展效能监察的实施方案〉的通知》（国电集党纪［2004］1号）和《关于印发〈关于加强对国有企业改制及国有产权转让监督检查工作的意见〉的通知》（国电集党纪［2004］3号），并就相关工作提出要求。

4月22日至27日，在深圳福田区委党校举办了“纪检监察信访和案件管理软件”培训班，共有52名纪检监察人员参加了培训。在培训班开班会上，国电集团公司监察审计部副主任梁世斋作了重要讲话。特邀国资委纪委综合室副主任马素珍、中纪委办公厅案件管理处蔡翔等领导为培训班授课，讲解了《企业纪检监察信访工作管理》、《纪检监察机关案件管理系统》、《纪检监察统计工作》三个软件的使用和操作方法。

5月10日至12日，国电集团公司在国电菏泽发电厂举办了案件检查工作研讨会。集团公司系统菏泽发电厂、大武口发电厂、华蓥山发电厂、谏壁发电厂、荆门热电厂、聊城发电厂、北仑发电有限公司、衡丰发电有限公司和双辽发电有限公司等9个单位的纪委书记或党委副书记参加了会议。会议重点研讨交流了基层单位案件检查工作的成功经验，分析了工作中存在的难点和问题，系统研究了在电力体制改革的新形势下国有企业案件检查工作的特点、规律和应当把握的重大问题，提出了具体工作措施，起到了提高认识、探索规律、促进工作的作用，并形成《电力企业案件检查工作的难点及对策》、《加强案件检查工作 促进企业健康发展》两份材料。

6月9日，下发了国电集党纪［2004］4号文件，专门安排了《中国共产党党内监督条例（试行）》和《中国共产党纪律处分条例》两个条例的答题测试活动，提出了具体要求，并拟定测试题，下发到所属各单位。经统计，国电集团公司共有党员14138人，其中13855名党员参加了测试，参试率达98%。

9月13日至30日，为加强国电集团公司本部党风廉政建设教育，深化两个《条例》学习和教育效果，组织集团公司本部党员干部集中收看了录像《任长霞同志先进事迹报告会》和廉政警示教育录像片《王怀忠的两面人生》。

9月14日，下发《关于转发中共中央纪委〈关于纪检监察干部严格遵纪守法的通知〉的通知》。

10月15日下午，国资委纪委副书记、监察局局长石巍一行来到集团公司进行预防职务犯罪工作调研座谈，国电集团公司副总经理李庆奎主持向调研组的汇报会。集团公司纪检组、监察审计部、政治工作部、总经理工作部、计划发展部、人力资源部、财务产权部、安全生产部、工程建设部及国电物资公司负责人参加了汇报会。会上，集团公司纪检组副组长、监察审计部和政治工作部主任许援朝就2003年以来集团公司查处职务犯罪案件情况，集团公司健全预防机制，构筑四道防线，积极推进预防职务犯罪工作情况，构建四大体系，实施五个推进，不断加强集团公司预防职务犯罪工作情况向国资委调研组做了汇报，并向国资委纪委调研组提出了对预防职务犯罪工作的建议。调研组成员与集团公司与会人员就有关问题进行了座谈。

11月12日，纪检组办公室下发《关于转发中纪委〈关于清理“中纪委”、“中纪委举报中心”等错误链接的通知〉的通知》（纪办［2004］1号）。

11月17日，研究制定了2004年度党风廉政和精神文明建设责任制检查考核方案，并以国电集党［2004］30号文件下发了通知。根据文件精神和工作安排，11月17日~12月16日，集团公司对各直属、全资、控股单位2004年度的党风廉政和精神文明建设责任制落实情况及各项指标的完成情况进行了检查考核。本次集团公司对所属87个单位进行了考核，44个单位被评为优秀，35个单位被评为良好，8个单位被评为合格。

12月14日，向国电集团公司所属各部门转发国资委纪发［2004］13号文件《关于2005年元旦、春节期间严格遵守廉洁自律有关规定的通知》（国电集纪［2004］9号），并提出要求。

12月21日，转发中纪委中纪通［2004］4号通报《树清廉风气 做自律表率—关于印发郭峰同志“六不”公开信和赵德尊同志建议信的通报》（国电集纪［2004］10号），并提出学习贯彻要求。

（张紫娟）

审计工作

全面部署，执行和落实国家审计署审计决定

2004年8月《审计署关于中国国电集团公司所属原国家电力公司下属部分单位2002年度财务收支的审计决定》正式下达后，国电集团公司高度重视，立即部署各单位进行整改落实。

领导重视，迅速回应。总经理周大兵批示“认真落实整改”，副总经理朱永芃批示“所列单位要限期整改，并报告审计署”；集团公司立即与审计署进行了沟通，并以国电集监审［2004］409号文件向有关单位转发了审计署审计决定。

措施得力，整改到位。为了保证审计决定能够执行到位，集团公司在通知有关单位遵照审计决定全面进行整改，还要求有关单位将整改结果报国家审计机关确认，然后书面上报集团公司，并要求将补交税费、上交罚没款及调账凭证复印件一并上报集团公司。到10月底，集团公司有关单位对审计决定提出的问题全面进行了纠正处理，已补交税费和罚没款共计3328.58万元，其中补交各种税费2657.68万元，上交罚没款670.90万元。11月5日集团公司以国电集监审［2004］455号文件，向审计署报送了审计决定执行结果的报告，审计署对集团公司落实审计决定的有力措施和整改结果表示满意。

（胡 卫）

审计工作会议

8月26日至27日，国电集团公司审计工作会议在云南昆明召开。参加会议的有集团公司本部各职能部门负责人、各分公司有关领导，基层各企业分管审计工作的负责人以及审计部门负责人157人。会议总结了集团公司成立以来审计工作取得的成绩和经验，安排部署了今后一段时期的具体工作。集团公司党组书记、总经理周大兵做了重要讲话，党组成员、副总经理朱永芃做了审计工作报告。

这次会议以“三个代表”重要思想为指导，深入贯彻党的十六大、十六届三中全会精神，分析研究如何结合集团公司改革发展的实际，充分利用当前发展的有利条件，紧紧围绕集团公司发展第一要务开展审计工作，通过卓有成效的审计监督活动，促进集团公司改革发展，规范集团公司经济运行秩序，优化集团公司经营环境，使审计工作为集团公司经营管理和改革发展发挥坚强有力的监督、促进和保障作用。通过这次审计工作会议，各单位进一步提高了加强审计工作的认识，增强了做好审计工作的责任感和紧迫感，强化了审计工作为企业中心工作服务、为企业领导当好参谋助手的思想，为积极探索新形势下审计工作新思路和全面推进集团公司审计工作奠定了基础。

（胡 卫）

开展绩效审计调研

根据国电集团公司领导指示，8月13日至28日，由集团公司监察审计部牵头组织，东北、华北、西北、华中4个分公司带队，抽调下属基层单位计划、财务、营销、燃料和审计等部门人员组成4个绩效审计调研小组，对16家代表性的发电企业经营绩效情况进行了专项审计调研。

调研小组分别对大渡河公司、北仑发电公司、谏壁电厂、九江电厂、九江三期、靖远发电公司、安顺发电公司、太原第一热电厂、太原第一热电公司、永福发电公司、大武口发电厂、南椏河流域公司、阳宗海发电公司、小龙潭发电厂、红雁池发电公司、霍州发电厂等发电企业进行深入调研，在调研基础上形成了专项审计调研报告。调研结果汇总后向集团公司党组进行了汇报，集团公司党组对调研组的工作予以了充分肯定。这次绩效审计调研是一次综合性的专题经济活动分析，在实施过程中，调研组和电厂（公司）有关部门及人员一起，对企业的经营形势和面临的困难和问题进行了深入细致的分析研究，查找原因，研讨对策，提出建议。重点分析了上半年电、热价批复执行情况，电量完成情况，收入、成本、利润完成情况，燃料涨价及燃料供应采购情况等，以及影响企业绩效的困难和问题，并对全年利润目标完成情况进行了预测，为集团公司领导经营决策提供依据。

（胡 卫）

任期经济责任审计

根据中办和国办（1999）20号文件规定，开展对企业主要负责人任期经济责任进行审计，促进企业领导干部正确履行职责和廉洁从业，促进企业加强和改善经营管理，实现国有资产保值增值。2004年国电集团公司系统共完成任期经济责任审计项目35个，其中由集团公司监察审计部组织实施的有11个，分别是国电贵阳电厂、川电股份、华蓥山电厂、阳宗海电厂、红枫电厂、双鸭山电厂、北安电厂、沈阳节能环保公司、兰二电厂、合山电厂、南椏河电厂十一家单位厂长（总经理）离任审计，提出了审计报告，对企业主要负责人任期经济责任履行情况作出了客观的评价，也揭示了企业经营管理存在的一些深层次问题，为加强和改善企业经营管理、促进企业负责人正确履行职责发挥了作用。

各基层单位还对“敏感”部门负责人经济责任履行情况进行了审计，特别注重对“多经”企业负责人进行任期经济责任审计，取得了较好的效果，促进了任期经济责任审计工作的全面开展。

（胡 卫）

电源建设项目审计

2004年国电集团公司委托中介机构对双辽发电有限责任公司三、四号机组工程竣工决算进行了审计。通过审计对竣工决算内容的真实性和报告编制的合规性进行了审查，提出了审计意见和建议。该项目初设概算总投资270261万元，批准调整概算总投资为260502万元，截止竣工决算时实际共完成投资212936.71万元，与批准调整概算比较结余投资47565.29万元，审计后对此进行了认定。通过竣工决算审计，保证了工程竣工决算的合规性、严肃性和严谨性。

（胡 卫）

财务收支、经济效益等专项审计

根据国电集团公司2004年工作重点，年初下达了《集团公司2004年审计工作要点》，明确了年度审计工作指导思想、工作思路和具体目标。各单位按照《集团公司2004年审计工作要点》和本单位工作实际，围绕“管理效益年”活动，积极开展了财务收支审计、工程预(决)算审计、合同签证审计等。据统计，集团公司全系统共完成审计项目448个，合同签证审计4378份，共查出违规金额825.34万元，已责令纠正违规金额825.34万元，促进增收节支3156.94万元，降低工程成本800.4万元，提出并已采纳的审计建议531条，有力地促进了集团公司经济效益的提高。

（胡 卫）

本部及直属公司财务收支审计和专项工程审计

国电集团公司监察审计部部会同财务部开展了对集团公司本部及所属燃料、物资公司的财务收支审计，以及新大楼装饰工程、信息通信工程的审计。通过审计强化了集团公司预算执行、工程结算（决算）和财务管理，增强了集团公司本部及直属公司的审计监督意识，促进了企业依法经营和规范运作。

（胡 卫）

审计人员队伍建设

国电集团公司审计工作坚持“以人为本”，把加强对现有审计人员培训提高、充实急需的专业审计人员、培养高素质审计队伍，当作集团公司审计工作的一项经常性任务来抓。2004年5月份集团公司在华北电力大学举办了集团公司审计人员新《企业会计制度》培训班，集团公司党组成员、副总经理朱永芃亲临学习班并作了重要讲话。各单位采取多种形式培训审计人员，积极开展审计人员业务和经验交流，快速提升审计队伍素质和审计工作水平。在集团公司监察审计部组织实施的十一个离任审计项目中，共从基层单位抽借了70多名审计、财务人员参加了审计。

在绩效审计调研中，从基层单位抽调了20多名审计、财务、计划、燃料、营销人员参与了调研活动。这些活动，既充分利用了集团公司审计资源，又使审计人员在实践中得到了锻炼提高。各基层单位也通过举办专题审计培训班或派审计人员参加工程预算、法律等专业知识培训，不断提高审计人员的业务能力和综合能力。

（胡　卫）

审计信息工作

2004年继续做好审计信息交流工作，监察审计部全年共印发《审计信息》11期，所属单位共上报审计信息稿84份。通过审计信息及时的传递交流，使审计工作始终能够掌握主动，对重要情况和重大事项作出快速反应。

在2004年审计工作会议上，印发了8家基层单位审计工作经验交流材料。其中国电电力发展股份有限公司、国电大渡河流域水电开发有限公司、国电聊城发电厂、国电双辽发电厂、国电谏壁发电厂、国电红雁池发电有限公司等五家单位在会议上作了交流发言。通过经验交流，互学互促，有力地促进了各单位审计工作的开展。

（胡　卫）

要事摘编

3月8日，印发《中共中国国电集团公司2004年审计工作要点》。

5月14日，对河南巩义中孚2×300MW火电工程在建项目资金情况进行了审计，并提交了《关于对河南巩义中孚2×300MW火电工程在建项目资金情况的审计报告》。

5月21日至6月10日，根据国电集团公司国电集监审［2004］200号审计通知书要求，对国电阳宗海发电有限公司原总经理张增同志任期经济责任进行了离任审计。

5月22至6月4日，根据国电集团公司国电集监审［2004］197号审计通知书要求，对中国国电集团贵阳发电厂原厂长陈树森任期经济责任进行了离任审计。

5月22日至6月5日，根据国电集团公司国电集监审［2004］201号审计通知书要求，对四川电力股份有限公司原总经理邓元明任期经济责任进行了就地审计。

5月24至6月2日，根据国电集团公司国电集监审［2004］202号审计通知书要求，对国电红枫发电总厂原厂长张荣贵任期经济责任进行了离任审计。

5月24日至6月15日，根据国电集团公司国电集监审［2004］198号审计通知书要求，对国电华蓥山发电厂原厂长陈守华任期经济责任进行了离任审计。

8月26日至27日，国电集团公司审计工作会议在云南昆明召开。参加会议的有集团公司本部各职能部门负责人、各分公司有关领导，基层各企业分管审计工作的负责人以及审计部门负责人157人。会议总结了集团公司成立以来审计工作取得的成绩和经验，安排部署了今后一段时期的具体工作。集团公司党组书记、总经理周大兵做了重要讲话，党组成员、副总经理朱永芃做了审计工作报告。

8月13日至28日，由国电集团公司监察审计部牵头组织，东北、华北、西北、华中等分公司带队，对16家代表性的发电企业经营绩效情况进行了专项审计调研。

9月1日，国电集团公司监察审计部印发监审［2004］17号文件，关于《中国国电集团公司成立以来经济责任审计情况总结》，上报中央五部委经济责任审计工作联席会议办公室。

9月24日，国电集团公司印发《关于执行审计署审计决定的通知》（国电集监审［2004］409号文件），要求各有关单位严格按审计决定进行整改。到10月底，集团公司有关单位对审计决定提出的问题全面进行了纠正处理，已补交税费和罚没款共计3328.58万元，其中补交各种税费2657.68万元，上交罚没款670.90万元。11月5日集团公司以国电集监审［2004］455号文件，向审计署报送了审计决定执行结果的报告，审计署对集团公司执行审计决定和整改情况给予了肯定。

10月25至11月5日，根据国电集团公司国电集监审［2004］428号审计通知书要求，对国电双鸭山发电有限公司原总经理金锋任期经济责任进行了离任审计。

10月25日至11月10日，根据国电集团公司国电集监审［2004］431号审计通知书要求，对国电兰州热电厂原厂长张建忠任期经济责任进行了离任审计。

10月27至11月6日，根据国电集团公司国电集监审［2004］429号审计通知书要求，对北安热电有限公司原总经理董杰任期经济责任进行了离任审计。

10月27日至11月18日，根据国电集团公司国电集监审［2004］430号审计通知书要求，对国电辽宁节能环保开发有限公司原总经理吴大明任期经济责任进行了离任审计。

11月22日至12月5日，根据国电集团公司国电集监审［2004］433号审计通知书要求，对国电合山发电厂原厂长钟赵龙任期经济责任进行了离任审计。

11月30日至12月9日，根据国电集团公司［2004］第432号审计通知书要求，对国电四川南桠河流域水电开发公司原总经理段凌剑任期经济责任进行了离任审计。

11至12月份，对国电集团公司机关财务、工程项目以及国电燃料公司、国电物资公司进行审计。

（胡 卫）

十四、党的建设和精神文明建设

2005
中国国电集团年鉴

综 述

2004年，通过进一步落实中国国电集团公司各级党组织中心组学习制度、民主生活会制度和党风廉政建设责任制度，深入开展“为发展作贡献，为党旗增光辉”主题活动、保持共产党员先进性教育活动准备工作和“管理效益年”活动的宣传舆论工作，促进了集团公司系统的精神文明、企业文化、党建和思想政治工作，以及工会和共青团工作的全面协调发展。2004年，集团公司被国家精神文明建设协调领导小组授予“中央国家机关文明单位”称号。

（李俊生）

2005
中国国电集团年鉴

党 建 工 作

综 述

2004年，中国国电集团公司各级党组织认真学习贯彻党的十六届三中、四中全会精神，在集团公司党组的正确领导下，坚持“做实、做新、做大、做强”的工作方针，牢固树立科学发展观，围绕党的执政能力建设，着力于党的思想、组织、作风和制度建设，党建思想政治工作与各项改革发展工作同步推进，取得较好成效。

（李俊生）

宣传思想工作

强化党组中心组学习制度，学以立德、学以增智、学以致用。2004年，先后组织8次专题学习，印发8期学习资料，坚持自学与集中学习相结合，讨论与主题发言相结合，理论与实际工作相结合，达到“三真五学”的目标；4月底，向中央组织部、国资委党委报送了党组中心组学习情况的经验材料。

安排部署学习贯彻上级精神。3月5日，印发《关于认真组织党员干部学习〈中国共产党党内监督条例（试行）〉和〈中国共产党纪律处分条例〉的通知》，对基层单位学习贯彻两个条例进行了安排部署；10月11日，印发《关于认真学习贯彻党的十六届四中全会精神的通知》（国电集党［2004］28号），对集团公司系统学习贯彻党的十六届四中全会精神进行安排部署；11月转发《中央组织部、国务院国资委党委关于加强和改进中央企业党建工作的意见》，要求基层单位认真学习贯彻。

强化对“管理效益年”活动的宣传舆论工作。2004年3月下旬到4月上旬，政研会组织基层理论骨干18人在武汉召开“管理效益年”理论研讨活动，围绕集团公司工作方针、职业道德观和企业精神，针对“管理效益年”活动的基本要求、基本目标和基本途径，撰写了6篇具有理论性、实践性于一体的文章，并将9个基层企业强化管理、提高效益方面的典型经验进行整理，作为这些理论最有力的实践支撑。编辑出版了《文化理念与管理效益》、《管理效益年资料汇编》两本书。这两本书发放到基层企业中层及以上领导干部和各班组学习，对解疑释惑、理清思路、鼓舞斗志，起到了十分有益的作用。推出了管理效益年十佳企业报和十佳电视专题片，开展了“我与管理效益年”征文活动，夯实了活动的思想基础，营造了活动的浓厚氛围；7月份，在新疆组织开展了“红雁池”杯“管理效益年”十佳企业报、十佳优秀电视专题片评选活动，国电北仑第一发电有限公司《北电报》等10家报纸和国电大武口发电厂《克度是金》等10部电视专题片获得“十佳”称号。2004年出版《政工信息》14期，发表稿件文章500多篇。

（李俊生）

组织建设

进一步强化民主生活会制度。3月5日，印发《关于召开党员领导干部廉洁自律专题民主生活会的通知》（国电集党［2004］7号），对基层单位2004年度党员领导干部廉洁自律专题民主生活会进行了安排部署；8月23日，印发《关于基层企业2004年领导班子民主生活会有关问题的通知》（国电集党［2004］24号），对基层企业领导班子召开2004年度民主生活会进行了安排部署；按照集团公司党组书记、总经理周大兵关于“2004年上半年，要围绕如何进一步提高基层单位党委民主生活会质量，组织一次专题研讨，找准问题，改进方式，提出对策”的指示，6月份，在国电贵阳发电厂召开了集团公司党员领导干部民主生活会理论研讨会，集团公司有关部门领导和部分基层党组织及政工部门负责人82人参加了会议，57个基层单位向会议提交了研讨材料，会议就如何提高党员领导干部民主生活会质量、增强领导班子解决问题和矛盾的能力，统一了思想，增进了共识，明确了目标，提出了对策措施。

认真做好先进性教育活动前期准备工作。4月28日，印发了《中共中国国电集团公司党组关于开展保持共产党员先进性教育活动准备工作的实施方案》（国电集党［2004］15号），全面部署了集团公司开展保持共产党员先进性教育活动，在8月底前全面开展了保持共产党员先进性教育活动准备工作。突出抓文件学习、组织领导、问卷分析、调查研究、关系理顺、民主生活会、理论武装、问题排查、“双为”活动、骨干培训等10个环节，组织各基层单位填写《基层党组织建设状况调查表》、《党员管理工作调查表》、《保持党员先进性教育活动群众意见调查表》，在对调查表进行汇总分析的基础上，总结了“十抓十好”的基本做法，被《国资委党委通讯》（第21期）以《周密部署显特色，“十抓十好”见成效》为题刊发。

继续引深“双为”主题活动。组织基层单位申报“为发展作贡献，为党旗增光辉”主题活动成果，对申报的74项活动成果进行了评选，强化了“为发展作贡献，为党旗增光辉”主题活动，产生了一批扎根基层实践的活动成果。6月底，组织评选表彰了25个先进基层党组织、20名优秀党务工作者和55名优秀共产党员，其中国电大渡河流域水电开发有限公司党委、国电荆门发电厂厂长兼党委书记万昌发、国电北仑第一发电有限公司总经理韩大卫经推荐分别被国资委党委表彰为中央企业先进基层党组织、优秀党务工作者、优秀共产党员。

（李俊生）

制度建设

强化了党建思想政治工作制度建设，2月份，组织部分基层单位党委书记、工会主席和政工部门负责同志，集中研讨了集团公司当前和今后一个时期党建思想政治工作的形势和任务，在此基础上，制定了《中国国电集团公司党建思想政治工作纲要（2004～2006年）》（国电集党［2004］9号），就党建思想政治工作面临形势、指导思想和方针、重点任务、保证措施等十个方面做出了规划部署，成为集团公司党组指导系统党建和思想政治工作的重要文件。颁发了《中国国电集团公司荣誉称号授予及其管理办法（试行）》，进一步规范了荣誉称号的管理。10月10日，印发了《关于基层企业党代会等有关问题的通知》（国电集党［2004］27号），对基层企业党员大会或党员代表大会有关事宜作了进一步明确。

（李俊生）

精神文明建设

强化党风廉政、精神文明建设责任制的贯彻落实。修订党风廉政和精神文明建设责任制考核办法，充实责任内容，改进检查方式，使考核办法更加系统、严密、科学，并以国电集党［2004］8号文件印发执行。组织年中、年终两次党风廉政、精神文明建设检查，对各单位的党风廉政、精神文明责任制的落实情况进行了全面考核。

加强文明单位建设。2月24日，国家机关精神文明建设表彰大会在京召开，集团公司被授予“中央国家机关文明单位”荣誉称号。11月申报了2004年度中央国家机关文明单位。组织开展了建国55周年庆祝活动和邓小平同志诞辰百年纪念活动。

加强政研会建设。组建成立了中国国电集团公司党建思想政治工作研究会，并依据业务范围和工作特点，设立党建、思想政治工作、工运、青工、监察、企业文化6个专业委员会，在集团公司分支机构和有关企业设立13个分会，吸收有61个团体会员。政研会《以党建促进发展　以发展深化党建——“为发展作贡献，为党旗增光辉”活动的实践与思考》、《整合各方党建资源，促进水电工程建设——对大型水电工程“大党建”工作的理论探讨》两个课题申报了2004年中央企业党建思想政治工作优秀研究成果。

加强调查研究，提高工作针对性。对基层企业宣传媒体情况进行调查。5月份，下发了《基层企业宣传媒体建设情况调查表》，通过对31个基层企业的抽查，有29个单位办有报刊，有22个单位有自办电视，有15个单位有自办广播，有18个单位以不同形式办有政工网页，通过摸底对集团公司基层企业的宣传阵地建设有了全面的了解。为了了解掌握广大员工思想状况，有针对性地做好思想政治工作，充分调动广大员工的积极性、创造性，为把集团公司做实、做新、做大、做强贡献聪明才智，8月份，组织调研组赴广西福建企业进行员工思想状况调研，制定调研提纲和调查问卷，为开展集团公司万人思想调查活动进行了充分准备。针对加强领导班子思想政治建设，10月份，组织调研组对华中分公司加强思想作风建设进行了专题调研，对华中分公司改进作风建设提出的发扬“五种精神”、严格“三项要求”和落实“二十条行为守则”的经验和做法进行了推广。

（李俊生）

2005
中国国电集团年鉴

企业文化建设

综　述

2004年，中国国电集团公司认真开展文化育人、文化铸魂工程，企业文化建设稳步推进。在抓好集团公司层面的企业文化建设的同时，注重基层单位的企业文化建设工作，并积极展示企业文化建设成果，使企业文化建设稳步向前推进。2004年国电集团公司荣获“中国企业文化建设十大杰出贡献单位”称号，国电集团公司总经理周大兵获得“中国企业文化建设十佳个人”称号。国电菏泽发电厂、国电浙江北仑第一发电公司、国电荆门热电厂、国电双鸭山发电公司、国电大渡河公司、国电小龙潭发电厂、国电电力大同第二发电厂等7家企业获“中国企业文化建设先进单位”称号。

（王政现）

开展“企业理念大家创”、“企业理念大家讲”活动

中国国电集团公司企业理念于4月正式印发，企业理念确定了集团公司“做实、做新、做大、做强”的工作方针，“以电兴业、强企报国”的企业精神和“忠诚事业、忠诚集团，爱岗敬业、岗位成才”的职业道德观。企业理念是企业文化建设的核心内容。为了学习、宣传、贯彻和落实好企业理念，6月初下发通知，在集团公司系统广泛开展“三项活动”，重点抓“企业理念大家创”活动。各单位按照通知精神，认真组织，广泛宣传；广大员工积极参与，努力创作，使这项活动取得预期效果。本次活动共收到相声、小品等不同类型作品288篇。经过筛选，确定了102篇作品为候选作品参加评选，其中诗歌类48篇、散文类24篇、快板类15篇、相声和小品15篇。经过专家认真评选，相声小品、快板书、诗歌和散文四类作品分别有9篇共36篇佳作获得一、二、三等奖，其余作品获得优秀奖。

（王政现）

出版印制《文化育人》和《中国国电集团公司企业文化建设纪略》

为珍惜员工情系集团公司，积极参与企业文化建设的热情，尊重劳动、尊重知识、尊重人才、尊重创造，将“企业理念大家创”的获奖作品作为企业文化建设书系之二——《文化育人》出版。集团公司总经理周大兵为本书题写书名并作序，并衷心希望集团公司全体员工，认真阅读，共同打造独具国电特色的企业文化。同时，策划并印制了《中国国电集团公司企业文化建设纪略》，忠实记录了集团公司成立以来企业文化建设的脚步。

（王政现）

贯彻落实“中央企业企业文化建设研讨交流会议”精神

国资委于2004年7月6至9日在黑龙江省大庆市召开中央企业企业文化建设研讨交流会。会议要求各中央企业加强企业文化建设，并明确提出了中央企业企业文化建设的总体目标是：力争用3年左右的时间，初步建立起适应改革开放和社会主义市场经济发展要求，符合企业发展战略，遵循文化发展规律，体现员工根本利益，具有各自企业特色的企业文化体系。

为此，国电集团公司结合实际提出贯彻落实会议精神的有关措施。一是集团公司领导认真阅读了会议文件，并要求结合集团公司企业文化建设工作实际贯彻落实；二是将会议上的发言材料（多媒体）进行复制，下发集团公司各单位。要求各企业结合实际认真学习和落实会议精神，全面推进集团公司企业文化建设工作；三是在国电集团公司网站和《政工信息》（内部刊物）等宣传媒体上登发有关会议信息及相关资料；四是起草《中国国电集团公司企业文化建设三年（2005～2007）规划》，初步提出了集团公司企业文化建设框架模式。通过多形式、多渠道宣传，使集团公司上下统一了思想，提高了认识，增强了全员重视企业文化建设，实践“大庆会议”精神的自学性。

（王政现）

制订员工基本行为规范

为了稳步推进国电集团公司企业文化建设，集团公司制订印发了《中国国电集团公司员工基本行为规范》。《规范》共有6章25条，主要包括实施员工行为规范的目的意义及社会公德规范、职业道德规范、岗位工作规范、家庭美德规范、社交礼仪规范等方面的内容。

（王政现）

举办注册企业文化管理师培训班

集团公司与中国企业文化促进会联合举办了首期全国注册企业文化管理师培训班，共有60名骨干参加培训，并获得由中国企业文化促进会管理师评定委员会颁发的“全国注册企业文化管理师资格证书”。同时，召开了集团公司员工行为规范座谈会、《国电之歌》研讨会；配合工会使《国电之歌》唱响系统内外、唱响人民大会堂。

（王政现）

直属党委

综述

2004年集团公司直属党委在国资委党委和集团公司党组领导下，围绕“管理效益年”这一中心工作，加强党的组织、思想、制度、作风建设，较好地发挥了党委政治核心作用、党支部战斗堡垒作用和党员的先锋模范作用，促进了集团公司各项任务的完成。

（王恒文）

集团公司直属第一次党代会

2004年12月16日，中国共产党中国国电集团公司直属第一次党员代表大会隆重召开。集团公司本部在京直属单位的117名党员代表出席大会。大会听取审议并通过了直属临时党委书记李庆奎代表直属临时党委所做的题为《加强和改进直属党建工作，为推进集团公司改革和发展作出新的贡献》的工作报告。大会审议并通过了直属临时纪委书记许援朝代表直属临时纪委所做的《围绕中心和大局，服务改革和发展，以求真务实的精神不断推进党风廉政建设深入开展》的工作报告（书面）。

大会选举李庆奎、许援朝、张成杰、张玉新、于崇德为中共中国国电集团公司直属第一届委员会委员，选举许援朝、刘焱、姜洪源、梁世斋、王乃戎为中共中国国电集团公司直属纪委委员。

集团公司党组书记、总经理周大兵在会上作了重要讲话。他充分肯定了直属临时党委成立以来所做的工作，并希望和要求新一届直属党委要更好地团结带领集团公司本部和在京单位的党员和员工，紧密结合集团公司改革发展的实际，全面贯彻党的十六届三中、四中全会精神，牢固树立和认真落实科学发展观，认真落实国资委党委和集团公司党组的各项决策部署，充分发挥党组织的政治核心作用、战斗堡垒作用和党员的先锋模范作用，为把集团公司建设成“复合控股型、规模效益型、集团化、市场化、国际化的现代企业集团”发挥更大的作用、做出更大的贡献。

2004年12月16日，中共中国国电集团公司直属第一届委员会召开第一次全体会议，选举李庆奎为直属党委书记，许援朝为直属党委副书记。党委书记李庆奎主持全面工作，党委副书记许援朝分管统战、直属工会和共青团工作，张成杰分管组织工作，张玉新分管宣传工作，于崇德分管纪检工作。

同日，召开中共中国国电集团公司直属纪律检查委员会全体会议，选举许援朝为直属纪委书记。

（王恒文）

基层组织建设

为了加强直属党委基层党组织建设，按照“新建经济组织的同时建立党组织，调整经营管理组织的同时调整党组织的设置，配备经营管理人员的同时配备党务工作人员”的要求和实际工作需要，成立国电燃料有限公司党支部、国电物资有限公司党支部和国电科技环保集团公司本部党支部，并明确党支部负责人，筹备组建支部委员会。截止到2004年12月31日，直属党委下属1个党委（国电电力机关党委）、1个党总支（龙源电力集团本部党总支）、14个党支部（总经理工作部党支部、计划发展部党支部、人力资源部党支部、财务产权部党支部、安全生产部党支部、市场营销部党支部、工程建设部党支部、科技环保部党支部、监审政工联合党支部、国电燃料有限公司党支部、国电物资有限公司党支部、国电科技环保集团公司本部党支部和华北分公司本部党支部），共有党员（包括正式、挂职锻炼和长期借调员工）304名。

加强组织发展工作。直属党委加强对入党积极分子的培养教育和管理，按照“坚持标准、保证质量、改善结构、慎重发展”的方针和“入党自愿、个别吸收、成熟一个、发展一个”的原则，2004年发展党员3名。

规范党支部日常工作。集团公司直属党委为了加强和规范基层党支部的工作，2004年4月16日印发《中国国电集团公司本部和在京直属单位党支部工作细则（试行）》，明确了党支部的组织建设、主要职责、基本制度，对支部党员的教育和管理、党内监督、党员发展、思想政治工作、对群团工作的领导、党费的收缴等工作提出了具体的要求。各党支部按照《工作细则》认真加强组织、思想和作风建设，使党支部各项日常工作得到进一步规范和落实。

（王恒文）

党员思想教育

在日常工作中，直属党委坚持用“三个代表”重要思想武装党员，定期将学习计划和学习参考资料印发到基层单位供大家学习，加强党员队伍的思想教育，引导党员坚定理想信念，树立正确的世界观、人生观和价值观。“七一”前后，分别组织集团公司本部及驻京单位的全体党员收看“全国党内法规知识竞赛决赛”录像，观看《邓公百年》光盘，参观延安精神永放光芒大型展览。通过一系列较为系统的政治思想教育，树立了本部和在京直属单位党员干部的政治意识、大局观念、责任意识。

加强作风建设。为深入贯彻落实《中共中央关于加强和改进党的作风建设的决定》，切实加强集团公司本部的作风建设，提高工作效率和工作质量，树立为基层服务的思想，2004 年 4 月 14 日，集团公司直属临时党委印发《中国国电集团公司直属临时党委关于加强本部作风建设的意见》（直党［2004］2 号），阐述了加强本部作风建设的重要意义。提出了加强公司本部作风建设的基本要求、具体措施及监督检查的办法。确立了本部作风建设“六提倡六反对”的准则：提倡与时俱进、开拓创新，反对因循守旧、不思进取；提倡实事求是、扎实工作，反对形式主义、教条主义；提倡顾全大局、团结协作，反对本位主义、个人主义；提倡艰苦奋斗，清正廉洁，反对以权谋私、奢侈浪费；提倡优质服务、注重绩效，反对办事拖拉、推诿扯皮；提倡爱岗敬业、岗位成才，反对庸庸碌碌、萎靡不振。为了将《意见》落到实处，对各项工作规定了办理时限，进一部精简了会议和文件，加强了调查研究工作。通过一系列的要求和措施，使集团公司本部作风建设得到进一步加强。

加强精神文明建设。按照“重在建设、贵在坚持、务求实效”的方针，2004 年精神文明建设进一步强化了工作的管理体系，完善了工作运行机制，使创建活动不断向纵深发展。全面实施中央国家机关精神文明建设创建“细胞工程”（创文明单位、文明窗口、文明家庭和文明职工等）活动，深入开展“三讲一树”（讲文明、讲卫生、讲科学、树新风）活动，使集团公司广大员工的文明素质得到进一步提高。5 月 8 日至 15 日，集团公司直属党委响应“幸福工程”全国委员会的号召，在母亲节期间开展主题为“幸福工程——救助贫困母亲”的募捐活动。各党支部积极动员，广大党员群众踊跃参与，整个活动共有 423 人参加，共捐款 19510 元，全部上缴“幸福工程”全国委员会。11 月 5 日至 28 日，按照“北京市文明礼仪读书知识竞赛”组委会的部署，积极参与该项读书竞赛活动，为每人配发了《文明礼仪普及读本》，复印了竞赛试题，人手一份。在活动中各部门员工都利用工余时间认真学习《读本》，踊跃参加答题活动。经过开展这次读书答题活动，普及文明知识，提高集团公司广大员工的文明素质和礼仪修养，对加强公司的精神文明建设，树立集团公司良好形象，以文雅、儒雅、高雅的首都市民形象迎接 2008 年奥运会的召开营造良好的人文环境，起到积极的促进作用。

（王恒文）

加强对直属工会和纪委工作领导

认真贯彻全心全意依靠工人阶级办企业的指导方针，切实加强对直属工会的工作领导，支持他们独立地开展工作，全面履行维护、建设、参与、教育四项职能。直属工会现有委员 7 人，13 个分工会。一年来，直属工会坚持“依靠”方针，全面落实全总提出的“组织起来、切实维权”的要求和集团公司工委 2004 年工作会议精神，较好地发挥了党组织和群众之间的桥梁和纽带作用。为了活跃员工的文化生活，直属工会成立了乒乓球、羽毛球、游泳、摄影、网球等多个兴趣小组；开展职工保龄球比赛；组织举办“国电之夜”文艺晚会、春节联谊会和瑜伽功、普拉提健身培训班及拓展训练等活动；组织员工参加第三届全国电力职工文学作品比赛和书画作品比赛；进行网页设计大赛的准备工作和发动工作；“三八”妇女节前夕，邀请著名专家举办“形象设计及色彩分析”专题讲座，提高大家的审美品位和综合素质；为了营造温馨的“职工之家”，坚持为每位员工送生日蛋糕、鲜花和生日慰问卡，给大家送去美好的祝福，使员工深深感到集团公司大家庭的温暖，为提高职工的凝聚力和向心力起到桥梁作用；围绕管理效益年活动组织“我为管理献一计”合理化建议征集活动，并将有价值的合理化建议推荐到相关部门。认真组织职工代表选举工作，选举产生整体素质高、结构合理、代表性强的职工代表。配合人力资源部组织召开了会员代表大会，讨论通过推荐集团公司监事会成员等事项。

认真抓好集团公司本部党员干部的廉洁自律工作，组织对两个《条例》的学习、宣传和贯彻工作，加强党内监督的力度，严格党的各项纪律。

（王恒文）

群 团 工 作

工 会 工 作

2004年，国电集团公司工会工作委员会根据集团公司的部署，紧扣“管理效益年”活动主线，依法履行工会“维护、建设、参与、教育”职能，认真按照年初确定的“1233”工作思路和抓机制、办实事、转作风、求实效、促发展的工作要求，以求真务实、奋发有为的工作作风，在探索具有国电集团特色的工会工作思路，深化“国电杯”劳动竞赛，服从、服务集团公司发展大局，提升员工综合素质，丰富员工文化生活，加强自身建设等方面开展工作，取得较好成绩，促进了集团公司“三个文明”协调发展。

（一）第一届工会工作委员会

国电集团公司第一届工会工作委员会由许援朝、蒋兰英（女）、陈乃灼、褚静育（女）、陈斌、杨大泉、王连生、吴进梅（女）、马文举 、刘宝龙、张金水、董淑文（女）、张安、毛定荣、杨宏强、谢东辉、刘贤荣（女）、任献民、杨文武、李永生、周晓蓉（女）、黄世英、朱昆豫、杨大华、朱日友25人组成。

2004年4月，在北京召开工委一届一次委员会议。工委主任许援朝作工作报告，会议讨论通过了《中国国电集团公司工委2004年工作要点》，确立了2004年工会工作会议主要议题。

同月，在北京召开国电集团公司2004年工会工作会议。工委主任许援朝作《围绕中心、服务大局、求真务实、开拓创新，为推动集团公司改革与发展建功立业》的讲话，国电集团公司所属企业75位工会主席参加会议。

10月，在北京召开国电集团公司工委一届二次委员（扩大）会议。集团公司党组成员、副总经理李庆奎到会讲话，工委主任许援朝作工作报告，审议并原则通过《中国国电集团公司职工代表大会实施细则》，部署集团公司职工代表选举工作。

（二）工作研讨和培训

1. 工会工作专题研讨会　2004年2月，国电集团公司工委在北京召开工会工作专题研讨会。明确工委“1233”工作思路，即“突出抓基层、打基础这一工作重点；拓展厂务公开和岗位成才两项机制；开展同类型火电机组运行对口竞赛，在建工程对口竞赛和仿真机运行员工技能竞赛三项活动；抓好班组成员劳动安全互保，创建学习型班组、争做知识型员工和建国55周年文艺调演三项活动”，对于指导和加强集团公司系统各级工会工作，发挥工会组织的作用具有积极的指导意义。

2. 工会主席培训班　2004年4月，国电集团公司工委在北京举办“集团公司2004年工会主席培训班”。75位工会主席参加了为期10天的工会业务知识和工商管理知识等方面培训。全国总工会党组成员、经审委主任董力，集团公司党组成员、副总经理李庆奎出席开学典礼并讲话。

3. 贯彻实施《劳动法》情况调研　2004年6月14日至7月10日，按照国资委《关于配合全国人大常委会开展<工会法>执法检查有关问题的通知》精神，国电集团公司工委采用分14个片区分组调研再汇总的做法，对所属85个企业贯彻实施《工会法》情况进行调研。调研总结了经验，发现了不足，找到了对策，调查报告按要求上报国资委。

4. 基层工会干部建档工作　国电集团公司工委对所属企业工会干部基本情况和主要联系方式进行了解，完成建档工作，印发《中国国电集团公司工会通讯录》。

5. 论文征集活动　2004年下半年，国电集团公司工委组织工会主席论文征集活动。有41名工会主席围绕工运基本理论、劳动关系现实问题、员工队伍新情况等课题进行调查研究，撰写了具有针对性、指导性、前瞻性的论文。

6. 工委内部情况通报　国电集团公司工委2004年共印发《工委内部情况通报》4期。架起工委与基层工会信息交流的桥梁，对阶段性工作进行总结和布置。

（三）劳动竞赛

1. 开展“创建学习型班组、争做知识型员工”活动 2004年5月，国电集团公司工委与人力资源部联合印发《关于开展“创建学习型班组、争做知识型员工”活动的通知》（国电集工委［2004］6号）。明确了开展“创争”活动的指导思想、总体目标、阶段目标以及主要内容，对学习型班组和知识型员工的条件进行了细化。各企业按照要求开展形式多样的活动，全年共推荐40个“十佳品牌”班组候选班组和46个十佳“明星”员工候选个人。在全国电力行业优秀班组表彰暨经验交流会上，集团公司所属企业的6个班组受到表彰，国电小龙潭发电厂“王琳班组”作大会经验交流。

2. 同类型火电机组运行对口竞赛 2004年7月，国电集团公司工委会同安全生产部和人力资源部联合印发《关于举办集团公司同类型火电机组竞赛的通知》（国电集工委［2004］7号），全面启动集团公司同类型火电机组竞赛活动。以“同类可比、创建一流”为原则，以机组运行的可靠性、经济性和可调性为竞赛主要内容，确定600MW、300MW、200MW、125MW、100MW五个级别的竞赛范围。符合规定的91台机组均参加了竞赛，国电北仑发电有限公司1号机组、国电菏泽发电厂3号机组等13台机组被评为优胜机组。

3.200MW、300MW火电机组运行值班员技能竞赛 2004年7月，国电集团公司工委会同安全生产部和人力资源部联合印发《关于举办集团公司200MW、300MW火电机组运行值班员技能竞赛的通知》（国电集工委［2004］8号）。该竞赛是五大发电集团公司率先列入国资委、劳动保障部表彰的国家级技能竞赛。竞赛项目分200MW、300MW运行值班员两个类别共7个专业，单机容量600MW的生产企业参加300MW集控值班员的竞赛项目。1万余名员工参加了预赛，79名员工参加了在国电谏壁发电厂的决赛。国电九江发电厂等6个团体前3名企业获“国电三级奖状”；文二小等7名员工获“全国技术能手”称号；21名员工获“中国国电集团公司技术能手”称号和“国电三级奖章”；35名员工被认定为集团公司“168”优秀技能人才；国电谏壁发电厂获“优秀组织奖”。

（四）民主管理

1. 厂务公开工作 国电集团公司系统各级工会认真担负起厂务公开第一组织实施人的责任，把深化改革重大措施和涉及职工切身利益的重大事项作为厂务公开工作的重点，做好企业安全生产、经营管理、党风廉政建设、技术改造、基建工程和物资招投标管理的民主监督工作。国电谏壁发电厂等12个单位被中国能源化学工会授予“全国发电系统厂务公开先进单位”称号。

2. 职工代表团长联席会议准备工作 2004年5月开始，按照国电集团公司党组的部署和要求，筹备集团公司第一届职工代表大会有关工作。主动向国资委、中国能源化学工会汇报集团公司整体上市、分布实施的情况，赢得政策支持和业务帮助；组织制订了《中国国电集团公司职工代表大会实施细则（草案）》，提交集团公司工会工作委员会审议并原则通过；按照职工代表选举要求和规定，组织职工代表选举工作，为召开职工代表团长联席会创造了条件。

3. 推荐中央企业劳动模范先进集体 2004年5月，按照人事部、国资委《关于认真做好中央企业劳动模范先进集体评选工作的通知》精神，集团公司工会工作委员会会同有关部门，在全系统组织中央企业劳动模范和先进集体推荐、公示等工作，刘金焕、张建莉、严云3位同志被授予“中央企业劳动模范”称号，国电电力发展股份有限公司、国电谏壁发电厂被授予“中央企业先进集体”称号。

（五）职工文化体育活动

1. 庆祝建国55周年文艺调演活动 2004年下半年，按照全国文联、中华全国总工会、国资委、中央电视台《关于“共创辉煌—庆祝建国55周年全国产业（企业）文艺展播”的通知》和中电联《关于举办全国电力职工“手拉手”文艺汇演的通知》的部署，集团公司所属73家企业，1500多名职工踊跃投身到文艺调演活动中，共创作、排练出152个文艺节目。9月，在国电谏壁发电厂举办汇报演出，整台演出被全国文联、中华全国总工会、国资委、中央电视台评为金奖，集团公司获优秀组织奖；歌舞《国电之歌》，作为五大发电集团公司唯一入选节目唱响了人民大会堂。在全国电力职工“手拉手”文艺汇演节目评选中，集团公司18个节目分别获得金、银、铜奖和优秀创作奖，4个节目晋京演出，集团公司再获优秀组织奖。

2. 第一届职工保龄球比赛 2004年6月，在甘肃兰州举办国电集团公司第一届职工保龄球比赛。15支代表队68名运动员汇聚兰州参加了8个项目的角逐，国电电力代表队取得优异成绩；通过比赛，共选拔出8名优胜者代表集团公司参加了全国电力职工保龄球大赛。

3. 参加电力系统文体竞赛活动 2004年4月，国电集团公司桥牌队在上海保级成功；6月，集团公司保龄球队在全国电力职工保龄球赛中取得男子团体第8名、男子三人第6名、男子双人第7名和女子团体第7名、女子三人第7名、女子双人第4名的成绩。此外，工委还组织参加了第三届全国电力职工文学作品比赛和书画作品比赛。

4. *“送温暖”活动* 在元旦和春节期间，国电集团公司工委通过慰问信、慰问金等形式，对基层特困职工进行了慰问，协调了四川万源电厂等部分空壳企业慰问金的落实工作。

5. *劳模先进疗休养* 2004年5月18日至24日配合能源化学工会举办了集团公司第一批劳模先进和一线员工赴北戴河疗休养，共有27个基层企业的185名劳模先进和一线员工代表参加；6月21日至27日，工委组织170名劳模先进到三峡疗休养。

（褚静育）

共青团工作

2004年，中国国电集团公司团委在公司党组、中央企业团工委领导下，以“三个代表”重要思想为指导，按照共青团中央、中央企业团工委的要求，围绕集团公司“管理效益年”中心工作，充分发挥共青团组织的先锋队和突击队作用。以调查了解基层企业共青团工作现状、摸清集团公司系统团的工作关系为主线，打牢集团公司系统共青团工作基础。各基层企业团委（团组织）团结带领广大团员青年积极开展争创“青年文明号”、争当“青年岗位能手”、“创新创效”、“推优荐才”等活动，培养了一批青年生产、技术、管理骨干，建立了一支可靠的共青团工作后备力量。集团公司团委积极探索新形势下共青团工作机制，确立了“常规工作求突破、重点工作求提高、调研工作求实效”的工作原则，逐步理顺了集团系统团的工作关系。组织了49名基层团委书记进行集中培训，召开了首次共青团工作会议，锻炼了基层团干部队伍，明确了集团公司团委今后较长一段时间的工作思路。为更好地衔接基层企业归并集团公司管理后的共青团工作，集团公司团委就团委工作条例、“号、手”管理办法、五四奖状、五四奖章管理办法以及成立集团公司临时团委会的方案等进行积极的探讨和研究，逐步规范和健全公司系统共青团的各项工作。

（一）共青团工作会议

2004年10月28日，国电集团公司召开共青团工作会议，集团公司团委副书记董全学主持会议，副书记王恒文作了题为《勇于开拓创新　实现跨越发展努力开创集团公司共青团和青年工作新局面》工作报告，从建立健全共青团工作组织体系、构建共青团工作框架、致力于政治素质教育、服务集团公司改革发展、服务于青年成长成才实施团建创新、注重实效推动共青团工作深入发展等方面，全面回顾总结了集团公司团委成立以来的共青团工作。就现阶段我国立足全面建设小康社会伟大实践的新起点、集团公司立足改革重组的新起点，要求团员青年牢牢把握新形势、新阶段国家经济发展给青年工作带来的历史性机遇，立足团的事业的新起点，构建适应新形势要求的工作思路和工作框架。按照“坚持一个统领，围绕二个主题，抓好三个服务，突出四个把握，坚持五位一体，实现五个跨越”（简称“123455”工程）的基本工作思路，做好今后一段时期集团公司的共青团和青年工作。会议还就团委工作条例、“青年文明号”管理办法、五四红旗团委管理办法、五四奖状管理办法、五四奖章管理办法形成一致意见并作了部署，集团公司政治工作部主任许援朝到会并讲话，对共青团工作提出了要求。会后，组织与会代表赴老区西柏坡重温革命路线，在党的七届二中全会会址前面对党旗庄严宣誓：牢记入党誓词，永远跟党走，做集团公司改革发展的急先锋，做社会主义合格的接班人。

（二）工作调研

1. *团工作研讨会* 2004年3月10日至16日，国电集团公司团委在江苏镇江研讨共青团工作，20个单位的团委书记参加了研讨会。会议讨论了集团公司团委组建方案并形成2004年共青团工作思路，对当前集团公司基层团的各项工作现状及存在问题进行反映交流，会议还对如何开展好集团公司今后的共青团工作征集了意见和建议，集团公司政治工作部主任许援朝到会听取汇报并作了重要讲话。

2. *工作调研* 2004年7月19至23日，集团公司团委组织对集团公司所属西北地区企业共青团工作进行调研，针对集团公司团委布置工作的落实情况、“党建带团建”的做法、推优荐才情况、青年工作围绕“管理效益年”活动采取的做法和成效以及偏远地区团组织建设、团员青年队伍思想状况及团青工作面临的问题和困难展开调查。此次调研活动对理顺集团公司团的组织管理关系、规范团的常规工作以及统筹全系统共青团工作起到积极作用。

3. *共青团和青年工作问卷调查* 根据中央企业团工委要求，集团公司团委结合中央企业团工委的调查提纲于2004年8月下旬对55个基层单位团员青年的思想状况和学习、工作状况展开调研，共有21995名团员青年参加调查。此次调研全面掌握集团公司系统广大团员青年的工作学习和思想状况，为集团公司团委下一步有针对性的开展共青团工作奠定了良好的基础。集团公司在这次调研活动中被中央企业团工委评为优秀调研单位，撰写的《中国国电集团公司共青团和青年工作调研报告》被评为中央企业优秀调研报告。

（三）团干部培训

按照集团公司党组加强共青团工作的要求，2004年10月18日，集团公司团委组织全系统49个基层团委书记进行集中培训。集团公司团委专门邀请国内知名的专家、学者、中央企业团工委领导和集团公司政治工作部主任许援朝、人力资源部主任张成杰进行授课。集团公司党组书记、总经理周大兵专门为培训班发来题为《在做实、做新、做大、做强中国国电集团公司的伟大实践中谱写辉煌的青春乐章》的致信表示祝贺，集团公司党组成员、副总经理李庆奎作了开班动员。专家、学者、领导的授课开拓了团干部的视野、创新了团干部的思维。

（四）主要活动

1.“我与管理效益年”演讲比赛　为更好的引导集团系统团的各级组织和广大团员青年积极参与“管理效益年”活动，增强广大团员青年“强化管理，提高效益”意识，2004年5月20日，集团公司团委以政治工作部名义发文要求在共青团系统开展“我与管理效益年”演讲比赛，自6月1日开始至8月30日，分别由10个分支机构组织61个基层单位共149名团员青年进行“我与管理效益年”的演讲比赛，通过用身边的人或事教育身边的人这种方式，在广大团员青年中营造了“我为‘管理效益年’作贡献”浓厚氛围。

2.参加“全国科学用电知识电视大赛”　2004年8月28日，国家发展和改革委员会、国家电力监管委员会根据全国大部分地区用电紧张的严峻形势组织全国性用电知识大赛，团委参与了集团公司组队参赛工作。由基层企业抽调组成的代表队在进行20天的集中封闭培训后，最终在比赛中取得第三名的较好成绩，获得全国科学用电知识电视大赛优胜奖，中国国电集团公司还被评为全国科学用电知识电视大赛优秀组织奖，展现了国电青年精神风貌，树立了集团公司良好的社会形象。

（五）荣誉

1.集团公司团委　中央企业优秀调研单位；《中国国电集团公司共青团和青年工作调研报告》被评为中央企业优秀调研报告。

2.基层企业团委

(1) 新命名全国“青年文明号”：国电聊城发电厂试运接机青年突击队；

(2) 继续认定全国“青年文明号”：国电石嘴山发电厂焊接分厂高压班、国电荆门热电厂四号机组、国电小龙潭发电厂运行部五号机炉、国电天津第一热电厂汽机运行热水网岗、国电万安水力发电厂大修青年突击队、国电衡丰发电有限责任公司2号机运行集体、国电滦河发电厂继电保护班、国电电力大同发电厂发电部网控站、国电吉林热电厂11号机组、国电双辽发电厂1号机组；

(3) 新命名中央企业青年文明号：国电九江发电厂厂长工作部信息中心；

(4) 中央企业优秀共青团干部：国电双鸭山发电有限公司丁秀勤；

(5) 中央企业优秀团员：国电宣威发电有限公司业跃鸿；

(6) 中央企业青年岗位能手：国电荆门热电厂李军红。

（六）“123455”工程注释

一个统领：坚持用“三个代表”重要思想统领共青团工作。

二个主题：一是要围绕集团公司的战略发展目标开展工作；二是要围绕建设一支高素质的“四有”青工队伍开展工作。

三个服务：一是以安全生产为基础、提高经济效益为中心，坚持服务集团改革发展稳定的大局，树立共青团组织建功立业的工作形象；二是以优质服务，关爱他人为宗旨，坚持服务社会需求，树立共青团组织奉献助人的组织形象；三是以青年的根本需求和实际困难为出发点，竭诚为青年成长成才服务，树立共青团组织人才辈出的队伍形象。

四个把握：把握一种共识、把握一种转变、把握一种能力、把握一种深度。

五位一体：一是加强理想信念宣传教育，用事业凝聚青年；二是加强实践锻炼，用活动培养青年；三是发挥典型示范作用，用先进典型激励青年；四是加强规章制度建设，依托政策鼓舞青年；五是创新工作模式，拓展思路吸引青年。

五个跨越：一做教育青年的组织者，在青年思想政治工作的加强和改进上取得新跨越；二做青年文化的建设者，在学习型组织的创建上取得新跨越；三做青年人才的培养者，在服务青年的实效性上取得新跨越；四做集团公司三个文明建设的实践者，在共青团和青年工作的主线活动上取得新跨越；五做共青团组织自身建设的推动者，在队伍和组织建设上取得新跨越。

（王恒文　董全学　祝　静）

十五、成 员 单 位

分支机构

华北分公司

【概　况】 2004年，华北分公司以国电集团公司2004年工作会议和年中工作座谈会精神为指导，求真务实，开拓进取，履行集团公司赋予分公司的职责，为区域各发电企业办实事。根据集团公司“管理效益年”活动要求，确定“以市场营销为龙头，以预算管理为核心，以开拓市场为导向，追求经济效益最大化”的工作思路，制定了区域“管理效益年”活动的具体措施和目标。2004年，华北区域各企业安全生产情况得到根本好转，经济效益大幅度提高，电源发展取得突破性进展，市场营销工作成效显著。

根据国电集团公司有关文件的要求，华北分公司管理机构在原来综合管理部、生产经营部、电源发展部的基础上，先后成立了营销财务部和燃料管理部，调入新员工5人，借用和聘用6人。截至2004年12月底，分公司正式员工14人，聘用8人，顾问2人，借用9人，员工总计33人。

（许　涛）

【电源发展工作】 2004年，华北区域电源项目发展工作取得突破性进展，电源项目储备保持了良好的态势。国电龙山发电厂一期工程（2×600兆瓦）和天津东北郊热电厂一期工程（2×300兆瓦）项目建议书获得了批准；国电龙山一期工程的核准报批文件已上报国家发改委；装机容量为2×300兆瓦的滦河发电厂五期扩建热电项目和内蒙东胜热电项目，正在准备核准报批文件，争取2005年具备核准条件。区域内参与国家评议的项目共9个，总装机容量7200兆瓦，有13个项目（总装机容量12200兆瓦）进入初步可行性研究阶段，华北区域电源项目正在按照近、中、远规划有序地开发。

在电源规划方面，该公司在上半年编制完成《国电集团华北区域电源规划》和《国电集团华北区域电源项目经济分析》，将华北区域电源项目按照近、中、远三期依次排序。组织编写完成《华北区域发展战略》，确定了“2005年争取电力市场份额从第三位上升到第二位，从‘十一五’期间开始努力做到‘保二争一’，即：确保集团公司在华北区域装机容量处于第二的位置，力争装机容量占有率不断提高。在‘十五’后两年至‘十一五’期间确保投产9个项目总容量为680万千瓦。”的电源发展战略目标。

（许　涛）

【安全生产工作】 结合华北区域内各发电企业的具体情况，2004年开始实施安全生产例会制度，各单位从安全生产指标、设备检修、季节性安全检查、安全性评价、技术监督等方面，对本企业安全生产管理中的一些好的做法和机组设备上存在的问题进行全面总结分析。通过安全生产例会制度，整体分析评价所辖区域发电企业的安全生产状况，达到了交流经验、取长补短、共同提高的目的。2004年华北区域各发电企业无人身死亡事故，无全厂停电事故，无重大及以上设备损坏事故，无特大、重大设备事故，无重大及以上火灾事故，无重大交通事故，无重大及以上施工机械事故。

（许　涛）

【技改环保工作】 结合各企业实际，华北分公司集中精力抓好区域内机组的大、小修和技改工作，强化技术监督。针对太原第一热电厂机组出力受阻问题，该公司不等不靠，全力以赴。通过努力，13号机组经大修、技改后实现满出力，其他机组治理方案也已确定。天津第一热电厂9、10、11号炉，三炉一塔烟气脱硫工程得到天津市环保局2084万元的专项资金支持；滦河发电厂烟气脱硫工程获得河北省初期环保专项治理资金1000万元；太原第一热电厂14号机组烟气脱硫工程的第一笔专项治理资金1200万元已到位；河北衡丰发电有限责任公司污水处理工程也争取到河北省环保局1000万元的专项治理资金。

（许　涛）

【市场营销和财务工作】 华北分公司在年初以国电华北党［2004］5号文件印发了《关于进一步加强市场营销工作的意见》，提出“安全是基础、发展是要务、营销是龙头、效益是中心”的思想，把区域市场营销工作提到与安全生产、电源建设同等重要的位置切实抓紧抓好，并明确行政一把手是第一责任人。同时成立了华北区域电价疏导工作领导小组，一方面配合集团公司指导做好各省电价疏导协调工作，另一方面从践行“三个代表”重要思想的高度，争取和维护集团公司的最大利益。

2004年4月下旬，国家发改委610号文件印发后，该公司召开了区域内8家企业电价疏导工作动员会。在集团公司的统一布置下，经过各发电企业艰苦细致的工作，最后在华北区域电网销售电价上涨1.88分/千瓦时的基础上，华北区域发电企业（不含国电电力大同第二发电厂）上网电价平均上调1.226分/千瓦时。加上年初全国发电企业普调的0.7分/千瓦时，两次电价上调使区域发电企业增加收入近3亿元。

（许　涛）

【燃料管理工作】 按照集团公司部署，华北分公司从2004年10月份正式开始负责本区域燃料管理，积极展开卓有成效的工作。一是控制本区域电厂煤价上涨，在煤矿多次提出涨价并威胁停煤、区域内其他集团电厂电煤涨价的情况下，经过分公司指导和协调，区域内电厂通力协作，促使2004年10月至12月中旬期间煤价没有上涨，确保了全年预期利润。二是争取到承德市政府在元旦、春节期间给予滦河电厂燃料补贴360万元/月，共计1400万元。三是全力以赴开好燃料订货会，订足品质好、价格合理的煤炭。四是完成一五〇发电厂部分运煤工具由汽车改成火车，提高煤质、降低成本，保证机组满负荷运行。

（许　涛）

【内部建设】 完善了公司党组会、总经理办公会、总经理工作例会、司务会等例会制度，制定了领导分工工作制度。对员工手册进行了修订，进一步规范了本部工作。工作中以“个人的工作成绩等于良好的工作思路和方法乘以工作热情”的思想激励员工，不断提升员工组织协调能力、交流沟通能力、信息收集能力、对抗妥协能力和解决问题能力。

按照集团公司的部署和计划考察了区域所属企业的有关领导干部，做好区域电厂2005年毕业生就业计划预审查，召开了华北区域复员退伍军人接收安置工作座谈会，重点对各电厂2004年接收安置指标进行讨论研究和分配。经反复沟通和协调，完成了集团公司下达指标。与聘用职工签订了聘用合同，为他们建立了养老、工伤、失业保险和住房公积金。完成了公司驻地的搬迁工作。

（许　涛）

单位地址：北京市丰台区西三环中路88号
邮政编码：100055
电　　话：010－58056000
传　　真：010－58056111

东北分公司

【概　况】 2004年，东北分公司深入贯彻党的十六届三中、四中全会精神，努力践行“三个代表”重要思想，进一步落实党组（党委）中心组学习制度、民主生活会制度和党风廉政精神文明建设责任制度，促进了区域精神文明、企业文化、党建思想政治工作及工会和共青团工作的全面协调发展，保证了企业职工思想稳定、安全生产稳定、经营秩序稳定。按照建设一流分公司的要求，开展了七大管理服务平台载体建设工作，规范了区域管理界面，初步形成了具有分公司特点和区域特征的管理模式和工作机制。

2004年，区域内企业基础管理工作进一步规范，设备可靠性和设备健康水平明显提高，资产质量得到改善，财务经营和成本控制成效显著，市场营销成果喜人，企业结构进一步优化，企业改制扎实推进，企业发展能力显著增长，实现整体扭亏为盈。

截至2004年底，国电集团公司东北区域装机容量为317.9万千瓦（不含国电电力企业100万千瓦），资产总额102亿元，职工总数为11885人。东北分公司设综合管理部、安全生产部、电源发展部、营销财务部、燃料管理部等5个部门，正式员工19人。

（马　烈）

【主要指标完成情况】 2004年，东北区域内企业发电量累计完成121.25亿千瓦时，比上年增长9.77%，完成集团公司下达年度计划的107%；供热量累计完成1320.2万吉焦，比上年减少3.68%，完成集团公司下达年度计划的103.7%；供电标准煤耗率累计完成353.3克/千瓦时，比上年降低2.0克/千瓦时；发电厂用电率累计完成6.41%，比上年降低0.14%；供热标准煤耗率累计完成41.17千克/吉焦，比上年上升0.12千克/吉焦；发电设备平均利用小时累计完成5341小时，比上年增加476小时，增长9.79个百分点；机组平均负荷率为60.81%，比上年增长5.28个百分点；机组等效可用系数平均累计完成92.86%，比上年增长2.35个百分点；机组非计划停运累计发生10次，比上年减少3次。

2004年，区域内企业利润总额完成8406万元，完成预算的138.9%，超预算2356万元，比上年增加24104万元；净资产收益率8.15%。

（陈爱民）

【安全生产工作】 建立健全安全生产长效机制取得新成果。危险点分析预控和安全文明标准化作业工作取得新进展，下发了《防止人身伤害事故的重点措施》、《关于深入开展危险点分析预控的工作规定》和

《火电厂安全文明标准化作业规范》等3个文件。防止重大设备事故的各项预防措施得到认真落实，安全性评价工作取得阶段性成果，超额完成发电、供热生产计划，设备可靠性和非计划停运率指标好于同期，检修、技改工程管理标准化工作取得新进展。科技项目计划超额完成；环保监督指标烟尘、废水排放达标率均达考核目标值。2004年区域企业安全生产实现了“七个不发生”目标，未发生人身、设备事故，实现了安全年。

（马　烈）

【开展“管理效益年”活动】 建立了国电东北区域安全生产、基础管理、市场营销等管理活动服务平台，初步形成了计划、组织、落实、检查、评价闭环体系，管理关系逐步理顺。组织开展了“管理效益年”活动的检查和考评，从安全管理、生产管理、技术监督、科技环保、经营预算、市场营销、基础管理及党风廉政和精神文明建设等方面对区域内各单位“管理效益年”活动开展情况和工作完成情况做了总结，促进活动向纵深发展。

国电双鸭山发电有限公司实行发电量曲线包干值际间竞赛活动，2004年发电量和售电量分别较上年增长了13.67%和14.05%；国电双辽发电厂以抓安全、抓治亏、抓指标、抓市场、抓管理为重点，全年减亏18665万元，实现利润2600万元；国电吉林龙华热电股份有限公司（以下简称龙华公司）采用成本倒推法核定经济指标，努力增供扩销，全年发电设备利用小时较上年增加1234小时，当年实现扭亏为赢；国电吉林热电厂强化指标管理，实行风险抵押，各项经济指标进一步改善；国电北安热电有限公司从争取政策电量、调增热价和收缴热费等关键环节入手，实现热费收缴连续13年年结年清；国电辽宁节能环保开发有限公司转换经营机制，向管理要效益，严格控制各项成本费用，抓住供暖“黄金期”，加强电热费回收，强化投资管理，实现利润1015万元。开展电价疏导报批和热价调整工作，通过调增电价累计增加收入28698.6万元，调整热价累计增加收入5305.80万元。参与区域电力市场竞价工作取得新的进展，国电双辽发电有限公司、国电双鸭山发电有限公司参与年度合约竞价，获得了相应的市场份额，电量电价基本达到预期目标；龙华公司率先成为全国第一家大用户直供试点企业。

（陈爱民）

【电源建设前期工作】 坚持以科学发展观为指导，按照“发电供热兼顾、重组建设并举、煤电开发联动、推进科学发展”的工作思路，有选择、有重点地启动了一批前期项目，分别与吉林、内蒙古、赤峰、白城、延吉等地方政府签订了数10项发电、热电、煤电联营合作开发协议。

电源建设工作迅速推进，康平发电厂项目通过可行性研究评估，项目公司正在组建，项目进入核准阶段；双鸭山扩建工程基础建设正式开工，解决了现场桩基的施工渗水问题，完成了5号炉、6号机垫层，烟囱桩基施工已经结束。

煤电联营项目有序开展，重组平庄煤业集团，组建绍根煤电公司工作均取得了新的进展。

资产重组并购稳妥实施，国电北安热电有限公司管理的北安市北能动力工业有限责任公司无偿重组并购北安市热力公司，办理了工商登记手续；完成了龙华公司部分股权收购。

（陈爱民）

【要事摘编】

2月25日，国电集团公司总经理周大兵在吉林省长春市会见吉林省省长洪虎、副省长矫正中，并与吉林省政府签订了合作开发白城第二发电厂等电源项目意向书。集团公司与吉林名门电力实业集团在长春签订了龙华热电股份公司股权转让协议。

9月25日，国电集团公司与内蒙古赤峰市政府签订了《合作投资赤峰地区煤电及煤化工项目框架协议书》，双方就实施煤电联营、开发绍根煤田、投资建设坑口电站及煤化工项目达成了合作协议。国电集团公司副总经理朱永芃和赤峰市市长杭桂林代表双方签署了协议。

10月11日，集团公司总经理周大兵在哈尔滨会见黑龙江省委书记宋法棠，就国电集团与黑龙江省进行能源合作和推进双鸭山三期扩建工程等问题进行友好会谈。黑龙江省发改委、省经委、省电力公司等部门领导及国电集团公司、东北分公司有关领导出席会谈。

12月24日，国电集团公司与内蒙古平庄煤业集团有限责任公司合作协议签字仪式在北京举行，国电东北分公司总经理米树华、平煤集团总经理孙金国分别代表国电集团公司和平庄煤业集团有限责任公司在合作协议书上签字。集团公司副总经理朱永芃、陈飞及各有关部门负责人出席了签字仪式。此协议的签订，标志着国电集团公司与平煤集团的合作迈出了实质性的一步。

（马　烈）

单位地址：沈阳经济技术开发区4号街11甲2号
邮政编码：110027
电　　话：024－23138555
传　　真：024－23138505

华东分公司

【概　况】 2004年，华东分公司围绕年初确定的奋斗目标，按照“科学、严谨、踏实、高效”的工作要求，以发展为第一要务，贯彻落实科学发展观，积极推进电源项目的开发建设；以经济效益为中心，着力做好安全生产、经营管理和争取电价等工作，向管理要效益；以改革为动力，积极参与国电集团公司的改制工作，推进华东地区企业的重组，参与华东电力市场模拟运行。在电源建设、项目前期、安全生产、经营管理、廉政建设等方面均取得了较好的成绩，全面完成国电集团公司下达的各项工作任务。2004年，华东地区完成利润总额56173.53万元，超额完成年度计划的7.41%；当年电热费回收率达到100%。截至2004年底，华东地区未发生集团公司规定的七类重大事故，未发生一般事故，保持了安全生产形势良好的局面。共完成发电量207.3969亿千瓦时，超额完成年度计划的14.58%，比上年同期增长5.56%。

按照国电集团公司党组的要求，通过落实党组中心组学习制度、民主生活会制度、党风廉政精神文明建设责任制度，投身于“为发展作贡献，为党旗增光辉”主题活动、党员先进性教育、党风廉政教育等各项宣传舆论工作，有效促进了华东区域党风廉政和精神文明建设工作的发展，全面完成党风廉政和精神文明建设考核目标。

为配合国电集团公司华东地区所属企业扎实做好参与电力市场的各项工作，加强与华东电网有限公司、电监会华东监管局等单位的沟通与协调，按照集团公司的要求，华东分公司于2004年10月向上海市工商行政管理局申领了营业执照，将于2005年3月正式搬迁上海办公。

(高瑞斌)

【电源建设项目】 2004年，华东分公司根据国电集团公司的授权和职责分工，全力以赴抓好电源的前期和工程建设管理工作，全面完成考核目标。

(1) 谏壁发电厂“以大代小”技改工程。12号机组经过16个月的建设，于2004年9月16日完成168小时整组启动试运，目前运行稳定，各项指标达到设计数据。

(2) 国电宿迁热电工程。受设计、设备供货、资金供应、地质条件和国家对项目清理的影响，集团公司将1号机组投产日期从2004年年底调整至2005年2月28日。

(3) 国电南埔电厂工程。现已全面进入土建、安装工作，主厂房结顶，生产准备人员已完成第一阶段的培训。

(4) 国电常州电厂工程。按照目标实现2004年4月份高标准开工建设，至2004年年底主厂房钢结构吊装到顶，1号炉大板梁就位，烟囱施工到顶。

(5) 国电江阴电厂工程。已完成初步设计评审，主体工程和监理招标已结束，11月份主厂房和烟囱土方开挖，12月6日主厂房浇筑第一罐混凝土；环评报告通过现场评估等待批复，接入系统方案已审查，等待批复。

(6) 国电泰州电厂工程。项目建议书已评估，环评通过评估，接入系统方案已批复，可行性研究即将收口。现场试桩完成，“五通一平”进展顺利，主机正在招标。

(7) 国电铜陵电厂工程。完成了可行性研究、初设评审，项目公司正式成立，签订了三大主机及低温加热器、凝汽器等设备合同，第一批辅机招标文件已完成，项目建议书已通过中咨公司评估。

(8) 国电海门和国电蚌埠电厂工程。初步可行性报告已通过审查，项目建议书已上报。

(高瑞斌)

【电价疏导与报批工作】 随着电煤价格的不断上涨，发电企业的生产经营压力日增，国家发改委进行了多次电价的疏导，相继出台了发改电［2003］124号文、发改价格［2004］1039号文、发改价格［2004］2973号文，从2004年1月1日、6月15日对电力企业的基数电价、超发电价进行了多次调整。在历次电价疏导过程中，华东分公司在国电集团公司的领导下，协助各发电企业分别以专题报告的方式，向各省物价局、省电力公司进行了多次汇报、反映和沟通，加深了理解，取得了共识，在历次电价调整中，帮助各单位取得了良好的成绩。

国电谏壁发电厂从1月1日起执行0.25元/千瓦时的电价，从6月15日起执行0.285元/千瓦时的电价，并对6月15日前上网电量给予一次性燃料补贴0.0246元/千瓦时，当江苏省超发电价超过0.285元/千瓦时时，又协助谏壁发电厂调整基数电量，使超发电价执行0.3元/千瓦时的电价。国电浙江北仑第一发电有限公司从2004年1月1日起执行0.3463元/千瓦时的电价，从6月15日起执行0.358元/千瓦时的电价，超发电价执行0.338元/千瓦时的电价。国电温州东屿发电厂在厂网分离时，国家发改委令其执行两部制电价，其综合电价已较高，电量电价为0.341元/千瓦时，经过与浙江省物价局、省电力公司的多次沟通，从1月1日起执行0.348元/千瓦时的电价。江苏苏源谏壁发电有限公司12号机组经过调试，于2004年9月16日1时48分通过168小时满负荷试运行，调试电量根据合理补偿燃料成本的原则，经购售电双方商谈，确定按 0.23 元/千瓦时进行结算，并核定商业运行电价为 0.365 元/千瓦时。各发电企业经过多次的电价调整，缓解了由于电煤价格上涨造成的生产经营压力。

（高瑞斌）

【参与华东电力市场开发】 华东电力市场自 2004 年 5 月 18 日开始进行月度电量模拟竞价，共有四省一市 5 家电力公司和 62 家发电厂参与竞价，参与竞价机组 179 台，竞价容量 4577.5 万千瓦。华东分公司和所属各单位积极参与了华东电力市场运行规则的讨论、学习，逐步建立了华东分公司营销网络、营销体系，并做好相关管理工作，加强了营销报价人员的培养、培训工作，对华东电力市场有了更深层次的理解和了解，为参与华东电力市场中的竞争进行了充分准备。国电集团公司在华东电网的谏壁发电厂和北仑第一发电有限公司积极参与了华东电力市场的月度模拟竞价，并取得了较好的成绩。

（高瑞斌）

【项目前期工作】 华东分公司在 2004 年的电源前期工作中遵照国家投资体制改革和项目前期工作管理的有关规定，按照华东区域电源发展规划，针对项目的条件和性质有序推进前期工作。

华东分公司积极指导各项目公司按核准制要求落实各项外部条件，协助取得有关政府部门审批文件；协助项目公司与各级地方政府沟通，争取政府在征地、环保等方面对项目的支持。针对前期项目不同阶段呈现的问题和难点，华东分公司及时召集不同范围的协调会，排出工作任务，明确责任单位和完成时间，确保前期工作扎实有效。

华东分公司要求各项目公司严格遵守基建程序，坚持工程开工前各项条件的落实。配合国家对电源项目的清理和专家优选评议工作，有选择地组织了国电宿迁热电公司、国电海门电厂筹建处、安徽铜陵电厂筹建处、安徽蚌埠电厂筹建处、国电福州发电有限公司、北仑三期扩建几个项目参加了这次评议活动。指导各项目公司整理各项前期条件落实情况，并积极与政府和集团公司沟通，重新调整开工顺序，确保各项目的顺利推进。

在参加有关工程项目的可行性研究、初步设计审查前，组织好内审工作，为顺利通过正式审查创造条件，争取技术、经济的最优方案。

（高瑞斌）

【工程建设管理程序体系】 华东分公司在加快电源点建设中始终保持清醒头脑，贯彻落实国电集团公司工程建设管理程序体系，加强工程建设管理，正确处理好安全、质量、进度和造价之间的关系，确保电源建设快速、健康发展。该公司协助项目公司审查施工组织设计，指导制定里程碑进度和一级网络进度计划，在计划执行中帮助协调解决设计、施工、设备供应等矛盾，重大问题及时向国电集团公司汇报，适时组织现场协调会，积极推进工程进度。参与工程项目的招标工作，协助项目公司与集团和各投资方沟通成立招标机构，制定招标管理办法，初审招标文件，并参加重要工程和设备的评标工作。

（高瑞斌）

【投资管理】 国电集团公司在华东地区的电源项目众多，所需资金巨大，给国电集团公司的资金平衡带来一定压力。华东分公司按照集团公司部署，积极与各投资方、银行协调项目所需资金筹措问题，加强对各项目的投资管理。根据集团公司《投融资管理办法》和项目年度投资计划和资金计划，按照项目前期工作深度、电力需求和资金平衡情况，进行优化排序和资金平衡，落实投资，使宿迁、常州、泰州等电源项目所需资金得以基本解决。通过和江阴苏龙发电有限公司的谈判协商，实现了对该公司的相对控股；完成收购谏壁发电厂原由地方投资，装机容量为 31.8 万千瓦的股权，进一步壮大了集团公司的资产规模。

（高瑞斌）

【“管理效益年”活动】 2004 年，华东分公司认真贯彻落实集团公司“管理效益年”活动实施方案，结合活动考评标准，制定了华东地区实施意见和确保完成各项考核指标的保证措施，按照“抓基层、打基础、办实事、求实效”的要求，围绕夯实基础、确保安全和提高效益的目标，以重点工作带动全面工作，做到点面结合。在整个活动中，坚持重在生产现场、重在管理环节、重在实际效果、重在经济效益，在实际、实效、实事上下功夫，使“管理效益年”活动取得了实实在在的成绩。

（1）围绕基础管理目标，不断完善制度建设。2004 年，华东分公司指导各单位不断加强以完善制度建设为重点的规范化管理，修订了企业内部各项规章制度，逐步形成了有国电特色的管理制度和管理体系。加强了劳动人事管理和人员培训，进一步规范了机构和岗位设置，建立了岗位动态管理机制。通过“管理效益年”活动的开展，华东区域的基础管理工作得到完善和改进，逐步形成了管理制度的科学化、规范化、标准化，使各项工作有法可依，有法必依。

（2）围绕安全生产目标，不断提高安全生产水平。华东分公司在生产工作中始终坚持“安全第一”的思想，充分认识到安全生产在当前各项工作中的重要性和紧迫性，重点抓好规范制度，落实安全生产责任制、做好安全检查和整改、加强设备管理、夯实班组安全基础等工作。面对 2004 年华东电网电力严重短缺的现状，华东分公司及所属各单位从讲政治、保稳定、促发展的大局出发，结合“管理效益年”活动，进一步深化安全生产管理，促进安全生产水平的不断提高，确保机组安全稳定运行，确保电网安全供电。

(3) 努力实现经济效益目标。围绕“管理效益年”活动确定的经济效益目标，挖掘潜力，努力提高经济效益。在技术经济指标上，瞄准同类机组先进水平，狠抓优化运行，节能降耗，与上年同期相比，取得较大进步。国电谏壁发电厂供电标准煤耗率完成357.5克/千瓦时，比年度计划降低4.5克/千瓦时，比上年下降6.51克/千瓦时；国电北仑第一发电有限公司供电标准煤耗率完成319.5克/千瓦时，比年度计划降低2.9克/千瓦时，比上年下降2克/千瓦时。电厂用电率保持了较好水平，机组非计划停运次数比集团公司确定的非停次数基数有所减少。

（高瑞斌）

【召开政工、纪检、监察工作交流会】 华东分公司以人为本，整合监督资源，于2004年12月16日在南京召开华东地区政工、纪检、监察工作经验交流会，贯彻国电集团公司纪检、监察工作会议精神，提高各单位政工、纪检、监察工作水平，规范领导人员从业行为，严格责任追究，促进各单位党风廉正、精神文明建设责任制的贯彻落实。2004年华东分公司所属各单位坚持以邓小平理论和“三个代表”重要思想为指导，坚持“两手抓、两手都要硬”的方针，在加强党风廉政和精神文明建设方面做了大量工作，取得了较好成绩，积累了经验。国电谏壁发电厂整合监督资源，注重“选题立项，准确定位，领导重视，组织制度建设，整合监督力量”，强化过程监察，在2004年7号机组大修工程项目中实施全过程效能监察成绩斐然，节约资金560多万元，大修实现了“全优”目标。国电北仑第一发电有限公司通过不断完善招标工作机制，强化对经营管理人员的教育，创新监督方式，加强对招投标工作各个环节全过程监督，取得了显著的效果。他们创新监督方式，推行“行贿人资料库”制度，保障了本公司和投标人的合法权益，同时实行了招投标经济活动的“推荐、评标、定标”的三分离原则，有效地预防了职务犯罪。这次会议为华东地区所属各单位和政工、纪检、监察工作者提供了相互沟通的机会，也为交流信息，互相学习、共同促进提供了平台。

（高瑞斌）

【生产经营工作会议】 华东分公司于12月14日在南京召开2004年度生产经营工作会议，会议针对集团公司确定的“管理效益年”、“加快发展”、“深化改革、改革重组”等三项工作的贯彻落实情况，对照签订的综合目标责任书的指标进行了全面总结。同时结合形势和集团公司财务工作会议精神，要求所属单位进一步寻找差距，统一思想，振奋精神，确保高水平、高质量地完成年度各项工作任务。

会议要求各单位深入开展“管理效益年”活动，进一步抓管理、促效益、谋发展，在成本控制上，继续做好科技降损、管理降耗，探索从体制上降低运营成本的新路子。突出重点，坚定完成目标任务的决心和信心，落实科学发展观，促进企业的健康、持续发展。

（高瑞斌）

单位地址：上海市威海路755号文新大厦17层
邮政编码：200041
电　　话：021－52921612
传　　真：021－52921377

华中分公司

【概　况】 2004年，华中分公司认真履行国电集团公司赋予的领导、指导、监督、检查等职责，根据国电集团公司工作部署开展工作。区域安全生产形势基本稳定，各项生产经营技术指标完成较好，工程建设造价、质量、进度控制总体态势良好，项目前期工作进展顺利，社会保险工作全面启动，党风廉政和精神文明建设健康发展。2004年，区域直属和控股企业累计完成发电量148.07亿千瓦时，同比增长13.35%；完成上网电量136.29亿千瓦时，同比增长13.57%。累计供热量254.68万吉焦，同比增加12.55%。火电厂平均设备利用小时数5578小时，同比增加475小时。供电煤耗371克/千瓦时，同比降低8克/千瓦时。平均入炉煤标准煤单价（不含税）423.49元/吨，同比上升78.78元/吨。

华中分公司下设综合管理部、营销财务部、安全生产部、电源发展部、燃料管理部和华中电源建设管理公司、社会保险管理中心。

（李国斌）

【思想作风建设】 高度重视并不断坚持加强改进思想作风建设，致力于培养和锻造一支“勤于思考、乐于奉献、勇于拼搏、敢于胜利”的干部职工队伍，有力地促进了分公司各项工作的全面提高。提出要发扬“五种精神”，即敬业精神、务实精神、团队精神、奉献精神、创新精神，落实“三项要求”，即“工作要细、作风要实、党性要强”。为了使思想作风建设的要求更加具有指导性、针对性和操作性，提出加强和改进思想作风建设的“二十条行为守则”，从思想、学习、工作、生活等方面提出明确具体的要求。通过思想作风整改活动，使员工树立工作积极主动、吃苦耐劳、顾全大局、服务基层的作风，各项工作呈现出新的局面。

（李国斌）

【电源发展工作】 华中分公司将发展作为第一要务，截至2004年底，国电集团公司在华中区域电源发展储备容量总计达到2000万千瓦。河南豫源电厂和濮阳电厂项目已开工；荥阳电厂和宛西电厂项目建议书待批；江西黄金埠电厂项目拟开工。储备核电项目有江西帽子山核电站；火电项目有抚州电厂、永修电厂、九江四期、黄金埠二期；水电项目有赣江泰和水电站、赣江峡江水电站；风电项目有九江老爷庙电厂。湖北荆门三期于9月15日开工，沙市燃煤项目组织可行性研究审查，前期项目有沙市燃机项目、蕲春电厂、宜昌电厂。在湖南寻求控股开发或兼并、收购电站项目，已与汨罗等地方政府达成默契，准备开展包括初步可行性研究在内的前期工作。

（李国斌）

【安全生产工作】 2004年，华中分公司落实国电集团公司颁布实施的各项生产、安全、检修、科技环保等工作制度和实施办法，有力促进区域各发电企业的安全生产管理水平。该公司全方位组织区域各单位开展春、秋两季安全大检查，把春季安全大检查与防汛检查工作相结合，突出春季频发事故和防汛重点，在秋季安全大检查中突出检查防寒、防冻、防火等防事故隐患措施；编制了“区域安全大检查检查大纲”，共计280条，内容涵盖基础管理和电厂各专业，检查中对照大纲逐条检查，重点放在落实上，强调安全工作闭环管理；督促区域各单位加大大修、技改工作力度，要求对生产型支出项目、科技及环保技改项目进行严格管理，进行实施效果评价，使有限资金发挥最大经济效益和安全效益；在万安水电厂召开“华中区域水力发电企业大修管理现场经验交流会”，总结水电机组大修管理工作中的经验和教训，相互交流借鉴，使区域整体检修管理水平再上台阶；确定“华中区域新建、扩建电厂生产准备控制要点（火电部分）”，要求各新建、扩建电厂在保证工程建设的同时，按照《生产准备大纲》内容，参照控制要点，结合项目工程的实际情况，做好各项生产准备工作。

（李国斌）

【市场营销工作】 根据国家发改委发改价格［2004］610号文的精神，积极开展电价疏导工作。华中分公司统一领导协调，抓重点、保难点，区域14家企业电价疏导工作达到预期目标，实现华中区域电厂电价总体水平上涨，电价调增幅度较大；同时抓住国家疏导电价有利时机，对区域供热电厂供热亏损情况进行调研，指导电厂进行测算，两次向湖北省物价局行文上报热价调整方案，批复热价两次共上调3.5元/吉焦。协调与当地调度部门的关系，对区域部分电厂在电量计划及运行方式的安排上给予优先考虑，同意九江发电厂和九江发电公司不同体制的机组可以统筹安排发电量，适当予以自主调整，实现该厂在发电量总量不变的前提下发电计划内部转移。

（李国斌）

【燃料管理工作】 协调运输、落实资源，鼓励区域电厂挖掘区域优势，广纳煤炭资源，拓宽煤炭供应、运输渠道；带队到矿点催运煤炭，派专人驻扎煤矿和铁路，催煤催运；开展调研活动，对四川、重庆沿江煤炭资源和河南、山西、陕西等省煤炭市场进行考察，利用长江黄金水道优势，积极开发新的煤源和运输渠道，保证区域火电厂燃料供应。

（李国斌）

【社会保险工作】 华中分公司社会保险管理中心根据国电集团公司《关于成立中国国电集团公司华中分公司社会保险管理中心的通知》（国电集人［2004］265号）于2004年6月成立，在湖北省质检局进行组织机构登记注册，领取中华人民共和国组织机构代码证。按照集团公司批复的职责范围，该公司社保中心结合华中区域的实际情况，认真贯彻落实各项社会保险政策，规范各项社会保险管理制度，取得显著成绩。被湖北省养老保险局和湖北省地税局评为省直统筹企业养老保险先进单位和省直统筹企业养老保险费征缴先进单位。

2004年，华中分公司社保中心接管了国电集团公司在华中区域发电企业的社会保险工作，与湖北、江西、河南三省社保主管部门联系、协商，分别同意由华中分公司负责按属地原则管理国电集团公司所属单位的社会保险工作。相继分省办理社会保险登记，开设基本养老保险专户，并完成基本养老保险个人账户与省电网公司的数据划分。湖北、江西两省社保部门批复区域各发电企业医疗保险参加省直单位统筹。已纳入华中分公司社保中心统一管理的参保单位及参保人员情况如下：湖北参保单位包括华中分公司本部、长源电力股份公司本部、荆门热电厂、沙市热电厂、松木坪电厂、南河水电厂、富水水电厂，现有在职职工4143人，离退休1364人；江西参保单位包括九江发电厂、万安水电厂、黄金埠发电厂，现有在职职工3576人，离退休902人；河南参保单位包括濮阳热电公司、豫源发电公司、民权发电厂筹建处、荥阳发电厂筹建处、宛西发电厂筹建处，现有在职职工174人。

（李国斌）

【华中电源建设管理公司】 华中电源建设管理公司根据国电集团公司《关于成立中国国电集团公司华中电源建设公司的通知》（国电集人［2004］364号）成立，在集团公司授权下从事电源项目建设管理，负责电源项目工程建设的过程管理，对管理的项目工程建设质量、安全、进度、造价负责，配合项目公司做好各项生产准备工作。建设公司设总经理1人，副总经理3人。濮阳热电公司一届三次董事会同意有关董事提交的关于《委托国电华中分公司电源建设公司管理国电濮阳热电有限公司工程建设》的议案，原则同意委托国电华中电源建设公司对濮阳工程建设进行管理。濮阳管理模式和效果得到濮阳市委、市政府和濮阳公司董事会的高度评价和认可。

（李国斌）

单位地址：武汉市武昌区徐东路117号华中电力金融大厦9层

邮政编码：430067

电　　话：027－86768386

传　　真：027－86768369

西北分公司

【概　况】 2004年，西北分公司根据国电集团公司部署和要求，制定了西北地区发电企业“管理效益年”活动实施细则、方案、考核办法，先后三次召开西北区域内各单位工作会议，提出“提高电量、争取电价、控制成本”的工作策略，全面落实和开展“管理效益年”活动，圆满完成集团公司下达的各项目标和任务。

2004年，国电西北地区企业累计发电236.7968亿千瓦时，比上年增长29.59%；上网电量216.8823亿千瓦时，同比增长30.03%。供电煤耗完成369.82克/千瓦时，比上年下降12克/千瓦时。发电厂（不含风电）用电率累计完成7.5%，比上年减少0.42%。等效可用系数累计完成89.20（不含风电），比上年增长2.0%。两个电热联供的企业完成售热量567.42万吉焦，比上年增长10.17%，其中大武口发电厂完成254.42万吉焦，兰州热电厂完成313万吉焦，分别较上年增长18.32%和4.33%，热力亏损分别为773万元和673万元；当年电、热费回收率均为100%。陈欠电费，国电靖远发电有限公司回收率为65.75%，兰州热电厂回收率为97.19%，铁厂沟发电公司回收率为20%。完成利润8072万元，比上年增长107.72%，其中盈利单位3家，亏损4家。内部核算单位利润总额 －2106万元，比上年增亏12万元，控股公司单位利润总额10177万元，比上年增加4196万元。供电煤耗：共采购燃煤1300万吨，其中宁夏发电企业786万吨，甘肃发电企业374万吨，新疆发电企业159万吨。受煤炭供应严峻形势的影响，2004年西北地区企业煤质均有小幅下降，宁夏地区企业平均发热值为19.77千焦/千克，同比下降0.73千焦/千克；甘肃地区企业平均发热值为22.22千焦/千克，同比下降0.67千焦/千克；新疆地区发电企业平均发热值为22.35千焦/千克，同比下降0.13千焦/千克。

（赵　翔）

【安全生产工作】 2004年，西北分公司坚持“安全第一、预防为主”方针和“保人身、保电网、保设备”的原则，树立安全就是效益的观念，把安全生产作为各项工作的前提和基础，高度重视安全工作，先后召开2004年度机组大修、技改工作总结暨组建区域内检修公司可行性研讨会，组织人员对国电西北地区发电企业的安全管理工作进行督查，以树立“以人为本”的安全理念，真正做到“三不伤害”。正确处理安全与进度、安全与质量、安全与发展的关系，实行全员、全过程、全方位、全天候的安全管理。夯实安全生产基础，严格落实各级安全管理人员的安全生产责任制，坚持“四不放过”的原则，严格奖惩考核；加强设备管理，坚持“应修必修、修必修好”的原则，抓好设备检修工作，确保检修质量；依靠技术进步，改善设备性能，提高设备的可靠性、经济性和自动化水平。大力开展技术培训和安全教育，提高企业职工的安全生产意识；开展安全性评价工作，逐步建立安全生产长效机制；加大对各发电企业的指导和监督力度，确保完成各项生产、经营任务。年内西北地区各发电企业安全形势总体平稳，职工队伍稳定，做到了无人身死亡、无涉及电网的重大事故、无主设备损坏事故，完成了“七不发生”的安全生产目标。

（赵　翔）

【电价疏导工作】 利用国家发改委疏导电价的有利时机，西北分公司在国电集团公司统一部署下，成立了电价工作领导小组，全面负责和指导西北地区发电企业电价疏导工作。面对复杂多变的形势和各利益方竞争激烈的情况，始终以“用足政策、明确目标、措施到位、争取效益”为指导思想，吃透文件精神，认真编制资料，加强信息交流，取得了显著成效。国电石嘴山发电厂、大武口发电厂、石嘴山发电公司上网电价分别增长5.3分/千瓦时、0.6分/千瓦时、1.9分/千瓦时，宁夏自治区从2004年10月22日开始执行新的电价标准。国电靖远发电公司、兰州热电厂电价分别上调了1.35分/千瓦时和0.96分/千瓦时，调价收入于2004年结算电费时分别给靖远发电公司、兰州热电厂调增电费1087万元和533万元，新的电价水平从2005年1月1日起执行。国电红雁池发电公司1～8号机组上网电价原执行0.191元/千瓦时、9号机组执行0.28982元/千瓦时，此次疏导电价矛盾后，1～9号机组归并为0.216元/千瓦时。国电铁厂沟发电公司原上网电价分为地网电价和主网电价，疏导电价矛盾后，归并执行统一的电价水平 0.22 元/千瓦时。新疆疏导电价从 2004 年 11 月 25 日执行。

（赵　翔）

【资产财务、劳资保险划转移交工作】　根据《国务院关于印发电力体制改革方案的通知》（国发［2002］5号)、《国家计委关于国家电力公司发电资产重组划分方案的批复》（计基础［2002］2704 号)、《财政部关于电力企业重组工作中有关资产财务划分问题的通知》（财企［2003］92 号)、《国务院关于电力体制改革有关问题的通知》（国办发［2000］69 号)、《关于发电企业划转移交工作的通知》（国电总［2003］56号）和《关于发电企业划转移交工作的实施方案》（国电总［2003］1号）文件精神，按照国电集团公司对资产财务、劳资保险划转移交工作的统一部署和要求，西北分公司组织专人配合集团公司开展工作。在本着尊重历史、尊重对方、公平、公正的原则下，分别与甘肃省电力公司、新疆维吾尔自治区电力公司、宁夏回族自治区电力公司就资产财务、劳资保险划转移交达成了协议，并分别于 2004 年 4 月 1 日、5 月 21 日和 5 月 25 日正式签订了移交协议。

（赵　翔）

【电源前期和建设工作】　西北分公司认真贯彻落实国电集团公司年初工作会议精神，紧紧围绕工程建设及前期项目考核目标，面对国家核准项目政策的调整，求真务实，科学论证，努力工作，全面做好在建工程管理和拟开工项目的核准工作，使 2004 年基建工程、前期项目进展，按计划和目标完成。6 月，石嘴山 4×330 兆瓦扩建工程的 4 台机组全部投产发电；10 月 15 日，新疆吉林台一级水电站工程开始下闸蓄水；库车电厂工程 9 月 8 日正式开工；石嘴山技改工程 10 月 8 日开始浇筑第一灌混凝土。

甘肃天水电厂新建工程、大武口发电厂扩建工程项目建议书已上报国电集团公司和各省（自治区）发改委，两项目分别已列入甘肃和宁夏“十一五”电力发展规划。天水电厂已报国家发改委进行专家评议，大武口扩建工程已向国家发改委申请开展前期工作。宁夏宁东煤电基地方家庄电厂 6×600 兆瓦工程一期完成了初步可行性审查，该项目是西北地区内需和外送的重要电源点项目，属于建厂条件比较好的坑口电站。加快开展了建厂条件各方面都比较好的靖远电厂一期扩建 2×600 兆瓦空冷机组工程前期工作步伐，已完成了初步可行性研究内部审查，按照核准制要求开展了可行性研究有关专题工作，经分公司与政府高层多次沟通协调，该项目已列入甘肃省电力发展规划和“十一五”重点核准开工项目，并作为省政府报国家发改委专家评议主要项目之一。宝鸡二期工程，经多次与陕西省政府和主管部门协商沟通，得到了陕西省委、政府的重视。

（赵　翔）

【燃料管理工作】　2004 年，西北分公司严格执行国家关于电煤价格的宏观政策，燃料采购成本得到了较好的控制，新疆地区在没有政策性调价的基础上，合同价格较上年降低 1.90 元/吨，宁夏和甘肃 5 家发电企业签订的电煤购货合同价格政策性上调 12 元/吨，没有突破电煤价格调整上限。主动加强与地方政府各职能部门、煤矿（煤业公司)、铁路等单位的联系和沟通，协调解决了国有重点煤矿停止供煤和煤质严重下降以及治理超载造成的电煤供应困难等问题。加大煤炭资源的调研及合作开发力度，对宁夏、内蒙西部、甘肃、新疆等地煤炭资源进行调研，初步掌握了这些地区的煤炭资源状况，并于 9 月份与宁夏煤业集团公司签订了煤电合作意向书。进一步完善燃料管理体制，根据国电集人［2004］372 号文件精神，成立燃料管理部，加强该公司区域燃料管理职能。

（赵　翔）

【党建和精神文明建设】　西北分公司始终高度重视加强领导班子和干部员工的思想作风建设，坚持民主集中制原则，在“三重一大”问题上坚持及时通气、召开党组会议、集体研究和民主决策的程序，使班子凝聚力和战斗力不断得到增强。按照党管干部要求和德才兼备原则，协助国电集团公司对基层企业领导班子和领导干部加强教育、管理和监督，使他们能够聚精会神抓建设，一心一意谋发展。组织和指导各企业围绕集团公司方针目标和中心工作，加强党建和精神文明建设，在集团公司系统率先完成区域内企业党组织关系的划转工作，并组织开展企业党建思想政治工作经验交流，党建和精神文明建设取得了新的成绩和经验，得到了集团公司党组的认可和企业职工群众的好评。在 2004 年度党风廉政和精神文明建设考核中，西北地区企业整体水平居集团系统前列。

（赵　翔）

【区域“三次重组”工作】　按照国电集团公司关于“三次重组”的总体要求和具体指导意见，西北分公司重点抓了国电红雁池发电公司和精河发电公司的吸收合并、塔城铁厂沟电厂的资产转让工作。经过近一年的工作，红雁池、精河发电公司的吸收合并工作已经完成了资产评估、财务审计、土地处置等工作，待上报国务院国资委批准后，正式实施资产合并。为了保证合并重组工作平稳有序进行，西北分公司先实施管理重组，方案已经集团公司批准，此项工作于 2004 年年底完成。塔城铁厂沟电厂经过多方面工作，与新疆电力公司达成一致意见，即将划转国电集团公司的 1 台 5 万千瓦资产转让给新疆电力公司，以解决与老厂的一厂多制、管理不顺、经营困难问题，实现资产优化和“双赢”的经营策略。该公司已与新疆电力公司正式谈判。

（赵 翔）

【内部管理工作】 为实现西北分公司工作的高效规范，及时全面反映工作动态，该公司初步建立起各职能部门岗位职责及各项规章制度，建立了以《国电西北发电企业信息》、《国电宁夏发电企业信息》、《分支机构月度工作信息》（月刊）为主要阵地的信息报送和交流渠道，并积极推广集团公司Ⅵ系统，组织宁夏三家企业在重要路段进行国电集团形象广告宣传。结合“管理效益年”活动，制定活动实施方案和实施细则，编印《“管理效益年”活动简报》，对基层企业“管理效益年”活动加强组织和指导。同时注重建立良好的公共关系，通过与各省区地方政府及发改委、经贸委、电网公司等部门的联系沟通，建立了较为可靠的信息通报系统，取得了辖区各级政府部门的理解和认可，为企业营造了良好的生产经营空间。

（赵 翔）

【要事摘编】

2004年6月28～29日，西北分公司在新疆召开西北地区发电企业安全生产暨燃料管理工作会议。会议全面总结分析了上半年西北地区各发电企业安全生产和燃料管理工作情况，进一步明确了2004年安全生产、燃料管理的工作目标、工作思路及重点工作要求，对下半年工作进行了安排、布置，制定切实可行的措施，扎扎实实地做好安全生产和燃料管理工作。

7月7日，宁夏自治区党委书记陈建国、自治区党委常委于革胜、自治区政府副主席项宗西在国电西北分公司总经理田世存等陪同下，对国电石嘴山发电厂2×330兆瓦技改工程现场进行了考察。陈建国对该项关系缓解宁夏用电紧张局面的技改项目，表示要“加快步伐，尽量往前赶”。

7月30～31日，西北分公司在银川召开西北地区上半年“管理效益年”活动总结暨经济活动分析会。会议重点回顾和总结了上半年“管理效益年”活动情况，分析了面临的形势和存在的主要困难，会议要求各企业立足实际，抓住“管理效益年”活动这一主线，不断提升工作水平，实现企业的可持续发展。

8月15日，国电宁夏方家庄电厂2×600兆瓦工程初步可行性研究报告在银川通过宁夏自治区发改委和西北电网有限公司主持的审查。该项目立足解决宁夏电网电力负荷发展以及“西电东送”的需要，是宁夏电网未来的地区性主力电厂和宁东煤电基地的重要电源之一。该电源项目已列入宁夏电力工业和国电集团公司的发展规划。一期2×600兆瓦机组计划“十一五”末开工建设，“十二五”期间建成投产。

8月31日，国电集团西北地区企业党建思想政治工作研讨会暨“我与管理效益年”演讲比赛在新疆举行。此次会议围绕集团公司“做实、做新、做大、做强”的工作方针和“管理效益年”的各项目标任务，就如何加强和改进企业党建思想政治工作进行经验交流，研讨西北地区企业下一步党建和思想政治工作的总体思路，进一步统一思想，提高认识，以全面推进西北地区企业三个文明协调发展和开展党建工作打下基础。

（赵 翔）

单位地址：宁夏银川市兴庆区民族南街240号光耀大厦6楼B座
邮政编码：750001
电　　话：0951－4918990
传　　真：0951－4912122
新疆联络处：0991－8870110

川渝分公司

【概　况】 为加强国电集团公司在四川、重庆地区企业的管理，加快该地区的电源发展步伐，2004年4月26日以国电集人［2004］148号文批准，将国电集团公司四川分公司更名为川渝分公司。国电集团公司在川渝地区有内部核算单位4家（江油电厂除外）、控股企业3家。其内部核算单位为：成都热电厂、华蓥山发电厂、岷江发电厂（半空壳）、万源发电厂（空壳）；控股企业为：四川电力股份有限公司、四川南椏河流域水电开发有限公司、重庆恒泰发电有限公司。截至2004年年底，内部核算及控股企业在册职工人数3946人。川渝分公司下设综合管理部、安全生产部、营销财务部、电源发展部、燃料管理部，现有正式员工15人。

集团公司所属在川渝各内部核算、控股、参股及代管企业总装机容量为200.132万千瓦（不包括国电大渡河流域开发公司），其中代管机组装机容量约56万千瓦（代管机组容量包括华能1×20万千瓦，四川嘉陵电力有限公司2×14.2万千瓦+7.5万千瓦），可控机组装机容量91.532万千瓦，权益机组装机容量81.821万千瓦，内部核算电厂装机容量约42万千瓦。

2004年，川渝分公司树立和落实科学发展观，围绕国电集团公司“做实、做新、做大、做强”的工作方针和全年工作目标，以开展“管理效益年”活动为载体，团结一致、群策群力，真抓实干、迎难而上，克服了诸多困难和不利因素，在生产经营、电源发展、党风廉政和精神文明建设、职工队伍稳定等方面取得可喜成绩。突出表现在八个方面：一是深入扎实地开展“管理效益年”活动，基础管理水平得到提高；二是安全生产情况良好，实现了安全生产的各项目标；三是狠抓资产经营工作，超额完成了利润目标；四是基本建设稳步推进，各项指标达到目标责任制要求；五是加快电源发展，所有项目全部列入川渝重点规划项目；六是顺利签署资产、财务、劳资、保险移交协议，为进一步理顺川渝企业资产、人员、管理关系创造了条件；七是稳步推进区域企业重组改制，并取得阶段性成果；八是扎实开展思想政治工作和党风廉政建设，并取得明显成效。

（谭 幸）

【安全生产工作】 川渝分公司及川渝区域各单位高度重视安全生产，对安全生产实施了有效管理。狠抓安全责任落实，狠抓设备的恢复性大修和专项治理；狠抓安全月系列活动；建立和完善安全生产应急预案体系；开展安全性评价工作，逐步建立安全管理长效机制，促进了安全生产水平的整体提高。2004年没有发生重大及以上设备、交通、火灾等事故，主业没有发生重伤及以上人身事故。一类障碍9台次，较2003年减少22台次，其中四管爆漏5台次，同比减少16台次。华蓥山电厂、紫马电站、蜀润磨房沟电厂一级电站在遭遇特大洪水的情况下安全度汛，确保了安全生产目标的实现。

（谭 幸）

【在建工程和项目前期工作】 在建工程方面，川渝分公司各项目单位按照国电集团公司“控制工期，保证质量，降低造价，争创一流”的工程建设指导思想，克服在运电厂和新建机组同时运转、基建管理经验和人才相对缺乏、超常规建设等诸多困难，各项指标均达到了2004年度工程建设目标责任制的考核要求。2004年投资计划总计为21.97亿元，实际完成投资22.04亿元，超额完成年度投资计划。在建项目的工程安全、质量、进度、造价均处于受控在控状态。项目前期工作方面，该公司结合四川省“十五”电力规划调整意见及川渝国民经济、电力工业最新发展情况，在综合分析、研究川渝地区电源点布局和市场竞争的基础上，编制完成了2004～2020年战略发展规划。加强与电网、政府及相关部门沟通协调，所辖项目均被列入川渝重点规划项目。

（谭 幸）

【资产经营及市场营销工作】 2004年5月，国电集团公司与四川投资集团公司签署了有关江油发电厂人员和资产处理的协议，顺利实现了人员、管理的划转。8月，国电集团公司与四川省电力公司签署了移交接收协议，顺利接收了川电股份、南桠河流域公司、华蓥山发电厂、成都热电厂、岷江发电厂、万源电厂等单位的资产和人员，并协商解决了四川嘉陵电力公司股权及承包经营问题，妥善处理了成都热电厂挂钩工资基数回归及岷江发电厂和万源发电厂挂钩工资基数过低的问题，争取到挂钩工资基数的合理增长和工资结余合理分配。2004年，该公司组织区域企业开展“管理效益年”活动，发电量持续增长，2004年完成上网电量42.26亿千瓦时，同比增长4.74%；机组利用小时数5006.02小时，同比增加240.24小时。狠抓市场营销工作，完成了内部分离电厂电价剥离工作，通过争取内部分离电厂超发电电价结算水平，为上年增收6800万元；争取和利用顺价政策，提高独立电厂上网电量及电价，川股南桠河电厂、姚河坝电厂等单位一年可多创约1700万元利润。2004年全年完成利润总额8058万元，超额完成了集团公司下达的7600万元利润目标。

（谭 幸）

【环境保护工作】 川渝分公司在加强安全生产和经营管理的同时，坚持科技领先、发展与环保并重的方针，认真贯彻落实国家环保法和地方政府关于加强环保治理的有关规定，2004年实施了华蓥山电厂4号机组烟气脱硫和成都电厂灰水闭式循环改造，加强在运环保设备运行维护，在达标基础上进一步降低排放，新改扩建项目环保工程坚持做到“三同时”，为改善地区环境质量，促进环保事业和企业的可持续发展做出了努力。

（谭 幸）

【党建及精神文明建设】 川渝分公司和川渝各单位认真贯彻落实国电集团公司有关思想政治工作有关规定，建立完善了川渝各单位的精神文明、企业文化、党建思想政治工作相关制度。理顺了国电在川企业党的组织关系，完成了国电在川8个基层单位共1648名党员的组织关系及党费的划转。在国电十大区域公司内，首家完成了区域直属党委的组建工作，召开了中国国电集团公司四川省发电企业第一次党代会，选举产生了第一届直属委员会和直属纪律检查委员会，为下一步完善党的组织关系、正常开展党的各项活动打下了基础。同时，层层落实党风廉政和精神文明建设责任制，进一步加强了内部管理，严格了财经纪律，对企业重大经济活动实施效能监察，把党风廉政建设工作落到了实处，增强了广大党员和干部的廉政意识和拒腐防变能力，各项工作得到健康有序发展。

（谭 幸）

单位地址：四川省成都市双林路98号
邮政编码：610021
电　　话：028－82907945
传　　真：028－82907959

山东分公司

【概　况】2004年，山东分公司认真贯彻落实国电集团公司工作会议精神，以"管理效益年"活动为主线，求真务实，强化管理，深化改革，提高效益，突出"四新"要求，安全生产、电源发展、队伍建设等各项工作取得了良好成绩，全面完成了与国电集团公司签订的承包指标。

该公司克服燃料供应困难、成本上升及电网改造等不利因素，全面完成了电量任务，实现了长周期安全记录，全年未发生重大设备及人身伤亡事故。2004年完成发电量158.33亿千瓦时（含石横电厂），同比增长13.8%，其中菏泽二期完成32.04亿千瓦时，聊城电厂完成60.13亿千瓦时，均超额完成集团公司下达的任务指标；各单位均实现长周期安全记录，菏泽、聊城和石横电厂分别实现了3个安全生产100天，截至2004年12月31日，石横电厂实现连续安全生产2344天，聊城自1号机组试运行以来，该厂已连续安全运行825天，菏泽电厂实现连续安全生产242天。该公司区域内单位共实现销售收入47.5亿元(含试运收入)，实现利税总额6.07亿元。山东分公司和区域内各单位在燃料供应全面紧张的形势下，没有发生因燃料问题停机的现象，受到山东省政府的表扬和认可。

在国家开展宏观调控、清理整顿电源项目的形势下，区域内蓬莱、费县和菏泽三期项目全部实现正式开工的既定目标。

以开展"管理效益年"活动为主线，强化管理、夯实管理基础。该公司及区域内各单位结合管理效益年活动，修订完善各项规章制度、精简整合标准，进一步明确管理接口、提高管理效率，在建单位也加快建章立制步伐，编制了建设期安全、质量、工期、造价、财务、计划等管理标准共140余项。

2004年菏泽电厂获全国总工会颁发的"五一劳动奖状"，在国产30万千瓦机组评比中，石横、菏泽参赛的6台机组有5台获奖；从2003年8月山东分公司成立到2004年12月底，所属单位上缴国家税收8.8亿元；开工项目共计180万千瓦，电源发展工作受到山东省政府高度评价，展示了国电集团公司的形象。

（宋志强）

【电源发展工作】山东分公司经过分析论证，于2004年初步制定了该公司"十一五"电源发展规划，初步确定了发展速度略高于国电集团公司平均发展速度，以扩建为主，注重电源合理布局，突出发展60万千瓦以上机组的原则。

该公司在发展工作中坚持"认准目标、坚定信心、理清思路、科学发展"，不断加大项目核准力度。目前区域内2004年开工建设的费县、菏泽、蓬莱项目核准外部条件已经基本落实；2005年拟开工的聊城、石横项目的前期准备和外部条件落实工作也在顺利进行。山东省政府已将上述5个项目列入全省"十一五"电源发展规划，并作为优选项目上报国家发改委，其中蓬莱一期、菏泽三期扩建和石横三期扩建项目作为山东省"十一五"初期投产的10个应急电源项目上报国家发改委。

2004年，国电费县、蓬莱、菏泽发电有限公司成立，各项目公司克服困难，高标准地实现了2004年电源项目开工的目标。蓬莱一期工程、菏泽三期工程和费县一期工程的主厂房分别于9月、11月浇筑第一罐混凝土。

山东分公司及各单位分别成立了工程造价工作小组，并取得显著效果。通过优化设计，费县、菏泽、蓬莱、聊城工程共降低造价约7亿元。通过规范招标管理，菏泽主体工程招标的授标价格比概算下浮18%，费县主体工程招标的授标价格比概算下浮10%，蓬莱的海水工程授标价格比概算7000万元下降了20%。该公司策划并组织了菏泽、费县项目公司开展融资招投标工作，在比国家同期利率下浮10%的基础上取得了银行贷款方面的全部优惠条件。

在加快现有项目工作同时，山东分公司积极寻找新的电源项目，进行项目战略储备，目前已经有荣城、新泰、岚山、博兴等多个项目储备。

（宋志强）

【市场营销工作】经过近两年的运作，在各股东方的共同努力下，山东中华发电有限公司果断采取措施，于2004年6月18日完成了再融资工作。该工作是通过国内银行条件优惠的新贷款置换贷款利率及财务费用较高的英国出口信贷、美元商业贷款和人民币贷款，额度达107亿元人民币（包括5.6亿美元），再融资成功后，山东中华发电有限公司现有的美元贷款利率息差比原有的贷款息差降低30%，贷款期限由12年延长至15年。预计每年可为该公司增加6亿元现金流量，由于利率、保费及其他费用的降低，每年节省财务费用近1亿元。

在股东方与山东分公司共同努力下，2004年初，国家发改委以发改委［2004］602号文批复山东中华发电有限公司电价：石横0.41元/千瓦时、菏泽、聊城电厂0.36元/千瓦时。该电价经与山东省有关部门以及山东省电网公司长期耐心细致的工作，于2004年底基本落实到位，确定于2004年4月1日开始执行，确保了集团公司和其他股东方的利益。

在综合考虑分析了承建商剩余利润、提前发电奖及公司再融资、电价提高后的财务状况，山东中华发电有限公司与承建商经过艰苦谈判，达成了聊城1、2号机组的接收方案。聊城电厂因此提前7个月进入商业运营，为提高该公司财务收益打下良好基础。

（宋志强）

【体制改革工作】 2003年初，国家发改委以［2003］20号文件下文，将原山东电力在山东中华发电有限公司中所拥有的菏泽二期、聊城电厂36.6%的中央股权划归国电集团公司。为推进和支持国家的电力体制改革，国电集团公司与山东电力经过友好协商签署了内部协议，根据协议，将菏泽电厂二期、聊城电厂的运营管理职责于2003年7月1日正式移交给国电集团公司承担。为更好的承担对两电厂的运营责任，山东分公司对如何理顺两厂的生产运营和燃料供应关系进行了大量调研工作，提出了成立山东国电发电运营中心和在两厂成立国电燃料运营分公司的建议，最终获得集团公司批准。2004年，山东国电发电运营中心和国电燃料运营分公司先后成立。在国电集团运营下，两厂的生产技术指标不断提高，燃料供应及时并且价格合理，得到山东中华发电有限公司外方股东认可，同时也为集团公司最终正式进入山东中华发电有限公司做好了准备。

（宋志强）

【人才优化配置】 2004年，山东分公司区域内有费县、菏泽、蓬莱3个项目同时开工建设，对工程管理人员和生产准备人员的需求较大，人力资源配置工作任务艰巨。有鉴于此，该公司充分发挥指挥、协调职能，按照“稳定生产，满足扩建、输出人才”的原则，有计划、分阶段的实施了一系列人才储备、激励措施。充分利用仿真机、培训基地及各种培训方式促进人才的培养；以国电集团公司“168人才工程”为主线，进一步加快“三支队伍”人才的培养，实施人才强企战略；根据国电集团公司部署，有计划地做好“三项制度改革”工作的分步实施；从后勤、多种经营有计划地抽调部分专业对口、业务技能好的员工充实到生产一线；有关单位按照新建、扩建工程前期、建设、运营等不同阶段的需要，根据人员配置和人员到位计划，按照全能培训的目标，明确提出量、质、期要求，制定了不同人员、不同岗位的培训计划，并抓紧实施。

（宋志强）

【“反违章、查隐患”活动】 为把国电集团公司“管理效益年”活动引向深入，进一步查找安全管理、生产管理和设备管理的隐患漏洞，杜绝违章现象，夯实基础、确保安全，山东分公司2004年在区域内电厂组织开展了“反违章、查隐患”活动。根据国家及行业规章制度、技术规范及反事故措施，结合电厂实际情况，制定了严格细致的“无违章企业、无违章车间、无违章班组标准”。分公司、电厂、车间成立相应组织机构，对照标准，在电厂开展反管理性违章、反装置性违章、作业性违章和指挥性违章的活动。活动的每一级组织根据相应标准进行自查并负责对下一级检查考核，对发现的违章现象进行整改，无法立即整改的要做好预防措施并加强监护。分公司每年根据定期检查考核情况进行评比，对先进单位进行奖励，对达不到标准、发现存在重大缺陷和隐患以及不执行上级管理规定和技术规范措施的单位给予通报批评，并进行处罚。该活动开展以来，杜绝了违章隐患，电厂的安全基础得到进一步提高。

（宋志强）

【环保验收工作】 根据国家有关规定，同时为扩建项目创造外部条件，山东分公司会同山东中华发电有限公司组织开展了菏泽电厂二期、聊城电厂一期的环保验收工作。经过历时一年的工作，菏泽电厂二期、聊城电厂一期分别于2004年7月和11月通过了国家环保总局组织的环境保护工作验收，两厂废气、废水、噪声、粉尘等各项污染物均达到国家规定的排放标准，符合建设项目竣工环境保护验收条件。

（宋志强）

单位地址：山东省济南市经三路17号鲁能中心A座六层
邮政编码：250001
电　　话：0531－6035416
传　　真：0531－6932454

云南分公司

【概　况】 2004年5月31日国电集团云南分公司在昆明成立，此前为国电云南办事处。2004年，云南分公司贯彻落实国电集团公司工作会议和年中工作会议精神，以可持续发展为主线、以深化改革为动力，各项工作围绕“管理效益年”活动展开。充分发挥分支机构作用，与在滇单位群策群力，确保区域安全生产和职工队伍稳定，超额完成生产经营及利润目标，确保区域内资产的保值、增值。全年无重大人身伤亡和重大设备损坏事故，无影响电网安全稳定的重大责任事故，无重大交通事故，无垮坝、重大火灾、重大施工机械事故。区域内电厂全年发电量完成147.87亿千瓦时，完成年度计划的106%，同比增长17.39%；上网电量完成137.74亿千瓦时，同比增长21.88%。发电量占云南电网统调发电量的35.6%，厂用电、煤耗等经济指标均达到集团公司要求。2004年完成利润28594万元，比集团公司下达区域利润目标超额2117万元。

按计划完成了电源前期工作目标，实现工程造价、工期控制和质量、安全、工程综合管理目标。电源项目按照里程碑计划和年度工程目标开展，各项前期工作有序进行，完成了小龙潭、阳宗海、宣威扩建项目的过渡措施、现场撤迁及“五通一平”工作，通过了可行性研究审查及初步设计预审查，取得了国家核准项目的全部支持性文件；罗平煤电一体化项目及金沙江中、上游拖顶、日冕水电开发项目也取得了省政府的积极支持，为前期工作启动创造了良好的外部条件。

（裴荣江　吴世荣）

【安全生产工作】 坚持“安全第一、预防为主”的方针和“保人身、保电网、保设备”的原则，贯彻国电集团公司安全会议精神，不断夯实安全基础。按照集团公司批准的大修、技改、环保等计划项目严格实施，按质按量全部完成，提高机组健康水平；开展多种形式的安全活动，组织各级人员的《安全制度》考试，修编、完善原有不适应管理需要的制度、规程；按照各级行政正职是安全第一责任人的要求，逐级签订《安全生产目标责任书》，加大对安全生产的考核力度和监督力度，实行对安全生产贡献突出者给予重奖，对违章或失职造成隐患或事故者给予重罚，做到奖惩分明、增强各级人员紧迫感和责任感；组织好春秋季和节假日安全大检查，水电厂防洪度汛检查，对查出的问题及设备隐患及时制定措施整改，为安全生产起到积极的推动和有效的保障作用；启动部分电厂的安全性评价工作，通过安全性评价工作的推行，全面提高安全管理水平。

（裴荣江　吴世荣）

【市场营销工作】 云南分公司牵头组织，在购售电合同的签订工作中，组织与电网公司进行谈判，3月下旬区域6个电厂与电网公司按示范文本签署了购售电合同，加强了电费回收管理，实现百分之百的回收率，全年各厂批复电价均执行到位。同时，加大营销工作力度，健全区域营销管理网络，充实营销队伍，建立了营销例会制度，参加并组织了营销培训，不断增强营销意识，树立市场营销、竞争、创新和服务观念，提高理论水平和业务能力，逐步规范营销管理。2004年，云南分公司把疏导电价作为重点工作。年初在3个电厂电价取得批复的基础上，及时成立电价疏导领导小组，重新组织测算电价并对存在问题进行了重点梳理、详细分析和全面审核指导。在电价疏导中，认真吸取和总结经验，携在滇部分单位驻京开展工作，通过努力，电价疏导达到了预期的目标，各单位在电价中存在的问题得到了不同程度的缓解。其中：小龙潭电厂电价上调了0.0145元/千瓦时，大寨和六郎洞电厂分别上调了0.01元/千瓦时，宣威新机电价核定为0.24元/千瓦时，开创了机组尚未完全投产即已批复电价的先河；迪庆香格里拉公司电价获得正式批复；并经争取获得了提前半年执行批复电价的结果，全年各厂批复电价均执行到位。

（裴荣江　吴世荣）

【电源发展工作】 2004年8月30日，云南省委副书记、常务副省长秦光荣率省政府有关部门领导与国电集团公司党组书记、总经理周大兵、党组成员、副总经理朱永芃在昆明就国电集团公司加大云南有关电力项目开发力度等事宜举行了会谈。经过双方友好的会谈，双方愿意共同推进国电集团公司在云南省的电力开发项目前期工作，双方同意由国电集团公司开展罗平煤电一体化项目及金沙江中上游水电项目的前期工作。会谈后，双方签订了会谈纪要。

2004年云南分公司根据云南省电力发展“十五”计划及2015年远景规划，编制了云南区域“十五”后两年及2010年电源基本情况和电源发展规划。完成区域内电源点的布置图和规划图。组织上报阳宗海、开远、迪庆香格里拉发电公司开工项目2005年工程进度计划。对在建、拟建电源项目进行清理并上报有关部门。组织各项目单位完成在建、拟建项目的专家评议优选上报工作。组织区域2004年度工程建设目标责任制考核，加强前期招投标管理工作，协调组织完成小龙潭、阳宗海扩建工程监理、标书的编制及审查。组织小龙潭三期监理、桩基施工队伍的招标工作。会同国电物资公司完成对小龙潭、阳宗海扩建工程施工标书及工程量清单的审查核定工作。协调小龙潭、阳宗海电厂三期环评报告书的送审工作，并得到国家环保总局的受理。

（裴荣江　吴世荣）

【资产财务、劳资保险接收工作】 云南分公司主动配合国电集团公司做好发电企业资产财务、劳资保险接收工作，经过谈判，2004年6月3日，国电集团公司与云南电力集团有限公司就资产财务、劳资保险划转移交工作达成一致意见。并签订了《云南电力集团有限公司与中国国电集团公司关于资产财务、劳资保险划转移交协议书》。

（裴荣江　吴世荣）

【党风和精神文明建设】 根据国电集团公司党组国电集党［2004］30号《关于进行2004年度党风廉政和精神文明建设责任制检查考核的通知》精神，12月5～14日，云南分公司考核工作组先后赴大寨水力发电厂、阳宗海发电有限公司、小龙潭发电厂（开远发电公司）、六郎洞水力电厂和迪庆香格里拉发电有限责任公司进行党风廉政和精神文明建设责任制检查考核工作。

为成立中共国电集团公司云南省发电企业直属委员会和直属纪委做好相关准备工作，并取得云南省国资委党委的同意。

（裴荣江　吴世荣）

【要事摘编】

2004年8月26～27日，由国电集团公司主办、云南分公司承办的国电集团公司2004年审计工作会议在昆明召开。集团公司党组书记、总经理周大兵和党组成员、副总经理朱永芃出席会议并作重要讲话。

根据集团公司的要求，云南分公司组织国电集团公司在滇各单位团员青年开展“我与管理效益年”演讲比赛活动，8月9日在小龙潭发电厂举办了云南区域“我与管理效益年”演讲比赛决赛，来自各单位的13名选手参加了决赛。

（裴荣江　吴世荣）

单位地址：云南省昆明市东风东路36号建工大楼22层
邮政编码：650041
电　　话：0871－3102282
传　　真：0871－3102280

贵州分公司

【概　况】　为加快国电集团公司在贵州地区电源发展步伐，加强国电集团公司对贵州地区所属企业的管理，经国电集团公司党组研究决定，于2004年4月12日，成立中国国电集团公司贵州分公司，原国电集团公司贵州办事处撤销。贵州分公司设在贵州省贵阳市。根据精干、高效、一岗多责、一职多能的精神，贵州分公司设有生产经营部、电源发展部、综合管理部、燃料管理部4个部门。贵州分公司辖区内现有内部核算发电企业3家：国电凯里发电厂（4×125兆瓦）、国电贵阳发电厂（2×200兆瓦）、国电红枫水力发电厂（6级梯级电站，14台水电机组，总装机容量239兆瓦）；控股发电企业1家，即国电安顺发电有限责任公司（国电集团公司控股其一期2×300兆瓦的60%）；原都匀发电厂（空壳电厂），经国电集团公司研究决定，已于2004年8月整体并入国电凯里发电厂；经国电集团公司与贵州西电公司多次协商，国电集团公司已就鸭溪发电厂项目（4×300兆瓦）与贵州西电公司正式签署了投资协议，目前正在筹建贵州鸭溪发电公司。

截至2004年12月，辖区内各单位可控装机总容量为1739兆瓦（未包括在建的鸭溪发电有限公司1200兆瓦），占贵州电网统调装机总容量的16.21%。现有在册职工4303人，离退休人员1709人。

2004年，在火电厂电煤供应趋紧、水库水位持续偏低、电力供需矛盾日益突出的情况下，贵州分公司与辖区内各单位共同努力、共度难关，全年完成发电量102.24亿千瓦时，同比上升0.76%，完成年度计划的96.9%，完成上网供电量94.38亿千瓦时；完成供电煤耗374克/千瓦时；发电设备平均利用小时为6114小时，其中火电机组6672小时，水电机组2759小时。

（刘远浩）

【安全生产工作】　2004年，贵州分公司辖区内各单位未发生人身伤亡、轻伤及设备事故，实现年度安全生产3个一百天，设备一类障碍同比大幅度下降，设备健康状况基本正常，安全生产形势稳定。该公司组织辖区内各单位开展春季和秋季安全大检查督察工作，开展“全国安全生产月”等活动，组织辖区内各单位安全生产第一责任人、分管安全生产的领导和生产技术、安监部门负责人参加了国电集团公司统一安排的安规考试，组织检查了迎峰度夏工作，确保了迎峰度夏工作圆满完成。

（刘远浩）

【科技环保工作】　贵州分公司对贵阳发电厂9号机组、凯里发电厂1、2号机组烟气脱硫项目争取环保补助资金的工作高度重视，通过该公司和两厂积极努力，两厂烟气脱硫项目获得了环保补助资金，减少了运营成本及还贷压力。根据贵州省财政厅和贵州省环保局黔财建［2004］167号文，贵阳发电厂烟气治理技改工程项目获得了5000万元的省级环境保护专项资金，2004年的预算安排为3500万元；凯里发电厂2×125兆瓦机组烟气脱硫改造工程项目获得了5000万元的省级环境保护专项资金，2004年的预算安排为500万元。上述两厂的余额在2005年根据工程进度予以落实到位。

（刘远浩）

【队伍稳定工作】　在队伍稳定工作方面，贵州分公司督促各单位及时了解和掌握职工的思想动态，积极深入地做细致的思想工作，关心职工生活，尽力解决职工的困难，为职工解除后顾之忧。为了适应集团公司重组改制、整体上市、优化资产结构、提高资产质量、改善财务状况、减少管理幅度、完善“扁平化”管理体系的需要，贵州分公司认真研究分析辖区内各单位实际情况，制定了《关于区域内有关企业重组的建议方案》报集团公司。2004年8月，根据集团公司下达的“都匀发电厂并入凯里发电厂，实现‘一个班子、一套人马、一体化管理’”重组方案，在有关部门指导下，贵州分公司妥善安排、精心组织实施了此方案。重组工作进展顺利，新的厂级领导班子思想统一、团结协作，认真做好了重组的各项工作，干部职工思想稳定，安全生产形势良好。

（刘远浩）

【市场营销、电价测算和疏导工作】 贵州省物价局按国家发改委124号文，对贵州分公司辖区内火电厂顺价7厘（含税），此项工作在2004年1月已经完成。省物价局于6月按国家发改委610号文进行了电价疏导，在国电集团公司市场营销部指导下，贵州分公司组织辖区内各单位积极开展电价疏导工作。通过上下共同努力，各单位的上网电价均得到了一定的疏导，达到了集团公司的要求。

2004年，在国电集团公司市场营销部指导下，根据《购售电合同（示范文本）》，贵州分公司组织辖区内单位统一与贵州电网公司签订了2004购售电合同；组织辖区内单位根据《并网调度协议（示范文本）》和国电集团公司的要求，就2005年“并网调度协议”与贵州电网公司和省电力调通局多次协商，现已基本协商一致，将在近期签订。

（刘远浩）

【资产财务接收、预算管理工作】 2004年，贵州分公司在国电集团公司资产财务、劳资保险接收工作南方组和财务产权部的指导下，组织辖区内各单位继续做好接收工作。经多次协商，国电集团公司与贵州省电力公司于6月签订了移交协议（草签）。在草签协议后，根据财务产权部有关文件精神，贵州分公司就辖区内单位涉及移交协议（草签）中已达成一致意见部分的具体事项进行了落实，并形成报告上报财务产权部。9月，省电力公司将移交协议（正式稿）发给贵州分公司，要求签订正式协议。贵州分公司在将此正式协议与草签协议进行了认真核对后上报集团公司财务产权部，并转达了省电力公司的要求。

贵州分公司高度重视预算管理工作。在审查各单位2004年预算时,协调督促各单位根据实际提出执行预算的措施并贯彻落实,要求各单位加大考核力度,严格控制各项成本开支,确保预算管理的严肃性,把预算管理贯穿企业生产、经营各个环节。该公司还对各单位预算执行情况定期总结和分析,有针对性地督促协调各单位及时采取有力措施,加强资产经营管理。

（刘远浩）

【推进电源发展工作】 2004年，贵州分公司积极推进国电集团公司在贵州重点发展的有关电源项目的前期工作：

1. 鸭溪发电厂（4×300兆瓦）项目　2004年，国电集团公司鸭溪发电厂项目工作组多次到贵州，在贵州分公司的配合下，经与贵州西电公司反复磋商，已与贵州西电公司正式签署了投资协议，目前正在筹建贵州鸭溪发电公司。鸭溪发电厂首台机组已在2004年12月26日投入试运行。

2. 织金发电厂（2×600兆瓦）项目　2004年3月，国电集团公司批准成立了织金发电厂筹建处。4月，织金发电厂项目初步可行性报告由国家电力规化设计总院主持审查，获得了通过和批准。

贵州省政府已将织金发电厂项目正式列入贵州省第三批电源建设项目，省发改委要求国电集团公司加快织金发电厂前期工作。根据上述要求和国家发改委电源项目核准制的内容，贵州分公司协调、配合织金发电厂筹建处努力开展各项工作，争取尽快完成可行性研究报告，组织审查，争取早日开工建设。

3. 都匀发电厂异地技改（600兆瓦）项目　贵州省政府已将都匀发电厂异地技改项目列为贵州省第三批电源规划建设项目，省发改委要求国电集团公司牵头加快都匀发电厂异地技改工程项目的前期工作。

2004年12月，都匀发电厂异地技改项目初步可行性研究报告由国家电力规化设计总院主持审查，获得了通过和批准。同月，召开了该项目法人组建工作会议。根据贵州省委、省政府的要求和国家发改委项目核准制的内容，贵州分公司协调、配合都匀发电厂筹建处，尽快开展项目环境评价及可研等工作。

（刘远浩）

【党建和纪检监察工作】 贵州分公司就成立国电贵州发电企业直属党委问题，多次走访贵州省委组织部和贵州省国资委党建处。2004年9月，省委组织部复函国电集团公司党组同意组建国电贵州省发电企业直属党委。目前，在集团公司党组和省国资委党委的领导下，国电贵州发电企业直属党委正在积极筹备组建之中。贵州分公司辖区内各单位党组织健全，党的各项工作均按照省委和集团公司党组的要求有序地开展。

2004年，贵州分公司组织辖区内各单位学习贯彻落实国电集团公司2004年纪检监察工作会议精神、学习贯彻落实全省国有企业领导班子思想政治建设座谈会会议精神，还组织党员领导干部学习《中国共产党党内监督条例（试行）》、《中国共产党纪律处分条例》和有关党风廉政建设的文件精神。12月，该公司组织检查组，对辖区内各单位2004年度的党风廉政、精神文明责任制建设情况进行了检查，并根据检查情况进行了考核打分并上报集团公司。贵州分公司配合集团公司监察审计部，就国家审计署关于辖区内有关发电厂的审计决定进行了调查核实。

（刘远浩）

【燃料管理工作】 2004年春节前后，贵州电煤供应紧张，在国电燃料公司的指导下，贵州分公司加强协调工作，组织辖区内各火电厂在春节期间认真做好燃煤供应和安全发供电工作。该公司积极参加省经贸委组织的电煤协调工作和各种会议，为辖区内各厂解决电煤供应和火车运输计划等问题，并组织各厂参加了

2005年煤炭订货预备会，积极做好冬储煤和2005年的燃料供应工作。

（刘远浩）

单位地址：贵阳市中华南路45号华坤发展大厦22层
邮政编码：550002
电　　话：0851－5823402
传　　真：0851－5823402

广西分公司

【概　况】 广西分公司于2004年9月成立，前身为国电集团公司广西办事处，公司设在南宁市。广西分公司所属单位有：国电永福发电有限公司、国电合山发电厂、国电南宁发电厂筹建处(2004年11月1日成立国电南宁发电有限责任公司)、北部湾发电有限公司(参股)。两个空壳电厂南宁电厂和桂林电厂于2004年9月分别并入国电南宁发电厂筹建处和由国电永福发电有限公司代管。所属单位共有职工2456人。广西分公司设综合管理部、生产经营部、电源发展部、燃料管理部4个部门,在编人员6人,借调2人。

2004年,广西分公司根据国电集团公司2004年工作会议和年中工作座谈会等会议精神,围绕"管理效益年"、电源发展和体制改革等中心工作,以创新精神和务实作风,发挥分支机构的"组织、协调、服务"等职能作用,协调和动员所属企业全面开展管理效益年活动,努力做好安全发电生产、电力市场营销、电源发展、领导班子建设和职工队伍稳定等工作,协调各种公共关系,保证了各项工作正常有序地开展,推进了集团公司在广西的健康发展。该公司所属电厂在运发电装机容量730兆瓦,占广西境内总装机容量7.4%,2004年完成发电量49.265亿千瓦时,占广西境内电厂总发电量的13.19%。发供电等多项指标创历史纪录,特别是发电设备利用小时创广西新高。

（蓝树慧）

【资产财务、劳资保险移交工作】 根据国家有关文件精神和国电集团公司关于资产财务、劳资保险移交的工作部署，本着"顾全大局、公平合理、尊重历史、友好协商"的原则，广西分公司组织所属企业与广西电力公司进行协商和沟通，在做好相应基础材料准备工作的基础上，进行了多次艰难的谈判，绝大部分问题达成了共识，并于2004年6月3日与广西电力公司签定《资产财务、劳资保险移交备忘录》。在签订《资产财务、劳资保险移交备忘录》以后，认真落实各项有关工作。

（蓝树慧）

【电价测算和申报工作】 广西分公司做好争取合理电价的各项工作，与自治区政府、物价局、广西电力有限公司等进行多次协商沟通，向自治区政府和自治区电价协调领导小组反映了国电在广西所属发电企业的实际困难，请求给予支持和理解。经努力，电价报批工作取得较好结果：合山发电厂电价0.286元/千瓦时，永福发电有限责任公司电价0.327元/千瓦时。之后，还积极向省政府及有关部门反映电价不到位和原煤价格上涨导致合山发电厂和永福发电公司生产经营困难的情况，努力做好协调工作，自治区人民政府同意补偿合山发电厂860万元、永福发电公司1340万元，解决了部分生产经营上的困难。

（蓝树慧）

【租赁经营工作】 根据国电集团公司关于合山发电厂租赁经营的决定，自2004年8月开始，广西分公司与合山发电厂组成专题工作组，对国电合山发电厂资产（含主业、多种经营）进行核查，对资产的收益和租赁费用进行测算，先后与大唐桂冠电力有限公司进行4次协商谈判。并分别以《关于合山发电厂管理体制有关情况的汇报》和《关于合山发电厂资产租赁给桂冠电力有限公司经营管理有关情况汇报》报送国电集团公司，提出国电合山发电厂资产租赁经营的原则意见和资产租赁合同初稿以及留守人员机构设置方案。同时，配合国电集团公司做好有关与大唐集团公司谈判的准备工作和租赁协议的起草工作。2004年12月31日，国电集团公司和大唐集团公司在北京签订《关于以融资方式解决合山发电厂"一厂两制"有关事项的备忘录》，为实现资产的平稳移交打下基础。

（蓝树慧）

【空壳电厂治理工作】 根据国电集团公司有关空壳电厂治理工作的布置，广西分公司在对南宁电厂、桂林电厂两个空壳电厂进行调研的基础上，经过论证，于2004年5月将广西所属单位的企业改革重组方案上报集团公司，集团公司于9月批复。按照集团公司《关于南宁离退休人员管理处并入国电南宁发电厂筹建处的通知》（国电集人［2004］341号）和《关于委托国电永福发电有限公司管理桂林离退休人员管理处的通知》（国电集人［2004］340号）的要求，广西分公司落实上述有关重组工作。

（蓝树慧）

【"管理效益年"活动】 广西分公司组织所属国电永福发电有限公司、国电合山发电厂全面开展"管理效益年"活动，把"管理效益年"活动同深化企业改革有机结合起来，并把安全工作放在各项工作的首位，严、实、细地做好每一项工作，较好完成全年安全生产目标，截至2004年年底，国电永福发电有限公司安全生产连续天数达728天，国电合山发电厂安全生产连续天数达1546天。集团公司下达2004年广西分公司全年利润目标为5000万元，实际完成5274万元，完成年计划的105.48%，取得了预期的效果。

（蓝树慧）

【电源建设前期工作】 广西分公司结合广西区域的资源及区位情况，研究提出广西区域的电源发展战略规划思路：以落实国家宏观调控政策为契机，以永福电厂扩建项目为基础，以南宁电厂为重点，以崇左电厂为拓展，加快电源建设和前期工作，为国电集团公司在广西的发展做好战略项目储备。

永福电厂扩建：2004年5月14日广西自治区发改委以《关于请求批准广西永福电厂扩建工程项目建议书的请示》（桂计能源报［2004］171号）上报国家发改委；6月18~19日，扩建工程可行性研究报告通过了电力规划设计总院主持的预审查；9月8~10日，初步设计通过了电力规划设计总院主持召开的预审查会议；现场施工准备工程基本完成。

南宁电厂项目：2004年2月20日国电集团公司与南宁市政府在南宁市签订了《南宁电厂建设项目投资协议书》；3月18日在广西南宁市成立了国电南宁发电厂筹建处；3月份南宁电厂工程初步可行性研究报告编制完成，并通过了广西区发改委主持的审查；5月中旬完成了项目建议书编制工作，并于5月中旬分别上报广西自治区发改委及国电集团公司，5月下旬上报了国家发改委；7月份筹建处与设计单位签订了可行性研究主合同。11月1日在南宁举行国电南宁发电有限责任公司成立揭牌仪式，陈飞副总经理、广西自治区党委副书记兼南宁市委书记李纪恒为国电南宁发电有限责任公司揭牌。

崇左电厂项目：2004年7月2日，国电集团公司副总经理陈飞参加在崇左市签订的投资合作协议书，确立了国电集团公司为项目业主的地位；7月26日广西分公司委托广西电力院开展初步可行性研究工作；2004年底厂址选址工作已基本完成。

北海电厂（参股）工程项目：工程建设进展顺利，2004年10月22日1号机整套启动，11月30日试运行结束（168小时）移交生产。12月31日2号机组酸洗完毕。

同时，广西分公司关注和着手开展广西气电、核电、风电、抽水蓄能等新能源的研究和开发工作。

（蓝树慧）

【职工队伍稳定工作】 2004年，广西分公司在抓改革与发展的同时，把稳定工作摆上突出位置。通过强化思想政治工作，努力使思想政治工作实现“三贴近”，做到入情入理、入心入脑、可亲可信。切实解决职工普遍关心的问题和涉及职工切身利益的问题，理顺情绪，保持职工思想稳定、人心稳定。2004年，该公司较好地处理了南宁和桂林两个空壳电厂的重组，和在重组工作中涉及到的国电永福发电有限公司、国电南宁发电厂筹建处等问题，稳妥地处理了合山发电厂的租赁经营。

通过加强领导班子建设、党风廉政和精神文明建设，提高民主生活会和理论中心组学习质量，增强领导班子群体力量。按照国电集党［2004］30号文件要求，广西分公司党组配合集团公司对所属单位进行2004年度党风廉政和精神文明建设责任制的检查评审。检查评审结果表明，国电广西所属单位职工队伍比较稳定，职工对单位的党风廉政和精神文明建设工作的满意度均比较高。

（蓝树慧）

单位地址：南宁市民族大道92号中国建设银行自治区分行大楼21层

邮政编码：530022

电　　话：0771-5509175

传　　真：0771-5509611

全资企业

龙源电力集团公司

【概　况】 龙源电力集团公司（简称龙源公司）成立于1993年1月，是以常规电站投资和经营为发展基础，以大力发展风力发电为主的新能源发电企业集团。龙源公司所属分公司1个，全资、控股公司17个，参股公司21个。公司系统在职员工486人，其中本部人员68人、退休员工69人。大专及以上文化员工占 92%以上。

2004 年，龙源公司围绕国电集团公司“管理效益年”活动，不断强化管理，加快体制改革，有效地促进了公司经济效益的大幅度提高，各项工作取得了显著成绩。该公司制订整改措施，通过开展安全性评价，初步建立安全管理长效机制，全年未发生重大及以上人身和设备事故，确保了安全生产形势稳定。风电及潮汐电站全年累计发电量 3.39 亿千瓦时，同比增长 8.61%，完成计划的 106%。加强市场营销工作，实现风电、潮汐电站销售收入 2.05 亿元，同比增长 11.69%；风电利润总额 3511 万元，同比增长 13.48%。2004 年，该公司被国电集团公司评为“国电一级奖状”荣誉单位。

（王　丽）

【“管理效益年”活动】 2004 年，龙源公司组建了工程建设部，强化了基建工程的专业化、规范化管理。规范和强化了公司内部审计管理工作，成立了“龙源风电备件技术服务中心”，将中国福霖风能开发公司的业务重新定位。重组改制工作取得重大突破性进展，实现了对江阴苏龙发电有限公司相对控股管理；完成了内蒙龙源风电公司与内蒙古风电公司资产重组和股权收购；推进新疆 3 家风电公司的重组工作；调整对北京龙源西热电力技术有限公司、上海龙源智光电气有限公司的管理模式。公司全年实现利润总额 1.75 亿元，比考核指标增长 75%，资产负债率 45.2%，净资产收益率 8.16%。

（王　丽）

【电源建设】 2004 年，龙源公司投资项目建设稳步推进，共投产电源项目 58.2 万千瓦。其中火电 48 万千瓦，风电 10.2 万千瓦。通过竞标获得了福建 10 万千瓦世行风电项目、江苏如东二期 15 万千瓦及吉林通榆 20 万千瓦风电特许权项目开发经营权。截至 2004 年底，公司投资火电项目 5 个，装机容量 193.5 万千瓦，权益容量 85.26 万千瓦；投资风电项目 17 个，装机容量 33.1 万千瓦，占全国风电总装机容量的 46%，拥有了 200 万千瓦容量的前期风电项目储备。

9 月 29 日，国家重点技改甘肃玉门风电场四期工程项目在公司的精心组织和设计、施工、监理、质检等部门的密切配合下，提前进入 500 小时试运行。龙源公司甘肃玉门风电场国家重点技改四期工程项目经原国家经贸委审批立项，列入第三批国家重点技术改造工程“双高一优”项目导向计划。项目装机容量 30.6 兆瓦，至此甘肃玉门风电场总装机容量达到 52.2 兆瓦，步入全国较大规模风电场行列。10 月 26 日，江西景德镇电厂投产 15 万千瓦循环流化床锅炉及配套改造工程项目，项目投产后该厂总装机容量达到 50 万千瓦。11 月底，江阴夏港电厂 33 万千瓦火电扩建项目投产发电，项目投产后该厂总装机容量达到 88.5 万千瓦。12 月底，内蒙辉腾锡勒风电场 25.8 兆瓦技改项目进入试运行。

根据国电集团公司大力发展风电的战略，龙源公司坚持“明确目标、集中规划、分步实施、规模经营、滚动发展”的发展思路。在 5 月 13 ~ 14 日举行的福建平潭风电项目业主招标会上，龙源公司一举中标，获得了总装机容量为 10 万千瓦、利用世行贷款的全国最大风电项目平潭长江澳二期风电项目的开发和经营权。参加本次竞标会的有山东电力发电公司、中国大唐集团公司、龙源电力集团公司、福建和盛实业集团公司等在新能源开发方面实力雄厚的大企业，经过激烈的竞标和专家严格的评审，龙源公司最终以 0.478 元/千瓦时的合理电价中标；9 月 16 日，分别以 0.519 元/千瓦时和 0.509 元/千瓦时的合理电价，中标国家发改委组织在国内、外公开招标的江苏如东风电场二期 15 万千瓦和吉林通榆团结风电场 20 万千瓦风电开发特许权，拉开了风电规模化建设的序幕。

（王　丽）

【党风廉政和精神文明建设】 龙源公司制定下发了党风廉政和精神文明建设责任目标考核细则，组织了所属单位进行党风廉政、精神文明建设自查抽查工作，召开了两次党员领导干部民主生活会，认真自查并制订整改计划和措施。组织开展了先进党组织、优秀党员、先进单位、先进工作者的评选活动。10 月 26 日，龙源公司召开党员领导干部民主生活会，国电集团公司党组书记、总经理周大兵到会并作重要讲话。民主生活会上，龙源公司班子成员就贯彻和落实科学发展观，推动龙源风电事业的发展、对照检查了在思想作风上和实际工作中存在的差距；对照《中国共产党党内监督条例（试行）》和《中国共产党纪律处分条例》，检查了各项监督措施和禁止性规定的执行情况；对照中央纪委三次全会的要求，检查了贯彻执行四大纪律、八项要求和“三个不得”的情况。通过民主生活会，加深了领导班子对科学发展观内涵的理解，提升了对国电集团公司提出的“三个转变”与“三个优先”发展思路的认识，坚定了按照科学发展观的要求指导具体工作实践的信心。通过对照检查开展批评与自我批评，找出了差距，提出了改进的措施。

（王　丽）

【明阳龙源电力电子有限公司揭牌】 2004 年 9 月 30 日，国电集团公司总经理周大兵在龙源公司总经理谢长军陪同下，出席了广东明阳龙源电力电子有限公司协议签署及成立揭牌、新厂址奠基仪式。广东明阳龙源电力电子有限公司是由龙源公司和中山明阳集团有限公司共同投资组建的以高压变频调速装置为主导产品，逐步延伸到风电变频控制系统、电力机车牵引控制系统、动静态无功补偿系统等电力电子领域,集研发、制造、销售和服务为一体的高科技企业。该公司明阳集团占有60%股份,龙源公司占有40%股份。双方将投入1.5亿元大力研发变频调速产品,力争通过三年的时间,形成年产值3亿元,并成为国内规模最大、技术水平最高的高压变频专业研发和制造企业。

(王 丽)

【要事摘编】

6月15~18日,龙源公司与万源工业公司、德国费尔兰德公司和Noi风轮技术公司在北京就引进FL1500风电机组制造技术(包括叶片制造技术)和组建中-德合资公司生产风电机组事宜进行谈判。

12月20日,在中国电力企业联合会标准化中心的积极倡导和支持下,经过近一年的努力和准备,电力行业风力发电标准化技术委员会(简称标委会)成立大会在龙源公司本部举行。标委会挂靠在龙源公司,本届风电标委会委员共26人。

(王 丽)

企业地址:北京市西城区阜成门北大街6-9(国际投资大厦C座20层)
邮政编码:100034
电 话:010-66579803
传 真:010-66579899

国电环境保护研究所

【概 况】 国电环境保护研究所成立于1980年,是国内电力行业惟一专门从事电力环境保护研究与开发的科研机构。主要业务领域:区域性大气质量评估及规划;建设项目环境影响评价;环境风洞模拟试验;工业烟气治理(除尘、脱硫、脱硝等);工业废水、生活污水、化水、冲灰水、循环水治理及节水技术;气力输送工程;粉煤灰及工业废渣综合利用;噪声和电磁辐射治理;环境监测和环保设备检测;环保仪器设备的研制与开发等。至今共获得部省级以上科技进步奖31项,其中国家级科技进步奖4项。获得专利16项,其中发明专利1项。2001年通过ISO9001:2000质量体系认证。国电环境保护研究所拥有环境风洞和烟气脱硫两个国家电力公司重点实验室,也是中国电机工程学会电力环境保护专业委员会、电力环境监测总站、电力行业环境保护标准化技术委员会的挂靠单位,编辑、出版国内公开发行的《电力环境保护》期刊。

2004年签订合同289项,合同额2.86亿元,创历史新纪录,全年实现经营收入7401万元,实现利润306万元,超额完成了集团公司下达的300万元利润指标。

(优建菊)

【体制改革工作】 2004年11月26日,由国电集团公司及其所属国电电力发展股份公司、龙源电力集团公司共同出资组建的国电科技环保集团公司在北京成立,国电环境保护研究所正式进入科技环保集团公司。新组建的科技环保集团整合国电集团公司系统内的龙源环保工程公司、国电环境保护研究所、烟台龙源电力技术有限公司、北京国电智深控制技术有限公司等13家公司。

(优建菊)

【工程建设】 2004年7月19日,国电环境保护研究所与山西太原第一发电有限责任公司签订脱硫和水处理工程总承包合同。山西"太一"公司14号机组烟气脱硫和污水深度处理与回用大型环保工程中300兆瓦机组脱硫工程建成,将对该所脱硫产业快速发展起到关键作用;污水深度处理工程是迄今为止国内应用膜处理新工艺实施的最大水处理工程。

12月8日该所与天津第一热电厂签订3×220吨/小时脱硫改造工程合同。天津第一热电厂脱硫工程采用三炉一塔设计方案,该方案技术含量高、难度大,甚至高于600兆瓦机组的脱硫工程。总包天津第一热电厂和山西"太一"发电有限公司脱硫和污水深度处理大型环保工程,对该所发展具有里程碑意义。

(优建菊)

【国际合作工作】 为促进中美两国政府的环境合作,推进排污权交易在中国实施,国电环境保护研究所与美国环保协会(Environmental Defense)在北京签订了合作协议,这是中美两国政府新一轮的环境合作协议的一个重要内容。

(优建菊)

【科技研发工作】

(1)《双试验段环境风洞及其测控系统的研制》获中国电力科技进步二等奖。

(2)《贮灰场灰水渗漏特性及防渗技术研究》获中国电力科技进步二等奖(参加单位)。

(3)《江苏省电力行业二氧化硫排放总量控制研究》获三等奖(参加单位)。

(4)《南昌发电厂2×125兆瓦燃煤机组脱硫试验工程可研报告》获江苏省优秀咨询成果三等奖。

(5)《广东沙角B发电厂2×350兆瓦燃煤机组烟气脱硫工程可行性研究报告》获江苏省优秀咨询成果优秀奖。

(优建菊)

企业地址:南京市浦口区浦东路10号
邮政编码:210031
电 话:025-58852595
传 真:025-58852464

内部核算企业

国电滦河发电厂

【概　况】 2004年，国电滦河发电厂以“管理效益年”活动为载体，克服煤炭市场紧张、煤价上涨带来的困难，尽全力完成各项工作任务，在安全生产、超发电量、市场营销、企业发展等方面取得了新突破。2004年，该厂安全生产实现635天，实现了无事故、无轻伤及以上人身伤害、无非计划停运，实现了3个百日安全长周期。发电量完成17.47亿千瓦时，与上年相比增加1.76亿千瓦时，完成国电集团公司下达年度计划的116.45%；机组平均利用小时6987小时，创该厂历史最高水平；电费回收率完成100%，陈欠收回完成100%；供电煤耗完成421克/千瓦时；厂用电率完成9.09%，比计划降低0.01%；等效可用系数完成96.65%；燃料单位成本完成142.89元/兆瓦时；发电单位成本完成267.53元/兆瓦时；资产总额5.6亿元，负债3.5亿元；利润完成-437万元，其中煤炭涨价因素影响使利润下降4390万元。获全国“安康杯”竞赛优胜企业、河北省文明单位等称号。年末在册职工1402人。

（郑　义）

【安全生产工作】 2004年，滦河发电厂实现全年无非计划停运以上问题和安全事故，其主要做法是：

（1）学习贯彻《安全生产法》，“借锤敲钟”，开展形式多样的安全培训教育活动，提高职工的安全意识。

（2）明确目标，分解落实责任，层层签订责任状，采取所有生产人员写安全保证书，将安全监督、检查、培训、考核指标细化，落实到班组和个人。

（3）对各项规章制度进行清查、修订，严抓落实。特别是强化危险点分析与“两票三制”的落实。

（4）抓好春、秋季安全大检查和安全性评价工作。

（5）加强设备治理维护，提高设备健康水平。2004年安排进行了5、6、7号机组3次小修，精心组织、合理安排，提高检修质量，缩短工期。加强日常消缺工作，共消除缺陷4842项，主机消缺率达到了100%，辅机消缺率达到了99.52%。

（6）加强检修现场的安全管理，针对工作人员多、交叉作业多、高空作业多的特点，抽调各单位安全人员组成联合检查小组，深入现场加强监督，确保人员、设备安全。

（7）合理配煤，加强运行分析，优化运行方式，调整燃烧。

（8）重视经营、工程、三产、交通、治安、消防等全厂全方位的安全工作，初步构建起“大安全”的保障体系。

（郑　义）

【市场营销工作】 滦河发电厂密切关注市场变化，研究国家政策，找准切入点，主动出击。一是做好电网公司计划、调度部门工作，增加发电计划，由年初的14.25亿千瓦时调整到17.15亿千瓦时，最终发电17.47亿千瓦时，超额完成了集团公司下达的任务，实现了增收目标。二是多次与物价部门协调沟通，争取理解、支持，最终使电价得到落实，5号机组320元/兆瓦时，6、7号机组344.3元/兆瓦时。三是协调好与电网公司之间的关系，2004年电费回收率完成100%，陈欠全部收回。四是在国电华北分公司的领导下，年底与华北电网公司签订了购售电合同。

（郑　义）

【资产移交和清产核资工作】 在国电集团公司有关部门和华北分公司主持下，滦河发电厂本着求真务实的态度，多次与华北电网公司协商，签署了资产财务、劳动保险移交划转协议，按期完成资产移交工作，最大限度地为企业争取了利益。

按集团公司统一布置，该厂对各类资产、负债和所有者权益进行了全面清理、登记、核实，编制了清产核资报表，经中介机构审计后报送集团公司清产核资办公室。

（郑　义）

【扩建工程】 滦河发电厂把发展作为第一要务。五期扩建工程项目（2×300兆瓦供热机组）在与承德市南郊两个厂址比选中，中咨公司专家组对滦河电厂的建厂条件给予了肯定。7月21日，国电集团公司以国电集人［2004］300号文批准成立国电滦河发电厂五期工程项目筹建处，抽调相关专业人员开展工作。12

月，通过了国家发改委组织对燃煤发电建设项目进行的评选。12月25日，供热管网广仁岭隧道工程开工。截至年底，项目核准所需绝大部分支撑性文件均已取得。

在全力开展五期扩建工作的同时，启动了滦平电厂新建工程前期工作（该项目于1986年着手，1989年和1996年河北省计委和华北电业管理局两次上报项目建议书，均因国家经济结构调整而未被列入国家建设计划）。工程原计划建设规模4×300兆瓦，可行性研究工作已完成，水源勘测达到了初步设计深度。2004年，承德市和内蒙古锡林浩特市开始筹建滦丰铁路，计划于2005年开工建设（由省级核准），该地方铁路的建设可为滦平电厂建设提供便捷的运输条件和煤炭供应保证。目前启动的滦平电厂工程项目，按规划装机容量3600兆瓦（6×600兆瓦燃煤空冷发电机组），分三期建设，根据“十二五”投产的工程设想开展前期工作，同期考虑在滦平县城建设污水处理厂。河北省人民政府已将该项目列入2007年前实施的《张承地区基础设施建设规划》（冀政［2003］48号）。

（郑　义）

企业地址：河北省承德市双滦区滦河镇
邮政编码：067002
电　　话：0314－4042941
传　　真：0314－4044501

国电天津第一热电厂

【概　况】 国电天津第一热电厂（以下称天津一热）始建于1937年，为国电集团公司内部核算企业。该厂坐落在天津市河东区六纬路，濒临海河，占地面积20.8万平方米。现总装机容量为20万千瓦（由于老厂机组退役，装机容量比2003年下降1.2万千瓦），供蒸汽475吨/小时、供热水544吉焦/小时。主要担负向京津唐地区供电和向市内河东、和平、河西、河北等区部分地段供热的任务。截至2004年底，该厂资产总额58090万元，其中，流动资产8214万元，占14.1%，固定资产总额49827万元，占85.8%，无形资产总额49万元，占0.1%。固定资产原值为120003万元，净资产为48722万元，资产负债率22.81%。2004年末在册职工1452人，其中主业774人，多种经营678人。

2004年，该厂围绕“安全、稳定、扭亏、发展”的总体目标，深入开展“管理效益年”活动，扎实有序地做好各项工作，全面完成企业年度各项工作目标。截至2004年12月31日，该厂实现全年无事故，连续安全生产1155天；发电量完成13.2942亿千瓦时，比计划多发电1.2942亿千瓦时，提前34天完成全年发电任务；上网电量完成11.85亿千瓦时；厂用电率7.24%，比计划降低0.16个百分点；供热量完成537万吉焦；供电煤耗366克/千瓦时，与计划持平；设备等效可用系数完成92.57%。东北郊热电厂筹建项目已于8月经国家批准立项。2004年保持了“天津市文明单位”称号。

（韩　震）

【电、热价调整工作】 电、热价是发电企业的生命线，该厂成立了专门电、热价攻关组，与地方政府有关部门沟通联系，通过不懈地努力，电、热价调整取得了突破，该厂电价由原来的0.297元/千瓦时调整到0.34元/千瓦时，热价从9.99元/吉焦调整到16元/吉焦，缓解了该厂的经营困难，提高了经济效益。

（韩　震）

【设备管理工作】 针对该厂机组的实际情况，加大了设备治理和改造力度，投入技改资金1600万元。先后完成了3台机、5台炉的小修和11号机、13号炉的大修工作，完成了13号炉除尘器改造（布袋除尘）、11号机静子线圈增容和11号机、13、14号炉DCS和DEH改造等多项技改项目。全厂主设备完好率达到了100%，主设备一类率100%，热工自动投入率87.1%，继电保护投入率100%，正确动作率100%。主设备消缺完成率达到了100%，设备的安全可靠性、自动化及环保水平明显提高。

（韩　震）

【实现向国电集团公司全面交接】 2004年10月21日，国电集团公司与天津市电力公司正式签署“发电企业划转移交协议”，标志着该厂全部资产财务和劳资保险工作顺利完成。

（韩　震）

【安全生产工作】 2004年，该厂坚持“安全第一、预防为主”方针，认真贯彻国电集团公司安全生产电视电话会议精神，逐级落实了安全生产责任制，按照上级要求有效地开展了“安全月”、“安全性评价”、“季节性安全大检查”等活动。全年安全措施完成率为100%，反事故措施完成率100%。坚持召开月度安全生产分析会，组织职工学习《安全生产法》和《事故通报》，举一反三汲取事故教训。严格执行各项规章制度，坚持以“三铁”反“三违”，圆满完成了重要节日保电、夏季大负荷用电高峰期的发电及冬季供热任务。

（韩　震）

企业地址：天津市河东区六纬路70号
邮政编码：300171
电　　话：022－84503119
传　　真：022－24311573　022－24406602

国电一五〇发电厂

【概　况】 2004年，国电一五〇发电厂（以下简称一五〇厂）坚持“做实、做新、做大、做强”的工作方针，以发展为主题，以经济效益为中心，以安全生产为基础，扎实开展“管理效益年”活动。全年发电量完成14.7639亿千瓦时，超年度计划5.46%。供电标准煤耗累计完成428克/千瓦时，与年度计划持平。厂用电率完成8.74%，比年度计划降低0.16%。主营业务成本完成27594万元，超年度计划15.6 %。发电单位成本完成204.8元/兆瓦时，其中燃料单位成本完成150.3元/兆瓦时，超年度计划18.3 %。主营业务收入完成25108万元，利润完成 –2587万元。全面完成了集团公司下达的安全生产目标，杜绝了人身死亡事故、重大设备损坏事故、重大火灾事故、重大交通事故和全厂停电事故；发生轻伤1起，一类障碍5起，同比减少4起；年末在册职工757人，其中全民职工597人，集体职工160人。2004年，获河北省文明单位、全国“安康杯”竞赛优胜企业、全国发电系统厂务公开先进单位、河北省省级职代会星级企业等称号。

（钱万荣）

【安全生产工作】 2004年，一五〇厂加大设备治理力度，有效地防范了各类事故发生。针对设备严重老化威胁安全生产、稳定运行的问题，制定设备治理方案，有计划地对3、4、1号机组进行了大修，消除了汽轮机转子裂纹等重大缺陷，提高了设备的健康水平。坚持“安全第一，预防为主”方针，学习和贯彻落实《安全生产法》，严格执行国家电力公司颁布的《安全生产工作规定》等安全生产管理规章制度，严格落实安全生产责任制，坚持执行“三票三制”，有针对性地开展安全生产大检查活动，定期开展安全联查和专项安全检查，杜绝了人身伤亡事故、重大设备损坏事故、重大火灾事故和全厂停电事故，实现了安全生产事故零目标。

（钱万荣）

【“管理效益年”活动】 按照国电集团公司部署，下发《关于开展管理效益年活动的决定》和《管理效益年活动实施细则》，成立活动领导小组和专业工作组，明确责任和目标，加强领导，深入开展“管理效益年”活动。抓重点，强化市场营销工作，认真研究政策，主动同物价部门、网省公司沟通联系，争取理解和支持，取得上网电价调增至0.0231元/千瓦时，增容电量电价执行平均上网电价的较好成果。根据煤炭市场变化形势，采取措施，加强燃煤的组织、运输和管理，开通火车煤，改变运煤结构，全年组织运煤88.854万吨，保证了生产需要。加强运行经济分析，优化机组运行方式，提高机组的经济运行水平和节能降耗，降低发电成本。

（钱万荣）

【教育培训工作】 2004年初，制定下发了年度教育培训工作计划，对该厂教育培训工作进行部署。开展了“创建学习型企业”活动，为员工营造了良好的学习氛围。强化岗位培训，有针对性地对生产人员进行了跨专业培训，开展岗位练兵、技能比武等活动，提高员工的业务技能，鼓励员工岗位成才。完成了生产人员第一轮技能鉴定工作，其中有4名员工获得技师资格。鼓励员工积极参加自学和函授学习，提高文化素质，2004年共有15名员工取得了专科或本科学历。

（钱万荣）

【多经企业重组】 根据市场变化和企业发展需要，一五〇厂对厂属劳动服务公司等5个单位进行优化重组，成立了龙兴汽车运输有限公司和物业公司。利用地理优势，发展以“煤炭经营”为龙头的多种经营，开辟新的经济增长点，投资成立了龙翔煤业有限公司，与国电集团燃料公司合资成立河北清漳能源有限公司，年吞吐量为100万吨的大型输配煤中心。

（钱万荣）

企业地址：河北省邯郸市涉县
邮政编码：056400
电　　话：0310－3823114（总机）
传　　真：0310－3823537

国电邯郸热电厂（河北邯郸热电股份有限公司）

【概　况】 国电邯郸热电厂、河北邯郸热电股份有限公司为一厂两制，采用一套组织机构、共用管理制度、财务独立核算的运营管理模式。国电邯郸热电厂拥有装机容量为2×25兆瓦背压供热机组；河北邯郸热电股份有限公司为国电邯郸热电厂“以大代小”技改工程，建有2×200兆瓦供热机组，分别于1998年和1999建成投产。2003年12月，国电电力发展股份有限公司设立国电电力邯郸热电厂筹建处，负责国电电力发展股份有限公司全资的1×200兆瓦供热机组的建设工作。2004年年末该厂（股份公司）在册职工人数1715人。

2004年，国电邯郸热电厂（河北邯郸热电股份有限公司）坚持“做实、做新、做大、做强”的工作方针，以“管理效益年”和“我要安全”活动统领全年工作，安全生产、经营管理、基建工程、党建和精神文明建设均取得显著成绩，全面完成了三项目标责任书的各项目标任务。全年电厂完成发电量 2.40 亿千瓦时，完成供电煤耗 254 克/千瓦时；股份公司完成发电量 27.60 亿千瓦时，完成供电煤耗 361 克/千瓦时。荣获河北省“先进集体”，河北省、邯郸市文明单位，“河北省星级职代会”，“河北省五四红旗团委”，全国“安康杯”竞赛优胜单位等荣誉称号。

（祁学勇）

【权属变动情况】 5月8日，国电集团公司与国电电力发展股份有限公司根据资产出售协议，将所持河北邯郸热电股份有限公司的35%的股份以及相关权益正式移交给国电电力发展股份有限公司，并将国电邯郸热电厂一并委托国电电力发展股份有限公司代管。5月16日，国电电力发展股份有限公司收购了天津铁厂出售的河北邯郸热电股份有限公司4%的股份。至此，国电电力发展股份有限公司共持有河北邯郸热电股份有限公司39%的股份，为河北邯郸热电股份有限公司的相对控股企业。

（祁学勇）

【设备治理和改造工作】 围绕提高机组的经济性和可靠性，该厂（股份公司）狠抓设备检修、消缺和技术改造，全年共完成主设备大修 3 台次，小修 3 台次，辅助设备大修 430 台次，完成了该厂 9 号炉控制系统 DCS 改造，股份公司 11 号机组暖风器更换、12 号机吸风机叶轮改型等重要检修项目。结合机组检修，对 11 号机进行了冷风动力场试验，对 12 号机进行了磨煤机最佳装载量试验，机组安全性、经济性得到进一步提高，动力单耗大幅降低，股份公司综合厂用电率完成 9.07%，比 2003 年同期降低 0.22%。在做好主设备检修工作的同时，该厂（股份公司）以燃料输煤系统治理改造为重点，进行了公用系统和辅助设备的综合治理，完成煤场喷淋、筒仓加湿、程控系统改造等重点综合治理项目 50 余项。另外，为提高机组的经济性、可靠性，实现企业的可持续发展，积极开展了股份公司 11 号机组脱硫和汽轮机通流部分改造项目的前期准备工作，完成了两项技术改造工程的前期验证、工程招标、技术协议和商务合同的签订工作，为 2005 年工程的顺利实施奠定了基础。

（祁学勇）

【经营管理工作】 围绕“管理效益年”活动，该厂（股份公司）强化预算管理，严格落实年度资金计划，各项开支均控制在预算之内。加大资金运作力度，通过借短贷还长贷、加强收支管理等手段，财务费用大幅下降，较 2003 年同期降低 750 万元。面对排污费大幅上涨的不利形势，该厂（股份公司）通过多种渠道向河北省环保局反映企业实际情况，最大限度争取理解和支持，减少环保费用支出 500 万元。面对严峻的煤炭供应形势，该厂（股份公司）突出抓好市场预测、煤源组织、新煤点开发和火车煤到货率，全年组织运煤 182 万吨，保证了正常生产需要。在制水上，于 3 月份投入超滤 - 反渗透项目，全年制水成本比计划下降 91 万元。

（祁学勇）

【电热价测算报批工作】 随着电力体制改革的深入，面对发电企业外部经营环境的不利变化，电热价格能否顺利出台成为直接关系到热电企业电力销售收入、生产经营、生存发展的关键所在。为此该厂（股份公司）将电热市场营销和价格出台工作作为一项重点工作，认真做好电热价格测算工作，加强对相关企业和政府部门的协调公关力度，千方百计争取更多的上网电量，争取更加有利的热价和厂网分离电价出台。在电价方面，该厂（股份公司）电价领导小组认真分析，向河北省物价局、发改委反映电价问题以及煤炭价格的变化和国家政策对电力价格的影响，深入做好电价测算工作，并整理多套方案报河北省物价局，与河北省电力公司、河北省物价局、河北省发改委进行了多次商谈。经努力，河北邯郸热电股份有限公司在基数电量电价问题上争取到满意结果。6 月 15 日，根据国家发改委发改价格［2004］1036 号文，电价由 0.34 元/千瓦时降到 0.33 元/千瓦时，但基数电价从 12.6 亿千瓦时提高到 19.8 亿千瓦时，调整后的电价较河北南网同类机组高 2.5 分/千瓦时。在热价方面，电厂工业用气价格由 15 元/吉焦上调到 20 元/吉焦。

（祁学勇）

【“三标一体”贯标认证工作】 为进一步规范企业管理，提高企业管理水平，河北邯郸热电股份有限公司于 7 月份开始实施 GB/ T19001—2000 质量管理体系、GB/T 24001—1996 环境管理体系、GB/T 28001—2001 职业健康安全管理体系“三标一体”贯标认证工作。结合企业实际，对三大标准体系（管理标准、技术标准、工作标准）中的 552 项岗位工作标准，312 项管理制度和管理标准进行了全面修编，编制程序控制文件 45 个，提出了“产优质电热，服务用户；保安全健康，造福员工；以节能环保，奉献社会；锻精品邯电，回报股东”的管理方针。“三标一体”贯标认证工作的全面开展有效促进了企业基础管理水平的提高。

（祁学勇）

【国电电力邯郸热电厂筹建工程】 国电电力邯郸热电厂 1×200 兆瓦机组筹建工程的各项工作进展顺利，3 月 15 日通过项目可行性研究审查；通过国家环保总局的环评审查后，7 月获得国家环保总局批复；8 月项目初步设计通过国家电力规化设计总院的预审查；11 月 9 日该工程项目获得国家发改委正式核准。年内该筹建工程还进行了项目设计、监理、主体工程施工招标和主、辅机定货，完成了“五通一平”和生产过渡等前期工作，并实现了烟囱、水塔等项目的顺利开工。国电邯郸热电厂积极适应当前电力发展形势需要，结合企业实际情况，开展了六期工程 2×300 兆瓦机组的前期准备工作，将项目建议书和项目申请报告上报邯郸市发改委。目前邯郸市已经通过了该项目的审批。

（祁学勇）

企业地址：河北省邯郸市电厂街 30 号
邮政编码：056004
电　　话：0310－7023556（办公室）
　　　　　0310－7072222（总机）
传　　真：0310－7072229

国电霍州发电厂

【概　况】 2004 年，国电霍州发电厂以深化改革和创新为动力、以安全稳定为基础、以提高效益为中心、以强化管理为手段、以绩效评价为载体、以任务目标考核为主线、以成本费用控制为重点，立足现有，挖掘潜能，追求一流，创新发展，积极应对新的电力体制格局，找准定位，理顺关系，深入扎实开展“管理效益年”活动，圆满完成了集团公司下达的各项任务，获“山西省文明单位”、“思想政治工作优秀企业”、“职工职业道德建设十佳单位”称号，被集团公司授予“先进基层党组织”和“国电一级红旗奖状”、清产核资“二级奖状”。厂长史太平获山西省劳动模范称号。

为扎实深入开展“管理效益年”活动，该厂修订完善了内部市场化运营方案，千方百计节能降耗。在电力供应紧张、机组超载运行形势下，严格执行各级安全生产责任制，强化运行管理和设备改造治理，加大设备整治和技术投入，实施 2 号机组 DCS 改造，设备的健康水平和经济运行能力明显提高。发电量完成 29.29 亿千瓦时，完成集团公司计划的 101%；上网电量完成 26.35 亿千瓦时，完成集团公司计划的 101.07%；厂用电率 10.02%，比集团公司计划低 0.08 个百分点；供电煤耗 409 克/千瓦时，与集团公司计划持平；发电单位成本 0.15768 元/千瓦时，比上年同期上升 0.01687 元/千瓦时；综合标煤单价 245.08 元/吨，比上年同期上升 45.2 元/吨；利润完成集团公司计划任务；上网电价平均 0.18212 元/千瓦时（含税），电价执行到位；电费回收率 100%；全年安全生产实现 3 个百日无事故。

在全面提升企业经营能力和管理水平的同时，霍州发电厂坚持企业可持续发展战略，投资建设废水综合治理工程，稳步推进“热电联产”和“以大代小”扩改建工程，对多种经营系统进行战略调整，使多种经营系统逐步迈入“自主经营、自负盈亏、自我约束、自我发展”的良性发展轨道，经营水平和盈利能力不断增强。

创建学习型企业、提升企业综合实力是霍州发电厂企业文化建设的延伸和发展，该厂制定创建学习型企业三年滚动发展规划，建立赋有霍电特色的企业文化理念体系，在该厂形成了自上而下全员学习的良好氛围和以学习型企业为先导的员工培训战略。编印了《学习型企业简明知识读本》，建立了网上学校，引导职工建立个人与企业共同愿景，鼓励自学成才，“168 人才工程”、“321 人才工程”显示出强大的激励作用，企业改革发展呈现出良好局面。

（高勇勇　苏　勇）

【DCS 改造工程】 霍州发电厂自 1973 年投产以来，生产控制系统一直采用模拟仪表操作系统，随着社会的发展和科技的进步，机组的自动化程度与生产操作工艺已不能适应企业发展的要求。为了提高机组的可靠性、安全性、经济性，该厂组织调研、论证，在进行一系专题分析、运行分析、技术监督分析、可靠性分析等综合分析、综合评价后，决定在 2 号机组大修期间对生产控制系统实施 DCS 改造，这是该厂继汽机通流部分、锅炉四管、发电机线棒等主要设备相继改造更新以后实施的又一重大技改项目。改造后的控制系统实现了远程监视、控制和管理，实现了数据共享，做到了分散的控制和管理。较改造前，机组机效提高 1.061%、炉效提高 2.046%、机组煤耗下降 9.7 克/千瓦时。

（王秀珍）

【废水综合治理一期工程】 为达到国家环境保护标准，实现废水的回收和综合利用，该厂废水综合治理一期工程经国电集团公司批准立项，2003 年 8 月开工建，2004 年 9 月 21 日竣工投用。主要处理回收一、二站机、炉房的有压退水、无压退水和生产区生活污水，每小时回收废水 1000 吨。一期废水综合治理工程的投用每年可为企业节约用水 800 万吨，减少水资源费用 400 万元，为实现“零排放”奠定了基础。

（苏　勇）

【创建学习型企业活动】 霍州发电厂把创建学习型企业作为 2004 年的主要工作之一，专门制定下发了《中共国电霍州发电厂委员会关于创建学习型企业的决定》和《国电霍州发电厂创建学习型企业三年规划》，编写了《学习型企业简明知识读本》，旨在通过创建学习企业，提高员工队伍综合素质，提升企业管理水平，促进企业可持续发展，构筑以企业文化建设为基础、以共同远景为动力的员工教育和培训机制，教育员工“工作学习化，学习工作化”，倡导创新、创业、创新精神，通过提升企业整体学习力，促进企业管理水平的提高。该厂创建学习型企业分四个阶段：①宣传普及、策划启动阶段；②逐步创建、试点形成阶段；③全面推广、规范动作阶段；④确立标准、进行评估阶段。

（苏　勇）

【4×300兆瓦热电联产和“以大代小”项目】 2004年是电源项目前期工作取得重要进展的一年。年初霍州发电厂加大了前期工作的力度，在对晋南、晋东南各拟选电源点及厂区改扩建电源项目进行充分调研、论证的基础上，确定将山西省长治市总规划为4×300兆瓦热电联产项目和该厂2×600兆瓦“以大代小”项目作为电源发展的重中之重。在集团公司和华北分公司的支持下，经过相关部门的多方努力，9月5日，华北分公司代表国电集团公司与长治市政府签署了长治热电投资意向书。该项目初可行研究报告已上报省发改委申请立项，被列入山西省电力“十一五”发展规划。同时，“以大代小”项目也取得了积极进展，临汾市发改委已将该项目建议书上报省发改委审报批复。

（苏　勇）

【建立“七位一体”监督体系】 4月1日，霍州发电厂党委向12名同志颁发聘书，聘任他们为党风廉政监督员，同时构建了以党内监督、行政监督、人事监督、财务监督、审计监督、法律监督为重点的“七位一体”监督体系，全面加强党风廉政建设。8月18日，厂部组织召开“七位一体”监督工作汇报会，就如何进一步发挥监督员、监督网络及“七位一体”监督体系在企业生产经营工作中的作用、实现监督工作目标进行认真总结和分析，并安排了监督工作的重点：①通过开展“为发展做贡献，为党旗增光辉”主题活动，实施“党员示范工程”，提高党员的党性修养和廉洁自律自觉性；②加强制度建设，完善监督措施，提高纪检监察水平；③整合监督资源，消除薄弱环节，加大监督力度；④充分发挥监督员的党风廉政监督员的作用，增强责任感和使命感，真正构筑防腐拒变监督网络。

（王秀珍）

企业地址：山西省霍州市辛置镇
邮政编码：031413
电　　话：0357－5692214
传　　真：0357－5692215

国电太原第一热电厂

【概　况】 2004年，国电太原第一热电厂克服外部经营压力、燃煤紧张、机组长周期、高负荷运行设备磨损严重等困难，科学决策、积极应对，圆满完成了年初制定的奋斗目标。全年发电量完成81.56亿千瓦时，其中五期完成39.74亿千瓦时，六期完成38.31亿千瓦时，16号机组完成3.51亿千瓦时，创造了该厂建厂50年来的最高记录，特别是11号机组单月最高发电量达2.07亿千瓦时，年累计发电20.8亿千瓦时，两项指标均创该机组投产以来最高水平；供热量完成781.89万吉焦，其中五期完成414.12万吉焦，六期完成367.77万吉焦；供电煤耗完成341克/千瓦时；等效可用系数完成91.07%，其中五期完成92.48%，六期完成89.72%；综合标煤单价235.34元/吨，五期235.29元/吨，六期235.40元/吨。

实现连续506天无事故，创造了新机投产以来第二个安全运行长周期。完成了国电集团公司下达该厂的利润指标，实现企业扭亏为赢。职工年平均收入突破3万元，超过职代会确立的目标。

（吴　迪）

【安全生产工作】 2004年，该厂贯彻国务院、集团公司关于安全生产的各项要求，继续加大安全管理的力度，把建立安全生产长效机制作为全年的工作重点。全面推行“四零”管理模式和“四个凡事”管理理念，即零错票、零违章、零误操作、零问题和凡事有章可循、凡事有据可查，凡事有人负责、凡事有人监督，不断完善安全生产保障体系；抓好安全性评价工作，对该厂生产设备、劳动安全、作业环境和安全管理进行了全面检查；开展全员安全教育培训，狠抓人员的习惯性违章行为，严格执行“两票三制”，坚决杜绝人为误操作事故。据厂内统计2004年该厂共发生一类障碍12次，一类障碍率同比下降了36.8%。没有发生重、特大人身和设备事故，实现了全年无事故。

坚持“以安全生产为基础，以经济效益为中心”的原则，不断推进生产管理水平稳步提高。进一步完善运调制度，对可靠性、节能、缺陷等多项管理制度进行了修订和补充。树立经济调度观念，通过制定《机组过零操作规定》、《经济调度竞赛办法》及开展竞赛活动等手段，优化运行方式，提高运行效率，违约电量得以下降，全年违约电量较上年减少536.8万千瓦时。发电量连续三年创历史新高。

全年通过加大设备治理力度，确保了设备健康水平，为发电任务按期完成提供有力保障。分别对13、

16号机组进行了大修，对12号机组进行了中修，对14、15号机组进行了小修，对五期热网系统进行了大修，完成技改项目34项。尤其是13号机组大修，解决了机组真空低、启动时间长和励磁系统无功摆动等问题；更换了水冷壁，修复了制粉系统设备防磨。机组大修后一次启动并网成功，创造了大修后连续安全运行186天的新纪录，实现了全优工程。

（吴　迪）

【扩建工程】 2004年，经过基建部门的不懈努力，榆次恒能热电厂2×25兆瓦供热机组，克服了资金紧张、设备交货困难等诸多不利因素，于2005年1月实现了1号机组投产的既定目标。

根据集团公司“有利、有理、有节”的工作指示，该厂在七期扩建工程控股权问题没有得到解决的情况下，主动了解相关各方动向，积极争取有关部门支持。2004年10月，该厂通过华北分公司请集团公司向国家发改委行文，请求协调有关股权问题。在集团公司的大力支持下，国电榆次热电厂2×300兆瓦发电工程进展顺利。目前，该工程初步可行性研究报告编制完成并经省发改委组织审查。六期灰场工程于去年11月完工，这一完工标志着六期扩建工程的全部竣工。

（吴　迪）

【经营管理工作】 2004年，该厂继续推行工资总额和固定费用承包制度，深入开展“双增双节”活动，实行全过程预算管理和成本控制，确保成本始终可控和在控。根据国家关于清产核资工作文件的要求，圆满完成了清产核资申报和批复工作；在国电集团公司和华北分公司的支持下，圆满完成了贷款置换工作，使该厂财务费用降低2700余万元；经过大量艰苦细致的工作，初步建起了企业电算化网络信息平台，具备了验收的标准；经过与山西省电网公司多次协商和谈判，现已初步形成了资产移交协议；通过深入挖潜、灵活应用政策，使企业税赋有所降低。

2004年，营销工作成效显著。该厂认真研究国家政策，经过不懈努力，申报的电价调整方案按预期水平批复，新电价从2004年6月开始实施，为五期机组盈利拓展了很大的空间；电费和热费的回收也取得了可喜的成果，当期电费和热费均实现了100%回收，陈欠热费回收超过31%；推进内部审计和效能监察，节约开支534万元；通过招议标，节约大修费用400余万元。

（吴　迪）

【环保工作】 该厂在环保治理方面加大资金投入，收效显著。2004年6月，16号机组烟气脱硫装置通过了山西省环保局的验收，每年可减少二氧化硫排放量5000多吨，节省二氧化硫排污缴费300多万元；11月，六期2×300兆瓦机组烟气脱硫工程正式开工，投产后每年将减少二氧化硫排放量22000吨；污水站深度处理工程也同期开工，工程主要对工业废水进行深度处理，处理后的水全部补充化学反渗透系统。2004年9月，煤场扬尘治理工程全面开工。

2003年，该厂被列为太原市政府进行强制清洁生产重点企业。为此，厂部成立了清洁生产工作领导小组，明确目标，落实责任，严格考核，全面推进。2004年12月，省、市环保局有关领导和专家，对该厂清洁生产进行了评估，获得优良评定结果，首家通过太原市验收。继2003年获太原市“环保模范企业”称号后，2004年又获山西省首批“环保模范企业”称号。

（吴　迪）

【培训工作】 2004年太一电厂教培工作重在技能，实战取得优异成绩。一是以培训中心为教育培训主阵地，采取常规培训与技术竞赛、调考相结合的方式，使职工技能素质不断提高。二是以先进车间为教育培训示范点，以点带面，通过先进班组的辐射和带动，全面推进培训教育工作。三是采用联系到班组，培训到个人的教育形式，努力使培训内容与职工的工作紧密相联，使职工学有所获。通过三级培训网络的构建和运作，该厂培训工作取得可喜进步。在全国科学用电知识电视大赛中，该厂选手代表集团公司参赛取得优异成绩。2004年9月，在江苏举办的集团公司200兆瓦、300兆瓦火电机组首次运行值班员技能竞赛中，该厂代表队获得了团体第三名，集控专业第一名、电气专业第二名、锅炉专业第四名、汽机专业第五名的好成绩。

（吴　迪）

【党建和精神文明建设】 2004年，太一电厂党建工作以“三个代表”重要思想为指导，围绕该厂生产经营等中心任务扎实工作，为完成全年工作提供了坚实的思想政治保证和组织保障，被国电集团公司党组授予先进基层党组织称号。

按照国电集团公司要求，坚持民主生活会制度，会前广泛征集意见和建议，提高会议质量。坚持中心组学习制度，以理论指导实践。深入基层进行党建工作调研，召开了2004年党建工作研讨会，总结企业党建工作经验，促进党建工作与生产实际的结合。开展“创建学习型组织”活动，召开“创建学习型企业、争做知识型员工”动员大会，推广试点单位先进经验。继续以“两有两找”活动为载体，深化集团公司“双为”活动，为职工群众排忧解难。贯彻落实党风廉政责任制和党员干部廉洁自律的有关规定，坚持从源头上预防和治理腐败，抓好“两个条例”的学习。组织举办中层干部十六届三中、四中全会精神培训班，进一步提高新形势下干部队伍的政治素质和业务水平。进行保持共产党员先进性教育活动准备工作，制定了《关于开展保持共产党员先进性教育活动准备工作的实施意见》。坚持全心全意依靠职工办企业，强化民主管理，完善厂务公开制度，维护和保障职工的合法权益。根据职工需要，开展多种形式的文化体育活动，丰富了职工业余文化生活，增强了凝聚力。

（吴 迪）

【多经企业改革和重组】 2004年，该厂按照“发展主业、分离辅业、优化结构、转变机制”的指导思想，对晋阳集团公司进行了改革，重新组建了晋阳集团和物业公司两大法人企业，进一步明晰了辅业产权，使多经产业和社会职能板块更加清晰和集中，为辅业进一步深化改革，实现规范、自主发展奠定了基础。

2004年，晋阳集团进一步加大了项目开发力度。针对粉煤灰加气砌块供不应求的状况，增资扩产，截至年底粉煤灰加气砌块产量达7万立方米，实现产值800万元。针对环保治理力度加大，石灰市场价格提高，对粉煤灰生产造成不利影响的状况，晋阳集团在近郊选址建造石灰窑，解决了项目原材料供应短缺的问题，降低了生产成本。粉煤灰隔墙板项目于11月开工，该项目投产后，可以解决五期机组废渣和粉煤灰加气砌块废料回收，可创产值400万元。按照《山西省物业管理企业信息》的要求，物业公司对物业管理资质年检、信用档案、统计数据进行整理，建立起内部数据库。引申“168服务热线”活动，在宿舍区成立了“物业168服务中心”，全年共处理各类缺陷1万余条，有力地保障了职工家属的正常生活。2004年，该厂多经企业总产值实现1.247亿元。

（吴 迪）

【要事摘编】

1月6日，以中组部委员欧阳淞为组长的中央督查组在省委常委、组织部长薛延忠等陪同下，来厂考察“三个代表”重要思想的学习贯彻情况，并在该厂召开了太原市部分企事业单位“三个代表”重要思想学习座谈会。

3月22日，国务院驻国电集团公司监事会主席孔令鉴就该厂财务、纪检、监察、审计工作进行了为期两天的检查指导。

4月26日，太原市纪委副书记冯来栓代表山西省精神文明建设委员会授予该厂“山西省文明单位”称号。

11月23日，历时8年的该厂六期上冶峪灰场拦洪坝工程通过竣工验收，正式移交生产使用，标志着六期建设工程全部完工。

11月26日，该厂13、14号机组脱硫工程开工。该项工程投资2.6亿元，是国家两控区“十五”计划重点工程、山西省和太原市重点环保工程。

12月7日，山西省副省长靳善忠携省市政府有关部门负责人及山西省煤炭厅、省电网公司有关人员在该厂就电煤问题进行调研。

（吴 迪）

企业地址：山西省太原市晋祠区晋祠路三段59号
邮政编码：030021
电　　话：0351－6012219
传　　真：0351－6012215

国电吉林热电厂

【概　况】 2004年，国电吉林热电厂按照“严细、务实、创新、发展”的工作思路，以集团公司开展的“管理效益年”活动为主线，积极稳妥地推进企业各项工作，取得了较好业绩，实现利润1002万元，超出计划2万元。全口径（含龙华公司龙潭热电厂）完成发电量58.24亿千瓦时，同比增长11.34亿千瓦时，占吉林省火电机组发电增幅的三分之一；完成供热量1250.4万吉焦；完成供电煤耗率363克/千瓦时；完成供热煤耗率40.6千克/吉焦；完成发电厂用电率7.94%，比计划下降0.38个百分点；完成供热厂用电率8.56千瓦/吉焦，比计划下降0.35千瓦/吉焦；热费回收陈欠减少，新费结零，总欠创历史新低；完成应缴款项上缴率100%；多种产业实现收入1.14亿元，利润211万元。2004年末该厂在册职工人数3307人。

2004年，该厂完成2、7、9号机组和6、11号炉的大修工作，并实现一次启动成功。一期技改工程8、9号机组正式通过吉林省电力有限公司达标投产验收，实现达标投产。坚持从严管理的方针，完善了多项安全生产管理制度，推行安全目标管理和安全生产风险抵押办法，发挥安全监督网的监督作用，开展了安全生产月活动、安全生产管理治理整顿活动，保证了机组的安全稳定运行。争取到较为有利的售电单价和售热单价。通过国家发改委、电监会向大用户直售电试点方案。完成清产核资工作和审计、评估专项工作，进一步摸清家底，减轻包袱。清理整顿行政有效文件，重新修订企业管理标准，编制岗位说明书，保证管理工作的规范化和标准化。加强专业人才和技能人才队伍建设，有39人被国电集团授予“168”人才。以创建“星级学习型班组”为载体，试点绩效考核管理为标志，企业基层管理工作不断向前迈进。学习型企业创建工作初见成效，组织职工进行拓展训练，加强学习型理论普及，提高该厂的知名度和美誉度。实施机关干部下基层，转变工作作风，密切干群关系。依托多种经营，国电吉林热电厂（含龙潭热电厂）供热面积进一步扩大，达到850万平方米，比上年增加50万平方米。2004年，该厂被中华全国总工会评为全国“创建学习型企业，争做知识型职工”示范单位，被全总和国家安全生产监督管理局评为全国“安康杯”竞赛优胜单位，被国电集团公司评为“实现安全生产目标先进单位”、“先进基层党组织”、“清产核资先进集体”，授予“国电二级奖状”，被吉林省总工会评为“最佳职工代表大会单位”，被吉林省社会经济综合评价委员会评为“吉林省2003年度明星企业”。

（陶迎军）

【安全生产工作】 以2004年1号文件为先导，制定国电吉林热电厂《安全生产工作规定实施细则》，开展“加强安全生产监察，确保安全生产”活动，对大、小修作业现场组织实施跟踪监察，充分发挥安全监察网的监督作用。对原有“危险点分析预控”进行梳理补充，在125兆瓦、200兆瓦机组实行检修标准化作业，制订检修标准化作业标准。制定下发《工作票、操作票实施细则》，完善工作票、操作票管理。对生产设备逐台评价，对安全管理、劳动安全和作业环境逐项评价，掌握设备状况。结合大、小修和技改，进行设备整改，消除设备隐患，安全管理工作不断进步。全年组织进行4次数百人参加的两票、安规调考。开展春、秋两季安全大检查，增强职工的安全意识，提高设备的安全可靠性。开展“安全生产月”活动，树立“以人为本，安全第一”的思想。全年完成6台炉的康复性鉴定检验，全面检验了11号炉，委托吉林省安全科学研究院对氢站储气罐鼓包进行鉴定，检验压力容器34台。对电缆沟进行治理，修复破坏沟道、电缆架，清除废旧闲置电缆等，夯实安全基础工作。

（陶迎军）

【市场营销工作】 2004年9月，吉林热电厂争取向大用户直售电试点工作取得突破性进展，国家发改委和电监会批准该厂向吉林碳素厂直售电的实施方案，使该厂以双边交易主体第一批进入东北区域电力市场，当年结算直售电量1.2亿千瓦时，实现国电集团公司提出的2004年直售电要有突破的要求，得到集团公司的高度评价。妥善实施营销策略，多方开拓供热市场，加强与省网公司协调，以多售热、多售电增加主营业务收入。同时合理利用政策，与省物价局协商，做好电价疏导工作，经过艰苦努力，争取到较为有利的售电单价和售热单价，其中售电单价上调0.001元/千瓦时，蒸汽热价上调3元/吉焦，采暖热价上调2元/吉焦，为完成全年利润指标奠定了基础。在电、热费回收方面，采取灵活务实的措施，电费回收率实现100%，采暖供热费采取预收方式，预收率超过历年水平。全年热费回收目标基本实现，稳步向良性循环轨道迈进，实现陈欠减少，新欠没有。

（陶迎军）

【煤炭供应工作】 2004年，受全国煤炭市场影响，吉林热电厂电煤到货出现历年少有的紧缺局面，库存煤存储量呈下降趋势，库存量最低时只有4.1万吨，多次出现库存曲线低于库存警戒线局面。该厂改变原来7、8、9月份储煤的旧规律，提早储煤。利用各种渠道，向上级主管部门和省政府及时汇报电煤严重短缺情况，争取政策支持和协调；采取老机组混配掺烧舒兰煤和减少20万机组混配烟煤数量，控制混配北煤比例的方法，减少烟煤耗量，增加烟煤库存；配合上级主管部门，落实煤源和运力，由主管领导带队，坚持不懈地奔波于黑龙江和省内烟煤矿区，委派人员驻矿，催装催运。通过以上措施，从10月份开始该厂煤炭到货情况得到缓解，库存量回升，保证了企业正常的生产发电工作。

（陶迎军）

【清产核资及审计评估工作】 2004年，吉林热电厂根据国电集团公司部署开展了清产核资工作，成立了清产核资办公室，历经账务清理、资产清查、产权界定、损益认定、资金核实、完善制度六个阶段，共报废固定资产257件，按旧会计制度为该厂核销报废固定资产原值1367万元，固定资产净损失122万元，其他应收款损失10万元，存货垫底煤损失242万元，按新会计制度（企业会计制度）预计应收款项坏账损失789万元，共计核减权益1162万元，为吉林热电厂发展减轻了包袱。上报的清产核资报表及资产损失认定依据，作为集团公司下属其他单位审计样本公示。对龙潭热电厂资产与吉林热电厂同步进行了资产清查，共清查出报废固定资产111件，报废资产原值1611万元，资产净损失426万元。重新修订了《固定资产管理办法》，加强了固定资产的细化管理。按照集团公司开展上市工作的总体部署，填报了2000～2003年审计报表，先后接待了毕马威会计师事务所、中联评估事务所、香港西门远东评估事务所审计和评估工作，查找了大量设备技术档案、图纸，填报了相关报表和资产评估数据，完成了建厂以来相关法律事项调查工作、体改工作，进一步理顺吉林热电厂的产权关系，得到集团公司体改办的通报表扬。

（陶迎军）

【企业管理工作】 2004年，以“管理效益年”活动为主线，吉林热电厂企业管理贯彻“严细、务实”方针，与各单位签订生产目标责任书、党风廉政建设责任书，定期对各项管理工作进行量化、细化考核，收效明显。进一步理顺企业管理职能，强化部门职能监督。清理整顿行政有效文件，修订企业管理标准，编制岗位说明书，从制度上保证管理工作的规范化和标准化。修订下发了《中层干部管理暂行规定》，加强干部队伍建设和后备干部的培养，收到较好效果。加强专业人才和技能人才队伍建设，围绕生产实际开展职工技能培训和大比武活动，选拔岗位排头兵40人，有39人被国电集团公司授予“168”人才。开发了企业资产综合管理、设备缺陷管理和“两票”微机管理系统，开通了多媒体会议可视系统，完善了人事管理等多个系统，提高管理信息化水平和工作效率。以创争“星级学习型班组”为载体，基层班组管理工作不断深化。以基层单位推行绩效考核管理为代表，基层管理不断创新。

（陶迎军）

【技改工程】 2004年9月7日，以8号机组正式通过吉林省电力有限公司达标投产验收为标志，该厂一期技改工程两台125兆瓦机组（8、9号机组）实现达标投产。建设中各种遗留问题得到较好解决，两台机组运行状况良好。技改工作重心已转向二期工程立项准备。按照原吉林热电厂技改工程整体规划（分三期实施），拟将原规划中的二、三期工程合并，对老机组（1~7号机、1~9号炉）实施改造，提出数套改造方案，目前方案正在审批。通过市场调研，开辟新的电源点，针对吉林市江南高新技术开发区这一极具市场潜力的新的电源点，抓紧开展前期工作，目前，该工程已经具备编制项目建议书的条件，并得到国电东北分公司的支持。

（陶迎军）

【创建学习型企业】 2004年，组织召开该厂第二阶段创建学习型企业动员大会，确定了用创建学习型企业整合文明单位创建活动，统领各项载体活动及相关工作，实现与生产经营工作有机融合的工作思路。出台《创建学习型企业五年规划》，制定实施方案、考评办法和考评细则，促进“创争”活动与企业管理有机融合。全年举办“智慧大擂台”6期、“金典故事在线”10期、“金典游戏时空”1期；举办两期骨干培训班，对300多名骨干进行专题理论辅导；组织6期创建学习型企业专项拓展训练活动，培训骨干人员300余名。

（陶迎军）

【党建及精神文明建设】 吉林热电厂着力加强领导班子、干部队伍、基层党组织和党员队伍建设，使党建工作在创新中得到发展。坚持党委理论中心组学习制度。组织干部、职工到国电三改试点企业参观学习。组织该厂机关干部深入生产一线挂职锻炼，转变工作作风，密切干群关系。完善《党群管理标准》等制度措施，逐步形成制度化和标准化。深化“为发展作贡献、为党旗增光辉”竞赛活动，共完成“双增双节”项目81项。制定落实《党风廉政教育学习规划》，组织班子和党员干部学习“两个条例”、《领导干部廉洁自律行为准则》等，开展党风廉政“宣传教育月”和警示教育活动。在厂级领导干部中实施“廉洁自律公开承诺”，在中层以上干部中建立健全廉政档案，聘请党风廉政建设“联络员”，制定信息反馈卡，设立举报电话、举报信箱和电子举报箱。下发《关于重申认真执行厂务公开制度》和《关于完善奖金分配规定的意见》，规范基层单位在执行规章制度中存在的问题。重点加强对燃料、物资采购和大修技改工程项目的监督，及时处理信访举报案件，维护企业和职工利益。开展“没有任何借口”读书活动，受到干部职工的响应。以“创争”活动统领各项载体活动，推动企业管理创新，引导职工提高技能，形成尊重技术、努力学习、争当能手、报效企业的热潮。2004年7月10日，该厂女职工王璐见义勇为的事迹引发了全市性的大讨论，受到国家、省、市等9家新闻媒体的关注，弘扬了企业形象。

（陶迎军）

企业地址：吉林省吉林市龙潭区徐州路35号
邮政编码：132021
电　　话：0432-3045126
　　　　　0432-3045555（总机）
传　　真：0432-3045123

国电谏壁发电厂

【概　况】 国电谏壁发电厂地处江苏镇江东郊，北滨长江，南近沪宁高速公路和沪宁铁路。全厂占地439.09公顷，水域78.38公顷，其中主厂区占地75.99公顷，水域56.11公顷。该厂是我国自行设计、自行安装、自行完善的高温高压火力发电厂。电厂的建设始于1959年，分五期进行。到1987年9月工程全部建成，共装机10台，总装机容量达162.5万千瓦。1998~2003年，该厂分别对7号~10号300兆瓦机组进行了扩容改造，增加容量12万千瓦，现有容量174.5万千瓦。经由12条220千伏和4条110千伏高压输电线路，东经常州与上海、浙江相连，西出南京与安徽相通，北跨长江与泰州、徐州相接，地处苏南电网负荷中心。1988年被国家列为特大型企业。2003年1月21日划归中国国电集团公司。

2004年，该厂围绕企业发展战略和领导班子任期目标，认真落实年初职代会确定的各项工作任务，切实履行集体合同，以持续发展为主题，以提高效益为核心，以安全生产为基础，以深化改革为动力，主动适应燃料市场和电力市场的变化，主动谋求企业长远发展，保持了发电生产稳定、职工队伍稳定和管理秩序稳定，实现了年度奋斗目标。安全生产基本受控，实现了全年安全无事故目标；统配机组和12号机组累计发电118.4亿千瓦时，比国电集团公司下达的计划超发14.9亿千瓦时；统配机组供电煤耗完成357.5克/千瓦时，综合厂用电率完成5.69%，分别比集团公司下达的计划降低了4.54克/千瓦时和0.41%；统配机组全年设备利用达6981小时，设备等效可用系数完成91.65%。

2004年，该厂完成了集团公司下达的资产经营目标，顺利收购了五期31.8万千瓦地方集资的权益容量；内部改革进一步深化，完成了“主辅分开和三项制度改革”试点任务，取得阶段性成果；可持续发展战略取得实质性进展，12号机组顺利投产，年发电6.7亿千瓦时，创造利润2494.2万元，达标投产基本具备验收条件。11号机组按计划顺利推进，综合产业发展能力有所增强。多种经营总收入98334.6万元，利润总额5095.5万元。发电运营、电力检修、燃料经营及海上运输、粉煤灰开发、热电联产等五大支柱产业框架已经形成，三个文明建设协调发展。深入开展了文明创建活动，企业文化建设不断加强。民主管理制度进一步健全，厂务公开不断深化。职工收入和福利明显增加，年内为职工所办实事得到有效落实。

2004年该厂荣获全国“五一”劳动奖状、中央企业先进集体、全国发电系统“厂务公开”先进单位、国电一级奖状、江苏省思想政治工作优秀单位等称号。

（胡宗源）

【“管理效益年”活动成绩显著】 谏壁发电厂围绕“夯实基础、确保安全、提高效益”的目标，深入、扎实地开展了“管理效益年”活动，取得了显著成绩，确保了年初与集团公司签订的各项目标责任的实现，在集团公司系统“管理效益年”活动和目标责任制考核评比中名列前茅。

克服社会电力需求旺盛、电煤供应持续紧张，改革试点任务重等带来的生产经营压力，以“增收增效、降本增效”为主线，以设备的可靠经济运行为中心，抓住电量增发这个经济效益的关键，实现了机组稳发满发，多发多供。以抓生产、管理两大费用和设备可靠性、电量、煤耗、厂用电率、入厂入炉煤热值差等五个指标为重点，确定了84个重点实施项目和30项保证措施，将生产经营指标层层分解，层层落实。

坚持“安全第一、预防为主”的方针，认真贯彻安全生产法，强化安全是企业发展基础的意识，牢固树立“没有消除不了的隐患，没有避免不了的事故”的安全生产理念。修订了该厂《安全生产奖惩办法》、《反习惯性违章考核细则》、《事故调查统计规定》等，逐步形成了与集团公司一致的管理规范、运转高效的安全管理体系。以“零违章、零缺陷、零距离”严格要求，较好地落实了各级安全生产责任制和责任追究制。加大对安全生产的投入，完善并落实迎峰度夏（冬）、防汛排涝、燃料预警等生产预案，有效组织开展了季节性安全大检查、“安全月”活动、安全性评价和推广危险源点预控，实施环境、职业安全健康体系整合等，进一步夯实了安全生产基础，保障了职工的生命安全和设备安全，实现了全年安全无事故目标。

坚持以机组安全、可靠、经济运行为目标，确保电网需求，加强设备技术、运行和检修管理。加大设备技术改造和科技进步的力度，逐步规范设备管理的基础工作，较好地落实各级技术责任制。运行管理模式实现专业建制向值建制的转换，开展值际竞赛活动，进一步适应了电力市场竞争和加强现场管理的要求，发电量、供电煤耗、厂用电率等主要经济指标大幅度改善。9号机组荣获全国国产30万机组运行竞赛二等奖。精心组织了机组的计划性检修和外部检修工程，计划性检修管理水平和消除设备缺陷管理水平进一步提高。

积极应对燃料市场严峻形势，合理调整煤炭结构，加大对统配矿催交催运的力度，多渠道组织市场煤，落实海上煤源和运力，全年保证了发电用煤，没有发生无煤停机的现象。加强价格控制、质量验收管理，入厂煤全部实现自动取样，拓展了电子秤计量，有效地控制了亏吨亏卡，入厂入炉煤热值差实绩0.38千焦/千克（91大卡），比一流指标下降了10%，有效杜绝了资源流失。

进一步完善全面预算管理，发挥FMIS财务管理信息系统的作用，努力推进财务管理现代化。年初确定的生产性费用降低10%、管理性可控费用降低20%的目标得到了实现，设备可靠性、电量、煤耗、厂用电率、入厂入炉煤热值差等五个重点指标的实绩均好于年初确定的目标。积极参与电力市场的模拟运行，积极利用疏导电价的政策，电价有了较大幅度的上调，并结合煤炭上涨的实际情况，及时向政府汇报，反映企业经营实际困难，取得了地方政府的大额补贴，改善了企业外部经营条件和经营状况。

（胡宗源）

【企业内部改革稳步推进】 以促进主、辅业共同发展为目标，积极稳妥地推进“主辅分开和三项制度改革”试点工作。进一步明确了主辅界面，规范了主辅经营。按照公司法的要求，根据投资主体，规范了辅业各公司的“股东会、董事会、监事会”，厂级领导不在各公司的“三会”中兼任职务，完善了辅业高级经营管理人员的聘任，规范了辅业用工、关联交易等程序。进一步分离了企业办社会职能，子弟学校停招，国电镇江电力培训中心批复成立。完成了新一轮定员、定编、定岗、定责，进一步理顺了部门职责和管理关系，顺利实施了组织机构调整，促进了工作效率的提高，厂职能部室由原来的25个精简到12个。进一步完善上岗竞争机制，进行了中层和一般管理人员重新竞聘和职工劳动组合。对一线班组进行了整合，减少了30个班组建制。拓宽渠道，妥善分流安置了富余人员，改革试点取得阶段性成果。配合集团公司整体上市，开展了新一轮清产核资和资产经营分析，完成了土地、房产的清产核资和取证等工作，进一步摸清了家底，保护了企业权益。收购了五期31.8万千瓦地方集资权益容量，理顺了产权关系，维护了企业的整体利益。

（胡宗源）

【综合产业稳步健康发展】 在对关联交易及人、财、物等规范运作的基础上，加强资源整合和市场拓展，形成了热电联产、电力检修、燃料经营及海上运输、粉煤灰开发、发电运营等五大支柱产业框架。燃料经营以保供为宗旨，积极组织煤源，进一步调整计划外燃料结构，有效地控制了燃料成本。新增海轮“港海666”，进一步增强了海上运输、燃料经营的能力和经济效益。电力检修积极拓展外部市场，相继承接了外部5个电厂11台次机组的大小修工程，赢得了较好的经济效益。组建了发电运营公司，承接了宿迁热电有限公司2台13.5万千瓦机组的发电生产业务，完成了该厂1号机组调试、72小时试运行并投入商业运营。大港热电厂全面投入运营，热网、热用户覆盖面不断扩大。与脱硫工程配套的石灰石项目已经完成试生产。粉煤灰综合利用220万吨，其中，干灰销售71.84万吨，创造了较好的社会和经济效益。

（胡宗源）

【企业持续发展取得实质性进展】 “以大代小”工程克服主设备供货延期、安装工期短、线路建设难度大等困难，牢牢把握了安全、质量、工期等关键环节，认真抓好工程后期的关键点，严谨有序地抓好生产准备和设备调试等工作。12号机组以16个月的建设期，实现了一次水压、一次启动、一次并网成功，并顺利投入商业运营的好成绩，实现了同类机组建设史上的新突破，反映了工程安装质量和调试质量的良好业绩，为机组安全经济运行打好了基础，创造了条件。年内发电6.7亿千瓦时，创造了较好的效益，机组达标投产工作已基本具备验收条件。2台60万机组的扩建前期工作规范、有序地开展，项目已纳入镇江市“十一五”电力发展规划。环保工作力度加大，30万机组脱硫工程启动，其中，10号炉脱硫烟道支架浇筑已完成，12号炉吸收塔筒体安装已完成。

确定了“人才强企”战略和工作目标，突出重点，开展了各类技能培训、岗位培训，选拔了198人进行定向培养。年全员培训率达89.1%，全员持证上岗率95.1%。推荐了2名高级经营管理人员、14名专业技术人员和21名技能人员进入集团公司“168”人才库。

（胡宗源）

【依法治企、精神文明建设取得成效】 按照建立现代企业制度的要求，建立和完善了内控制度。加强了法律工作和合同管理。进一步规范了江苏苏源谏壁发电有限公司以及主、辅业的经营管理行为。认真贯彻执行廉政建设责任制，开展了“预防职务犯罪”系列教育活动，从思想上提高了干部的拒腐防变能力。严格执行招投标、物资供应商评议等制度，开展了7号机组大修、燃料管理、废旧物资等重点项目的效能监察。民主管理制度进一步健全，继续深化厂务公开工作，对职工关注的热点问题进行了2次厂情发布。加强企业文化建设，结合建厂45周年，开展了“爱国、爱厂”纪念和庆祝活动，成功地承办了集团公司运行人员技能大赛和文艺调演两大活动，获得优秀组织奖。

（胡宗源）

企业地址：江苏省镇江市谏壁镇
邮政编码：212006
电　　话：0511－5352023
传　　真：0511－5352242

国电东屿发电厂

【概　况】 2004年国电温州东屿发电厂根据集团公司的统一部署，落实各项目标责任制，把握“夯实基础、确保安全、提高效益”目标，开展“管理效益年”活动，完成了全年的各项工作任务。面对温州市严重缺电形势，该厂在做好自身设备维护工作的同时，配合调度安排，做到稳发、满发，发供电量创历史新高。面对由于受煤价大幅上涨等诸多外部因素影响，导致生产成本大幅增加，给生产经营带来极大压力。通过开展“管理效益年”活动，制定相应措施，开展节能降耗、增收节支工作，努力降低生产成本；做好电价疏导和政府补贴工作。

（陈　剑）

【主要技术经济指标】 2004年，该厂没有发生人身伤亡和设备事故，创3个百日安全无事故记录，累计安全纪录731天。4号机组累计发电16483.91万千瓦时，完成集团公司下达考核电量的109.2%，同比增长19%；发电设备利用小时6596小时；等效可用系数88.86%，同比提高13.63%；主设备完好率100%，辅助设备完好率95%以上，热工仪表及自动装置投入率95%以上；累计上网电量14904.8万千瓦时，同比增加20%；供热量8.25万吉焦，完成计划的103%；供电标准煤耗521克/千瓦时，同比下降8克/千瓦时；厂用电率9.32%，同比下降0.8%。

（陈 剑）

企业地址：温州市飞霞南路3号
邮政编码：325003
电 话：0577－51109603
传 真：0577－88620941

国电万安水力发电厂

【概 况】 国电万安水力发电厂（以下称万安水电厂）是集团公司内部核算单位，是赣江中上游最大的一座径流式水电站。位于江西省万安县城南2公里处，水库控制面积为36900平方公里，设计装机容量为50万千瓦，现有4台10万千瓦轴流转浆式水轮发电机组发电。该厂以发电为主，兼有防洪、航运、灌溉、养殖等综合效益，是江西南北电力交换中枢，是调峰、高频主力电厂之一，对推动赣江梯级电站的开发，缓和江西电力不足的局面起着重要的作用。

万安水电厂工程于1956年立项，历经“三上两下”，1985年正式复工建设，被列入国家“七五”重点建设工程。工程由长江水力委员会设计，武警二总队施工。工程总投资23.5亿元，1号机组于1990年11月并网发电，1992年12月4台机组全部投产发电，截至到2004年底累计发电170多亿千瓦时。2004年，该厂以“三个代表”重要思想和党的十六大及十六届四中全会精神为指导，围绕国电集团公司“做实、做新、做大、做强”的方针，弘扬“以电兴企、强企报国”的企业精神，开展“管理效益年”活动，抓好安全生产和多种产业发展，加强党建和三个文明建设，各项工作上了新台阶。在连续两年严重干旱的情况下，通过优化调度，实现安全生产1102天的历史最好纪录，完成发电量64606万千瓦时，船闸实现连续安全通航15年。7月29日国电集团公司总经理周大兵、副总经理陈飞视察该厂，对该厂工作给予了高度评价和赞扬。

但是，目前企业仍面临一些问题和不利因素，主要反映在：①万安水电站作为赣江中上游最大的径流式水电站，降雨量与上游来水量制约着该厂的发电能力，干旱之年愈发凸显其不利因素。②该厂设计初期运行水位96米，汛期运行水位87米，设计最终运行水位100米。目前，该厂仍按初期运行水位发电，水库库容小，调节性能差，制约该厂市场竞争力，同时对设备健康运行极为不利。

（伍春华）

【安全生产工作】 万安水电厂坚持“安全第一，预防为主”方针，贯彻落实安全生产法，落实各级人员安全生产责任制并加大考核力度，实行各级责任人、生产人员交纳安全生产风险保证金制度。开展安全性评价和安全大检查，全年进行节日检查，春、冬季安全检查，消防安全检查等7次，共查出并及时整改安全隐患318项，开展“安全生产月”、班组安全互保及“安康杯”竞赛等活动，安全生产保持良好态势。

（伍春华）

【“管理效益年”工作】 万安水电厂重视“管理效益年”的工作，并通过此项工作，强化管理、挖潜节支、提高效益。加强制度管理，对各项费用进行分解，严格控制；实行资金预算申报制度，对必要开支做到心中有数；实施《成本费用考核办法》，坚持每季度经济活动分析和预算分析；在抓好资金预算管理的同时，抓好固定资产管理，重新拟定《固定资产管理办法》，对固定资产的购置、领用、转移、报废、盘点等事项做了明确规定，并制定相应考核办法，全面降低可控成本费用开支。全年共节约成本费用1657万元，其中可控费用比预算节约6%。加强设备管理，严格执行“两票三制”设备巡回检查制，消除设备缺陷，加强检修管理。严格执行设备检修三级验收制度。使主辅设备完好率均达到100%。修理费比预算节约12%。全年压缩生产成本10%，非生产成本6%。

（伍春华）

【优化水库调度】 2004年，面对历史罕见的干旱，万安水电厂采取措施优化调度水库，力争多发电。为增加降雨量和入库流量，先后进行多次人工增雨作业，经测算，增加降雨量35毫米，增加入库水量360万立方米；水库日调度采取保持入库平衡按来水发电为主的措施，争取省中调和省防总的支持，在预报无雨时减少发电出力，尽量抬高库水位运行，在预报有较大来水时，提前加大发电出力，预先降低水位避免弃水，从而提高水能利用率，做到经济运行多发电。

（伍春华）

【清产核资工作】 2004年万安水电厂对该厂资本资产、债权债务进行了全面清理，通过内外部取证处理了一批不良资产，其中处理原会计制度下资产损失1199万元，计提新会计制度下各项资产损失准备金

596万元。经过近5个月时间的工作，完成清产核资工作，为国电集团公司摸清家底、提升市场竞争能力创造了条件。

（伍春华）

【多种产业发展】 万安水电厂2004年多种产业按照"唱响品牌增效益，向外拓展争效益"的目标开展工作。万安氯酸盐有限责任公司年产1万吨氯酸钠生产线达标投产后，不断研制开发新工艺，以优质高产创效益，2004年该公司生产的"赣源"牌氯酸钠通过省级新产品鉴定。全年实现工业总产值4930万元，上缴税金560万元，在万安县民营企业中排名第一，被江西省政府授予"2004年度先进民营企业"称号；参加新疆吉林台电站运行维护的竞标并一举夺标，同时承揽了万安县宝山乡小水电机组安装、黄金埠电厂观测工作和居龙滩电站测量工作，全年创产值7139万元。

（伍春华）

【党建和精神文明建设】 坚持党内各项制度，从严治党。根据集团公司党风廉政建设工作会议要求，签订了党风廉政建设责任书，细化了考核标准，把党风廉政建设纳入党政工作目标之一，抓好党支部目标管理工作。把强化管理、提高效益、确保安全生产和职工队伍稳定作为党支部工作目标。开展"为发展作贡献，为党旗增光辉"主题教育活动、党员示范班组活动、"党员身边无违章、无事故"等活动，较好地发挥了党委的政治核心作用、党支部的战斗堡垒作用和党员的先锋模范作用，促进了企业的改革、发展；坚持做深入细致的思想政治工作，发挥思想政治工作三级网络作用，做好一人一事的思想政治工作，将矛盾化解在萌芽状态；做好文明创建工作。宣传贯彻《公民道德建设实施纲要》、《中国国电集团公司员工基本行为规范》，修订完善该厂《文明创建活动实施细则》，开展文明单位、文明职工、文明家庭等活动，评选出10户"十佳"文明家庭。组织开展"168"人才工程，初步启动"三优人才工程工作"，引导职工爱岗敬业、岗位成才，强企报国。2004年该厂获"江西省文明单位"称号。

（伍春华）

企业地址：江西省万安县城
邮政编码：343800
电　　话：0796－5704083
传　　真：0796－5701429

国电九江发电厂
（国电九江发电有限公司）

【概　况】 根据国电集团公司决定，自2003年9月起，国电九江发电厂、国电九江发电有限公司实行"一套班子，两块牌子，统一管理，分开核算"的管理模式。2004年，该厂以开展"管理效益年"活动为龙头，推进企业"三项制度改革"试点工作，努力克服煤电油运矛盾突出，电煤供应异常紧张，煤炭质量严重下降，发电成本大幅攀升困难，较好地完成集团公司下达的各项生产经营责任目标。2004年，企业获得集团公司二级奖状，九江市"企业贡献奖"和"先进基层党组织"等称号，连续五年保持江西省"优秀企业"称号。

（琚毅坚）

【"管理效益年"工作】 通过健全组织，明确目标，落实责任，强化考核，内抓管理，外攻市场，该厂"管理效益年"活动取得明显成效。全年实现连续安全生产两个100天；发电量完成73.3981亿千瓦时，比集团公司计划多发3.8981亿千瓦时，市场占有率24.36%，居江西省之首；设备平均利用小时电厂完成4806小时，发电公司完成5954小时；厂用电率电厂完成8.26%，发电公司完成5.88%；供电煤耗电厂完成379克/千瓦时，发电公司完成345克/千瓦时；主营业务收入电厂完成69481万元，发电公司完成104573万元；工业总产值完成174201.6万元（按现行价格计算），实现利税1.8605亿元。

（琚毅坚）

【三项制度改革】 按照国电集团公司"三项制度改革"试点工作精神，该厂成功实施机构重组、全员竞争上岗，推行薪点工资和绩效管理，对原电厂和发电公司管理机构进行了精简，将原有的23个职能部门压缩为11个；中层管理人员由原来的185名精简为82人；通过实施全员竞争上岗，922人岗位变动；薪点工资制度和绩效管理的实行，彻底打破原有"大锅饭"的分配模式，从根本上创建"岗位能上能下，人员能进能出，收入能高能低"的新型企业管理机制。

（琚毅坚）

【市场营销工作】 电量营销、电费回收、煤炭供应、资本运作是该厂营销工作重点。根据电厂机组小，消耗指标高的实际情况，通过努力，向省电力公司争取到"电量总量不变，允许内部调整"的优惠政策，从电厂电量计划中平衡3.6亿千瓦时给发电公司新机组增发，当年增加收益713万元；加大电费回收力度，实现当年电费回收率100%，公司陈欠电费回收率20%的目标；针对煤炭资源短缺，运力紧张的情况，该厂全年派出100人/次驻矿驻点，加强催发催运，全年进煤350.04万吨，保证发电生产用煤需要；资本运作方面，为规避日元持续升值带来的经营风险，该厂利用国内银行现汇，提前偿还了三期工程建设的日本海外协力基金贷款，利率下降50%。

（琚毅坚）

【要事摘编】

2004年3月29日，国电集团公司副总经理朱永芃到该厂视察，对该厂工作提出了四点要求：①要重视设备改造，努力适应煤炭市场变化；②要加强管理，提高效益，努力完成利润指标；③要加强市场营销，保证电煤供应，争取多发电；④要增强紧迫感，积极稳妥地搞好企业“三项制度”改革。

11月8日，国电集团公司副总经理李庆奎视察该厂，要求该厂“管好三期，改造一、二期，启动四期”，使企业永葆青春，充满活力，欣欣向荣。

12月19日，国电集团公司副总经理刘彭龄副到该厂视察，希望该厂勇于创新、科学管理，努力把企业建成江西、华中分公司、集团公司的优秀窗口。

（琚毅坚）

企业地址：江西省九江市滨江东路45号
邮政编码：332001
电　　话：0792－8483511
传　　真：0792－8613599

国电长源沙市热电厂

【概　况】 2004年，国电长源沙市热电厂抓住经济效益这一中心，紧扣加快发展这一主题，紧紧围绕年初确定的四大目标，坚持把握六项工作重点，扎实开展“管理效益年”活动，各项工作取得了较好成绩。

企业安全生产形势平稳，未发生人身伤亡事故和重大设备事故，未发生火灾事故和交通事故，全年完成3个百日安全周期；运营水平不断提高，完成发电量74945万千瓦时，完成供热量255万吉焦，供电煤耗率同比有所下降；工作目标基本完成，年初确立的安全、生产经营、发展和创建四大目标，都完成较好，在燃料价格大幅上涨的情况下，主业仍然保持盈利；整体素质显著提升，大力开展文明创建工程，获湖北省委、省政府“2003～2004年省级最佳文明单位”称号。工作中主要的做法是：

1. 抓防范，建立安全生产长效机制，确保了安全　坚持观念教育是根本，设备健康是基础，主题活动是载体，机制建设是保障，全年抓住安全生产责任制考核、防范紧急事件、安全检查三项重点工作，营造了稳定的安全生产局面。

2. 抓管理，深入开展“管理效益年”活动，提高了效益　清理规范了组织机构，建立完善了制度体系，全年制定了16个管理制度，基础管理更加规范化、程序化。在强化管理基础上，一方面全力压缩成本，开展内部挖潜、节能降耗活动，有效控制了年度各项可控费用，另一方面积极拓展利润空间，努力争取生产计划，积极利用电热价格政策，增收创利。

3. 抓队伍，大力推行“人才强企”战略，提升了素质　以“168人才工程”和“125人才工程”为载体，建立了人才激励机制，以各种培训班为载体，建立了人才培养机制，以奖金考核为载体，完善了内部分配机制和约束机制。

4. 抓扩建，超常规推进前期工作，加快了发展　全厂上下坚持发展是第一要务，以科学发展观为指导，扎实做好扩建项目转型工作，2×300兆瓦燃煤热电联产机组项目可行性研究报告通过了电力规划设计总院的初步审查。

5. 抓经营，理顺了综合产业与主业关系，提高了盈利能力　一方面初步理顺了综合产业资产、人员、管理关系，经营好现有业务。一方面积极开拓新的经营方向，初步启动了检修分公司市场化运作，理顺了物业公司内部班组设置。

6. 抓引导，加强党建思想政治工作，确保了稳定　以宣传贯彻十六届四中全会精神作为重点，加强精神文明建设，发挥了党委的政治核心作用、党支部战斗堡垒作用和广大党员的先锋模范作用，确保了职工队伍稳定。

（邢　芳）

【发电量创历史新高】 在2004年燃料市场持续紧张的情况下，为保障完成年度生产目标，大力加强燃料管理。严把煤炭调运关，提高煤源分布优化性，确定了沿江运煤为主，火车运煤为辅的运煤思路，确保在区域煤炭供应极为紧张的形势下，从未因缺煤停机。严把煤炭验收关，提高煤炭验收准确性，确保优质，2004年平均入厂煤的低位热值较2003年上升了84大卡/千克。严把煤炭价格关，提高煤价调整科学性，煤价涨幅在省内火电厂中处于较低水平，有效控制了变动成本。在加强燃料管理的同时，加强设备整治，开展了设备消漏治理和全停检修工作，解决了可能危及安全生产的十大问题，设备健康状况大大改善。在煤、电市场双双趋紧的形势下，完成发电量74945万千瓦时，创下了历史新高。

（邢　芳）

【扩建项目前期工作】 2×200兆瓦级燃气轮机联合循环机组已于2002年12月由原国家计委批准立项，但因气源和厂址不能落实，建设条件不成熟，因而着手将燃气机组项目转型为异地扩建2×300兆瓦燃煤热电联产机组，转型工作进展迅速。2004年9月委托中南电力设计院编制2×300兆瓦燃煤热电联产机组项目可行性研究报告，2004年12月底编制完毕，并通过了国家电力规划设计总院审查，项目核准所需的

10个单项专题报告已编制完毕，所需的24个支持性文件大部分已取得。

（邢　芳）

【建立文明创建工作长效机制】　加强思想建设，深入推进邓小平理论和“三个代表”重要思想的学习教育，坚持社会主义、爱国主义、集体主义教育，增强了职工的市场意识、竞争意识和政治鉴别能力。强化道德建设，加强以《公民道德实施纲要》为主要内容的宣传教育，大力实施《中国国电集团公司员工职业道德规范》、《荆州市市民公约》，规范文明行为，提高全员道德素质。加强文化建设，大力弘扬国电企业文化理念，广泛开展丰富多彩、健康向上的群众性文化、体育、娱乐活动，以先进文化占领企业文化阵地，生产环境和职工精神风貌进一步改善。

（苏国俊）

【党风廉政建设不断深入】　围绕“党风廉政、精神文明建设责任制”目标开展工作，紧扣“管理效益年”主题，以履行教育、监督、惩处、保护四项职能为主线。利用网页、橱窗、板报等形式大造宣传教育之势，将“警示”板报在职工生活区巡回展出。与各二级部门签订党风廉政责任书，建设廉政监督员网络，纪委《给全厂中层以上干部家属的一封信》收到较好效果。按照集团公司颁布的“效能监察流程图”开展以燃料管理、物资管理、工程项目管理为重点的效能监察工作，效能监察、生产经营活动审计覆盖率均超过80%，卓有成效地推动了企业党风廉政建设工作不断深入。

（范先泽）

企业地址：湖北省荆州市沙市区沿江路
邮政编码：434001
电　　话：0716－8132222
传　　真：0716－8132255

国电荆门热电厂
（国电长源荆门发电有限公司）

【概　况】　2004年，国电荆门热电厂围绕强化管理和改革发展主题，开展“管理效益年”活动，抓管理、保安全、争利润、促三期，开拓进取，扎实工作。全年发电总量37.25亿千瓦时，完成国电集团公司年度计划35.5亿千瓦时的114.6%，创建厂28年发电量新高。两台10万千瓦机组供电煤耗420克/千瓦时，同比下降7克/千瓦时；厂用电率9.36%，同比下降0.06个百分点。两台20万千瓦机组供电煤耗366克/千瓦时，与上年持平；厂用电率7.58克/千瓦时，同比下降0.05个百分点。年内实现3个百日无事故安全记录，截至12月31日，实现连续安全运行1545天，创历史新高。长源荆门分公司完成税前利润915万元，超经营目标298万元；荆门厂完成利润930万元，超经营目标230万元；江山公司完成税前利润269.5万元，超额完成经集团公司调整后的225万元经营目标的44.5万元。完成全员劳动生产率545942元（人·年），较上年增加52446元（人·年）。2004年获国电集团公司“国电一级奖状”，保持了“全国精神文明建设先进单位”、“湖北省最佳文明单位”等称号。

（金绍正）

【“管理效益年”工作】　该厂在开展“管理效益年”活动中，成立领导小组，设立活动办公室，制订考核办法，举办演讲比赛、知识竞赛，优化运行方式，开展小指标竞赛，节能降耗分析，发扬“克煤必省，度电必争”的精神，确定“电价要优、电量要多、电费结零”的营销策略，取得了显著效果。6月份，国家发改委批复两台20万千瓦机组上网电价上涨1分/千瓦时，两台10万千瓦机组的上网电价上涨0.623分/千瓦时，2004年江山公司电费回收100%，陈久电费回收超过20%，2004年荆门电厂生产经费回收100%。机组平均利用小时6208小时，比全省火电机组平均水平高1100小时，居湖北电网火电厂前列。累计耗水量1636.4万吨，同比减少30.6万吨，发电单位水耗为3.19千克/千瓦时，同比降低0.14千克/千瓦时，发电单位水耗在采用闭式循环冷却供水系统机组中处于国内先进水平。物资采购通过招议标方式，比质比价，降低采购成本468万元，库存比年初压减120余万元。通过贷款置换、借新还旧、利率下浮、缩短贷款期限等方式，全年实际财务费用支出同比减少40万元。

（金绍正）

【国电长源荆门发电有限公司成立】　负责荆门热电厂三期工程2×600兆瓦发电机组建设及经营管理的项目公司——国电长源荆门发电有限公司在北京宣告成立，并于4月6日在北京召开了国电长源荆门发电有限公司第一次股东会暨第一届一次董事会、监事会。公司股东国电集团公司、国电长源电力股份有限公司、荆门市城市建设投资公司的法定代表人或授权代表出席了会议。第一次股东会由国电集团公司副总经理刘彭龄主持，会议通过了国电长源荆门发电有限公司股东协议书和公司章程，选举产生公司第一届董事会和监事会。在召开的第一届一次董事会上，选举刘彭龄担任国电长源荆门发电有限公司第一届董事会董事长。根据董事长提名，经董事会审议通过，聘任万昌发为国电长源荆门发电有限公司总经理。第一届一次监事会选举夏才清担任国电长源荆门发电有限公司第一届监事会召集人。

第一届一次董事会听取并审议了公司总经理万昌发所作的关于荆门三期工程项目前期工作情况及下步工作安排的报告，听取了公司2004年资金计划、融资建议、项目建设期的内部机构设置等议案，并就相关议案作出了决议。各股东单位委托项目筹备组依据公司章程和股东会、董事会决议尽快办理公司的登记注册工作。公司董事长刘彭龄作了重要讲话，提出四点要求：①要珍惜荆门三期项目来之不易的成果，要有只争朝夕和百折不挠的精神，目标一致，精诚团结，把工作做得更好；②要进一步抓紧落实项目的有关前期工作，要尽快落实设计煤种、外送配套建设、土地征用手续办理等工作，特别要重视国家发改委对项目可研的批复工作，争取早日得到批复；③要树立现代工程的理念，通过优化的设计、规范的招投标和科学的管理，严格控制工程造价；④要加强公司的自身建设，严格按照公司法运作。

4月21日，国电长源荆门发电有限公司在荆门工商管理部门注册，5月该公司机构设置、管理人员到位，各项制度建立，公司开始正常运转。

（金绍正）

【三期工程开工】 9月15日上午，荆门三期扩建工程开工。国电集团公司副总经理刘彭龄、荆门市委书记袁良宽、市长刘力等出席开工典礼。国电长源荆门发电有限公司总经理万昌发在开工典礼上讲话，大意为：建设荆门三期工程，是落实国电集团公司“做实、做新、做大、做强”工作方针的重要举措，是贯彻省委、省政府“工业兴省”和市委、市政府“兴工富市”战略的具体体现，也是荆门热电厂全体员工的热切企盼和不懈追求。荆电人将继续发扬“特别能吃苦、特别能战斗、特别能奉献”的精神，坚持科学严谨、精益求精、再接再厉、只争朝夕的工作作风，通力协作、科学规划、精心组织、扎实工作，努力把国电荆门2×600兆瓦工程建设成为优质工程、效益工程和阳光工程。

（金绍正）

【企业文化建设】 2004年荆门热电厂制定《企业文化建设和创建管理品牌活动方案》，召开企业文化建设工作会议，促进“集团公司——荆门热电厂”两级企业文化的有机融合。企业文化建设成果（荆电企业文化——“金字塔结构”）代表集团公司入选“中央企业企业文化建设工作会”大会交流材料，并获得“2004年度全国企业文化建设实践创新奖”。

重新修订了《文明创建管理办法》，开展“电力改革与发展形势教育”、“学习十六届四中全会精神每日一题”等专题宣传教育，并在青年团员中开展了“青年读书活动”、“英语口语强化培训班”等一系列活动，受到了青年员工的欢迎和好评。坚持正确的舆论导向，对外宣传和电视宣传引起集团公司关注，厂报进入集团公司“十佳企业报”行列。

（金绍正）

企业地址：湖北省荆门市白庙路80号
邮政编码：448040
电　　话：0724－2227380　2227251
传　　真：0724－2211388

国电岷江发电厂

详见本篇目控股企业“国电岷江发电有限公司”。

国电万源发电厂

【概　况】 国电万源电厂为空壳电厂。2004年，该厂在没有营业收入的情况下，以国电集团公司“管理效益年”活动为契机，采取多种措施，精打细算、节约支出，完成集团公司对空壳电厂收支平衡，利润结零的考核目标。根据空壳企业无电力生产任务的情况，组织员工开展技术培训，要求员工“精一门、会两门、通三门”，进行全封闭300兆瓦电力技术学习。在“一专多能”的原则要求下，90%以上的员工参加了跨专业学习，为300兆瓦机组储备了人才。同时开展“立学习标杆”活动，助推学习热潮。

（刘英才）

【异地工程前期工作】 万源电厂异地2×300兆瓦工程，继2003年取得四川省水利厅取水许可批复和四川省发改委燃煤供应复函后，2004年3月取得四川省电力公司并网方案批复、国土资源部用地预审批文，4月取得国家环保总局环境影响报告书审查意见，6月取得水利部水土保持方案报告书审查意见4个必备批文及相关文件。5月22日、7月20日，四川省经委和国电集团公司先后将可研报告上报国家发改委。至此项目前期告一段落，取得阶段性成果。鉴于该项目国家发改委已按程序办理核准事宜的实际情况和取水口丰水期施工困难并增加较多施工费用的问题，国电集团公司以《关于国电达州万源电厂取水口工程问题的批复》（计［2004］48号），批复同意尽快开工建设取水口工程。据此，2004年12月完成了施工单位和主要设备及建设监理招标工作。同时征地拆迁和施工电源等准备工作就绪，开工条件具备。

根据国电集团公司《关于印发中国国电集团公司部分所属企业重组方案的通知》（国电集开［2004］

263号)，决定异地达州2×300兆瓦工程由国电四川电力股份有限公司控股开发，国电万源电厂现有员工和资产全部纳入该项目公司，并由四川电力股份有限公司管理。

(刘英才)

企业地址：四川省万源市
邮政编码：636350
电　　话：0818－8627120
传　　真：0818－8627124

国电成都热电厂

【概　况】 国电成都热电厂（以下简称成都电厂）位于四川省成都市东郊沙河畔，是成都地区主要电能、热能供应基地。该厂始建于1953年，在50余年的发展中，历经多次扩建和改造，机组容量达684兆瓦。其中5×25兆瓦高温、高压发电机组，属国电集团公司内部核算电厂；代管华能成都电厂1×200兆瓦超高压凝汽机组和嘉陵发电分公司2×142兆瓦＋75兆瓦超高压热电机组。该厂实行“一厂三制”管理模式，年均发电量约为33亿千瓦时，年均供热量约为120万吉焦。

2004年，该厂围绕“夯实基础、提高效益、加快发展”目标，以“管理效益年”活动为载体，把着力点放在加强基础管理，逐步建立科学规范的基础管理系统上；加强安全管理，建立安全生产长效机制上；加强设备改造和运行管理，提高机组的安全性、稳定性和经济性上；加强经营管理，提高经济效益上；加强思想政治工作和精神文明建设，提高职工综合素质上。截至到年末，该厂在册职工人数1254人，同比负增长2.56%。2004年，该厂通过成都市“创建环保模范城市”的环保验收，保持“全国模范职工之家”、“全国发电系统厂务公开先进单位”和“四川省最佳文明单位”称号。

(涂锦毅)

【主要技术经济指标】 2004年，该厂完成发电量5.7602亿千瓦时，同比增加1.28亿千瓦时，完成计划的115.2%；供电标煤率509克/千瓦时，比计划低6克/千瓦时；发电厂用电率11.29%，比计划高0.29个百分点。两个代管电厂均完成生产任务。其中华能成都电厂完成发电量11.1亿千瓦时，完成计划的111.0%；供电标煤率393克/千瓦时，比计划低3克/千瓦时；发电厂用电率10.2%，比计划低0.3个百分点。嘉陵发电分公司完成发电量14.94亿千瓦时，完成计划的87.86%；供热量852697吉焦，完成计划的110.7%；供电标煤率469克/千瓦时，比计划高9克/千瓦时；发电厂用电率10.63%，比计划低0.37个百分点。完成利润301万元。

(涂锦毅)

【安全管理工作】 成都电厂在安全管理工作中坚持抓安全意识教育，重在增强全员的安全意识；坚持抓安全机制建设，重在责任落实和责任追究；坚持抓设备管理，重在提高设备健康水平和安全经济运行可靠性。先后制订《防止人身伤害的安全措施》和《安全生产违章警告制》，修改完善《工作票管理制度》和《操作票管理制度》；加强“三级安全网”建设；加大“两票三制”的检查、考核力度；加强对员工，特别是班组长和现场工作负责人的安全教育，提高员工的安全综合意识，实现“要我安全”到“我要安全”的思想转变；加大“三违”考核力度，有效杜绝领导人员“高高在上”，规章制度“束之高阁”，职工群众“高枕无忧”的“三高”现象，安全生产始终处于可控、在控状态。全年安全情况稳定，实现连续安全生产859天，百日安全长周期三个，人身轻伤同比减少两起，一类设备障碍同比减少四项。“两措”计划完成率92%。

该厂高度重视“安全性评价工作”，成立了以生产厂长为组长的安全评价网，组织制订自评工作计划书，编制详细的评价条目，制订详细的工作计划并落实项目负责人，保证该项工作有组织、有计划的开展。在实际工作中坚持“求真求实、讲究实效”工作思想，以“跟踪检查、严格考核”的方式保证评价工作有序开展，确保安全性评价工作取得实效，达到预期目的。

(涂锦毅)

【设备改造工作】 2004年成都电厂自筹资金580万元，进行了2号机组和5号机、变和公用系统的第二阶段恢复性改造。在5号机、变大修改造中，除标准检修项目外，还实施了凝汽器铜管更换、蒸汽系统汽V－3门和电动主闸门更换、主空抽器和疏水泵等八项特殊项目改造。在2号机组大修改造中，除标准检修项目外，还实施甲、乙引风机叶轮改造、高温段省煤器更换等10项特殊项目改造。5月，委托四川省电力公司锅炉压力容器检测中心对公用系统34台压力容器及4号锅炉进行金属检查，检查结果证实，所检设备符合安全要求，满足机组安全运行条件，可以继续使用。通过第二阶段恢复性改造，机组的安全性、稳定性和经济性得到显著提高，厂用电率由12.22%下降为11%；供电标煤率由535克/千瓦时下降为509克/千瓦时；可纳入调度机组由4台增至5台，额定出力达到125兆瓦，日发电量最高达到300万千瓦时。

(涂锦毅)

【经营管理工作】 成都电厂坚持以成本管理、资金管理为中心，严格执行成本控制措施，完善成本分析体系和成本控制体系，突出重点，分级控制，按照不同的层次和岗位，细化和分解指标，落实到部门和个人，形成主管领导分片抓、部门领导具体抓的成本管理体系和与之配套的考核管理办法，最大程度降低各项管理费用，确保利润指标完成。该厂清产核资工作被国电集团公司评为“先进集体”，并授予“国电二级奖状”。加强市场营销工作，该厂积极协调同地方政府、省电力公司和调度局的关系，得到他们的理解和支持，2004 年在枯水期做到满负荷运行，并争取到成都市枯水期电价补贴 0.07 元/千瓦时，增加收入 1908 万元。加强燃料管理，坚持以合同价格为准，做好煤炭的验收、核算工作，拒付不合理费用，全年亏吨索赔 738.71 万元，亏焦索赔 1479.81 万元，在全川电煤异常紧缺的情况下，积极落实煤源，保证电煤供给。

（涂锦毅）

【环保综合治理】 成都电厂原渣水循环系统简易，沉渣池容积小，渣水停留时间不足，造成渣水悬浮物严重超标，成都市环保局根据成都市“共建环保模范城市”活动要求，2004 年 10 月 12 日发出“报请市政府作出 2005 年 6 月底前关闭成都热电厂 4 台 2.5 万千瓦热电机组的决定”。2004 年初，该厂实施了渣水闭式循环系统技术改造工程，其主体工程是新建高效自然沉淀池、压力反过滤器、反冲洗集灰池与微孔过滤器及清水池，增设取渣设施及清水回用系统。该系统能使渣自然沉淀后，自动排水，自动冲渣，达到废水回收，实现渣水零排放和灰渣综合利用。工程总投资 398 万元，于 4 月 15 日开工，7 月 15 日完成建设并投入试运，10 月 15 日该工程正式投入使用。10 月 29 日成都市政府同意“老厂机组所发电力在 2006 年枯水期前，作为市计划外补充电力，其运行时间延至金堂电厂建成投产”。为配合成都市“创模”工作，该厂进一步加大了环保治理工作力度，对 2、3、4、6 号炉文丘里喷嘴进行改造，加装二次洗尘系统，最终达到成都市“创模”对环保的要求，12 月 17 日通过成都市环保局验收合格。

（涂锦毅）

【精神文明建设】 成都电厂把“引导职工树立正确的改革意识，理解改革，支持改革”作为 2004 年思想政治工作的重要方面来抓。根据职工思想现况，结合企业实际，把“树立和落实科学发展观，以发展为重，发展为先”贯穿始终，通过举办座谈会、报告会、知识竞赛等方式使职工对电力改革发展有了进一步认识和了解。把“管理效益年”活动作为切入点，在职工中开展电力改革形势教育，举办“我与管理效益年”征文、演讲比赛，职工踊跃参与，为“管理效益年”活动献计献策，营造良的氛围，把管理效益年活动引向深入。组织学习许振超先进事迹，通过先进人物的感召力，引导职工树立不断学习的观念，增强职工掌握新技术的动力，提高职工履行岗位职责的能力，为职工积极参与竞争打下坚实的基础。在集团公司首届“168 人才”评选中，3 人被评为“优秀专业技术人才”；11 人被评为“优秀技能人才”。

该厂按照“广泛、深入、规范、提高”的要求，坚持党政工团齐抓共管，做到目标明确、职责明确、措施明确，制订精神文明建设规划及《精神文明建设任务分工和意见》，与两级班子签订目标责任书，确保精神文明建设取得实效。

（涂锦毅）

【金堂电厂工程建设】 成都电厂坚持以发展为第一要务，坚持科学发展观，按照国电集团公司“控制工期，保证质量，降低造价，争创一流”的基建工程建设指导思想，以创建“国电精品工程”为目标，实行精细化管理，落实集团公司下达的一级网络计划和年度考核目标，按期完成各项评估审查，项目核准的必备条件已基本具备，全年筹集资金 6.25 亿元，已使用资金 6.05 亿元，完成资金和投资计划。

（涂锦毅）

企业地址：四川省成都市成华区崔家店路 2 号
邮政编码：610051
电　　话：028－84120022
传　　真：028－84110863

国电华蓥山发电厂（国电深能四川华蓥山发电有限公司）

【概　况】 2004 年，国电华蓥山发电厂面对前所未有的经营环境，变压力为动力，转变观念，正视现实，克服困难，奋力拼搏，坚持一手抓现有机组的安全经济运行，一手抓 2×300 兆瓦机组扩建。通过努力，经受了来自电煤供应紧张、电力经营环境不利等方面的考验，取得了丰硕成果和进步。安全生产创造 1396 天的最高纪录；完成发电量 163223 万千瓦时，比上年多发电 5941 万千瓦时；创产值 11656 万元；年内完成在建工程投资 74951 万元。完成与国电集团公司签订的安全生产、资产经营、在建工程、党风廉政及精神文明四项责任目标。

（杜天太）

【2×300 兆瓦扩建工程】 国家发改委于 2004 年 9 月 29 日，以发改能源［2004］2187 号文件，正式对国电华蓥山发电厂 2×300 兆瓦机组扩建工程核准批复。

工程项目公司——国电深能四川华蓥山发电有限公司于10月15日正式注册成立；10月26日，召开了第一次股东会，第一届一次董事会，第一届一次监事会。成立了公司董事会和监事会，组建了公司经营班子。

华蓥山发电厂重视工程规范化管理，工程建设“四控制”管理良好。工程里程碑计划全部按期或提前完成，1号锅炉钢结构提前1个月开始吊装，210米烟囱提前结顶，1号凉水塔提前顺利结顶。重视工程质量和安全管理，没有发生质量问题和不安全情况。截至2004年底，通过择优竞标等管理，工程造价比初设概算节约资金1.5亿元。工程被国电川渝分公司年度考评为全优工程。

（杜天太）

【安全生产工作】 2004年，该厂高度重视安全管理，始终把安全生产作为头等大事来抓。制订“二十九项反事故措施实施细则”等规章制度；认真贯彻执行以“两票三制”为主要内容的各项规章制度。接受国电集团公司组织的安全性评价，认真开展春、秋两季安全大检查，认真开展“三不伤害”和作业人员“三查”、“互保”活动。通过强化安全意识、落实安全责任、夯实安全基础、消除安全隐患、提高安全成效，年内创100天安全长周期3个，未发生人身死亡事故，未发生重大及以上设备损坏事故，未发生重大及以上交通事故，未发生重大及以上火灾事故，未发生重大及以上施工机械事故。Ⅰ类障碍比上年减少62.5%，非计划强迫停运次数较上年同期减少三分之二，非计划停运较上年同期减少了三分之一。

（杜天太）

【设备治理及检修工作】 2004年是华蓥山电厂“设备治理年”，该厂加大对治理锅炉“三管”泄漏的投入，“三管”爆漏大为减少。先后完成1、2、3号锅炉省煤器更换，1～4号汽轮机循环水进口门更换；完成2、4号机组小修，1、2号机组大修和3号机组扩大性小修；更换3号炉高温段空预器，1、2号炉电除尘器阴极线，1号发电机励磁系统，110千伏母差保护及263开关线路保护，2号机变组保护，Ⅰ组蓄电池和Ⅰ组硅整流；110千伏升压站改造SF_6断路器8台、220千伏升压站改造SF_6断路器2台；完成4号桥式抓煤机大修和卸煤机轨道大修。全年计划辅修36项全部完成。全年设备等效可用系数达89.58%。

（杜天太）

【“管理效益年”活动】 在“管理效益年”活动中，该厂成立了“管理效益年”活动领导小组，宣传“管理效益年”活动目的意义，为全面开展“管理效益年”活动奠定思想基础。在党内开展“管理创效我能行”主题活动，在团内开展“我为管理效益年献一计”活动，在职工中开展“管理效益年”演讲和“金点子”竞赛活动。厂部与二级部门签订目标责任书，将管理效益考核标准分解到部门具体实施，并做到定期检查、每月分析、季度总结，取得“管理效益年”活动的应有成效。在经营压力巨大，经营氛围差的情况下，该厂对外通过积极与电网公司和物价部门协调、沟通，争取合理电价，全力解决电价执行不到位等问题。对内加强以经济效益为中心的运行管理，制定《防止非计划停运管理办法》，修订《违约电量考核办法》等。加强成本管理，增大节油小指标奖励力度；实行发电量与职工奖金挂钩制度；推行内部材料凭“代金券”领用制度；制订内部调整电量结构规定等，不合格电量得以有效控制，可控费用比上年同期降低。

在电煤供应紧张形势下，不断充实电煤采购管理人员，厂领导亲自率领燃煤管理人员，争取地方政府支持，协调各供煤方关系，拓展供煤渠道。坚持把燃煤质、价、量的管理作为重点和关键来抓，加强燃煤的采、制、化管理，加大对燃煤采样过程中的效能监督。亏吨亏卡索赔率达到100%，检斤检尺率达到100%，全年亏吨、亏卡拒付、索赔2086.76万元。遵照国电集团公司统一部署，配合中介机构开展了资产评估和企业效益审计，完成资产尽职调查和清产核资，通过清产核资，完善了土地、房产证等基础管理工作，并被评为“国电集团公司清产核资先进集体”。

（杜天太）

【企业管理创新】 为适应公司化运作，该厂集中修订企业原有工作标准、管理标准和各种奖励考核办法等200多项。特别是《管理和专业技术岗位竞聘上岗实施办法》、《生产检修人员优化配置和激励实施细则》、《工人岗位竞争上岗操作办法》等一系列管理制度的出台，进一步体现求安全、比业绩、讲效益、谋发展的激励取向。创新班组管理，三位一体地开展“星级班组”创建活动，提高班组管理成效。在巩固“达标企业”、“一流火力发电厂”成果的基础上，取得了ISO9001（2000）质量管理体系认证证书。为适应企业发展和优化人力资源的需要，调配多种经营、后勤等人员充实生产一线，置换出2×300兆瓦生产准备人员并全面启动了生产准备人员培训工作。全年举办厂内培训班15期，外送培训78批次，有1995人次（含生产准备）参加培训。干部的继续教育完成率48%以上，主业持证上岗率达98%，全员培训率已达到89.6%。

（杜天太）

【党风廉政及精神文明建设】 通过落实党委中心组学习制度、民主生活会制度及精神文明建设责任制度，促进了该厂精神文明、企业文化、党建和思想政治建设，工会和共青团工作协调发展。

加强党风廉政建设，与二级部门签订《党风廉政建设责任书》。加强对人才选拔、岗位竞争、大宗物质招投标、废旧物质处理、2×300兆瓦机组招投标活动的全过程监督。特别加强对在建工程及燃煤管理的效能监察，完善燃煤管理的规章制度，把煤管人员廉洁问题作为重点抓实抓牢，纪检人员参与燃煤质量的监督管理，在保证燃煤质量真实及亏卡索赔方面做出较大贡献。在职工中广泛倡导科学求真、安全求稳、发展求存、效益求强的理念，积极营造学习型企业氛围，职工队伍稳定，精神文明面貌良好。

（杜天太）

【维护企业稳定工作】 通过普法教育，提高职工遵纪守法的自觉性。运用法律武器化解矛盾、排除干扰、维护稳定。运用法律武器解决物业管理中发生的拖欠房租、水电费等问题。坚持厂务公开制度，坚持职工代表巡视督察制度，维护职工合法权益。在渠县公安局驻厂警务室的配合下，加强外来人员信息管理，加强现场巡逻，全年调解施工现场民事纠纷325起，立案查处治安案件12件，治安拘留7人，警告训诫5人。

（杜天太）

企业地址：四川省渠县临巴镇
邮政编码：635214
电　　话：0818－7334035
传　　真：0818－7334023

国电大武口发电厂

【概　况】 2004年，国电大武口发电厂围绕国电集团公司改革发展战略和全年工作目标，科学定位，以“管理效益年”活动为载体，创新工作思路，参与和自觉推动企业改革，维护企业稳定，保护改革成果。通过员工共同努力，克服经营任务重、燃煤涨价、运力市场发生变化、检修任务艰巨、环保收费增加、发电成本急剧上升等困难，完成集团公司年初下达的各项任务。

主要标志为：①实现了安全生产年内3个100天，跨年度4个100天，再次实现安全生产年，截至12月底，实现长周期安全生产2128天，创建厂以来安全生产最新纪录。②机组平均利用小时和发电量创历史最好水平。4台机组平均利用小时为7688.95小时，累计发电31.2703亿千瓦时，完成集团公司核定年度发电任务28.5亿千瓦时的109.72％。③在1、2号机组大修情况下，克服任务重、工期紧等困难，两台机组分别提前10天和15天优质、高效地完成增容改造大修工作，为完成全年发电任务奠定基础。④加强节能管理。通过技术改造提高设备性能，优化运行方式，规范多种经营用电等措施，各项生产技术指标均控制在年初计划之内：综合厂用电率完成9.62％，比计划下降0.58％；供电煤耗完成397克/千瓦时，与集团公司下达指标持平；机组等效可用系数完成90.74％。⑤在燃料市场发生变化，电煤涨价和运费涨价等困难下，多方努力，标煤单价涨幅控制在年初确定的计划之内。⑥通过多方努力和争取，实现电价调增，由0.1626元/千瓦时上调到0.1686元/千瓦时，1、2号机组改造后增容电价调增至0.232元/千瓦时，热价在上年10元/吉焦的基础上调增到11.5元/吉焦。⑦财务管理成绩突出。按照集团公司整体部署，先后完成了划转后的资产移交、清产核资和资产重组整体上市的前期准备工作，保证企业产权清晰，将企业损失降低到最小；通过一系列措施的实施，各项费用得到较好控制。⑧重大工作进展取得突破。第三灰渣场建设前期准供工作基本就绪，准备2005年5月开工建设；脱硫工程已列入集团公司2005年工作计划，正在做前期准备工作；扩建工程前期性的各项可行性研究和取证工作已基本结束，各项技术协议已基本草签，正在按照核准制要求完成必备的材料准备工作，2005年进行申报。⑨“管理效益年”活动成效显著。修编了31项“管理效益年”活动制度，积极推行质量、安全、职业健康“三标一体化”贯标认证工作，通过“双增双节”等一系列措施的实施，节约费用300余万元，各项费用得到较好控制。

（徐志清）

【清产核资工作】 加强预算和资金管理，完成清产核资工作。按照企业经营以效益为中心、效益以财务管理为中心的现代企业经营原则，完善企业全面预算管理制度，严格合理地制定预算定额，加强生产、管理费用的成本控制，压缩不必要开支，成本费用得到了有效控制。清产核资工作成绩突出，共核减损失1135万元，被集团公司评为“清产核资先进集体”，并授予国电二级奖状。

（徐志清）

【机组检修工作】 2004年先后完成1、2号机组增容改造工作，两台机组分别比计划检修时间提前10天和15天，实现水压、点火、冲转、并网四个“一次成功”；做好发电量管理工作，以强化调度管理与运行参数管理为主要手段，合理安排主辅设备的运行方式，努力减少非停次数，精心调整、经济调度，为机组安全、经济运行创造有利的运行环境，确保机组长周期安全运行和发电量的完成。

（徐志清）

【市场营销和电、热价调增工作】 针对2003年政府核定该厂的临时上网电价过低和企业经营中的具体困难、燃料价格上涨、还本付息及排污费缴纳问题给企业正常生产经营带来的一系列问题，加大市场营销工作力度，抓住国家发改委疏导调整电价的时机，精心组织，积极协调，电价调增工作取得突破性进展，由0.1626元/千瓦时上调到0.1686元/千瓦时，1、2号机组改造后增容电价调增到了0.232元/千瓦时，热价在去年10元/吉焦的基础上调增到11.5元/吉焦。规范外部交易，经过洽谈、协商，与新源公司签订委托发电协议的补充协议，与英力特公司重新签订3、4号机组增容改造部分《委托发电运营协议》。

（徐志清）

【三项制度改革工作】 实施国电集团公司“168人才工程”，有23人分别被集团公司评为“168”高级经营管理人才、优秀专业技术人才和优秀技能人才；全面启动厂“223人才工程”，为企业可持续发展提供坚强有力的人才保证和智力支持。开展300兆瓦机组运检人员教育培训工作，为该厂成为国电西北地区的人才储备基地奠定基础。作为国电集团公司三项制度改革16个扩大试点单位，该厂按照集团公司深化三项制度改革扩大试点工作会议精神和工作部署，结合企业实际，自2004年11月开始，历时三个月完成了定编、定岗、定员和定责工作，制定了《国电大武口发电厂深化三项制度改革总体方案》及改革的各项配套文件。

（徐志清）

【第三灰渣场、脱硫改造和扩建工程】 2004年6月7日国家环保总局批复该厂第三灰渣场开工建设；10月26日，集团公司在该厂主持召开新灰场设计审查会，同意新灰场建设设计方案，委托西北电力设计院设计，前期工作正在进行之中；6月25日，该厂3、4号机组烟气脱硫可行性研究报告通过国电集团公司主持的预审查，脱硫工程正式启动。

1月15日大武口电厂2×300兆瓦扩建工程初步可行性研究报告通过审查后，于3月20日形成扩建工程项目建议书，上报国电集团公司和自治区发改委。自治区发改委已原则同意将该厂扩建工程上报国家发改委。现正在按核准制要求做好全面的上报准备工作。

（徐志清）

【党风廉政和精神文明建设】 按照国电集团公司党组部署，落实中心组学习制度和民主生活会制度，启动“党员先锋工程”，开展“为发展做贡献，为党旗添光辉”为主题的创优争先活动；围绕“精神文明建设三项考核制度”开展创建活动，突出抓好道德素质教育，各项工作取得实效；做好宣传报道工作，2004年与石嘴山日报社联合举办了“大电杯建设石嘴山”头版头条新闻大赛，对树立企业形象起到积极的宣传作用；加强企业文化理念的宣贯工作，规范国电企业标识的使用；出版《员工手册》、《新闻集粹》、《星光灿烂》、《创新管理调研集》等4本企业文化丛书；“管理效益年”专题片《克度是金》获得集团公司第一名，“企业理念大家创”选送作品在集团公司获得多项奖项。

加强党风廉政建设教育。通过开展“两个条例”知识竞赛、“党风廉政建设教育月”等活动，党风廉政“大宣教”机制不断完善，党风廉政建设责任制得到全面落实。组织纪检、监察、审计、财务部门对厂属各单位自有资金进行清查，对职工群众信访举报反映的问题进行了查处。抓好效能监察工作，参与物资采购、工程项目合同洽谈124项，合同金额4686.8万元，通过合理比价、竞价，为企业节约资金341.72万元。

（徐志清）

企业地址：宁夏石嘴山市大武口区维电路18号
邮政编码：753000
电　　话：0952－2422365　2422367
传　　真：0952－2013098

国电石嘴山发电厂

【概　况】 2004年，国电石嘴山发电厂围绕“管理效益年”，“夯实基础、确保安全、提高效益”目标，扎实工作，开创安全生产、经营管理、技改工程、队伍建设、党建和思想政治工作的新局面。落实各级安全生产责任制，安全生产保持了“可控、在控”，到年底实现安全生产758天。本着“应修必修，修必修好”的原则，执行《设备缺陷管理规定》，狠抓设备缺陷管理工作，落实计划检修，保证设备的正常运行。2004年发生“三管”泄漏1次，比上年减少8次，机组因“三管”泄漏非计划停运比上年减少4次。全年发电75027万千瓦时，超发电量3027万千瓦时，实现利润155万元，超额完成集团公司下达的利润目标。技改工程按计划稳步推进。党建、思想政治工作和精神文明建设取得较好成绩，获宁夏自治区“思想政治工作先进单位”、“全民健身活动先进单位”称号。

（陈爱英）

【技改工程】 2004年，在确保老机组安全经济运营的前提下，石嘴山发电厂开展技改工程电源项目前期的各项工作。1月中旬，技改工程可行性研究报告通过预审查，技改工程初步设计预审查、项目建议书评估会议先后召开，评估报告于7月27日报国家发改委。下半年国家将工程建设项目由项目审批制改为项目核准制后，该厂技改工程核准所需的四个批文，即水利部的水资源利用、国土资源部的土地使用、国家电网公司的系统接入、国家环境保护总局的环保评价批文均已取得。

在工程建设中,加强招投标工作的监督检查,建立和完善操作性强的“工程招投标管理监督办法”、“合同管理”等制度和规定,开展“创建阳光工程,争做优秀干部”活动。2004年技改工程先后招标19项,资金达两亿多元,纪检、审计部门严格按照招投标管理办法,全过程参与监督,没有发生违规违纪问题。

（陈爱英）

【培训工作】 2004年，石嘴山发电厂在做好各类常规培训的同时，以330兆瓦机组技改工程生产人员培训为重点展开培训工作。330兆瓦机组人员培训工作自2003年12月拉开序幕，按照《石嘴山发电厂330兆瓦机组技改项目生产准备人员培训规划》，经过预考选拔，确定出530人分三批进行全能值班员培训。参培人员的管理严格按照《国电石嘴山发电厂330兆瓦机组技改项目生产准备人员培训考核管理细则》执行。在经过近半年的强化培训和严格考核后，第一批参培人员在330兆瓦机组知识的掌握上以及在思想观念方面都发生了明显的提高和转变。2004年12月初，该厂对检修人员330兆瓦基础知识培训也全面展开。

该厂树立“人力资源是企业第一资源，人才优势是企业最大优势”观念，组织实施“员工素质工程”，以开展“国电杯”劳动竞赛和“创建学习型班组，争做知识型职工”活动为载体，加大员工技术培训力度，提升员工队伍整体素质。按照集团公司工委部署，结合企业实际先后开展“国电杯”钳工技术竞赛、职工计算机操作技术竞赛、机组大修“国电杯”劳动竞赛等形式多样的劳动竞赛。通过规范竞赛指标、完善考核激励办法等措施提高劳动竞赛活动的质量和效果。开展以创建“学习型企业、创新型团队、复合型人才”为目标的“创建学习型班组，争做知识型职工”活动，制定了《国电石嘴山发电厂“创争”活动实施办法》及考核标准，倡导全员学习、团队学习、全过程学习和终身学习的全新理念，打造职工成才平台。

针对机组容量小，冗员较多的实际情况，该厂制定培训计划，采用标准化管理的作业方式，整合检修资源，减少班组设置，集中优势力量，在满足本厂现有机组检修需求的情况下，采用与兄弟单位联合、共同承担大型安装、检修工程的方式，参与周边电厂检修工作。先后两次参加石嘴山发电有限责任公司330兆瓦机组大小修工程以及内蒙海电机组大修，既培训了人员又锻炼了队伍，为该厂2×330兆瓦技改机组的检修打下了良好的基础。

（陈爱英　胡　君）

【电价落实工作】 2004年，石嘴山发电厂抓住“电价”这个关键环节，成立了以厂长为组长的疏导电价领导小组。在国电集团公司领导下，在国家发改委和宁夏自治区政府支持下，积极主动与宁夏自治区物价局、电网公司接触商谈，做好电价的测算和上报工作。经过努力，通过2004年三次电价调整，该厂电价最终由0.275元/千瓦时调整至0.328元/千瓦时，取得了宁夏地区火电厂最高电价水平。该厂全年销售电量收入比原电价水平增加1299万元。

（陈爱英）

【企业民主管理】 2004年，石嘴山发电厂加强企业民主管理，坚持民主治企、从严治企，加强机制建设，提高民主管理对企业综合效益的贡献率。

1. 坚持职代会制度　按时召开职代会，规范了职代会的内容和形式，同时对两级职代会代表讨论的意见和建议，从安全管理、生产经营、多种经营物业、精神文明等方面逐条、逐项进行落实和答复，在职代会闭会期间，召开职工代表组长联席会议和工会全委会，讨论审议企业改革发展中涉及职工切身利益的重大问题，履行职代会的职权，2004年企业职代会获宁夏自治区总工会“三星级职代会”称号。

2. 坚持平等协商签订集体合同制度　2004年初，在职代会上企业与工会签订经过细化、量化的完善的集体合同文本，全年两次组织职工代表对集体合同执行和落实情况进行检查，检查结果向职工代表组长联席会汇报。

3. 坚持和完善厂务公开制度　不断创新公开载体，把企业改革发展的难点、职工群众关心的热点、党风廉政建设的关键点作为厂务公开的重点，落实责任，健全制度，完善机制，探索厂务公开内容规范、工作程序规范、监督考核规范的新方法和新途径，使厂务公开工作真正融入到企业的科学管理体制之中，加强对基层单位厂务公开工作的指导、检查和考核力度，发现问题，及时整改，使厂务公开工作从相对单一型向上下联动的双向型拓展。

（胡　君）

【党建和纪检监察工作】 为加强党员领导干部的党性修养，增强廉洁自律意识，提高拒腐防变能力，进一步提高党组织的执政能力，2004年石嘴山发电厂开展了形式多样的教育活动。利用“大党课”、“党员脱产轮训班”、“三会一课”、民主生活会等阵地，进行共产主义理想、信念和宗旨教育，开展警示教育、典型教育，使各级领导人员自觉执行廉洁自律规定，严格规范自己的从业行为。通过举办“两个条例”知识抢答赛、召开廉洁自律专题民主生活会，对“四大纪律”、“八项要求”和“三个不得”的执行情况进行认真检查，增强了党员领导干部的廉洁自律意识。坚持党管干部，党管人才的原则，在干部调整提拔、集团公司“168”人才推荐中，纪检监察部门参与监督，确保公开、公平、公正。企业“三重一大”问题均经党委或党政联席会集体研究、纪委参与监督，保证了决策的科学性和民主化。加大检查力度，强化效能监察，发挥监督作用，确保各项经济指标的完成。

2004年，该厂深入开展“为发展做贡献，为党旗增光辉”主题活动，以“优化意识、优化主体、优化机制、优化环境”为目的，开展“五好党支部”创建活动，形成“党员示范岗”、“党员示范班组”、“五好党支部”三位一体、层层递进的阶梯式创建机制。各党支部不断创新工作方法，为“管理效益年”活动的开展增添活力。同时通过开展“上一次党课、进行一次调查、举办一次演讲比赛、开展一次‘创、争’活动、写好一篇文章”的“五个一工程”，调动广大党员保持共产党员先进性，在实践中发挥先锋模范作用的积极性和主动性。

（郄　燕）

企业地址：宁夏石嘴山市惠农区河滨工业园区石嘴山发电厂
邮政编码：753202
电　　话：0952－3622657
传　　真：0952－3622657

国电凯里发电厂

【概　况】　国电凯里发电厂是贵州省东部惟一的电源支撑点。2004年8月，都匀电厂（空壳）与凯里电厂重组，实行“一个班子，一套人马，一体化管理”。凯里电厂现有职工834名，退休职工180名；都匀片区在职职工88名，退休职工357名，其中内退职工189名。两厂职工总计1674人。

2004年，该厂贯彻国电集团公司“做实、做新、做大、做强”的工作方针和“管理效益年”活动部署，落实三项目标责任制，克服煤价上涨、环保压力大、资金紧张等因素，扎实开展各项工作，扭转安全生产的被动局面和经营亏损的状况，完成安全生产、资产经营和党风廉政建设的目标任务。2004年完成发电量36.56亿千瓦时，比计划超发电量1.56亿千瓦时；供电煤耗完成387克/千瓦时，同比降低3克/千瓦时；综合厂用电率完成9.14%，同比降低0.12个百分点；发电设备平均利用小时7312小时。完成500万元利润目标，被评为国电集团A级企业，授予“国电一级奖章”。

（李　明）

【安全生产工作】　坚持“安全第一，预防为主”方针，贯彻落实国电集团公司下发的各种安全生产管理规章制度，加强管理，夯实安全工作基础。①建章立制，修订完善安全管理制度、网络，加强制度化建设；②与车间、部门签订《安全目标责任书》，层层落实安全生产责任制；③把机组非停和锅炉熄火作为突破口，认真分析原因，从管理找原因，采取有效措施，扭转生产工作被动局面；④认真执行后备监护制，重大操作、重大设备缺陷、开停机要求管理干部必须到现场监护；⑤严格执行“四不放过”的原则，对发生的事故全部查清原因、采取防范措施；⑥开展季节性安全大检查和“安全互保”活动，重点部署抓好“春季、秋季安全大检查”工作，检查处理设备重大缺陷和隐患，解决突出存在的问题；⑦提升员工“以人为本”的安全管理理念，安全生产被动的局面得到有效的改善。

（施成志）

【“管理效益年”活动】　按照“管理效益年”活动的要求，进行经济责任制和三项费用承包，控制经营成本；全面推行预算管理，做到月布置、月考核，重点加强对生产经营指标实施管理，加强对发电量、标煤单价、供电煤耗、厂用电率、电费回收率、单位材料成本及生产主要技术指标的控制和过程监督，优化各种经济技术指标，使各种费用开支控制在预算范围之内。通过强化对资金的有效管理，使企业资金得到有效合理的使用。通过资金的有效运作，调整贷款结构，全年降低财务费用655万元；加强对电费的回收工作，2004年该厂电费回收率为100%，并收回全部2003年所欠电费。

（李　明　吴学强）

【清产核资和电价理顺工作】　根据国电集团公司审计及清产核资要求，完成清产核资工作，通过清产核资提取准备金1390万元，核销坏账348万元，减轻了该厂后继经营的压力；在集团公司市场营销部的支持下，争取到了0.016元/千瓦时的电价空间，为扭亏奠定基础。

（吴学强）

【加大燃煤管理力度】　由于煤炭大幅涨价和煤炭供应紧张，该厂从内部加强管理，诚实守信，依法经营，按合同法要求，妥善处理好与各地煤炭供应商的关系，采取加强煤质监督、派专人驻矿、实施煤电联营、拓宽进煤渠道、提供优质服务、24小时收煤、取得地方政府的支持等应对措施，供煤紧张的局势得到一定的缓解，保证了正常的生产发电用煤。

（雷公祥）

【“三项制度”改革工作】　按照国电集团公司的要求，积极、稳妥地推进“三项制度”改革。①深化劳动制度改革。按照优化人力资源配置，精简管理结构，推行扁平化管理的原则，将原来的28个车间、科室合并重组为12个部门，裁减管理人员28人，减少了管理层次，降低了管理成本，提高了工作效率。②深化人事制度改革。全面推行公开竞争上岗，强化岗位动态管理，规范岗位聘任程序，使管理岗位的人员格局发生了重大变化。③深化收入分配制度改革。严格工效挂钩和工资预算管理，全面推行岗位绩效工作制度。岗位初步实行一岗一薪、岗变薪变的动态管理机制，岗位待遇向管理、技术、技能和生产一线方向倾斜。

（陈宗陆）

【完成多种经营改制、建立现代企业制度】 对原该厂多种经营公司进行全面改制，成立了黔东南州华明电力服务有限责任公司，构建了“自负盈亏、自主经营、自我约束、自我发展”的法人治理结构，按照现代化企业管理制度的要求逐步规范多种经营秩序，理顺主业与华明公司产权关系，规范主业与多经企业的关联交易，拓展对外业务范围。

（曾宇杰）

【党建和思想政治工作】 围绕企业的改革发展稳定工作，加强党建思想政治工作，建好班子，为确保企业全面完成各项任务提供坚强的组织保证，充分发挥党组织政治核心作用，推动企业健康发展 。

（1）抓制度建设。建立《党委民主生活会制度》、《党委中心组学习制度》、《干部理论学习制度》、《党委会议制度》、《厂务公开实施细则》、《政治工作例会制度》等党建思想政治工作制度，使党建思想政治工作管理制度化和规范化，充分发挥党组织在企业的政治核心作用。

（2）把党风廉政建设作为加强领导班子建设的重要内容。在党员干部中开展党纪党风教育，增强廉政意识；每年开展两次领导干部民主生活会，对群众提出的意见进行整改；开展警示教育，预防职务犯罪。党员干部自觉遵守廉洁自律的各项规定。

（3）坚持“从严治党、从严治企、从严治理领导班子”的方针。按照“谁主管，谁负责”的原则，厂领导分别与中层干部签订了党风廉政建设责任书。党委一班人身体力行，以身作则。

（4）加强效能监督工作，坚持“三重一大”实施监督，坚持业务招待费向职代会报告制度，特别是在经营活动中，坚持招（议）标全过程监督制度；全年对外邀请招标11项，金额524.5万元，节余资金167万元。

（5）建设一支“政治素质好、经营业绩好、团结协作好、作风形象好”的领导班子。

（6）强化中心组学习和党员干部学习，以创学习型干部和学习型企业为重点，提高领导干部的政治鉴别力和执政能力。

（7）加强思想政治工作，确保职工队伍稳定。2004年由于周边有关电力单位的发展和环境的影响，部分职工申请外调，职工队伍存在不稳定的因素。该厂党委抓好电力体制改革的形势和思想政治教育，召开职工座谈会，听取职工意见，做好疏导工作，为职工排忧解难等，使职工队伍稳定，忠诚集团，爱岗敬业。

（吴国文）

【都匀电厂前期准备工作】 2004年8月18日经贵州省委常委会通过，都匀电厂改建工程项目列入贵州省第三批电源规划，贵州省发改委［2004］849号文要求抓紧开展项目前期工作，12月1日，都匀电厂改建工程项目初步可行性研究通过审查。

（李　明）

企业地址：贵州省凯里市沿江路230号
邮政编码：556000
总　　机：0855－8652222
传　　真：0855－8652007

国电红枫水力发电厂

【概　况】 2004年，国电红枫水力发电厂对内强化管理，提高效益，认真开展“管理效益年”活动；对外开拓市场，树立四种意识，做到三个确保，整体效益水平提高，逐步走出生产经营困境。较好地完成了各项经济技术指标。

2004年红枫水库全年来水量仅为4.66亿立方米。年末库水位：红枫水库水位为1229.05米，百花水库水位为1185.58米，红岩水库水位为881.12米。该厂职工克服困难，做好设备修试技改工作，保证设备的健康水平，实现连续安全生产1355天，全年实现3个百日安全长周期记录，无考核事故；完成发电量65947.52万千瓦时，供电量64468.58万千瓦时，实现销售收入10558.03万元，较上年增加2387.02万元，同比增长29.21%，其中发电量因素增长1438.58万元，电价因素增长948.44万元。2004年等效可用系数为96.70%。荣获集团公司清产核资工作二级奖状。

（阮　磊）

【安全生产工作】 围绕2004年全厂“七个不发生，全年无考核事故”的安全目标，牢固树立“安全生产、人人有责”思想，贯彻国电集团公司安全生产规章制度，推行和完善安全生产标准化建设，树立严、细、实的工作作风；推行百日无考核事故风险抵押承包责任制，实行安全生产一票否决制，严格考核，奖惩并重，加大惩处力度；加大“反习惯性违章”工作，抓好“安全互保”等活动；继续推进安全性评价本企业化和作业危险点分析控制工作；防洪度汛工作做到早安排、早准备、早预防、早落实，全年安全度汛。

（阮　磊）

【设备管理和技术改造工作】 加强设备管理和技术改造，提高发供电设备健康水平和综合自动化水平，2004年该厂完成3台机组大修，红枫电站进水口改造，红林电站110千伏开关站改造，窄巷口电站大坝第二轮定检等重大大修和技改项目。坚持设备管理维护与设备技术改造并重的工作思路，把在用设备管理纳入日常化、规范化、程序化，保证技改和大修周期内发供电设备的安全、可靠、稳定运行。根据水电厂来水的季节性和以水定电的特性，合理安排全年生产工作，重点抓好各项技改修试工作的安全、质量和工期管理，保证进入汛期后，发供电设备处于100%的完好率。加强关口计量管理，及时分析和校核关口计量装置。利用梯级调度的优势做到精心调度、经济调度，最大限度利用区间流量，充分利用每一方水，做到不弃水，提高水能利用率。采取技术措施（如人工降雨等），增加入库水量。

（阮　磊）

【“管理效益年”活动】 按照国电集团公司“管理效益年”的要求，制定“管理效益年”活动实施方案，采取措施降低成本开支，向管理要效益，在克服各种成本上涨因素的基础上，严格按照与集团公司签订的责任书，以集团公司核定的利润总额和成本指标作依据，核定内部经营指标，强化成本管理手段，细化考核项目和考核指标；树立经营意识、成本意识，把“增收节支”的措施贯彻到各项工作中，把成本管理考核工作日常化，把节能降耗作为“管理效益年”活动的重要工作，严格内部用电量、用水量管理；执行国电集财［2004］384号《关于印发〈中国国电集团公司固定资产目录（试行）〉的通知》文件，按其折旧率上限调整固定资产折旧，实现了扭亏为盈。

（阮　磊）

【做好电价疏导工作】 该厂与省物价局、电网公司沟通、谈判，在疏导电价工作中争取合理电价，上网电价从原0.1744元/千瓦时提高到0.203元/千瓦时（含税），全年平均上网电价为0.19161元/千瓦时，为该厂生产经营创造了较好的条件。

（阮　磊）

【体改工作】 2004年，该厂完成了国电集团公司体改的法律尽职调查、土地调查、清查核资、工商变更登记、税务变更登记等工作；逐步实施VI识别系统的推广，树立集团公司企业形象；按照集团公司的“人才强企”战略规划，结合该厂实际，加强企业人才的培育和挖掘，推进“运行维护合一”，营造良好人才成长环境，促进人才自我价值的实现。

（阮　磊）

企业地址：贵州省清镇市红枫湖
邮政编码：551417
电　　话：0851－2554113
传　　真：0851－2554114

国电贵阳发电厂

【概　况】 2004年，国电贵阳发电厂（以下称贵阳电厂）新建1台20万千瓦火力发电机组投产，总装机容量达40万千瓦。截至12月底，该厂在册职工共1316人。该厂团结带领职工，抓管理、促效益，抓机制、求实效，克服电煤紧缺等诸多困难，较好地完成了国电集团公司下达的四项考核任务。在安全生产上，未发生规定的七项考核事项，实现安全生产3个100天，创下963天的长周期安全记录。全年发电20.9亿千瓦时，完成集团公司调整后的计划指标。供电煤耗376.81克/千瓦时，同比下降0.22克/千瓦时。非计划停运4次，未超过2次/台年的考核标准。在资产经营上，完成利润总额360万元，比计划增加20%；电费回收依据购售电合同按时结清，电价执行到位，取得了贵州省同类发电企业的最好水平。在工程建设上，实现新机顺利接管。该厂领导班子团结务实、民主高效，干部人事制度、党内监督制度、“三重一大”制度等执行良好，思想政治工作有力，职工队伍稳定，获“贵阳市思想政治工作优秀研究会”称号。

（刘朝元）

【烟气脱硫工程和环保工作】 贵阳发电厂1×200兆瓦烟气治理技改工程自实施以来，克服资金、设计、管理模式等诸多因素的影响，主体工程于2004年5月建成，但与之配套的烟气脱硫工程未能同步建成。新机组在试运行过程中于6月8日发生粉尘轻微污染，被环保部门叫停。事发后，该厂与省市地方政府、环保部门进行协调沟通，并与省环保局签订的协议。经过努力，得到省市地方政府的同意，于8月6日重新进入试生产。在试生产期间，该厂严格按照与省环保局签订的协议，加强负荷和煤质监控，严格环保设施监测，确保排污总量不超标，未再发生污染事件，保证了试生产的顺利进行。同时主动加强与脱硫工程承建方的沟通和联系，督促和配合承建方工作，加强脱硫工程监管力度，跟踪工程建设质量，使工程进度和质量取得了明显进步。但由于受各种客观因素限制，到12月底，脱硫工程土建工作完成总量的93%，设备及系统安装完成总量的78%，未实现调整后的预期目标。

“6·8事件”发生后，该厂领导班子因势利导，及时提出“生态立企”思想，加大环保治理力度，争创省会环保型电厂，重塑企业新形象，并将每年的6月8日定为环保教育日，加大环保宣传教育力度。把抓环保工作与抓安全生产放在同等重要地位对待，针对干除灰系统故障频繁，制定除灰故障应急预案和技术保障措施，加强重点环保设备的监测管理，严防再次发生污染。广大职工主动解决一系列环保设施缺陷，如灰库除尘改造等，全方位整治粉尘、交通、油、汽、水、渣、噪音等污染，使“坏事变好事”的思想落到了实处。10月，该厂通过加强对环保政策的学习研究，主动与省市环保部门沟通，成功为烟气脱硫工程申请到5000万元环保专项资金，占贵州省第一批环保专项资金预算总数的40%，占国电集团公司2004年争取到的总数的32%，其中，3500万元已于年底前到账，支援了该厂烟气脱硫工程建设。

（刘朝元）

【燃料管理工作】 为适应电煤供应形势的变化，贵阳发电厂加强对电煤工作的领导，坚持煤质与煤量并重，从价格战略着手，先后三次及时调整了电煤采购价格，出台了质价联动、量价联动系列激励措施，为保证电煤的有效供给发挥了积极作用。为加强燃料管理，先后对燃料科干部及员工进行调整，从煤质取样、保样、制样到化验等各个环节逐一进行程序完善，同时投入资金自主开发燃料管理系统和监控系统，并成立监察队伍，发挥监察审计部门的效能监察作用，不断完善内部监督管理机制，最大限度防止以次充好和质价不符现象。为保证燃料供给，领导带头深入一线、走进煤矿，充分了解煤炭资源和市场行情，广泛争取煤炭供应商的理解和支持，为克服电煤困局，确保完成全年发电任务起了突出作用。尽管煤炭不断涨价，贵阳发电厂2004年的标煤单价仍控制得较低，处于贵州同煤种电厂的最低水平。

（刘朝元）

【市场营销工作】 贵阳发电厂上网电价的测算、报批工作由厂领导亲自挂帅，全程参与市场营销工作。同时，不断加强财务、营销人员预算和公关协调能力，努力把上网电价报批和电费回收工作做细做实。技改工程8号机组取得0.235元/千瓦时的全省最高上网电价；0.015元/千瓦时的脱硫电价同步落实，脱硫系统投运后即可兑现。老机组上网电价在2003年基础上，上调至0.2264元/千瓦时，继续保持了全省同期同类机组上网电价优势。同时，向省物价局申请获准执行新、老机组均价政策，均价为0.2307元/千瓦时（不含脱硫电价）。执行均价一方面使生产调度、管理和电费结算方便灵活，为电价测算和竞价上网打下基础；另一方面，在2004年新机推迟试生产不能多发电的情况下，老机组电价变相提高，增加了30万元销售收入。

（刘朝元）

【财务管理工作】 贵阳发电厂针对技改工程贷款问题，积极争取银行低利率贷款，取得各笔贷款利率均比现行利率下浮10%的优惠条件，节约了财务费用171万元。当4.95亿元长期贷款到位后，立即对中、短期贷款进行置换，避免了双重计息。根据西部大开发有关政策，主动向省经贸委申请，获准确认为国家鼓励类产业企业，享受所得税15%的优惠政策，节约利税54万元。坚持实行物资采购招投标，全年共进行35项招投标工作，节约资金67万元。

（刘朝元）

【根式文化建设】 贵阳发电厂在国电集团公司企业理念的指导下，结合自身实际，总结提练出以培育根式文化为特色的企业文化理念，草拟了根式文化建设纲要——《根式之道》，为加强企业文化建设奠定了方向。召开以企业文化建设为主题的研讨会，传播根式文化，引导职工修炼根一般品质的精神内核，倡导“根植林城、恒久奉献”的核心价值观，努力实践“忠诚事业、忠诚集团、爱岗敬业、岗位成才”的职业道德观。倡导学习型组织理论，在干部职工中开展读书活动，打造奋发有为，团结向上的职工队伍，塑造企业新形象。总结提炼建设学习型、创新型、敬业型“三位一体”的企业文化，培育贵阳发电厂经营管理的核心竞争力的根式文化的定位。创建绿色环保节能效益型生态城市电厂，根式文化享誉内外，企业、社会和谐共处的根式远景，树百年品牌、创世纪辉煌的根式使命，根植林城、恒久奉献的根式核心价值观，深专广吸、逐日求新的根式精神，爱厂、奋进、争气、增光的根式座右铭。

（刘朝元）

企业地址：贵州省贵阳市桃园路95号
邮政编码：550002
电　　话：0851－5192271　5192222（总机）
传　　真：0851－5797960

国电大寨水力发电厂

【概　况】 2004年，国电大寨水力发电厂按照国电集团公司年初工作会议的部署，坚持“做实、做新、做大、做强”工作方针，倡导“忠诚集团、忠诚事业，爱岗敬业、岗位成才”的职业道德观，围绕年初与集团公司签订的“三项责任书”和年初职代会确定的工作目标和工作思路，围绕开展“管理效益年”活动，强化管理，确保安全，提高效益，扎实工作，完成了集团公司下达的各项考核目标。主要经济技术指标完成情况见表1：

表1 主要经济技术指标完成情况统计表

项目	单位	本年完成	上年完成	同期相比
累计安全长周期	天	2334	1968	366
年末人数	人	246	248	－2
发电量	万千瓦时	21363.84	16609.68	4754.16
上网电量	万千瓦时	20983.68	16127.37	4856.31
直接厂用电率	%	0.45	0.66	－0.21
综合厂用电率	%	1.78	2.9	－1.12
等效可用率	%	96.92	96.71	0.21
主设备完好率	%	100	100	持平
主设备一类率	%	100	100	持平
主设备消缺率	%	100	100	持平
发电总成本	万元	2655	3043	－388
发电单位成本	元/千瓦时	0.126	0.1832	－0.0572
工业总产值	万元（1990年不变价）	1658	1274	384
全员劳动生产率	万元/(人·年)（1990年不变价）	6.74	5.14	1.6
销售收入	万元	3201	2236	965
利润总额	万元	60.1	11.5	48.6

（崔庆宇）

【安全生产工作】 该厂贯彻落实安全生产责任制，以实现安全生产各项指标为重点，修订完善安全生产管理制度，建立健全安全生产激励与约束机制。落实国电集团公司“8·19”安全生产电视电话会议精神，总结、反思该厂安全生产工作，查找问题和不足，提出有效措施，狠抓落实。开展春秋两季安全大检查和其他专项检查，整改率100%。大坝第二次安全定检工作结束，并通过专家评审。开展多种形式的安全活动，在安全生产月活动中，组织全厂员工学习《电业安全工作规程》及《国电集团公司安全规程制度汇编》，进行安全生产规章制度考试活动，参考率达96%。按照集团公司设备检修管理规定，在设备检修工作中，加大对设备检修的质量监督和效能监察。完成了1号发电机组改造大修、5号发电机组常规大修、4台发电机组小修、2号球阀改造大修及1号球阀小修。在汛期到来之前全面完成了设备检修工作。加强设备管理和巡视消除缺陷，消缺率100%。全年未发生重、特大事故及人身伤亡事故。截至12月31日，实现全年安全生产无事故，创造了连续6年安全生产无事故的历史好成绩，累计安全生产长周期达2334天。

（崔庆宇）

【多种经营工作】 该厂加强投资项目管理，坚持依法经营，严格执行招投标制度。小水电建设发展势头良好，猫猫跳电站于2004年12月并网发电，由该厂职工参股投资建设的3座水电站也已投产发电。松鹤桥电站预计2005年3月20日第一台机组并网发电。4个电站总容量为5.77万千瓦，该厂权益容量为1.6343万千瓦。水寨电站和九龙河电站的代运行管理工作也取得了明显成效。铁合金厂6300千伏安冶炼炉技改工程于8月份全面完成并投入生产。

（崔庆宇）

【党风廉政及精神文明建设】 该厂认真贯彻中纪委三次全会和国电集团公司纪检监察工作会议精神，建立健全教育、制度、监督并重的惩治和预防腐败体系，坚决执行党的“四大纪律，八项要求”，落实中央企业领导人员“三个不得”。全面落实党风廉政建设责任制，完成了集团公司各项考核目标内容，保持“省级文明单位”称号。在12月云南分公司组织进行的党风廉政和精神文明建设目标责任制检查考评中，该厂自评分为99分，检查组考评得分98.5分。

支持工会依照法律和工会章程独立自主开展工作，企业的重大问题经职代会讨论。加强职工群众民主参与和民主监督，维护职工的合法权益。组织职工参加国电集团公司及云南电网公司举办的建国55周年文艺演出，开展各种形式的劳动竞赛和建设“职工之家”等活动，获省级“模范职工之家”称号。加强对青年团员的教育管理，开展青年文明号、青年岗位能手、青年志愿者、“我与管理效益年”演讲比赛和新世纪读书活动等工作，促进企业精神文明建设。

根据国电集团公司Ⅵ规定，该厂结合实际，在企业办公事务、环境识别、大型活动及会议场所等方面广泛推广应用Ⅵ系统，取得了很好的效果，树立了集团公司良好的社会形象。贯彻落实集团公司企业文化建设实施纲要，进一步开展文化铸魂工程。推进创建学习型企业工作，不断锤炼以“学习化生存，学习化发展”为核心的理念群，提炼具有凝集力、向心力和感召力的企业共同远景。扎实推进“创建学习型班组，争做知识型员工”活动的开展，提高员工的综合素质，增强企业核心竞争力，举办了创建学习型组织试点单位远景发布会，在全厂范围内营造了创建学习型组织的良好氛围。

（崔庆宇）

企业地址：云南省罗平县
邮政编码：655800
电　　话：0874－8257404
传　　真：0874－8257859

国电六郎洞水力发电厂

【概　况】 2004年，国电六郎洞水力发电厂贯彻落实国电集团公司2004年工作会议精神，秉承“以电兴业，强企报国”的精神，倡导“忠诚事业、忠诚集团、爱岗敬业、岗位成才”的职工道德观，围绕“夯实基础、确保安全、提搞效益”的基本目标，开展“管理效益年”活动。按照集团公司“做实、做新、做大、做强”的工作方针和该厂制定的全年工作目标，层层落实各级责任制，全面完成了与集团公司签订的《三项责任书》，“三个文明建设”取得较好的成果。保持了“文山州文明单位”称号；获云南省经济委员会颁发的超发供电奖励先进单位。

该厂总装机容量25兆瓦（2×12.5兆瓦），在册职工126人。2004年该厂主要技术经济指标完成情况见表1：

表1　　主要技术经济指标完成情况

项　目	单　位	本年完成	上年完成	同期相比
发电量	亿千瓦时	1.5376	1.7060	下降0.17
综合厂用电	万千瓦时	354.68	355.45	下降0.77
设备利用小时	小时	6150	6826	下降676
等效可用率	%	91.73	92.10	下降0.37
主设备完好率	%	100	100	持平
上缴税金	万元	332	220	上升112

（侯海涛）

【安全生产工作】 2004年，该厂未发生国电集团公司规定的安全目标责任考核事故，年末连续安全生产497天，两票合格率100%，实现了全年无事故目标。根据国电集团公司安全生产工作要求和安全生产目标，把安全生产目标层层分解，落实到部门班组，调整充实加强安监队伍自身建设，发挥三级安全网作用，进一步完善安全目标责任书奖励办法和标准，签订安全目标责任书，举办了安全法规互动学习竞赛。

坚持“应修必修、修必修好”的原则，年内完成了两台机组大修，并启动一次成功投入运行，实现全年设备无非计划停运；完成隧道部分漏点进行化学灌浆处理；完成六松线、六平线及110千伏公用母线电气设备预防性试验及110千伏母线各隔离开关调试及缺陷处理、设备清洁刷漆、电气设备油样化验、线路保护校验等工作；完成241断路器更换（由原来的少油断路器更换为六氟化硫断路器）、两主变低压侧隔离开关更换工作及空气压缩机更换改造工作。11月冲砂闸技术改造工作开工。

（侯海涛）

【“管理效益年”活动】 该厂按照“夯实基础、确保安全、提高效益”的基本目标和“管理效益年”活动实施细则要求，在做实上下功夫，取得了较好成绩。建立了市场营销网络，明确职责，针对疏导电价方案中的主要问题，主动及时地向省物价管理部门、监管部门和云南电网公司反映，并提出合理的、可行的建议，最后争取到的电价为0.12453元/千瓦时。全年完成售电量15021.44万千瓦时，应收电费1870.62万元，实收电费1870.62万元，电费回收率达100%；陈欠电费回收率达到97.45%。3月，该厂与云南电网公司签订了《2004年度购售电合同》，并严格按合同实施。

（侯海涛）

【企业管理工作】 按照国电集团公司部署，完成清产核资、企业基本情况调查及各项调查工作，同时配合集团公司完成与云南电网公司的资产财务、劳资保险移交工作。按照“统一规范、突出重点、逐步推进”的原则，推广应用《国电集团公司视觉识别系统管理手册》，完成部分办公事务、公关事务、劳保服标识等系统应用工作。抓好质量管理、班组建设工作，组织QC小组活动，两项QC成果进行了发布，均获优秀奖。检安部QC小组发布的课题《提高发电机风闸接点动作正确率》向云南省电力系统行业协会推荐发布。以抓好管理人才、专业人才、技能人才三支队伍建设为重点，实施“人才强企”战略，做好集团公司“168人才”的选拔、推荐工作，该厂4人被评选为集团公司“168人才”。

（侯海涛）

【党建和精神文明建设】 该厂围绕年初职代会提出的工作目标和工作思路，狠抓党支部的自身建设和党员、干部、员工队伍建设，发挥党组织的核心作用、党支部的战斗堡垒作用和党员的先锋模范作用。按上级党委要求，做好民主评议党员工作暨开展“创先争优”评选活动，认真组织领导班子民主生活会。促进了党风廉政建设。

加强企业民主管理，依法维护职工合法权益，为职工排忧解难。坚持依靠工会法、劳动法，贯彻落实中华全国总工会提出的“组织起来，切实维权”的要求，依法履行维护职能，将维护员工总体利益和该厂的整体利益统一起来。组织职工健康体检，开展“劳动安全知识竞赛”、合理化建议活动和各类文体活动。增强了企业凝聚力。

（侯海涛）

企业地址：云南省开远市西南路六郎洞水力发电厂基地

邮政编码：661600

电　　话：0873－7273890

传　　真：0873－7273891

生产基地地址：云南省弥勒县江边乡六郎洞水力发电厂生产基地

邮政编码：652307

电　　话：0873－6269077

传　　真：0873－6269060

国电小龙潭发电厂

【概　况】 国电小龙潭发电厂（以下简称小龙潭电厂）总装机容量 6×100 兆瓦。三期扩建工程（国电开远发电有限公司）2×300 兆瓦机组正抓紧建设。截至 2004 年 12 月 31 日，在册员工 3008 人。2004 年主要技术落后经济指标完成情况完成完成见表 1。

表 1　　主要技术落后经济指标完成情况统计表

项　目	单　位	本年完成	上年完成	同期相比
发电量	亿千瓦时	47.49	44.28	3.21
上网电量	亿千瓦时	42.65	39.67	2.98
综合厂用电率	%	10.2	10.4	－0.2
发电标煤率	克/千瓦时	379.76	379. 61	0.15
供电标煤率	克/千瓦时	421.15	422.22	－1.07
设备利用小时	小时	7915.6	7379.47	536.2
设备可调小时	小时	8293.7	7952.4	341.3
等效可用系数	%	94.3	90.73	3.75
主设备完好率	%	100	100	持　平
主设备一类完好率	%	100	100	持　平
发电总成本	万元	78066.89	69417.84	8649.05
供电单位成本	元/千瓦时	183.05	174.97	8.08
发电总产值	万元	79393.84	70389.54	9004.3
全员劳动生产率	万元/年	33.35	29.35	4
上缴税金	万元	12528.99	3753.95	8775.04
固定资产原值	万元	142830.54	144475.62	－1645.08
固定资产净值	万元	27365.99	35430.21	－8064.22

该厂自 1985 年 12 月首台机组投产发电以来，一直承担着云南省经济和社会发展用电和“云电送粤”及“云电外送”任务。截至 2004 年 12 月 31 日，已累计发电 495.57 亿千瓦时，上交各种税金 4.5 亿元。国家电力体制改革后，该厂恪守“忠诚事业、忠诚集团、爱岗敬业、岗位成才”的价值观，讲政治，顾大局，讲奉献，努力工作，发电量和安全记录每年都创历史新高，三个文明建设健康协调发展。先后获“全国电力系统思想政治工作优秀企业”、“全国群众体育先进单位”、“全国模范职工之家”、“电力部安全文明生产达标单位”、“国家电力公司双文明单位”、国家电力公司“三五”普法优秀单位和全国“三五”保密法制宣传教育先进集体、全国“五四”红旗创建单位、“全国基层民兵预备役工作先进单位”、“全国企业科协先进集体”、“全国发电系统厂务公开先进单位”、“中国国电集团公司先进基层党组织”、“云南省电力生产和经济发展突出贡献企业”等称号。

（郑远斌）

【安全生产工作】 面对电力紧缺的严峻形势，小龙潭电厂以开展“管理效益年”活动为契机，勇攀“安全生产、发电量”高峰，全年未发生人身死亡事故、全厂停电或负责任性的电网瓦解及大面积停电事故、重大及以上设备损坏事故、重大及以上交通事故、重大及以上火灾事故、重大及以上施工机械事故等集团公司规定的安全目标责任考核事故，年末安全生产日达 1248 天，实现了全年无事故目标，创下该厂建厂 19 年来连续三年无事故纪录。

2004 年，完成主设备大修 2 台次（3 号、5 号机组）、小修 4 台次（1 号、2 号、4 号、6 号机组），修后主设备各主要经济技术指标得到改善，设备非计划停运 10 次，同比下降了 16 次。3 号、5 号机组大修后锅炉引风机调节挡板调节余度恢复到投产时的水平，凝结器真空、给水温度、循环热效率等均得到提高。5 号机组大修后连续安全运行 124 天，创该厂建厂以来历史最好成绩。1 号、2 号、3 号炉效率分别达 91.42%、92.01%和 91.9%，超过了设计值。完成了 3 号机组 DCS 热控系统改造后，热工自动投入率提高到 85%以上。5 号发电机变压器组保护更换为微机保护装置，至此该厂发电机变压器组保护装置已全部更换。对空气压缩机冷却水系统进行改造，废除原来二级冷却方式，解决了该厂空气压缩机运行温度高，结垢严重，运行不可靠的难题，同时每天可节约除盐水补充水40余吨。对6号炉脱硫灰输送系统的控制系统和仓泵系统进行改造，解决原系统运行不正常的状况。对P202、P205输煤皮带除尘装置进行大修改造，改善了现场环境卫生，P202输煤皮带尾部粉尘浓度低于国家标准。北坪坝3号、5号灰塔各加装了一台电除尘器，解决了该片区粉尘污染严重的问题。设备大修、技术改造及资本性支出项目全年累计投入4814万元，完成了国电集团公司下达的各项整治任务。年末，主设备完好率、一类率及主要辅助设备完好率100%，电气继电保护完好率、投入率100%，热工主要仪表完好率、合格率100%，热工自动调节系统完好率100%、投入率78.03%，热工保护装置完好率、投入率100%，化学在线仪表完好率、投入率100%，设备健康状况良好。

（郑远斌）

【科技环保工作】 推广带压堵漏、堆焊式耐磨冲击板、过热器防磨瓦、喷砂清焦等新工艺、新技术。锅炉风扇磨应用堆焊式耐磨冲击板后，冲击板的使用周期由原来的5000多小时提高到9000多小时，延长了风扇磨检修周期，降低了检修费用；在锅炉大修中应用喷砂工艺清除水冷壁迎火面结焦，提高了检修效率；在6台锅炉上推广应用过热器防磨瓦，过热器冲刷磨损得到控制；热力系统管道阀门应用带压堵漏技术，完成3号炉底加热管、3号机高加联成阀、1号炉和4号炉水冷壁管带压堵漏，避免了4次非计划停运。加强与开远市周边厂矿合作，拓宽粉煤灰综合利用渠道。4号锅炉脱硫技术改造工程被国家发改委列入2004年现役火电厂脱硫设施建设国债项目计划并列为国产化脱硫环保优质示范项目，同时审查通过了项目国产化脱硫方案。云南省环保局和财政厅同意对4号炉脱硫工程拨环保专项资金补助1500万元，同意对该厂烟气在线仪安装拨环保专项资金补助330万元。

（郑远斌）

【扩建工程】 小龙潭发电厂三期2×300兆瓦机组扩建工程由国电集团公司55%、云南省开发投资有限公司35%、云南耀荣电力股份有限公司10%的比例共同投资。5月，公司召开了第一次股东会、董事会和监事会，制定了公司章程。注册成立了项目公司——国电开远发电有限公司，并设立相应的组织机构。

年内完成老厂绝缘、透平油处理系统搬迁；新化学水处理系统安装调试；渣沟隧道改线；老厂除灰班搬迁至北坪坝等过渡措施施工及建设场地“五通一平”及主厂房桩基挖孔等工程前期工作；与上海锅炉厂有限公司、上海汽轮机有限公司、上海汽轮发电机有限公司签订了三大主机供货合同；同时签订了第一批共14种辅机设备供货合同。

截至2004年12月31日，项目公司共筹措资金33000万元，基础建设支出33021.5万元，其中设备预付款24960.5万元，从筹建至年底累计完成投资8061万元。

按照国家发改委《企业投资项目核准暂行办法》中的核准条件，年内除环境影响评价报告待国家环保总局审查外，其他前期论证工作已结束，相关的16项批文已经取得，具备核准条件。

2004年该项目被列入《云南省电力工业“十五”计划调整及“十一五”规划》，是云南省2004年“双百”开工的重点建设项目（云发改投资［2004］148号），也是滇南煤电基地规划重点项目，在云南省向国家发改委上报的八个“云南省优选燃煤发电建设项目”中列于第二位。

（郑远斌）

【多种经营工作】 2004年，完成多种经营产值22077万元，实际上缴税金1063万元，实现利润296万元。多种经营产值首次突破2亿元大关。

探索多种产业发展途径，与昆明博威公司合作，投资450万元参股组建了云南开远一行威远汽车销售服务有限公司，参股股份占45%；在氯碱化工公司投资建设了年生产3000吨的固碱生产线，增加了产品的品种，提高了产品质量和设备运行的可靠性；完成了开远“龙电苑”办公楼及职工住宅小区的土地使用许可、规划设计、场地平整、地上附着物清除等工程前期准备工作；扩展了宽带业务，开通了厂部、基地、电力修造厂、开远河滨电力小区等区域的宽带业务，宽带业务在保证主业安全生产的同时，逐步成为公司新的经济增长点。

2月18日，一行电力商贸有限责任公司河口分公司正式成立。在成立仪式上，一行电力商贸有限责任公司河口分公司与越南老街省进出口公司签订了首份尿素供销合同，为开辟国外市场跨出了第一步。

（郑远斌）

【“三项制度改革”改革工作】 2004年，小龙潭发电厂被国电集团公司列为“三项制度改革”第二批扩大试点单位之一。按照“98定员标准”和“精简、规范、协调、效能”的原则，结合实际，制定实施了《国电小龙潭发电厂员工岗位动态管理实施办法（试行）》、《国电小龙潭发电厂内部定岗、定员方案》、《国电小龙潭发电厂员工内部退养有关待遇的规定》、《国电小龙潭发电厂完善岗位薪点工资制的实施办法》等办法制度，对主业和多种经营公司内部组织机构及主业单位定编、定员进行了调整，完成了第六轮中层干部组聘和“岗位动态管理”工作。精简了10个机构设置、64个中层干部管理岗位职数，党群系统机构数由原来的7个减为4个，生产系统结构数由原来的5个减为4个，中层干部数得到精简，减少了25个中层干部。职工医院实现“撤院建所”，卫生所医务人员从108人精简为73人。幼儿园撤销了一个办学点，压缩了办园规模，精简了幼儿园教职工。压缩了退管会机构和管理人员数，退管会机构数由原来的6个减为2个，员工数从原来的47人压缩为30人。

根据国家和地方政府“关于分离企业办社会职能”的有关文件精神，按照“尊重历史、着眼发展、友好协商、妥善解决、按期完成”的原则，11月，小龙潭发电厂与云南省开远市人民政府签订了《关于国电小龙潭发电厂子弟学校移交开远市人民政府管理的协议》和《关于国电小龙潭发电厂子弟学校移交开远市人民政府管理的补充协议》，实现了分离企业办子弟学校的工作，有15名教职工自愿移交地方，其他教职工全部在企业内部实现分流和安置。

（郑远斌）

【企业文化建设】 下发实施了《中国国电集团公司小龙潭发电厂企业战略规划》、《中国国电集团公司小龙潭发电厂企业文化建设“龙电耕心”工程计划》，把创建学习型企业作为文化创新的途径，开展学习型领导班子、学习型团队、学习型班组的创建工作。《学习型领导班子的实践与创新》获“云南电力管理现代化创新成果一等奖”、“全国电力企业管理现代化创新成果三等奖”、“2004年度中国企业文化建设优秀成果奖”；“王琳班组”获“全国电力行业优秀班组”称号。有29人被评为国电集团公司“168人才”。

（郑远斌）

企业地址：云南省开远市小龙潭发电厂
邮政编码：661601
电　　话：0873－7415319
传　　真：0873－7341147

国电合山发电厂

【概　况】 国电合山发电厂（以下简称合山电厂）位于广西中部合山市的红水河左岸，南距南宁市180公里，北距柳州市100公里，距新成立的来宾地级市57公里。厂区有来（宾）合（山）铁路与湘桂铁路相连。全厂占地185公顷，注册资本为6.01亿元。合山电厂始建于1967年，分五期工程建设，从1971年3月～1986年10月，8台机组先后投产发电，原装机容量为505兆瓦（即1～3号机组3×25兆瓦、4～5号机组2×65兆瓦、6～8号机组3×100兆瓦）。1993年以来，该厂先后对4、5、6、7号机组进行了增容改造，使总容量达到了525兆瓦，1992年7月30日被国家列为大二型企业。随着国家能源政策的调整，1～3号机组于2000年12月已全部退役，于2001年已全部拆除，并利用场地等现有资源改扩建2×330兆瓦机组工程。现有发电容量（含增容）共470兆瓦。2002年12月29日划归中国国电集团公司，为国电集团直属内部核算电厂，新改扩建的2×330兆瓦机组工程划归中国大唐集团公司。

（韦瑞科）

企业地址：合山市电北路1号
邮政编码：546501
电　　话：0772－8939101　3973059
传　　真：0772－8948355

国电南河水力发电厂

【概　况】 2004年，国电南河水力发电厂（以下简称南河电厂）安全生产局面稳定，全年未发生人身伤亡事故、重大设备事故、重大交通和火灾事故，连续安全生产达3192天。完成发电量0.65亿千瓦时，占年计划的83%，实现主营业务收入1486万元，上缴税费248万元。获“湖北省文明单位”称号。2004年11月，该厂被国电长源电力股份有限公司整体收购，成为该公司全资电厂。2004年末该厂在册职工285人。

由于历史原因和管理体制问题，南河电厂20多年来一直执行预算外管理，家底不清，关系不顺。2003年底，该厂开始全面清产核资，经中介机构专项审计，2004年8月资产报告得到了国资委的认可和批复。

（黄学东）

【电价批复工作】 该厂依据国家疏导电价政策，认真进行内部电价测算和报批工作，经国家发改委批准，自2004年6月15日起，上网电价由0.25元/千瓦时（含税价）调至0.3元/千瓦时（含税价）。

（黄学东）

【大坝安全定检工作】 2004年下半年开始，南河电厂对大坝安全组织第二次定期检查，鉴定工作委托电监会杭州大坝中心进行，预计2005年底完成。

（黄学东）

企业地址：湖北省谷城县泰山路67号
邮政编码：441700
传　　真：0710－7246346
电　　话：0710－7233096

控 股 企 业

国电电力发展股份有限公司

【概　况】 国电电力发展股份有限公司（股票代码600795）（以下简称国电电力）是中国国电集团公司控股的全国性上市发电公司，1997年3月18日在上海证券交易所挂牌上市，现股本总额22.69亿股，流通股5.88亿股。其中，中国国电集团公司持有33.61%股份，辽宁省电力公司持有30.65%股份，龙源电力集团公司持有9.79%股份。

2004年,国电电力在国电集团公司和董事会领导和支持下,克服煤炭紧张、煤价上涨,环保收费增加,股市多变、债转股压力大等诸多不利因素,公司系统全体干部员工在管理、经营、效益、发展以及股市形象、队伍建设等方面都较好地完成了全年的任务,达到了预期目标。全年完成发电量384.47亿千瓦时,比上年同期增长37.4%;全年完成净利润8.37亿元,比董事会确定的利润目标增加1.27亿元;完成供电煤耗353.10克/千瓦时,同比降低11.38克/千瓦时,其中新机组拉动降耗为2.54克/千瓦时,老厂降耗为8.9克/ 千瓦时;综合厂用电率完成6.10%,同比下降0.04个百分点;水耗完成3.16千克/千瓦时,比上年同期3.44千克/千瓦时降低了0.28千克/千瓦时。2004年,公司连续第五年入选中国上市公司50强企业,被中国国电集团公司授予"国电一级奖状",被国家人事部、国资委授予"中央企业先进集体"荣誉称号。

（刘　全）

【安全生产工作】 2004年，国电电力在公司系统内开展了"我要安全"活动，开拓了安全生产稳定的新局面。以"我要安全"活动为载体，进一步强化安全生产工作。通过一年的活动，建立了全员保安全机制，形成了党、政、工、团和员工个人全员参与安全管理的态势，促进了"要我安全"向"我要安全"观念的转变及单纯行政安全管理向全员安全管理的转变，从根本上夯实了安全基础。"我要安全"已成为公司文化理念的重要组成部分。2004年公司各单位均实现了三个百日安全无事故记录。

（刘　全）

【基建工程建设】 加强基建工程建设的工期、安全、质量管理，2004年新投产机组243万千瓦。外高桥二期扩建工程5号和6号机组分别提前71天和85天投入商业运营，石嘴山4号机组和宣威六期10号机组分别提前26天和45天投入商业运营，成为2004年公司利润新的增长点。大同二期扩建工程实现了年初确定的目标。电力建设项目固定资产投资774550万元，完成年度计划的104.3%；投入前期项目资金893万元，完成年度计划的54.5%。到2004年底公司投资运行容量达到1030万千瓦。

（刘　全）

【计划发展工作】 严格遵循电源建设审批程序，开展电源项目前期工作，确保符合规划的项目及时得到核准。完成了邯郸扩建项目的核准工作；庄河电厂、大同三期项目完全达到了国家核准制的要求，项目申请报告已上报国家发改委待核准；完成了瀑布沟水电站、宣威六期的可行性研究报告批复工作；完成了酒泉项目初步可行性研究报告审查，并列入省发改委和省电力公司"十一五"电力规划。认真贯彻落实国家宏观调控政策，按照国务院和国家发改委的要求，对电源前期项目进行了全面梳理、规范，宣威七期项目整改后也具备了核准制的基本要求。

（刘　全）

【财务管理工作】 强化贷款管理。采取降低贷款利率、优化贷款结构、降低现金存量、灵活适时调度等措施，全年节约财务费用900多万元。

强化经营管理的审计监督，开展了以内控制度为主线的审计评价活动。针对公司系统的重要风险环节分阶段组织了基础管理、财务收支、领导者经济责任三方面的审计，建立基本建设项目跟踪审计制度。同时，针对国家审计署对该公司审计决定中提出的问题，积极整改，较好地防范了经营风险。

（刘　全）

【节能降耗工作】 在开展"管理效益年"活动的基础上，国电电力实施"对标管理"，选定全国机组先进指标，通过科技、改造、管理三管齐下，节能降耗效果明显。2004年4月，该公司对各发电企业现有机组运行系统进行效率测试，确定了一批改造项目。通过推广变频改造、汽封改造、水厂水轮高效改造，推广等离子点火等新技术，节能效果明显。朝阳厂对吸风机驱动方式改变频后，电耗下降50%以上；大二、朝阳厂对循环泵叶轮进行高效改造和电机双速驱动改造，使电耗下降15%；宣威、石嘴山公司电除尘电源控制系统改造后，电耗分别下降80%、60%以上；大开、邯郸厂通过制粉系统经济性试验，改进运行方式，电耗下降10%以上；朝阳、大开两厂的汽机通流部分改造后，单机供电煤耗分别下降16克/千瓦时、60克/千瓦时；石嘴山公司、朝阳厂对辅机进行系统节能改造，单机厂用电率分别下降0.95个和1个百分点；大开厂应用接触汽封对机组轴端汽封进行改造获得成功。2004年通过节能降耗，产生效益5800余万元。

（刘 全）

【市场营销工作】 2004年，国电电力坚持“以市场营销为龙头，安全生产为基础，生产为营销服务”的理念，准确把握煤炭市场动向，确立“以量为主”的煤炭采购和“无冬季、无淡季，能多不少”的储备原则，打破常规，变季节性储煤为全年储煤，全年无缺煤停机事件。

该公司充分利用全国疏导电价的机遇，上下一致，全力以赴，取得了明显的成效。通过这次电价疏导，公司系统所属发电企业平均电价上调1.81分/千瓦时。扣除新增容量因素，与2003年可比口径比较，公司系统所属发电企业平均电价升高0.533分/千瓦时。其中，火电厂平均电价升高0.91分/千瓦时，由此增加的发电收入抵消了部分因煤炭价格上涨造成的燃料成本增加，部分缓解了经营和利润压力。

（刘 全）

【完善法人治理结构和二级市场】 规范各控股单位董事会管理，进一步完善公司法人治理结构。组织学习修订后的《上海证券交易所上市规则》，进一步提高公司依法规范运作水平。严格信息披露制度，及时披露公司重大生产经营活动。在大连证监局对公司进行的“三会”规范运作及独立董事履行职责情况的巡检中，公司良好的规范运作受到一致好评。

2004年，债转股是公司二级市场的重点工作。面对股市多变的情况，公司及时组织基金经理座谈会、财经推介会和投资者参观所属电厂。另外，公司系统部分单位在《中国电力报》进行系列宣传报导，宣传公司形象，增强投资者信心，努力维护公司在二级市场的形象。2004年，沪市大盘下降230.55点，跌幅15.4%。在电力板块整体走势较弱，几大主要上市公司平均跌幅18.95%的情况下，公司股价跌幅14.95%，走势强于大盘，居电力上市公司中游位置。2004年，转债1.7亿元，占发行总量的8.49%。

（刘 全）

【科技公司】 高科技企业市场竞争能力不断提高，合同额、利润大幅增长。2004年控股科技企业实现销售收入9.17亿元，同比增长87.72%，完成利润总额7035.35万元，同比增长34.18%，盈利能力和可持续发展能力均显著提高。

（刘 全）

【人力资源工作】 2004年，国电电力完成了大同二厂和宣威公司企业管理整体优化工程中的改革试点工作，进一步优化了企业管理结构，整合了人力资源，初步建立了企业内部全员竞聘上岗和待岗机制。同时，公司本着“挖掘资源，育用结合，内部平衡，控制进人”的思路，先后从大同二厂、朝阳、桓仁、太平哨厂向大同公司调配160名生产准备人员，为大同公司提供了人力资源保障。

该公司针对新建电源项目对运行人员的需求，与华北电力大学联合举办了火电厂集控运行大专班，首批171名青年员工已开始了为期3年的火电厂集控运行专业系统学习。举办了公司首期高级财务干部研修班，进一步提高了公司系统财务、审计骨干人员的业务素质。

建立生产技术专家协作网、技师协作网、前期基建、综合管理协作网，搭建了有利于专业技术人才资源共享的平台。

（刘 全）

企业地址：北京市西城区阜成门北大街6－8号B座9层
邮政编码：100034
电　　话：010－58682200
传　　真：010－58553800

国电电力发展股份有限公司全资、控股企业（部分）

国电电力大同第二发电厂

【概 况】 2004年，国电大同第二发电厂（以下称大同二厂）全面完成了国电电力公司下达的各项生产指标和工作任务。全年完成发电量79.784亿千瓦时，提前16天完成公司下达的76亿千瓦时发电量指标；完成现价总产值13.46亿元，同比增加4560万元；供电煤耗完成362.9克/千瓦时；厂用电率累计完成6.8%；全员劳动生产率完成24.47万元/人；燃料单位成本完成75.58元/兆瓦时；发电单位成本完成143.58元/兆瓦时。

加大设备治整力度。优质高效地完成了6号机组大修和5台次机组小修。用“三个认证”体系规范检修工作。大修的6号机组完成了烟气脱硫脱氮设备安装、干排渣机改造、电除尘器改造三大技改项目。2004年底，6号炉烟气脱硫脱氮工程通过山西省环保局验收。经测试，该工程每年可减少二氧化硫排放量10276吨，削减一氧化氮排放量4800吨，除尘效率提高到99.67%，对改善区域大气环境质量，起到了积极作用。在全国200兆瓦火电机组竞赛中1号、2号机组分获二、三等奖，3号机组获特等奖。3号机组实现连续两年非停次数为零的最好水平，高加投入率达99.67%，等效可用系数达到95.36%。在燃煤热值低、灰分大的情况下，3号炉膛出口氧量达到4.6%，同比降低0.5%，使锅炉效率提高0.2%；吸风机、送风机耗电率降低0.08%，除尘效率相对提高，使3号机组取得了明显的经济效益和环保效益。

该厂作为集团公司“三项制度改革”试点单位，顺利实施了企业管理整体优化工程。主业管理部门由14个缩减为11个，组建检修公司，成立了大同电力阳光有限责任公司多种经营实体。国电电力在该厂召开了现场会。制定并实施了《薪酬管理办法》，建立起三级绩效考核管理体系。实施了“336人才工程”。

以“管理效益年”活动统领各项生产经营工作。针对煤炭紧张形势，积极开辟自行组织煤源的新路子、延长公路进煤开磅时间、加强配煤配烧，年内组织煤源共计342.5万吨。实行成本预算控制，实施物资采购阳光工程。开展了节能对标管理工作，年内完成循环泵叶轮改造等25项节能项目，提高了设备的经济性。污水回收项目年回收再利用污水达360余万吨。在6号炉大修中实施了脱硫脱氮项目，通过了省环保局对清洁生产工作的验收。检修公司先后承担了宁夏石嘴山电厂1号机组大修、2号、3号机组小修任务。做好二期2005年双投对辅机运行和机组检修的准备工作，积极进行湖东、怀仁、广灵、涿鹿项目的前期筹备工作。

2004年，大同二厂获“国电一级奖状”、“国电电力三项责任制考核全优单位”称号，通过“一流火力发电厂”验收；被山西省劳动竞赛委员会记集体一等功，获“山西省文明单位”、“山西省纳税信用A级单位”、“全国电力可靠性管理先进单位”等称号。荣登全国重点行业效益十佳企业榜第6位。厂长冯树臣获“山西省劳动模范”称号。6月30日，在该厂建厂二十周年之际，国电集团公司党组书记、总经理周大兵为该厂题词“风雨二十年，光明洒人间，努力争一流，铸造新辉煌”，以示勉励、鞭策大同第二发电厂。国电集团公司副总经理朱永芃、中共大同市委书记来玉龙、市长郭良孝、国电电力公司总经理刘润来、党组书记王风华、副总经理陈斌以及山西省、大同市、华北电网公司、国电电力系统兄弟单位代表、驻同部队首长和曾在大同第二发电厂工作过的老领导参加了庆典活动。集团公司和国电电力公司领导希望大同二厂在做精一期的同时，支持二期、三期建设，抓紧实施四期开发，抓住机遇，开拓创新，培养一流人才，实现一流管理，创造一流效益。

（姚国华）

【安全生产工作】 2004年，该厂按照国电集团公司“夯实基础、确保安全、提高效益”要求，认真贯彻安全生产法，深入开展“我要安全”活动，取得了效果。组织开展了查领导、查制度、查隐患、查纪律、查整改、查人身不安全因素等为主要内容的春季、秋季安全大检查和防洪、防风、防火、防冻、防电气污闪等专项安全检查，发现问题，及时整改。对安全工器具、起重机具、登高工具及厂内运输设备实行定期试验。强化了党委和工会对安全工作的监督、指导、教育、服务职能。通过开展提安全合理化建议活动，建立安全机制。截至2004年12月底，安全生产实现了全年无考核事故，至年底，安全生产记录累计达到563天，全年实现无轻伤以上事故的历史最好成绩。

（姚国华）

【思想政治工作】 该厂思想政治工作坚持“求实、求新、求进”的工作思路和“明理、顺气、鼓劲”的工作方法。在体制上，建立起“大政工”网络、实行“一岗双责”，形成党政工青齐抓共管的新格局；在制度上，进一步建立和完善了《党委议事规则》、《企业重大事项决策监督办法》、《党政联席会议制度》等，使思想政治工作融入安全、经济、文明生产管理工作中；在方法创新上，由单项灌输向主客互动型转变；在手段创新上，构建起企业政治工作网络平台，与企业相关新闻、宣传媒体一道，成为企业思想政治工作的有效载体和舆论阵地；在机制创新上，建立起思想政治工作运行、激励、保障、反馈、预警和考核机制，使思想政治工作与企业行政工作同布置、同检查、同考核，取得了实效。在2004年6月召开的山西省思想政治工作研讨会上，大同二厂被中共山西省委宣传部、山西省总工会等评为“山西省思想政治工作优秀企业”。

该厂坚持以人为本，构建独具特色的企业文化体系，实施了推动文化建设的“十大工程”。制定了企业文化建设规划，开展理念征集，编制了《员工手册》，提炼出21条核心文化理念，汇编了《企业文化建设论文专集》，以文化建设推动企业“三个文明建设”协调发展。获中国企业文化研究会颁发的2003～2004年度“全国企业文化建设实践创新奖”证书。

（姚国华）

【通过“三项标准”管理体系监督复审】 2004年4月

20日，中电联认证中心监督审核组对大同二厂就2003年度通过质量、职业健康安全和环境管理体系认证注册后“三项贯标”工作进行第一次现场监督复审。监督审核组重点深入车间班组、机关部室，对“三项贯标”工作管理体系的运行、保持和改进情况进行现场监督审核、检查认证证书使用情况，先后召开各层次座谈会，深入了解“三项标准”管理体系在各管理层贯彻落实情况。4月22日，经北京审核中心评定委员会批准，该厂继续保持注册资格，继续使用认证证书和认证标志。

（姚国华）

【拓展外部市场工作】 根据国电电力发展股份有限公司提出的将大同第二发电厂建成国电电力系统检修“基地”的要求，2004年该厂先后承担了石嘴山发电有限责任公司1号机组大修、2号、3号机组小修任务。石嘴山发电有限责任公司1号机组大修是建厂以来首台机组大修，大同第二发电厂在其1号机组大修招标工作中顺利中标，也是该厂首次承担330兆瓦机组大修任务。在承担的检修项目中实行检修目标风险承包。经过精心检修、精心调试，使检修后的设备不仅带满铭牌出力，而且机组等效可用系数比修前明显提高。同时，该厂还承揽了大同发电有限责任公司2×600兆瓦机组的辅机运行和机组检修任务，成立了专门机构，提前跟班作业，力争实现机组启动后无缝交接。2004年10月，与大同煤矿集团公司签订了“同煤大唐4×50兆瓦机组技术服务合同”，承担大同煤矿集团公司所属塔山发电厂运行、检修、管理全部工作，进一步拓宽外部市场。

（姚国华）

【运行培训中心揭牌运作】 国电电力大同运行培训中心是面向国电电力系统的一个培训基地，内设综合部、仿真部、教学部和技能鉴定部，由大同第二发电厂负责管理。2004年3月开始设备订货，10月底，完成了火力发电厂运行人员培训大纲编写、师资力量的充实、培训设施的安装和调试、600兆瓦、200兆瓦机组软件开发、600兆瓦、200兆瓦火电仿真机培训运行规程编制、600兆瓦、200兆瓦火电仿真机培训系统图册的编写等工作。11月28日，国电电力公司总经理刘润来、副总经理陈斌带领国电电力公司所属单位领导参观了大同运行培训中心，出席了大同运行培训中心剪彩仪式。12月1日，国电电力公司大同运行培训中心正式揭牌运作，来自大同发电有限责任公司的75名运行人员首批接受3个月集控运行全能值班员600兆瓦火电仿真机培训，大同运行培训中心完全按照机组启停过程模拟进行事故处理、运行交接班制度，进行24小时三班轮换制培训。

（姚国华）

企业地址：山西省大同市光华路1号
邮政编码：037043
电　　话：0352－5082130（办）
　　　　　0352－5082222（总机）
传　　真：0352－5082137

国电宣威发电有限责任公司

【概　况】 国电宣威发电有限责任公司（以下简称宣威公司）位于素有“云腿之乡”美誉的滇东北重镇宣威市，东枕贵昆铁路，西踏326国道，南倚钱屯水库，北邻宣威市城区。截至2004年12月31日，宣威公司运行总装机容量为1200兆瓦（五、六期扩建工程建成的4台300兆瓦机组），筹建七期工程装机容量2×300兆瓦。是云南电网仅有的两个百万千瓦级火力发电企业之一，是云南电网重要的电源支撑点，也是中国国电集团公司、国电电力在滇最大的发电企业。2004年末，公司在岗员工1077人，2004年主要经济指标完成情况见表1。

表1　2004年主要经济指标完成情况

项　目	单　位	本年完成情况	上年完成情况	同期相比
发电量	亿千瓦时	65.88	41.45	增24.43
厂用电率	%	5.21	5.3	降0.09个百分点
发电标煤耗率	克/千瓦时	328	332	下降4
供电标煤耗率	克/千瓦时	344	347	下降3
设备利用小时	小时	6291	6765	减少474小时
设备可调小时	小时	—	—	
等效可用率	%	93.55	87.88	提高7.25个百分点
水能利用提高率	%	—	—	
主设备完好率	%	100	100	
主设备一类完好率	%	100	100	
发电总成本	万元	—	—	
发电单位成本	元/千瓦时	—	—	
发电总产值	万元	129040	78976	增63%
全员劳动生产率	万元/（人·年）	140	86	增63%
上缴税金	万元	16659	11083	增50%
固定资产原值	万元	395001.7	351858.5	增12%
固定资产净值	万元	349710.3	322602.6	增8.4%

2004年，该公司坚决贯彻国电集团公司、国电电力2004年工作会议精神，执行董事会的各项决议，秉承“企业与员工协调发展，动力和光明奉献社会”的企业价值观，弘扬“日新日进、勇争一流”的企业精神，发扬“严勤细实、快和高新”的工作作风，实践“爱人爱己爱企爱国，当优秀员工；做实做新做大做强，创一流企业”的文化理念，全面落实“安全第一，成本领先，管理科学，团队强企“的经营方针，面对电力市场供求矛盾突出，资源供应紧张，生产基建任务繁重，经营环境复杂的严峻形势，公司经营班子及全体员工同心同德，克服困难。公司生产安全稳定，员工队伍稳定，三项责任制考核目标如期实现。国电宣威公司被国电电力评为“经营目标、党风廉政精神文明建设先进单位”，该公司党委国电电力先进党委，公司还被评为“云南省文明单位”、“云南省模范职工之家”、“云南省职工职业道德建设十佳单位”。

（殷　林）

【安全生产工作】 在安全管理上，按照安全生产“适应电网、适应市场、适应社会”的要求，牢固树立保人身、保设备、保电网的“三保”意识和“四不伤害”意识，深入开展“我要安全，我为安全提建议”活动。启动公司领导联点安全活动和安全接待日活动，公司领导每月至少参加1次联系单位的安全活动，安全接待日活动5次，解决了员工反映问题105项，强化干部现场值班工作，推行“商业非停”和“零缺陷”、“零疏忽”管理。设立长周期安全奖，加强过程控制，提高安全生产、设备维护、检修质量水平。实现跨年度连续安全运行1863天（含老厂记录），本年度连续安全生产366天。在生产管理、设备治理、节能降耗上，利用机组消除缺陷、小修机会，采用节能新技术，实施了一批优化经济指标的节能项目，公司供电标煤耗率比上年同期的347克/千瓦时下降了3克/千瓦时。折合节约原煤3.2万吨，节约成本394.6万元。在国电电力开展的300兆瓦机组对口竞赛中，8号机组获第一名，7号、10号机组分获第二、三名，完成了9号机组半年试生产、10号机组“168”试运行和五期工程竣工环保验收工作。公司还抓住电网调峰机会，重点完成了9号炉电除尘器抢修，消除了7号炉高再泄漏等缺陷，查清和消除了9号机组振动大的重大缺陷。

（殷　林）

【经营管理工作】 认真开展“管理效益年”活动，将责任目标层层分解，细化、量化考核指标，对照国电集团公司、国内先进指标、优秀指标制订对策措施，实行“对标”管理，提出并实践“零成本效益”观念。按照“以市场营销为龙头，安全生产为基础，生产为营销服务”的要求，紧紧抓住电量、电价、燃料供应等影响经营目标的重要因素做好经营管理工作，使公司全面超额完成了董事会下达的利润目标。在燃料管理方面，该公司全年进煤374万吨，保障电煤供应。在电煤供应紧张的严峻形势下，积极主动与地方各级政府和煤矿加强沟通，争取各方支持，制定“保煤增电”措施，加强内部管理，按质论价，全年接卸煤车21.7万车，来煤检斤、检质率100%。尽管燃煤涨价降质，但入炉煤、入厂煤的热值差得到严格控制。全年资产负债率为73.08%，国有资本保值增值率为120.71%，净资产收益率为17.92%。

（殷　林）

【人力资源开发管理】 该公司大力开发人力资源，走团队强企之路，抓好队伍建设，提高员工综合素质。对主管及以上管理人员进行管理知识培训，对中层干部进行封闭式军训，加强干部作风建设，加大干部轮岗锻炼的力度。开展全员培训，推行持证上岗，全年培训7862人次。结合国电集团和国电电力“168”人才规划，抓好“三支队伍建设”，首次评聘3名技术专家、19名技术带头人、34名生产技能人才，并给予相应待遇，留住了人才，调动了员工学技术、钻业务的积极性。10月，任命、竞聘了36名中层管理人员，对18名中层管理人员进行岗位调整，调整面达50%，对一般管理、生产岗位及后勤服务岗位，通过双向选择，由部门负责人选聘员工；完善收入分配机制实施以岗位薪点工资制为主体的薪酬制度，绩效奖励向关键岗位和核心人员倾斜；建立健全了系统配套的企业管理制度，规范了管理。

（殷　林）

【六、七期扩建工程】 六期工程10号机组于2004年6月16日提前45天投产发电，并在安全、质量、造价、工期等方面达到了国内同期先进水平。安全文明施工步入全国一流行业，建筑工程优良率、安装工程优良率为96.5%和98.86%。在国内率先实现了将电气监控系统（ECS）以通信方式纳入DCS控制，并首次在300兆瓦机组上成功应用等离子点火技术。10号机组启动用油494吨，比9号机组少用563吨，六期工程比五期工程少消耗启动用油1180多吨。六期工程除尘器效率、供电煤耗率等经济技术指标均好于五期工程，六期工程的总体水平优于五期工程。

七期工程前期工作扎实推进。全面完成了可行性研究收口、初步设计方案审查、征地拆迁、三大主机、主要辅机招标等工作，建筑、安装工程按进度计划推进。按项目核准制的要求，抓好七期相关批文的促批工作，并取得项目核准制所要求的26个支持性文件。

（殷　林）

【五期扩建工程竣工环境保护通过验收】 8月31日，

国家环境保护总局主持的宣威电厂五期扩建工程竣工环境保护验收会在公司召开。国家环保总局、国家环境监测总站、云南省环境保护局、云南省环境监测中心站、曲靖市环保局、宣威市环保局的有关领导和专家以及环评编制单位昆明理工大学、工程设计单位云南电力设计院和国电集团、国电电力的有关领导和专家代表莅临会议。在听取汇报后，验收组人员到冷却水塔外隔音墙、围墙外南排水沟、虹桥铺冲灰场、集控室等地实地检查。经过与会专家和领导的现场检查和会议讨论，国家环保总局污控司司长吴报中宣布五期工程项目环境保护顺利通过验收。

（殷 林）

【要事摘编】

3月11日，中共云南省委副书记、副省长秦光荣一行到宣威公司视察工作 。该公司党委书记、总经理李宏远汇报了公司安全文明生产和六期工程10号机组建设情况。省委领导对该公司的总体工作表示满意，并希望再接再厉、再创佳绩。

5月30日，国电集团公司副总经理陈飞，在国电电力公司总经理刘润来陪同下到宣威公司视察工作。陈飞一行深入已投产的7号、8号、9号发电机组和正在进行168小时试运行的10号机组集控室、七期扩建工程现场检查指导工作。

6月26日晚，来自国电集团公司云南片区的发电企业和建设单位的6家文艺代表队汇聚宣威市，以文艺汇演的形式，庆祝宣威电厂六期扩建2×300兆瓦工程投产发电。

7月3日，国家环保总局环境评价监督司副司长赵维钧、环境评估中心评估一部主任多金环到公司检查环保工作，在听取公司汇报后，赵维钧一行对六期扩建工程投产9、10号机组运行环境进行实地检查。

12月16日，云南省副省长李新华视察宣威公司，陪同视察的有省经贸委副主任岳跃生、云南电网公司副总经理张滇生、曲靖市委书记米东生、市长李培、宣威市市委书记李正阳、市长朱兴友等领导。

（殷 林）

企业地址：云南省宣威市钱屯
邮政编码：655400
电　　话：0874－7257118
传　　真：0874－7253480

国电宁夏石嘴山发电有限责任公司

【概 况】 2004年，国电宁夏石嘴山发电有限责任公司（以下简称石嘴山公司）4×330兆瓦工程建设任务全部结束，公司由基建转入发电生产。截至2004年底，公司共有员工601人。石嘴山公司以确保安全生产、提高效益为中心，以“管理效益年”活动为主线，以设备治理为突破口，团结拼搏，锐意进取，科学管理，扎实工作，较好地完成了国电集团公司和国电电力发展股份有限公司确定的各项任务目标。全年完成发电量87.8亿千瓦时，完成利润2.985亿元，净资产收益率达到31.8%，综合厂用电率为7.62%，供电煤耗为346.92克/千瓦时。2004年该公司分别获“国电一级奖状”、“全国‘创建学习型组织、争做知识型员工’活动示范单位”、国电电力“三项责任制考核全优单位”和宁夏自治区“先进工业企业”、“文明单位”、“平安模范单位”等称号。总经理沈冶获宁夏自治区“五一”劳动奖章和“优秀青年企业家”称号。

（窦鸿斌）

【全国燃煤示范电厂建成投产】 宁夏石嘴山电厂4×330兆瓦扩建工程于1998年被电力规划设计总院确定为“2000年燃煤示范电厂”试点项目，由西北电力设计院采用模块化进行示范化设计。2001年2月28日工程正式开工建设。国电宁夏石嘴山发电有限责任公司在“建设全国燃煤示范电厂，争创鲁班奖”目标的指引下，通过采取“小业主，大监理，大咨询”的管理模式，深入开发应用P3管理软件，全面采取科学先进的工程安全、进度、质量、造价控制措施，于2004年6月4日以投资不到40亿元、工期39个月的先进水平正式完成石嘴山电厂4×330兆瓦扩建工程的建设任务，4号机组比计划工期提前26天投产发电，并且质量优于前三台机组。燃煤示范电厂试点项目在国电集团公司首先建成。

（窦鸿斌）

【电力设备外委检修模式成功实施】 按照新厂新办法的规定，石嘴山公司4台330兆瓦扩建工程不设立大、小修队伍，4台机组设备的大、小修工作全部实行外委承包。为国电集团公司内的检修队伍提供锻炼机遇，同时也为国电电力发展股份有限公司建立区域检修队伍积累经验，该公司将机组外委检修任务全部承包给具备20万千瓦机组检修资质的大同二电厂、朝阳电厂。2004年8月底开始，石嘴山公司进行1号机组大修，此次大修是国电电力公司系统内的首台300兆瓦机组大修，经认真筹划和精心安排，1号机组大修工作圆满完成。1号机组大修工作的成功，标志着国电电力发展股份有限公司实施的系统内跨区域外委检修模式的成功。

（窦鸿斌）

【全面预算管理】 石嘴山公司从2001年开始全面引进和应用全面预算管理模式，实施三级预算管理，将企业一切管理行为均纳入考核范围，加大预算执行的考核力度，使主要成本指标在控或可控。该模式对传统的全面预算管理的内容进行了全面深化，使公司全面预算管理内容涵盖公司工程建设、生产管理、经营管理、党群工作的各个环节，包括发电量、销售电量、设备运行、检修保障率、燃料、检修、材料、费用成本和安全文明生产、缺陷管理、月度工作完成考核等工作。实行绩效工资制度，每月全面预算考核指标的完成情况，并直接与工资、奖金挂钩考核，通过月度和季度预算执行结果的及时考评奖惩，使员工的节约意识明显增强，对各项成本费用支出进行了有效的自我控制，降低了成本支出。全年供电煤耗比上年度降低了12克/千瓦时；综合厂用电率比计划指标降低0.08%；发电水耗完成2.55千克/千瓦时，比计划降低0.45千克/千瓦时。2004年平均售电单位成本比年度预算值降低10.59元/千度。

（窦鸿斌）

【燃料“立体分权”管理】 石嘴山公司对燃料采购与管理工作极端重视，将燃料采购、运输、计量、采样、化验等环节分开，分别归不同的部门管理，使燃料管理工作形成权力分离、互相制约的“立体分权”管理机制，并通过计算机管理，保证了燃料管理的公正、透明，确保了入厂燃料的质量和燃料工作方面的廉洁、规范。

该公司坚持做到以下六点：①由燃料管理人员与纪检部门人员共同到煤矿实地进行科学取样，及时化验，掌握第一手资料以备合同谈判之用。②合同条款制定采取严格的措施，实行激励与惩罚相结合、劣煤重罚的办法，在地方煤采购合同条款中统一规定了停止进煤、拒付煤款、减半支付煤款等处罚事项，加强对劣质煤的惩罚力度，同时对热值高于合同约定值的给予奖励。③燃料管理人员每日深入各个矿点及时了解煤质的变化，对不合格煤质及时提出整改措施，将燃料质量监督的关口前移到矿区，确保了入厂煤的质量。④实行车车采样、化验，自动打卡制度，杜绝管理疏漏，减少人为因素干扰。⑤主动开拓煤源，该公司要求营销人员经常深入到周边各个地方煤矿、大型焦化洗煤厂等，主动与供货商接触，不断开拓和发现一些供煤质量稳定、信得过的单位，积极开辟燃料采购市场。⑥燃料采购采取公开、公平、公正的原则，实施公开招标，杜绝暗箱操作。由于加强管理，2004年石嘴山发电公司单位燃料成本比上年度降低0.51元/千度。在全国电力燃煤涨价、质量下降的形势下，加强燃煤供应与管理，确保燃煤供应库存量每月保持在20万吨左右，燃煤价格和质量控制在计划范围内。全年单位燃料成本比年度预算降低了5.99元/千度。

（窦鸿斌）

【石电SIS模式】 SIS系统指火电厂生产过程信息监控系统，原国家电力公司将此系统的研究和开发列为重大科研项目，将石嘴山电厂扩建工程确定为此项目的依托工程。石嘴山公司从石嘴山电厂扩建工程的设计、基建时期就开始同步进行SIS系统建设。在3年的基建过程中对SIS系统做了详细的规划、设计和施工建设，随着4号机组2004年6月4日的顺利投产，该公司SIS系统建设基本达到预期目的。年底经过中国电机工程学会组织的初步鉴定验收。石嘴山电厂扩建工程SIS系统在全国首次创立并实现具有“实时优化+生产管理+远程监管”特点的全新SIS系统应用模式，被中国电机工程学会鉴定委员会誉为“石电SIS模式”。该系统设计先进、结构合理、安全可靠。它的成功研制和应用，不仅验证了这一系统的先进性，而且在推动国内SIS的健康、规范发展上做出了积极贡献。

（窦鸿斌　赵　东）

【全员营销模式】 石嘴山公司将营销工作视为企业工作的“半壁江山”，在企业内部提倡全员公关、全员营销，员工营销工作做到有礼、有法、有节，维护好公司形象和利益。针对具体的营销工作，做好专门安排，形成有效的工作机制。

在电价和电量申报工作方面，该公司成立了专门的电价电量营销工作小组，由公司总经理任组长，负责总体领导、决策、协调工作；总经济师、总会计师任副组长，负责具体业务筹划、领导和沟通工作；公司计划部、财务部有关人员任成员，专门负责电价电量营销日常业务工作。公司内部建立分层负责、分级管理、横向到边、纵向到底、日常协调、重点突击的电价电量营销工作机制，使得公司电价电量营销工作长期不懈地开展。在首台机组投产时，国家电价政策已经批复，投产当年就实现了赢利。2004年10月20日公司电价获得了宁夏自治区物价部门的批复，国家发改委批准的电价到位，电价申报获得成功。燃煤采购与矿方签订长期供货合同，燃煤供应基本得到保证；水源供应获得了当地政府的城市用水增容费减免和用水价格优惠政策；电费回收每月回收率均能保持在90%以上；所得税获得了8年期减免优惠；排污费2004年减半缴纳。该公司广大员工树立起了争取电量、争取电价、合理安排检修、全员控制成本等观念，一个经营管理型的企业经营理念和模式在石嘴山发电公司已经初步形成。

（窦鸿斌）

【复合型员工培养机制】 在运行岗位实行全能值班员制度，要求运行人员要熟练掌握全厂锅炉、汽机、电气、辅助车间和公用系统设备的操作。为了使运行人员达到全能值班的条件，石嘴山发电公司推行全能值班员动态考核管理制度，对运行人员认真进行了理论培训、仿真机培训、现场实习、机组试运等培训工作，并采取了每月（季度）考试考核、定期调岗的制度，将学习成绩、工作表现与岗位、岗级直接挂钩，使他们全力投入到全能值班员的学习和技术培训中，成为合格的全能值班员，为保证企业运行工作的长期稳定打下了良好的基础。全能值班员动态考核管理制度的实行增强了运行人员的责任心，激励大家发奋上进，积极学习技术，形成了一种争做最佳值班员的良性竞争环境，同时也促使运行管理更加科学、高效。该制度的推行和实施是国电宁夏石嘴山发电有限责任公司实施示范电厂管理的一个成功典型。在检修岗位，建立岗位动态考核管理办法，每年进行考试考核，同时结合岗位特点、上岗条件及考核结果适当进行岗位调换，鼓励员工提高本岗位的工作效率和工作质量。2004年9月，在国电集团公司首届300兆瓦火电机组运行值班员技能竞赛中，该公司获得了“团体第二名”的好成绩，有4名员工获得国电集团公司“技术能手”称号。

（窦鸿斌）

【“创建学习型企业”工程】　为建设学习型、经营、效益型全国一流发电企业，石嘴山公司自2003年4月起开始以转变观念和创新载体为切入点，以完善机制和科学管理为立足点，以提升企业核心竞争力和提高职工素质为落脚点，精心开展“创建学习型企业，争做知识型员工”活动。

公司建立了“党委领导、行政支持、工会动员、全员参与”的活动格局，成立了“创争”活动领导小组，把“创争”活动列入精神文明建设的考核范围，为“创争”活动的开展创造良好的运行机制。坚持“以人为本”的思想，明确活动目标、建立活动机构、完善活动机制，创新活动载体，大力实施“以领导干部为对象的‘重点工程’、以管理技术人员为对象的‘骨干工程’、以广大员工为对象的‘基础工程’”的“三大工程”；提出了“全员学习、团队学习、工作学习化、学习工作化”的创争理念，坚持开展“劳动竞赛活动”、“全能值班员竞赛”、“计算机技术比武”、“安全操作无差错竞赛”、“合理化建议活动”等岗位创新活动和“双新奖”（管理创新、理论创新）评选活动及“学习型部室、学习型班组、知识型员工”评比等活动。目前企业内部形成了浓郁的学习氛围和文化氛围，一个学习型企业的特点基本形成。10月，该公司获“全国‘创争’活动示范单位”称号，为全国发电系统惟一获此殊荣的单位。

（窦鸿斌）

【网络政工建设】　石嘴山公司在坚持继承和发展的基础上，紧密结合信息技术的发展趋势，把网络技术快捷、高效、新颖、生动的优势与传统思想政治工作的优势有机结合，进行“网络政工和数字政工”建设。截至2004年底，通过局域网建立了该公司内部网站和党工部、纪检办、团委、工会网页，设立了热点新闻、普法园地、纪检信息栏目、网上党课、电子杂志、网络团校、工会论坛、主席信箱、便民服务等栏目，将企业党建、思想政治工作、精神文明建设、党风廉政建设、团青工作、工会工作内容纳入其中，先后搭建了10个思想政治工作“网络信息平台”。该“平台”的建立，形成了工作、学习、教育、交流的信息高速路，生动、活泼、快捷、高效的管理方式，实现了政工资源的共享和政工管理的网络化、快捷化，增强了企业思想政治工作的时代感和实效性、生动性、主动性，为切实解决员工的思想、工作和生活等问题起到了积极的作用。石嘴山公司“网络政工”的建设经验被全国企业文化建设指导委员会在全国进行了推广交流。

（窦鸿斌）

【双优工程】　石嘴山公司把党风廉政建设工作作为同工程建设同等重要的大事来抓，确立“工程优质、干部优秀”的“双优示范工程”目标。为实现此目标，该公司党委认真抓好廉政建设责任制的落实，定期听取纪委关于党风廉政建设的工作汇报，集体研究党风廉政方面工作，对“三重一大”问题进行统一决策，明确规定实行党风廉政建设“一票否决权”。对各部门一把手提出了实施“一岗双责”，即“经营有责、廉政有责”的要求；在各部室聘任15位党员为公司党风廉政监督员，参与监督检查；加强内外协作，坚持标本兼治，突出重点预防，加大了“检企联合”力度，树立反腐倡廉和预防职务犯罪的“高压线”。把教育作为防腐倡廉的第一道防线，从整体上促进“廉洁、勤奋、创优、示范”的良好工作氛围的形成；抓住完善制度和严格执行制度建设的两个着力点，牢固筑起“双优工程”建设的坚固屏障。整个工程建设期间，未发生干部违纪违法案件，实现了“工程优质、干部优秀”的工作目标。该公司组织开展了“安全好、稳定好、工作任务完成好”的“三好支部”活动和“党员身边无事故”活动，把党建活动和生产工作紧密结合起来，实现了互动、共促和全面提高的工作目的，获得国电集团公司“一级红旗奖状”。

（窦鸿斌　马　恺）

企业地址：宁夏石嘴山市惠农区河滨工业园区
邮政编码：753202
电　　话：0952－3612903/2906/2909
传　　真：0952－3675879

国电电力大同发电有限责任公司

【概 况】 2004年，国电电力大同发电有限责任公司（以下简称大同公司）围绕2005年双机投产目标，认真落实“坚持一个战略，突出一条主线，建立五种管理模式，创新三个激励机制，抓好五项重点工作，实现六个主要目标”的工作要求，组织员工和各参建单位，克服市场给设备、设计和劳动力组织等方面带来的困难和影响，保证工程建设阶段性目标的实现。工程工期、安全、质量、造价可控在控，一直保持了较高水平。团结协作、互相理解、追求卓越的工程建设大团队精神得到充分体现。该公司先后获国电集团公司一级功勋奖状、国电电力发展股份有限公司“三项责任制考核全优单位”、“先进基层党组织”，“大同市推动项目促进发展先进单位”等称号。

（王汝智）

【工程建设管理模式】 大同公司正确处理安全、质量、进度、造价的关系，统筹兼顾，科学发展，建立了五种工程建设管理模式。

1. 建立了工程建设大团队模式 以创一流示范工程为共同目标，以合同为纽带，营造团结和谐的氛围，建团结工程、快乐工程、顺气工程，把业主的事当作大家的事，把参建单位的事当作业主的事，支持、服务、解决问题。通过建立工程协调会、参建单位联络会、安全分析会、质量分析会、进度分析会等有效的协调和沟通机制，使参建各方进一步统一目标、统一行动。

2. 建立了工程造价大计划管理模式 充分发挥计划的龙头作用，加强工程建设过程的全面造价管理，强化了对工程进度投资的计划协调和超前控制。

3. 建立了专业经理协调管理模式 打破公司内部部门界限，打破监理单位、施工单位界限，按专业性质和特点组建了12个专业经理班子，把同一专业人员（包括工程、物资、计划人员）集中在一起，集中兵力，解决技术力量不足、协调难度大、落实慢的问题。

4. 建立了“精品园”管理模式 在实施清水混凝土“精品园”的基础上，结合安装工程实际，研究制定了安装工程“精品园”实施方案，狠抓了电缆敷设、小管工艺等安装工艺质量“闪光点”项目，以汽轮机油系统、发电机等关键系统和设备为重点，推行了洁净化安装，以小精品带动大工艺，以“精品园”管理模式促进了整体安装水平提高。

5. 建立了适应公司运营的生产管理模式 随着工程建设的加快，为适应机组提前投产的需要，按照精干、高效、有所为、有所不为的原则和新企业、新队伍、新机制、新水平的要求，确立了生产管理模式，建立了生产管理运营机构，及早开展了生产和运行人员的培训、上岗工作，加快了生产运营准备步伐。

（王汝智）

【创新激励机制】 大同公司坚持以人为本管理理念，和谐协调，倡导互相尊重，相互理解，相互支持的氛围，建立了有利于团结拼搏，全心全意为股东创效益，合理使用培养员工的激励机制。

1. 创新了施工项目角逐机制 将竞赛引入工程管理，围绕工程进度、安全、质量、文明施工等方面，组织开展专项竞赛活动，促进工程建设目标的实现。

2. 创新了提前投产激励机制 为确保进度目标的实现，经董事会批准，公司出台了《关于设立机组提前投产奖的决定》。为保证今年阶段目标实现，公司出台了《2004年工程形象进度考核办法》，按月、季、年排定的节点进度分阶段考核奖励兑现。

3. 创新了岗位目标管理考核机制 在去年实行全员风险抵押的基础上，完善各参建单位项目班子目标风险抵押办法，出台了《确保2005年实现双机投产责任目标管理考核办法》，层层签订责任状，突出对关键重要岗位的责任目标考核，拓宽了包括风险抵押金考核、奖金考核、岗位岗级升降考核、行政职务升降考核等与责任目标紧密挂钩的考核内容。在今年公司机构调整和生产准备人员到岗后，又根据部门职责、人员情况的变化，调整完善了风险抵押办法，把所有部门和人员纳入风险抵押范围，使员工岗位责任与实现工程进度、质量、安全、造价等目标和要求紧紧捆在一起，形成了责任共担、利益共享的利益共同体。

（王汝智）

【施工组织管理】 根据2005年机组“双投”要求，国电电力大同发电有限责任公司重新修订网络计划，推行日工作结零制，成立了工程督查协调办公室，加强部门之间的协调，及时解决工程中的各种问题，督促检查相关工作的落实，保证工程顺利推进。在质量方面，以建精品工程和夺“鲁班奖”为目标，抓好质量管理标准化建设，制定了《电缆工程施工工艺手册（试行）》、《小径管安装工艺手册（试行）》和《洁净化安装实施规划（试行）》，抓好主体设备的洁净化安装和工程质量“闪光点”项目，在管道支架、电缆敷设、小管工艺等方面创造了多个质量“闪光点”。成立了工程试运指挥部，建立了试运指挥定期会议制度，每天开一次短会，及时协调解决单机试运和分部试运中的问题，保证工程质量达全优。在安全方面，严格坚持作业指导书、施工方案和技术交底制度，突出对起重设备的安全监察，坚持安全文明施工分析预测、检查、评比、考核制度，坚持由该公司总经理挂帅的安全文明施工管理委员会，定期对全工地的安全文明施工情况进行大检查，和安全文明施工执法队不定期进行检查相结合，认真抓好危险点、危险源控制和安全隐患的整改落实，实行闭环管理。在基建期树立效益第一的观念，以计划为龙头加强工程建设过程的全面造价管理，强化对工程进度投资的计划协调和超前控制，从抓好工程质量、工期、造价体现效益。截至2004年底，7号机组不仅实现了汽机台板就位、锅炉水压试验、汽机四缸扣盖、厂用系统带电、化学制水等年内进度目标，还提前完成了锅炉酸洗、锅炉点火两个目标，使2005年的目标提前在2004年实现。8号机组完成了汽包就位、汽机台板就位、厂用系统带电全部年度计划，提前完成了汽机四缸扣盖、锅炉水压试验两个2005年的目标。整个工程进度比合同工期大大提前，2004年共完成工程投资241755万元，比年度投资计划超额20.71%。

（王汝智）

【“管理效益年”活动】 按照国电集团和国电电力的要求，大同公司以机组达标投产为主线，以夯实管理基础和控制工程造价为重点，认真开展了“管理效益年”活动。为达到工程造价在控的管理目标，该公司按照预规项目划分，对合同和费用进行分类、汇总、校核，建立了施工合同执行情况台账、其他费用合同执行情况台账和有关生产准备费用的专项台账。将实际费用发生情况与批准概算进行对比，理清了建安费用控制情况，为搞好工程造价控制提供了依据。为掌握工程费用控制情况，同时，也为工程竣工决算提前做好基础工作，该公司及早安排了对设计变更、变更设计、标外工程发生的费用进行审核、汇总。推行质量体系认证工作，完善工程管理标准制度和程序体系，推进信息化管理，加强工程结算管理、标外工程管理和甲供材料管理，努力控制工程造价，确保了工程进度、质量、安全、造价目标的全面实现。

（王汝智）

【生产准备工作】 根据提前实现“双机”投产的要求，在国电电力公司的具体指导和大同二电厂的配合下，大同公司从人员配置、技术资料准备、生产管理方式确定、外部条件创造和对外委托工作等方面全面开展了生产准备工作。生产管理部、安全监察部、发电部的有关人员均已正式上岗，并围绕生产准备、机组试运开展工作。以7号机组厂用受电为起点，集控运行人员正式上岗倒班，开展各项单机试运工作。在技术资料准备方面，经多次修改，主机（机、电、炉）的系统图（试运版）、集控运行规程（试运版）和机、电、炉辅机运行规程（试运版）、辅助系统（化学、燃料、除灰）的系统图（试运版）、委托大同二电厂一期的辅助系统（化学、燃料、除灰）的运行规程（试运版）、热控逻辑的编辑工作均告完成，为满足试运要求所需的各种记录台账、表格、各类工作票、操作票已在机组试运中采用，生产所需的各种安全和操作工器具根据需要配置到岗位和个人。《生产调度指挥管理制度》、《委托运行管理办法》、《运行分析管理制度》等运行管理制度和《设备停服役管理制度》、《燃煤管理制度》、《计量管理办法》、《关口表实施细则》等生产管理制度已经制定，测控技术规定、测控检修规程和继保规程的编写也已完成。结合现场设备和系统安装实际，建立了设备档案、编制了设备清册、确定了备品备件范围和数量，制定了设备命名和编号原则，并据此进行设备挂牌工作。在机组启动试运所需的外部条件准备方面，积极派人员到华北电网公司、同煤集团和地方煤矿、地方政府、铁路局、供水公司和污水处理厂等单位调查、沟通和商谈，参加煤炭会议、到上级公司反映和汇报情况。按照并网要求进行并网安全性评价的技术资料准备，与大同二电厂一期联合进行煤炭供应和铁路运营方式及价格的谈判。与大同煤矿集团公司签订了15万吨经由铁路运输的生产调试燃煤合同，协助铁路部门完成了该公司铁路自备车皮的招标工作，对60吨重车衡改造方案的论证并予以实施，对煤化验楼操作平台设施的改造。在铁路专用线未贯通前，协调大同煤运分公司暂由公路组织大矿煤的运输。生产管理方面，公司以指挥系统畅通、设备安全可靠、运营成本可控为要求，确立了以点检制为手段，逐步开展状态检修，最终建立状态检修、定期检修、改进检修和故障检修为一体的检修模式，建立了以点检工程师为主体的设备管理体系。在对外委托工作方面，确立合同、市场和法治观念，完成了多项委托工作合同的签订。

（王汝智）

【三期扩建前期工作】 大同公司在抓好在建工程的同时，积极争取地方政府对三期扩建项目的支持。抓住山西省政府召开全省电源建设大会的机会，宣传三期项目的优势和对地方经济的贡献，加强与地方政府及有关部门协商沟通，取得了省、市有关部门的支持与配合。与华北电力设计院密切配合，项目整体工作稳步向前推进。2004年3月完成可行性研究报告的预审查工作后，立即开展初步设计工作，并于9月底完成了由电力规划设计总院组织的初步设计报告的预审查工作。按照国家对建设项目采用核准制的新要求，完成了国电集团向国家发改委上报项目可研报告和山西省发改委向国家发改委上报项目建议书的工作。截至2004年底，环境评价方案报告书顺利通过审查，并取得了国家环保总局的批复文件；接入系统一、二次部分通过了审查，出线方案确定；土地预审报告顺利通过了国土资源部的审批，并出具了批复文件；水土保持方案报告书顺利通过了水利部的审批，并出具了批复文件。至此，无论从深度方面，还是阶段性工作，三期工程都具备了国家核准的条件。

（王汝智）

企业地址：山西大同市裕华街1号
邮政编码：037043
电　　话：0352－5082410
传　　真：0352－5082409

国电邯郸热电股份有限公司

详见本篇目内核企业“国电邯郸热电厂”。

国电长源电力股份有限公司

【概　况】 2004年，国电长源电力股份有限公司（以下称长源公司）实施中长期发展战略规划，资产规模迅速扩张，安全生产运行稳定，经营业绩明显提高，党风廉政和精神文明建设取得成效，完成了国电集团公司下达的各项年度目标任务。全年未发生人身伤亡事故，未发生重大及以上设备责任事故，实现“双零”目标；年发电量完成51.68亿千瓦时，同比增长9.19%，比集团公司下达的计划数超出8.8%；机组发电利用小时5353小时，同比增加165小时；火电厂供电煤耗率369.5克/千瓦时，同比下降0.8克/千瓦时;非计划停运次数（台平均）由2003年的4.1台年下降到2.1台年，等效可用系数（台平均）由90.13%上升到94.91 %。实现主营业务收入12.13亿元，同比增长17%；实现净利润7079.6万元，同比增加1684.1万元，增幅31.21%；加权平均净资产收益率7.94%，同比增加1.57个百分点。全年新增可控装机容量80万千瓦，到2004年底，该公司可控装机容量达179万千瓦，在建项目装机容量254万千瓦，完成了中长期发展战略规划的第一阶段目标。资产总额39.86亿元，同比增加13.09亿元，增长48.9%。获“国电一级奖状”、湖北省首届“诚信示范企业”等称号。

（王　勇）

【安全生产工作】 在建立健全安全生产管理体系，细化完善各项规章制度的基础上，定期召开公司系统安全生产联系会议，编制下发《安全生产简报》月刊，加强了公司内部的安全生产信息交流。按集团公司的要求，组织开展季节性安全大检查和防汛、大坝等专项检查工作，提高了安全生产管理水平。在巩固各厂安全生产管理工作的基础上，初步建立事故应急救援体系，使得江津热电厂、荆门电厂在电网发生突发性事件的情况下，迅速启动事故应急处理预案，有力地保障了电厂运行稳定和设备安全。妥善处理了江津热电厂8号机第二次断叶片事故，机组从事故发生到恢复运行仅花了53天，确保了该厂发电量任务的超额完成。

对年度检修计划进行优化调整，逐步推广状态检修。青山电厂11号机组改造性大修配合“油改煤”二期工程，通过一系列重大非标项目的实施，解决了安全隐患，提高了机组自动化控制水平，并将机组出力由20万千瓦提高到了22万千瓦。陡岭子公司2号机组大修作为投产以来的首次大修，消除了机组设计和制造中存在的主要缺陷，工期、质量都达到了规定要求。在技术改造项目和科技项目的安排上，进一步突出资金的投入产出效益，严格执行重大技改项目的可行性论证和审批制度，实施的技改和科技项目取得了较好的安全和经济效益。

（王　勇）

【资产收购和对外投资】 在集团公司统筹规划和支持下，该公司加大了存量资产的收购兼并力度，整体收购了荆门、沙市、南河3家电厂的全部资产，将集团公司在鄂的存量资产基本纳入公司的管理范畴；收购了湖北省电力开发公司持有的汉新公司5%股权，实现了对汉新公司的相对控股；收购了湖北安盛公司持有的恩施芭蕉河水电公司28%的股权，并取得了待建项目恩施老渡口水电站的控股权，增加了水电装机容量的比重。同时，参股投资了中国国电财务有限责任公司，培育了新的利润增长点。

（王　勇）

【工程建设和前期工作】 在电源建设方面，坚持“确保安全、控制工期、严格质量、控制造价”的指导思想，加强在建工程的管理与服务。在制造厂家任务繁重、国产设备交货多次延期、施工场地狭小等困难条件下，青山“油改煤”工程于10月15日投产发电，建设工期比定额工期提前了一个多月，新增装机容量200兆瓦。

荆门三期扩建工程进展顺利。2004年9月15日，主厂房基础垫层第一罐混凝土浇灌，标志着该工程正式开工。预计1号机组2007年5月投产发电；2号机组2007年11月投产发电。

江西黄金埠新建项目的前期工作稳步推进。2004年3月10日，国电黄金埠发电厂筹建处成立；7月21日，国务院审批通过了国电黄金埠电厂2×600兆瓦工程项目建议书，8月4日，项目建议书批文正式下达。项目公司即将正式成立。

加大了对堵河松树岭水电工程主要建设指标的管理和考核力度，4台12.5兆瓦机组将于2005年8月后陆续投产。此外，公司为后续发展储备了项目，与湖北省电力开发公司签订了各持股50%建设鄂州电厂二期2×60万千瓦机组的投资协议。

（王　勇）

【市场营销和财务管理】 2004年市场营销工作取得较为理想的成绩。在购售电协议的签订过程中，依照《购售电合同》范本与电网公司反复磋商，较好解决了合同双方权责不对等的问题，大大减少了调度部门因机组非计划停运和负荷曲线超红线对电厂的扣罚力度。通过加强对电量、电价结构的分析，优化电量结算方式，确保测价电量的高电价执行到位。在国家疏导电价过程中，除长源第一发电公司30万千瓦机组上网电价下调0.01306元/千瓦时外，其余的电厂上网电价都基本保持不变或有所增加；从10月1日起，富水电厂上网电价调增0.018元/千瓦时，彻底解决了富水库区扶贫基金返还的历史遗留问题；明确了荆门电厂超计划发电量的电价从6月15日起由原0.233元/千瓦时改为按0.26元/千瓦时的全省统一价格结算，使困扰该厂多年的超发电电价问题得到了较好的解决；江津热电厂热力价格从26.5元/吉焦调增到30元/吉焦，当年增加售热收入36万元。同时加大电热费回收力度，完成了集团公司下达的目标比例。

通过突出预算管理刚性，大力压缩固定费用，在燃料成本大幅攀升的情况下，完成了集团公司下达的经营目标。按预算同口径比较，共压缩固定成本5091万元，管理费用142万元，压缩幅度达到全部可控成本的20%，增加净利润3588万元。同时，在贷款利率上调、发展资金投入增加近3亿元的情况下，通过合理调度资金，打好资金运作的时间差，努力降低当期利息支出，全年财务费用比预算节约1809万元。

（王　勇）

【完善管理内控机制】 深入贯彻落实集团公司“管理效益年”活动部署，积极开展管理创新，不断完善管理内控机制。通过“分项负责、分片包干、分层落实”的方式，将年度工作任务分解落实到各部门、各单位。对安全生产、资产经营、工程建设、党风廉政和精神文明建设四大目标，实行了公司领导按分工职责分项负责的领导负责制；将利润和成本目标以电厂为单位分片包干到领导班子成员；成立了年度目标责任制考核和“管理效益年”活动领导小组，将集团公司“管理效益年”活动考评标准细化落实到责任领导和责任部门，并由总经理代表该公司与责任领导和各责任部门签订2004年责任状。在开展本部“三定”工作的基础上，对该公司本部的工作考核办法进行了完善修订，严格奖惩抓落实，细化考核抓绩效。对长源第一发电公司管理体制不顺的问题，进行认真研究，与不同体制单位就委托生产管理模式达成了初步共识。在清理、整顿、完善的基础上，逐步健全了企业管理的制度规范体系，提高了管理基础工作的质量。

（王　勇）

【党建工作】 2004年公司党委、纪委和工会相继成立。2月18日，集团公司党组以国电集党［2004］4号、国电集党［2004］5号文，分别批准成立该公司党委和工会委员会，明确其负责管理国电长源富水电厂、国电长源陡岭子水电公司、国电长源堵河水电公司党组织、工会的职能；4月5日，集团公司党组以国电集党［2004］13号文，批准成立该公司纪律检查委员会。4月26日，集团公司为适应长源电力战略定位的需要，以国电集人［2004］147号文，正式明确长源电力按副局级单位进行管理。

该公司党委自成立以来，迅速建立和完善了党委组织机构，建章立制，夯实党务工作基础；坚持党委中心组学习制度和民主生活会制度，于10月26日召开了公司领导班子民主生活会；落实党风廉政建设和精神文明建设目标责任制，分级签订目标责任书；结合公司董事会换届和高管人员重新聘任，考核调整了公司本部中层干部，对重新聘任干部进行集体廉政谈话；加强党风党纪教育，规范领导干部廉洁自律行为，建立和健全了领导干部重大事项报告、收入申报、礼品登记等廉政档案。12月，集团公司党风廉政和精神文明建设考核组对该公司进行检查考核后，对其党风廉政和精神文明建设情况作出了较好评价。

（王　勇）

企业地址：湖北武汉武昌徐东大街351号长源电力商务中心

邮政编码：430077

电　　话：027－88566214

传　　真：027－86786970

国电大渡河流域水电开发有限公司

【概　况】 2004年,国电大渡河流域水电开发有限公司(以下称大渡河公司)按照“重安全保稳定、重形象保截流、重前期保立项、重管理保效益”的工作思路,全面推进各项工作,安全稳定局面良好,电力生产连创新高,流域开发有序推进,多种经营势头强劲,管理工作紧张有序,三个文明协调发展。该公司下属的龚嘴水力发电总厂下辖龚嘴和铜街子两个水电站,总装机容量1320兆瓦,年设计发电量66.28亿千瓦时。2004年共完成发电量59.77亿千瓦时,创该电厂历史最高纪录,比2003年增长14.77%,为年计划52亿千瓦时的114.9%,同比增长15.7%;瀑布沟工程完成总投资12.05亿元,为年计划的94.1%,其中建筑安装投资7.07亿元,为年计划的101%;完成销售收入9.86亿元,实现利润总额4.5亿元,为年度利润计划的112.5%,同比增长23.6%;电费回收率100%,陈欠电费回收31%;无安全责任事故,电力生产实现了全年无事故;瀑布沟基建单元工程优良率93%,无质量事故。该公司获"国电一级奖状",首次进入四川省工业企业50强和最佳经济效益10强;党委获"国电一级红旗奖状",并被国务院国资委党委授予"中央企业先进基层党组织"称号;总经理刘金焕被国家人事部、国务院国有资产监督管理委员会授予"中央企业劳动模范"称号。

1. 安全管理　加强安全软件和硬件环境建设,把员工作为安全管理的主体,保持了安全生产的良好局面。

2. 市场运营　抓好设备检修维护和技术更新改造,发电量连创日、月、年历史新高,提前54天完成集团公司下达的年度电量计划,电量结构总体上优于公司上年同期水平和电网平均水平。

3. 工程建设　瀑布沟水电站建设全面铺开,实现了工程开工、入驻黑马营地,并承办了集团公司基建工作座谈会。工程质量显著提高,工程形象面貌焕然一新。但由于社会突发事件影响,工程截流目标未能实现。强化业主的主导作用,调动和发挥参建各方的积极性,促进了工程建设。

4. 流域开发　按照国电集团公司总经理、大渡河公司董事长周大兵确立的流域开发"二十字"战略方针,明确提出了流域开发"1469"工作思路。坚定2020年"装机一千五"的目标不动摇,充分运用政策和策略,有序推进流域项目前期工作。

5. 经营管理　根据集团公司总体部署,深入扎实地开展"管理效益年"活动,全面提升了企业管理水平,战略管理推向一个阶段性高峰。

6. 多种经营发展　编制出台了公司《多种产业发展战略规划》,控股成立了四川大金源实业有限公司,着力于抓住机遇加快发展,使综合开发真正撑起企业兴旺和员工富裕的一片蓝天。

7. 队伍建设　认真落实党风廉政、精神文明建设责任制。在队伍建设中贯穿以人为本管理这条主线,强调尊重人、理解人、关心人,重视把员工的积极性组织好、调动好、维护好、发挥好,使企业呈现了同心同德、群策群力的生动局面。

(贺玉彬　任开福　冉开金)

【瀑布沟水电站开工建设】　3月30日,中国国电集团公司和四川省人民政府为大渡河瀑布沟水电站工程举行隆重开工典礼,国电集团党组成员、副总经理陈飞主持典礼仪式。国电集团公司总经理周大兵和四川省省长张中伟共同为奠基石揭幕,宣布国家"十五"重点建设项目,西部大开发标志性工程,四川在建最大水电站——大渡河瀑布沟水电站正式开工建设。

瀑布沟水电站位于大渡河中游四川省汉源县和甘洛县两县境内,距成都200公里,是一座以发电为主,兼有防洪、拦沙等综合利用效益的大型水力发电工程。电站装机6台,总装机容量3300兆瓦,保证出力926兆瓦,平均年发电量145.8亿千瓦时,水库总库容53.9亿立方米,具有季调节能力。工程静态投资166.51亿元,动态总投资199.33亿元。前期工程于2001年11月动工,主体工程2004年正式开工,计划2005年截流,2009年第一台机组发电,2010年工程完工。瀑布沟水电站由成都勘测设计研究院设计,国电大渡河流域水电开发有限公司开发建设。

电站枢纽由拦河大坝、引水发电建筑物、泄洪洞、放空洞、尼日河引水工程等部分组成。拦河大坝由砾质土直心墙堆石坝和3孔宽12米的溢洪道组成;砾质土直心墙堆石坝坝顶高程856米,坝顶宽14米,坝轴线长度573.5米,最大坝高186米。引水发电建筑物由岸塔式引水口、6条有压式引水隧洞、地下厂房、地下主变室、地下尾水闸门室及2条无压隧洞组成。尼日河引水工程由首部枢纽和引水隧道组成。

(冉开金)

【获准开展大岗山等6个电站前期工作】　2004年5月24日,四川省发展和改革委员会以川发改能源[2004]276号、川发改能源[2004]277号、川发改能源[2004]278号文批准同意由国电大渡河流域水电开发有限公司开展大渡河大岗山、深溪沟、猴子岩、巴底、双江口和金川等6个水电站的前期工作。该6个电站分别位于四川省大渡河干流上的雅安市、凉山州、甘孜州和阿坝州境内,总装机容量844万千瓦。上述电站开发权属的明确和前期工作的全面展开对于国电大渡河公司实现流域梯级开发建设的目标具有重要的作用。

(程陆军)

【龚嘴水电站机组改造增容初见成效】　龚嘴水电站装有7台水轮发电机组。水轮机型号HL220－LJ－550,额定出力100兆瓦,设计水头48米,发电机型号TS1280/150－68,额定容量110兆瓦,全部为东方电机厂产品,投运于1972～1978年间。

水轮机叶片材料选用的是15MnMoVCu、20MnSi或0Cr13Ni6Mo。由于运行时间长,加上大渡河泥沙含量大,水轮机磨损老化严重,修复困难,发电机绝缘老化下降,机组安全性能下降。

为解决机组安全和水轮机、发电机出力不匹配问题，2000年7月启动了对龚站机组水轮机及发电机的改造增容工作，与东电签订了机组订货合同。水轮机由加拿大GE公司设计并制造转轮，导水机构由东方电机股份有限公司制造，发电机由东方电机股份有限公司设计制造，发电机通风系统由哈尔滨精英水电有限公司设计并制造。

龚嘴水电站1号机组于2003年4月17日完成改造，投入运行。5号机组于2004年5月10日完成改造投入运行，改造后机组额定出力从100兆瓦提高到了110兆瓦，特别是汛期低水头运行时出力明显高于其他未改造机组，机组安全性能提高，2005年1月18日，通过了四川省发改委的验收和额定容量从100兆瓦增加到110兆瓦的批复。龚站机组改造增容工作初见成效，后续机组改造工作正按计划稳步进行。

（任开福）

【龚嘴和铜街子水电站实现“少人值守、集中控制”】 大渡河公司龚嘴水力发电总厂管辖的龚嘴水电站装机容量为5×100兆瓦+2×110兆瓦，设计年发电量34.18亿千瓦时，于1966年3月开工建设，1971年12月第一台机组发电，1978年全部建成投产。铜街子电站装机容量为4×150兆瓦，设计年发电量32.1亿千瓦时，于1985年正式动工，1992年10月第一台机组发电，1994年12月全部建成投产。龚电总厂集控楼沙湾距龚嘴、铜街子两站均为30公里。

龚电总厂于1995年成立了“无人值班”（少人值守）工作领导小组和办公室，负责“无人值班”（少人值守）工作的全面规划和组织实施。1996年开始正式启动，1998年5月完成铜街子水电站监控系统改造，2001年4月建成沙湾集控中心，对铜街子水电站实施实时控制；2004年5月龚嘴水电站监控系建成投运。

2004年8月16日～11月16日进行了“两站少人值守、沙湾集中控制”试运行，12月16日通过上级验收并得到国电集团公司正式投运的批复，成为国内第36家通过“无人值班”（少人值守）验收的电厂。

（任开福）

【控股成立四川大金源实业公司】 国电大渡河公司按照“三线并进”的指导方针，于2004年5月18日投资控股成立了四川大金源实业有限公司。注册资本2000万，公司控股20%，投资额为400万。2004年，该有限公司先后成立了黑马分公司、梯调中心项目部、黑马监理公司、金川太阳河流域公司等，开展了物业管理、工程监理、小水电开发和辅助工程管理等业务，全年完成产值7000万元。

（李　靓）

【党建工作】 大渡河公司党委遵循国电集团公司“做实、做新、做大、做强”的方针，不断创新党建暨思想政治工作。按照推进大党建工作的总体思路，与参与大渡河流域水电开发各建设单位合作，在弘扬大文化、实施大监督、展开大竞赛、建设大团队、强化大协作上作了积极有益的探索，使业主单位的党建、精神文明和企业文化建设延伸覆盖到整个工程。

（1）倡导富于大渡河流域特色的水电工程文化，加强大团队思想作风建设。

（2）该公司纪委与四川省检察院在瀑布沟工程建设中联合开展“工程优良、干部优秀”活动，严防职务犯罪，推行保廉协议制度，形成大监督体系。

（3）按照大渡河流域劳动竞赛管理办法，坚持开展样板工区、流动红旗评选活动，形成完善的竞赛体系。

（4）发挥各参建单位党组织作用，为大渡河流域水电开发提供强有力的思想组织保障，营造良好的发展氛围。

（冉开金）

企业地址：四川省成都市总府路45号26F
邮政编码：610016
电　　话：028－86896600
传　　真：028－86626010

国电四川电力股份有限公司

【概　况】 2004年，国电四川电力股份有限公司（以下称四川电力公司）贯彻落实国电集团公司年度工作会议精神，坚持“做实、做新、做大、做强”的八字方针，以安全生产为基础，以经济效益为中心，以市场为导向，以发展为主题，扎实深入地开展“管理效益年”活动，克服安全生产基础薄弱、燃煤供应紧缺、煤质极不稳定、燃煤价格大幅上扬、管理体制不顺、市场竞争激烈等种种困难，全面完成国电集团公司下达的各项目标任务。全年累计完成发电量15.76亿千瓦时，实现电力销售收入31253万元，实现利润总额4437万元（实现考核利润3403万元），净资产收益率8.10%，单位发电成本0.1495元/千瓦时，资产负债率56%，本年度电费回收率100%，陈欠电费回收率53%。截至2004年底，资产总额12.04亿元，母公司在册正式职工497人。2004年获集团公司“管理效益年”活动和目标责任制考核优胜单位、“国电一级奖状”和“四川省银企合作诚实守信先进单位”、“四川省重合同守信用企业”等称号。

（罗　越）

【加强电量管理】 2004年，四川电力公司从电量的“质”与“量”上入手加强电量管理。在“量”上采取了五项措施：①加强对设备的运行管理与维护，科学合理地安排检修计划；②坚持做好发电量的月度安排预测工作，密切联系电网调度部门，随时跟踪电网情况，全力抢发电量；③对煤炭的运输情况、到货情况、储存及耗用情况进行全过程的监督和管理，做到有措施、有预案；④加强对生产日报和燃料日报的分析和管理，加强对上网电量的监控和观察，及时掌握电量生产情况，掌握机组的运行状况，针对性地开展工作；⑤多渠道、多形式创造好的社会人文环境。

在“质”上采取了三项措施：①加强与电网公司沟通，并积极协助直属电厂在机组的启停、负荷的加减以及涉及影响机组运行的方式安排上与电网联系、协调，争取获得最经济的运行方式；②及时掌握电网运行方式的变化特征，多发峰段合同电量，多发枯期合同电量，从而提高平均上网电价；③密切注视电量比例结构、电量种类结构，多渠道寻求电量销售途径，优化电量销售结构和结算电价，严格执行调度命令，最大限度地杜绝不合格电量及欠发电量的产生，提高电量的含金量。

（罗　越）

【实施安全生产“一二三四五”工作法】 2004年，四川电力公司在安全生产工作中实施“一二三四五”工作法，切实加强安全生产管理。坚持“一个方针”，即“安全第一，预防为主”的方针；建立“两个机制”，即安全长效机制和安全性评价机制；严把“三个环节”，即在抓安全生产过程中，坚持不懈地从设备、管理和人员素质抓起；狠抓“四个阶段”，即抓节日期间职工思想的稳定和严格值班纪律，抓春、秋季安全大检查及安全措施，抓防汛、度汛期间的组织管理，从而保证设备安全运行；落实“五个重点”，即在安全生产中采取有效防治措施，重点防人身伤亡事故，防误操作事故，防车辆交通事故，防主设备损坏事故和火灾事故。

（罗　越）

【环境保护工作】 2004年，四川电力公司投入资金156万元，完成了周家冲二级子坝加高、烟气在线监测的设备购置及白马电厂23号炉湿法脱硫项目的可行性研究、环评报告。加强了对排污费的预测跟踪和燃煤煤质管理，掺烧低硫煤降低 SO_2 的排放量，实现了污染治理设备正常运转率98%，烟尘达标排放率100%，废水达标排放率100%。全年缴纳排污费654万元，比预计少缴排污费658万元。

（罗　越）

企业地址：四川省成都市望平街135号
邮政编码：610021
电　　话：028－84470155
传　　真：028－84464955

国电四川电力股份有限公司直属、控股企业（部分）

国电南桠河发电厂

【推行机组标准化大修】 2004年，四川电力公司南桠河发电厂坚持“以安全、质量为中心，以行业标准、规范为基础，实现现场施工安全管理水平、检修工艺质量及安全文明施工的持续改进”的方针，认真执行“任何工作都必须有标准可依，有规范可循”的原则，在机组大修中推行标准化大修，全面实施“项目制”、“监理制”、“安全、质量责任追究制”。在现场施工的安全管理上，彻底将安全监督与安全管理分开，明确安全监督体系、管理体系及相应职责，以危险点分析及预防控制为工作重点，拟订出安全控制要点，并将控制要点的具体工作落实到相关责任人。在项目部内落实安全检查制、安全例会制度，规范、落实安全全过程管理。在施工质量管理上，全面推行ISO9001质量管理体系，将原来采用的检修安全、工艺质量确认表进行分离，检修工艺严格执行施工作业指导书。在施工质量控制上，确定81个三级质量控制点，建立相应的质量检验卡，并在9个主要工作面设立检修设备标牌，标牌正面显示设备检修的有关状态信息，背面记录每道工序的执行、检验及安全措施落实情况。在文明施工上，统一着装，规范施工现场布置。通过实行标准化大修，①检修质量明显提高，2003年11月25日～2004年1月10日进行的3号机大修获“国电集团检修奖”；②安全得以保证，至今无一起安全事故发生；③大修工期明显缩短，从60天缩短为45～50天。

（罗　越）

【精神文明创建活动】 国电四川电力股份有限公司南桠河发电厂坚持开展改革与发展的形势任务教育，坚持思想政治工作的“三贴近”，加强职工的道德建设。以党建促创建，重点开展了“五项”活动：即学习型党组织创建活动、“创先争优”活动、“党员身边无事故”活动、“党员先锋工程”活动、“为发展作贡献、为党旗增光辉”主题活动。文明细胞建设实现了“三个到位”：即统一思想，认识到位；统一管理，组织到位；责任措施到位。在全厂构筑了文明细胞建设的“四三二”体系，即：持久深入地开展文明部室、文明班组、文明家庭、文明职工“四个”细胞的创建和评比；扎扎实实地开展“劳模、标兵和能手”三个典型的评选活动；认真开展党员示范岗和党员示范班组“二个”示范活动。在全厂形成了“文明部室→文明班组→文明职工”、“文明上班→文明施工→文明用语”、“文明家庭→文明生活→文明待人”三个系列创建链。2004年该厂被中国国电集团公司党组评为“先进基层党组织”，被四川省委、省政府授予2003~2004年度“最佳文明单位”称号。

（罗　越）

企业地址：四川省石棉县新棉镇电力路1号
邮政编码：625400
电　　话：0835－8862505
传　　真：0835－8863961

国电辽宁节能环保开发有限公司

【概　况】 2004年，国电辽宁节能环保开发有限公司（以下称辽宁环保公司）认真贯彻落实集团公司关于开展“管理效益年”活动的工作部署，紧紧围绕“管理效益年”和三项目标责任制考核这个中心，上半年，以“夯实基础、确保安全、提高效益”为基本目标，紧密结合公司实际，制定了开展“管理效益年”活动的总体活动实施方案，确定了工作目标、重点工作和实施步骤，成立了公司“管理效益年”领导小组，健全了组织保证体系，各项工作扎实有序地开展起来。7月，原沈阳热电厂与原国电辽宁节能环保开发有限公司顺利实现了合并重组，新的公司领导集体坚决贯彻落实集团公司年中工作会议精神，结合实际，进一步明确工作思路，充分发挥“两个轮子”的作用，统一思想，统一步骤，以强化执行为手段，确定了“十四抓”的重点工作，圆满完成了“管理效益年”各项工作任务。

该公司2004年主要指标完成情况：发电量完成8.69亿千瓦时；供热量完成922万吉焦；供电标准煤耗率完成255克/千瓦时；供热标准煤耗率完成41.53千克/吉焦；机组等效可用系数完成96.87%；综合厂用电率完成18.79%；截至2004年12月31日，已连续安全生产2793天，完成了年度三个百日安全周期，实现了第七个安全年。

2004年，该公司获“全国电力企业质量效益型先进企业”、“全国模范职工之家”、“全国发电企业厂务公开先进单位”，“国电二级奖状”，辽宁省“五一劳动奖状”、“文明单位”、“思想政治工作先进企业”、“安全生产先进单位”，沈阳市“法制宣传依法治企先进集体”等称号。公司总经理刘朋杰获辽宁省五一劳动奖章。

（石　铮）

【安全生产工作】 2004年，辽宁环保公司贯彻落实安全生产法，各级干部和员工牢固树立安全生产思想，坚持“四不放过”的原则，实行安全生产问责制，开展安全生产目标绩效管理。着重落实国电集团公司《重大事故预防措施》、二十九项反事故措施和十项技术监督工作，着力开展标准化作业、危险点预控分析等活动，坚持把班组安全建设和反违章工作作为安全工作重点，实施违章“零目标”和人性化管理。建立了公司安全生产事故应急救援体系，保持了安全生产的稳定局面。

进一步完善了《运行管理标准》，严格执行“两票三制”和运行规程，加大管理考核力度，强化了运行人员的岗位责任意识。狠抓以提高效益为中心的生产运行管理，以红旗值竞赛为龙头，扩展了经济运行小指标竞赛和值际竞赛活动的广度和深度。在确保机组安全运行的同时，通过优化运行方式，提高了电热产量，降低了各项单耗，全年节约市政用水193.8万吨、节电182万千瓦时、节油203吨。

（石　铮）

【设备检修工作】 根据生产实际，以抓好设备的检修维护、技改工程的管理为工作重点，克服了任务重、资金紧、人员少等诸多困难，确保了年内3台机组大修和4台次机组小修任务以及4号炉烟气脱硫系统、浓相输灰系统、新煤场扩建等重大技改工程的顺利完成。在1号机组整体改造中，以自己的检修队伍为主，开展了“大干120天确保重点工程创全优”活动，收到较好的效果。为压降检修成本，先后对3号机组和5号机组进行状态性检修，效果良好并为今后开展检修工作积累了经验。4号炉脱硫改造工程的完成，标志着该公司的机组环保水平又有了新的提高。

（石　铮）

【燃煤管理工作】 2004年下半年，面对煤炭市场前所未有的严峻形势，公司领导班子认真研究，及时调整工作部署，健全完善燃料应急预案。自6月份起，重点加强煤炭的运输、储备工作，一方面强化了燃煤采、制、化和检质、检斤及混配煤等内部管理工作；另一方面，在巩固老煤源的基础上，积极走出去，开发新煤源。制定具体的月储煤目标，加大人力，驻矿发煤，竭尽全力在控制标煤单价的前提下，保证燃煤的发运和质量。同时，就燃煤紧张情况积极向省市政府主要领导以及有关部门作紧急汇报，并派专人跟踪催办。在严峻的电煤市场条件下，克服困难，经过努力，保证了发电供热任务的完成，收到了较好的社会效益和经济效益。

（石　铮）

【市场营销工作】 2004年，辽宁环保公司针对煤炭价格飚升造成的经营风险和压力，切实加大了营销工作力度。重点加强与省、市政府、物价等部门的沟通，积极汇报工作，求得支持。按照国家发改委有关疏导电价问题的610号文件精神，对由于煤炭涨价造成的供电成本增加进行了认真、科学的测算，并积极向省物价局反映该公司供电成本增加的实际情况，得到了支持和理解。在辽宁省平均顺价2厘/千瓦时的情况下，二期机组得到顺价0.012元/千瓦时，其中，3号机得到顺价0.012元/千瓦时，4号机得到顺价0.027元/千瓦时，实际增加收入343万元。

该公司始终将供热工作作为公司生存发展的生命线，不断加大了热力市场开发力度。2004年新签挂网面积240万平方米，总计已达410万平方米。利用2003年冬季大负荷到来前的有效时间，专门派人全程追踪，抓紧热价的调增工作：①对煤炭涨价造成的供热成本增加进行了测算；②公司主要领导和分管领导亲自挂帅，加强与政府物价部门和热用户的沟通。2004年8月，成功举行热价调整听证会，使蒸汽热价增了3元/吉焦，实现增收290万元。

（石　铮）

【预算管理和节能降耗工作】 2004年，辽宁环保公司进一步强化财务预算的动态跟踪管理，各基层单位积极采取措施，压降各项支出，制订了新的激励政策，努力做到“节约有奖，超支受罚”，按照年初签订的合同兑现，有突出贡献的加大奖励力度，调动员工增收节支、节能降耗的积极性。强化了资金审批程序，细化管理，总量控制，量入为出，最大限度地体现出资金的使用价值和效益因素。

该公司把成本控制渗透到生产经营工作的各个环节，开展节能降耗、修旧利废、降低采购成本活动，全年修旧利废83项，节约资金50万元。采用物资采购招投标等办法，降低物资采购成本140多万元。制定了新的非生产车辆管理制度，全年节约油耗及各种费用支出15万元。加强了计量监督和对非生产用煤、水、电、汽的管理，严格执行内部核算和收费制度。

（石　铮）

【公司重组工作】 2004年7月，根据国电集团公司深化改革，加强整合缩编、扁平化管理的要求，集团公司党组宣布国电辽宁节能环保开发有限公司与沈阳热电厂重组的决定，同时宣布重组后的新一届领导集体。该公司新的领导班子带领员工学习和落实集团公司党组和东北分公司党组关于重组的指示精神，成立了重组工作领导机构，制订了重组七项工作原则和阶段工作计划。为加快“两个轮子”的运转效率，组建节能分公司领导班子，理顺与节能分公司的管理关系，顺利实现公司重组阶段性工作目标。

（石　铮）

【新建电源项目】 2004年，辽宁环保公司经过艰苦努力，四期工程建设方案得到国家发改委的正式批复。同时，还积极开发新的大项目，拟建两台350兆瓦机组，该项目被辽宁省发改委定为“沈阳热电厂以大带小工程”，该公司暂定名为“沈阳热电B厂”，并已上报至国家发改委。

（石　铮）

【“三个文明”建设】 2004年，辽宁环保公司加强党风廉政和精神文明建设，开展了领导干部专项述廉活动，进一步增强了干部的廉洁自律意识，用文明树新风，以廉政促建设。努力把党风廉政建设与加强企业管理、提高效益紧密结合起来，着眼教育，完善制度，强化监督，更加深入开展了效能监察。通过建立机关作风建设检查考核制度、开展“机关为谁忙”教育讨论和对《细节决定成败》一书的学习讨论活动，狠抓了各级领导班子建设和班组建设。加大了对年轻干部的培养和选拔，大胆任用一些真抓实干、勇于创新的青年干部，通过实施人才强企战略，切实提高人才的待遇，触动和激发各级干部增强了创新意识，调动了员工的工作干劲。

思想政治工作系统地开展政策宣传教育活动，组织开展“管理效益年，我们怎么办”大讨论、举办了“管理效益年”摄影作品巡回展等活动。着眼于维护员工的切身利益，把握员工关注的热点、焦点问题，从小事入手，从细节着眼，提高后勤服务水平。为保障员工身心健康，积极筹措资金，对员工进行了一次体检。“不忘老领导、不忘老前辈、不忘老师傅”，增强了对离退休、退养和困难员工生活的关心、关爱，提高了福利待遇，公司员工的生活水平有了新的提高。

认真践行“三个代表”重要思想，全心全意依靠职工办企业，深化了厂务公开和民主监督。深入开展了“班组劳动安全互保”、“国电杯”劳动竞赛、“双创三树”等活动，开展了员工知识技能趣味运动会、春节联欢会等员工喜闻乐见的文体活动，充分展示了公司员工饱满的精神风貌，丰富了企业文化内涵。“三个文明”建设的不断创新发展，为公司壮大提供了强有力的支持和保证。

（石　铮）

企业地址：沈阳市铁西区北二中路26号
邮政编码：110021
电　　话：024－25872665
传　　真：024－25864680

天津滨海电力有限公司

【概　况】 2004年天津滨海电力有限公司（以下称滨海公司）全面完成安全任务目标，没有发生轻伤及以上人身事故和设备事故，没有发生火灾和交通事故。设备非计划停机 1 次，少于目标值 4 次。全年完成发电量 14172.36 万千瓦时，售电量完成 14022 万千瓦时，总收入 6232 万元，实现利润 - 69 万元，总资产 17844 万元，资产负债率 57.50%。

党风廉政、精神文明建设取得长足进步，企业思想政治工作走向制度化、规范化，企业文化建设稳步推进。在宣传集团公司企业理念、职业道德观和工作方针的同时，开展企业标识的宣传贯彻工作，组织丰富多彩的文化活动，增强职工工作的积极性、主动性，提高了企业的凝聚力。

培训工作加大力度，管理干部参加了集团公司组织的管理培训。生产岗位参加了技能鉴定培训，部分员工取得了 2 个专业的岗位技能鉴定证书。涌现了 2 名“168”人才，有 6 人被评为知识型员工。

做好设备的技术改造工作，利用小修的机会完成了 1、2 号发电机励磁调节器、3 千伏负荷开关保护装置的更新改造工作，将励磁调节器和开关保护装置由模拟型改为微机型，提高了发电机励磁调节器和开关保护装置运行的稳定性，提高了开关保护装置动作的准确率，保证了设备稳定、可靠运行。2004 年 5 月安装了循环水反渗透处理装置。该项目的实施既减少了循环水的排放，又提高了循环水的水质，对设备安全运行和节约水资源起到了积极作用，计划投资 75 万元，实际完成 68 万元，年可节水 7 万吨，不到 3 年即可收回成本。

在企业经营中，除继续获得开发区税费返还以外，向天津电力公司争取到了调峰补偿，从而取得较好的经营成果。在天然气供应不足的情况下，决定两班制运行，运行中实现了满意的启停速度和全年安全生产。为了争取尽量多的天然气，该公司与供气单位搞好协作，最大限度地争取企业利益。在企业管理中创新，企业内实施了信息管理系统，并规划升级。

（吕　桦）

【反渗透技术的应用】 随着反渗透技术的日益成熟和发展，特别是反渗透前置处理技术的快速发展，反渗透技术的应用越来越广泛，性能越来越可靠，设备造价和运行费用在逐步降低。

滨海公司使用自来水作为燃气电厂循环冷却水的补充水，水费昂贵，目前已达 4.70 元/吨，用量较大。由于水资源匮乏，供水部门每年要求电厂缩减用量，压力较大。前两年，为节约用水，采用在循环冷却水中加大阻垢剂、缓蚀剂的投放量，提高循环冷却水浓缩倍率从而减少外排水的措施，但是换热设备结垢较严重，影响换热效率，效果不很理想。2003 年下半年，该厂组织技术人员多次调研，提出了将反渗透技术应用到电厂循环冷却水处理上的设想。

为了使立项科学准确，根据燃气电厂特点及国内外反渗透处理技术发展的现状，进行多种方案比选，反复论证，最终确定立项可行，并选定了最优方案。该项目 2004 年 6 月竣工投入运行，设备运行稳定可靠，维护量小。自动化程度高，可无人职守。运行费用低廉，循环冷却水基本实现零排放，节水效果明显。

按该装置每日处理循环冷却水 240 吨计算，每日回收用水约 180 吨。处理每吨水费用约 0.05 元/吨。每年机组按运行 300 天计算，则年节约自来水 5.4 万吨，合节约水费约 25 万元，年处理废水费用不足 0.4 万元，2 年多即可收回投资。由于该装置与循环冷却水系统的并联运行，循环冷却水浓缩倍率可维持在 2 倍以下，换热设备结垢倾向大大减轻，换热效率提高，循环冷却水中可不再添加或少添加阻垢剂、缓蚀剂。

（顾　新）

【清产核资工作】 为真实反映企业财务资产状况及经营成果，清理各项损失，规范会计核算，提高财务信息质量，把握集团公司的工作要求，认真做好清产核资工作。

（1）认真学习国资委下发的清产核资文件资料，根据清产核资工作理论基础，逐条学习领会其内涵，并把握重点，按其操作规程做好前期准备工作。

（2）公司成立清产核资工作小组，按计划具体实施。小组成员认真对资产、负债等逐项进行了核对、清理、登记，做到是物就点，是账就清，不重不漏。在时间紧，任务重的情况下，全组成员克服困难，按期完成了集团公司布置的工作。

（3）做好取证工作，清产核资中申报的损失必须以事实为准绳，有理有据，真实合法，这是清产核资工作中的又一关键环节。工作人员为了取得一项证据，需多次与有关部门协商沟通，翻阅大量有关资料，对申报的损失提供合理、真实的证据。同时积极配合中介机构，对每项损失的金额、证据进行真实性、合法性的核对和认定。

通过清产核资，该公司清理申报损失 561 万元，其中职工住宅申报损失 377 万元，计算机申报损失 1 万元，长期待摊费用损失 181 万元。圆满完成了清产核资工作。

（杨　霞）

【争取电量电价工作】 该公司在天津市 2004 年电价疏导工作中，将原并价电量从 20598 千瓦时/年，调增到 27899 千瓦时/年，达到天津市测算电价 5300 利用小时的并价电量，上网电价仍然保持 0.52 元/千瓦时不变。

（陈希良）

【燃气—蒸汽联合循环机组两班制运行】 天津滨海电力有限公司，装机规模 56 兆瓦，由 1 台 PG6551B

型38兆瓦的燃气轮机和1台18兆瓦汽轮机组组成，燃机控制采用MARK—V控制、机炉采用DCS控制，利用渤海油田石油伴生气发电，改善了天津地区能源结构，增加了电网调节和天津东部能源支撑能力，改善了环境质量。

自1999年7月联合循环机组投入运行并网发电以来，除计划检修和外界条件变化造成停机外，机组基本上都是连续24小时运行。到2004年，由于中海石油天然气的严重缺乏，天然气的供应已经不能满足公司连续24小时高负荷运行的需要。机组经常低负荷运行，对发电设备的安全造成威胁，也降低了电厂的发电效率。为了及时高效地利用有限的天然气资源，保证机组安全、经济运行，同时也为配合电网调峰的需要，经公司研究决定，于2004年4月12日进行联合循环机组的两班制运行（即每天上午临近用电高峰时启动机组并网发电，待到白天和晚上的用电高峰之后再停机）。机组两班制运行，首先是设备频繁起停，对设备的安全、寿命造成影响；同时每天起停机组，增加了运行人员的调整和操作量，容易造成不安全因素。为了保证联合循环机组的安全稳定运行，运行部经过认真分析和总结，结合以往连续运行的实际经验，制定了《两班制运行措施》、《两班制运行机组起、停措施》、《天然气不足运行措施》、《主蒸汽低参数运行措施》等多个措施，以确保机组的安全稳定。为了提高联合循环机组的效率，运行部组织人员多次对两班制起停方式进行了试验，绘制了各种起停方式的曲线，进行大量的分析和总结，最终确定了机组两班制运行最佳的起停方案，提高了机组运行的效率。由于严格的运行管理，两班制运行既保证了安全，又提高了机组效率，而且还向天津电力公司争取到了调峰补偿，从而取得较好的经营成果，为电厂的长周期安全运行奠定了扎实的基础。

（刘进全）

企业地址：天津市塘沽区津沽公路6600号
邮政编码：300452
电　　话：022-65269083　　022-84407321转2802
传　　真：022-65269083

河北衡丰发电有限责任公司

【概　况】 2004年，河北衡丰发电有限责任公司（以下称衡丰公司）面临电价下调、煤价大幅度上涨等严峻的经营形势，生产、经营和内部改革任务繁重。公司坚持“做实、做新、做大、做强”的工作方针，团结协作、顽强拼搏、扎实工作，取得了良好的生产和经营业绩，安全生产、燃料供应，安全记录、发电量、利润总额、主要消耗指标再创新高。

在安全生产方面，实现了安全生产五杜绝目标，截至12月底，实现连续安全生产1350天。全年发电量完成39亿千瓦时，比年度目标超发1亿千瓦时；供电煤耗完成344克/千瓦时，比年度计划降低2克/千瓦时；厂用电率完成4.87%，比年度计划均降低0.18个百分点；全年发生非计划运1次。安全记录、供电煤耗、厂用电率、非停次数均创历史最好水平。完成了2号机组大修、1号机组小修，并成功实施多项技改工程。截至到12月底，2号机组大修结束后，已连续安全运行317天；1号炉连续2年零3个月，2号炉连续4年零4个月没有发生四管泄漏，这在全国同类型机组也是罕见的。

在经营管理方面，通过开展“管理效益年”活动，全面推行执行预算，严格落实成本责任，全面完成了董事会确定的年度经营目标。全年实现销售收入10.1亿元，完成销售成本7.6亿元，实现利润总额2.2亿元，这也是该公司连续5年利润超过2亿元。通过加强市场营销和政府攻关工作，全年电费回收率100%，电价继续保持相对领先地位，调度罚金得到有效控制，实现了复转军人有偿转移安置，争取到了外资企业使用国产设备退税优惠，实现国家返还环保治理资金4785万元，降低排污交费800万元。2004年面对供不应求的燃料供应形势，燃料分公司深入矿站，落实货源，协调运输，及时接卸，合理配煤、上煤，全年没有发生因燃料问题造成的停机或限出力，满足了公司发电用煤需要，并有效控制了标煤单价的上涨，在河北南网各电厂中处于较低水平。同年公司还全面修订了管理制度，提高了规范化管理水平，形成了衡丰特色的管理制度体系。

2004年，配合各投资方改制完成了尽职调查、资产评估、产权界定、股权变更等工作；完成了清产核资工作，规范了资产管理；继续保持廉政建设和精神文明建设，召开了第二次党代会；组织劳动竞赛、开展文体活动，巩固职工建家和标准化班组管理成果，企业民主管理和工会工作稳步推进。该公司先后获“国电一级奖状”和河北省“文明单位”称号。

（王小洁）

【2号机组大修竣工】 2月18日，2号机组A级检修正式结束，一次启动并网成功。本次检修自2003年12月25日开始，历时55天，较计划工期提前9天完成。检修期间共完成标准项目964项，特殊项目104项，实施技改项目17项。截至到2004年底，机组已连续安全运行317天，创机组检修后最长连续安全运行记录，设备可靠性得到有效提高。

（王小洁）

【检修体制和物资管理体制改革】 经过一年多的精心筹备，衡丰公司于3月份成功实施了检修体制改革。通过改革，公司对机、电、炉、热、燃、除尘、化学、机修、土建修缮等多个专业的400多名员工进行了重组，最大限度地优化了公司人力资源配置，提高了人员效率，更为公司未来走向外部检修市场打下了体制基础。新的检修队伍顺利通过4月份1号机组小修的考验。7月，衡丰公司完成物资管理体制改革，实现了物资采购与仓储的分离，密切了仓储与生产技术各专业的联系，进一步了优化库存结构。

（王小洁）

【开展管理效益年活动】 2004年，衡丰公司响应国电集团公司关于深入开展“管理效益年”活动的号召，周密部署、扎实工作，在基础管理、安全生产、经营管理、市场营销等方面取得了可喜的成绩。通过实施执行预算管理体系，严格核定目标，明确责任，使公司主要可控费用得到有效控制；通过清产核资、修订物品（工具）配备标准，规范了资产管理；大规模修订了公司管理制度，内容涉及生产、经营、日常管理、党务、工会等各方面，重新确定了新的管理制度体系，增强了制度实用性和操作性；实施物资网上采购和资金运作不落地管理，有效地降低了公司的采购成本和资金成本。确保了全年生产经营目标的顺利完成，使衡丰公司在日趋严峻的外部形势下保持了良好的发展和竞争优势。

（王小洁）

【出台新电价标准】 2004年6月，国家发改委对全国电价进行疏导，本次电价调整在公司营销人员的努力下取得了很大的进展，公司电价得以继续保持有利的地位。自6月15日起，公司正式执行调整后的电价，这是自2004年1月1日出台燃料加价后公司电价的第二次调整。新的电价标准为：基础电价0.344元/千瓦时，超基数电价0.196元/千瓦时。

（王小洁）

【资产管理系统正式上线】 经过一年多的精心研发，该公司EAM（资产管理）系统主要功能模块于10月1日全部上线，其功能涵盖了缺陷管理、工单管理、物资管理、运行管理等多个方面。该系统的正式运行标志着衡丰公司的信息管理又跨上了一个新台阶，同时也为规范资产管理和作业流程、节约物料、优化库存打下了良好的基础。

（王小洁）

【效能监察工作】 衡丰公司党委结合“管理效益年”活动，深入开展效能监察工作，取得了显著成果。2004年，公司纪委先后对2号机干灰改造、1号机组大修、燃煤管理和清产核资等工作开展效能监察。仅通过对大修项目的检查与监督一项就为企业节约资金234万元。2月下旬，公司纪委对各车间、部室、多种经营摊点的资金管理情况进行拉网式专项检查，并对发现问题的部门下发限期整改通知书，规范了公司内部的资金管理，加强了廉政建设源头治理措施的落实。

（王小洁）

企业地址：河北省衡水市人民西路669号
邮政编码：053000
电　　话：0318－2192035（办公室）
　　　　　0318－2192222（总机）
传　　真：0318－2192044

国电河北龙山发电有限责任公司

【概　况】 国电河北龙山发电有限责任公司（以下简称龙山公司）位于河北省邯郸市涉县经济技术开发区。龙山电厂一期工程由中国国电集团公司、河北省建设投资公司合资建设（其中中国国电集团公司投资60%，河北省建设投资公司投资40%）。龙山电厂项目规划容量为4×600兆瓦，分两期建设，一期工程建设2×600兆瓦国产亚临界燃煤空冷机组。项目所在地河北省涉县是具有优良革命传统的老区，紧邻国内最大的煤炭基地山西省，在此地建设大型燃煤发电厂既符合国家“西电东送”的能源政策，同时还具有显著的社会效益和经济效益。该项目采用直接空冷冷却方式，是河北省第一个直接空冷发电厂项目。

（吕秀庆　韩永章）

【项目报批取得实质性进展】 2004年9月3日河北省发展和改革委员会以《河北省发展和改革委员会关于上报河北国电龙山发电厂一期工程项目可行性研究报告（代项目申请报告）的请示》（冀发改能源［2004］1142号文）向国家发展和改革委员会呈报了龙山项目的可行性研究报告。9月7日，国家发展和改革委员会以《国家发展改革委关于河北国电龙山发电厂项目建议书的批复》（发改能源［2004］1152号文）通过了对本项目的审批。龙山公司主动做好项目核准所需支撑性文件的办理工作，先后取得了铁路、水保、环保、文物、规划选址、电网、土地等部门的批复文件，并与中水、煤源、自来水、粉煤灰和石膏综合利用等有关单位签订了协议文件。11月30日国电集团公司以《关于国电河北龙山发电厂项目可行性研究报告的请示》（国电集计［2004］491号文）向国家发展和改革委员会呈报了龙山项目的可行性研究报告。

（吕秀庆　韩永章）

【招标工作】 按照市场经济的原则，在国电集团公司的统一组织和领导下，2003年12月22日，签订了龙山发电厂一期工程的主机设备合同。锅炉设备由北京巴布科克·威尔科克斯有限公司制造，汽轮发电机设备由北重—阿尔斯通联合体制造。在此基础上，完成了第一批辅机的招评标工作并签订了采购合同。2004年4月20日，龙山电厂一期工程监理招标在河北省石家庄市举行，河北省电力建设监理有限公司中标。5月11日，龙山电厂一期工程施工准备A标段（挡土墙、防洪沟、围墙、厂平）在河北省石家庄市开标，河北省电力建设第二工程公司中标。10月13日，龙山电厂一期工程施工准备B、C标段（地基处理）在河北省石家庄市开标，中标单位为河北省中建集团和河北省建设集团。12月3日，龙山电厂一期工程主体施工A、B标段在河北省石家庄市开标，中标单位分别为河北省电力建设第一工程公司和河北省电力建设第二工程公司。

（吕秀庆　韩永章）

【注册成立项目公司】　2004年5月8日龙山项目公司名称预核准经过河北省工商行政管理局批准。7月6日国电河北龙山发电有限责任公司正式注册成立。7月22日，在河北省涉县举行公司揭牌仪式，集团公司党组成员、副总经理朱永芃，华北分公司总经理、国电河北龙山发电有限责任公司董事长高嵩，河北省建设投资公司总经理王永忠、邯郸市市委书记聂辰席、河北省发展和改革委员会原副主任狄天顺等领导参加了公司揭牌仪式。

（吕秀庆　韩永章）

【第一次股东会暨一届一次董事会监事会】　2004年11月17～18日，在河北省涉县召开公司第一次股东会暨一届一次董事会监事会。会议通报和确认了公司董事、董事会和监事、监事会，会议通报和确认了《股东协议书》和《国电河北龙山发电有限责任公司章程》。经会议选举，高嵩任公司董事长，单群英任副董事长。

（吕秀庆　韩永章）

【公司内部管理】　随着工程的进展，龙山公司不断加强内部建设。通过招聘等方式，公司管理人员逐步到位，该公司制定并下发了30多项管理制度，通过不断加强和完善公司内部建设，为全面完成工程建设的各项任务打下了坚实的基础。

（吕秀庆　韩永章）

【龙山一期工程奠基】　2004年10月29日，国电河北龙山发电厂一期工程奠基仪式在革命老区河北省涉县隆重举行。集团公司党组成员、副总经理刘彭龄，中共河北省省委常委、常务副省长郭庚茂，华北分公司总经理、国电河北龙山发电有限责任公司董事长高嵩，河北省发改委副主任刘学库等领导出席了奠基仪式。12月26日，举行龙山电厂一期工程主厂房垫层浇筑仪式。来自龙山公司、河北电建一公司、河北电建二公司、河北中建集团公司、河北建设集团公司、河北省监理公司、设计院等相关单位的代表120多人参加了仪式。

（吕秀庆　韩永章）

企业地址：河北省邯郸市涉县经济技术开发区
邮政编码：056500
电　　话：0310－3895111
传　　真：0310－3895100

国电双辽发电有限公司
（国电双辽发电厂）

【概　况】　2004年，国电双辽发电有限公司（国电双辽电厂）围绕国电集团公司“坚持发展为本，实现科技领先，构筑人才高地，形成国电特色”的发展战略和“做实、做新、做大、做强“八字方针，以提高经济效益为中心，以安全生产为基础，以市场营销为突破口，全面建设实施“四三二一”工程，即：开展安全年、环保年、管理年、效益年四个年活动；把握安全基础线，效益生命线和多元发展线三条主线；实现主业扭亏为盈和实业公司创收1640万元两个目标；努力建设一个安全、经济、环保、高效、多元化发展的新型企业，巩固成果，稳步发展，全面完成与集团公司签订的安全生产、生产经营、党风廉政建设和精神文明建设等的各项考核指标，实现了三个文明建设同步协调发展。获集团公司“管理效益年优胜单位”、“国电一级奖状”、“先进基层党组织”和吉林省“模范集体”等称号。

2004年，该公司生产经营各项指标均创建厂以来最好水平，实现连续安全生产1505天和第4个安全年；完成发电量637613万千瓦时，同比增长57069万千瓦时，增幅9.83%；销售电量593376万千瓦时，同比增长49321万千瓦时；平均电价完成0.28021元/千瓦时，同比升高0.03479元/千瓦时。机组各项经济指标均创历史最好水平，达国内同类型机组先进水平，其中机组等效可用系数完成94.04%，同比提高了3.36%；供电煤耗完成343克/千瓦时，同比降低了1克/千瓦时；厂用电率完成4.99%，较设计值降低1.01个百分点；补水率完成0.88%，较设计值降低2.12个百分点；全年实现减亏18665万元，实现利润2701万元，超额完成了集团公司下达的2000万元的利润指标；归还借款40116万元，其中归还本金17014万元，归还利息23102万元。

（贾俊华）

【管理效益年活动】 贯彻落实集团公司“管理效益年”活动有关要求,确定了开展“四三二一”工程的总体工作思路,围绕“夯实基础、确保安全、提高效益”三个基本目标,制定了《“管理效益年”活动方案》,通过加强组织领导、细化分解指标、明确职责分工、强化督促检查、加大评价考核力度,形成了组织严密、措施具体、管理有序的工作体系与“层层有人抓、处处有人管”的实施格局。完成了企业资产评估及相关材料的报送和清产核资工作,获得了集团公司“清产核资工作先进单位”荣誉称号;对203项管理标准、工作标准进行了修订和完善;通过倒贷和减少票据贴现费用等工作,全年节省财务费用1550万元;加大了培训工作力度,为企业的发展储备人力资源,在集团公司300兆瓦火电机组运行值班员技能竞赛中,获得团体第一名和汽机、电气两个专业第一名;开发和完善了相应的应用软件,在机组运行系统、班组管理、物资采购等领域得到了广泛应用;实现了物资的“阳光采购”,取得了较好的经济效益和社会效益。

(贾俊华)

【安全生产工作】 坚持“安全第一、预防为主”的方针,以保人身、保设备、保电网为宗旨,全面落实安全生产责任制,管理重心前移,注重超前预控与过程管理。编制下发了《重大事故预防措施实施细则》等多项规章制度;每季制定下发安全工作要点,针对不安全事件和现象,按“四不放过”的原则进行处理,从源头上扼制事故的发生;开展安全性评价工作,在集团公司组织的评比验收中得分81.5分,按照“贵在真实,重在整改”的原则,完成整改项目137项,部分完成项目32项,项目完成率51.5%,项目部分完成率12.0%;开展春、秋季安全大检查活动,共查出设备缺陷和隐患815项,消除815项,缺陷消除率100%;坚持开展“两会一活动”,即坚持开好月度安全生产分析会和每周五安全专工例会,建立安全活动指导书制度,及时监督、协调、解决安全生产管理过程中的发现的问题。

在检修管理上,以提高机组安全性、可靠性、经济性为目的,强化机组节能降耗、技术改造工作力度,本着“应修必修,修必修好”的原则,完成了1台机组A级检修和2台机组B级检修工作,完成检修项目1023项,其中1号机组C级检修实现修后连续安全稳定运行249天,创全优工程,2号机组C级检修、3号机组A级检修后运行稳定,各项经济指标均大幅提高;在检修管理的全过程中推行安全文明标准化作业管理,将安全文明生产细化到每一个专业、每一个系统、每一个设备,提高了检修综合管理水平,得到集团公司东北分公司的认可,并在东北区域内予以推广。

在运行管理上,继续开展值间竞赛和小指标竞赛等活动,将各项经济技术指标细化、分解;加大设备巡回检查力度,全年发现设备缺陷16153项;加强了两票管理,全年收发工作票3758份,执行操作票21388份,合格率均为100%,其中5人操作次数达15000次以上,操作无差错;4台机组各项经济技术指标均创历史最好水平,其中,4号机组在全国30万千瓦火电红旗机组竞赛中名列第四;进一步加大了环保治理力度,保持废水零排放,实现了污水资源化利用,全年减免排污缴费1700万元。

(贾俊华)

【市场营销工作】 通过加强与吉林省电网公司有关部门的沟通与联系,提高了机组负荷率,全年完成发电量63.7亿千瓦时,较年发电计划增加3.5亿千瓦时。销售电价有所突破,平均上网电价完成0.28元/千瓦时,较2003年提高0.035元/千瓦时,实现增收22355万元;加强了营销工作的组织领导,积极参加电力市场竞价知识培训,及时收集市场信息,超前分析,在12月末参加东北电力市场竞价工作中,竞得2005年上网电量70.5亿千瓦时;在全国煤炭供应紧张、煤价持续上扬的情况下,通过大量深入细致的工作,全面执行了计划内购煤合同,采取应对措施,开辟了白音华矿等新煤源,完成计划外购煤150万吨,有效的控制了入厂煤标煤单价。

(贾俊华)

【体制改革工作】 在国电东北分公司的帮助下,完成了龙华公司、省能源交通总公司的资产转让工作及电厂(1、2号机组)、公司(3、4号机组)重组的准备工作。于7月8日在吉林省长春市举行了国电双辽发电厂出资权确认签字仪式,集团公司副总经理朱永芃、吉林省电力公司副总经理张立志、吉林省能源交通总公司副总经理程智光分别代表国电集团公司、吉林省吉能电力集团有限责任公司、吉林省能源交通总公司在协议上签字。至此,国电集团公司拥有国电双辽发电厂100%产权,抓住集团公司第二批劳动、人事和收入分配制度改革试点单位的契机,按照“公平、公正、公开”的原则,完成了改革工作方案的制定、上报、审批工作。

(贾俊华)

【二期工程前期工作】 为了实现可持续发展,再次正式启动了双辽二期2×600兆瓦机组扩建工程前期工作,成立了由吉林省四平、双辽两市和该公司主要领导组成的双辽二期工程领导小组;结合电源建设项目实行核准制的实际情况,加强与设计部门沟通,逐项开展工作;上报了发电项目专家评议优选申请材料,并到国家发改委、集团公司进行了专题汇报,积极争取将二期项目列入电源建设规划。配合集团公司东北分公司开展了内蒙古赤峰绍根坑口电厂的前期工作，以双辽发电公司为依托，成立了绍根电厂筹建处，并初步达成开展煤电联营的意向。

（贾俊华）

【多种经营工作】　经过整合后的多种经营企业，按照“盯准内部市场、抢占外部行业市场、开拓社会市场”的原则，全面实施盘活利用主业资源创效与研发新项目增加经济增长点并举的市场开发战略，实现了综合产业的快速发展，全年实现产值5402万元，利润134万元。

（1）盘活闲置资产，“小、快、灵”产业初具规模。铸钢厂全年生产磨煤机铸钢件252吨，为主业节省材料费用超百万元；房屋公司旧楼改造工程实现创收203万元；塑钢厂建成投产；纯净水厂荣获吉林省四平市名牌产品，并通过QS认证。

（2）发展外部行业市场，占领行业效益资源。检修公司获得了检修安装三级资质和安全资质，先后在北京、哈尔滨、陕西等省市开发了多个检修市场，并于“五·一”首次走出厂门，参加了国华北京热电一厂、七台河发电公司的机组C级检修，在取得经济效益的同时，扩大了检修公司在同行业的知名度。

（3）着眼社会市场，开发长期效益型产业。粉煤灰干灰销售已打入长春、四平、乌拉木特等市场，销售量呈逐年上升势头，由2003年的16000吨发展到2004年的20300吨，实现产值59万元，同比增长64%；结合主业节约用水改造工程，新开发的漂珠提取项目正式投入生产运营，当年生产漂珠350吨，创利30万元，同时为主业节约生产用水和除灰设备维修费用80多万元；雪糕生产线于年末建成投产。

（贾俊华）

【党建和精神文明建设】　党建暨精神文明建设工作以推动和促进治亏工作为出发点和落脚点，充分发挥党委的政治核心作用，将领导班子的号召力、党群系统的推动力、职工的凝聚力整合成一股强大的精神力量，深入开展以“讲创新，爱家园，争市场”为主题的五项系列活动，即“为发展做贡献，为党旗增光辉”系列活动、“以管理保廉政，以廉政促管理”活动、“创效塑形”宣传活动、“保护家园，绿色行动”主题活动和“提素质，保安全，争效益”综合竞赛活动。完善了领导班子议事和决策制度，健全了领导班子民主生活会制度；以“为民、务实、清廉”为信条，强化领导干部的自律意识；创建“网上党校”，加强党员干部管理、教育培训；开展“党员示范班组”和“党员示范岗位”活动、“春、秋检中的共产党员”等活动；加强企业文化建设，在集团公司“文化理念大家创”和“我与管理效益年征文”活动中取得了较好的成绩，被评为优秀组织单位；加大宣传报道工作力度，电视台累计播出新闻763篇，广播站播出稿件4084篇，网络新闻发稿5000余篇；在各级报、刊及网络上共发稿169篇，在国电集团公司“两刊一网”中上稿量名列第八；效能监察管理力度加大，在做好工程招标、物资采购、燃料采购、管理人员聘用这“四个内部市场”及厂务公开的效能监察的同时，在机组检修中开展专项效能监察工作；实现党员干部违法、违纪率为零，职工违纪率低于1.5‰的目标。工会组织开展“修旧利废，节约挖潜竞赛”、“生产知识竞赛”、“机组检修‘三保一创’竞赛”、“创学习型班组，争做学习型员工”等活动，收效显著；团青工作稳步推进。

（贾俊华）

企业地址：吉林省双辽市辽西街
邮政编码：136400
电　　话：0434－7283868
传　　真：0434－7283023

国电双鸭山发电有限公司

【概　况】　国电双鸭山发电有限公司（以下简称双电公司）位于黑龙江省三江平原的东南端，坐落在双鸭山矿业集团新安、双阳、七星三大煤矿之间，是典型的坑口电站。公司始建于1984年，前身为双鸭山发电厂，1998年改组为有限责任公司。2003年1月15日划归中国国电集团公司，为集团公司下属控股企业，其中集团公司占股份74.4%，黑龙江省电力开发公司占股份25.6%。现有装机4台，装机容量820兆瓦，一期工程为两台国产20万千瓦机组，二期工程为两台前苏联21万千瓦机组，目前正在进行三期工程2×600兆瓦机组的建设工作。公司于1998年在黑龙江省电力系统内率先实现扭亏为盈，并连续6年保持赢利。先后被国家电力公司命名为“全国一流火力发电厂”，被中央文明委命名为“全国精神文明建设工作先进单位”，并获全国五一劳动奖状。

2004年，双电公司以党的十六届三中、四中全会精神为指导，按照集团公司和东北分公司全年各阶段的工作要求和工作方针，以开展“管理效益年”活动为工作主线，通过全体员工卓有成效的工作，克服了电量少、燃煤供应紧张给企业经营带来的困难，开创了安全生产工作的新局面，超额完成了集团公司下达的利润目标，三期扩建工程项目顺利通过国家审批，多种产业、党风廉政和精神文明建设均保持良性发展。全年发电量完成38.88亿千瓦时，同比增加了4.75亿千瓦时；平均上网电价0.22793元/千瓦时，同比增长了4.39%；发电单位成本完成0.17354元/千瓦时，同比升高了0.00731元/千瓦时；供电煤耗完成370.46克/千瓦时，同比下降了1.03克/千瓦时；实现利润3593万元，同比增加2591万元；实现税金8709万元，同比增加1593万元；多种产业实现产值1.21亿元，利润470万元。

截至2004年12月31日，公司在职全民职工2256人。主业职工1536人，从事多种产业职工720人。

2004年该公司被集团公司评为“管理效益年优胜单位”，获国电一级奖状，被中国企业文化研究会授予“全国企业文化建设实践创新奖”，公司团委被团中央授予全国“五四”红旗团委称号。

（王立标）

【管理效益年活动成效显著】 为保证管理效益年活动的顺利开展，双电公司对企业内部管理制度及三大标准（管理标准、工作标准和技术标准）进行了修订、补充和完善，在该公司网页进行发布并实施。成立了活动领导小组及活动管理办公室。以集团公司的考核指标为基础，制定了“管理效益年”活动实施方案。层层分解指标，层层落实责任。通过开展强有力的营销活动，竞价工作始终处于省网各发电企业前列，其中竞价电量在黑龙江省各发电公司中排在第二位，调峰奖励电量在黑龙江省网排在首位。开展电价疏导工作，在全省调价空间较小的情况下，黑龙江省物价局确定该公司上网电价调增0.0065元/千瓦时，调增幅度名列全省发电企业之首。针对全国燃煤供应紧张的形势，积极与有关部门联系协商，争取统配煤量，落实地煤计划，保证了发电用煤需求。通过开展“管理效益年”活动，公司实现3个安全生产100天，提前1个月完成全年电量计划，超额完成了集团公司下达的利润目标。

（王立标）

【安全生产再创新局面】 2004年，双电公司通过大力实施安全生产整顿，采取有效措施，强化安全管理，扭转了公司安全生产的被动局面，截至12月31日实现连续安全生产437天。转变工作作风，增强服务意识，建立了安全包保责任制。采取了完善生产调度会制度、对生产管理人员实施8小时之外监督、严肃节假日和夜间的值班纪律、定期对管理岗位人员进行岗位职责考试等一系列管理措施。坚持以人为本，推进安全管理的人性化。把思想认同作为安全管理的重要途径，真正形成思想教育为主，考核为辅的安全管理模式，使员工自觉自愿地成为安全生产的责任人和有心人。全方位加强现场安全管理，建立多角度的安全防控体系。严格执行检修作业安全文明标准化作业规范，全面推行检修作业安全指导书制度，健全多班组联合作业，工序协调，安全互保的工作联系制度。把安全性评价工作当作一项长治久安的重要任务来抓，在工作中努力拓展评价覆盖范围，建立了长效安全生产管理机制。编制下发了《安全生产事故应急预案》，建立完善了应急救援体系，满足了应对现场突发事件的需要。全方位、高标准地开展了安全大检查。在认真吸取经验教训、实施安全整顿工作实践中，摸索出一套新的、切合企业实际的措施和办法。推出了《作业安全指导书》制度，出台了事故通报处理单制度，并从最基础的班组管理入手，解决了部分班组安全活动流于形式的问题。保证了安全生产，形成了具有双电特色的安全管理文化。

（王立标）

【三期工程取得重大突破】 在集团公司党组、董事会和双鸭山市委、市政府的全力支持下，公司经营班子围绕项目审批做了大量基础和协调工作。9月16日，在地区电力市场供求形势相对宽松的情况下，依托国家振兴东北老工业基地政策优势、项目地处坑口电站的资源优势和扎实的前期准备工作优势，项目顺利通过国务院发改委的正式批复，走在东北三省所有基建项目的前列，并被集团公司确定为2005年15个重点开工项目之一。3月10日“五通一平”开始陆续施工，4月初工程初步设计通过了中国电力工程咨询公司的预审查，开始进行施工图纸设计。5月15日土方工程正式开工，6月4日全部结束，主厂房桩基工程施工6月12日正式开工，水塔、烟囱桩基工程于8月2日开始施工。一年里，该公司先后完成了土方和桩基施工单位、监理单位、三批辅机设备和施工A、B、C三个主标段的招标工作，与3家银行进行了贷款合同谈判，并于11月份举行了三期工程合同签署仪式。严格物资采购管理，通过招议标的方式，规范的采购渠道和价格，对比市场价格及开标价，全年共签订采购合同80份，节约资金520万元。成立了安全文明施工委员会，健全了各项安全管理制度，与施工单位签订了安全合同，明确了双方的安全责任。每月进行一次安全大检查活动，及时发现隐患限时整改。截至2004年年底实现连续安全施工200多天。完成了第一批41名三期运行人员第一阶段的基础理论授课，奔赴北仑发电公司进行了为期1个月的认识实习。

（王立标）

企业地址：黑龙江省双鸭山市宝山区
邮政编码：155136
电　　话：0469－4302221
传　　真：0469－4302223

国电北安热电有限公司

【概　况】 中国国电集团北安热电有限公司（以下

称北安公司），固定资产原值74868万元。生产和建设规模为2×50兆瓦双抽供热汽轮发电机组。主营：电力、热力产品销售；电力设备；电力设备检修、安装、调试；电力技术服务、咨询、开发；管道设备安装、检修；煤炭、燃油储运；科技产品推广。截至2004年末从业人员1317人。

2004年，北安公司坚持“做实、做新、做大、做强”的总体方针，按照“思路要新、起点要高、视野要宽、定位要准、工作要实”的原则，围绕2004年工作目标，全面贯彻集团公司2004年工作会议、年中座谈会会议精神，以安全生产为基础，以经济效益为中心，以深化改革为动力，以落实安全生产、资产经营、党风廉政和精神文明建设目标责任制为主线，深入开展“管理效益年”活动，紧张有序开展各项工作，不断提升管理水平，强化“市场营销”工作的中心地位，增强计划、预算的控制力度，推动了企业三个文明建设的协调发展，较好地完成了集团公司和公司董事会核准的各项经济技术指标和重点工作。

截至12月末完成发电量60004万千瓦时，同比上升1.9%；供电量52784万千瓦时，同比上升2.3%；发电标准煤耗为358克/千瓦时，同比下降4克/千瓦时；供电标准煤耗率395克/千瓦时，同比下降7克/千瓦时；供热量完成1269187吉焦，同比上升5.47%；发电厂用电率为9.48%，同比下降0.31%；入厂、入炉煤热差值0.49兆焦/千克。实现安全生产3个百日无事故记录，机组连续安全稳定运行641天。净资产效益率1.16%；电热费回收入率100%，实现利润61万元。获黑龙江省“预防职务犯罪，促进经济发展、社会稳定三年工程先进单位”称号。

（许志新）

【安全生产工作】 该公司始终坚持“安全第一，预防为主”方针和“安全就是效益”的理念，坚持全方位、全过程、全员抓好、抓实安全生产工作。公司年初以1号文件下发了《关于国电北安热电有限公司2004年安全生产工作重点的通知》，确定了安全生产七项目标。公司总经理与各扛标单位领导签订了《安全生产责任状》、《交通安全责任状》、《防火安全责任状》，明确了安全责任。各单位的安全第一责任者与每位员工签订《安全生产责任状》，将公司七项安全指标层层分解，落实到每个员工。进一步完善安全管理制度，重新修订了各级人员的《安全生产责任制》、《安全生产奖惩制度》和《人身安全风险抵押金制度》等，狠抓29项重点反事故措施的落实。为确保人身安全，化学分场购置了三气一体发生器，取缔了色谱分析的氢气瓶；购置了正压式空气呼吸器，保证了化学检修员工的人身安全；制定化学人员取煤样的防范措施，消除了公司的安全盲点。

认真开展以“五查”为主要内容的春、秋检工作，加强安全教育培训，认真履行各级人员的上岗到位标准，严格执行“五不开工”的规定，充分提高了各级人员的安全意识。安监人员每天深入现场，监督指导检修作业，对危及安全生产的隐患和不安全因素予以及时纠正，并在安全例会上曝光，予以重罚，使有章不循、有禁不止、有令不行的现象得到有效遏制，进一步夯实了安全生产基础。

贯彻落实国务院和集团公司的要求，认真开展“安全生产月”活动。党、政、工、青齐抓共管，围绕“以人为本、安全第一”的主题开展活动，及时消除公司存在的不安全因素和设备隐患，营造了大安全氛围。

根据集团公司的文件精神，认真开展安全性评价工作，对该公司的安全管理、劳动安全、作业环境及生产设备等项目进行了严格自查，提高了设备的安全性、经济性、可靠性。同时按照分公司的要求，认真开展危险点分析预控工作，建立了危险点分析数据库，各类突发事故应急处理预案，加大对重大危险源的监控工作。

2004年先后完成两台机组扩大中修工作。年初编制了《扩大中修及技改工程项目计划书》，并与检修公司签订了包保合同。为规范化检修，公司着手制定检修作业指导书及检修管理办法，确定了设备划分。加强质量管理、工期管理、预算管理和材料管理。在检修维护费用管理上本着量入为出的原则，根据各专业实际情况，编制资金计划，并在检修管理中严格执行。通过大修、改造工作，设备的健康水平有了明显改善，安全和经济运行水平得到进一步的提高。

为落实“管理效益年”活动和“安全、管理效益、发展”的方针，北安公司2004年科技改造项目完成6项，即高压电机槽楔改造；1、2号机、3号瓦油档改造；蓄电池加装在线监测装置；1、2号炉电除尘改造；1、2号发电机出口引线改造；1号机安装高压电调。2004年QC小组课题注册41项，小组活动覆盖率达57%，提高凝汽器真空和机组运行的经济性等，QC成果完成18项，成果完成率43%。

（许志新）

【经营管理工作】 2004年，北安公司把市场营销作为企业的中心工作，把多发多供及争取合理的电热价作为第一要务来抓，年初经过与黑龙江省电网公司的密切联系与沟通，在争取计划电量5亿千瓦时的基础上又争取到0.7亿千瓦时政策电量。

加强资本运营工作，加快以贷还贷步伐，完成了公司短期贷款的银行转贷工作，保证了公司正常运营所需资金问题，降低了财务费用。

加强成本管理，重点控制燃料成本、材料成本和工程成本。强化入厂煤的管理，严格控制煤炭的供货质量和数量，同时加大亏吨亏卡的索赔力度，保证了标煤单价不突破预算，索回费用合计572235元，实现了煤炭到货率和库存量在省内电厂中最好，价格涨幅最低，保证了公司的用煤要求；把控制材料成本的重点放在招投标管理制度的执行上，增加采购过程的透明度，实行了比价采购制度，并减少了库存100万元；工程成本的控制重点是加强项目的技术论证和投资评价，实行施工过程跟踪，强化审计监督工作，深入现场控制工程费用。同时，坚持预算指标的刚性原则，控制管理费用支用，严格执行差旅费、招待费、运输费使用的有关规定，减少了非生产性支出。

完善公司《经济责任制考核办法》、《成本管理办法》，加强审计监督工作，对公司财务核算、内控制度、工程决算、物资采购、多种经营进行全覆盖审计，全年共节约资金181.61万元。

年末通过ISO9000质量体系的认证，取得合格证书，按集团公司统一部署，完成了清产核资工作，公司获集团二级奖状。

严格执行非生产用电、用热管理办法，对不应计入厂用的热和电加大清理力度，计量监督实行收支两条线，为公司挽回经济损失，从而降低了经营成本。实现热费收缴年清年结。2004年底热费收缴连续13年结零。

（许志新）

【3号炉复建工程】 该公司3号炉复建工程是1993年经国务院经贸［1993］246号文件批准的以大代小技改工程中的续建项目。2004年2月4日，国电集团公司同意对该建设项目投资。3月2日工程部成立，根据国电集团公司电源项目前期工作和工程建设有关文件要求，结合3号炉工程建设的具体特点，编制了3号炉工程建设管理办法和施工现场各项管理制度汇编，做到了工程全程有章可循。4月20日，集团公司下达项目批复文件，开始进行主设备订货及各项准备工作。5月17日向东北分公司上报了锅炉订货申请，5月31日到集团公司汇报落实锅炉订货事宜，并由公司领导确定6月11日正式移交给集团公司工程部管理。

3号炉复建工程实行项目法人负责制、招投标制、工程建设监理制、资本金制和合同制的管理模式，努力降低工程成本。7月23日，由集团公司牵头完成锅炉招标工作。8月27日，完成锅炉合同洽谈。到年末，锅炉主设备、主要辅助设备，施工队伍、施工监理等订货和招标工作已全部完成，为工程如期开工打下了基础。

（许志新）

【内部机构改革工作】 2月26日，北安公司体制改革领导小组成立，5月24日修缮分场划归综合产业总公司，组建物业公司，实现物业管理商品化转型。6月28日，撤销卫生院、派出所两个二级机构，卫生院更名为卫生所，挂靠行政管理部，实行班组级管理，派出所划归综合产业总公司管理。

11月15日，北安北能热力有限公司第一次股东会暨董事会召开，会议宣读了北安市委第4次常委会和市政府第7次市长办公会议决定：将北安市热力公司整体转让给北能动力工业有限责任公司。会议还确定了由北能动力工业有限责任公司控股、北安热电物业有限公司参股的资产形式和董事会领导下总经理负责制的管理形式，完成了对北安市热力公司的整体收购重组和改制工作。使之成为国电北安热电有限公司综合产业总公司新的经济增产点和支柱产业。

（许志新）

【精神文明建设】 2004年，北安公司以文明单位创建工作为主线，抓好重新申报省级文明单位标兵的创建活动，成立了文明单位创建领导小组，坚持推行“六个同步”一体化工作方法，即党委与行政同规划、同部署、同检查、同考核、同评比、同奖惩，实现了精神文明建设与经济建设的有机结合。抓“文明单位标兵、文明班组标兵、文明个人标兵”的创建活动，建立激励机制，表彰为公司文明建设做出突出贡献的集体和个人；抓“创建学习型组织，争做知识型员工”活动，公司领导率先垂范、以身作则，党委书记武俊祥亲自撰稿，以《珍惜伟大时代不负青春年华》为题，为公司团干部上团课；抓“为发展做贡献、为党旗增光辉”活动，以开展党员“三个代表责任区”活动为载体，调动了广大党员热爱企业、服务企业、奉献企业的积极性，党员主动承担了“急、难、险、重”的工作，涌现出了国电集团公司先进基层组织联合党支部、国电集团公司优秀党务工作者武俊祥、省电力公司岗位立功标兵张秋华等先进集体和个人；抓《公民道德实施纲要》的贯彻落实工作，制定了《干部员工语言行为规范》。党委书记、总经理各捐助5000元与乡镇特困户结成帮扶对子；公司领导带领干部参加小区环境净化工作，公司上下形成了人人讲文明、个个爱环境的良好氛围；抓企业文化建设，并以“企业理念大家创”作品征集活动和“企业理念大家谈”演讲活动为载体，形成了具有公司特色的“北极文化”，共涵盖企业使命、发展战略、企业精神、团队精神、企业行为准则和员工信条等六个方面的内容；抓社区文化建设活动，以“携手共建文明家园”首届社区文化艺术节为龙头，举办了职工乒乓赛、篮球赛、书法绘画展、集邮展、女工才艺展等员工喜闻乐见的文体活动，丰富了业余文化生活；抓宣传报道工作，利用公司网络方便、快捷、高效的优势，通过公司主页和部门主页，发布国电集团公司和东北分公司的重要信息，利用公司有线电视快速、直观、大众的视频效果，宣传公司内部的重大事件和生产动态，还在各大报刊上共刊发稿件159篇。

（许志新）

【第八次股东会暨三届三次董事会】 4月21日，北安热电有限公司第八次股东会暨三届三次董事会、监事会会议在沈阳皇朝万豪酒店举行。第八次股东会议审议通过了关于公司更名的议案，关于转让北安市建设物业有限责任公司全部股权的议案、关于修改公司章程的说明、关于更换董事会成员的议案、公司清产核资的议案、第八次股东会议决议。三届二次董事会审议通过了聘任郗海臣任公司总经理、赵建华、刘清华、张军、王学林任副总经理，王玉红任总会计师的议案。审议通过了总经理工作报告、财务工作报告、2004年大修技改工程项目及资金安排，签订了《资产经营责任状》，审议通过了董事会会议决议，会议由公司董事长米树华主持，三届二次监事会也同时召开，股东会、董事会、监事会于当日结束。

（许志新）

企业地址：黑龙江省北安市北通公路〇公里处
邮　　编：164093
电　　话：0456－6812211
传　　真：0456－6801136

国电浙江北仑第一发电有限公司

【概　况】 国电浙江北仑第一发电有限公司（以下简称北仑公司）位于浙江省宁波市北仑区，为集团公司下属控股公司，经营北仑发电厂一期2×600兆瓦机组并以委托方式实行二期3×600兆瓦机组的运行和维护管理。2004年，北仑公司认真贯彻“做实、做新、做大、做强”八字方针，围绕“管理效益年”中心工作，以“巩固、规范、开拓、领先”为主题，以“安全稳定、挖潜增效、提升实力、加快发展”为目标，圆满完成了各项任务目标。全厂共发电220.98亿千瓦时；机组平均供电煤耗319.2克/千瓦时，发电厂用电率3.59%，等效可用系数91.21%，负荷率92.12%，利用小时7366小时。公司1、2号机组上网电量83.69亿千瓦时，完成销售收入24.9亿元，实现利润3.38亿元，全年共归还本息4.03亿元。截至12月31日，全厂安全日1420天。2004年公司继续保持“浙江省文明单位”、“宁波市文明单位”称号，并获“全国电力行业优秀企业”、“中国企业文化建设先进单位”、“浙江省电力迎峰度夏工作先进集体”、“浙江省企业文化建设先进单位”等称号。

（施晓明）

【机组烟气脱硫工程动工】 2004年11月18日，北仑发电厂隆重举行5×600兆瓦发电机组烟气脱硫工程动工仪式。实施机组烟气脱硫工程是电厂大力发展清洁发电技术，全面推行清洁生产的重要举措。脱硫工程总投资11.55亿元，规模为5×600兆瓦机组全烟气脱硫，设计燃煤含硫量0.99%，脱硫效率不低于90%。工程采用石灰石—石膏湿法脱硫工艺，技术成熟、应用广泛，运行可靠率高。整个脱硫工程按单元制设计，每台炉配一套烟气脱硫装置。5台机组脱硫工程全部投运后，按照2003年北仑发电厂的发电量和耗用的煤量及煤种计算，全厂二氧化硫排放量将减少8万吨以上。2000年，北仑公司就将“锅炉脱硫可行性研究”列入年度科技项目计划。2003年6月，成立了脱硫工程项目部，全面开展工程前期工作。2004年2月，北仑电厂脱硫工程被列入宁波市2004年实事工程实施计划。2004年11月，浙江省发改委批复同意工程可行性研究报告。截至2004年底，脱硫主体工程2号～5号炉的吸收塔桩基已经完工，4号炉烟道改造桩基开工，石灰石输送系统、石膏堆场等辅助项目按计划进展。整个工程计划于2007年底建成投产。

（施晓明）

【机组长周期连续运行】 2004年是浙江省供用电形势极度紧张的一年。北仑公司尽心竭力，周密布置，落实各项生产管理工作，确保机组稳发、满发，为电网提供充沛电力。该公司认真总结运行管理经验，充分发挥现场生产指挥体系作用，建立和完善确保机组长周期连续运行的生产管理机制。通过制定《关于确保机组长周期高负荷安全稳定运行的规定》，将迎峰工作跟日常工作结合起来，加强各专业配合，提高效率。对高负荷连续运行给设备带来的影响进行全面、科学的评估，做好危险点、薄弱点的跟踪分析整治，强化闭环管理。加强事故预想、反事故演习，培养和积累运行判断、分析和应急处理能力，积极开展配煤掺烧、燃烧调整、吹灰控制和炉内工况监测的研究。完善设备管理基础，深化点检定修制，开展状态检修、SRCM的实践运用。初步建立了以机组《检修规程》、《设备检修作业标准》、《设备检修作业文件包》控制文件为基础的管理技术框架体系。规范、拓宽状态监测应用，通过SRCM分析和评估工作，优化设备的大小修项目和周期，使设备始终处于受控状态。2004年，北仑发电厂5台机组连续运行均实现100天记录，其中1、3、4号机组达2个百天，4号机组还以连续运行482.7天创造了全国同类机组的最高记录。

（施晓明）

【1号机组大修全优】 北仑公司1号机组于4月13日开工，6月23日并网，7月6日正式复役。本次机组检修是北仑发电厂投产以来规模最大、要求最高、时间最紧的一次大修，本次大修计划检修项目共830项，其中标准项目722项，特殊项目108项，检修过程中增补了部分项目。本次大修除了主设备大修外，还进行了机组DCS、PLC控制系统改造，汽机低压内缸、中压隔板部分更换，锅炉再热器受热面更换，锅炉400伏PC改造，底渣斗及钢结构修复，500千伏升压站改造等工作。通过精心策划组织，加强关键项目的事先准备、关键路线的考核管理和关键工序的协调，大修取得圆满成功，比常规工期提前19天完成并达到全优目标，机组大修后连续运行达到242天，获得集团公司机组A级检修奖励。另外，公司在大修期间，还开展了“六比”（比安全文明施工、比质量、比工期、比效益、比管理水平、比协作水平）劳动竞赛，对搞好机组大修中实施的重大改造项目起到了促进作用。

（施晓明）

【经营管理工作】 北仑公司以提高公司整体获利能力为主线，千方百计克服困难，深挖潜力降本增效，落实“管理效益年”活动的各项举措，将活动目标层层分解，责任到人，实现了集团公司和董事会提出的经营指标。公司加强市场营销工作，进行华东电力市场试运行的准备，为市场竞争做好充分的准备；积极做好电价疏导工作，保证了上网电价的落实。优化燃料管理，加强燃料调运的动态管理，建立煤炭存量、接卸、运输、装港情况日报制，科学调度作业，提高燃煤接卸效率，研究调整燃煤掺烧方式，提高运行经济性。落实全面预算管理，以利润指标为中心，加强财务管理职能，认真做好项目核对和费用平衡，严格项目增补的审批，对工程和材料费用实时跟踪分析；完善内部经营承包责任书，突出效益考核，促进节俭增效意识，控制各项费用开支。加速备品的国产化进程，开展修旧利废，节约检修费用。加强监督规范经营，加大招投标力度，确保工程质量节省造价；扩大内部审计范围，提高审计覆盖率，开展中层干部离任审计、非生产性物资采购审计等。

（施晓明）

【人力资源工作】 北仑公司全面实施《岗位晋升、降级、转岗、待岗管理》标准，对全公司所有岗位实行公开招聘，竞争上岗、优胜劣汰、动态考核、易岗易薪。先主业、后多经，先生产，后管理、服务。实行生产岗位全年不定期开口招聘，鼓励和引导管理及后勤人员到生产岗位工作，逐步实施后勤通用岗位社会化管理。全年共有300余人报名应聘，有10人从管理部门转岗到生产部门，有52人从后勤部门转岗到生产部门。公司加强干部队伍考核和聘用管理。中层干部的年度业绩考核采用在干部个人小结、自评（德能、工作实绩）的基础上，进行全方位征询意见后，公司班子按照“80分原则和7:2:1的比例”进行打分评定的办法，考核结果在公司范围内进行公开。在干部选拔上全面引入公开竞聘办法，提倡和鼓励公平竞争，对聘期已满的中层干部实行重新公开招聘上岗。公司开展多层次、多渠道的教育培训。举办了多经转岗人员检修技能培训班，选送技术人员参加工程硕士研究生进修，组织生产经营骨干赴国内外先进电厂学习考察。模拟机培训注重运行实际需求，切合运行事故演练的需要，申报电力行业600兆瓦仿真培训基地的准备工作全面启动。继续开展“三个一百”人才工程建设，突出全方位、多层次选拔的特点，共评审138位同志为岗位能手，为员工在岗位晋升之外又开辟了一条成才之路。

（施晓明）

【企业文化建设】 北仑公司全面落实国电集团公司《人才强企战略规划纲要》，制定了《企业文化建设暨学习型企业三年规划》，把学习型组织的理念引入企业文化建设，使企业文化随着管理的深化走向新的阶段。公司结合集团公司的标识运用，规范企业视觉识别系统，塑造良好的企业形象。经过意见征集、调研、探讨，确立了包括企业行为准则、员工基本行为准则、员工行为规范三个方面29类174条的北电行为识别系统，把体现先进理念的行为规范落实到生产经营活动的全方位、全过程。加强公司政研会、企业文化学会建设，召开了第三届职工思想政治研究会暨第二届企业文化学会年会，调整了职工思想政治研究会和企业文化学会组织机构，编印了《政研会、企业文化学会论文集》。开展以“腾飞北电”为主题的建厂十五周年系列活动，进行了升旗仪式、厂庆纪念大会，报告文学《和太阳一起奔跑》首发式、编制“腾飞十五年”专题片、北电优秀人物风采图片展等各项活动，全方位展示北电形象和北电人的风貌。

（施晓明）

【举办第三届科技周】 2004年11月24～30日，北仑公司举办了第三届“科技周”活动。本届科技周的主题是：创新、发展、效益。本次科技周的主要活动有：超临界火力发电技术专题讲座、北电脱硫工程和北电降低NOX情况介绍、优秀PP模板设计大赛、“北电杯”宁波市青少年海模大赛、邀请贫困山区学生参观电厂和拍摄“科技周”电视专题片《科技之光》、召开科技技改工作座谈会等，科技周活动评出优秀科技人员29人，优秀技改项目15项，优秀科技项目10项，优秀科技、管理论文10篇。

（施晓明）

【继电保护工全国技能竞赛获奖】 11月19日，由张企达、杨泽荣、叶进军、苏科组成的北仑公司继电保护代表队荣获全国电力行业继电保护工、变电检修工技能竞赛继电保护工（发电类）团体三等奖，本次比赛共有27个省市自治区电力企业派出的75支代表队（共300名参赛队员）参加了技能竞赛。北仑公司参赛队伍是惟一获奖的基层厂队，也是五大发电集团仅有两支获奖队伍之一。

（施晓明）

【高试班获全国电力行业优秀班组】 北仑公司结合实际，改进班组建设的工作方法和管理手段，有重点地组织实施班组（处室）动态检查考评，提高班组建设水平。8月25日，公司高压试验班获得“全国电力行业优秀班组”荣誉称号，成为全国获评57个发电企业优秀班组之一。

（施晓明）

企业地址：浙江省宁波市北仑区进港西路66号
邮政编码：315800
电　　话：0574－86892542（总经部）
传　　真：0574－86883246

国电九江三期发电有限公司

详见本篇目内核企业“国电九江发电厂”。

国电荆门江山发电有限公司

详见本篇目内核企业“国电荆门热电厂”。

国电四川南桠河流域水电开发有限公司

【概　况】 2004年，国电四川南桠河流域水电开发有限公司（以下称南桠河公司）秉承团结拼搏、求实奉献的优良作风，在艰苦的环境下努力工作。该公司所属姚河坝电厂全年实现365天连续安全记录，再创3个百日安全长周期，自发电以来连续安全记录已达到1171天。全年共完成发电量58898万千瓦时，上网结算电量56850万千瓦时，实现电费收入11792万元，完成利润3097万元，超额完成集团公司下达的发电量任务和3000万利润目标。

机组全年平均利用小时4462小时，同比增加394小时；计划停运4次（机组计划小修和大修），非计划停运3次，即1次/台年，控制在年度目标1.5次/台年以内；等效可用系数95.59%，比一流企业标准87.39%高出8.2%。全年共发现缺陷368项，其中二类缺陷8项，消缺率100%。办理工作票548张，1张不合格，合格率99.8%。填写操作票140张，合格率100%。开停机478次，启动可靠率100%。

公司冶勒水电站和栗子坪水电站工程建设年内安全事故指标保持“零”记录，全面实现安全责任目标；冶勒水电站工程克服了大坝填筑料源不足、引水隧洞地下水大、压力管道中斜井地质塌方以及气候、地质条件恶劣等不利因素，工程建设取得了突破性进展，完成投资5.23亿元；冶勒库区移民工程在保证移民安全稳定的前提下顺利完成；12月29日，冶勒水电站通过四川省发改委组织的下闸蓄水验收；2005年1月1日，冶勒水电站正式下闸蓄水。栗子坪水电站年内实现主体工程全面开工目标，完成引水隧洞开挖总进尺达3154米，控制段完成开挖871米，均超额完成计划目标。该公司党风廉政及三个文明建设工作常抓不懈，发展态势良好，一年来未有任何违法违纪行为。

截至2004年底，公司从业人员174人；其中正式职工100人、聘用人员74人。

（陈建春）

【冶勒水电站库区征地移民工作】 冶勒水电站是南桠河流域规划的龙头水库电站，龙头水库位于凉山州冕宁县冶勒彝族乡境内。水库正常蓄水位2650米，最大涌水高程107米，最大水域面宽1.5公里，水库淹没面积10.46平方公里，总库容2.98亿立方米，调节库容2.76亿立方米，具有多年调节能力。库区移民需搬迁人口882人，由于地处少数民族高海拔偏远山区，移民工作难度很大。按照有关规定，公司将冶勒库区移民安置补偿工作以总承包方式委托冕宁县人民政府负责实施。移民工程于2003年9月开始实施，2004年10月，库区正常蓄水高程2650米以下的移民搬迁安置工作全部结束。同年11月10日，冶勒库区移民工程顺利通过由四川省重点建设办公室组织的下闸蓄水阶段验收，该工程在保证移民安全、局势稳定的前提下顺利完成。

在冶勒库区移民工程实施过程中，未发生一起人、畜或车辆运输交通安全事故；未发生火灾或移民财产丢失、受损事件。2004年11月5日，冕宁县移民办组织对近30户移民的回访调查，大部分移民对迁入地政府的接纳安置包括生产生活条件、就医及子女就学、交通和气候条件等表示满意。

（陈建春）

公司地址：四川省成都市一环路东四段八号江源

大厦6楼B座
邮政编码：610066
电　　话：028－84420062　0835－8880066
传　　真：028－84457992　0835－8869715

国电靖远发电有限公司

【概　况】　2004年，国电靖远发电有限公司（以下称靖远公司）以深化“管理效益年”活动为统揽，认真贯彻“做实、做新、做大、做强”的工作方针，紧扣“夯实基础，确保安全，提高效益”的基本目标，按照“完善制度，改善经营，创新管理”的基本要求，精心策划，周密部署，“管理效益年”活动的12项措施、20项重点工作和9项主题活动全面完成。确保了持续的安全生产局面，管理水平和经营绩效稳步提升。全年完成发电量63.31亿千瓦时，实现利润9158万元，实现3个安全生产100天，确保了跨年度连续安全运行。截至12月31日，实现安全生产1136天，供电煤耗完成357.69克/千瓦时，比计划降低5.31克/千瓦时。

年内开展14项专项审计工作。开展了燃料管理等5项效能监察工作，节约资金197.35万元。参与监督招投标项目14项，为企业节约资金148万元。参加合同洽谈200余项，有效节约资金300余万元。

2004年，公司相继获得“甘肃省十佳环保企业”、“全国发电系统厂务公开先进单位”、“甘肃省绿化模范先进单位”、“全国电力可靠性管理先进单位”，“全国电力行业优秀企业”等荣誉称号。

（刘国平　朱　斌）

【安全生产工作】　2004年，实施了16项职业健康安全管理方案，7大类112项职业安全健康重大危险源得到有效控制。以“保电网、保人身、保设备”为重点，实施安评整改项目355项。加大了“反三违”力度，全年累计处罚违章行为352人次，累计发放安全奖励基金51.175万元。无违章班组达到60.5%，同比提高10.2个百分点。完成1号机组增容改造工程。通过组织劳动竞赛，使原水耗量同比减少384.8万吨，节约成本423.28万元。飞灰由2003年的4.11%下降为2004年的3.98%，供电煤耗下降0.208克/千瓦时，节约标煤成本24.7万元。10月9日，靖远公司召开庆祝投产发电15周年暨安全生产1000天大会，甘肃省人民政府副省长杨志明，集团公司党组成员、副总经理刘彭龄，白银市市委书记孙效东、市长周多明等到会祝贺。大会表彰了安全生产立功集体2个，安全生产立功班组10个，安全管理者标兵12人，安全生产功臣45人和靖电奉献者310人。

（刘国平　朱　斌）

【1号机组增容改造及大修工程】　1号机组增容改造工程是靖远公司2004年重点工作之一，并配套实施了调速系统纯电调改造等项目，该工程于5月1日开工，7月4日结束，历时65天改造工程圆满完成。1号机组改造后出力增加了20兆瓦，其中，无煤耗出力增加13兆瓦，有煤耗出力增加7兆瓦，与改造前相比，厂用电率下降0.63%，供电煤耗下降15.75克/千瓦时，发电利用小时达4000小时，年内创造8511万千瓦时的发电增量。另外，通过优化运行方式，合理分配机组负荷，供电煤耗同比降低了6.3克/千瓦时，节约成本695万元。原水单耗同比降低5.88吨/万千瓦时，降低成本978万元。机组利用小时达到7914小时，处于同类型机组先进水平。

（朱　斌）

【市场营销工作】　靖远公司抓住国家发改委疏导电价矛盾的机遇，经过多次协调，使得基数内电价由0.187元/千瓦时（含税）调整为0.2005元/千瓦时（含税），基数电量由33亿千瓦时调整为39.6842亿千瓦时，本年增加销售收入1068万元。为了完成当年电费回收目标，公司落实专人加强电费催收工作，8月份，公司又与金融机构签订了8000万元的保理合同，当年电费回收率达到100%，清理陈欠电费5744万元，陈欠电费回收率达43.42%。

加强经济分析与控制，有效控制发电成本。坚持每季召开一次经济活动分析会，从规范分析方法、完善分析内容、提高分析质量、落实应对措施方面入手，加强闭环管理运作，有效解决了经济活动过程中存在的各种问题，增强了经济活动分析的实效性。面对燃料供应的严峻形势，积极应对煤炭供应渠道单一的制约，大力采购本地及外省小窑煤，全年共完成小窑煤采购量85.14万吨，保证了发电用煤需求。面对燃煤质量下滑趋势，加大入厂煤质量的监控，增加煤台抽检次数，深入矿区调查燃煤质量，保证了燃煤的质量。努力抑制煤价上涨，全年入炉煤标煤费用减少663万元。

千方百计降低财务费用。利用银行授信政策合理调整借款结构，全年归还各类贷款24600万元，完成还贷计划5500万元的447.27%，超计划归还各类贷款18600万元，财务费用比上年减少1574万元。另外，国产设备的技改项目争取到了国家1000万元的免税优惠。

（朱　斌）

【创新人力资源管理机制】　实施“人才工程”，强化“三支队伍”建设。该公司把建设优秀的“经营管理人才、专业技术人才、生产技能人才”队伍作为人力资源开发的长期目标。制定了《人才队伍建设规划》，并结合集团公司“168”人才工程，初步建立了竞争、透明的人才动态管理机制。有35名同志进入集团公司“168”人才队伍，包括2名优秀高级管理人才、18名优秀专业技术人才、20名优秀技能人才；实施了公司内部“246人才”工程，评选出优秀经营管理人才20名、优秀专业技术人才40名，优秀专业技能人才34名；破格选拔了42名技师，并有3名运行值班员通过参加集团公司技术比武，破格获得国家劳动和社会保障部颁发的技师《职业资格证书》。

培训工作取得长足进展。制定下发了《师徒结对培训实施办法》，共组织结对师徒175对。组织了压力容器、起重机械作业、普通焊工、机动车驾驶员等特种作业人员的取复证工作，取证581人次，复证112人次，共取得特种作业合格证1201个，持证率达到99.01%。特殊工种持证上岗率比上年提高了37.65个百分点。全员培训率为95%，比集团公司下达指标高15%，全员持证上岗率为96.47%。组织进行了21个工种、610人参加的职业技能鉴定，有422人取得职业资格证书。

推进绩效考评体系建设。在对职能管理部门和中层管理人员进行精简的基础上，推行绩效考核管理机制，初步建立了较为全面的绩效考评体系。在三级目标分解体系的基础上，引进关键绩效考核指标，建立了绩效管理的定量化和行为化的指标评估体系，提升了绩效管理水平。

（朱　斌）

【开展“党员素质提升工程”】　为了响应集团公司党组开展“为发展作贡献、为党旗增光辉”主题活动，弘扬求真务实精神、大兴求真务实之风，该公司党委在认真分析党建工作和党员队伍现状的基础上，结合工作实际及“管理效益年”活动，提出深化“双为”主题，实施“党员素质提升工程”即“1425”工程的年度任务。以一条主线、四个层面、二十项重点工作，五个方面保证措施将“党员素质提升工程”活动全方位推进展开。

（王光文）

【一期扩建前期工作】　根据甘肃省电力发展规划，结合该公司基础设施、公用设施，以及场地使用情况，提出了靖远电厂一期扩建工作思路。2004年2月，该公司与西北电力设计院共同完成了《国电靖远电厂一期扩建2×300兆瓦工程建厂条件落实和总体布置可行性论证报告》。3月，扩建项目得到了集团公司的同意，国电集团公司《关于请支持国电集团公司投资建设靖远电厂四期工程的函》（国电集计函［2004］26号）正式向甘肃省人民政府致函，请求支持国电集团公司投资建设靖远电厂一期扩建工程。4月，该公司召开的二届二次董事会作出决议，同意投资建设靖远电厂一期扩建工程，并授权公司经营班子，组织开展扩建工程前期工作和筹建工作。7月，经过与西北电力设计院进行现场踏勘，完成了2×300兆瓦工程的初步可行性研究。随着国家能源政策的变化，并对建设现场进行大量的勘测与调研，对扩建项目装机容量由2×300兆瓦改为2×600兆瓦进行研究，于11月完成了初步可行性研究工作，并通过了内部审查。同年10月，公司成立了扩建工作部，全面负责该工程前期工作。

甘肃省发改委在12月上报全省电源建设项目专家评优材料中已将该工程列入其中，中国国电集团公司正式向国家发展和改革委员会上报了《关于开展国电靖远电厂一期扩建工程前期工作的请示》（国电集计［2004］509号），要求开展项目前期工作。

（朱　斌）

企业地址：甘肃白银平川区电力路4号
邮　　编：730919
电话号码：0943－6732121　6732122
传　　真：0943－6780312

国电新疆红雁池发电有限公司

【概　况】　2004年，国电新疆红雁池发电有限公司（以下简称红电公司）全面贯彻落实集团公司一系列工作会议精神和工作部署，以实现一流管理为目标，深入开展“管理效益年”活动，树立市场竞争意识和营销理念，调整思路，与时俱进，加快发展，保安全、保稳定、保电价、争电量、拓市场，各项工作稳步推进，成效显著，呈现出良好的发展态势。

全年完成发电量25.05亿千瓦时，创建厂以来历史最高记录。实现全年无事故，跨年度安全生产618天，创安全记录历史新高；设备平均年利用小时为5964小时，创历史最好水平；厂用电率（8.71%）、供电煤耗（440克/千瓦时）、补充水率等生产指标都降至历史最低；该公司首家与新疆电力公司签订购售电合同，1～8号机组与9号机组电价统调至0.216元/千瓦时，实现利润2056万元，完成了集团公司下达的经营目标。

根据市场形势及发展需求，正式启动了以大代小（2×300兆瓦）前期工作，并积极开展煤电联营项目。

该公司党风廉政、精神文明建设取得丰硕成果：《红电之声》报、《以人为本促效益》专题片分别取得集团公司管理效益年“红雁池杯”十佳企业报、片评比第三、第二名的好成绩；公司党委连续两年获集团公司“先进基层党组织”称号，总经理毕可利获“全国电力行业优秀企业家”称号。

（李洪晖 张立业）

【清产核资及清理外占土地工作】 红电公司在清产核资工作中绩效突出，核销不良资产3978万元，解决了遗留多年的历史问题，减轻了企业负担，被集团公司授予“清产核资先进集体”和“国电二级荣誉奖状”。

红电规范土地管理工作，积极清理外占土地，陆续收回新疆电力建设公司等单位占用的土地，增大土地面积50多万平方米，并重新划定土地类别，每年可节省土地使用费80余万元。

（李洪晖）

【多种产业稳步发展】 红电公司注重强化多种经营管理，全面实施岗位绩效分配制度，理顺、规范了联营体，投资新建承重砌块厂等支柱型产业，全年实现收入近亿元，所属新疆安居物业公司（红电生活服务公司）被评为“自治区优秀物业管理小区”。

（张立业）

【改善员工福利及生产、生活环境】 红电公司采取各种举措，改善员工福利及生产、生活环境：出台暖气费补贴等办法，改善员工福利；新建4栋住宅楼，改善员工住房条件；修缮了主控室和部分值班室，改善员工生产值班环境；新开通红雁池水库道路，规划双回路改造和小区广场建设蓝图，不断改善、美化生活环境。

（张立业）

【全厂直流系统改造】 为满足微机保护装置对直流电源稳定性的要求，提高设备运行的安全性，红电公司对直流系统进行了改造，蓄电池输出电能质量有了明显提高。

（李洪晖）

企业地址：新疆乌鲁木齐市延安路139号
邮政编码：830047
电　　话：0991－2501722
0991－2501201转5022/5023
传　　真：0991－2501722

国电新疆吉林台水电开发有限公司

【概　况】 2004年，国电新疆吉林台水电开发有限公司（以下简称吉林台公司）完成全年各项目标任务，新疆吉林台一级水电站（以下简称吉林台水电站）工程8月30日通过蓄水验收，10月15日顺利实现下闸蓄水目标，超额完成了年度投资计划，公司被命名为自治区级文明单位。

在水电站工程建设上，该公司以杜绝人身伤亡及重大设备损坏事故为重点，以加强安全管理体系正常运转为载体，以层层分解落实安全生产目标责任制为手段，努力实现安全生产可控、在控。加强安规学习与宣传，坚持开展季节性安全大检查和年度“安全生产月”活动，强化安全防护设施标准化建设，全年共开展安全大检查及各类专项检查25次，下达整改通知单32份，整改率100%。全年没有发生人身伤亡及重大设备损坏事故。坚持“百年大计质量第一”，组织开展日常质量监督、季度质量检查及专家工程咨询等质量活动，坚持安全、质量、技术认证日志制度，认真落实质量监督巡视意见，全年没有发生重大质量事故。严格执行、控制“三级进度计划”，实行动态跟踪。

加强投资预算管理，合理调配，努力减少财务费用。全年实际完成投资52250万元，完成计划的100.19%；认真做好工程结算、变更审查，当年审批变更及索赔103项，审减率约为22.5%；审核完工结算23项，审减率约为5.7%。

该公司将全年工作目标层层分解，落实到人，实施党政一把手、分管副职领导、部（室）主任、员工逐级考核体系，考核结果与责任人当月绩效工资挂钩，奖优惩劣。

实施人才强企战略，为全体员工提供岗位学习与培训的平台。正式启动“168人才工程”，11月，经集团公司审定，该公司1人获集团公司首届优秀经营管理人才、2人获集团公司首届优秀专业技术人才。

坚持党管干部原则，逐步健全、完善中层干部教育培养、奖惩、任免和向上级推荐制度，努力建立新型的干部管理、选拔机制。4月，根据集团公司要求，选派后备干部1人参加了集团公司组织的青年干部培训班。坚持干部考核制度，以推动党员干部工作作风、业务素质、工作效率进一步提高为宗旨，经对公司15名中层干部民主测评，1人评为“优秀干部”，其余人员均被评为“称职干部”。按照集团公司人才配置实现良性互动的要求，经集团公司人力资源部批准，从国电万安水力发电厂和国电新疆区企业调入各类专业技术人员9人，接收专业对口大学毕业生2人，公司人力资源配置趋于合理。

（项宝善 周 敏 王炳辉）

【吉林台水电站大坝施工】 吉林台水电站工程大坝设计填筑量836万立方米，2004年计划填筑量288万立方米，本年累计填筑量290万立方米，占年计划填筑量的100.7%。按照控制工期，水电站大坝工程上游砂砾料高程达到1395.2米，下游次堆石区和块石压重区达到1374米，左岸趾板浇筑完成，右岸趾板达到1395米。2004年大坝基础帷幕灌浆钻孔54243.65米（累计钻孔62180.05米），固结灌浆钻孔

12118.92 米（累计钻孔 20106.26 米），左岸灌浆已经全部完成，右岸完成到 1383 米高程。

吉林台水电站大坝混凝土面板分三期浇筑，一期为 1270 米～1360 米高程，二期为 1360 米～1390 米高程，三期为 1390 米～1421 米高程。2004 年 6 月 18 日，按照施工进度计划完成了 1360 米高程以下一期面板施工，混凝土浇筑总量为 2.1 万立方米，止水及填缝材料施工于 7 月 31 日全部完成，为工程实现下闸蓄水奠定了基础。经统计，混凝土面板裂缝共计 57 条，最大缝宽 0.45 毫米，总计裂缝长度 635.6 米，计 0.178 条/100 平方米，其中大于等于 0.2 毫米的有 47 条，计 0.1467 条/100 平方米，小于达标投产 0.2 条/100 平方米的要求。

（郭霞辉）

【联合进水口施工】 由表孔、深孔及发电引水洞进水口共同组成的联合进水口，自 2002 年 2 月开挖，2003 年 5 月开始混凝土浇筑，浇筑总量为 10.95 万立方米。2004 年实际完成 6.2 万立方米，实现年度计划目标。截至 2004 年 12 月 31 日，完成深孔泄洪洞进水塔塔体混凝土浇筑到顶部高程 1427 米，塔顶启闭机房结构混凝土，深孔泄洪洞工作弧形门及启闭机安装全部完成并通过验收。完成平板检修闸门及启闭机安装调试；1、2 号发电洞进水塔混凝土浇筑；上部启闭机房结构混凝土浇筑；拦污栅及门槽二期混凝土浇筑；事故闸门安装，拦污栅及挡水闸门具备安装条件。

（郭霞辉）

【下闸蓄水工作】 2004 年新疆吉林台一级水电站实现下闸蓄水，这一节点工期的实现标志着水电站建设进入一个新的阶段。在参建各方的努力下，大坝砂砾石料区填筑至 1395 米高程，一期混凝土面板浇筑完成 1365 平方米，深孔泄洪洞进水塔具备过水条件，发电洞进水塔具备挡水条件，库区清理工作完成。8 月 31 日，水电站通过中国水电工程顾问集团公司进行的下闸蓄水安全鉴定验收，10 月 15 日，成功实现下闸蓄水。

（郭霞辉）

【开展“管理效益年”活动】 以“夯实基础、确保安全、提高效益”为目标成立活动领导小组，结合实际制定活动实施方案及考评细则。为进一步加强企业基础管理，对公司各项规章制度进行了全面修编和完善，以促进效率、效益双增长为目标，重点加强对招投标、工程量价、零星物资采购工作的监督和清理。争取到自治区人民政府项目前期费投入 300 万元；完成工程保险索赔 190 万元；水泥采购引入市场竞争机制，当年节省费用 102 万元；钢材采购争取到在出厂价的基础上再下浮 120 元/吨的优惠政策；工程管理区取暖锅炉由电锅炉改为燃煤锅炉，年费用可节约 150 万元以上；通过设计变更使尾水渠减少 10000 立方米，回填混凝土减少约 6000 立方米，节约资金约 477 万元。

（项宝善　周　敏）

【精神文明创建活动】 吉林台一级水电站工程开工伊始，该公司制定了精神文明建设规划（2002 年～2005 年），广泛开展群众性精神文明创建活动。该公司将创建工作贯穿于企业发展和工程建设始终，将提高企业整体素质，树立企业良好形象作为一项重要工作常抓不懈。充分发挥党委的政治核心作用，有针对性地做好员工思想教育和稳定工作，提高员工的思想道德素质，为企业改革发展稳定和水电站工程建设营造良好的精神氛围。围绕水电站工程建设和各项责任目标，坚持“以人为本，重在建设”的工作方针，创造条件改善环境面貌，做好生活后勤保障工作，完善文体活动设施，积极组织各种文化娱乐活动，营造健康文明的环境氛围。2002 年至今，公司先后获县级、州级文明单位，州级“民族团结进步模范单位”、“卫生红旗单位”、“绿化花园式单位”和“安全文明单位”等称号，2004 年 12 月 10 日，被新疆维吾尔自治区文明委评为区级文明单位。

（项宝善）

【移民安置工作】 移民安置涉及到移民生活、生产水平的进一步提高，关系到移民的稳定。2004 年移民安置工作以移民搬迁和库底清理为重点，该公司坚持“政府负责、投资包干、业主参与、综合监理”的管理体系，积极发挥业主职能，周密计划，加强沟通，主动协助自治区移民安置办公室严格按照国家移民政策开展工作，6 月 1 日，成功促成了新疆吉林台一级水电站移民安置工作会议的顺利召开，对库区移民安置尤其是库底清理验收工作起到了积极的推动作用。截至 2004 年 8 月 20 日，1420 米高程以下库区 3000 余名移民搬迁顺利完成，林木砍伐、库底清理、古墓发掘、光缆改迁、水文站复建等工程完工，保证了移民安置工作与工程建设的同步进行。8 月 21 日，水电站工程顺利通过了自治区库底清理验收和水库蓄水前验收，为工程按期下闸蓄水奠定了良好的基础。

（项宝善　马　勇）

【物资设备供货工作】 2004 年是水电站物资设备到场任务最为繁重的一年。由于近两年国内新增电源项目较多，原材料价格上涨幅度较大，导致设备供应商在设备交货方面困难重重，水电站金属结构设备、发电机、水轮机、封闭母线等设备的材料供应、制造进度及交货工作进展缓慢。对此，该公司努力与有关单位交涉，在集团公司的大力支持下，采取调整支付进度款、派员催货等措施，力争金属结构、发电机等设备按照工程进度要求交货，保证下闸蓄水节点工期按期实施。截至12月31日，3、4号进水阀、水轮机，1、2号水轮机埋件及3、4号发电机转子、定子成套设备等主机设备已到货或陆续到货，辅机设备亦部分到货，厂用变压器、辅机控制系统、计算机监控系统、高低压开关柜、发电机出口断路器等陆续交货。全年供应水泥6.39万吨，钢材0.64万吨，有效地保证了工程建设的顺利进行。

（项宝善　龚小虎）

【生产运行准备】 2004年2月吉林台公司成立生产准备部，着手建立生产组织，根据工程进度编制生产准备工作计划、规程制度，筹备生产设施及生产管理系统建设等工作。组织生产准备人员赴内地同类型水电站考察学习，吸收、借鉴国内同类型水电厂成熟的生产运行管理模式、方法及成功经验，并在此基础上结合吉林台一级水电站实际，确定了吉林台一级水电站初期运行采取委托运行模式，在集团公司安全生产部的指导下，通过招标确定国电万安水力发电厂为初期生产委托运行单位。

（项宝善　周　敏）

企业地址：乌鲁木齐市天山区光明路卫生巷2－1号祥和大厦25楼
邮政编码：830002
电　　话：0991－8874025　0999－4859923
传　　真：0991－8874010　0999－4859939

国电精河发电有限公司

【概　况】 国电精河发电有限公司（精河公司）现有职工237人，由汉、维、蒙、哈、满、苗、回7个民族组成。2004年实现安全生产年，连续安全生产600天；完成发电量7292万千瓦时，同比增长21.19%；完成供电量6623万千瓦时，同比增长22.59%；实现销售收入1846万元，同比增加13.18%，实现利润总额3.4万元，同比增加利润260万元，资产负债率81%，同比下降4个百分点。

5月，精河公司结合生产现场设备、实际操作，对公司的运规、检规进行了重新修订。6月，该公司投资10万元的除尘水沉淀池投入运行，解决了锅炉除尘水悬浮物超标的现象。7月12日，该公司灰浆泵电机由三角形运行改为星形运行，使电机温升有所下降。

（孙新宇）

企业地址：新疆精河县东郊
邮　　编：833300
电　　话：0909－5332435
传　　真：0909－5332435

国电塔城铁厂沟发电有限公司

【概　况】 国电塔城铁厂沟发电有限公司（原名新疆塔城铁厂沟发电有限责任公司，以下简称塔城公司），位于新疆西北边陲塔城铁地区托里县辖区的铁厂沟镇以南约1.5公里处，西北距额敏县85公里、距塔城市154公里，西南到托里县城90公里，东南穿过扎伊尔山到克拉玛依市126公里。该公司成立于1999年10月，负责建设与经营1×50兆瓦燃煤机组。

（徐新荣）

企业地址：新疆托里县铁厂沟镇
邮政编码：834615
电　　话：0901－3811782（办公室）
传　　真：0901－3811782

国电永福发电有限公司

【概　况】 2004年国电永福发电有限公司（以下简称永福公司）克服煤炭紧张、煤价上涨、环保收费增加等诸多不利因素，围绕“夯实基础、确保安全、提高效益”的目标，开展“管理效益年”活动，各项工作取得丰硕成果。全年公司未发生人身死亡事故，实现了3个百日无事故安全记录；完成上网电量19.08亿千瓦时；机组年利用小时数达7666小时；供电标煤耗396克/千瓦时；厂用电率7.12%；发电耗油率0.77克/千瓦时；完成4224万元的利润总额；实现净资产收益率23.11%，资产负债率85.79%，电费回收率100%。

该公司全面落实安全生产规章制度，以逐级签订安全生产责任书的形式，将安全生产目标分解到部门、班组、岗位，使各级人员明确各自在安全生产工作中应负的责任，做到目标明确，责任落实，措施到位，确保安全目标的实现；抓住电力紧缺的时机，加强设备管理，大力实施技术改造，提升机组适应负荷的能力，全年机组利用小时数创历史新高；抓住国家宏观政策调整的有利时机，多次到自治区政府有关职能部门反映公司上网电价过低的问题，争取政策支持，于2004年7月落实了上网电价，为企业的发展奠定了良好的基础；建立健全激励与监督约束机制，充分重视人才，开展了旨在培养高素质人才队伍、增强公司核心竞争力的“168人才”技术比武活动，调动各类人才“忠诚事业，爱岗敬业，岗位成才”的积极性。公司获中国能源化学工会颁发的“全国发电系统厂务公开工作先进单位”等称号。

（胡江海）

【扩建工程前期工作】 2004年永福公司2×300兆瓦机组扩建工程在国电集团公司和地方政府有关职能部门支持下，前期工作稳步推进。该公司于2004年2月成立扩建工程筹建领导小组和扩建工程项目部，开展项目可行性研究、初步设计和前期开工准备工作；3月，在四川德阳举行2×300兆瓦机组扩建工程锅炉、汽轮机、发电机三大主机设备签字仪式；5月，广西壮族自治区发展计划委员会将本工程列为2004年广西重点建设新开工项目，扩建工程项目建议书通过区政府上报至国家发改委。年内该扩建工程落实了项目业主、完成了项目可行性研究、初步设计工作，环境影响、水土保持、接入系统、土地、水资源、建设规划、铁路等评价报告已取得有关部门的批复，扩建工程核准所需的相关支持性文件已基本具备，12月30日，扩建机组主厂房开工建设。

（胡江海）

【落实合理上网电价】 因历史原因，该公司自成立以来上网电价一直执行广西平均上网电价，造成长期经营亏损。2004年该公司抓住机遇，开展上网电价的测算、报批工作，主动与经委及物价局等有关职能部门联系沟通，为落实电价做了大量卓有成效的工作。7月，广西区物价局印发《关于疏导广西电价矛盾有关问题的通知》（桂价格字［2004］222号）文件，核定公司上网电价为0.327元/千瓦时，为今后的良性循环发展打下良好基础。

（胡江海）

【实施劳动、人事和收入分配三项制度改革】 为贯彻国电集团公司在九江召开的“劳动、人事和收入分配三项制度改革”会议精神，永福公司于11月初，召开动员大会，传达贯彻集团公司副总经理李庆奎在“三改”会议上的重要讲话和有关文件，并组织实施该项工作。为加强对“三改”工作的组织领导，该公司成立以总经理为组长、党委书记和工会主席为副组长、有关部门负责人为小组成员的“三改工作领导小组”，到2004年底，根据国电集团公司“三改”工作部署和要求，先后完成了“四定”、《竞聘上岗与动态管理实施细则》草案，分别召开了中层干部和部分工人代表座谈会，听取基层干部和职工群众对“三改”的意见或要求，为下一步开展竞聘上岗工作做好准备。

（胡江海）

企业地址：广西桂林市永福县苏桥镇
邮　　编：541805
电　　话：0773－3803036
传　　真：0773－3803034

国电安顺发电有限责任公司

【概　况】 2004年，国电安顺发电有限责任公司（以下简称安顺公司）围绕国电集团公司“做实、做新、做大、做强”的战略方针和开展“管理效益年”的要求，按照公司年初提出的“严细管理保安全，开源节流降成本，优化环境育人才，抓好‘两手’增效益”的工作思路，该公司854名员工克服困难，艰苦奋斗，聚精会神抓安全生产，强化经营管理，取得较好的成绩。全年共完成发电量38.19亿千瓦时，占年计划的93.15%，上网电量35.97亿千瓦时；供电煤耗率362克/千瓦时，比计划高2克/千瓦时；厂用电率6.04%，比计划上升0.04%，发电设备平均利用小时6366小时。在燃煤供应不足、煤质下降、煤价大幅上涨的情况，按原预算口径完成利润3700万元。2004年被贵州省授予五一劳动奖状。

（何汉胜）

【安全生产管理】 该公司组织员工认真学习安全生产法和上级有关的安全生产法规，坚持“安全第一，预防为主”的方针，不断完善各级安全生产责任制，把安全责任落实到各个岗位；开展“班组安全互学互保”活动、“安全性评价”和“全国安全月”活动，组织春季和秋冬季安全大检查。通过安全教育和培训，增强员工的安全意识和自我保护意识，营造日益浓厚的“关爱生命，关注安全”的氛围。全年实现连续3个百日安全长周期记录，未发生重大设备损坏事故和人身伤亡事故，未发生火灾和重大交通安全事故。截至2004年12月31日累计实现连续安全生产1734天。

（何汉胜）

【“管理效益年”活动】 依照国电集团公司关于开展“管理效益年”的要求，安顺公司成立“管理效益年”活动领导小组，制定《管理效益年活动实施办法》，动员员工切实抓好各项基础管理工作，并将生产经营管理考核指标落实到各有关责任部门，直至个人。重点抓了安全生产责任制的落实，财务的预算管理和资金的合理安排，加强物资和电煤的采购供应。特别是在电煤数量不足，质量下降、煤价上涨的情况下，与地方政府及各煤矿协调沟通，争取充足的煤量、较好的煤质和合理的价格，尽可能地降低发电用煤的成本，增加电煤库存，确保发电用煤。

在物资采购供应和基建工程的管理方面，纪检监察和审计部门积极参与物资采购、基建工程项目的招标工作，实行全过程监督。

利用国家对西部开发的优惠税收政策，委托贵州新黔瑞税务师事务有限公司代为办理公司2000年、2001年度企业所得税优惠政策申请事宜，免交企业所得税3200万元。

（何汉胜）

【党风廉政和精神文明建设】 加强班子建设，制定了安顺公司领导干部“约法八章”，从思想、工作、作风等方面提出严格要求，作为领导干部自觉遵守、自我约束的纪律和接受群众监督的依据。工作中讲政治，顾大局，讲团结，形成民主、团结、和谐的气氛，发挥班子的整体功能。以中层以上干部为重点，抓好党风廉政建设。公司党委针对“四大纪律、八项要求、三个不得”开展专题学习与讨论，签订党风廉政建设责任书，建立健全监督制约制度和机制，努力从源头上预防和治理腐败。选聘党风廉政监督员，开展效能监察，对有关煤矿和掺假地点进行明查暗访11次，与燃料管理部门联手核查或处理掺假车辆22辆/次，为企业挽回经济损失。

抓好“三德”教育，提高职工队伍思想道德素质。学习宣传和贯彻落实《公民道德实施纲要》，加强以为人民服务为核心、以集体主义为原则、以诚实守信为重点的社会公德、职业道德和家庭美德教育，引导职工自觉遵守“爱国守法、明礼诚信、团结友善、勤俭自强、敬业奉献”的基本道德规范和集团公司“忠诚事业，忠诚集团，爱岗敬业，岗位成才”的职业道德观，职工的职业理想、职业责任、职业纪律和职业道德意识得到进一步加强。坚持弘扬中华民族“扶危济困，乐善好施”的优良传统，该公司成立了社会捐助活动基金管理委员会，通过工会、共青团组织发动员工参加“向灾区人民献爱心”、“向下岗职工送温暖”和各种助学捐赠活动，总计对外捐款达11万余元，提升了企业形象，促进了职工道德建设。

（何汉胜）

企业地址：贵州省安顺市普定县马官镇
邮政编码：562103
电　话：0853－8622222
传　真：0853－8622002

国电阳宗海发电有限公司

【概　况】 2004年，国电阳宗海发电有限公司（以下简称阳宗海公司）以开展“管理效益年”活动为中心，不断提升企业管理水平，推进全年工作目标的全面实现，增强企业竞争力和盈利水平，实现持续快速健康发展，重点在“做实”上下功夫；坚持立足本质，以安全生产为基础，以经济效益为中心，转变观念，与时俱进，克服困难，勤奋工作，开拓进取，为国电集团公司的发展和地方经济的进步做出了积极努力并取得了较好的成效。全年发电量25.796亿千瓦时，设备利用小时6431小时，等效可用系数定额完成率79.11%，厂用电率8.402%，供电标煤消耗率完成370、72克/千瓦时，点火稳燃用油消耗量1602.084吨。全年实现售电量23.629亿千瓦时，销售收入53559.31万元，发电成本45702.96万元。财务费用3894.5万元，较上年同期减少656.99万元，缴纳各种税费8271.39万元，实现税前利润总额3080万元。主要技术经济指标完成情况见表1。

表1　主要技术经济指标完成情况统计表

项　目	单　位	本年完成	上年完成	同期相比
发电量	亿千瓦时	25.796	28.13	－15.204
厂用电率	%	8.402	8.34	0.062
发电标煤耗率	克/千瓦时	339.58	343	－3.42
供电标煤耗率	克/千瓦时	370.72	374.2	－3.48
设备利用小时	小时	6449	7230	－781
设备可调小时	小时	6945	7557	－612
等效可用率	%	79.11	86.03	－6.92
主设备完好率	%	100	100	持平
主设备一类完成率	%	100	100	持平
发电总成本	万元	45705	45251	454
发电单位成本	万元/千瓦时	193.43	175.51	17.92
发电总产值	万元	58472.1	52190.27	6281.83
全员劳动生产率	万元/人年	82.23	76.69	5.54
上缴税金	万元	8271.39	7480	791.39
固定资产原值	万元	181234	185372	－4138
固定资产净值	万元	93800	106896	－13096

（沈克伟）

【安全生产工作】 贯彻国电集团公司“管理效益年”及安全工作会议精神，全面落实国电集团公司《安全生产工作规定》、《安全生产工作奖惩办法（暂行）》、《安全性评价工作管理办法》、《事故调查规程》及《重大事故预防措施》等文件要求和规定，重新修订和完善《国电阳宗海发电有限公司安全生产管理考核办法》、《国电阳宗海发电有限公司交通管理考核办法》等制度，依法强化各级人员的安全生产责任，加大对安全生产的管理考核力度，从严考核；强化安全生产责任制的落实力度，健全安全生产保障体系和监督体系，发挥安全三级网络作用；严格执行调度命令，坚持安全分析会制度；加强检修管理，全年共完成大修2台次，扩大性小修1台次，抢修5台次、累计消除缺陷2079项次，消缺率达96%，两票三制合格率达100%；初步建立了以计算机为主的设备管理系统，为提升检修管理水平奠定基础。2004年，该公司共完成技改项目15项。组织对2号机组直流充电装置、喷燃器改造和1号机组汽轮机通流改造的技术攻关。提高了设备可靠性，被中国电力企业联合会、中国能源化学工会全国委员会授予“全国电力可靠性管理先进单位”称号。坚持每月两次由生产副总经理主持的安全生产检查及一次夜间检查制度，坚持开展春秋两季安全大检查，全年对化学危险物品进行6次专项安全大检查；加强对发电生产人员及物业公司的服务人员开展消防知识培训、紧急救护培训并进行实际灭火演练。2004年度先后组织员工进行安全规定、规程等知识的考试和“生产安全知识竞赛”。参与“全国安全生产月”活动，即“全国消防安全知识竞赛”、“消防器材实地演练”、“消防安全管理新思路征文”等系列活动，并获得“全国消防安全知识竞赛”组织奖。认真汲取9月24日1号汽轮机组中压缸通流部件损坏事故教训，从生产管理的诸多环节中查找存在的问题和漏洞，以人为本，强化管理，变被动为主动，使安全生产工作落到实处。

全年无重、特大事故及人身伤、死亡事故；无对社会造成严重影响的事故；无人身重伤事故；发生人身轻伤事故1起（伤1人）事故；无“五误”事故及人员责任事故；发生一般设备事故1次，与去年持平；发生设备一类障碍5次，较上年同期上升2次；发生非计划停运7次，较上年同期上升3次。

2004年4月，该公司以机组得分率88.14%（总分为2310分，实际得分为2036分），一次通过云南电力集团公司发电厂并网运行安全性评价专家组评审。成为云南电网首家通过《发电厂并网运行安全性评价》的电厂。

（沈克伟）

【董事会工作】 2月23日，在阳宗海电厂召开国电阳宗海发电有限公司2004年第一次股东会议。会议通过了修改后的《国电阳宗海发电有限公司章程》；同意阳宗海电厂三期扩建按计划进行；批准了2003年度财务决算和利润分配方案；会议决定了公司今后的预、决算管理及责任制考核管理办法。同日，举行第22次董事会。会议形成以下决议：

(1) 经董事长提名，董事会聘任刘伟民为总经理；经总经理提名董事会聘任雷荣、谢世忠、陈庆元为副总经理，总工程师由谢世忠兼任。

(2) 同意总经理刘伟民关于2003年公司生产经营、基本建设情况和2004年生产经营预测和基本建设进展目标的汇报及财务负责黄向清作的2003年度财务情况和2004年公司财务预测的汇报。

(3) 制定了2003年度财务决算、利润分配方案。

(4) 通过了总经理刘伟民关于三期扩建工程2004年用款计划。

(5) 同意国电集团公司按生产经营激励机制目标考核并根据考核情况最终审定数额给公司晋升工资总额。

(6) 对原总经理张增多年来团结带领经营班子为公司的生产、改革、发展做了大量扎实有效的工作表示满意和感谢。会议针对公司2004年生产经营、三期扩建工程等工作提出了7项希望和要求。

8月12日，在昆明召开2004年第二次股东会议。会议同意原第三届监事会过渡为第四届监事会。同日，召开第二十三次（四届一次）董事会。会议同意公司总经理刘伟民关于公司上半年安全生产、资产经营、三期扩建等工作汇报及安排；同意公司财务负责人黄向清作的上半年财务汇报及全年财务预测；同意公司关于1号炉脱硫工程开工有关事宜。

（沈克伟）

【“管理效益年”活动】 阳宗海公司按照集团公司“管理效益年”活动的目标要求，成立以总经理为组长的领导小组，结合公司实际制订了“管理效益年”活动实施细则和工作目标、考核标准和办法。从加强企业管理基础工作入手，清理、修订、完善公司各项管理考核实施办法，共计重新修订出台各种规章制度74项，修编完善规程11种。以“管理效益年”活动为契机，加强财务预算管理，扩大预算管理范围，提高预算管理的科学性和准确性。依据国电集团公司预算编制原则，编制公司损益性、收入、成本、折旧及财务等费用的预算，严格控制各项支出；坚持每季度对公司经营状况开展经济活动分析，及时调整“偏差”，以确保预算目标实现；开展电价测算工作，及时反映公司电价情况和遇到的实际问题，为提高整体效益和市场竞争力夯实基础；加强会计基础工作，完善财务管理制度，规范会计核算工作。按照国电集团公司要求做好清产核资工作。多渠道筹集资金，努力降低贷款成本。

（沈克伟）

【三期扩建工程】 2004年1月，阳宗海公司三期扩建2×30万千瓦机组三大主机订货会在北京举行，按照国电集团公司工程招标有关规定和要求，经过5天议标、评标及综合评衡后，锅炉设备由武汉锅炉设备集团公司中标，汽轮机、发电机设备由东方汽轮机厂、发电机设备集团公司中标。会后分别与武汉锅炉厂、东方汽轮机厂、东方电机厂签署合同；3月，由云南电力集团公司在昆明主持召开阳宗海电厂三期2×300兆瓦机组扩建工程接入系统设计审查会；4月，云南省交通厅在昆明主持召开了《阳宗海电厂三期扩建工程运煤公路网络评价报告》审查会，会议审查并通过了阳宗海电厂三期扩建工程运煤公路网络评价报告；同月，厂三期扩建工程设计招标（开评标）会议在昆明召开，云南电力设计院、贵州电力设计院、广西电力设计院等3家设计单位参加工程投标；5月，水利部水土保持监测中心在昆明主持召开了《云南阳宗海电厂三期（2×300兆瓦）扩建工程水土保持方案报告书》审查会；6月，由电力规划设计总院主持的“阳宗海电厂三期2×300兆瓦机组扩建工程初步设计”预审查，原则通过阳宗海电厂三期2×300兆瓦机组扩建工程初步设计预审查；8月，按照国电集团公司《工程建设安全健康与环境管理工作规定（试行)》要求，阳宗海发电厂三期2×300兆瓦机组扩建工程安全委员会正式成立；9月，由国电物资公司组织对该厂三期扩建工程第一批辅机设备采购合同进行谈判会，与12个供货厂家签订了15项辅机合同。10月，阳宗海电厂三期2×300兆瓦扩建工程施工监理招标评标会议在昆明召开。会议由云南招标股份有限公司委托代理，采取国内公开招标的形式，通过资格预审、公开开标，安徽省电力工程监理有限责任公司、四川电力工程建设监理有限责任公司、北京国电德胜工程监理有限公司被推荐为中标候选单位。11月，国电集团公司科技环保部主持了“阳宗海发电厂三期（2×300兆瓦）扩建工程烟气脱硫及全厂脱硫公用系统招标文件”审查会。同月，国电阳宗海发电有限公司与宜良县国土资源局签订“云南阳宗海电厂三期扩建工程征地协议书”；11月26日，云南省建设厅批准阳宗海电厂三期扩建工程规划选址方案。

4月，该厂三期扩建工程扩建端建筑设施拆迁工作全面展开，至5月10日全部拆除完毕。5月，“五通一平”工程全面展开。截至11月30日，阳宗海电厂三期扩建工程已铺设地下管网循环水管、雨水管1300米，挡土墙施工进入尾声。

12月2日，阳宗海公司根据国电集团公司《关于认真贯彻国务院坚决制止电站无序建设的意见的紧急通知》，成立阳宗海电厂三期扩建工程项目清理和处理工作领导小组，对项目进行全面盘点，及时准确地报送了有关数据和材料。

（沈克伟）

【党建和精神文明建设】 围绕国电集团公司党建工作要求，阳宗海公司切实加强党支部建设和党员教育、管理工作，实施深化党支部、党员双目标化管理，充分发挥党支部的战斗堡垒和党员的先锋模范作用，坚持三个文明一起抓。围绕国电集团公司《企业文化建设实施纲要》及公司各项主要工作目标做好宣传工作，增强职工的使命感、荣誉感、归宿感，为企业可持续发展提供支持。该公司重视巩固精神文明建设成果，围绕安全文明生产实际，加强班组建设，深化和完善“红旗班组”创建活动。以狠抓“生命线”工程为主线，加大培育“四有职工队伍”力度，开展文化铸魂工程，开展“企业理念大家谈”系列活动。倡导职工学习、宣传、应用国电集团员工基本行为规范，鼓励职工不断学习，制订并实施自学成才奖励办法，提高职工的思想素质、文化素质和业务技术水平。深入开展职业技术培训，即送外培训493人次；岗位培训800人次，技术讲课1724小时，参与率达94%；签订师徒合同12份；13名生产一线职工，通过云南电力集团公司高级生产技能人才评审委员会审定。举行“国电杯”168生产技能劳动竞赛，12个技术工种的96名生产技能人员参加比赛，20人评为国电集团公司首届“168”人才。

（沈克伟）

企业地址：云南省昆明市宜良县汤池镇
邮政编码：652103
电　　话：0871－3065441
传　　真：0871－7675116

国电迪庆香格里拉发电有限责任公司

【概　况】 2004年是国电迪庆香格里拉发电有限责任公司（以下简称香电公司）认真实践国电集团公司“做实、做新、做大、做强”的工作方针，恪守“忠诚集团、忠诚事业、爱岗敬业、岗位成才”的价值观，切实贯彻落实国电集团公司工作会议和董事会议精神，公司班子带领全体员工，团结一心，奋勇拼搏，克服困难，圆满完成了年初确定的各项工作目标和任务，全年实现利润2078.52万元，实现了开展“管理效益年”活动的开门红，公司电力生产和工程建设进入了良性发展的“快车道”。2004年公司获云南省“为地方电力生产和经济发展做出重大突出贡献”奖。主要技术经济指标完成情况见表1。截至2004年末，公司在册员工128人。

（李　军）

表1　主要技术经济指标完成情况统计表

项目		单位	本年完成	上年完成	同比增减%
发电量		万千瓦时	50232.79	29668.22	69.3
售电量		万千瓦时	46616.07	29194.81	59.7
综合厂用电率	螺丝湾厂	%	1.30	1.22	0.08
	冲江河厂	%	1.09	2.52	－1.43
主设备完好率	螺丝湾厂	%	100	100	0
	冲江河厂	%	100	84	16

续表

项目		单位	本年完成	上年完成	同比增减%
设备利用小时	螺丝湾厂	小时	5534.51	4505.36	22.8
	冲江河厂	小时	7634.87	6432.13	18.7
发电总产值		万元	7111.55	4106.72	73.2
上缴税金		万元	1406.85	737.08	90.9

注　原地方所属冲江河电厂从2003年12月1日起正式由香电司重组收购。

（李　军）

【安全生产工作】　2004年年初，香电公司面临电力安全生产形势十分严峻，冲江河电厂设备老化，安全隐患突出；螺丝湾电厂原承担生产运行管理的滇西电业局生产技术骨干撤走。面临发电生产上的困难和压力，该公司在两厂全面推行“准军事化管理”，以纪律严明、技术精湛、求真务实、拼搏创新为核心的管理理念打造生产队伍，以安全生产责任制为核心的各项规章制度得到全面加强和落实。通过一年的治理整顿，两厂很快走上了安全运行轨道，冲江河电厂摆脱了过去管理无序、粗放的困境，建立健全了各项规章制度，逐步实现规范化管理。螺丝湾电厂实现从规范管理到科学管理的提升。两厂发电量均创造投产以来的最高历史纪录。全年安全生产形势平稳，未发生人身死亡事故、重大及以上设备损坏事故、交通事故、火灾事故、施工机械事故，实现了安全度汛，完成了安全生产责任书目标。

该公司针对两厂特别是冲江河电厂设备老化的现状，以开展“管理效益年活动”为契机，加大设备治理和改造力度，不断提高设备健康水平，两厂大修外委工程和各类备品备件采购实行公开招标或邀请招标，不仅节约了成本，缩短了检修工期，检修质量明显提高。年内螺丝湾电厂主要完成了3号水轮发电机扩大性大修，开展了总停工作；冲江河电厂完成1号水轮发电机大修，更换了3台调速器，编制完成了运行规程。

（李　军）

【工程建设】　吉沙水电站和冲江河（扩容）水电站主体工程开工后，当地各级政府和有关部门给予了大力支持，但两电站的征地移民工作和周边的治安环境仍然严重制约了工程的正常开展，香电公司在积极争取地方各级政府支持的同时，克服各种困难，完成了工程项目前期林业、环保和工程建设规划用地的批复落实工作，主体工程项目建设艰难向前推进。2004年在建工程建设安全、质量形势总体平稳，安全文明施工情况良好，未发生重大安全和质量事故，工程造价得到了有效控制。

1. 投资完成情况　全年基建计划投资19787万元，实际完成投资16037.8万元，其中冲江河（扩容）水电站完成投资4183.48万元；吉沙水电站完成投资11854.32万元。

2. 主要实物工程量　土石方明挖1323805立方米，石方洞挖1258284立方米，混凝土工程52677立方米，钢筋制作安装49591吨。

3. 主要形象面貌

（1）吉沙水电站。首部枢纽工程：完成导流洞开挖支护190m，首部枢纽左坝肩3155m高程以上土石方开挖完成；引水隧洞工程：完成1、2、3、4、5号施工支洞洞挖支护1747.5m，完成主洞开挖进尺365m；高压管道及厂房枢纽工程：完成“四通一平”及施工队伍进场工作。

（2）冲江河（扩容）水电站。首部枢纽工程：完成左坝肩2478m以上土石方开挖，完成右坝肩2506m以上土石方开挖；低压引水隧洞工程：完成低压引水隧洞开挖进尺1998m；厂区枢纽及高压引水隧洞土建工程：完成高压引水隧洞进尺216m，完成厂房基础开挖，主厂房下部混凝土浇筑至2251.5m高程，开始尾水肘管安装。

（李　军）

【经营管理工作】　香电公司围绕董事会和国电集团公司下达的资产经营考核责任目标，扎实开展“管理效益年”活动和“双增双节”活动，电力生产创历史新高，争取并较好地执行了合同电价政策，实现了售电收入最大化目标，2004年资产经营主要考核指标圆满完成，主营业务收入实现7111.55万元，利润2078.52万元，资产负债率66.06%，电费回收率100%，净资产收益率11.56%，公司总体盈利水平显著增强。

该公司积极开展银企合作，努力降低财务费用。①拓宽融资渠道，优化债务结构，与四大商业银行确定合作关系，用足央行优惠利率政策，全年节约财务费用60多万元。②调整融资方式，采取长短期相结合，年内进行部分资金置换，节约资金成本100万元。③合理进行资金调度，在投资计划未完成时，及时调整借款方案，以减少冗资沉淀。由于措施得力，既确保有足够的现金流支持公司的流域开发工作，又有效节约了资金成本，降低了财务费用。

该公司按照电力体制改革的统一部署，开展清产核资工作，克服时间紧、任务重、涉及面广等诸多困难，历时4个月完成公司的清产核资，受到了国电集团公司的表彰。通过清产核资工作，摸清了家底，提高了资产质量，为加快公司的发展创造了条件。

（李　军）

【机构改革工作】 该公司在完成劳动、人事、分配三项制度改革的基础上，试行岗位动态管理和绩效考核，初步建立了以绩效评价为主要方式的激励约束机制；冲江河电厂重组人员的人事关系接收工作和两厂定员定岗工作顺利完成。实施工效挂钩考核，规范薪酬制度，研究并逐步推行绩效管理办法。针对管理中存在的不足，建立健全生产控制、质量控制、成本控制、资产控制和在建项目控制等方面相应的规章制度，进一步深化和细化各项管理工作，基本实现规范性运作，初步构建了信息通畅、指挥有力、落实到位的运行机制。

（李　军）

【教育培训工作】 该公司着力提高员工队伍生产技能和整体业务素质，以国电集团公司开展“168人才工程”为载体，全面推进公司人才队伍和员工队员建设。全年共有163人次参加了各种业务技能培训和特种工取证培训、函授进修班的学习，在11月份，组织两厂全部生产运行人员和管理人员分批赴昆明进行安全和操作技能培训、鉴定，全员培训率126.4%；打造了一批作风顽强、技术过硬，善打硬仗的“品牌”班组和智能型“明星”员工，年内1人入选集团公司首届“优秀专业技术人才”，有2人入选集团公司首届“优秀技能技术人才”。

为弥补紧缺建设管理人才的不足，面向全国公开招聘了4名有中高级专业技术职称的经营管理、专业技术人员充实到建设管理部门的关键岗位。在两厂运行队伍72人中由过去高级技能工1人迅速发展到26人，为公司的发展提供了强有力的智力支撑和人才保障。

（李　军）

【党建和精神文明建设】 香电公司以贯彻落实“三个代表”重要思想和科学发展观、加强党的执政能力为重点，抓好党员干部的理论学习，完成了5个支部改选工作。全面贯彻落实党风廉政建设责任制，建立了廉政档案和“黑名单”制度，签订了工程廉政合同，推进效能监察工作的戒勉谈话制度，公司内部杜绝违规违纪行为的发生，在2004年集团公司在开展党风廉政建设检查中公司被评为优秀。

开展精神文明建设工作，营造良好的企业文化氛围。坚持精神文明建设“重在创建、贵在坚持”的实践经验，完成省级精神文明先进单位复查工作。开展企业文化建设活动，发动员工参与企业发展规划讨论。利用工地现有场地条件开展业余学习和锻炼活动，培养积极向上的情趣爱好。开展抗震救灾、捐资助学活动，参加集团公司组织的庆祝建国55周文艺年汇演云南片区调演并取得较好成绩。注重工作、生活场所的美化绿化，实施公寓化管理，做好职工福利食堂，建设了综合办公楼，实施生活基地建设，改善办公和住宿条件，员工安居乐业。

（李　军）

企业地址：云南省香格里拉县虎跳峡镇
邮政编码：674402
电　　话：0887－8806016
传　　真：0887－8806065

国电开远发电有限公司

详见本篇目“国电小龙潭发电厂”。

国电兰州热电厂

【概　况】 国电兰州热电厂（以下简称兰州电厂）于1987年10月由中央和地方集资兴建的一座热电联产中型企业，位于甘肃省兰州市区。该厂现有两台供热凝汽发电机组，总装机容量220兆瓦，承担向兰州市540万平方米永久住宅冬季供热任务。截至2004年12月31日，兰州热电厂已累计发电195.61亿千瓦时，完成供热量1758万吉焦，为甘肃电力发展和经济振兴做出了贡献。2003年1月21日，兰州电厂按国电集团公司62%产权和甘肃省电力建设投资开发公司38%产权划转到国电集团公司。年末该厂在册职工1296人。

2004年，兰州电厂以国电集团公司“管理效益年”活动统领各项工作，夯实基础，理清思路，积极开拓，依照“强化管理，挖潜增效，推进改革，加快发展”的企业方针，对内抓安全、治设备、严管理，对外跑政策、求效益、促发展，各项工作取得了较好成绩。提前25天完成集团公司下达的年度发电任务，全年共完成发电量14.98亿千瓦时，与上年同期相比增长9.81%；完成上网电量13.62亿千瓦时，增长9.61%。完成供热量313.25万吉焦，增长4.37%。完成供电煤耗337克/千瓦时，完成利润总额313万元。通过开展现场设备和环境专项整治工作，使发电设备等效可用系数达到90.16%，主设备一类完好率100%。完成110千伏关口计量改造、2号锅炉喷燃器改造、2号发变组保护微机化改造等重点大修、技改和环保项目，烟尘达标率和废水达标率均为100%；严格落实各级安全责任和事故责任追究制，逐步建立完善安全预控、互保和奖惩制度，安全局面保持了较好水平，全年实现了3个百日安全无事故，长周期安全生产记录达到792天。

（李金国）

【建立标准管理体系】 兰州电厂按照现代企业市场化、法制化的要求，进一步加强企业规范化、制度化建设，变人治为法制。编制完成涵盖该厂280多个管理标准、300多个工作标准和140多个技术标准的标准体系表。同时注重标准和制度的动态管理，修订、补充了“加强管理职责、规范管理程序”、“物资管理制度”、“可控费用控制计划”、“重大事故预防具体措施”、“安全生产奖惩规定”、“个人安全绩效百分制考核制度”等33项制度，健全了企业规章制度。在健全制度的同时，组织各部门、岗位重新制定了岗位规范，明确了管理职责和工作程序，理清管理界面，规范管理程序，严明管理纪律，细化管理职能，确保各项工作制度化、规范化，为过程管理提供了保障。

（李金国）

【开展设备专项整治】 兰州电厂结合管理效益年活动，从严管理，开展现场设备和环境专项整治工作，细化治理内容，制定了27项重点项目，严密组织、严格考核，对查出的108项具体问题进行了二次整改，在落实上狠下功夫。通过集中有效的专项整治，现场的工作环境、设备状况有了显著改善。对于威胁安全生产的重点问题，如锅炉“三管”泄漏，有针对性地制定了四项防范措施，有效地杜绝了类似问题的发生；全面完成了大修、技改和科技环保项目，其中科技项目完成率达100%；注重文明生产、文明检修，努力提高检修工艺、检修质量及文明生产水平。坚持以人为本、依法治理的原则，严格落实各级安全责任和事故责任追究制，注重文明作业行为的养成，建立、健全了员工个人安全档案，全力开展安全性评价工作，逐步建立完善了安全预控、互保和奖惩制度。

（李金国）

【市场营销工作】 2004年，兰州电厂主动适应电力体制改革后电力市场的变化，积极开展市场营销工作，全年争取政策效应超过1000万元。

（1）在电网运营工作中，合理利用运营规则，通过加强与调度中心的联系，减少机组备用时间13天，多发电量约3276万千瓦时；将设备临检安排在电网低谷运行时段，避免了扣罚电量和相关考核；合理安排运行方式，将全年主要检修工作安排在水电机组大发、火电机组调峰期间，减少了整体停运时间。

（2）在执行“电煤价格联动”政策、电价上涨0.007元/千瓦时后，根据发改委610号文件测算并积极推动了疏导电价的落实，在两次电价落实中为企业争得了利益。

（3）主动与工商税务部门沟通，办理了享受西部大开发税收优惠政策及暂缓预交所得税政策手续；积极与建设银行联系，使贷款利息降低10%。

（4）按照国电集团公司及西北分公司的部署，完成了清产核资、企业尽职调查、财务决算审计等工作，办理了房产证为企业可持续发展奠定了坚实的基础。

（5）在电费回收工作中，指派专人，加强与甘肃省电力公司的协调，力争电费合理及时回收，加大陈欠电费回收力度，当年电费回收率达100%，陈欠电费回收率83.21%。热费回收在极不利的情形下，据理力争，多方奔走，千辛万苦，争得了许多部门的理解和支持。

（6）加强电煤市场的调研和成本测算，积极与矿方沟通，特别是在煤炭市场发生剧烈变化、来煤极不正常直至中断的危机时刻，以超常规姿态，全员全方位动员，采取一切措施，寻求政府支持，协调铁路运力，确保了电煤的数量、质量，保证了连续发电和冬季供热。

（李金国）

【科学合理控制成本】

（1）进一步细化全面预算管理，加强现金流的管理，全年通过加强内部管理及严格控制，归还贷款3800万元，有效地改善了财务状况，减轻了企业负担。

（2）严格物资采购管理规定，对计划、储备、采购各个环节实行标准化、制度化管理，大宗物品采取公开比价采购或招标制度；完成修旧利废有效项目41项，修复并再利用的项目价值85万元。

（3）深入开展增收节支工作，努力降低供电煤耗、油耗和耗水率，全年节水76.40万吨，节油398吨，各项经济指标达到较好水平，完成了集团公司下达的目标值。

（4）进一步强化煤炭管理，加强了入场煤的计量、验收、检质工作，整形煤场，科学合理掺烧残煤，使煤炭资源得到充分利用。

（李金国）

【实施人才强企工程】 为充分调动职工的工作主动性与积极性，全面落实集团公司“人才强企”战略，制定了国电兰州热电厂“人才强企工程实施办法”。在评定集团公司“168”人才的同时制定并实施了厂“236”人才工程，向集团公司推荐了25名“168”人才，选出厂“236”人才78名。适时开展专业技术职称和技师聘任工作，结合该厂实际提高了津贴标准；开展各类技术比武活动，组织业务摸底考试，结合实际，采取业务问答、岗位自学等多种形式着力提高员工素质，全员培训率达到95%；选派人员参加各类取证培训，全员持证上岗率达到95%，特殊工种持证上岗率达100%。

（李金国）

【党建和精神文明建设】　兰州电厂坚持以“管理效益年”活动为主线，围绕中心工作，着眼政治保证，在该厂党员中组织开展了党员先进性党课教育、两个条例知识问答、重温入党誓词等保持党员先进性的教育活动，进一步深入开展“双树”、“六好党支部”创建和党员示范工程等党内主题活动，充分发挥党组织的战斗堡垒作用和党员的先锋模范作用，使党的旗帜在“管理效益年”里更加鲜红。不断深化文明创建活动，启动了“强化管理、设备整治、素质提高、形象塑造”四大文明创建工程，开展了“忠诚集团，热爱兰电”国庆职工歌咏演唱会、职工夏季系列体育比赛和青年风采大赛等文化体育活动，企业形象和综合素质不断提升，企业精神文明建设和思想政治工作有效加强，职工精神面貌焕然一新，为强化管理，促进发展创造了良好条件。

（李金国）

企业地址：兰州市城关区嘉峪关南路 239 号
邮政编码：730020
电　　话：0931-8497724（总机）
传　　真：0931-8497180

国电菏泽发电厂

【概　况】　国电菏泽发电厂（以下称菏泽电厂）位于菏泽市东郊，是一座发展中的国家大型发电企业，现装机容量 850 兆瓦，其中一期安装 2×125 兆瓦燃煤发电机组，总投资 7.06 亿元，由菏泽市、中央和山东省按照 50%、30%和 20%的股比合资兴建，1990 年 7 月开工建设，1992 年 7 月两台机组全部投产；二期安装 2×300 兆瓦燃煤机组，总投资 35.11 亿元，由山东电力集团公司、山东国际信托投资公司、香港中华电力公司和法国电力公司中外四方按照 36.6%、14.4%、29.4%和 19.6%的股比合资兴建，1998 年 12 月开工建设，2003 年 8 月全部移交商业化运营；在建三期工程 2×300 兆瓦燃煤发电机组，由中国国电集团公司、鲁能发展集团有限公司、菏泽市投资公司和菏泽天泽实业有限公司四方按照 55%、25%、15%和 5%股比合资兴建，目前项目已上报国家发改委。2004 年年末在册职工 1725 名。

2004 年，菏泽电厂围绕“管理效益年”活动这条主线，加大管理创新和科技进步力度，强化安全生产管理，深入挖潜增效，克服电煤紧张，煤价持续攀升，电量输出受限等困难，全面完成全年各项承包任务和奋斗目标。全年共发电 46.5 亿千瓦时，完成承包任务的 100.3%，同比增加 1.66 亿千瓦时；实现利税总额 20616 万元。荣获全国五一劳动奖状、全国“安康杯”竞赛优胜单位、“全国企业文化建设先进单位”、“全国厂务公开先进单位”、“山东省思想政治工作先进单位”、“山东省环境保护优秀企业”、“菏泽市文明诚信企业”等称号。

（赵新春）

【安全生产工作】　以“安全可靠，先进高效”为目标，推行本质安全理念。坚持安全教育与机制建设并举，安全意识和安全行为同时到位，安全责任与督查考核双管齐下，建立起一套行之有效的安全生产闭环管理机制。开展“反违章、查隐患”、安全生产月和争创无违章企业等活动，提高职工的安全意识和安全技能；深化“三安三化”工作，顺利通过国电集团公司安全性评价；以设备“零缺陷”为目标，严格落实设备主人责任制，积极推行状态检修管理模式，充分发挥 ERP 系统管理优势，加强对设备运行状况的超前诊断和在线管理，及时发现和高质量消除了设备缺陷，提高了设备的健康水平；加大科技投入，积极引进新技术、新产品、新工艺，进行技术公关和设备改造，使老设备焕发了青春，新设备发挥了更大潜能；利用 1 号机组大修和 3 号机组小修时机，实施锅炉受热面改造、DEH 改造和 DCS 完善等重大技改项目，提高了机组的可靠性、经济性和自动化水平，荣获山东电力技术监督先进单位。在全国 300 兆瓦火电机组竞赛中，3、4 号机组分别被评为二等奖和三等奖；在全国 100 兆瓦火电机组竞赛中，1、2 号机组分别被评为三等奖和二等奖。

（赵新春）

【三期工程建设】　抓住山东省委、省政府实施“突破菏泽”的战略机遇，加快推进三期工程前期工作。项目列入菏泽市及山东省“十五”发展规划，排在“突破菏泽、带动西部”战略规划的首位，作为山东省急需建设的重点项目和集团公司拟新开工项目上报国家发改委。开展了机组热电联产及核准文件的落实工作，完成了热力规划和热力网可研报告以及各项专题可研报告的审查报批等工作。注册成立了项目公司，召开了第一次股东会暨一届一次董事会、监事会。完成了主机、四大管道、五批辅机、BOP 工程施工和脱硫岛 EPC 总承包等招评标工作。不断优化工程设计，提出了 30 多项优化项目，较大幅度地降低了费用。主要桩基工程施工已经完成，开始浇筑主厂房和烟囱混凝土垫层。创新融资方式，分别以下浮 10%利率的优惠条件与中标的三家银行签订了贷款协议。

（赵新春）

【“管理效益年”活动】

（1）将系统改造硬节能方式和优化运行软节能方式相结合，管理节能和技改节能并举，实现了各项指标的持续优化。

(2) 内化市场机制、规范工器具配置。建立了工器具配置、使用、维护、保管等全生命周期管理模式，实现了工器具的集中管理、交叉使用、过程控制、优化配置，减少了重复购置、提高了利用价值。

(3) 压减非生产车辆，减少非生产开支。建立了独立法人单位谁使用谁承担全部费用的车辆管理机制，一次压减非生产用车 20 辆，年节约各项费用 400 余万元。

(4) 取缔二级仓库，降减资金占用。建立物资集中管理、避免浪费的长效机制，控制备品、备件库存在合理的最低水平，减少物资占用费用 800 多万元。

(赵新春)

【“三项制度”改革试点工作】 加大改革政策的宣传力度，建立了“岗位靠竞争、收入凭贡献”的内部竞争机制，成功实施了第六轮员工级次动态竞岗，促进了人力资源的优化配置；重视非职务系列人才队伍建设，制定实施非职务系列人才管理办法，35 名员工获集团公司“168 人才”称号；实施“226 人才工程”，试行了首席专工、主任科员制度，搭建起经营管理、专业技术、生产技能三支人才队伍成长平台；加强绩效评价体系建设，建立了“考核到点、联责到面”的绩效评价体系；精简合并组织机构，理顺组织关系，提高了办事效率。

(赵新春)

【推进企业管理创新】

1. 以简约管理推动管理提效　加强“质量－安全－环境”三标一体建设，对管理文件体系进行梳理和精简，将全厂的管理文件由 189 个压缩至 42 个，将班组记录由 38 种精简为 15 种，规范了管理文件层次、精简了管理标准，提高了管理效能。

2. 以信息化管理推动管理提速　按照敏捷供需链管理思想，以物流、资金流、信息流的同步集成为基础，实施了 ERP 工程，研发投用了计划管理和资产管理系统，整体构建 ERP 智能化管理平台，有效推动了管理提速、提效。

3. 全面推进系统控制管理　注重体系持续改进，完善分析机制，全面推行不符合项管理，解决了以罚代管的行为；强化超前策划、过程控制、分析预控和在线管理机制建设，提高了闭环管理能力；健全计划管理系统，发挥计划管理协调、平衡、预控、监督和刚性约束功能，提升了管理执行力。所创建的《以持续优化管理体系为目标的系统控制管理》成果获得全国电力系统管理创新成果一等奖。

4. 有效实施人文化管理　建立了人本管理为依据、人性化制度管理为基础、和谐人文环境为载体、信息技术为平台，体现制度刚性与人本柔性相互融合管理文化的系统管理模式。《刚柔相济的人文化管理》成果获山东省管理创新成果一等奖。

(赵新春)

【多种经营持续健康发展】 坚持“有所为有所不为”的原则，对现有多产资源进行了优化整合，初步形成了环保化工、商贸餐饮、建筑安装、新型建材、铸造加工五大支柱产业，提高了经营水平和资产效益；坚持“主辅分离、辅业改制”，完成并巩固了天泽实业公司的改制工作，实行规范化运作，进一步规范了与主业的关联交易，提高了企业的“四自”能力。审慎发展优势多产项目，天泽环保公司聚合氯化铝项目生产线、和平美食广场等项目顺利投运；天泽环保和百汇铸造等项目积极开拓市场，实现了对外创收新突破；和平大酒店、鲁能超市等项目坚持诚信经营，有效地树立了品牌形象和企业“窗口”形象。全年多产实现总产值 40556 万元，同比增加 20217 万元，实现利税 3595 万元，同比增加 2072 万元。

(赵新春)

【党建、思想政治工作和企业文化建设】

(1) 坚持四抓，促进四化，增强四性，推进思想政治工作创新发展。以抓运行机制为着力点，促进思想政治工作制度化，增强了约束性；以抓群众性教育和党员教育活动为突破口，促进思想政治工作生动化，增强了有效性；以抓网上政工管理模式为载体，促进思想政治工作网络化，增强了时效性；以抓阳光政策、帮扶政策、人文政策为手段，促进思想政治工作人文化，增强了针对性。严格落实包保责任制，强化职工思想动态分析，推进厂务公开和民主管理，落实党风廉政建设责任制，打造诚信体系建设，开创了思想政治工作新局面。

(2) 构建精神文明建设系统工程，确保企业和谐稳定。积极开展“五个文明”系列创建、“党员和人才双向培养”、“安康杯”竞赛、合理化建议等活动和群众性主题教育活动，全面推进党员教育和党员模范实践活动，认真落实“四五”普法教育规划，增强了员工的法制观念和法律意识，提升了员工的思想道德素质和文明意识水平。

(3) 实施企业文化战略，打造“人文菏电”。提炼并确立了以“逐日求新”为战略原点的企业文化建设战略定位；编写企业文化手册，建立企业文化长廊和展室，开展企业故事征集、演讲、征文等活动，对企业文化内涵进行诠释和宣传；制定《企业文化战略规划》及实施方案，系统整合企业理念识别系统和行为识别系统，统一菏电文化标识，增强了企业学习力、创造力和文化力。

(赵新春)

企业地址：山东省菏泽市岳程办事处
邮政编码：274032

电　　话：0530－5362033
传　　真：0530－8612047

国电聊城发电厂

【概　况】　2004年，国电聊城发电厂认真落实国电集团公司各项决策部署，深入开展“管理效益年”活动，较好地完成了与集团公司签订的各项目标任务，企业三个文明建设继续保持了协调健康发展。在全国煤炭供应异常紧张、电煤价格持续上涨的情况下，完成发电量60.132亿千瓦时，超发电量0.132亿千瓦时；完成上网电量56.8433亿千瓦时，超供0.4433亿千瓦时；完成供电标准煤耗率339.87克/千瓦时，比计划降低1.13克/千瓦时；完成厂用电率5.81%，比计划降低0.01个百分点；实现连续安全生产842天。获聊城市“特级明星企业”、“富民兴聊”劳动奖状、山东省“煤电运保障”先进集体、国电集团公司“管理效益年”活动和目标责任制考核优胜单位、“国电一级奖状”等荣誉称号。该厂调度运行部“试运接机青年突击队”获“全国青年文明号”称号，成为集团公司系统内惟一获此殊荣的基层青年队伍。

（石　平）

【达标投产工作】　7月16日，山东电力集团公司、山东中华发电有限公司等单位在济南召开会议，确定聊城发电厂一期工程2台600兆瓦机组分别于6月22日和7月9日移交商业运营。按照国电集团公司部署，组织开展了一期工程达标投产工作，进行了自查和整改，机组的安全性、可靠性和文明生产水平得到有效提高，7月30日，通过了山东分公司达标投产预检验收，10月30日，通过了国电集团公司达标投产复检验收，成为集团公司系统内第一家实现600兆瓦机组达标投产的单位。

（石　平）

【环境保护工作】　加大粉煤灰综合开发利用力度，努力减少排放成本，有效控制成本，各项环保指标均有所提高，12月1日，干灰分选项目正式投入运营，粉煤灰综合利用率和企业经济效益将进一步提高。灰渣利用率100%，冲灰用水回收率为35%，电除尘投入率100%，除尘效率平均为99.7%，二氧化硫共排放0.94万吨，平均排放浓度约为577毫克/立方米。11月16日，一期工程通过了国家环保总局的竣工环保验收，成为符合国家标准的“绿色电厂”。

（石　平）

【燃料保障工作】　积极应对全国电煤供应异常紧张、电煤价格持续上涨形势，克服困难、多方筹措，认真做好燃料保障工作，保持了较高的燃料储备，与国电燃料公司、邯郸一五〇电厂合作建设了煤场经营项目，全年未发生因煤炭问题造成机组降出力或停机事件，被山东省人民政府评为2004年度“煤电运保障先进集体”。

（石　平）

【贯标认证工作】　为建立符合企业实际的科学、规范、高效的管理体系，提高企业现代化管理水平和市场竞争力，组织开展了质量、环境、职业健康安全“三标一体”贯标认证工作，在较短的时间内，初步建立起了“三标一体”管理体系和持续改进的内部审核机制，企业的各项管理工作逐步走向科学化、规范化和标准化，为建立现代企业管理制度，促进企业管理工作的“提速、提效”奠定了基础。12月20日，北京中电联认证中心批准了“三标一体”管理体系的认证注册。

（石　平）

【二期扩建工作】　根据电源建设项目由审批制改为核准制带来的新变化和新要求，及时调整工作思路，严格遵守基建工作程序，深入细致地超前开展可研阶段的各项工作。水资源论证、铁路专用线等可研报告已通过政府相关部门批复；可研报告已进行了审查，核准报告相关支持性文件陆续取得；成立了二期扩建工程筹建处，项目公司组建工作正在向前推进；初步制定了工程管理的有关规定和制度，为规范工程管理提供了保障；开展了现场准备工作，完成了现场试桩。

（石　平）

【实施“168”人才强企战略】　按照国电集团公司要求，全面实施了“人才强企”战略，制定了《聊城发电厂“168人才”工程实施细则》，明确了培养、选拔和造就三支人才队伍的目标，成立了人才工作组织机构，精心部署，规范运作，完成了“168人才”的选拔和推荐工作，激发了职工学技术、强业务、岗位成才、争做贡献的主动性和积极性，营造了尊重知识、尊重人才、尊重创造的良好氛围。坚持以人为本，加大岗位技能培训力度，对运行、检修、管理等各类人员进行了相关培训；精心组织了控制回路配线、机械零件测绘等十项技术比武活动；全员岗位培训率达89.04%，主业人员持证上岗率达到99.3%。

（徐增峰）

【2号机组大修工作】　本着“应修必修、修必修好”的原则，经过51天的奋战，比计划工期提前12天安全、优质、高效地完成了2号机组大修任务，实现了锅炉点火、汽机冲转、发电机并网一次成功。大修中处理了低压转子围带磨损、高调门螺栓断裂等61项重大设备缺陷，完成标准项目1309项，非标准项目35项，更改项目18项，质量监督点547个，优良率

达到100%，实现了安全、质量“五无”目标。大修后，机组保持了安全稳定运行，机组的可靠性和健康水平进一步提高。

（徐增峰）

【“管理效益年”活动】 按照国电集团公司部署，该厂将“管理效益年”活动贯穿全年工作的始终，充分发挥经济责任制的龙头作用，强化综合计划和目标管理，坚持开展经济活动分析，加强经济技术指标控制，深入挖潜、增收节支，取得了良好效果。开展小指标竞赛活动，各项消耗性指标大幅降低，各项主要经济指标均有较大幅度提高，通过燃烧调整、控制飞灰和渣中可燃物、加强高负荷下对回粉阀动作情况的检查等有效措施，完成供电标准煤耗率339.87克/千瓦时；探索机组经济运行的调节方式和方法，根据季节变化，及时启、停循环水泵；根据负荷变化，及时变更磨煤机等各辅机设备的运行状况；在确保机组安全情况下，减少机组启动/停机操作时间，准确把握机组升负荷速度，使用汽泵组上水，尽量减少电泵的运行时间；加强与上级调度部门的联系，争取较高的机组负荷率，从而使厂用电率大大降低。厂用电率完成5.81%；通过优化磨煤机启停程序、加强配煤掺烧、精心调整锅炉燃烧方式，节水节油效果明显。

（徐增峰）

企业地址：山东省聊城市道口铺办事处
邮政编码：252033
电　　话：0635－8612030（办公室）
　　　　　0635－8612222（总机）

国电常州发电有限公司

【一期工程项目建议书获批】 2004年2月11日，国电常州电厂一期工程（2×600兆瓦机组）项目建议书经国务院办公会议通过。

（王宁生）

【通过标准化管理体系认证】 以ISO9000/ISO14000/ISO18000为基准，以国电集团公司项目管理大纲为指导，引进核电管理体系，结合常州项目的实际情况，国电常州发电有限公司将质量、环境和职业安全健康管理三个体系整合为一，经过一段时间的实践运作，于2004年2月14日通过上海质量体系审核中心的外部审核，4月3日获得证书。

（王宁生）

【周大兵视察常州工程】 2004年5月13日，国电集团公司总经理周大兵视察了常州电厂一期工程，并作重要讲话，提出常州工程要创“四新”，即新电厂、新体制、新水平、新面貌。

（王宁生）

【首届党委、纪委、工会、团委成立】 2004年5月25日，国电常州发电有限公司召开党员大会，中共常州市委组织部副部长孙健、国电华东分公司党组书记徐斌宣读市委和集团关于党委成立及其任职的决定。孙一峰任党委书记，高峰任纪委书记。9月18日和11月18日，国电常州发电有限公司分别召开第一次职工大会暨第一次工会会员大会和第一次团员大会。选举产生了该公司首届工会委员会及工会经费审查委员会和首届团委会。

（王宁生）

企业地址：江苏常州市新北区春江镇江花路1号
邮政编码：213033
电　　话：0519－5779303
传　　真：0519－5779309

国电宿迁热电有限公司

【概　况】 2004年，国电宿迁热电有限公司（以下简称宿迁公司）围绕国电集团公司“安全、质量、进度、造价”四大控制要求，认真落实安全生产目标责任制、基建建设目标责任制、党风廉政及精神文明建设目标责任制，通过扎实开展“管理效益年”活动，确保工程建设的顺利推进，保证了安全与质量，控制了工期和造价，保持了员工队伍和公司管理秩序稳定，全面完成了集团公司下达的2004年度基建任务目标、安全生产目标、党风廉政及精神文明建设目标。

按照施工进度计划，1号机组将于2005年1月底投产发电。由于宿迁工程建设处在全国电源高峰时期，设备、图纸、施工力量均无法及时满足现场施工需求，同时工程地处Ⅷ度地震区，零米以下土方开挖和混凝土浇筑量等同于300兆瓦机组的施工量，给工程按期投产造成了压力和困难。对此，公司确立了“建设初期，重点抓设备订货促设计和出图；建设前期，抓图纸供应促土建施工；建设中期，抓设备供应促安装；建设后期，抓调试促安装完善，抓运行管理，促顺利接管”的“五抓五促”工程建设指导思想，正确处理好安全、质量与工期的关系；正确处理好图纸、设备、资金与工期的关系，积极协调和组织监理、施工单位，在确保安全与质量的前提下，及时调整施工计划和制定赶工方案，既保证了现场施工秩序正常，又保证了施工总体进度处于受控状态。

2004年12月27日，1号炉酸洗完成，标志1号机组完成安装转入整组启动前全面调试阶段；12月31日，2号炉汽包吊装就位，标志2号机组进入主辅设备安装阶段；12月30日，输煤码头施工完成并顺利通过验收，标志工程各公用系统的施工进入收尾阶段。工程总投资约12亿元，开工至2004年底累计完成投资77102万元，2004年计划完成投资58000万元，实际完成投资60702万元。

（梁正武）

【安全管理工作】 宿迁公司坚持安全第一方针，通过组织监理和施工单位落实安全生产目标责任追究制度，发挥安委会的领导职能和现场安全管理网络的作用，确保"安全教育经常化、安全管理制度化、安全措施精细化、安全检查常规化"，建立了长效机制。业主、监理、施工单位的安全管理人员经常深入现场、清查隐患，制止违章，强化现场安全管理与监督。在现场施工管理中，以对高空作业、交叉作业、重大设备吊装等危险点控制为重点，避免人身伤亡和设备损坏事故。在现场调试管理中，落实"两票三制"，狠抓安全措施和责任的落实，确保安全标识、防范设施配置齐全，有效防范误操作、违章操作等不安全因素。工程现场施工、调试安全始终处于可控状态，杜绝了重大人生伤亡事故，杜绝了项目单位负主要责任的人生死亡事故，杜绝了项目单位负主要责任的机械、火灾、交通事故，避免了一般安全事故的发生。

（梁正武）

【质量管理工作】 按照国电集团公司对在建项目"达标投产"的总体要求，宿迁公司积极组织各参建、调试单位狠抓过程监控，严格执行质量四级验收和监督标准，开展火电工程重点阶段的质量监督检查，强化施工质量管理。坚决贯彻执行《火电工程项目质量监督检查典型大纲》、《火电施工质量检验及评定标准》等纲领性规定，并根据《中国国电集团公司火电机组达标投产考核办法（试行）》，公司专门制定了《达标投产实施细则》，并落实到工程质量管理和监控各个环节，为机组达标投产提供有力的制度保证。

在工程质量控制上，该公司严把"四关"。

（1）严把设计、制造质量关，通过及时审查设计图纸和派专人监造设备，从源头保证设计、制造的工艺和质量。

（2）严把现场施工质量管理关，紧紧依托监理单位、现场质监站和各专业工程管理人员推行事前、事中、事后"三大控制"，杜绝没有作业指导书施工行为，杜绝达不到工艺要求施工行为，杜绝使用不合格的材料和产品施工行为，及时发现问题并整改，强化现场的施工管理和监督。

（3）严把分项目质量验收关，委托江苏电力质监中心站对分项目进行检查验收，并请专家提出整改意见，待整改到位后进行下阶段的施工。

（4）严把调试质量验收关，委托省质监中心对机组整套启动前的安装、调试质量进行检查验收。通过有效的质量管理和监督工作，全面实现了国电集团公司下达的质量控制目标。工程建设质量情况良好，杜绝了重大工程质量事故，避免了一般质量事故，重点监检项目一次合格和成功率达到了100%。

（梁正武）

【廉政建设工作】 宿迁公司始终本着"工程要上马人不能下马"的廉政宗旨，落实国电集团公司纪检监察要点和党风廉政及精神文明建设目标责任制，加强制度建设，同时把纪检、监察工作与工程建设、公司管理各个环节有机地结合起来，与工程招投标管理工作结合起来，形成了有效的防范和监督体系。结合"公司岗位设置多为管理岗位，人人手头都有一定权力"特点，该公司要求全员落实廉政责任，强化全员自律意识，分清"不能为、不敢为"，从而建立了"人人肩上都有责任和义务，人人参与管理和监督"的廉政建设机制。在工程建设中，有效地避免了各种违法违纪行为的发生，推动了公司"三个文明"的和谐健康发展。

（梁正武）

【工程融资工作】 宿迁公司采取"走出去请进来"的方式加强与多家银行的合作，积极协调和解决困扰工程建设的资金问题。2004年底，因项目原因工程融资出现瓶颈，该公司依据《股东协议书》，及时提出"由各股东方按出资比例为项目融资解决后期建设资金问题"的建议，得到了各股东方的支持，有效地解决了工程后期建设资金来源。截至2004年底，工程建设资金累计到位77268万元，其中，资本金23328万元，银行贷款53940万元，及时满足了工程建设的资金需求。资金到位后，该公司在分轻、重、缓、急进行科学调配和使用的同时，充分利用税收政策及倒贷等方式，确保已到位资金的保值增值。通过争取，该公司在工行总行、深发展、工行基本户的存款利率分别由0.72%上浮到1.08%、1.44%和1.98%，工程建贷利息有效的控制在国电集团公司规定范围内。

（梁正武）

企业地址：江苏省宿迁市洋北镇
邮　　编：223803
电　　话：0572－4663808
传　　真：0527－4663833

国电豫源发电有限责任公司

【概　况】 国电豫源发电有限责任公司（以下简称豫源公司）位于河南省济源市，北依太行、南临黄河，具有良好的区位优势和资源优势。公司于2003年6月17日在河南省济源市工商局注册成立，2003年7月28日正式挂牌成立。公司经营范围为电力、热力及相关产品的开发和生产经营。目前该公司2台135兆瓦机组处于工程在建中。在册员工155人。

豫源公司围绕“战略管理是实现公司发展战略目标的根本保障”的指导思想，不断总结经验教训，创新管理机制，以适应公司发展战略的需要；推进“以人为本，以人才激励机制为核心”的管理理念，加快企业现代化功能建设速度，确保公司高速发展战略的实施。在工程建设中，该公司按照“控制工期、保证质量、降低造价、争创精品工程、优质工程、示范工程”的指导思想，开展各项工作。目前，工程建设稳步推进，两台机组将于2005年投产发电。

（翟　丹）

【2×135兆瓦热电工程】

1. 工程基本情况　豫源公司2×135兆瓦项目所在地济源是沟通晋、冀、豫三省的重要通道，具有良好的区位优势和交通优势。贯穿济源南北的济阳公路北接山西晋城，南通洛阳，为项目建设提供了便利的燃煤运输条件。国电豫源2×135兆瓦项目采用的循环硫化床锅炉脱硫率高、除尘效果好，并可对济源市实施集中供热。工程于2001年11月由原国家经贸委批准为国家重点技术改造“双高一优”项目；2004年度，被列为河南省和济源市重点规划建设项目。工程总投资为11.887亿元，2003年12月28日开工建设，计划于2005年6月和12月投产发电。预计两台机组投产发电后，年可实现发电量14.85亿度，供热量185万吨（555万吉焦），销售收入4.6531亿元。

2. 2004年度工程建设情况

（1）投资完成情况。2004年项目累积到位资金42500万元，累计完成投资57285万元。

（2）工程进度。2004年，该公司先后完成了1号炉钢架吊装、主厂房基础出零米、1号炉汽包就位、烟囱竣工、1号汽机台板就位、1号炉水压试验、冷却塔筒体封顶、2号炉汽包就位等重要节点工程。工程所需的466册图纸，到位439册，到位率94%；1号锅炉设备到货95%，2号锅炉设备到货80%，1号汽轮机设备正在陆续到货，1号发电机转子、定子均已到货，辅机设备到货率达70%。

（3）工程质量情况。2004年豫源公司认真执行国家和行业有关质量管理的政策法规和要求，以管理为基础，以质量为中心，以过程控制为手段，以建设精品工程为目标，详细制定了2004年质量监督计划，严格把关，加强建设工程质量监督管理工作，进一步提高质量监检水平。2004年，工程现场未发生任何质量和设备损坏事故，重点监检项目一次成功率100%，工程质量处于良好受控状态。

4. 工程安全情况　为保证工程建设的安全顺利进行，豫源公司紧抓安全工作不放松，并结合施工过程中的具体情况，开展工程安全月活动；与各施工单位签订安全目标责任书，大力推行安全一票否决制，建立安全保障体系，落实安全事故责任追究制，实施安全施工目标管理制，确保安全始终处于受控状态。

（翟　丹）

【生产准备工作】　2004年，豫源公司在全面加强工程动态管理的同时，将生产准备工作抓紧、抓实、抓出成效。

1. 生产人员培训工作　针对豫源公司生产人员来自全国各地、人员素质参差不一的情况，该公司择优选定了理论培训单位和生产实习单位。4月6日，生产准备人员分集控运行、化水两个专业开始进行培训学习。

2. 生产人员配备情况　在化水、集控人员理论培训结束后，该公司对培训后的人员进行严格的“两考一评”，并择优录用。

3. 生产资料准备完成情况　2004年，豫源公司先后完成生产准备大纲，机、炉、电、化运行规程、检修规程的编制，运行标准、检修标准、管理标准的编制；机、炉、电、化、热工教材的编制，工作票、操作票、运行记录、值班记录、交接班等有关制度的编制工作。

（翟　丹）

【党风廉政建设】　2004年，豫源公司结合基建期间的实际情况，一手抓工程建设，一手抓党风廉政建设，以高度的责任心、使命感，建立健全规章制度，规范和统一员工的言行和工作作风，保证工程建设的顺利开展。工程开工以来，该公司在招投标、合同谈判以及计划、审计、拨款、施工结算等项工作中坚持公正、廉洁的宗旨，以实事求是的工作态度严格按照法定程序操作，使工程造价得到较好控制。为了在工作中杜绝不正作风，该公司通过设立举报箱、进行部门行政汇报等举措，杜绝各种暗箱操作行为，收到良好效果。

（翟　丹）

企业地址：河南省济源市双桥区屯军西
邮政编码：454650
电　　话：0391－6966028
传　　真：0391－6966026

国电泉州发电有限公司

【概　况】　2004年，国电泉州发电有限公司（以下简称泉州公司）工程建设全面展开并取得实质性进展，步入规范化运作轨道。各项工作按照“确定一个思路，拓展两个战场，完成三个目标，达到四重并进，实现五个确保”的思路稳步推进。

1. 确定一个思路　按照国电集团公司领导视察现场的重要指示，提出工程建设的总体思路，即树立科学发展观，以“管理效益年”活动为载体，以可行性研究报批、设备催交及施工图交付为抓手，以文化为动力，做好“科学规范、安全文明、务实高效、优质准点”的管理工作，优化“安全、质量、工期、造价”控制，进一步提高项目的管理水平，全面完成2004年工程建设各项任务。

2. 拓展两个战场　在抓好在建的一期工程的同时，根据市场需要和集团公司“做实、做新、做大、做强”的方针，开展一期项目核准及二、三期扩建工程的前期工作，两个战场同时作战，取得丰硕战果。

3. 完成三个目标　2004年完成了集团公司下达的工程建设、安全生产、党风廉政和精神文明建设三项责任制考核目标，荣获国电一级奖状，公司整体工作跨上了一个新的台阶。

4. 达到四重并进　切合工程实际，行之有效、独具泉电特色的工程建设管理模式在实践中趋于完善，工程建设管理形成“四重”，即“工程进度管理与控制重在一个‘紧’字，安全文明施工管理重在一个‘实’字，工程质量管理与控制重在一个‘细’字，工程造价管理与控制重在一个‘严’字”。

5. 实现五个确保

（1）确保工程进度基本按计划进行。工程进度按一级网络计划运作，主要形象进度满足既定目标并略有提前。顺利实现4月28日主厂房基础提前两天出零米；6月25日1号炉钢架提前开始吊装；11月25日烟囱外筒提前结顶；11月27日1号机组主厂房屋面封顶4个里程碑目标。

（2）确保安全生产态势平稳：全年无发生人身伤害、重大机械设备损坏、火灾及重大交通事故。建设工地环境优美、作业有序，文明生产面貌一新，实现了工程施工阶段安全文明施工目标。

（3）确保工程质量状况良好：施工质量符合设计要求，满足电力建设施工及验收规范。建筑工程质量共验收1901个检验批、分项，一次合格率100%，按验评标准评定一次优良率94.4%，其中主厂房、锅炉基础、烟囱一次优良率95.25%；钢筋焊接一次合格率98%。安装工程一次验收合格率100%，一次优良率100%。

（4）确保工程造价可控在控：资金到位及时，满足施工进度和各方面周转的要求，控制情况较好。累计完成投资111243.04万元，其中2004年完成投资84880.04万元；累计到位资金121450万元，其中股东注入资本金29200万元，银行贷款余额90450万元，银行承兑汇票1800万元。其中2004年股东注入资本金累计18800万元，银行贷款累计102950万元，2004年还款12500万元。累计财务支出100595.76万元，其中2004年累计财务支出76615.76万元。

（5）确保了公司各项工作上新台阶：各项工作开展紧张有序、快速稳妥，公司运作进入规范化轨道；公司党委、纪委和工会组织建立健全并有效开展工作，双文明建设协调发展。

（俞今晨）

【安全文明施工】　针对南埔电厂工程建设特点，泉州公司认真贯彻“安全第一，预防为主”方针，以科学策划安全文明施工管理为龙头，实施模块化、标准化管理。以抓头头、抓队伍、抓协调、抓检查、抓落实“五抓”为手段，确保安全工作落实到位。以夯实基础为保证，健全规章制度，确保安全工作有章可循、有据可查。出台应急预案，正确处置灾害。以危险源控制为核心，细化特殊作业安全管理，开展专项防汛防台风活动，确保安全工作有效长效，强化安措管理，加强特殊工种管理，规范进场施工机械的管理，做好消防保卫工作，确保安全工作有效长效。以“常态抓安全”为观念，推动安全文化建设。2004年实现全年安全无事故，文明生产面貌一新，建设工地环境优美。

（俞今晨）

【防御第18号强台风】　2004年8月，第18号强台风“艾利”沿福建省海岸线四进四出时，其线路之诡异，强度之大，影响范围之广均为历史所罕见，台风登陆时风速高达每秒36米，沿海出现12级以上的大风。泉州公司首先抓厂外排洪沟工程和雨水排水工程，在雨季来临之前，建设好排洪沟和排水系统，确保在雨季来临时，有效地进行抽、排水，防止潮水倒灌和场地积水。其次，会同各参建单位出台了防汛防台风等工程建设应急预案，并组织员工进行学习和演练，与泉州气象站联合成立了南埔电厂气象指挥系统，使各参建单位能及时、随时了解天气变化，提前做好准备。第三，开展专项防汛、防台风工作，制订详实预案，组织专项检查，做好各项安全防范工作。由于领导高度重视、事前组织得力，做好防范措施，虽然强台风对施工造成了一定的影响，但整个南埔电厂工程没有重大损失，取得防御第18号强台风的胜利。

（俞今晨）

【工程质量管理和控制】　泉州公司以施工材料、设备管理，施工工艺管理和“四级验收，两级监督”制度为重点，健全质量管理体系，加强过程控制，工程质量的管理和控制重在细致入微，努力创建精品工程。

(1) 完善组织机构，严格质量管理“事前、事中、事后”控制，开展锅炉基础、主厂房建筑工程、烟囱建筑等专项质量监督检查，发现问题闭环整改。每月组织召开质量分析会，分析工程质量情况和趋势，制定可行的方案并实施，改进工程质量。从工程开工至今，未发生质量问题，主体结构外观符合规范及规程要求，结构尺寸总体控制良好。

(2) 加强设备监造，严格控制建材和设备质量。加强对监造活动的检查和考核，成立了设备监造小组，加强对关键设备的监造力度。通过检查原材料质量，保证工序质量。狠抓设备制造过程中的产品质量，严格执行设备进厂检验的规定，实行设备质量全过程监督验收和出厂前试验验收，从严审查分包商的资质，及时协调设备修改，确保设备的质量。

(俞今晨)

【优化工程设计】 降低厂平标高，建立现场爆破开挖弃土管理制度，优化处理场地平整的土石方开挖、回填方量，节约外购土源费用近 400 余万元；同步建设一、二期工程公用系统的循环水管、二期循环水泵房和三期循环水进水间施工，节约重复投资造价约 354 万元；按新厂新机制的原则，减少建设内容，取消了浴室、运灰渣汽车库、运灰渣公路桥等建构筑物，核减部分辅助车间面积，节约投资 136 万元。

(俞今晨)

【工程招投标管理】 该公司对限额以上的单位（单项）工程、服务和设备供货等均严格进行公开招标发包，通过竞争择优选定服务商、承包商、供货商。严格审查施工单位资质，主动邀请重合同、守信誉、业绩良好的潜在投标人参与投标。提前预测市场变化，主动将建安工程中风险较大的钢材、水泥采购合并在承包合同中，节约可能追加的材料投资 820 万元。事先掌握合理的工程造价，对部分招标项目实行最高控制价，避免投标单位恶意抬高价格或低于成本价恶意竞标。加强施工合同管理，努力做到既严格又务实，尽最大可能避免并减少施工单位的索赔。严格审核工程量，努力降低追加合同价的利润率。2004 年完成服务（工程保险）、建筑、安装（单项）工程招标项目 36 项，中标价 20726 万元，比概算节约 1511 万元；签订施工合同 76 项，工程总造价 59382.2 万元；按工程施工进度审核支付工程中间结算款 25284.8 万元；对工程量的审核严格把关，节约了工程投资。按照“三合”要求及“三公”原则进行设备招标工作，通过网上公布，广邀国内有资质的厂家参加投标，选择质量优良、合理低价的产品。共签订订货合同 128 项（含 2003 年已完成的 25 项），合同金额 120380.9062 万元。

(俞今晨)

【工程进度管理】 坚持“小业主、大监理”的管理模式，注重设计方案和设备选型的优化，加强工程安全、进度、质量、造价的控制管理，对工程管理由“现场事务型”转为“科学技术管理控制型”，有效提高管理效率。颁发《工程建设程序文件与管理制度》，制定《工程形象进度考核办法》、《里程碑奖励办法》、《P3 管理考核办法》等，使工程建设管理过程有章可循。在强调业主的核心和主导作用的同时，加强对参建各方的监督管理。充分信任和授权监理，提高其协调能力。倡导项目文化，注重发挥参建各方积极性、主动性和创造性，促使工程建设参建各方发扬团队精神，构成坚强合力。根据工程建设实际，引进并开发了“南埔电厂建设管理信息系统”，对工程设计图纸交付、施工进度、质量、安全等信息进行管理，建立共享数据库。应用 P3 软件，推行进度计划网络化管理，采取计划、控制和协调的方法，及时调整偏差。2004 年，集团公司下达的 4 个里程碑节点目标均提前实现。

(俞今晨)

【生产准备工作】 根据生产准备人员来自于不同发电厂，且大部分为单专业知识结构，部分运行人员未从事过 30 万机组运行工作的实际情况，该公司组织相关技术人员编写《国电福建南埔电厂 2 × 300 兆瓦机组培训教材》8 册，采取专业讲课、组内辅导、专业搭配等丰富的培训形式，对招聘的运行人员分别送至华夏嵩屿电厂、井冈山华能电厂、北京智深 DCS 厂家等地进行理论培训、现场实习、专业强化等培训工作。对实习培训人员实行将学习成绩、培训表现与奖金直接挂钩的“赛马”机制，使生产准备人员逐步熟悉并掌握了相关的专业知识和操作技能。

(俞今晨)

【首届董事会二次会议】 2004 年 2 月 23 日，国电泉州发电有限公司首届董事会第二次会议在泉州召开。会议由董事长王宝乐主持。会议听取了公司 2003 年度工作报告和 2004 年工作计划等 11 项专题报告，审议通过了 12 项决议。会议要求泉州公司要坚定敢于胜利的决心，围绕 2005 年 10 月 1 日发电总目标，团结拼搏，加强管理，采取一切可行措施，千方百计完成年度工作目标。

(俞今晨)

【二期 2 × 600 兆瓦扩建工程可研通过评审】 2004 年 9 月 21 日 ~ 22 日，由电力规划设计总院主持对西南电力设计院和福建省电力勘测设计院共同编制的国电福建南埔电厂二期 2 × 600 兆瓦扩建工程可行性研究报告组织评审。参加评审的专家踏勘南埔电厂现场，并从电力系统、燃料供应、厂址条件、工程设想、烟气脱硫、环境保护、灰（渣）综合利用、劳动安全和职业卫生、水土保持、电厂定员、电厂工程项目实施的条件和轮廓进度、投资估算及经济评价、KKS标识系统等方面对该工程进行评审，认为，南埔电厂二期2×600兆瓦扩建工程是一个投资省、建设周期短、见效快的好项目，符合当前电力建设的产业政策，建设是必要的，也是可行的。

（俞今晨）

【企业文化建设】 为统一员工思想和行为，最大限度激发员工在创业时期的激情和干劲，使基本建设工作快速有序地发展，该公司通过调研诊断、总结提炼和文化创新等专项工作，在员工的支持参与下，围绕国电集团公司企业理念，初步建立了企业文化理念体系，组织编写了《企业文化手册》，开展学习宣贯企业文化主题活动，加大宣传与推广力度，形成浓厚企业文化氛围，达到公司员工对文化理念的普遍认知。

（俞今晨）

企业地址：福建省泉州市泉港区南埔
邮政编码：362804
电　话：0595－87099288
传　真：0595－87782766

国电铜陵发电有限公司

【概　况】 国电铜陵发电有限公司（以下简称铜陵公司）于2004年4月18日在安徽省铜陵市举行揭牌仪式。5月完成工商注册，注册资金1亿元。该公司股东为中国国电集团公司、安徽省能源集团有限公司、铜陵市建设投资公司，股份比例分别为56%、42%和2%，由国电集团公司控股。

该公司投资建设的国电铜陵发电项目建设规模为4×600兆瓦超临界燃煤发电机组，总投资约100亿元人民币，分两期建设，一期工程建设2×600兆瓦机组，计划2008年投产。该项目厂址位于铜陵市东北铜陵县东联乡（原永丰乡）境内，北靠长江，东西长2200米，南北宽1350米，可利用面积297公顷。按照工业用地规划，该厂址除作为本项目4×600兆瓦建设用地外，还将作为再扩建4×1000兆瓦机组的规划场地。

该项目一期（2×600兆瓦机组）工程列入安徽省“十一五”电力发展规划并通过中国国际咨询公司评估和国家发改委电源建设项目的评议优选。按照《企业投资项目核准办法》的要求，关系项目核准的水保、国土、接入系统、环保等外部条件已基本落实。工程建设前期准备工作正在扎实有效的向前推进。

（史晓雷）

【股东会暨首届董事会、监事会一次会议召开】 国电铜陵发电有限公司股东会暨首届董事会、监事会一次会议于2004年4月18日在铜陵市召开。经过股东方充分酝酿，推选产生了公司首届董事会和监事会。在首届董事会一次会议上，徐斌当选董事长，汤大举为副董事长，聘任王一总经理。监事会一次会议选举石克明为监事会召集人。与会董事、监事还听取了公司筹备工作的汇报，对有关问题进行了讨论，并要求公司高标准做好各项工作，在建设过程中全面实施安全、质量、造价、进度控制，争取将国电铜陵电厂建成安徽一流、国电一流、全国一流的火电项目。

（史晓雷）

【内部管理体系初步建立】 按照国电集团公司有关基建期机构设置规定，公司设置综合管理部、工程部、计划部、财务部、物资部、生产准备部6个部室。结合国电铜陵发电项目、国电蚌埠发电项目前期工作管理和专业需求，从铜陵发电厂借调部分员工，先期配置在铜陵、蚌埠两地。逐步建立和完善内部管理体系。发布和实施了《财务报销管理办法（试行)》、《物资计划、采购管理办法（试行)》、《法律事务管理办法（试行)》等管理制度，完成资产清查登记、会计电算化财务系统设置和公司OA系统建设工作，公司内部管理体系初步建立。基建MIS和“ISO9000、ISO14000、OHMS18000”三标一体贯标工作开始组织实施。

为提高依法经营管理公司的能力，该公司聘请江苏苏源律师事务所为项目一期（2×600兆瓦机组）工程基建和公司日常事务提供法律服务，并针对管理人员专门举办了项目基建期法律事务培训班。

为规范公司招投标工作，起草了《国电铜陵发电有限公司招标管理办法（试行)》。经投资方协调组第六次会议批准，成立了由各投资方代表、项目公司代表、铜陵市纪检监察部门代表组成的国电铜陵发电有限公司招标委员会，负责公司招标管理工作。

（史晓雷）

【主设备合同签订】 铜陵发电项目一期工程（2×600兆瓦）主设备合同签字仪式3月6日在安徽省合肥市举行，铜陵公司筹建处分别同东方锅炉（集团）股份有限公司、上海汽轮发电机有限公司、上海汽轮机有限公司、上海动力设备有限公司签订了总价值11.5亿元三大主机设备。

（史晓雷）

【可行性报告通过预审查】 受国电集团公司委托，电力规划设计总院于3月30日～4月1日在安徽省铜陵市主持召开了国电铜陵电厂一期工程可行性研究报告预审查会。与会代表听取了华东电力设计院对国电铜陵电厂一期工程可行性研究报告的介绍，会前部分代表踏勘了工程现场，并分专业组进行了认真地讨论。会议基本同意华东电力设计院编制的可研报告，并形成会议纪要。

（史晓雷）

【初步设计报告书通过审查】 6月18～21日，电力规划设计总院在铜陵主持召开了国电铜陵发电有限公司一期工程（2×600兆瓦机组）初步设计预审查会议。与会专家踏勘了现场并听取了华东电力设计院对本期工程的介绍。经过机务、电气、技经等9个专业小组的分组讨论，审查会基本同意华东电力设计院编制的初步设计方案。

（史晓雷）

【项目建议书完成评估】 9月20～22日，受国家发改委委托，中国国际工程咨询公司组织的国电铜陵电厂一期工程（2×600兆瓦机组）项目建议书评估会在铜陵市举行。会议着重就项目建设的必要性、外部条件和预测建设的成果等进行评估。充分肯定该项目建设的必要性、项目建设具备的外部条件、独特的区位优势和预期的建设成果。评估认为《项目建议书》“根据华东电网和安徽电网今后发展对电力增长的需求，所选厂址的各项建设条件，提出的铜陵电厂规划装机容量和一期工程建设规模是合适的”，并且国电铜陵电厂一期工程在满足“十一五”期间安徽电网电力需求和提高安徽电网安全稳定性方面具有重大作用。评估意见同时就《项目建议书》的修订、完善提出了建设性意见。

（史晓雷）

企业地址：安徽省铜陵市长江东路二号
邮　　编：244000
电　　话：0562－2828958
传　　真：0562－2805108

江苏苏源谏壁发电有限公司

【概　况】 江苏苏源谏壁发电有限公司（以下称苏源发电公司）由国电集团公司、苏源集团江苏发电有限公司等12家单位联合投资组建。该公司利用国电谏壁发电厂现有场地，同时发挥老厂资源、设施和技术优势，采用烟气脱硫、干除灰等先进技术，建设2台300兆瓦等级国内最新引进技术生产的亚临界中间再热机组。

工程于2003年1月27日经原国家经济贸易委员会（国经贸投资［2003］86号）批准立项，列入第三批国家重点技术改造“双优一高”（高新技术产业化、高新技术和先进适用技术改造传统产业，优化重点产品和技术结构）项目导向计划。同年5月18日工程正式开工。2004年8月26日，第一台机组（列入谏壁发电厂序列为12号机组）首次并网成功，9月9日“168”开始启动，9月16日移交生产。第二台机组10月18日DCS受电，10月25日锅炉水压，11月15日开始单机试转。

截至到2004年12月31日，苏源发电公司累计发电67013万千瓦时，综合厂用电率5.76%，供电煤耗340克/千瓦时。实现主营业务收入18755万元，主营业务成本14478万元，完成利润总额2497万元，上缴企业所得税823万元，实现净利润1671万元。

（胡宗源）

【工程管理】 按照机组投产要求，在基建过程中，以创“精品工程”为目标，把好设计、制造、安装质量关，确保“设计科学合理、制造符合标准、安装一丝不苟”。该公司与施工单位、监理单位一起，科学合理地安排工期，确保每个节点保质保量地完成；注意处理好计划、财务、审计之间的关系，协调配合，互相监督，确保工程不突破概算，最大程度地发挥投资效益。该工程的质量目标是“创精品工程，争取‘鲁班奖’”。在工程管理上做到“五个确保”：①确保管理理念的普及性、深入性；②确保管理制度的完整性、适用性；③确保管理手段的先进性、科学性；④确保管理方法的超前性、动态性；⑤确保管理责任的严肃性、可追溯性。

（吉俊鹏）

【委托经营】 根据苏源发电公司三届一次董事会审议通过的“关于委托国电谏壁发电厂负责该工程基本建设和生产经营管理”的议案，该公司决定采用委托经营方式，由国电谏壁发电厂负责该公司工程建设及投产后的生产经营管理。双方明确，苏源发电公司与国电谏壁发电厂是两个独立的会计核算主体，苏源发电公司财务核算完全独立于谏壁发电厂；在生产管理上不设单独机构和单独的管理岗位，发电运行和生产管理的各项职能由谏壁发电厂相关部门承担，工作由谏壁发电厂各部门的相关岗位负责，承担“一岗两责”的责任。

根据国电集团公司定员标准，苏源发电公司人员编制含管理人员和生产运行人员，无检修人员及后勤人员编制。经公司董事会同意，有关设备检修、大修、后勤服务等工作均委托镇江苏源谏电集团公司承担，并与其签订了委托检修、劳务、服务等合同。

（吉俊鹏）

企业地址：江苏省镇江市谏壁镇谏壁发电厂内
邮政编码：212006
电　　话：0511－5352023

传　　真：0511－5352084

国电泰州发电有限公司

【概　况】 国电泰州发电有限公司（以下简称泰州公司）是国电集团公司在江苏省新建的一项重点工程。总规划容量为4台1000兆瓦超超临界机组，分两期建设。其中一期工程2台1000兆瓦超超临界机组，计划第一台机组2008年底投产，第二台机组2009年投产。

泰州公司位于江苏省泰州市永安洲镇福沙村，一期工程规划用地面积为58公顷。一期工程动态总投资为88.4亿元人民币，由国电集团公司相对控股，其中国电集团公司投资40%、江苏省国信资产管理集团公司投资40%、江苏交通控股有限公司投资11%、泰州市泰能投资管理有限责任公司投资9%。

泰州公司于2004年1月16日在江苏省泰州工商行政管理局登记成立（营业执照注册号：3212001100717，法定代表人：徐斌；企业类型：有限责任公司）。公司成立后，即致力于构建现代企业管理体系和管理制度，完成了建设期内部管理机构设置和定员定岗方案，成立了综合管理部、计划部、工程部、财务部、物资部、生产准备部，颁发了部门职责，明确了部门负责人。制订了《计划管理办法》、《招投标管理办法》、《物资管理办法》、《公文处理办法》、《印章管理规定》、《现金管理办法》等22项制度。根据施工现场需要制定了《施工质量管理制度》、《施工技术管理制度》、《职业安全健康与环境管理工作规定》等制度。截至2004年年末，公司有员工19人。

（朱　蓓）

【完成1000兆瓦超超临界主机设备技术规范书评审】 泰州公司1000兆瓦超超临界主机设备技术规范书（讨论稿）于1月8日由华东电力设计院编写完成，2月26日～27日，国电华东分公司组织有关专家进行了内审，3月7日～9日，由国电集团公司在南京召开评审会，国电集团工程建设部、安全生产部、国电物资公司、国电华东分公司、电力规化设计总院、西安热工研究所、国电环保所、国电常州发电有限公司、华东电力设计院和国电泰州公司的专家及相关人员参加了会议。会上成立了主机设备技术规范书评审领导小组。会议肯定了华东电力设计院编制的国电泰州电厂2×1000兆瓦超超临界机组主机设备技术规范书，确定主机设备发标对象暂定为三大制造厂（上海、东方、哈尔滨），同时要求其设计和制造应由国外厂商提供技术支持，主机设备的性能保证由技术支持方负责。招标拟采用二步制的方式，先对技术文件进行澄清，再由各投标商统一报价。会上确定主机铭牌出力为1000兆瓦，主机参数以汽机入口参数为准，暂按25兆帕/600℃/600℃或25兆帕/610℃/610℃两种方案。汽机采用单轴凝汽式汽轮机，一次中间再热方式。炉型可以采用塔式炉或Ⅱ型锅炉，出灰方式为干出灰。

国电集团公司和泰州公司对主机设备技术规范书的编写评审十分重视，先后经历了三个阶段。第一阶段，泰州公司邀请谏壁、扬二、高资、南热等电厂的专家分机、炉、电、控四个专业对华东电力设计院编写的技术规范书初稿先进行内审，从最终用户的角度出发，结合机组运行实践经验，提出了160多条修改意见。第二阶段，由国电华东分公司再次安排设计、试验等单位的专家对经修改后的主机技术规范书再次内审，从开发研究的角度，进一步提升了对主机设备先进性的要求。华东电力设计院根据两次内审意见，几易其稿，最终形成了讨论稿。第三阶段，由国电集团公司组织对主机设备技术规范书（讨论稿）进行评审。

（朱　蓓）

【一期工程项目建议书通过中咨公司评估】 2003年国电集团公司和江苏省发展计划委员会分别以国电集计［2003］227号文和苏计基础发［2003］913号文，向国家发展和改革委员会上报江苏泰州电厂一期工程项目建议书的请示后，国家发展和改革委员会办公厅在2004年4月27日以发改办投资［2004］686号文发函委托中国国际工程咨询公司对江苏泰州电厂新建工程（装机2×1000兆瓦超超临界机组）项目进行评估。8月5日～7日，中国国际工程咨询公司在江苏省泰州市主持召开了“国电泰州电厂一期工程项目建议书评估会”。专家组听取了华东电力设计院对“国电泰州电厂一期工程可行性研究报告”的介绍，对厂址和北电南送过江大通道进行了实地考察和调查研究，与省、市有关各方代表及专业人员对本工程建设的必要性、建厂条件、工程设想、环境保护和工程投资估算及经济效益分析等进行了充分讨论，对所提供的资料进行了分析核实，形成了专家组评估意见：①泰州电厂一期工程在“十一五”后期投产发电有电力市场的需求，其建设是必要的。②泰州电厂位于地理位置适中的苏中长江北岸，在北电南送的苏北电网与苏南电网之间肩负纽带连接作用，它的建设给予江苏电网有力的电压支撑，有利于提高北电南送的能力和安全稳定运行，提高供电的可靠性和经济性，符合江苏省电源的发展布局要求，电源布局是合理的。③泰州电厂的建设，将有力拉动苏中地区及泰州市的经济发展，具有支持江苏省的沿江开发战略、促进苏中地区经济发展的重要意义。④泰州电厂电力送出没有问题，接入系统方案可行。⑤环境保护方面已具备国家批复项目建议书的条件。⑥各项建厂条件已基本得到落实。

（朱　蓓）

【李源潮、张卫国视察泰州公司施工现场】 8月17日，江苏省委书记李源潮、副省长张卫国视察了泰州电厂施工现场。李源潮在现场听取了泰州电厂前期工作情况的汇报，对照厂平面布置图了解了将来电厂的布局情况，询问了环境保护、征地补偿和拆迁安置等有关问题，面对面地听取了拆迁群众的意见。李源潮对电厂征地拆迁工作表示满意，同时他鼓励电厂继续努力做好项目前期各项工作。

（朱　蓓）

【国家发改委批准一期工程开展前期工作】 11月24日，国家发展和改革委员会办公厅以发改办能源［2004］2160号文发出《国家发展改革委办公厅关于江苏泰州电厂一期工程开展前期工作的函》，同意泰州公司开展前期工作。根据项目核准制的要求，泰州公司先后取得了相关部门对工程用水、水土保持、建设用地、接入系统方案、环境影响报告书等方案和报告的批复：8月2日，国家水利部水土保持监测中心发出《关于国电泰州电厂一期工程水土保持方案报告书（报批稿）的审查意见》（水保监方案［2004］128号），同日，水利部水土保持局发出《关于国电泰州电厂一期工程水土保持方案有关问题的函》（水保监便字［2004］第25号）；11月20日，国家国土资源部发出《关于江苏泰州电厂一期工程2×1000兆瓦机组工程建设用地预审意见》（国土资厅函［2004］664号）；12月7日，国家电网公司计划投融资部发出《关于印发江苏泰州电厂一期工程（2×1000兆瓦）接入系统设计（一次部分）审查意见的通知》（计项一［2004］136号）；2005年1月26日，国家环境保护总局发出《关于国电泰州电厂2×1000兆瓦机组工程环境影响报告书审查意见的复函》（环审［2005］83号文）。工程取水申请也早在2003年5月30日，获得长江水利委员会对一期工程取水许可预申请的批复（国长字预申［2003］第02007号），并同意在工程立项后，到长江水利委员会办理取水许可证。2005年1月28日，电力规化设计总院完成项目可行性研究报告收口审查。

（朱　蓓）

【现场工作取得新进展】 泰州公司在地方政府的大力支持和各投资方及前期工作人员的共同努力下，现场工作取得新的进展。厂区拆迁3月底完成，共拆迁186户，涉及人口671人，拆迁群众得到较好安置。试桩工作3月28日开工，4月14日完成打桩，进行测试，至6月20日结束，6月21日出版试桩报告，7月9日完成试桩报告评审。试桩优化10月10日确定方案，11月6日施工队伍进场，11月20日打桩结束，开始进行桩基静定和测试。吹填沙工程于3月28日签订合同，4月11日开工，至8月25日结束。场平工程4月28日开标，4月30日签订合同，5月20日施工队伍进场。至年底，厂区道路形成小环路，共计完成4028米。施工用电8月10日与高港供电分公司签订协议与合同，11月20日完成厂外线路施工，12月底完成调试。完成施工给水泵房1座，澄清池、清水池共3座。安装施工用水管道共4050米。完成取水头制作，安装取水泵4台。排水系统完成2号排涝泵房土建施工。厂区围堰完成1930.6米，浇筑混凝土约3200m³，围堰基础上实体围墙砌筑1830米。厂区五通一平基本结束。厂前区工程5月14日发标。大件码头工程设计11月24日完成开标定标。生活临建完成配电房、污水泵房安装，主下水道全部完成，生活、消防水管铺设分别完成630米和230米。平面布置于上半年由电力规化设计总院审查结束。厂区详勘已于8月1日开始进行。

（朱　蓓）

【设备和工程招标】 泰州公司招标委员会于3月26日成立，并建立了招标工作程序。按照招投标法，有序开展设备招标和工程招标。由国电集团公司招标办组织，先后于4月13日～16日、6月29日、7月4日～6日、7月10日、8月23日～27日、10月10日～10月16日、11月23日～12月10日在北京召开7次三大主机设备技术协议评审和招标评标会议。对主要辅机设备的招标工作也进行了收资。至2004年底，通过招投标共签订工程设计、监理、施工及征地合同62份，合同总价19705.77万元。

（朱　蓓）

企业地址：江苏省泰州市高港区金港路
邮政编码：225321
电　　话：0523－6967666（综合管理部）
传　　真：0523－6967625

国电福州发电有限公司

【概　况】 国电福州发电有限公司（以下简称福州公司）由中国国电集团公司、福建和盛集团有限公司和福建省煤炭工业（集团）有限责任公司分别按51%、40%、9%的股权比例共同投资兴建。于2004年4月8日完成注册登记，取得工商营业执照。

福州公司主要投资项目为国电福州江阴电厂，规划容量为4台60万千瓦超临界全烟气脱硫的燃煤机组，并留有扩建的余地。厂址在福建省福清市境内，地处兴化湾北部的江阴半岛，距省会福州市和泉州市均不到100公里，是在负荷中心建设的大型港口电厂。项目的建成可以增加电网火电比重，改善电网结构；减少南电北送潮流，提高电网运行的经济性和可靠性；弥补华东电网的电力缺口，缓解该地区的电力供需矛盾。该项目经有关专家优选评议，符合规划布局和国家产业政策要求。一期工程建设2台60万千瓦超临界全烟气脱硫的燃煤机组，预计动态投资约56亿元人民币。于2004年12月6日正式动工，计划于2007年实现双投。

该公司按照“小业主、大监理、大咨询”的基建管理模式和国电集团公司关于新建、扩建项目组织机构设置方案，结合国电福州江阴电厂建设生产实际，按“扁平化”组织架构管理模式设置了综合管理部、工程部、计划部、物资部、财务部和生产准备部6个部门，基建时期公司定员40人，现在册正式员工28人。该公司落实项目法人责任制，加强工程建设的科学化、规范化和程序化管理，推广应用基建MIS和P3管理软件等先进管理手段，实现工程造价、质量、安全和进度“四控制”的可控在控；以“回报股东、服务社会，共创福电美好明天”为经营宗旨，牢固树立“生命之魂、生存之本”的安全理念和“持续改进、精益求精”的质量理念，实践国电集团公司“做实，做新，做大，做强”八字方针，以目标凝聚共识、以信念鼓舞斗志，以管理促效率、以管理出质量、以管理提效益，在实际、实效、实事上下功夫，统一思想、同心协力、开拓进取、艰苦创业，确保“创国电样板工程、创一流安全文明施工现场、实现优质工程，实现高水平达标投产”工程总目标的最终实现。

该项目受到国电集团公司和福建省、福州市政府的关心和支持。福建省委常委、福州市委书记何立峰、福建省副省长李川、福州市市长练知轩，以及福州市五套班子领导多次到电厂工地检查指导工作。国电集团公司领导也多次莅临江阴电厂，对项目建设情况进行实地踏勘，对项目的进展做出重要指示。9月，国电集团公司党组书记、总经理周大兵视察江阴电厂工地，并在福州会见福州市委、市政府领导，共同商讨并协调江阴电厂建设的有关问题，理顺各方关系，为项目公司排忧解难。

（陈碧芳）

【前期审批工作】 项目前期已完成初步设计文件（包括7万吨级码头）的预审查，淡水取水申请已批准，项目所需各种基础研究（物模、数模、气象等）已通过评审，煤码头工程港口岸线选址意见已获福州市港务局确认。6月，中国国际工程咨询公司以《关于福建福州江阴电厂一期工程项目建设书的评估报告》（咨能源［2004］581号文）向国家发展与改革委员会上报项目建议书的评估报告。在国家将项目审批制改为核准制以后，该公司抓紧做好项目核准所需的各项支持性文件，截至到年末已基本收集完成。《职业卫生研究报告书》、《劳动安全研究报告书》、《水资源论证报告书》、《海域使用论证报告书》、《地质灾害性评价报告书》、《地震安全性评价报告书》等专题报告均已批复。土地预审、环评报告，接入系统、水土保持等关键性专题也已完成审查和评审工作，进入相关部委的批复办文阶段。

（陈碧芳）

【设备和工程招标】 福州公司按照国电集团公司关于招投标的管理规定，制定了相应的实施细则，认真选择招标代理机构。在招标过程中，充分尊重专家意见及集体决议，公正、公平地对待来自各方的投标者，鼓励他们以良好的业绩、优质的服务和合理的价格参与竞争。截至到年底，工程招标完成14项，并完成工程施工、设计、监理合同等11项重大合同的签订工作，合同总金额为48203.5万元。三大主机、凝汽器、低压加热器及四大管道设备已由国电集团公司打捆招标，主要辅机设备公开招标订货已完成3批计63项，同时完成了基建MIS、脱硫岛EPC的招标及合同签订工作，设备合同总金额为90599.83万元。

（陈碧芳）

【征租地拆迁工作】 3月，福州公司与福清市政府签订陆域27.2124公顷、海域滩涂44.35公顷的国有土地使用权出让合同；11月，与福清市政府签订7.1691公顷的国有土地使用权出让合同，与当地村委会签订了110.9亩的施工临建用地租赁协议。11月22日，福建省人民政府批复本工程项目海域使用申请，并取得44.35公顷用海面积的海域使用权证。

在电厂征地范围内的拆迁、赔偿工作在当地政府配合下，该公司认真耐心地做好政府补偿政策的解释和劝导工作，妥善处理群众阻挠事件，最大限度地争取群众支持，把对工程的负面影响降到最低。到年末，项目建设所需的建设用地和临时用地征用已全部完成，征地费、租地费及地上物赔偿费已全部支付。

（陈碧芳）

【“四通一平”工作】 电厂进厂道路因故受阻而搁置，在与福州、福清两级政府协调下，重新选址规划建设1.7公里施工临时便道，于11月底完成沥青路面铺设，与公司建设的1.2公里水泥路段对接，从而使整个进厂道路于12月1日全线贯通。施工用水工程于7月份开工建设，受进厂道路影响，于9月初通过采取临时小管径过渡方案先行通水，以满足现场施工要求。为确保施工供水不受影响，现场建设了3000立方米蓄水池和供水加压泵站，整个施工供水工程于11月中旬完成。施工用电先期设置完成400千伏安配电室1座和800千瓦箱式变压器1座，购置250千瓦柴油发电机1台，先行满足现场施工用电需求。因电源走向受进厂道路施工影响及沿线村民阻挠，8公里长的10千伏施工电源专线于12月底架设完成并通电。场平工作于9月6日土石方工程施工队伍进驻之日起启动，于11月底完成陆域部分的场平工作，并储存30多万立方米的海砂用于海域部分回填。

（陈碧芳）

【企业文化建设】 福州公司坚持以工程建设为中心，开展企业文化建设。在岗位聘用过程中提倡给员工一个竞争的平台、一个展示的舞台及一个成长的空间，营造宽松的工作环境；提倡公司是一个大家庭，每一位员工都是大家庭的成员，强化人权意识，从工作、学习和生活多方面关心员工，用事业吸引人，用感情激励人，倡导并建立具有人文关怀色彩的管理模式。该公司通过推广应用国电集团公司视觉识别系统，培育员工的荣誉感、责任感，增强企业凝聚力、亲和力，使“国电”品牌在当地家喻户晓。通过企业文化建设，形成了既具国电集团公司理念又有“福电”特色的企业文化，对外树立起良好的企业形象，对内形成员工共同认可和共同遵守的价值观，培育了凝神聚力、开拓创新、追求卓越的团队精神和求实至善、团结协作的管理理念，达到凝聚、团结员工，集成排山倒海之力，坚定无往不胜信念，快速推进项目建设的目的。

（陈碧芳）

【标准化管理体系建设】 为统一思想、规范管理，福州公司以标准化管理体系建设为措施，以国电集团公司项目管理大纲为指导，按照现代企业制度要求，制定《国电福州发电有限公司管理制度编制计划》，提出公司标准化管理体系建设的目标、规范、计划、进度，并明确了体系建设的责任人和奖惩制度。2004年，该公司先后出台了计划管理、行政管理、招投标管理、物资管理、财务管理、党风廉政管理、安全质量管理等各种规章制度数十个，形成以制度约束人、以制度管理人、依法治企的良好局面，实现了公司科学化、规范化、标准化管理。

（陈碧芳）

企业地址：福建省福清市江阴镇口岸园区
邮政编码：350309
电　　话：0591－85966166
传　　真：0591－85966188

国电濮阳热电有限公司

【概　况】 国电濮阳热电有限公司（以下简称濮阳公司）成立于2003年11月26日，公司下设总经理工作部、政治工作部、人力资源部、财务部、计划部、工程部、物资部、生产准备部和安全监察部9个部门。在册正式人员30人。

该公司2×200兆瓦热电项目是国电集团公司在河南省的重点投资项目之一，列入河南省重点工程项目。该项目占地482亩，总投资约19.0923亿元，由中国国电集团公司、濮阳三强电力集团公司、河南汤台铁路有限公司分别按60%、30%和10%的比例共同投资兴建。该项目计划2006年7月第一台机组发电，11月第二台机组投入运行。项目建成后，年售电量18.94亿千瓦时，年售热量297万吉焦，年销售收入5.4387亿元，年销售税金及附加5392万元。该项目从2003年7月份筹备，到2004年4月项目建议书正式通过国家发展和改革委员会批准立项，仅用10个月时间，被誉为“濮阳速度”。

该项目由河南省电力勘测设计院设计，江西诚达监理公司现场监理；土建工程由河南省第二建筑工程有限责任公司和河南省第四建筑股份有限公司承建；机组安装单位为河南省火电二公司；三大主机设备分别由东方锅炉（集团）股份有限公司、东方汽轮机厂、东方电机股份有限公司供货。

（张宏权）

【工程进展情况】

1. 项目报批　2004年4月29日，项目建议书正式通过国家发展和改革委员会批准立项；10月底，可行性研究报告已通过河南省发改委和国电集团公司的审查，并分别上报国家发改委。

2. 现场工程　截至12月底，已先后完成三大主机、一至四批辅机的设备招标工作，完成了桩基工程招标、主厂房土建施工招标、冷却塔施工招标、脱硫工程EPC招标、铁路专用线招标，主厂房安装工程招标、燃料供应系统和气力除灰系统建筑工程招标、化学水处理系统安装工程招标、办公楼招标、备班楼招标、厂内外排水招标等工作。完成了土地的征用、租用、围墙封闭、施工电源、施工水源形成环网、主要道路硬化开通、路灯安装、通信畅通等工作。11月28日工程正式开工。

3. 项目设计　到12月底，总平图、施工图已基本确定，集控楼、主厂房的布桩图、开挖图、基础承台施工图、循环水管道施工图、冷却塔施工图、烟囱施工图已按计划相继完成，保证了施工用图要求。

4. 资金完成情况　2004年计划完成投资11416万元，截至12月末，投资累计完成11416万元，自项目筹建以来累计完成12300万元。

（张宏权）

企业地址：河南省濮阳市昆吾路北段
邮政编码：457000
电　　话：0393－8972227
传　　真：0393－8972026

国电吉林龙华热电股份有限公司

【概　况】　国电吉林龙华热电股份有限公司（以下简称龙华公司）位于吉林省境内，主营发电供热业务，公司总部设在长春市。2004年实行改革重组，吉林名门电力实业集团公司将所持有的龙华公司27%的股权有偿转让给国电集团公司，并相对控股龙华公司。截至年末在册员工3942人。龙华公司是目前吉林省境内最大的发电、供热运营商，拥有直管发电机组容量90.9万千瓦，权益发电机组容量34.32万千瓦，年发电量53.17亿千瓦时，占吉林省火电发电量的16.06%，年供热量1024万吉焦，占吉林省供热量31.93%。在吉林省控制经营国电吉林龙华白城热电厂、国电吉林龙华龙井热电厂、国电吉林龙华蛟河热电厂、国电吉林龙华长春热电一厂、国电吉林龙华吉林热电厂，参股双辽发电有限责任公司和长春第二热电有限责任公司。

2004年，龙华公司围绕"管理效益年"总体目标，坚持以安全生产为基础，以经济效益为中心，以扭亏为主要任务，克服电、热价不到位、燃煤价格持续上涨，煤炭供应日趋紧张等诸多不利因素，全面完成了年初确定的各项工作目标。全年未发生人为责任重大事故、重大火灾事故和重大交通事故，未发生设备事故，实现了安全年。完成年发电量53.17亿千瓦时，比上年增长27%。完成年售电量47.88亿千瓦时，完成售热量1024万吉焦，完成平均售电平均单价0.25284元/千瓦时，较计划上升13.47%。完成利润总额3060万元，净资产收益率6.38%，实现劳动生产率34.9万元/人年。未发生影响电力企业形象和稳定的重大事件，实现了党员干部的零犯罪。获吉林省委直属机关党委文明单位、吉林省电力有限公司文明单位标兵称号。

（王大伟）

【"管理效益年"活动】　龙华公司按照"管理效益年"的总体要求，认真进行经济指标分析，查找问题，制定措施，明确责任，统一认识，成立了以总经理为组长的扭亏增收领导小组，从讲政治的高度，明确提出扭亏为盈、保证利润指标目标。以财务管理为中心，加强资金预算管理，采用成本倒推法重新核定各项指标，努力降低各项成本。同时注重培育公共关系，同吉林省政府和国电集团公司、吉林省电力公司沟通，努力营造良好的经营创收环境，开展营销工作。克服困难，保证燃料供应。该公司采取一系列有利措施，在政策上适时调整煤炭采购价格，保证结算资金的按时支付。细致落实和编制月、季发电燃料需用计划，逐一落实供应计划，在不突破吉林省电煤价格最高限额的基础上，加强催装催运，预测来、耗、存数量，通过增发电量，努力弥补由于燃料价格上涨所造成的损失。立足长远发展，做细基本建设项目的基础工作。为进一步拓展电力市场，增强龙华公司在吉林省乃至东北市场的竞争能力，根据国电集团东北区域基本建设座谈会暨第一次基建工程协调会精神，对各项目的启动条件、前期工作开展情况、项目建设规模、工业负荷、供热负荷、送出系统、外部条件、项目推进等逐条摸清。

坚持"两手抓，两手都要硬"的原则，该公司党委围绕2004年经营管理中心任务开展工作，以贯彻国电集团公司"管理效益年"为主题，召开了2004年公司系统政治工作会议，全面部署公司系统的党建、党风廉正建设、精神文明建设等工作，开展了"为党旗增光辉，为发展做贡献"主题活动，为公司的改革发展提供了精神动力和政治氛围。

（王大伟）

企业地址：吉林省长春市经济技术开发区浦东路225号
邮政编码：130033
电　　话：0431－5886711
传　　真：0431－5886713

国电重庆恒泰发电有限公司

【概　况】　国电重庆恒泰发电有限公司（以下简称恒泰公司）是国电集团公司2004年在重庆并购的控股公司，该公司前身是重庆恒泰发电有限责任公司，成立于2003年1月，主要是为建设重庆电厂东厂技改1×300兆瓦机组而设立，由重庆鼎泰能源（集团）有限公司（控股）、重庆市建设投资公司、重庆电力实业开发总公司等22家股东共同投资组成。重庆电厂东厂技改工程项目于2001年11月经国家经贸委批准立项，列入《第二批国家重点技术改造"双高一优"项目导向计划》（国家经贸投［2001］1000号）。为有利环保，减少对主城区空气质量影响，经重庆市人民政府重新调整能源建设规划，决定东厂技改项目异地重庆市万盛区建设。2003年9月，恒泰公司与重庆市万盛区人民政府就关于建设万盛发电厂项目签订合作协议。10月，恒泰公司召开第四次股东大会，同意东厂技改项目在万盛异地再建，由国电集团公司控股建设，同意除重庆市建设投资公司维持股份、重庆鼎泰能源（集团）有限公司保留10%股份，其余股东的股份全部转让给国电集团公司。12月，重庆市计划发展委员会与国电集团公司签订《关于万盛电厂2×30万千瓦机组项目的合作协议》。

2004年1月，国电集团公司在重庆市电力公司与重庆鼎泰能源（集团）有限公司、重庆市建设投资公司正式签订股权转让协议，由国电集团公司控股60%，重庆市建设投资公司参股30%，重庆鼎泰能源（集团）有限公司参股10%。至此，国电集团公司完成对重庆恒泰发电有限责任公司的收购工作。恒泰公司的成功重组是国电集团公司“做大、做强、做新、做实”方针的体现。

2004年3月，恒泰公司第五次股东大会修改了公司章程，决定更名为国电重庆恒泰发电有限公司。5月在重庆召开第二届一次董事会、监事会，选举产生董事长、聘任了总经理，决定了公司其他重要事项。6月，恒泰公司完成工商注册变更手续，公司注册地变更为重庆市万盛区。公司重组后，按国电集团公司要求，建立了党的组织，先后完成内部管理、竞争上岗、机构设置、清算债权债务等工作。

（左渝军）

【万盛电厂工程简介】 万盛电厂位于重庆市以南，距离重庆市区约145公里。工程建设规模为2×300兆瓦国产燃煤机组，锅炉采用四角切圆燃烧方式、固态排渣及低NO_x燃烧器，可用率≥91%。汽轮机采用一次中间再热、双缸两排汽、凝汽式机组，可用率>95%。发电机为水氢氢冷却方式，可用率>99%。主设备全部为东方电气集团制造。同步建设烟气脱硫设施，由西南电力设计院设计。本工程静态投资为257443万元，工程地址在重庆市万盛区关坝镇双坝村。厂址（含进厂公路）征地31.6平方公里，灰场征地29平方公里。厂址以低丘为主，灰场为“U”型山谷。工程供煤全部采用汽车运输，不修建专用铁路。所有煤源点距电厂距离均在40公里以内，加权平均运距30公里，属典型的坑口电厂。

该工程符合国家发改委［2004］823号文关于优先建设、靠近用电负荷中心、靠近煤炭资源的优先原则，在《重庆市电力工业发展的思路和目标》（2003年11月重庆市发展计划委员会出版）中，列为重庆市电力发展规划重点能源项目之一。并列入重庆市2004年度电力发展计划及应急预案报告（渝计委交［2003］1303号文）上报国家发改委。2004年3月，该工程的项目建议书由重庆市发改委和国电集团公司上报国家发改委。

2004年，该工程先后完成厂址论证、可行性研究报告评审、初步设计评审、环评报告审查、水土保持审查、接入系统评审、厂区征地等工作；完成主设备合同签订、辅机设备1至3批、主体工程A、B、C标段等招投标及合同签订；完成资金贷款筹备等主要工作。截至到12月底，国家核准所需的全部文件全部取得，通过了国家发改委组织的项目专家选优评议。为取得国家项目核准和全面开工建设创造了条件。

（左渝军）

企业地址：重庆市万盛区万东北路电信7楼
邮　　编：400800
电　　话：023－48296252
传　　真：023－48296253

国电库车发电有限公司

【概　况】 国电库车发电有限公司位于新疆阿克苏地区库车县西北7公里处，是南疆电网与新疆主电网连接的枢纽电源，由中国国电集团公司（控股85%）、新疆阿克苏地区国兴资产投资经营有限责任公司（参股10%）和新疆库车县资产经营有限责任公司（参股5%）共同出资组建。国电库车发电有限公司（简称库电）负责建设，规划装机容量为4×135兆瓦国产燃煤发电机组。一期工程建设规模为2×135兆瓦，设计投资11.8亿元。按国电集团公司里程碑计划2006年2月26日1号机组投产发电，2007年一期工程全部完成。为了适应阿克苏地区快速增长的电力市场需求，公司力争1号机组2005年底提前发电。

公司定员编制25人。按照国电集团公司党组的要求，2004年2月26日公司组建成立了党支部，挂靠国电新疆红雁池发电有限公司党委代管。

2004年3月26日该公司正式进驻施工现场，6月底进场道路、通水、通电工作已全部完成，9月8日，A标段（主厂房）浇筑第一罐混凝土，标志一期工程1号机正式进入工程控制目标期。截至11月26日，提前4天完成了年度工程建设里程碑计划：主厂房基础出零米；烟囱达到18.2米的高度，完成筒壁总高度的12.13%；水塔提前18天完成计划施工任务；党风廉政建设和精神文明建设以96分的优良成绩通过了西北分公司考核组的检查验收，完成了国电集团公司下达的2004年责任书各项目标。

库电工程是新疆自治区“十五”规划重点开发建设的能源项目，也是中国国电集团公司在新疆投资建设的第一个火电工程，是目前南疆地区建设规模和单机容量最大的发电建设项目。它的建设和投产对保证南疆电网的安全经济运行，推动阿克苏地区经济增长，提高各族人民生活水平具有重要意义。从一开始就受到自治区和阿克苏地区的高度重视和关心。中央政治局委员、自治区党委书记王乐泉等领导先后到工地视察，希望加快工程建设速度，早日为南疆各族人民造福。自治区计委在初设方案、设备招标等方面大力协调，严格把关；阿克苏地委、行署更是竭尽全力为库电工程早日开工排忧解难，从各个方面提供优惠政策，保证了工程建设顺利进行。

（韩雅华）

【要事摘编】

3月26日，国电库车发电有限公司在库车县正式挂牌，阿克苏地委副秘书长韩树森为挂牌剪彩，县委副书记吕杭支到场祝贺并讲了话。

3月29日，国家发改委以发改能源［2004］551号文对国电库车发电有限公司一期工程可行性研究报告正式批复；4月19日国电集团公司以计［2004］15号文批转了国家发改委的文件，要求按照批复抓紧组织开展开工前的准备工作。

6月27日，自治区党委副书记、人民政府常务副主席王金祥，自治区政协副主席黄昌元一行在阿克苏地委行署领导的陪同下，到库电建设工地视察工作。

7月30日，自治区人大副主任买买提明·扎克尔在库车县委书记李刚、常务副县长王有生的陪同下，来到库电工地视察工作。

9月8日，A标段（主厂房）浇筑第一罐混凝土，标志一期工程1号机正式进入工程控制目标期。

（韩雅华）

企业地址：新疆库车县
邮　　编：842000
电　　话：0997－7121550
传　　真：0997－7121550

国电费县发电有限公司

【概　况】　国电费县发电有限公司位于革命老区山东临沂，于2003年8月22日成立筹建处，2004年3月15日公司正式注册成立。厂址距日东高速公路费县口延长线2公里，距327国道1公里。由中国国电集团公司、山东鲁能发展集团有限公司、临沂投资有限公司按55%、35%和10%的股份投资兴建。项目初步规划总装机容量为2×600兆瓦+2×1000兆瓦，一期装机容量为2×600兆瓦；远景规划总装机容量为2×600兆瓦+2×1000兆瓦+4×1000兆瓦。一期工程计划2007年投产发电。国电费县电厂是贯彻落实国电集团公司“做实、做新、做大、做强”八字方针的重点发展战略基地之一，是振兴沂蒙老区经济的希望之星。

2004年，公司以“管理效益年”活动为载体，以“四控制、四管理、一准备”为全年工作主线，以“精干、精简，高速、高效，突破、创新”为前期工作的主旋律，求真务实，精心运作，突破创新，加快推进工程进展，实现了“现场施工、项目核准、职工队伍整体素质和三大主机设备催交”四大突破，获得了国电山东分公司“管理效益年活动项目管理优胜单位”荣誉称号。

（王中亚）

【公司注册成立】　2004年3月8日，国电费县发电有限公司正式注册成立，此前为国电费县电厂筹建处。该筹建处自2003年8月22日成立以来，全面贯彻集团公司“做实、做新、做大、做强”的八字方针，从“项目催批、勘探设计、现场施工、设备招标和公司组建”五条主线同时着手，超前策划，科学管理，工程前期各项工作在不到半年的时间里都取得了突破性进展。精心组织、严格管理、超常运作，完成初步可行性研究报告编制工作。胜利召开了“国电费县电厂一期工程项目建议书评估会”。圆满完成了项目建议书评估后的收口工作。完成了可研报告的预审查，初步设计原则基本确定。积极开展征租地工作，与费县人民政府签订了《国电费县发电厂工程项目建设用地取得国有土地使用权协议书》，现场施工工作逐步展开，厂区征地边界界定和附着物清点工作已完成。积极组织费县电厂三大主机的商务谈判和辅机招标的准备工作，第一批主要辅机的招标规范书已经编制完成并通过内部审查。积极组织总平面图的审查，筹建处和山东电力工程咨询院就总平面图向集团公司工程建设部进行了专题汇报，集团公司工程建设部联系规划院在北京进行了审查工作。“五通一平”工作已全面展开。

国电费县电厂一期安装2台国产60万千瓦超临界凝汽式燃煤发电机组。一期工程静态投资为48.1亿元，工程总投资51.5亿元。该电厂建成投产后，对于优化山东电网结构，满足临沂地区用电需求，推动沂蒙地区经济的快速发展，促进沂蒙老区人民致富，具有深远的现实意义和历史意义。

（张修敏）

【股东会暨首届董事会、监事会召开】　国电费县发电有限公司首届董事会、监事会于2004年4月23日在山东临沂召开了第一次会议。会议通过了公司章程和股东协议，选举产生了首届董事会董事长，董事会审议并通过聘任总经理、副总经理的决议；产生了国电费县发电有限公司第一届领导班子，通过了董事会会议纪要；产生了首届监事会召集人，通过了监事会会议纪要。

会议还听取了史佩珍总经理关于国电费县电厂筹备工作的报告，审议通过了《国电费县发电有限公司一期2×600兆瓦工程里程碑进度计划》、《国电费县发电有限公司资金计划》及《国电费县发电有限公司融资计划》。

（张修敏）

【一期工程初步设计预审查】 2004年4月21日至23日，国电费县发电有限公司在山东临沂顺利召开了国电费县发电厂一期工程初步设计预审查会。

部分代表会前踏勘了工程现场，中国电力设计规划总院专家组对国电费县电厂初设文件进行了分组分专业讨论审查，对初步设计文件提出优化设计意见，初步设计文件成功通过了预审查。

（张修敏）

【主体工程招标在济南举行】 9月25日，国电费县发电有限公司主体工程招标会在济南举行。招标会由国电山东分公司主持，集团公司工程建设部副主任贾彦兵参加了招标会，并做了重要讲话。此次招标采用公开招标的方式，对主体工程的建筑工程安装分标段进行招标。山东电建一公司、山东电建二公司、山西电建四公司、安徽电建二公司等省内外的四家电建公司参加了投标。评标严格按照国家《招标投标法》及有关规定和招标文件，遵循公平、公正、科学严谨的原则对各投标人的投标文件从技术上和商务上进行综合评定。

（王中亚）

企业地址：山东省临沂市费县建设路中段工会大厦
邮政编码：273400
电　　话：0539－5060010
传　　真：0539－5060001

国电蓬莱发电有限公司

【概　况】 国电蓬莱电厂工程是根据山东省“十五”电源发展规划和中国国电集团公司与山东省政府签订的电源项目合作开发意向书，由中国国电集团公司控股开发的电源项目。公司位于山东省蓬莱市北沟镇，距市区17公里，规划装机总容量1800兆瓦，一期工程建设2×300兆瓦热电联产机组，同步建设烟气脱硫装置、高效静电除尘等环保设施。本项目计划总投资28.1912亿元人民币，其中静态投资26.1695亿元人民币（含脱硫工程）。项目总投资的20%为资本金，由中国国电集团公司（85%）、山东丰汇投资有限公司（10%）、蓬莱市兴源电力工程有限公司（5%）三方出资，项目总投资的80%为银行贷款融资。

2004年2月16日，依据公司法成立项目公司，负责项目的建设、管理和运营。4月18日国电蓬莱发电有限公司股东会暨第一届董事会、监事会第一次会议在蓬莱市召开，选举韩方运为董事长，王乃戎为监事会召集人。

（马宜斌）

【前期与施工准备工作】 2003年8月22日成立国电蓬莱电厂筹建处，9月完成国电蓬莱电厂一期2×300兆瓦机组工程初步可行性研究报告，12月完成蓬莱发电厂一期2×300兆瓦工程项目建议书编制，并由山东省计委向国家发改委呈报。12月30日完成国电蓬莱电厂一期2×300兆瓦机组工程可行性研究报告。2004年2月山东省计委组织召开了项目可行性研究报告评估会。4月，国家能源政策发生变化，根据集团公司和山东分公司的部署，进行机组供热可行性研究。5月完成了国电蓬莱电厂一期2×300兆瓦热电联产机组工程初步可行性研究报告，9月山东省发改委将蓬莱发电厂一期2×300兆瓦工程项目建议书供热补充报告上报国家发改委。

2004年1月完成初步设计，3月开始施工图设计。上半年完成了监理队伍、主体施工队伍、脱硫工程、海水工程和输煤化水工程的招标工作。2004年3月进行“五通一平”工作，6月完成了围墙建筑、“五通一平”和地基开挖工作，主体工程具备了开工条件。

2004年7月，国务院颁发了国发［2004］20号文《国务院关于投资体制改革的决定》，按照火电项目核准的要求，组织开展项目核准工作。12月，国家发改委下发了《国家发展改革委能源局关于开展专家评议优选燃煤发电建设项目有关问题的通知》，在集团公司、分公司的部署下，组织编写了专家评议优选材料，12月山东省发改委以鲁计基础［2004］1407号文《山东省发展改革委关于报送专家评议优选燃煤发电项目有关问题的请示》转报国家发改委。截至到2004年底，项目核准所需的外部条件除环评报告待批复外，项目建设规划选址、土地预审批、水土保持方案批复以及接入系统方案批复工作均已完成。

（马宜斌）

【设备和工程招标】 严格执行《招投标法》、《合同法》和中国国电集团公司物资采购管理办法等有关规定，按照“公开、公正、公平”的原则组织开展设备招标和工程招标。2003年11月19日分别与哈尔滨锅炉厂、汽轮机厂和发电机厂签订了三大主机订货合同。目前，完成了四大管道、六批辅机和脱硫设备的订货工作。本工程设计由山东电力咨询院设计。2004年9月26日浇灌第一方混凝土，蓬莱电厂项目一期工程正式开工。工程建设监理由山东诚信监理公司承担。主体工程由山东电建一公司承建。输煤、化水工程由湖北电建二公司承建。海水工程由中港集团航务二公司承建。脱硫工程由上海中芬电气工程公司总承包。

（马宜斌）

【基础管理工作】 该公司积极推行“小业主、大监理”的工程管理模式，增强服务理念，充分发挥业主主导、监督、协调与服务功能。结合蓬莱项目的实际情况，按扁平化组织架构设置8个部室，定员219人，目前到位53人。以ISO9001、ISO14001、OHSAS18000为基准，该公司组织编写了三个体系整合为一的《管理手册》和《程序文件》，并于2004年12月12日正式发布，同时制定了岗位职责、管理标准，做到分工明确、责任清楚。该公司的管理理念是：以人为本、坚定信心、顽强拼搏、科学管理。

（马宜斌）

企业地址：山东省蓬莱市北沟镇
邮政编码：265601
联系电话：0535－5918208
传　　真：0535－5918234

国电民权发电有限公司

【概　况】 商丘民权电厂规划总容量为4×600兆瓦，一期建设规模为2×600兆瓦。厂址位于河南省商丘市西北33公里，民权县城以东15公里，处于黄河冲积平原上，交通条件优越、属路口电站，煤源可靠且较近，采用城市中水作为循环补充水源、以引黄工程的林七水库为备用水源，充足可靠。电厂位于河南电网东部末端的商丘供电区，负荷增长较快，电源装机不足，电网缺乏大电源支撑，它的建成，将有效缓解河南省电力短缺的局面，解决豫东商丘地区电力供应紧张问题，对河南省东部受端电网起到强有力的支撑，对提高电网的安全可靠性起到重要作用。

该厂2×600兆瓦机组工程项目从2003年初开始启动，集团公司于2003年5月14日印发《关于成立商丘民权电厂筹建处的通知》（国电集人［2003］109号）文件，筹建处领导班子10月正式建立。此前，工程的前期工作主要以国电华中分公司、河南项目部及当地政府为主而开展。项目建议书于2003年12月5日由河南省发展计划委员会上报国家发展和改革委员会。

国电民权发电有限公司于2004年4月30日由中国国电集团公司、永城煤电（集团）有限责任公司、河南神火集团有限公司、民权县发展投资有限公司四家股东按51:20:20:9的出资比例注册成立，全面负责商丘民权电厂的各项工作。

（毛小莉）

【要事摘编】

4月8日，商丘市委书记刘满仓、副市长李和平等视察现场。刘满仓要求加快工程进度，尽快办理公司注册，并安排李和平负责协助铁路可研的评审工作，要求本月底前开始进厂道路和厂前区的建设。

4月21日，在商丘市召开了铁路专用线可行性研究评审会，专家们对铁路专用线接轨点及方案予以肯定，对下步的铁路设计工作提出了要求。郑州铁路局组织专家参加评审，商丘市政府副市长李和平、副秘书长谢为彦等参加了会议。

4月23日，国电民权发电有限公司第一次股东会暨第一届一次董事会、监事会在郑州市中州宾馆召开，四家股东的法定代表人、董事、监事或授权代表出席了会议。股东会议选举产生公司第一届董事会，董事会选举张树民任董事长、法定代表人；聘任朱国庆为公司总经理；监事会选举张毅担任监事会主席。

4月30日，国电民权发电有限公司在民权县工商行政管理局完成注册，注册号：豫工商企4114211200028，注册资本为人民币肆仟万元。

6月20～22日，在河南省商丘市天宇大酒店召开“河南商丘民权电厂2×600兆瓦机组工程可行性研究报告预审查会”。会议由国电集团公司委托电力规划设计总院主持召开，设计单位河南省电力勘测设计院和省、市、县相关专业厅局专家参加会议。审查认为适时建设商丘电厂2×600兆瓦机组工程是必要的，并提出了建设性意见。

8月4日，水利部黄河水利委员会最终审批通过了《取水许可预申请书》。

11月12日，国电民权发电有限公司与河南省电力勘测设计院签订《国电民权发电有限公司2×600兆瓦超临界燃煤发电机组工程勘测设计合同》。

11月15日，国土资源部办公厅印发了《关于商丘民权电厂工程一期2×600兆瓦机组项目建设用地预审意见的复函》（国土资厅函［2004］653号），同意本项目通过用地预审。

11月18日，河南省电力公司在郑州金桥宾馆组织专家对《商丘民权电厂2×600兆瓦机组工程接入系统设计（系统一次部分）》进行预审查。

11月30日～12月1日，国家环境保护总局环境工程评估中心在河南省商丘市组织召开“商丘民权电厂一期工程 2×600 兆瓦项目环境影响报告书”技术评估会。会议认为从环保角度分析，本项目的建设是可行的。

（毛小莉）

企业地址：河南省民权县经济路中段 11 号
邮政编码：476800
电　　话：0370－8585296
传　　真：0370－8585296

国电四川岷江发电有限公司（国电岷江发电厂）

【概　况】 2004 年，国电四川岷江发电有限公司（以下称岷江公司）坚持以“三个代表”重要思想为指导，树立和落实科学发展观，本着“抓安全、抓经营、抓建设、创效益”的工作思路，重点致力于技改工程建设，积极开展“管理效益年”活动，围绕资产经营、安全生产、技改工程建设、党风廉政和精神文明建设四项责任目标推行精细化管理，夯实创效基础，全面完成了 2004 年责任目标，保持并促进了企业的稳定与健康发展。

7月 20 日，国电集团公司以《关于印发中国国电集团公司部分所属企业重组方案的通知》（国电集开［2004］263 号）明确岷江发电厂与岷江发电公司重组。岷江发电厂现有人员、资产全部重组进入岷江发电公司。

（田　琦）

【安全生产工作】 国电集团公司可控装机万坪电站 2×2160 千瓦水电机组截至 2004 年 12 月底累计完成发电量 2011.81 万千瓦时，完成国电集团下达年计划的 111.77%；发电平均利用小时 4657 小时，比上年同期增加 707 小时；年平均等效可用系数为 98.07%；机组大修按计划工期完成，启动一次成功；截至 12 月 31 日安全达 2445 天，全年各类安全事故考核为零，设备非计划停运次数为零，实现年度安全生产目标。

（田　琦）

【资产经营工作】 根据国电集团公司 2004 年资产经营目标责任制考核的要求，国电岷江发电厂全年利润总额 100 万元，实现利润总额 105 万元，完成计划的 105%，超额完成国电集团下达的任务。全年上网电量累计完成 2006.06 万千瓦时，比上年同期增加 17.95%。全年实收电费 704.19 万元，回收率 98.55%。

（田　琦）

【工程建设情况】 基本完成与集团公司签订的年度工程建设总体目标。其工作如下：

1. 工程造价　2004 年实际发生建贷利息 1783 万元，贷款利率分别为 5.76%和 5.31%，建贷利息控制在年度计划利息额度之内。年度工程造价控制在对应工程量的合同价以内。

2. 工程投资　年度资金计划为 46298 万元；投资计划为 34298 万元。截至 2004 年 12 月 31 日，资金到位 56047.195 万元；资金使用 38374.0745 万元；投资完成 34567.98 万元。

3. 工程招标　完成年度 14 项工程招标计划，合同总金额 23016 万元；完成年度 10 个批次的设备招标采购计划，合同总金额 6286.75 万元。未出现违约和由于合同本身原因引起的索赔现象。

4. 工程进度　与集团公司签订目标责任书的 7 个里程碑计划，除 1 号汽机台板就位计划因设备原因未按期完成外，主厂房基础出零米、烟囱结顶、1 号冷却塔结顶、1 号锅炉钢结构吊装和 1 号锅炉汽包就位计划均提前顺利完成。1 号主厂房结顶计划完成除氧煤仓间结顶。3 项附属工程基本完工，除江边净水站和灰场施工受外部环境因素影响受阻，其他辅助工程进展顺利。

5. 工程质量　建筑工程 611 项分项工程一次验收合格率 100%，优良率 93.1%，钢筋焊接一次合格率 99.44%；安装工程 17 项分项工程一次验收合格率 100%，优良率 100%，受监焊口一次验收合格率 100%。

6. 安全文明施工管理　6 项事故考核指标为零，截至 2004 年 12 月 31 日连续安全施工 518 天。

（田　琦）

【变更企业名称】 岷江发电厂于 2002 年 12 月 29 日按国家电力体制改革要求整体划转到中国国电集团公司，成为国电集团公司下属全资电厂。2004 年 1 月 12 日，岷江发电厂企业名称变更为中国国电集团公司岷江发电厂。四川岷江火力发电有限责任公司成立于 2002 年 10 月 28 日。2004 年，四川岷江火力发电有限责任公司根据二届一次股东大会决议，经四川省工商行政管理局企业名称核准，在峨眉山市工商行政管理局正式办理了公司的“企业法人营业执照”变更手续。同年 11 月 15 日公司名称由原“四川岷江火力发电有限责任公司”变更为“国电四川岷江发电有限公司”。

（田　琦）

【市场营销和燃料管理工作】 9 月，岷江公司成立市场营销办公室和燃料管理办公室，正式启动公司市场营销和燃料供应工作。3 个月内，初步完成建章立制，并进行小水电和新建火电机组上网电价的测算及申报材料的准备，完成了岷江发电厂 2003 年和 2004 年上网电量的结算和陈欠电费的收回。截至 2004 年

12月底，共结算上网电量3706.86万千瓦时，其中2003年度上网电量1700.80万千瓦时，2004年度上网电量2006.06万千瓦时；全年可结算电费714.33万元，实收电费704.19万元，其中回收2003年度323.20万元，回收率98.55%；回收2004年度电费380.99万元，回收率98.55%。由于岷江发电厂无批复电价，因此2004年仍执行0.202元/千瓦时的临时上网电价，在进行电费结算时以此为基准电价，再根据国家计委计价格［1998］1802号文精神实行丰枯、峰谷上网电价。由于实行丰枯、峰谷上网电价政策，2003、2004年度国电可控装机万坪电站2×2160千瓦平均上网电价均为0.1973元/千瓦时，比基准电价0.202元/千瓦时低0.0047元/千瓦时。

煤炭价格的谈判效果较为理想，截至12月31日，已签订完2005年新机组26万吨的全部用煤合同，且煤价在川内均属中低水平，为新机组投产创效打下了坚实的基础。

（田　琦）

【清产核资工作】　2004年，岷江公司配合国电集团公司委派的天职孜信会计师事务所完成了清产核资工作。此次共清查出资产损失（盈亏相抵）为2068079.40元。其中，按原制度清查出的资产损失共1583497.49元；按《企业会计制度》清查出的预计资产损失484581.91元。9月，按照集团公司（国电集财［2004］371号）文件进行了清产核资的账务处理工作，冲销公益金2235084.98元，一般盈余公积270000元，资本公积3712990.83元，合计冲销所有者权益6218075.81元。

（田　琦）

【工程建设管理】　2004年，岷江公司技改工程进入基建高峰期，按照集团公司对该工程的总体要求和年度工程建设责任目标，从造价控制、工程进度、工程质量、设备采购、安全管理、效能监察六个方面抓工程建设管理。根据工程网络进度计划有效组织工程和设备招标，加强对工程的组织、指导、监督和协调，加大对设备的监造和供货的协调力度，重视现场安全文明施工管理，确保工程按计划推进。根据集团公司工程造价控制管理办法，制定了工程项目造价控制管理实施细则，结合工程实际进度和资金需求计划，加强资金到位、合同管理和财务管理工作，优化资金结构，严格结算审查和付款，节约动态投资，确保工程年度造价控制在对应工程量执行概算以内。执行集团公司工程项目质量控制管理办法和电力建设验收规范及质量标准，结合实际制定控制和实施细则，及时组织对分现工程和重要控制点的检查验收，加强对施工及监理单位的考核，保证了工程质量处于受控状态。上半年，部分单项工程开工不足、部分工期滞后，为了保证完成2004年度工程目标，按照川渝分公司指示，公司开展了“奋战100天”专题活动，各参建单位重新安排工作计划，增加施工力量，施工产值计划取得明显进步，保证了工程施工进度的顺利推进。

（田　琦）

【实施人才强企战略】　2004年，岷江公司以抓全员培训和持证上岗为重点开展人力资源工作。围绕2×135兆瓦CFB机组技改工程建设重新整合全厂人力资源，打破厂部和龙池水电分厂的地域界限，打破干部和工人的职务界限，在全厂范围内分别从分厂人员、厂部上岗人员和暂未上岗人员中抽调216人参加新机组生产准备培训，为机组投产储备生产人员。

培训采取“分两批抽调逐步培训”的方式。培训分为基础文化补习、专业理论学习、定岗实习、仿真机学习、规程与生产标准及现场安装学习五个阶段，为期17个月。培训时间为2004年2月23日～2005年7月底。

根据各培训阶段实际工作的需要，该公司先后制定了《基础文化阶段管理办法》、《培训人员考核细则》、《基础文化阶段奖学金计奖办法》、《专业理论阶段管理考核办法》、《专业理论阶段奖学金计发办法》、《关于生产准备人员实习期间待遇的暂行规定》、《外出实习期间管理与考核办法》等制度。在各培训阶段，按培训管理制度规定，依据考试成绩，严格实行末位淘汰制度。人员薪酬收入分配引入竞争与淘汰机制，严格考勤、考核与考试制度，在保证培训人员基本生活的基础上，取消学员的岗位工资，根据考试成绩实行浮动奖学金制度。

截至2004年12月底，完成基础文化补习、专业理论学习和预定岗位实习三个阶段的培训，部分人员进入第四阶段开始定岗实习和仿真机培训。编制了《（2×135兆瓦CFB机组）生产运行岗位预设置方案》、《维护岗位预设置方案》、《生产准备部（运行部分）工作计划网络图》、《生产准备部（维护部分）工作计划网络图》、《生产准备部（运规、系统图、运行管理标准）工作计划网络图》以及生产应急预案、人员配置应急预案等。电气、汽机、锅炉、除灰、燃料、化学等运行规程及运行管理标准完成初稿编写。

为满足新机组对技术力量的需求，2004年4月，国电岷江发电厂从原国电江油发电厂（现巴蜀江油发电厂）调配12名生产技术骨干，严把人员入口关，出台优惠政策广招本科及以上毕业生，提高职工队伍素质。对国电四川岷江发电有限公司中层及以下人员全部实行借用制，实现岗位动态管理，建立人力资源绩效考评体系，制定并完善绩效考核办法，加大绩效考核力度，提高了人力资源的使用效益。

（田　琦）

【党风廉政和精神文明建设】 按照国电集团公司党风廉政、精神文明建设考核办法和2004年集团公司党风廉政、精神文明建设工作会议及纪检监察工作会议要求，国电岷江发电厂和国电四川岷江发电有限公司围绕中心工作，一是抓责任制的贯彻落实；二是抓部门两个建设的日常考核；三是抓领导干部的廉洁自律；四是抓党风廉政的广泛教育和监督；五是抓规章制度的建立和完善；六是抓效能、执法监察；七是抓宣传舆论导向；八是抓企业文化、党建工作制度的建设和工会、共青团工作的协调发展。

思想政治工作以教育为重点，以稳定为目标，严格监控上访和影响企业稳定的行为，定期召开职工思想动态分析会，及时了解并解决职工的热点和难点问题，开展健康向上的文体活动，丰富职工文化生活，掌握职工思想发展动向，有效保证了党风廉政和精神文明建设年度责任目标的全面完成。

（田 琦）

企业地址：四川省峨眉山市九里镇
邮政编码：614222
电 话：0833－5572020/5326174
传 真：0833－5326333/5326174

国电深能四川华蓥山发电有限公司

详见本篇目内核企业“国电华蓥山发电厂”。

国电新疆开都河流域水电开发有限公司

【概 况】 国电新疆开都河流域水电开发有限公司（以下称开都河公司）于2004年6月11日经新疆巴音郭楞蒙古自治州工商行政管理局批准注册成立。6月12日，在库尔勒市举行了公司成立揭牌仪式，自治区、巴州有关部门领导到会祝贺，集团公司党组成员、副总经理朱永芃和巴州党委书记张志恒为公司揭牌。公司组建后，严格按照董事会的有关决议精神，依照现代企业制度要求，采用国际通用的“小公司、大监理加咨询”的组织模式，制定了公司董事会和监事会领导下的经营班子负责制，下设综合管理部（含后勤科）、工程部（含安全监察科）、计划部（含前期工作科）、财务部（含劳动人事科）、物资部等。

公司定员32人，已到位20人，其余人员将随着工程进度陆续到位。为了解决好施工现场后勤工作对人力资源的需要，本着合理利用当地劳动力资源的原则，该公司聘用了部分本地员工。根据水电站工程建设的特殊性和新疆地理环境的特点，结合察汗乌苏水电站施工现场实际情况，紧紧围绕“许身电业凭生志，甘居深山忠不悔”开展思想教育活动；制定了职工休假、家属探亲等制度；开展丰富多彩的职工文化生活，强化职工团队精神，稳定职工队伍。

2004年，该公司按照集团公司及西北分公司“目标责任制”的要求，以良好的精神状态和务实求真的工作精神，取得了各项工作的协调发展。

1. 资产经营 2004年共筹集资金7100万元，完成年度筹资计划的101.43%，预计完成财务预算支出7061万元，完成年预算支出的102%，年末结余资金250万元；工程投资计划完成6082.9万元，完成投资计划6900万元的88.16%。

截至2004年12月底（含筹建期），完成了交通一、二标、房建一、二、三、四标，房建监理标，场内交通工程监理标、主体建设监理标，导流洞闸门和埋件，导流洞标，工程保险标，砂石料生产系统建设标，开挖标十四个标段的招标工作，招标率达到100%。共签订80个合同，合同价为16535.14万元。

2. 工程进度与安全方面

（1）工程进度：工程交通、供电、通信、生产生活设施、场地平整等总体格局已经初步形成，导流洞已进洞开挖，达到了年初确定的目标。

（2）整个施工现场的安全生产、文明施工、环境保护均处于受控状态。

3. 党风廉政和精神文明建设方面 从公司组建起，就加强了工程设计、工程招标、物资采购、合同执行全过程的管理，完善制度，建立健全了约束监督机制，预防和杜绝各种违法、违纪现象的发生，保证了工程建设的顺利进行。

（曹家军）

【察汗乌苏水电项目前期工作】 受国家发展和改革委员会的委托，中国国际工程咨询公司专家组于2004年3月25～29日在新疆库尔勒市主持召开了开都河察汗乌苏水电站项目建议书评估会，会议期间专家组对该建设项目进行了现场踏勘，并对项目的可行性和必要性进行了充分论证，形成了该项目建议书专家组评估意见，一致认为建设开都河察汗乌苏水电站是必要的和可行的，该电站建成后对满足新疆电力发展需求，改善电源结构，缓解电网调峰问题及减轻开都河下游绿洲区的洪水灾害具有十分重要的意义。

6至8月，西北勘测设计研究院在完成“深覆盖层低级上混凝土面板堆石坝关键技术研究和审查”的基础上对察汗乌苏水电站工程项目设计方案进行全面优化，经中国水利顾问公司咨询并审定通过，使项目投资由19.73亿元优化到17.29亿元，单位千瓦静态投资由5790元/千瓦降低到5130元/千瓦，单位千瓦动态投资由6577元/千瓦降低到5580元/千瓦；含税上网电价由原来0.314元/千瓦时降低到0.216元/千瓦时。

9月6日，在库尔勒市召开了开都河察汗乌苏水电站工程导流洞标招标决标会议。15日，公司与中标单位江夏水利水电公司举行了导流洞标签约仪式，为主体工程开工打下坚实基础。

9月15日，国家开发银行、新疆分行有关领导对察汗乌苏水电站工程贷款担保事宜进行了评估，为察汗乌苏水电站建设资金提供保障。

按照核准制可行性研究深度要求，该公司于2004年8～11月，分别完成了劳动安全卫生预评价、地质灾害危险性评估、地震安全性评价，国家相关部门给予了批复。

新疆开都河察汗乌苏水电站项目按国家发展改革委核准要求，新疆维吾尔自治区国土资源厅2004年11月16日以“关于呈报《开都河察汗乌苏水电站建设用地预审初步审查意见》的请示”（新国土资发［2004］772号）上报国土资源部，12月14日国土资源部以《关于开都河察汗乌苏水电站建设用地预审意见的复函》（国土资厅函［2004］814号）批复同意预审意见。

（曹家军　宋秀江）

【股东会第一次会议暨一届一次董事会】 2004年4月20日在北京召开了国电新疆开都河流域水电开发有限公司股东会第一次会议暨一届一次董事会、监事会会议，会议审议通过了《国电新疆开都河流域水电开发有限公司股东认股协议书》和《国电新疆开都河流域水电开发有限公司章程》；依法成立了董事会、监事会，推选出了第一届董事会及监事会成员；明确了2004年各股东应到位察汗乌苏水电站工程建设用资金；确定了公司高层领导及董事会、监事会经营班子机构。

（曹家军　宋秀江）

企业地址：新疆库勒尔市人民东路华誉商务大厦14楼
邮政编码：841000
电　　话：0996－8820858
传　　真：0996－8820222

国电海南大广坝发电有限公司

【概　况】 国电海南大广坝发电有限公司原名海南大广坝水电开发有限公司，其前身为海南省大广坝水电厂，2001年底经债转股后改制而成，2004年12月由中国国电集团公司控股后更名。出资方为中国国电集团公司（占66.1%）、中国长城资产管理公司（占23.01%）、国家开发银行（占10.89%）。其建成项目为海南省大广坝水利水电枢纽工程，该工程位于海南省东方市境内昌化江流域，是一个具有发电、灌溉、供水和旅游等综合经济效益的大型综合性工程，也是海南省第一个列入国家“八五”计划重点建设项目，工程概算总投资21.468亿元。电站拦河大坝长5842m，号称亚洲第一长坝。枢纽工程于1989年9月立项，1990年6月正式开工，1993年12月第一台机组并网发电，1995年3月4台机组全部投入商业营运。电站装机容量242兆瓦，每年可提供工业和居民用水8190万立方米，灌溉农田19.5万亩。公司注册资本8.6922亿元，现有员工361人。开发公司除经营管理大广坝电站外还下辖海南大广坝电力工程有限公司。

大广坝作为海南省最大的水力发电厂，在海南电力系统中主要起调峰、调频和事故备用的作用，对改善海南电网电能质量，保证电网的稳定运行起着举足轻重的作用。工程建成后，对改变琼西南的落后面貌，开发琼西工业走廊，为海南特区的经济腾飞发挥了巨大的作用，被誉为开发海南西部的金钥匙、海南西部明珠。

2004年公司加强设备维护管理，完成了3号机组大修任务，并结合大修完成了多项技术改造；自主研发并完成了机组常规控制系统PLC系统。同年在公司股东几度变更情况下，充分发挥党组织的政治优势，保证了职工队伍稳定，顺利实现了平稳过渡，保证了安全生产。全年完成发电量41015万千瓦时，完成上网售电量40166万千瓦时，厂用电率为1.62%。

2004年该公司荣获“海南省核心竞争力50强”、“省工业企业50强”、“省技术创新先进企业”、“省社会治安综合治理先进单位”和“省卫生先进单位”等荣誉称号。

作为中国国电集团在海南的第一家公司，国电海南大广坝发电有限公司认真开展洁净煤发电、天然气发电、风能发电和大阳能发电在海南的可行性研究工作，为集团公司在海南电力资源开发和建设工作作出了贡献。

（陈积雄）

【人工增雨方兴未艾】 在该公司董事会“向科技要效益，积极探讨大广坝新的经济增长点”的精神指导下，开创性地开展工作，充分利用电网缺电的有利时机，在水库流域内开展了人工增雨工作。2003年公司开展人工增雨效果明显，对缓解当时海南电力系统用电高峰期的紧张局面起到了应有的作用，取得较好的社会效益，也为水库增加蓄水开辟了一条新的思路。

2004年公司为了更好地做好此项工作，提高增雨效果，要求海南省气象局改善通信条件和加强人员培训，并与其签订了四个月的人工增雨合同。由于准备工作做得早，做得充分，通过人工火箭作业，给大广坝水库增加来水1.45亿立方米，为公司增加2425万千瓦时的发电量，投入产出比为1:5，获得了有关部门的好评。

（陈积雄）

【依靠科技、借助网络平台实现公司管理新飞跃】 该公司紧跟信息时代的步伐，利用自身的技术力量，经过几年的摸索实践，开发并建立起大广坝网络管理系统。2004年公司借助该系统规范企业管理，使公司在管理方式上实现了质的飞跃，管理水平跨上一个新台阶，确保了企业安全、可靠、经济运行，做到信息互通、资源共享，提高了公司信息化、自动化管理水平，提升了技术含量，取得了水电企业内部管理方式创新性的突破。企业整体素质、工作效率、生产效率得到提高。

（陈积雄）

【多种经营工作】 海南大广坝电力工程公司系该公司的全资子公司，1998年该公司作为海南省电力系统改革试点，率先减员增效，下岗分流，下岗分流率达81.26%，并安置了全部下岗分流人员。该公司除了承揽主业电厂的正常维护外，还走上社会承揽电力工程，经过几年锻炼，培养了队伍，打开了市场，站稳了脚跟，逐步摆脱依靠主业的被动局面，2004年成为海南电力施工企业首家通过ISO9001:2000国际质量管理体系认证的公司，也是海南省首家取得电力工程总承包二级资质的电力施工企业，完成产值2884万元，其中3/4是靠在外承揽工程所得，成为海南电力施工企业的一支生力军。

（陈积雄）

企业地址：海南省东方市东方大道
邮政编码：572601
电　　话：0898－25586186　25586939
传　　真：0898－25586186

筹建处（部分）

国电黄金埠发电厂筹建处

【概　况】 国电黄金埠发电厂位于江西省东北部，鄱阳湖南岸，信江下游上饶市余干县黄金埠镇，毗邻信江和206国道。电厂规划总容量4×600兆瓦，一期建设规模为2×600兆瓦超临界国产燃煤发电机组，同步建设烟气脱硫装置；设计煤种为陕西黄陵烟煤，校核煤种为淮南烟煤、乐平贫煤，通过铁路运输入厂；水源取自信江，采用冷水塔二次循环供水系统；接入系统以500千伏一级接入，出线二回至乐平500千伏变电站输出。电厂一期工程由国电集团公司、国电长源电力股份有限公司、余干县城市建设投资公司等共同投资兴建。一期工程核准投资50.2亿元。工程于2004年7月奠基，计划于2007年竣工投产。

国电黄金埠发电厂的建设，有利于改善江西电网的电源结构，加强江西东、中部电网的电源支撑，同时充分发挥江西及华中电网与三峡水电厂互补运行等优势，进一步提高电网安全稳定水平；有效改善区域投资环境，拉动周边地区的经济增长，促进赣东北地区的社会稳定；对满足全省社会用电需求，推动全省国民经济和社会发展，实现江西在中部地区的崛起将起到重要作用；对贯彻落实中国国电集团公司“做实、做新、做大、做强”的工作方针，巩固和发展国电集团在江西电力市场中的地位具有重要的现实意义。

（马焕军）

【项目前期工作】 2003年11月，国电华中分公司通过调研和实地考察，提出在江西上饶市余干县黄金埠镇选址建设新电源点的设想。国电集团公司于2003年11月25日正式着手部署黄金埠电厂新建工程前期准备工作。

2004年1月6日，《国电黄金埠电厂新建4×600兆瓦工程初步可行性研究报告》（送审稿）编制出版。2月8日，国电黄金埠电厂一期2×600兆瓦工程初步可行性研究报告通过评审。2月中下旬，江西省发改委、国电集团公司向国家发改委正式上报黄金埠电厂新建2×600兆瓦工程项目建议书。3月3日，国电集团公司同江西省政府在北京钓鱼台国宾馆签署黄金埠电厂建设协议。3月8日，国电黄金埠电厂筹建处成立。3月30日，2×600兆瓦工程项目建议书通过评估。7月21日，项目建议书通过国务院审批。7月29日，工程奠基。8月11日，初步设计通过电规院预审查。11月1日，接入系统通过国家电网公司审查批准。11月4日，环境评估报告通过国家环保总局审查批准。11月9日，电厂铁路专用线接轨方案通过铁道部批准。12月3日，建设用地通过国土资源部预审查。

（马焕军）

企业地址：江西省余干县琵琶洲大酒店
邮政编码：335100
电　　话：0793－3215305
传　　真：0793－3215327

国电宛西发电厂筹建处

【概　况】 国电宛西发电厂位于河南省南阳市西峡县境内，规划装机容量为4×600兆瓦，一期工程建设规模为2×600兆瓦超临界燃煤机组，工程总投资49.4亿元，由中国国电集团公司、南阳市建设投资公司、西峡县宛西发电有限责任公司按60%、30%、10%比例出资建设。项目筹建处于2004年3月成立，并开展项目前期工作。

国电宛西发电厂位于河南与湖北电网联网的500千伏西通道上，距离建设中的500千伏变电站30公里，可为华中电网“水火调剂、南北互供”起到有力的支撑，项目采用陕西焦坪和黄陵矿煤炭，通过宁西铁路运输，厂址距离接轨点5公里，属于“路口”电站，南阳市人均拥有的水资源量是河南省的五倍，供水条件良好，项目利用低坡丘陵地，符合国家土地使用政策，具有一定的优势。

（邢恩希）

【项目前期工作】 国电宛西发电厂项目建议书于2003年12月由河南省发改委和国电集团公司分别呈报国家发改委。2004年5月与设计院签订了《可行性研究报告》、《接入系统研究报告》的编制合同，但由于资金原因工作尚未启动，8月完成了《环评大纲》、《环境要素评估报告》的编制工作，并对项目建设厂址进行了优化，12月参加了国家发改委对发电项目的专家评议优选。

（邢恩希）

企业地址：河南省郑州市中原西路23号迪森科技大厦
邮政编码：450007
电　　话：0371－67973978
传　　真：0371－67973038

国电成都金堂电厂筹建处

【概　况】 国电成都金堂电厂位于成都市东北40公里的金堂县淮口镇，规划容量6×600兆瓦，一期2×600兆瓦燃煤机组工程，由中国国电集团公司控股建设。2003年7月成立国电成都金堂电厂筹建处，2004年3月，根据项目建设需要，筹建处由8人扩充至38人。

本工程是成都市根据城市总体发展规划和东郊工业区结构调整的要求，决定实施搬迁国电成都热电厂，异地新建的一项重点工程，是四川省和成都市人民政府为减轻城市环境污染，创造成都地区良好的投资环境，促进四川省及成都地区经济追赶跨越式发展所采取重大举措。建设成都金堂电厂对四川电网调整电源结构，改善电源布局，满足电力平衡，加强成都地区受电端对电网电压的支撑，提高电网的稳定水平，保证电网供电的可靠性有着重要意义，列入了四川省“十五电力发展规划开工项目”。

（成家锐）

【项目前期工作】 2004年工学先后完成了可行性研究报告、初步设计的预审查和铁路专用线可行性研究报告的评审。按照国家发展改革委对项目核准制的要求，办理了土地预审、水土保持、接入系统和环评报告书的评审，均取得批复文件。国家工商银行总行、国家开发银行、国家建设银行总行也分别出具了同意向金堂项目贷款承诺文件。在国家发展改革委开展的专家评议优选燃煤发电建设项目中，四川省政府将成都金堂电厂作为国电集团公司在川的重点项目，向国家发改委推荐上报，并在四川申报项目的评议优选中名列前茅。目前，项目核准的支持性文件均已取得，只待国家发改委核准批复。

（成家锐）

企业地址：四川省成都市成华区崔家店路52号成都热电厂内
邮政编码：610051
电　　话：028－84120022转2119
传　　真：028－84119070

国电荥阳发电厂筹建处

【概　况】 国电荥阳发电厂位于河南省郑州市西29公里的荥阳市境内，电厂规划装机容量为4×600兆瓦，一期工程为2×600兆瓦超临界燃煤机组，总投资49.38亿元，由国电集团公司、郑州煤炭工业（集团）公司、荥阳市宝翔电力安装有限公司按60%、20%和20%比例投资建设。荥阳发电厂筹建处于10月19日成立。

荥阳发电厂项目处于河南省经济与负荷中心，属于国电集团公司与郑州煤炭工业（集团）公司合作开发的煤电联营项目，煤矿项目规划建设规模年产原煤800万吨，一期工程年产原煤2×90万吨，电厂距离所开发的煤矿15公里，距离接入系统的500千伏变电站20公里，距离陇海铁路接轨点5公里，项目补充用水主要采用郑州市城市中水，各项建设条件良好。

（邢恩希）

【项目前期工作】　国电荥阳发电厂项目建议书于2004年4月、6月分别由河南省发改委和国电集团公司呈报国家发改委。至年底完成了《可行性研究报告》、《接入系统研究报告》、《地质灾害评价报告》、《地震安全性评价报告》、《水资源论证报告》、《铁路专用线接轨方案论证报告》等项目专项报告的委托工作，取得近30项支持性文件，同时优化了项目建设厂址，为可行性研究报告的编制工作提供了条件。12月份参加了国家发改委对发电项目的专家评议优选。

（邢恩希）

企业地址：河南省郑州市中原西路23号迪森科技大厦
邮政编码：450007
电　　话：0371－67973978
传　　真：0371－67973038

十六、重要文件和规章制度

重 要 文 件

关于开展“管理效益年”活动的决定

国电集总［2004］1号

为认真贯彻党的十六届三中全会精神，适应电力体制改革不断深化的需要，进一步落实集团公司“做实、做新、做大、做强”的八字方针，提高管理水平，增强综合实力，为集团公司深化改革，实现持续快速健康发展奠定基础，集团公司决定2004年开展“管理效益年”活动。

一、必要性和基本目标

集团公司成立一年来，广大员工按照八字方针的要求，齐心协力，开拓进取，安全生产、经营管理、电源发展、体制改革以及党群工作和企业文化建设等各方面工作稳健扎实、开局良好。同时，也存在市场观念和经营意识不强，所属单位资产质量、管理水平和经济效益参差不齐，管理体制尚未完全理顺等问题。通过深入开展“管理效益年”活动，进一步加强管理，努力提高竞争力和盈利能力，是集团公司深化改革、加快发展的必然要求。

加强管理，提高效益是企业永恒的主题和不变的追求。按照突出重点、兼顾一般的原则和“抓基层，打基础，办实事，求实效”的要求，今年开展“管理效益年”活动的基本目标是：夯实基础、确保安全、提高效益。

一要夯实基础，进一步加强、整合集团公司系统的企业管理基础工作，初步建立起科学规范、标准统一，具有国电集团鲜明特色的企业管理基础工作体系。

二要确保安全，坚决贯彻“安全第一、预防为主”的方针和“保人身、保电网、保设备”的原则，严格执行各级安全生产责任制和事故责任追究制，努力实现无人身死亡、无涉及电网的重大事故、无主设备损坏的“三无”目标。

三要提高效益，努力提高机组可靠性、经济性和可调性，进一步加强综合计划、预算管理、市场营销和项目前期及工程管理工作，确保集团公司各项生产经营指标明显改善，盈利能力显著提高。

二、措施和要求

1. 务实创新，完善方案。

集团公司安全生产部负责组织有关部门制订“管理效益年”活动实施方案，尽快下发。方案要紧密结合集团公司实际，突出重点，抓住关键，以锐意改革和勇于创新的精神，提出有针对性的措施，务必使实施方案指标科学简明，尽可能量化；措施有效具体，可操作性强。

2. 精心组织，全员参与。

“管理效益年”活动不仅涉及生产经营和工程管理的方方面面，有很强的专业性；更是全公司员工“忠诚事业、忠诚集团、爱岗敬业、岗位成才”的舞台。各所属单位要根据本决定和实施方案，结合本单位实际，明确各自开展“管理效益年”活动的目标、要求、责任和奖惩，并将目标层层分解，落实到班组和个人。要组织员工认真学习本决定和实施方案，使每一位员工都清楚活动的意义、目标和措施，努力营造人人争为“管理效益年”做贡献的良好氛围，使这项活动成为每位员工的自觉行动，落实到自己的实际工作中去。

3. 抓点带面，推动全局。

抓点带面既是长期实践证明的科学工作方法，也是我们做好工作的有效措施。在全面开展“管理效益年”活动的同时，要选择有一定代表性的单位给予重点指导和具体帮助，并及时总结成败得失，供其他单位参考和借鉴。

4. 严格考核，兑现奖惩。

集团公司将依据实施方案的考评标准，对所属单位进行考评，考评结果与该单位工资总额挂钩并作为领导班子特别是主要负责人业绩考核的重要依据，对取得优秀成绩的先进单位和个人，将在2005年的工作会议上予以表彰和奖励。

三、加强领导，务求实效

1. 进一步健全完善集团公司“两级法人，分层授权，垂直管理”的“扁平化”组织架构，理顺关系，明确责任，充分调动和发挥集团公司本部、各分支机构和各所属单位开展“管理效益年”活动的主动性、积极性和创造性。

2. 集团公司成立由公司领导任组长，各部门主任参加的“管理效益年”活动领导小组，具体负责活动的组织、协调、督导和考核，领导小组办公室设在安全生产部。

集团公司本部各部门要进一步加强自身建设，牢记“两个务必”，增强服务意识，努力做到主动服务、超前服务、真诚服务，精简会议文件，提高工作效率，除按职责要求完成正常工作外，应按照“管理效益年”活动领导小组的统一安排和部署，做好相关工作，及时指导和帮助基层单位解决实际问题。

3. 各分支机构要按职责范围和授权，做好辖区内各发电企业开展“管理效益年”活动的有关工作。

4. 集团公司各所属单位的主要负责人是“管理效益年”活动的第一责任人，各单位是否成立相应的领导小组，可根据具体情况自行决定，并报集团公司安全生产部备案。

5. 要大力提倡摸实情、出实招、办实事、求实效的工作作风，坚决反对形式主义，做表面文章，严肃处理弄虚作假骗取荣誉的行为，切实保证“管理效益年”活动取得实实在在的效果。

开展“管理效益年”活动，是集团公司认真学习邓小平理论和“三个代表”重要思想，全面贯彻十六届三中全会精神的重大举措；是集团公司深化改革、加快发展、承前启后的关键环节。公司全体员工要紧密团结，振奋精神，扎实工作，坚决实现“管理效益年”的三个基本目标，在新的一年里争取新的、更大的成绩。

二〇〇四年一月八日

关于印发《中国国电集团公司处理重大突发性事件应急预案》的通知

国电集总［2004］513号

集团公司各部门、各分支机构，各直属、全资、控股单位：

为了应对可能发生的重大突发性事件，维护集团公司改革发展稳定局面，经过调研并结合集团公司系统实际情况，制定了《中国国电集团公司处理重大突发性事件应急预案》，现予印发，请各单位根据此预案的要求，针对企业的实际，制定或完善企业内部应对各种可能发生的重大突发性事件的预案。有何问题请与集团公司总经理工作部联系。

附件：《中国国电集团公司处理重大突发性事件应急预案》

二〇〇四年十二月二十日

附件：

中国国电集团公司处理重大突发性事件应急预案

第一章 总 则

第一条 为加强集团公司处理重大突发危机事件的能力，提高应对紧急事件的反应速度和协调水平，确保集团公司系统迅速有效地处理各类重大突发危机事件，将损失降至最小程度，最大限度地维护集团公司的社会形象和企业的经济利益。根据国家有关规定，结合集团公司实际，制定本预案。

第二章 适 用 范 围

第二条 本预案所适用的重大突发性事件是指可能对集团公司的社会形象、企业经济利益、企业生产安全、职工生命安全造成重大损害的重大自然灾害、特大安全事故、环境卫生事件、公共群体性事件等。

第三章 预 防 措 施

第三条 要加强对职工尤其是离退休职工、生活贫困职工、下岗待岗职工的思想教育工作，掌握其思想动态，尽可能将不稳定因素消除在萌芽状态；要坚持以人为本的原则，认真对待群众的信访和上访，尽可能将群众反映的问题解决在单位内部；加强公共关系和对外宣传工作，塑造企业良好的公共形象，争取企业所在地方政府和周边群众对企业的理解和支持，力争避免公共群体性事件的发生。

第四条 地处易发生自然灾害地区的单位，要根据国家和地方有关部门的要求，结合企业的实际情况，制定预防和应对自然灾害的措施，尽可能避免自然灾害给生命和企业财产造成重大损失。

第五条 要主动争取地方环保、卫生、防疫等部门的指导和支持，采取必要的技术措施和预防手段，防止公共环保卫生事件的发生。

第六条 要严格遵守国家《安全生产法》，严格执行集团公司有关工程建设、安全生产的工作规程和规章，避免特重大安全事故的发生。

第七条 对可能引发重大突发性事件的各种隐患，要及时向集团公司总值班室报告。

第四章 组 织 机 构

第八条 集团公司成立处理重大突发性事件领导

小组，统一指挥和协调集团公司处理重大突发性事件，在事件发生地设立现场指挥部。

集团公司处理重大突发性事件领导小组由集团公司总经理任组长；根据事件的性质和专业类别，由集团公司分管副总经理任副组长；成员由集团公司有关部门和总经理工作部、政治工作部及所在区域分公司的负责人组成。

领导小组下设办公室，办公室主任由发生事件所对应的专业部门负责人担任，成员由总经理工作部、政治工作部和其他相关部门的负责人及所在区域分公司的负责人组成。

现场指挥部总指挥由领导小组根据事件性质、类别、危害程度委派。指挥部应下设综合协调组、信息组、救援组、安全保卫组、后勤保障组，人员由当事企业和当地的有关人员组成。

第五章 分 工 职 责

第九条 集团公司处理重大突发事件领导小组是集团公司处理重大突发事件的最高决策机构，负责事件处理过程中的重要举措的决策，负责向上级机关、领导的汇报。领导小组办公室负责分析处理现场指挥部报送来的信息，向领导小组提供决策参考意见；负责根据领导小组的意见，向上级有关部门报送事件动态信息；必要时，召开面向新闻媒体的新闻发布会或接受采访。

第十条 现场指挥部负责落实领导小组的决策，根据现场的具体情况制定紧急的应对处理措施,负责与地方政府及有关部门的联系、协调与配合,负责指挥和协调现场的保护、救援、后勤供应、信息报送等工作。

第十一条 现场指挥部要做好有关保密工作，对信息报送、新闻发布采取慎重态度，做好新闻发布预案。在经领导小组授权后，再行对外披露。

第十二条 现场指挥部负责组织对事件中受害人员及其家属的慰问安抚等善后工作。

第六章 信 息 报 送

第十三条 突发事件发生后，企业应立即启动现场应急预案，分别向集团公司总值班室和所在地集团公司分支机构、当地政府报告发生事件的情况，定时向集团公司总值班室（应急领导小组办公室）报送现场动态信息。

第十四条 集团公司总值班室在接到报告后，应立即向领导小组办公室负责人报告，并根据办公室负责人的意见迅速向领导小组报告。由领导小组研究决定是否启动集团公司重大突发事件应急预案。

第七章 预 案 启 动

第十五条 预案启动后，领导小组可委派一名急领导小组成员作为现场总指挥前往事件发生现场，负责迅速组建现场指挥部。

第十六条 领导小组办公室按照领导小组的指示，及时向有关部门和上级领导报送信息。

第十七条 分支机构接到属地企业报告后，应立即派人赶赴现场，在现场总指挥到达前负责现场指挥协调，并及时向领导小组办公室报告现场动态。

第十八条 现场指挥部应按照应急预案实施指挥,并与当地政府的突发事件应急指挥系统协调配合。

第八章 后 期 处 理

第十九条 在事故处理的后期，现场指挥部应和当地有关部门和机构组成事故调查组，对事件的起因、过程、性质、人员伤亡、财产损失等情况进行仔细的调查，提交事故调查报告，其中应包括对事故责任的处理意见和今后对同类事故的防范措施。

第二十条 领导小组办公室及现场指挥部应将整个事件过程中所有收发信息、领导批示、事故调查报告、现场录像、图片等材料及时整理归档,并总结事件处理过程中的经验和教训,修改、完善事件应急预案。

第九章 预 案 终 止

第二十一条 预案的终止时间由现场指挥部根据现场的实际进展情况，在与地方政府和有关部门协调后报领导小组决定。

第十章 附 则

第二十二条 集团公司各部门应根据本预案的要求，结合所分管的专业工作的特点，制定分管工作中可能发生的突发事件的应急分预案；各基层单位应结合实际，制定企业内部应对各种突发事件的预案的实施细则，建立企业内部应急处置体系，在日常工作中不断修改完善。

第十三条 本预案由集团公司负责解释，自发布之日起实施。

关于认真贯彻国务院坚决制止电站项目无序建设的意见的紧急通知

（国电集计［2004］489号）

集团公司各分公司、各项目公司，各有关单位：

2004年11月24日，国务院以国发［2004］32号下发了《国务院批转发展改革委关于坚决制止电站项目无序建设意见紧急通知》（见附件一），集团公司十分重视，立即专门召开总经理办公会议学习，认为国务院的决策是正确和及时的，是确保电源建设项目按照科学发展观有序、规范建设的重要举措。为切实贯彻落实国务院文件精神，集团公司决定成立“电站项目清理和处理工作领导小组”，由朱永芃副总经理任组长，陈飞副总经理任副组长，领导小组成员由计划发展部、工程建设部、科技环保部、人力资源部、财务产权部、监察审计部等部门主要负责人组成，领导和指导集团公司控股电站项目的清理和处理工作；工作办公室设在计划发展部，负责有关具体协调和组织工作。集团公司将根据调查和清理结果，结合集团公司的发展战略和电源布局，提出具体处理意见和调整措施上报国务院。

为切实有效地按照国务院要求的精神做好有关电站项目清理和处理工作，现提出如下具体要求：

一、各有关单位要认真组织学习国发［2004］32号文件，领会其精神实质，切实做好电站项目的清理和处理工作。分支机构和直属单位都要成立领导小组和工作机构，项目单位由主要负责人直接领导有关清理和处理工作。

二、各有关单位在清理工作中，要牢固树立和认真落实科学发展观，正确处理好局部与全局、近期与长远的关系。集团公司提出的“三个四百万”的电源发展目标，是在综合分析、综合研究的基础上提出的科学发展目标。在电站项目清理过程中，要根据国务院和国家发改委有关文件的要求，围绕“三个四百万”的电源发展目标，进一步优化电源项目的区域布局，使集团公司开工建设的项目符合国家电力发展规划和产业政策。

三、根据国务院文件要求，此次电站项目清理的主要范围是在建及拟新开工电站投资项目。各有关单位要对在建和拟新开工电站项目进行认真细致的分析论证，及时与地方政府沟通、与投资方商量后，提出项目的清理意见，并按所附的“电源投资项目清理调查表”由项目公司或筹建单位如实填报，并由填报人和项目单位主要负责人签署意见后，于12月5日前正式报送项目所在区域的分公司，同时报送集团公司计划发展部。分公司负责汇总所属区域内的投资项目清理材料，提出清理意见，由分公司主要负责人签署意见后，于12月8日前以正式文件上报集团公司，同时将电子版报送计划发展部（jhb@cgdc.com.cn.）。在清理期间，除国家正式核准项目外，未经集团公司批准，停止项目的设计、施工、监理、设备等招投标工作。

四、集团公司根据项目单位和分公司上报的清理意见，拟在12月6日到12月10日，按区域逐一单位听取清理和处理意见的汇报，具体时间和安排另文通知。12月13日至12月16日，集团公司将根据清理情况，重点调查核实部分地区、部分项目的清理，并与地方政府和投资方沟通。然后总经理办公会议将专门开会研究，提出处理意见上报国务院。

五、所有前期电源项目，要扎实有序地开展前期工作，按照《企业投资项目核准办法》和“三个标准、六个原则”的要求，抓紧落实关系项目核准的环保、土地、接入系统等外部条件，积极争取将项目列入地方和国家的电力发展规划。

附件：1. 国务院国发［2004］32号文（详见特载部分）

2. 国电集团电源投资项目清理调查表（略）

二〇〇四年十一月二十九日

关于印发中国国电集团公司优化人才资源配置、加强教育培训、加强人才激励、加强人才评价工作等四个实施意见的通知

国电集人［2004］3号

集团公司各分支机构，各直属、全资、控股单位：

为深入贯彻落实十六大、十六届三中全会和全国人才工作会议精神，全面实施人才强企战略，根据《中国国电集团公司人才强企战略规划纲要》，集团公司制定了《中国国电集团公司关于优化人才资源配置工作的实施意见》、《中国国电集团公司关于加强教育培训工作的实施意见》、《中国国电集团公司关于加强人才激励工作的实施意见》和《中国国电集团公司关于加强人才评价工作的实施意见》，现予印发，请各单位按照实施意见的有关要求，结合实际，制定和完善本单位的有关规章制度，切实抓好落实。

附件：1.《中国国电集团公司关于优化人才资源配置工作的实施意见》

2.《中国国电集团公司关于加强教育培训工作的实施意见》

3.《中国国电集团公司关于加强人才激励工作的实施意见》

4.《中国国电集团公司关于加强人才评价工作的实施意见》

二〇〇四年一月五日

附件1：

中国国电集团公司关于优化人才资源配置工作的实施意见

为充分发挥中国国电集团公司（以下简称集团公司）的人力资源优势，有效调动各类人才的积极性、主动性、创造性，实现人才资源的优化配置，获得人才资源竞争优势，根据《中国国电集团公司人才强企战略规划纲要》，结合集团公司实际，制定本实施意见。

一、优化人才资源配置工作的指导思想、基本原则和主要目标

（一）指导思想

以邓小平理论和“三个代表”重要思想为指导，按照集团公司对人才工作的总体要求，建立适应集团公司发展需要，具有集团公司特色，开放、竞争、择优的人才资源配置新机制。充分发挥市场化手段在人才资源配置中的基础性作用，激发人才活力，优化人才结构，形成人尽其才、才尽其用、人才辈出的生动局面，为集团公司“做实、做新、做大、做强”提供强有力的人才保障和智力支持。

（二）基本原则

1. 公开、平等、竞争、择优原则；

2. 党管人才、依法用人与市场化配置相结合原则；

3. 提高效率、注重效益原则。

（三）主要目标

1. 改革创新，建立人尽其才，才尽其用的人才配置新机制；

2. 以人为本，实现集团内部人才的合理流动和有效配置；

3. 广纳群贤，不断增强集团公司的人才资源竞争优势；

4. 科学规范，不断推进集团公司人才资源配置的制度化。

二、优化人才资源配置的主要任务

优化人才资源配置的主要任务是：立足现有人才资源，依托社会人才资源，充分发挥市场机制在人才资源配置中的作用，盘活人才资源存量，最大限度发挥人才效用，拓宽配置渠道，提高配置效率，节约配置成本。

（一）积极稳妥盘活内部人才资源

要按照市场经济的要求，积极引入竞争机制，实行能者上，庸者下，奖优罚劣，优胜劣汰，切实解决岗位能升不能降、人员能进不能出的问题。

1. 大力推进岗位竞争。

自2004年起，已实行竞聘上岗和岗位动态管理的企业，要继续完善有关规章制度，做好岗位动态管理工作。没有实行竞聘上岗的企业，要按照“公开、平等、竞争、择优”的原则，在做好“四定”的基础上，制定严格的岗位竞聘办法和岗位动态管理办法，实行竞争上岗，努力做到人尽其才，才尽其用，为各类人才提供公平的发展机会。

在实施竞争上岗时，要打破年龄、身份、学历、职称等条条框框，重台阶而不唯台阶，重学历而不唯学历，任人唯贤，充分调动人才的积极性、创造性。

2. 不断完善岗位动态管理。

从2004年起，在集团公司内部全面建立起科学、规范的岗位晋升、降级、辞职、免职、交流制度。主要包括：

——经营管理人员实行任期制和任期目标责任制。基层企业党委（党组）成员的任职按照党的有关规定执行；企业内设机构负责人实行任期制。任期届满，根据任期目标完成情况，决定其任免、续聘或解聘。

——管理岗位、专业技术岗位、生产技能岗位全面实行岗位目标责任制。根据岗位目标考核结果，决定人才职位的升降或去留。

——重大问题“问责制”和任职资格“禁入制”。对因工作失职、失误给企业造成重大损失者，目标责任制考核较差的企业党政主要负责人，根据实际情况决定解聘不再续聘或调离原工作岗位。

——岗位交流与岗位轮换制。在同一企业内部的重要管理岗位，每年要有一定比例的岗位交流或轮岗。其中，在同一重要管理岗位任职超过八年的必须交流。集团公司与基层企业之间，不同基层企业之间也应有一定比例的相互挂职、交流和轮岗。

3. 积极稳妥实现人才有序流动。

要进一步解放思想，树立正确的人才观念，给人才发挥作用、施展才能搭建舞台，创造机会。要打破对人才正常流动的不合理限制，鼓励各级各类人才根据个人专业特长在公司系统内选择合适的工作岗位。

要充分发挥集团公司的人力资源配置管理中心的作用，按照“宏观调控、平等开放、自主选择”的原则，建立集团公司和基层企业两级内部人才市场，建立集团公司人力资源管理信息化系统，实现信息共享。不断完善人才流动、招聘的管理，引导人才在集团公司内部不同企业间有序流动。

要综合运用经济和行政的手段，统筹调剂新老企业间的人才资源，对人员富余企业人才进行有效调控。原则上，新建电源项目所需人才，以集团公司内部地域邻近大型企业为主要来源。必要时，集团公司

将对有关企业的富余人员实施整体划转。

要打破各单位人力资源管理封闭、保守的格局，利用集团公司人才资源数量和质量的整体优势，按照“公司化改组、商业化运营、规范化管理”的要求，探索组建适应市场分工需要的生产、经营、基建与后勤服务等专业性公司，积极参与集团公司内外两个市场的竞争。通过资产、人员的重组，最大限度发挥现有人才资源的作用。

（二）千方百计吸引外部优秀人才

要充分重视发掘、利用社会的人才资源，要灵活采取多种配置方式，千方百计吸引人才，有效解决企业内部人才供给的不足。

1. 招聘企业短缺的高级经营管理人才、专业技术人才与高级生产技能人才。对空缺岗位和新增岗位，在内部无合适人选时，要面向社会公开招聘。要积极进行全资、控股企业经营者公开招聘试点。在总结经验的基础上，逐年提高面向社会公开选聘的比例。要统一应届大学毕业生招聘的审批程序和聘用标准，规范招聘行为，确保招聘质量。

要积极导入现代人事测评技术，综合运用考试、考核和心理素质测评等手段，不断提升人才选拔的科学性，确保引进人才的质量。

2. 集团公司聘请的咨询专家，其聘用薪资待遇按市场价格确定。

3. 租赁企业急需而又难以招聘到的高级专业技术、技能人才。尤其是对那些本企业缺乏专门人才而又无长期聘用人才必要的临时性、单项性管理工作和技术工作，要按当地市场价格实行人才租赁。在租赁人才时，要与人才出借单位签订规范的租赁合同，明确完成工作任务的数量、质量、时间、标准及劳动报酬。

4. 聘请高等院校、科研院所、党政机关、专业咨询机构专家、学者担任企业兼职顾问。要从企业生产经营的长远需要出发，善于利用“外脑”在专业技术、公共关系、信息资源等方面的优势，营造良好外部发展环境，提升科学决策水平，增强解决生产、经营、管理疑难问题能力。

（三）储备后备人才资源

要根据企业未来发展的需要，对各级各类高级人才，实行必要的战略储备。集团公司每年将有计划、有重点地引进一批德才兼备、具有全日制大学本科以上学历、年龄 35 岁以下的复合型、创新型人才以及高新技术人才与高级金融、管理、财务、法律、营销、环保专业人才。对上述人才和集团公司内部已列入后备名单的各类人才，集团公司将依据其职业生涯规划，通过挂职锻炼、岗位交流等方式，进行有针对性的培养，并跟踪考核。对其中的优秀者予以重用。

三、优化人才资源配置的配套措施

（一）合理确立岗位编制

要按照因事设岗与精简、效能原则，重新审定各企业的定员标准，控制人力资源数量。

对于富余人员，要通过实施企业多元化经营战略，拓展新的工作岗位。同时，根据企业对人才的需求及不同人员的特点，有针对性地开展脱产轮训和转岗培训，为实施再就业创造条件。

（二）认真开展职务分析

要根据因事择人、竞争上岗的需要，逐步完成不同管理岗位、专业技术岗位、生产（服务）岗位的职务分析，对各个不同专业、岗位的工作性质与内容、权力与责任、标准与要求、目的与结果、能力与条件等进行准确的描述，明确界定不同岗位的目标、权责与任职条件。

（三）完善岗位目标考核

要着眼于职位动态管理的需要，针对不同岗位的职责特点，制定出台具体的考核评价办法，科学确立考核指标与考核标准，加大业绩考核权重，改进考核方法，建立规范的各级各类人才业绩考评记录档案。

（四）制定吸引人才优惠政策

要在深入分析各类人才心理需求的基础上，综合采取各种有效的措施和办法，吸引优秀人才。

一是适度的薪酬待遇倾斜。要打破现行工资政策规定的限制，按照薪资水平市场化的要求，参照同类型人才市场价格，制定人才薪酬标准。对其中的特别优秀者，在条件成熟时，可以技术入股、提供期权、协议工资等方式，增强薪酬的竞争力。

二是提供事业发展机会，要为优秀人才的职业发展与自我价值实现创造足够的空间。

三是通过充分授权，让其承担富于挑战性的工作，营造合作、和谐的人际关系，努力提升工作对优秀人才的吸引力。

（五）妥善解决交流人才薪酬住房问题

要根据易岗易薪原则，及时调整岗位变动人员与流动人员的薪酬待遇。原则上，同一企业内部，岗位交流、轮换人员的薪酬，按新岗位标准执行；外来人员，按调入企业岗位标准执行。个别因工作需要，经组织安排由经济发达地区经济效益较好企业到经济相对落后地区经济效益较差企业支持工作的生产技术专家与高级技能人才，保留其原来待遇不变。

对于异地流动人才的住房问题，用人企业应按国家及当地房改政策和企业的有关规定，协助调入人员解决。对本人愿意落户、配偶需要随调的，用人企业应提供力所能及的帮助。

（六）加快优化人才资源配置配套制度建设

要按照科学、规范、便捷的要求，尽快制定、完善竞争上岗、绩效考评、岗位交流、人才招聘等配套制度、规定和办法，为优化人才资源配置提供具体的作业标准与制度支持。

四、加强对人才资源优化配置工作的组织与领导

集团公司是人才资源配置的管理中心，统一负责公司系统人才资源优化配置工作的领导、决策与规划。

人才配置实行分级管理。集团公司负责公司本部，派出机构，全资、内部核算、控股企业高级经营管理人才的配置；分公司协助集团公司配置各类人才资源；基层企业负责其内部专业技术人才和生产技能人才的配置。

各企业要按照集团公司的统一部署和要求，结合本企业实际，加强领导，精心组织，稳步推进，确保企业生产经营秩序和员工队伍的稳定，为优化人才资源配置创造良好的环境和条件。

附件 2:

中国国电集团公司
关于加强教育培训工作的实施意见

为培养和造就一支适应中国国电集团公司（以下简称集团公司）发展需要的高素质人才队伍，使集团公司在日益激烈的市场竞争中始终保持主动，根据《中国国电集团公司人才强企战略规划纲要》，制定本实施意见。

一、教育培训的指导思想、基本原则和目标

（一）指导思想

以邓小平理论和“三个代表”重要思想为指导，以加强“三支人才队伍”建设为目标，以创建学习型企业、培育学习型员工为目的，以更新知识、提高能力为核心，以完善“培训、考核、使用、待遇”一体化机制为保障，与时俱进，开拓创新，为集团公司“做实、做新、做大、做强”提供高素质的人才支持。

（二）基本原则

1. 学用一致原则；

2. 按需培训原则；

3. 培训与使用、考核、待遇相挂钩原则；

4. 分级培训、各负其责原则。

（三）总体目标

进行全员教育培训，优化整合教育培训资源，建立完善与集团公司发展战略相适应的人才教育培训体系。适应岗位任职要求与人才终身学习需要，建立个人价值实现与集团公司发展目标相一致的教育培训激励机制。通过教育培训，造就一支规模适度、结构合理、素质优良的高级经营管理、专业技术和生产技能人才队伍。

具体目标是：至 2005 年，在基本完成对高级经营管理人才，专业技术人才，生产技能人才一次脱产轮训的基础上，集团公司主业人员持岗位培训合格证率达 95%以上。至 2010 年，高级经营管理人员全部达到大学本科及以上文化程度或高级专业技术职称；高级专业技术人员全部达到大学专科及以上文化程度或中级专业技术职称；40 岁以下生产技能人才全部达到中等职业技术教育及以上文化程度或取得高级技工职称；本科、研究生的比例有较大幅度的提高；集团公司主业人员持“双证”（学历证、岗位培训合格证）上岗率达 100%。

二、教育培训的对象、内容和要求

集团公司实行全员教育培训，重点是高级经营管理人员、专业技术人员与生产技能人员。培训的内容包括政治理论、法律法规、专业知识技能与企业规章制度、职业道德、价值理念等，重点是履行岗位职责所需知识和能力的培训。

（一）高级经营管理人才的培训

高级经营管理人才的培训主要为岗位资格培训和工商管理培训。在培训中，要注重政策法律、市场经济基本理论与现代企业经营管理、战略管理、财务管理、投融资管理、市场营销知识的培训。同时，还应结合企业经营管理工作的实际，有针对性地进行公司治理、项目管理、领导艺术、国际贸易、人力资源管理、国际合作等方面知识和能力的培训。通过培训，努力造就一支德才兼备、具有创新精神和驾驭市场能力的企业经营管理者队伍。

高级经营管理人才必须参加集团公司组织的统一培训并取得岗位培训合格证书，培训时间由集团公司按需确定。

（二）专业技术人才的培训

对专业技术人才，要按照岗位要求进行必备专业知识、能力培训。在培训中要紧密联系工作实际，注重专业前沿知识、科技发展动态和先进实用技术等的培训。对高级专业技术人才，还应围绕复杂专业技术问题，通过与专家学者开展学术交流、进行项目联合攻关等形式，加大技术创新能力培训的力度。通过培训，努力造就一支代表国内电力发展领先水平、具有较强技术创新能力、在所从事专业岗位上起骨干作用的技术专家队伍。

对专业技术人才的培训，要根据企业生产经营的

需要和人才队伍的现状，整体推进。当前，尤其要注重对营销、财务、法律、环保、监理、热控、继电保护、人力资源管理等专业人才的培训。

专业技术人才必须参加统一培训并取得岗位培训合格证书，聘期内每人每年脱产学习时间不得少于12天。35岁以下，未达到学历要求的专业技术人员，要通过教育培训取得符合岗位规定要求的学历或达到相当学历要求。

（三）生产技能人才的培训

生产技能人才培训的主要内容为履行岗位职责所必备的专业知识、技能培训。在培训中，要注重“三熟三能”、“七知八会”等实际操作技能的培训。对200兆瓦及以上运行人员要定期进行仿真培训和设备改造、工艺流程改造及技术应用系统改造后的实际操作知识、技能培训。对高级生产技能人才还应进行企业设备改造、技术创新、流程再造、系统更新过程培训和本专业行业性培训。高级生产技能人才必须达到“一精、二懂、三会”的要求，即精通本专业，懂得两个专业，会相关专业。通过培训，努力造就一支爱岗敬业、技术精良、经验丰富、具有解决生产现场复杂技术问题能力的高级生产技能人才队伍。

生产技能人才必须参加统一培训并取得岗位培训合格证书，聘期内每人每年脱产学习时间不得少于3天。高级生产技能人才每人每年脱产学习时间不得少于12天。35岁以下（含新进人员）未达到中等职业技术教育学历的生产技能人员，必须进行学习，达到中等职业技术教育及以上文化程度。

三、教育培训的方式和手段

教育培训的方式和手段主要有：岗位培训、继续教育、国际合作培训、网络培训等。

（一）岗位培训

岗位培训包括岗位资格培训、岗位适应性培训、职业技能培训。对各类人员必须按岗位规范要求进行岗前培训、转岗培训、晋岗培训。

高级经营管理人才的岗位培训主要采取调研考察、挂职锻炼、岗位交流、定期轮训等形式。专业技术人才的岗位培训主要采取知识讲座、专题报告、学术研讨、项目攻关、定期轮训等形式。生产技能人才的岗位培训主要采取技术学习、技术问答、技术比武、仿真培训、事故预想、事故演习、定期轮训等形式。

（二）继续教育

要采取举办培训班、研修班、院校深造、开展学术交流、进行业余自学等形式，对经营管理人才和专业技术人才开展以改善知识结构、提高专业技术水平、增强创新能力为目的的继续教育。专业技术人员必须按有关规定参加继续教育并进行登记。

对于35岁以下，未受过正规系统专业教育的生产技能人员，要分期分批组织进行1~2年脱产学习，因政策等原因接收的复员军人要组织进行2~3年的岗位脱产学习，全面系统地学习专业和文化知识，达到中技文化程度，然后竞争上岗。各企业要根据其职业生涯设计，鼓励其在不影响本职工作的前提下，参加继续教育学习，如函授、夜大、自学考试等，并为其提供时间等便利。同时按照人才培养规划和发展需要，有计划地选派部分有培养前途的员工到国内外知名大学攻读双学位或硕士、博士学位，培养企业急需的复合型人才。

（三）国际合作培训

要采取“走出去、请进来”的方式，通过项目合作、联合技术攻关、国外考察等形式，有计划地选派高级经营管理人才、高级专业技术人才接受国际合作培训，学习国外先进的企业经营管理经验和专业技术知识。要创新国际合作培训的内容、方式，改革受训人员甄选办法，提高利用国外培训资源的成效。

（四）网络培训

要利用互联网技术、多媒体技术、视频技术，灵活开展广域网、局域网教育培训，不断拓宽教育培训渠道，为创建学习型企业奠定良好的基础。

四、教育培训的保障措施

（一）加强组织领导

各企业要按照集团公司的要求，切实提高对教育培训工作的认识，加强对教育培训工作的组织领导，将教育培训工作纳入企业发展规划和领导班子任期目标，落实教育培训的人员配备和教育经费投入，确保教育培训工作的有序和有效。

（二）分级负责管理

集团公司教育培训的主要职责是：集团公司教育培训工作的组织、规划与监管；教育培训管理制度的制订；教育培训基地、教材及师资队伍的建设；高级经营管理人才、高级专业技术人才、优秀生产技能人才及其后备人才、特殊人才的培训等。负责对基层单位教育培训工作的指导、检查、监督、评估、考核等工作。

基层企业教育培训工作的主要职责是：制定本企业教育培训规划、计划和管理办法；组织岗前培训、转岗培训、适应性培训、富余人员培训、岗位培训和继续教育；进行继续教育登记，审验教育培训证书；选派参加集团公司培训人选；管理本企业教育培训设施、培训网络、培训人员及培训教师等。

（三）完善配套制度

1. 规范教育培训管理制度。

要根据教育培训工作的实际，建立、完善教育培训各项管理制度和办法，如岗位培训制度、职业资格准入制度、继续教育登记制度、教育培训考核制度、师资管理制度、培训班管理办法，培训证书管理办法等。通过制度建设，不断提高集团公司教育培训工作的规范化水平。

2. 严格全员持证上岗制度。

集团公司实行全员持证上岗制度，2005 年年底以前，集团公司企业主业人员持岗位培训合格证率要达到 95%以上，特殊工种人员 100%持证上岗。

3. 完善教育培训激励制度。

积极探索培训与考核、使用、待遇相挂钩的一体化激励机制，员工教育培训的成绩作为员工职务晋升、职称评定的依据，也要作为年度考核的重要内容，对教育培训成绩优秀的员工要给予一定的精神和物质激励。

——对培训成绩差、不符合岗位任职条件的，要采取必要的组织措施，如再次培训费用部分或全部自负，调整岗位，降低薪酬、待岗等。

——对岗位成才的先进个人和在教育培训工作中做出突出贡献的单位、个人进行嘉奖。

（四）优化基地建设

要按照布局合理、分工明确、资源充分利用的要求，于 2004 年年底以前，初步建立起适应集团公司人才教育培训需要的教育培训基地。

——组建集团公司高级培训中心（与集团公司党校合署办公），负责高级经营管理人才和后备人才的培训。

——组建集团公司高级技能人员培训中心，负责优秀生产技能人才的培训。

——依托知名高等院校，按照主要专业类别，设立教育培训基地，负责高级专业技术人才的培训。

——依托电力职业技术院校，按照区域分布，就近设立培训基地，负责一般专业技术人才和高级生产技能人才的培训。

——优化整合各企业现有培训资源，做好一般生产技能人才的培训工作。

（五）严格师资管理

要按照结构合理、专兼结合、以兼为主、动态管理的要求，加强对教育培训师资队伍的建设。对专职培训教师，要严格按《教师法》规定的任职条件，择优聘用受过严格教学方法训练，熟知电力企业生产经营管理并具有两年以上实际工作经验的人才；对兼职教师，要充分利用集团公司各类专业人才优势，选聘具有丰富企业经营管理经验和现场实际生产管理经验与技能的高级经营管理人才、高级专业技术人才、高级生产技能人才。要积极创造条件，聘请国内外知名教授、学者及具有丰富电力生产、经营、管理经验的专家、领导承担培训任务。要加强外聘教师队伍管理，努力建设一支相对稳定而又按需要滚动发展的高素质外聘教师队伍群体。要不断改进教学方法，创新教学方式，提高教学质量。

（六）规范培训教材

集团公司将组织有关专家和具有丰富实践经验的优秀高级经营管理人才、高级专业技术人才与高级生产技能人才，根据发电企业各主要专业特点，制定统一的教育培训教学大纲，选用和编写统一的教育培训教材，统一教育培训教学计划，统一考核标准，统一组织考试。培训教材要注重技能操作内容，兼顾基本理论，突出实用性、针对性、先进性。

（七）保证经费投入

各企业要将教育培训经费按不低于员工工资总额的 2.5%纳入财务预算，确保经费及时足额到位，不足部分可以通过其他渠道筹集。教育培训经费由教育培训部门统一掌管，专款专用，优先保证重点培训项目。当年经费如有结余，可结转到下一年度继续使用。

附件 3：

中国国电集团公司
关于加强人才激励工作的实施意见

为适应中国国电集团公司（以下简称集团公司）改革和发展的需要，建立和完善科学有效的激励机制，充分调动人才的积极性和创造性，不断增强集团公司的竞争力，根据《中国国电集团公司人才强企战略规划纲要》，制定本实施意见。

一、人才激励的指导思想、基本原则和主要目标

（一）指导思想

以邓小平理论和“三个代表”重要思想为指导，围绕集团公司“做实、做新、做大、做强”工作方针，通过运用薪酬激励、事业激励、荣誉激励等多种激励方式，进一步加大对人才激励的力度，努力建立起科学有效的人才激励机制，为人才的成长和企业的发展提供动力。

（二）基本原则

1. 效率优先、兼顾公平原则；

2. 物质激励与精神激励相结合原则；

3. 短期激励与长期激励相结合原则；

4. 员工发展与企业发展相结合原则。

（三）主要目标

通过建立和完善科学有效的人才激励机制，加大

对优秀人才的激励力度，营造尊重知识、尊重人才的良好环境，从而更好地吸引人才、留住人才，充分调动各类人才的积极性、主动性和创造性，确保企业的竞争优势。

二、建立完善有效的人才激励制度

（一）*薪酬激励*

按照“效率优先、兼顾公平”的原则，建立适应现代企业制度要求和公司发展需要的分配制度，形成岗位靠竞争、薪酬靠贡献的收入分配机制，将企业工资增量部分，向关键人才、骨干人才倾斜，适当拉开各类人员的收入差距。

1. 对高级经营管理人才的薪酬激励。

按照责权利相一致原则，建立以经营业绩为核心的高级经营管理人才薪酬激励制度，加大风险收入在薪酬结构中的比重，使高级经营管理人才的薪酬与企业经济效益密切挂钩。

继续完善以目标责任制为主的激励方式。进一步提高考核指标的科学性和可操作性，改进考核方法，完善对实施过程的控制和监督，并逐步对高级经营管理人才实行年薪制。对具备条件的企业可进行股权、期权等中、长期激励制试点。

2. 对专业技术人才的薪酬激励。

建立以岗位职责和技术成果为核心的专业技术人才薪酬激励制度，对在不同工作任务中表现突出、业绩显著的专业技术人才，加大专项奖励的力度。

——设立集团公司科技奖励基金，对获得省部级或集团公司级及以上专业技术成果进行奖励。

——对技术成果转化为生产力的，企业可在项目投产后连续3~5年内，按该项目净增利润的一定比例给予成果创造者及实施成果有关人才奖励。具备条件的企业可进行“技术入股”试点。

——由企业组织对外开展技术开发、服务、咨询和转让的，可按净利润的适当比例对有关人员进行奖励。

——对在企业生产、基建、经营、管理与精神文明建设工作中做出重大贡献的，可实行专项奖励。

3. 对生产技能人才的薪酬激励。

建立以技能水平和岗位贡献为核心的生产技能人才薪酬激励制度。对在定期考核、专项工作中表现优秀的生产技能人才，加大奖励的力度。

——对各种技能竞赛、技术比武中成绩优秀的生产技能人才，给予适当的奖励。

——对解决安全生产中的关键性难题，企业可在实际问题解决后连续1~3年内，按评估收益的一定比例进行奖励。

4. 对特殊人才的薪酬激励。

——对项目急需而又无长期聘用必要的社会高级人才，可实行项目合同制，在项目完成期内执行协议工资。

——对参与企业科技项目攻关、解决企业技术难题的社会人才，可参照企业奖励办法对其进行奖励。

——对由组织委派到不发达地区企业挂职的人才，基本薪酬按就高不就低的原则确定。

——对入选集团公司“168”人才工程的优秀人才实行津贴制度。

（二）*事业激励*

要建立健全“以素质评价为基础，以业绩评价为依据，以激励人才成长为目的”的晋升激励机制，不断激发各类人才的工作热情和进取心，为其充分施展才华创造良好的条件和环境。

1. 实行竞聘上岗。

自2004年起，已实行竞聘上岗和岗位动态管理的企业，要继续完善有关规章制度，做好岗位动态管理工作。没有实行竞聘上岗的企业，要按照“公开、平等、竞争、择优”的原则，在做好“四定”的基础上，制定严格的岗位竞聘办法和岗位动态管理办法，实行竞争上岗，努力做到人尽其才，才尽其用，为各类人才提供公平的发展机会。

对不符合岗位任职条件的，要进行转岗培训；对培训不合格的，可依据有关法规政策采取必要的组织措施直至解除劳动合同。

2. 引入职业生涯设计。

自2004年起，在企业内全面引入人才职业生涯设计，将人才的职业生涯规划融入企业人才资源规划之中。要根据企业发展目标，进行中长期人才资源需求预测，在进行科学分析的基础上，设计出企业各类专业技术人才和生产技能人才的职业发展通道，特别是高级专业技术人才与高级生产技能人才的晋升办法。

——对现有人才，要在进行素质测评的基础上，根据工作需要与个人的优点特长，引导他们确立个人的职业发展目标，实现个人期望与企业需要的有机结合，促进和激励人才健康成长。

——通过人才交流、轮岗、实习、代理、培训等多种方式，为各类人才的发展创造条件，激发人才潜能。

3. 加大培训激励力度。

把教育培训作为企业对人才激励的有效手段，实现人才的培训与考核、使用、待遇一体化。

——对优秀人才采取举办后备人才培训班、挂职锻炼、外出考察、出国研修等多种途径进行培训，不断提升人才的自身价值，增强人才的职业荣誉感和成就感，激发人才培训的内在动力。

——将人才的培训与职业发展规划结合起来，有针对性地对各类人才进行培训。

——建立合理的培训费用分担机制，对工作表现优秀、培训成绩优异的人才，企业可酌情承担其部分或全部培训费用。

4. 实行激励套餐制度。

——集团公司每年提供多种激励方式，由优秀高级人才自主选择，如到国外培训、脱产培训、在大型企业挂职、带薪休假等。

（三）荣誉激励

要以健全“荣誉体系完备，人人争先创优”的荣誉激励机制为重点，大力培育尊重知识、尊重人才的企业文化，为创造人才辈出的生动局面提供精神保障。

1. 对优秀人才进行表彰。

——对为集团公司改革和发展做出重大贡献或在工作中表现突出的各类人才，经选拔可被授予国电特级、一级、二级、三级劳动奖章或国电七一（红旗）一级、二级、三级奖章等荣誉称号。

——利用荣誉榜、宣传栏、媒体等多种形式广泛宣传报道优秀人才的业绩，扩大优秀人才的影响力，增强优秀人才的荣誉感和成就感。

2. 突出优秀人才在企业中的重要地位。

——经选拔的优秀高级人才（“168”人才工程人才等）列入集团公司人才库，纳入集团公司管理体系。

——在企业的经营管理决策中，事先征询相关高级人才的意见。

——突出人才的荣誉地位。可在工作场所、服装上设立荣誉标志；在企业活动和群众集会中给予较高的礼遇；在已竣工的重大工程、科技项目中，对做出突出贡献的人才，可为其设立荣誉标志等。

3. 为优秀人才创造良好的工作环境。

各企业要尽可能为人才提供和谐宽松的工作、生活环境，要加强与人才的沟通，帮助人才解决家庭、工作中存在的实际困难，使人才能将更多的精力投入到工作中去。

三、加强人才激励工作的组织领导

人才激励工作是实施人才强企战略的重要环节，企业各级领导要高度重视，切实加强对人才激励工作的组织领导，保证集团公司对人才激励的各项政策和措施真正得到贯彻落实。

（一）提高思想认识

各企业要充分认识激励在实施人才强企战略中的重要作用，提高对人才激励工作的认识，将人才激励工作列入重要议事日程，并结合本单位实际，制定出切实可行的实施办法。

（二）完善配套制度

各企业要加快以人才绩效考核评价制度为基础，以人才选拔制度、人才使用制度、人才培训制度为支撑的制度建设；并建立和完善与之相配套的各种办法，保证人才激励工作取得明显的成效。

（三）抓好落实

各企业要按照集团公司的统一部署，将激励的各项措施落到实处，加强对人才激励工作的控制、检查和考核，保证激励工作的系统性、连续性、成效性。

附件 4：

中国国电集团公司
关于加强人才评价工作的实施意见

为了全面、客观、公正地评价各类人才，为人才配置、激励、培训工作提供客观的依据，根据《中国国电集团公司人才强企战略规划纲要》，制定本实施意见。

一、人才评价工作的指导思想、基本原则

（一）指导思想：坚持以邓小平理论和“三个代表”重要思想为指导，以提高集团公司人才竞争力为目标，以素质、能力评价为基础，以业绩评价为重点，建立符合企业实际、具有集团公司特色的高级经营管理人才、专业技术人才和生产技能人才评价机制和体制。充分发挥人才评价的导向、激励功能，增强人才的争先创优意识，激发人才的工作热情，为提高企业经济效益、促进集团公司发展提供坚强的人才保证。

（二）基本原则

1. 导向性原则；

2. 注重实绩原则；

3. 客观公正原则；

4. 科学实用原则。

二、人才评价的主要内容

从企业的实际出发，建立符合企业特点的，以素质、能力评价为基础，以绩效评价为核心的企业人才评价指标体系。加大绩效考评的力度，对于不同类型、层次的人才，依据工作（职位）分析，有针对性地确立评价内容与权重，突出关键要素。要坚决打破人才评价中的论资排辈等现象，以素质论高低，以能力比强弱，以绩效定优劣，公平竞争，优胜劣汰，真正实现人才评价从学历、职称、职务本位向素质、能力、绩效本位的转变。

（一）高级经营管理人才的主要评价内容

高级经营管理人才评价对象为企业的董事会成员、监事会成员以及企业领导班子（行政、党务）成员。对其评价的重点内容是：

1. 素质方面：主要包括政治理论、政策法律水平，思想道德、廉洁自律情况，专业理论水平，对市场经济基本理论与运行规则知悉程度，工作作风，事业心与责任感，团队合作精神，身心健康状况等。

2. 能力方面：主要包括决策能力，组织管理能力，创新能力，学习能力等。

3. 绩效方面：主要是资产经营、安全生产、工程建设、管理目标责任制，党风廉政建设和精神文明建设完成情况和履行岗位职责情况，管理创新成果情况。

（二）专业技术人才的主要评价内容

专业技术人才评价对象为具有中专及以上学历或中级及以上专业技术资格，且被聘任在专业技术（管理）岗位的人员。其评价的重点内容分别是：

1. 素质方面：主要包括思想政策水平，职业道德，专业理论知识，工作作风，事业心与责任感，团队合作精神，身心健康状况等。

2. 能力方面：主要包括综合分析能力，组织实施能力，解决复杂技术问题能力，技术创新能力，学习能力等。

3. 绩效方面：主要是履行岗位职责、完成岗位目标情况（工作数量、工作效率与工作成绩），管理或技术革新成果情况等。

（三）生产技能人才的主要评价内容

生产技能人才评价对象为在生产系统工作、具有中等职业技术教育及以上学历或具有中级工及以上资格的技术工人。其评价的重点内容分别是：

1. 素质方面：主要包括思想品行，职业道德，专业基础知识，工作作风、工作态度、工作纪律，身心健康状况。

2. 能力方面：主要包括生产现场实际操作能力，技术创新能力，学习能力。

3. 绩效方面：主要是岗位工作完成情况（工作数量、工作效率与工作成绩），技能竞赛、技术比武成绩情况。

三、人才评价的主要方式

（一）对人才的评价，要依据评价目的，灵活采取考试、考核、评审等不同的评价方式和访谈、笔试、面试、心理测试等手段，力求做到主观与客观、定性与定量、动态与静态、精确与模糊的统一。

——对素质、能力评价，主要采取考试与考核的方式。

——对工作绩效与工作成果评价，主要采取考核与评审的方式。

（二）人才评价实行定期评价、专项评价与关键事件评价相结合，以定期评价为主。

——对各级各类人才，全面实行定期评价制度。一般评价周期为每两年进行一次。各企业也可依据实际情况确立自己的评价周期。

——对技术专利、革新成果等，实行专项评价。专项评价一般采取个人申报或组织推荐、专家评审的方式进行。

——对企业重大事件中的个人表现，或由于个人努力为企业生产、经营、管理和精神文明建设工作产生突出贡献的，要依据事实，实行一事一评。

（三）在选择人才评价的具体方法时，要在全面权衡各种评价方法优点与缺点的基础上，依据评价目的、评价对象、评价成本，选择合适的评价方法。一方面，要充分发挥个别谈话、组织考察等传统评价方法的长处；另一方面，又要积极引入现代企业人事人才测评技术，如情景模拟法、目标管理法、360度考核法等评价方法，取长补短，综合使用，并努力避免评价过程中因人为因素和技术原因而可能产生的偏差。

四、人才评价的基本程序

（一）定期评价的基本程序

1. 成立评价小组。按照人才管理权限，集团公司和各企业分别成立评价小组。在选择评价小组成员时，要力求评价人员知识结构与评价内容基本相适。在实施评价活动前，对评价小组成员应进行必要的培训。

2. 制定评价方案。根据评价目的、任务，制订具体的评价方案，确定评价内容、评价标准、评价重点和评价时间。评价方案应广泛征求意见，确保评价方案的周全与可行。

3. 开展评价活动。根据不同评价对象，依据评价方案，采用不同的评价方式，开展评价活动。

4. 确立评价等级。人才评价等级分为关键人才（集团公司级优秀人才）、骨干人才（基层企业级优秀人才）、合格人才三类。

5. 撰写评价报告。评价小组在对收集信息进行深入分析的基础上，用数据和文字对评价基本情况进行描述，并就评价对象的评价结果与奖罚、升降、培训和职业发展等提出建议和意见。在撰写评价报告时，要注意区分集体与个人、历史与现状、主观努力与客观条件、动机与效果、显绩与潜绩之间的关系，确保评价结果的效度和信度。

6. 实施评价反馈。评价小组应就评价对象的优点和不足据实向评价对象进行反馈，并就评价过程中发现的问题的原因展开分析，提出改进意见和建议。

（二）专项评价的基本程序

人才专项评价的基本程序为：

1. 本人提出申请；

2. 组织资格审查；

3. 专家集中评审。

关键事件评价的程序依实际情况确立。

五、人才评价结果的运用

（一）建立人才评价记录档案与两级优秀人才库

按评价权限，对各级各类人才建立评价记录档案。在人才转岗、调任、流动时，将其评价记录档案同步转移至新的工作单位，充分发挥评价对人才的长期激励作用。

在全面建立人才评价记录档案的同时，按照形成集团公司关键人才队伍、增强集团公司核心竞争能力的需要，依据人才评价结果，建立集团公司和基层企业两级优秀人才库。

对入选集团公司和基层企业两级优秀人才库的人才，可根据需要，进行多层次开发利用，并按照竞争、择优的要求，建立正常的流动制度，畅通“进”、“出”通道，形成人才的良性竞争。

（二）确立评价对象的职位升降、薪酬待遇和培训内容

按照“培训、考核、使用、待遇”一体化原则，将评价结果作为对人才选拔任用、奖惩、培训的主要依据。对评价结果为关键、骨干人才的，视情况重用或嘉奖，对评价合格的继续进行培养。

六、人才评价的保证措施

（一）加强人才评价工作组织领导

人才评价是实施人才强企战略的基础性工作。各企业要按照集团公司的部署和要求，切实加强对人才评价工作的领导，把人才评价工作摆上重要议事日程，积极做好人才评价的组织、协调与实施，确保人才评价工作的顺利进行。集团公司将把各单位人才评价工作开展情况作为企业领导班子工作的一项内容，进行考查。

（二）严肃人才评价工作纪律

要加强对人才评价工作的监督，严明人才评价工作纪律，坚决防止和纠正人才评价工作中的各种不正之风。评价人员要认真履行职责，按照规定的程序、标准和要求，全面、深入、细致地了解和客观公正地反映评价对象的情况。评价对象要如实汇报工作和思想，客观反映有关情况。有关部门和人员应客观、负责地向评价小组提供真实情况和数据。在评价工作中，评价人员和评价对象不得弄虚作假，故意夸大、缩小、隐瞒、歪曲事实；对评价中出现的违纪行为，要按有关规定严肃处理。

（三）制订人才评价工作配套制度

各企业要根据集团公司对人才评价工作的总体要求，制订相应的配套制度和办法，为人才评价活动提供相关制度支持。

（四）加强人才评价队伍建设

要按照政治合格、业务精良、纪律严明的要求，加强人才评价队伍的思想、作风、能力建设。各单位要选派办事公道、作风正派、具有较强综合能力和相关业务的优秀人才从事人才评价工作，积极支持从事人才评价工作的人员参加集团公司组织的学习和培训，并确保人才评价工作必要的经费投入。

关于印发《中国国电集团公司“168人才工程”实施意见》的通知

国电集人［2004］4号

集团公司各分支机构，各直属、全资、控股单位：

为了贯彻落实中国国电集团公司“做实、做新、做大、做强”的工作方针，实施人才强企战略，稳定现有人才，吸引外部人才，更好地使用人才，建设一支高素质的人才队伍，增强集团公司核心竞争力，实现集团公司发展战略目标，根据《中国国电集团公司人才强企规划纲要》，集团公司制定了《中国国电集团公司“168人才工程”实施意见》。现印发给你们，请遵照执行。

附件：《中国国电集团公司“168人才工程”实施意见》

二〇〇四年一月五日

附件：

中国国电集团公司“168人才工程”实施意见

为了贯彻落实中国国电集团公司（以下简称集团公司）“做实、做新、做大、做强”的工作方针，适应电力体制改革的新形势和日趋激烈的人才竞争环境，稳定现有人才，吸引外部人才，更好地使用人才，建设一支高素质的人才队伍，增强集团公司的核心竞争力，根据《中国国电集团公司人才强企战略规划纲要》，制定本实施意见。

一、实施“168人才工程”的指导思想和基本原则

（一）指导思想

以邓小平理论和“三个代表”重要思想为指导，全面贯彻十六大、十六届三中全会和全国人才工作会议精神，坚持以人为本，坚持尊重劳动、尊重知识、尊重人才、尊重创造的方针，树立人才资源是第一资源的理念，努力营造鼓励人才干事业、支持人才干成事业、帮助人才干好事业的良好环境，培养和造就一支高素质人才队伍，带动人才强企战略的全面实施，为集团公司改革发展提供坚强的智力支持和人才保障。

（二）基本原则

(1) 立足当前与着眼长远的原则；

(2) 公平公正与竞争择优的原则；

(3) 注重业绩与群众公认的原则；

(4) 精神激励与物质激励的原则。

二、实施“168人才工程”的主要目标

“168人才工程”的主要目标是：建设一支忠诚事业、忠诚集团、爱岗敬业、岗位成才的高素质人才队伍，形成优秀人才脱颖而出的机制，盘活现有人才资源，大力吸引外部人才，努力稳定现有人才，带动整个人才队伍建设。

“1”，培养、选拔和造就100名左右德才兼备、精于管理、群众拥护，具有开拓精神和驾驭市场能力，能创造优良业绩的复合型优秀高级经营管理人才；

“6”，培养、选拔和造就600名左右业务精良、善于组织，勇挑重担，具有技术创新能力，能够解决技术难题，在专业岗位上起骨干和核心作用的优秀专业技术人才；

“8”，培养、选拔和造就800名左右爱岗敬业、技艺精湛、作风扎实，具有诊断复杂问题和解决实际难题的能力，在生产岗位上起关键作用的优秀技能人才。

三、“168人才”选拔标准和条件

（一）优秀高级经营管理人才选拔标准和条件

(1) 认真学习贯彻“三个代表”重要思想和党的路线方针政策，遵纪守法，廉洁奉公，忠诚事业，忠诚集团，爱岗敬业，有强烈的事业心和责任感，群众威信高；

(2) 熟悉国家宏观经济政策和相关法律法规，熟悉市场规则，具有开拓创新意识和驾驭企业全局、科学决策的能力以及丰富的管理经验；

(3) 所在企业能够较好地完成集团公司下达的目标责任制的各项指标；

(4) 在管理创新、体制创新、机制创新和科技创新方面成绩突出，或近两年来，引进国内外先进的管理经验或管理手段以及管理方法，在本单位取得较大的经济效益或社会效益；

(5) 具有较强的组织协调能力，经营管理能力强，分管工作业绩突出，连续两年年度考核为优秀；

(6) 具有大学专科及以上文化程度或高级专业技术资格，在厂（企业）领导岗位工作两年以上，年龄男在55岁以下、女在50岁以下。

（二）优秀专业技术人才选拔标准和条件

基本条件：

(1) 认真学习贯彻“三个代表”重要思想，忠诚事业，忠诚集团，爱岗敬业，求实创新；

(2) 具有扎实的专业技术理论基础和丰富的实践经验，熟悉本专业技术规程，了解本专业前沿理论，有较强的开拓创新能力，能应用当代先进科技、管理成果，解决本单位关键性技术或管理难题；

(3) 具有大学本科及以上文化程度或具有高级专业技术资格，从事管理、专业技术工作5年以上，熟练运用计算机，有一定外语水平，年龄一般男在55岁以下、女在50岁以下；

(4) 连续两年年度考核为优秀。

必备条件：

优秀专业技术人才除符合基本条件外，还必须满足下列条件中的两项：

(1) 认真做好本职工作，在企业安全生产、经营管理、精神文明建设等方面业绩突出；

(2) 积极参与科技成果、技术专利和先进技术和项目的引进、吸收、开发和推广应用，并取得显著的经济效益和社会效益；

(3) 近两年来，在解决本单位生产、试验、施工、技改、管理等关键性技术难题1项及以上；

(4) 近两年在地市级及以上级别公开刊物上发表过有较高水平的技术、管理类文章，或撰写的论文、技术报告、经验材料在集团公司级及以上有关会议上交流；

(5) 近两年来，个人获得过地市级及以上级别的奖励；

(6) 近两年来，担当集团公司确定的科研项目、建设项目、管理项目的主持人；

(7) 获得“享受国务院政府特殊津贴专家”、“有突出贡献的中青年科学技术专家”、“中国青年科技奖”等国家级荣誉的专家。

（三）优秀技能人才选拔标准和条件

基本条件：

（1）认真学习实践“三个代表”重要思想，具有良好的职业道德和优良的工作作风，爱岗敬业，遵章守纪，刻苦钻研业务，技术精湛，在群众中具有良好的形象和声誉，在师傅带徒工作中成绩突出；

（2）精通本工种专业知识，了解相关专业知识，熟练掌握岗位操作技能和工艺，有较强的技术攻关能力，连续两年在主要岗位上操作无差错；

（3）具有中等职业技术教育及以上学历或高级工及以上资格，年龄一般男在55岁以下、女在45岁以下；

（4）连续两年年度考核为优秀。

必备条件：

其中，前三项具备一项即可，（4）~（7）项中具备两项即可。

（1）近两年来，在集团公司及以上级别技术比武中获得优秀及以上名次的；

（2）近两年来，获得过地市级及以上级别技术能手称号的；

（3）近两年在本企业技术比武中进入前三名的；

（4）认真做好本职工作，完成任务数量多、质量高，在技术革新、技术改造、合理化建议中贡献突出；

（5）近两年来，高质量地解决1个及以上相关工作中的技术性难题，并能及时总结成果；

（6）在工作中结合实际总结出先进合理的安全操作方法，并在本单位或集团公司推广运用；

（7）近两年来，获地市级及以上级别的劳动模范、先进生产者称号，或地市级及以上级别合理化建议或优秀QC成果三等奖及以上的获得者。

四、“168人才”选拔程序

1. 申报提名。各单位要按照集团公司要求进行宣传动员，组织符合条件者申报“168人才”或者由组织提名“168人才”候选人。

2. 单位推荐。各单位人力资源管理部门负责审查申报人员的资格、核实申报材料的真实性，确认申报材料是否齐全和规范。对拟向集团公司推荐的优秀人才，本单位在公示后，经所在单位人才工作领导小组审核，确定推荐的“168人才”人选。

3. 专家评审。集团公司聘请各专业专家组建“168人才”评审委员会，对基层单位推荐的人选进行评审。

4. 组织批准。集团公司人力资源部将评审结果报集团公司“168人才工程”领导小组审定。审定合格后，由集团公司发文公布并颁发证书。

五、强化对“168人才”的激励

1. 授予荣誉称号，加大宣传力度。集团公司统一颁发“168人才”荣誉证书，印发“168人才”光荣册。通过各种途径，大力宣传“168人才”的先进事迹，扩大他们的影响，为全体员工树立榜样。

2. 给予定期津贴。对被评选的“168人才”，由集团公司明确政策，所在单位按月给予本人上年月平均工资额30%的津贴。

3. “168人才”享有优先推荐权。对集团公司“168人才”中的优秀专业技术人才，集团公司在推荐国家级专家时，优先推荐。全国电力行业评选技术能手时，优先推荐集团公司“168人才”中的优秀技能人才参加。

4. 实行定期疗休养。集团公司“168人才”，在两年内可由本单位安排一次疗休养或学习考察。

5. 进行定期慰问。以定期慰问、组织座谈、走访等方式，了解“168人才”的工作和生活等情况，及时解决存在的问题，为他们的工作、学习和生活创造良好的环境。

六、“168人才”的使用与管理

1. 高度重视“168人才”使用工作。重视对“168人才”的使用，给他们交任务、压担子、挖潜力，充分调动他们的积极性和创造性，发挥他们的作用；鼓励和支持“168人才”承担集团公司的科技项目，在资金、政策方面给予支持；鼓励参加有关学术组织、学术团体、技师协会和技术协作、技术交流等活动。

2. 加强对“168人才”的考核。各单位每年组织一次优秀专业技术人才、优秀技能人才的全面考核，年度考核表和考核材料于每年3月底前报集团公司人力资源部。对优秀高级经营管理人才的考核集团公司将结合领导班子考核进行。

3. 实行“168人才”动态管理。每两年由集团公司按照本实施意见组织新一届“168人才”选拔和评定工作。对出现重大失误或犯严重错误的以及年度考核不合格的应及时解除称号。

4. 要加强对“168人才”的教育培训。要有计划地选派“168人才”参加学历教育和岗位培训。在进行科技交流、考察、进修、培训时，要优先考虑“168人才”。

七、建立“168人才工程”保证体系

1. 形成尊重知识、尊重人才的良好氛围。充分利用集团公司系统宣传媒体、会议等，大力宣传集团公司人才强企战略和实施“168人才工程”的目的、

意义以及相关规定，引导广大员工积极参与人才队伍建设，形成鼓励人才干事业、支持人才干成事业、帮助人才干好事业的良好氛围。

2. 强化“168人才”选拔和管理的组织纪律。“168人才工程”的实施关系到人才队伍的稳定，必须保证其选拔和管理工作的公平公正性。参与人才推荐、评审和审定的领导、专家和工作人员，必须遵守人事工作纪律，严格按照“168人才”选拔的条件、程序进行。

3. 处理好一般员工和“168人才”的关系。在“168人才”选拔的同时，不能顾此失彼，在选拔过程中要加强对其他员工的培养、使用和管理，不要挫伤其他员工的工作积极性，处理好一般员工和优秀人才的关系，发挥“168人才”的辐射和带动作用，形成人人争当人才，人人尊重人才的良好氛围。

4. 加强对“168人才”工作的组织领导。各级领导要高度重视“168人才”的选拔工作，集团公司成立人才工作领导小组；各单位要建立党政团齐抓共管、各部门广泛参与的组织保证体系，成立本单位人才领导机构，负责人才工程的组织、选拔、协调和管理等工作。

关于进一步完善集团公司燃料管理体制等有关问题的通知

国电集人［2004］372号

集团公司各分公司，各直属、全资、控股单位：

为适应集团公司改革发展的要求，加强集团公司系统的燃料管理，保证燃料供应、降低燃料成本，提高集团公司的整体效益，现就进一步完善集团公司燃料管理体制等有关事宜通知如下：

一、关于燃料管理体制

1. 集团公司授权集团公司燃料公司（现新源能源公司）行使集团公司燃料管理职能，全面负责集团公司的燃料管理工作。

2. 除对直供单位外，集团公司燃料公司原则上不直接对电厂进行管理，通过集团公司分公司对电厂进行间接管理。

3. 集团公司各分公司对本区域内的燃料供应保障和燃料管理工作负责，业务上接受集团公司燃料公司的领导。分公司主要领导是本区域燃料保障供应的第一责任者。集团公司分公司设立燃料管理部，对外称集团公司燃料公司驻某地办事处，一套人马，两块牌子。燃料管理部（办事处）只承担保障供应、加强管理的职能，不是燃料的经营单位。业务上受集团公司分公司和燃料公司双重领导，日常行政管理由集团公司分公司负责。

4. 各电厂是本单位燃料保障和管理的主体，对本单位燃料供应保障和燃料成本负责，电厂燃料工作受集团公司分公司的领导。

二、关于管理职责划分

（一）集团公司燃料公司管理职能

1. 贯彻落实国家、集团公司有关燃料供应和管理方面的方针政策和法律法规，全面负责集团公司系统的燃料管理工作，制定燃料管理办法和相关制度；

2. 负责向国家有关部委反映电煤供应和电煤价格等突出问题以及煤电价格联动建议要求；

3. 负责与国家有关部委建立良好的沟通协调机制，配合分支机构和发电企业协调与煤炭产、运、销各方的关系；

4. 负责组织集团公司各级燃料部门参加全国和地方煤炭订货会议，组织商务谈判和签订订货合同，确保煤炭资源和运力重点分配计划基本满足发电生产需要；

5. 研究解决集团公司燃料供应和燃料管理工作出现的有关问题；

6. 负责指导并逐步加强分支机构和基层单位燃料管理工作；

7. 负责集团燃料公司直属企业的经营管理；

8. 负责直供电厂燃料保障供应和跨区域煤炭调运协调工作；

9. 负责公司系统燃料价格和燃料成本的管理和控制。

（二）分公司燃料管理部（办事处）的职责

1. 负责所在区域电厂的燃料管理工作和燃料供应、保障的组织协调工作；

2. 负责贯彻落实集团公司燃料管理办法、制度及有关工作的要求，组织完成本区域各项燃料管理指标任务；

3. 负责与地方政府、有关煤矿、铁路及交通等部门建立密切良好的工作关系，协调好电煤供应中存在的问题；

4. 负责协调和整合区域内电厂的燃料供应工作；

5. 负责所在区域电厂燃料计划统计、信息管理等基础工作，跟踪掌握区域煤炭市场变化情况，适时调整燃料采购策略；

6. 掌握所在区域电厂燃料供应和管理方面的情况，提出改进意见，并向集团燃料公司汇报；

7. 负责本区域电厂的燃料价格和燃料成本的监

督、检查和控制工作。

三、关于机构设置和人员编制

1. 集团公司燃料公司的机构设置和人员编制：

燃料公司内设综合管理部、燃料管理部、财务部、计划调运部4个部门，人员编制20人。

2. 分公司燃料管理部门人员编制：

集团公司华北、华东、华中、西北、东北5个分公司燃料管理部定员2－3人，四川、贵州、云南、山东、广西5个分公司燃料管理部定员1－2人。人员费用由燃料公司支付。

四、其他

1. 燃料公司的人事管理。燃料公司中层以上干部由集团公司党组管理，其他人员的人事关系分别由燃料公司和分公司管理，人员调配按集团公司有关规定执行；

2. 燃料公司的工资管理。近期集团公司对其实行工资计划管理，并根据实际情况逐步实行工效挂钩；

3. 燃料公司党的关系。燃料公司成立党支部，隶属集团公司直属临时党委，燃料公司分公司人员党组织关系纳入集团公司分公司。

二〇〇四年九月一日

关于印发《中国国电集团公司电煤供应预警及应急处理预案》的通知

国电集生［2004］289号

集团公司各分支机构，各火力发电企业：

为加强燃料管理工作，保障发电机组正常运行，集团公司制定了《中国国电集团公司电煤供应预警及应急处理预案》，现印发给你们，请贯彻执行。

附件：中国国电集团公司电煤供应预警及应急处理预案

二〇〇四年七月十四日

附件：

中国国电集团公司电煤供应预警及应急处理预案

第一章　电煤供应预警制度

第一条　各火力发电企业按机组满负荷运行测算，煤炭库存在7天以上用煤量为正常库存煤量，7天需用煤量为库存警戒线。

第二条　集团各分公司应建立电煤供应、耗用、库存情况分析报告制度。定期对区域内电厂煤炭供应、耗用、库存情况进行跟踪分析，并将分析情况报告集团公司和当地政府主管部门，同时协调区域内发电企业煤炭供应工作。

第三条　各电厂应建立本企业煤炭供应预警制度。库存煤量降至7天需用量时，应每日向集团公司及分公司(控股公司)报告煤炭供应、耗用和库存情况。

第四条　库存煤量降至5天需用量时，电厂应以电话和传真方式向分公司（控股公司）和集团公司报告，由分公司向区域内省（区）政府报告，同时通报省（区）电力公司。

第五条　库存煤量降至3天需用量时，电厂应以电话和传真方式向分公司（控股公司）和集团公司报告，由分公司紧急向区域内省（区）政府报告，同时通报省（区）电力公司、煤炭集团公司。集团公司向国家综合部门、铁路部门反映情况，要求协调煤炭供应，紧急调配运力，增加煤炭库存。

第二章　电煤供应处理预案

第六条　当库存煤量不足12天需用量时，电厂应采取措施，积极组织煤源，加强煤炭采购，努力协调运力，增加来煤数量，力争避免因来煤不足造成库存下降。

第七条　当电厂存煤量低于库存警戒线，且来煤无法满足日耗煤需要，电厂应向集团公司、分公司汇报及向电力调度部门通报并提出降出力运行申请，使库存恢复到正常储煤量以上，同时每日向网省电力公司通报煤炭供应、耗用和库存情况，分公司要与电网调度协调电厂机组降负荷的工作。

第八条　当煤炭库存低于3天，且后续预报无来煤供应，电厂应向集团公司、分公司汇报及向电力调度部门提出书面停机申请，使煤炭库存量达到库存警戒线以上，同时适时向网、省公司通报煤炭供应、耗用和库存情况，分公司要与电网调度部门协调机组停运工作。

第九条　各电厂要严把进厂煤质量验收关，根据不同煤种、煤质做好配煤掺烧，加强锅炉燃烧调整。确因电煤质量造成机组灭火、降负荷等突发情况，要及时通报电网调度部门，并做好事故分析，向集团公司和分公司（控股公司）汇报。

第三章　附　　则

第十条　本预案由集团公司负责解释。

第十一条　本预案自颁布之日起执行。

关于印发中国国电集团公司2004年环保技改项目计划的通知

国电集科［2004］226号

各有关单位：

根据集团公司2004年环境保护工作安排，现将2004年环保技改项目计划印发给你们（详见附件）。其中，内部核算电厂环保技改项目8项（包括上年度结转5项），控股电厂环保技改建议项目5项（包括上年度结转1项）。为保证项目顺利实施，请有关单位抓紧落实以下工作内容：

1. 各单位要按照《中国国电集团公司关于开展“管理效益年”活动的决定》要求，精心组织，狠抓落实，责任明确，确保项目按计划实施；为新、扩、改建配套的环保技改项目，要确保与主体工程“三同时”。

2. 各单位要切实加强工程管理，严格控制工程造价；要加大安全检查力度，开展文明施工，杜绝重大施工安全事故。

3. 建设单位要严格按照工期编制项目实施计划、资金需求计划，报集团公司审定。

4. 项目具体实施与管理要严格按照集团公司的有关规定执行。

5. 各单位落实的环境保护专项资金要不低于附表所列的额度。

附件：中国国电集团公司2004年环保技改项目计划表

二〇〇四年六月三日

附件：

中国国电集团公司2004年环保技改建议项目计划表（控股电厂）

（万元）

序号	企业名称	项目名称	项目总投资					2004年资金计划					工程进度			
			合计	环补资金	技改资金	扩建资金	项目单位资金	合计	环补资金	技改资金	扩建资金	项目单位资金	立项	可研	开工	竣工
2003年结转项目																
1	阳宗海发电有限责任公司	1号炉（200兆瓦）脱硫	9000	3000			6000	4000	1500			2500	✓	2003年8月	2004年	2005年12月
	结转项目小计		9000	3000			6000	4000	1500			2500				
2004年新设立项目																
2	山西太一发电有限责任公司	14号炉（300兆瓦）脱硫	12000	5000			7000	6000	3000			2000		2004年4月	2004年	2005年12月
3	山西太一发电有限责任公司	工业及生活废水深度处理工程	2600	400			2200	2000	400			1600	✓	2003年12月	2004年7月	2005年6月
4	邯郸热电股份有限公司	11号炉（200兆瓦）脱硫	8000	2000			6000	4000	1000			3000		2004年4月	2004年	2005年
5	北仑第一发电有限责任公司	1、2号炉（2×600兆瓦）烟气脱硫工程	53000	6000			42000	8000	2000			6000	✓	2004年1月	2004年12月	2006年12月
	新设立项目小计		75600	13400	0	0	57200	20000	6400	0	0	12600				
	控股企业合计		84600	16400	0	0	63200	24000	7900	0	0	15100				
	集团公司合计		126960	29000	28260	2000	63200	45980	15600	14280	0	15100				

2004年环保技改项目资金使用计划汇总表

项目名称	项目总投资						2004年项目资金计划						备注
	合计	环补资金	集团公司资金	股份公司资金	自筹资金	扩建资金	合计	环补资金	集团公司资金	股份公司资金	自筹资金	扩建资金	
内部核算电厂环保技改项目2004年资金使用计划	41310	8900	11580		50	25116	27010	6900	7180		50	12880	
控股发电企业环保技改建议项目资金使用计划	81760	9400		47360		25000	34360	3780		10760		18820	
总计	123070	18300	11580	47360	50	50116	61370	10680	7180	10760	50	31700	

关于印发《中国国电集团公司人才强企战略规划纲要》的通知

国电集党［2004］1号

集团公司各分支机构，各直属、全资、控股单位党委（党组）：

为全面贯彻落实十六大、十六届三中全会和全国人才工作会议精神，适应改革发展的需要，优化人力资源配置，进一步提高集团公司人员整体素质，实施人才强企战略，提升核心竞争力，遵循集团公司“做实、做新、做大、做强”的工作方针，制定了《中国国电集团公司人才强企战略规划纲要》，现印发给你们，请各单位按照本规划要求，结合实际，制定本单位人才强企规划纲要，并切实抓好落实。

附件：《中国国电集团公司人才强企战略规划纲要》

二〇〇四年一月五日

附件：

中国国电集团公司人才强企战略规划纲要
（2004~2010年）

为建设一支高素质的人才队伍，适应中国国电集团公司（以下简称集团公司）改革发展形势的需要，促进人才资源向人才资本转变，增强集团公司核心竞争力，保证集团公司持续、快速、健康发展，按照集团公司“做实、做新、做大、做强”的工作方针，制定本纲要。

一、人才队伍建设面临的形势和任务

进入新世纪，随着经济全球化趋势进一步增强，新科技革命迅猛发展，以经济实力、科技实力、国防实力和民族凝聚力为重要内容的综合国力的竞争日趋激烈。这种竞争归根到底是人才和人才选用机制的竞争。这种时代发展的大趋势和人才竞争的新格局，随着我国加入WTO日趋激烈，国有企业面临更加严峻的挑战，企业经营环境更加复杂。一些跨国公司在我国实行人才本土化战略，高薪抢夺人才资源，首先受冲击的就是我国的国有大中型企业。

电力体制改革后，随着电力市场的发展和大批电源项目的开工，各电力企业之间争夺优秀人才的局面已悄然展开。集团公司要迅速适应这种竞争格局，突显竞争优势，确保国有资产保值增值，实现集团公司发展战略目标，迫切需要吸引、留住、使用好人才，建设一支高素质的人才队伍。

目前，集团公司已初步形成了一支基本能适应改革和发展需要的人才队伍。但是，同新形势、新任务的要求相比还有较大差距。主要表现在：

人才观念落后，选人用人中论资排辈等传统思想仍有相当的市场；人才总量相对不足，各类优秀专业人才偏少，后备人才储备不足；人才结构不尽合理，专业结构、知识结构、素质结构、年龄结构等都亟待改善；人才层次不高，特别是懂经营、善管理的复合型高级经营管理人才，精通财会、营销、法律等专业技术人才以及应用型高级技能人才偏少；人才的有效激励机制尚未真正建立，缺乏科学的人才评价标准和明确的培养目标，人才的积极性、主动性、创造性还没有得到充分发挥；人才的教育培训工作需要加强，教育培训体制、机制不够健全，教育经费投入不足，培训方法、手段比较落后；少数高级经营管理人员计划经济思维定势、行业优越感和安逸的思想还不同程度存在；人才意识与开发人才工作上的开拓创新、追

求卓越的观念远未形成，这些都与集团公司发展需要很不适应。

集团公司是经国务院同意进行国家授权投资的机构和国家控股公司的试点企业；是提供重要公共产品和服务的全国性的大型发电企业。加快公司发展，提升服务质量，提高经济效益，增强综合实力，保持企业可持续发展，为国民经济发展和人民生活水平提高作出新的贡献，是集团公司各项工作的根本出发点和落脚点。

从现在起到2010年，是集团公司实现“做实、做新、做大、做强”发展目标的重要战略机遇期，适应电力体制改革发展需要，提高集团公司核心竞争力，人才是关键。制定和实施“人才强企”战略，抢占人才高地，建设一支高素质的人才队伍，是集团公司党组根据中央人才强国精神，站在时代发展的高度，紧密结合集团公司实际作出的重大决策，是加快集团公司改革发展步伐，提高集团公司核心竞争力的战略选择。抓住机遇，迎接挑战，走人才强企之路，是我们面临的一项十分紧迫而重大的历史任务。

二、实施“人才强企”战略的指导方针和总体目标

集团公司实施“人才强企”战略要以邓小平理论和“三个代表”重要思想为指导，全面贯彻国家“人才强国”战略，着眼于集团公司的长远发展和对人才的整体需求，面向企业、面向市场、面向世界，以能力开发为主题，以优化结构为主线，以改革创新为动力，尊重劳动、尊重知识、尊重人才、尊重创造，把握规律、体现特色，紧紧围绕人才评价、配置、培训和激励四个环节，着力建设经营管理人才、专业技术人才和生产技能人才三支队伍，为集团公司“做实、做新、做大、做强”提供坚强的人才保证。

2004~2010年实施人才强企战略必须贯彻以下指导方针：

1. 坚持“两个第一”，高度重视。必须把开发人力资源，提高人才的综合素质作为集团公司发展需求的第一要务；必须树立人才资源是第一资源、人才流失是最大的“资本”流失的观念，把人才开发作为一项紧迫而具有战略性的任务高度重视认真落实；努力营造鼓励员工干事业、支持员工干成事业、帮助员工干好事业的浓厚氛围。

2. 坚持统一领导，分级负责。按照“两级法人、分层授权、垂直管理”的要求，充分发挥集团公司是公司系统人才资源配置管理中心的职能，调动各分支机构、各企业在人才工作中的积极性、主动性和创造性，建立统一领导、分工合理、各负其责、相互协调的人才工作组织领导管理体系。

3. 坚持突出重点，整体推进。以培养和选拔高级经营管理人才、高级专业技术人才、高级技能人才“三支人才队伍”为重点，总体规划、分步实施，以点带面、整体推进，保持人才培养使用的系统性、整体性和连续性。

4. 坚持深化改革，制度创新。深刻把握人才工作的时代特征，顺应人才成长的客观规律，不断推进集团公司人才工作的观念创新、机制创新和体制创新，将创新贯穿于集团公司人才工作的全过程。

5. 坚持围绕中心，服务大局。以为集团公司发展提供人才支持作为根本出发点，将人才工作纳入集团公司改革发展的总体规划和布局之中，在加强人才队伍建设的同时，促进企业的可持续发展。

6. 坚持以人为本，文化凝聚。以“忠诚事业、忠诚集团，爱岗敬业、岗位成才”的集团公司价值观为导向，以公司长远的发展战略鼓舞人，以广阔的事业空间吸引人，用有效的激励机制激发人，以和谐合作的人际关系感染人，创建尊重人才、爱护人才、理解人才的企业文化，把优秀人才聚集到集团公司的各项事业中来。

2004~2010年，集团公司人才强企战略的总体目标是：人力资源总量得到有效控制，人才队伍比重大幅上升；人才有效供给与发展需求基本适应；人才结构趋于合理，人才队伍整体素质明显提高；人才评价机制科学，人才培训机制健全，人才资源配置优化，人才激励充分有效；内部人才市场功能完备；以尊重知识、尊重人才为核心内容的人才环境全面形成。

实施“168人才工程”。即培养和造就忠诚事业、忠诚集团的100名德才兼备、精于管理、群众拥护，具有开拓精神和驾驭市场能力，创造优良业绩的复合型优秀高级经营管理人才队伍；600名业务精良、善于组织、勇挑重担，具有技术创新能力，能够解决技术难题，在专业岗位上起骨干和核心作用的优秀专业技术人才队伍；800名爱岗敬业、技艺精湛、作风扎实，具有诊断复杂问题和解决实际难题的能力，在生产岗位上起关键作用的优秀技能人才。

2004年前，基本建立起现代电力企业人才资源开发和管理制度体系；适应市场经济需要的人事、劳动、分配三项制度改革取得重大进展，经营者能上能下、员工能进能出、收入能增能减的机制初步形成。

2010年前，建立功能完备的人才资源开发与管理体系，人才资源与生产要素相互匹配，内部人才市场实现信息化、法制化、多元化。

各项主要预期目标是：

人才总量进一步扩充。到2005年，具有中等职

业技术教育及以上学历员工比例达到60%，其中具有大学本科及以上学历达到10%；具有各类专业技术职称人员达到70%，其中具有高级专业技术职称占3%。到2010年，具有中专及以上学历员工比例达到70%；具有各类专业技术职称人员达到80%。

人才结构进一步合理。到2005年，人才队伍的学历、专业、年龄结构，地域分布和高、中、初级专业人才层次比例趋于合理，学历结构比研究生:本科:专科:中专达到1:25:65:60，能级结构（专业技术职称）比高级:中级:初级达到1:3:5，形成以“168人才”为核心、各类人才比例相互协调的格局。到2010年，人才结构进一步优化，人才结构配比与集团公司事业发展相协调，从根本上保证集团公司综合竞争能力的提高。

人才素质进一步提高。到2005年，高级经营管理人才90%达到大学本科及以上文化程度或高级专业技术职称；专业技术人才70%达到大专及以上文化程度或中级专业技术职称；高级技能人才（高级工及以上）总数达到生产人员总数的35%以上，其中技师及以上人才占高级技能人才的5%以上。到2010年，具有大专及以上学历人才达到人才总量的35%；中级及以上专业技术职称占各类专业技术职称比例达到45%；35岁以下员工全部达到中等职业技术教育及以上学历。

人才机制进一步健全。到2005年，初步建立起科学、规范、高效的人才评价机制，人才评价体系基本形成；初步建立竞争、择优、开放的人才动态管理机制，人才资源配置基本优化；初步建立起可持续发展的人才培养机制，人才教育培训工作向纵深推进；初步建立起人才成长的动力机制，人才激励充分有效。到2010年，基本建立起与市场经济和现代企业制度相适应、具有集团公司特色的人才管理制度与组织保证体系。

人才环境进一步优化。到2005年，鼓励公平竞争、崇尚知识尊重创造的观念深入人心，人才选用制度改革取得重大进展。到2010年，在精心打造有利于优秀人才脱颖而出、健康成长的企业文化的基础上，重视自我发展、追求价值实现成为每一员工的自觉行为。

三、加强人才评价工作

（一）树立正确的人才评价理念。破除论资排辈等传统思想的束缚，对各类人才，以素质论高低，以能力比强弱，以业绩定优劣，对人才的评价实现从学历、职称、职务本位向能力、业绩本位的转变。

（二）建立科学的人才指标体系。研究制订集团公司统一明确的各类人才评价标准。建立和完善人才素质及绩效测评指标体系。建立集团级和企业级两级人才库，并实施动态考核。

（三）改进人才评价方法。坚持考试与考核、定性与定量、动态与静态相结合。注意不同对象的评价方法，突出关键要素。健全人才评价的组织机构和评选办法，积极引进现代人事测评技术，提高评价的科技含量。充分利用社会评价组织机构资源，逐步实现人才评价与社会的接轨。

（四）完善人才评价配套制度。建立和完善人才评价与人才培养、使用、激励相互联系、相互协调的一体化机制，将人才评价结果作为人才培训、选用、激励的重要依据。

（五）加强人才评价基础工作。做好各类人才的档案管理，规范人才的数据报表；做好素质能力测评软件开发、专家评审及推广工作。建立以业绩为重点，由品德、知识、能力等要素构成的各类人才评价指标体系，建立健全科学的人才评价机制。

逐步建立各类各级职业资格标准，建立人才业绩档案。加强对评荐机构及工作人员的资质管理，建立人才评价人员从业培训制度。

四、优化人才资源配置

（一）优化人才队伍结构。建立和完善人才现有存量和引进增量的优化配置机制，整合人才资源，做好人才预测管理，建立集团公司人才统计指标体系。

实行新厂新办法，老厂新机制。新建电厂要按照一流电力企业定员水平，控制人员数量、提高队伍素质、优化人才结构；老电厂要通过重新定岗、定员，规范核心业务的组织机构和用工水平，择优上岗、强化培训，尽快提高人员素质，优化主业人员结构，逐步实现集团公司系统人才资源的整体优化配置。

（二）改革人才配置方式。建立全方位的人才资源配置格局，促使集团公司系统各企业人才资源配置的良性互动。要把组织考核推荐和引入市场机制、公开向社会招聘结合起来，把党管人才原则和董事会依法聘任经营管理者以及经营管理者依法行使用人权结合起来，实现组织配置与市场配置相结合，逐步实现以市场手段配置为主，发挥市场机制在人才资源配置中的基础性作用。

（三）平衡“三高人才”布局。依据集团公司各类高级人才总量和各企业的实际需要，逐步平衡各企业高级经营管理人才、高级专业技术人才和高级生产技能人才的配备，尤其是要选好配强党、政“一把手”。发挥集团公司人才资源配置中心的功能，综合运用经济和行政的手段，逐步实现集团公司系统同类型机组企业之间各类高级人才的数量大致均衡。

（四）促进人才相互流动。建立和完善有利于吸引人才、留住人才、培养人才的环境和机制。要用好现有人才，稳定关键人才，引进急需人才，培养创新人才，努力创造人尽其才、才尽其用、人才辈出的生动局面。

加大人才交流和引进的力度。纵深推进人才交流，为人才流动提供政策支持，促进人才跨岗位、跨部门、跨企业、跨区域有序流动；加大短缺人才引进力度，按照价值规律和不同人才的心理需求，制订、完善富有竞争力的办法；拓宽人才资源配置渠道，灵活运用返聘、租赁、兼职等方式，实现人才有效使用。

推行岗位动态管理。建立和完善竞争上岗制度、职位聘任制度、降职免职制度，辞职辞退制度，内部退养制度，采取切实措施，解决人员的"能下"、"能出"问题。

（五）规避人才流失风险。完善后备人才选用制度，对短缺关键人才实施战略储备；研究制定防止人才流失的有关收入分配、福利待遇约束机制，对关键岗位人才实行离职协议制度，防止人才中途流失。

（六）建立内部人才市场。逐步打破依靠行政命令和指令性计划的传统人事管理方式，在人才资源的配置中引入价值规律和竞争规律，形成有利于人才合理流动的市场价格机制、供求机制、竞争机制和信息对称的疏导机制。建立集团公司及区域级内部人才市场，定期向集团公司内部发布人员供求信息，以市场通行的聘用规则规范企业劳动用工行为。

五、加大教育培训力度

（一）构建终身教育培训体系。开展人才职业生涯调查，帮助人才制订适应个人职业发展需要的终身教育培训规划。鼓励、支持员工进行继续教育，实行组织选派和个人自学相结合，建立单位、个人双方合理负担继续教育经费的投入机制。拓展培训层次和类型，推广网络化、个性化、差异化的培训，满足人才自主选择合适培训内容和形式的需要。

建立健全教育培训的激励约束机制。进一步落实教育培训责任制，建立人才教育培训工作与企业高级经营管理者任期目标相联系的制度。积极探索企业富余人员的转岗培训机制，增强员工的职业竞争意识和风险意识，激发员工终身学习需求的内在动力。开展创建学习型组织活动，促进集团公司系统学习型企业、学习型员工的形成。

（二）更新教育培训内容。对各级各类人才的培训，要根据市场经济和企业生产经营的实际需要，立足当前，着眼长远，与时俱进，以提高思想政治素质和履行岗位职责能力为基础；以培养创新精神、开发创新能力为主线；以运用新理论、新知识、新技术、新工艺、新材料解决生产经营中实际问题为重点；不断提高教育培训内容的针对性、实效性、现代性和前瞻性，最大限度满足集团公司改革发展对人才知识、能力的需求。

（三）创新教育培训方式和手段。大力实施岗前培训、岗位培训、业余培训、短期培训和专项培训等多种形式的培训活动，广泛开展技能竞赛、岗位练兵、技术比武和技术交流活动，不断创新培训方式和手段。

提高教育培训手段的现代化水平，发挥信息网络优势，加快发展远程教育培训，建立覆盖集团公司各基层企业的教育培训信息网。

制定科学、规范的教育培训质量评估和监督办法。做好培训费用投入产出的分析，切实提高教育培训的效率和效益。

（四）优化教育培训资源。充分发挥集团公司内外教育培训资源的作用，按照统一规划、统一标准、合理分工、分级管理、各负其责的原则，建立形式多样、专业齐全、优势互补的教育培训机构体系。

加强教育培训基地建设，改善教育培训基础设施，集中力量建设好集团公司高级培训中心和技能人员培训中心。加强企校、企企合作，利用高等院校、行业协会和其他中介教育培训组织的社会服务职能，建立一定数量的教育培训网点。加强教育培训各项基础工作。加强师资队伍和教材建设。加强国际合作，利用好国外培训资源，在国际合作培训的内容、对象和方法等方面进行创新，选派优秀人才到国外培训。

（五）完善职业资格制度。完善岗位培训手册制度，全面推进职业资格证书制度。按照国家规定要求，逐步实行职业"资格准入"制度。完善专业技术职务聘任制。特种作业人员必须取得国家有关部门认可的职业资格证书。集团公司统一各类证书管理。各单位要按照有关规定要求，切实加强对学历、学位和各种培训证书的管理。

六、完善人才激励机制

（一）完善薪酬激励。坚持按劳分配为主，效率优先、兼顾公平的原则，积极探索知识、技术、管理等生产要素参与分配的实现形式，建立适应各类人才岗位特点的薪酬激励机制。对高级经营管理人员，进一步加大经营业绩考核力度，实行考核与奖惩挂钩。具备条件的企业，试行企业高级经营管理人员年薪制。对专业技术人才和生产技能人员实行岗位工资为主的基本工资制度，并根据业绩考核和岗位工作能力评价结果，加大奖惩力度。对集团级或企业级的各类优秀人才实行专项津贴。

（二）规范晋升激励。要为员工建立分层分类的职业发展通道，对不同岗位人才营造不同的竞争环境和建立不同的人才激励模式，为各类人才提供自我发展的空间。制定集团公司统一有序的职业晋升标准和程序，并严格执行，规范操作。建立以严格的考试、考核手段为主，公开、透明的职业晋升制度。鼓励公平竞争，规范竞争行为，营造一个客观公正、积极向上、适合人才成长与发展的良好环境，充分发挥职业晋升的激励导向作用。

（三）健全荣誉激励。建立集团公司荣誉称号序列，规范各种称号、待遇和奖励形式。完善荣誉表彰的考评机制和管理机制，明确荣誉表彰奖励的范围、标准、形式和程序，建立富有集团公司特色的荣誉表彰和奖励制度。按照精神激励与物质奖励相结合的原则，利用集团公司内外宣传手段，充分展示荣誉的精神价值，大力提升荣誉表彰的激励力度，发挥荣誉表彰激励的鼓舞性、广泛性和持久性作用，培养人才的成就感、荣誉感、归属感。

（四）突出培训激励。通过选送各类优秀人才到国（境）外讲修或国内名牌大学深造，为各类人才教育培训或攻读各种学位创造条件，把有限的教育培训资源向各类优秀人才倾斜。加大对各类人才培训费用的使用力度。进一步凸现教育培训的资本投入性质和福利待遇性质，充分利用各种教育培训机会激励各类人才。

（五）注重文化激励。重点培养各类人才对企业文化的认同感，激发人才的内在潜力和动力。通过为各类人才创造和谐宽松的环境，提供公平竞争的平台，营造尊重劳动、尊重知识、尊重人才、尊重创造的良好氛围。要针对各类人才的不同心理需求和自身价值实现的不同期望形式，研究制订“文化留人”的有关机制，探索符合人才个性和群体特点的激励方法和手段。

七、加强人才强企战略实施的组织和领导

（一）加强人才工作组织领导。集团公司成立人才工作领导小组，统一负责集团公司人才工作的组织、规划、监督和检查。各企业要根据集团公司对人才工作的总体要求，从战略和全局的高度，提高对“人才强企”战略重要性的认识，成立相应的领导机构和工作机构，把人才规划纲要的实施列入重要议事日程，并结合各企业的实际，制定本单位人才队伍建设的规划，精心组织，抓好落实。

（二）保证人才开发经费投入。要树立对人才的投资是收益最大的资本投资的观念，逐步提高人才资源开发费用投入在企业各种投入中的比例。各单位要把人才培养经费列入年度预算，并认真予以落实。

（三）提供“人才强企”舆论支持。要利用各种形式广泛宣传集团公司“人才强企”战略，认真组织广大员工学习人才强企战略规划纲要，为“人才强企”战略各项工作的顺利开展创造良好的内部环境和条件。

关于完善集团公司企业党组织设置理顺党的隶属关系的指导意见

国电集党［2004］2号

集团公司各分支机构，各直属、全资、控股单位党委（党组）：

集团公司组建以来，所属各单位党组织认真贯彻落实集团公司党组的工作方针、战略部署和各项任务，充分发挥政治核心作用，做了大量卓有成效的工作。由于电力体制改革，企业管理形式发生了很大变化，原有的党组织设置和党的隶属关系已不完全适应集团公司新的管理体制和模式。为了加强和改进党的建设，确保集团公司改革和发展目标的顺利实现，在广泛征求各分支机构和基层企业党组织意见的基础上，按照《中国共产党章程》规定，现就完善集团公司系统党组织设置，理顺党组织隶属关系工作，提出如下指导意见：

一、完善党的组织设置

依照党的组织规定和工作程序，完善集团公司各级党的组织设置。

1. 集团公司分公司设立党组，隶属集团公司党组。分公司（办事处）机关视实际情况设立机关党委或机关党总支（支部）。

2. 集团公司所属的各全资、控股企业和内部核算单位，原则上维持原有党组织设置不变。

3. 集团公司控股的在建企业（筹建处），凡党员超过100人，或虽然党员不足100人，但确因工作需要、并领导力量配备较强的，可以设立党的基层委员会；党员在50人以上、不足100人的，可设立党的总支部委员会；党员人数超过3人、不足50人的，设立党的支部委员会。

4. 分公司所在区域各单位，有条件按系统实行党组织集中统一领导的，可按省（自治区，直辖市）设立中共中国国电集团公司××省发电企业直属委员会（简称国电××省发电企业直属党委）。国电××省发电企业直属党委，一般由7~9人组成。原则上由分公司的党组负责人和基层企业党组织负责人组成。党委设立办公室，与分公司综合部门合署办公。

5. 成立国电××省发电企业直属党委，应同时设立党的纪律检查委员会（纪委），在党委和上级纪委的双重领导下开展工作。因条件不具备，暂未组建纪委的，可在党委中设纪检委员，专门负责纪检工作。

二、理顺党的隶属关系

调整和理顺集团公司分支机构、所属企业党组织的隶属关系，要与厂网分开后企业组织形式变化的新情况、新特点相适应，要有利于集团公司党组和地方党委加强对系统企业党的工作的双重领导，要积极稳妥，因地因厂制宜，有步骤地按程序进行。

1. 分公司党组受集团公司党组委托，对本地区发电企业直属党委和所在地企业党委的工作实施指导。

2. 驻京单位的机关党委（支部）原则上归属集团公司直属党委管理。

3. 国电××省发电企业直属党委接受集团公司党组和地方党委的双重领导，并领导其下属发电企业党的工作。

4. 其他单位党的组织关系原属于当地省委组织部或省企业工委管理的，应争取其隶属关系保持不变；驻地距省会城市较近、可控装机容量在60万千瓦以上的，原则上应积极争取划归当地省委组织部或省企业工委管理；不在省会城市、可控装机容量在60万千瓦以下的，一般应归属所在地地、市级以上党委组织部或企业工委管理。此前归属县或县级市以下党委组织部管理的企业党组织，应积极争取按此要求理顺党组织的隶属关系。

5. 集团公司控股在建企业（筹建处）的党组织，一般由于定员人数较少，可暂归分公司所在省设立的直属党委或就近划归集团公司所属企业党委管理。

6. 分公司的机关党委、机关党总支（支部），可直接归属省企业工委或所在省直属党委管理，也可以就近划归省内集团公司所属企业党委管理。

三、具体实施意见

1. 各分公司要按照以上指导意见做好完善各级党组织的设置工作，有关分公司要重点抓好国电××省发电企业直属党委的设置工作。

2. 各分公司党组代表集团公司党组与有关省（自治区、直辖市）委组织部或省企业工委进行协商沟通，按此意见加快理顺党组织关系。

3. 原属县级党委管理的企业党组织需要变更隶属关系的，由分公司牵头，企业党委配合，联系地方党委组织部门做好有关协调工作。

4. 完善党的组织，理顺党的隶属关系，是一项严肃认真的工作，各分公司党组和基层企业党委要高度重视抓紧落实，于2004年2月底以前基本完成此项工作。在工作进行中有问题需要协调的，应及时与集团公司人力资源部、政治工作部联系。党组织设置或其他需要审批的事项，要及时向集团公司党组报告。

5. 在新的党组织关系未确立之前，原管理模式不变。

附件：中国国电集团公司所属企业党组织设置和隶属关系调整一览表

二〇〇四年一月五日

附件：

中国国电集团公司所属企业党组织设置和隶属关系调整一览表

序号	所在地	企业名称	类别	组织设置	拟设置或增设	原隶属关系	拟隶属关系	备注
1	北京市	国电华北分公司	分支	党组 机关党支部	不变	党组隶属集团公司党组；机关支部隶属集团公司直属机关党委	不变	
2		龙源电力集团公司	全资	党委	增设机关党总支	党委隶属集团公司党组	党委隶属不变；机关党总支隶属集团公司直属机关党委	
3		国电电力发展股份有限公司	控股	党组/机关党委	不变	党组隶属集团公司党组；机关党委隶属集团公司直属机关党委	不变	

续表

序号	所在地	企业名称	类别	组织设置	拟设置或增设	原隶属关系	拟隶属关系	备注
4	北京市	国电物资有限公司			党支部		隶属集团公司直属机关党委	
5		国电新源能源有限公司			党支部		隶属集团公司直属机关党委	
6	天津市	国电天津热电厂	内核	党委	不变	天津市电力公司党委	天津市委工业工委	
7		国电天津滨海电力有限公司	控股	党支部	不变	天津市电力公司党委	中共天津市经济技术开发区企业委员会	
8	河北省	国电滦河发电厂	内核	党委	不变	河北省承德市委	不变	
9		国电一五零发电厂	内核	党委	不变	河北省邯郸市委企业工委电业党委	不变	
10		国电邯郸热电厂（国电邯郸热电股份有限公司）	内核	党委	不变	河北省邯郸市委企业工委电业党委	不变	
11		国电衡丰发电有限责任公司	控股	党委	不变	河北省衡水市委直属机关工委	不变	
12	山西省	国电太原热电厂（国电太原发电有限责任公司）	内核	党委	不变	太原市经委党委	山西省委企业工委	
13		国电霍州发电厂	内核	党委	不变	山西临汾市委	不变	
14		国电电力大同发电有限公司（在建）	控股	党总支	党委	大同市委直属机关工委	不变	
15		国电电力大同发电厂	控股	党委	不变	山西省大同市委	不变	
16	辽宁省	国电东北分公司	分支	党组	增设机关党委、机关党支部	党组隶属集团公司党组	党组隶属不变；机关党委隶属辽宁省委企业工委；支部隶属机关党委	
17		国电电力东北分公司		党支部	不变	国电电力发展股份有限公司机关党委	分公司机关党委	
18		国电辽宁节能环保开发有限公司	控股	党总支	不变	辽宁省电力公司机关党委	分公司机关党委	
19		国电康平发电厂筹建处			党支部		分公司机关党委	
20		国电沈阳热电厂	控股	党委	不变	沈阳市委中央省直企业工委	不变	
21		国电电力太平哨发电厂	控股	党委	不变	辽宁省丹东市委	不变	
22		丹东海洋红风力发电有限责任公司	控股	党支部	不变	丹东电建总公司党委	太平哨发电厂党委	
23		国电电力桓仁发电厂	控股	党委	不变	辽宁省本溪市委	不变	

续表

序号	所在地	企业名称	类别	组织设置	拟设置或增设	原隶属关系	拟隶属关系	备注
24	辽宁省	国电电力朝阳发电厂	控股	党委	不变	辽宁省朝阳市委	不变	
25		国电电力大连开发区热电厂	控股	党委	不变	辽宁省大连市委	不变	
26	黑龙江省	国电北安热电有限公司（北安发电厂）	控股	党委	不变	黑龙江省北安市委（县级）	黑龙江省黑河市委（地级）	
27		国电双鸭山发电有限公司	控股	党委	不变	黑龙江省双鸭山市委	不变	
28	吉林省	国电吉林热电厂	内核	党委	不变	吉林省吉林市委	不变	
29		国电双辽发电厂（国电双辽发电有限公司）	控股	党委	不变	吉林省四平市委（地级）	不变	
30	江苏省	国电华东分公司	分支	党组	增设机关党支部	党组隶属集团公司党组	党组隶属不变；机关党支部隶属江苏省委企业工委机关党委或国电环保研究所党委	
31		国电环境保护研究所	全资	党委	不变	江苏省直机关工委	不变	
32		国电谏壁发电厂	内核	党委	不变	江苏省镇江市委	不变	
33		国电宿迁热电有限责任公司			党支部（党委）		宿迁市委	
34		国电常州发电有限责任公司		临时党小组	党委		常州市委	
35		国电泰州发电厂筹建处	控股				待定	
36		国电海门电厂筹建处	控股				待定	
37	浙江省	国电北仑发电有限公司（国电北仑发电有限公司）	控股/参股	党委	不变	浙江省电力公司党组	浙江省委企业工委	
38		国电浙江风力发电有限公司（浙江苍南风力发电有限责任公司）公司	全资	党总支	不变	浙江省电力公司党组	国电北仑第一发电公司党委	
39		国电温岭江厦潮汐试验电站	内核	党总支	不变	浙江省公司党组委托台州电业局党委管理	国电北仑第一发电公司党委	
40		浙江湖州浙北发电工程公司	全资	党总支	不变	浙江省电力公司党组	国电北仑第一发电公司党委	
41		国电温州东屿发电厂	内核	党委	不变	浙江省温州电业局党委	中共温州市委	
42	福建省	国电泉州发电有限公司			党委		中共泉州市委	
43		国电福州江阴电厂筹建处			党支部		国电泉州发电有限公司党委	

续表

序号	所在地	企 业 名 称	类别	组织设置	拟设置或增设	原隶属关系	拟隶属关系	备注
44	福建省	国电平潭长江澳风电有限公司司	控股					1名党员
45		国电东山澳仔山风电有限公司司	控股					无党员
46	安徽省	国电铜陵发电公司筹建处			党支部		待定	
47	湖北省	国电华中分公司	分支	党　组	增设国电湖北发电企业直属党委、分公司机关党支部	党组隶属集团公司党组	党组隶属不变；国电湖北发电企业直属党委隶属湖北省委企业工委，分公司党支部隶属国电湖北发电企业直属党委	
48		国电长源电力股份有限公司	控股	党支部	党　委	湖北省电力公司机关党委	国电湖北发电企业直属党委	
49		国电沙市热电厂（国电长源江津热电厂）	内核	党　委	不　变	湖北省电力公司	国电湖北发电企业直属党委	
50		国电长源富水水力发电厂	全资	党　委	不　变	湖北省电力公司	国电湖北发电企业直属党委	
51		国电长源十堰陡岭子水电有限公司	控股		党支部		国电湖北发电企业直属党委	
52		国电荆门热电厂（国电荆门江山发电有限公司）	内核	党　委	不　变	湖北省电力公司	国电湖北发电企业直属党委	
53		湖北松源发电有限责任公司	内核		恢复党委	湖北省电力公司	国电湖北发电企业直属党委	
54		国电南河水力发电厂	内核	党　委	不　变	襄樊市供电局党委	国电湖北发电企业直属党委	
55	江西省	国电万安水电厂	内核	党　委	不　变	江西省电力公司	江西省委企业工委	
56		国电九江发电厂	内核	党　委	不　变	江西省九江市委	江西省九江市委	
		国电九江发电有限公司	控股	党　委	撤　消	国家电力公司华中电力公司		
57	河南省	华中分公司河南项目部			党小组		国电华中分公司机关党支部	
58		国电豫源发电有限公司			党　委		河南省市（地）委	
59		国电商丘民权电厂筹建处			党支部		待定	
60		国电驻马店古城电厂筹建处			党　委		河南驻马店市委	
61		国电濮阳热电厂项目公司			党支部		待定	

续表

序号	所在地	企业名称	类别	组织设置	拟设置或增设	原隶属关系	拟隶属关系	备注
62	宁夏	国电西北分公司	分支	党组	增设分公司机关党支部	党组隶属集团公司党组	党组隶属不变；分公司机关支部隶属宁夏自治区党委企业工委机关党委	
63	宁夏	国电大武口发电厂	内核	党委	不变	宁夏电力公司	宁夏自治区党委企业工委	
64	宁夏	国电石嘴山发电厂	内核	党委	不变	宁夏电力公司	宁夏自治区党委企业工委	
65	宁夏	国电石嘴山发电有限公司（在建）	控股	党委	不变	宁夏电力公司	宁夏自治区党委企业工委	
66	甘肃省	国电靖远发电有限公司	控股	党委	不变	甘肃省电力公司直属单位党委	甘肃省委中央企业工委	
67	甘肃省	国电兰州热电厂	控股	党委	不变	甘肃省电力公司直属单位党委	甘肃省委中央企业工委	
68	甘肃省	国电洁源风电有限公司（含在建）	控股		党支部		国电兰州热电厂党委	
69	新疆	国电红雁池发电有限公司	内核	党委	不变	新疆自治区电力公司直属企业党委	新疆自治区党委企业工委	
70	新疆	国电库车电厂筹建处			党支部		国电红雁池发电有限公司党委公司	
71	新疆	国电新疆风力发电公司（含新疆天风发电股份有限公司（在建）、达坂城风力发电有限责任公司）	全资/控股	党委	不变	新疆自治区电力公司直属企业党委	新疆自治区党委企业工委	
72	新疆	国电吉林台水电梯级开发有限公司（在建）	控股	党委	不变	新疆自治区电力公司直属企业党委	新疆自治区党委企业工委	
73	新疆	国电开都河流域水电开发有限公司筹建处			党支部		新疆吉林台水电梯级开发有限责任公司党委	
74	新疆	国电精河发电有限公司	控股	党委	不变	博尔塔拉州党委	博尔塔拉州党委	
75	新疆	国电塔城铁厂沟发电有限公司（下辖发电厂）	控股			新疆自治区电力公司直属企业党委	国电红雁池发电有限公司党委	
76	四川省	国电四川分公司	分支	党组	增设国电四川发电企业直属党委，分公司机关党支部	党组隶属集团公司党组	党组隶属不变，直属党委隶属四川省委企业工委；支部隶属直属党委	
77	四川省	国电黄桷庄二期扩建工程筹建处			党支部		国电四川发电企业直属党委	

续表

序号	所在地	企业名称	类别	组织设置	拟设置或增设	原隶属关系	拟隶属关系	备注
78	四川省	国电岷江发电厂	内核	党委	不变	四川省电力公司党委	国电四川发电企业直属党委	
79		国电万源发电厂	内核	党委	不变	四川省电力公司党委	国电四川发电企业直属党委	
80		国电成都热电厂	内核	党委	不变	四川省电力公司党委	国电四川发电企业直属党委	
81		国电江油发电厂	内核	党委	不变	四川省电力公司党委	国电四川发电企业直属党委	
82		国电华蓥山发电厂	内核	党委	不变	四川省电力公司党委	国电四川发电企业直属党委	
83		国电大渡河流域水电开发有限公司	控股	党委	不变	四川省委企业工委	不变	
84		国电四川电力股份有限公司	控股	党支部	党委	四川省电力公司机关党委	国电四川发电企业直属党委	
85		国电南桠河流域水电开发有限责任公司	控股	党支部	党委	四川省电力公司机关党委	国电四川发电企业直属党委	
86		国电南桠河发电厂	川电全	党委	不变	四川省电力公司党委	四川电力股份有限公司党委	
87		国电蜀润电力开发有限公司(含蜀润磨房沟)	川电控	党支部	不变	四川省电力公司机关党委	四川电力股份有限公司党委	
88		国电紫马电力有限公司	川电控	党支部	不变	南桠河发电厂党委	四川电力股份有限公司党委	
89		四川金石水泥有限责任公司	川电控	党支部	不变	南桠河发电厂党委	四川电力股份有限公司党委	
90		国电安宁河能源开发有限公司(在建)	川电控		党支部		四川电力股份有限公司党委	
91	山东省	国电山东分公司	分支	党组	增设分公司机关党委	集团公司党组	党组隶属不变，分公司机关党委隶属山东省委企业工委	
92		国电山东华电电力有限责任公司	控股		党支部		山东分公司机关党委	
93		国电蓬莱电厂筹建处 国电费县电厂筹建处 国电石横、新泰项目协调组.			分别成立筹建项目党支部		山东分公司机关党委	
94		国电菏泽发电厂	控股	党委	不变	山东省菏泽市委市直机关党委	山东省菏泽市委市直机关党委	
95		山东中华发电有限公司聊城发电厂	控股	党支部	不变	山东省聊城市委市直机关党委	山东省聊城市委市直机关党委	

续表

序号	所在地	企业名称	类别	组织设置	拟设置或增设	原隶属关系	拟隶属关系	备注
96	云南省	国电云南办事处	分支		设国电云南电力企业直属党委、机关设党支部		国电云南发电企业直属党委隶属云南省委企业工委，支部隶属直属党委	
97		国电大寨水力发电厂	内核	党总支	党委	云南省鲁布革发电总厂党委	国电云南发电企业直属党委	
98		国电小龙潭发电厂	内核	党委	不变	云南省电力公司党组	国电云南发电企业直属党委	
99		国电六郎洞水力发电厂	内核	党支部	党总支	小龙潭发电厂党委	国电云南发电企业直属党委	
100		国电宣威发电有限责任公司（云南宣威发电厂）	内核/控股	党委	不变	云南省委企业工委	国电云南发电企业直属党委	
101		阳宗海发电有限责任公司	控股	党委	不变	云南省电力公司党组	国电云南发电企业直属党委	
102		国电迪庆香格里拉发电有限公司	控股	党总支	党委	云南省电力公司党组	国电云南发电企业直属党委	
103	贵州省	国电贵州办事处	分支		设国电贵州电力企业直属党委、机关设党支部		国电贵州发电企业直属党委隶属贵州省委企业工委，支部隶属直属党委	
104		国电凯里发电厂	内核	党委	不变	贵州省电力公司党组	国电贵州发电企业直属党委	
105		国电红枫水力发电厂	内核	党委	不变	贵州省电力公司党组	国电贵州发电企业直属党委	
106		都匀发电厂	内核	党委	不变	贵州省电力公司党组	国电贵州发电企业直属党委	
107		国电贵阳发电厂	内核	党委	不变	贵州省电力公司党组	国电贵州发电企业直属党委	
108		国电安顺发电有限公司	控股	党委	不变	贵州省电力公司党组	国电贵州发电企业直属党委	
109	广西省	国电广西办事处	分支	党支部	不变		党支部隶属广西合山电厂党委	
110		国电合山发电厂	内核	党委	不变	合山市委	不变	
111		南宁电厂管理处（退役）	内核	党总支	不变	南宁供电局党委	南宁市企业工委	
112		桂林电厂管理处（退役）	内核	党总支	不变	桂林市企业工委	不变	
113		国电永福发电有限公司	控股	党委	不变	桂林市企业工委	不变	

关于印发《中国国电集团公司党建思想政治工作纲要》的通知

国电集党［2004］9号

集团公司各分支机构，各直属、全资、控股单位党委（党组）：

现将《中国国电集团公司党建思想政治工作纲要》印发给你们，请结合本单位实际，围绕集团公司改革发展稳定中心工作，制定党建思想政治工作长期规划，增强党建思想政治工作的针对性和实效性，切实为集团公司"做实、做新、做大、做强"提供政治保证。

附件：《中国国电集团公司党建思想政治工作纲要》

二〇〇四年三月十九日

附件：

中国国电集团公司党建思想政治工作纲要
（2004～2006年）

为进一步贯彻党的十六大和十六届三中全会精神，高举邓小平理论和"三个代表"重要思想的伟大旗帜，紧扣集团公司改革、发展、稳定的中心工作，切实做好新形势下的党建思想政治工作，推进物质文明、政治文明、精神文明协调发展，特制定《中国国电集团公司党建思想政治工作纲要》。

一、客观分析，准确把握，积极面对党建思想政治工作的新形势

（1）当前，国民经济快速发展和电力体制改革的不断深化，为集团公司加快发展提供了机遇和挑战；全国电力供需形势出现新的变化，电力市场竞争更趋激烈。面对改革和竞争环境，集团公司将发展作为第一要务，旗帜鲜明地提出了"做实、做新、做大、做强"的工作方针和"三个四百万"的建设目标，将措施定位在强化管理，提高效益，增强集团公司总体实力和市场竞争力上。

集团公司在全面建设小康社会中担负着光荣而艰巨的历史使命。按照十六届三中全会精神的要求，国企改革将进一步建立健全适应市场经济要求的现代企业制度，大规模的电力资产重组将全面展开。集团公司只有抓住这一战略机遇期，快速发展，壮大实力，才能成为具有国际竞争力的大型发电企业集团，才能在新一轮竞争中获胜。

（2）随着集团公司的改革发展进入全新阶段，党建思想政治工作必须用时代的要求来审视，用发展的眼光来研究，用改革的精神来推动，进一步为集团公司战略发展提供强大的思想保证、智力支持和文化支撑。

党建思想政治工作要围绕集团公司改革发展稳定的中心任务，坚持党组织在企业中的政治领导地位，坚持党管干部的原则，坚持党组织的政治核心作用，坚持党组织对国有资产保值增值的责任，形成依靠党建促发展的格局。大力弘扬求真务实的精神，大兴求真务实之风，以人为本，凝聚人心，把继承和创新统一起来，从推进集团公司改革发展稳定各项工作的实际出发，从员工群众的思想实际出发，按照"抓基层，打基础，办实事，求实效"的要求，达到"夯实基础，确保安全，提高效益"的基本目标，凸显思想政治工作的实效，努力使党建思想政治工作更好地体现时代性、把握规律性、富于创造性，成为全面提升集团公司竞争力的有力保障。

二、指导思想和原则

（3）党建思想政治工作要抓住为集团公司持续、快速、健康发展提供强大的思想保证和智力支持的主线，强化三个重点：抓好班子，把各级领导班子建设成为坚决贯彻"三个代表"重要思想的坚强领导集体；建好支部，提高党组织的凝聚力和战斗力；管好党员，深化"为发展做贡献，为党旗增光辉"主题活动，坚定理想信念。

（4）党建思想政治工作要立足于加强党在企业的政治领导地位和政治核心作用，立足于服从服务于集团公司强化管理、提高效益的中心任务和改革、发展、稳定的大局，立足于促进集团公司各项工作全面提高和广大员工全面发展。

（5）党建思想政治工作要坚持以邓小平理论和"三个代表"重要思想为指导，以科学的理论武装人，以正确的舆论引导人，以高尚的精神塑造人，以优秀的作品鼓舞人，培育"四有"员工队伍；坚持以发展为第一要务，为集团公司"做实、做新、做大、做强"服务；坚持从实际出发，增强工作主动性、导向性、针对性、实效性，调动一切积极因素，引导好、保护好、发挥好广大员工的积极性；坚持解决思想问题同解决实际问题相结合，多做得人心、暖人心、稳人心的工作，将"以人为本"落实到党建思想政治工作的实践中。

三、服务改革，推进发展，强化党组织的思想政治优势和创造力、战斗力

（6）要适应集团公司深化改革快速发展的需要，

始终突出党组织促进对国有资产管理运营能力的提高，始终突出党组织创造力、凝聚力和战斗力的增强，紧紧围绕“抓好班子、建好支部、管好党员”三大建设重点，务实推进集团公司的党建工程，努力将党员领导干部的思想统一到集团公司“做实、做新、做大、做强”工作方针上，把境界提升到“以电兴业、强企报国”的企业理念上，将工作落实到“坚持发展为本，实现科技领先，构筑人才高地，形成国电特色”的发展方略上，把行动体现在实践“忠诚事业、忠诚集团，爱岗敬业、岗位成才”职业道德观上，建设一支“学习好、团结好、纪律好、廉洁好、作风好、业绩好”的领导干部队伍，建设一支凝聚力、战斗力强，有理想、有道德、有文化、有纪律的“四有”员工队伍，全面推进集团公司的发展。

(7) 切实加强领导班子思想政治建设，强化党委的政治核心地位。要从制度上探索党组织发挥政治核心作用的途径和方法，进一步强化基层党委的政治核心地位。集团公司将按照建立现代企业制度和法人治理结构的要求，强化和完善党委新时期的工作职能，进一步健全党委工作制度，规范领导人员的决策行为和用权行为。今后对重大决策和重要干部任命，要严格贯彻执行“集体领导、民主集中、个别酝酿、会议决定”的原则。2004年，集团公司将制定《基层企业党委议事规则》，坚持党管干部、党管人才的原则，严格执行《党政领导干部选拔任用工作条例》规定，全面推进“168”人才工程。

(8) 增强党委中心组学习的针对性和实效性。按照管资产、管人、管事相结合的要求，进一步突出领导班子的素质改善和能力建设。通过采取主题学习、专题讨论、专家讲课等形式，推动领导班子加强对政治理论和业务知识的学习，进一步改善学习的效果。通过综合应用定期检查、典型交流和脱产培训相结合的办法，进一步提高学习的质量和针对性。集团公司将建立和完善领导干部理论学习的考核机制，把对干部的理论学习和实践应用的考核，与干部的培养、使用紧密地结合起来，使全体党员干部真正达到“真信、真懂、真用”，力求学出境界，树立适应集团公司发展的新思维、新观念；学出思路，做到融会贯通，形成指导发展的新思路、新谋略；学出胸怀，着眼集团公司全局、着眼未来，敢于做发展创新的排头兵；学出目标，切实找准发展定位，明确加快发展的方向、目标和措施；学出动力，用“三个代表”重要思想凝聚人心、鼓舞士气，促进集团公司发展。

(9) 坚持贯彻党员领导干部民主生活会制度。增强企业领导人员的党性观念、全局观念和纪律观念，增强领导班子解决自身问题的能力，引导领导干部牢记全心全意为人民服务的宗旨，树立马克思主义的人生观、世界观、价值观和正确的权力观、利益观、地位观，进一步转变工作作风，促进领导班子优势互补和团结奋进，提高领导人员的政治觉悟和道德境界，使之成为坚决贯彻“三个代表”重要思想的坚强领导集体。集团公司要通过民主生活会，促进领导班子的理论思维能力、创新创业能力和重大问题决策水平的提高，促进领导班子整体功能的发挥。

(10) 进一步发挥基层党组织的战斗堡垒作用，增强党支部的凝聚力、战斗力和创造力，提高基层党支部带领党员、凝聚员工在企业经营主题活动中建功立业的能力。结合“168”人才工程的建设，主动关心员工的政治进步和党员的成才需要，增强党支部在新时期的凝聚力。充分利用企业信息网的作用，以提高党小组学习质量为重点，改善“三会一课”的学习效果，提高党组织的战斗力。要加强对集团公司支部建设情况和执行《基层党支部工作条例》的调研，总结推广工作经验，针对调查中发现的问题制定措施健全机制。

(11) 加强党员管理，进一步深化保持共产党员的先进性教育活动。按照党中央的统一部署，继续扎实开展以学习实践“三个代表”重要思想为主要内容的党员先进性教育，通过“思想发动与学习培训、党性分析与民主评议、抓好整改与巩固提高”的三个阶段，推进新世纪新阶段党建工作的基础工程建设。进一步坚定党员的理想信念，提高党员的素质和觉悟，鼓励党员在生产经营活动中献计献策、建功立业，倡导党员发挥首创精神和学习精神，使党员成为解决问题、服务员工、推动工作、率先成才的模范。企业党组织要以创新的精神，采用多种卓有成效的办法，不断增强党员的政治荣誉感和事业使命感。按照国资委党委要求，坚持做好先进基层党组织、优秀共产党员、优秀党务工作者评选推荐工作。

(12) 继续深化“为发展作贡献、为党旗增光辉”活动。推广2003年“双为”活动的成熟经验，激励党员围绕企业中心工作学习成才、实践成才、创新成才。结合“管理效益年”活动和“主辅分离、辅业改制”工作，进一步加强党员的教育和引导，提高党员对改革的承受能力和对发展的贡献能力。发挥企业党校和企业信息网络的作用，开展形式多样的教育讨论活动，引导党员在强化市场意识、竞争意识和效益意识的基础上，树立速度意识、团队意识、危机意识和成才意识。2004年，对“双为”活动开展情况进行总结评比，抓典型、出经验，推进“双为”活动的深入开展。

(13) 加强集团公司新时期党建工作的调研。企业党组织要借助党建思想政治工作研究会的理论研究职能，积极组织企业专兼职政工人员和经营管理者，针对企业改革发展过程中出现的党建工作新情况新问题，确立研究课题、组织联合攻关，及时总结和推广党建工作中的新经验、新作法，不断开创党建工作的新局面。

四、标本兼治，综合治理，以求真务实的精神推进党风廉政建设

（14）构筑拒腐防变的思想防线。按照胡锦涛同志提出的“为民、务实、清廉”的要求，牢牢把握集团公司发展这个根本，积极开展党风廉政建设的宣传教育活动，着力强化企业领导人员和各级管理人员的反腐倡廉意识，进一步树立马克思主义的世界观、人生观、价值观和正确的权力观、利益观和地位观，消除同集团公司发展不相适应的思想观念，加强党风廉政、反腐倡廉工作。

（15）结合党员先进性教育活动，重点在领导干部中开展“权力观”和“业绩观”主题教育活动，使各级党员领导干部坚决执行“四大纪律”、“八项要求”、“三个不得”等廉洁自律规定，做到思想上自重、自省、自警、自励，工作中慎权、慎欲、慎独、慎微，形象上堂堂正正、清正廉洁，任何时候特别是在“三重一大”问题上，能够做到依法经营、廉洁从业。

（16）要把《中国共产党党内监督条例（试行）》和《中国共产党纪律处分条例》的学习、宣传和贯彻，作为一项重要政治任务来抓。要按照《条例》的要求，不断加强党内监督的力度，严格执行党的各项纪律。基层党委要把学习两个《条例》作为中心组学习的重要内容，充分利用企业多种宣传教育渠道，组织党员干部对两个《条例》展开学习讨论，从而推动党内民主、强化纪律观念，为集团公司的党内监督工作有序进行奠定基础。2004年，集团公司将举办以两个《条例》为主题内容的党纪条规知识答题测试。

（17）建立健全惩治和预防腐败的制度体系。同电力体制改革和集团公司发展战略相适应，按照“标本兼治、综合治理，惩防并举、注重预防”的原则，以教育为基础、以制度为保证、以监督作为关键、以控制危险源点作为手段的思路，构建具有国电集团特色的企业监督体系。完备集团公司自上而下的纪检监察管理平台，努力形成集团公司的反腐倡廉全方位宣传教育体系、反腐倡廉的制度保障体系、危险源点的控制体系，逐步构建党内监督、行政监督、人事监督、财务监督、审计监督、群众监督、法律监督“七位一体”的大监督体系。

（18）要按照管理到位、落实到位、责任到位的要求，加大党风廉政建设责任制的执行力度和目标考核，落实国资委提出的中央企业要切实加强领导干部廉洁自律、查处大案要案、落实党风廉政建设责任制以及从源头上治理腐败等四项工作，形成与现代企业制度相匹配的纪检监察工作机制，保障集团公司实现“夯实基础、确保安全、提高效益”的基本目标。年底集团公司组织专项检查组，对照党风廉政、精神文明建设责任条款，进行检查考核。

（19）根据集团公司发展的实际和反腐败工作的新形势，加强对权力运行进行有效监督。把各级领导干部，特别是各级领导班子主要负责人作为监督重点，在加强党内监督的同时，加强群众监督，要进一步深化厂务公开的力度，让员工群众有知情权、参与权、选择权、监督权，并使之规范化、制度化。2004年集团公司工会、纪检监察部门要按照《中共中央办公厅、国务院办公厅关于在国有企业、集体企业及其控股企业深入实行厂务公开制度的通知》和中央纪委等五部委的有关要求，组织对集团公司各单位厂务公开工作进行一次检查。紧紧抓住易于滋生腐败的重点环节和重点部位，通过制度创新和制度建设，形成有效的监督机制，最大限度地遏制腐败现象的发生。制定《集团公司企业领导人员廉洁从业行为规范》，使“四大纪律”、“八项要求”、“三个不得”在集团公司各级领导中得到有力的执行。

（20）以完善的反腐倡廉制度，确保集团公司的快速发展和资产资金安全。要大力防控“危险源点”，通过岗位分析找准危险源点；通过建立三级网络和落实监控责任控制危险源点；通过推进厂务公开、聘请廉政监督员和在任离任审计监督危险源点，全面预防职务犯罪。

（21）按照国资委的有关要求，制定效能监察工作规范和程序，基层单位结合实际制定实施细则，并结合对重点项目和管理环节的效能监察整改经验，努力形成集团公司效能监察的长效管理机制。集团公司出台统一的《招投标管理办法》和《招投标监督管理暂行办法》，规范招投标管理和监督管理。要严格执行集团公司《关于取缔和禁止设立“小金库”通知》，并对清理“小金库”工作进行严格的检查。

（22）要采取有力措施，防止影响稳定和企业形象的重大案件和突发事件的发生。做好信访工作，加大查办案件力度。

五、围绕中心，服务大局，不断创新和发展宣传思想工作

（23）围绕企业改革发展稳定中心任务，大力开展对员工的理想信念教育、形势任务教育和“以电兴业，强企报国”的集团公司理念教育活动，引导广大员工牢固树立与社会主义市场经济相适应的发展观和改革观，树立整体意识和全局意识，正确处理个人利

益与企业利益、个人发展与企业发展的关系。要以“强化管理，提高效益”、“主辅分离，辅业改制”中的员工教育、引导作为重点，不断增强广大员工抓住机遇、加快发展的紧迫感，树立与电力市场竞争相适应的市场竞争观念、效益效率观念，资本运营观念。通过编印“强化管理，提高效益”宣传册，开展“我与管理效益年”征文活动，将集团公司发展战略、发展目标以及企业理念、职业道德观等向员工进行全面宣传，调动员工为发展作贡献的积极性和创造性，推动集团公司的各项工作。

(24) 牢固占领企业宣传思想阵地，坚持团结稳定鼓劲、正面宣传为主的方针，唱响主旋律，打好主动仗。要认真贯彻党的十六大、十六届三中全会、十届全国人大二次会议和全国政协十届二次会议精神。要掌握和运用现代化的设施和媒体，把党校办到企业，课堂设在支部，把计算机网络延伸到班组，信息传递到员工，把报栏办到公共场所，把电视广播节目送到千家万户，让党的声音传遍社区。要办好《政工信息》、《政工天地》网页。基层企业要充分发挥内部报刊、电视、网站的作用，把体现集团公司党组意志和反映员工群众的心声统一起来，充分发挥宣传媒体的喉舌作用，用身边的人和事宣传典型教育员工。定期举办电视新闻专题节目、优秀企业报的评选竞赛活动，为发展创造更加有利的舆论环境。

(25) 通过党委会、支委会、政工例会等，建立员工思想动态分析制度，定期进行员工思想状况分析，准确把握新形势下员工思想活动的特点，因地制宜、因人而易、有的放矢，使思想政治工作做实、做活。善于从员工最关心、同员工利益最密切的问题入手，从员工最希望做的事做起，办实事，求实效，做好员工思想政治工作，营造战略目标的感召力、营造“人心”管理的平台、营造企业文化的向心力、营造员工成才“通道”。2004年，开展“万人思想动态调查”活动，及时摸清员工思想脉搏，为集团公司决策提供依据。

(26) 强化思想政治工作为企业中心工作服务的意识，努力使思想政治工作贴近实际、贴近生活、贴近群众。要善于运用说服教育、示范引导等手段，理顺情绪，化解矛盾，在服务员工中引导员工，共同为实现集团公司发展目标而努力工作。要挖掘在“为发展作贡献，为党旗增光辉”主题活动、“国电杯”劳动竞赛以及在各项工作中做出突出贡献的先进典型，引导广大员工为集团公司发展建功立业。

(27) 要充分发挥党建思想政治工作研究会的作用，着力研究解决集团公司改革发展中出现的难点热点问题，努力探索新形势下党建和思想政治工作新途径。集团公司将成立党建思想政治工作研究会，同时理顺内部运作机制。研究会要重点围绕党组的中心工作，深入开展企业党组织发挥政治核心作用的方式方法与途径、加强和改进企业思想政治工作、建设先进企业文化与打造企业核心竞争力等方面的研究，为党组的重大决策、重点工作提供参考和服务。积极开展党建思想政治工作优秀成果的评选活动，强化优秀成果的推广、转化、应用。

(28) 正确处理好改革、发展、稳定的关系，努力维护企业的稳定。党委书记要肩负起稳定第一责任人的责任，其他领导人员对稳定工作负有重要责任。要认真协调改革进程中的各种利益关系，把改革的力度与职工的承受程度相结合，积极稳妥地推进改革的顺利进行。要增强政治的敏锐性和忧患意识，认真排查企业的不稳定因素，力争把不稳定的问题解决在基层，解决在萌芽状态。要对发生重大不稳定事件的企业，实施责任追究。继续做好对“法轮功”等邪教的防范监控工作。

六、拓展领域，增强实效，继续深化群众性精神文明创建活动

(29) 以职业道德建设为重点，加强员工道德建设。要认真贯彻落实《公民道德建设实施纲要》。大力倡导“忠诚事业，忠诚集团，爱岗敬业，岗位成才”的职业道德观，逐步建立与集团公司发展相适应的职业道德体系。不断增强员工的道德意识，提高员工道德素质。要通过举办“职业道德宣传日”，“职业道德观大家谈”等活动。把道德教育的任务落实到基层，融入形式多样，丰富多彩的活动中，扩大道德建设的覆盖面，提高影响力。

(30) 以提高员工素质、企业文明程度、集团公司整体文明水平为目标，深化群众性文明单位创建活动。制定集团公司《创建文明单位管理办法》，高标准推进文明单位创建活动的开展。通过组织精神文明建设交流互查互学等活动，选树典型，提高群众性精神文明活动的创建水平。要把精神文明创建活动向深度和广度延伸，倡导科学文明健康的生活方式，不断扩大精神文明创建活动的领域。通过举办丰富多彩的文化活动，不断创新创建活动的载体，增强创建活动的吸引力和感染力。要在企业形成精神文明建设党政工团齐抓共管的格局，奠定精神文明建设坚实的基础。

(31) 大力开展法制教育工作，不断提高依法治企水平。要通过聘请专家讲课、印发法律知识学习资料、举办法律知识竞赛、建立网上法律教育平台等手段，不断增强全体员工学法、用法、守法的积极性，增强各级领导干部依法决策、依法行政、依法管理、依法经营的能力和水平。以法律法规为依据，加强以

集团公司章程为统领的各项规章制度的建设和完善，使各项工作日益走上法制化、规范化的轨道。要通过坚持抓好日常性的法律教育工作，努力实现由提高法律意识向提高法律素质的转变，特别是各级领导干部法律素质，实现由注重依靠行政管理向注重依法管理的转变。

七、准确定位，构建特色，全面推进集团公司企业文化建设

(32) 认真贯彻落实集团公司企业文化建设实施纲要，进一步开展文化铸魂工程，建设独具特色的国电集团企业文化，形成以“做实、做新、做大、做强”工作方针为核心的企业文化体系，为集团公司发展提供强有力的文化支撑。按照企业文化建设的统一规划和统一内容标准，2004年，选择十家单位进行企业文化建设试点，并逐步推广试点单位的经验做法。

(33) 积极宣传贯彻集团公司企业文化理念，推广集团公司形象标识应用，逐步完善行为、理念识别系统。编印集团公司企业文化建设系列丛书，开展企业文化建设系列活动。组织“我和国电大家写”文艺创作活动、“企业文化理念大家讲”演讲比赛、“《国电之歌》大家唱”等活动，让“以电兴业，强企报国”的企业理念和“忠诚事业、忠诚集团，爱岗敬业、岗位成才”职业道德观在集团公司内全方位普及覆盖，使其成为企业生存与发展的精神支柱和动力源泉。

(34) 把建设学习型组织作为企业文化建设的重要载体和延伸，扎实推进创建学习型企业工作，提高员工综合素质，增强企业核心竞争力。各基层单位要建立相应机构，明确主抓部门，落实工作责任，制定鼓励员工终身学习的管理制度，形成员工成才的良性机制，加大对创建工作的物质投入，建立和完善必要的文化教育设施。

八、加强领导，增强活力，支持工会共青团组织全面履行职能

(35) 各级党组织要认真贯彻全心全意依靠工人阶级的指导方针，切实加强对工会组织的领导，支持他们独立自主地开展工作，全面履行“维护、建设、参与、教育”四项职能。

(36) 继续完善以职代会制度为基本形式的民主管理，重点抓好职工代表大会、平等协商、集体合同和厂务公开等机制的建设，在进一步提高集体合同签约率、履约率和职工满意率上下功夫。认真落实职工代表大会的各项职权，不断提高职工代表大会工作的质量，强化民主评议企业领导干部工作。

(37) 深入开展劳动竞赛、合理化建议、技术革新、技术协作、发明创造等多种形式的职工经济技术活动。动员和组织广大职工，积极参加“管理效益年”活动和“168”人才工程，组织好为实现集团公司发展目标建功立业的“国电杯”劳动竞赛。

(38) 按照国资委关于实施职工素质工程的指导意见，落实“立足班组、面向职工、学习知识、掌握技能、提高素质、促进发展”的要求，全面启动“素质工程”。通过开展岗位培训、技术比武、先锋岗竞赛、经济技术创新、读书自学、拜师学技、创建学习型班组和知识型员工等系列活动，提高职工生产技能和攻克生产难关的能力。各级工会组织要把培养高素质职工队伍，作为工会组织最大的维权。

(39) 各级工会组织和工会干部要在党委领导下，进一步强化责任意识，努力为广大职工特别是困难职工群众办实事。要继续拓展“送温暖”工程的领域，大力实施困难职工的救助工作。

(40) 各级党组织要加强对共青团的领导，发挥共青团作为党的助手和后备军教育、带领、服务青年的作用。要大力加强青年的思想教育，在青年中开展“热爱社会、热爱企业、热爱家庭”的教育活动，教育和鼓励青年员工爱岗敬业，岗位成才，以适应集团公司发展战略目标提出的新要求。

(41) 充分发挥团员青年在改革发展稳定中的生力军作用。继续做好青年成才工程和创新创效工作，深化“学习求知、创新成才”主题活动和“青年文明号”、“青年岗位能手”活动，引导青年员工立足本职，发挥聪明才智，为集团公司的改革发展建功立业。

(42) 各级工会、共青团组织要围绕歌唱祖国、歌唱党的主题，唱响国电之歌，振奋职工精神。建立健全各类文体协会组织，开展职工文化艺术节系列活动，蓬勃开展健康向上的职工文化体育活动。

九、强化素质，优化结构，建设作风扎实、运转高效的政工干部队伍

(43) 根据中央有关文件精神，建立和完善“政工干部培训规划”，围绕集团公司年度中心工作和改革发展稳定的需求，把政工干部纳入集团公司“人才兴企”战略规划，加大培训力度，不断拓宽业务范围，全面提高政治素质和业务能力，建设一批熟悉意识形态工作、懂企业生产经营、善于管理的高素质、专兼职、复合型的企业政工干部队伍。坚持干部队伍的“四化”方针和德才兼备的原则，把那些政治上清醒坚定、思想理论修养好、组织领导能力强、熟悉企业党建思想政治工作的优秀政工干部及时选拔到领导岗位上来，适应集团公司建立现代企业制度、实现战略目标的需要。

(44) 坚持不懈地搞好政工队伍的思想作风建设，制定“政工干部作风建设管理办法”，进一步明确作风转变的标准和途径，使深入基层、深入员工工作、深入员工生活，大兴调查研究之风，形成制度化、规范化。政工干部要从生动的企业实践活动出发，不断在思想观念、工作内容和方式上有所创新，提出推动企业持续健康发展的新举措；紧紧围绕集团公司的工作方针、决策部署和员工关切的问题，解疑释惑、反映员工的意见和要求；善于运用员工乐于接受的语言、喜闻乐见的形式，创作反映员工工作、生活的作品，使党建思想政治工作成为生产安全的保障线、经营管理的效益线、改革发展的动力线和员工队伍的稳定线，致力营造有利于企业发展的和谐局面。

(45) 按照《中共中央关于加强和改进思想政治工作的若干意见》和集团公司“人才兴企”战略的要求，在党委（组）的统一领导下，按照“提高素质、优化结构、相对稳定”和“政治强、业务精、纪律严、作风正”的要求，配齐配足政工干部；政工干部要与其他生产经营管理干部做到在政治经济、培训深造和提拔任用上做到一视同仁。

(46) 建立健全思想政治工作责任制，党委（党组）一把手要负起第一责任人的职责，其他领导成员也要明确任务，负起责任。企业党建思想政治工作要形成在党委（组）统一领导下，党政工团密切配合，以专职政工干部为骨干，以行政干部和专业技术人员为主体，上下联动一致、目标层层包保、运行协调高效的大政工格局。

十、明确标准，健全机制，逐步建立和完善党建思想政治工作科学评价体系

(47) 党的基层组织是党的全部工作和战斗力的基础，担负着思想政治工作的重要职责。企业党建思想政治工作要紧紧围绕集团公司“做实、做新、做大、做强”的工作方针，适应建立现代企业制度的新要求，坚持“三贴近”，做到求真、求实、求管用。各级党组织要着眼于发挥自身政治优势，建立健全党建思想政治工作的工作标准、管理标准和考核标准等，与企业生产经营管理工作同时计划、同时部署、同时落实、同时检查、同时考核、同时奖惩，促进各项工作的落实。

(48) 按照《中国国电集团公司基层党委工作条例（试行）》等有关规定，在企业党组织工作考核评价上，突出基层党委、党支部的“政治核心作用”、“战斗堡垒作用”的贯彻落实。各级党组织要结合本单位实际，加强与之相适应的评价考核制度建设并抓好落实，集团公司将在检查考评的基础上，搞好“国电红旗奖状”单位的评比表彰工作。

(49) 集团公司将在总结“国电红旗奖状”创建工作经验的基础上，适应新形势、新任务的要求，积极探索企业党建思想政治工作融入生产经营管理、服务中心工作的新途径，形成保证党委统一领导、确保党组织“三个作用”发挥、调度适度、运行有序、协调发展、保障稳定，与依法治企相适应的党建思想政治工作的新体制。

(50) 按照党组提出的党建思想政治工作要“为经济服务，为发展服务，为提高效益服务”的新要求，积极探索和完善企业党建思想政治工作评价体系的建设。要以员工满意、同级满意和上级组织满意为基准，以企业领导班子整体效能好、党组织“三个作用”发挥好、经济效益好、企业管理好、队伍建设好、社会形象好为基本条件，以企业党建思想政治工作在实现企业战略目标进程中的坚强保证作用为根本目标，永葆企业党建思想政治工作在新形势下的强大生命力。

关于印发《中共中国国电集团公司党组关于开展保持共产党员先进性教育活动准备工作的实施方案》的通知

国电集党［2004］15号

集团公司各分支机构，各直属、全资、控股单位党委（党组）：

中共国务院国资委委员会日前下发《国资委党委关于认真做好中央企业保持共产党员先进性教育活动准备工作的通知》（国资党委组织［2004］31号），对中央企业开展保持共产党员先进性教育活动准备工作进行了全面部署。为确保先进性教育活动在集团公司的顺利推进和健康发展，集团公司党组制定了《中共中国国电集团公司党组关于开展保持共产党员先进性教育活动准备工作的实施方案》，现印发给你们，请认真贯彻执行，并结合本单位实际，切实制定好开展保持共产党员先进性教育活动准备工作的实施措施。

附件：1.《中共中国国电集团公司党组关于开展保持共产党员先进性教育活动准备工作的实施方案》

2. 中国国电集团公司基层党组织建设状况调查表（略）

二〇〇四年四月二十八日

附件 1：

中共中国国电集团公司党组关于开展保持共产党员先进性教育活动准备工作的实施方案

根据《国资委党委关于认真做好中央企业保持共产党员先进性教育活动准备工作的通知》，为集团公司系统开展先进性教育活动奠定良好的基础，确保先进性教育活动在集团公司系统顺利推进，现就准备工作提出如下实施方案。

一、深刻认识做好保持共产党员先进性教育活动准备工作的重要意义

在全党开展保持共产党员先进性教育活动，是党的十六大作出的重大决策，是新世纪新阶段加强党的建设的基础工程。在试点工作的基础上，中央决定，2004 年四季度在全国展开保持共产党员先进性教育活动，这是摆在各级党组织面前的一项非常重要的党建工作任务。集团公司当前正在按照“做实、做新、做大、做强”的工作方针，积极开展“管理效益年”活动，实施改革重组工作和推进工程建设，逐步实现发展战略构想，各项事业发展迫切需要保持和发扬共产党员先进性，各项工作中需要发挥共产党员的先锋模范作用。

在集团公司系统做好保持共产党员先进性教育活动准备工作，对于学习贯彻《中国共产党党内监督条例（试行）》和《中国共产党纪律处分条例》，认真贯彻《中国国电集团公司党建思想政治工作大纲》，落实党风廉政、精神文明建设责任制，纵深推进“为发展做贡献，为党旗增光辉”主题活动，加强党组织自身建设和党员队伍管理，都有着十分重要的促进作用。要把保持共产党员先进性教育活动准备工作与党建思想政治各项活动有机结合，与夯实基础、确保安全、提高效益各项措施有机结合，与树立科学的发展观，落实加快发展的各项任务有机结合。通过做好保持共产党员先进性教育活动准备工作，强化党的思想、组织、作风建设，规范党建基础工作，提升党建活动质量，增强党的工作实效，提高党员素质，从而确保实现“管理效益年”活动、工程建设和三项责任制等目标。

二、加强对保持共产党员先进性教育活动准备工作的组织领导

集团公司系统保持共产党员先进性教育活动准备工作在集团公司党组统一领导下进行。为了完成准备工作各项工作任务，集团公司成立保持共产党员先进性教育活动准备工作领导小组。

组　长：周大兵（集团公司党组书记、总经理）

副组长：朱永芃（集团公司党组成员、副总经理）

李庆奎（集团公司党组成员、副总经理）

刘彭龄（集团公司党组成员、副总经理）

陈　飞（集团公司党组成员、副总经理）

成　员：张成杰（集团公司人力资源部主任）

许援朝（集团公司纪检组副组长，监察审计部、政治工作部主任）

李志忠（集团公司总经理工作部副主任）

梁世斋（集团公司监察审计部副主任）

陈乃灼（集团公司政治工作部副主任）

集团公司政治工作部具体负责各项准备工作的实施，做好安排布置、检查指导、联系报告。

各基层企业党委要把开展保持共产党员先进性教育活动准备工作摆在重要的议事日程，党委书记直接主抓，明确活动准备工作责任部门。

三、认真开展保持共产党员先进性教育活动准备工作调查摸底

保持共产党员先进性教育活动准备工作，首要的任务是开展调查研究，深入了解基层党组织建设的状况，认真总结党员管理工作的经验，全面掌握党员队伍中存在的问题。调查摸底工作通过三种途径进行，一是集团公司组织一次专题调查组，深入部分基层单位听取基层党务工作者和广大党内外群众的意见，发现并剖析问题；二是组织填写调查表，包括《基层党组织建设状况调查表》、《党员管理工作调查表》，《保持党员先进性教育活动群众意见调查表》；三是基层党组织普遍开展一次总结党建工作经验，查寻问题及探讨对策的研讨活动。

四、加强基层党组织建设，为开展保持共产党员先进性教育活动创造条件

保持共产党员先进性教育活动准备工作，一项非常重要的任务就是进一步加强基层党组织建设。各单位党委要一方面检查党组织关系是否真正理顺，在当地上级组织领导下开展工作存在什么问题，党委职责履行是否正常，各项制度贯彻存在什么问题，参与企业重大问题决策的途径是否畅通、效果如何，对群众组织的领导是否有力，是否能够定期听取汇报并研究解决群众组织工作中的问题，党委会、纪委会是否正

常召开，委员分工负责情况如何，对多种经营企业党的工作领导是否到位，党的工作部门设置运转情况如何等；另一方面检查所属党支部（总支）划分设置是否合理，工作的覆盖面是否到位，战斗堡垒作用体现如何，阵地建设如何，组织生活质量效果如何，班子配备是否精干高效，是否做到正常换届，在群众中的威信如何等。通过细致地排查以上问题，准确客观地评价企业各级党组织的作用和地位。

五、规范党员队伍管理，为开展保持共产党员先进性教育活动搭建平台

保持共产党员先进性教育活动准备工作，必然要求规范党员队伍管理。在党员队伍管理工作中，要注意检查并做好以下十个问题的解决：流动党员是否按照规定办理组织关系转移（含临时介绍），有没有组织关系没有着落的党员？离退休、内退及休长假党员组织生活怎么安排的，教育管理责任是否落实？对党员绩效是如何考核评价的，评议工作是否有效？有党员岗位、班组所占比例如何，有没有党员空白部门？党费收缴管理中存在什么问题，党员教育经费是否能够保证？党员与党组织联系的渠道是否畅通，党员的民主权利是否得到保障？党员人才状况如何，党员是否成为各方面工作的骨干力量？组织发展是否严格执行规定，考察、培养、培训方面存在哪些问题？党员年龄结构、分布情况是否合理？如何关注解决在生活工作上有困难的党员，采取了哪些措施？要通过准备工作，认真总结党员管理方面的经验，做好交流推广。

六、培训骨干强化宣传，为开展保持共产党员先进性教育活动营造环境

保持共产党员先进性教育活动准备工作，要抓好培训骨干和舆论宣传工作。集团公司将在适当时间，组织一次组织部门负责人参加的培训活动，组织一次新闻宣传研讨评选活动。各基层企业党委要把保持共产党员先进性教育活动纳入党委中心组学习内容，围绕党内两个重要条例的学习贯彻，开展党性观念和党员意识教育，结合纪念“七一”，通过征文、知识竞赛、理论研讨、座谈会、演讲会、党员事迹报告会等方式，在党员中做好保持共产党员先进性教育活动的宣传舆论工作。对各单位好的做法和经验，将在《政工信息》上发表交流。

各基层企业党委要对保持共产党员先进性教育活动准备工作认真研究，精心布置，结合实际，创新思路，落实任务。对准备工作开展情况，要纳入党风廉政、精神文明建设责任制进行考核。准备工作总体上将于8月底前结束，各基层企业总结于7月底前报集团公司政治工作部。总结内容主要包括：进行准备工作的方式方法及主要工作；开展调查摸底的情况；基层党组织建设状况及存在的突出问题；党员教育管理工作及存在的主要问题；在准备工作中采取了哪些措施，解决了什么问题，效果如何；培训骨干和宣传教育情况；党内外群众的意见和建议等。在此基础上，对集团公司系统保持共产党员先进性教育活动准备工作进行全面总结，按照规定时间和要求报国资委党委。

规章制度

关于印发《中国国电集团公司参股公司三会业务规范（试行）》的通知

国电集总［2004］107号

集团公司各分支机构：

为增强集团公司对参股公司的控制力，维护好集团公司在参股公司中的合法股东权益，规范集团公司向参股公司派出股东代表、董事和监事参加股东会、董事会和监事会的业务活动，根据国家有关法律法规，结合集团公司实际，特制定了《中国国电集团公司参股公司三会业务规范（试行）》，现印发执行。请将执行过程中发现的问题及时告集团公司总经理工作部。

附件：《中国国电集团公司参股公司三会业务规范（试行）》

二〇〇四年四月十二日

附件：

中国国电集团公司
参股公司三会业务规范
（试　行）

第一章　总　　则

第一条　为增强中国国电集团公司（以下简称集团公司）对参股公司的控制力，维护好集团公司在参股公司中的合法股东权益，规范集团公司向参股公司派出的股东代表、董事及监事的三会业务活动，根据《中华人民共和国公司法》等国家有关法律法规和集团公司章程及相关规章制度的规定，制定本规范。

第二条　本办法所称参股公司是指集团公司直接参股公司，所称三会业务是指股东会、董事会和监事会业务。

第三条　集团公司向参股公司派出的股东代表、董事及监事办理股东会、董事会或监事会业务，应适用本规范。

第四条　集团公司作为参股公司的股东，按投入公司的资本额享有所有者的资产受益、重大决策、选择管理者等各项股东权益。

第五条　集团公司参股公司三会业务管理工作（以下简称参股公司三会业务管理）应充分发挥各分支机构的作用，做到各分支机构和集团公司本部两个积极性有机结合、协调配合。

第六条　参股公司三会业务管理应遵循“分层授权、分级负责、扁平化管理、协调统一”的原则。

第七条　集团公司在参股公司三会业务管理方面的主要职责是：

（一）统一领导、部署参股公司三会业务管理工作；

（二）研究拟定相关管理制度、管理办法及业务规范并监督执行；

（三）指导、监督、检查各分支机构的参股公司三会业务管理工作；

（四）直接负责重要参股公司的三会业务管理工作；

（五）负责确定重要参股公司的三会业务联系人；

（六）协调安排需报集团公司领导及总经理办公会研究决定的重大事宜；

（七）负责三会业务管理中集团公司层面的协调工作；

（八）负责已经设立的参股公司章程、合同（中外合资、合作企业）修改审批事宜；

（九）其他三会业务管理中的重大问题。

第八条　各分支机构在参股公司三会业务管理方面的主要职责是：

（一）具体负责所辖区域内参股公司的三会业务管理工作；

（二）根据集团公司有关规章制度，制定三会业务管理方面的具体规章、实施细则等；

（三）负责建立并实施与所辖区域内参股公司的控股股东及其他股东方进行有效业务联系和沟通的机制；

（四）负责确定所辖区域内参股公司三会业务联系人，并报集团公司备案；

（五）配合集团公司开展重要参股公司的三会业务管理工作；

（六）收集、整理所负责的参股公司基础信息及三会业务管理中的重要信息和重大问题，并报集团公司；

（七）所辖区域内参股公司其他三会业务管理工作。

第九条　各分支机构研究决定涉及计划投资、预决算、电源前期、工程建设等三会事项，应严格按照集团公司有关规定在授权范围内进行，不得超越授权权限擅自决定。

第十条　集团公司总经理工作部归口负责集团公司参股公司三会业务管理工作；总经理工作部设董事会办公室或其他执行处室，承担三会业务管理的具体日常工作。

第十一条　各分支机构综合管理部门归口负责所辖区域内参股公司三会业务管理工作，由集团公司直接负责的重要参股公司除外。

第十二条　集团公司计划发展、人力资源、财务产权等相关职能部门是三会业务的会办部门，与集团公司计划投资委员会、预算管理委员会等各类管理机构在各自职责范围内负责对三会业务中相关议题、议案出具表决意见或提出修改和完善建议。

各部门、各类管理机构在办理三会业务中应遵循“保证时效，分工负责，协调配合”的原则。

第十三条　集团公司向参股公司派出的股东代表、董事及监事办理三会业务活动应遵守下列原则：

（一）“主动、审慎、全面履行职责”与“坚持集团公司内部决策及管理程序”相结合；

（二）“尊重控股股东、其他股东方及所任职公司”与“坚决依照国家有关法律法规和公司章程、股东协议书（出资协议书）的规定，维护集团公司合法利益”相结合；

（三）“加强与其他股东方的沟通、协调”与“坚决按照集团公司决策进行表决”相结合；

（四）“坚持原则”与“讲究策略、灵活机动”相结合；

（五）廉洁执业、严格操守。

第十四条 集团公司对参股公司三会业务管理实行“业务联系人制度”、“议案会办制度”、“信息通报制度”、“档案管理制度”及“基础资料归集制度”等。

第二章 股东代表、业务联系人

第十五条 集团公司直接负责的重要参股公司股东会会议，由集团公司确定出席会议的股东代表；各分支机构负责的参股公司股东会会议，由所在区域分支机构提出出席会议的股东代表建议，于会议召开十二日前报请集团公司确认和办理股东代表授权委托书。

集团公司首次参加的参股公司股东会会议或会议有选举、更换董事、监事议题时，应商集团公司人力资源部确定出席会议的股东代表。

第十六条 集团公司出席参股公司股东会会议的股东代表一般授权从分支机构中派出的副董事长或主要董事担任；重要参股公司股东会议的股东代表，一般授权集团公司本部派出的副董事长或主要董事担任；集团公司领导可根据具体情况指定出席会议的股东代表人选。

股东代表人选获准集团公司法定代表人签发授权委托书后正式生效。

第十七条 股东代表出席股东会会议，应持有效集团公司法定代表人授权委托书。

股东代表授权委托书应按规定程序由集团公司总经理工作部统一办理。

第十八条 接到关于代表集团公司出席股东会会议的通知后，股东代表应及时了解股东会会议议题、具体事项及处理方案等会议基本情况，进行形式审查，并就有关议题及时征求相关职能部门意见；对特别重大的议题，应提请集团公司总经理工作部报请总经理办公会研究决定。

第十九条 对每一个参股公司均应明确一名“三会业务联系人”。

第二十条 集团公司直接负责的重要参股公司，由集团公司总经理工作部商人力资源部确定“三会业务联系人”。

各分支机构负责的参股公司，由该分支机构确定三会业务联系人，并报集团公司总经理工作部备案。

第二十一条 参股公司三会业务联系人的主要职责是：

（一）牵头组织对董事会、监事会会议通知及议题等进行形式审查；

（二）牵头组织对董事会、监事会议案提出初步处理意见，并向有关职能部门征求意见；

（三）对特别重大议题，提请三会业务归口管理部门报请集团公司总经理办公会、分支机构负责人办公会研究决定；

（四）股东会与董事会同时召开的，一般可由业务联系人就股东会会议通知、议题进行形式审查并就议案征求有关职能部门意见；

（五）向集团公司派出的股东代表及其他董事、监事通报、报告对议案的表决意见；

（六）牵头组织收集、报送所任职公司股东会、董事会、监事会会议纪要及决议文件，收集所任职公司章程、股东协议书等基础材料和重要历史资料；

（七）牵头组织跟踪、了解并向三会业务管理部门报告所任职公司的有关基础信息、重要情况；

（八）三会业务管理部门交办的其他相关工作。

第三章 业务办理规则

第二十二条 收到参股公司三会会议预安排征求意见函后，该参股公司业务联系人应牵头组织征求其他董事、监事和相关职能部门意见，提出回复建议并报三会业务归口管理部门核准后，及时与其他股东或该参股公司沟通、联系安排。

需书面回复的，应提请三会业务归口管理部门发文或发函回复。

第二十三条 收到参股公司三会会议通知、议题后，该参股公司业务联系人（股东代表）应牵头组织进行形式审查，区分不同情况作不同处理：

（一）对未按照法律规定及公司章程约定时间提前通知我方的，原则上应要求重新确定会议召开时间。

（二）对未列明会议具体议题的，原则上应要求重新通知并明确具体议题。

（三）对已列明会议具体议题，但未提前与我方就有关重要议题进行沟通的，应要求对方纠正；对确实不宜在本次会议上讨论表决的，应坚决要求取消此议题。

（四）对未提供具体会议文件及材料，影响我方对会议议题进行研究的，应及时要求对方提供并保证我方有充足的研究分析时间。

（五）我方认为应增加议题或有其他意见的，应及时与其他股东或该参股公司联系落实。

根据需要，三会业务归口管理部门可对三会会议通知、议题直接进行形式审查，作出处理决定。

第二十四条 召开股东会会议，应当于会议召开十五日以前通知我方。

召开董事会会议，应当于会议召开十日以前通知我方全体董事、监事。

公司章程约定提前通知时段长于上述规定的，以公司章程约定时间为审查标准。

第二十五条 对形式审查合格的三会议题及议案，该参股公司业务联系人（股东代表）应及时通知三会业务归口管理部门，并根据三会业务归口管理部门签发的三会议案征求意见通知单牵头组织征求相关职能部门意见。

第二十六条 有关职能部门对涉及本部门职责范围的议题和议案，应及时研究，填写表决意见通知书，于两个工作日内回复业务联系人（股东代表），并报三会业务归口管理部门备案。

相关职能部门出具表决意见、提出修改意见应具体、明确，并对其出具的表决意见和提出的修改意见负责。

表决意见通知书由三会业务归口管理部门与有关职能部门联合签发。

第二十七条 业务联系人最迟应于会议召开前将表决意见通知其他董事、监事及股东代表。

第二十八条 对特别重大议题，业务联系人（股东代表）应提交三会业务归口管理部门报请集团公司总经理办公会或分支机构负责人办公会研究决定。

第二十九条 集团公司总经理工作部（分支机构综合管理部门）应将会议情况及对重大议题的研究结果形成会议纪要，报请主持会议的公司领导或分支机构负责人签发后，及时通知相关业务联系人（股东代表），并由其通知到我方其他董事、监事。

第三十条 各分支机构对超出其授权管理权限的重大事项，应提出建议，并及时报请集团公司研究决定。

前款所说“授权管理权限”是指根据集团公司对分支机构的授权管理办法及计划投资、财务产权、人力资源、工程建设、市场营销等专业管理制度、管理办法的规定，各分支机构所享有的对相关事项的管理权限。

第三十一条 我方派出的股东代表和所有董事、监事，均有义务了解、研究三会会议通知、议题和议案，均有义务协助“业务联系人”开展工作。

第三十二条 我方派出股东代表、董事、监事应以对集团公司高度负责的态度，积极认真进行会前准备，准时参加会议。

第三十三条 我方派出监事应列席董事会会议。

第三十四条 我方派出董事、监事如有特殊情况确实不能参加会议的，应在征得有管理权的三会业务归口管理部门同意后，书面委托我方其他人员参加会议，对相关议案行使表决权。

我方派出董事委托他人参加会议时，一般不得委托同一公司的监事参加会议和行使表决权。

股东代表原则上不能委托他人代为参加股东会会议。

第三十五条 我方派出的股东代表、董事、监事，应严格按照集团公司或有管理权的分支机构的表决意见进行表决。

任何股东代表、董事、监事都不能违反集团公司或有管理权的分支机构作出的表决意见擅自进行表决。

第三十六条 股东会、董事会和监事会会议，原则上不得对未列入会议通知或未提前征求我方意见的议题进行讨论和表决。

第三十七条 股东会、董事会、监事会应当对所议事项的决定作出会议记录、会议纪要或决议，经审慎审查无异后，出席会议的我方股东代表、董事、监事应当在相应的会议记录（纪要、决议）等文件上签名。

第四章 信息收集及档案管理

第三十八条 股东会、董事会及监事会会议结束后，业务联系人（股东代表）应及时收集会议记录（纪要、决议）等会议成果资料。

第三十九条 业务联系人（股东代表）应将上述会议成果资料复印一份，及时报送有管理权的三会业务归口管理部门留存备查。

各分支机构应将其直接负责的参股公司三会会议成果资料同时复印一份报送集团公司总经理工作部备案。

第四十条 股东会、董事会及监事会会议记录、纪要和决议等会议成果资料原件应由业务联系人（股东代表）按照集团公司及各分支机构档案管理的有关规定及时报送相应档案管理部门存档保管。

第四十一条 董事会、监事会会议成果资料原件一般由分支机构档案管理部门存档保管。

重要参股公司的上述资料原件，由集团公司档案管理部门存档保管。

所有股东会会议成果资料原件一律由集团公司档案管理部门存档保管。

第四十二条 三会会议结束后，业务联系人（股东代表）应将会议中出现的重大问题和发生的重要情况及时书面报告有管理权的三会业务归口管理部门。

各分支机构应将其直接负责的参股公司三会会议过程中发生的特别重大问题及时报告集团公司。

第四十三条 业务联系人应跟踪了解所任职公司的有关基础信息和重要情况，并向三会业务归口管理部门报告。

我方派出其他董事、监事均有义务积极、深入、全面了解所任职公司有关基础信息和重要情况，并配合业务联系人向三会业务归口管理部门报告。

第四十四条 前条所称所任职公司的基础信息、重要情况包括但不限于所任职公司的下列信息：

（一）公司历次章程、股东（出资）协议书；

（二）公司注册资本总额、到位额、股东各方及其出资比例等；

（三）公司装机规模、主要设备概况、在建工程情况、技改情况及职工人数、组成概况等；

（四）公司董事会和监事会组成人员的基本情况和变动情况；总经理、副总经理、总会计师以及董事会秘书等高级管理人员的基本情况和变动情况；

（五）公司年度财务预算和决算、年中和年度财务报告、年度审计报告；

（六）公司增（减）资、利润分配、弥补亏损、发行债券（证券）、改制上市及重大对外担保等情况；

（七）公司合并、分立、解散以及被收购等涉及资本（所有权）变动事项；

（八）重大安全生产事故；

（九）特别重大法律纠纷；

（十）其他重要基础信息和重要情况。

第四十五条 集团公司及各分支机构三会业务归口管理部门应建立、完善参股公司基础信息库。

第四十六条 根据工作需要，集团公司及各分支机构三会业务归口管理部门可定期编印三会业务信息通报，报道三会业务重要进展情况，总结、分析三会业务管理中的经验、教训。

第五章 附 则

第四十七条 我方派出董事、监事和股东代表应抓紧学习公司法等国家有关法律法规和相关业务知识，以提高业务水平。

第四十八条 三会业务归口管理部门应会同人力资源部门加强对董事、监事和股东代表的针对性、实用性培训。

第四十九条 对我方派出董事、监事履行职责情况的考核，由人力资源部门会同三会业务归口管理部门进行；根据考核情况，按照集团公司相关规章制度的规定，可给予一定的奖励或给予相应的处罚。

第五十条 股东代表、董事和监事有严重失职情况或不称职的，三会业务归口管理部门可建议人力资源部门按规定程序进行更换。

第五十一条 本办法所称重要参股公司一般是指有集团公司本部人员担任董事或监事的参股公司，具体范围由集团公司人力资源部商计划发展部、财务产权部、总经理工作部确定。

第五十二条 本规范由集团公司总经理工作部负责解释、修订。

第五十三条 本规范自印发之日起施行。

中国国电集团公司目标责任制考核管理暂行办法

国电集人［2004］31号

集团公司各分支机构，各直属、全资、控股单位：

为适应集团公司改革和发展要求，全面落实集团公司资产经营、安全生产、工程建设、党风廉政和精神文明建设等目标，建立有效的激励约束机制，根据国资委《中央企业负责人经营业绩考核办法》，结合集团公司实际情况，集团公司制定了《中国国电集团公司目标责任制考核管理暂行办法》，现印发给你们，请遵照执行。

附件：《中国国电集团公司目标责任制考核管理暂行办法》

二〇〇四年二月五日

附件：

中国国电集团公司目标责任制考核管理暂行办法

第一章 总 则

第一条 为适应中国国电集团公司（以下简称集团公司）改革和发展的要求，全面落实集团公司经济效益、安全生产、工程建设、党风廉政和精神文明建设等目标，建立有效的激励和约束机制，根据国资委《中央企业负责人经营业绩考核办法》，结合集团公司实际情况，制定本办法 。

第二条 本办法所称目标责任制包括：资产经营目标责任制、安全生产目标责任制、工程建设目标责任制、管理目标责任制、党风廉政和精神文明建设责任制。

第三条 实行目标责任制考核应遵循以下原则：

1. 与集团公司总体目标一致的原则。要有利于促进集团公司加强安全生产管理、提高经济效益和市场竞争力，实现国有资产保值增值和资本收益最大化，确保集团公司的各项目标落到实处。

2. 按照企业的不同特点，实行科学的分类与考核。

3. 按照权责利相统一的原则，建立目标责任与激励约束相结合的考核制度，建立健全科学合理、可追溯的目标责任制。

第四条 本办法适用于集团公司的分支机构、内部核算企业、全资企业、控股公司、筹建处（以下简称所属企业）。

第五条 本办法的考核对象为集团公司所属企业的企业领导班子成员，包括：

1. 分支机构的总经理（主任）、副总经理（副主任）。

2. 内部核算电厂的厂长、副厂长、总工程师、总会计师、党委书记、党委副书记、纪委书记、工会主席。

3. 全资、控股公司的总经理、副总经理、总工程师、总会计师、党委书记、党委副书记、纪委书记、工会主席。

4. 筹建处主任、副主任。

第二章 目标责任书及其签订

第六条 目标责任书内容包括：签约双方名称、总则、考核期限、考核内容、考核与奖惩、各方责权、目标责任的变更、解除和终止、附则等部分。

第七条 根据企业的不同特点及其承担的责任不同，目标责任书按分支机构、发电企业、在建企业、其他企业等四种情况设置，分别适用于分支机构、发电企业、在建企业和非发电企业。

第八条 具备下列基本要素的企业应签订目标责任书：

1. 承担重大安全责任。
2. 承担资产保值增值责任。
3. 具有相对稳定的生产规模和经营范围。
4. 承担职工队伍稳定责任。
5. 承担重大电力工程建设项目。
6. 承担重大管理责任。

第九条 对承担不同责任的企业分别考核不同的内容。

1. 具备第八条第1至4款的发电企业，考核内容包括：资产经营目标、安全生产目标、党风廉政和精神文明建设目标。同时具备第八条第5款的发电企业，考核内容还包括工程建设目标。

2. 具备第八条第1、4、5款的在建企业，考核内容包括：安全目标、工程建设目标、党风廉政和精神文明建设目标。

3. 对具备第八条第2、3、4款的企业，考核内容包括资产经营目标、党风廉政和精神文明建设目标。

4. 对具备第八条第4款的企业只考核党风廉政和精神文明建设目标。人员已分流的空壳电厂不签订目标责任书。

5. 集团公司所属筹建处签订管理目标责任书。

6. 集团公司分支机构与集团公司签订管理目标责任书，其考核内容按所在区域电力企业承担的目标责任的集合确定。

第十条 责任书的签订：

1. 集团公司直接管理的内部核算企业、全资、控股公司与集团公司签订责任书。

2. 集团公司委托管理的企业，与受委托单位签订责任书。

3. 长源电力发展股份有限公司所属子公司与集团公司签订目标责任书；集团公司其他全资及控股公司所属子公司与集团公司全资及控股公司签订目标责任书。

第三章 分工与管理

第十一条 集团公司财务产权部是资产经营目标责任制考核的责任部门。主要负责制定资产经营目标责任制考核办法，提出签订责任书的单位名单和责任目标，并提出考核意见。

集团公司计划发展部、市场营销部、监察审计部、综合开发部是该项工作的配合部门。

第十二条 集团公司安全生产部是安全生产目标责任制考核的责任部门。主要负责制定安全生产目标责任制考核办法，提出签订责任书的单位名单和责任目标，并提出考核意见。

集团公司工程建设部、市场营销部、综合开发部、监察审计部、人力资源部是该项工作的配合部门。

第十三条 集团公司工程建设部是工程建设目标责任制考核的责任部门。主要负责制定工程建设目标责任制考核办法，提出签订责任书的单位名单和责任目标，并提出考核意见。

集团公司计划发展部、财务产权部、安全生产部、监察审计部是该项工作的配合部门。

第十四条 集团公司纪检组、监察审计部、政治工作部是党风廉政和精神文明建设目标责任制考核的责任部门。主要负责制定党风廉政和精神文明建设目标责任制考核办法，提出签订责任书的单位名单和责任目标，并提出考核意见。

集团公司总经理工作部、人力资源部是该项工作的配合部门。

第十五条 集团公司业绩考核领导小组是目标责任制考核的领导机构，业绩考核办公室是目标责任制管理的具体办事机构。业绩考核办公室主要负责拟定目标责任制考核管理办法，协调目标责任制有关工作，审核需签订目标责任制的单位名录，汇总考核结果，提出奖惩和表彰意见。

第十六条 每年年度工作会议前，集团公司各责任部门应根据其配合的各责任部门考核结果汇总后，提出上年度目标责任制的考核结果，提出当年目标考核值，经集团公司业绩考核办公室审核汇总，提出表彰奖励意见，经集团公司业绩考核领导小组审议报总经理办公会通过后，在年度工作会议上对有关企业进行表彰奖励和签订新年度目标责任书。

第四章 责任制考核

第十七条 目标责任制分别按照《中国国电集团公司资产经营目标责任制考核暂行办法》、《中国国电集团公司安全生产目标责任制考核暂行办法》、《中国国电集团公司工程建设目标责任制考核暂行办法》、《中国国电集团公司党风廉政和精神文明建设目标责任制考核暂行办法》及本办法进行考核。

第十八条 资产经营目标责任制、安全生产目标责任制、工程建设目标责任制、党风廉政和精神文明建设目标责任制以百分制考核。资产经营目标责任制考核最高不超过150分，工程建设目标责任制考核最高不超过130分，管理目标责任制考核最高不超过120分，其他目标责任制考核满分为100分，党风廉政和精神文明建设目标责任制按优秀、良好、合格、基本合格、不合格五个等级考核。

第十九条 “一厂多制”（一套班子，多块牌子）的企业，其资产经营、安全生产责任目标分别确定，并对各经营主体分别考核；党风廉政、精神文明建设责任目标一并考核。

第二十条 考核结果按以下办法进行综合计分。

（一）发电、在建、其他企业计分方法：

综合得分=Σ某项目标责任制考核得分×权重

其中权重：

资产经营、基建（筹建）企业工程建设（管理目标）、安全生产、党风廉政和精神文明建设目标责任制的考核权重为4:3:3。

党风廉政和精神文明建设目标责任制考核优秀、良好、合格、基本合格、不合格分别按95分、85分、70分、60分、0分计奖。

对一厂多制的企业，资产经营、安全生产考核先按各经营核算主体分别考核计分，再按装机容量权重平均计分。

（二）同时承担重大工程建设项目发电企业计分方法：

综合得分=（发电企业综合计分×a+在建企业综合计分×b）×1.2

式中：a、b分别为生产和基建目标考核的权重，该权重由集团公司根据企业当年生产和基建任务繁重程度，具体核定。

（三）分支机构综合计分方法：

综合得分=资产经营考核得分×30%+安全生产考核得分×25%+企业工程建设及前期考核得分×30%+党风廉政和精神文明建设考核得分×15%

第二十一条 根据年度考核总评分和签订责任书的不同特点，集团公司将考核结果分为A、B、C、D、E五个等级。

第五章 奖 励

第二十二条 奖励范围为签订责任书的企业领导班子成员。

第二十三条 目标责任制综合考核结果作为对集团公司企业领导班子奖惩的依据。

对于考核结果为A、B级的企业领导班子，集团公司予以通报表彰，并按本办法予以奖励；对于考核结果为C级的，按本办法奖励；对于当年考核结果为D级的，集团公司对其主要负责人进行诫免；对于连续两年考核结果为D级或当年考核结果为E级的企业主要负责人，集团公司将根据具体情况，进行免职、解聘、降职等必要的调整。

第二十四条 对符合下列条件之一，没有出现第二十七条情况的企业领导班子给予奖励：

1. 资产经营目标责任制考核得分100分及以上。
2. 安全生产目标责任制考核得分60分及以上。
3. 工程建设目标责任制考核得分60分及以上。
4. 党风廉政和精神文明建设目标责任制考核合格及以上。

第二十五条 领导班子正职（含总经理、厂长、党委书记，下同）奖金计算公式：

奖金额=分值×综合计分×企业综合系数

其中：

1. 分值由集团公司根据国家有关政策规定和集团公司当年经济效益水平等因素确定。

2. 发电企业综合系数=企业规模系数×贡献系数

其中企业规模系数按企业装机容量（指内部核算、全资和控股企业装机容量）确定，见表1。

表1 企业规模系数 万千瓦

装机容量	5以下	≥5～30	≥30～60	≥60～120	120及以上
企业规模系数	0.8	0.9	1.0	1.1	1.2

发电企业贡献系数按企业年平均利用小时计算（供热电厂可将供热量折算为发电量参与计算）确定，见表2。

表2 发电企业贡献系数 小时

年平均利用小时	2000以下	2000～3000	3000～4000	4000～5000	5000～6000	6000以上
火电企业贡献系数	0.7	0.8	0.9	1.0	1.1	1.2
水电企业贡献系数	0.8	0.9	1.0	1.1	1.2	1.2

3. 在建企业综合系数 = 企业规模系数 × 在建贡献系数

企业规模系数按企业在建工程规模确定，见表3。

表3 企业规模系数 兆瓦

项目规模						
项目规模	火电项目单机容量	100及以下	100～200	300等级	600等级	900等级
项目规模	水电项目工程规模	40及以下	40～100	100～300	300～800	800以上
企业规模系数		0.8	0.9	1.0	1.1	1.2

在建企业贡献系数，按项目年度投资计划完成情况确定，见表4。

表4 在建企业贡献系数 亿元

完成投资额	2及以下	2～5	5～8	8及以上
在建企业贡献系数	0.9	1.0	1.1	1.2

4. 分支机构综合系数，区域分公司按1.2确定，其他按1.0确定。

5. 其他企业综合系数，由集团公司根据实际情况在0.7～1.2范围内确定。

第二十六条 领导班子副职奖金按班子正职的2/3核定，具体计发办法由各单位根据每个人的工作业绩和人员变动等实际情况自行确定。

第二十七条 出现以下情况，对企业领导班子考核实行一票否决，不予奖励：

1. 资产经营责任制考核得分60分以下。

2. 发生重大人身伤亡事故以及本单位责任的重大设备事故和重大工程质量事故。

3. 工程项目竣工决算超过批准概算，工程项目单机投产工期及建设总工期超过批准工期一个月以上。

4. 党风廉政和精神文明建设目标责任制考核不合格。

5. 因重大违规违纪和决策失误给企业造成重大损失。

6. 集团公司决定的其他不予奖励的事项。

第二十八条 对分支机构的奖励，由集团公司核增其工资计划；纳入工效挂钩范围领导班子成员的奖励，由集团公司核增奖励基数，列入企业成本；对未纳入工效挂钩范围内的控股公司领导班子，由集团公司提出奖励建议，由控股公司奖励，奖金列入控股公司成本。对一厂多制的企业，其奖励额按照各核算主体的装机容量占总装机容量的比例分别承担。

第二十九条 对弄虚作假骗取表彰和奖励的，集团公司将责成其退回奖金，给予通报批评，并根据情节给予主要负责人及相关人员行政处分。

第六章 附 则

第三十条 领导班子成员的奖金纳入所在单位工资总额统计。

第三十一条 受奖人应依法缴纳个人所得税，个人所得税由受奖人所在单位代扣代缴。

第三十二条 试行企业负责人年薪制的企业按集团公司企业负责人年薪制办法核定收入，不按本办法计奖。

第三十三条 集团公司对本部各部门实行管理目标责任制，具体办法另行制订。

第三十四条 对兼职人员除按本办法予以奖励外，其工资、奖金（不含年终奖）、保险、福利，按工资发放单位规定执行。

第三十五条 本办法自2004年1月1日起执行，《中国国电集团公司三项责任制考核管理暂行办法》同时废止。

第三十六条 本办法解释权归集团公司。

中国国电集团公司工资总额同经济效益挂钩管理暂行办法

国电集人［2004］90号

集团公司各分支机构，各直属、全资、控股单位：

为了建立和健全中国国电集团公司有效的激励和约束机制，调动企业和职工的积极性，提高集团公司的竞争力和经济效益，规范集团公司工资总额管理，根据国家有关规定和《中国国电集团公司工资管理办法》，结合实际情况，集团公司制定了《中国国电集团公司工资总额同经济效益挂钩管理暂行办法》，现印发给你们，请认真遵照执行。

附件：《中国国电集团公司工资总额同经济效益挂钩管理暂行办法》

二○○四年三月十八日

附件：

中国国电集团公司工资总额同经济效益挂钩管理暂行办法

第一章 总 则

第一条 为了建立和健全中国国电集团公司（以下简称集团公司）有效的激励和约束机制，调动企业和职工的积极性，提高集团公司的竞争力和经济效益，规范集团公司工资总额同经济效益挂钩（以下简称工效挂钩）管理，根据国家有关规定和《中国国电集团公司工资管理办法》，结合集团公司实际情况，特制定本办法。

第二条 工效挂钩的原则

1. 效率优先、兼顾公平的原则。

2. 有利于提高企业竞争力和经济效益，促进企业加强内部管理的原则。

3. 职工工资随企业经济效益浮动的原则。

4. 尊重历史、鼓励先进、公平公正的原则。

第三条 本办法适用于集团公司所属分支机构、内部核算电厂、全资公司和受委托管理的控股公司（以下简称所属企业）。

第二章 工效挂钩范围和形式

第四条 集团公司及所属企业均纳入工效挂钩范围，由集团公司归口统一在国家单列，接受国家工资总量的宏观调控。

第五条 集团公司及其所属企业对国家实行工资总额与发电量、实现利税复合挂钩的办法。

第六条 集团公司对发电企业实行“双挂五考核”。即企业工资总额与发电量、利润总额挂钩；集团公司对发电企业安全生产、单位发电成本、净资产收益率、资产负债率和应收电热费余额的完成情况进行考核。

第七条 集团公司对成本（费用）预算管理的企业实行工资计划管理，并根据企业成本（费用）完成情况，调整工资计划。

第八条 集团公司对在建电厂实行工资计划管理，同时对在建项目的工程进度、造价、质量、安全等考核，并根据考核结果调整工资计划。

第九条 集团公司对分支机构和筹建处实行工资计划管理，并根据对分支机构、筹建处目标责任制的考核情况，调整工资计划（具体办法另行制订）。

第十条 集团公司对其他企业实行“单挂两考核”，即工资总额与利润总额挂钩；集团公司对企业净资产收益率，资产负债率完成情况进行考核。

第三章 基数和考核目标的核定

第十一条 利润总额基数、发电量基数按集团公司与各单位签订的目标责任书中的目标值确定。

第十二条 工资总额基数（工资计划）核定：

1. 工资总额基数以上年工资总额基数为基础，调整下列因素后核定：

(1) 当年“工资预增长额”。

(2) 核增上年度集团公司批准接收的复转军人、大学毕业生以及新、扩建投产项目增加人员的工资。工资水平按国家规定核定。

(3) 成建制划入（划出）企业增加（或减少）职工的工资。

(4) 国家政策规定的其他工资项目。

2. 对实行新厂新办法的企业按所在省（区、市）发电企业人均工资的2~3倍核定工资基数。

3. 在建企业的工资计划按照所在省（区、市）电力企业的平均工资水平的2倍及企业定员范围内实际用人情况核定。

4. 集团公司实行“增人不增工资，减人不减工资”的政策。

第十三条 “工资总额预增长额”由以下三部分之和构成。

(1) 集团公司发电量计划增长率×40%×企业上年工资基数。

(2)（企业目标净利润－企业上年实现净利润）×15%。

上年亏损的企业，上年净利润按0计算。

内部核算单位净利润按利润总额扣减33%所得税计算，享受减免税政策的从其规定。

企业目标净利润低于上年实际净利润的，不核减工资基数。

(3) 集团公司根据实际情况确定的工资预增长率。

第十四条 安全生产指标、单位发电成本、净资产收益率、资产负债率、应收电热费余额、成本（费用）基数按当年集团公司与各单位签订的目标责任书中的目标值确定。

第十五条 在建项目工程目标按集团公司与有关企业签订的目标责任书中的目标值确定。

第十六条 各项基数和目标确定后，无重大客观原因一律不予调整。

第四章 效益工资计算

第十七条 发电企业效益工资：

1. 企业完成集团公司核定的发电量、利润总额基数，可获得核定的工资总额基数。

2. 企业超额完成发电量、利润总额，可计提新增效益工资：发电量每增长1%，按工资总额基数的0.4%提取新增效益工资；超额完成利润，按超额净利润的5%提取新增效益工资。

新增效益工资 = 与发电量挂钩的新增效益工资 + 与利润挂钩的新增效益工资

与发电量挂钩的新增效益工资 = 工资总额基数 × 发电量增长率 × 40%

与利润挂钩的新增效益工资 = （利润增长额 − 与发电量挂钩的新增效益工资）/（1 + 5%）×（1 − 33%）×5%

3. 企业未完成集团公司核定的发电量，按第二款同比例扣减工资基数；未完成集团公司核定的利润总额基数的，按第二款同比例3倍扣减工资基数。

4. 企业未完成考核指标，按本办法第二十三条相应扣减基数工资。

第十八条 成本（费用）预算企业效益工资：

1. 企业完成集团公司下达的成本（费用）计划，可获得集团公司核定的工资计划。

2. 企业节约成本（费用）按节约额的20%核增工资总额。即：

新增效益工资 = [成本（费用）预算额 − 实际成本（费用）发生额] /（1 + 20%）×20%

3. 企业成本（费用）超支，按第2款比例的1.2倍扣减工资。

第十九条 在建企业工资计算：

1. 企业完成集团公司确定的工程建设目标，可获得集团公司核定的工资计划。

2. 企业未完成集团公司下达的工程建设目标，按第二十四条扣减工资计划。

第二十条 其他企业新增效益工资的计算：

1. 企业完成集团公司核定的利润基数，可获得集团公司核定的工资总额基数。

2. 企业超额完成利润基数，按超额利润的20%计提新增工资。

新增效益工资 = 利润增长额/（1 + 20%）×20%

3. 未完成利润基数按第2款比例的1.2倍扣减工资基数。

4. 企业未完成考核指标按本办法第二十三条相应扣减效益工资。

第二十一条 新增效益工资实行分档调控：

1. 新增效益工资相当于工资总额基数10%以内（含10%）的部分，全额提取；10%以上的部分，提取50%；当年计提的新增效益工资最高不能超过工资总额基数的25%。

2. 当新增效益工资出现负增长时，按上述规定分档、同比例扣减工资总额，但扣减额最高不超过工资总额基数的25%。

第二十二条 国家批复的新增效益工资与集团公司对所属各单位分配的新增效益工资不一致时，对差额进行再分配。

某企业应分配新增效益工资 = 国家批复的新增效益工资 ÷ 集团公司已分配的新增效益工资总和 × 某企业已分配的新增效益工资

第五章 考 核 办 法

第二十三条 对发电企业按以下办法考核：

1. 安全生产按照《中国国电集团公司安全生产工作奖罚办法》进行考核。

2. 企业单位发电成本比核定数每超1%，按工资总额基数的0.5%扣减工资。

3. 企业净资产收益率比核定基数每降低1%，按工资总额基数的1%扣减工资。

4. 资产负债率比核定基数每超1%，按工资总额基数的0.5%扣减工资。

5. 企业应收电热费余额比核定基数每超过1%，按工资总额基数的0.2%扣减工资。

第二十四条 对在建电厂按以下办法考核：

1. 考核工期每延期5天，扣减工资计划的0.1%。

2. 工程造价每超出概算1%，扣减工资计划的1%。

3. 工程质量不符合规定视情节扣减工资计划的1%～5%。

4. 工程安全考核同第二十三条第1款。

第六章 工效挂钩方案

第二十五条 所属企业应根据集团公司的统一部署，于年初向集团公司报送工效挂钩方案，集团公司审核、汇总并报国家批复。

第二十六条 集团公司根据本办法的有关规定核定企业工效挂钩方案。

第七章 工 资 结 算

第二十七条 集团公司对所属企业实行按月预算，年终结算的办法。企业可按照集团公司当年核定的工资基数水平，按月平均预进成本。

第二十八条 当年结算的工资总额包括挂钩内工资总额和挂钩外工资总额。

1. 挂钩内工资总额包括：

第一、核定的工资总额基数。

第二、计提的新增效益工资。

第三、集团公司奖励工资或核拨的工资。

2. 挂钩外工资包括：

第一、当年集团公司批准接收的复转军人、大学毕业生的工资。

第二、当年新、扩建投产项目和成建制划入增加人员的工资。

第三、按国家住房制度改革的有关规定发给职工的住房补贴。

第四、成建制划入（出）人员的工资。

第五、国家政策许可在挂钩外单列的其他项目工资。

第二十九条 集团公司考核奖励或扣减的工资列入下年度结算工资。

第三十条 所属企业应在年度财务决算时，按照集团公司的统一部署，报送工效挂钩清算表。

第三十一条 集团公司按照本办法批复所属企业工资，所批复的工资列入企业成本，作为企业工资的来源。

第八章 工资总额管理

第三十二条 各所属单位应建立风险储备金，以丰补欠，每年存入工资风险储备的数额不少于当年新增效益工资的10%。风险储备金相当于企业一年实发工资总额时，可以不再计提风险储备金。

第三十三条 各所属企业应严格按本办法计提工资总额，除集团公司批复的工资外，不得再以任何其他形式在成本中列支工资项目。

第三十四条 各所属企业工资发放不得突破集团公司批复的工资，对违反规定超提工资的，按国家有关政策处理。

第三十五条 集团公司建立总经理奖励基金，用于奖励在科技进步、企业发展、经济效益和精神文明等方面作出突出贡献的单位和个人。

第九章 职责划分

第三十六条 集团公司人力资源部是工效挂钩的归口管理部门，负责制订工效挂钩管理办法，组织编制工效挂钩方案，核定工资基数，批复所属企业工资结算数。

第三十七条 集团公司财务产权部负责利润、成本（费用）、单位发电成本、净资产收益率、资产负债率等财务指标基数的核定，并提出考核意见，负责集团公司对国家有关部门的工资结算工作。

第三十八条 集团公司市场营销部负责发电量、应收电热费余额基数核定，并提出考核意见。

第三十九条 集团公司安全生产部负责安全生产指标的核定，并提出安全生产考核办法和考核意见。

第四十条 集团公司工程建设部负责在建项目的目标核定，并提出考核意见。

第十章 附 则

第四十一条 实行董事会决定工资的控股公司，应避免增加企业税赋。已纳入工效挂钩范围内的控股公司改由董事会决定工资，须获得集团公司同意。

第四十二条 集团公司所属企业的子公司的工效挂钩由所属企业统一归口管理。

第四十三条 本办法自2004年1月1日起执行。

第四十四条 本办法解释权归集团公司。

中国国电集团公司新建、扩建发电项目单位人员聘用实施办法（试行）

国电集人［2004］129号

集团公司各分支机构，各直属、全资、控股单位，各新建、扩建项目单位：

为适应集团公司改革发展的需要，规范新建、扩建发电项目人员聘用行为，优化公司系统新、老企业人力资源配置，现将《中国国电集团公司新建、扩建发电项目单位人员聘用实施办法（试行）》印发给你们，请各有关单位严格遵照执行。执行过程中遇到的重大问题，请及时向集团公司反馈。

附件：《中国国电集团公司新建、扩建发电项目单位人员聘用实施办法（试行）》

二〇〇四年四月十六日

附件：

中国国电集团公司新建、扩建发电项目单位人员聘用实施办法（试 行）

第一章 总 则

第一条 为适应中国国电集团公司（以下简称集团公司）发展、改革的需要，规范新建、扩建发电项目单位（以下简称项目单位）人员聘用管理，盘活人力资源存量，优化人力资源配置，推进“人才强企”战略的实施，根据集团公司《优化人才资源配置工作的实施意见》、《人员招聘、调配管理暂行办法》、《新建、扩建项目组织机构设置方案》等有关文件的规定，特制定本办法。

第二条 本办法适用于集团公司全资或控股的新建、扩建单机容量300兆瓦及以上火力发电项目的人员聘用。

单机容量小于300兆瓦和水力发电新建、扩建项目以及项目筹建期的人员聘用参照本办法执行。

第三条 项目单位聘用人员应遵循以下原则：

1. 组织调配与市场配置相结合，以组织调配为主。

2. 公平竞争，择优聘用。

3. 集团内部聘用为主，外部招聘为辅。

4. 统一领导，分级负责。

第二章 职 责 分 工

第四条 集团公司人力资源部负责项目单位组织机构设置，劳动定员和领导人员职数的编制与审定，审批项目单位人员聘用计划和聘用方案，办理聘用人员审批手续。

第五条 分支机构根据区域内所属发电企业人力资源现状及项目单位人员需求，对项目单位聘用计划和聘用方案进行初审，向集团公司提出区域内老厂人员输出建议。

第六条 项目单位根据集团公司确定的组织管理模式及定员标准，制订聘用计划和聘用方案，发布人员聘用信息，对应聘人员进行初选和考察，提出拟聘人选，经集团公司批准后办理聘用手续。

第三章 聘 用 渠 道

第七条 新建项目所需人员，由新建项目单位在集团公司内部发电企业聘用；不足部分，经集团公司批准，面向社会、院校招聘。外包业务所需人员由承包单位负责配备。

第八条 扩建项目所需人员，由扩建项目单位在所依托的老厂聘用；所依托老厂不足以满足需要的，经集团公司批准，由扩建项目单位在集团公司内部发电企业及社会、院校中聘用。

第四章 应 聘 条 件

第九条 应聘人员必须认同集团公司“忠诚事业、忠诚集团，爱岗敬业、岗位成才”的职业道德观，具有扎实的专业知识基础和较强的工作能力，遵纪守法，诚实守信，身体健康。

1. 管理人员的基本条件：

（1）部门负责人：具有大专及以上学历，5年以上相关工作经历；应聘正职的，须有副职岗位2年以上工作经历。

（2）专业主管：具有大专及以上学历，3年以上相关工作经历。

（3）其他管理人员：具有大专及以上学历。

2. 生产人员的基本条件：

（1）值长：具有电力类大专及以上学历，5年以上运行工作经历，并担任机组长1年以上。

（2）机组长：具有电力类大专及以上学历，3年以上运行工作经历。

（3）操作员、巡视员、值班员和维护人员：具有电力类大专及以上学历或相同工种技师及以上职业技能资格。

3. 应聘社会人员，原则上应具有大学本科及以上学历。

4. 应聘大学毕业生，应具有大学本科及以上学历（偏远地区生产岗位可放宽至大学专科学历）。

第十条 在同等条件下，符合下列之一的优先聘用：

1. 集团公司内部发电企业员工。

2. 有同类型及以上机组工作经历。

3. 夫妻双方同在集团公司内部发电企业且均符合聘用条件。

第五章 聘 用 程 序

第十一条 聘用在职人员的基本程序是：

1. 拟订聘用方案。项目单位根据集团公司有关规定和工程进展情况，制订聘用计划和聘用方案，确定聘用的部门、职位和数量等，经所在区域分支机构初审后，于人员到位前2个月报集团公司审批。

2. 发布聘用广告。项目单位提前1个月，在集团公司内部报刊、网站或行业报刊等传媒上发布聘用广告。广告的设计应真实、合法、简洁、新颖，展示集团公司的企业文化。

3. 受理应聘申请。项目单位通过审阅个人资料，对应聘人员进行初步筛选。

4. 进行面试和考察。是否需要进行考试，项目单位可根据实际情况自行决定。

5. 组织体检。对合格人员，由项目单位组织体检。

6. 确定拟聘人选。对体检合格人员，由项目单位择优排序，确定拟聘人选。拟聘人选名单、基本情况、体检表及审批表（一式四份）报集团公司审批。

7. 办理聘用手续。项目单位根据集团公司批复，发送聘用通知，办理相关手续。

第十二条 对大学毕业生的聘用，按《中国国电集团公司毕业生招聘、录用管理办法（试行）》执行。

第十三条 对项目单位领导人员的聘用，按《中国国电集团公司干部管理暂行办法》执行。

第六章 聘用人员到位时间

第十四条 人员分步聘用时间：

1. 项目建设期人员：可在项目公司成立后到位。其中，项目筹建阶段3~8人，可提前到位。

2. 生产运行人员：值长、集控运行人员可在项目正式开工时到位，化学运行人员可在机组设备开始安装时到位，辅助系统外委运行人员可在机组设备开始安装1~3个月后到位。

3. 生产维护人员：可在项目正式开工时到位。

4. 其他人员：根据工作实际需要，逐步、适时到位。

第十五条 用人单位应对生产人员进行安全教育和岗位技术培训，具体培训内容和时间按有关规定执行。

第七章 附 则

第十六条 项目单位应加强对人员聘用工作的领导，成立由有关人员参加的聘用工作领导小组，明确责任，精心组织，规范运作，严格把好人员聘用的入口关，确保项目建设所需人员适时到位。

第十七条 有关单位应从集团公司发展、改革和稳定的大局出发，认真执行集团公司的有关规定和要求，严格人员聘用纪律，保证聘用人员的数量、质量和到位时间，坚决杜绝弄虚作假、徇私舞弊等不良现象的发生。对各种违纪行为，一经查实，将严肃处理。

第十八条 本办法由集团公司人力资源部负责解释。

第十九条 本办法自下发之日起执行。

中国国电集团公司固定资产管理办法（试行）

国电集财［2004］50号

集团公司各分支机构，各直属、全资单位：

为了加强集团公司的固定资产管理，明确固定资产使用与管理的责权关系，确保固定资产安全完整，现将《中国国电集团公司固定资产管理办法（试行）》印发给你们，请遵照执行。

附件：《中国国电集团公司固定资产管理办法（试行）》

二〇〇四年二月二十一日

附件：

中国国电集团公司固定资产管理办法
（试 行）

第一章 总 则

第一条 为了加强固定资产管理，提高固定资产的使用效率，进一步明确固定资产管理与使用的权责关系，根据国家有关财经法规的规定，并结合中国国电集团公司的具体情况，特制定本办法。

第二条 固定资产管理实行统一领导、归口和分级管理相结合的原则。

第三条 各单位对固定资产的购建、更新改造、大修理等事项，按照预算管理有关制度执行。

第四条 各单位负责人全面负责本单位的固定资产管理工作，建立由主管领导牵头的“固定资产管理网络”，组织固定资产价值管理部门、实物管理部门和使用保管部门等共同做好本单位的固定资产管理工作。

第二章 划分标准和分类

第五条 固定资产的划分标准，按照《中国国电集团公司固定资产目录》的规定执行。即：固定资产是指使用期为一年以上，单价在2000元以上的房屋、建筑物、机器、机械、运输工具及其他与生产经营有关的主要设备和辅助设备、工具等；单价在2000元及以上，使用期两年以上的非经营设备、工具等，且在使用过程中保持原来的实物形态。

根据电力生产的特点，重点低值易耗品按《中国国电集团公司固定资产目录》中的附表确定。

第六条 固定资产分类，固定资产按其经济用途和使用情况可分为下列七大类：

（一）生产经营用固定资产。指直接参加生产经营过程或直接服务于企业生产经营的各种固定资产。具体包括：

1. 发电及供热设备：指用以生产电力、热力的各种机器设备。如输煤及制粉设备、卸煤设备、输油设备、锅炉设备、汽轮机、水轮机、发电机、除灰、除尘设备、供热管道及设备等。

2. 变电设备：指发电系统的主变压器、厂用变压器、电气一般设备、电气控制设备等。

3. 通讯线路及设备：指通讯线路、电力载波机和微波机等通讯设备。

4. 自动化控制及仪器仪表：指自动化控制设备、远动装置、电子计算机、通用测试仪器设备。如锅炉控制盘、汽轮发电控制盘等自动化控制设备和遥控、遥测等远动装置、电子计算机以及周波表、高频放大器等仪器仪表。

5. 机械设备：指具有改变材料属性、形态功能的各种机器和辅助机械设备。如车床、电焊机、起重机，以及水力发电厂专用的水工机械设备，如启闭机、闸门、升船机等。

6. 运输设备：指载人和运货用的各种运输工具，如铁路机车、船舶、汽车、电瓶车等。

7. 工具及其他生产用具：指具有独立用途的各种工作用具、仪器。如制冷空调设备、消防器材及各种办公设备等。

8. 房屋：指生产车间和为生产服务的行政管理部门等所使用的房屋以及与房屋不可分割的各种附属设备，包括生产管理用房屋及装置于房屋内的暖气设备、上下水管道、照明设备、煤气管道等。

9. 建筑物：指除房屋以外的各种建筑物，如冷却水塔、拦河坝、蓄水池、烟囱、灰场、厂区道路、输煤栈桥、电缆沟、围墙等建筑。

（二）非生产经营用固定资产。指不直接服务于生产经营过程的各种固定资产，如职工宿舍、食堂、幼儿园、浴室、俱乐部、医院、子弟学校等单位使用的房屋建筑物和机器设备等。

（三）租出固定资产。指按规定临时出租给外单位使用的固定资产。

（四）未使用固定资产。指新增加尚未使用的，无偿调入或有偿购入尚未安装的和因进行改建扩建等原因停止使用的固定资产，以及经批准暂时停用，以后仍要使用的固定资产。

（五）不需用固定资产。指本企业多余或不适用，经批准准备处理的固定资产。

（六）土地。指过去已经估价单独入账的土地。因征用土地而支付的补偿费应计入与土地有关的房屋、建筑物的价值内，不单独作为土地价值入账。

（七）融资租入固定资产。指采用融资租赁方式向有权承揽融资租赁业务的租赁公司、信托投资公司等租入的固定资产。

第三章 管理职能和职责分工

第七条 财务部门是固定资产的价值管理部门。应设有专职（或兼职）的固定资产管理岗位。主要职能：

1. 贯彻执行国家有关固定资产管理的制度、法规。

2. 根据有关规定，及时制定和修订本企业的固定资产管理制度或实施方法。协助主管领导建立健全本企业的固定资产管理网络。

3. 负责固定资产核算，正确计价，按规定提取折旧，及时反映其增减变动情况。

4. 建立固定资产卡片并定期核查。参与清查盘点，确保账、卡相一致。

5. 参与固定资产更新改造、大修理计划的制定，并按预算控制其费用。

6. 会同并督促有关实物管理职能部门办理固定资产的增、减、转移、租赁、残值回收等工作。

7. 负责组织本企业的清产核资和固定资产价值重估工作。

8. 负责本企业固定资产的投保、理赔工作。

第八条 生产技术、设备、行政等管理部门是固定资产的实物管理职能部门。应设有专职（或兼职）的管理人员。主要职能：

1. 组织并督促固定资产使用保管部门的资产实物管理工作。确保企业固定资产的安全、完整。

2. 负责制定固定资产的使用、运行、维护和技术管理的规章制度，并组织实施。

3. 负责生产设备的专业分析及资产变动的技术鉴定、审定工作。

4. 组织并监督固定资产使用保管部门管好、用好资产。确保固定资产的账、卡、物相符。

5. 负责本企业固定资产的购置、更新改造和大修理计划的编制工作，并按批准的计划组织实施。

6. 设立“固定资产备查登记簿”，记录固定资产管理过程中的重大事项。会同财务等部门做好固定资产卡片的设立和清产核资、资产评估及投保、理赔等工作。

第九条 固定资产的使用保管部门，按“谁使用、谁保管、谁管理”的原则，明确专人（或兼职）进行日常维护和管理。

主要职责：

1. 负责对所管理使用的固定资产安全运行，并负责维护、保养和检修，使资产的使用性能处于良好状态。

2. 根据企业对固定资产管理的要求，做好本部门固定资产卡片、台账的记录和保管工作。掌握固定资产的增、减变动情况，及时办理资产变动手续。

3. 根据本部门使用保管的固定资产的运行情况，向实物管理职能部门提出大修理、更新改造建议，配合职能部门编制计划。并按批准的计划实施。

4. 参与固定资产验收、交接和日常的清查工作，定期核对实物与卡片，确保账、卡、物相符。

5. 及时提供已投保固定资产遭受损失的清单，配合做好资产的理赔工作。

第十条 审计部门是本企业固定资产管理的监督部门。负责监督固定资产的增、减变动等事项的合理、合法性。参与资产清查，定期或不定期地对固定资产账、卡、物相符情况进行检查，并定期提出本企业固定资产管理状况的审计报告。

第十一条 档案管理部门负责做好本企业土地、房产等不动产的权证资料的保管工作。

第四章 计价、入账和建卡

第十二条 固定资产的计价严格按《企业会计制度》规定执行。

固定资产价值按下列规定计算：

1. 企业购入的固定资产，应以购入价加上在购入过程中发生的由企业负担的运输费、装卸费、安装调试费、途中保险费等费用作为原价。国外购入的还应包括购入过程中发生的税金、手续费、佣金、汇率差价等。

2. 自行建造的固定资产，应按该工程经审核批准的竣工决算所列价值计价。

3. 在原有固定资产基础上进行改建、扩建的，如拆除的设备是附属设备或附件，按原有固定资产账面价值，减去拆除部分的变价收入，加上由于改建、扩建而增加的支出计价，并据此调整固定资产账面原值和进行相关的卡片记录；如拆除整个设备，则按新工程决算重新计价，原固定资产作报废处理。

4. 接受投资转入的固定资产，按评估确认价值或按合同（协议）确定的价值计价。

5. 融资租入的固定资产，按租赁合同（协议）确定的设备价款加由企业负担的运输费、途中保险费、安装调试费等支出计价。

6. 无偿调入的固定资产按调出单位的账面原价（不包括安装费用），加上新发生的包装运杂费和安装调试费用计价。同时按其已提折旧，计入累计折旧。

7. 接受捐赠的固定资产，根据捐赠者提供的依据，如发票、账单，或按市价，加包装运输费、保险费、安装调试费和相关税费等计价。

8. 盘盈的固定资产按重置完全价值计价，同时按其新旧程度计算累计折旧。

9. 已投入使用尚未办理移交或未办理竣工决算的固定资产，自达到预计使用状态起，按照工程预算造价或工程成本等资料，估价转入固定资产，待竣工决算办理完毕后，再行调整。

10. 对固定资产进行租赁、转让、出售、对外投资以及非正常报废需进行评估。

第十三条 已入账的固定资产价值，除发生以下情况外，不能随意变动：

1. 根据国家政策规定对固定资产重新估价。

2. 改良装置、增加补充设备或将固定资产的一部分拆除。

3. 根据实际价值调整以前的暂估价值。

4. 发现固定资产计价有误。

第十四条 固定资产的建账，按照《企业会计制度》和《中国国电集团公司固定资产目录》的规定，设立固定资产总账、明细账进行核算。

第十五条 固定资产卡片由财务部门会同实物管理职能部门共同设立。卡片依据《中国国电集团公司固定资产目录》建立，卡片一式三份，分别由财务部门、实物管理部门、使用保管部门留存。

第十六条 固定资产卡片记录以下内容：

1. 资产的名称、规格型号、生产制造单位、计量单位和数量。

2. 资产的原值、购置日期、入账日期、年折旧率、残值率、保管使用部门、保管人员和存放地点等。

3. 主要附属设备的名称、规格型号、制造单位、数量和价值。

4. 使用保管单位的验收记录、资产变动记录。

5. 财务部门、实物管理职能部门及使用保管部门有关人员签章。

第十七条 固定资产入账建卡的程序：

1. 基本建设投资购建完成交付使用的固定资产，应由负责建设该项目的部门，将批准的竣工决算和实物管理职能部门签章验收的固定资产清册，交财务部门入账建卡。

2. 更新改造、科技、小型基建等工程完工验收后，由项目主管部门及时组织有关单位，编制“专项工程完工报告”，财务部门按有关规定编制竣工决算，审批后入账建卡。

3. 购入不需要安装设备或盘盈的资产，由项目主管职能部门组织办理验收、确认等手续后，交财务部门入账建卡。

4. 投资转入、融资租入、捐赠收入和无偿调入的固定资产，经有关职能部门根据合同（协议）或调拨单等验收后，交单位财务部门入账建卡。

第五章 折 旧

第十八条 各项固定资产的折旧年限、预计净残值和年折旧率执行《中国国电集团公司固定资产目录》的统一规定。

第十九条 计提方法采用“平均年限法”。下列固定资产每月根据月初原值计提折旧，月折旧率为年折旧率的十二分之一。

1. 所有的房屋和建筑物。

2. 在用的生产管理和非生产管理用固定资产，包括季节性停用和因修理而停用的固定资产。

3. 以经营租赁方式出租的固定资产。

4. 以融资方式租入的固定资产。

上述资产价值如是暂估入账的价值，应按暂估价值计提折旧。在以实际价值调整暂估入账价值的同时，调整已提折旧。

第二十条 下列固定资产不计提折旧：

1. 房屋、建筑物以外未使用、不需用的固定资产。

2. 以经营租赁方式租入的固定资产和工程尚未移交使用的固定资产。

3. 已提足折旧但仍继续使用的固定资产。

4. 未提足折旧提前报废的固定资产。

5. 国家规定不能计提折旧的其他固定资产。

第六章 更新改造、日常维护和大修理

第二十一条 固定资产的更新改造，分别由实物管理职能部门提出计划并按集团公司有关规定报批和执行。

第二十二条 固定资产的更新改造计划批准后，分别由实物管理职能部门组织实施。财务部门根据批准的计划和预算，筹集项目资金，并按预算控制、审核项目的费用支出。

第二十三条 固定资产的日常维护应由保管使用部门提出维修计划，经有关职能部门审批后执行。

第二十四条 固定资产的大修理，分别由实物管理职能部门提出计划并按集团公司有关规定报批和执行。

第二十五条 固定资产的大修理计划批准后，分别由实物管理职能部门实施。固定资产的大修理费用支出，按有关规定全部或分期计入生产成本。

第七章 调拨、清查和报废

第二十六条 固定资产在企业内部转移。经调入、调出部门协商后，由调出部门填写“固定资产内部转移通知单”，交调入部门签字盖章，经实物管理职能部门审批同意后执行。卡片随同实物转移（若转移“附属设备”只需调整卡片内容），并由资产转出部门列表通知财务部门作相应的卡片调整。

第二十七条 固定资产的调拨。无论有偿或无偿，均由调出单位办理调拨手续。由实物管理职能部门填制“固定资产有（无）偿调拨单”，经调入、调出双方签署意见盖章后，按规定的“固定资产处置权限”予以审批。财务部门、实物管理职能部门、使用保管部门根据批准意见进行账户和卡片调整。

第二十八条 固定资产清查盘点工作，由财务部门牵头，实物管理职能部门组织各使用保管单位定期进行，至少每年盘点一次。做到账、卡、物相符。如发生盈亏，要查清情况，按本办法第九章处置权限规定，办理报批手续。

第二十九条 固定资产在下列情况下，可由使用保管部门填具“固定资产报废单”申请报废。

1. 运行时间很久，其主要结构、机件陈旧，损坏严重，经鉴定不能修复，或修复极不经济。

2. 技术落后需要更换。

3. 有严重缺陷，继续使用将会发生事故，又无法修复的。

4. 达到预期使用年限。

5. 国家规定属于淘汰型设备或国家规定要报废的。

6. 遭受自然灾害或突发意外事故导致毁损而无法修复的。

7. 企业认为其他需要报废的。

报废单由使用保管部门提出，技术部门鉴定并填具意见，经实物管理职能部门审查后，按“固定资产处置权限”规定，办理报批手续。

第八章 租 赁 和 投 资

第三十条 融资租入的固定资产经有关职能部门根据合同（协议）确认后，通知财务部门按期支付租金。租赁期满，按合同（协议）中规定其所有权属本企业时，正式转作本企业的资产。

第三十一条 经批准以经营租赁方式租入的固定资产，由使用保管部门根据合同（协议），清点实物并负责保管使用，同时填具租入资产清单，经有关实物管理职能部门确认后，交财务部门登记租入资产备忘录并按租赁协议按期支付租金。租赁期满，由实物管理职能部门完成归还事项，并通知财务部门注销租入资产备忘录。

使用保管部门应参与租入资产的交接工作，并负责资产在租赁期间的使用保养工作。

第三十二条 企业闲置、多余及暂时不使用的固定资产，按照“固定资产处置权限”，报经批准后可出租给其他单位。

资产出租时，应由实物管理职能部门与对方订立合同（协议），明确出租资产的名称、型号、数量、租赁期限、租金数额和收取办法及维护、保养、修理费用（包括大修）及突发事项等双方权责和处理办法等，负责按期收回租金，并在合同（协议）期满，将实物验收收回。

固定资产租赁费不得低于下列计算公式计算的租赁费：

年租赁费 =（租赁资产年折旧额 + 租赁资产总额 × 企业总资产报酬率）/［1 − 流转税率 ×（1 + 流转税附加率）］

式中：

（1）总资产报酬率 =（利润总额 + 利息支出）/ 平均资产总额 × 100%。

(2) 流转税附加率指国家及地方统一规定的城建税税率和教育费附加征收率之和。

企业资产管理部门应将出租固定资产卡片进行变更，同时通知财务部门将该固定资产转入租出固定资产科目中，待租赁期满后再进行调整。

第三十三条 以固定资产向其他单位投资，按照集团公司有关规定执行。

第九章 处置权限

第三十四条 下列固定资产的处置，无论价值大小均由集团公司审批：

1. 发电企业的生产锅炉、汽轮发电机组、水轮发电机组、主变压器及主要辅机的处置。

2. 与集团公司以外的单位和个人之间的资产调动。

3. 固定资产的无偿调拨或捐赠。

4. 职工住房以外的房屋、建筑物、土地使用权的处置。

5. 其他特殊情况的资产处置。

第三十五条 各单位固定资产有偿调拨、出租、出借管理。

单位原值在100万元以下的，报集团公司备案；原值在100万元（含100万元）以上的，报集团公司审批。

固定资产毁损、盘亏、报废管理。

单项资产原值超过30万元的毁损、盘亏和报废资产，报集团公司审批。单项资产原值不超过30万元的毁损、盘亏和报废资产，由各企业自行审批，并报集团公司备案。

集团公司每年6月和11月对固定资产的毁损、报废、盘亏进行集中审批。经批准的固定资产毁损、盘亏和报废净损失列入当期损益。

由于固定资产毁损、盘亏、报废等原因造成的净损失，各单位应及时向当地主管税务机关办理“税前扣除”等手续。

第三十六条 对集团公司所属分支机构的固定资产，根据工作需要，可以进行内部调拨，各分支机构之间的固定资产变动，一般作无偿调拨处理。经双方协商后，也可按资产的净值或协商价作有偿调拨处理。

第三十七条 各企业在清查中盘盈的固定资产，实物管理职能部门应负责查清原因后，会同财务部门按有关规定确定其价值并自行办理入账建卡手续，并报集团公司备案。

第三十八条 为了简化手续，在小型基建、更新改造、大修理等工程施工过程中拆除的设备等资产的处置，不必按审批权限报批，企业可根据工程批准文件直接办理，报集团公司备案。

第十章 附则

第三十九条 由于盲目采购，造成固定资产闲置和由于管理不善造成报废、盘亏的，应追究有关责任人员经济和行政责任。

第四十条 本办法适用于集团公司直属及全资单位。控股、参股及代管单位可参照执行。

第四十一条 各单位可根据本办法和本企业的实际情况，制定实施办法或补充规定，并报集团公司备案。

第四十二条 本办法由集团公司财务产权部负责解释。

第四十三条 本办法自颁布之日起执行。

注：《中国国电集团公司固定资产目录》另行下发。

中国国电集团公司资产经营目标责任制考核暂行办法

国电集财〔2004〕119号

集团公司各分支机构，各直属、全资、控股单位：

为加强资产经营管理，落实资产经营责任制，集团公司制定了《中国国电集团公司资产经营目标责任制考核暂行办法》，现印发给你们，请认真遵照执行。

附件：《中国国电集团公司资产经营目标责任制考核暂行办法》

二〇〇四年四月五日

附件：

中国国电集团公司资产经营目标责任制考核暂行办法

第一章 总则

第一条 为加强集团公司资产经营管理，建立和完善集团公司资产经营目标考核责任制，提高企业经营能力，确保集团公司资产保值增值，根据《中央企业负责人经营业绩考核暂行办法》和《中国国电集团公司目标责任制管理考核暂行办法》，制定本办法。

第二条 资产经营目标责任制考核是集团公司作为出资者，依据其财产所有权并通过责任制的形式，对所投资企业的资产经营状况进行考核，以监督和约束所投资企业资产经营行为的管理方式。

第三条 资产经营目标责任制考核力争做到科学化、规范化、程序化。

第四条 资产经营目标责任制考核期与会计年度一致。

第五条 集团公司对内部核算单位、全资公司、控股公司（含上市公司）、分支机构均实行资产经营目标责任制考核。

第六条 集团公司对在建项目单位实行年度内造价控制考核，具体考核办法按集团公司《在建工程项目目标责任制考核暂行办法》执行。

第二章 资产经营目标责任制考核内容

第七条 资产经营目标责任制考核通过设置考核指标，对被考核企业的经济效益和经营风险等内容进行考核。

第八条 资产经营目标责任制考核指标为：利润总额、净资产收益率、资产负债率、单位发电成本、电热费回收率等五项指标，考核指标按照集团公司确定的年度资产经营预算方案核定。

1. 利润总额：根据集团公司确定的年度利润总体目标及被考核企业的具体情况核定。

2. 净资产收益率：根据集团公司核定的利润总额和被考核单位净资产状况核定。

$$净资产收益率 = \frac{净利润}{平均净资产} \times 100\%$$

其中：内部核算单位净利润 = 利润总额 × 67%

$$平均净资产 = \frac{年初净资产 + 年末净资产}{2}$$

其中：控股公司净资产不包括少数股东权益。

3. 资产负债率：根据集团公司的资产负债总体水平与被考核企业的具体财务状况核定（内部核算单位权益暂按“拨付所属资金”确定）。

4. 单位发电成本：按照“平均先进”的原则核定。

5. 电热费回收率：按照当年电热费全额收回、陈欠电热费逐年压缩的原则，根据集团公司统一要求，当年 100% 回收，陈欠回收 20% 核定。

第九条 分支机构考核指标为利润总额和电热费回收率，按照所辖区域内各发电企业的汇总考核指标核定。

第十条 资产经营目标责任制考核指标每年核定一次。

第三章 资产经营目标责任制考核方式

第十一条 资产经营目标责任制考核采取将考核指标实际完成情况与下达指标比较，并对比较结果进行评分的方式。

第十二条 资产经营目标责任制考核评分采取基本分值加奖励分值的办法，基本分值及奖励分值设置充分体现被考核单位贡献大小，发挥激励作用。

1. 利润总额：根据被考核单位利润总额大小，将企业划分为五类，并设置不同基本分值与奖励分值。

一类：利润总额在 1 亿元及以上，基本分值在 47.5 ~ 51.5 分之间，实际利润总额每增加 1000 万元，奖励分值 0.25 分，最高奖励分值 1.25 分；

二类：利润总额在 1000 万元（含）~ 1 亿元以下，基本分值在 33.75 ~ 47.5 分之间，实际利润总额每增加 200 万元，奖励分值 0.25 分，最高奖励分值 5 分；

三类：利润总额在 500 万元（含）~ 1000 万元以下，本分值在 31.25 ~ 33.75 分之间，实际利润总额每增加 100 万元，奖励分值 0.5 分，最高奖励分值 2.5 分；

四类：利润总额在 0 ~ 500 万元以下，基本分值在 30 ~ 31.25 分之间，实际利润总额每增加 100 万元，奖励分值 0.25 分，最高奖励分值 1.25 分；

五类：亏损单位，无基本分。

各单位实际利润总额低于考核指标，则扣减基本分，扣减分值自 30 分起，直至扣完基本分值。

分支机构利润总额基本分值 20 分，辖区各单位均完成考核指标得基本分，利润总额合计每增长 1%，奖励分值 0.6 分，最高奖励分值 6 分。

2. 净资产收益率：基本分值 50 分，并按照不同净资产收益率进行加分。0 ~ 2%（含）加 6 分，2% ~ 5%（含）加 7 分，5% ~ 8%（含）加 8 分，8% ~ 10%（含）加 9 分，10%以上加 10 分。

3. 资产负债率、单位发电成本、电热费回收额，基本分值各 10 分，完成考核指标得基本分，未完成考核指标不得分。三项考核指标均无奖励分值。

分支机构电热费回收率基本分值 15 分，实际回收率每增加 1%，奖励分值 0.15 分，最高奖励分值 5 分。

第十三条 资产经营目标责任制考核分值最高不超过 150 分，最终得分根据五项考核指标综合得分折算。

第四章 资产经营目标责任制考核管理

第十四条 集团公司对被考核企业的资产经营目标责任制考核结果作为经营者任期内工作业绩的主要考核内容之一。

第十五条 被考核企业应加强资产经营目标责任制考核工作的管理，明确责任部门，建立内部资产经营责任制，确保考核指标的真实性和可靠性，对于弄虚作假的将追究其法定代表人及有关人员的责任。

第十六条 集团公司各单位资产经营目标责任制考核工作由财务产权部和市场营销部分别负责相关考核指标，人力资源部汇总审核，集团公司总经理办公会议审定。

第十七条 被考核企业的年度资产经营目标责任制考核指标由集团公司根据年度预算方案按规定程序进行审批，集团公司将资产经营目标责任制考核指标下达被考核企业执行，并在每年年度工作会议上与被考核企业签订《年度资产经营目标责任书》。

第十八条 资产经营目标责任制考核指标经批准下达后，原则上不予调整；由于国家重大的政策性调整及不可抗力因素对考核指标造成重大影响的，经集团公司批准后可作适当增减调整。

第十九条 集团公司于考核年度结束后，根据被考核企业经审计后的年度会计决算或年度财务快报，进行资产经营目标责任制考核评分，确认年度资产经营目标责任制考核结果，纳入集团公司目标责任制考核兑现。

第五章 附 则

第二十条 集团公司的内部核算单位、全资公司、控股公司（含上市公司）、分支机构，应依据本办法制定本企业的资产经营目标责任制考核实施办法。

第二十一条 本办法自 2004 年 1 月 1 日起执行。

第二十二条 本办法由中国国电集团公司负责解释。

附表：利润总额考核指标分值分布表（略）。

中国国电集团公司担保管理暂行办法

国电集财［2004］375 号

集团公司系统各单位：

为使担保行为规范化、管理制度化，现将《中国国电集团公司担保管理暂行办法》印发给你们，请遵照执行。

附件：《中国国电集团公司担保管理暂行办法》

二○○四年八月三十一日

附件：

中国国电集团公司担保管理暂行办法

第一章 总 则

第一条 为规范中国国电集团公司的担保行为，加强担保管理，降低担保风险，根据《中华人民共和国担保法》等国家有关法律法规、规章、行政文件和《中国国电集团公司章程》及有关制度之规定，制定本办法。

第二条 本办法所称担保是指担保人与债权人约定，当债务人未按合同约定履行债务时，由担保人按约定履行债务或承担责任的行为。

第三条 鉴于担保属于集团公司或有负债，有可能造成集团公司直接债务风险，所属单位必须重视和加强对担保事项的管理。

第四条 本办法适用于集团公司本部、各分支机构、内部核算单位和全资企业。控股公司、参股公司的对外担保按照董事会授权实施。

第二章 担保人资格及担保原则

第五条 担保人必须具备企业法人资格。集团公司各分支机构、内部核算单位一律不得对外提供担保，集团公司对其有书面授权的，可在授权范围内提供担保。

第六条 集团公司本部提供担保的原则：

1. 原则上不对非集团公司成员企业提供担保，特殊情况确需对非集团公司成员企业提供担保的，报经集团公司总经理办公会批准后执行。

2. 对控股、参股企业提供担保的金额原则上不超过按“所需担保总额×集团公司股权比例”测算出的最高数额。

3. 一般只对发电项目或集团公司批准的其他项目提供担保。

4. 集团公司不对房地产开发项目提供担保。

5. 只提供保证担保。

6. 被担保人应提供相应有效的反担保。

7. 可按担保额收取一定的担保费。

第七条 所属单位对外提供担保，除遵循第六条规定外，还需遵循以下原则：

1. 未经集团公司或董事会批准，不得为资产负债率超过 70% 并且连续两年经营亏损的企业提供担保，不得为非集团公司成员企业提供担保。

2. 原则上累计担保额不得超过本企业净资产的 50%。

3. 为所属控股、参股企业提供担保的，应按股权比例提供担保。

4. 严禁为自然人担保。

在本办法规定权限内的担保，由企业自主决定，超过本办法规定权限的担保，必须报集团公司批准。

第八条 担保人提供对外担保，应当与债权人、被担保人订立书面合同，约定担保人、债权人、被担保人各方的下列权利和义务：

1. 担保人有权对被担保人的资信和经营情况进行监督，被担保人若发生不利于主债务履行或不利于担保人债权安全的情形，应及时通知担保人。

2. 担保人提供对外担保后，债权人与被担保人如果需要修改所担保的合同，或债权人许可债务人转让债务的必须取得担保人的同意，未经担保人书面同意的，担保人不再承担担保责任。

3. 担保人提供对外担保，履行担保义务后，有权向被担保人追偿。

4. 被担保人应向担保人提供有效反担保。

5. 担保人有权收取约定的担保费。

6. 双方约定的其他权利义务。

第三章 担保管理程序及审批

第九条 集团公司对担保总额实行预算管理，所属单位应在编制年度预算时，一同将本年度需要由集团公司总部提供担保的申请计划纳入各单位财务预算，经集团公司预算管理委员会对申请的担保总额进行审议后报集团公司总经理办公会批准。临时发生且急需集团公司担保的事项，可单项报经集团公司批准。

第十条 无论是预算内额度担保还是单项担保申请，所属单位应提前30天提供下列申请文件和资料，并保证其真实性：

1. 以正式文件报送的担保申请书（见附件1）。

2. 与被担保项目有关的批复文件。

3. 近三年与上月末的资产负债表和近三年与本期累计损益表。

4. 已发生的被担保项下的主债务合同或贷款意向书。

5. 包括还款计划、方式及资金来源的还款承诺。

6. 由于资产划转、资产重组、企业并购等发生的需要由集团公司承继的担保，除需提供上述文件资料外，还应提供原担保有关文件。

7. 担保受理人认为必要的其他文件。

第十一条 集团公司在接到担保申请人有关资料后，对于经集团公司审议通过的预算总额内的担保申请或符合本办法规定、担保申请资料完备、情况清楚的单项担保申请，按照以下程序办理：

1. 由集团公司财务产权部统一受理，对担保事项提出初步审查意见。

2. 视情况由总经理工作部法律部门提出意见。

3. 填写《中国国电集团公司担保业务审查意见书》（附件2）。

4. 报集团公司分管副总经理审批。

5. 集团公司法定代表人或授权代表人签署担保合同。

第十二条 有下列情况之一的担保申请，由集团公司财务产权部会同集团公司预算管理委员会成员部门审查并提出初步意见后，报集团公司主管副总经理审批；重大担保事项报集团公司总经理办公会审批。

1. 超过本办法权限及第六条规定的。

2. 为外汇担保项目提供担保的。

3. 超出按“所需担保总额×我方投资比例”测算出的最高数额提供担保的。

4. 为非集团公司成员企业担保的。

5. 其他需要上报总经理办公会审批的事项。

第十三条 集团公司担保合同的签订、履行应符合集团公司合同管理的有关规定。

第四章 反 担 保

第十四条 为担保申请人提供担保时，由担保申请人提供反担保。

第十五条 反担保的方式主要包括保证和定金，也可以采取抵押、质押方式。担保人应根据担保的风险和反担保人的财务状况、履约能力确定担保方式。

（一）保证反担保。一般由担保申请人之外的第三方提供，第三方应具有独立法人资格，资信可靠，财务状况良好，具有偿债能力；无重大债权债务纠纷。

（二）抵押反担保。担保申请人以其抵押物对担保人提供反担保。抵押物必须是所有权、使用权明确，没有争议的资产，依法被查封、扣压、监管的财产和已设定担保物权的财产不能再抵押。

（三）质押反担保。担保申请人以其质押物对担保人提供反担保。质押物必须是所有权明确的动产或权利。包括动产、有价证券、股权以及其他质物。

（四）抵押物和质押物属于有限责任公司、股份有限公司、合营合作所属单位或承包经营所属单位所有的，由该公司董事会或股东大会审议批准的文件。

第十六条 当担保人承担一般责任或连带责任代被担保人履行其债务后，即取得对被担保人及反担保人债务（包括罚息、费用、垫付资金、滞纳金及借款本金等）的追索权。被担保人及反担保人必须在规定的时间内归还担保人垫付的借款本息和有关费用。

第十七条 担保人在债务追索时可用下列方式：

1. 扣付定金或直接向被担保人追索债务。

2. 向反担保人追索债务。

3. 实行财产、权利抵押或质押的，依照法律程序将抵押物或质押物折价、拍卖或变价处理，并从处理的价款中优先受偿。

第五章 担保管理及收费

第十八条 集团公司财务产权部是集团公司对外担保工作的归口管理部门，负责担保的审核、报批、备案及管理等工作。

第十九条 所属单位指定专人负责担保工作的日常管理，成立相应的担保审批机构，制定审批制度。各单位法定代表人是第一责任人，企业分管担保的财务部门是第一责任部门。

第二十条 担保人要及时掌握被担保人的有关信息，加强对担保企业的监督，及对担保项目的跟踪，完善对被担保人的事前评估、事中监控、事后追偿与处置机制。发现担保风险时，应及时报告，并提出实施建议。

第二十一条 担保合同按下列要求进行管理：

1. 债务主合同的修改、变更须经担保人同意。

2. 担保合同的变更、修改、展期，应按规定程序重新办理。

3. 担保合同按规定执行完毕，被担保人应及时通知担保人。

4. 被担保人应按担保人要求，定期提供财务报表。

5. 被担保人发生影响履约能力的重大事项，应及时通知担保人。

第二十二条 所属单位未按本办法规定、给企业造成经济损失的，依法追究企业负责人及直接责任人的责任。

第二十三条 所属单位每半年将担保与被担保情况形成书面材料上报集团公司财务产权部。采取以自有财产抵押或质押担保方式进行融资的，报集团公司财务产权部备案。

第二十四条 集团公司为所属单位提供担保原则上遵循有偿原则。

第六章 附 则

第二十五条 本办法由集团公司财务产权部负责解释。

第二十六条 本办法自印发之日起生效。

附件：1. 担保申请书（略）

2. 中国国电集团公司担保业务审查意见书（略）

中国国电集团公司安全生产目标责任制考核暂行办法

国电集生［2004］33号

集团公司各分支机构，各直属、全资、控股单位：

为加强安全生产管理，落实安全生产责任制，集团公司制定了《中国国电集团公司安全生产目标责任制考核暂行办法》，现印发给你们，请认真遵照执行。

附件：《中国国电集团公司安全生产目标责任制考核暂行办法》

二〇〇四年二月四日

附件：

中国国电集团公司安全生产目标责任制考核暂行办法

第一章 总 则

第一条 为贯彻《中华人民共和国安全生产法》，坚持“安全第一、预防为主”的方针，落实安全生产责任制，全面实现集团公司安全生产目标及完成各项经济技术指标，根据《中国国电集团公司目标责任制考核管理暂行办法》，特制定本办法。

第二条 安全生产责任制考核内容包括安全目标和生产指标两个部分，采用百分制考核，其分值权重见表1。

表1 分 值 权 重

单 位	安全目标	生 产 指 标		
		发电量	供电煤耗	非计划停运次数
分支机构	60(权重15)	40(权重10)		
火电企业	50	30	10	10
水电企业	50	40		10

第三条 安全生产责任制根据职能分别由集团公司安全生产部和市场营销部考核。

第四条 本办法适用于集团公司各分支机构，各直属、全资和控股企业。

第二章 考 核 目 标

第五条 安全目标：

（一）不发生人身死亡事故。

（二）不发生全厂停电或责任性的电网瓦解、大面积停电事故。

（三）不发生重大及以上设备损坏事故。

（四）不发生重大及以上交通事故。

（五）不发生电厂垮坝事故。

（六）不发生重大及以上火灾事故。

（七）不发生重大及以上施工机械事故。

第六条 生产指标：

（一）全面完成集团公司下达的发电量计划。

（二）火电企业全面完成集团公司下达的供电煤耗计划。

（三）严格控制机组非计划停运次数。

第三章 考 核

第七条 事故考核，见表2。

表2 事 故 考 核

考核内容	扣分	
	分支机构	发电企业
人身死亡事故	60	50
全厂停电或责任性的电网瓦解、大面积停电事故	60	50
重大及以上设备损坏事故	60	50
重大及以上交通事故	60	50
电厂垮坝事故	60	50
重大及以上火灾事故	60	50
重大及以上施工机械事故	60	50
隐瞒事故	—	50
人身重伤事故	—	30/人
一般设备事故	—	15/次

第八条 发电量考核：按照《中国国电集团公司电（热）量及电（热）费考核暂行办法》考核。

第九条 火电企业供电煤耗考核，见表3。

表3 火电企业供电煤耗考核

全厂装机容量（兆瓦）	基础分	比计划每升高1克/千瓦时，扣分
≤400	10	3
>400	10	5

第十条 非计划停运考核，火电机组见表4，水电机组见表5。

表4 火电机组非计划停运考核

机组容量（兆瓦）	基础分	非停次数基数［次/（台·年）］	每超出基数1次，扣分
<300	10	2	5
≥300	10	3	5

表5 水电机组非计划停运考核

机组容量（兆瓦）	基础分	非停次数基数［次/（台·年）］	每超出基数1次，扣分
≤100	10	1.5	5
>100	10	2	5

第十一条 各项考核扣完单项基础分为止。

第四章 奖 励

第十二条 集团公司对年度安全生产责任制考核60分及以上的分支机构和发电企业领导班子成员予以奖励。发电企业领导班子年度安全生产责任制考核自检得分60分及以上的，由本单位提出申请，经分支机构审查后，由分支机构连同自检考核表，一并于次年1月10日前，报集团公司安全生产部和市场营销部。

第十三条 “一厂多制”企业的生产指标按经营主体分别考核。

第十四条 分支机构依据辖区内发电企业安全目标、发电量完成情况考核。

第十五条 安全生产责任制奖励按《中国国电集团公司目标责任制考核管理暂行办法》兑现。

第五章 附 则

第十六条 本办法考核期为每年1月1日至12月31日。

第十七条 本办法由集团公司负责解释。

第十八条 本办法自2004年1月1日起执行。国电集生［2003］209号《关于印发〈中国国电集团公司安全生产责任制考核办法（暂行）〉的通知》同时停止执行。

中国国电集团公司防汛管理办法

国电集生［2004］121号

集团公司各分支机构，各直属、全资、控股单位：

为规范防汛管理工作，集团公司制定了《中国国电集团公司防汛管理办法》。现予印发，从发布之日起执行。

附件：《中国国电集团公司防汛管理办法》

二〇〇四年四月五日

附件：

中国国电集团公司防汛管理办法

第一章 总 则

第一条 根据《中华人民共和国电力法》、《中华人民共和国防洪法》、《中华人民共和国防汛条例》等国家法律、法规，结合集团公司的实际情况，制定本办法。

第二条 防汛工作是电力企业安全生产的重要内容，防汛工作的基本任务是负责所管辖的发电设备与设施安全渡汛；积极配合地方政府抗洪抢险。

第三条 防汛工作实行“安全第一，常备不懈，预防为主，全力抢险”的方针。

第四条 防汛工作由各单位的行政正职负总责。

第五条 国电集团公司系统发电企业的防汛工作由安全生产部归口管理。

第二章 防 汛 职 责

第六条 集团公司的主要职责是：

1. 贯彻执行国家有关防汛工作的法律、法规，并监督所属企业实施。

2. 负责制定或修订集团公司防汛管理办法。

3. 负责审核所属电厂的洪水调度方案和渡汛措施。

第七条 分支机构的主要职责是：

1. 组织辖区内发电企业的防汛检查，经验交流。

2. 负责预审所辖电厂的洪水调度方案和渡汛措施。

3. 负责与地方政府防汛部门的联系、沟通。

第八条 子公司、控股公司的主要职责是：

1. 在集团公司和有管辖权的人民政府防汛指挥机构领导下，做好其所属发电企业的防汛组织工作，建立健全防汛组织机构。

2. 制定防汛管理工作实施细则，并对所辖单位进行检查考核。

3. 负责对所属发电企业电力设施重大缺陷和异常情况组织鉴定，落实处理措施，同时向集团公司报告。

4. 审查所属水电厂年度洪水调度方案和渡汛措施，按有关规定报批或审批。

第九条 发电企业的主要职责是：

1. 建立健全本企业的防汛组织机构，明确主管部门。主要有：防汛领导小组、防汛办公室、抢险队伍等。

2. 建立健全并严格执行各项防汛管理制度。

3. 做好汛前准备工作，做到“思想、组织、措施、物资”四个落实和“人员、措施、工作”三个到位。

4. 按防汛检查大纲的要求，进行自查和整改。

5. 编制洪水调度方案，超标准洪水（暴雨、风暴潮）应急方案，报有关部门审批后执行。

第三章 防 汛 工 作

第十条 水电厂防汛工作的重点是确保大坝的安全。防汛工作的基本目标是在设计标准范围内不垮坝，不漫坝，不水淹厂房。大坝安全监测系统、水情测报系统、泄洪闸门、启闭设备及其备用电源（应有独立于厂用电的可靠的备用电源）必须保证可靠运行，以充分发挥水库的防洪、发电效益。

第十一条 火电厂防汛工作的重点是保证灰坝、供水泵房、厂房、变电站、生活区的安全。做到遇设计标准暴雨、洪水时不发生灰坝垮坝，不水淹厂房、泵房、变电站及生产生活设施。

第十二条 水电基本建设工程防汛工作按照《水电基本建设工程防汛管理暂行条例》执行。

第十三条 水电厂应根据批准的设计防洪标准和水库调度原则，并结合工程实际情况，制定年度工程度汛措施和洪水调度方案。

第十四条 加强汛前安全检查。各发电企业应严格按照《发电企业汛前检查大纲》进行汛前检查。南方、华东、华中地区应在4月底以前完成。华北、西北、东北地区应在5月底以前完成。

第十五条 加强汛期防汛值班工作，严格按照《水库调度工作汇报制度》的有关要求及时向有关部门报告汛情信息，遇紧急或重大情况应及时向集团公司和分支机构报告。

第十六条 水电厂的汛期水库调度必须服从有管辖权的人民政府防汛指挥部门的统一调度，做好洪水预报、大坝安全、闸门启闭、抗洪抢险等工作。

第十七条 认真做好防汛总结。汛后各发电企业要及时分析雨情、水情，总结防汛和大坝安全工作，于11月底上报集团公司及分支机构。

第四章 考 核

第十八条 违反本办法规定、洪水调度失误、防洪抢险不力造成不应有的损失的，追究单位行政正职和分管防汛工作负责人的责任。在设计标准（或经上级批准的标准）内发生防汛事故的，按集团公司《事故调查规程》和国务院《特别重大事故调查程序暂行规定》追究责任。

第十九条 集团公司将防汛工作纳入安全生产目标责任制进行考核。各发电企业可根据具体情况制定相应的考核办法。

第五章　附　　则

第二十条　本办法由集团公司负责解释。

第二十一条　本办法自发布之日起执行。

中国国电集团公司检修、技改外包工程管理办法（试行）

国电集生［2004］297号

集团公司各分支机构，各直属、全资、控股单位：

为加强发电设备检修、技改外包工程管理，促进设备检修质量的不断提高，集团公司制定了《中国国电集团公司检修、技改外包工程管理办法（试行）》，现予以印发，请认真贯彻执行。

附件：《中国国电集团公司检修、技改外包工程管理办法（试行）》

二〇〇四年七月十六日

附件：

中国国电集团公司检修、技改外包工程管理办法（试行）

第一章　总　　则

第一条　为规范中国国电集团公司系统检修、技改外包工程管理，明确管理职责，理顺管理关系，特制定本管理办法。

第二条　各发电企业的检修要坚持“以我为主”的原则，如确系工期紧迫、项目工作量大、本单位无力承担的项目及需返厂修复的项目等，可申请对外承包。

第三条　对外承包项目必须是经过集团公司批准的大修、技改项目。

第四条　本办法适用于国电集团所属发电企业生产设备（设施）、非生产设施的检修和技改外包工程管理。

第二章　组织机构及职责

第五条　集团公司、分支机构、发电企业可依据本办法制定本单位《检修、技改外包工程管理办法》，同时成立外包工程招标领导小组，负责招标的全面工作。

集团公司外包工程领导小组设在安全生产部。组长由安全生产部主任担任，副组长由安全生产部副主任担任，成员由安全生产部有关人员组成。

第六条　招标领导小组主要职责：

1. 决定招标原则和招标范围。
2. 审定招标文件及有关要求。
3. 委派项目招标负责人。
4. 聘请评标委员，组成评标委员会。
5. 主持开标、评标和定标。
6. 听取评委会的评标汇报，确定中标单位。

第三章　外包项目立项程序

第七条　外包项目立项程序（见附件1略）：

1. 发电企业申请。

发电企业在项目开工前3个月，负责向分支机构提出外包项目申请。申请内容包括：项目名称、项目范围、项目的工期及概算。

2. 分支机构审核。

分支机构在接到发电企业提出的外包项目申请后，应在一周内，组织对其进行审核。然后将审核通过的外包项目整理汇总，同时填写集团公司外包项目审批表，报集团公司安全生产部（见附件4略）。

3. 集团公司审批。

集团公司收到外包项目审批表后，提出终审意见并行文批复。

第八条　下列检修工作可不经过立项过程，直接对外招标或洽谈合同，但应报集团公司安全生产部备案：

1. 事故抢修工程。
2. 按规定要求的定期检测和试验项目。

第九条　各单位要加强对外包工程项目的管理，严禁采用化整为零方式规避集团公司管理。

第十条　各分支机构、发电企业每年应将对外承包检修项目总结于当年12月底前，报集团公司安全生产部。总结内容包括：全年机组检修对外承包的项目、工期、费用、检修单位、主要负责人、检修效果等。

第四章　外包项目招标管理

第十一条　单项工程造价在300万元及以上的重大检修、技改工程的外包由集团公司负责组织招标工作，分支机构及有关发电企业参加。

第十二条　单项工程造价在300万元以下100万元以上检修、技改项目的外包，由分支机构组织招标工作，有关发电企业参加，并将结果报集团公司备案。

第十三条　单项工程造价在100万元以下工程招

标工作，由发电企业负责组织招标工作。

集团公司视情况可参加分支机构、发电企业组织的招标工作。发电企业负责招标后工程项目的全过程管理。

第五章　承包单位与招标方式的选择

第十四条　承包单位的选择必须符合国家相关规定资质，应有在发电企业中良好的工作业绩，提倡在同等条件下，优先选择集团公司所属发电企业（公司）参与投标工作，并保证对其所承担检修项目不实行二次承包或转包。

第十五条　招标方式分为组织议标、邀请招标、公开招标。

第十六条　组织议标：集团公司、分支机构、发电企业在特定条件下可以对一些外包工程进行组织议标。

第十七条　邀请招标：发电企业根据已批准的检修外包项目，向具有能承担该项目（或一系列项目）资格的至少三个承包单位发出招标邀请（见附件2略）。

第十八条　公开招标：按照国家及集团公司有关规定要求执行（见附件3略）。

第六章　外包项目的安全、质量及资金管理

第十九条　发电企业要对承包方进行安全教育，并按集团公司安全生产有关规定签订安全责任书。

第二十条　外包工程的质量管理由发电企业负责，在签订合同时要明确质量控制标准及违约责任。

第二十一条　各发电企业要严格按照批准的外包项目费用定额执行。

第七章　附　　则

第二十二条　本办法由中国国电集团公司安全生产部负责解释。

第二十三条　本办法自发布之日执行。

中国国电集团公司春、秋季安全大检查工作制度

国电集生［2004］355号

集团公司各分支机构，各直属、全资、控股单位：

为规范春、秋季安全大检查工作，集团公司制定了《中国国电集团公司春、秋季安全大检查工作制度》，现予印发，请遵照执行。

附件：《中国国电集团公司春、秋季安全大检查工作制度》

二○○四年八月十三日

附件：

中国国电集团公司春、秋季安全大检查工作制度

第一章　总　　则

第一条　春秋季安全大检查（以下简称春、秋检）是贯彻“安全第一、预防为主”的方针，预防季节性事故发生的一项行之有效的工作，为使春、秋检工作规范化、制度化，特制定本制度。

第二条　各单位应认真贯彻执行本工作制度，在春、秋检中，做到边检查、边整改，对威胁人身、设备安全的重大缺陷隐患要立即处理，暂时不能处理的要制定整改计划，采取必要安全措施，保证安全。

第三条　春检以“五防”即防风、防雷、防火、防污闪、防绝缘事故为重点，并结合迎峰度夏和防洪防汛工作一并进行；秋检以防寒、防冻、防火为重点，结合安全性评价，抓好设备的治理工作。要把保重要节日、重大政治活动期间的安全工作，结合春、秋检及整改一并安排。

第四条　本制度适用于集团公司直属、全资及控股单位。

第二章　时间安排与组织

第五条　春检工作一般在2月中旬至5月上旬期间进行；秋检工作一般在9月下旬至11月中旬期间进行。各分支机构、发电企业要结合本地区的气候特点，从实际出发，集中一个月时间完成。

第六条　春秋季安全大检查工作，由分支机构主管生产的副总经理、发电企业经理（厂长）直接主持，由安监部门负责组织，生产技术等部门参加，拟定检查计划和工作重点。

第七条　分支机构负责安排、组织、检查辖区的春秋检工作，集团公司负责对春、秋检工作进行督导。

第三章　检 查 重 点

第八条　安全生产管理检查重点：

1. 各级人员的安全生产责任制是否落实、责任是否清晰、明确。

2. 各级领导对上级有关安全生产政策、制度、规定等是否贯彻执行，各项反事故措施是否落实，各项规程、制度是否齐全、完整，符合企业管理实际并按规定进行审批和修订；是否存在有章不循，违章不纠的现象。

3. 安全生产第一责任人是否对发生的主要事故亲自主持调查；是否定期组织召开安全分析会；是否对安全措施的资金予以保证；是否对发生的不安全情况按照“四不放过”的原则进行处理；是否对存在的安全隐患组织解决或制定切实可行的预防措施；是否对防范措施落实情况进行检查。

4. 安全生产第一责任人是否定期深入现场检查和参加基层单位的安全活动；安全活动内容是否符合实际；是否定期开展反事故演习。

5. 特种作业人员是否按规定经专门的安全作业培训，取得特种作业操作资格证书。

6. 施工、检修现场安全、组织、技术措施是否完备，安全秩序是否良好；在执行安全组织措施和技术措施中是否存在不认真、不重视、敷衍了事、违章等不良倾向。施工现场是否存在严重的安全隐患。

第九条 劳动安全与作业环境的检查重点：

1. 电气安全用具、手持电动工具、移动式电动工具、安全带（安全网、防坠器）、脚手架、移动梯台、起重工具，车（铣）床等机加工设备是否符合安全要求，是否按规定期限检验。

2. 劳动保护及防护用品是否正确使用。

3. 安全标志及遮栏、生产区域的梯台楼板、地面状况、现场照明等是否符合安全要求。

4. 现场电气设备的名称编号是否完整、准确；有无误入带电间隔、误碰带电部位和误攀登带电设备的安全隐患。

5. 生产及非生产电气设备接零或接地是否符合安全技术要求。

6. 动力、照明配电箱、临时电源、电焊机等是否符合安全要求。

7. 转动机械的防护装置是否完善、合格。

8. 防尘、防毒、防辐射、防噪等劳动保护设施是否完善齐备。

9. 车辆、船舶是否符合安全要求，管理制度是否落实。

第十条 设备及季节性事故预防检查重点：

1. 电气设备绝缘试验的计划完成情况，试验数据有无超标现象并分析。

2. 继电保护、热工保护、自动装置和主要仪表的定检的完成情况。

3. 升压站及输、配电线路和电气设备的清扫防污工作完成情况。

4. 防雷设施和接地装置的定检完成情况，是否满足技术要求。

5. 充油设备是否有漏油、进水、受潮的现象。

6. 高压开关传动机构的检查、试验完成情况。

7. 防止电气误操作措施落实情况和防误闭锁装置的运行情况。

8. 电气设备、继电保护、热控设备的防雨、防潮、防过热、防尘措施落实情况。

9. 蓄电池和直流系统是否存在安全隐患。

10. 电缆孔洞（沟道）封堵是否严密，门窗是否齐全完整，配电室出入口处是否设有防小动物隔板等安全措施。

11. 主设备是否存在安全隐患，重要辅机、冷却器是否有影响主设备出力的问题。

12. 承压设备（部件）的安全阀和保护装置的定检情况、是否处于良好状态。

13. 技术监督工作执行情况，台账资料是否齐全、规范，对异常数据的分析及处理情况。

14. 接地网、地下管道、电缆、外露桥架、变电站杆塔等设备的腐蚀情况及防止措施。

15. 春检中要做好防外力破坏的宣传工作，防止由于风筝等物体造成电气短路跳闸事故。对所辖线路附近的树木要按照防护规程的规定进行剪枝砍伐。

16. 防寒防冻检查重点：

（1）厂房门窗封闭及表计的防冻措施。

（2）水塔，户外各种汽、水、油管道（阀门）及杆塔基础的防冻措施。

（3）除灰管道的防冻及卸冻煤措施。

（4）检修或备用中的机、炉疏放水，加药、取样管道的防冻措施。

（5）变电站开关操作机构的防冻措施。

第十一条 防火、防爆检查重点：

氢、氧、乙炔装置及管路，汽机油系统，锅炉燃油、燃气、制粉系统，电缆夹层，油区、油库、配气站、仓库以及所辖范围内的生活区、公共场所等是否符合安全要求。检查消防系统、设施、器材，是否处于良好备用状态。检查防火防爆制度、防火应急预案落实执行情况。

第十二条 防风、抗台检查重点：

厂房屋顶是否有杂物，厂房化妆板、标语牌、高空管道保温、门窗玻璃是否牢固；变电站周围环境是否清洁；室外大型机械、堤坝、码头防风、抗台措施是否落实。

第十三条 防洪防汛检查重点：

防汛应急预案，防汛物资准备情况，水库、水工建筑物、灰坝、泄洪设施、排水（涝）设施、水情测报、通讯等安全运行情况。水库、水工建筑物等受洪水冲刷部位情况及处理措施。

第四章　总　　结

第十四条　总结的主要内容：

1. 春（秋）检的总体情况。

2. 在设备、设施及工作场所消除了哪些威胁人身和设备安全运行的重大缺陷和隐患？尚存在哪些重大缺陷和隐患？是否制定防止事故发生的措施？安排与落实情况？

3. 在安全生产管理上存在哪些主要问题和薄弱环节？安全生产情况有哪些改进和提高？

4. 春（秋）检中有哪些好的做法、好的经验和应吸取的教训。

第十五条　各单位春秋检总结，分别在5月15日前和11月15日前，报分支机构。分支机构汇总整理后，于5月20日前和11月20日前，以正式文件（含附件）和邮件报集团公司安全生产部。

第五章　附　　则

第十六条　各发电企业依照本制度，制定本企业的实施细则。

第十七条　本制度自发布之日起执行，解释权属集团公司安全生产部。

关于印发《中国国电集团公司关口电能计量系统管理办法（试行）》和《中国国电集团公司关口电能计量表技术规范书（试行）》的通知

国电集营［2004］514号

集团公司各分公司，各直属、全资、控股发电企业：

为加强集团公司电量计量管理工作，全面提高集团公司对电厂关口电能表数据的管理水平，集团公司在研究讨论和广泛征求意见的基础上，制定了《中国国电集团公司关口电能计量系统管理办法（试行）》和《中国国电集团公司关口电能计量表技术规范书（试行）》以及《关口电能计量装置异动申请单》，现印发给你们，请认真遵照执行。

附件：1.《中国国电集团公司关口电能计量系统管理办法（试行）》

2.《中国国电集团公司关口电能计量表技术规范书（试行）》

3.《关口电能计量装置异动申请单》（略）

二〇〇四年十二月二十四日

附件1：

中国国电集团公司关口电能计量系统管理办法（试行）

第一章　总　　则

第一条　为加强关口电能计量管理，提高关口电能计量管理水平，适应中国国电集团公司（以下简称集团公司）与各省电网公司之间电力交易关口电能计量系统建设、运行和管理的需求，确保关口电能计量装置可靠运行、准确计量计费，实现电力市场“公平、公正、公开”的交易原则，根据国家有关计量法规、规程，结合集团公司实际情况，特制定本办法。

第二条　本办法规定了集团公司关口电能计量管理工作有关的机构职责、工作内容、工作方法和技术要求。

第三条　本办法关口电能计量系统包括：电能计量装置及其通信通道。其中电能计量装置包括关口电能表、计量用电压、电流互感器及其二次回路、电能计量柜（箱）、数据传输设备等，实现电能计量、采集、传输、记录和电费结算。

第四条　本办法关口电能计量系统管理工作包括关口电能计量点的划分，关口电能计量点的确定与调整，关口电能计量系统通用技术要求，关口电能计量系统的建设、验收、运行维护管理、检定和试验，关口电量的统计、结算及差错处理等内容。

第五条　本办法引用标准和规程有：

《电能计量装置技术管理规程》（DL/T 448—2000）

《0.2S和0.5S级静止式交流有功电度表》（GB/T 17883—1999）

《多功能电能表》（DL/T 614—1997）

《电能量远方终端》（DL/T 743—2001）

《电测量及电能计量装置设计技术规程》（DL/T 5137—2001）

《中华人民共和国计量法》

《中华人民共和国电力法》

国家电力监管委员会和国家工商行政管理总局《购售电合同（示范文本）》（GF－2003－0511）

第六条　本办法适用于集团公司各分公司，各直属、全资和控股发电企业。

第二章　关口电能计量管理基本原则

第七条　关口电能计量管理基本原则：

（一）关口电能计量要坚持公平、公开、准确原则。

（二）关口电能计量系统工作要坚持发电企业与电网公司双方到场确认原则，凡涉及关口电能计量系统工作，双方均需到场书面确认，确保关口计量数据的正确性。

第三章 管理体制及职责分工

第八条 集团公司负责所属直属、全资和控股发电企业的关口电能计量系统的管理。关口电能计量系统管理工作实行统一领导、分级管理、分工负责的管理体制。

第九条 集团公司本部、集团公司分公司、集团公司所属发电企业应建立集团公司关口电能计量系统的管理机构，按各自职责开展关口电能计量管理工作。

第十条 集团公司市场营销部是关口电能计量系统归口管理部门，其主要职责为：

（一）负责贯彻执行国家计量工作方针、政策、法规及行业管理的有关规定。

（二）负责组织制订或修订关口电能计量管理办法和制度，并监督实施。

（三）负责制订集团公司关口电能计量系统的更新改造与发展规划。

（四）负责集团公司所属发电企业关口电量的统计汇总及审核。

第十一条 集团公司安全生产部负责关口电能计量系统技术管理工作，其主要职责为：

（一）按照国家有关计量法律、法规、规程的规定，负责组织、审查制订关口电能计量系统的技术要求、选型和配置原则。

（二）负责落实关口电能计量系统技改资金。

（三）负责审批关口电能计量装置技改和电能表的检定轮换计划，并督促实施。

（四）负责关口电能计量系统技术监督工作。

第十二条 集团公司分公司负责所在区域发电企业关口电能计量系统管理和协调工作，其主要职责为：

（一）负责协调所在区域发电企业关口电能计量系统的建立、运行和维护，协调与各省电网公司的关口电能计量工作。

（二）配合集团公司协调所在区域发电企业与各省电网公司确定和调整关口电能计量点。

（三）协调所在区域发电企业进行关口电能计量装置的校验工作。

（四）检查监督所在区域发电企业建立、健全关口电能计量系统的基础资料和试验档案资料。

（五）参与所在区域发电企业关口电能计量系统技术改造的设计审查和竣工验收以及所在区域新建、扩建工程关口电能计量装置的设计审查、建设管理和竣工验收。

（六）组织所在区域发电企业关口电能计量系统发生重大故障、差错电量的调查。

（七）负责所在区域发电企业关口电量的审核。

第十三条 各发电企业负责关口电能计量系统基础管理工作，其主要职责为：

（一）负责本企业关口电能计量系统的运行维护管理工作。

（二）负责关口电能计量装置的技术监督工作，建立关口电能计量系统的基础资料和试验档案等资料。

（三）负责编制本企业关口电能计量系统的技术改造和计划安排，并负责实施。

（四）配合本企业关口电能计量系统发生重大故障、差错电量的调查分析工作。

（五）配合电能计量检测机构对本企业关口电能计量系统的现场试验、周期检定等工作。

第四章 关口电能计量点设置原则

第十四条 关口电能计量点设置原则

（一）关口电能计量点原则上设在发电企业与电网产权分界处（电厂出线以及启动备用变压器）或双方共同商定；对一厂多制（厂内发电机组不同产权属性、不同上网电价）的发电企业除在出线侧安装外，还需在发电机升压变高压侧和高压厂用电侧分别安装电能计量装置，以便分别计量上网电量。

（二）有特殊情况发电企业关口电能计量点的确认，由集团公司分公司配合所属发电企业与各省电网公司共同商定。

（三）每个关口电能计量点应配备同型号、同规格、准确度等级相同的主备两只电能表。启动备用变压器、主变压器高压侧以及用于考核发电量的计量点配备一只电能表。

第十五条 发电机出口必须安装关口电能计量装置，便于发电量统计。

第五章 系统通用技术要求

第十六条 关口电能计量装置均为Ⅰ类计量装置，其基本通用技术要求为：

（一）为保证关口电能计量系统的可靠运行和数据采集、传输，关口电能表应采用双向有功、四象限无功，电流互感器、电压互感器误差补偿计算功能，支持多种通讯协议、电能质量分析、故障录波、数据传送（内置网卡或 MODEM）、自动报警传送测量数据和记录数据、具有失压、断相计时功能，及时记录失压时间以便于计算丢失的电量等功能，符合 IEC 标准和国家标准的全电子式多功能电能表。其中用于电能结算的关口电能表准确度等级要求：有功 0.2S 级、无功 0.2 级；用于发电量考核的电能表准确度要求：有功 0.5 级，无功 2.0 级。

（二）关口电能计量点必须配备计量专用电压互感器、电流互感器或者专用二次绕组。计量专用电压互感器、电流互感器或者专用二次绕组及其专用二次回路不得接入与电能计量无关的设备。准确度要求：电压互感器 0.2 级，电流互感器 0.2 级。

（三）电压互感器二次回路电压降应不大于额定二次电压的 0.2%。在电压互感器二次回路中不得装设隔离开关辅助接点，不得接入任何形式的电压补偿装置。

（四）关口电能表安装在发电企业控制室的专用电能计量盘（柜）中，位置应适当，以便于维护、日常监视及现场试验。电量计量盘（柜）中必须有便于现场试验的专用接线端子。

（五）电能表接线盒、互感器二次回路的接线端子、电能计量盘（柜）、电量数据采集终端应能实施铅封。

第六章　系统建设与验收

第十七条　各发电企业应根据新建、扩建或改造工程对关口电能计量的要求，详细填写《关口电能计量装置异动申请单》（表样见附件），向集团公司市场营销部提出设置或变动关口计量装置的申请，集团公司市场营销部审批后，由集团公司分公司配合所在区域发电企业与各省电网公司协调设置或变动关口计量装置。

第十八条　由关口计量点所在发电企业负责委托有电力设计资质单位按照关口电能计量系统的技术要求和有关规定进行相关系统方案设计，满足集团公司相关信息系统平台建设技术线路和技术规范要求。

第十九条　集团公司各分公司负责组织相关单位对关口电能计量系统的方案设计进行审查。

第二十条　在集团公司分公司和省电网公司对关口计量设计方案共同确认后，由发电企业和受委托的电能计量检测机构按关口电能计量系统的方案设计进行安装施工。

第二十一条　集团公司分公司负责组织相关单位对电能计量装置的建设进行竣工验收。

第七章　系统运行维护管理

第二十二条　为保证关口电能计量系统可靠运行，准确计量、统计和结算，集团公司所属发电企业应建立相应的运行维护管理制度，明确管理部门和专责管理人员。

第二十三条　集团公司的关口电能计量系统主站的运行维护管理由集团公司负责。

第二十四条　集团公司各发电企业负责关口电能计量系统厂站端设备的运行维护管理。发现运行异常、设备故障，应做好故障关口点起止时间、有功负荷、关口备用表启用等原始记录，并及时通知分公司、各省电网公司，经分公司与电网公司协商同意后，按第二十五条规定程序进行相应的处理。遇到危及设备和人身安全的故障可先行处理，处理完毕及时记录故障情况，并将情况报集团公司和各省电网公司，同时报分公司。

第二十五条　关口电能计量系统投运后，电能计量系统有关设备（关口电能表、电压互感器、电流互感器、通讯通道）参数不得随意更改，如确需更改，按以下程序进行：

（一）电能计量装置的铅封、启封工作委托电能计量检测机构负责，集团公司所属发电企业、各省电网公司双方进行监督。

（二）如需更改电压互感器、电流互感器变比应由集团公司所属发电企业、各省电网公司双方书面确认，在双方的监督下进行更改。

（三）因故障、周期轮换需求更换关口电能表，应由集团公司所属发电企业、各省电网公司双方书面确认，由委托的电力计量检测机构进行更改。双方在更换前做好技术措施，确保电能表的更换不会造成电量数据丢失。

（四）若需更改电量考核统计模型、峰谷时段，经集团公司所属发电企业、各省电网公司双方确认后，经双方监督，由委托的电力计量检测机构进行更改，对现场设备进行参数设置。

（五）关口电能计费系统投运后，各发电企业不得随意更改电能计量系统通讯参数的设置。如需更改电能计量系统通讯参数的设置，必须事先征求集团公司同意，以免造成电量数据采集通讯问题，影响电量数据的准确可靠。

第二十六条　在关口电能计量系统设备进行检修、试验等工作时，若可能对关口电能计量系统的正常运行或电量数据的正确性产生影响时，应事先告知集团公司和各省电网公司，并征得双方同意的情况下方可进行。双方应采取相应的措施保证电能计量系统的正常运行，不影响电量数据的准确性。涉及电能计量装置的铅封、启封工作应由委托的电力计量检测机构负责，集团公司所属发电企业、各省电网公司双方进行监督。

第二十七条　关口电能计量系统不得与其他系统互联，以免引起电能计量系统的安全事故。

第二十八条 各发电企业关口电能计量系统设备停役、复役应填写集团公司《关口电能计量装置异动申请单》向集团公司市场营销部提出申请，集团公司市场营销部审批后，由集团公司分公司配合所在区域发电企业与各省电网公司协调停役和复役关口计量点。

第二十九条 各发电企业要做好关口电能计量装置所在母线电能平衡工作，当母线不平衡率（220千伏及以上母线电量不平衡率≤±1%，220千伏以下母线电量不平衡率≤±2%）超过规定值时，要及时分析原因，解决问题，必要时要汇报集团公司。母线电能平衡表分别报给集团公司市场营销部和集团公司分公司。

第三十条 各发电企业每年应对关口电能计量系统阻抗、变比误差、CT的10%误差曲线至少进行一次检查与分析，以确保计量系统的正确运行。

第八章 系统检定和试验

第三十一条 按照国家有关计量法律、法规、规程的要求，集团公司委托电能计量检测机构对所属发电企业进行关口电能计量系统装置的检定、现场试验工作。

第三十二条 运行关口电能计量装置的轮换、周期检定及现场试验应根据《电能计量装置技术管理规程》（DL/T 448—2000）的规定进行。

第三十三条 关口电能计量装置的检定、现场试验结果确认及仲裁：

（一）经检定、现场试验的电能计量装置的检定、现场试验误差在该设备准确度范围之内视为该设备合格，误差在该设备准确度范围之外视为该设备不合格。对于误差达到准确度误差限70%的设备（如0.2级电能表误差超过±0.14%，0.5级电能表误差超过±0.35%，电压互感器二次回路降压超过0.14%），为保证其运行的可靠性，经集团公司所属各发电企业、各省电网公司共同确认后进行更换或改造。

（二）对检定、现场试验的结果存在疑义，集团公司所属发电企业和各省电网公司均可提出重新检定、测试的要求，对重新检定、测试的结果仍有疑义可向电能计量装置量值传递的上一级计量技术机构提出仲裁。

第九章 关口电量结算及差错的处理

第三十四条 关口结算电量数据的抄录

（一）正常情况下，关口电量结算应以主表计量的电量数据作为结算依据，备表的数据用于对主表数据进行核对或在主表发生故障或因故退出运行时，代替主表计量。

（二）对于集团公司与各省电网公司都具有远方关口电量采集系统，由双方共同商定以一方的电能量主站管理系统作为电量结算依据。

（三）当集团公司与各省电网公司电能量主站管理系统采集的数据不一致时，以关口计量现场抄录数据为准。

第三十五条 在关口电能计量系统出现异常情况下，电量电费按以下原则进行结算：

（一）通讯通道出现故障的异常情况下，以现场关口电能计量点主表的电量数据为准进行电量电费结算。

（二）关口电能计量点主表出现故障，按备表的电量数据为准进行电量电费结算。

（三）关口电能主表、备表同时出现故障、电压互感器二次回路出现故障或关口电能计量系统出现其他异常情况时，根据故障期间发电企业的生产情况，参照有关记录仪表记录的数据进行分析，经集团公司所属发电企业、各省电网公司双方共同确认后，计算出故障期间的电量电费，确认电量电费的结算。

第三十六条 当因关口电能计量系统运行异常引起计量和结算争议时，电力交易双方应本着公平、公正的原则友好协商解决。

第十章 附 则

第三十七条 本管理办法的解释权属中国国电集团公司。

第三十八条 本管理办法自发布之日起执行。

附件2：

中国国电集团公司关口电能计量表技术规范书（试行）

1 适 用 范 围

本技术规范规定了集团公司关口电能计量表技术要求。

本技术规范适用于集团公司所属发电企业关口电能表的改造和采购。

2 引 用 标 准

《电能计量装置技术管理规程》（DL/T 448—2000）

《0.2S和0.5S级静止式交流有功电度表》（GB/T 17883—1999）

《多功能电能表》（DL/T 614—1997）

《多功能表通信规约》（DL/T 645—1997）

3 技术参数及功能

3.1 电能表是多功能方型固态装置，能满足三相四线或三相三线接线方式。各项技术性能均符合有关国家标准和电力行业标准：《多功能电能表》（DL/T 614—1997）和《0.2S和0.5S级静止式交流有功电度表》(GS/T 17883—1999）中相关技术要求，其通信符合《多功能表通信规约》（DL/T 645—1997）的要求。

3.2 输入的电流和电压至少满足如下条件：

3.2.1 电能表能接收3个独立规定容量的电压输入，2个或3个独立的规定容量的电流输入。

3.2.2 电能表能采用双电源供电，正常运行是主电源供电，当主电源消失时由辅助电源供电。

3.2.3 电压输入应能满足2500伏直流电压绝缘，满足或超过IEEE C37-90.1-1989：IEEE保护继电器及继电器系统的抗冲击能力试验)。

3.2.4 电流输入额定为1A或5A，最大为10A。

3.2.5 电压每相功耗小于2W、5VA，电流每相功耗小于1VA。

3.3 电能表具有如下精度：

3.3.1 电压精度应满足每秒读数少于0.01%和每50毫秒读数少于0.1%范围内。

3.3.2 电流精度应满足每秒读数少于0.025%和每50毫秒读数少于0.1%范围内。

3.3.3 频率精度应少于0.001Hz。

3.3.4 满足ANSI C12.20-1998，class 0.2和IEC 60687-class 0.2S精度要求。

3.4 电能表提供多个数字通讯端口并支持多个开放协议。

3.4.1 电能表包括具有两路独立的数字通讯端口：一路为RS485输出，另一路为RS485或RS232输出(用户自定义)。

3.4.2 每个端口可根据用户自动设定速度、协议、地址及对其他通讯参数进行配置。所有串口应能同时支持最大115k波特通讯速率。

3.4.3 电能表应具有一个Ethernet端口，通过电能表本身进行数据的传输。

3.4.4 电能表应有一个Modem端口，作为电能表备用数据通讯方式。

3.4.5 电能表具有的通讯规约，在授权范围内免费开放。

3.4.6 电能表可接入任何厂家的电能计量系统。

3.5 电能表具有内存用来记录日志和编程信息。

3.5.1 内存存储空间为512KB及以上。

3.5.2 电能表在内存中存储历史数据，电能质量数据和波形记录。

3.5.3 在失去电源的情况下，保存在内存中数据至少保留10年。

3.5.4 在内存中应存储所有编程和启动参数。在失去电源的情况下，存储在内存中仪表编程数据至少保留10年。

3.6 电能表应能为测量值的趋势提供历史数据记录。

3.6.1 电能表应包含不小于十组独立的数据日志。

3.6.2 每个历史日志应是用户可配置的，用户可为每个日志选择测量数量和读数间隔。

3.6.3 每个历史日志能记录至少0.5年的数据，能根据调度288点要求，记录每5分钟的相关数据。

3.6.4 历史日志能配置使用记录的时间。

3.7 电能表内部能记录和存储分时。

3.7.1 对每个计费时间表、每个季节和所有累计量可得到有功、无功、视在电能全部四象限累计量。

3.7.2 应包含如下分时参数：

3.7.2.1 20年日历。

3.7.2.2 4个季节。

3.7.2.3 每个季节12个节假日。

3.7.2.4 每季节、月、天采用4费率计量。

3.7.2.5 24小时内至少具有可任意编程的8个时段。

3.7.3 当能进行分时计费时，电能表能实时显示如下信息。

3.7.3.1 当前月累计量。

3.7.3.2 前一个月的累计量。

3.7.3.3 当前季节的累计量。

3.7.3.4 前一个季节累计量。

3.7.3.5 全部累计量。

3.7.4 内部晶振精度满足（+/-25ppm)：工作时，能通过通讯口将外部GPS时钟同步信号输入，进行时钟对时。

3.8 电能表能提供电能质量和故障情况监视的能力。

3.8.1 电能表能测量和记录所有谐波的量级和相角。

3.8.2 对所有电压和电流输入，提供谐波失真计量达127次。

3.8.3 对所有电压和电流通道的波形产生的故障，可瞬时进行捕捉，具有故障录波功能。

3.8.4 具有电流、电压互感器误差补偿计算的功能。

3.8.5 电能表能捕获和记录日志中的越限条件，只要监视的数量值超过用户设定的限度，都会产生限度日志的记录。

3.8.6 限度日志的时间时标为毫秒，并包括测量的数量值和标注。

3.8.7 限度日志以先进先出的格式能容纳1024个事件。

3.8.8 对装置电源失电、程序死机、电压互感器电压异常等异常情况具有故障信息提示、报警功能。

3.9 电能表能根据捕获和记录电流电压波性的瞬时和质量问题提供波形。

3.9.1 电能表能从16个采样点/周波到512个采样点/周波中采样波形。

3.9.2 电能表在内存中能容纳至少96个波形记录。每个记录在最高采样率期间最少有8个周波，或在最低采样率期间有64个周波。

3.9.3 每个波形记录包括事件前和事件后数据。

3.9.4 应能记录1毫秒时间分辨率下的波形。

3.9.5 无论何时电压或电流的RMS值超过用户设定值都会产生波形记录。

3.10 电能表能进行软件编程。

3.10.1 软件界面友好。

3.10.2 软件能运行在Windows2000、windows NT 4.0或最新版本。

3.10.3 软件应具备编程，下载和分析下载的数据文件的功能。

3.10.4 软件能存储ODBC数据库的所有数据，数据包括所有日志和波形数据。

3.11 安全防护。

3.11.1 所有参数、功能设置、需量清零、误差调整等（除广播校时外）必须加硬件防护。

3.11.2 二级密码管理。一级：超级用户（用户名、口令可更改），可进行授权二级用户、误差调整、所有功能设置；二级：设置用户，由超级用户授权（分配用户名及初始口令），可进行所有功能设置、抄表。

3.11.3 所有通信接口（RS-485、光电接口、以太网卡、modem通讯口）均需加口令防护，进行安全验证。

中国国电集团公司工程文明施工管理办法

国电集工［2004］78号

集团公司各分支机构，龙源集团，国电电力，长源电力，各项目单位（筹建处）：

为进一步提高集团公司工程建设管理水平，规范工程建设文明施工管理工作，现将《中国国电集团公司工程文明施工管理办法》印发给你们，请遵照执行。

对执行中存在的问题，请及时向集团公司工程建设部反馈。

附件：1.《中国国电集团公司火电工程文明施工管理办法（试行）》
2.《中国国电集团公司水电工程文明施工管理办法（试行）》

二〇〇四年三月十二日

附件1：

中国国电集团公司火电工程文明施工管理办法（试行）

第一章 总 则

第一条 为提高中国国电集团公司（以下简称集团公司）工程建设文明施工管理水平，规范工程建设文明施工管理工作，改善现场施工作业环境，保障从业人员的安全与健康，制定本办法。

第二条 本办法适用于集团公司全资、控股的火电工程建设项目。

第三条 本办法的各项要求可作为对工程建设项目文明施工检查和竞赛评比及考核的主要内容。

第二章 目 标

第四条 文明施工总体目标：实行施工总平面模块化管理，做到“设施标准、行为规范、施工有序、环境整洁”，创建全国火电建设安全文明施工一流现场，树立集团公司安全文明施工品牌形象工程。

第三章 职 责

第五条 项目单位负责组建工程文明施工管理机构，以及现场文明施工的组织领导、总体策划（含现场视觉识别系统）和监督管理。

第六条 监理承包商负责现场文明施工的协调、控制和监督、检查。

第七条 施工承包商必须接受项目单位和监理承包商的监督和管理，并按本办法的要求，负责落实辖区内文明施工策划和管理。

第八条 设计承包商应为工程文明施工总体布局提供技术与设计方面的支持。

第四章 现场文明施工总体规划

第九条 场容场貌：

1. 施工现场应通过施工总平面规划以及规范建筑物、机械设备、装置型设施、标志牌、旗帜等式样、标准和色标，以达到视觉形象统一、美观的整体效果。

2. 施工总平面应由项目单位工程管理部按建筑施工区、安装施工区、办公区、生活区及设备材料堆放区进行定置区划，实行模块化管理。

3. 现场大型标志牌除项目单位在办公区集中设

置若干块以外，承包商必须在办公区集中设置“六牌二图”等大型标志牌（六牌：工程概貌、施工单位名称、职业安全健康与环境管理方针目标、安全文明施工纪律、工程组织结构、工程里程碑计划。二图：施工总平面图、安全文明施工区划图）。

4. 项目单位、承包商办公区必须分别升挂国旗、企业标识和彩色劳动保护旗帜。

5. 现场的各类建筑物，应制定统一标准，保持现场整体视觉效果。现场禁用石棉瓦、脚手板、模板、彩条布、油毛毡、竹笆等材料搭建工棚。

6. 进入现场的机具、工具房、脚手管等必须统一色标标识，确保完好、整洁；机械设备应保持清洁，色标醒目。

7. 工具房、集装箱（含电焊机集装箱）在现场要求集中排放、布置美观，具体位置须经承包商工程管理部规划，其他区域不得存放。

8. 装置型设施包括宣传类、道路交通类、区域围护类、废料垃圾回收处、标识类，均应进行设计和规划。现场所有的标识牌、警示牌，一律采用美观规范的标牌与喷绘文字。

第十条 区域围护管理：

1. 项目单位和承包商办公区、生活区一律实行区域围护、封闭管理。

2. 施工现场一律实行区域封闭、定置化管理。如：设备材料堆放场，加工、组合场，锅炉安装区，制氢站施工区，烟囱施工区，主厂房施工区等。

第十一条 道路、沟道与交通管理：

1. 厂区由项目单位冠名的道路均为混凝土路面，并须形成环形网络。

2. 承包商根据施工需要修筑的临时道路应全部采用硬化措施，保持平整。

3. 厂区主干道两侧应按国标设置路标、交通标志、限速标志和区域警戒标识。

4. 厂区道路及两侧排水沟道由项目单位明确专人负责维护，保证整个厂区道路和排水畅通。

5. 厂区道路的交通管理工作应由项目单位安全管理部门或保卫部门统一管制。

6. 土方运输和特殊物件运输，必须编制专项管理措施，确保道路清洁完好。

第十二条 绿化：

1. 项目单位和承包商办公区应设置绿化带。

2. 员工生活区宿舍和运动娱乐场所门前、场边应种植花草树木。

3. 整个现场绿化率应达到20%以上。

第十三条 吸烟室与饮水点：

1. 施工现场应设置必要的吸烟室与饮水点，布置在现场适宜的区域，并明确专人管理。

2. 吸烟室与饮水点应设置座椅，配备一次性纸杯，保持室内清洁与饮水卫生。

第十四条 设备材料堆放：

1. 施工现场设备材料实行分区堆放，定置化管理。设备材料堆放场地应坚实、平整并垫有碎石子层，地面无积水。做到各种物资排放有序，标识清楚，设备材料码放整齐成形，安全可靠。

2. 保温材料在施工现场存放不得超过24小时，其他施工材料与安装设备在施工现场存放不得超过48小时，并存放于指定区域。

第五章 文明施工设施

第十五条 高处作业：

1. 攀登自锁器：垂直攀登作业人身防护，并配备固定设施。

2. 速差自控器：沿爬梯等往复攀爬作业的人身安全防护设施。

3. 水平安全绳：高处作业人员水平移动或高处临边作业用以扶手或拴挂安全带。

4. 活动支架：水平梁吊装作业，与水平安全绳及装设的临时防护栏杆配套使用。

5. 孔洞及沟道盖板：孔洞及厂房内沟道盖板使用钢板制作并涂以警告标志、编号。

6. 临时防护栏杆：孔洞及高处临空面搭设的安全防护设施。

7. 水平防坠器：水平梁上作业人员水平移动防坠落设施。

8. 柱头托架：立柱吊装时须使用柱头托架，柱头托架是用脚手架搭设的有底板的可拆卸柱头围栏。

9. 安全网与滑线安全网：高空作业防坠落须敷设安全网，锅炉在顶棚梁吊装以及穿吊杆、安装作业时须敷设滑线安全网及外挑式安全网，并确保敷设距离标准有效。

10. 高处活动走台：锅炉水冷壁、过热器吊装作业，穿销摘钩工作须在高处活动走台上进行。

11. 施工电梯：炉架吊装的同时必须确保施工电梯投入使用。

第十六条 用电作业：

1. 配电箱与电缆：施工用电采用三相五线制（TN－S系统），从箱式配电室引出到一、二级电源柜；电缆敷设要求采用直埋式敷设，一、二级电源盘内部配置、电源盘外形样式、颜色和标识等由项目单位或承包商统一设计规划，专业生产厂家定做。

2. 工程现场围墙内禁止架设架空输电线。

3. 施工照明：室外使用灯塔式集中广式照明；厂房、室内照明采用可移动式集中与局部分散相结合的方式照明，局部照明用带防护罩的新光源。

4. 三级盘与便携式卷线盘（四级盘）：三级盘为插座盘及单个开关盘，其壳体要求承包商在厂家统一定做；移动电源盘采用便携式卷线盘。

5. 漏电保安器：在二、三、四级盘内均应装设，定期校验，并作好记录。

6. 电焊机集装箱与二次线：现场和厂房内电焊机采用集装箱布置，并配套二次线通道和快速插头，电焊机二次线必须使用软橡套电缆。

第十七条 平面及其他防护设施：

1. 安全围栏：施工区域、贵重设备、危险区域采用安全围栏隔离。

2. 安全通道：安全通道根据施工需要可分为斜型走道、斜梯通道、水平通道。

3. 氧气、乙炔箱及卷扬机罩棚：氧气、乙炔瓶及卷扬机罩棚采用统一形式钢制箱棚，涂刷油漆，统一色标。

4. 消防水系统：现场消防水系统由项目单位工程部统一规划设计；机、炉、煤仓间等施工消防水由承包商负责规划设计并实施。消防器材由承包商按有关规定配置齐全与管理。

5. 危险品库：承包商必须设置专用危险品库房，并醒目标识。对危险品及危险废品，集中存放，专人管理，并按相关规定做好危险废品处理工作。

第十八条 环境卫生：

1. 废料、垃圾分类存放场：施工与办公活动产生的废料与垃圾要分类存放，由承包商规划分类存放场所和统一存放设施样式，并悬挂统一制作的标识牌。

2. 垃圾通道：汽机、锅炉、煤仓间施工废料和垃圾由承包商设置专用垃圾通道送至地面，专人、专车负责清运并保证通道畅通。

3. 现场厕所及高处水冲式厕所：施工现场应根据作业区域及人群的集中情况，由项目单位工程管理部统一规划，在现场设置足够数量的、具有较高标准的水冲式厕所。汽机房、锅炉房高处干式或水冲式厕所由承包商自行规划设置，并安排专人管理。

第十九条 环境保护：

1. 污水沉淀池：承包商须设置污水沉淀池、蓄积池，对建筑施工和生活废水进行沉淀处理。

2. 污水检测口与噪声监测点：承包商应设置污水检测口进行水质监控，设立噪声监测点对施工产生的声量进行监控。

3. 油料与化学水剂防渗池：为防止各类油料及化学水剂外溢造成环境污染，承包商应设置防渗池作为预防处理设施。

4. 废液回收设施：对废油料等废液在移交社会专业部门处理以前设置专门回收存放设施。

第二十条 个体安全防护装备及进入施工现场文明施工纪律：

1. 进入施工现场人员，必须注意各种安全标示牌，自觉遵守现场安全文明施工纪律规定。

2. 进入施工现场人员必须正确佩戴安全帽，系好帽带，各承包商安全帽的色别、标识，由项目单位安全管理部统一作出规定。

3. 进入施工现场人员严禁穿拖鞋、凉鞋、高跟鞋、背心、短裤及裙装。严禁在现场内赤膊露背。

4. 进入施工现场人员应穿符合安全要求的工作服，承包商工作人员着装要求整齐划一，佩卡上岗。

5. 从事尘毒及特殊作业的人员，应穿着专用防护服。

6. 进入高处作业区域人员必须人手一条安全带。

7. 进入施工现场的施工人员不得打领带，不宜戴戒指、手链等饰物。

8. 进入施工现场的人员不得长发披肩，长发、长辫应塞在安全帽内。

9. 使用砂轮机、錾剔修口、火焊、高速切削、接触化学危险品必须戴防护镜。

10. 严禁酒后进入施工现场。

11. 严禁在施工现场吸烟室以外的任何地点吸烟。

12. 严禁擅自进入危险作业区域。

13. 进入施工现场严禁乱扔杂物及随意堆放物品。

14. 临时进入现场的载货车辆实行登记准入制度，驾驶人员交押“驾驶证”，并借安全帽佩戴。

15. 进场车辆必须清洁卫生，盛装散落物要有防散落措施，不得影响道路清洁。

16. 现场机动车辆应保证车况完好，按标识牌限速行驶，防止飞扬尘土和碎石伤人。

17. 进场车辆（包括非机动车辆）必须按标示路线行走和指定区域停放。

18. 混凝土运输应采用罐车或封闭式运输车，禁止敞车运输，避免混凝土运输带来的环境污染。

第二十一条 承包商工程项目开工必须具备的条件：

1. 项目单位已与承包商签订了“工程承发包合同”、“安全施工管理协议”、“安全责任书”。

2. 施工组织总设计编制完成并经审查批准。

3. 安全文明施工总体措施策划已编制完成并实施。

4. 安全与健康工作程序已编制完成并经审查批准。

5. 安全施工措施编审程序表已编制完成。

6. 已建立健全安全文明施工管理制度。

7. 安全文明施工管理台账已建立齐全。

8. 进入现场的全体员工经过安全健康与环境管理知识教育培训，考试合格持证上岗。

9. 特殊工种人员全部经过培训考试合格，持证上岗。

10. 施工承包商进入现场的全体员工经过身体健康检查，并建立了体检档案备查。

11. 现场“五通一平”符合相关规定标准；厂区围墙已全部建成；厂区主要混凝土路面施工道路形成网络。

12. 现场保卫人员上岗执勤，人员、车辆按规则出入，并有通行检查管理制度。

第六章 施工阶段文明施工主要控制措施

第十九条 文明施工措施的编制与执行：

1. 文明施工措施应与安全施工措施同时编制、同时审批、同时交底。

2. 项目开工前必须进行安全文明施工条件的检查与确认，不具备安全文明施工条件的工程项目不得开工。

第二十条 安全设施：

1. 保证安全投入，加强安全防护，实施安全设施标准化，使现场具备完善的安全文明施工条件。

2. 拆除安全设施必须经过书面批准，施工完后及时恢复并报告批准人。

第二十一条 高处作业：

1. 高处作业安全措施必须得到有效落实，在各种工况下对人身都有保护措施。

2. 避免和减少交叉施工，确实无法避免的要制订安全防护措施，并有效实施后，方可施工。

3. 严禁高处抛扔物件行为。

4. 高处垂直交叉作业必须搭设可靠的隔离设施。

5. 对重要的危险作业工序，现场安全文明施工应采取特殊的控制措施。

第二十二条 脚手架：

1. 脚手架管理是施工现场安全文明施工管理重点，必须由专人管理，专业架子工搭设。

2. 建筑专业脚手架搭设工作应满足建设部《建筑施工安全检查标准》(JGJ 59—1999) 的要求，脚手架的搭设要按施工方案进行，承载类脚手架要有计算和图纸说明。施工方案编制要做到：与工程主体结合施工的脚手架在《作业指导书》上说明搭设方案；大面积脚手架或专用架（如封闭架等）编制专项施工方案；零星使用脚手架根据委托单位出具的书面要求确定搭设方案。

3. 脚手架搭设验收挂牌后方可投入使用。验收牌按不同色标区别合格与不合格。

4. 必须使用钢脚手管和木、钢脚手板，所有投入使用的钢脚手管、板、卡头等使用前均需除锈刷漆。

5. 安装专业脚手架搭设应满足间距标准、搭设牢固、脚手板铺满、有防护栏杆、上下梯档、挡脚板的要求。

第二十六条 起重运输作业：

1. 起重运输作业机械和人员按国家规定，全过程持证有效率应达到100%。

2. 钢丝绳、吊钩、滑轮、安全装置及起重工器具应定期按有关标准进行检验、检查和保养，并做好记录。

3. 施工现场使用国家标准规定的起重指挥信号、手势和旗语，使用对讲机指挥的机械其对讲机应使用指定的频率与频道。

4. 起重机械应标明最大起重量，悬挂安全操作规程、安全准用证、机组人员名单、主要性能及润滑图表等，安装、拆除、操作、管理人员必须持有合法资格证件。

5. 轨道式起重机的基础和轨道、独立接地网必须符合安全要求。

6. 起重作业要严格执行“十不吊”。起重钢丝绳在棱角处必须采取可靠的保护措施，千斤绳不得打扭、绞使用。

7. 起重机械管理工作依据国家质量技术监督局、原劳动部、电力部各项规定执行。

第二十七条 施工用电：

1. 承包商应在项目单位指定的地点接入施工用电系统，并全权负责连接点以下的电气设备保护和人身安全。

2. 电气工作必须由承包商专职电工进行。

3. 施工电源设施配套，符合安全设施标准化的要求，接线整齐、美观。

4. 配电盘、柜内插座电压等级、开关负荷名称标示清楚，电源一、二次盘、柜门上锁。

5. 施工区域电源电缆走向布置合理，布设整齐、美观并标示清楚。

6. 施工现场严禁用接地代替接零保护。

第二十八条 焊接作业：

1. 遵守焊接安全规定，严禁在带压的设备和盛装过油脂与可燃气体的容器上进行焊接工作，严禁在易燃材料附近及上方进行焊接工作。

2. 各类气瓶使用应符合安全要求，固定设施牢靠、美观。

3. 火焊皮管不得妨碍通道，下班后及时收回。

4. 除外围工程部分可使用瓶装氧气、乙炔气外，其余部分应使用管道集中供应气体。

第二十九条 危险性作业：

1. 进入坑井、孔洞、地下、金属容器、潮湿地点作业，必须使用行灯照明，并做好防止缺氧窒息措施。

2. 拆除作业、近电作业、吊装作业、射线探伤等危险作业场所应有醒目的警戒、警告标志，并有专人监护。

3. 坑井、孔洞、陡坎、土方开挖区、高压带电区、重点防火区必须设围栏（墙、网）、盖板，并有明显标志，易燃易爆品应单独存放。

第三十条 土方开挖：

1. 土方开挖应有合理的弃土方案和防塌方措施，并保证道路畅通。

2. 拉运土方的车辆应有措施尽量减少散落造成对路面的污染，并按照谁拉土，谁就得负责将散落的土块清扫干净的办法执行。

3. 现场应自始至终保持场地平整，临时堆放的土方必须经过整理。

第三十一条 成品、半成品保护与防止“二次污染”：

1. 承包商必须制订现场成品保护管理办法和措施，防止“二次污染”。

2. 设备安装后应实施遮盖保护；对于设备上方或周围存在危及设备安全的作业时，须对设备进行隔离保护，并重点对电气、热工仪表盘柜，设备保温外护板、小管道、成品楼层地面、混凝土楼梯及其扶手、混凝土结构梁柱、土建施工结束后的柱与墙面实施保护。

3. 对于一个月以上的深基坑开挖，边坡应采取防护措施。

4. 油漆与保温、粉刷、起吊等工作应采取主动保护措施，防止对其他成品造成污染与损坏。

第三十二条 现场清理整顿：

1. 开展创建安全文明施工示范窗口活动。安全文明施工责任区内，实行工序交接、验收、签字制度，上道工序交给下道工序必须是干净、整洁、工艺质量符合验收标准的工作面。

2. 严格控制领用设备材料，当天领当天用完，特殊情况在作业场所存放不得超过 48 小时。严禁将施工场所作为设备材料堆放场使用。

3. 现场领用的建筑安装材料必须码放整齐，不得乱堆乱摊及堵塞通道。

4. 设备、材料开箱应在指定地点进行，废料垃圾及时清理运走。

5. 各种工器具、索具应摆放、挂放整齐，表面清洁。

6. 各种设备、材料安装就位前应进行清洁，安装后采取成品保护措施。

7. 不得随意在墙板、楼板上凿洞，确因施工需要凿洞，应经工程管理部门书面批准，并使用专门工具施工。

8. 各种施工垃圾、废料应堆放在指定场所。现场执行“随做随清、随做随净”制度，必须达到“一日一清、一日一净”。

9. 施工作业现场设置安全通道并有明显标示，安全通道必须做到安全、整洁、畅通、照明充分。不得有任何物料影响通道畅通，特别是脚手架、脚手管、电源线、电火焊皮线，不能避免过通道的，要采取高架或低设措施。

10. 制订并执行钢材、木料、电缆头、焊条头、包装品等工程废料回收制度。

11. 施工现场及施工区域的沟道、坑井、地面、屋顶、平台应做到无垃圾与废料，设备表面清洁。

12. 生活垃圾应用塑料袋装好，集中存放在封闭的垃圾筒内，每天清理运出现场。

13. 液体废料如油脂、废水等不得排入开口下水道、渗水坑或地下。废油应盛放在废油桶内，统一按规定处理。

14. 能被回收的废料，在未征得项目单位同意以前，不得让现场以外的人取走。

15. 严禁随地大小便或以其他方式污染场地和建筑。

16. 严禁使用属于业主最终设施内的盥洗间和厕所，即便它们是处在建造之中也严禁使用。施工承包商必须采取措施保证其工作人员使用自设的卫生设备，否则将会受到重罚。

17. 施工承包商应自觉保持施工区、生活区以及公共区的清洁卫生。如不能达到上述要求，项目单位和监理承包商保留要求对此类区域进行清扫的权利，其费用则由承包商负担。

第三十三条 职业健康：

1. 施工承包商应对从事有毒有害作业的人员定期进行身体健康检查，并建立体检档案。

2. 尘、毒作业场所应有良好的通风除尘及防止中毒措施。

3. 严禁未成年人从事现场施工作业。

4. 员工食堂与食品间应符合卫生防疫要求，定期对饮用水及饮食卫生进行检查，预防肠道疾病的发生，同时应严防食物中毒。

5. 员工宿舍应有良好的居住条件，保持通风与干净整洁，并有专项管理措施。

第三十四条 防止公害：

1. 噪声：施工承包商必须承担消除噪音的义务。所有在正当工作时间以外，凡节假日施工或有可能影响周围环境的工作，必须事先征得监理人员的同意方可进行。

2. 烟尘、粉尘：施工承包商必须承担消除粉尘、灰尘飘洒的义务，同时现场禁止一切焚烧物料的行为。

3. 动物：除警卫人员可能使用的警犬以外，现场禁止一切牲畜进入。

第三十五条 消防与警卫：

1. 承包商必须健全消防、保卫网络，制订严格的管理制度，编制消防保卫计划及措施。

2. 开展消防、保卫知识教育与培训，提高全员消防、保卫意识与技能；现场应布设醒目的消防紧急报警标志。

3. 建立并严格执行动火管理制度，现场严禁生火取暖和使用电炉取暖。

4. 现场治安警卫工作，严格按照项目单位“人员、机械进出现场管理制度”执行。

第七章 检查与考核

第三十六条 各工程项目应建立现场文明施工组织保证体系和监督管理体系，制定文明施工检查与考核标准，加大现场文明施工检查、考核力度，确保工程建设项目实现文明施工总体目标。

第三十七条 项目单位应组织对施工承包商文明施工状况进行定期和不定期的检查，发现问题及时提出整改意见并限期整改，限期内未整改的，应对责任单位进行惩处。监理承包商应对现场文明施工做好全过程监督工作，及时督促整改项目的落实。施工承包商对本单位辖区内的文明施工应进行经常性的自查，发现问题及时处理。

第三十八条 项目单位应组织对施工承包商文明施工进行考核、评比，并根据工程建设项目安全文明施工奖惩办法，对文明施工情况好的单位和个人给予物质奖励或荣誉等级评定，对文明施工情况差的单位予以处罚。

第八章 附 则

第三十九条 本办法由中国国电集团公司工程建设部负责解释。

第四十条 本办法自发布之日起执行。

附件2：

中国国电集团公司水电工程文明施工管理办法（试行）

第一章 总 则

第一条 文明施工是确保工程安全的基础，是工程总体形象和管理水平的体现。为提高文明施工标准，改善施工环境，保障从业人员的安全与健康，规范中国国电集团公司（以下简称：集团公司）工程建设文明施工管理工作，特制定本规定。

第二条 本规定适用于集团公司全资、控股建设项目及集团公司全资、控股公司投资建设的项目。

第三条 本规定的各项要求作为文明施工检查和竞赛评比的重要考核内容。

第二章 职 责

第四条 项目单位在工程开工时必须牵头组织成立工程文明施工管理机构（可与安全委员会合属），负责现场文明施工的领导、组织、协调和监督；监理单位负责现场文明施工的全面监督、检查和考核；各施工单位接受项目单位和监理公司的监督和管理，按本规定负责落实自己辖区文明施工管理；设计单位要为工程文明施工提供技术与设计方面的支持。

第三章 目 标

第五条 文明施工管理总体目标：施工总平面管理模块化；现场设施标准化；工程施工程序化；文明区域责任化；作业行为规范化；环境卫生经常化；着装统一化。

第四章 具体措施

第六条 施工总平面模块化管理：

1. 项目单位必须设施工总平面专（兼）职管理人员，对施工总平面实行统一的动态管理。各施工单位必须设专职管理人员，严格按照项目单位确定的施工总平面管理原则，对施工临时及附属设施规划设计，按图用地，全过程做好所辖区域施工平面管理工作。确保施工总平面符合文明施工要求。

2. 施工总平面实行模块式隔离管理，各分隔区域均应挂牌，严格区分施工区域、施工附属设施区域、仓储区域、营地、道路，保证各区域相对独立管理。

3. 施工现场各区域应设警卫，有条件的项目应实施封闭管理，禁止闲杂人员进入。

4. 营地建设分区域统一设计，分步实施，围栏封闭管理。

5. 混凝土生产、混凝土预制厂、钢筋加工、模板加工、金属结构加工厂、库房等现场施工附属设施的布置应做到实用、规范、整齐，使厂（库）内、设备的堆放、停放有序，方便使用。

砂石骨料、坝料生产场布置要根据环评报告要求远离营地和村庄。

6. 施工区域的道路、配电线路、施工/生活/消防水系统严格按照施工规划设计原则并经设计后按图施工，杜绝随意修改。道路边坡整齐、美观。

7.“六牌二图”。

六牌：工程概况、施工单位名称牌；安全生产纪律牌；文明施工守则牌；防火须知牌；安全生产无重大事故日计数牌；和施工区主要管理人员名单及监督举报电话号码牌。

二图：施工平面图；工地文明卫生承包责任图。

“六牌二图”外形尺寸、色标、字形、字体需按项目单位要求可选用各类耐水硬质材料制作。施工单位名称牌可结合现场地形条件利用岩壁、建筑物等作底喷涂书写。

8. 在施工总平面范围内合理布置足够数量的水冲、干式厕所、垃圾临时堆放场、废旧材料/设备回收堆放场。施工现场设置必要的吸烟室、茶水点。

9. 施工现场所有施工机械、材料、机电设备等全部实行定置化管理，定置地一律划线挂牌，明确放置物的名称、所属单位（部门）、数量等；仓库区域所有材料、设备的放置按规格、型号、专业分类堆放，放置方向一致，堆放高度按要求尽量做到统一，标识用标牌、字型、色标、均按规定统一设置；露天堆放的设备、材料离地至少保持20厘米，下垫道木长度尽量做到一致。

第七条 现场设施标准化管理：

1. 现场办公区域设施统一规划，办公桌椅、文件柜等办公用品整洁划一，各专业管理区域尽可能实行开放式、区域分割办公格局，办公室全部统一挂牌，管理实现计算机网络化。

2. 施工临时照明及配电装置标准化：施工现场照明均经设计后施工安装，室外装置统一的高压纳灯或集中广式照明，厂房、洞室内工作面采用36伏安全电压或局部广式照明；施工设备用配电箱应符合相关制造标准；照明、动力线路布置在安全前提下做到整齐、合理、美观。

3. 变（配）电站（房）、空压机站（房）、水泵房（浮动平台）按设计要求建造，整洁、实用；施工机具用风管路、水管，通风用抽排风管布置合理，整齐划一。

4. 脚手架标准化：现场使用的脚手架基本采用钢管脚手架，在有条件的地方尽可能使用承插或螺栓连接的工具式钢脚手架。室外、发电厂房内使用的脚手架应全部除锈、油漆统一醒目颜色。脚手架应挂牌表明允许的最大载荷、使用期限及责任人。

5. 安全防护设施、警示标识标准化：

施工现场统一设计、制作各种规格并标有统一色标的指示、警示、孔洞盖板、格栅和防护栏杆。所有的孔洞均覆盖牢固的盖板、格栅保护。施工区临空面安装可靠的防护栏杆，范围较大的临时临空区在其边缘画警戒线或安装一定数量的警示牌，也可张挂警示带或防护绳。

现场加工、拌合、配电、起重、挖、装、钻、风等机械设备全部张挂安全操作规程牌。

道路两边装设标准交通标志。

机组安装与土建施工区域间设隔离墙、板。

禁止无关人员进入主厂房、副厂房、中控楼、开关站（场）、启闭机房等重要区域。

6. 废弃物收集设施标准化：在施工区域指定位置设置垃圾收集箱和废弃物堆放场。在某些施工区域设专用垃圾通道或专用垃圾吊运容器。

7. 现场应有防扬尘设施，钻孔设备、拌合站等相关施工设备应配置除尘设施；粉尘作业现场应有必要的除尘、防尘设施；油库应有防渗漏措施。

第八条 工程施工程序化管理：

1. 各标段工程项目施工必须按施工组织设计及施工规划确定的施工程序进行施工，严格执行业主、监理审查批准的附有文明施工措施条款的单位工程开工报告。

2. 项目开工前准备阶段要认真做好图纸会审并经监理签证，未经图纸会审签证的项目不得开工，开工前应经技术交底。

3. 严格执行工序交接管理制度，在工序交接过程中完成文明施工交接验收签证，完成施工环境和防护措施的移交。

第九条 文明区域责任化管理：

1. 各施工单位应根据项目单位和监理单位确定的文明施工责任区，建立文明施工分区、分级管理制度并落实文明施工责任人（可与安全责任人兼职）。

2. 各文明施工责任区应制定文明施工管理办法，明确本责任区的目标、措施、负责人等，设置统一明显的管理标志牌，对文明施工责任区进行定期考核评比。

第十条 作业行为规范化管理：

1. 各施工单位在项目开工前必须编制包括文明施工要求内容的施工组织设计、作业指导书，并在施工前进行技术交底。

2. 管路安装前的酸洗、沥青、喷涂、定子下线等对区域环境影响严重、有毒副作用的施工作业，需在规定的区域进行，施工人员配备必要的防护工具。

3. 各类施工机械、辅助设施运行、检修时应采取防护措施，以避免漏油、水、粉、料污染环境及工作区域。

4. 在一定的施工区域内混凝土结构表面养护材料、脚手架、防护网规格、颜色整齐划一。

5. 施工道路养护平整，在主要路段配备路灯照明，扬尘路段洒水降尘。

6. 电缆敷设应排列整齐、美观、避免交叉，电缆应按规定绑扎牢固，电缆标牌齐全、字迹清楚。

7. 施工过程中应坚持“三工”制度，加强工前布置、工中检查、工后讲评，作业现场必须做到工完、料尽、场地清，保证施工生产的有序进行。

8. 各施工单位必须分级制定控制措施，采用各种形式防护措施，杜绝二次污染。

第十一条 环境卫生经常化管理：

1. 办公室、值班室、调度室内清洁、整齐、窗明地净；办公、施工区域干净整洁，现场平整，无积水，在非吸烟区无烟头，车辆不带泥沙出现场；办公、施工区和公路二侧、边坡等环境绿化统一设计、专人管理。

2. 施工班组工具间实行工具、生活用品定位放置。班组各类技术文件均放置于柜内。桌椅、地面无杂物和废物。

3. 职工（包括民工）宿舍内禁止乱拉灯、乱接电源插座，禁止使用大功率照明；宿舍内外卫生实施责任制考核，办公、生活区厕所制定卫生标准，安排专人负责清扫管理。

4. 职工（包括民工）食堂设备规范、安全，墙、地面无油腻和积水，就餐区域桌椅整洁，照明明亮，就餐及配餐间的生、熟和清洗等各区域分隔明显，确保不发生各类食物中毒。

5. 仓库、宿舍、办公室等场所环境管理能够保证减少或消除老鼠、蟑螂和苍蝇；职工食堂杜绝出现老鼠和蚊蝇；宿舍、食堂区域必须配置灭蝇设施。

6. 水泥库内外散落灰必须及时清运；现场及混凝土拌和站周围无废弃砂浆和混凝土；施工、生活废水需经沉淀净化处理后才能排放到指定地点；施工垃圾集中堆放，及时分拣、回收、清运；包装容器回收及时，堆放整齐；采取措施控制设备跑、冒、滴、漏现象；废油、废酸碱采取收集、隔绝等措施，经中和处理后才能排放。

7. 施工过程中对石棉制品、水泥、粉煤灰等材料建立操作、隔绝和回收规定，保证不污染环境。

8. 爆破、高噪声作业应采取封闭区域、调整施工时间或降噪等措施，有噪声控制要求的区域应有噪声监视设施，将噪声对环境的影响减少到最低限度。

第十二条 着装统一化管理：

1. 着装：项目单位、各施工单位项目部（包括民工）应各自统一着装。

2. 安全帽：在同一标段工区内安全帽统一式样，安全帽前部中央位置设本单位标志，两侧印本单位名称。

3. 胸牌标志（上岗证）：胸牌的格式、内容、规格尺寸由各施工单位项目部统一设计、制作。

4. 专职人员标识：由项目单位统一规定。

第五章 检查与考核

第十三条 各工程项目应建立现场文明施工监督、检查和考核体系，制定文明施工检查与考核标准。项目单位组织各参建施工单位进行定期和不定期检查，发现问题及时提出整改意见并限期整改，如在限期之内未整改，应对有关责任单位进行严肃处理；监理单位应对现场文明施工情况做好全过程监督，负责督促整改项目的落实；施工单位项目部对本单位辖区内的文明施工情况进行经常性自查，发现问题及时处理。

第十四条 项目单位根据文明施工考核、评比结果，结合工程奖励办法，对文明施工情况好的单位和个人予以表扬和奖励，对文明施工情况差的单位予以批评和处罚。

第十五条 本办法由集团公司工程建设部负责解释。

第十六条 本办法自发布之日起施行。

中国国电集团公司水电建设工程达标投产考核办法（试行）

国电集工［2004］110号

集团公司各分支机构，龙源集团，国电电力，长源电力，各项目单位（筹建处）：

为提高集团公司水电建设管理和工程整体移交水平，确保工程质量，充分发挥投资效益，集团公司制定了《中国国电集团公司水电建设工程达标投产考核办法（试行）》，现予印发，请认真遵照执行。

对执行中存在的问题，请及时向集团公司工程建设部反馈。

附件：《水电建设工程达标投产考核办法（试行）》

二〇〇四年四月四日

附件：

水电建设工程达标投产考核办法（试行）

第一章 总 则

第一条 为不断提高中国国电集团公司（以下简

称“集团公司”）水电工程的建设管理水平和整体移交水平，确保工程质量，充分发挥投资效益，结合水电建设工程的特点，在原国家电力公司颁发的《水电工程达标投产考核办法（2001年版）》的基础上，制订本办法。

第二条 本办法为集团公司标准，适用于集团公司全资和控股的新建、改建、扩建的水电工程项目。

第三条 达标投产考核以国家、电力行业和集团公司颁发的有关水电建设的现行规程、标准、规定以及项目批准的有关文件、设计资料、合同等为主要依据，坚持“安全可靠、经济适用、符合国情”的原则，加强过程管理，全面提高工程建设管理水平。严禁以达标为名提高装饰和建设标准，不做表面文章，防止形式主义。

第四条 水电建设工程各项目要结合工程的实际情况，根据本办法的要求，在开工建设时就制定达标投产实施细则，并报集团公司审批。

第五条 工程项目的进口机电设备，凡与安全稳定运行和主要技术经济指标有关的，均应同时满足合同和本办法的质量和工艺要求。

第六条 采用国际招标的土建施工、机电和金属结构安装的工程，均应同时满足合同和本办法的质量和工艺要求。

第二章 考核方式和程序

第七条 水电建设工程达标投产考核工作采用年度考核与竣工考核相结合的方式。

第八条 年度考核工作在项目法人组织工程建设各方自检，根据本办法提出自检报告后，由集团公司组织检查，提出考核报告。

第九条 枢纽工程通过竣工验收后的三个月内，须由项目法人向集团公司提出达标投产竣工考核申请(见附表2)。集团公司根据项目法人的申请和竣工自检报告，提出竣工考核的意见。

第三章 申报达标投产竣工考核的条件

第十条 每年已进行达标投产年度考核，且按照本办法第二十一条计算的竣工考核自检总得分率在80%及以上。

第十一条 按设计要求完成了工程的全部土建和安装工程，影响工程安全稳定运行的所有重大问题都已经解决。

第十二条 按《水电建设工程安全鉴定规定》和《水电站基本建设工程验收规程》要求，通过了竣工安全鉴定和枢纽工程竣工验收；完成了机组的整套启动试运行及性能试验项目，并移交商业运行。

第十三条 在工程建设期未发生一次性10人及以上生产性人身死亡的特大群死群伤责任事故和其他特大责任事故。

第十四条 各单元工程质量必须全部合格，且分部工程优良率在50%以上，重要分部工程全部优良。

第四章 考核项目和评分原则

第十五条 考核项目为：安全文明施工管理、土建工程施工质量与工艺、金属结构工程质量与工艺、机电工程质量与工艺、工程档案、综合管理。

第十六条 各考核项目的标准分分别为：安全文明施工管理200分、土建工程施工质量与工艺300分、金属结构工程质量与工艺100分、机电工程质量与工艺150分、工程档案150分、综合管理200分，总标准分为1100分。

第十七条 考核时不扣分即得分。对各考核项目中的分项限定扣分限额。

第十八条 量化的考核指标必须严格按本办法界定的条件统计填报，瞒报、虚报指标者，加倍扣分，情节严重的取消达标资格。

第十九条 对难以量化的考核项目，必须严格按本办法规定的检查范围、内容、方法、数量和计量单位等进行考核。

第二十条 评分结果采用分项得分率和总得分率。不同的施工阶段，没有实施的项目，其基本分不计入标准分总分。

第二十一条 年度考核结果直接采用当次得分率，竣工考核结果采用当次得分率和历次年度考核得分率平均值各占60%和40%之和。

第二十二条 达标投产考核内容和评分规定详见附表1。

第五章 达标投产自检

第二十三条 达标投产年度考核和竣工考核自检由项目法人组织工程建设各方进行，根据不同的工程建设阶段，按照本办法的要求，提出基本标准分建议，并据此逐项检查、评分、计算得分率。

第二十四条 项目法人组织工程建设各方自检，必须实事求是，对自检报告的真实性、可靠性和完整性负责。

第二十五条 项目法人组织自检时，对存在的问题要实事求是地进行扣分，并加以分析，找出原因，提出改进意见。

第二十六条 自检报告的主要内容：

（一）工程概况：工程任务、规模、枢纽布置、各主要建筑物特性，主要机电设备、金属结构的结构型式、主要技术参数和特性，项目股东、股比情况，实行项目法人责任制、招标投标制、建设监理制、合同管理制情况，工程主要分标及承建单位，在建合同的质量目标和进度要求，主要工程建设目标，以及试生产期生产管理及生产任务（指标）完成情况等。

（二）工程形象面貌，工程建设计划要求与实际施工进展等情况。

（三）上次年度考核时提出的问题和建议的整改落实情况。

（四）根据工程建设阶段确定的各考核项目的基本标准分及有关说明。

（五）在建设过程中实施达标投产情况及当次自检情况（各考核项目分项考核情况，包括成绩和问题，扣分说明及主要原因）。

（六）附自检考核表。

（七）进一步加强工程建设管理的意见。

（八）需要报告的其他事项。

第六章　考核报告的主要内容

第二十七条　达标投产考核组在进行考核时，必须实事求是，客观公正，对考核报告的真实性、可靠性和公正性负责。

第二十八条　年度考核报告的主要内容应包括：

（一）工程概况：工程任务、规模、枢纽布置、各主要建筑物特性，主要机电设备、金属结构的结构型式、主要技术参数和特性，项目股东、股比情况，实行项目法人责任制、招标投标制、建设监理制、合同管理制情况，工程主要分标及承建单位，在建合同的质量目标和进度要求，主要工程建设目标，以及试生产期生产管理及生产任务（指标）完成情况等。

（二）工程形象面貌，工程建设计划要求与实际施工进展等情况。

（三）历次年度考核时提出的问题和建议的整改落实情况。

（四）在建设过程中实施达标投产情况及当次自检情况。

（五）当次考核情况：考核综述和各考核项目分项考核情况，包括取得的成绩、存在的问题，扣分说明及主要原因和得分率。

（六）工程建设中存在的主要问题及建议。

（七）需要报告的其他事项。

第二十九条　竣工考核报告的主要内容应包括：

（一）工程概况：工程任务、规模、枢纽布置、各主要建筑物特性，主要机电设备、金属结构的结构型式、主要技术参数和特性，项目股东、股比情况，实行项目法人责任制、招标投标制、建设监理制、合同管理制情况，工程主要分标及承建单位，主要设备供应单位，主要工程建设目标完成情况，试生产期生产管理及生产任务（指标）完成情况等。

（二）历次年度考核时提出的问题和建议的整改落实情况评价。

（三）在建设过程中实施达标投产情况及当次自检情况。

（四）当次考核情况：考核综述和各考核项目分项考核情况，包括取得的成绩、存在的问题，扣分说明及主要原因和得分率。

（五）工程建设中存在的主要问题及建议。

（六）需要报告的其他事项。

（七）根据考核情况提出评价意见。

第七章　奖　　惩

第三十条　凡通过达标投产考核并按规定提交达标申报材料的水电工程，经集团公司审核认定后，由集团公司命名为“达标投产水电工程”，统一颁发奖牌，并根据申报单位的建议，对建设、设计、监理、施工、运行等单位分别颁发证书。

第三十一条　由工程建设项目法人对工程达标投产作出贡献的参建单位进行适当的物质奖励。

第三十二条　达标工程及其受奖的参建单位名单，将定期在相关媒体上发布。

第三十三条　参建单位达标投产的业绩在集团公司独资或控股的工程招投标中享有加权优惠，或向参股建设的控股方提出优惠建议。

第三十四条　对达标投产工作中弄虚作假，考核结果与实际严重不符，经核查属实；已获得命名，在质量保证期内，发生重大的因为建设责任引起的事故，经核查属实，取消命名和收回奖牌，并追究责任人的责任。

第八章　附　　则

第三十五条　本办法由集团公司工程建设部负责解释。

第三十六条　本办法自颁布之日起实施。

中国国电集团公司火电机组达标投产考核办法（试行）

国电集工［2004］125号

集团公司各分支机构，龙源集团，国电电力，长源电力，各项目单位（筹建处）：

为持续、健康地开展基建达标投产工作，提高集团公司火电工程建设管理和机组整体移交水平，充分发挥投资效益，集团公司制定了《中国国电集团公司机火电组达标投产考核办法（试行）》，现印发给你们，请认真遵照执行。

执行中的有关问题，请反馈给集团公司工程建设部。

附件：《中国国电集团公司火电机组达标投产考核办法（试行）》

二〇〇四年四月六日

附件：

中国国电集团公司火电机组达标投产考核办法（试行）

第一章 总 则

第一条 为持续、健康地开展达标投产工作，提高火电工程建设管理水平和机组整体移交水平，充分发挥投资效益。结合我国电力建设的新形势、新特点和中国国电集团公司火电建设的实际情况，参照原国家电力公司颁发的《火电机组达标投产考核办法（2001年版）》制订本办法。

第二条 本办法适用于中国国电集团公司（简称“集团公司”，下同）系统控股建设的所有火电机组。

第三条 达标投产考核必须以国家、电力行业和原电力部及原国家电力公司颁发的有关火电建设的现行标准、规程，集团公司工程建设有关管理规定以及项目批准的有关文件、设计资料、合同等为主要依据，在工程建设过程中。项目单位和所有参建单位必须坚持“安全可靠、经济适用、符合国情”的原则，认真贯彻本办法。严禁以达标为名擅自提高装饰和建设标准，不准做表面文章、搞形式主义。达标考核标准是对新建机组的基本要求，集团公司的新建机组各项指标都必须在投产时达到或优于考核标准。

第四条 集团公司的新建机组（包括进口和国产），凡与安全稳定运行和主要技术经济指标有关的项目，均应同时满足合同和达标考核标准的要求。

第五条 达标投产考核是对工程建设的设计、制造、土建、安装、调试、试生产以及工程档案管理全过程的检查指导和考核验收。集团公司系统控股建设的所有新建、扩建、改建工程，都必须从工程的前期工作开始，以本办法及考核标准的各项要求为依据，对工程的各参建单位提出应履行的职责、具体要求和奖罚标准，并充分落实到工程的各类合同文件和工程管理的各项规章制度中。项目单位应对合同乙方在工程设计、设备制造、施工、土建施工、安装调试、咨询监理等承包商环节的工作质量（包括硬件和软件），提出更严格、更规范、更具体的要求，明确职责，制定奖罚办法，实现对合同执行情况的要实施监督考核，规范工程建设管理。

第六条 项目单位应结合工程的实际情况，根据本办法和考核标准的要求，在工程开工前制定本工程的达标投产实施细则，报分公司（控股公司）备案。

第二章 组 织 机 构

第七条 集团公司、分公司（控股公司）、项目单位分别成立各级达标投产领导小组，并设办公室。

第八条 集团公司达标投产领导小组组长由集团公司工程建设部主任担任，成员有集团公司工程建设部副主任、安生部副主任，工程建设部、安全生产部、总经理工作部有关人员以及外聘的咨询专家等，办公室设在工程建设部。

第九条 分公司（控股公司）达标投产领导小组组长由分公司（控股子公司）分管领导担任，成员有分公司（控股公司）电源发展部（工程管理部）、生产经营部、综合管理部以及外聘的咨询专家等，办公室设在电源发展部（工程管理部）。

第十条 项目单位达标投产领导小组组长由项目单位的总经理担任，副组长由分管基建副总经理、分管生产副总经理担任，成员有主体土建和安装单位的项目经理（或分管质量的项目副经理/总工），监理单位的总监，调试单位的调总，机组性能试验单位的现场技术负责人，总体设计单位的设总，项目单位的工程、质检、安全、计划、生产、设备、档案、检修主要负责人、可靠性统计专责人等，办公室设在工程或质检部门，该部门的负责人担任基建达标办公室主任。

根据达标投产考核要求，项目单位设立达标投产六个专业管理组，专业管理组设在相应的管理部门。

1. 安全管理组。

组　长：由项目单位主管安全的负责人担任。

副组长：项目单位的安全部门负责人担任。

组　员：各主要施工单位安全管理部门的负责人、项目单位安全专责人、监理单位副总监理师。

2. 质量与工艺组。

组　长：项目单位质检部门主要负责人担任。

组　员：项目单位工程部、生产部、检修部的负责人，工程土建、安装单位的工程部、质检部的负责人，总体设计单位的工代负责人、副总监理师。

3. 调整试验组。

组　长：项目单位总工程师担任。

组　员：项目单位的运行部门主要负责人，调试单位的调总，主机安装单位的总工程师，副总监理师。

4. 技术指标组。

组　长：由项目单位分管生产的副总经理担任。

组　员：项目单位生技部门主要负责人、可靠性统计专工，调试单位技术负责人，性能试验单位技术负责人、监理单位副总监理师。

5. 工程档案组。

组　长：项目单位的总工程师或分管副总工程师担任。

副组长：项目单位工程档案管理负责人担任。

组　员：土建、安装单位的资料负责人，总体设计单位的工代负责人，调试单位的负责人，项目单位生产统计、质检、工程、设备、计划等部门的负责人、监理单位副总监理师。

6. 工程综合管理组。

组　长：由项目单位分管基建的副总经理担任。

副组长：项目单位工程管理部门主要负责人担任。

组　员：项目单位的计划、工程、设备等部门负责人，总体设计单位设总、监理单位总监理师。

第三章　各级达标投产领导小组职责

第十一条　集团公司达标投产领导小组职责：

1. 领导集团公司达标投产工作。

2. 审批《中国国电集团公司火电机组达标投产考核办法》及相关标准。

3. 研究、部署集团公司达标投产工作，制定集团公司达标投产年度工作计划。

4. 组织、主持达标投产复检工作。

5. 审定达标投产机组的具体考核结果，命名达标投产机组，颁发奖牌、奖状，表彰达标投产立功单位。

第十二条　分公司（控股公司）达标投产领导小组职责：

1. 在达标投产领导小组的直接领导下，贯彻集团公司对达标投产工作的要求。

2. 负责指导、部署、检查隶属项目的机组达标投产工作，制定隶属项目达标投产工作计划。

3. 负责指导、监督隶属项目的达标投产的自检工作，负责组织、主持隶属项目的达标投产的预检工作，负责组织、主持隶属项目单机容量300兆瓦以下机组的达标投产复检工作。

4. 负责隶属项目达标机组复检申请工作，并根据集团公司达标投产领导小组的要求，组织、指导项目单位做好达标投产复检的迎检工作。

5. 负责协调解决隶属项目达标投产工作中的疑难问题。

6. 负责审定隶属项目单机容量300兆瓦以下机组的达标投产具体考核结果，报集团公司备案。

7. 负责总结达标投产工作的经验、教训，不断改进和提高达标投产工作。

第十三条　项目单位达标投产领导小组职责：

1. 在集团公司、分公司（控股公司）达标投产领导小组的领导和指导下，全面贯彻集团公司对达标投产工作的要求。

2. 结合工程的实际情况，制定机组达标投产规划和实施细则并将达标的各项要求及每项考核指标落实在工程建设过程中，具体负责实施机组的达标投产工作。

3. 定期召开达标投产例会，根据工程进展情况，逐项检查达标计划的完成情况，协调解决有关问题。

4. 负责主持年度自检。自工程开工起，在机组投产前的每年年终，负责按达标规划、实施细则和本办法的要求，对已完成的工程项目组织年度自检，并将自检结果呈报分公司（控股公司）达标投产领导小组。

5. 负责主持达标自检，按本办法的要求和考核标准，负责组织对达标机组的自检工作，按规范化表式填报自检结果，并按程序上报。

6. 负责组织消缺、整改。对自检中需要消缺、完善的项目提出整改计划，并组织实施。

7. 对于满足达标必备条件的机组，负责向分公司（控股公司）达标投产领导小组提交达标机组自检报告及达标预检申请。

8. 负责达标投产预检和复检的现场准备和配合工作。

第四章　考 核 项 目

第十四条　达标投产的考核项目有：安全管理、质量与工艺、调整试验、技术指标、工程档案、综合管理。

第五章　考核内容和评分规定

第十五条　各考核项目的标准分均为100分，总标准分为600分。

第十六条　考核时不扣分即得分。对各考核项目中的小子项目不限定扣分限额，其标准分扣完为止。

第十七条　已量化的考核指标，自检时必须严格按本办法界定的条件统计填报，瞒报、虚报指标者，应加倍扣分，情节严重的取消达标资格。

第十八条　对难以量化的考核项目，自检时必须严格按本办法规定的检查范围、内容、方法、数量和计量单位等进行考核。

第十九条　具体考核内容和评分规定详见附表1及条文说明。

第六章 申报达标的必备条件

第二十条 已按集团公司核准的设计标准要求，完成了考核机组及其相关系统的全部建筑和安装工程。

第二十一条 已按原电力部颁发的《火力发电厂基本建设工程启动及竣工验收规程（1996年版）》完成了考核机组的调试和性能试验项目，并移交生产运行。

第二十二条 工程各参建单位在机组的建设期未发生重、特大事故；未发生3人及以上的人身死亡事故；未发生5人及以上的人身重伤、死亡事故；未发生重大及以上的责任事故。

第二十三条 考核期机组的等效可用系数，300兆瓦以下的机组必须超过75%、300兆瓦及以上600兆瓦以下的机组必须超过70%、600兆瓦及以上900兆瓦以下的机组必须超过65%、900兆瓦及以上的机组必须超过60%。

第二十四条 已按本办法的要求完成机组的年度自检。

第二十五条 各考核项目的考评得分均在80分及以上。

第七章 考核程序

第二十六条 达标投产考核原则上分“自检、预检、复检”三个阶段，单机容量300兆瓦级及以下机组的达标考核可以将“预检”、“复检”合并进行。

第二十七条 自检：

1. 由项目单位达标投产领导小组协调组负责组织并主持，参建的设计、施工、安装、调试、监理等单位配合。

2. 自检工作在机组试生产后的3个月内完成，未经集团公司达标投产领导小组指导同意，逾期取消达标资格。

3. 基本要求：

（1）对达标考核机组及其相关系统的全部建筑和安装工程，在现场面对实物，对照本办法的评分规定，逐项逐条地进行全面检查（绝不能抽查），并结合历年年度自检提出的整改项目提出书面考评意见。

（2）对隐蔽工程主要是核查施工记录，并结合建设过程中的质量监检情况进行全面考评。

（3）严格按照本办法的评分规定打分。

（4）按照本办法的规范格式，填写达标自检报告，并报送分公司（控股公司）达标投产领导小工作组2份（另附1份电子版）。

（5）对于满足达标必备条件的机组，项目单位向分公司（控股公司）达标投产领导小组工作组提交达标预检申请。

（6）对于不能满足达标必备条件的机组，项目单位向分公司（控股公司）达标投产领导小组工作组提交专题报告，说明因由并提出整改计划。

第二十八条 预检：

1. 由分公司（控股公司）达标投产领导小组协调组负责组织并主持，项目单位配合。

2. 预检工作在机组半年试生产结束后完成，未经集团公司达标投产领导小组指导同意，逾期取消达标资格。

3. 基本要求：

（1）对达标考核机组及其相关系统的全部建筑和安装工程，在实物现场，按照本办法的评分规定重点抽查自检和历年年度自检中提出的整改项目并提出书面考评意见和整改要求。

（2）对隐蔽工程主要是抽查施工记录，并结合建设过程中的质量情况进行考评。

（3）必须严格按照本办法的评分规定扣分。

（4）按照本办法的规范格式，填写达标预检报告，并报送集团公司达标投产领导小组指导2份（另附电子版）。

（5）对于满足达标必备条件的机组，分公司（控股公司）达标投产领导小组向集团公司达标投产领导小组指导提交达标复检申请。

（6）对于不能满足达标必备条件的机组，分公司（控股公司）达标投产领导小组工作组应向集团公司达标投产领导小组指导组提交专题报告，说明因由并提出建议。

第二十九条 复检：

1. 由集团公司达标投产领导小组指导组负责组织、主持，分公司（控股公司）、项目单位，达标投产领导组负责主持协调组负责配合。

2. 复检工作在机组半年试生产结束后1个月内完成。

3. 基本要求：

（1）对达标考核机组及其相关系统的全部建筑和安装工程，在实物现场，按照本办法的评分规定随机抽检考核，重点复查预检、自检和历年年度自检中提出的整改项目并提出书面考评意见和整改要求。

（2）必须严格按照本办法的评分规定扣分。

（3）按照本办法的规范格式，填写达标复检报告，送交集团公司达标投产领导小组2份（另附电子版）。

第八章 奖励办法

第三十条 凡通过达标复检的火电机组，经集团公司按程序审核认定后，由集团公司命名为“基建移交生产达标投产机组”，统一颁发奖牌，并根据申报单位的建议，对参加建设的总承建、总体设计、主体工程监理、主体工程施工、主体工程调试、生产等有关单位分别颁发证书。

第三十一条 项目单位应对机组达标投产作出贡献的参建单位进行适当的物质奖励。

第三十二条 达标机组及其受奖的参建单位名单，将定期在集团公司有关电力行业报刊和有关杂志上发布。

第三十三条 凡荣获集团公司达标投产荣誉称号的参建单位,在集团公司的工程招投标中享有加权优惠。

第九章 附 则

第三十四条 本办法由集团公司工程建设部负责解释。

第三十五条 本办法自颁布之日起施行。

附表：火电工程达标投产考核内容及评分标准（略）

中国国电集团公司工程建设安全健康与环境管理工作规定(试行)

国电集工［2004］122号

集团公司各分支机构，龙源集团，国电电力，长源电力，各项目单位（筹建处）：

为贯彻《中华人民共和国安全生产法》、《建设工程安全生产管理条例》和“安全第一、预防为主”的方针，保障从业人员的安全健康和投资者的财产安全，规范集团公司工程建设安全健康与环境管理工作，现将《中国国电集团公司工程建设安全健康与环境管理工作规定》印发给你们，请认真遵照执行。

执行中的有关问题，请反馈给集团公司工程建设部。

附件：《中国国电集团公司工程建设安全健康与环境管理工作规定（试行）》

二〇〇四年四月五日

附件：

中国国电集团公司工程建设安全健康与环境管理工作规定（试行）

第一章 总 则

第一条 为贯彻《中华人民共和国安全生产法》、《建设工程安全生产管理条例》和“安全第一、预防为主”的方针，保障从业人员的安全健康和投资者的财产安全，规范中国国电集团公司（以下简称集团公司）工程建设安全健康与环境管理工作，加速与国际惯例及国际先进水平接轨，促进工程建设，特制定本规定。

第二条 本规定依据国家、行业有关职业安全健康与环境保护的法律、法规及集团公司有关安全生产工作的规定，借鉴国际上工业发达国家的安全管理模式，结合集团公司工程建设具体情况而制定，用于规定工程建设安全健康与环境管理工作的基本要求、工作程序和管理关系。

第三条 集团公司、分支机构、控股公司和集团公司全资、控股的水电、火电工程建设项目以及参加工程建设的设计、监理、施工承包商（以下统称相关方）安全健康与环境管理工作适用本规定。相关方有关工程建设安全健康与环境保护工作另有规定的，适用其规定。

第四条 分支机构（控股公司）、项目单位和相关方必须贯彻执行国家、行业及集团公司有关安全健康与环境保护的方针、政策、法律、法规和本规定，树立“尊重人、关心人、爱护人”的企业经营理念，坚持“不论在什么情况下施工，只要有影响员工安全健康的危害因素存在，企业就必须为员工提供防护保险措施”的安全防护指导思想，不断完善现场安全文明施工条件，规范职工安全文明施工行为，在确保从业人员安全与健康的前提下组织开展工程建设工作。

第五条 分支机构（控股公司）、项目单位和相关方应依据国家、行业及集团公司有关安全健康与环境保护的法律、法规和本规定，制定适合工程建设项目实际情况的规章制度，使安全健康与环境管理工作做到制度化、程序化、标准化。

第六条 分支机构（控股公司）、项目单位和相关方应实行以各级行政正职为安全第一责任人的安全施工责任制，贯彻“管生产必须管安全”和“谁主管、谁负责”的原则，建立健全安全保证体系和监督体系，推行逐层签订安全责任书及安全方针目标公开承诺制度，做到在计划、布置、检查、考核、总结施工的同时，计划、布置、检查、考核、总结安全工作。

第七条 分支机构（控股公司）、项目单位各级行政副职及总工程师、总经济师、总会计师是分管工作范围内的安全责任人，应对分管工作范围内的安全健康环境管理工作负领导责任，并向行政正职负责。

第八条 分支机构（控股公司）、项目单位各职能部门应在各自主管工作范围内对安全健康与环境管理工作（以下简称安全）负责，并接受安全管理部门的监督。

第二章 目 标

第九条 集团公司工程建设安全总体目标是努力实现人身死亡事故“零目标”，坚决杜绝以下五种事故：

1. 重大及以上人身伤亡事故。
2. 重大施工机械设备损坏事故。
3. 特大火灾事故。
4. 特大交通事故。
5. 重大环境污染事故和重大垮（坍）塌事故。

第十条 分支机构（控股公司）安全目标：

1. 不发生重大人身伤亡事故。
2. 不发生重大施工机械设备损坏事故。
3. 不发生重大火灾事故。
4. 不发生负同等及以上责任的重大交通事故。
5. 不发生重大环境污染事故和重大垮（坍）塌事故 。

第十一条 水电项目单位安全目标：

1. 不发生重大人身伤亡事故。
2. 不发生重大施工机械设备损坏事故。
3. 不发生重大火灾事故。
4. 不发生负同等及以上责任的重大交通事故。
5. 不发生重大环境污染事故和重大垮（坍）塌事故。

第十二条 火电项目单位安全目标：

1. 控制人身重伤事故，不发生人身死亡事故。
2. 不发生一般及以上机械设备损坏事故。
3. 不发生一般及以上火灾事故。
4. 不发生负同等及以上责任的重大交通事故。
5. 不发生环境污染事故和垮（坍）塌事故。

第十三条 集团公司全资、控股的工程建设项目应做到“设施标准、行为规范、施工有序、环境整洁”，争创全国水电、火电建设安全文明施工一流水平，树立中国国电集团公司安全品牌工程。

第十四条 分支机构（控股公司）、项目单位可以根据各自的实际情况确定安全目标，但不得低于本规定的要求。

第三章 责 任 制

第十五条 集团公司工程建设部职责：

1. 负责在工程建设中组织贯彻执行国家、行业及集团公司有关安全工作的方针、政策、法律、法规和本规定，协调解决贯彻落实中出现的重大问题。
2. 负责建立健全并落实工程建设各级安全施工责任制。
3. 制定并组织实施工程建设安全工作发展规划和年度安全工作计划。
4. 组织工程建设安全大检查，协调解决安全工作中存在的重大问题。
5. 组织召开工程建设安全工作会议，部署工程建设安全工作。
6. 保证工程建设安全措施补助费的落实。
7. 在组织工程招投标工作中，保证有关安全工作规定的贯彻落实。
8. 参加工程建设重大人身伤亡事故和其他重、特大事故的调查处理。
9. 负责提出工程建设安全考核和奖惩意见。
10. 负责建立工程建设安全信息数据库。

第十六条 分支机构（控股公司）总经理（副总经理）职责：

1. 负责组织贯彻执行国家、行业及上级（含地方政府，下同）有关安全工作的方针、政策、法律、法规和本规定，协调解决贯彻落实中出现的重大问题。
2. 负责建立健全并落实工程建设各级安全施工责任制。
3. 在管理工程建设项目的同时，负责安全文明施工和环境保护管理。
4. 定期主持召开工程建设安全工作会议和安全工作情况分析会，听取工程建设管埋部门和安全管理部门的汇报，总结和部署工程建设安全工作，协调解决工程建设安全工作中存在的重大问题。
5. 督促所属项目单位按规定提取使用安全措施补助费和安全奖金。
6. 保证工程建设安全管理机构及其人员配备符合规定的要求，支持安全管理部门履行职责。
7. 审定工程建设年度安全工作计划；组织工程建设安全大检查。
8. 在新建、改建或扩建工程中，负责按照国家有关环境保护和职业安全卫生设施与主体工程同时设计、同时施工、同时投产（以下简称“三同时”）的规定，组织贯彻落实。
9. 组织或参加工程建设重大人身伤亡事故和其他重、特大事故的调查处理工作。

第十七条 分支机构（控股公司）电源发展部（工程建设部）职责：

1. 贯彻执行国家、行业及上级有关安全工作的方针、政策、法律、法规和本规定，负责制订有关实施细则，协助领导组织和推动工程建设安全工作。
2. 制订工程建设年度安全工作计划，经审定后组织实施。
3. 监督检查工程建设项目贯彻落实各级安全施

工责任制；负责工程建设项目安全考核和奖惩工作。

4. 协助领导组织定期的安全大检查；协助领导组织召开工程建设安全工作会议。

5. 在组织工程招投标工作时，负责审查标书和承发包合同中有关安全工作的条款及奖罚条款。参加工程初步设计审查和施工组织设计审查；参加工程建设项目环境保护设施和职业安全卫生设施“三同时”的检查验收工作。

6. 督促项目单位和相关方做好现场施工技术管理工作，监督检查工程建设项目安全工作状况，确保现场建立起正常的安全文明施工秩序，并协调解决工程建设中有关安全的重大问题。

7. 必须按照原电力工业部关于“电力工程概算中计列安全措施补助费”的规定，确保工程建设安全措施补助费的计列与提取。并监督检查安全措施补助费和安全奖金提取使用状况。

8. 负责建立工程建设安全信息数据库；负责及时识别、更新与获得适用法规和其他要求，并将信息传达给项目单位和相关方。

9. 参加工程建设人身死亡事故和其他重、特大事故的调查处理工作。

第十八条 项目单位（项目法人）职责：

1. 集团公司全资、控股的工程建设项目实行“小业主、大监理”的工程管理模式，其项目单位对工程建设过程中的安全工作负有全面的监督管理责任。

2. 工程安全管理实行以项目单位为核心，施工承包商为主体，相关方共同管理现场安全工作的原则，实现安全工作的“统一规划、统一组织、统一协调、统一监督”。

3. 负责工程安全文明施工总体措施策划，并在施工准备阶段提交给施工承包商及相关方。安全文明施工总体措施策划一般应包括以下主要内容：

(1) 安全工作方针目标、政策声明。

(2) 安全管理体系和模式。

(3) 法律、法规和其他要求。

(4) 现场总体布局（含场容场貌、视觉识别系统）。

(5) 安全设施和环境保护设施标准。

(6) 安全文明施工规定。

(7) 工程开工条件。

(8) 施工阶段主要控制措施。

(9) 应急准备和响应。

(10) 安全健康与环境管理工作规定实施细则。

(11) 安全文明施工标准及检查评价表。

4. 对工程建设安全工作，实行与经济挂钩的管理办法。在与承包商签订承发包合同或委托管理合同时，应明确预留一定比例的工程价款作为安全文明施工的保证金。

(1) 设计承包商、监理承包商、施工总包商安全文明施工保证金一般应按照合同价款预留，预留标准：

合同价款在1000万元及以下，预留保证金为合同价的2%～3%。

合同价在5000万元及以下，预留保证金为1%。

合同价在20000万元及以下，预留保证金为合同价的0.5%。

合同价在50000万元以下，预留保证金为合同价的0.3%。

合同价在50000万元及以上，预留保证金为合同价的0.3%～0.5%。

(2) 安全文明施工保证金应根据工程建设项目里程碑计划，年度预留、考核予以奖惩兑现。

(3) 对承包商的违规违制行为，应依据现场违章处罚标准，扣罚责任单位的安全文明施工保证金。

(4) 工程建设项目发生人身死亡事故、重大人身伤亡事故或其他重、特大事故，应按照规定的事故罚款数额，扣罚事故责任单位的安全文明施工保证金。

5. 组织招投标工作，确保与具备相应资质的承包商签订工程合同，并签订安全管理协议。

6. 负责按规定向施工承包商提供现场安全措施补助费。

7. 负责向相关方提供现场及毗邻区域内供水、排水、供电、供气、供热、通信、广播电视等地下管线资料，气象和水文观测资料，相邻建筑物和构筑物、地下工程的有关资料，并保证资料的真实、准确、完整。

8. 负责组建工程项目安全委员会（以下简称安委会），聘用安全工程师并承担其费用。

9. 参加承包商人身死亡事故和其他重、特大事故的调查处理工作，并承担相应的事故连带责任。

10. 对在安全工作上不称职的承包商项目经理或安全管理部门负责人有权提出撤换的要求。

11. 对未能认真执行承包合同中有关安全文明施工的条款以致造成不良后果的承包商，按照规定给予经济处罚。情况严重的，应终止承包合同的执行。

第十九条 项目单位总经理（副总经理）职责：

1. 负责组织贯彻执行国家、行业及上级（含地方政府，下同）有关安全工作的方针、政策、法律、法规和本规定，协调解决贯彻落实中出现的问题。

2. 负责建立健全和落实工程项目安全管理制度。

3. 总经理主持工程安委会工作，定期主持召开安委会工作例会，直接领导项目单位安全管理部门的工作。

4. 审定工程年度安全工作计划，部署工程建设安全工作，协调解决存在的重大问题。

5. 组织并参加安全大检查。

6. 确保工程建设中安全措施补助费和安全奖金的提取与使用。

7. 组织或参加承包商人身死亡事故和其他重、特大事故的调查处理工作。

第二十条 项目单位工程管理部门职责：

1. 在管理工程建设项目的同时，负责安全文明施工和环境保护监督管理。

2. 在组织审查承包商施工组织设计时，负责同时审查其安全文明施工和环境保护措施。

3. 督促监理承包商和施工承包商做好现场施工技术管理工作，确保现场建立起正常的安全文明施工秩序，并协调解决存在的问题。

4. 负责审查标书和承发包合同中有关安全工作的条款及奖罚条款。

5. 参加工程安全文明施工总体措施策划工作。

6. 组织重大安全设施项目的立项技术审查工作。

7. 在组织科技攻关活动时，应确保科研成果的应用有利于安全施工。

8. 参加安全工作会议和安全大检查。

9. 参加承包商人身死亡事故和其他重、特大事故的调查处理工作。

第二十一条 项目单位计划部门职责：

1. 参加工程项目招投标时，负责对承包商施工资质的审查。

2. 在审核承包商施工计划的同时，组织审核其安全技术措施计划。

3. 负责工程建设安全措施补助费的计列与提取。

4. 负责安全文明施工保证金账面管理，并按照安全管理部门的考核意见，扣罚、支付保证金，做到专款专用。

5. 负责有关工程保险管理工作。

第二十二条 项目单位财务部门职责：

1. 按照已批准的安全设施和职业防护用品购置计划，及时提供资金。

2. 及时承付安全管理部门提出的安全奖励用款计划，做到专款专用。

第二十三条 项目单位（水电）移民环保部职责：

1. 贯彻国家、行业和上级有关环境保护的方针、政策、法律、法规，负责工程环境保护监督管理工作。

2. 组织环境保护专业检查，协调解决环境保护工作中存在的问题。

3. 负责审查和组织实施工程以及项目单位办公区、生活区环境绿化措施。

第二十四条 工程建设项目安委会职责：

1. 贯彻国家、行业和上级有关安全工作的方针、政策、法律、法规和本规定，决定工程建设中安全工作的重大措施。

2. 通过并发布现场各承包商必须遵守的、统一的安全健康与环境管理实施细则。

3. 决定工程中重大安全文明施工问题的解决议案。

4. 协调承包商之间涉及安全文明施工问题的关系。

5. 安委会应在工程开工前召开第一次会议，以后每两月或每季度召开一次工作例会。

第二十五条 项目单位安全管理部职责：

1. 安全管理部作为安委会下设的日常办事机构和项目单位安全工作监督管理的归口部门，负责监督检查各承包商执行安委会决议的情况。

2. 对工程中重大的安全文明施工问题和对承包商的安全考核与奖惩提出意见交安委会决定。

3. 负责工程建设安全措施补助费立项审查和其他有关安全方面的审查工作。

4. 组织工程建设安全文明施工监督管理工作，协调解决现场日常的安全文明施工、防火防爆、交通、机械安全管理以及环境卫生、生活安全卫生、环境保护等方面存在的问题。

5. 建立现场安全管理部门之间信息网络联系制度和专业安全工作例会制度，组织安全网络活动，协调与安全监理工程师之间工作的配合。

6. 组织现场安全宣传教育和竞赛评比工作。负责工程建设项目安全标志、设施及安全防护用品、用具的计划、购置工作。

7. 负责组织工程安全文明施工总体措施策划工作。

8. 参加承包商人身重伤、死亡事故和其他重、特大事故的调查处理工作。

9. 负责及时识别、更新与获得适用法规和其他要求，并将信息传达给相关方。

10. 负责建立工程安全信息库，并及时向上级有关部门反馈。

第二十六条 设计承包商职责：

1. 工程设计承包商应履行技术设计有关安全工作责任，根据项目单位、施工承包商、监理承包商的要求，为工程建设全过程的安全文明施工提供技术与设计的服务和支持。

2. 设计的文件应确保建筑安装结构的安全和施工人员的安全。

3. 对水电工程施工风险较大部位的设计，必须充分考虑施工安全条件和技术措施，确保施工过程中的安全。

4. 对水电工程施工中可能遇到与设计有关的险情，应做好监测预报工作。

5. 应为火电工程开工阶段即能构筑厂区主要施工道路混凝土路面（施工层），提前进行地下电缆、管道等沟道的设计。

6. 应为火电工程开工阶段即能建成厂区围墙及时提供设计图纸。

7. 应为火电工程土建交付安装阶段即能做到地下设施一次施工完，零米地面毛地坪已浇好的要求，及时提供地下设施设计图纸。

8. 在施工现场总平面设计中，应考虑土石方堆放场地与避免水土流失的措施，以及其他“三废”（废物、废水、废气）、噪声等排放、处理措施，使之符合国家、地方有关职业健康与环境保护的要求。

9. 工程防腐、保温等材料的选型设计中，应以不损害员工的安全健康为前提，充分应用安全卫生的新技术、新工艺、新材料，使之符合国家、地方有关职业健康与环境保护的要求。

第二十七条 监理承包商职责：

1. 依据国家、行业和上级有关安全工作的法律、法规，执行与项目法人签订的监理合同，履行安全监理职责，对工程建设过程中的安全文明施工进行全过程的监督和控制。

2. 工程安全监理实行项目总监理工程师负责制，总监理工程师是工程安全监理效能以及控制工程建设安全文明施工效果的第一责任人，全面负责组织、领导、协调工程安全监理工作。

3. 应根据工程项目安全监理工作的实际需要，聘任1～2名安全监理工程师，从事专职安全监理工作。专职安全监理工程师应具有中级及以上技术职务任职资格或担任过电力施工、生产企业安全部门负责人，具备相关专业知识和较强的组织管理能力，并经过专门培训、持证上岗。

4. 建立以安全责任制为中心的安全监理制度及运行机制。

5. 在编制“监理大纲”、“监理规划”时，应明确安全监理目标、措施、计划和安全监理工作程序，并建立相关的程序文件，经项目单位批准后方可编制“监理细则”。

6. 审查施工承包商施工组织设计、重大技术方案及现场总平面布置所涉及的安全文明施工和环境保护措施。

7. 审查施工承包商大、中型起重机械安全准用证、安装（拆除）资质证、操作许可证，监督检查施工机械安装、拆除、使用、维修过程中的安全状况，发现问题及时督促整改。

8. 监督检查施工现场安全文明施工状况，发现问题及时督促整改。

9. 审查设计承包商设计体系履行安全职责的状况，发现问题及时督促解决。

10. 审查施工承包商编制的安全和健康工作程序；审批单位工程开工报告。

11. 审查重大项目、重要工序、危险性作业和特殊作业的安全施工措施，并监督实施。

12. 协调解决各施工承包商间交叉作业和工序交接中存在的影响安全文明施工的问题，对重大问题，应跟踪控制。

13. 严格控制土建交付安装，安装交付调试以及机组整套启动、移交运行所具备的安全文明施工条件。

14. 协助项目单位组织安全大检查，并督促落实整改措施。

15. 参加人身重伤以上事故和其他重、特大事故的调查处理工作。

16. 监理人员的权力：

（1）在施工现场有权制止与处罚违章作业和违章指挥行为。

（2）有权仲裁施工承包商之间有关安全文明施工问题引起的纠纷。

（3）对安全文明施工管理混乱，事故不断的施工承包商，有权建议暂停支付工程款或建议终止工程承包合同。

（4）遇有危及人身安全的紧急情况，有权指令先行停止施工，后作研究处理，并补发停工指令。

（5）有权制止造成环境污染和水土流失的施工。

第二十八条 安全监理工程师职责：

1. 督促监理人员贯彻执行国家、行业和上级有关安全工作的方针、政策、法律、法规和本规定，负责编制安全监理制度和安全监理工作程序。

2. 审查施工承包商供工程建设使用的安全工作规程、规定、制度、措施。

3. 审查施工承包商安全和健康工作程序。

4. 协助审查施工承包商重大项目、重要工序、危险性作业和特殊作业的安全施工措施，并监督实施。

5. 参加有关安全文明施工协调会议，协调解决各施工承包商间交叉作业和工序交接中存在的安全文明施工问题。对重大问题，应跟踪控制。

6. 负责土建交付安装，安装交付调试以及机组整套启动、移交运行应具备安全文明施工条件的监理签证工作。

7. 协助项目单位组织安全大检查，并督促落实整改措施。

8. 监督检查施工现场安全文明施工状况，发现问题及时督促整改。

9. 做好与项目单位、施工承包商安全管理人员的联络，相互协调共同做好现场安全文明施工管理工作。

10. 参加施工承包商人身重伤以上事故和其他重、特大事故的调查处理工作，审查和监督预防事故重复发生措施的执行。

第二十九条 施工承包商职责：

1. 必须服从项目单位、监理承包商对安全工作的管理，全面遵守项目单位在发包合同中及现场规定的各项条款。

2. 承包商现场项目经理是安全工作的第一责任人，对现场安全工作以及本规定有关条款的执行负全面责任。

3. 建立现场职业健康安全管理体系和环境管理体系。

4. 按项目单位安全文明施工总体措施策划的要求，制定并落实施工承包项目安全文明施工总体措施策划和单位工程安全文明施工总体措施策划工作。

5. 建立现场安全管理机构，其人员、装备应符合相关方规定的要求，并报项目单位备案。

6. 按项目单位规定的现场安全与健康工作程序目录（参考附录 C），编制安全与健康工作程序，程序经批准后，工程方可开工。

7. 对项目单位提供的安全措施补助费，必须做到专款专用，严禁挪作它用。

8. 以施工承包项目作为投保单位，与保险公司签订保险合同，为现场从事危险作业的人员办理意外伤害保险。

9. 严格分包单位的施工资质和安全资质审查，严格控制分包范围（主体工程不得分包）；分包工程及分包单位资质，必须报监理承包商审查批准后方可分包工程项目。

10. 接受项目单位、监理承包商、地方有关部门对安全工作的监督检查。

11. 承担合同中明确的其他安全工作责任。

第三十条 项目单位、监理承包商、施工承包商还应在各自不同的工作范围内对现场管理做到以下要求：

1. 项目单位应负责或委托一个承包商负责对现场安全保卫、道路交通实行封闭管理，制订安全保卫管理办法和厂区道路交通管理办法，使现场的人员、车辆按规则出入。

2. 现场主要施工道路应是混凝土路面（火电）或泥结石路面（水电）；路面应平坦、宽敞，弯道符合规定，形成网络；交通安全标志和危险处所的防护装置应齐全、可靠；配备有洒水车压尘，减少现场环境污染。

3. 保持现场整洁，物料码放整齐划一，安全标志按国家标准着色、设置。

4. 施工承包商的办公区、生活区、施工区应分开设置，区划明确。临时搭建的工棚应美观、规范。

5. 现场医疗、急救，作业人员膳食、饮水供应，洗手（卫生）间的设置必须符合卫生标准。

第四章 安全管理机构

第三十一条 集团公司内部实行安全监督制度。母公司对子公司、上级对下级进行安全监督。母公司的分支机构（控股公司）在授权范围内对子公司行使安全监督职能。

第三十二条 安全管理机构及其安全管理人员行使安全监督职能。各级安全管理机构业务上受上级安全管理机构的领导，机构的资质及人员的资格接受上级安全管理机构的审查。

第三十三条 各级安全管理机构的设置及人员配备原则：

1. 分支机构（控股公司）必须明确专门机构或专人负责工程建设安全健康与环境管理工作。

2. 项目单位必须设置安全管理机构，人员配备不得少于 3 人。

3. 施工承包商必须设置二级独立的安全管理机构，人员配备不得少于 5 人。

4. 各级安全管理机构的人员配备，原则上应充分兼顾各专业安全管理工作的需要。

5. 专职安全管理人员必须具备三年以上的施工现场经历，具有较高的业务管理素质和工程系列技术职务任职资格，工作认真，作风正派，忠于职守。

6. 专职安全管理人员、专职安全监理工程师应持有省级及以上安全监督管理局培训考核合格证件。

7. 安全管理机构应配备有必要的宣传教育设备和专用的监督装备及工具。

第五章 环境保护与职业健康

第三十四条 本规定中所称环境保护（包括防止水土流失，下同），是指工程建设所征施工用地以外的环境及工程建设区域内正常的施工、生活环境。

第三十五条 对施工征用地以外的水土、树木、自然遗迹、自然保护区、风景名胜区等不得随意破坏。

第三十六条 施工承包商在编制施工组织设计时，应根据施工过程中或其他活动中所产生的污染气体、污水、废渣、粉尘、放射性物质以及噪声、振动等可能对环境造成的污染和危害，单独编制环境保护措施，以进行合理的控制、排放、清运及处理。

第三十七条 工程施工期间挖、填、平整场地以及土石方的堆放，必须按施工组织设计确定的方案和施工时间段，严格管理，防止局部水土流失。施工弃渣、垃圾严禁倒入江河湖海，防止造成淤积妨碍行洪及造成环境污染和水土流失。

第三十八条 工程现场的办公区、生活区应采取绿化措施，改善生态环境。现场应设置足够数量的废料、垃圾箱（筒）和水冲式（干式）厕所，并有专人清扫，保持现场施工环境卫生。

第三十九条 工程建设项目施工过程中及竣工后，应及时修整和恢复在建设过程中受到破坏的生态环境，并尽可能采取绿化措施。

第四十条 施工承包商应对从事有毒有害作业的人员定期进行身体健康检查，并建立体检档案。

第四十一条 尘、毒作业场所应有良好的通风除尘、换气及防止中毒措施。夏季露天作业，施工承包商应采取防暑降温措施。

第四十二条 员工食堂与食品间应符合卫生防疫要求，定期对饮用水及饮食卫生进行检查，预防肠道疾病的发生。同时应严防食物中毒。

第四十三条 施工承包商应为员工提供较好的沐浴、盥洗设施以及工作服洗涤、干燥消毒设施。员工宿舍应有良好的居住条件，保持通风与整洁。员工生活区应定期消毒，预防各种传染性疾病，并应有消灭蚊、蝇、老鼠的措施。

第六章 教 育 培 训

第四十四条 分支机构（控股公司）、项目单位应实行逐级负责制，运用各种形式，进行有针对性、形象化的安全教育、培训活动，确保全员受到应有的安全工作方针、政策、法律、法规和相应的安全健康与环境技术知识教育、培训。同时应不断加强企业安全文化建设，提高员工的安全素质。

项目单位主要负责人，应由上一级安全管理部门安排进行岗位安全培训、教育，经考试合格方可上岗工作。

第四十五条 施工承包商应建立安全教育培训制度，确保全体员工受到应有的安全方针、政策、法规和安全健康与环境保护知识教育，并经考试合格，持证上岗；从事特殊工种作业人员，应经地方政府主管部门培训取证后，方可上岗工作。

第四十六条 施工承包商应建立全员安全教育培训档案，并报送项目单位安全管理部门和监理承包商备案，接受项目单位和监理承包商的监督检查。

第四十七条 工程现场外来参观、检查工作、实习、参加临时劳动或进行其他公务活动的人员，必须由项目单位或相关方进行安全交底后，方可进入现场。

第七章 安全技术措施计划和安全施工措施

第四十八条 施工承包商应根据国家、行业有关规定及安全文明施工的实际需要，编制年度或单位工程安全技术措施计划，并报送监理承包商备查。

第四十九条 安全技术措施计划编制的范围，应符合国家颁发的《安全技术措施计划的项目总名称表》和本规定附录F、G的项目，包括以改善劳动条件，防止工伤事故，预防职业病和职业中毒为目的的一切安全技术措施和设施，以及安全宣传教育，安全技术开发研制、试验所需的器材、设备、资料等。

第五十条 安全技术措施计划经费的来源，应按照国家和行业有关规定（见附录D）执行，确保安全技术措施计划所需经费的开支。

第五十一条 施工承包商应编制作业指导书安全施工措施编审程序表，按程序对施工项目安全施工措施进行编制、审核、批准、交底、签证、执行，确保一切施工活动都有书面的作业指导书和安全施工措施，无措施和未交底，严禁施工。作业过程如需变更措施和方案，必须经措施审批人书面批准。对于相同施工项目的重复施工，施工承包商应重新根据人员、机械环境等条件的变化，完善措施，重新报批，重新交底。

第五十二条 重要临时设施、重要施工工序、特殊作业施工项目（见附录A）和重大的起重、运输作业，特殊高处作业及带电作业等危险作业项目（见附录B）的施工技术方案及安全施工措施须报送监理承包商审批后，施工项目方可交底、施工。

第五十三条 施工承包商应根据具体的施工过程，开展危险源辨识、风险评价和风险控制活动，编制的安全控制措施，必须具有针对性且符合以下要求：

(1) 针对施工项目的危险源、危险点和控制对策。

(2) 明确作业方法、流程及操作要领。

(3) 根据人员和机械（机具）配备，提出保证安全的措施。

(4) 针对工业卫生与环境条件，提出安全防护和文明施工措施。

(5) 提出危险及紧急情况时的应急预案。

第八章 检 查 与 评 价

第五十四条 项目单位、监理承包商、施工承包商及其上级主管单位除进行经常性的安全检查外，还应按以下要求进行定期的安全检查：

1. 集团公司每年组织两次。

2. 分支机构（控股公司）每季度组织一次。

3. 项目单位每月组织一次。

4. 安全检查可分为一般性检查、阶段性检查、专业性检查和季节性检查等方式进行。

第五十五条 集团公司、分支机构（控股公司）、项目单位组织的定期安全检查，应使用集团公司制订的“工程建设现场安全文明施工标准及检查评价表”，对所检查的单位和工程项目给予定性和量化评价。

定期安全检查，负责组织的单位行政领导应亲自主持或参加，并邀请同级工会负责人参加检查。

第五十六条 定期安全检查的主要内容应以查领导、查管理、查措施、查隐患（事故、事件、不符合）为主，同时应将文明施工、成品保护、环境保护、环境卫生、生活安全卫生纳入检查范围。

第五十七条 对安全检查中发现的重大隐患，应填写“安全隐患整改通知单”送被检单位领导签收，限期整改。

第五十八条 施工承包商应建立重大危险源评估、监控程序，确保重大危险源处于在控、受控状态。项目单位、监理承包商、施工承包商均应建立安全隐患检查、登记、整改、验证程序。

第九章 事 故 报 告

第五十九条 重大事故的即时报告：

1. 施工承包商现场发生人身重伤、死亡事故或重、特大机械设备损坏、火灾、交通事故，应立即以快速形式向项目单位报告。

2. 项目单位接到人身死亡事故和重伤事故报告后，应立即用电话、传真或电子邮件按管理关系向隶属的分支机构（控股公司）报告；分支机构（控股公司）接到人身死亡事故和3人及以上重伤事故报告后，应在24小时内向集团公司总值班室、工程建设部报告。

3. 项目单位接到重、特大机械设备损坏、火灾、交通事故报告后，应在24小时内用电话、传真或电子邮件按管理关系向隶属的分支机构（控股公司）报告，其中重、特大机械事故应由分支机构（控股公司）在24小时内向集团公司总值班室、工程建设部报告。

4. 即时报告应包括以下内容：

（1）事故发生的时间、地点、单位。

（2）事故发生的简要经过、伤亡人数、直接经济损失的初步估计。

（3）事故发生原因的初步判断。

第六十条 人身伤亡事故月报、年报的报送程序

1. 施工承包商应使用人身伤亡事故月（年）报表向项目单位报告事故情况，月报表应在次月2日前报出；年报表应在次年1月3日前报出。

2. 项目单位应使用“工程建设职工伤亡事故月（年）报表”分别向隶属的分支机构（控股公司）和集团公司工程建设部报送事故报表，月报表应在次月5日前报出；年报表应在次年1月10日前报出。

第十章 考核与奖惩

第六十一条 安全施工记录：

1. 施工承包商为连续无死亡事故的累计天数，安全记录从工程项目正式开工之日起，以每年1月1日到12月31日为一个周期。发生全口径统计范围（不含非本企业人员死亡）内本企业职工和分包单位职工死亡事故，不论其原因和责任归属，均中断事故单位的安全记录。

2. 工程建设项目为连续无死亡事故的累计天数，安全记录从工程正式开工之日起至工程项目移交生产运行止，以每年1月1日到12月31日为一个周期；整个工程未发生人身死亡事故和重、特大机械、火灾事故及特大交通事故，命名为无事故工程。在工程建设过程中，发生全口径统计范围内的死亡事故，中断工程的安全记录。

第六十二条 安全考核项目：

1. 分支机构（控股公司）：

（1）安全施工纪录。

（2）工程建设全口径统计重大伤亡事故次数，死亡事故次数，合计死亡人数和千人死亡率（千人死亡率按分支机构（控股公司）管理的工程项目平均人数计算）。

（3）重、特大机械事故次数。

2. 项目单位：

（1）安全施工纪录。

（2）工程项目全口径统计重大伤亡事故次数，死亡事故次数，合计死亡人数和工程千人死亡率。

（3）重、特大机械事故次数。

（4）重、特大火灾事故次数。

（5）重、特大交通事故次数。

3. 施工承包商：

（1）安全施工纪录。

（2）全口径统计重大伤亡事故次数，死亡事故次数，合计死亡人数和千人死亡率。

（3）千人重伤率。

（4）重、特大机械事故次数。

（5）重、特大火灾事故次数。

（6）重、特大交通事故次数。

(7) 项目单位对现场安全文明施工季度检查考核结论。

4. 监理承包商：与工程安全文明施工实际效果挂钩。

第六十三条 对分支机构（控股公司）、项目单位的考核与奖惩根据《中国国电集团公司安全生产工作奖惩办法（暂行）》执行。

第六十四条 对施工承包商和监理承包商的考核与奖惩：

1. 对认真贯彻执行国家、行业和上级有关安全工作的方针、政策、法律、法规和本规定，在安全文明施工中做出显著成绩的工程主要施工承包商，由集团公司授予荣誉奖牌，并录入集团公司工程建设部信息数据库，在以后的集团公司系统工程招投标时给予加分，且奖牌数加分可以累积。

2. 对实现年度安全目标的施工承包商行政正职、主管施工的副职、总工程师、安全管理部门负责人和监理承包商总监理工程师、安全监理工程师由项目单位每年给予一定的物质奖励。

3. 在项目单位组织的现场安全文明施工竞赛评比活动中连续获得“优胜流动红旗”的施工承包商，由项目单位给予一定的物质奖励。

4. 项目单位每季度组织对施工承包商现场安全文明施工状况进行一次综合检查考核（分达标、合格、不合格三个档次），并根据检查考核结果给予奖励或处罚。

5. 对项目单位、监理承包商提出的“安全隐患整改通知单”未及时整改或不积极配合的施工承包商给予经济处罚；第二次复查仍未整改的加倍罚款；并责令其停工整顿。

6. 对不遵守明挖放炮“三统一”（统一指挥、统一信号、统一时间）制度的施工承包商给予重罚，并同时责令其停工整顿。

7. 施工承包商发生下列情况之一的，给予项目经理经济处罚：

(1) 发布违反有关安全工作法律、法规和制度的命令，违章指挥施工的；

(2) 无视项目单位安全管理部门和监理承包商的书面通知，未及时消除重大安全隐患的；

(3) 安全管理机构（人员）和规章制度不健全，安全文明施工管理混乱的；

(4) 发生人身死亡事故或其他重、特大事故的；

(5) 承包商工作人员不服从项目单位、监理承包商管理，其行为较为严重的。

8. 对其他违规违纪行为，按项目单位制订的“违章作业处罚标准”处罚。

9. 项目单位安全管理人员在对施工承包商工作人员进行违规违纪罚款时，应视其具体情况，对承担连带管理责任的监理承包商按处罚标准减半罚款。

10. 项目单位、监理承包商对施工承包商工作人员违规违纪行为的罚款，原则上只对单位进行处罚，并尽可能提供处罚的事实证据。

11. 施工承包商发生特大事故，由项目单位给予10万元以上的罚款。

12. 施工承包商发生重大机械设备损坏事故和重大火灾事故，由项目单位给予5万～8万元的罚款。

13. 施工承包商发生重大人身伤亡事故，由项目单位给予5万～8万元的罚款。

14. 施工承包商发生人身死亡事故，由项目单位给予3万～5万元的罚款。

第六十五条 项目单位奖金来源及使用：

1. 项目单位确定的工程安全奖励基金。

2. 安全文明施工保证金不返还部分。

3. 违章及事故罚款。

4. 安全奖励基金应专款专用，不得挪作它用。

第六十六条 工程项目发生人身死亡事故或其他重大事故隐瞒不报，或歪曲、掩盖事故真象，一经查证落实，将按《中国国电集团公司安全生产工作奖惩办法（暂行）》的有关规定，对隐瞒事故的主要策划者和决策者，以及隐瞒事故单位的行政正职，有关分管副职，安全管理部门负责人给予严肃处理；施工承包商隐瞒事故，将加倍给予经济处罚。

第六十七条 对发生重大及以上人身伤亡事故，或发生重、特大机械、火灾事故，或发生特大交通事故，或一年内发生2次人身死亡或连续两年发生人身死亡事故的工程项目，由集团公司给项目单位以“黄牌警告”，并在规定的时间内到集团公司“说清楚”。

第六十八条 施工承包商发生人身死亡事故或一年内发生二人次重伤事故，或发生直接经济损失达20万元及以上的机械设备、火灾事故，或在安全管理工作中严重违反合同约定，或存在严重违背招标文件要求和投标承诺的行为，且拒不服从工程协调管理或经批评纠正但无明显成效的，由项目单位给以“黄牌警告”，并报集团公司工程建设部备案。

第六十九条 受到“黄牌警告”的单位经过整改，工程安全文明施工管理工作有了明显改善，在三个月后可向主管单位申请验收，经验收合格后予以撤销“黄牌警告”。项目单位撤销施工承包商“黄牌警告”，应同时报集团公司工程建设部备案。

第七十条 受到“黄牌警告”的施工承包商在受警告期间，原则上不得参加集团公司系统工程招投标。黄牌警告撤销后，参加投标时将酌情给予扣分。施工承包商发生重大及以上人身伤亡事故，原则上一年内不得参加集团公司系统工程招投标。

第十一章 施工承包商安全资格

第七十一条 施工承包商投标承包集团公司工程项目，其企业必须具有良好的安全业绩，在社会上有良好的安全声誉，在工程现场有良好的安全形象。

第七十二条 参加火电工程投标的施工承包商，对其企业要求是已获得职业健康安全管理体系和环境管理体系认证资格；在三年内未发生过重大人身伤亡事故，投标当年未发生过人身死亡事故。

第七十三条 参加水电工程投标的施工承包商，对其企业要求是已初步建立职业健康安全管理体系和环境管理体系；在投标当年及上一年度未发生过重大人身伤亡事故。

第七十四条 中标承建集团公司工程项目的施工承包商应结合工程特点，认真做好职业健康安全管理体系和环境管理体系运行工作，全面推行危害辨识、风险评价及危险点分析与预控技术，强化安全文明施工管理，确保管理绩效得到持续改进。

第十二章 附 则

七十五条 本规定第三章有关各级人员责任制的规定条款，应视为指导性的原则规定，各分支机构(控股公司)、项目单位可结合各自的实际情况制订安全健康与环境管理实施细则及相应的管理台账（见附录E)。

第七十六条 本规定中的下列用语是指：

1. 成品保护：泛指对设备、构筑物外观工艺的保护。即指对已粉刷、保温、装饰或施工完的墙面、地面、门窗、沟道、设备、构筑物等外层表面采取综合性的保护措施（包括监管措施），防止人为的污渍、划痕、损伤等，保持外观工艺的整洁美观，此项工作属文明施工范畴。

2. 垮（坍）塌事故：指工程建设项目中重要构筑物，如大坝、桥梁、隧道（井、洞)、主厂房、烟囱、水塔等因施工措施不当或工程质量原因所造成的垮（坍）塌。

3. 环境污染事故：指工程建设过程中因对所产生的环境污染源治理不当或超标排放，对环境造成严重污染后果的事故。

第七十七条 本规定用于界定集团公司系统内部管理机构与相关方在工程建设安全健康与环境保护工作上相互间的管理关系，以及集团公司工程建设过程中的安全健康环境管理工作，不作为处理和判定民事责任的依据。

第七十八条 本规定与国家、行业颁发的有关法律、法规相抵触时，以国家、行业的规定为准。

第七十九条 本规定的解释权属中国国电集团公司工程建设部。

第八十条 本规定自发布之日起执行。

附录A （规范性附录）：

监理承包商必须审批的安全施工措施项目范围

1. 重要临时设施：包括施工供用电、用水、氧气、乙炔、压缩空气及其管线，交通运输道路，油库，雷管、炸药、剧毒品库及其他危险品库，射源存放库和锅炉房等。

2. 重要施工工序：包括大型起重机械拆装、移位及负荷试验，大型构件吊装，预应力混凝土张拉，汽机扣大盖，发电机穿转子，大型变压器运输、吊罩、抽芯检查、干燥及耐压试验，大型电机干燥及耐压试验，燃油区进油，锅炉大件吊装及高压管道水压试验，高压线路及厂用设备带电，主要电气设备耐压试验，汽水管道冲洗及过渡，重要转动机械试运，主汽管吹洗，锅炉升压定安全门，油循环，汽轮发电机试运及投氢，高边坡开挖，大坝、大体积混凝土浇筑，基坑开挖放炮，洞室开挖，断层、破碎带的处理，大坎、悬崖部分混凝土浇筑等。

3. 特殊作业：包括大型起吊运输（包括超载、超高、超宽、超长运输），高空、爆破、爆压、水上及在金属容器内作业，高压带电线路交叉作业，临近超高压线路施工，跨越铁路、公路、河道作业，进入高压带电区、电厂运行区，氢气站，接触易燃易爆、剧毒、腐蚀剂、有害气体或液体及粉尘、射线作业等。

附录B （规范性附录）：

监理承包商必须审批的安全施工措施项目以及必须填写安全施工作业票的危险作业项目

1. 起重机满负荷起吊，两台及以上起重机抬吊作业，移动式起重机在高压线下方及其附近作业，起吊危险品。

2. 超载、超高、超宽、超长物件和重大、精密、价格昂贵设备的装卸及运输。

3. 油区进油后明火作业，在发电、变电运行区作业，高压带电作业及临近高压带电体作业。

4. 特殊高处脚手架、金属升降架、大型起重机械拆除、组装作业。

5. 水上作业，沉井、沉箱、金属容器内作业。

6. 土石方爆破。

7. 其他危险作业。

附录 C （规范性附录）：

工程建设项目安全与健康工作程序目录名称

1. 安全施工委员会的组成及工作计划。
2. 安全教育与培训。
3. 定期安全检查。
4. 现场道路、运输与交通安全。
5. 现场安全的协调与控制。
6. 作业指导书（安全施工措施）的编制和批准。
7. 安全施工作业票的项目和批准。
8. 现场医疗与急救以及紧急联络体制。
9. 现场消防及紧急联络体制。
10. 现场安全标志的设置。
11. 现场环境卫生与清理整顿。
12. 现场成品保护的控制。
13. 文明施工的协调与控制。
14. 现场力能（氧气、乙炔气、氩气、压缩空气）的供应。
15. 现场施工用电。
16. 现场照明。
17. 现场安全设施。
18. 安全防护用品、用具。
19. 现场临建。
20. 现场安全保卫及人员、车辆出入的控制。
21. 恶劣气候的安全保障。
22. 土石方开挖。
23. 凿岩、爆破作业。
24. 钢筋模板作业。
25. 高处危险作业与脚手架、梯子。
26. 起吊作业及大、中型起重机械的拆装、检查与试验。
27. 放射源的管理及防护。
28. 有毒有害作业与防护。
29. 废料、废水、废气的处理与排放。
30. 生活区的安全与卫生。
31. 粉尘作业防护和噪声防护。
32. 工作人员的加班。
33. 密闭容器内作业。
34. 高边坡作业。
35. 隧道（井、洞）开挖。
36. 材料、物品堆放。
37. 事故报告与调查处理。
38. 现场安全文明施工奖惩、考核。
39. 分包单位的管理。

附录 D （规范性附录）：

安全技术措施计划经费的来源

1. 原电力工业部电建［1994］768 号文《关于在电力工程中计列安全措施补助费等项费用的通知》，其计列标准如下（适用新建与改扩建工程）：

火电工程：每千瓦计列 1.5 元，用于主厂房、烟囱、水塔等作业范围内的建筑、安装增加的安全设施。

变电工程：500 千伏变电工程 10 万元，330 千伏变电工程 8 万元，220 千伏变电工程 5 万元。

送电工程：220 千伏及以上线路，10 公里以内 1 万元，每增加 1 公里增加 500 元。220 千伏以下送变电工程参照执行。

2. 财政部财工［1995］160 号（对全国政协提案的答复）指出：按照新的财会制度的规定，企业在基本建设和技术改造过程中发生的劳动安全措施保护有关费用，直接计入在建工程成本。

3. 建设部、财政部建标［2003］206 号《关于印发建筑安装工程费用项目组成的通知》中规定的直接费中的劳动保护费和安全施工、文明施工费。

4. 水电工程安措补助费按原国家电力公司国电水［2000］162 号文《关于颁发“国家电力公司水电建设工程安全文明生产管理规定”的通知》的规定，其费用按建安工程量的 5‰～7‰控制，列入工程造价。

附录 E （规范性附录）：

项目单位应建立的安全管理台账目录

1. 安全会议记录（含签到记录）。
2. 安全检查记录。
3. 安全隐患整改通知单。
4. 安全隐患整改反馈单（验证）。
5. 安全奖惩记录（含罚款通知单）。
6. 安全教育培训记录。
7. 安全管理人员建档登记。
8. 安全收发文记录。
9. 投入安全设施登记台账。
10. 承包商月度安全综合情况报表。

附录 F （规范性附录）：

火电施工安全设施标准名称表

1. 属安全技术措施经费开支的项目：

（1）攀登自锁器（含配套缆绳）。

（2）速差自控器。

（3）废料垃圾通道（含附属设施）。

（4）安全围栏。

（5）水平梁活动支架。

（6）高空摘钩走台托架。

（7）高处水冲式厕所（含附属管道、设备）、干式厕所。

（8）滑线安全网（含钢丝绳、滑环等）。

（9）手扶水平安全绳。

（10）电焊机集装箱及二次线通道（含快速接头、通风设备，但不包括电气设施）。

（11）孔洞盖板及临时防护栏杆。

（12）水平防坠器。

（13）漏电保安器。

（14）安全标志。

（15）全封闭立网防护。

（16）安全网。

2. 非安全技术措施经费开支的项目：

（1）施工电梯。

（2）主厂房施工消防水系统。

（3）低压配电盘（一、二、三次盘）。

（4）便携式配电盘。

（5）安全通道。

（6）集中广式照明设施。

（7）安全隔离电源。

（8）柱头托架。

（9）气瓶、卷扬机等金属罩棚。

附录G （规范性附录）：

水电施工安全设施标准名称表

1. 属安全技术措施经费开支的项目：

（1）攀登自锁器（含配套缆绳）。

（2）速差自控器。

（3）水平安全绳。

（4）电焊机集装箱。

（5）孔洞盖板及临时防护栏杆。

（6）栈桥、栈道、悬空通道。

（7）通风除尘设施。

（8）水冲式、干式厕所。

（9）安全网。

（10）隔音值班室。

（11）安全围栏。

（12）安全标志牌。

（13）废料垃圾通道。

2. 非安全技术措施经费开支的项目：

（1）施工电梯。

（2）安全通道。

（3）漏电保安器。

（4）集中广式照明设施。

（5）空气开关配电柜（一、二、三次盘）。

（6）便携式配电盘。

（7）气瓶、卷扬机等金属罩棚。

中国国电集团公司工程招标管理办法

国电集工［2004］321号

各分公司，龙源集团、国电电力、长源电力，各项目公司（筹建处）：

为了规范集团公司工程招标活动，保证招投标双方的合法权益，确保采购质量，提高投资效益，根据《中华人民共和国招标投标法》和政府有关主管部门制定的相关的法律、法规，结合集团公司的实际，集团公司将原《工程招标管理暂行办法》（国电集工［2003］47号文）修订为《工程招标管理办法》。现予印发，请各单位遵照执行。执行中的问题及时向集团公司工程建设部反馈。

附件：《中国国电集团公司工程招标管理办法 》

二〇〇四年八月六日

附件：

中国国电集团公司工程招标管理办法

第一章 总 则

第一条 为了规范中国国电集团公司（以下简称集团公司）工程招标活动，保证招投标双方的合法权益，确保采购质量，提高投资效益，根据《中华人民共和国招标投标法》和政府有关主管部门制定的相关的法律、法规，结合集团公司的实际，制定本办法。

第二条 本办法适用于集团公司全资和控股建设的新、扩、改建的工程项目。

第三条 集团公司全资和控股子公司投资建设的项目，由集团公司全资和控股子公司按照本办法规定的基本原则负责管理（委托集团公司管理的项目除外）。

第四条 集团公司的工程招标活动坚持依法办事和公开、公平、公正、科学合理的原则，任何单位和个人不得进行非法干预。

第五条 集团公司的招标活动接受监察审计等相

关部门全过程的监督。

第二章　招标组织体系、机构及职责

第六条　集团公司设立“工程招标领导小组”（以下简称招标领导小组），由公司领导任组长，总经理工作部、人力资源部、计划发展部、财务产权部、安全生产部、工程建设部、科技环保部、综合开发部、监察审计部等相关部门负责人参加。招标领导小组的职责是：

1. 负责集团公司工程招标的领导、协调和监督工作。

2. 审批集团公司工程招标管理办法。

3. 审查集团公司工程项目主机设备的评标报告，提请集团公司总经理办公会批准。

4. 审查批准集团公司工程项目主体工程施工的评标报告，其中，重大施工项目的评标报告提请集团公司总经理办公会批准。

5. 监督、审查、批准招标过程中重要事项和项目。

第七条　招标领导小组下设“工程招标办公室”，设在工程建设部，工程建设部主任兼任工程招标办公室主任。工程招标办公室负责集团公司工程招标的日常管理工作，主要职责是：

1. 起草与修订集团公司工程招标管理办法。

2. 组织编制与修订集团公司招标文件范本。

3. 建立和管理集团公司的评标专家库。

4. 负责确定工程项目招标原则，审批工程项目主要标的和概算金额在5000万元以上非主要标的的招标文件（工程项目主要标的清单见附录，下同）。

5. 负责向集团公司招标领导小组汇报工程项目主机设备和主体工程施工的评标结果及其他重大事项，并根据招标领导小组的决定开展协调工作。

6. 负责审查批准除主机设备和主体工程施工以外的主要标的和概算金额在5000万元以上非主要标的的评标报告。

7. 按照政府机构规定的审批环节，负责向政府机构报审国际招标和国债项目招标的招标活动。

8. 对项目公司的招标活动进行管理和指导。

9. 调查、协调和处理招标活动中出现的问题。

第八条　分公司受集团公司委托，负责所在区域工程招标的有关管理工作。

1. 按照集团公司招标文件范本，负责组织审查工程项目主要标的和火电项目500万元、水电项目1000万元以上标的的招标文件，对招标文件中与集团公司招标文件范本有原则性差异的条款提出审查意见，报集团公司工程招标办公室审批。

2. 参与工程项目的所有招评标工作。

3. 指导、监督项目公司进行工程设计的招评标，对评标意见进行初审，报集团公司工程招标办公室审批。

4. 指导、监督项目公司进行火电工程500万元、水电工程1000万元以上，5000万元以下非主要标的的招评标，审批评标结果，报集团公司工程招标办公室备案。

第九条　项目公司成立项目招标委员会。项目招标委员会主任由项目公司总经理担任或集团公司指派，成员由集团公司、分公司、项目公司、招标代理机构、其他投资方等单位的代表组成。该机构组成人员名单由项目公司提出，报集团公司工程招标办公室审批。

第十条　项目公司招标委员会的主要职责：

1. 按照集团公司工程招标有关规定，组织开展本工程项目的各项招标活动。

2. 决策非主要标的且火电工程500万元、水电工程1000万元以下标的的招标活动。

3. 对工程项目主要标的和火电工程500万元、水电工程1000万元以上标的的评标报告进行初审，按照本办法第七条和第八条的规定，报集团公司或分公司审批。

第十一条　项目招标委员会针对不同标的的招标工作，成立评标委员会。评标委员会主任由项目公司负责人或有关专家担任，商务和技术组组长由有关专家担任，成员由项目公司、招标代理机构、设计与咨询单位、技术经济专家组成，必要时，集团公司、分公司可派员参加。该机构组成人员名单由项目公司提出，报集团公司工程招标办公室和分公司核备。

第十二条　评标委员会的主要职责：

1. 按照已确定的评标原则及方法，对各投标厂商投标文件的商务、技术部分进行评价。

2. 推荐首选中标商和备选中标商，并形成评标报告初稿。

第十三条　项目公司招标委员会根据需要，可设立招标工作办公室，由项目公司和招标代理机构有关人员组成，负责项目招标的各项具体组织工作。

第三章　招标代理机构的权利义务

第十四条　招标代理机构是依法设立，从事招标代理业务，具有独立的法人资格的社会中介组织，招标代理机构应具有相应的资质。

第十五条　招标代理机构根据项目公司的委托在招标工作中享有下列权利：

1. 组织招标的具体活动。

2. 依据招标文件对投标商的资格进行预审或后审。

3. 按照国家有关规定及与项目公司签订的代理合同收取招标代理费。

4. 依法享有的其他权利。

第十六条 招标代理机构根据项目公司的要求在招标工作中应履行下列义务：

1. 遵守国家法律法规。

2. 接受集团公司工程招标办公室和项目公司招标委员会的领导。

3. 维护招标人和投标人的合法权益。

4. 受委托编制招标文件商务部分。

5. 向合格的投标人出售招标文件。

6. 协调招标人与中标人的关系，监督合同的执行。

7. 协助招标人做好招标的保密工作，不得以任何形式向外提供涉及招标采购机密的信息。

第四章 招评标工作程序

第十七条 项目公司根据工程的综合进度计划，制定本项目的总体招标工作计划和年度招标工作计划。工程总体招标工作计划于项目正式开工前报集团公司工程招标办公室，工程年度招标工作计划上年度12月份报集团公司工程招标办公室。

第十八条 集团公司工程招标办公室审批工程项目招标计划，项目公司严格按计划组织招标活动。

第十九条 项目公司按本办法的规定提出项目招标委员会组成人员名单，报集团公司工程招标办公室审批。项目招标委员会提出的每个招标项目的评标委员会组成名单，报集团公司招标办公室和分公司备案。

第二十条 项目公司提出工程项目招标的主要原则，包括但不限于：招标方式（公开招标或邀请招标）、招标代理机构招标或自行招标、一步制招标或两步制招标、资格预审或资格后审、评标原则、“标底”编制原则、招标工作程序等，经分公司初审后，报集团公司招标办公室审批。

第二十一条 根据集团公司招标文件范本和工程招标办公室所审批的招标主要原则，项目公司组织设计院或其他单位编制招标文件技术部分，组织招标代理机构或其他单位编制招标文件商务部分，形成项目招标文件。招标文件的编制原则上要以集团公司招标文件范本为依据，如因项目特殊情况需要对范本作实质性调整，必须报集团公司招标办公室审批。

第二十二条 项目公司将主要标的和火电500万元、水电1000万元以上非主要标的的招标文件报分公司，分公司按照本办法第八条第1款的规定组织审查和报批。对特别重大或技术较为复杂项目的招标文件，由集团公司工程招标办公室组织审查。

第二十三条 招标文件经审查后，由招标代理机构或项目公司发售。

第二十四条 对需编制标底的招标项目，由项目招标委员会根据集团公司工程招标办公室确定的“标底”编制原则，委托并组织有相应资质等级的工程造价咨询单位编制标底文件，并严格做好保密工作。主要标的和限额以上标的的标底文件上报集团公司工程招标办公室审批。

第二十五条 在提交投标文件截止日期的同一时间，由招标代理机构或项目公司按照有关规定组织开标仪式。

第二十六条 开标后五日内，评标委员会人员进驻指定地点进行封闭式评标。在项目招评标期间，评标委员会人员名单对外严格保密。

第二十七条 评标应以招标文件为依据，严格按照已确定的评标原则及方法执行。

第二十八条 评标委员会对各投标商的投标书就技术和商务方面进行综合评价。对照招标文件的要求，提出初评意见，供项目招标委员会评审。

第二十九条 根据项目招标委员会的决定，评标委员会对进入短名单投标商的投标文件进行详评，推荐首选中标商和备选中标商，并形成评标报告初稿。

第三十条 项目招标委员会对评标报告初稿进行评审，形成正式评标报告，并根据本办法第二章的规定，报集团公司工程招标办公室或分公司审批。

第三十一条 评标报告批准后，由招标代理机构或项目公司向中标商发出中标通知书。项目公司组织设计、监理、招标代理机构等有关方面，开展合同谈判。

第三十二条 合同谈判应根据招标文件和投标书的内容及相关规定进行。

第五章 招评标主要原则

第三十三条 采购设备的招标一般应委托有相应资质的招标代理机构进行招标。对于工程设计、咨询、监理、监造、施工方面的招标，按规定办理有关手续后，可以不委托代理机构，由项目公司自行组织招标。

第三十四条 一般情况下，应采用公开招标，在政府有关机构规定的媒体上发布招标公告。有特殊理由并经集团公司工程招标办公室同意，也可采用邀请招标。当采用邀请招标时，被邀请参加投标的单位应当具备承担招标项目的相应资质和能力，且不得少于三家。

第三十五条 标段划分要按照既有利于现场施工组织和进度，又能够保证充分竞争的原则进行，具体规则另行制定。

第三十六条 中标原则：

1. 对于服务类标的如工程设计、咨询、监理、监造等，应在招标文件中规定采用综合打分评定法。参与打分的评标因素包括：资质、业绩（特别是近年的、与招标标的类似的业绩）、人员素质（特别是本项目组人员素质）、技术服务方案等。报价以适当的权重折成分数计人总分，最后以综合打分最高者中标。

2. 对于设备、材料采购，应在招标文件中设定质量、技术和性能等指标的门槛值，不满足者即被废标；达到门槛值以上指标优劣的比较，要在招标文件中量化为评标因素，并列出计算公式，折算成评标价处理；供货范围的偏差也进行评标折价处理。原则上由实质性满足招标文件技术和商务要求，评标价最低者中标。

3. 对于特别复杂系统设备的招标采购，可考虑采用两步制。即：第一步，只报技术方案，不报价格，通过与各投标商的澄清和谈判，使其技术方案都能达到招标方的要求，达不到要求的不再参加下一步程序；第二步，请通过了第一步程序的各投标商统一报价，评标价最低者中标。

4. 对于施工招标，可采用设置“标底”法进行招标，根据投标人对“标底”的偏离程度来进行评价；也可根据具体情况，采用无标底法招标，合理低标价中标。

5. 设计、咨询、监理、监造和设备采购的招标结果，应形成固定总价合同。施工和部分材料的招标结果，可根据需要形成固定总价合同或固定单价合同。未经批准合同价不得超过授标价。

第三十七条 集团公司对出现合同履约情况差等不良业绩、以及在招投标中有行贿等不正当行为的设备、设计、施工、调试、监理等承包商建立“黑名单”制度。进入“黑名单”的承包商，除承担相应的合同和法律责任外，将在一定时期内禁止其参加集团公司系统的招标活动。

第六章 招评标工作纪律

第三十八条 招评标工作要严格执行《中华人民共和国招投标法》和《中华人民共和国保守国家秘密法》。

第三十九条 凡参加招标的工作人员必须严格执行回避制度，即保证本人及与其关系密切的亲属不直接或间接参与本项目的投标及其与本投标有关的代理等活动。

第四十条 评标委员会成员应当客观、公正地履行职责，遵守职业道德，对提出的评审意见承担个人责任。

第四十一条 招标人与中标人按照招标文件和投标文件签订合同，不得签订背离合同实质性内容的相关协议。

第四十二条 开标应在公证监察人员监督下公开进行。

第四十三条 任何单位或个人不得利用职权在招投标活动中进行违法、违规活动，不得私下接触投标人，不得收受投标人的财物或其他好处，否则追究当事人及单位直接负责的主管领导责任，对触犯刑律者，移交司法部门依法追究刑事责任。

第七章 附 则

第四十四条 本办法自发布之日起实施。《中国国电集团公司工程招标管理暂行办法》（国电集工［2003］47号文）同时废止。

第四十五条 本办法由集团公司负责解释。

附录：

主要标的清单

定义为主要标的是根据其重要性决定，不受金额限制。清单如下：

一、工程项目主机设备

1. 燃煤火力发电厂：锅炉、汽机、发电机。

2. 蒸汽—燃气联合循环电厂：燃气轮机、蒸汽轮机、余热锅炉。

3. 水力发电厂：水轮机、发电机。

4. 抽水蓄能电厂：水轮/水泵机组、发电/电动机组。

5. 风力发电：风电机组。

二、主要辅助设备

（一）燃煤火力发电厂与蒸汽—燃气联合循环电厂

1. 锅炉辅机：引风机、送风机、一次风机、排粉风机，磨煤机、给煤机、粗细粉分离器，捞渣机、电除尘器、气力除灰系统。

2. 汽机辅机：空冷岛，驱动给水泵小汽机、给水泵（含液力偶合器）、凝结水泵、循环水泵、真空泵、凝汽器、高低压加热器、除氧器、汽机旁路、凝结水精处理、行车、循环泵出口蝶阀、旋转滤网。

3. 电气辅助设备：主变压器、启动备用变压器、厂用变压器、应急柴油发电机、封闭母线、升压站配电装置、高低压开关柜、干式变、主要通信设备。

4. 主要控制设备：DCS、MIS、SIS、化水和输煤

PLC、脱硫控制系统、仪用空压机。

5. 化水和输煤辅助设备：锅炉补给水系统、中水系统，碎煤机、胶带机、翻车机、斗轮机、堆取料机、自卸底开车。

6. 其他辅机：启动锅炉。

（二）水力发电厂与抽水蓄能电厂

主变压器、GIS、GCB、励磁设备、调速设备、水情测报系统。

（三）单项工程总承包

烟气脱硫工程、烟气脱硝工程。

（四）大宗材料

电缆、进口阀门、四大管道、电缆桥架等。

（五）设计

1. 工程项目的初可（水电为预可）、可研等前期规划设计工作。

2. 总体设计院。

（六）监理

设计监理、施工监理（含调试监理）。

（七）主要工程施工

码头、专用铁路、专用水库、输煤系统土建及安装、主厂房的土建安装、升压站构筑物及设备安装、冷却塔、烟囱、烟气脱硫；导流工程、挡水工程、泄洪工程、引水工程、发电工程、航运工程、机电设备安装等。

（八）大件运输

锅炉汽包、汽水分离器、除氧器、发电机定子、发电机转子、汽轮机转子、主变压器等。

（九）调试

主体和整体调试。

（十）国际招标及进口设备

按照目前的机电产品进口管理体制，机电产品的国际招标及办理进口手续，根据不同的产品类别需要分别报省部级的机电产品进出口办公室或国家机电产品进出口办公室审批。项目公司编制的招标文件和评标报告均需通过集团公司审查后向有关机构上报。

中国国电集团公司工程勘察设计管理办法（试行）

国电集工［2004］322号

集团公司各分公司、龙源集团公司、国电电力、长源电力、各项目公司（筹建处）：

为了统一集团公司对工程勘察设计的管理方法，加强项目公司对勘察设计的管理工作，促进勘察设计单位提高设计质量和服务水平，鼓励勘察设计单位积极进行设计优化，集团公司制定了《中国国电集团公司工程勘察设计管理办法（试行）》，现印发执行。

请各有关单位根据本办法要求，积极落实措施，加强管理，有效做好工程勘察设计的管理工作，同时将本办法执行过程中发现的问题及时反馈到集团公司工程建设部。

附件：《中国国电集团公司工程勘察设计管理办法（试行）》

二〇〇四年十二月一日

附件：

中国国电集团公司工程勘察设计管理办法（试行）

第一章 总 则

第一条 为规范中国国电集团公司（以下简称集团公司）工程项目勘察设计的管理，保证工程勘察设计质量和进度，推行设计优化，提高项目的市场竞争力，特制定本办法。

第二条 勘察设计工作是工程建设过程中造价、质量、安全、进度得到有效控制的主要环节之一，在保证电厂建设和运营安全可靠的前提下，应突出体现工程项目的合理性、经济性和先进性。

第三条 本办法适用于集团公司全资、控股的新建、改建、扩建电源项目。

第二章 勘察设计管理体系

第四条 火电工程勘察设计的主要阶段包括：初步可行性研究、项目建议书、可行性研究、初步设计、施工图设计、竣工图设计。

第五条 水电工程勘察设计的主要阶段包括：预可行性研究、可行性研究、招标阶段设计、施工图设计、竣工图设计。

第六条 集团公司对勘察设计文件实行分阶段分级评审和审批管理制度。勘察设计过程中重要阶段和环节的设计文件由国家有关部门或集团公司组织进行评审，并由国家有关部门或集团公司批准。

第七条 集团公司负责工程勘测设计重要阶段和环节设计文件（非国家有关部门审批部分）的审批工作，制定集团公司的设计技术路线，指导项目公司对勘测设计的管理工作。

第八条 分公司协助集团公司进行工程项目勘察设计的管理工作，并受集团公司委托负责部分勘测设计文件评审的组织工作。

第九条 项目公司是工程项目勘测设计管理工作的主体，对工程项目勘测设计质量、进度、安全和价格各方面负有具体的协调和管理职责。

第十条 勘察设计单位对其正式签署并交付使用的勘察和设计成品负全面的责任。

第三章 勘察设计管理总体要求

第十一条 勘察设计的成品要符合国家、行业有关的法律、法规、规程规范以及集团公司的有关规定要求，同时必须满足国家、行业在环保、消防、劳保、安全、卫生、土地、水资源等各方面的强制性规定，符合国家的产业及技术装备政策。

第十二条 勘察设计各阶段工作的深度应满足电力行业的相关规定及勘测设计合同和项目的特殊性要求。

第十三条 鼓励勘察设计单位采用国内外成熟先进的设计思路、设计手段和设计方案，积极进行优化设计，提高电厂的综合水平；要节约用地、用水、降低燃料消耗和运营管理成本，满足环保要求。

第十四条 勘察设计的进度是工程总体进度的有机组成部分，项目公司在安排工程总体进度时，应根据勘察设计工作对总体进度的制约关系同步安排勘察设计工作进度。同时项目公司应采取必要措施，督促勘测设计单位采取切实可行的措施，确保勘测设计工作的进度。

第十五条 项目公司应牢固树立设计工作贯穿工程全过程、涉及工程建设各方面的意识，积极主动地配合勘测设计单位的工作，及时准确地提供应由项目公司提供的各种设计输入资料，保证工程建设的顺利进行。

第十六条 项目公司应通过招标和合同谈判将勘测设计费用控制在合理的范围之内。

第十七条 集团公司火电单机容量300兆瓦级及以上（尤其是单机容量为600兆瓦级及以上）项目原则上要求采用三维设计、KKS全厂标识系统，并进行基建MIS的规划设计。

第十八条 项目公司应根据具体工程特点制定工程设计工作的管理制度，采取有力的措施，确保工程勘察设计满足工程质量、进度、安全、投资控制的要求。

第四章 勘察设计单位的确定

第十九条 工程勘察设计单位必须具有满足要求的资质，集团公司控股的单机200兆瓦及以上的常规火电工程，勘测设计单位应具有甲级资质。

第二十条 独立进行勘察设计的单位必须具有同类型或技术难度更高的成功的工程设计业绩。

第二十一条 集团公司控股项目的勘测设计单位应具备完善的质量保证体系。

第二十二条 工程勘察设计单位由项目单位通过招标，在充分考虑设计单位的资质、业绩、质保体系、服务质量、资源保证、价格等方面因素的基础上择优确定。招标的程序和管理按照《中国国电集团公司工程招标管理暂行办法》执行。

第二十三条 一般情况下，火电工程的勘察设计单位确定可分为两个阶段：可行性研究阶段及以前的勘察设计单位，初步设计阶段及以后的勘察设计单位。在技术力量、服务质量和价格相当的情况下，可以优先考虑采用同一家勘察设计单位。

第二十四条 水电工程宜一次性确定全过程的勘察设计单位。

第五章 设计文件评估、评审

第一节 评估、评审的管理

第二十五条 设计文件的评估和评审工作根据审批权限分为两类：

第一类：国家立项审批环节需要的评估工作，如工程建设前期阶段的项目建议书评估、可行性研究报告评估；以及涉及到环保、消防、公共安全等方面的由国家有关专业部门审批的单项报告评审工作，如前期工作中的环保评价、水土保持评价、水资源论证、地震地质灾害评价和工程建设过程中消防、公共安全等方面的验收工作。

第二类：业主为了保证工程建设质量、经济性、合理性而组织进行的设计文件评审工作，如可行性研究报告、初步设计文件的评审，以及各种技术、经济、施工组织等方面的专题评审。

第二十六条 按照国家相关综合部门对项目审批的要求，集团公司结合自身对勘察设计管理的要求，对设计过程中各阶段和重要环节分阶段、分层次进行评审，以保证项目立项和设计满足国家、行业的各种法律、法规、规定的要求，保证工程质量、缩短建设工期、控制工程投资，提高项目的经济效益。

第二十七条 集团公司对设计文件评审工作实行部门归口管理和部门配合管理相结合的方式，各勘察设计阶段中需要审查的设计文件范围和归口及配合部门的职责划分见附件“设计评估、审查范围及管理部门职责划分”。

第二十八条 根据国家有关的管理规定，属于国家立项和涉及到环保、消防、公共安全等方面的设计文件的评审工作由国家有关管理部门指定机构进行；属于项目业主方管理的设计文件评审工作由集团公司归口管理部门负责组织，评审工作可以通过组织专家或委托有资格的设计和技术咨询机构的方式进行，评审会议的具体组织工作由项目公司负责。

第二十九条　归口管理部门对设计文件评审工作负有总体协调、工作指导、工作总体计划安排、相关管理规定制定和修改的职责，配合管理部门在评审会议召开之前对送审查的文件提出相关的意见或派人员参加评审会议。

第三十条　集团公司分公司应派人员参加管辖区域内项目设计文件的评审会议，并负责协调评审工作相关的与地方政府或行业管理部门之间的关系。

第三十一条　项目公司根据集团公司工程计划的安排，负责评审会议的具体组织，并派各专业的工程师参加评审会议。

第三十二条　一般情况下，由集团公司、分公司或项目公司组织专家进行的评审会由组织单位主持，委托有资质的评审机构评审的会议由受委托的评审机构主持。

第三十三条　由业主组织专家或委托有资格的设计和技术咨询机构进行的审查会议后应形成会议纪要或审查意见，并按照审批权限由相关单位批准下发。

第二节　主要评审、评估工作

第三十四条　火电工程的初步可行性和可行性研究报告评审工作由集团公司计划发展部负责管理。

第三十五条　初步可行性研究报告（水电为预可行性研究报告）、可行性研究报告、火电初步设计、水电招标设计作为重要的设计阶段，一般情况下都应委托有资格的设计和技术咨询机构进行评审，评审意见作为下一步工作的依据。

第三十六条　项目建议书和可行性研究报告的评估工作由国家有关综合管理部门指定的机构进行。

第三十七条　涉及到环保、劳保、卫生、消防、水土保持、防洪、公共安全等国家强制性要求的有关专题（或专篇）报告由国家行业管理部门认可的咨询机构进行评审。

第三十八条　火电工程初步设计的编制原则由设计单位按照《中国国电集团公司火电工程初步设计编制原则规定》进行编制，由工程项目所在地区的分公司组织项目单位和有关专家进行审查，并将审查意见和编制原则报集团公司，由集团公司批准后作为初步设计编制的依据。

第三十九条　在火电初步设计正式评审之前，为了满足工程建设的需要，可以根据工程实际情况组织进行工程总平面布置（包括征地规划）评审。总平面布置评审由集团公司（或委托分公司）组织初步设计文件评审机构、项目单位、设计单位和有关专家进行，并形成会议备忘录，评审结论作为工程建设场地准备的依据。

第四十条　火电工程的初步设计评审工作由集团公司工程建设部负责管理。

第四十一条　一般情况下，火电工程试桩大纲和报告委托有资质的设计和技术咨询机构进行评审。在地质情况比较简单，处理比较容易情况下，经集团公司同意后可由分公司组织专家进行评审，并报集团公司备案。

第四十二条　施工图设计原则（司令图鸣放）由分公司组织项目单位、监理、施工、调试、运行等单位的专家进行评审。设计单位根据评审意见修改施工图设计原则，作为指导施工图设计的依据。

第四十三条　施工组织总设计由项目单位和监理单位组织主体施工承包单位（或总承包商负责）编制，由项目所在地分公司组织项目公司、监理单位、设计单位、施工单位、专家等进行审查，项目公司对根据审查意见修改的施工组织总设计做出书面确认后作为指导施工组织的原则，并报集团公司备案。

第六章　设 计 优 化

第四十四条　设计优化工作应贯穿到工程建设的全过程，项目公司应积极配合设计单位做好工程设计（特别是方案设计阶段）的优化工作，在保证工程安全、质量、进度的前提下，充分吸取国内外好的工程经验，积极选择有利于工程整体经济效益的方案，对于重要的技术方案，应要求设计单位提出方案比较专题报告，并通过专家论证，选择综合技术经济性好的方案。

第四十五条　工程方案的经济性比较应充分考虑到建设费用和生产运行期间的运行维护、各种消耗等费用，按照工程全经济寿命期经济效益最大的原则来择优选择。

第七章　设计文件审批

第四十六条　项目建议书和可行性研究报告由国家有关综合管理部门批复。

第四十七条　涉及到环保、劳保、卫生、消防、水土保持、防洪、公共安全等国家强制性要求的有关专题（或专篇）报告由相关的国家行业管理部门批复或其认可的咨询机构提出评估意见。

第四十八条　火电工程初步设计由集团公司审批，批准后的初步设计文件作为工程下一阶段设计和建设的依据。

第四十九条　水电工程招标设计由集团公司审批。

第五十条　工程研究试验项目由集团公司审批。

第五十一条　重大技术方案专题根据工程阶段视情况由集团公司或分公司组织项目单位、专家或委托原设计评审单位进行评审，并报集团公司核备。

第五十二条 经过国家有关部门和集团公司批准的设计文件若有重大变更，需经规定程序批准后方可实施。

第五十三条 工程建设过程中的重大设计变更（含变更设计）由集团公司审批。具体管理程序按照《中国国电集团公司工程建设设计变更管理办法》（火电、水电）执行。

第八章 勘察设计履约考核

第五十四条 在工程建设阶段，项目公司应对勘察设计单位进行履约考核，勘察设计合同中应明确合同价中有一定的比例（一般为15%～20%）作为勘察设计履约考核的费用。

第五十五条 项目公司与设计单位要在合同中签订勘察设计履约考核设计费的考核与支付协议，协议中要明确对总体工程设计质量、服务质量、设计图纸文件交付进度、设计先进性，设计对工程造价、工程整体效益等方面的影响的评定和考核办法，并确定相应的支付办法。

第五十六条 考核与支付协议的制定以鼓励勘察设计方提供优质设计、服务，实现精品工程、提高项目整体经济效益为目标，体现优质优价的原则。

第五十七条 项目单位与设计单位应在考核与支付协议中明确，对在保证工程质量和进度的前提下通过设计优化节约投资的设计单位进行奖励，对设计过程中发生大量变更（尤其是重大变更）而造成工程质量、进度受到影响或使造价大幅增加的设计单位进行惩罚的条款。

第九章 附 则

第五十八条 本办法由集团公司负责解释。

第五十九条 本办法自发布之日起执行。

中国国电集团公司火电工程初步设计编制原则规定（暂行）

国电集工［2004］325号

集团公司各分公司，龙源集团公司、国电电力、长源电力，各项目公司（筹建处）：

为了加强集团公司系统火电工程初步设计阶段的管理，规范设计标准，集团公司组织编制了《中国国电集团公司火电工程初步设计编制原则规定（暂行）》，现予印发。

请各单位在火电工程初步设计编制和审查过程中遵照执行，执行中发现的问题请反馈给集团公司工程建设部。

附件：《中国国电集团公司火电工程初步设计编制原则规定（试行）》

二〇〇四年十二月一日

附件：

中国国电集团公司火电工程初步设计编制原则规定（试行）

第一章 总 则

1.1 为了贯彻落实“控制工期，保证质量，降低造价，争创一流”的工程建设指导思想，充分发挥设计在工程建设中的龙头作用，提高集团公司火电工程初步设计编审编制工作质量和水平，统一集团公司本部、二级公司及项目公司的认识，对工程初步设计单位工作进行事前指导，特制定本集团公司火电工程初步设计编审原则（以下简称本原则本规定）。

1.2 本原则本规定适用于集团公司、全资和控股子公司及下属二级公司投资建设独资或控股的火电工程；参股火电工程应与控股方协商使用。

1.3 本原则本规定主要针对300兆瓦和600兆瓦级机组，其他容量的机组可参照使用。

1.4 各工程项目的初步设计工作要严格按照本规定的原则执行，本规定中没有涉及到的内容，在火电工程初步设计编审时，应遵守按照以下规程、规定和文件执行：

(1) 现行初步设计内容深度规定。

(2) 火力发电厂设计技术规程（以下简称“大火规”）。

(3) 现行概预算编制有关规定。

(4) 每一年度颁发的发电工程限额设计控制指标。

(5) 本工程可行性研究报告审查会议纪要。

第二章 初步设计管理

2.1 开展初步设计工作开工前应满足以下的条件：

(1) 可行性研究报告已进行审查。

(2) 主机设备已招标确定制造厂。

(3) 总体设计单位已通过招议标确定。

(4) 经过集团公司工程管理部认可。

2.2 工程具备初步设计条件后，由项目公司委托工程总体设计单位，按照本规定的原则，结合工程实际情况，编制本工程初步设计原则。

2.3 工程初步设计原则编制完成后，由分公司、全资和控股子公司组织有关方面的专家进行审查，报集团公司审批后，作为工程初步设计的原则和依据。

2.4 初步设计基本完成后，根据工程情况，可由集团公司组织或委托二级公司分公司、全资和控股子公司和项目公司组织内部审查，经总体设计单位修改后再正式出版送审。

2.5 初步设计由集团公司项目公司工程管理部负责委托有资格的咨询单位进行审查。提出审查会议纪要和正式审查意见，并由集团公司负责批复。

2.6 铁路、码头、公路、水库、地质灾害治理等单项工程的初步设计应根据其技术复杂程度、地方或部门协调的难易程度以及该单项工程可行性研究报告审查方式等因素与受委托的初步设计审查单位协商，采取下列办法之一组织预审：

（1）由省（含直辖市与自治区，以下简称省级）计划、生产或建设主管部门预审。

（2）由专业主管部门会同省级计划、生产或建设主管部门预审。

（3）由专业主管部门会同二级公司分公司、全资和控股子公司或项目公司预审。

（4）由受委托的初步设计审查单位直接组织审查，必要时，增请专家参加。

上述预审意见应在工程初步设计审查会议上确认或协调。为便于衔接，当采取前三种方式时，应邀请受委托的初步设计审查单位派专业人员参加。

第三章　初步设计内容深度

3.1 在初步设计文件中应有 MIS 专篇，内容包括：阐明与基建 MIS、SIS 以及报价系统的关系；根据统一规划、分步实施的原则推荐硬、软件配置方案；测算所需费用；对编码系统进行细化，提出可操作的要求。

3.2 如总体设计单位在初步设计阶段，交出时对脱硫岛尚未招标，其专卷应尽量按初设内容编写，至少应做到按照成套引进设备工程补充可研（原称初步设计预设计）的深度开展以下工作，作为指导脱硫岛招标和承包商开展初步设计的依据：

（1）确定岛内标书编写原则，含技术条件、供货范围和国际采购范围等。

（2）确定岛外配套设计原则。

（3）参考类似工程编制概算或修正估算。

3.3 如总体设计编制时脱硫岛已招标，其专卷应做到初步设计深度：

（1）对岛内外设计进行汇编与协调。

（2）确定岛外配套设计原则。

（3）编制概算。

3.4 当工程采用空冷方式时，在符合可行性研究报告内容深度要求的前提下，还应包括：

（1）进行冷端优化，提出专题报告。

（2）确定空冷岛或主要设备招标原则。

（3）确定空冷设备布置主要尺寸。

（4）编制相应的概算。

3.5 原则上有条件时应采用三维设计技术，电厂标识系统采用 KKS 编码，设立对 MIS 系统（含基建）进行规划设计，并在设计合同中明确。

第四章　技术部分初步设计技术部分编制原则

4.1 总的部分

4.1.1 在一厂多制条件下处理好公用系统的关系，避免重复建设，以控制工程造价。

4.1.1.1 坚持统一规划、分期建设的原则，但要适应独立核算，分别计量的要求。

4.1.1.2 在扩建工程中既要充分利用现有资源和条件，避免重复建设；又要进行必要的完善，使扩建后的公用设施能满足全厂安全经济和文明生产的要求。

4.1.1.3 在电价计算中宜计入以下支出：

（1）新厂法人使用老厂公用设施需要支付的年费用。

（2）符合本规定 4.1.1.2 条件的投资费用。

（3）购买 SO_2 排放权需计列的年费用。

4.1.2 当采用总厂管理体制，当由分公司总厂负责管理几个相距不远的电厂时，公用系统应统一规划，后续建设的电厂相应投资可以适当削减。其中包括 MIS 系统；试验、监测和修理设备；某些辅助生产和附属建筑；有条件的工艺系统；以及施工力能供应、生活区和大件运输措施等。

4.1.3 工程科研项目的控制与掌握管理。

为获得本工程设计原始数据有关的研究试验，以及国家安排的工程试验项目，必须经项目法人集团公司同意后，才能立项并可列入工程投资。

4.1.3.1 除可行性研究阶段已审定的项目外（如试桩，取水数物模试验等），其他项目在初步设计阶段均需编审大纲。

4.1.3.2 要以发电本行业、本集团内已完成类似项目成果为基础，避免低水平重复及以减轻自身责任为目的的项目。

4.1.3.3 凡集团公司同意立项的项目都要提交相应的成果，可以检查与验收由集团公司（或分公司、全资和控股子公司）组织有资质的咨询单位进行评审，并作为设计的依据。

4.1.3.4 下述费用不单独计列：

（1）应由科技三项费用（即新产品试制费、中间试验费和重要科学研究补助费）开支的项目。

（2）应由管理费开支的鉴定、检查和试验费。

（3）应由勘察设计费、勘察设计单位事业费中开支的项目。

4.1.3.5 凡拟通过优化以降低造价要求计列的科研试验费用，原则上应从优化节约费用中列支。

4.1.4 电气、热工、化学、金属试验室，环保、劳保监测站和机炉检修间仪器设备的控制原则。

4.1.4.1 强调协作，对于使用率低，价格贵的设备和仪器，原则上靠协作解决。

4.1.4.2 本条中涉及的七项设备，由于单价出入较大，应实行总金额控制，具体金额如下：

（1）单机容量为300兆瓦及600兆瓦级的工程，当机组台数为4台及以下时，机炉检修间设备按60万元计列。

（2）新建金属试验室按60万元计列。

（3）新建化学试验室按100万元计列，当电厂采用汽车运煤时，应在受煤点设置简易分析室，配备发热量测试仪器，此时，化验总金额可上调至120万元。

（4）新建电气试验室按100万元计列。

（5）新建热工试验室按100万元计列。

（6）新建环保监测站按60万元计列，新建劳保监测站按35万元增列。

4.1.4.3 项目法人公司可以在七项总金额不突破的前提下，在单项内部和七项之间进行调剂。

4.1.4.4 上述七项设施所需建筑与使用面积也应实行总量控制，根据现行标准确定。

4.1.4.5 扩建电厂可以根据已有设备、仪器配置情况与现行指导性定额适当补差，计列所需要投资。

4.2 热机部分

4.2.1 旁路确定原则：

4.2.1.1 对于引进型300兆瓦机组（上海），应积极推荐不设旁路系统，建议采用5%疏水（CE锅炉）或锅炉5%疏水加主汽5%二级串联疏水（益阳工程方式）方案。也可根据情况设置15%～30%容量的简化旁路。

4.2.1.2 对于引进型600兆瓦机组，可设置15%～30%容量的简化旁路。

4.2.1.3 对于东方300兆瓦、600兆瓦机组，为满足中压缸启动的需要，宜配置40%容量的二级串联旁路。

4.2.1.4 对于北重330兆瓦机组，一般配置二级串联旁路，高旁容量70%，低旁容量40%。

4.2.2 对于“大火规”中的某些推荐性条文，可以采取以下原则，以控制工程造价。

4.2.2.1 由于调试期间用油量大幅度下降，燃油系统油罐容量可以降低一级，例如在装有300兆瓦机组的电厂扩建600兆瓦机组时，油罐可以不再增加。

4.2.2.2 为了节约燃油量，降低基建调试和生产运行成本，鼓励有条件的工程采用等离子点火助燃的技术；当采用该技术时，原则上不单列概算，所需费用从联合试运转费中支出。

4.2.2.3 在北方采暖但非严寒地区，启动锅炉可以只设1台，以施工单位用锅炉等作为事故备用。

4.2.3 关于烟气脱硝装置设置问题：

按照GB13223—2003的规定，从2004年1月1日起，按燃煤可燃基挥发分≤10%、10%～20%与≥20%，锅炉NOx排放浓度要求≤1100毫克/米^3、650毫克/米^{3}及450毫克/米^3，并要求预留脱硝装置空间。因此，应按新标准执行，并根据建厂地区，机组容量和燃用煤种等条件考虑预留方式。在“两控区”内安装300兆瓦及以上容量机组时，宜应按SCR工艺预留位置和条件。

4.2.4 给水泵选型及容量执行“大火规”的规定。300兆瓦机组，当运行给水泵采用2×50%汽泵时，启动、备用电动给水泵宜采用30%容量。

有条件的300兆瓦、600兆瓦机组工程允许进行不设备用电动泵、或仅设启动功能的电动泵的试点。

北重330兆瓦机组以及300兆瓦机组和600兆瓦空冷机组一般配置3×50%电动给水泵。

4.2.5 无头除氧器可以作为备选方案之一，通过招标确定是否采用。

4.2.6 机炉快冷：

4.2.6.1 600兆瓦及以上机组，因机组寿命原因，一般情况下，机、炉均不推荐采用快冷装置。

4.2.6.2 300兆瓦及以下机组，也不推荐采用快冷装置。

4.3 除灰部分

4.3.1 气力除灰系统的招标范围宜包括主要工艺系统、控制和电气设备，以承包商保证性能为前提考虑。灰库、普通输灰管道一般不宜进入气力除灰系统的招标范围。

4.3.2 推荐采用人工定期排放、小车或电瓶车外运的简易方式处理石子煤；或经机械方式集中，设置移动石子煤罐，定期汽车外运的方式；当采用刮板捞渣后续机械除渣系统时，如不影响渣的综合利用，也可用水力喷射器送入刮板捞渣机。

4.3.3 每台炉配置一台刮板捞渣机，炉底可不设关断门。

4.3.4 当采用刮板捞渣机排渣时，推荐采用机械干式输送、汽车外运方案。对北方缺水地区，或当环保有要求时，经技术经济比较后可以采用干式除渣系统。

4.3.5 在锅炉厂同意的条件下，可以取消省煤器下灰斗输灰装置。

4.4 输煤部分

4.4.1 运煤车型及吨位范围应根据当地社会运力与公路运输条件等具体情况通过调研确定。应引导使用自卸车，以改善电厂卸车条件。

汽车卸煤沟的规模除满足现行《火力发电厂汽车卸煤设计暂行规定》第4.0.15条外，还应满足卸煤沟的缓冲量要求。

4.4.2 在非严寒地区，可不设专用的推煤机库，但应设推煤机露天停放场地和封闭检修库。

4.4.3 对于4×300兆瓦的电厂，当符合下列条件时，可以设置一台斗轮式堆取料机：

4.4.3.1 设有筒仓、采用高架栈桥或圆形煤场。

4.4.3.2 筒仓总容量或高架栈桥、圆形煤场自流缓冲煤量不少于全部机组一天的耗煤量。

4.4.4 双进双出磨煤机入料粒度与除铁装置设计标准：

4.4.4.1 双进双出磨煤机入料粒度除应满足设计规定一般要求外，还应满足磨煤机制造厂的要求。例如按FW公司专利生产的磨煤机，入料粒度要求为19毫米。

4.4.4.2 由于某些型式的磨煤机入料口设有绞龙，对金属件比较敏感，在碎煤机后可设置1~2级除铁器。

4.4.5 在北方多风沙地区和沿海多台风地区，可以采用加挡风墙或采用屋内煤场等措施，以有效防止煤尘飞扬。

4.4.6 CFB锅炉干煤棚容量：

4.4.6.1 南方多雨地区放宽到7天。

4.4.6.2 北方地区采用3~4天。

4.5 暖通部分

4.5.1 从减小制冷站容量及管网工程量，便于集中运行管理的角度出发，设置集中空调的范围如下：

4.5.1.1 集控搂、需大量设置空调的办公楼等人员相对较集中区域。

4.5.1.2 食堂、夜班休息楼等不宜接入集中空调系统。

4.5.2 对采用地下深井水作为水源的电厂，应以深井水作为降温通风的冷源，减小制冷系统容量。

4.5.3 真空吸尘设备配置原则：

4.5.3.1 当锅炉底部设有渣沟具备收尘外排条件时，宜选用固定式真空吸尘装置。

（1）当锅炉露天布置时，对于300兆瓦机组，2炉设置1套；对于600兆瓦机组，每炉设置1套。

（2）当锅炉紧身封闭或处于高海拔地区时，对于300兆瓦机组，也可每炉设置1套。

4.5.3.2 当锅炉底无渣沟可用时，宜选真空吸尘车。2台炉设置1台。

4.5.4 根据当前电厂运行实践，在地下卸煤沟的设计中，可为每台叶轮给煤机配置一套移动跟踪除尘装置。

4.5.5 劳动安全和职业卫生预评价工作所需费用不属于前期工作费用，应单独计列，并以合同为准。当未能取得合同前，（2~4）×300兆瓦机组可按共计40万元估列；（2~4）×600兆瓦机组可按共计60万元估列。

4.6 总交土建部分

4.6.1 当电厂燃煤采用公路运输时，原则上电厂只负责由煤场区至与城市及矿区公路连接处之间的路段的建设，除此以外道路的新建、改建的设计和施工均由政府或有关部门负责，以确保燃煤运输的畅通。

4.6.2 国产机组主厂房，如没有下述特殊原因，一般采用钢筋混凝土结构；当钢结构方案与钢筋混凝土结构方案的投资相当或相差不多时，也可考虑采用钢结构：

4.6.2.1 国产600兆瓦机组，当处于八度地震区，且场地土类别为Ⅲ、Ⅳ类时，主厂房可采用钢结构。

4.6.2.2 主厂房连续扩建的工程，新老主厂房的结构选型宜一致。

4.6.3 主厂房各楼层一般采用钢梁现浇板结构。从经济角度考虑，其支模方式以采用普通钢模板为宜。

4.6.4 当主厂房采用钢筋混凝土框、排架结构时，汽机房侧墙及固定端山墙，宜配置钢筋混凝土轻质板墙围护。

4.6.5 为减少磨煤机振动的影响和噪声污染，当从运行角度要用弹簧基础时，应区分磨煤型式进行研究。

对布置在楼层上的给水泵，宜采用弹簧隔振装置。

4.6.6 辅助附属及生活福利建筑。除执行国电电规［1998］483号文中对“火力发电厂辅助附属及生活建筑物建筑面积标准”的规定外，还应符合下列规定：

4.6.6.1 检修维护间的建筑面积宜按小于2500米^{2}控制。

4.6.6.2 原则上在非严寒地区不设汽车停车间，严寒地区停车间建筑面积控制在600米^{2}以下。

4.6.6.3 警卫传达室和消防车库（按1~2台消防车考虑）的建筑面积不变。

4.6.6.4 属于企业办社会范畴的行政经济所需建筑面积（如银行、邮电、工商、居委会等），不予考虑。

4.7 水工部分

4.7.1 电厂节水应采用经济合理的节水方案，选择适当的设计耗水指标，对单机容量300兆瓦及以上的二次循环电厂，其耗水指标应小于 0.8 米^3（秒·吉瓦），在缺水地区宜控制到更低水平。

4.7.2 600 兆瓦及以上的汽轮机宜配置双背压凝汽器，如拟配单背压凝汽器时，要通过冷端优化工作进行论证。

4.7.3 项目公司要加强对电厂消防体制的协调，取得地方政府和消防部门的理解与支持，按照专业化和社会化的原则，在电厂内一般不设专职消防队。

4.7.4 气体灭火装置的方案应经技术经济比选后确定。

4.7.5 灰场征地原则

4.7.5.1 灰场征地原则上仍按能储存本期约 10 年的灰渣量和脱硫石膏量为准。

4.7.5.2 如各投资方同意在综合利用条件落实的情况下，可以扣除比较落实并已签订协议的综合利用灰渣量和脱硫石膏量（一般不超过 30%，最多 50%）。

4.7.5.3 对于山谷灰场，当按本期 10 年与 20 年征地面积出入不大或地价不高时，如各投资方同意，也可一次征用，以便一次建设截洪沟。

4.7.5.4 以热定电的城市热电厂，灰渣如能全部利用，可以只建设不少于 1 年储量的事故灰场。

4.7.6 灰场分期建设原则：

4.7.6.1 平原灰场可以分块建设并计列投资。初始灰场储灰年限应不少于 3 年。

4.7.6.2 山谷水灰场初期坝内储灰年限应不少于 3 年。

4.7.6.3 山谷干灰场出口处堆石棱体高度一般不小于 3~5 米，以形成一定的沉灰容积（从谷后开始堆灰）或堤脚（从谷前开始堆灰），此时，应有可靠的排洪措施。

4.7.7 干灰运行机具包括推土机、碾压机、手扶振动压路机、洒水车、绞盘式洒水机和斗式运输机，对于 600 兆瓦至 1200 兆瓦容量的电厂，原则上每种机具各配 2 台。当排灰量较大时，可增配 1 台推土机、1 台碾压机和 1 辆洒水车。

4.7.8 循环水、补给水管及灰管管材选择应通过技术经济比较后确定。输送海水的管道宜采用钢筋混凝土管；当循环水管和补给水管总长度较长时，宜根据供水压力情况采用钢筋混凝土管、钢套筒混凝土管和钢与混凝土复合管（PCCP）、玻璃钢管。

水力除灰管道中，对于磨损严重的灰渣管和易结垢除灰管（包括灰水回收管），在技术经济合理时，可采用已鉴定并具有成熟经验的耐磨或防垢性能好的管材。

4.7.9 水工专业设计受建厂条件影响大，工程情况差异大，可针对具体工程情况进行必要试验研究工作。

4.7.9.1 对于水文、泥沙等条件复杂的地表水取水工程，应进行取水防沙和温排水物理模型试验研究。

4.7.9.2 新建电厂拟采用干储灰方式时，宜收集类似电厂经验，论证是否需进行干灰碾压试验。

4.7.9.3 因条件限制，难以利用现有试验成果和已建类似进水流道的实际资料进行设计时，应进行水力模型试验。

4.7.9.4 扩建工程需在初期坝基础上建设子坝时，需进行勘察工作，必要时可进行灰坝渗流试验和计算研究。

4.7.9.5 除非建设 6000 米^2 及以上的大型冷却塔或冷却塔设计有新内容时，不再进行冷却塔热力考核试验。

4.7.10 中水使用原则

4.7.10.1 有条件使用中水的工程，应优先使用中水。

4.7.10.2 中水以供给循环水系统作补充水为主，必要时，也可供给工业冷却水系统作补充水。

4.7.10.3 当有地下水或城市自来水可作水源时，宜供给生活消防水系统使用，有条件时也可作为锅炉补给水。

4.7.10.4 按现行规定，使用中水时要考虑备用水源。

4.7.10.5 中水水质标准应符合 GB50335—2002《污水再生处理利用工程设计规范》的要求，需经深度处理后回用，处理方式可结合具体工程情况确定。

4.8 化学部分

4.8.1 循环水处理系统选择原则：

4.8.1.1 石灰软化处理。

适用于缺水地区的电厂，尤其是原水碳酸盐硬度较高的情况。可选用外购石灰和排渣再利用两种方案。

4.8.1.2 弱酸离子交换处理。

适用于缺水地区的电厂。电厂应有可靠的硫酸供应源，再生废液应优先考虑重复利用，如需排放时，必须经过处理后达标排放。

4.8.1.3 循环冷却水旁流处理。

当电厂节水要求较高并采用湿冷机组，循环冷却水浓缩倍率超过 5 倍时，综合考虑节水要求、凝汽器管材水质的要求以及补充水浊度、环境空气含尘量等因素，可考虑采用旁流过滤或旁流软化/除盐处理。

4.8.2 当水源为河水且水量充沛时，在满足“大火规”耗水指标的前提下，经取、排水与循环水处理综合技术经济比较认为合理时，浓缩倍率及相应的循环水处理方式可以仅根据防垢要求确定。

4.8.3 凝结水精处理系统选择原则：

4.8.3.1 亚临界汽包炉当凝汽器采用钛管或不锈钢

管且不考虑采用加氧工况时，凝结水精处理系统可以适当简化，具体方案应征求项目法人同意。

（1）对于600兆瓦机组，也可每台机设置1套2×50%的混床系统，不设备用。

（2）对于300兆瓦机组，也可每台机设置1套2×50%的混床系统，不设备用。

（3）采用粉末树脂覆盖过滤系统。

（4）采用精密除铁过滤装置。

4.8.3.2 对于超临界参数的直流炉，应设3～4台混床进行处理，其中1台为备用。

4.8.3.3 超临界参数的直流炉，除执行4.8.3.2条的规定外，如果当地缺乏直流炉的运行经验，经运行要求，也可在混床前设置2×50%的启动用除铁装置。

4.8.4 电解海水与食盐制氯的设置原则与配备标准：

4.8.4.1 电解海水制氯主要用于海水冷却的电厂，且要求海水中的氯根必须大于8000毫克/升，否则应采用外购杀菌剂、二氧化氯发生器（化学法）或电解食盐制氯。

4.8.4.2 电解食盐制氯主要用于循环冷却电厂和水质较好的淡水直流冷却电厂，按照连续制氯、间断加氯的运行方式设计。

4.8.4.3 二氧化氯发生器主要用于循环冷却电厂。

4.8.4.4 当电厂具备就近采购液氯等杀菌剂的条件时，设计中应对自产与外购作出全面技术经济比较。

4.8.5 装有氢冷发电机的发电厂，如能在附近制氢单位（含相邻电厂）取得合格氢气时，可不设制氢站；当需要设置制氢站时，制氢设备的容量：

4.8.5.1 2×300兆瓦为（1～2）×5米^3/时或1×10米^3/时等级；

4.8.5.2 4×300兆瓦、2×600兆瓦为2×5米^3/时或（1～2）×10米^3/时等级；

4.8.5.3 4×600兆瓦为2×10米^3/时等级。

4.9 电气部分

4.9.1 4/3断路器接线的设计原则：

设计院应结合工程情况对4/3接线与3/2接线方案作出全面技术经济比较。

4.9.2 600兆瓦及以上发电机组主变压器备用相的设置原则：

4.9.2.1 当仅装设1台机组时，一般不考虑设备用相。

4.9.2.2 当装设2台机组时，是否设备用相应根据系统情况、地区运输条件、设备投资、变压器故障引起的停电损失费用等因素综合考虑。

4.9.2.3 当装设3台及以上机组时，建议可以考虑装设1台备用相。

4.9.3 对于厂外引接启动/备用电源需要全额收取容量电费而从电厂内母线引接可不收取的省（市、自治区），启动/备用电源的引接方式可以考虑如下方案：

4.9.3.1 220千伏电压等级，如果主接线为双母线接线，启动/备用电源直接从母线引接。

4.9.3.2 220千伏电压等级，如果主接线原拟采用发电机变压器线路组接线，可采用扩大内桥方式，启动/备用电源从内桥2台断路器之间接出。

4.9.3.3 容量为300～600兆瓦的机组，当出线电压为500千伏（330千伏）一级电压，主接线采用3/2接线时，启动/备用电源宜采用由500千伏（330千伏）配电装置经一级或两级降压引接的方案。

对规划容量为6～8台机组的电厂，启动/备用电源采用一级或两级降压引接的方案应经过全面的技术经济比较，提出专题报告。

4.9.3.4 容量为600兆瓦及以上的机组，当出线电压为500千伏（330千伏）一级电压，主接线采用3/2接线，配电装置采用GIS时，当技术经济合理时，启动/备用电源引接可以考虑发电机出口装设断路器的方案，此时备用电源设计按大火规13.3.11和13.3.13条规定执行。

4.9.3.5 出线电压为500千伏电压等级，电气主接线采用扩大单元接线，厂内不设母线，且从当地电网（220千伏及以下）电压系统引接启动/备用电源不能满足启动切换同步相位差要求时，可以考虑发电机出口装设断路器的方案比较。

4.9.4 对2×600兆瓦机组，当每台机组的厂高变采用1台分裂绕组变压器，且公用负荷由机组工作段供电时，宜2台机设置1台启动/备用变压器。

4.9.5 燃机电厂主接线与厂用电接线特点。

4.9.5.1 当机组按调峰方式运行，需要频繁启停的电厂，可考虑发电机出口装设断路器的方案。

4.9.5.2 由于机组厂用电率较低，可以考虑2台机组的高压厂用变压器互为备用的厂用电接线方案。

4.9.6 高压（6千伏）电机使用变频电机国内造价较高，业绩较少，如从运行角度有要求，可以在工程中选择节电效果较大的辅机配变频电机进行调速作为试点。

4.9.7 柴油发电机组采用集装箱方式露天布置在国内外已有不少实绩，可以作为比选方案。

4.9.8 电气控制进DCS的方式：

原则上应按“大火规”要求直接将电气控制纳入DCS，实现机炉电一体化控制。

4.9.9 新建发电厂不再设置独立的网控室，电气网络控制部分在单元控制室控制，按“大火规”的原则，可独立配置1～2组110伏控制用蓄电池，但布置在就地网络继电器室内，当网络继电器室与单元控制楼距离较近时，也可采用分别从1号、2号机组控制蓄电池各引接1路电源，网络继电器设直流分屏的方式。

4.9.10 目前工程设计中，广泛采用2台UPS并联运行，按“大火规”的原则，UPS不宜再设置备用，如果采用UPS并联系统，则总容量不宜超过原计算的单机容量，即：300兆瓦机组，为2×40千伏安/每台机，600兆瓦机组，为2×50千伏安/每台机。

4.9.11 远动RTU与NCS应数据共享，不应重复设置数据采集单元，当发电厂电气网络控制部分采用NCS时，其数据采集应满足调度对信息的实时性要求，可采用下列具体方式之一获得。

（1）设置独立的远动工作站，从NCS间隔层网络或站控层网络取得信息；

（2）设置独立的RTU，按约定的接口协议，从NCS间隔层网络或站控层网络取得信息。

调度下达的AGC命令，通过远动工作站或RTU接收，通过硬接线直接与各机组DCS连接，同时将AGC命令传送给NCS。机组返回的AGC信号，通过NCS设置的就地/集中装置进入NCS或通过硬接线直接进入RTU。

4.9.12 网控进单元控制室后，宜采用微机监控系统（NCS）。

4.10 热控部分

4.10.1 工程设计中是否采用物理分散及如何考虑分散程度，应根据工程具体情况如投资水平、电厂运行管理水平、主厂房布置、控制系统发展状况以及运行要求等综合考虑后确定。

4.10.2 DEH订货无论是随汽机还是随DCS，都应遵循“大火规”的规定，即应由汽机厂负责。具体操作可以在汽机与DCS招标时均要求单独报价，由项目法人根据上述原则择优选取。

4.10.3 一般不采用大屏幕。特殊情况下，根据需要，经集团公司同意方可设置大屏幕。

4.10.4 空调控制系统一般不设单独的控制室，至于是纳入辅助系统集中控制网络还是进入单元控制室进行统一监控，应视具体工程的运行管理方式确定。

4.10.5 一般不单独购置机组优化软件控制系统，但可预留扩充的可能。

4.10.6 300兆瓦及以下机组原则上不设培训仿真机，600兆瓦及以上容量机组的培训仿真机，应根据地区协作的原则研究是否设置。培训仿真机宜按全范围、全过程进行仿真，次要辅助系统可适当进行简化。

4.11 系统部分

4.11.1 厂网投资划分原则

4.11.1.1 根据发改能源［2003］2346号文的通知，发电工程估、概算中原则上不包括送出工程所需投资。如项目有特殊性，在服从国家电网建设规划的前提下，经各方协商同意后需由电厂投资方投资建设与该发电项目相关的专用送电工程，且拥有相应的产权，并将接入公用系统处作为结算点时，专用送出工程静态投资计入发电工程总投资。

4.11.1.2 系统二次部分的投资可包括电厂端的设备和相应的安装费用，上述专用送出工程的OPGW所需投资，以及调度端的配合费。

4.11.1.3 不属送出线路也非上述专用送出工程，单独建设的OPGW原则上也应不计入发电工程总投资电网建设。

4.11.2 根据各级调度电能量计费系统的总体设计要求设置计费、考核关口点表计和相应的处理装置。原则上关口点设在电厂与电网签订的上网电量结算点。根据需要可在电厂设置电能量计量小主站。

4.11.3 根据各级调度专用网和综合数据网平台建设的总体设计要求，在电厂端配置接入设备。

4.11.4 根据各级调度继电保护和故障信息管理系统的总体设计要求，在厂站配置子站系统，一般由1台工作站构成。由于目前全国各级调度该系统的建设还刚刚起步，方案相对滞后，在与电网商定后确定是否考虑预留投资，项目在后期建设。

4.11.5 电厂围墙内的安全自动装置所需设备、安装以及专题研究和设计费用列入发电工程投资。

4.12 电厂信息管理系统

4.12.1 MIS的功能、冗余标准与造价控制

4.12.1.1 MIS的功能包括：

（1）基建管理。

（2）生产管理。

（3）经营管理。

（4）设备管理。

（5）办公管理。

（6）信息集成。

4.12.1.2 如电厂人员编制拟大幅度减少，信息系统的安全及可靠性要求应该与之相适应，此时信息系统硬件（主数据库服务器、主应用服务器和网络交换机等）可以冗余配置。

4.12.1.3 MIS系统配置一般推荐采用下列方案：方案一为小型机服务器配双机、中档交换机、全部国产应用软件；方案二为微机服务器、中档交换机、进口设备管理软件，其他为国产应用软件。采用何种方案可根据运行要求确定。

4.12.2 扩建工程MIS系统的建设标准

4.12.2.1 早期建设的MIS系统，功能少，投资低，已不能适应现代化管理的需要，扩建时应重新建设，并统一规划，并由老厂合理承担改造所需的费用。

4.12.2.2 近期建设的MIS系统，可以继续使用，但由于必需增加相应的软硬件与网络，进行补充和完善，故需计列相关费用，连同基建MIS，控制在600

万元以内。

4.12.2.3 集团公司下属新、扩、改建电厂，统一采用 KKS 编码系统。

4.12.3 关于工程建设信息管理系统：

4.12.3.1 工程建设信息管理系统的设置原则：

（1）在条件许可的情况下，为提高管理水平与数据连续积累，宜设置工程建设信息管理系统。

（2）工程建设信息管理系统应满足进度、质量、费用管理的需要，宜进一步考虑材料、设备、人力资源的管理需求。

（3）工程建设信息管理系统对信息和数据的处理应充分考虑为今后生产运行积累数据的需要。

4.12.3.2 投运后可以移交生产单位的硬件和软件，应由发电工程概算中 MIS 系统费用中支付，不单独计列。

4.12.4 关于厂级信息管理系统（SIS）：

4.12.4.1 SIS 的基本功能如下：

（1）厂级实时数据采集和监视。

（2）厂级性能计算和经济分析。

（3）负荷调度分配。

4.12.4.2 设备故障诊断功能考虑属于 SIS 系统，一般设备管理功能属于 MIS 系统。

4.12.4.3 SIS 的其他功能是否考虑应在与运行要求充分研究的基础上根据电厂的实际情况确定。

4.12.5 SIS 系统原则上立足于国内，严格控制进口，从运行角度要求进口软件时，必须经集团公司同意。

4.12.6 当电厂对 SIS 系统的功能需求在基建阶段尚不完全明确时，可以考虑机组投运后再建设该系统。

4.12.7 关于报价系统：

4.12.7.1 发电厂报价系统的设置应根据全电网的电力市场建设进度适时进行。其具体设计，现阶段应遵循电规总院组织编写的设计规程；今后应遵循有关主管部门正式批准下发的规程。其基础数据来源于电力交易中心的相关数据以及电厂 MIS、SIS 及 RTU（或 NCS）中的相关数据。

4.12.7.2 在工程中是否暂列所需投资，可以根据工程进度与电网要求确定。

4.13 勘测部分

4.13.1 新建和扩建工程应执行《中国地震动参数区划图》，根据《中国地震动参数区划图》确定地震动参数和地震基本烈度。

4.13.2 对现行“大火规”第 4.0.5 条按以下理解：

4.13.2.1 对位于滨海的发电厂，当场地标高高于设计潮位但低于防浪堤顶标高要求时，由于滨海的风浪是客观存在的，仍应考虑防浪。

4.13.2.2 “大火规”表 4.0.5 发电厂的系统级和防洪标准中，对Ⅰ型发电厂指的是规划容量大于 2400 兆瓦，而在相应的条文说明中，却写明“规划容量大于或等于 2400 兆瓦的海滨发电厂，规定了……”，前后矛盾，应该以前为准。

4.13.2.3 条文说明中“风暴潮严重地区，一般指广东、广西、福建、浙江、上海、江苏等地的沿海地区”。这里，应理解含海南省。对于江苏省长江口，应理解为江阴以下。

4.13.2.4 在第 4.0.5 条中“重现为 50 年累积频率 1%的浪爬高”。宜改为“重现期为 50 年一遇波列累计频率 1%浪爬高”。

4.13.2.5 对于长江中下游防洪堤后的电厂，还应考虑：

（1）原则上执行长办规定，江苏省远景标准高于长办规定，可根据工程情况研究处理。

（2）电厂正面防洪堤应满足水利和电力部门规定要求，取较大值。

（3）当电厂两侧防洪堤顶标高超过设计洪水位时，厂界其余三面只考虑防涝要求。

4.14 空冷部分

4.14.1 空冷系统工艺选择：

4.14.1.1 在北方缺水地区安装空冷机组时，一般采用直接空冷系统。

4.14.1.2 当符合下述条件之一时，宜进行全面技术经济比较，当认为合理时，可以采用间接空冷系统配表面式凝汽器。

（1）受总图布置条件限制，如采用直接空冷系统风向不合理时；

（2）受周围环境条件限制，如采用直接空冷系统，噪音扰民需要进口超低噪音风机时；

（3）其他有利于采用间接空冷而不利于采用直接空冷的工程。

4.14.1.3 当采用间接空冷系统配表面式凝汽器时，凝汽器宜采用不锈钢管，全厂热力系统宜采用“无铜系统”，并采用相应的水质工况。

4.14.2 空冷机组冷端优化与背压：

4.14.2.1 在可研阶段进行初步优化，决定设计温度与设计背压；在初设阶段根据汽机招标结果与汽机厂提供的资料，结合设计条件再进行进一步优化。

4.14.2.2 设计背压：

（1）以根据冬季防冻要求拉平调整后的多年平均气温化整后作为设计温度。

（2）加上经过初步优化选择的三角形散热器数目以及冷却塔或机力通风机参数相关的 ITD 值求出设计背压，进行化整。

4.14.2.3 满发背压宜一般应按照夏季保证率 90%的大气温度来确定，即年不满发小时不超过 220 小时；特殊情况下，若技术经济合理也可以按照夏季保证率

100%考虑。

4.14.2.4 堵塞背压：

(1) 堵塞背压不宜过低，脱离运行实际。

(2) 直接空冷系统不宜低于8千帕。

(3) 间接空冷系统不宜低于6千帕。

4.14.3 空冷机组热力系统：

4.14.3.1 给水泵驱动形式的选择应与汽机相协调。推荐采用电动调速给水泵，每机3台，出力50%。

4.14.3.2 回级系统采用7或8级，可由制造厂推荐，项目法人评标时考虑与认可决定。

4.14.3.3 旁路系统容量应根据冬季启动时防冻要求决定，目前一般采用40%BMCR两级串联简化旁路。

4.14.3.4 工业水应设单独的冷却系统，严寒地区采用机力通风还是自然通风冷却塔，应通过全面技术经济比较决定。

4.14.4 空冷机组电控部分设计

4.14.4.1 大容量直接空冷机组，风机宜采用变频调速。此时，变频器宜立足于国内采购。

4.14.4.2 同步建设空冷装置时，其控制宜进入机组的DCS系统。

4.14.4.3 600兆瓦空冷机组，由于电动给水泵电机功率超过10000千瓦，可采用10千伏/3~6千伏/380伏厂用电压等级。

4.15 脱硫装置

4.15.1 脱硫岛工艺系统选择：

燃用含硫量大于或等于2%煤的机组，或容量大于或等于200兆瓦的机组，在同步建设烟气脱硫装置时，宜优先考虑采用石灰石—石膏湿法脱硫工艺。脱硫率应保证在90%以上，同时满足环评要求。

4.15.2 石灰石—石膏湿法工艺设计：

4.15.2.1 300兆瓦及以上机组，宜每炉配置1塔，200兆瓦及以下的机组，宜2炉配1塔。塔型可由投标厂商推荐，通过评标确定。

4.15.2.2 烟气系统宜装设GGH，设计工况下烟囱入口的烟气温度一般应达到80℃及以上排放。在满足环保要求且烟囱和烟道有完善的防腐和排水措施并经技术经济比较认为合理时，也可不设GGH。

4.15.2.3 当资源落实且价格合理时，应优先采用直接购买石灰石粉的方案；当条件许可且方案合理时，可由电厂自建湿磨吸收剂制备系统；当必须新建石灰石加工粉厂时，应优先考虑区域性协作，促进在矿山附近集中建厂。

4.15.2.4 当脱硫副产物综合利用条件落实时，应经脱水后输送至用户，当脱硫副产物暂时无综合利用条件时，可经一级旋流浓缩后输送至水储灰场；也可经脱水后送至干储灰场；还可将两种方式进行组合或预留。

4.15.3 脱硫岛电控设计部分：

4.15.3.1 当同步建设脱硫装置时，脱硫负荷供电电源宜由高压厂用工作母线引接。对300兆瓦机组，不宜单设高压脱硫变压器。

4.15.3.2 脱硫系统直流负荷供电，是由相应单元机组的直流电源设直流分屏供给或单独设置直流电源宜根据机组直流系统的设计方案、是否设置脱硫高压母线段等因素研究确定。

4.15.3.3 交流事故保安负荷的供电宜由机组保安电源统一供给。

4.15.3.4 交流不停电电源（UPS）宜单独设置。

4.15.3.5 装置出口烟气分析仪成套装置应该兼有监控与环保监测功能。

4.15.4 脱硫岛土水部分设计：

4.15.4.1 烟气脱硫吸收塔及浆液循环泵房等宜布置在烟囱附近，吸收剂制备与副产物处理场地宜在吸收塔附近。

4.15.4.2 当采用海水法脱硫工艺时，其曝气池应靠近排水方向，并宜与循环水排水沟位置相结合，曝气池排水应与循环水排水汇合后集中排放。

4.15.4.3 脱硫装置与主体工程不同步建设而需预留场地时，宜预留在烟囱外侧。

4.15.4.4 烟囱宜采用单内筒式钢筋混凝土烟囱，其内衬方式应满足排放脱硫净烟气的要求。当工艺流程中取消GGH时，应采用多筒方式，内筒用耐酸钢材制作。

4.15.4.5 同步建设脱硫装置的工程，烟囱高度可以适当降低，通过环评确定。

4.15.4.6 当电厂采用水力除灰系统且灰水回收时，脱硫废水可以作为冲灰系统补充水排至灰场处理后再外排；当采用干除灰系统时，脱硫废水应经处理达到复用水质量要求后复用，也可经集中或单独处理后达标排放。

第五章 技 经 部 分

5.1 价格水平适用政策的关系

5.1.1 根据静态控制、动态管理的要求与价格水平年的定义，一般编制某年水平静态投资时，只考虑该年12月31日以前生效的政策性规定。

5.1.2 由于来年1~3月份实际上是过渡期，在此期间生效的重要政策规定，例如2002年3月1日起执行的新的设计收费办法（已出版）与2002年4月1日起执行的新预规（当时即将出版）也可认定为2001年水平的编制根据，但要在编制说明中阐明。

5.1.3 静态年以后到编制时的政策性文件变化，材料与设备（已订货时）的价差暂列入价差预备费项下，今后在动态管理时统一调整。

5.2 系统二次无定额部分，采用包干方式实施，其费用暂按下列标准计列。

5.2.1 电厂设置电能量计量系统时，总投资控制在50万~70万元之间。

5.2.2 三级数据网在电厂端配备接入设备2套，每套计列20万~40万元。

5.2.3 当需要在电厂配备继电保护故障信息管理系统子站时，可计列30万元。

5.3 设备运杂费问题

如果已经招标的主设备在合同或草签合同中已经包含运杂费，则估、概算中只计取设备厂交货点至现场段的运杂费和采保费。当电厂无铁路专用线时（即在电厂附近铁路车站交货），按“新预规”取50公里内公路运杂费1.06%；有铁路专用线时，可考虑下站费及采购保管费0.7%。如果合同价中不含运杂费，则应按“新预规”规定的费率，计取设备运杂费。

5.4 用水指标分摊费用问题

原则上同意将电厂为取得用水指标分摊节水灌溉的费用计入工程静态投资，但应取得省级以上水利主管部门签订的协议。

5.5 进口阀门计费问题

四大管道装置性材料综合价中阀门的配置包括了必要的进口阀门，所以一般不再单独以计列进口阀门价差费用作为取费基数。

5.6 中转站吊车

中转站吊车一般不配置，采用租用或其他方式解决；如需配置时，也应从设备运杂费中支出。

5.7 前期费用

前期费用如按“预规”规定严重超支时，其各个单项经过审计并附加董事会认可意见书后，在概算中按可研阶段（初步设计之前）发生费用计列。

5.8 设计费计算

5.8.1 新技术调整系数的计算基数原则上取与新技术相关内容的费用。

5.8.2 MIS系统设计与编码费用不再单列，在新收费标准内调剂解决。

5.9 设计咨询费

5.9.1 当设计单位资质欠缺需要咨询单位参与工作时，所需咨询费用原则上由设计费中支出。

5.9.2 特殊情况下，如应项目法人因工程需要要求提供各阶段设计咨询、外方图纸确认、接口管理以及其他业主工程师服务时，应可按咨询费用计列费用。

5.10 土地占用及清理费

5.10.1 土地单价及房屋拆迁单价执行省级以上人民政府文件规定。

5.10.2 地震灾害评价及地质灾害危险性评价等与土地相关的费用允许列入本项费用。

5.10.3 对于连续建设相同容量机组的项目，或预计前后期建设相隔不超过三年，当投资方不发生变化，可按规划容量征地，投资方有变化时宜一次征地，分期计列投资。

5.10.4 本期工程施工用地原则上按临时用地处理。如项目法人要求，当扩建前景明确，项目法人也有意继续投资时经集团公司同意，可以将预留扩建工程用地提前征用，供本期施工使用。

5.11 设备考核试验费用

根据设备采购合同需对设备进行考核试验时，所发生的费用可以列入基建投资。

5.12 特殊项目费用

在调试定额附录中列出的特殊项目原则上不计列，工程中确实发生调试费用的，如主变压器局放等，可以计列。

5.13 调试配合费

5.13.1 根据新预规，应由项目法人公司根据“新预规”与电网法人管理部门，通过协商达成协议或取得一致意见。

5.13.2 如果暂不能取得一致意见，在概算中可参考类似工程估列，例如，每千瓦估列3~5元，火电为主的电网取上限。

5.14 后评价费

5.14.1 根据新预规，应计列这项费用，但计算方法未定。

5.14.2 根据近期收费与工程审查情况，宜按以下数额掌握，列入估概算。

（1）2×300兆瓦机组100万~150万元；

（2）4×300兆瓦或2×600兆瓦机组150万~200万元；

（3）4×600兆瓦机组200万~300万元。

当需要进行国家级评价时取上限。

集团公司明确不进行后评估的工程，不计列本项费用。

5.15 贷款利息

设计文件原则上应按照合理工期考虑，建设期贷款利息也按合理工期对应的资金流计算。如果各投资方有明确要求，也可按审定的施工组织设计较短的工期进行设计和计算建设期贷款利息。

5.16 燃机定额计算原则

根据燃机工程的特点，对300兆瓦系统级的燃机工程部分的取费，在新取费标准未颁发之前，暂按以下标准执行。

5.16.1 燃机安装费。二拖一时可以参照与燃机出力同等级的汽轮发电机组定额乘以0.8的系数，汽轮发电机部分单独计算；一拖一时，整套机组参照与整出力等级相当的汽轮发电机本体安装定额乘以1.1系数。

5.16.2 管理车辆购置费取费系数按照预规中同容量系统级机组0.5乘以的系数，新建单套机组时上浮20%，扩建时下浮20%。

5.16.3 燃机的分系统调度、整套启动调试费用按如下规定计算：

5.16.3.1 如果合同中规定工作由设备提供方负责时，则只计取中方调试专业的调试费，如：化水、电气等，工日定额按汽机出力对应机组容量选择；

5.16.3.2 如果合同中规定由设备提供商提供调试方案并进行技术总负责，则化水、电气可参照上一条执行，汽机部分参照汽机出力对应工日乘以0.8计取，燃机参照同等级容量的汽机调试工日乘以0.8计取。热控按照整套机组出力选择相应的综合定额。

第六章 附 则

6.0.1 本原则委托电力规划设计总院负责编制。
6.0.2 本规定由集团公司工程管理部负责解释。
6.0.3 本规定于颁发之日起执行。

中国国电集团公司工程建设质量管理办法（试行）

国电集工［2004］327号

集团公司各分公司、龙源集团公司、国电电力、长源电力、各项目公司（筹建处）：

为加强中国国电集团公司工程质量管理工作，规范集团公司、分公司、控股公司、项目公司以及监理、设计、设备材料供应、施工、调试等建设各方的行为，明确各方职责，确保工程建设质量，依据国家和电力行业的有关法律、法规，结合工程实际，集团公司制订了《中国国电集团公司工程建设质量管理办法（试行）》，现印发给你们，请遵照执行，并将在执行过程中发现的问题及时报告集团工程建设部。

附件：《中国国电集团公司工程建设质量管理办法（试行）》

二〇〇四年十二月一日

附件：

中国国电集团公司工程建设质量管理办法（试行）

第一章 总 则

第一条 为加强中国国电集团公司（以下简称集团公司）工程质量管理，规范集团公司、分公司（控股公司）、项目公司和监理、设计、设备材料供应、施工、调试等建设各方的行为，明确各方职责，确保工程建设质量，依据国家有关法律、法规，结合集团公司实际，特制定本办法。

第二条 工程项目必须实行“五制”，即项目法人责任制、资本金制、招标投标制、工程监理制和合同管理制。严格遵守国家有关质量管理的法律、法规、政策、标准，并在有关管理制度和合同中予以体现。

第三条 工程监理、设计、设备材料、施工、调试承包商，均必须严格按照《中华人民共和国招标投标法》、《中国国电集团公司工程招标管理暂行办法》的要求，通过招标择优确定。

第四条 工程建设各方均应按合同约定的质量标准和目标履行自己的义务。若合同中有关质量的约定不明确，当事人又不能通过协商达成协议的，应按国家、行业质量标准执行；没有国家、行业质量标准的，按同行公议标准执行。

第五条 工程建设必须坚决贯彻“百年大计，质量第一”的方针，当质量与工期、质量与成本发生矛盾时，必须把质量放在首位。

第六条 集团公司对工程建设质量实行统一管理，分级负责。集团公司制定统一的质量管理办法，组织开展重大的质量活动；分公司（控股公司）负责隶属项目的质量管理工作；项目公司制定本工程质量管理办法及实施细则，全面负责工程建设的质量管理。监理、设计、设备和材料、施工、调试等承包商按合同及有关规定对其所承担工作的质量负责。

第七条 本办法适用于集团公司直属单位、全资和控股公司的新建、扩建、改建的火电、水电建设项目，风电项目可参照执行。

第二章 质 量 目 标

第八条 集团公司工程建设质量总体目标是：

（一）不发生较大及以上质量事故。

（二）按分项工程，建筑、安装工程合格率100%，建筑工程优良率≥85%（按电力行业标准进行建筑部分验收的工程），安装工程优良率≥95%。

（三）不留质量隐患，实现达标投产，争创国优工程。

第九条 项目公司应根据集团公司的质量总体目标，制定本工程质量目标，并在工程有关管理制度、管理措施和合同中落实。

第三章 职 责

第十条 集团公司工程管理部门的质量管理职

责：

（一）贯彻执行国家有关建设工程质量管理的法律、法规和政策，制定集团公司工程建设质量管理办法，并贯彻实施。

（二）负责按照集团公司质量管理总体目标，制定集团公司工程建设年度质量管理工作计划。

（三）检查并督促分公司（控股公司）、项目公司贯彻执行国家、行业有关质量的法律、法规、标准，协调解决工程建设中重大的质量管理问题。

（四）按有关规定参加或主持工程重要阶段的监督检查验收工作。

（五）组织工程建设质量工作会议和质量评比工作。

（六）组织开展工程建设达标投产活动。

（七）组织工程项目特大质量事故的调查和处理。

（八）负责对建设项目质量管理工作进行考核。

第十一条 集团公司分公司（控股公司）职责：

（一）贯彻执行国家有关建设工程质量管理的法律、法规和政策以及集团公司工程建设质量管理办法。

（二）负责按照集团公司质量管理总体目标，制定本公司的工程建设年度质量管理工作计划。

（三）督促项目公司贯彻执行国家、行业有关质量的法律、法规、标准，协调解决隶属工程建设中的质量管理问题。

（四）按集团公司有关规定参加或主持隶属工程重要阶段的监督检查验收工作。

（五）组织隶属建设项目质量工作会议和质量评比工作。

（六）组织隶属工程的达标投产预检，参加集团公司组织的达标复检工作。

（七）负责审查隶属工程项目施工组织总设计。

（八）组织隶属工程项目重大质量事故的调查和处理。

第十二条 项目公司职责：

（一）根据工程建设的实际情况，建立、健全工程质量管理体系，制定本工程的质量管理实施办法。

（二）明确工程建设质量目标，并督促各参建单位具体落实。

（三）依法通过招标选择有资质和质量保证能力的监理、设计、设备材料、施工、调试的承包商，并对其业绩进行审查。

（四）工程建设周期长（从开工至最后一台机组投产在三年以上）的项目公司宜开展自身的质量体系认证活动。

（五）检查各参建单位质量管理体系的建立和运行情况。

（六）向有关的监理、设计、制造、施工、调试等单位提供与建设工程有关的原始资料，并确保原始资料真实、准确、可靠。

（七）在招标文件及合同文件中，明确质量标准以及合同双方的质量责任，建立相应的质量保证金制度。

（八）监督监理、设计、制造、施工、调试等单位组织落实在合同中承诺投入本工程的技术力量、设备和其他资源。

（九）做好现场质量管理工作，定期组织开展工程质量检查、考核和奖惩。

（十）无监理单位签字，不得支付工程款。

（十一）负责按集团公司颁布的达标投产考核办法制定本工程达标投产实施细则并建立相应的组织机构，组织本工程达标投产的自检，配合预检、复检工作。

（十二）组织较大工程质量事故的调查、分析和处理，积极支持和配合工程质量监督工作。

（十三）严格按照国家有关档案管理的规定，建立健全工程质量管理档案，并在工程竣工后及时向政府有关部门移交建设项目档案。

第十三条 监理单位职责：

（一）建立健全监理的质量管理体系和质量管理制度。

（二）按合同选派具备相应资格的总监理工程师和监理工程师进驻施工现场。

（三）协助项目公司进行承包商的资质、业绩审查。

（四）组织编制施工组织总设计，审批施工单位的施工组织设计、施工技术措施或作业指导书，并督促施工单位严格执行。

（五）组织设计交底和图纸会审，签发经业主批准的设计变更和变更设计。

（六）坚持事前检查和全过程控制，对施工重点部位及关键工序进行旁站监理，当发现有质量问题时，有权命令停工或返工。

（七）组织和参与质量检查和验收工作。

（八）负责监督和控制工程质量，定期编写质量报告。

（九）组织对一般质量事故的调查处理工作。

（十）建立完善的监理工作档案。

第四章　设计质量管理

第十四条 设计单位必须拥有国家权威部门颁发的勘测设计资质等级证书，严禁无证设计或越级设计。

第十五条 工程勘测设计合同必须明确规定质量

目标和质量要求。

第十六条　勘测设计必须认真贯彻国家和行业颁布的现行有效的标准、规程、规范、规定。

第十七条　设计单位应建立健全质量管理体系并使之有效运行，所有的勘测设计文件，包括勘测设计大纲、勘测试验任务书、招标技术规范书、设计计算书、设计报告及说明书、科研试验报告、图纸、设计变更通知等，都必须按规定认真校审和核签。

第十八条　负责设计审查的单位和负责施工图会审的监理单位，应对涉及质量的重大问题作出明确审查意见，并对审查意见负责。

第十九条　设计采用新技术、新材料、新工艺、新结构时，首先应进行技术经济论证，并以保证质量为前提条件。对重大的技术问题，必须进行多方案比较论证，选择技术经济综合比较最优的方案。

第二十条　设计单位应按合同和供图计划，保证供图的进度和质量，并及时进行设计交底，收集施工信息，对存在的问题及时向项目公司反映意见并提供技术支持。

第二十一条　设计单位应派出现场设计代表机构，现场代表机构应做到专业配套，人员相对稳定，至少有一名负责人常驻工地。

第二十二条　设计单位应建立健全设计文件档案。

第五章　设备、材料质量管理

第二十三条　设计单位应对设备和材料的选型负责，选型时应明确设备、材料的标准和技术规范，但不得指定供货厂家和产品。

第二十四条　设备材料招标采购时，招标人应对投标商的资质、业绩、质量管理体系进行审查，合同中应明确制造标准、性能参数、监造、检验、分包和技术服务等条款。

第二十五条　设备监造工作由国电物资有限公司统一协调，各项目单位具体负责。监造人员应督促制造厂编制规范的《质量控制计划》（QCP）并监督贯彻执行，有权禁止制造厂将有质量问题的材料和零部件用于设备制造，有权制止质量不合格或无质量合格证的产品出厂。监造中发现的质量问题应及时向有关单位和领导报告。

第二十六条　设备、材料的生产和运输单位，应作好包装和运输组织工作，安排好运输方式和运输线路，防止运输途中损坏。

第二十七条　现场的有关单位应根据设备、材料的数量和保管要求，设立必要的仓库并配备有经验的仓储管理员，并建立完善的责任制。

第二十八条　项目公司、制造厂、施工单位都应建立完整的设备、材料质量管理档案。

第六章　施工质量管理

第二十九条　只有具备相应资质和同类工程业绩的施工单位，才能参与工程的施工。

第三十条　施工单位针对工程特点所作的施工组织设计，包括人力资源安排、施工机具配置、施工方案、力能供应、保证质量的技术措施等都应能满足工程施工的需要。

第三十一条　主体工程施工（火电建筑工程包括主厂房、烟囱、冷却塔、输煤栈桥、码头、空冷岛建筑、直流供水系统的取水头部、循环水泵房、顶管；火电安装工程包括锅炉本体、汽轮发电机组本体、调油系统、主要辅机、四大管道、电气热控二次部分。水电工程包括挡水建筑物、泄洪工程、引水系统、厂房、通航建筑物、金属结构及机电安装工程等永久建筑物。）一般不允许分包，其他工程的分包应通过项目公司批准。

第三十二条　施工单位应建立健全施工质量管理体系和质量管理规章制度，并在施工过程中保证其正常运行和贯彻落实。

第三十三条　施工单位应组织其员工（包括临时合同工）的技术培训，坚持员工按要求持证上岗，对分包单位进行严格管理和监督，并对其承担的工程的质量负责。

第三十四条　施工单位应定期向项目公司和监理单位报告质量管理情况和工程质量状况，提交试验、检查验收资料，并保证资料的真实性、准确性和完整性。

第三十五条　施工单位应建立健全施工质量档案。

第七章　调试质量管理

第三十六条　只有具备相应资质和同类工程业绩的调试单位，才能承包工程的调试工作。

第三十七条　火电工程调试单位应针对工程特点提出调试大纲、调试质量保证大纲、调试方案并经过工程试运指挥部批准。

第三十八条　火电工程调试工作应按照原电力部颁《火力发电厂基本建设工程启动及竣工验收规程（1996年版）》和《火电工程启动调试工作规定》的要求进行。

第三十九条　水电工程主要机电设备调试由安装单位负责完成。

第四十条　水电工程主要机电设备调试大纲、实施方案由安装单位报监理单位批准后实施。水工建筑物充水、机组有水启动试验大纲实施方案须经启动验收委员会批准后实施。

第四十一条 水电工程主要机电设备调试工作按国家、原电力部颁发的相关标准、规范执行。机组启动按《水轮发电机组启动试验规程》（DL/T 507—2002）执行。

第四十二条 在调试试运行过程中必须严格执行“两票三制”，即工作票、操作票，交接班制、设备巡回检查制、设备切换轮换制。

第八章 工程施工质量检查和验收

第四十三条 工程施工中的质量检查一般包括施工准备检查、施工过程检查、关键部位和隐蔽工程检查、质量监督检查和验收签证检查。

第四十四条 火电工程开工前，由监理单位组织设计、建筑、安装等参建单位按照《火电施工质量检验及评定标准》和有关规范确定工程项目的验评范围表，对质量检验项目、检验等级、检查评定标准进行规定，并报项目公司批准。

第四十五条 水电工程的工程阶段验收和竣工验收按《水电站基本建设工程验收规程》（国家经贸委DL/T 5123—2000）和《水电站基本建设工程验收管理有关事项的通知》（发改办能源［2003］1311号）执行。项目公司要根据工程进展情况和有关规定，做好验收计划安排并及时向集团公司报送请验报告。

第四十六条 施工准备情况的检查由监理单位负责组织进行。开工前，监理单位应对有关施工组织设计、作业指导书进行审批，对图纸、设备、材料、人员、机具、场地等方面的落实情况进行检查，合格后方可下达开工令。

第四十七条 施工单位应加强施工过程中各个环节、工序的质量检验，实行班组、作业队（工地）、项目部三级检查制度，规范并实施检验、记录、签字、验收程序，上一工序质量不合格不得进入下一道工序。对于四级验收项目，施工单位在自检合格的基础上，提交监理单位进行检查验收。

第四十八条 监理单位接到施工单位的自检报告后，应及时组织验收并签署意见。对施工及检验记录不全、不真实、填写不规范的，监理单位有权拒绝验收，并要求施工单位进行整改。

第四十九条 对于隐蔽工程和关键部位的检查验收，施工单位一般应提前24小时通知监理单位，监理单位应邀请项目公司、勘测设计等有关单位共同参加，并签署验收意见。

第五十条 火电工程的分部工程验收应在施工单位进行整体验收的基础上，由监理单位组织进行联合检查验收。设计、施工、运行等单位均应在分部工程验收签证上签字或签署意见，监理单位签署验收结论。在分部工程验收的基础上，由项目公司或监理单位组织进行单位工程验收，并签署质量验收结论。

第五十一条 水电工程的项目公司应按照《水电站基本建设工程验收规程》（DL/T 5123—2000）的规定，在各阶段验收前落实验收应具备的条件。项目公司、监理、设计、施工、运行等单位应在提交验收的文件中，对工程质量进行详实的介绍和评价。

第五十二条 火电机组的启动试运和验收，按原电力部颁《火力发电厂基本建设工程启动及竣工验收规程（1996年版）》及《火电工程调整试运质量检验及评定标准（1996年版）》的规定执行。

第五十三条 水电工程的截流验收、机组启动验收以及各专项验收的组织安排、计划安排由项目公司报集团公司批准后，项目公司组织实施；工程蓄水验收和工程竣工验收（包括两阶段验收前的安全鉴定工作）的组织安排、计划安排由项目公司报集团公司，集团公司报工程建设的审批部门批准后实施。

第五十四条 项目公司应在工程建设各阶段中，按照《中国国电集团公司火电机组达标投产考核办法》和《中国国电集团公司水电工程达标投产考核办法》，制定切实可行的质量管理措施，落实达标投产的具体要求，确保实现达标投产。

第五十五条 为了保证质量验收的公正客观性，施工单位的班组及作业队（工地）应设专职的质检员，施工单位项目部和项目公司的工程科和质检科宜分设。

第五十六条 对于特殊施工项目，需要请政府有关部门进行验收：锅炉压力容器、电梯、起重机械需请技术监督部门；消防需请消防主管部门；安全设施需请安全生产主管部门；职业病防治措施需请卫生主管部门；环保、水保设施需请环保、水保主管部门进行验收，合格后方能投入使用。

第九章 火电质量监督

第五十七条 工程开工前，项目公司需向国家授权的质量监督机构省电力建设工程质量监督中心站（挂靠在省电力公司基建部）提交“电力建设工程质量监督申请书”并获得批准。项目公司应及时向质监中心站提出申请，按照有关规定安排好工程质量监督检查工作。

第五十八条 项目公司必须制定年度的质量监督计划，并在每年1月底之前报分公司（控股公司）电源发展部、集团公司工程建设部。

第五十九条 火电工程质量监督的检查项目和检查方式，暂按原电力部颁《火电、送变电工程项目质量监督检查典型大纲》（建质［1994］102号）的规定办理，包括建筑（分主厂房零米以下基础、上部结构施工中期、上部结构施工完成、主厂房装饰工程完成四个阶段)、锅炉水压试验前、汽轮机扣大盖前、厂用电受电前、整套启动试运前、整套启动试运后、试生产后等项目。

第六十条 质量监督机构对工程质量的监督,不代替项目法人单位、监理、设计、施工等单位的质量管理工作。

第六十一条 集团公司、集团分公司(控股公司)将根据工程项目的进展情况对各项目的质量工作进行监督检查。

第十章 水电工程质量监督

第六十二条 集团公司质量监督工作接受质量监督总站(挂靠在国家电网公司工程建设部)的领导,集团工程建设部具体负责组织并开展质量监督工作,其主要职责是:

(一)贯彻国家有关基本建设质量管理和质量监督的方针政策。

(二)监督有关质量管理办法、规定的实施。

(三)组织编制集团公司工程质量监督年度计划,报质量监督总站批复。

(四)组织工程质量监督工作,落实监督检查报告报批工作。

(五)负责工程安全鉴定的管理工作。

(六)参加水电建设工程的蓄水验收和竣工验收。

质量监督工作不代替建设、监理、设计、施工等单位质量管理工作,不参与日常质量管理。

第六十三条 质量监督工作实行质量巡视制度。集团公司每年组织专家巡视组对工程进行1~2次巡视检查。项目公司必须分年度制定本项目的质量巡视实施计划,并在每年1月底之前报分公司(控股公司)电源发展部、集团公司工程建设部。

第六十四条 质量监督巡视组的权限如下:

(一)检查建设各方的资质,并向有关部门提出意见和建议。

(二)对严重违反规程、规范、质量标准规定或设计文件要求的单位,有权通知其限期整改直至停工。

(三)对使用不合格原材料、半成品、成品和设备的单位,有权通知其停止使用。

(四)必要时,质量监督机构可以指定质量检测机构对工程质量进行检测。

(五)对工程管理混乱,造成严重工程质量问题的项目,有权通知有关单位停止拨款。

(六)有权提请有关部门奖励对工程质量有突出贡献的集体和个人,处罚造成严重质量事故的部门和个人,直至追究法律责任。

(七)对阻碍质量管理人员正常工作或打击报复者,有权提请有关部门严肃处理。

第六十五条 项目公司应高度重视质量监督检查工作,对质量监督检查办法、质量监督实施程序以及资料准备的有关规定,参照《水电建设工程质量监督大纲(试行)》(水电质监[2002]13号)执行。

第十一章 质量事故

第六十六条 工程建设过程中,由于设计、设备、材料、施工、调试、运行等方面的原因,造成工程质量不符合合同和规程规范要求的质量标准,影响工程使用寿命和正常运行,需返工或采取补救措施的,统称为质量事故。

第六十七条 按对工程寿命和正常使用的影响程度,对工期影响时间的长短以及直接经济损失的大小,工程质量事故分为一般质量事故、较大质量事故、重大质量事故和特大质量事故四类。分类标准见附录1。

第六十八条 质量事故的报告:

工程质量事故发生后,当事方应立即向项目公司和监理单位报告,项目公司向集团公司工程建设部和集团公司分公司(控股公司)报告。较大及以上的事故,在事故发生后1天内报告事故概况,7天内报告事故的详细情况(包括发生的时间、部位、经过、损失估计、事故原因的初步判断等);事故调查处理完15天内,报告事故发生、调查、处理情况和处理结果。一般质量事故可在月度统计报表中给予说明。

第六十九条 当质量事故危及安全,或不立即采取措施会使事故进一步扩大时,应立即停工并上报,项目公司应立即组织有关单位的专家进行研究,提出处理措施。

第七十条 事故调查权限:

一般质量事故由监理单位组织调查;较大质量事故由项目公司组织进行调查;重大质量事故由集团公司分公司(控股公司)组织调查;特大事故由集团公司工程建设部组织调查。

第七十一条 事故调查应遵循"四不放过"的原则,即事故原因不查清不放过,事故主要责任者和职工未受到教育不放过,补救和防范措施不落实不放过,事故责任者没有处理不放过。

第七十二条 事故处理方案:

一般和较大的质量事故的处理方案,由造成事故的单位提出,监理单位审批后实施,重大和特大的质量事故的处理方案,由项目公司委托有经验的单位提出,项目公司组织专家组评审后批准实施。

第七十三条 事故责任:

根据事故大小和情节轻重，集团公司将对事故责任单位给予通报批评、限期整改、经济处罚，直至建议有关权威机构给予责任单位资质降级的处罚。质量事故给第三方造成损失的，责任方应按合同规定赔偿。质量事故责任人触犯刑律构成犯罪的，由司法机关依法追究刑事责任。

第七十四条 发生工程质量事故，并有下列行为的，应视情节轻重，对责任者加重行政、经济处罚：

（一）施工中粗制滥造、偷工减料、伪造记录的；

（二）在工程质量检查验收中，提供虚假资料的；

（三）对工程质量事故隐瞒不报或谎报的；

（四）对按规定进行的质量检查、事故调查设置障碍的。

第十二章 经济奖惩

第七十五条 项目公司与所有参建单位签订的合同都应有质保期、质保金和质量奖惩的条款。

第七十六条 工程各参建单位都应制定本工程的质量管理奖罚办法。

第七十七条 集团公司工程建设部负责实施项目公司的质量奖罚，对质量工作有成绩的单位和个人给予奖励，对工程质量管理处于混乱和失控状态，或发生重大及以上质量事故的，将给予处罚。

第十三章 附 则

第七十八条 本规定与现行依据性文件有矛盾时，以依据性文件为准。

第七十九条 本规定由集团公司工程建设部负责解释。

第八十条 本规定自颁布之日起生效。

附录1：

中国国电集团公司工程质量事故分类

	特大质量事故（有下列情况之一者）	重大质量事故（有下列情况之一者）	较大质量事故（有下列情况之一者）	一般质量事故（有下列情况之一者）
直接损失（万元）	>500	>100 ≤500	>30 ≤100	>10 ≤30
事故处理所需时间（个月）	>3	>1 ≤3	>0.5 ≤1	
处理后的结果	影响工程正常使用，需限制条件运行。	不影响工程正常使用，但对工程寿命有较大影响。	不影响工程正常使用，但对工程寿命有一定影响。	

注 小于一般质量事故的质量问题称为质量缺陷。

附录2：

本规定制定的主要依据

（一）《中华人民共和国建筑法》（中华人民共和国主席令第91号）

（二）《建设工程质量管理条例》（中华人民共和国国务院令第279号）

（三）《国务院关于进一步加强质量工作的决定》（国务院国发［1992］41号文）

（四）《国务院办公厅关于加强基础设施工程质量管理的通知》（国务院办公厅国办发［1999］16号文）

（五）《关于委托国家电网公司承担电力建设工程质量监督工作的复函》（国家发展和改革委员会经济运行局2004年1月12日）

（六）《电力建设工程质量监督规定（2002年版）》（国家电力公司电力建设工程质量监督总站国电电质监［2002］3号文）

（七）《国家电力公司水电建设工程质量管理办法（试行）》（国电水［2000］83号文）

（八）《电力建设工程质量监督中心站质量监督工作制度》（电力部电力建设质量监督中心总站电质监［1995］11号文）

（九）《工程建设标准强制性条文》（电力工程部分）（建设部建标［2000］241号文）

中国国电集团公司工程建设工期管理办法（试行）

国电集工［2004］328号

集团公司各分公司、龙源集团公司、国电电力、长源电力、各项目公司（筹建处）：

为加强中国国电集团公司工程项目工期管理，明确建设各方职责，科学组织工程建设，确保工程顺利实现建设目标，提高投资效益，结合工程实际，集团公司制订了《中国国电集团公司工程建设工期管理办法（试行）》，现印发给你们，请遵照执行，并将在执行过程中遇到的问题及时反馈集团公司工程建设部。

附件：《中国国电集团公司工程建设工期管理办法（试行）》

二〇〇四年十二月一日

附件：

中国国电集团公司工程建设工期管理办法（试行）

第一章 总 则

第一条 为加强中国国电集团公司（以下简称集团公司）工程项目工期管理，明确建设各方职责，科学组织工程建设，确保工程顺利实现建设目标，提高投资效益，结合集团公司实际，制定本规定。

第二条 本规定适用于集团公司所属各控股电源工程项目。

第三条 集团公司所属各控股电源工程项目应建立健全工期计划的管理和考核体系，保证工程按计划连续、协调、均衡进行。

第二章 工期计划的分级

第四条 工期计划分为四级，每一级计划都是上一级计划的分解和细化。

(1) 一级计划——里程碑计划，火电工程一般设50个点左右，水电工程按截流、蓄水、首台机组发电、工程竣工四阶段考虑。

(2) 二级计划——工程总体综合计划，火电工程一般设250个点左右，水电工程根据主要建筑物组成（包括挡水、泄水、引水、厂房及机电安装等）的具体情况设定。

(3) 三级计划——各承包商（设计、设备、施工、调试等）根据二级计划制定的标段工期计划。

(4) 四级计划——各承包商标段工期计划的专业计划。

第五条 工期计划编制的时间要求

(1) 火电工程一级计划在主机设备招标确定之后、初步设计开始之前编制；水电工程一级计划在可行性研究之后，招标设计之前编制。一级计划由分公司（控股公司）组织有关单位编制，报集团公司审核批准。

(2) 火电工程二级计划在主体施工单位招标确定之后开始编制，水电工程二级计划在招标设计完成之后，施工招标开始之前编制完成，二级计划由项目公司编制，分公司（控股公司）审核批准，并报集团公司备案。

(3) 三级计划由各承包商（包括设计、设备、施工、调试等）在中标后一个半月内编制完成，报项目公司审核批准。

(4) 四级计划是对三级工期计划的进一步分解，由各承包商在三级工期计划的基础上根据开工时间的先后，逐渐细化进行编制。四级工期计划由各承包商负责管理，报项目公司备案，工程监理单位负责动态监督。

第六条 为保证总体工期目标的实现，项目公司应在工期网络计划中节选关键控制点，编制年度、月度工期计划，明确各年度，月度重点工作，认真组织实施。

第三章 工期计划的编制

第七条 工期计划是设计图纸交付、设备供货、质量检验、启动调试等关联计划加载的工程总体综合计划。

第八条 工期计划是自工程开工准备至建成投产的全过程计划。

(1) 工程开工前的准备工作计划主要包括初步设计（水电工程招标设计）、征地拆迁、五通一平、设备招标、主体施工队伍招标、监理队伍招标、基础处理等。

(2) 火电工程开工里程碑为主厂房基础浇筑第一方混凝土；水电工程开工里程碑为主体工程（挡水、泄水、引水、厂房）或导流建筑物开始施工。

第九条 各工程项目应按照国家有关基建项目核准的有关要求，认真抓好项目核准的各项条件的落实，扎扎实实做好项目开工前的各项准备工作，实现高标准开工。

第十条 火电工程开工后工期计划编制参照《中国国电集团公司火电工程工期定额》有关要求，结合工程标段划分、气候条件、建筑结构型式、设备供货、设计图纸交付等因素编制；水电工程开工后的工期计划按审查后的《施工规划设计报告》编制。

第十一条 工期计划编制应在满足工程质量、安全、造价控制目标的情况下，力争缩短工期，创全国工期先进水平。

第十二条 各级计划之间应建立相互的分解和汇总关系，自上而下分解，自下而上汇总。各承包商标段计划（即三级计划）和专业计划（即四级计划）必须做好与工程总体综合计划的接口，做到衔接合理，均衡有序。

第十三条 为便于工期计划信息传递、汇总、调整，实现数据共享，集团公司系统工期计划编制、管理统一使用P3系列软件。P3系列软件工作分解结构采用WBS编码。

第四章 工期计划的管理

第十四条 工期计划是计划、执行、检查、分析和调整的动态循环过程，应不断滚动、更新，确定预期目标的如期实现。

第十五条 各级工期计划应定期进行滚动更新，具体要求如下：

(1) 一级计划由集团公司工程部（项目公司董事会）控制管理，如无重大工程事件影响，不宜变动。当工期计划实施过程中出现重大事件，影响到计划实施时，应编制补充工期计划，报集团公司审核批准。

(2) 二级计划由分公司控制管理，一般不宜变动。如遇较大的工程变更或其他特殊情况，可以进行调整，但调整必须满足里程碑点工期计划的要求（即不能改变一级计划)。二级计划的变更报分公司（控股公司）批准，报集团公司备案。

(3) 三级计划由项目公司控制管理，项目公司每月要跟踪、检查各承包商计划的执行情况。三级计划每月应滚动更新一次。

(4) 四级计划由各承包商控制管理，各承包商每周应对各专业计划实施情况进行检查。四级计划应每周滚动更新一次。

(5) 工程每年度的工期考核节点计划由集团公司下达，原则上不能变动，若要变动，必须报集团公司工程建设部批准。

第十六条 工期计划的变更程序：

(1) 在某级计划需要调整并不影响上级工期计划实施时，由当级工期计划管理单位自行修改，并在修改后正式报上级工期计划的管理单位。

(2) 当某级计划需要调整并影响到上级工期计划实施时，必须向上级工期计划的管理单位汇报，在获得批准时才能进行修改，并在修改后的一周内将工期计划及修改说明报上级工期计划的管理单位。如果未获批准，当级工期计划管理单位必须积极采取相应措施，确保工期计划按期完成。

(3) 工期计划调整涉及到工程质量、安全、成本问题，必须向上一级计划管理部门报告，获得批准后方可实施。

第十七条 为及时反映各工程项目进展情况，加强信息交流和反馈，项目公司必须向分公司（控股公司)、集团公司上报工程进展情况，主要包括：

(一) 每月的工程简报，内容主要：

(1) 本月计划完成情况（包括投资控制、工程主要形象进度)。

(2) 年度考核节点计划完成情况的说明。

(3) 完成投资与实物工作量的对比表。

(4) 工程质量安全情况。

(5) 设备物资、设计交付情况。

(6) 工程大事记。

(7) 存在问题或需要协调解决的问题。

(8) 下月的重点工作及月度计划安排。

工期简报以书面方式上报，也可以通过集团公司工程建设信息系统上报，上报时间要求为每月 3 日前。

(二) 年度考核节点完成情况要随时上报。

(三) 工程进入整套启动阶段，项目公司应每天向分公司（控股公司)、集团公司上报机组整套启动试运简报。

第十八条 集团公司每月定期召开工程协调会，及时解决影响工程进展的有关问题。应急或特殊问题，集团公司、分公司（控股公司）派员赴工程现场进行协调。

第十九条 各分公司（控股公司）必须在每季度末对管辖区域内所属工程工期计划执行情况进行分析，编写报告，报集团公司，由集团公司汇总，在集团公司系统内部进行通报。对出现工期延误的项目，督促有关分公司（控股公司)、项目公司采取措施，保证各项工作计划正点运行。

第二十条 每季度工程工期分析报告作为对分公司(控股公司)、项目公司年度三项责任制考核的依据。

第五章 工期计划的考核

第二十一条 项目公司必须将三级工期计划的控制和考核落实在与各承包商签订的合同条款中并加强监督考核，兑现奖惩。

第二十二条 集团公司在每年年末将根据《中国国电集团公司年度目标责任制考核》的有关规定对分公司（控股公司)、项目公司进行考核，兑现奖罚。

第二十三条 集团公司通过目标责任制考核机制对工程总体计划目标完成情况进行考核，考核工作按照《中国国电集团公司工程建设总体目标考核办法》执行。

第六章 附 则

第二十四条 本规定由集团公司工程建设部解释。

第二十五条 本规定自颁布之日起实施。

中国国电集团公司火电工程勘察设计变更管理办法（试行）

国电集工［2004］333 号

集团公司各分公司、龙源集团公司、国电电力、长源电力、各项目公司（筹建处)：

为了统一集团公司对火电工程建设过程中勘察设计变更的管理方法，保证工程建设质量，有效控制工程造价，集团公司组织制订了《中国国电集团公司火电工程勘察设计变更管理办法（试行)》，现印发执行。

请各有关单位根据本办法要求，积极落实措施，加强管理，有效做好工程勘察设计变更的管理工作，同时将本办法执行过程中发现的问题及时反馈到集团公司工程建设部。

附件：《中国国电集团公司火电工程勘察设计变更管理办法（试行）》

二○○四年十二月一日

附件：

中国国电集团公司火电工程勘察设计变更管理办法（试行）

第一章 总 则

第一条 为加强集团公司火电工程的勘察设计管理，保证建设工程勘察设计质量，维护工程勘察设计审查的严肃性，做到有效控制工程造价，提高项目投资效益。根据《建设工程勘察设计管理条例》（国务院第293号令）和《建设工程质量管理条例》（国务院第279号令）等有关规定，制订本办法。

第二条 本办法适用于火电工程建设过程中的勘察设计变更（下简称设计变更）。

第三条 本办法适用于集团公司全资和控股的新建、扩建及改建的火电工程项目，集团公司参股项目可参照本办法。

第二章 设计变更划分

第四条 工程建设过程中的设计变更主要是指在工程建设（包括施工图设计）过程中，为了使工程建设适应实施当时的实际情况，由项目公司、设计单位、监理单位、施工单位提出的所有与初步设计文件相比发生变化的设计内容。设计变更包括重大设计变更和一般设计变更。

第五条 重大设计变更包括：

1. 工程建设过程中，由于技术进步、国家政策、外部条件、供货情况等变化，对影响工艺系统性能、经济指标的设计方案、设备选型等的设计变更；

2. 由于外部条件等变化不能按照原初步设计阶段预想的方案实施的并且费用增加超过100万元（含100万）的施工设计方案（包括施工措施）变化；

3. 引起投资增加超过100万元（含100万）的单项工程量变化；

4. 初步设计概算中的单位工程漏项；

5. 其他引起投资增加超过100万元（含100万）的单项变更和初步设计概算漏项。

第六条 一般设计变更是指除了重大设计变更以外的设计变更。

第三章 设计变更管理

第七条 根据工程建设情况，设计变更可以由项目公司、设计单位、监理单位、施工单位提出。重大设计变更文件必须由设计单位正式提出，其设计变更文件应包括：变更的原因，原方案和变更方案的详细描述、图纸资料、初步设计概算或预算深度的造价比较。

第八条 重大设计变更方案提出后，根据情况，由分公司或项目公司组织设计单位、监理单位、施工单位以及有关专家进行内部评审，并由分公司将评审意见和相应的变更文件报集团公司审批，必要时集团公司将组织专家对方案进行评审。

第九条 一般设计变更由项目公司按照管理程序签署批准。项目公司在设计变更的管理规定中应明确项目公司、设计单位、监理单位、施工单位各自的职责和义务，并规定项目公司计划、工程、物资、财务等部门和主管领导的签署程序，确保工程设计变更的可控和在控。

第十条 要正确处理好设计优化与设计变更的关系。鼓励设计单位积极开展优化设计，提高勘测设计水平和质量，对设计优化的奖励参照有关规定执行，开展设计优化所发生的设计变更管理按照本办法规定执行。

第十一条 工程建设过程中设计变更内容和数量作为项目公司对设计单位考核的重要指标之一，同时作为集团公司衡量设计单位设计质量的一个方面。

第十二条 集团公司各分公司根据需要对所辖区域建设项目重大设计变更以外的变更进行管理。

第四章 设计变更的费用来源

第十三条 批准后实施的重大设计变更增加的费用从批准概算的基本预备费中支出或从招标结余中调剂。但项目的最终造价应控制在工程造价目标之内。

第十四条 因一般设计变更增加的费用从执行概算的预留费用和基本预备费中或从相应单位工程的招标结余中支出。

第五章 附 则

第十五条 本办法由集团公司工程建设部负责解释。

第十六条 本办法自发布之日起施行。

中国国电集团公司信息安全规范（试行）

国电集科［2004］83号

第一章 主要内容和适用范围

为确保中国国电集团公司（简称“国电集团”）信息网络与信息系统的安全、可靠、稳定运行，健全、规范国电集团信息安全制度，特制定本规范。

适用于国电集团及各所属分支机构、直属、全资和控股企业单位。

第二章 总 则

本规范包括：总体安全、网络边界安全防护、物理层安全、网络层安全、平台安全、安全管理、审计评估。

集团公司的网络与信息系统的安全由集团公司科技环保部和总经理工作部负责管理。

在保证国电集团信息安全的前提下，逐步建立全面的安全防护和安全管理。针对国电集团网络状况和实际应用情况，信息安全体系在“统一规划”的前提下，进行“分步实施，逐步完善”。

第三章 总 体 安 全

3.1 针对国电集团信息安全要求，国电集团及各所属分支机构、直属、全资和控股企业单位必须从以下方面加以规范：物理层、网络层、平台安全、安全管理和审计评估。

中国国电集团公司总体网络安全示意图如图1所示。

3.2 安全策略的管理：

(1) 对本单位所管辖的信息网络与信息系统必须在建设过程中进行安全风险评估，并根据评估结果制定安全策略。

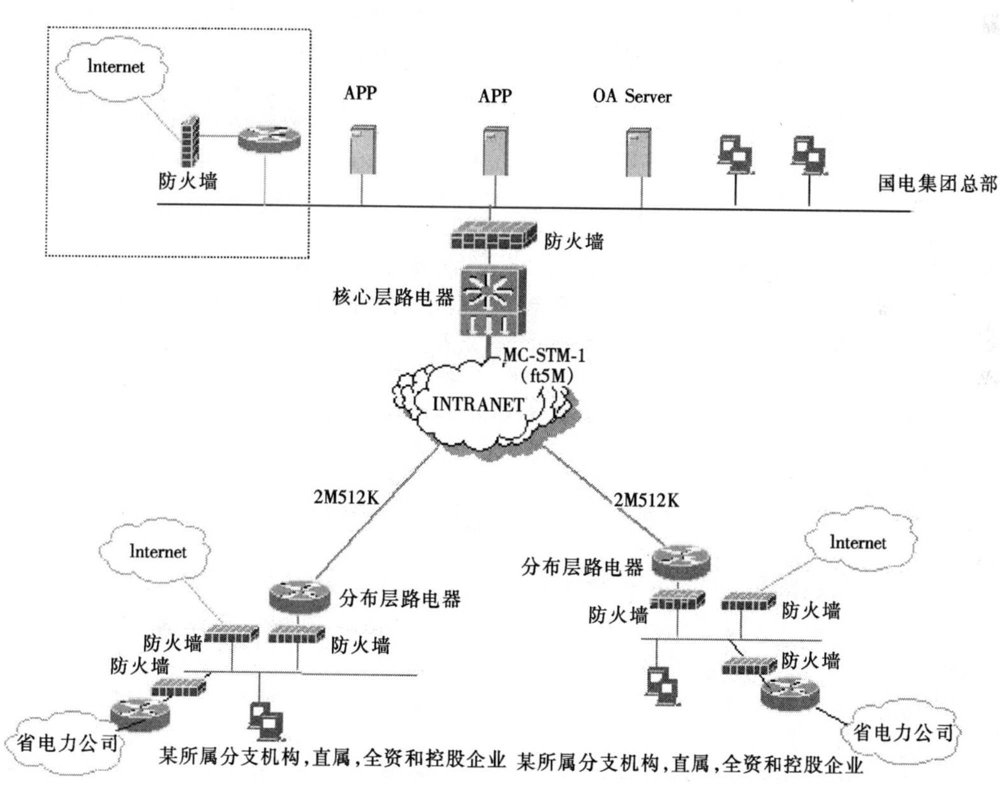

图1 中国国电集团公司总体网络安全示意图

(2) 对已投入运行且已建立安全体系的系统定期进行漏洞扫描，以便及时发现系统的安全漏洞。

(3) 对安全体系的各种日志(如：入侵检测日志等)审计结果进行认真的研究，及时发现系统的安全漏洞。

(4) 定期分析本系统的安全风险及漏洞、分析当前黑客非常入侵的特点、及时调整安全策略。

第四章 网络边界安全防护

4.1 防火墙的拓扑位置：

在国电集团信息网络与信息系统中，在网络边界和对外出口处，必须配置防火墙，严禁有任何旁路防火墙的链接。

4.2 防火墙的使用规范：定期更新管理密钥；记录防火墙日志，保留90天内的所有日志数据；控制并关闭与业务无关的数据通讯端口；对普通系统用户，禁止ICMP协议通过防火墙；禁止NETBIOS协议通过防火墙；禁止所有未定义的数据通信通过防火墙；规范、控制开放远程管理的范围，在远程管理时，限定用于管理的主机地址；明确定义允许进、出的流量。

4.3 计算机设备在连接局域网和国电集团广域网的同时，禁止以其他任何方式（如拨号上网、ISDN、ADSL等）与Internet相联。

4.4 接入信息安全区中的安全产品，必须使用经过国家有关安全部门认证的国产产品，其中电力专用安全产品还必须经过电力安全主管部门检测认证，并经由本单位的安全管理员以及本单位信息部门负责人的审查批准后，方可实施接入。

4.5 通用安全产品以及专用安全产品都必须通过电力系统强电磁环境中的电磁干扰和电磁兼容测试。

4.6 未实施安全管理措施的计算机设备禁止与Internet相联。

第五章 物理层安全

物理层安全包括：环境安全和设备、设施安全，应采取适当的规范措施：

机房建设、机房环境的要求必须符合国家、行业的相关规范，及《中国国电集团公司广域网络系统管理办法（试行）》中的附件1.1：《中国国电集团公司广域网机房管理制度（试行）》。

重要设备及主干链路，应建立冗余及备份措施。

第六章 网络层安全

6.1 广域网的安全

对各所属分支机构、直属、全资和控股企业广域网的安全，应严格按照《中国国电集团公司广域网络系统管理办法（试行）》执行。

6.2 局域网安全

须建立本单位局域网的管理制度。

局域网络必须分段管理，以防止通过局域网“包广播”方式恶意收集网络的信息。

第七章 平台安全

平台安全包括：系统层安全和应用层安全，应采取适当的规范措施：

7.1 病毒防范

各所属分支机构、直属、全资和控股企业的网络、系统维护部门必须严格执行病毒防范措施：

在本单位的所管辖的信息网络与信息系统部署正版的防病毒软件；

禁止下载因特网上任何未经确认其安全性的软件；

实时进行防病毒监控，做好防病毒软件和病毒代码的智能升级；

发现病毒时，及时对感染病毒的设备进行隔离，情况严重时报相关部门并及时妥善处理；

在各所属分支机构、直属、全资和控股企业安全区WEB服务器上设立专门的栏目，及时发布病毒及黑客攻击的报告、最新的病毒库、升级防病毒软件以及各个公用系统软件（操作系统、数据库系统、工具软件等）的漏洞报告及相应的软件补丁；

其中机房的病毒防范按照《中国国电集团公司广域网络系统管理办法（试行）》中的附件1.1：《中国国电集团公司广域网机房管理制度（试行）》执行。

7.2 访问控制

对重要服务器，系统管理员必须对不同用户建立文件的不同的访问许可权限；

对应用系统，根据使用要求必须对不同用户，建立不同的访问权限。

7.3 应用及服务的接入管理

(1) 本单位在已经建立安全防护体系的信息网络与信息系统中，接入任何新的应用及服务，须经由本单位的安全管理员以及本单位安全主管的审查批准后，方可实施接入。

(2) 信息安全区中的工作站、服务器原则上不得开通拨号功能；若确需开通拨号服务，必须配置强认证机制，否则必须与安全区彻底隔离。

7.4 应用系统及数据的安全

(1) 可靠性要求。

对于关键性的应用系统，须做到能够有效回避任何单点故障，这些故障范围包括：应用程序错误、数据库系统故障、网络端口故障、网线接触故障、磁盘系统介质故障、系统瘫痪等。

(2) 备份的要求。

备份的管理采用集中定期备份管理的方式，备份内容应包括：

1) 应用数据库备份。

2) 应用程序备份。

3) 操作系统备份。

4) 备份系统的设计应不对应用系统产生任何不良影响。

5) 备份系统的设计须考虑系统扩展的要求，提供系统平滑升级的能力。

第八章 安全管理

各所属分支机构、直属、全资和控股企业须按照

“谁主管，谁负责”的原则，制订严格的操作规程，各负其责，结合各自人员安排和工作特点，制订相应的安全制度，按照国电集团科［2003］225号文件要求建立网络与信息安全通报机制，同时必须遵循如下规范：

8.1 建立完善的安全分级责任制

本着“谁主管，谁负责”和“谁经营，谁负责”的原则，落实信息网络与信息系统的各级单位的安全责任；

各所属分支机构、直属、全资和控股企业负责所属范围内信息网络与信息系统的安全管理；

各所属分支机构、直属、全资和控股企业应设置监控和调度数据网络的安全防护小组或专职人员。

8.2 各级人员的安全职责

8.2.1 各所属分支机构、直属、全资和控股企业的主要负责人为该单位所管辖的信息网络与信息系统的安全防护第一责任人。

8.2.2 各所属分支机构、直属、全资和控股企业的信息部门负责人负责所管辖的信息网络与信息系统的安全管理，其安全职责如下：

(1) 负责组织有关人员建立本单位所管辖的信息网络与信息系统的安全防护体系。

(2) 经常检查本单位的安全防护的执行情况、审计结果、定期组织有关人员对系统进行安全评估，并及时向上级主管部门报告。

(3) 负责组织有关人员对本单位发生的安全事故进行认真分析并及时报告。

8.2.3 各所属分支机构、直属、全资和控股企业应指定专门的安全管理员承担本单位所管辖的信息网络与信息系统日常安全管理工作，其职责为：

(1) 参与本单位所管辖的信息网络与信息系统的安全防护体系的建立。

(2) 负责本单位所管辖的信息网络与信息系统相关安全产品的日常运行和维护工作。

(3) 负责对部署的各个安全产品的安全策略进行设置和调整。定期对安全产品的日志进行审计并写出分析报告。定期对所管理的信息网络与信息系统进行安全检测和评估，并做出安全分析报告上报上级主管。

(4) 负责及时处理本单位所管辖的信息网络与信息系统发生的安全事故。

(5) 负责本单位基本安全知识的咨询和培训。

8.2.4 用户及权限管理：

(1) 密码管理。

人员的登录名及密码设置必须按照规定流程进行相应审批。

人员的登录密码应该具六位以上的长度和一定的复杂度，并做到及时更新。

系统管理员的登录名及密码必须由专人保管和修改，严格限定使用范围。

禁止共享账号和密码，禁止使用密码检查工具。

用户丢失或遗忘登录名及密码，必须通过规定的流程向系统管理员申请新的登录名及密码。

用户调离单位后，系统管理员必须立即注销其登录名并取消其相应的权限。

(2) 密钥及数字证书的管理。

必须设立专职人员对密钥和数字证书进行管理（注册证书、分发证书、撤销证书、使用证书）。

数字证书中的有关信息一旦失效，应该将证书及时撤销。

数字证书持有人必须妥善保护证书，不容许转借他人，遗失后必须立即报告；如果由此造成严重后果，必须按有关规定严肃处理，甚至追究法律责任。

建立数字证书丢失之后的可靠注销机制。

建立定期更新数字证书的机制。

(3) 权限管理。

针对不同的网络系统，对不同的用户实体、不同的使用人员按最小化原则赋予相应的访问权限和操作权限。

禁止滥用系统资源。

禁止未经许可查看别人的文件。

系统管理员不得随意在系统中增加账号，随意修改权限，不得未经许可委托他人行使管理员权利。

操作人员登陆进入关键的业务系统（如SCADA系统、电力交易系统）实施双因子安全访问控制，应持有数字证书和口令；对关键的控制操作应该进行身份认证及操作权限控制。

8.3 工程实施的安全管理

(1) 新建的信息网络和信息系统工程设计和实施必须符合国家有关安全防护的标准、法规、法令、规定、导则等，实施方案须上报国电集团科技环保部审批，完工后必须经过国电集团科技环保部的验收。

(2) 信息网络和信息系统的相关设备及系统的供应商必须承诺：所提供的设备及系统中不包含任何安全隐患，并在设备及系统的生命期（自交付至退役为止）内承担由此引起的连带责任。

(3) 新接入国电广域网的节点、设备和应用系统，须经负责本级国电广域网的有关部门核准，并送国电集团科技环保部的审查、批准，完工后必须经过集团公司科技环保部验收备案。

(4) 各单位所管辖的信息网络与信息系统的安全防护方案的实施必须严格遵守原国家经贸委30号令以及本文件的有关规定。

(5) 所有信息网络与信息系统在投运前必须进行安全评估。

8.4 联合防护制度

(1) 集团公司所属各企业应该紧密联合进行安全防护。

(2) 各单位及时通报安全防护的形式、经验及教训。

(3) 当某单位的信息网络与信息系统出现安全事故或遭到黑客攻击时，应该及时向上级部门报告，并通报有网络连接的相邻单位，采取联合防护措施（包括：阻断措施、隔离措施、跟踪措施、根除措施、恢复措施等），防止事故的扩大，以保证整个系统的正常运行。

(4) 各单位安全防护领导小组定时召集所属各部门的安全工作会议，交流各单位使用的安全防护技术、制定的规范、以及经验和教训，以不断提高信息安全防护的整体水平。

8.5 应急方案制度

应制订系统在紧急情况下，如何尽快恢复的应急预案，使损失减少至最小。

第九章 审计评估

信息网络和信息系统建设完善后，建立由安全管理成员、信息安全专家组成的审计评估小组，定期对国电集团及各所属分支机构、直属、全资和控股企业的信息网络和信息系统进行审计评估，并编写信息网络和信息系统安全审计报告，制订新的安全防范措施，审计评估的内容包括：

对各项安全制度执行情况的审查。

对骨干网络关键设备的重要管理日志信息的分析。

利用网络审计工具对网络常见安全点的评估。

对关键应用服务系统的安全情况定期进行漏洞扫描。

对主要网络设备安全配置功能进行检测。

对网络的安全性进行实时入侵检测。

中国国电集团公司科技项目管理办法（暂行）

国电集科［2004］93号

集团公司各分支机构，各直属、全资、控股单位：

为加强集团公司科技项目管理并有效地组织实施，现将《中国国电集团公司科技项目管理办法（暂行）》印发给你们，请遵照执行。执行中有何问题，请及时与集团公司科技环保部联系。

附件：《中国国电集团公司科技项目管理办法（暂行）》

二〇〇四年三月十八日

附件：

中国国电集团公司科技项目管理办法（暂行）

第一章 总 则

第一条 为贯彻把中国国电集团公司“做实、做新、做大、做强”的方针，规范集团公司科技项目的管理，保证项目的顺利开展，根据国家有关法律法规和集团公司《章程》及相关规章制度之规定，特制定本办法。

第二条 集团公司科技项目研究的宗旨是解决集团公司生产、建设和经营发展中的重大科学技术问题，促进企业技术、装备水平的提高和经济效益的增长，为集团公司发展奠定技术和装备基础。

第三条 集团公司科技项目包括技术开发项目、软课题研究项目和科技型技术改造项目。

技术开发项目是指重大技术研究与高科技产品开发项目和科技成果转化项目（包括商品化开发、重大中间试验与示范工程项目）。

科技型技术改造项目是指发电企业技术升级和技术进步项目。

第四条 本办法适用于集团公司组织开发、委托开发和批准立项，由集团公司全资、控股企业和内部核算单位（简称所属企业）及其他受委托单位承担的科技项目的管理。在国家发改委、科学技术部等立项，由集团公司主持进行的国家攻关项目，按二部委的管理办法实施。

第二章 科技项目管理内容与职责

第五条 科技环保部作为集团公司科技工作的主管部门，负责科技项目的组织、管理和协调工作，其主要职责是：

1. 组织编制集团公司年度科技项目计划（含科技经费预算），并纳入集团公司综合计划管理和预算管理。

2. 组织项目可行性论证、审批项目并确定承担单位和协作单位。

3. 根据集团公司的授权，批准和签订科技项目合同（计划任务书）。

4. 对科技项目的执行情况进行检查监督，并根据集团公司授权和项目阶段性的执行情况，实施对项目内容可能的更正、完善、项目经费的调整和对项目必要的延期与终止的批准。

5. 组织对科技项目成果的验收和后评估。

6. 组织对安全生产、经营效益有突出作用的科技项目进行推广。

第六条 工程建设部参加基建工程中的科技项目方案评审、实施管理和验收。

第七条 安全生产部参加科技项目的评审和科技成果推广应用的实施和验收。

第八条 财务产权部参加科技项目的评审，并负责按科技计划确定的年度资金总额，列入年度预算，向国家申请集中年度技术开发费，落实集团公司批准的科技项目资金。

第九条 监察审计部负责科技项目资金使用情况监督和审查。

第十条 计划发展部负责将科技环保部审编的集团公司年度科技计划列入集团公司综合计划下达。集团公司战略性软课题由计划发展部负责编制，会同科环部审定后纳入科环部当年科技项目计划，报国家税务总局落实资金后，由计划发展部为主组织实施。

第十一条 集团公司各分公司、办事处负责组织所辖区域所属企业科技项目的申报和初评，协助科技环保部对已批准科技项目的实施进行监督、管理和验收。

第十二条 龙源电力集团公司和国电电力发展股份有限公司单独组织申报和初评，协助科技环保部对其下属企业承担的科技项目进行督促、管理和验收。

第十三条 承担单位的主要职责：

1. 项目承担单位负责项目实施的全过程管理，保证人力、物力和财力的投入，保证项目按时、按要求正确实施。

2. 严格执行合同（计划任务书），保证其目标的实现。

3. 按合同（计划任务书）规定及有关财务要求使用经费。

4. 按要求向项目管理部门报告项目执行情况。

5. 项目研究结束后，按要求提出技术总结报告、经费使用及结算情况报告书等材料，接受验收。

6. 对因特殊原因不能按时、按要求完成的科技项目要按有关规定及早提交完善的书面报告，并提出补救意见报批。

第三章 科技项目的选题

第十四条 集团公司重大技术研究与高科技产品开发项目至少应满足下述条件之一：

1. 以集团公司科技发展规划为依据，为公司生产、运行、重大工程技术、信息管理、环境保护和中长期发展需要服务的带有全局性、方向性的关键技术。

2. 跟踪国际电力科技发展，接近或达到国际先进水平的项目。

3. 引进先进工艺、新材料、新技术的消化和国产化项目。

4. 对电力科技发展有重大作用，具有较强的引导示范作用或重大影响的项目。

5. 对提高集团公司经济效益和改善环境有较大作用，有广泛的推广应用前景，对电力企业技术进步有重要推动作用的项目。

6. 能够形成集团公司新的经济增长点的高技术产品与重大产业化开发项目。

7. 接受来自国家下达或争取到的重大科研项目。

第十五条 科技成果转化项目应符合下述条件之一：

1. 可形成新产品、新工艺、新材料、新产业的项目。

2. 对集团公司技术进步有导向作用，先进、成熟、适用，应用对象明确，推广范围较大，并可取得较大经济效益、社会效益的项目。

3. 关键技术的工程试验项目、实用化研究项目。重大技术研究成果和高科技产品（包括国产化的引进技术）的示范工程项目。

第十六条 技术升级和技术进步项目应符合下列条件之一：

1. 具有国际先进水平并在集团公司系统具有示范和推广价值的项目。

2. 能显著提高管理水平或发电机组经济性能的项目。

3. 提高安全生产水平和减轻工人劳动强度而实施的第一次技术含量较高的技术改造项目。

4. 为提高技术装备水平而研究制定企业技术标准的项目。

第十七条 软课题研究项目必须符合下述条件：

1. 电力建设、生产、经营中重大技术、政策和发展方向的论证、研究。

2. 电力建设、生产、经营中重大科技项目的可行性研究和方案论证。

第四章 科技项目的立项

第十八条 集团公司科技项目，由所属企业申报，也可以由集团公司本部有关部门提出或接受来自国家有关部委下达的项目。

第十九条 申报：

1. 集团公司所属企业申请使用集团资金开展科技项目，需按科技归口管理渠道向集团公司申报，经评审、批准立项后进行。

2. 集团公司内部核算单位、全资企业在保证年度利润指标完成的前提下，使用自有资金开展本单位所需科技项目，需按科技归口管理渠道向集团公司申报，经评审同意，由申报企业向当地税务部门申请使用技术开发费，批准后立项进行。

3. 集团公司控股企业在保证年度利润指标完成的前提下，使用自有资金开展本企业所需科技项目，需按科技归口管理渠道向集团公司申报，经评审同意，并经公司董事会批准后，立项进行。

4. 由集团公司本部有关部门提出的项目，确定承担单位后，同其他科技项目一起进入申报和评审程序。

5. 集团公司基建单位开展科技项目，需按科技归口管理渠道向集团公司申报，经评审批准立项后进行。

6. 科技项目主要负责人应由具有较高的技术水平，对研究项目涉及领域的国内外技术发展情况有较全面的了解和较强的研究与开发能力的在职人员担任。

7. 项目申请由项目承担单位，按有关要求程序进行；有合作单位的，第一承担单位应会同合作单位申报。合作单位应在申请书中填写合作单位意见，并加盖公章。

8. 项目申报于每年第三季度按要求进行。申报材料（格式见附录 A）经申报单位盖章、分公司（办事处）或上级企业初评、批准、盖章后于 8 月 20 日前传达集团公司科技环保部。

9. 申报材料一式两份，电子版一份。

第二十条 评审：

1. 科技申报项目的评审由科技环保部负责组织有关部门和专家进行。

2. 评审工作坚持科学、公正的原则，实行回避制度。参加评审工作的专家，不得为单位或个人谋取私利，严格遵守对评审材料及专家意见保密的有关规定，切实保护申请人和评审人的权益。

第二十一条 下达：

科技环保部根据评审意见，对项目进行审核，提出集团公司年度科技项目的计划，纳入综合计划后下达。

第二十二条 由集团公司组织的重大科技项目和符合招标条件的项目，其承担单位由科技环保部组织招标进行。

第五章 合同（计划任务书）的签订

第二十三条 集团公司对全资、控股或其他受委托单位承担的科技项目实行合同管理，对内部核算单位承担的科技项目实行计划任务书管理。

第二十四条 项目承担单位按集团公司下达的项目计划填写科技项目合同或计划任务书（示范文本见附录 B），经集团公司审查合格后，由集团公司与项目承担单位签订“中国国电集团公司科学技术项目合同（计划任务书）”。对一般项目也可由集团公司委托基层单位代签。

第二十五条 对两个以上单位共同承担的项目，第一承担单位（合同或计划任务书中排列第一的承担单位）负主要责任。合同（计划任务书）中应明确各方职责、研究内容、经费分配方案、提交的成果及争议解决方式等。

第二十六条 集团公司科技项目合同（计划任务）执行期限不超过三年。

第六章 项 目 实 施

第二十七条 集团公司科技环保部和项目承担单位严格依照本项目管理办法规定履行职责，保证科技项目的顺利实施和完成。

第二十八条 承担单位严格依据科技项目执行计划开展工作，并按时向科技环保部呈报项目执行情况季度报告（附录 C－1）和项目执行情况年度报告（附录 C－2）。科技项目执行中的阶段性成果、重大费用支出前及出现的其他重大事件需及时报告科技环保部。集团公司将定期或不定期对项目执行情况进行检查。

第二十九条 执行集团公司科技项目合同（计划任务）的技术人员应按合同（计划任务书）规定的工作时间投入研究工作。原则上，项目负责人不得在合同（计划任务）期内担任其他项目的负责人。

第三十条 经费管理：

项目承担单位要实行严格的合同（计划任务）经费管理，对每一个项目设立独立账目，经费专款专用。

第三十一条 采购管理：

对于需要对外委托或采购设备的科技项目，应将采购的方式和供货方（受委托方）的确定原则报集团公司科技环保部同意。按照国家和集团公司有关规定，需进行招标的，项目承担单位要严格按照有关文件执行。

第七章 合同（计划任务书）的变更与终止

第三十二条 合同（计划任务书）变更：

在项目执行过程中，项目承担单位确需对研究目标、内容、进度、经费、项目负责人等进行调整时，需向集团公司提出申请，说明原因，提出建议、意见和方案，得到集团公司批准后方可实施。

第三十三条 项目执行中，出现以下情况时，集团公司有权终止合同（计划任务书）：

1. 执行过程中发现项目承担单位虚报技术指标，

项目成果无实用价值的；

2. 针对特定工程进行的项目，工程建设发生重大变化，项目研究内容无法实施或目标无法实现的；

3. 项目承担单位因主观原因致使合同（计划任务书）无法执行的。

第三十四条 集团公司单方面终止合同（计划任务书）要报有关领导批准，合同（计划任务书）终止前所发生的费用视终止合同（计划任务书）原因由责任方承担。

第三十五条 项目承担单位单方面终止合同或计划任务［含项目承担单位因主观原因致使合同（计划任务书）无法执行的］，或因承担单位非技术性主观原因造成项目无法完成的，集团公司有权追回全部已拨费用，同时项目承担单位还应承担因此给集团公司造成的损失。

第三十六条 需要终止的科技项目，在集团公司做出终止合同（计划任务书）决定后一个月内，项目承担单位应对已完成的工作提出总结报告，做出经费决算，连同固定资产购置情况和项目阶段性研究成果一并送达集团公司科技环保部和财务部门核批处理，集团公司已拨费用剩余部分上缴集团公司。

第八章 项目验收

第三十七条 项目资金总额在50万元（含）以上的项目验收工作由集团公司组织进行。项目资金总额在50万元以下的项目验收工作由集团公司分公司、办事处或承担单位的上级企业（需经科技环保部同意）组织进行。

第三十八条 项目完成后，项目承担单位填报结题申请表（附录D），正式报请验收。材料经初审合格后，由验收组织单位正式下达项目验收通知并确定验收方式。合同（计划任务书）规定完成期限后三个月仍不具备验收条件的，需提出延期验收申请报告。

项目申请验收需要提供以下文件资料：

1. 项目验收申请（正式函）。

2. 项目执行情况总结报告。

3. 项目研究报告和相关专题报告。

4. 项目经费决算表。

5. 项目固定资产一览表。

6. 项目依托工程建设运行、成果应用等资料及效益分析报告。

7. 集团公司要求的其他文件。

第三十九条 项目验收工作根据项目的具体情况，采取现场考察、书面评议、专家会议验收或委托中介机构评估等多种工作方式进行。

第四十条 项目验收是根据项目合同（计划任务书）的有关考核目标，对项目的完成情况进行总结和评价。包括：项目实施的技术路线、关键技术选择、组织方式、协调管理、经费使用；项目取得的成果和主要技术经济指标；项目成果对相关工程建设、产业结构调整的作用和影响；项目产生的经济、社会效益；项目成果的再开发和应用前景等的综合评价。

第四十一条 验收结果分为：通过验收，可以结题、重新审议和不通过验收四种。按合同（计划任务书）规定按期完成任务、达到合同（计划任务书）规定的技术指标、经费使用合理，视为通过验收；由于不可抗力等因素造成合同（计划任务书）无法全部执行的，或完成了合同（计划任务书）规定的主要目标，而其他目标无法继续完成的，视为可以结题；由于提供文件资料不详难以判断，或目标任务完成不足，但原因难以确定等导致验收结论争议较大的，视为需要重新审议。

第四十二条 需要重新审议的项目，承担单位在接到验收意见通知三个月内，需再次提出验收申请。

第四十三条 凡具有下列情况之一的按不通过验收处理。

1. 未达到合同（计划任务书）规定的主要技术、经济指标的。

2. 所提供的验收文件资料不真实的。

3. 项目研究的内容、目标、技术路线等已进行了较大调整，但未曾得到科技环保部认可的。

4. 第二次验收未通过的。

第四十四条 项目验收小组完成验收工作后，提出验收评估意见，并最终由集团公司科技环保部形成验收结论意见后以文件形式下达。

第四十五条 验收完成后，项目承担单位须将全部验收材料装订成册，报科技环保部备案（一式二份，电子版一份）。

第四十六条 集团公司重大科技项目完成后，原则上在1~3年内对其成果的推广使用、产业化情况等进行后评估。

第四十七条 后评估工作由集团公司组织，原项目承担单位根据要求填报有关报表，集团公司组织专家进行评估。

第九章 科技项目的考核

第四十八条 集团公司对下达的科技项目依据合同（计划任务书）进行考核。重点考核内容为项目资金、进度和项目目标。

第四十九条 科技项目验收后三年内，集团公司将项目目标和经济指标纳入承担单位年度经营目标考核。

第五十条 项目承担单位在项目申报和实施过程中弄虚作假、管理不力，造成严重结果的，将追究有关人员责任。

第十章 科技项目资金管理

第五十一条 科技项目资金使用纳入集团公司综合计划管理与预算管理，统一安排。

第五十二条 科技费用来源：

1. 根据国家有关规定及年度经营目标按一定比例计入成本的技术开发费。

2. 集团公司自筹的用于企业技术升级和技术进步的技改资金。

3. 集团公司所属企业或项目承担单位自筹资金。

4. 向国家有关部委申请的资金，如向国家科技部申请的“863 计划”专项科研费用、向国家环保部门申请的用于环保科技开发补助资金等。

5. 其他资金。

第五十三条 科技项目资金的使用

1. 对使用集团公司资金开展的科技项目，由集团公司按合同（计划任务书）划拨资金，承担单位统一使用，集团公司有关部门进行过程监督。

2. 对集团公司所属企业使用自有资金开展的科技项目，资金使用纳入年度预算，集团公司对项目统一管理。

3. 对于由集团公司出资资助进行的技术开发项目，在技术开发成功并通过验收鉴定后，有关专利、知识产权由集团公司按出资比例享有。

4. 对于未通过验收的科技项目，项目承担单位应承担责任，有关经济赔偿问题在合同（计划任务书）中明确并执行。

第五十四条 科技项目资金使用情况的监督和审查。

项目承担单位按季和年度对资金使用情况提出分析报告，分送科技环保部、财务产权部和监察审计部。集团公司根据项目情况，定期或不定期检查。

第十一章 知识产权

第五十五条 由集团公司委托开发和全额资助的项目，形成的知识产权归集团公司所有，所完成的发明创造以集团公司的名义申请专利，集团公司有权确定其使用范围，研究开发单位有优先使用权。未经集团公司同意，其成果不得转让或以技术入股、折资入股。

第五十六条 凡部分使用集团公司科技项目经费所形成的科技成果，其知识产权由各出资方按出资比例享有，所占份额在合同（计划任务书）中事先明确，相关权益由资助方和开发单位在合同（计划任务书）中约定。

第五十七条 由集团公司下达和委托开发项目形成的技术秘密的保密范围和期限在合同（计划任务书）中规定，开发人员和其他了解、接触技术秘密内容的有关人员，依照规定承担保密义务。在保密期内，未经集团公司允许，不得利用论文、期刊、书籍、交流等形式擅自披露其核心技术。

第五十八条 承担集团公司资助（集团公司出资额占 50%以上）项目开发的人员因工作变动离开集团公司系统和因离退休离开工作岗位的，在合同（计划任务书）约定期限内不得从事与该项目相同的科技开发和经营活动。

第十二章 附 则

第五十九条 本办法由集团公司科技环保部负责解释。

第六十条 本办法自发布之日起实行。

中国国电集团公司党风廉政、精神文明建设责任制考核办法（试行）

国电集党［2004］8 号

集团公司各分支机构，各直属、全资、控股单位党委（党组）：

《中国国电集团公司党风廉政、精神文明建设责任制考核办法（试行）》已经修订，现印发给你们，请认真执行。

附件：《中国国电集团公司党风廉政、精神文明建设责任制考核办法（试行）》

二〇〇四年三月十二日

附件：

中国国电集团公司党风廉政、精神文明建设责任制考核办法（试行）

第一章 总 则

第一条 为加强集团公司党风廉政和精神文明建设，明确各级党政领导班子和领导人员在党风廉政和精神文明建设的责任，根据中共中央、国务院《关于实行党风廉政建设责任制的规定》，中共中央企业工作委员会、中共中央组织部《关于中央企业领导人员廉洁自律若干规定的实施办法（试行）》，《中共中央关于加强精神文明建设若干重大问题的决议》等规定，为确保《中国国电集团公司党风廉政、精神文明建设责任书》的各项目标全面实现，提高集团公司党风廉政、精神文明建设水平，促进集团公司的物质、政治、精神三个文明协调发展，特制定本办法。

第二条 实行党风廉政和精神文明建设责任制是从制度上保证党政领导班子和领导人员对本单位党风廉政建设和精神文明建设切实负责的有效措施。各级党政领导班子和领导人员必须把党风廉政建设和精神文明建设作为企业党的建设的重要内容，与企业生产经营和其他业务工作同时计划、同时部署、同时落实、同时检查、同时考核。

第二章 指导思想和原则

第三条 建立、完善和实行党风廉政建设和精神文明建设责任制要以邓小平理论和“三个代表”重要思想为指导，坚持“两手抓、两手都要硬”的方针，贯彻落实党中央关于党风廉政建设和精神文明建设的有关部署和规定。

第四条 实行党风廉政建设和精神文明建设责任制，坚持“党委统一领导，党政齐抓共管，纪委组织协调，部门各负其责，依靠群众的支持和参与”的领导体制和工作机制。集团公司所属各单位党政正职为本单位党风廉政建设和精神文明建设第一责任人；集团公司本部职能部门的部门正职为所在部门党风廉政建设和精神文明建设第一责任人。

第五条 实行党风廉政和精神文明建设责任制必须坚持以下原则：

1. 从严治党、从严治企的原则。
2. 促进三个文明协调发展的原则。
3. 集体领导与分工负责相结合的原则。
4. 谁主管、谁负责，业务管理与党风廉政建设和精神文明建设责任相一致的原则。
5. 分级管理、层层落实的原则。
6. 责任追究的原则。

第三章 考 核 的 内 容

第六条 考核的具体内容：

1. 认真贯彻落实中央关于党风廉政建设和精神文明建设的有关制度、规定、工作部署和要求，分析研究职责范围内的党风廉政建设状况，结合本单位实际情况，研究制定加强本单位党风廉政建设和精神文明建设的规章制度和工作计划，并组织实施。

2. 全面落实“四大纪律，八项要求”，领导人员廉洁自律执行中纪委历次会议对国有企业领导人员规定以及集团公司党组所做出的有关自律规定，遵纪守法，履行职责，依法生产经营。组织党员、各级领导人员学习和领会党中央关于党风廉政建设和社会主义精神文明建设的精神，进行党风党纪、廉政建设教育，按照《公民道德建设实施纲要》的要求，加强精神文明建设教育。

3. 不断建立健全精神文明建设管理机制、党风廉政建设监督机制，把教育防范和制度约束结合起来，标本兼治，综合治理，从源头上预防和治理腐败。

4. 切实履行监督职责，对管辖范围内的党风廉政建设状况、领导班子和领导人员廉洁从业情况进行监督、检查和考核，发现问题及时解决。支持纪检组织、监察、审计等监督部门的工作，保障其履行职责。对精神文明建设的情况进行检查和考核。

5. 重视群众来信来访。对群众反映强烈的有关党风廉政建设方面的问题，认真对待，妥善解决。对违法违纪问题，组织和支持有关部门依纪依法查处。信访办结率不低于90%。

6. 创建精神文明先进单位应制定有相应的创建规划和措施。

第四章 考 核 的 对 象

第七条 凡与集团公司党组签订党风廉政、精神文明建设责任状的分公司（办事处）以及内部核算、全资、控股及其他单位均属考核范畴。

第八条 集团公司所属各单位领导班子对本单位的党风廉政建设和精神文明建设负全面领导责任。集团公司所属各单位党政领导正职、集团本部各职能部门的正职领导对职责范围内的党风廉政建设和精神文明建设负总责。集团公司所属各单位党政领导班子成员和集团本部各职能部门的领导根据分工对职责范围内的党风廉政建设和精神文明建设负直接领导责任。

集团公司直属党委在党组领导下，负责抓好直属党委党风廉政建设和精神文明建设。直属党委书记在机关党风廉政建设和精神文明建设方面对集团公司党组负责。直属党委领导根据分工对分管范围的党风廉政建设和精神文明建设负直接领导责任。

分公司（办事处）、国电电力、龙源公司、大渡河公司除按规定负责抓好本部的党风廉政建设和精神文明建设外，对其所属单位的党风廉政建设和精神文明建设责任制的落实负有领导责任和检查考核责任，对其区域内的其他单位的党风廉政建设和精神文明建设责任制的落实负有指导责任，以及配合集团公司有关部门的检查与考评责任。

第五章 考 核 的 方 法

第九条 集团公司所属各单位党风廉政建设和精神文明建设责任制的考核采取单位自查自评与集团公

司检查考核相结合的方法进行。

1. 各单位对照本办法和《中国国电集团公司党风廉政、精神文明建设责任考核评分表》(附表)，每半年对本单位执行《中国国电集团公司党风廉政、精神文明建设责任书》的情况进行一次自查，自查报告应于每年12月10日前上报集团公司政治工作部、监察审计部。

2. 在集团公司党组统一领导下，集团公司政治工作部、监察审计部牵头，分公司（办事处）配合组织若干考核小组于当年年底对各单位党风廉政、精神文明建设情况进行一次抽查或检查。在自查、抽查或检查的基础上，提出考评意见。

第十条 集团公司所属各单位党风廉政建设和精神文明建设责任制的考核采取定量与定性考核，上级考核与员工评议相结合的方法进行。

1. 定量考核。将考核指标分为七大类，每大类设定若干项，每项设定相应的标准分数和扣分标准。考核得分为每大类考核分数之和，每一大类各小项扣分相加数大于该大类标准分，则该大类以零分计。

2. 定性考核。对考核内容中的非定量项目，采取定性考核的方式。主要由考核小组采取听取汇报、查看资料、召开座谈、走访了解等方法综合评定。

3. 上级考核与员工评议均实行百分制，汇总权数分别为0.7和0.3。

第六章 考核的标准及奖惩

第十一条 综合考核结果分为“优秀、良好、合格、基本合格、不合格”五个等级。综合得分在95分及以上为“优秀”；综合得分在85分及以上，95分以下的为“良好”；综合得分在75分及以上，85分以下的为“合格”；综合得分在60分及以上，75分以下的为“基本合格”；综合得分在60分以下的为“不合格”。

第十二条 奖励与惩罚。

1. 具体奖惩办法按照《中国国电集团公司目标责任制考核管理暂行办法》执行。

2. 年内考核等级为“不合格”，责任单位要写出检查，并对其主要责任人进行警示谈话。

3. 连续两年考核等级为“不合格”，责令主要责任人辞职或对其免职。

第十三条 党风廉政和精神文明建设发生以下情况视为不合格：

1. 对直接管辖范围内发生的明令禁止的不正之风制止查处不力或对上级交办的党风廉政建设责任制范围的事项不办理，或对严重违纪违法问题隐瞒不报、压制不办、造成恶劣影响或群体事件的。

2. 领导班子成员尤其是党政一把手发生重大违纪违法案件，给企业造成重大经济损失或造成恶劣影响的。

3. 所辖企业员工中有国家明令禁止的非法组织骨干分子的、员工犯罪率超过规定比率的。

4. 授意、指使、纵容下属人员阻挠、干扰、对抗监督检查、案件查处，或者对办案人员、对检举控告人、证明人打击报复的。

5. 未按规定设立党组织、纪检组织或专责人员，不具备党风建设责任制实施条件的。

第十四条 在党风廉政建设和精神文明建设过程中，在教育内容和形式上，在制度的完善和立意上，在完善方式和方法上有创意和收到明显效果的，将给予经济上和荣誉上的奖励。

第七章 责任追究

第十五条 对党风廉政建设和精神文明建设实行责任追究，责任追究包括对领导班子责任追究、个人责任追究以及主要责任人追究，责任追究包括经济处罚和组织处罚两种方式，单独或并行处罚，处罚方式按集团公司三项责任制考核办法执行。

第十六条 组织处理主要包括通报批评、诫勉、停职检查、调离原工作岗位、降职使用、责令辞职、免职等。

第十七条 分公司（办事处）、国电电力、龙源公司、大渡河公司行政所辖单位出现党风廉政建设和精神文明建设责任制考评不合格，按单位比重扣除相应考评分数。

第八章 附 则

第十八条 集团公司所属各单位应根据本考核办法，制定和完善本单位的党风廉政、精神文明建设责任制及其他有关配套制度。

第十九条 本办法由集团公司负责解释。

第二十条 本办法自2004年1月1日起执行。

中国国电集团公司
员工基本行为规范

国电集政［2004］470号

集团公司各分支机构，各直属、全资、控股单位：

建立员工基本行为规范，是企业文化建设的重要组成部分，对于展示员工精神风貌，树立企业良好形象具有重要意义。根据国资委加快中央企业企业文化建设的文件精神，按照《公民道德建设实施纲要》和《中国国电集团公司企业文化建设实施纲要》的要求，集团公司制定了《中国国电集团公司员工基本行为规范（试行）》，现予以印发，请各单位结合实际组织实施，并将贯彻落实情况报集团公司政治工作部。

附件：1.《中国国电集团公司员工基本行为规范（试行）》

2.《中国国电集团公司员工基本行为规范口诀歌》

二○○四年十二月一日

附件 1：

中国国电集团公司员工基本行为规范（试行）

第一章 总 则

第一条 为规范集团公司系统员工行为，提高员工综合素质，体现员工精神风貌，塑造企业良好形象，落实“做实、做新、做大、做强”的工作方针，按照《公民道德建设实施纲要》和《中国国电集团公司企业文化建设实施纲要》的要求，制定本规范。

第二条 实施员工行为规范，坚持以人为本；坚持全员参与；坚持科学文明、务实创新；坚持重在建设，持之以恒，培育员工良好的行为习惯。

第三条 本规范适用于中国国电集团公司本部，各分支机构，各直属、全资、控股单位以及各筹建处全体员工。

第二章 社会公德规范

第四条 热爱祖国，关爱社会。热爱党、热爱祖国、热爱社会主义，增强民族自豪感，牢固树立中华民族和国家利益至上的意识，努力为祖国的繁荣富强勤奋工作。伸张正义，见义勇为，热心公益活动，扶贫帮困，维护社会秩序和公共利益，促进社会全面发展。

第五条 奉公守法，诚实守信。学法、知法、守法，正确行使权力和履行义务，敢于同违法行为作斗争。光明磊落，开诚布公，表里如一，言行一致，说实话，办实事，讲信誉，守信用。

第六条 文明礼貌，助人为乐。加强道德修养，提高文明素养，注重公众形象，弘扬集体主义精神，发扬传统美德，关爱他人，互相帮助，努力营造和谐相处、健康向上的良好氛围。

第七条 爱护公物，保护环境。树立科学发展观，增强环保意识，维护公共环境，爱护公共财物，保护公共利益，正确处理人与自然之间的关系，绿化、净化、美化环境。

第三章 职业道德规范

第八条 忠诚事业，忠诚集团。坚定不移地贯彻执行党和国家的路线、方针、政策。弘扬“以电兴业、强企报国”的企业精神，在政治上、思想上、行动上始终与集团公司保持高度一致，自觉维护企业利益，努力树立国电形象。

第九条 爱岗敬业、岗位成才。热爱本职工作，任劳任怨、兢兢业业；立足本职岗位，精通业务，勤奋有为，增强工作主动性、创造性，争做本岗位的行家能手。

第十条 科学严谨，务实创新。树立科学严谨的工作态度，培养求真务实的工作作风。实事求是，一丝不苟，关注细节，精益求精，勇于创新，务求实效，力求完美。

第十一条 公正廉洁，乐于奉献。牢记“两个务必”，树立高尚的人格品行，公道正派，秉公办事；坚持原则，不徇私情；廉洁自律，淡泊名利；立足岗位，奉献社会。

第十二条 团结进取，追求卓越。树立市场意识、竞争意识、效益形象、团队意识，同心同德，互助友爱，凝聚力量，培育团队精神，发挥团队作用，增强团队执行力，艰苦奋斗，厉行节约，开拓进取。

第四章 岗位工作规范

第十三条 严格管理，保证安全。贯彻“安全第一，预防为主”的方针，树立安全意识，落实安全责任，严格执行安全规程，认真开展安全活动，强化防范措施，确保安全生产。

第十四条 坚持标准，遵章守纪。严格执行工作标准，规范工作行为，遵守规章制度和工作纪律，照章办事，令行禁止。树立服务意识，重视作风建设，严守企业秘密，坚持“六提倡六反对”，体现示范作用。

第十五条 尽职尽责，优质高效。树立强烈的事业心和责任感，把握职业操守，履行岗位职责，服从组织安排，保证工作质量，提高工作效率，创造一流业绩。

第十六条 密切协作，共同进步。同事之间大事讲原则，小事讲风格，互相信任，分工合作，加强沟通，顾全大局，不推诿扯皮，不推卸责任，营造积极进取的工作氛围。

第十七条 勤于学习，超越自我。树立终身学习理念，勤于学习，善于思考，钻研业务技术，正确地做事，做正确的事。在工作中学习，在实践中提高，不断挖掘潜能，提升自身素质，体现人生价值。

第五章 家庭美德规范

第十八条 尊老爱幼，男女平等。发扬中华民族传统美德，尊敬老人，孝敬父母，体谅长辈，教育子女。坚持男女平等，努力做到相互尊重、相互信任、相互理解。

第十九条 夫妻恩爱，相敬如宾。互敬、互爱、互信、互勉、互助、互谅，营造幸福美满、和谐温馨的家庭生活氛围。

第二十条 勤俭持家，文明健康。倡导文明健康的生活方式，树立正确的消费理念，移风易俗，勤俭节约，不铺张浪费，不盲目攀比。

第二十一条 邻里和睦，互相帮助。邻里之间相互尊重，以礼相待，严以律己，宽以待人，共同创造和睦相处、和谐融洽的邻里关系和生活环境。

第六章 社交礼仪规范

第二十二条 服饰得体，精神饱满。在社交活动和公众场合中，穿戴整洁，协调规范，讲究卫生，始终保持良好的精神状态，体现国电员工的风采。

第二十三条 举止文雅，仪态大方。懂礼仪，讲礼节，有礼貌，自觉使用文明语言，做到立姿端正、坐姿文雅、走姿稳重，表情自然，仪容端庄。

第二十四条 谦虚谨慎，热情周到。待人态度和蔼、诚恳，为人谦逊，待人真诚，虚怀若谷，胸襟坦荡，不卑不亢，热情服务，细致周到。

第二十五条 理解宽容，互相尊重。善于换位思考，多为他人着想，与人为善，尊重人、理解人、关心人、爱护人。严格时间观念，专注守时，礼遇待人，信守诺言，体现时代精神，形成良好道德风尚。

附件 2：

中国国电集团公司员工基本行为规范口诀歌

爱国爱企 敬业忠诚
服务社会 奉献动能
遵纪守法 廉洁勤政
务实创新 素质过硬
助人为乐 礼貌文明
爱惜公物 保护环境
尊老爱幼 男女平等
家庭和睦 邻若亲朋
举止大方 友好热情
诚实守信 理解宽容

十七、光 荣 榜

先 进 集 体

“中央国家机关文明单位”获得单位

中国国电集团公司

全国“五一劳动奖状”获得单位

国电谏壁发电厂
国电菏泽发电厂
国电合山发电厂
国电电力朝阳发电厂主机班

省、部级以上荣誉称号获得单位

获奖单位	荣誉称号	表彰机关	表彰时间（年.月）
国电集团公司	中国企业文化建设十大杰出贡献单位	中国企业文化促进会	2004.10
国电电力发展股份有限公司	中央企业先进集体	国家人事部、国资委	2004.09
国电衡丰发电有限公司	迎峰度夏工作先进企业	河北省人民政府	2004.01
	河北省思想政治工作先进企业	河北省委宣传部、组织部、企业工委、省总工会	2004.03
	河北省文明单位	河北省委、省政府	2004.08
国电一五O发电厂	河北省文明单位	河北省委、省政府	2004.08
	全国发电系统厂务公开先进单位	中国能源化学工会	2004.10
国电滦河发电厂	全国“安康杯”竞赛优胜企业	中华全国总工会、国家安全生产管理局	2004.01
国电太原第一发电厂	山西省文明单位	山西省精神文明建设委员会	2004.06
国电双鸭山发电有限公司	全国五四红旗团委	共青团中央	2004.01
国电双辽发电有限公司	吉林省明星企业	吉林省社会经济综合评价委员会	2004.05
	吉林省模范集体	吉林省委、省政府	2004.09
国电吉林热电厂	全国“安康杯”竞赛优胜企业	中华全国总工会、国家安全生产管理局	2004.01
	吉林省明星企业	吉林省社会经济综合评价委员会	2004.05
	吉林省模范集体	吉林省委、省政府	2004.09
	全国争创活动示范单位	全国争创活动领导小组	2004.12

续表

获奖单位	荣誉称号	表彰机关	表彰时间（年.月）
国电辽宁节能环保开发公司沈阳热电厂	全国发电系统厂务公开先进单位	中国能源化学工会	2004.10
国电北仑第一发电有限公司	中国企业文化建设先进单位	中国企业文化促进会	2004.10
国电谏壁发电厂	中央企业先进集体	国家人事部、发改委	2004.10
	全国发电系统厂务公开先进单位	中国能源化学工会	2004.10
	江苏省思想政治工作优秀单位	江苏省委组织部、宣传部、发改委、经贸委、省总工会	2004.12
国电九江发电厂	江西省文明单位	江西省委、省政府	2004.04
	江西省优秀企业	江西省经贸委、省企业联合会、企业家协会	2004
国电万安水电厂	江西省文明单位	江西省委、省政府	2004.04
国电大武口发电厂	先进基层党组织	宁夏自治区国资委	2004.07
国电石嘴山发电厂	自治区思想政治工作先进单位	宁夏回族自治区	2004.11
国电石嘴山发电有限责任公司	全国开发建设水土保持示范工程单位	国家水利部	2004.02
	全国争创活动示范单位	全国争创活动领导小组	2004.12
	自治区先进工业企业	宁夏自治区政府	2004.12
	自治区文明单位	宁夏自治区党委	2004.12
	自治区“五四”红旗团委	共青团宁夏自治区委员会	2004.06
国电靖远发电有限公司	全国电力可靠性管理先进单位	中电联、中国能源化学工会	2004.10
	全国发电系统厂务公开先进单位	中国能源化学工会	2004.10
	全国电力行业优秀企业	中电联	2004.12
国电红雁池发电有限公司	自治区先进基层党组织	新疆自治区企业工作委员会	2004.06
国电吉林台水电开发有限公司	自治区文明单位	新疆自治区精神文明建设指导委员会	2004.12
国电菏泽发电厂	全国发电系统厂务公开先进单位	中国能源化学工会	2004.10
	全国“安康杯”竞赛优胜单位	中华全国总工会、国家安全生产管理局	2004.01
	全省信访工作先进单位	山东省委、省政府	2004.01
国电小龙潭发电厂	中国企业文化建设优秀成果奖	中国企业文化促进会	2004.10
	全国发电系统厂务公开先进单位	中国能源化学工会	2004.10
国电六郎洞水力发电厂	为云南电力生产和经济发展贡献单位	云南省政府	2004.06
国电安顺发电有限公司	贵州省“五一”劳动奖状	贵州省总工会	2004.04
	贵州省模范职工之家	贵州省总工会	2004.05
	全国发电系统厂务公开先进单位	中国能源化学工会	2004.10
	贵州省“五四”红旗团委	共青团贵州省委	2004.05

续表

获奖单位	荣 誉 称 号	表 彰 机 关	表彰时间（年·月）
海南大广坝水电开发有限公司	海南省工业发展重大贡献企业	海南省工业经济联合会、工业经济评审委员会	2004.04
国电大同第二发电厂	山西省模范集体	山西省委、省政府	2004.04
	山西省思想政治工作先进集体	山西省委宣传部、省总工会、思想政治工作研究会	2004.06
	全国电力可靠性管理先进单位	中电联、中国能源化学工会组织	2004.12
国电电力朝阳发电厂	辽宁省思想政治工作先进单位	辽宁省委	2004.12
	全国“安康杯”竞赛优胜单位	中华全国总工会、国家安全生产管理局	2004.01
国电电力大连开发区热电厂	辽宁省思想政治工作先进单位	辽宁省委宣传部、思想政治工作研究会	2004.04
	辽宁省模范职工之家	辽宁省总工会	2004.09
国电电力太平哨发电厂	辽宁省思想政治工作先进单位	辽宁省委宣传部、组织部	2004.03
	辽宁省“五一”奖状	辽宁省总工会	2004.04
	辽宁省文明单位	辽宁省委	2004.11
国电宣威发电有限公司	云南省文明单位	云南省委、省政府	2004.01
国电邯郸热电厂	全国“安康杯”竞赛优胜单位	中华全国总工会、国家安全生产管理局	2004.01
	河北省先进集体	河北省政府	2004.04
	河北省文明单位	河北省委、省政府	2004.08
	河北省红旗团委	共青团河北省委	2004.04
国电大渡河流域水电开发有限公司	中央企业先进基层党组织	国资委党委	2004.06
国电龚嘴水力发电总厂	全国发电系统厂务公开先进单位	中国能源化学工会	2004.10
	全国电力可靠性管理先进单位	中电联、中国能源化学工会组织	2004.12
	全国市场诚信建设示范单位	国家工商总局	2004.12
国电荆门热电厂	全国发电系统厂务公开先进单位	中国能源化学工会	2004.10
	全国“安康杯”竞赛优胜单位	中华全国总工会、国家安全生产管理局	2004.01
	湖北省安全生产红旗单位	湖北省政府	2004.02
	湖北省电力迎峰度夏先进单位	湖北省政府	2004.11
国电成都热电厂	全国发电系统厂务公开先进单位	中国能源化学工会	2004.10
国电永福发电有限公司	全国发电系统厂务公开先进单位	中国能源化学工会	2004.10
国电电力朝阳发电厂	全国发电系统厂务公开先进单位	中国能源化学工会	2004.10

（政治工作部）

集团公司先进基层党组织

中共国电大渡河流域水电开发有限公司委员会
中共国电浙江北仑第一发电有限公司委员会
中共国电谏壁发电厂委员会
中共国电电力大同第二发电厂委员会
中共国电山东菏泽发电厂委员会
中共国电安顺发电有限公司委员会
中共国电太原第一热电厂委员会
中共国电荆门热电厂委员会
中共国电新疆红雁池发电有限公司委员会
中共新疆风力发电厂委员会
中共国电天津第一热电厂委员会
中共国电环境保护研究所委员会
中共国电双辽发电有限公司委员会
中共国电吉林热电厂委员会
中共国电河北衡丰发电有限责任公司委员会
中共国电宁夏石嘴山发电有限责任公司委员会
中共国电霍州发电厂委员会
中共国电南桠河发电厂委员会
国电靖远发电有限公司铁运部党支部
国电聊城发电厂仪电分场党支部
国电小龙潭发电厂发电部党支部
国电北安热电有限公司联合党支部
北京国电龙源环保工程有限公司党支部
国电双鸭山发电有限公司热工工区党支部
国电成都热电厂燃运车间党支部

（国电集党［2004］18号）

“国电一级奖状”获得单位

2004年“管理效益年活动”和目标责任制考核优胜单位

国电电力发展股份有限公司
龙源电力集团公司
国电长源电力发展股份公司
国电谏壁发电厂
国电北仑第一发电有限公司
国电大渡河流域水电开发有限公司龚嘴水力发电总厂
国电四川电力股份有限公司
国电衡丰发电有限公司
国电靖远发电有限公司
国电聊城发电厂
国电双鸭山发电有限公司
国电双辽发电有限公司
国电荆门热电厂
国电凯里发电厂
国电泉州发电有限公司
国电宁夏石嘴山发电有限公司
国电电力大同发电有限公司

（《中国国电》2005第一期）

“国电二级奖状”获得单位

一、2003年度实现安全生产目标成绩突出单位

国电谏壁发电厂
国电双辽发电有限公司
国电电力大同发电厂
国电北仑发电有限公司
国电聊城发电厂
国电甘肃靖远发电有限公司
国电衡丰发电有限公司
国电菏泽发电厂
国电电力宣威发电有限公司
国电万安水力发电厂

（国电集人［2004］143号）

二、清产核资先进集体

国电九江发电厂
国电荆门热电厂
国电双辽发电厂
国电天津第一热电厂
国电太原第一热电厂
国电成都热电厂
国电万安水力发电厂
国电红枫发电总厂
国电沙市热电厂
国电吉林热电厂
国电合山发电厂
国电霍州发电厂
国电华蓥山发电厂
国电小龙潭发电厂
国电大武口发电厂
国电滦河发电厂
国电龙源电力集团公司（含福霖公司）
国电北安热电有限责任公司
国电甘肃靖远第一发电有限责任公司
国电贵州安顺发电有限责任公司
国电兰州第二热电厂
国电四川电力股份有限公司

国电双鸭山发电有限公司
国电新疆风力发电厂
国电辽宁节能环保开发有限公司（含沈阳热电厂）
国电新疆红雁池第一发电有限责任公司
国电阳宗海发电有限公司
国电丹东海洋红风力发电有限责任公司
（国电集人［2004］438号）

“国电三级奖状”获得单位

获得200兆瓦、300兆瓦火电机组运行值班员技能竞赛团体前三名的单位

国电双辽发电有限公司
国电电力石嘴山发电有限公司
国电太原第一热电厂
国电九江发电厂
国电电力朝阳发电厂
国电吉林热电厂
（国电集人［2004］398号）

实现安全生产目标单位

国电集团公司表彰的2003年度实现安全生产目标单位

（一）分支机构、子公司

国电华北分公司
国电山东分公司
国电西北分公司
国电华东分公司
国电华中分公司
国电四川分公司
国电广西办事处
国电电力股份有限公司
龙源电力集团公司
国电长源电力股份有限公司
国电四川电力股份公司

（二）发电企业

国电双辽发电有限公司
国电辽宁节能环保开发有限公司沈阳热电厂
吉林热电厂
国电北安热电有限公司
国电滦河发电厂
国电天津第一热电厂
国电霍州发电厂
国电一五〇发电厂
河北衡丰发电有限责任公司
国电邯郸热电股份有限公司
国电滨海电力有限公司
山东菏泽发电厂
山东聊城发电厂
国电石嘴山发电厂
国电大武口发电厂
国电兰州热电厂
国电靖远发电有限公司
国电精河发电有限公司
国电红雁池发电有限公司
国电吉林台水电开发有限公司
国电北仑发电有限公司
国电谏壁发电厂
温州东屿发电厂
国电松源发电有限公司
国电长源陡岭子水电责任公司
国电沙市热电厂（国电长源江津热电厂）
国电万安水力发电厂
国电南河水力发电厂
国电江油发电厂
国电华蓥山发电厂
国电成都热电厂
国电岷江发电厂
国电南桠河流域水电开发有限公司
国电小龙潭发电厂
国电大寨水力发电厂
国电迪庆香格里拉发电有限公司
国电安顺发电有限公司
国电红枫水力发电厂
国电贵阳发电厂
国电合山发电厂
国电永福发电有限公司
国电荆门热电厂（国电荆门江山发电有限公司）
国电长源富水水力发电厂
大渡河流域开发公司瀑布沟水电站
国电南桠河发电厂
国电紫马电力有限公司
国电蜀润电力开发公司
国电电力云南宣威发电有限责任公司
国电电力大同发电厂
国电电力太平哨发电厂
国电电力桓仁发电厂
国电电力大连开发区热电厂
国电宁夏石嘴山发电有限责任公司
国电电力朝阳发电厂

国电电力大同发电有限公司
国电东山澳仔山风电有限公司
国电平潭长江澳风电有限公司
国电丹东海洋红风电有限公司
国电浙江风力发电有限公司
国电洁源风电有限公司
国电新疆风力发电厂
国电温岭江夏潮汐电站

（国电集人［2004］143号）

集团公司2004年度科技成果获奖单位

序号	成　果　名　称	主要完成单位	获　奖　类　别	获奖等级
1	煤粉锅炉等离子点火及稳燃技术	烟台龙源电力技术有限公司	国家科学技术进步奖	二等奖
2	双试验段环境风洞及其测控系统的研制	国电环境保护研究所	中国电力科学技术奖	二等奖
3	江苏省电力行业二氧化硫排放总量控制研究	国电环境保护研究所	中国电力科学技术奖	三等奖
4	600兆瓦“W”火焰锅炉安全经济环保运行	国电聊城发电厂	中国电力科学技术奖	三等奖

（总经理工作部）

中国国电集团年鉴

先　进　人　物

省部级以上荣誉称号获得者

获奖者姓名	所在单位	荣誉称号	表彰机关	表彰时间（年·月）
李学锋	国电衡丰发电有限公司	河北省劳动模范	河北省省政府	2004.04
孙裔文	国电衡丰发电有限责任公司	全国技术能手和青年岗位能手	劳动和社会保障部	
赵荣阁	国电滦河发电厂	河北省优秀青年企业家	共青团河北省委、省总工会等	2004.04
姜立军	国电滦河发电厂	河北省优秀共青团员	共青团河北省委	2004.05
史太平	国电霍州发电厂	山西省劳动模范	山西省委、省政府	2004.05
丁秀芹	国电双鸭山由始至终电有限公司	全国优秀共青团干部	中央企业团工委	2004.06
王吉伟	国电双辽发电厂	吉林省“五一劳动奖章”	吉林省总工会	2004.02
		吉林省劳动模范		2004.09
姜广伟 李少华	国电双辽发电有限公司	全国技术能手和青年岗位能手	劳动和社会保障部	
吕春颖	国电双辽发电厂	吉林省优秀团干部	共青团吉林省委	2004.05
赵　东	国电吉林热电厂	全国优秀工会劳动保护监督检查员	中华全国总工会	2004.09

续表

获奖者姓名	所在单位	荣誉称号	表彰机关	表彰时间（年·月）
吕　光	国电吉林热电厂	吉林省特等劳动模范	吉林省政府	2004.09
韩大卫	国电北仑第一发电有限公司	中央企业优秀共产党员	国资委	2004.05
任德军	国电华中分公司	电力迎峰度夏工作先进个人	湖北省政府	2004.11
胡　先 胡　勋	国电九江发电厂	全国技术能手和青年岗位能手	劳动和社会保障部	
郭文坚	国电九江发电厂	江西省优秀团干部	共青团江西省委	2004.05
汤方辉	国电万安水力发电厂	江西省“五一劳动奖章”	江西省总工会	2004.02
		江西省优秀厂长（经理）	江西省政府	2004.06
刘　彤	国电大武口发电厂	优秀青年企业家	宁夏自治区政府	2004.05
樊惠霞	国电大武口发电厂	全国投入产出先进个人	国家统计局	2004.08
任景锋	国电大武口发电厂	全国电力行业优秀教育培训管理工作者	中电联	2004.08
于云忠	国电双鸭山发电有限公司	黑龙江省劳动模范	黑龙江省政府	2004.09
孔莲花	国电大武口发电厂	全国电力可靠性管理先进个人	中电联	2004.10
胡文森	国电石嘴山发电厂	自治区杰出青年企业家	宁夏自治区政府	2004.06
张建莉	国电靖远发电有限公司	中央企业劳动模范	中电联、中国能源化学工会	2004.11
陶小林	国电红雁池发电有限公司	优秀党务工作者	新疆自治区企业工作委员会	2004.06
王　伟	国电红雁池发电有限公司	优秀共产党员	新疆自治区企业工作委员会	2004.06
张俊彪	国电红雁池发电有限公司	优秀共产党员	新疆自治区企业工作委员会	2004.06
崔　新	国电红雁池发电有限公司	优秀共产党员	新疆自治区企业工作委员会	2004.06
王开宇	国电精河发电有限公司	优秀共产党员	新疆自治区企业工作委员会	2004.06
闫保建	国电吉林台水电开发有限公司	优秀共产党员	新疆自治区企业工作委员会	2004.06
杨维钊	国电南桠河流域水电开发有限公司	全国电力可靠性管理先进个人	中电联、中国能源化学工会	2004.10
聂　旭	国电菏泽发电厂	山东省“富民兴鲁”劳动奖章	山东省总工会	2004.
盛兆峰	国电菏泽发电厂	中国优秀企业文化管理师	中国企业文化促进会	2004.10
张晓楠	国电菏泽发电厂	青春创业先进个人	共青团山东省委	2004.12
严　云	国电小龙潭发电厂	中央企业劳动模范	人事部、国资委	2004.
徐得浩	国电安顺发电有限公司	贵州省十大杰出青年岗位能手	贵州省总工会、省团委、省经贸委	2004.10
吴让宏	海南大广坝水电开发有限公司	海南省工业经济卓越成就奖	海南省工业经济联合会、工业经济奖励评审委员会	2004.04
王效荣	国电电力大同第二发电厂	山西省先进女职工	山西省总工会	2004.03
冯树臣	国电电力大同第二发电厂	山西省劳动模范	山西省委、省政府	2004.04
武　俊	国电大同发电有限公司	山西省劳动模范	山西省委、省政府	2004.04
刘金焕	国电大渡河流域水电开发公司	中央企业劳动模范	人事部、国资委	2004.09
万昌发	国电荆门热电厂	湖北省劳动模范	湖北省总工会	2004.05
文二小	国电太原第一热电厂	全国技术能手和青年岗位能手	劳动和社会保障部	
马　驰	国电吉林热电厂	全国技术能手和青年岗位能手	劳动和社会保障部	
张建伟	国电谏壁发电厂	中华技能大奖获得者	劳动和社会保障部	

（政治工作部）

集团公司优秀共产党员和优秀党务工作者

一、优秀共产党员

序号	获奖者姓名	所　在　单　位	部　门　和　职　务
1	韩大卫	国电浙江北仑第一发电有限公司	总经理
2	宋明谦	集团公司华北分公司	综合管理部主任
3	孙金国	集团公司东北分公司	副总经理
4	沈国民	集团公司华东分公司	总经理助理、生产经营部主任
5	吴　强	国电电力发展股份有限公司	监察审计部经理
6	张小峰	国电滦河发电厂	锅炉车间焊接班技术员
7	李学峰	国电一五〇发电厂	电气维修班班长
8	丁小明	国电谏壁发电厂	锅炉电焊班班长
9	邓荣清	国电万安水力发电厂	运行值守车间党支部书记、主任
10	狄伟康	国电九江发电厂	发电一部党总支书记、副经理
11	杜治祥	国电沙市热电厂	燃料分公司经理
12	陈　明	国电荆门热电厂	岷江火电公司计划经营部主任
13	周跃群	国电万源发电厂	党委书记、厂长
14	邓启福	国电华蓥山发电厂	检修公司经理
15	王建平	国电大武口发电厂	电气分场党支部书记
16	胡文森	国电石嘴山发电厂	厂　长
17	朱润洲	国电凯里发电厂	厂　长
18	郭贵方	国电红枫水力发电总厂	红岩电站副站长、党支部副书记
19	周群芳	国电贵阳发电厂	热工队自动保护班技术员
20	王　敏	国电大寨水力发电厂	副厂长兼总工程师
21	李明月	国电合山发电厂	设备管理部副主任
22	雷元太	国电长源电力股份有限公司	副总经理
23	陈旭伟	国电浙江北仑第一发电有限公司	副总工程师兼运行部主任
24	高福荣	国电四川南桠河流域水电开发有限公司	总工程师
15	汤　超	国电兰州热电厂	汽机本体班班长
26	闫保健	国电新疆吉林台水电开发有限公司	党委书记
27	王开宇	国电新疆精河发电有限公司	副总工程师兼生技科科长
28	王　洁	国电安顺发电有限公司	锅炉分场党支部书记
29	刘建华	国电靖远发电有限公司	华电化工公司铸锻班班长
30	何　志	国电阳宗海发电有限公司	运行值长
31	刘进全	国电天津滨海电力有限公司	运行部副经理
32	宗云泽	国电电力太平哨发电厂	实业总公司总经理
33	武锡彦	国电电力桓仁发电厂	维护分场一次班班长
34	孟繁业	国电电力朝阳发电厂	热机分厂主机班班长

续表

序号	获奖者姓名	所 在 单 位	部 门 和 职 务
35	李彩云	国电常州发电有限公司	工程部主任
36	刘文艳	国电康平发电厂	筹建处副主任
37	杨 浩	国电濮阳热电有限公司	总经理、党支部书记
38	刘学海	国电迪庆香格里拉发电有限责任公司	总经理
39	刘捌生	国电长源陡岭子水电有限公司	副总经理
40	王水龙	国电民权发电有限公司	副总经理
41	杨兴胜	四川紫马电力有限责任公司	总经理办公室主任
42	刘 毅	国电龙源电力集团公司	北京分公司常务副总经理
43	王 铮	国电新疆风力发电厂	安全生产部主任、党支部书记
44	王 冬	国电集团公司总经理工作部	秘书处处长
45	方少平	国电集团公司总经理工作部（国际合作部）	国际合作处处长
46	梅竞谊	国电集团公司计划发展部	综合计划处
47	赵宏兴	国电集团公司人力资源部	领导干部处一级职员
48	邵国勇	国电集团公司资金结算中心	主 任
49	肖建平	国电集团公司安全生产部	综合处副处长
50	陈冬青	国电集团公司工程建设部	综合处处长
51	崔利群	国电集团公司科技环保部	科技处
52	陈保卫	国电集团公司综合开发部	综合处处长
53	梁世斋	国电集团公司监察审计部	副主任
54	李俊生	国电集团公司政治工作部	组织宣传处副处长
55	姚建斌	国电物资有限公司	副总经理

二、优秀党务工作者

序号	获奖者姓名	所 在 单 位	部 门 和 职 务
1	万昌发	国电荆门热电厂	党委书记、厂长
2	马文举	国电大渡河流域水电开发有限公司	党委副书记、纪委书记、工会主席
3	王爱民	国电靖远发电有限公司	党委书记
4	张延儒	国电双鸭山发电有限公司	党委书记
5	郭清河	国电聊城发电厂	党委书记
6	杨怀柱	国电一五〇发电厂	党委书记
7	王保东	国电兰州热电厂	党委书记
8	王文彪	国电大武口发电厂	党委书记
9	武俊祥	国电北安热电有限公司	党委书记
10	曹广华	国电永福发电有限公司	党委书记
11	魏敏通	国电沈阳热电厂	党委副书记、纪委书记
12	张生华	国电霍州发电厂	党委副书记、纪委书记
13	赵 伟	国电太原第一热电厂	党委办公室主任
14	曾学军	国电环境保护研究所	党办主任
15	陶九元	国电湖北长源电力股份有限公司	党办副主任
16	高河生	国电衡丰发电有限责任公司	政工部主任、机关三党支部书记
17	韩刃白	国电石嘴山发电厂	党办主任
18	工家政	国电电力大连开发区热电厂	政工部部长
19	陈风威	国电长源富水水力发电厂	政工部主任
20	杨邯勇	国电邯郸热电厂	汽机车间党支部书记

（国电集党［2004］18号）

“国电二级奖章”获得者

一、为企业实现安全生产目标做出突出贡献者

序号	所 在 单 位	获 奖 名 单
1	华北分公司	李恩仪 高新贵
2	西北分公司	丁瑞琪
3	山东分公司	于安军 张宗辉
4	华中分公司	任德军 章志平
5	华东分公司	徐 斌 沈国民
6	四川分公司	陈武生 曾签名
7	广西办事处	梁庆廉 韦德华
8	国电电力发展股份公司	黎劼明 李 晛
9	国电长源电力股份有限公司	张 翔
10	龙源电力集团公司	吴 涌 迟 岩
11	国电四川电力股份有限公司	邓元明 高 建
12	国电吉林热电厂	苑永太 陈广志
13	国电双辽发电厂	孙金国 祝文东 王喜丰 常志民 陈宝举 吕彦明
14	国电辽宁节能环保开发有限公司沈阳热电厂	刘朋杰 孙琪凡
15	国电北安热电有限公司	徐全义 陈宝泉
16	国电北仑发电有限公司	韩大卫 钱忠文 吕一农 顾军民 张云华 苏尔杰
17	国电谏壁发电厂	朱跃良 曹 沂 朱哮水 马骏驰 方良春 张海民
18	国电谏壁发电厂技改工程	奚其美 钱新任
19	国电沙市热电厂	雷培银 王盛勤
20	国电荆门热电厂	万昌发 陈少华 彭 杰 黄海忠
21	国电长源富水水力发电厂	汪宇驰 胡志军
22	国电松源发电有限公司	王平程 鹏 清
23	国电南河水力发电厂	向宏砚
24	国电万安水力发电厂	汤方辉 陈垣熙 陈孝兴 赵锦江 龚 平
25	国电长源陡岭子水电有限公司	陈万亮 徐培辉
26	国电九江发电有限公司	段有勇 张 晓 蔡隆瑞
27	山东菏泽电厂	宋 健 付明时 赵铁军 丁学义 杨志奇 陈士星
28	山东聊城电厂	赵 平 殷培光 秦占峰 曹 刚 牛传杰 高传国
29	国电石嘴山发电厂	王志礼
30	国电大武口发电厂	陈士举 周晓勇 周根芳
31	国电靖远发电有限公司	杨尚谦 李文学 古世军 田年盛 孙永斌 胡晓峰
32	国电红雁池发电有限公司	杨艳军 王 伟 马玉明
33	国电精河发电有限公司	管世鹏 李 婧
34	国电吉林台水电开发有限公司	赵立远 王援生 高 闻

续表

序号	所 在 单 位	获 奖 名 单
35	国电兰州热电厂	张建忠 吕 群 贾进荣
36	国电衡丰发电有限公司	杨同贺 康世杰 杨宝林 王 强 谢宝良 安容芝
37	国电霍州发电厂	吕跃民 卫富业 周平安
38	国电天津热电厂	郭晓清 杨文清 邓洪来
39	国电滨海电力有限公司	郝 良 段可意
40	国电一五〇发电厂	陈彦强 韩宏才 王名安
41	国电邯郸热电股份有限公司	孟增其 李春山 石 莹
42	国电滦河发电厂	杨建国 石 博 李道军
43	国电安顺发电有限公司	白 江 吴登江 王 非
44	国电红枫水力发电厂	张荣贵 计 青
45	国电贵阳发电厂	陈树森 韩忠贵 李湘一
46	大渡河流域开发公司瀑布沟水电站	令狐克海 罗烈宇
47	国电合山发电厂	钟赵龙 覃树发 徐汉余
48	国电永福发电有限公司	卢云强 郑洪光
49	国电江油发电厂	罗先荣 何 敏
50	国电华蓥山发电厂	蒋子扬 郑 剑
51	国电成都热电厂	邓忠伟 黄邵清
52	国电岷江发电厂	王 勇
53	国电南桠河流域水电开发有限公司	陈建春 高福荣
54	国电南桠河发电厂	任荣跃
55	国电紫马电力有限公司	沈忠辉 马成骏
56	国电蜀润电力开发公司（含磨房沟）	张洪文 郝玉书
57	国电小龙潭发电厂	杨马逢 王晓祥 刘忠明 张玉昆
58	国电大寨水力发电厂	肖文祥 王 敏
59	国电迪庆香格里拉发电有限公司	张惠芳 高 杰
60	国电电力云南宣威发电有限公司	李宏远 李贵阳 宁存功 韩道勋 耿建伟 业跃鸿
61	国电电力云南宣威发电有限公司六期扩建工程	郑汝祥 崔光再
62	国电电力大同发电厂	冯树臣 王眉林 杨 东 尚佃军 王永胜 曲晓峰
63	国电电力大同发电有限公司	武 俊 伍 权 郑超英 赵瑞光
64	国电电力太平哨发电厂	孙 凯 于立平
65	国电电力桓仁发电厂	张棕棠 孙光武
66	国电电力大连开发区热电厂	肖景春 赵 健
67	国电电力宁夏石嘴山发电有限公司	王志成 贾长利 邵 华 庞 荣
68	国电电力朝阳发电厂	于学新 刘江源
69	国电东山澳仔山风电有限公司	王美涛
70	国电平潭长江澳风电有限公司	郭庆群
71	国电温岭江夏潮汐试验电站	柯友根
72	国电浙江风力发电有限公司	胡建平
73	国电丹东海洋红风电有限公司	杜立智
74	国电洁源风电有限公司	梁宝山
75	国电新疆风力发电厂	孙本年

（国电集人［2004］143号）

二、电价工作优秀工作者

序号	获奖者姓名	所 在 单 位	部 门 和 职 务
1	董 杰	国电东北分公司	生产经营部主任
2	丁瑞琪	国电西北分公司	生产经营部主任
3	薛年华	国电华中分公司	生产经营部副主任
4	唐文舒	国电贵州分公司	生产经营部副主任
5	沈国民	国电华东分公司	总经理助理
6	王作广	国电山东分公司	营销主管
7	周凤云	国电云南分公司	营销主管
8	姚 远	国电集团公司	市场营销部营销管理处处长
9	高 建	国电四川电力股份有限公司	总经理
10	高富斌	国电电力发展股份有限公司	市场营销部经理
11	黄会德	国电合山发电厂	副总会计师
12	朱晓萍	国电成都热电厂	副总经济师
13	蔺勇奇	国电霍州发电厂	财务部部长

（国电集人［2004］405号）

三、清产核资先进个人

序号	获奖者姓名	所 在 单 位	部 门 和 职 务
1	苑朋坤	国电集团公司财务产权部	清产核资办公室
2	殷 伟	国电集团公司财务产权部	清产核资办公室
3	李 平	国电集团公司财务产权部	清产核资办公室
4	夏正茂	国电集团公司财务产权部	清产核资办公室
5	刘 明	国电集团公司财务产权部	清产核资办公室
6	于 军	国电集团公司财务产权部	清产核资办公室
7	孟宪军	国电集团公司财务产权部	清产核资办公室
8	宗 立	国电集团公司财务产权部	产权处副处长
9	杨富锁	国电天津第一热电厂	副总会计师兼财务部主任
10	李玉歆	国电天津第一热电厂	财务部会计
11	王宝华	国电滦河发电厂	财务部会计
12	钱丽芳	国电邯郸热电厂	财务部会计
13	李淑英	国电霍州发电厂	财务部副主任
14	任贵明	国电太原第一热电厂	财务部副主任
15	陈璟林	国电太原第一热电厂	财务部会计
16	左 涛	国电吉林热电厂	财务部副主任
17	陈显文	国电江厦潮汐试验电站	财务部主任
18	梁广芬	国电万安水电厂	财务部主任
19	张 珑	国电万安水电厂	财务部会计
20	刘跃文	国电一五零发电厂	财务部主任
21	杨世炳	国电九江发电厂	副总会计师
22	黄晓明	国电九江发电厂	标准化及图书管理员专职
23	郑丽丽	国电沙市发电厂	财务部主管会计

续表

序号	获奖者姓名	所在单位	部门和职务
24	孙德刚	国电沙市发电厂	生产部专工
25	曾德勇	国电岷江发电厂	财务部主任
26	张仲良	国电成都热电厂	财务部主任
27	邓　敏	国电成都热电厂	财务部会计
28	赖　英	国电华蓥山发电厂	生产部专工
29	马桂玲	国电大武口发电厂	财务部主任
30	胡文森	国电石嘴山发电厂	厂长
31	丁文彦	国电石嘴山发电厂	总会计师
32	杨景双	国电凯里发电厂	会计
33	代　芳	国电红枫发电厂	财务部会计
34	刘　渝	国电贵阳发电厂	财务部副主任
35	李艳舒	国电云南小龙潭发电厂	财务部会计
36	陈　闯	国电合山火电厂	财务部副主任
37	崔卫疆	国电荆门发电厂	财务部会计
38	江　岚	国电荆门发电厂	财务部会计
39	曹　颖	国电六郎洞发电厂	财务部会计
40	郑　霄	国电大寨发电厂	财务部负责人
41	许晓红	国电松木坪电厂	财务部会计
42	周　雁	国电都匀发电厂	财务部会计
43	侯兴东	国电四川万源发电厂	财务部会计
44	凌宗山	国电南宁电厂管理处	财务部会计
45	曹明健	国电桂林电厂管理处	财务部会计
46	董真真	国电温州东屿发电厂	财务部主任
47	陈洪霞	国电天津滨海电力有限公司	财务部副经理
48	邢宝庆	国电衡丰发电有限责任公司	副总会计师
49	李彦瑾	国电邯郸热电股份有限公司	财务部会计
50	孙　雷	国电太一发电有限责任公司	生计部专工
51	张　雷	国电节能环保开发有限公司	财务部经理
52	李　丽	国电丹东海风力发电有限责任公司	财务部经理
53	吴秀松	国电双辽发电有限责任公司	生产部专工
54	李春祥	国电双鸭山第一发电有限责任公司	财务部会计
55	艾志刚	国电北安热电有限责任公司	财务部主任
56	朱秀兰	国电北安热电有限责任公司	财务部会计
57	刘兴锋	国电平潭长江澳风电开发有限公司	财务部主任
58	林裕琼	国电东山澳仔山风电开发有限公司	财务部主任
59	王正国	国电九江三期发电有限责任公司	财务部主任
60	闵　刚	国电九江三期发电有限责任公司	财务部会计
61	翟亚威	国电荆门江山发电有限责任公司	财务部会计

续表

序号	获奖者姓名	所 在 单 位	部 门 和 职 务
62	李 斌	国电松源发电有限责任公司	财务部主管会计
63	胡建忠	国电四川电力股份有限公司	财务部会计
64	徐 静	国电四川电力股份有限公司	财务部会计
65	胡 英	国电四川蜀润电力开发公司	财务部主任
66	张冬梅	国电南桠河流域水电开发公司	财务部主任
67	杨桂珍	国电洁源风电有限责任公司	财务部主任
68	周淑兰	国电靖远第一发电有限责任公司	财务部会计
69	徐海燕	国电红雁池第一发电有限责任公司	生产部专工
70	褚春萍	国电红雁池第一发电有限责任公司	财务部会计
71	魏 珍	国电吉林台水电梯级开发公司	财务部主任
72	院兆梅	国电精河发电有限责任公司	财务部主任
73	张惠莉	国电塔城铁厂沟发电有限责任公司	财务部主任
74	王朝瑞	国电天风发电股份有限公司	财务部会计
75	覃 勇	国电永福发电有限责任公司	财务部会计
76	梁雪莲	国电阳宗海发电有限责任公司	财务部会计
77	赵 华	国电阳宗海发电有限责任公司	基建工程组组长
78	石海鹰	国电香格里拉发电有限公司	财务部会计
79	刘 剑	国电安顺发电有限公司	财务部会计
80	高智时	国电湖州浙北发电工程公司	工作人员
81	王 怡	国电环境保护研究所	财务部会计
82	黄 涛	国电浙江风力发电发展有限责任公司	财务部会计
83	蔡秀莲	国电新疆风力发电厂	财务部主任
84	费 臻	龙源电力集团公司	财务产权部会计
85	刘树杰	龙源电力集团公司	财务产权部会计
86	董 春	中国福霖风能开发公司	财务部主任
87	周红霞	国电双辽发电厂	财务部会计
88	夏 青	国电双辽发电厂	财务部会计
89	杨承军	国电南河水力发电厂	财务部主任
90	王晰屏	国电兰州第二热电厂	财务部主任
91	张宏德	国电兰州第二热电厂	财务部副主任

（国电集人［2004］438号）

“国电三级奖章”获得者

一、获200兆瓦、300兆瓦火电机组运行值班员技能竞赛专业个人前三名获得者

序号	获奖者姓名	所 在 单 位	专 业
1	孙裔文	国电衡丰发电有限责任公司	300兆瓦锅炉专业
2	周 龙	国电安顺发电有限公司	300兆瓦锅炉专业
3	朱 浩	国电电力宣威发电有限公司	300兆瓦锅炉专业
4	姜广伟	国电双辽发电有限公司	300兆瓦汽机专业
5	宁如锋	国电菏泽发电厂	300兆瓦汽机专业

续表

序号	获奖者姓名	所 在 单 位	专 业
6	莫晓波	国电电力石嘴山发电有限公司	300兆瓦汽机专业
7	李少华	国电双辽发电有限公司	300兆瓦电气专业
8	贾育康	国电太原第一热电厂	300兆瓦电气专业
9	张 晔	国电电力石嘴山发电有限公司	300兆瓦电气专业
10	文二小	国电太原第一热电厂	300兆瓦集控专业
11	王 亮	国电电力石嘴山发电有限公司	300兆瓦集控专业
12	季正权	国电安顺发电有限公司	300兆瓦集控专业
13	胡 先	国电九江发电厂	200兆瓦锅炉专业
14	赵云生	国电电力大同第二发电厂	200兆瓦锅炉专业
15	杨留芳	国电阳宗海发电有限公司	200兆瓦锅炉专业
16	胡 勋	国电九江发电厂	200兆瓦汽机专业
17	赵玉坤	国电电力朝阳发电厂	200兆瓦汽机专业
18	王永召	国电电力邯郸热电股份有限责任公司	200兆瓦汽机专业
19	马 驰	国电吉林热电厂	200兆瓦电气专业
20	伏龙峰	国电电力朝阳发电厂	200兆瓦电气专业
21	顾秀敏	国电电力邯郸热电股份有限责任公司	200兆瓦电气专业

（国电集人［2004］398号）

二、电价工作先进工作者

序号	获奖者姓名	所 在 单 位	部 门 和 职 务
1	刘俊山	国电滦河发电厂	副总经济师
2	陈光立	国电天津第一热电厂	市场营销部部长
3	卢 彬	国电一五〇发电厂	副厂长
4	叶兴荣	国电华北分公司	营销财务部营销专责
5	魏建朝	国电太原第一热电厂（有限公司）	厂长（总经理）
6	孟凡泽	国电衡丰发电有限公司	副总经济师
7	吴 建	国电滨海电力有限公司	副总经理
8	李成斌	国电吉林热电厂	总会计师
9	国宪江	国电双鸭山发电有限公司	总会计师
10	王永春	国电双辽发电厂（发电有限公司）	副厂长（副总经理）
11	王玉红	国电北安热电有限公司	总会计师
12	秦 祥	吉林龙华热电股份有限公司	计划营销部主任
13	陈 剑	温州东屿发电厂	办公室副主任
14	王芯芳	国电谏壁发电厂	副总会计师
15	周珠峰	国电浙江北仑第一发电有限公司	计划处主任
16	胡文寿	浙北发电工程公司留守管理处	总经济师
17	梁明云	国电万安水力发电厂	党委书记
18	张金林	国电南河水力发电厂	生计科副主任
19	李觉华	国电九江发电厂（发电有限公司）	厂长（总经理）
20	叶远志	国电沙市热电厂	计划经营部副主任

续表

序号	获奖者姓名	所　在　单　位	部　门　和　职　务
21	王运河	国电荆门江山发电有限公司	计划经营部主任
22	赵成亚	国电松源发电有限公司	副总经理
23	曾德勇	国电岷江发电厂	财务部主任
24	周向东	国电南桠河流域水电开发有限公司	姚河坝电厂营销专责
25	唐　勇	国电大渡河流域水电开发有限公司	生产运营部副部长
26	马　宏	国电川渝分公司	营销主管
27	唐文章	国电华蓥山发电厂	市场营销部主任
28	周　军	万源发电厂	财务部主任
29	吴国荣	国电大武口发电厂	副总经济师
30	丁文彦	国电石嘴山发电厂	副厂长
31	焦宪同	国电靖远发电有限公司	副总经理
32	刘冬林	国电精河发电有限公司	副总经理
33	高培杰	国电塔城铁厂沟发电有限公司	总经理
34	王晰屏	国电兰州热电厂	财务科科长
35	梁建中	国电红雁池发电有限公司	总会计师
36	孟宪同	国电菏泽发电厂	副总经济师
37	程晓晖	国电聊城发电厂	副总会计师
38	肖文祥	国电大寨水力发电厂	厂　长
39	罗　华	国电六郎洞水力发电厂	总会计师
40	刘建玲	国电小龙潭发电厂	财务科副科长
41	刘　英	国电迪庆香格里拉发电有限公司	总会计师
42	黄向清	国电阳宗海发电公司	财务部主任
43	杨国民	国电红枫水力发电厂	计财部主任
44	郭　建	国电凯里发电厂	副厂长
45	王善林	国电凯里发电厂	副厂长（原都匀发电厂厂长）
46	胡应江	国电安顺发电有限公司	计划科科长
47	戴　鹤	国电贵阳发电厂	副厂长
48	韦德华	国电合山发电厂	副厂长
49	李志光	国电永福发电有限公司	副总经理
50	凌宗山	南宁电厂管理处	财务负责人
51	林　斌	桂林电厂管理处	主　任
52	刘晓华	国电电力发展股份有限公司	市场营销部业务经理
53	陈　钟	国电电力发展股份有限公司	东北分公司总经理
54	朱仁国	国电电力桓仁发电厂	副厂长
55	李桂华	国电电力太平哨发电厂	副总会计师
56	秦兰萍	国电电力大同发电厂	财务部副部长
57	赵晓梅	国电电力朝阳发电厂	副总会计师

续表

序号	获奖者姓名	所 在 单 位	部 门 和 职 务
58	陈 康	国电电力大连开发区热电厂	总会计师
59	霍晓明	国电宁夏石嘴山发电有限责任公司	计划部主任
60	赵建华	国电电力宣威发电有限公司	副总经理
61	王建平	国电邯郸热电厂（股份有限公司）	副厂长（副总经理）
62	华士超	上海外高桥第二发电有限责任公司	副总经理
63	王建庭	龙源电力集团公司	总经理助理
64	王继业	龙源电力集团公司	财务部经理
65	柯友根	国电温岭江厦潮汐实验电站	站 长
66	竺华敏	国电浙江风力发电有限公司	副总经理
67	郭庆群	国电平潭长江澳风电有限公司	总经理
68	王美涛	国电东山澳仔山风电有限公司	总经理
69	魏春利	国电新疆风力发电厂	总工程师
70	邱卓伟	国电汕头福澳风力发电有限公司	副总经理
71	杨桂珍	国电洁源风电有限公司	财务部经理
72	杨元顶	国电长源电力股份有限公司	财务总监
73	陈 洁	国电长源电力股份有限公司	营销专责
74	云新平	国电长源陡岭子水电有限公司	总会计师
75	杨 红	国电荆门热电厂	财务部主任
76	程三平	国电长源江津热电厂	财务部主任
77	朱征寰	国电长源青山发电有限公司	总经济师
78	兰 彬	国电四川电力股份有限公司	财务部经理
79	张 迅	国电四川电力股份有限公司	经营部副经理
80	李 凯	国电四川电力股份有限公司	经营部经理
81	李永递	国电南桠河发电厂	厂 长
82	闫福德	国电辽宁节能环保开发有限公司	沈阳热电厂副厂长
83	刘 虹	国电辽宁节能环保开发有限公司	沈阳热电厂总会计师
84	梅 孟	龙源电力集团公司计划发展部	高级项目经理
85	武婷婷	国电太原第一热电厂	化学车间
86	刘庆慧	国电滦河发电厂	燃料公司
87	刘春桂	国电集团公司市场营销部	综合管理处副处长
88	林 洪	国电集团公司市场营销部	市场开发处

（国电集人［2004］405号）

十八、统 计 资 料

集团公司主要经营指标

指标名称	单位	本年累计	上年累计	同比（%）
期末设备容量	万千瓦	2930.39	2534.13	15.6
水电	万千瓦	323.53	299.53	8.0
火电	万千瓦	2583.50	2214.30	16.7
风电	万千瓦	17.76	14.70	20.8
其他	万千瓦	5.60	5.60	0.0
发电量	亿千瓦时	1680.6	1371.9	22.5
水电	亿千瓦时	112.9	97.5	15.8
火电	亿千瓦时	1563.0	1268.2	23.2
风电	亿千瓦时	3.3	4.2	-20.4
其他	亿千瓦时	1.4	1.9	-27.1
上网电量	亿千瓦时	1559.3	1300.1	19.9
平均上网电价	元/千千瓦时	260.69	242.79	7.4
供热量	万吉焦	4418	4351	1.6
发电设备平均利用小时	小时	6038	5873	165
其中：火电平均利用小时	小时	6396	6248	148
供电标准煤耗	克/千瓦时	365.68	370.71	-5.03
厂用电率	%	6.60	6.41	0.19
新增容量	万千瓦	396.26	195.58	200.68
其中：基建新增容量	万千瓦	211.06	193.35	17.71
并购新增容量	万千瓦	203.4	2.23	201.17
资产总额	亿元	1007.49	752.69	254.80
主营业务收入	亿元	340.41	261.27	79.14
利润总额	亿元	18.6	14.3	4.30
资产负债率	%	75.2	71.4	3.80
现价工业劳动生产率（按总产值计算）	元/人	627159	547326	14.6
全部从业人员平均人数	人	76738	76305	433

注 1. 资产总额、主营业务收入、利润总额、资产负债率2004年为快报数，2003年为年报数。
2. 新增容量396.26万千瓦中除表中基建新增和并购新增外，还包括技改增容3万千瓦，退役减少1.2万千瓦，江油电厂改制转让减少20万千瓦。

集团公司现役电厂产权明细

	期末装机容量（万千瓦）	机组构成（台数×单机容量）	出资比例（%）
公司合计（按产权）	2930.39		
内部核算合计	766.83		
华北	166.00		
火电	166.00		
国电滦河发电厂	25.00	1×5+2×10	中国国电集团公司100%
国电天津第一热电厂	20.00	1×10+1×5+2×2.5	中国国电集团公司100%

续表

	期末装机容量（万千瓦）	机 组 构 成（台数×单机容量）	出资比例（%）
国电一五〇发电厂	21.00	2×5+2×5.5	中国国电集团公司 100%
国电霍州发电厂	40.00	4×10	中国国电集团公司 100%
国电太原第一热电厂	60.00	2×30	中国国电集团公司 100%
东北	10.00		
火电	10.00		
国电吉林热电厂	10.00	2×5	中国国电集团公司 100%
华东	162.50		
火电	162.50		
国电温州东屿发电厂	2.50	1×2.5	中国国电集团公司 100%
国电谏壁发电厂	160.00	4×（33－3）+3×10+2×5	中国国电集团公司 100%
华中	147.93		
水电	40.43		
国电万安水电厂	40.00	4×10	中国国电集团公司 100%
国电岷江发电厂	0.43	2×0.216	中国国电集团公司 100%
火电	107.50		
国电九江发电厂	66.00	2×20+12.5+13.5	中国国电集团公司 100%
国电成都热电厂	10.00	4×2.5	中国国电集团公司 100%
国电华蓥山发电厂	31.50	1×11+1×10+1×5+1×5.5	中国国电集团公司 100%
西北	52.00		
火电	52.00		
国电大武口发电厂	42.00	2×10+2×11	中国国电集团公司 100%
国电石嘴山发电厂	10.00	2×5	中国国电集团公司 100%
南方	228.40		
水电	32.40		
国电红枫水力发电厂	23.90	5×1+1×1.2+3×1.5+3×3.4+2×1.5	中国国电集团公司 100%
国电大寨水力发电厂	6.00	6×1	中国国电集团公司 100%
国电六郎洞水力发电厂	2.50	2×1.25	中国国电集团公司 100%
火电	196.00		
国电凯里发电厂	50.00	4×12.5	中国国电集团公司 100%
国电贵阳发电厂（火电）	40.00	2×20	中国国电集团公司 100%
国电小龙潭发电厂	60.00	6×10	中国国电集团公司 100%
国电合山火电厂	46.00	2×（7－0.5）+3×11	中国国电集团公司 100%
控股合计	1220.73		
华北	308.10		
火电	302.50		
国电衡丰发电有限公司	60.00	2×30	中国国电集团公司 40%；河北省建设投资公司 35%；香港丰能有限公司 25%
国电太原发电有限公司	62.50	2×30+2.5	中国国电集团公司 55%；山西省电力投资公司 45%

续表

	期末装机容量（万千瓦）	机组构成（台数×单机容量）	出资比例（%）
国电聊城发电厂	120.00	2×60	中国国电集团公司36.6%；法国电力公司19.6%；山东国际信托投资公司14.4%；香港中华发电有限公司29.4%
国电菏泽发电厂	60.00	2×30	中国国电集团公司36.6%；山东省国际信托投资公司14.4%；法国电力国际投资有限公司19.6%；香港中华发电有限公司29.4%
其他	5.60		
国电滨海电力有限公司	5.60	1×3.8+1×1.8	中国国电集团公司40%；天津泰达投资控股有限公司30%；天津市津能投资公司30%
东北	212.00		
火电	212.00		
国电双鸭山发电有限公司	82.00	2×21+2×20	中国国电集团公司74.4%；黑龙江省电力投资公司25.6%
国电双辽发电有限公司	60.00	2×30	中国国电集团公司60%；吉林省龙华热电股份有限公司40%
国电双辽发电厂	60.00	2×30	中国国电集团公司100%
国电北安热电有限公司	10.00	2×5	中国国电集团公司72.22%；黑龙江电力实业集团有限公司25%；黑龙江省北安市建设物业有限责任公司2.78%
华东	153.00		
火电	153.00		
国电浙江北仑第一发电有限公司	120.00	2×60	中国国电集团公司70%；浙江省能源集团有限公司30%
国电江苏苏源谏壁发电有限公司	33.00	1×33	中国国电集团公司33%；南通苏源实业有限责任公司2.5%；苏源集团江苏发电有限公司32.5%；扬州苏源集团有限公司2.5%；常州苏源集团有限公司2.5%；泰州开泰投资有限公司2.5%；镇江江南电力投资有限责任公司5%；连云港苏源集团有限公司2.5%；淮安苏源电力实业开发有限公司2.5%；宿迁苏源实业有限公司2%；江苏省电力燃料集团有限公司10%；盐城苏源投资有限公司2.5%
华中	238.20		
水电	143.20		
国电南椏河流域水电开发有限公司	13.20	3×4.4	中国国电集团公司64%；国电四川电力股份有限公司36%

续表

	期末装机容量（万千瓦）	机组构成（台数×单机容量）	出资比例（%）
国电大渡河流域水电开发有限公司	130.00	7×10+4×15	中国国电集团公司39%；国电电力发展股份有限公司51%；四川川投控股股份有限公司10%
火电	95.00		
国电松源发电有限公司	5.00	2×2.5	中国国电集团公司70%；湖北省宏源电力公司20%；湖北新元实业有限公司10%
国电九江发电有限公司	70.00	2×35	中国国电集团公司70%；江西省投资公司30%
国电荆门江山	20.00	2×10	中国国电集团公司45.13%；其他各地方电力开发公司54.87%
西北	150.20		
火电	150.20		
国电靖远发电有限公司	80.00	4×20	中国国电集团公司51.44%；甘肃省电力建设投资公司48.56%
国电精河发电有限公司	1.20	2×0.6	中国国电集团公司60%；新疆维吾尔自治区投资公司40%
国电塔城铁厂沟发电有限公司	5.00	1×5	中国国电集团公司65%；陕西电力尚德工贸公司25%；塔城地区国有资产投资经营公司10%
国电兰州热电厂	22.00	2×11	中国国电集团公司61.4%；甘肃省电力建设投资开发公司38.6%
国电红雁池发电有限公司	42.00	4×2.5+2×5.5+2×5+1×11	中国国电集团公司95.35%；新疆投资公司4.65%
南方	159.23		
水电	32.23		
国电迪庆香格里拉发电有限公司	8.23		
螺丝湾水电站	6.00	3×2	中国国电集团公司34%；云南滇能(集团)控股公司28%；云南省投资公司20%；迪庆州政府18%
冲江河一期水电站	2.23	1×2.23	中国国电集团公司34%；云南滇能(集团)控股公司28%；云南省投资公司20%；迪庆州政府18%
海南大广坝水电开发有限公司	24.00	4×6	中国国电集团公司66.1%；国家开发银行10.89%；中国长城资产管理公司23.01%
火电	127.00		
国电阳宗海发电有限公司	40.00	2×20	中国国电集团公司51%；云南红塔实业总公司32%；云南省投资公司17%

续表

	期末装机容量（万千瓦）	机组构成（台数×单机容量）	出资比例（%）
国电安顺发电有限公司	60.00	2×30	中国国电集团公司60%；贵州省开发投资公司40%
国电永福发电有限公司	27.00	2×13.5	中国国电集团公司60%；广西壮族自治区水电工程局5%；广西恒都有输变电工程有限公司11%；广西电力工程建设公司10%；广西广能水电公司14%
子公司合计	942.83		
国电电力发展股份有限公司	586.95		中国国电集团34%，龙源电力集团9.9%，辽宁省电力有限公司30.65%，社会公众流通股25.45%
国电电力发展股份有限公司（水电）	45.55		
国电电力太平哨发电厂	16.10	4×4.025	国电电力发展股份有限公司100%
国电电力桓仁发电厂	29.45	1×7.25+2×7.5+2×3.6	国电电力发展股份有限公司100%
国电电力发展股份有限公司（火电）	541.40		
国电电力大同第二发电厂	120.00	6×20	国电电力发展股份有限公司100%
国电电力朝阳发电厂	40.00	2×20	国电电力发展股份有限公司100%
国电电力大连开发区热电厂	12.40	2×5+2×1.2	国电电力发展股份有限公司100%
国电石嘴山发电有限公司	132.00	4×33	国电电力发展股份有限公司40%；中国国电集团公司10%；宁夏英利特电力（集团）股份有限公司30%；宁夏电力开发投资有限责任公司20%
国电宣威发电有限公司	120.00	4×30	国电电力发展股份有限公司41%；云南省送变电工程公司10%；云南省电力设计院5%；云南省火电建设公司10%；云南省开发投资有限公司34%
国电邯郸热电厂	5.00	2×2.5	国电电力发展股份有限公司100%
国电邯郸热电股份有限公司	40.00	2×20	国电电力发展股份有限公司39%；河北省电力建设第一工程公司15%；河北省电力建设第二工程公司10%；邯郸市电力信托公司10%；河北华瑞能源集团有限公司16%；河北省电力公司电力工会个人持股会10%
上海外高桥二期	180.00	2×90	国电电力发展股份有限公司40%；上海电力股份公司20%；申能股份40%
龙源电力集团公司	106.58		国电集团公司100%

续表

	期末装机容量（万千瓦）	机组构成（台数×单机容量）	出资比例（%）
江阴苏龙发电有限公司	88.50	2×13.75+2×14+1×33	雄亚（维尔京）有限公司25%；龙源电力集团公司2%；江苏电力发展股份有限公司25%；江阴电力投资有限公司25%；江苏三房巷集团有限公司16.7%；江苏茂源投资有限公司5.3%；江苏新长江实业集团公司1%
国电丹东海洋红风电有限公司	2.10	28×0.075	龙源电力集团公司67.14%；丹东光明电力有限公司32.86%
国电温岭江厦潮汐实验电站	0.32	1×0.05+1×0.06+3×0.07	龙源电力集团公司100%
国电浙江风力发电发展有限公司	3.18	33×0.06+5×0.06+15×0.06	龙源电力集团公司100%
国电平潭长江澳风电有限公司	0.60	10×0.06	龙源电力集团公司60%；福建省平潭县电力公司40%
国电东山澳仔山风电有限公司	0.60	10×0.06	龙源电力集团公司60%；福建省火电工程承包公司20%；福建省东山县电力公司20%
国电新疆风力发电厂	2.37	22×0.06+4×0.045+29×0.03	龙源电力集团公司100%
国电天风发电股份有限公司	3.39	56×0.06+1×0.03	龙源电力集团公司40%；新疆维吾尔自治区技术改造投资公司8%；新疆新能集团电力投资有限责任公司36%；新疆维吾尔自治区投资公司6%；新疆物价局劳动服务公司2%；乌鲁木齐高新技术产业开发公司4%；新疆特变电工股份有限公司4%
汕头福澳风力发电公司	0.30	15×0.02	龙源电力集团公司50%；汕头经济特区广南电力工程公司30%；南澳县风能开发总公司20%
国电洁源风电有限公司	5.22	34×0.06+36×0.085+4×0.03	龙源电力集团公司61%；甘肃省电力建设投资开发公司30%；兰州工企电力有限责任公司9%
国电长源电力发展股份有限公司	117.00		
国电长源电力发展股份公司（水电）	13.00		
国电长源富水水力发电厂	3.70	1×1.7+1×2	国电长源电力股份有限公司100%
国电长源陡岭子水电有限公司	7.05	3×2.35	国电长源电力股份有限公司63.04%；武汉宏林置业有限公司24.45%；荆门热电有限责任公司12.51%

续表

	期末装机容量（万千瓦）	机　组　构　成（台数×单机容量）	出资比例（%）
国电南河水力发电厂	2.25	3×0.75	国电长源电力股份有限公司100%
国电长源电力发展股份公司（火电）	104.00		
国电长源荆门发电分公司	40.00	2×20	国电长源电力股份有限公司100%
国电长源江津发电公司	11.50	1×6+1×5.5	国电长源电力股份有限公司100%
国电长源沙市热电厂	2.50	1×2.5	国电长源电力股份有限公司100%
国电长源第一发电有限公司	50.00	1×30+1×20	国电长源电力股份有限公司69.15%；阳新铝厂0.25%；孝感浩源电力是实业有限责任公司2.94%；湖北省电力开发公司5.19%；黄冈能源开发有限责任公司0.99%；湖北省电力公司15.27%；鄂城钢铁集团有限责任公司2.49%；荆州电力开发公司3.72%
国电四川电力股份有限公司	36.40		
国电四川电力股份有限公司（水电）	16.40		
国电南椏河发电厂	12.00	3×4	国电四川电力股份有限公司100%
四川蜀润磨房沟发电厂	2.90	2×1.45	四川蜀润电力开发有限公司70%；国电四川电力股份有限公司30%
四川紫马电力有限责任公司	1.50	3×0.5	国电四川电力股份有限公司55%；国家电力公司成都勘测设计院25%；石棉林业集团总公司20%
国电四川电力股份有限公司（火电）	20.00		
国电白马电厂	20.00	1×20	国电四川电力股份有限公司100%
国电辽宁节能环保开发有限公司	5.00		
国电沈阳热电厂	5.00	2×2.5	中国国电集团公司98%；辽宁电能发展有限公司2%
吉林龙华	90.9		中国国电集团公司27%；内部职工股21.65%；名门集团25.27%；其他法人股26.08%
长春热电一厂	4	1+2×1.2+0.6	
蛟河热电厂	2.4	2×1.2	
龙井热电厂	1.5	2×0.6+0.3	
白城热电厂	3	2×1.2+0.6	
龙潭热电厂	80	2×12.5+2×20+1×10+1×5	

注　期末装机容量合计中上海外高桥按180万千瓦的40%（72万千瓦）计算。

集团公司电力生产基本情况

	发电厂个数（个）	期末发电设备容量（万千瓦）		平均可调出力（千瓦）	发电量（万千瓦时）	上网电量（万千瓦时）	平均上网电价（元/千千瓦时）	发电设备平均利用小时（小时）	供电标准煤耗（克/千瓦时）	发电厂用电率（%）	平均设备容量（千瓦）
		合　计	其中：供热设备容量								
集团公司合计	86	29303920	4025000	26534820	16806012	15593457	260.69	6038	365.68	6.60	25792003
（按产权）											
内部核算	22	7668320	1407000	7633520	4855081	4428995	242.96	6319	389.44	8.02	7583653
控　股	27	12207300	945000	11967300	6956938	6521729	273.67	5928	353.79	5.66	11733700
子公司	37	9428300	1673000	6934000	4993993	4642733	259.17	5900	356.18	6.53	6474649
（按地区）											
华　北	13	6391000	1887000	6403000	3953201	3641099	273.62	6174	359.18	7.28	6403000
东　北	16	4179500	1283000	3290500	2189267	2022552	282.15	5068	359.21	6.58	3270500
华　东	10	4807000	25000	3177000	2687614	2546312	316.87	7013	341.95	4.84	2968400
华　中	21	5395320	190000	5415320	2584352	2418245	261.24	4834	380.59	5.41	5237476
西　北	11	3451800	640000	3404700	2354458	2159052	201.18	7174	369.97	7.45	3282124
南　方	15	5079300		4844300	3037120	2806197	234.17	6470	383.69	7.29	4630502
（按电厂类型）											
水　电	19	3235320		2995320	1128674	1109395	207.10	3625		0.43	2995320
火　电	58	25835000	4025000	23306200	15629878	14436179	263.60	6396	365.68	7.08	22583250
风　电	8	177600		177300	33287	34580	699.01	2114		0.04	157432
其　他	1	56000		56000	14172	13303	515.94	2531	332.89	5.51	56000
公司合计（按产权）	86	29303920	4025000	26534820	16806012	15593457	260.69	6038	365.68	6.60	25792003
内部核算合计	22	7668320	1407000	7633520	4855081	4428995	242.96	6319	389.44	8.02	7583653

续表

	发电厂个数（个）	期末发电设备容量（万千瓦）		平均可调出力（千瓦）	发电量（万千瓦时）	上网电量（万千瓦时）	平均上网电价（元/千千瓦时）	发电设备平均利用小时（小时）	供电标准煤耗（克/千瓦时）	发电厂用电率（%）	平均设备容量（千瓦）
		合 计	其中：供热设备容量								
华北	5	1660000	812000	1672000	1145475	1030182	238.69	6851	384.88	9.08	1672000
火电	5	1660000	812000	1672000	1145475	1030182	238.69	6851	384.88	9.08	1672000
国电滦河发电厂	1	250000		250000	174673	158245	325.42	6987	421.30	9.09	250000
国电天津第一热电厂	1	200000	212000	212000	132942	118473	331.51	6271	366.00	7.24	212000
国电一五〇发电厂	1	210000		210000	147639	134197	219.48	7030	428.00	8.74	210000
国电霍州发电厂	1	400000		400000	292861	263504	182.09	7322	409.37	10.02	400000
国电太原第一热电厂	1	600000	600000	600000	397360	355763	218.37	6623	341.18	9.13	600000
东北	1	100000	100000	120000	96335	84174	254.18	9634	360.16	7.36	100000
火电	1	100000	100000	120000	96335	84174	254.18	9634	360.16	7.36	100000
国电吉林热电厂	1	100000	100000	120000	96335	84174	254.18	9634	360.16	7.36	100000
华东	2	1625000		1600000	1133494	1068349	273.57	6975	359.72	5.70	1625000
火电	2	1625000		1600000	1133494	1068349	273.57	6975	359.72	5.70	1625000
国电温州东屿发电厂	1	25000	25000		16484	14905	517.15	6594	519.66	9.32	25000
国电谏壁发电厂	1	1600000		1600000	1117010	1053444	270.13	6981	357.46	5.65	1600000
华中	5	1479320	50000	1479320	652427	592713	267.62	4087	405.97	8.08	1479320
水电	2	404320		404320	66618	64907	229.11	1648		1.52	404320
国电万安水电厂	1	400000		400000	64606	62901	230.13	1615		1.56	400000
国电岷江发电厂	1	4320		4320	2012	2006	197.08	4657		0.29	4320
火电	3	1075000	50000	1075000	585809	527806	272.76	5005	405.97	8.89	1075000
国电九江发电厂	1	660000		660000	317226	287387	283.50	4806	379.44	8.26	660000
国电成都热电厂	1	100000	50000	100000	57602	50714	310.04	5760	508.59	11.29	100000
国电华蓥山发电厂	1	315000		315000	163223	147546	239.03	5182	422.69	9.27	315000

续表

	发电厂个数（个）	期末发电设备容量（万千瓦）		平均可调出力（千瓦）	发电量（万千瓦时）	上网电量（万千瓦时）	平均上网电价（元/千千瓦时）	发电设备平均利用小时（小时）	供电标准煤耗（克/千瓦时）	发电厂用电率（%）	平均设备容量（千瓦）
		合计	其中：供热设备容量								
江油发电厂					47758	42159					
西北	2	520000		473200	387731	348765	188.17	7639	403.18	8.68	507541
火电	2	520000		473200	387731	348765	188.17	7639	403.18	8.68	507541
国电大武口发电厂	1	420000	420000	373200	312704	282612	164.85	7673	397.00	8.55	407541
国电石嘴山发电厂	1	100000		100000	75027	66153	287.78	7503	429.11	9.20	100000
南方	7	2284000		2289000	1439620	1304812	224.78	6544	411.06	8.84	2199792
水电	3	324000		324000	102688	100474	171.49	3169		0.36	324000
国电红枫水力发电厂	1	239000		239000	65948	64468	188.60	2759		0.40	239000
国电大寨水力发电厂	1	60000		60000	21364	20984	152.54	3561		0.45	60000
国电六郎洞水力发电厂	1	25000		25000	15377	15022	124.53	6151		0.07	25000
火电	4	1960000		1965000	1336932	1204339	229.22	7127	411.06	9.49	1875792
国电凯里发电厂	1	500000		500000	365578	332153	205.75	7312	387.03	8.25	500000
国电贵阳发电厂（火电）	1	400000		400000	209009	189646	228.88	6450	375.70	9.11	324044
国电小龙潭发电厂	1	600000		605000	474936	426484	217.81	7916	421.15	9.83	600000
国电合山火电厂	1	460000		460000	287409	256056	278.95	6362	451.86	10.78	451749
控股合计	27	12207300	945000	11967300	6956938	6521729	273.67	5894	353.79	5.66	11733700
华北	5	3081000	625000	3081000	1709201	1598096	320.18	5548	341.85	6.21	3081000
火电	4	3025000	625000	3025000	1695029	1584792	318.53	5603	341.85	6.22	3025000
国电衡丰发电有限公司	1	600000		600000	390202	370021	321.21	6503	344.08	4.87	600000
国电太原发电有限公司	1	625000	625000	625000	383083	345136	242.74	6129	341.33	8.93	625000
国电聊城发电厂	1	1200000		1200000	601320	568433	348.88	5011	339.06	5.61	1200000
国电菏泽发电厂	1	600000		600000	320424	301202	344.84	5340	344.98	5.74	600000

续表

	发电厂个数（个）	期末发电设备容量（万千瓦）		平均可调出力（千瓦）	发电量（万千瓦时）	上网电量（万千瓦时）	平均上网电价（元/千千瓦时）	发电设备平均利用小时（小时）	供电标准煤耗（克/千瓦时）	发电厂用电率（%）	平均设备容量（千瓦）
		合　计	其中：供热设备容量								
其他	1	56000		56000	14172	13303	515.94	2531	332.89	5.51	56000
国电滨海电力有限公司	1	56000		56000	14172	13303	515.94	2531	332.89	5.51	56000
东北	4	2120000	100000	2120000	1086425	1005548	268.16	5125	355.72	6.39	2120000
火电	4	2120000	100000	2120000	1086425	1005548	268.16	5125	355.72	6.39	2120000
国电双鸭山发电有限公司	1	820000		820000	388808	356111	227.65	4742	370.46	8.21	820000
国电双辽发电有限公司	1	600000		600000	309912	288527	263.25	5165	342.98	4.85	600000
国电双辽发电厂	1	600000		600000	327701	308126	294.22	5462	343.97	5.12	600000
国电北安热电有限公司	1	100000	100000	100000	60004	52784	416.27	6000	395.27	9.48	100000
华东	2	1530000		1530000	940475	900127	348.32	7255	320.94	3.84	1296400
火电	2	1530000		1530000	940475	900127	348.32	7255	320.94	3.84	1296400
国电浙江北仑第一发电有限公司	1	1200000		1200000	873462	836936	348.40	7279	319.50	3.73	1200000
国电江苏苏源谏壁发电有限公司	1	330000		330000	67013	63191	347.26	6952	339.95	5.25	96400
华中	5	2382000		2382000	1216273	1166113	247.34	5106	370.81	3.29	2382000
水电	2	1432000		1432000	656621	647978	199.23	4585		0.18	1432000
国电南桠河流域水电开发有限公司	1	132000		132000	58898	57093	236.40	4462		0.15	132000
国电大渡河流域水电开发有限公司	1	1300000		1300000	597724	590885	195.63	4598		0.18	1300000
火电	3	950000		950000	559652	518135	307.52	5891	370.81	6.94	950000
国电松源发电有限公司	1	50000		50000	25814	22483	351.01	5163	582.01	12.90	50000
国电九江发电有限公司	1	700000		700000	416754	391268	313.04	5954	345.34	5.89	700000
国电荆门江山	1	200000		200000	117084	104384	277.43	5854	420.20	9.36	200000
西北	5	1502000	220000	1502000	1066508	975225	192.33	7101	377.12	7.51	1502000
火电	5	1502000	220000	1502000	1066508	975225	192.33	7101	377.12	7.51	1502000

续表

	发电厂个数（个）	期末发电设备容量（万千瓦）		平均可调出力（千瓦）	发电量（万千瓦时）	上网电量（万千瓦时）	平均上网电价（元/千千瓦时）	发电设备平均利用小时（小时）	供电标准煤耗（克/千瓦时）	发电厂用电率（%）	平均设备容量（千瓦）
		合 计	其中：供热设备容量								
国电靖远发电有限公司	1	800000		800000	633131	582988	179.62	7914	357.69	6.99	800000
国电精河发电有限公司	1	12000		12000	7292	6576	323.09	6077	624.05	9.23	12000
国电塔城铁厂沟发电有限公司	1	50000		50000	25735	22930	220.81	5147	421.11	10.90	50000
国电兰州热电厂	1	220000	220000	220000	149797	136163	210.18	6809	337.00	7.02	220000
国电红雁池发电有限公司	1	420000		420000	250553	226569	207.64	5966	440.02	8.71	420000
南方	6	1592300		1352300	938056	876620	242.64	6633	373.02	6.64	1352300
水电	3	322300		82300	91248	89782	154.04	6104		0.20	82300
国电迪庆香格里拉发电有限公司	2	82300		82300	50233	49616	154.04	6104		0.20	82300
螺丝湾水电站	1	60000		60000	33207	32776	166.40	5535		0.28	60000
冲江河一期水电站	1	22300		22300	17026	16840	130.00	7635		0.05	22300
海南大广坝水电开发有限公司	1	240000			41015	40166					
火电	3	1270000		1270000	846808	786838	248.22	6668	373.02	7.02	1270000
国电阳宗海发电有限公司	1	400000		400000	257964	236290	254.85	6449	370.72	8.40	400000
国电安顺发电有限公司	1	600000		600000	381871	359737	217.00	6365	362.18	6.04	600000
国电永福发电有限公司	1	270000		270000	206973	190810	298.88	7666	396.08	7.12	270000
子公司合计	37	9428300	1673000	6934000	4993993	4642733	259.17	5900	356.18	6.53	6474649
国电电力发展股份有限公司	10	5869500	574000	5149500	3270978	3040185	239.15	6296	354.92	6.57	4887861
国电电力发展股份有限公司（水电）	2	455500		455500	104064	101072	284.52	2285		1.49	455500
国电电力太平哨发电厂	1	161000		161000	35703	34863	291.18	2218		1.42	161000
国电电力桓仁发电厂	1	294500		294500	68361	66209	281.01	2321		1.53	294500
国电电力发展股份有限公司（火电）	8	5414000	574000	4694000	3166914	2939113	237.48	6709	354.92	6.75	4432361
国电电力大同第二发电厂	1	1200000		1200000	797839	742367	211.94	6649	363.06	6.80	1200000
国电电力朝阳发电厂	1	400000		400000	256719	232741	285.28	6418	369.97	9.34	400000

续表

	发电厂个数（个）	期末发电设备容量（万千瓦）		平均可调出力（千瓦）	发电量（万千瓦时）	上网电量（万千瓦时）	平均上网电价（元/千千瓦时）	发电设备平均利用小时（小时）	供电标准煤耗（克/千瓦时）	发电厂用电率（%）	平均设备容量（千瓦）
		合　计	其中：供热设备容量								
国电电力大连开发区热电厂	1	124000	124000	124000	81375	73222	406.03	6563	410.72	7.17	124000
国电石嘴山发电有限公司	1	1320000		1320000	878005	811200	207.30	7422	346.92	7.01	1182951
国电宣威发电有限公司	1	1200000		1200000	658832	624194	242.07	6126	344.28	4.81	1075410
国电邯郸热电厂	1	50000	50000	50000	24011	19588	267.16	4802	254.17	7.30	50000
国电邯郸热电股份有限公司	1	400000	400000	400000	276674	250867	303.44	6917	361.47	7.83	400000
上海外高桥二期	1	1800000			193458	184934	375.00				
龙源电力集团公司	10	1065800		180500	446304	420574	726.61	2112		0.05	160632
龙源电力集团公司(火电)	1	885000			412378	385417					
江阴苏龙发电有限公司	1	885000			412378	385417					
龙源电力集团公司（风电及其他）	9	180800		180500	33926	35157	726.61	2112		0.05	160632
国电丹东海洋红风电有限公司	1	21000		21000	3289	3240	800.79	1566			21000
国电温岭江厦潮汐实验电站	1	3200		3200	638	577	2380.0	1995		0.24	3200
国电浙江风力发电发展有限公司	1	31800		31800	4747	4602	1404.00	1493			31800
国电平潭长江澳风电有限公司	1	6000		6000	1396	1338	750.00	2327			6000
国电东山澳仔山风电有限公司	1	6000		6000	1029	968	750.00	1714		0.73	6000
国电新疆风力发电厂	1	23700		23700	6454	7153	502.15	2723			23700
国电天风发电股份有限公司	1	33900		33600	9877	10971	508.10	2916			33875
汕头福澳风力发电公司	1	3000		3000	612	571	662.48	2041		1.06	3000
国电洁源风电有限公司	1	52200		52200	5884	5737	669.76	1835			32058
国电长源电力发展股份有限公司	7	1170000	140000	1190000	539175	494212	295.10	5327	366.09	7.12	1012156

续表

	发电厂个数（个）	期末发电设备容量（万千瓦）		平均可调出力（千瓦）	发电量（万千瓦时）	上网电量（万千瓦时）	平均上网电价（元/千千瓦时）	发电设备平均利用小时（小时）	供电标准煤耗（克/千瓦时）	发电厂用电率（%）	平均设备容量（千瓦）
		合　计	其中：供热设备容量								
国电长源电力发展股份公司(水电)	3	130000		130000	30989	29612	322.52	2384		0.28	130000
国电南河水力发电厂	1	22500		22500	6338	6051	283.09	2817		0.58	22500
国电长源富水水力发电厂	1	37000		37000	8053	7944	291.93	2176		0.23	37000
国电长源陡岭子水电有限公司	1	70500		70500	16599	15617	353.36	2354		0.19	70500
国电长源电力发展股份公司（火电）	4	1040000	140000	1060000	508186	464600	293.35	5761	366.09	7.54	882156
国电长源荆门发电分公司	1	400000		420000	255388	235246	232.06	6385	366.26	7.58	400000
国电长源江津发电公司	1	115000	115000	115000	58919	51897	340.49	5161	444.18	9.96	114153
国电长源沙市热电厂	1	25000	25000	25000	16026	12410	418.91	6411	257.70	9.89	25000
国电长源第一发电有限公司	1	500000		500000	177852	165046	356.45	5185	350.36	6.45	343003
国电四川电力股份有限公司	4	364000		364000	176477	165207	236.75	4848	374.78	5.70	364000
国电四川电力股份有限公司（水电）	3	164000		164000	75808	74993	172.22	4622		0.43	164000
国电南桠河发电厂	1	120000		120000	56890	56227	154.03	4741		0.41	120000
四川蜀润磨房沟发电厂	1	29000		29000	12917	12854	246.78	4454		0.49	29000
四川紫马电力有限责任公司	1	15000		15000	6001	5911	183.06	4000		0.49	15000
国电四川电力股份有限公司（火电）	1	200000		200000	100669	90214	290.39	5033	374.78	9.67	200000
国电白马电厂	1	200000		200000	100669	90214	290.39	5033	374.78	9.67	200000
国电辽宁节能环保开发有限公司	1	50000	50000	50000	29348	23685	480.80	5870	255.06	4.14	50000
国电沈阳热电厂	1	50000	50000	50000	29348	23685	480.80	5870	255.06	4.14	50000
吉林龙华	5	909000			531712	498870					
吉林龙华热电股份有限公司	5	909000			531712	498870					

注　期末发电设备容量合计中上海外高桥按 180 万千瓦的 40%（72 万千瓦）计算。

集团公司电力生产能力新增明细

	产权属性	所在地区	年初生产能力（千瓦）	本年新增能力				本年减少能力		年末生产能力（千瓦）	备注
				合计（千瓦）	基建新增（千瓦）	技改新增（千瓦）	其他新增（千瓦）	关停退役（千瓦）	其他减少（千瓦）		
集团公司合计			25341320	4174600	2110600	30000	2034000	－12000	－200000	29303920	
（按产权）											
内部核算			7660320	220000	200000	20000		－12000	－200000	7668320	
控　股			11637300	570000	330000		240000			12207300	
子公司			6043700	3384600	1580600	10000	1794000			9428300	
（按地区）											
华　北			6403000					－12000		6391000	
东　北			3270500	909000			909000			4179500	
华　东			2872000	1935000	1050000		885000			4807000	
华　中			5385320	210000	200000	10000			－200000	5395320	
西　北			3071200	380600	360600	20000				3451800	
南　方			4339300	740000	500000		240000			5079300	
（按电厂类型）											
水　电			2995320	240000			240000			3235320	
火　电			22143000	3904000	2080000	30000	1794000	－12000	－200000	25835000	
风　电			147000	30600	30600					177600	
其　他			56000							56000	

续表

	产权属性	所在地区	年初生产能力（千瓦）	本年新增能力				本年减少能力		年末生产能力（千瓦）	备注
				合计（千瓦）	基建新增（千瓦）	技改新增（千瓦）	其他新增（千瓦）	关停退役（千瓦）	其他减少（千瓦）		
新增生产能力明细											
国电天津第一热电厂	内部核算	华北	212000	0				－12000		200000	7号机退役
江油发电厂	内部核算	华中	200000						－200000		改制转让
国电大武口发电厂	内部核算	西北	400000	20000		20000				420000	技改增容
国电贵阳发电厂（火电）	内部核算	南方	0	200000	200000					200000	8号机投产
国电江苏苏源谏壁发电有限公司	控股	华东	0	330000	330000					330000	2号机投产
海南大广坝水电开发有限公司	控股	南方	0	240000			240000			240000	并购
国电石嘴山发电有限公司	子公司	西北	990000	330000	330000					1320000	4号机投产
国电宣威发电有限公司	子公司	南方	900000	300000	300000					1200000	10号机投产
上海外高桥二期	子公司	华东	0	900000	900000					900000	5号机投产
上海外高桥二期	子公司	华东	900000	900000	900000					1800000	6号机投产
江阴苏龙发电有限公司	子公司	华东	0	885000			885000			885000	并购
国电洁源风电有限公司	子公司	西北	21600	30600	30600					52200	新机投产
国电长源江津发电公司	子公司	华中	105000	10000		10000				115000	技改增容
国电长源第一发电有限公司	子公司	华中	300000	200000	200000					500000	11号机投产
吉林龙华热电股份有限公司	子公司	华北	0	909000			909000			909000	并购
长春热电厂			0	40000			40000			40000	
蛟河热电厂			0	24000			24000			24000	
龙井热电厂			0	15000			15000			15000	
白城热电厂			0	30000			30000			30000	
龙潭热电厂			0	800000			800000			800000	

注 生产能力合计中上海外高桥按180万千瓦的40%（72万千瓦）计算。

集团公司发电技术经济指标情况

	发电量（万千瓦时）	发电消耗标准煤量（吨）				发电标准煤耗（克/千瓦时）	供电标准煤耗（克/千瓦时）	发电燃料消耗			发电厂用电量（万千瓦时）	发电厂用电率（%）
		合计	煤折	油折	气折			原煤（吨）	燃油（吨）	燃气（万立方米）		
集团公司合计	16806012	49127563	48962032	117168	47456	340.00	365.68	75997296	82925	3931	15579691	6.60
（按产权）												
内部核算	4855081	16566437	16516466	46187	2876	356.00	389.44	26979691	32590	242	4807323	8.02
控股	6956938	20587415	20499787	43049	44580	332.00	353.79	30654647	30074	3689	6915923	5.66
子公司	4993993	11973711	11945779	27932		333.00	356.18	18362957	20262		3856445	6.53
（按地区）												
华北	3953201	13165361	13084123	36658	44580	333.00	359.18	18388375	25571	3689	3953201	7.28
东北	2189267	5182170	5175058	7112		334.00	359.21	9434080	5157		1657555	6.58
华东	2687614	6747593	6740071	7522		325.00	341.95	9177048	5046		2081778	4.84
华中	2584352	5982404	5948797	29823	2876	351.00	380.59	9287370	22126	242	2536594	5.41
西北	2354458	7979986	7968969	11018		342.00	369.97	11488185	7707		2354458	7.45
南方	3037120	10070049	10045015	25034		354.00	383.69	18222238	17319		2996105	7.29
（按电厂类型）												
水电	1128674										1087659	0.43
火电	15629878	49082983	48962032	117168	2876	340.00	365.68	75997296	82925	242	14444572	7.08
风电	33287										33287	0.04
其他	14172	44580			44580	315.00	332.89			3689	14172	5.51
公司合计（按产权）	16806012	49127563	48962032	117168	47456	340.00	365.68	75997296	82925	3931	15579691	6.60
内部核算合计	4855081	16566437	16516466	46187	2876	356.00	389.44	26979691	32590	242	4807323	8.02
华北	1145475	4008230	3997841	10389		349.92	384.88	6150881	7263		1145475	9.08

续表

	发电量（万千瓦时）	发电消耗标准煤量（吨）				发电标准煤耗（克/千瓦时）	供电标准煤耗（克/千瓦时）	发电燃料消耗			发电厂用电量（万千瓦时）	发电厂用电率（%）
		合计	煤折	油折	气折			原煤（吨）	燃油（吨）	燃气（万立方米）		
火电	1145475	4008230	3997841	10389		349.92	384.88	6150881	7263		1145475	9.08
国电滦河发电厂	174673	669012	666832	2180		383.01	421.30	1156773	1525		174673	9.09
国电天津第一热电厂	132942	451944	451373	571		339.95	366.00	646424	392		132942	7.24
国电一五〇发电厂	147639	576673	575078	1596		390.60	428.00	841376	1117		147639	8.74
国电霍州发电厂	292861	1078696	1077241	1455		368.33	409.37	1614020	1019		292861	10.02
国电太原第一热电厂	397360	1231904	1227317	4587		310.02	341.18	1892288	3211		397360	9.13
东北	96335	321414	319829	1585		333.64	360.16	453607	1180		96335	7.36
火电	96335	321414	319829	1585		333.64	360.16	453607	1180		96335	7.36
国电吉林热电厂	96335	321414	319829	1585		333.64	360.16	453607	1180		96335	7.36
华东	1133494	3845033	3840707	4326		339.22	359.72	5414272	2864		1133494	5.70
火电	1133494	3845033	3840707	4326		339.22	359.72	5414272	2864		1133494	5.70
国电温州东屿发电厂	16484	77678	77498	180		471.23	519.66	108039	126		16484	9.32
国电谏壁发电厂	1117010	3767355	3763209	4146		337.27	357.46	5306233	2738		1117010	5.65
华中	652427	1990082	1972004	14294	2876	321.57	405.97	3199130	10551	242	604669	8.08
水电	66618										66618	1.52
国电万安水电厂	64606										64606	1.56
国电岷江发电厂	2012										2012	0.29
火电	585809	1990082	1972004	14294	2876	321.57	405.97	3199130	10551	242	538051	8.89
国电九江发电厂	317226	1104242	1090885	12449		348.09	379.44	1631713	9385		317226	8.26
国电成都热电厂	57602	259883	257007		2876	451.17	508.59	437020		242	57602	11.29
国电华蓥山发电厂	163223	625957	624113	1845		383.50	422.69	1130397	1166		163223	9.27
西北	387731	1427601	1425846	1754		368.19	403.18	2244982	1199		387731	8.68
火电	387731	1427601	1425846	1754		368.19	403.18	2244982	1199		387731	8.68

续表

	发电量（万千瓦时）	发电消耗标准煤量（吨）				发电标准煤耗（克/千瓦时）	供电标准煤耗（克/千瓦时）	发电燃料消耗			发电厂用电量（万千瓦时）	发电厂用电率（%）
		合计	煤折	油折	气折			原煤（吨）	燃油（吨）	燃气（万立方米）		
国电大武口发电厂	312704	1135272	1134261	1011		363.05	397.00	1746359	673		312704	8.55
国电石嘴山发电厂	75027	292329	291585	744		389.63	429.11	498623	526		75027	9.20
南方	1439620	4974078	4960239	13839		372.05	411.06	9516819	9533		1439620	8.84
水电	102688										102688	0.36
国电红枫水力发电厂	65948										65948	0.40
国电大寨水力发电厂	21364										21364	0.45
国电六郎洞水力发电厂	15377										15377	0.07
火电	1336932	4974078	4960239	13839		372.05	411.06	9516819	9533		1336932	9.49
国电凯里发电厂	365578	1298125	1297136	989		355.09	387.03	2125301	680		365578	8.25
国电贵阳发电厂（火电）	209009	713678	711179	2499		341.46	375.70	1223173	1749		209009	9.11
国电小龙潭发电厂	474936	1803613	1800772	2841		379.76	421.15	4183138	1950		474936	9.83
国电合山火电厂	287409	1158663	1151153	7510		403.14	451.86	1985207	5154		287409	10.78
控股合计	6956938	20587415	20499787	43049	44580	332.00	353.79	30654647	30074	3689	6915923	5.66
华北	1709201	5478957	5414719	19658	44580	320.61	341.85	7290929	13682	3689	1709201	6.21
火电	1695029	5434377	5414719	19658		320.61	341.85	7290929	13682		1695029	6.22
国电衡丰发电有限公司	390202	1277170	1275580	1590		327.31	344.08	1628456	1112		390202	4.87
国电太原发电有限公司	383083	1190794	1188485	2309		310.85	341.33	1846214	1616		383083	8.93
国电聊城发电厂	601320	1924426	1914296	10131		320.03	339.06	2451774	7092		601320	5.61
国电菏泽发电厂	320424	1041987	1036358	5629		325.19	344.98	1364485	3863		320424	5.74
其他	14172	44580			44580	314.56	332.89			3689	14172	5.51
国电滨海电力有限公司	14172	44580			44580	314.56	332.89			3689	14172	5.51

续表

	发电量（万千瓦时）	发电消耗标准煤量（吨）				发电标准煤耗（克/千瓦时）	供电标准煤耗（克/千瓦时）	发电燃料消耗			发电厂用电量（万千瓦时）	发电厂用电率（%）
		合计	煤折	油折	气折			原煤（吨）	燃油（吨）	燃气（万立方米）		
东北	1086425	3617668	3613679	3989		332.99	355.72	6716883	2901		1086425	6.39
火电	1086425	3617668	3613679	3989		332.99	355.72	6716883	2901		1086425	6.39
国电双鸭山发电有限公司	388808	1322085	1319665	2420		340.04	370.46	1901116	1803		388808	8.21
国电双辽发电有限公司	309912	1011384	1010567	817		326.35	342.98	2195137	572		309912	4.85
国电双辽发电厂	327701	1069499	1068964	534		326.36	343.97	2327924	374		327701	5.12
国电北安热电有限公司	60004	214700	214483	217		357.81	395.27	292706	152		60004	9.48
华东	940475	2902560	2899364	3196		308.63	320.94	3762776	2182		940475	3.84
火电	940475	2902560	2899364	3196		308.63	320.94	3762776	2182		940475	3.84
国电浙江北仑第一发电有限公司	873462	2686700	2683879	2821		307.59	319.50	3493845	1935		873462	3.73
国电江苏苏源谏壁发电有限公司	67013	215860	215485	375		322.12	339.95	268931	247		67013	5.25
华中	1216273	1931285	1927121	4164		345.09	370.81	2810709	2905		1216273	3.29
水电	656621										656621	0.18
国电南桠河流域水电开发有限公司	58898										58898	0.15
国电大渡河流域水电开发有限公司	597724										597724	0.18
火电	559652	1931285	1927121	4164		345.09	370.81	2810709	2905		559652	6.94
国电松源发电有限公司	25814	130854	130706	149		506.91	582.01	309702	104		25814	12.90
国电九江发电有限公司	416754	1354497	1351500	2997		325.01	345.34	1858964	2019		416754	5.89
国电荆门江山	117084	445934	444915	1018		380.87	420.20	642043	782		117084	9.36
西北	1066508	3720008	3716403	3606		344.93	377.12	4996273	2547		1066508	7.51
火电	1066508	3720008	3716403	3606		344.93	377.12	4996273	2547		1066508	7.51

续表

	发电量（万千瓦时）	发电消耗标准煤量（吨）				发电标准煤耗（克/千瓦时）	供电标准煤耗（克/千瓦时）	发电燃料消耗			发电厂用电量（万千瓦时）	发电厂用电率（%）
		合计	煤折	油折	气折			原煤（吨）	燃油（吨）	燃气（万立方米）		
国电靖远发电有限公司	633131	2106324	2104767	1558		332.68	357.69	2851925	1091		633131	6.99
国电精河发电有限公司	7292	41307	41307			566.46	624.05	56467			7292	9.23
国电塔城铁厂沟发电有限公司	25735	96559	96422	137		375.21	421.11	151894	96		25735	10.90
国电兰州热电厂	149797	469352	468733	619		313.33	337.00	614686	457		149797	7.02
国电红雁池发电有限公司	250553	1006465	1005174	1291		401.70	440.02	1321301	904		250553	8.71
南方	938056	2936937	2928501	8437		346.82	373.02	5077077	5855		897041	6.64
水电	91248										50233	0.20
国电迪庆香格里拉发电有限公司	50233										50233	0.20
螺丝湾水电站	33207										33207	0.28
冲江河一期水电站	17026										17026	0.05
海南大广坝水电开发有限公司	41015											
火电	846808	2936937	2928501	8437		346.82	373.02	5077077	5855		846808	7.02
国电阳宗海发电有限公司	257964	875985	873624	2361		339.58	370.72	2229397	1602		257964	8.40
国电安顺发电有限公司	381871	1299539	1295715	3824		340.31	362.18	1795989	2677		381871	6.04
国电永福发电有限公司	206973	761413	759162	2252		367.88	396.08	1051691	1576		206973	7.12
子公司合计	4993993	11973711	11945779	27932		333.00	356.18	18362957	20262		3856445	6.53
国电电力发展股份有限公司	3270978	9840917	9824454	16462		330.96	354.92	14988415	11521		3077520	6.57
国电电力发展股份有限公司（水电）	104064										104064	1.49
国电电力太平哨发电厂	35703										35703	1.42
国电电力桓仁发电厂	68361										68361	1.53
国电电力发展股份有限公司（火电）	3166914	9840917	9824454	16462		330.96	354.92	14988415	11521		2973456	6.75

续表

	发电量（万千瓦时）	发电消耗标准煤量（吨）				发电标准煤耗（克/千瓦时）	供电标准煤耗（克/千瓦时）	发电燃料消耗			发电厂用电量（万千瓦时）	发电厂用电率（%）
		合计	煤折	油折	气折			原煤（吨）	燃油（吨）	燃气（万立方米）		
国电电力大同第二发电厂	797839	2699791	2698790	1001		338.39	363.06	3547575	698		797839	6.80
国电电力朝阳发电厂	256719	861058	860129	929		335.41	369.97	1683507	651		256719	9.34
国电电力大连开发区热电厂	81375	310273	309768	505		381.29	410.72	483071	354		81375	7.17
国电石嘴山发电有限公司	878005	2832377	2826719	5658		322.59	346.92	4246930	3961		878005	7.01
国电宣威发电有限公司	658832	2159034	2156275	2758		327.71	344.28	3628342	1931		658832	4.81
国电邯郸热电厂	24011	56575	56202	373		235.62	254.17	80094	261		24011	7.30
国电邯郸热电股份有限公司	276674	921808	916570	5238		333.17	361.47	1318896	3667		276674	7.83
上海外高桥二期	193458											
龙源电力集团公司	446304										33926	0.05
龙源电力集团公司（火电）	412378											
江阴苏龙发电有限公司	412378											
龙源电力集团公司（风电及其他）	33926										33926	0.05
国电丹东海洋红风电有限公司	3289										3289	
国电温岭江厦潮汐实验电站	638										638	0.24
国电浙江风力发电发展有限公司	4747										4747	
国电平潭长江澳风电有限公司	1396										1396	
国电东山澳仔山风电有限公司	1029										1029	0.73
国电新疆风力发电厂	6454										6454	
国电天风发电股份有限公司	9877										9877	
汕头福澳风力发电公司	612										612	1.06
国电洁源风电有限公司	5884										5884	

续表

	发电量（万千瓦时）	发电消耗标准煤量（吨）				发电标准煤耗（克/千瓦时）	供电标准煤耗（克/千瓦时）	发电燃料消耗			发电厂用电量（万千瓦时）	发电厂用电率（%）
		合计	煤折	油折	气折			原煤（吨）	燃油（吨）	燃气（万立方米）		
国电长源电力发展股份有限公司	539175	1720233	1710106	10126		338.50	366.09	2648625	7820		539175	7.12
国电长源电力发展股份公司（水电）	30989										30989	0.28
国电南河水力发电厂	6338										6338	0.58
国电长源富水水力发电厂	8053										8053	0.23
国电长源陡岭子水电有限公司	16599										16599	0.19
国电长源电力发展股份公司（火电）	508186	1720233	1710106	10126		338.50	366.09	2648625	7820		508186	7.54
国电长源荆门发电分公司	255388	864445	862495	1950		338.48	366.26	1247519	1490		255388	7.58
国电长源江津发电公司	58919	235637	235401	236		399.94	444.18	359031	161		58919	9.96
国电长源沙市热电厂	16026	37217	37106	111		232.22	257.70	56881	76		16026	9.89
国电长源第一发电有限公司	177852	582934	575104	7830		327.76	350.36	985194	6093		177852	6.45
国电四川电力股份有限公司	176477	340804	339564	1239		338.54	374.78	628906	850		176477	5.70
国电四川电力股份有限公司（水电）	75808										75808	0.43
国电南桠河发电厂	56890										56890	0.41
四川蜀润磨房沟发电厂	12917										12917	0.49
四川紫马电力有限责任公司	6001										6001	0.49
四电四川电力股份有限公司（火电）	100669	340804	339564	1239		338.54	374.78	628906	850		100669	9.67
国电白马电厂	100669	340804	339564	1239		338.54	374.78	628906	850		100669	9.67
国电辽宁节能环保开发有限公司	29348	71757	71653	104		244.51	255.06	97012	71		29348	4.14
国电沈阳热电厂	29348	71757	71653	104		244.51	255.06	97012	71		29348	4.14
吉林龙华	531712											
吉林龙华热电股份有限公司	531712											

集团公司供热技术经济指标情况

	期末供热设备容量（千瓦）	供热量（吉焦）	供热消耗标准煤量（吨）				供热标准煤耗（千克/吉焦）	供热燃料消耗			供热厂用电量（万千瓦时）	供热厂用电率（千瓦时/吉焦）	平均售热价（元/吉焦）
			合计	煤折	油折	气折		原煤（吨）	燃油（吨）	燃气（万立方米）			
集团公司合计	4025000	44184425	1798464	1749110	4321		40.70	2597960	3078		36839	8.34	16.84
（按产权）													
内部核算	1407000	18037573	708713	707112	1600		39.29	1034796	1170		14735	8.17	13.44
控股	945000	8079377	344290	343845	444		42.61	494385	311		8265	10.23	14.75
子公司	1673000	18067475	745462	698152	2277		41.26	1068779	1597		13839	7.66	21.18
（按地区）													
华北	1887000	19928752	807910	804997	2611		40.54	1184040	1828		18871	9.47	11.96
东北	1283000	15949674	656358	610004	1623		41.15	927832	1179		12279	7.70	22.06
华东	25000	82545	3633	3633			44.01	5058			43	5.20	
华中	190000	2546843	112940	112853	87		44.35	172971	71		2059	8.09	28.03
西北	640000	5676611	217623	217623			38.34	308059			3587	6.32	14.56
南方													
（按电厂类型）													
水电													
火电	4025000	44184425	1798464	1749110	4321		40.70	2597960	3078		36839	8.34	16.84
风电													
其他													
公司合计（按产权）	4025000	44184425	1798464	1749110	4321		40.70	2597960	3078		36839	8.34	16.84

续表

	期末供热设备容量（千瓦）	供热量（吉焦）	供热消耗标准煤量（吨）				供热标准煤耗（千克/吉焦）	供热燃料消耗			供热厂用电量（万千瓦时）	供热厂用电率（千瓦时/吉焦）	平均售热价（元/吉焦）
			合　计	煤　折	油折	气折		原煤（吨）	燃油（吨）	燃气（万立方米）			
内部核算合计	1407000	18037573	708713	707112	1600		39.29	1034796	1170		14735	8.17	13.44
华北	812000	9510580	366304	365792	511		38.52	539531	358		9355	9.84	11.26
火电	812000	9510580	366304	365792	511		38.52	539531	358		9355	9.84	11.26
国电天津第一热电厂	212000	5369405	208684	208684			38.87	300011			4111	7.66	11.66
国电太原第一热电厂	600000	4141175	157620	157108	511		38.06	239520	358		5244	12.66	10.75
东北	100000	5900296	239558	238469	1089		40.60	338568	812		4861	8.24	18.37
火电	100000	5900296	239558	238469	1089		40.60	338568	812		4861	8.24	18.37
国电吉林热电厂	100000	5900296	239558	238469	1089		40.60	338568	812		4861	8.24	18.37
华东	25000	82545	3633	3633			44.01	5058			43	5.20	
火电	25000	82545	3633	3633			44.01	5058			43	5.20	
国电温州东屿发电厂	25000	82545	3633	3633			44.01	5058			43	5.20	
华中	50000												
火电	50000												
国电成都热电厂	50000												
西北	420000	2544152	99218	99218			39.00	151639			476	1.87	10.54
火电	420000	2544152	99218	99218			39.00	151639			476	1.87	10.54
国电大武口发电厂	420000	2544152	99218	99218			39.00	151639			476	1.87	10.54
控股合计	945000	8079377	344290	343845	444		42.61	494385	311		8265	10.23	14.75
华北	625000	3677731	171305	170861	444		46.58	262285	311		3860	10.50	10.26
火电	625000	3677731	171305	170861	444		46.58	262285	311		3860	10.50	10.26
国电衡丰发电有限公司													

续表

	期末供热设备容量（千瓦）	供热量（吉焦）	供热消耗标准煤量（吨）				供热标准煤耗（千克/吉焦）	供热燃料消耗			供热厂用电量（万千瓦时）	供热厂用电率（千瓦时/吉焦）	平均售热价（元/吉焦）
			合　计	煤　折	油折	气折		原煤（吨）	燃油（吨）	燃气（万立方米）			
国电太原发电有限公司	625000	3677731	171305	170861	444		46.58	262285	311		3860	10.50	10.26
东北	100000	1269187	54579	54579			43.00	75680			1294	10.20	20.17
火电	100000	1269187	54579	54579			43.00	75680			1294	10.20	20.17
国电北安热电有限公司	100000	1269187	54579	54579			43.00	75680			1294	10.20	20.17
西北	220000	3132459	118405	118405			37.80	156420			3111	9.93	17.82
火电	220000	3132459	118405	118405			37.80	156420			3111	9.93	17.82
国电兰州热电厂	220000	3132459	118405	118405			37.80	156420			3111	9.93	17.82
子公司合计	1673000	18067475	745462	698152	2277		41.26	1068779	1597		13839	7.66	21.18
国电电力发展股份有限公司	574000	9488641	383114	336244	1837		40.38	558188	1286		7679	8.09	19.61
国电电力发展股份有限公司（火电）	574000	9488641	383114	336244	1837		40.38	558188	1286		7679	8.09	19.61
国电电力大连开发区热电厂	124000	2748200	112813	67900	182		41.05	175964	127		2023	7.36	33.73
国电邯郸热电厂	50000	3891562	156639	155454	1180		40.25	221375	826		2592	6.66	15.00
国电邯郸热电股份有限公司	400000	2848879	113662	112889	476		39.90	160849	333		3064	10.76	12.30
国电长源电力发展股份有限公司	140000	2546843	112940	112853	87		44.35	172971	71		2059	8.09	28.03
国电长源电力发展股份公司（火电）	140000	2546843	112940	112853	87		44.35	172971	71		2059	8.09	28.03
国电长源江津发电公司	115000	129054	5719	5719			44.31	8684			104	8.05	28.06
国电长源沙市热电厂	25000	2417789	107221	107134	87		44.35	164287	71		1956	8.09	28.02
国电辽宁节能环保开发有限公司	50000	6031991	249408	249056	353		41.35	337620	240		4101	6.80	20.76
国电沈阳热电厂	50000	6031991	249408	249056	353		41.35	337620	240		4101	6.80	20.76
吉林龙华	909000	1024											
吉林龙华热电股份有限公司	909000	1024											

集团公司电费回收情况

项目	本年电费回收情况			陈欠电费回收情况			欠电费情况		
	应收（万元）	实收（万元）	回收率（%）	上年止欠电费（万元）	本年累计回收（万元）	本年累计回收率（%）	欠电费总额（万元）	本年新欠电费（万元）	陈欠电费余额（万元）
集团公司合计	3624279	3569660	98.49	213145	138544	65	129221	54619	74602
（按产权）									
内部核算	1013091	1007150	99.41	63977	55905	87.38	14012	5941	8072
控股	1762091	1751402	99.39	96521	49565	51.35	57646	10689	46956
子公司	849097	811108	95.53	52648	33074	62.82	57563	37989	19574
（按地区）									
华北	892702	892702	100	41543	32827	79.02	8716		8716
东北	439637	426633	97.04	16596	11946	71.98	17654	13005	4650
华东	625103	625103	100	10337	10337	100			
华中	620081	619680	99.94	72075	33914	47.05	38561	401	38160
西北	432952	415975	96.08	24749	16591	67.04	25135	16977	8158
南方	613804	589567	96.05	47846	32928	68.82	39155	24237	14918
（按电厂类型）									
水电	221418	219806	99.27	35562	13470	37.88	23704	1612	22092
火电	3372846	3319839	98.43	176558	124444	70.48	105120	53006	52114
风电	22619	22619	100	1025	629	61.36	396		396
其他	7396	7396	100						
公司合计（按产权）	3624279	3569660	98.49	213145	138544	65	129221	54619	74602
内部核算合计	1013091	1007150	99.41	63977	55905	87.38	14012	5941	8072
华北	249291	249291	100	28530	23802	83.43	4728		4728
火电	249291	249291	100	28530	23802	83.43	4728		4728
国电滦河发电厂	49690	49690	100	6058	6058	100			
国电天津第一热电厂	39275	39275	100						
国电一五零发电厂	29402	29402	100						
国电霍州发电厂	47988	47988	100	6069	3111	51.26	2958		2958
国电太原第一热电厂	77685	77685	100	16327	14557	89.16	1770		1770
国电邯郸热电厂	5251	5251	100	76	76	100			
东北	21558	21557	100						
火电	21558	21557	100						
国电吉林热电厂	21558	21557	100						
华东	301999	301999	100	9419	9419	100			
火电	301999	301999	100	9419	9419	100			
国电温州东屿发电厂	7566	7566	100						
国电谏壁发电厂	294433	294433	100	9419	9419	100			
华中	152826	152756	99.95	8909	5737	64.39	3243	70	3173
水电	16372	16372	100	8327	5260	63.17	3067		3067
国电万安水电厂	14270	14270	100	7999	4932	61.66	3067		3067
国电岷江发电厂	389	389	100	328	328	100			
国电长源南河水力发电厂	1713	1713	100						
火电	136454	136384	99.95	582	476	81.8	176	70	106
国电九江发电厂	81379	81379	100						
国电成都热电厂	15634	15564	99.55	54	54	100	70	70	
国电华蓥山发电厂	34231	34231	100	132	26	19.7	106		106
国电沙市热电厂	5211	5211	100	396	396	100			
西北	65647	62611	95.37				3036	3036	
火电	65647	62611	95.37				3036	3036	
国电大武口发电厂	46906	43869	93.53				3036	3036	
国电石嘴山发电厂	18741	18741	100						
南方	221770	218936	98.72	17118	16947	99	3005	2834	171
水电	17211	17211	100	1142	971	85.05	171		171
国电红枫发电总厂	12139	12139	100	621	463	74.63	157		157

续表

项　　目	本年电费回收情况			陈欠电费回收情况			欠电费情况		
	应收（万元）	实收（万元）	回收率（%）	上年止欠电费（万元）	本年累计回收（万元）	本年累计回收率（%）	欠电费总额（万元）	本年新欠电费（万元）	陈欠电费余额（万元）
国电大寨发电厂	3201	3201	100						
国电六郎洞发电厂	1871	1871	100	521	508	97.45	13		13
火电	204560	201725	98.61	15976	15976	100	2834	2834	
国电凯里发电厂	68339	68339	100	1907	1907	100			
国电贵阳发电厂（火电）	43330	41373	95.48	713	713	100	1956	1956	
国电小龙潭发电厂	92891	92013	99.05	13356	13356	100	878	878	
国电合山火电厂									
控股合计	1762091	1751402	99.39	96521	49565	51.35	57646	10689	46956
华北	487815	487815	100	13013	9025	69.36	3988		3988
火电	480419	480419	100	13013	9025	69.36	3988		3988
国电衡丰发电有限责任公司	118854	118854	100	288	288	100			
国电太一发电有限责任公司	87213	87213	100	12725	8737	68.66	3988		3988
国电聊城发电厂	198312	198312	100						
国电菏泽发电厂二期									
国电邯郸热电股份有限责任公司	76039	76039	100						
其他	7396	7396	100						
国电滨海电力有限公司	7396	7396	100						
东北	279033	269858	96.71	9950	5488	55.16	13637	9175	4462
火电	279033	269858	96.71	9950	5488	55.16	13637	9175	4462
国电双鸭山第一发电有限责任公司	81168	81168	100	5938	1476	24.86	4462		4462
国电双辽发电有限责任公司	75370	72953	96.79	2068	2068	100	2417	2417	
国电双辽发电厂	100173	93471	93.31				6702	6702	
国电北安热电有限责任公司	22322	22266	99.75	1944	1944	100	56	56	
华东	313531	313531	100						
火电	313531	313531	100						
国电浙江北仑第一发电有限责任公司	291587	291587	100						
国电江苏苏源谏壁发电有限公司	21944	21944	100						
华中	287693	287529	99.94	22778	6969	30.59	15973	163	15810
水电	128291	128128	99.87	14261	4924	34.53	9500	163	9337
国电南桠河流域水电开发公司	13449	13286	98.78	6388	2469	38.65	4082	163	3919
国电大渡河流域水电开发有限公司	114842	114842	100	7873	2455	31.18	5418		5418
火电	159401	159401	100	8518	2045	24.01	6473		6473
国电华能江山发电有限责任公司	29092	29092	100	3959	1000	25.26	2959		2959
国电松源发电有限公司	7873	7873	100						
国电九江三期发电有限责任公司	122436	122436	100	4558	1045	22.92	3514		3514
西北	188749	188749	100	21277	13327	62.63	7950		7950

续表

项目	本年电费回收情况			陈欠电费回收情况			欠电费情况		
	应收（万元）	实收（万元）	回收率（%）	上年止欠电费（万元）	本年累计回收（万元）	本年累计回收率（%）	欠电费总额（万元）	本年新欠电费（万元）	陈欠电费余额（万元）
火电	188749	188749	100	21277	13327	62.63	7950		7950
国电靖远第一发电公司	105843	105843	100	18316	10831	59.13	7485		7485
国电精河发电公司	2156	2156	100						
国电塔城铁厂沟发电公司	4902	4902	100	499	103	20.59	396		396
国电兰州第二热电厂	28753	28753	100	2462	2393	97.2	69		69
国电红雁池第一发电有限责任公司	47095	47095	100						
南方	205270	203919	99.34	29503	14756	50.02	16098	1351	14747
水电	7777	7327	94.21				451	451	
国电迪庆香格里拉发电有限责任公司	7777	7327	94.21				451	451	
螺丝湾水电站	5589	5346	95.66				242	242	
冲江河一期水电站	2189	1980	90.49				208	208	
海南大广坝水电开发有限公司									
火电	197493	196592	99.54	29503	14756	50.02	15647	900	14747
国电阳宗海发电公司	62458	61558	98.56	5439	5392	99.14	947	900	47
国电安顺发电公司	78063	78063	100	21558	6857	31.81	14700		14700
国电永福发电有限公司	56971	56971	100	2507	2507	100			
子公司合计	849097	811108	95.53	52648	33074	62.82	57563	37989	19574
国电电力发展股份有限公司	634158	596337	94.04	9792	9792	100	37821	37821	
国电电力发展股份有限公司（水电）	29132	28301	97.15				831	831	
国电电力太平哨发电厂	10482	10173	97.05				309	309	
国电电力桓仁发电厂	18651	18129	97.2				522	522	
国电电力发展股份有限公司（火电）	605026	568035	93.89	9792	9792	100	36990	36990	
国电电力大同第二发电厂	155596	155596	100						
国电电力朝阳发电厂	66896	66896	100						
国电电力大连开发区热电厂	29200	26201	89.73	5765	5765	100	2999	2999	
国电石嘴山发电公司	166920	152980	91.65	2802	2802	100	13940	13940	
国电宣威发电有限公司	186414	166362	89.24	1225	1225	100	20052	20052	
上海外高桥第二发电有限责任公司									
龙源电力集团公司	24001	24001	100	1943	1547	79.61	396		396
龙源电力集团公司（火电）									
江阴苏龙发电有限公司									
龙源电力集团公司（风电及其它）									
国电丹东海洋红风力发电有限责任公司	2443	2443	100	355	167	46.99	188		188
国电温岭江厦潮汐水电站	1382	1382	100	918	918	100			

续表

项　　目	本年电费回收情况			陈欠电费回收情况			欠 电 费 情 况		
	应收（万元）	实收（万元）	回收率（%）	上年止欠电费（万元）	本年累计回收（万元）	本年累计回收率（%）	欠电费总额（万元）	本年新欠电费（万元）	陈欠电费余额（万元）
国电浙江风力发电发展有限责任公司	6461	6461	100						
国电平潭长江澳风电开发有限公司	1003	1003	100						
国电东山澳仔山风电开发有限公司	726	726	100						
国电新疆风力发电厂	3060	3060	100						
国电天风发电股份有限公司	4758	4758	100						
汕头福澳风力发电公司	350	350	100						
国电洁源风电有限公司	3818	3818	100	670	462	68.98	208		208
国电长源电力发展股份有限公司	139851	139851	100	20723	11365	54.84	9358		9358
国电长源电力发展股份公司（水电）	7946	7946	100	985	475	48.18	510		510
国电长源富水水力发电厂	2319	2319	100	603	384	63.59	220		220
国电十堰陡岭子水电有限责任公司	5627	5627	100	382	91	23.82	291		291
国电长源电力发展股份公司（火电）	131905	131905	100	19738	10890	55.17	8848		8848
国电长源荆门发电分公司	54645	54645	100	9168	4701	51.27	4467		4467
国电长源江津热电厂	17701	17701	100	2467	1055	42.77	1412		1412
国电长源第一发电有限责任公司	59559	59559	100	8103	5134	63.36	2969		2969
国电四川电力股份有限公司	39711	39543	99.58	19664	9844	50.06	9987	167	9820
国电四川电力股份有限公司（水电）	13306	13139	98.74	9930	922	9.29	9175	167	9007
国电四川蜀润磨房沟发电厂	3186	3186	100	1163			1163		1163
国电四川电力股份有限公司南椏河发电厂	9060	9060	100	8590	800	9.31	7790		7790
国电四川紫马电力有限责任公司	1060	893	84.2	177	122	69.21	222	167	54
国电四川电力股份有限公司（火电）	26405	26405	100	9735	8922	91.65	813		813
国电四川电力股份有限公司白马电厂	26405	26405	100	9735	8922	91.65	813		813
国电辽宁环保开发有限公司	11376	11376	100	526	526	100			
国电沈阳热电厂	11376	11376	100	526	526	100			
吉林龙华									
吉林龙华热电股份有限公司									

集团公司热费回收情况

项目	本年热费回收情况			陈欠热费回收情况			欠热费情况		
	应收（万元）	实收（万元）	回收率（%）	上年止欠热费（万元）	本年累计回收（万元）	本年累计回收率（%）	欠热费总额（万元）	本年新欠热费（万元）	陈欠热费余额（万元）
集团公司合计	79248	77980	98.40	10741	1807	16.82	10208	1268	8940
（按产权）									
内部核算	24011	24011	100.00	3002	1453	48.39	1549		1549
控股	12429	11929	95.98	1279	339	26.50	1440	500	940
子公司	42808	42040	98.21	6461	15	0.24	7219	768	6451
（按地区）									
华北	24905	24680	99.10	4280	1791	41.85	2714	225	2489
东北	40047	39504	98.64	2795	5	0.18	3338	543	2795
华东	301	301	100.00						
华中	6086	6086	100.00	3666	10	0.28	3656		3656
西北	7909	7409	93.68				500	500	
南方									
（按电厂类型）									
水电									
火电	79248	77980	98.40	10741	1807	16.82	10208	1268	8940
风电									
其他									
公司合计（按产权）	79248	77980	98.40	10741	1807	16.82	10208	1268	8940
内部核算合计	24011	24011	100.00	3002	1453	48.39	1549		1549
华北	10711	10711	100.00	3002	1453	48.39	1549		1549
火电	10711	10711	100.00	3002	1453	48.39	1549		1549
国电天津第一热电厂	6257	6257	100.00	645	606	94.04	38		38
国电太原第一热电厂	4454	4454	100.00	2357	846	35.91	1511		1511
东北	10862	10862	100.00						
火电	10862	10862	100.00						
国电吉林热电厂	10862	10862	100.00						
华东	301	301	100.00						
火电	301	301	100.00						
国电温州东屿发电厂	301	301	100.00						
西北	2137	2137	100.00						
火电	2137	2137	100.00						
国电大武口发电厂	2137	2137	100.00						

续表

项　目	本年热费回收情况			陈欠热费回收情况			欠热费情况		
	应收（万元）	实收（万元）	回收率（%）	上年止欠热费（万元）	本年累计回收（万元）	本年累计回收率（%）	欠热费总额（万元）	本年新欠热费（万元）	陈欠热费余额（万元）
控股合计	12429	11929	95.98	1279	339	26.50	1440	500	940
华北	4097	4097	100.00	1279	339	26.50	940		940
火电	4097	4097	100.00	1279	339	26.50	940		940
国电太原发电有限公司	4097	4097	100.00	1279	339	26.50	940		940
东北	2560	2560	100.00						
火电	2560	2560	100.00						
国电北安热电有限公司	2560	2560	100.00						
西北	5772	5272	91.34				500	500	
火电	5772	5272	91.34				500	500	
国电兰州热电厂	5772	5272	91.34				500	500	
子公司合计	42808	42040	98.21	6461	15	0.24	7219	768	6451
国电电力发展股份有限公司	19094	18326	95.98	2795			3563	768	2795
国电电力发展股份有限公司（火电）	19094	18326	95.98	2795			3563	768	2795
国电电力大连开发区热电厂	8997	8454	93.96	2795			3338	543	2795
国电邯郸热电厂	6593	6368	96.59				225	225	
国电邯郸热电股份有限公司	3504	3504	100.00						
国电长源电力发展股份有限公司	6086	6086	100.00	3666	10	0.28	3656		3656
国电长源电力发展股份公司（火电）	6086	6086	100.00	3666	10	0.28	3656		3656
国电长源江津发电公司	326	326	100.00	1007			1007		1007
国电长源沙市热电厂	5760	5760	100.00	2659	10	0.39	2649		2649
国电辽宁节能环保开发有限公司	17628	17628	100.00		5				
国电沈阳热电厂	17628	17628	100.00		5				
吉林龙华									
吉林龙华热电股份有限公司									

集团公司火电机组技术经济指标情况（一）

企业名称	属性	地区	机组编号	铭牌出力（兆瓦）	制造厂家		投产日期	发电量（万千瓦时）	年运行小时数	大修后连续运行天数	等效可用系数（%）		非计划停运次数
					机	炉					有大修	无大修	
600兆瓦火电机组													
国电聊城发电厂	控股	华北	1	600	上汽	英国	2002.09.11	309860	7004.81	598		97.99	1
			2	600	上汽	英国	2003.08.02	291460	6529.74	208	84.71		2
国电北仑发电有限公司	控股	华东	1	600	东芝	美国CE	1991.01	391201.8	7088.9	191	80.06		0
			2	600	阿尔斯通	加B&W	1994.11	482259.8	8578.6			93.07	5
300～350兆瓦火电机组													
国电九江发电有限公司	控股	华中	5	350	日本	美国	2003.06.15	205828	7994.92			99.73	2
			6	350	日本	美国	2003.11.29	210930	8077.97			96.19	1
国电石嘴山发电有限公司	子公司	西北	1	330	北重	武锅	2002.12.24	234639.7	7357.4		82.9		2
			2	330	北重	武锅	2003.07.14	262228	81200			92.16	1
			3	330	北重	武锅	2003.12.06	234200.3	7194.5			83.92	6
			4	330	北重	武锅	2004.06.04	146937.4	4533.7			88.98	1
国电谏壁发电厂	内部核算	华东	7	330	上汽	上锅	1980.12	180586.8	6044.77	231	82.34		0
			8	330	上汽	上锅	1983.11	242515.6	7962.14		90.5		4
			9	330	上汽	上锅	1986.09	245696.6	8342.88			94.89	1
			10	330	上汽	上锅	1987.10	243095.4	8285.03			94.14	0
国电双辽发电厂	控股	东北	1	300	哈汽	哈锅	1994.09.15	181317	7637.11			94.9	0
			2	300	哈汽	哈锅	1995.12.11	146384	6145.99			94.08	4
国电双辽发电有限公司	控股	东北	3	300	哈汽	哈锅	2000.12.22	139454	5815.87	15	87.17		0
			4	300	哈汽	哈锅	2000.12.27	170458	6970.67			99.99	0

续表

企业名称	属性	地区	机组编号	铭牌出力（兆瓦）	制造厂家		投产日期	发电量（万千瓦时）	年运行小时数	大修后连续运行天数	等效可用系数（%）		非计划停运次数
					机	炉					有大修	无大修	
国电太原热电厂	内部核算	华北	11	300	东汽	波兰	1991.07.21	207951.3	8481			96.53	2
			12	300	东汽	波兰	1992.12.23	189408.2	7771			88.44	7
国电太原发电有限公司	控股	华北	13	300	东汽	东锅	1998.09.11	177657	7470	186		85.03	1
			14	300	东汽	东锅	1999.06.17	191975	8242			93.79	1
国电衡丰发电有限公司	控股	华北	1	300	哈汽	巴威	1995.12	203320	8430.95	250		96.39	1
			2	300	哈汽	巴威	1996.12	186882	7608.33	317	86.6		0
国电菏泽发电厂	控股	华北	3	300	上汽	英国	2001.12	150738	6910.86	646		100	0
			4	300	上汽	英国	2002.07	169686	7690.89	208		98.94	3
国电长源青山发电有限公司	子公司	华中	12	300	哈汽	哈锅	1996.04.13	160729	7216.39			97.06	8
国电安顺发电有限公司	控股	南方	1	300	东汽	东锅	1998.12.12	176106	6503.9		74.13		2
			2	300	东汽	东锅	1999.08.25	205765	7503.45			85.4	4
国电宣威发电有限公司	子公司	南方	1	300	东汽	武锅	2001.01	181206.8	7207			90.31	4
			2	300	东汽	武锅	2001.01	188708.7	7197			91.57	0
			3	300	东汽	武锅	2003.12	182468.3	6980			95.38	0
			4	300	东汽	武锅	2004.06	106447.7	4235			99.83	1
苏源谏壁发电有限公司	控股	华东	12	300	上汽	上锅	2004.9.16	67015.2	2454.88			97.51	0
200兆瓦火电机组													
国电双鸭山发电有限公司	控股	东北	1	200	哈汽	哈锅	1988.08.21	113008	7069.29			96.16	0
			2	200	哈汽	哈锅	1989.08.31	70485	4588.4		83.69		2
			3	210	前苏联	前苏联	1991.12.21	92973	5758.87			93.79	0
			4	210	前苏联	前苏联	1992.11.01	112342	7043.17			92.8	1
国电朝阳发电厂	子公司	东北	1	200	哈汽	哈锅	1972.12	132730	8195		96.08		1
			2	600	哈汽	哈锅	1975.05	123988	7093.1	120	87.78		2

续表

企业名称	属性	地区	机组编号	铭牌出力（兆瓦）	制造厂家		投产日期	发电量（万千瓦时）	年运行小时数	大修后连续运行天数	等效可用系数（%）		非计划停运次数
					机	炉					有大修	无大修	
国电邯郸热电股份有限公司	子公司	华北	11	200	哈汽	巴威	1998.11.11	131997.6	7598			86.45	2
			12	200	哈汽	巴威	1999.08.30	144676.8	8321			95.41	0
国电大同发电厂	子公司	华北	1	200	东方	东方	1984.07.19	138988	8580.4			98.6	1
			2	200	东方	东方	1984.12.17	139579.6	8507.5			96.71	0
			3	200	东方	东方	1985.10.24	134601	8343.6			96.11	0
			4	200	东方	东方	1986.12.31	131965.7	8178.9			95.12	1
			5	200	东方	东方	1987.12.02	139289.6	8402.2			95.35	0
			6	200	东方	东方	1988.11.24	113416.1	6985.7	7	78.5		4
国电九江发电厂	内部核算	华中	3	200	哈汽	东锅	1991.12.30	113853	6709.56			93.18	1
			4	200	哈汽	东锅	1992.09.26	102331	6728.7		81.44		2
国电荆门热电厂	子公司	华中	4	200	哈汽	哈锅	1982.11	136768	7715.58			95.88	3
			5	200	哈汽	哈锅	1983.12	118620.4	6956.85			92.18	3
国电白马电厂	子公司	华中	23	200	东汽	东锅	1996	100668.8	93027.99			83.5	2
国电靖远发电有限公司	控股	西北	1	200	东汽	东锅	1989.10.09	148232.2	7151.48	152	82.06		0
			2	200	东汽	东锅	1990.09.29	156778.6	7878.44			91.03	2
			3	200	东汽	东锅	1991.09.29	162491.3	8139.32			92.5	0
			4	200	东汽	东锅	1992.06.30	165629	8274.33			93.96	0
国电贵阳发电厂	内部核算	南方	9	200	东汽	武锅	1995.11	141328.5	7681.83	144		83.21	3
			8	200	东汽	武锅	2004.05	67680.22	3471.92			93.33	1
国电阳宗海发电有限公司	控股	南方	1	200	哈汽	俄罗斯	1997.01.07	115634	6155		71.51		5
			2	200	哈汽	武锅	1999.01.29	142330	7383	46	86.71		2
长源青山热电厂	子公司	华中	11	200	哈汽	武锅	2004.10.15	19889	1300.64		83.79		9
125（135）兆瓦火电机组													

续表

企业名称	属性	地区	机组编号	铭牌出力（兆瓦）	制造厂家		投产日期	发电量（万千瓦时）	年运行小时数	大修后连续运行天数	等效可用系数（%）		非计划停运次数
					机	炉					有大修	无大修	
国电永福发电有限公司	控股	南方	1	135	上汽	上锅	2000.08.30	104008	8138	23.1		92.62	2
			2	135	上汽	上锅	2000.11.23	102965	8117	23.1		92.23	4
国电九江发电厂	内部核算	华中	1	125	哈汽	上锅	1983.09.17	54041	5155.63			96.25	0
			2	125	上汽	上锅	1984.09.22	47001	4885.69			90	2
国电凯里发电厂	内部核算	南方	1	125	上汽	上锅	1997.06.24	86154	7411.4	60.3		93.14	1
			2	125	上汽	上锅	1997.12.05	97591	8366.2	60.3		97.47	0
			3	125	上汽	上锅	1999.08.30	92805	8053.1	60.3		95.43	2
			4	125	上汽	上锅	1999.12.08	89028	7849.4	60.3	93.39		0
100兆瓦火电机组													
国电滦河发电厂	内部核算	华北	6	100	哈汽	杭锅	1993.12	67975	8360	0.39		95.1	0
			7	100	哈汽	杭锅	1997.08	67333	8594	0.38		97.74	0
国电天津热电厂	内部核算	华北	02	100	北重	川锅	1994.12.09	71481	7658.47	0.2	87.52		0
国电霍州发电厂	内部核算	华北	1	100	哈汽	哈锅	1973.05	77126.4	8285.6	92		94.33	2
			2	100	前苏联	哈锅	1974.09	62210	7057.75	92	80.35	91.45	4
			3	100	哈汽	哈锅	1977.12	77113.6	8447.72	92		96.17	1
			4	100	哈汽	哈锅	1978.11	76411.2	8462.02	92		96.33	2
国电谏壁发电厂	内部核算	华东	4	100	哈汽	哈锅	1970.04	73134.88	8416.03	0.79		96.1	1
			5	100	哈汽	哈锅	1970.12	65395.84	7642.37	0.79	87.6		1
			6	100	前苏联	哈锅	1973.01	73152.1	8275.51	0.79		96.18	2
国电荆门江山发电公司	控股	华中	2	100	北重	武锅	1978.12	51857.92	6227.93	3.91		95.81	1
			3	100	北重	武锅	1979.07	65225.92	7441.33			96.74	0

续表

企业名称	属性	地区	机组编号	铭牌出力（兆瓦）	制造厂家		投产日期	发电量（万千瓦时）	年运行小时数	大修后连续运行天数	等效可用系数（%）		非计划停运次数
					机	炉					有大修	无大修	
国电华蓥山发电厂	内部核算	华中	3	110	北重	东锅	1980.10.03	53917.51	6147.2	0.82	87.09		6
			4	100	北重	东锅	1982.12.04	58204.66	6944.7	0.86		95.53	4
国电大武口发电厂	内部核算	西北	1	100	北重	武锅	1985.11.07	78703.6	7570	42.45		85.98	0
			2	100	北重	武锅	1986.08.21	73839.6	7209	42.45		81.98	1
			3	110	东方	武锅	1987.01.16	78574.8	8471	42.45		96.27	0
			4	110	东方	武锅	1987.11.26	81585.52	8707	42.45		99.11	1
国电兰州热电厂	控股	西北	1	110	北重	北锅	1989.12.18	78572.6	8150.08	37.3		93.36	1
			2	110	北重	北锅	1990.12.04	71224.12	7535.03	37.3		86.96	2
国电红雁池发电有限公司	控股	西北	9	110	北重	武锅	1996.09.27	70554.24	7235.56		89.47		3
国电小龙潭发电厂	内部核算	南方	1	100	北重	武锅	1985.12.18	79584.9	8301			95.73	4
			2	100	北重	武锅	1986.11.29	81056	8309			96.58	2
			3	100	北重	武锅	1990.01.11	74293.5	7614		88.9		2
			4	100	北重	武锅	1991.01.13	82233.8	8388			98.02	1
			5	100	北重	武锅	1991.11.18	75279.8	7814		89.37		0
			6	100	北重	武锅	1992.10.07	82487.7	8485			97.22	1
国电合山发电厂	内部核算	南方	6	110	北重	东锅	1978.12.25	71613.92	7008.96		84.68		1
			7	110	北重	东锅	1985.06.23	80447.04	7741.3			91.87	1
			8	110	北重	东锅	1986.10.28	67370.08	3748.32			68.99	0
100兆瓦以下火电机组													
国电合山发电厂	内部核算	南方	4	70	北重	东锅	1976.03.04	49216.66	7781.53	0		95.17	0
			5	70	北重	东锅	1977.03.17	49163.73	7751.8	0		94.2	1
国电长源江津热电厂	子公司	华中	8	60	上汽	武锅	1989.09	35386	6840			85.73	1
			9	55	哈汽	武锅	1998.11	23533	4946			97.46	1

续表

企业名称	属性	地区	机组编号	铭牌出力（兆瓦）	制造厂家		投产日期	发电量（万千瓦时）	年运行小时数	大修后连续运行天数	等效可用系数（%）		非计划停运次数
					机	炉					有大修	无大修	
国电红雁池发电有限公司	控股	西北	5	55	北重	武锅	1980	30647.8	6713.24	152	89.32		2
			6	55	北重	武锅	1982	30996	6859.38			96.44	0
国电一五〇发电厂	内部核算	华北	3	55	上汽	哈锅	1973.12.25	37239.85	7621.04	296	88.75		0
			4	55	上汽	哈锅	1974.09.14	37685.4	7772.04	162	89.34		2
国电华蓥山发电厂	内部核算	华中	1	55	东汽	东锅	1978.05.01	27189.12	5603.4	203	87.62		6
			2	50	东汽	东锅	1979.02.02	23912.21	5017.7	47	85.9		3
国电吉林热电厂	内部核算	东北	6	50	前苏联	前苏联	1959.05	52836	8480			97.69	0
			7	50	前苏联	前苏联	1959.11	43499	7993	166		92.38	0
国电一五〇发电厂	内部核算	华北	1	50	上汽	哈锅	1970.10.18	34131.02	7345.41		86.47		2
			2	50	上汽	哈锅	1972.06.18	38582	8229.52	279		95.45	1
国电北安热电有限公司	控股	东北	1	50	哈汽	哈锅	1997.12	29276	7238			0.8834	0
			2	50	哈汽	哈锅	1997.12	30728	6611			0.9024	2
国电红雁池发电有限公司	控股	西北	7	50	上汽	武锅	1985	28472.3	6421.98			96.41	1
			8	50	上汽	武锅	1985	32064.8	7358.03			95.96	0
国电大连开发区热电厂	子公司	东北	3	50	上汽	杭锅	1997.01.01	40096	7560		86.38		1
			4	50	上汽	杭锅	1998.12.01	32761	6376		78.03		0
国电滦河发电厂	内部核算	华北	5	50	良乡	武锅	1978	39365	8400			97.58	0
国电塔城铁厂沟发电公司	控股	西北	3	50	东汽	东锅	2001.01.09	25265.09	6214	34	86.53		3
国电天津热电厂	内部核算	华北	08	50	哈汽	哈锅	1987.12.05	39659.2	8096.92			96.27	1
国电石嘴山发电厂	内部核算	西北	7	50	武汽	武锅	1979.01	34170	6999	151	80.77		1
			8	50	武汽	武锅	1980.08	40857	8090			92.8	0

续表

企业名称	属性	地区	机组编号	铭牌出力（兆瓦）	制造厂家		投产日期	发电量（万千瓦时）	年运行小时数	大修后连续运行天数	等效可用系数（%）		非计划停运次数
					机	炉					有大修	无大修	
国电谏壁发电厂	内部核算	华东	2	50	捷克	捷克	1966.06	28971.7	7943.39			97.35	1
			3	50	捷克	捷克	1967.01	28770.8	7831.97			96.46	0
国电松源发电有限公司	控股	华中	1	25	上汽	上锅	1970	13850	6564			95.08	3
			2	25	武汽	上锅	1972	11966	5851			95.52	1
国电温州东屿发电厂	内部核算	华东	4	25	武汽	北锅	1982.01	16483.91	7807.5			88.86	14
国电沙市热电厂	子公司	华中	7	25	北重	武锅	1986.10	16026	8359			98.49	0
国电成都热电厂	内部核算	华中	2	25	前苏联	前苏联	1958.09	11902	4592.4	174	87.51		1
			3	25	前苏联	前苏联	1958.01	17494.2	6801.3			99.7	1
			4	25	哈汽	前苏联	1960.07	8739.7	4391.4			99.82	0
			5	25	波兰		1961.08	4233.7	2562.9			100	0
			6	25	波兰	哈锅	1965.01	15232.4	6293.9			99.85	0
国电天津热电厂	内部核算	华北	09	25	北重	哈锅	1988.07.21	12232.3	6721.6			98.48	0
			01	25	北重	哈锅	1989.01.23	9569.7	5003.06			98.16	0
国电沈阳热电厂	子公司	东北	3	25	北重	武锅	1983.08	16344	6972		0	94.37	0
			4	25	北重	武锅	1983.11	13004	5636		0	94.37	0
国电邯郸热电厂	子公司	华北	9	25	南汽	杭锅	1988.12.15	12422.3	5981			98.94	0
			10	25	南汽	杭锅	1990.04.03	11589.2	5699			97.31	0
国电太原发电有限公司	控股	华北	15	25	北汽	北重	2001.01.07	13450.43	8070			97.18	0
国电红雁池发电有限公司	控股	西北	1	25	上汽	武锅	1970	15646.75	7251.39	107	89.12		0
			2	25	北重	武锅	1973	15749.86	7530.62			97.53	0
			3	25	北重	武锅	1976	14150.93	6735.4			97.29	0
			4	25	北重	武锅	1977	12270.24	5773.8			94.8	0
国电滨海电力有限公司	控股	华北	1	38	南汽	杭锅	1999.07.01	9452.4	4558.96			29.13	0
			2	18	南汽	杭锅	1999.12.28	4719.96	4403.12			31.45	0

续表

企业名称	属性	地区	机组编号	铭牌出力（兆瓦）	制造厂家		投产日期	发电量（万千瓦时）	年运行小时数	大修后连续运行天数	等效可用系数（%）		非计划停运次数
					机	炉					有大修	无大修	
国电大连开发区热电厂	子公司	东北	1	12	武汽	杭锅	1991.02.01	4315	3600			100	0
			2	12	武汽	杭锅	1991.12.01	4203	3309	164	94.12		0
国电精河发电有限公司	控股	西北	1	6	杭汽	无锅	1992.11	3616	8424			96.98	1
			2	6	杭汽	无锅	1993.06	3676	8088	172		94.46	0

集团公司火电机组技术经济指标情况（二）

企业名称	机组编号	铭牌出力（兆瓦）	厂用电率（%）	供电煤耗（克/千瓦时）	机效率（%）	炉效率（%）	主汽压力（兆帕）	主汽温度（兆帕）	再热温度（℃）	给水温度（℃）	排烟温度（℃）	真空度（%）	端差（℃）	高加投入率（%）	补水率（%）	备注
600兆瓦火电机组																
国电聊城发电厂	1	600	5.76	339.78			16	538.87	533.98	253.53	115.25	97.07	9.64	100	1.17	
	2	600	5.87	339.96			15.41	537.88	531.6	260.54	115.05	98.33	6.97	100	1.81	
国电北仑发电有限公司	1	600	4.11	320		93.22	16.15	533.33	535.77	273.02	135.4	95.12	3.99	99.88	0.75	
	2	600	3.42	319.1		93.11	15.77	532.69	533.01	268.75	124.93	96.62	5.35	99.29	0.97	
300～350兆瓦火电机组																
国电九江发电有限公司	5	350	5.96	344.81	41.96	90.89	16.13	539.92	537.46	256.54	126.88	94.55	4.9	100	1.51	
	6	350	5.62	345.22	41.95	91.12	16.22	539.87	537.52	257.18	116.21	94.55	4.78	100	1.51	
国电石嘴山发电有限公司	1	330	6.98	346.47	42.44	92.6	17.7	539.4	538.8	251.2	127.1	93.19	4.17	99.88	1.78	
	2	330	7.07	346.33	42.26	92.4	17.71	539.1	539.3	253.6	133.4	93.43	3.9	99.87	1.73	
	3	330	6.94	348.1	41.9	92.6	17.7	539.5	539.2	250.2	132	92.66	4	99.46	1.62	
	4	330	7.07	346.8	41.6	92.3	17.69	539.7	539.4	250.1	138.2	92.7	5.3	99.52	1.85	

续表

企业名称	机组编号	铭牌出力（兆瓦）	厂用电率（%）	供电煤耗（克/千瓦时）	机效率（%）	炉效率（%）	主汽压力（兆帕）	主汽温度（兆帕）	再热温度（℃）	给水温度（℃）	排烟温度（℃）	真空度（%）	端差（℃）	高加投入率（%）	补水率（%）	备　注
国电谏壁发电厂	7	330	5.3	342	43.15	92.25	16	543	544	255	143	94.2	3.4	99.9	1.2	包括技改部分
	8	330	5.3	343	42.59	92.17	15.9	540	544	261	145	93.3	9	99.8	1.2	包括技改部分
	9	330	5.3	339	43.1	92.61	15.8	544	542	256	131	93.9	7.6	99.6	1.5	包括技改部分
	10	330	5.3	338	43.63	92.15	15.9	543	544	255	137	93.9	6.9	99.5	1.1	包括技改部分
国电双辽发电厂	1	300	5.09	344	42.66	91.35	16.83	537.4	537.4	262.4	123.9	94.83	6.2	100	0.87	
	2	300	5.15	344	42.68	91.39	16.87	538.3	537.5	261.7	125.7	94.76	6.1	99.67	0.89	
国电双辽发电有限公司	3	300	4.84	343	42.63	90.92	16.76	537.3	537.5	261.8	134.9	95.26	5.6	99.68	0.86	
	4	300	4.86	343	42.7	90.85	16.79	537.4	537.9	262.2	133.7	95.74	5.5	99.79	0.91	
国电太原热电厂	11	300	9.36	340	44.28	90.9	15.05	538.83	536.07	264.41	142.41	91.15	11.93	100	1.63	供热机组
	12	300	8.88	342	43.99	90.7	15.19	538.69	537.74	257.72	138.33	93.88	10.25	100	1.34	供热机组
国电太原发电有限公司	13	300	9.29	344	43.42	91.43	14.96	535.5	533.34	263.21	134.82	90.84	6.04	99.83	1.27	供热机组
	14	300	8.82	343	43.7	90.88	15.12	535.93	535.47	260.63	122.22	87.9	8.21	99.92	1.27	供热机组
国电徫丰发电有限公司	1	300	4.99	344.69	42.19	89.59	15.71	537.39	536.87	265.12	133.08	94.26	4.39	98.37	1.24	
	2	300	4.75	343.41	42.9	87.63	15.62	537.63	536.78	266.62	129.79	93.7	3.42	99.43	1.79	
国电荷泽发电厂	3	300	5.71	345.17	43.7	92.48	12.85	538.3	538.7	275.6	113.6	94.68	3.32	99.67	1.32	
	4	300	5.75	344.81	44.1	92.41	12.87	537	538.3	274.9	115.4	94.72	3.11	100	1.38	
国电长源青山发电有限公司	12	300	6.2	346	42.78	90.19	15.53	533	517	261	140	93.49	7.98	99.46	0.74	
国电安顺发电有限公司	1	300	6.04	362		87.3	16	537.7	538.1	253.7	141.4	89.6	9.9	99.89	3.2	
	2	300	6.04	362		87.9	16	538.1	537.9	255.6	132.7	91	6.3	96.99	3.2	
国电宣威发电有限公司	1	300	5.6	348	43.63	92.62	15.39	537.7	537.3	264.7	123	93	7.57	97.84	1.75	
	2	300	5.44	343	45.3	92.81	15.81	536.6	535.4	269.4	118	93	6.9	100	1.75	
	3	300	4.86	344	44.08	92.66	15.63	534.6	533.8	268.4	125	91.28	10.17	99.62	1.75	
	4	300	4.72	340	44.09	92.5	15.24	536.1	533.3	267.4	122	93.14	7.51	99.83	1.75	

续表

企业名称	机组编号	铭牌出力（兆瓦）	厂用电率（%）	供电煤耗（克/千瓦时）	机效率（%）	炉效率（%）	主汽压力（兆帕）	主汽温度（兆帕）	再热温度（℃）	给水温度（℃）	排烟温度（℃）	真空度（%）	端差（℃）	高加投入率（%）	补水率（%）	备　注
苏源谏壁发电有限公司	12	330	5.24	339.9	43.7	92.6	15.63	535	536	261	129	93.9	8.5	98.4	1.75	
200 兆瓦火电机组																
国电双鸭山发电有限公司	1	200	8.14	369.84	40.64	90.9	13.11	539.6	538.8	227.2	137.4	94.1	5.4	100	1.99	
	2	200	8.29	371.51	40.5	90.97	13.07	539	537.5	230.4	138.7	93.4	5.9	99.87		
	3	210	8.31	371.17	40.51	91.04	13.22	543.5	543.5	236.4	149.2	94	5.4	99.79		
	4	210	8.16	369.84	40.63	91.06	13.15	543.5	543.5	236	149.8	94.2	5.9	100		
国电朝阳发电厂	1	200	9.45	370.82	38.89	91.15	12.96	536	536	229	174.7	93.4	6.9	96.91	3.68	
	2	200	9.23	369.06	38.46	91.36	13.02	535.8	532.9	229.8	175	93.8	3.7	97.8	3.68	
国电邯郸热电股份有限公司	11	200	8.1	362.22	38.8	90.02	12.84	533.8	532.6	229.6	154	94.15	3.4	100	2.28	供热机组
	12	200	7.51	360.5	40.3	91.01	12.82	532.6	531.7	226.3	146	94.98	3.76	99.61	2.29	供热机组
国电大同发电厂	1	200	8.5	360.31	41.73	91.12	12.89	534.6	527.8	223.1	141	94.64	4.97	99.68	1.74	
	2	200	7.1	356.81	41.68	90.84	12.91	536.3	532.1	221.9	146	95.11	3.16	99.57	1.74	
	3	200	5.21	357.14	40.71	91.06	12.96	537.6	537.4	225.6	142	93.91	4.96	99.68	1.74	
	4	200	5.41	358.08	40.65	91.22	12.85	536.6	535.4	220	138	93.85	4.34	99.94	1.75	
	5	200	7.06	373.68	39.58	91.26	12.94	533.9	535.3	223.2	136	90.94	1.93	99.35	1.73	
	6	200	6.99	373.32	39.68	91.1	12.71	534.9	534.8	224.4	141	91.05	0.75	99.39	1.73	
国电九江发电厂	3	200	8.58	380.19	39.9	88.77	13.29	540.2	539.8	230.9	148.6	94.1	3.7	99.11	1.55	
	4	200	7.84	379.81	40.91	89.4	13.3	538.3	538.5	229.8	138.2	92	4.3	98.02	1.55	
国电荆门热电厂	4	200	7.58	366	42.62	89.13	12.87	535.12	536.3	232	176.8	94.06	5.6	97.49	1.95	
	5	200	7.58	366	41.61	89.18	12.87	535.21	535.9	233.5	156	92.3	7.2	96.9		
国电白马电厂	23	200	9.67	376		87.69	10.99	532.26	532.13	223.25	165.05	91.69	4.43	100	2.22	

续表

企业名称	机组编号	铭牌出力（兆瓦）	厂用电率（%）	供电煤耗（克/千瓦时）	机效率（%）	炉效率（%）	主汽压力（兆帕）	主汽温度（兆帕）	再热温度（℃）	给水温度（℃）	排烟温度（℃）	真空度（%）	端差（℃）	高加投入率（%）	补水率（%）	备　注
国电靖远发电有限公司	1	200	6.89	353.26		92.1	13.12	539.09	538.99	234.96	139.74	93.27	5.19	99.19	1.16	
	2	200	7.05	361.77		91.95	13	539.47	539.56	237.02	126.81	91.85	4.96	98.73	1.16	
	3	200	6.99	359.41		92.01	13.07	539.13	539	235.55	133.43	92.07	5.51	98.56	1.16	
	4	200	7.02	356.11		91.94	13.15	540.15	540.03	234.63	143.56	92.82	5.42	99.53	1.16	
国电贵阳发电厂	9	200	9.11	375.7	39.54	86.54	12.57	534.94	534.19	238.16	150.08	90.11	6.16	98.43	1.89	
	8	200	9.11	375.7			12.49	535.34	534.8	237.52	149.6	92.22	5.51	99.96		
国电阳宗海发电有限公司	1	200	9	379.91	43.1	86.8	12.3	535.5	535.9	234.9	154	93.45	5.17	99.42	2.49	
	2	200	7.69	362.46	42.27	86.32	12.37	534	533.7	228.8	152	92.63	10.31	96.99	2	
长源青山热电厂	11	200	8.83	390	40.07	88.2	11.77	530	510	218	124	89.43	9.6	96.57		
125（135）兆瓦火电机组																
国电永福发电有限公司	1	135	7.12	396.08		85.53	13.03	533.5	532.7	235.7	142	93.13	3.48	100	1.56	
	2	135	7.12	396.08		85.29	13.03	537.3	528.1	233.9	138	93.13	4.26	99.98	1.56	
国电九江发电厂	1	125	8.25	374.94	41.4	90.06	13.33	540.3	540.3	239	150.5	93.7	7.1	98.75	1.61	
	2	125	8.41	383.06	38.9	89.2	13.34	539.5	539.1	232.3	162.7	93.9	7.1	99.17	1.61	
国电凯里发电厂	1	125	8.12	386.89			13.2	536	534	239	159	92.61	3.81	99.784	1.58	
	2	125	8.21	387.07			13.3	536	535	238	163	92.37	4.96	99.851	1.56	
	3	125	8.31	387.84			13.2	537	536	240	154	93.15	3.74	99.587	1.59	
	4	125	8.36	386.25			13.2	538	536	237	152	92.65	4.04	99.67	1.5	
100兆瓦火电机组																
国电滦河发电厂	6	100	8.92	412	37.07	88.41	9.58	540		214	135	93.16	5.1	99.5	1.1	
	7	100	9.04	412	36.96	89.02	9.58	540		215	133	93.73	3.93	99.92	1	
国电天津热电厂	02	100	7.24	366	45.23	91.88	9.62	538.6		219.4	123.9	95.19	5.9	98.31	32.98	供热机组

续表

企业名称	机组编号	铭牌出力（兆瓦）	厂用电率（%）	供电煤耗（克/千瓦时）	机效率（%）	炉效率（%）	主汽压力（兆帕）	主汽温度（兆帕）	再热温度（℃）	给水温度（℃）	排烟温度（℃）	真空度（%）	端差（℃）	高加投入率（%）	补水率（%）	备注
国电霍州发电厂	1	100	9.9	409	36.3	88.9	9	531		220.4	167.1	91.8	8.9	99.8	1.66	
	2	100	9.3	410.9	35.7	88.6	8.9	532.5		217.6	156.7	93.6	6.6	99	1.66	
	3	100	10.1	410	36	90.3	8.8	534.6		220.2	157.8	93.7	6	99.8	1.66	
	4	100	10.2	408.4	37.1	89.7	8.6	532.6		217.2	136.3	94.9	7.2	99	1.66	
国电谏壁发电厂	4	100	6.78	409	36.1	91.8	9.2	537		208	148	93	11.6	97.8	1.8	
	5	100	6.78	409	35.33	92.7	9.1	530		205	128	94	8.2	99.6	1.8	
	6	100	6.78	397	39.3	92.4	9.2	532		228	139	94	11.3	99.7	1.8	
国电荆门江山发电公司	2	100	9.36	420	34.13	88.52	9.02	534.94		209.7	173.5	96.58	5.73	98.04	1.84	
	3	100	9.36	420	37.18	89.16	8.98	534.93		217.1	154.3	95.5	5.61	99.3		
国电华蓥山发电厂	3	110	9.27	401.97	39.05	89.49	8.85	533.45		207.55	138.60	93.82	7.43	93.71	2.16	
	4	100	9.27	418.79	36.17	89.57	8.75	534.73		198.89	152.23	92.89	4.46	83.56	2.13	
国电大武口发电厂	1	100	8.55	403	38.2	88.33	8.84	535.2		214.9	151.7	92.8	6.2	98.63	1.89	增容改造
	2	100	8.55	404	37.6	89.42	8.85	534.1		219.4	141.3	93.4	4.6	100	1.89	供热机组
	3	110	8.55	391	39.2	88.44	8.89	535.7		219.6	155.2	93.1	5.9	100	1.89	供热机组
	4	110	8.55	392	39.4	88.1	8.86	534.8		221	177.2	93.7	6.5	100	1.89	供热机组
国电兰州热电厂	1	110	7.02	337		92.28	8.98	537.79		221.99	140.58	92.67	7.64	99.27	2.18	
	2	110	7.02	337		91.76	9.11	538.39		220.29	148.63	92.53	7.25	98.61	2.18	
国电红雁池发电有限公司	9	110	8.23	390	35.98	91.62	9.49	538.75		210.62	168.52	93.19	7.62	99.11	3.25	
国电小龙潭发电厂	1	100	9.83	421	34.19	90.95	9.32	536.1		209.8	161	90.99	7.28	98.52	2.25	
	2	100	9.83	421	34.28	91.37	9.35	536.4		201.8	161	88.95	6.28	97.83	2.25	
	3	100	9.83	421	34.44	91.11	9.46	538.9		208.8	159	90.11	6.35	95.23	2.25	
	4	100	9.83	421	34.6	89.3	9.36	536		211	158	90.09	6.5	91.65	2.25	

续表

企业名称	机组编号	铭牌出力（兆瓦）	厂用电率（%）	供电煤耗（克/千瓦时）	机效率（%）	炉效率（%）	主汽压力（兆帕）	主汽温度（兆帕）	再热温度（℃）	给水温度（℃）	排烟温度（℃）	真空度（%）	端差（℃）	高加投入率（%）	补水率（%）	备注
国电小龙潭发电厂	5	100	9.83	421	34.99	89.48	9.35	536.8		209.3	160	88.5	5.37	99.42	2.25	
	6	100	9.83	421	35.91	88.11	9.36	536.8		211.9	160	88.69	5.79	97.3	2.25	
国电合山发电厂	6	110	10.78	452		79.14	9.18	533		211	152	91.48	8.43	93.35	3.78	
	7	110	10.78	452		84.68	9.28	529		205	175	91.83	7.44	93.79	3.78	
	8	110	10.78	452		87.23	9.08	529		217	159	91.95	3.14	100	3.78	
100兆瓦以下火电机组																
国电合山发电厂	4	70	10.78	452		82.85	9.2	533		208	166	91.23	9.81	100	3.78	
	5	70	10.78	452		77.4	9.17	534		205	185	91.42	9.84	92.94	3.78	
国电长源江津发热电厂	8	60	9.97	444	34.5	88.8	8.84	526.83		201.7	175.5	93.2	11.5	90.4	0.37	
	9	55	9.95	444	32.5	89.3	8.57	530.16		212.7	179.5	90.2	14.2	95.7	0.37	
国电红雁池发电有限公司	5	55	8.93	417	36.27	91.83	9.52	538.72		200.05	146.19	93.16	7.48	96.03	3.94	
	6	55	8.93	417	35.03	90.66	9.57	538.99		210.52	140.01	92.58	9.31	98.28	3.94	
国电一五〇发电厂	3	55	8.74	428	39.89	89.34	9.5	539.6		215.6	172.4	92.29	5.75	100	3.26	
	4	55	8.74	428	37.65	91.45	9.5	535.7		208.9	118.6	94.56	3.4	99.92	3.26	
国电华蓥山发电厂	1	55	9.27	444.11	35.61	89.35	8.89	534.24		198.37	145.90	92.56	9.68	95.92	2.39	
	2	50	9.27	454.47	35.33	89.25	8.95	533.84		193.82	159.03	91.51	10.30	91.13	2.41	
国电吉林热电厂	6	50	7.36	360		89.8	9.29	511		230	166	96.2	5.36	100	48.9	供热机组
	7	50	7.36	360		89.8	9.35	511		229	166	96.2	8.14	100	48.9	供热机组
国电一五〇发电厂	1	50	8.74	428	35.93	92.13	9.47	534.2		219.4	108.2	93.25	5.72	99.82	3.26	
	2	50	8.74	428	34.37	91.34	9.52	534.6		219.8	137.5	93.07	6.61	98.59	3.26	
国电北安热电有限公司	1	50	9.48	395	40.8	91.71	9.24	535.4		209.8	125.9	95.3	9	99.9	2.93	
	2	50	9.48	395	45.24	91.53	9.21	535.5		208.6	126.6	94.1	9.5	99.8	2.93	

续表

企业名称	机组编号	铭牌出力（兆瓦）	厂用电率（%）	供电煤耗（克/千瓦时）	机效率（%）	炉效率（%）	主汽压力（兆帕）	主汽温度（兆帕）	再热温度（℃）	给水温度（℃）	排烟温度（℃）	真空度（%）	端差（℃）	高加投入率（%）	补水率（%）	备注
国电红雁池发电有限公司	7	50	8.93	417	34.52	90.65	9.51	538.63		212.22	163.22	92.1	11.61	94.8	3.94	
	8	50	8.93	417	34.19	90.58	9.55	539.02		215.38	154.98	92.85	10.27	99.12	3.94	
国电大连开发区热电厂	3	50	7.15	406	32.56	90.77	8.87	538		218	163	95	11	94.7	13.3	改造
	4	50	7.15	406	32.56	88.09	8.87	538		217	173	95	11	96.9	13.3	改造
国电滦河发电厂	5	50	9.46	453	33.96	89.05	9.58	523		230	153	91.09	8.23	100	1.73	
国电塔城铁厂沟发电公司	3	50	10.9	420		91.58	9.21	535		174.97	136.82	87.34	9.58	38.18	9.68	
国电天津热电厂	08	50	7.24	366	36.47	91.13	9.63	539		204.5	140.7	94.87	8.8	98.48	32.98	供热机组
国电石嘴山发电厂	7	50	9.2	429	35.42	89.13	8.97	534.76		210.2	169.3	92.92	8.67	90.79	6.72	
	8	50	9.2	429	35.88	90.76	9.02	535.21		206.3	178.9	93.03	7.56	95.63	6.72	
国电谏壁发电厂	2	50	6.78	428	34.4	90.5	9.3	536		202	165	94.5	9.8	99.5	4.1	
	3	50	6.78	427	34.3	91.5	9.5	536		205	156	93.1	9.7	98.7	4.1	
国电松源发电有限公司	1	25	12.911	582.14	28.81	85.46	3.42	443.1		166.3	183	88.92	7.99	100	4.66	
	2	25	12.911	582.14	29.1	87.43	3.44	441.4		167.1	161	88.78	7.36	100		
国电温州东屿发电厂	4	25	9.32	521	28.29	88.22	3.69	443		116	146.4	91	12	58.4		
国电沙市热电厂	7	25	9.89	258	72	89.4	8.72	529.18		198.2	151.3			93.4	0.37	
国电成都热电厂	2	25	11.29	509	36.42	88.5	8.85	495.2		197.4		93.1	13	99.63		
	3	25	11.29	509	36.42	88.5	8.92	498.3		185.8		92.5	13.6	99.14		
	4	25	11.29	509	36.42	88.5	8.84	497.9		188.2		92.1	13.1	90.91	10.74	
	5	25	11.29	509	36.42	88.5	8.74	495.9		199.5		93.8	11.1	100		
	6	25	11.29	509	36.42	88.5	8.94	497.9		202.7		92.6	12.8	99.9		

续表

企业名称	机组编号	铭牌出力（兆瓦）	厂用电率（%）	供电煤耗（克/千瓦时）	机效率（%）	炉效率（%）	主汽压力（兆帕）	主汽温度（兆帕）	再热温度（℃）	给水温度（℃）	排烟温度（℃）	真空度（%）	端差（℃）	高加投入率（%）	补水率（%）	备　注
国电天津热电厂	09	25	7.24	366	67.72	91.36	9.72	538.8		206.9	133.8			99.15	32.98	背压机组
	01	25	7.24	366	66.11	90.81	9.67	538.8		214.7	136.3			98.92	32.98	背压机组
国电沈阳热电厂	3	25	4.14	255		88.1	9.77	537.74		178.54	146.46				46.93	背压机组
	4	25	4.14	255		88.2	9.72	539.89		185.56	141.25				46.93	背压机组
国电邯郸热电厂	9	25	7.3	254.17	60.5	85.76	8.92	532		203.8	164			99.94	43.63	
	10	25	7.3	254.17	67.1	85.28	8.97	530		202.1	160			99.54	43.63	
国电太原发电有限公司	15	25	5.82	280	79.42	91.23	8.24	534.57		215.19	135.37	0	0	98.53	48.75	背压机组
国电红雁池发电有限公司	1	25	8.84	549	29.04	91.28	3.8	439.98		157.38	137.34	93.25	11.48	94.39	3.94	
	2	25	8.84	549	28.95	90.86	3.8	439.96		161.2	135.86	94.78	4.78	94.98	3.94	
	3	25	8.84	549	28.93	90.85	3.8	439.57		159.04	136.9	93.98	5.87	98.91	3.94	
	4	25	8.84	549	29.06	91.5	3.8	439.56		162.61	136.31	93.6	8.02	98.5	3.94	
国电滨海电力有限公司	1	38	6.36	336	26.01						501					燃气轮机
	2	18	6.36	336	21.29		2.51	428		103	130	94	7.7		4.57	汽轮机
国电大连开发区热电厂	1	12	7.32	443	29.89	89.29	3.39	437		156	146	96	5	99.8	13.3	
	2	12	7.32	443	29.89	88.67	3.36	436		158	157	95	10	99.5	13.3	
国电精河发电有限公司	1	6	8.71	624	22.8	84.02	3.72	439		146	148	91.4	10.5	100	1.69	
	2	6	8.71	624	22.4	83.48	3.7	440		147	154	91.1	10.8	99.6	1.69	

集团公司现役机组设备明细

	机组编号	机组		汽(水)轮机		发电机		锅炉		备注
		铭牌容量（千瓦）	投产日期	型号	制造厂家	型号	制造厂家	容量（吨/小时）	制造厂家	
合计										
1. 新投发电设备										
国电石嘴山发电有限责任公司	4	330000	2004.06.04	N330 - 17.75/540/540	北京重型电机厂	TA255 - 460	北京重型机械厂	1205	武汉锅炉股份有限公司	
国电贵阳发电厂（火电）	2	200000	2004.05.19	DN200 - 12.7/535/535 - 7	东方汽轮机厂	QFSN - 200 - 2	东方电机厂	670	武汉锅炉厂	
国电宣威发电有限责任公司	10	300000	2004.6.16	N300 - 16.7 - 537/535 - 6	东方汽轮机厂	QFQN - 300 - 2 - 20	东方电机厂	979	武汉锅炉股份有限公司	
上海外高桥第二发电有限责任公司	5	900000	2004.4.20	CC140/N200 - 130/535/535	哈尔滨汽轮机厂	QFSN - 200 - 2	哈尔滨电机厂	220	南京锅炉厂	
上海外高桥第二发电有限责任公司	6	900000	2004.09.22	CC140/N200 - 130/535/535	哈尔滨汽轮机厂	QFSN - 200 - 2	哈尔滨电机厂	670	哈尔滨锅炉厂	
江苏苏源谏壁发电有限公司	2	330000	2004.09.16	N330 - 16.7/538/538	上海汽轮机有限公司	QFSN - 330 - 2	上海汽轮发电机有限公司	1036	上海锅炉厂有限公司	
国电洁源风电有限公司	1～36		2004.10.01			G58	西班牙 Gamesa			36台（新投产）
国电长源第一发电有限公司	11	200000	2004.10.14	N200 - 130 - 535/535	东汽	QFQS - 200 - 2	东方电机厂	670	武汉锅炉厂	油改煤机组

续表

	机组编号	机组		汽(水)轮机		发电机		锅炉		备注
		铭牌容量(千瓦)	投产日期	型号	制造厂家	型号	制造厂家	容量(吨/小时)	制造厂家	
2. 关停发电设备										
天津第一热电厂		12000	1961.11.01	B12－35/10	北京重型电机厂	TQSS－2J－2	上海电机厂	130	前苏联 TK3	2004.06.22 关停
3. 在运发电设备										
公司合计(按产权)										
内部核算										
华北										
火电										
国电滦河发电厂										
	5	50000	1979.06.01	N50－90	北京良乡修造厂	QFS－75－2	北京修造厂	220	武汉锅炉厂	
	6	100000	1993.11.01	N100－90/535	哈尔滨电机厂	QFN2－100－2	哈尔滨电机厂	510	杭州锅炉厂	
	7	100000	1997.11.01	N100－90/535	哈尔滨电机厂	QFN2－100－2	哈尔滨电机厂	510	杭州锅炉厂	
国电天津第一热电厂										
	7	12000	1961.11.01	B12－35/10	北京重型电机厂	TQSS－2J－2	上海电机厂	130	前苏联 TK3	2004.06.22 关停
	8	50000	1988.01.01	C50－90－13－1 型汽轮机、单缸、冲动抽汽冷凝机(具有一级调整抽汽)	哈尔滨汽轮机厂	QFS－60－2	北京电力设备总厂	220	哈尔滨锅炉厂	
	9	25000	1989.01.01	B25－90/13 型汽轮机、单缸、冲动背压式(单列调速级,1～8 级压力级)	北京重型电机厂	QF－25－2	北京重型电机厂	220	哈尔滨锅炉厂	
	10	25000	1989.01.01	B25－90/13 型汽轮机、单缸、冲动背压式(单列调速级,1～8 级压力级)	北京重型电机厂	QF－25－2	北京重型电机厂	220	哈尔滨锅炉厂	
	11	100000	1994.12.01	N(C)100－90/535 型双缸冲动供暖(打孔抽汽)冷凝式	北京重型电机厂	QFS－100－2A	北京重型电机厂	220	哈尔滨锅炉厂	

续表

机组编号	机组		汽(水)轮机		发电机		锅炉		备注
	铭牌容量(千瓦)	投产日期	型号	制造厂家	型号	制造厂家	容量(吨/小时)	制造厂家	
国电一五〇发电厂									
1	50000	1970.10.18	N50-90	上海汽轮机厂	QFS-50-2型	上海电机厂	220	哈尔滨锅炉厂	
2	50000	1972.06.18	N50-90	上海汽轮机厂	QFS-50-2型	上海电机厂	220	哈尔滨锅炉厂	
3	55000	1973.12.25	C55-8.83/0.411	北京全三维、南京汽轮电机集团	QFS-55-2型	上海电机厂	220	哈尔滨锅炉厂	
4	55000	1974.09.14	C55-8.83/0.411	北京全三维、南京汽轮电机集团	QFS-55-2型	上海电机厂	220	哈尔滨锅炉厂	
国电霍州发电厂									
1	100000	1973.05.01	N-100-90/535	哈尔滨汽轮机厂	QFN-100-2	哈尔滨电机厂	410	哈尔滨锅炉厂	
2	100000	1974.09.01	K-100-90-7	苏联列宁格勒金属工厂	TBφ-120-2	前苏联西伯利亚重机厂	410	哈尔滨锅炉厂	
3	100000	1977.12.01	N-100-90/535	哈尔滨汽轮机厂	QFN-100-2	哈尔滨电机厂	410	哈尔滨锅炉厂	
4	100000	1978.11.01	N-100-90/535	哈尔滨汽轮机厂	QFN-100-2	哈尔滨电机厂	410	哈尔滨锅炉厂	
国电太原第一热电厂									
11	300000	1991.06.01	NC300/220-16.7/537/537	东汽	QFSN-300-2型	东电	925	波兰	
12	300000	1992.12.01	NC300/220-16.7/537/537	东汽	QFSN-300-2型	东电	925	波兰	
东北									
火电									
国电吉林热电厂									

续表

	机组编号	机组		汽(水)轮机		发电机		锅炉		备注
		铭牌容量(千瓦)	投产日期	型号	制造厂家	型号	制造厂家	容量(吨/小时)	制造厂家	
	6	50000	1959.05.01	BПТ-50-2	前苏联	TB-60-2	前苏联	230	前苏联	
	7	50000	1959.11.01	BПТ-50-2	前苏联	TB-60-2	前苏联	230	哈尔滨锅炉制造厂	
华东										
火电										
国电温州东屿发电厂										
	4	25000	1982.01.01	N25-35	武汉汽轮电机厂	QF-25-2	武汉汽轮电机厂	130	北京锅炉厂	
国电谏壁发电厂										
	2	50000	1966.06.01	VK-50	捷克皮尔森列宁厂	6H6378-2	捷克	200	捷克布尔诺第一机械制造厂	
	3	50000	1967.01.01	VK-50	捷克皮尔森列宁厂	6H6378-2	捷克	200	捷克布尔诺第一机械制造厂	
	4	100000	1970.04.01	51-100-2	哈尔滨汽轮机厂	TQN-100-2	哈尔滨	410	哈尔滨锅炉厂	
	5	100000	1970.12.01	51-100-2	哈尔滨汽轮机厂	QFN-100-2	哈尔滨	410	哈尔滨锅炉厂	
	6	110000	1973.01.01	K-100-90-7	前苏联列宁格勒金属工厂	TBQ-120-2	前苏联	410	哈尔滨锅炉厂	
	7	330000	1980.12.01	N330-16.18/535/535	上海汽轮机厂	QFS-330-2	上海电机厂	1025	上海锅炉厂	含技改增容部分
	8	330000	1983.11.01	N330-16.18/535/535	上海汽轮机厂	QFS-330-2	上海电机厂	1025	上海锅炉厂	含技改增容部分
	9	330000	1986.09.01	N330-16.18/535/535	上海汽轮机厂	QFS-330-2	上海电机厂	1025	上海锅炉厂	含技改增容部分

续表

	机组编号	机组		汽(水)轮机		发电机		锅炉		备注
		铭牌容量(千瓦)	投产日期	型号	制造厂家	型号	制造厂家	容量(吨/小时)	制造厂家	
	10	330000	1987.10.01	N330-16.18/535/535	上海汽轮机厂	QFS-330-2	上海电机厂	1025	上海锅炉厂	含技改增容部分
华中										
水电										
国电万安水电厂										
	1	103000	1990.11.01	ZZ440-LH-850	东方电机厂	SF100-78/12800	东方电机厂			
	2	103000	1991.10.01	ZZ440-LH-850	东方电机厂	SF100-78/12800	东方电机厂			
	3	103000	1992.05.01	ZZ440-LH-850	东方电机厂	SF100-78/12800	东方电机厂			
	4	103000	1992.12.01	ZZ440-LH-850	东方电机厂	SF100-78/12800	东方电机厂			
国电岷江发电厂										
	1	2250	1957.02.01	ПТ-125-140米/	哈尔滨电机厂	MC-324-8/12	哈尔滨电机厂			
	2	2250	1958.07.01	ПТ-125-140米/	哈尔滨电机厂	TZS213/39-12	哈尔滨电机厂			
火电										
国电九江发电厂										
	1	135000	1983.07.01	超高压中间再热双缸双排汽凝汽式	上海汽轮机厂	双水内冷汽轮发电机	上海电机厂	400	上海锅炉厂	
	2	125000	1984.08.01	超高压中间再热双缸双排汽凝汽式	上海汽轮机厂	双水内冷汽轮发电机	上海电机厂	400	上海锅炉厂	
	3	210000	1991.11.01	超高压中间再热三缸双排汽凝汽式	哈尔滨汽轮机厂	水、氢、氢内冷汽轮发电机	哈尔滨电机厂	670	东方锅炉厂	
	4	210000	1992.09.01	超高压中间再热三缸双排汽凝汽式	哈尔滨汽轮机厂	水、氢、氢内冷汽轮发电机	哈尔滨电机厂	670	东方锅炉厂	
国电成都热电厂										

续表

	机组编号	机组		汽(水)轮机		发电机		锅炉		备注
		铭牌容量(千瓦)	投产日期	型号	制造厂家	型号	制造厂家	容量(吨/小时)	制造厂家	
	2	25000	1958.09.01	BITT-25-3	前苏联乌拉尔金属制造厂	TB2-30-2	前苏联			
	3	25000	1959.01.01	BITT-25-3	前苏联乌拉尔金属制造厂	TB2-30-2	前苏联			
	4	25000	1960.06.01	51-25-1	哈尔滨汽轮机制造厂	TQ-25-2	哈尔滨电机厂			
	5	25000	1961.08.01	TC-25	波兰爱尔卜隆机器厂	TW2-30	波兰			
	6	25000	1965.10.01	TC-25	波兰爱尔卜隆机器厂	TW2-30	波兰			
国电华蓥山发电厂										
	1	55000	1978.05.01	高压单缸单排汽	东方汽轮机厂	QFQ-75-2	东方电机厂	300	东方汽轮机厂	
	2	50000	1995.02.01	高压单缸单排汽	东方汽轮机厂	QFQ-50-2	东方电机厂	220	东方汽轮机厂	
	3	110000	1980.10.01	高压双缸双排汽	北京重型机械厂	SQF-110-2	北京重型电机厂	410	北京重型机械厂	
	4	100000	1982.12.01	高压双缸双排汽	北京重型机械厂	SQF-100-2	北京重型电机厂	410	北京重型机械厂	
西北										
火电										
国电大武口发电厂										
	1	110000	1985.11.07	N110-90/535	东方汽轮机厂	QFS-110-2	东方电机厂	410	武汉锅炉厂	
	2	110000	1986.08.21	N110-90/535	东方汽轮机厂	QFS-110-2	东方电机厂	410	武汉锅炉厂	
	3	100000	1987.01.16	N100-90/535	东方汽轮机厂	QFS-100-2	东方电机厂	410	武汉锅炉厂	
	4	100000	1987.11.26	N100-90/535	东方汽轮机厂	QFS-100-2	东方电机厂	410	武汉锅炉厂	
国电石嘴山发电厂										

续表

	机组编号	机组		汽(水)轮机		发电机		锅炉		备注
		铭牌容量(千瓦)	投产日期	型号	制造厂家	型号	制造厂家	容量(吨/小时)	制造厂家	
	7	50000	1979.10.01	51-50-3	武汉汽轮机厂	QFQ-50-2	武汉汽轮发电机厂	220	武汉锅炉厂	
	8	50000	1980.08.01	51-50-3	武汉汽轮机厂	QFQ-50-2	武汉汽轮发电机厂	220	武汉锅炉厂	
南方										
水电										
国电红枫水力发电厂										
	红枫1	12400	1960.05.01	HLA286-LJ-233	东北机器制造厂	TS425/113-32	东北机器制造厂			
	红枫2	12400	1960.09.01	HLA286-LJ-233	东北机器制造厂	TS425/113-32	东北机器制造厂			
	百花1	12400	1960.06.01	HLA286-LJ-233	东北机器制造厂	SF12-32/4250	东北机器制造厂			
	百花2	12500	1966.09.01	HLA286-LJ-233	萧山电机厂	TS550/80-32	东北机器制造厂			
	修文1	12400	1961.06.01	HLA286-LJ-233	东北机器制造厂	SF12-32/4250	东北机器制造厂			
	修文2	12400	1961.08.01	HLA286-LJ-233	东北机器制造厂	SF12-32/4250	东北机器制造厂			
	窄巷口1	15750	1975.08.01	HL211-LJ-225	天津发电设备厂	TS550/79-28	天津发电设备厂			
	窄巷口2	15750	1971.07.01	HL211-LJ-225	天津发电设备厂	TS550/79-28	天津发电设备厂			
	窄巷口3	15750	1970.09.01	HL211-LJ-225	天津发电设备厂	TS550/79-28	天津发电设备厂			

续表

	机组编号	机组		汽(水)轮机		发电机		锅炉		备注
		铭牌容量(千瓦)	投产日期	型号	制造厂家	型号	制造厂家	容量(吨/小时)	制造厂家	
	红林1	39000	1973.03.01	HL638-LJ-200	东方电机厂	TS410/159-16	东方电机厂			
	红林2	39000	1974.09.01	HL638-LJ-200	东方电机厂	TS410/159-16	东方电机厂			
	红林3	39000	1974.06.01	HL638-LJ-200	东方电机厂	TS410/159-16	东方电机厂			
	红岩1	15750	1972.07.01	HL211-LJ-225	天津发电设备厂	TS550/79-28	天津发电设备厂			
	红岩2	15750	1972.11.01	HL211-LJ-225	天津发电设备厂	TS550/79-28	天津发电设备厂			
国电大寨水力发电厂										
	1	10000	1983.12.01	HLD-08-LJ-96	东方电机厂	SFZ10-6/2410	东方电机厂			
	2	10000	1983.12.01	HLD-08-LJ-96	东方电机厂	SFZ10-6/2410	东方电机厂			
	3	10000	1977.12.01	HLD-08-LJ-96	重庆水轮机厂	TSL260/79-8	重庆水轮机厂			
	4	10000	1977.12.01	HLD-08-LJ-96	重庆水轮机厂	TSL260/79-8	重庆水轮机厂			
	5	10000	1977.08.01	HLD-08-LJ-96	重庆水轮机厂	TSL260/79-8	重庆水轮机厂			
	6	10000	1977.03.01	HLD-08-LJ-96	重庆水轮机厂	TSL260/79-8	重庆水轮机厂			

续表

机组编号	机组 铭牌容量(千瓦)	投产日期	汽(水)轮机 型号	制造厂家	发电机 型号	制造厂家	锅炉 容量(吨/小时)	制造厂家	备注
国电六郎洞水力发电厂									
1	15700	1960.02.01	HLA553－LJ－140	哈尔滨电机厂	TS－286/115－12	哈尔滨电机厂			
2	13100	1960.02.01	HL638－LJ－140	哈尔滨电机厂	TS－286/115－12	哈尔滨电机厂			
火电									
国电凯里发电厂									
1	125000	1997.08.04	超高压中间再热双缸双排汽凝汽式	上海汽轮机厂	QFS－125－2	上海电机厂	420	上海锅炉厂	
2	125000	1997.12.31	超高压中间再热双缸双排汽凝汽式	上海汽轮机厂	QFS－125－2	上海电机厂	420	上海锅炉厂	
3	125000	1999.09.21	超高压中间再热双缸双排汽凝汽式	上海汽轮机厂	QFS－125－2	上海电机厂	420	上海锅炉厂	
4	125000	1999.12.17	超高压中间再热双缸双排汽凝汽式	上海汽轮机厂	QFS－125－2	上海电机厂	420	上海锅炉厂	
国电贵阳发电厂(火电)									
9	200000	1995.11.18	DN200－12.7/535/535－5	东方汽轮机厂	QFSN－200－2	东方电机厂	670	武汉锅厂	
国电小龙潭发电厂									
1	100000	1985.12.18	N100－90/535	北京重机	SQF－100－2	北京重机	410	武汉锅炉厂	
2	100000	1986.11.29	N100－90/535	北京重机	SQF－100－2	北京重机	410	武汉锅炉厂	
3	100000	1990.01.11	N100－90/535	北京重机	SQF－100－2	北京重机	410	武汉锅炉厂	
4	100000	1991.01.13	N100－90/535	北京重机	SQF－100－2	北京重机	410	武汉锅炉厂	
5	100000	1991.11.18	N100－90/535	北京重机	SQF－100－2	北京重机	410	武汉锅炉厂	
6	100000	1992.10.07	N100－90/535	北京重机	SQF－100－2	北京重机	410	武汉锅炉厂	
国电合山火电厂									
控股									
华北									
火电									
国电衡丰发电有限公司									

续表

	机组编号	机组		汽(水)轮机		发电机		锅炉		备注
		铭牌容量(千瓦)	投产日期	型号	制造厂家	型号	制造厂家	容量(吨/小时)	制造厂家	
	1	300000	1995.12.31	N300－16.7/537/537	哈尔滨汽轮机厂	QFSN－300－2	哈尔滨电机厂	1025	北京巴威公司	
	2	300000	1996.12.10	N300－16.7/537/537	哈尔滨汽轮机厂	QFSN－300－2	哈尔滨电机厂	1025	北京巴威公司	
国电太原发电有限公司										
	13	300000	1998.09.01	NC300/220－16.7/537/537	东汽	QFSN－300－2－20型	东电	935	东锅	
	14	300000	1999.06.01	NC300/220－16.7/537/537	东汽	QFSN－300－2－20型	东电	935	东锅	
	15	25000	2000.12.01	B25－8.83/1.177	北汽	QF－25－2	北电	220	四川锅炉厂	
国电聊城发电厂										
	1	600000	2002.09.11	N600－16.7/538/538	上海汽轮机有限公司	QFSN－600－2	上海汽轮发电机有限公司	2027	MBEL	
	2	600000	2003.08.02	N600－16.7/538/538	上海汽轮机有限公司	QFSN－600－2	上海汽轮发电机有限公司	2027	MBEL	
国电菏泽发电厂										
	3	300000	2001.12.28	亚临界中间再热双缸双排汽	上海汽轮机厂	QFSN2－300－2	上海电机厂	1025	英国三井巴布科克公司	
	4	300000	2002.07.18	亚临界中间再热双缸双排汽	上海汽轮机厂	QFSN2－300－2	上海电机厂	1025	英国三井巴布科克公司	
其他										
国电滨海电力有限公司										
	燃气轮机	38000	1999.07.01	PG6551B	南京汽轮机厂	QFR－38－2	南京汽轮机厂	67	杭州锅炉厂	
	汽轮机	18000	1999.12.01	L18－3.43－3	南京汽轮机厂	QFWL－18－2	南京汽轮机厂			
东北										
火电										
国电双鸭山发电有限公司										
	1	200000	1988.08.01	N200－130/535/535	哈尔滨汽轮机厂	QFSN－200－2	哈尔滨汽轮机厂		哈尔滨汽轮机厂	

续表

	机组			汽(水)轮机		发电机		锅炉		备注
	机组编号	铭牌容量(千瓦)	投产日期	型号	制造厂家	型号	制造厂家	容量(吨/小时)	制造厂家	
	2	200000	1989.08.01	N200－130/535/535	哈尔滨汽轮机厂	QFSN－200－2	哈尔滨汽轮机厂		哈尔滨汽轮机厂	
	3	210000	1991.12.01	K－215－130－1	前苏联	TBB－220－ZEY3	前苏联		前苏联	
	4	210000	1992.11.01	K－215－130－1	前苏联	TBB－220－ZEY3	前苏联		前苏联	
国电双辽发电有限公司										
	3	300000	2000.12.01	N300－16.7/537/537	哈汽	QFSN－300－2	哈尔滨电机厂	1025	哈尔滨锅炉厂	
	4	300000	2000.12.01	N300－16.7/537/537	哈汽	QFSN－300－2	哈尔滨电机厂	1025	哈尔滨锅炉厂	
国电双辽发电厂										
	1	300000	1994.09.01	N300－16.7/537/537	哈汽	QFSN－300－2	哈尔滨电机厂	1021	哈尔滨锅炉厂	
	2	300000	1995.12.01	N300－16.7/537/537	哈汽	QFSN－300－2	哈尔滨电机厂	1021	哈尔滨锅炉厂	
国电北安热电有限公司										
	1	50000						220	哈尔滨锅炉厂	
	2	50000						220	哈尔滨锅炉厂	
华东										
火电										
国电浙江北仑第一发电有限公司										
	1	600000	1991.10.01	TA4F	日本东芝	TAKS－LCH	日本东芝	2008	美国燃烧工程公司(CE)	
	2	620670	1994.11.01	T2A650 304 46	法国 GEC A－LSTHOM	T260－640	法国 GEC A－LSTHOM	2027	加拿大 BAB－COCK&WILCOX 公司	
国电江苏苏源谏壁发电有限公司										
华电										
水电										
国电南桠河流域水电开发有限公司										
	1	45100	2001.09.07	HL(F)－LJ－215	克瓦纳(杭发)	SF－J44－12/4000	克瓦纳(杭发)			

续表

	机组编号	机组		汽(水)轮机		发电机		锅炉		备注
		铭牌容量(千瓦)	投产日期	型号	制造厂家	型号	制造厂家	容量(吨/小时)	制造厂家	
	2	45100	2001.09.08	HL(F) – LJ – 215	克瓦纳(杭发)	SF – J44 – 12/4000	克瓦纳(杭发)			
	3	45100	2001.09.15	HL(F) – LJ – 215	克瓦纳(杭发)	SF – J44 – 12/4000	克瓦纳(杭发)			
国电大渡河流域水电开发有限公司										
	10 龚站 1F	112600	2003.04.17	HLD340 – LJ – 590	东方电机厂	SF110 – 68/1280	东方电机厂			
	11 龚站 2F	102500	1972.05.01	HL702 – LJ – 550	东方电机厂	TS – 1280/150 – 68	东方电机厂			
	12 龚站 3F	102500	1972.12.01	HL702 – LJ – 550	东方电机厂	TS – 1280/150 – 68	东方电机厂			
	13 龚站 4F	100000	1973.03.01	HL702 – LJ – 550	东方电机厂	TS – 1280/150 – 68	东方电机厂			
	14 龚站 5F	112600	2004.05.11	HLD340 – LJ – 590	东方电机厂	SF110 – 68/1280	东方电机厂			
	15 龚站 6F	100000	1977.10.01	HL702 – LJ – 550	东方电机厂	TS – 1280/150 – 68	东方电机厂			
	16 龚站 7F	100000	1978.12.01	HL702 – LJ – 550	东方电机厂	TS – 1280/150 – 68	东方电机厂			
	17 铜站11F	154000	1992.10.01	ZZ440 – LH – 850	东方电机厂	SF150 – 68/12800	东方电机厂			
	18 铜站12F	154000	1993.06.01	ZZ440 – LH – 850	东方电机厂	SF150 – 68/12800	东方电机厂			
	19 铜站13F	154000	1993.12.01	ZZ440 – LH – 850	东方电机厂	SF150 – 68/12800	东方电机厂			
	20 铜站14F	154000	1994.12.01	ZZ440 – LH – 850	东方电机厂	SF150 – 68/12800	东方电机厂			

续表

	机组			汽(水)轮机		发电机		锅炉		备注
	机组编号	铭牌容量(千瓦)	投产日期	型号	制造厂家	型号	制造厂家	容量(吨/小时)	制造厂家	
火电										
国电松源发电有限公司										
	1	25000	1970.12.01	31－5－7	上海汽轮机厂	TQC－6075/2	上海汽轮机厂	130	上海汽轮机厂	
	2	25000	1972.12.01	N25－35－1	武汉汽轮机厂	TQC－6075/2	武汉汽轮机厂	130	武汉汽轮机厂	
国电九江发电有限公司										
	5	350000	2002.12.01	TCDF－40亚临界单轴双缸双排汽凝汽式	日本日立	TFLQQ三相交流同步发电机	日本日立	1170	美国FW	
	6	350000	2003.05.01	TCDF－40亚临界单轴双缸双排汽凝汽式	日本日立	TFLQQ三相交流同步发电机	日本日立	1170	美国FW	
国电荆门江山										
	2	100000	1978.12.01	N100－90/535	北京重型电机厂	SQF－100－2	北京重型电机厂	360	武汉锅炉厂	
	3	100000	1979.07.01	N100－90/535	北京重型电机厂	SQF－100－2	北京重型电机厂	360	武汉锅炉厂	
西北										
火电										
国电靖远发电有限公司										
	1	200000	1989.10.01	超高压中间再热三缸三排汽(N200－130－535/535)	东方汽轮机厂	QFQS－200－2	东方电机厂	670	东方锅炉厂	
	2	200000	1990.09.01	超高压中间再热三缸三排汽(N200－130－535/535)	东方汽轮机厂	QFQS－200－2	东方电机厂	670	东方锅炉厂	
	3	200000	1991.09.01	超高压中间再热三缸三排汽(N200－130－535/535)	东方汽轮机厂	QFQS－200－2	东方电机厂	670	东方锅炉厂	

续表

	机组编号	机组		汽(水)轮机		发电机		锅炉		备注
		铭牌容量(千瓦)	投产日期	型号	制造厂家	型号	制造厂家	容量(吨/小时)	制造厂家	
	4	200000	1992.07.01	超高压中间再热三缸三排汽(N200-130-535/535)	东方汽轮机厂	QFSQ-200-2	东方电机厂	670	东方锅炉厂	
国电精河发电有限公司										
	1	6000	1992.11.01	N6-35	杭州汽轮机厂	QF6-2	杭州萧山发电机厂	35	杭州汽轮机厂	
	2	6000	1993.07.01	N6-35	杭州汽轮机厂	QF6-2	杭州萧山发电机厂		杭州汽轮机厂	
国电塔城铁厂沟发电有限公司										
	3	50000	2001.12.01	N50-8.83-1	东方	QF-50-2	武汉			国电集团公司
国电兰州热电厂										
	1	110	1989.12.01	N(C)110-8.83/535	哈尔滨汽轮机有限责任公司	SQF-110-2	北京重型电机厂	410	北京巴布科克·威尔科克斯公司	
	2	110	1990.12.01	N(C)110-8.83/535	哈尔滨汽轮机有限责任公司	SQF-110-2	北京重型电机厂	410	北京巴布科克·威尔科克斯公司	
国电红雁池发电有限公司										
	1	25000	1970.08.01	N31-35-7	上海汽轮机厂	QF-25-2	上海电机厂	130	武汉锅炉厂	
	2	25000	1971.10.01	N25-31-7	北京重型机械厂	QF-25-2	上海电机厂	130	武汉锅炉厂	
	3	25000	1976.08.01	N25-31-7	北京重型机械厂	QF-25-2	北京重型机械厂	130	北京锅炉厂	
	4	25000	1977.08.01	N25-31-7	北京重型机械厂	QF-25-2	北京重型机械厂	130	北京锅炉厂	
	5	55000	1980.12.01	N55-8.83	北京重型机械厂	QFS-55-2	北京重型机械厂	220	武汉锅炉厂	

续表

	机组编号	机组		汽(水)轮机		发电机		锅炉		备注
		铭牌容量(千瓦)	投产日期	型号	制造厂家	型号	制造厂家	容量(吨/小时)	制造厂家	
	6	55000	1982.11.01	N55－8.83	北京重型机械厂	QFS－55－2	北京重型机械厂	220	武汉锅炉厂	
	7	50000	1985.07.01	N50－90	上海汽轮机厂	QFS－50－2	上海电机厂	220	武汉锅炉厂	
	8	50000	1985.12.01	N50－90	上海汽轮机厂	QFS－50－2	上海电机厂	220	武汉锅炉厂	
	9	110000	1996.09.01	N110－8.83	北京重型机械厂	QFS－110－2	北京重型机械厂	410	武汉锅炉厂	
南方										
水电										
国电迪庆香格里拉发电有限公司										
螺丝湾水电站										
	1	20000	1999.02.01	HLA378－LJ－140	昆明电机厂	SF20－10/3300	昆明电机厂		昆明电机厂	
	2	20000	1999.02.01	HLA378－LJ－140	昆明电机厂	SF20－10/3300	昆明电机厂		昆明电机厂	
	3	20000	1999.02.01	HLA378－LJ－140	昆明电机厂	SF20－10/3300	昆明电机厂		昆明电机厂	
冲江河一期水电站										
	1	8000	1990.09.27	HL100－LJ－120	广东韶关厂	TS260－58/8	广东韶关厂		广东韶关厂	
	2	6300	1990.10.01	HL100－LJ－120	广东韶关厂	TS260－58/8	广东韶关厂		广东韶关厂	
	3	8000	1990.10.01	HL100－LJ－120	广东韶关厂	TS260－58/8	广东韶关厂		广东韶关厂	
海南大广坝水电开发公司										

续表

	机组编号	机组		汽(水)轮机		发电机		锅炉		备注
		铭牌容量(千瓦)	投产日期	型号	制造厂家	型号	制造厂家	容量(吨/小时)	制造厂家	
火电										
国电阳宗海发电有限公司										
	1	200000	1997.01.07	N210 – 13.0/535/535 – 69	哈尔滨汽轮机厂	QFSN2 – 200 – 2	哈尔滨电机厂	670	俄罗斯巴尔瑙尔动力机械厂	
	2	200000	1999.01.29	N200 – 12.7/535/535 – 74	哈尔滨汽轮机厂	QFSN2 – 200 – 2	哈尔滨电机厂	670	武汉锅炉厂	
国电安顺发电有限公司										
	1	300000	1998.12.01	N300 – 16.7 – 537/537 – 4	东方汽轮机厂	OFSN – 300 – 2 – 20	东方电机厂		东方汽轮机厂	
	2	300000	1999.08.01	N300 – 16.7 – 537/537 – 4	东方汽轮机厂	OFSN – 300 – 2 – 20	东方电机厂		东方汽轮机厂	
国电永福发电有限公司										
	1	135000	2000.08.01	N135 – 13.2/535/535	上海汽轮机厂	QFS – 135 – 2	上海汽轮发电机有限公司	420	上海锅炉厂	
	2	135000	2000.11.01	N135 – 13.2/535/535	上海汽轮机厂	QFS – 135 – 2	上海汽轮发电机有限公司	420	上海锅炉厂	
子公司										
国电电力发展股份有限公司										
国电电力发展股份有限公司(水电)										
国电电力太平哨发电厂										
	1	40250	1979.02.01	HL240 – LH – 411	天津发电设备厂	TS900/135 – 56	天津发电设备厂			

续表

厂名	机组编号	机组 铭牌容量(千瓦)	机组 投产日期	汽(水)轮机 型号	汽(水)轮机 制造厂家	发电机 型号	发电机 制造厂家	锅炉 容量(吨/小时)	锅炉 制造厂家	备注
	2	40250	1980.06.01	HL240 - LH - 411	天津发电设备厂	TS900/135 - 56	天津发电设备厂			
	3	40250	1980.12.01	HL240 - LH - 411	天津发电设备厂	TS900/135 - 56	天津发电设备厂			
	4	40250	1980.12.01	HL240 - LH - 411	天津发电设备厂	TS900/135 - 56	天津发电设备厂			
国电电力桓仁发电厂										
	桓仁1	72500	1968.07.01	HLJF2005 - LJ - 104	葫芦岛市滨海水电大件厂	TS854/156 - 40	哈尔滨电机厂			
	桓仁2	72500	1975.07.01	HL701 - LJ - 410	天津发电设备厂	TS854/190 - 44	天津发电设备厂			
	桓仁3	72500	1970.05.01	HL701 - LJ - 410	哈尔滨电机厂	TS854/190 - 44	哈尔滨电机厂			
	回龙1	36000	1972.10.01	ZZ587 - LH - 450	东方电机厂	TS725/106 - 40	东方电机厂			
	回龙2	36000	1973.08.01	ZZ587 - LH - 450	东方电机厂	TS725/106 - 40	东方电机厂			
国电电力发展股份有限公司(火电)										
国电电力大同第二发电厂										
	1	200000	1984.06.01	N200 - 130 - 535/535	东方汽轮机厂	QFQS - 200 - 2	东方电机厂			
	2	200000	1984.12.01	N200 - 130 - 535/535	东方汽轮机厂	QFQS - 200 - 2	东方电机厂			
	3	200000	1985.10.01	N200 - 130 - 535/535	东方汽轮机厂	QFQS - 200 - 2	东方电机厂			
	4	200000	1986.12.01	N200 - 130 - 535/535	东方汽轮机厂	QFQS - 200 - 2	东方电机厂	670	东方锅炉厂	
	5	200000	1987.12.01	N200 - 130 - 535/535	东方汽轮机厂	QFQS - 200 - 2	东方电机厂	670	东方锅炉厂	

续表

	机组编号	机组		汽(水)轮机		发电机		锅炉		备注
		铭牌容量(千瓦)	投产日期	型号	制造厂家	型号	制造厂家	容量(吨/小时)	制造厂家	
	6	200000	1988.11.01	N200 - 130 - 535/535	东方汽轮机厂	QFQS - 200 - 2	东方电机厂	670	东方锅炉厂	
国电电力朝阳发电厂										
	1	200000	1972.12.01	N200 - 130 - 535/535	哈尔滨汽轮机厂	QFSS - 200 - 2	哈尔滨电机厂	670	哈尔滨锅炉厂	
	2	200000	1975.05.01	N200 - 130 - 535/535	哈尔滨汽轮机厂	QFSS - 200 - 2	哈尔滨电机厂	670	哈尔滨锅炉厂	
国电电力大连开发区热电厂										
	1	12000	1991.12.01	CC12 - 35/10/5	武汉汽轮机厂	CQF - 15 - 2	武汉电机厂		杭州锅炉厂	
	2	12000	1991.12.01	CC12 - 35/10/5	武汉汽轮机厂	CQF - 15 - 2	武汉电机厂		杭州锅炉厂	
	3	50000	1998.01.01	C50 - 8.83/0.245	上海汽轮机厂	QFS - 60 - 2	上海电机厂		杭州锅炉厂	
	4	50000	1999.01.01	C50 - 8.83/0.245	上海汽轮机厂	QFS - 60 - 2	上海电机厂		杭州锅炉厂	
国电石嘴山发电有限公司										
	1	330000	2002.12.01	N330 - 17.75/540/540	北京重型电机厂	TA255 - 460	北京重型机械厂	979	武汉锅炉股份有限公司	
	2	330000	2003.07.14	N330 - 17.75/540/540	北京重型电机厂	TA255 - 460	北京重型机械厂	979	武汉锅炉股份有限公司	
	3	330000	2003.12.08	N330 - 17.75/540/540	北京重型电机厂	TA255 - 460	北京重型机械厂	979	武汉锅炉股份有限公司	
国电宣威发电有限公司										
	7	300000	2001.10.01	N300 - 16.7 - 537/535 - 6	东方汽轮机厂	QFQN - 300 - 2 - 20	东方电机厂	1025	武汉锅炉厂	
	8	300000	2001.01.01	N300 - 16.7 - 537/535 - 6	东方汽轮机厂	QFQN - 300 - 2 - 20	东方电机厂	1025	武汉锅炉厂	
	9	300000	2003.12.20	N300 - 16.7 - 537/535 - 6	东方汽轮机厂	QFQN - 300 - 2 - 20	东方电机厂	1025	武汉锅炉股份有限公司	

续表

机组编号	机组		汽(水)轮机		发电机		锅炉		备注
	铭牌容量(千瓦)	投产日期	型号	制造厂家	型号	制造厂家	容量(吨/小时)	制造厂家	
国电邯郸热电厂									
9	25000	1988.12.01	B25-90/10	南京汽轮机厂	QF25-2型	南京电机厂	220	南京汽轮机厂	
10	25000	1990.08.01	B25-90/10	南京汽轮机厂	QF25-2型	上海电机厂	220	南京汽轮机厂	
国电邯郸热电股份有限公司									
11	200000	1998.12.01	CC140/N200-130/535/535	哈尔滨汽轮机厂	QFSN-200-2型	哈尔滨电机厂	670	哈尔滨汽轮机厂	
12	200000	1999.09.01	CC140/N200-130/535/535	哈尔滨汽轮机厂	QFSN-200-2型	哈尔滨电机厂	670	哈尔滨汽轮机厂	
上海外高桥二期									
龙源电力集团公司									
龙源电力集团公司(火电)									
江阴苏龙发电有限公司									
龙源电力集团公司(风电及其他)									
国电丹东海洋红风电有限公司									
1		2000.03.01			NM750/48	丹麦 NEG 麦康			28台
国电温岭江厦潮汐实验电站									
1	545	1980.05.01	GZN005-WP-250	金华水轮机厂	CX143/32-12	金华水轮机厂			
2	655	1985.09.01	GZN005-WP-250	金华水轮机厂	CX143/32-12	金华水轮机厂			
3	761	1984.04.01	GZN(F03)	富春江水工机械厂	SFG700-48/2150	金华水轮机厂			

续表

	机组编号	机组		汽(水)轮机		发电机		锅炉		备注
		铭牌容量(千瓦)	投产日期	型号	制造厂家	型号	制造厂家	容量(吨/小时)	制造厂家	
	4	761	1985.12.01	GZN(F03)	富春江水工机械厂	SFG700-48/2150	金华水轮机厂			
	5	761	1985.12.01	GZN(F03)	富春江水工机械厂	SFG700-48/2150	金华水轮机厂			
国电浙江风力发电发展有限公司										
	1		1998.12.01			v42/600	德国 VESTAS			15台
	2		2003.08.01			D4-46-600	德国 DEWIND			5台
	3		1998.02.06			M1500-600/150	丹麦 MICON			33台
国电平潭长江澳风电有限公司										
	1		2000.11.01			BAZAN-Bouns MK600	西班牙 Bazan-Bouns			10台
国电东山澳仔山风电有限公司										
	1		2000.10.01			BAZAN-Bouns MK600	西班牙 Bazan-Bouns			10台
国电新疆风力发电厂										
	1		1995.07.01			NTK300/31	丹麦 Nortank			25台
	2		1992.12.01			Bouns300	丹麦 Bouns			4台
	3		1994.05.01			Bouns450	丹麦 Bouns			4台
	4		1997.05.01			Bouns600	丹麦 Bouns			12台
	5		1998.01.01			V42-600	丹麦 Vestas			10台

续表

机组编号	机组		汽(水)轮机		发电机		锅炉		备注
	铭牌容量(千瓦)	投产日期	型号	制造厂家	型号	制造厂家	容量(吨/小时)	制造厂家	
国电天风发电股份有限公司									
1		1998.05.01			V42-600	丹麦 VESTAS			56台
汕头福澳风力发电公司									
1		1995.10.01			NTK200F/25	丹麦 NORTANK			15台
国电洁源风电有限公司									
1		1997.06.01			NTK300	丹麦 Nortank			4台
2		2001.03.01			G42	西班牙 Gamesa			12台
4		2003.04.01			S42	中国金风			22台
国电长源电力发展股份有限公司									
国电长源电力发展股份公司(水电)									
国电南河水力发电厂									
1	7800	1980.09.01	HL-365-LJ-230	天津发电设备厂	TS425/79-32	天津发电设备厂			
2	7800	1980.12.01	HL-365-LJ-230	天津发电设备厂	TS425/79-32	天津发电设备厂			
3	7800	1980.12.01	HL-365-LJ-230	天津发电设备厂	TS425/79-32	天津发电设备厂			
国电长源富水水力发电厂									
1	17000	1966.09.01	ZZA623-LJ-330	哈电	TS550/80-28	哈电		哈电	

续表

	机组编号	机组		汽(水)轮机		发电机		锅炉		备注
		铭牌容量(千瓦)	投产日期	型号	制造厂家	型号	制造厂家	容量(吨/小时)	制造厂家	
	2	20000	1972.04.01	ZZ587 - LJ - 330	哈电	TS550/80 - 28	哈电		哈电	
国电长源陡岭子水电有限公司										
	1	23500	2002.07.01	HL - LJ - 21	杭发克瓦纳	SF - J23.5 - 22/800	杭发克瓦纳		杭发克瓦纳	
	2	23500	2002.12.01	HL - LJ - 21	杭发克瓦纳	SF - J23.5 - 22/800	杭发克瓦纳		杭发克瓦纳	
	3	23500	2003.08.01	HL - LJ - 21	杭发克瓦纳	SF - J23.5 - 22/800	杭发克瓦纳		杭发克瓦纳	
国电长源电力发展股份公司(火电)										
国电长源荆门发电分公司										
	4	200000	1982.12.01	N200 - 130 - 535/535	哈汽	QFQS - 200 - 2	哈尔滨电机厂	670	哈汽	
	5	200000	1983.11.01	N200 - 130 - 535/535	哈汽	QFQS - 200 - 2	哈尔滨电机厂	670	哈汽	
国电长源江津发电公司										
	8	60000	1989.10.01	C60 - 8.83/0.98	上汽	QFS - 60 - 2	上海电机厂	220	武汉锅炉厂	
	9	55000	1998.12.01	C55 - 8.83/535	哈汽	QF60 - 2	上海电机厂	220	武汉锅炉厂	
国电长源沙市热电厂										
	7	25000	1986.10.01	B25 - 8.83/0.981 型	哈汽	QF2 - 25 - 2	北重	220	武汉锅炉厂	

续表

	机组			汽(水)轮机		发电机		锅炉		备注
	机组编号	铭牌容量(千瓦)	投产日期	型号	制造厂家	型号	制造厂家	容量(吨/小时)	制造厂家	
国电长源第一发电有限公司										
	12	300000	1996.12.01	N300 - 16.7/537/537	哈汽	QFSN300 - 2	哈尔滨电机厂	1025	哈锅	
国电四川电力股份有限公司										
国电四川电力股份有限公司(水电)										
国电南桠河发电厂										
	1	40000	1984.05.01	HL004 - LJ - 210	天津发电设备厂	TS425/125 - 12	天津发电设备厂			
	2	40000	1983.03.01	HL004 - LJ - 210	东方电机厂	TS425/125 - 12	东方电机厂			
	3	40000	1983.09.01	HL004 - LJ - 210	东方电机厂	TS425/125 - 12	东方电机厂			
四川蜀润磨房沟发电厂										
	1	14500	1995.09.01	CJA237 - L - 146/4 × 14.5	哈尔滨电机厂	SF14.5 - 12/2860	哈尔滨电机厂			
	2	14500	1995.09.01	CJA237 - L - 146/4 × 14.5	哈尔滨电机厂	SF14.5 - 12/2860	哈尔滨电机厂			
四川紫马电力有限责任公司										
	1	5000	1998.12.20	CJA237 - W - 130/2 × 11	东风电机厂	SFW5000 - 10/2150	东风电机厂			
	2	5000	1998.12.25	CJA237 - W - 130/2 × 11	东风电机厂	SFW5000 - 10/2150	东风电机厂			

续表

	机组编号	机组		汽(水)轮机		发电机		锅炉		备注
		铭牌容量(千瓦)	投产日期	型号	制造厂家	型号	制造厂家	容量(吨/小时)	制造厂家	
	3	5000	1998.12.31	CJA237 - W - 130/2 × 11	东风电机厂	SFW5000 - 10/2150	东风电机厂			
国电四川电力股份有限公司(火电)										
国电白马电厂										
	23	200000	1996.05.01	N200 - 12.7/535/535 - 3	东方汽轮机厂	QFSN - 200 - 2	东方电机厂	670	东方锅炉厂	
国电辽宁节能环保开发有限公司										
国电沈阳热电厂										
	3	25000	1983.08.01	B25 - 90/10 - 1	北京重型电机厂	QF - 25 - 2	北京重型电机厂	220	武汉锅炉制造厂	
	4	25000	1983.11.01	B25 - 90/10 - 1	北京重型电机厂	QF - 25 - 2	北京重型电机厂	220	武汉锅炉制造厂	
吉林龙华										
吉林龙华热电股份有限公司										
	长 - 0	10000	2001.12.01	B10 - 7.35/3.92	哈尔滨汽轮机有限责任公司	QF - 10 - 2	哈尔滨博润电器制造有限责任公司			
	长 - 1	12000	1983.09.01	N31 - 12	长春发电设备修造厂	TQC5674/2	北京重型电机厂			
	长 - 2	12000	1974.07.28	N31 - 12	长春发电设备修造厂	TQC5674/2	北京重型电机厂			

续表

	机组			汽(水)轮机		发电机		锅炉		备注
	机组编号	铭牌容量（千瓦）	投产日期	型号	制造厂家	型号	制造厂家	容量（吨/小时）	制造厂家	
	长－3	6000	1984.12.01	B6－35/10	青岛汽轮机厂	QF－6－2	济南生建电机厂			
	蛟1	12000	2001.12.01	31－12	上海汽轮机厂	TQC－5674/2	上海汽轮机厂	75	济南锅炉厂	
	蛟2	12000	2001.12.01	N12－35－1	北京重型电机厂	TQC－5674/2	北京重型电机厂	75	济南锅炉厂	
	龙1	6000	1998.10.19	N6－3.43－1	青岛汽轮机厂	QF－6－2	济南生建电机厂	40	日本	
	龙2	3000	1994.01.01	B3－35/10	洛阳汽轮机厂	QF－3－2	洛阳汽轮机厂	35	济南锅炉厂	
	龙3	6000	1961.03.21	31－6	上海汽轮机厂	TQC5466/2	北京电机厂	40	上海锅炉厂	
	白6	6000	1984.05.01	B6－35/10	青岛汽轮机厂	QF－6－2	济南生建电机厂	65	济南锅炉厂	
	白7	12000	1969.03.01	1931－12－3	上海汽轮机厂	TQC5674/2	北京重型电机厂	65	济南锅炉厂	
	白8	12000	1970.08.01	1931－12－3	上海汽轮机厂	TQC5674/2	北京重型电机厂	65	上海锅炉厂	
	吉1－4	100000	1958.03.01	ВПТ－25－2	前苏联	TBC－30	前苏联	65	济南锅炉厂	
	吉5	50000	1958.12.01	ВПТ－25－2	前苏联	TB－60－2	前苏联	230	前苏联	
	吉8	125000	2004.01.01	ПТ－90/125－130/10－2	俄罗斯	BфB－125－2nY3	俄罗斯	230	前苏联	
	吉9	125000	2003.01.18	ПТ－90/125－130/10－2	俄罗斯	TBфB－125－2nY3	俄罗斯	230	前苏联	
	吉10	200000	1988.06.01	N200－130－535/535	哈汽	QFQS－200－2	哈汽	230	前苏联	
	吉11	200000	1989.09.01	C145/N200－130/535/535	哈汽	QFSN－200－2	哈汽	230	前苏联	

集团公司现役机组变压器情况

	电厂升压变压电站	
	台数(台)	铭牌容量(千伏安)
总　　计	218	32136620
500 千伏	6	1579720
国电双辽发电有限公司	3 号主变	370000
	4 号主变	370000
国电安顺发电有限公司	1 号主变	360
	2 号主变	360
国电浙江北仑第一发电有限公司	1 号主变	755000
	2 号主变	750000
330 千伏	2	480000
国电靖远发电有限公司	3 号主变	240000
	4 号主变	240000
220 千伏	111	24391000
国电白马电厂	23 号主变	240000
国电长源第一发电有限公司	10 号主变	360000
	8 号主变	240000
国电长源荆门发电分公司	4 号主变	240000
	5 号主变	240000
国电大渡河流域水电开发有限公司	11B	180000
	12B	180000
	13B	180000
	14B	180000
	1B	260000
	2B	260000
	3B	260000
	4B	120000
国电大武口发电厂	1 号主变	150000
	2 号主变	150000
	3 号主变	132000
	4 号主变	132000
国电电力朝阳发电厂	1 号主变	240000
	2 号主变	240000
国电电力大连开发区热电厂	1 号主变	60000
	2 号主变	60000
	3 号主变	60000
	4 号主变	60000
国电电力大同第二发电厂	1 号主变	240000
	2 号主变	240000
	3 号主变	240000

续表

	电厂升压变压电站	
	台数(台)	铭牌容量(千伏安)
	4 号主变	240000
	5 号主变	240000
	6 号主变	240000
国电电力桓仁发电厂	1 号主变	100000
	2 号主变	100000
	3 号主变	100000
	4 号主变	90000
	5 号主变	90000
国电电力太平哨发电厂	1 号主变	120000
	2 号主变	120000
	3 号主变	120000
	4 号主变	120000
国电贵阳发电厂（火电）	8 号主变	240000
	9 号主变	240000
国电邯郸热电股份有限公司	11 号主变	240000
	12 号主变	240000
国电菏泽发电厂	3 号主变	370000
	4 号主变	370000
国电衡丰发电有限公司	1 号主变	370000
	2 号主变	370000
国电红雁池发电有限公司	7 号主变	90000
	8 号主变	90000
	9 号主变	132000
国电华蓥山发电厂	2 号主变	150000
	3 号主变	120000
	4 号主变	120000
国电霍州发电厂	3 号主变	120000
	4 号主变	120000
国电谏壁发电厂	10 号主变	360000
	3 号主变	120000
	4 号主变	120000
	5 号主变	120000
	6 号主变	120000
	7 号主变	380000
	8 号主变	380000
	9 号主变	360000
国电江苏苏源谏壁发电有限公司	12 号主变	380000
国电荆门江山	2 号主变	120000
	3 号主变	120000
国电靖远发电有限公司	1 号主变	240000
	2 号主变	240000
国电九江发电厂	1 号主变	150000

续表

	电厂升压变压电站	
	台数(台)	铭牌容量(千伏安)
	2号主变	150000
	3号主变	240000
	4号主变	240000
国电九江发电有限公司	5号主变	445000
	6号主变	445000
国电聊城发电厂	1号主变	720000
国电南桠河发电厂	1号主变	90000
	2号主变	90000
国电南桠河流域水电开发有限公司	1号主变	75000
	2号主变	100000
国电石嘴山发电有限公司	1号主变	400000
	2号主变	400000
	3号主变	400000
	4号主变	400000
国电双辽发电厂	1号主变	370000
	2号主变	370000
国电双鸭山发电有限公司	1号主变	240000
	2号主变	240000
	3号主变	240000
	4号主变	240000
国电太原第一热电厂	11号主变	360000
	12号主变	360000
国电太原发电有限公司	13号主变	360000
	14号主变	360000
国电万安水电厂	2号主变	240000
	3号主变	120000
	4号主变	120000
国电宣威发电有限公司	1号主变	370000
	2号主变	370000
	3号主变	370000
	4号主变	370000
国电阳宗海发电有限公司	1号主变	240000
	2号主变	240000
国电永福发电有限公司	1号主变	160000
	2号主变	160000
海南大广坝水电开发有限公司	1号主变	75000
	2号主变	75000
	3号主变	75000
	4号主变	75000
吉林龙华热电股份有限公司	10号主变	240000
	11号主变	240000

续表

	电厂升压变压电站	
	台数(台)	铭牌容量(千伏安)
	8号主变	150000
	9号主变	150000
110千伏	65	2871000
冲江河一期水电站	1号主变	16000
	2号主变	10000
国电滨海电力有限公司	1号主变	75000
国电长源陡岭子水电有限公司	1号主变	31500
	2号主变	63000
国电长源富水水力发电厂	1号主变	31500
	2号主变	31500
国电长源江津发电公司	5号主变	75000
	6号主变	75000
国电长源沙市热电厂	4号主变	31500
国电成都热电厂	2号主变	40000
	3号主变	40000
	5号主变	40000
	6号主变	40500
国电邯郸热电厂	10号主变	31500
	9号主变	31500
国电红枫水力发电厂	红枫1号主变	31500
	红林1号主变	40000
	红林2号主变	40000
	红林3号主变	40000
	红岩1号主变	50000
	修文1号主变	31500
	窄巷口1号主变	31500
	窄巷口2号主变	31500
国电红雁池发电有限公司	1号主变	31500
	2号主变	31500
	3号主变	31500
	4号主变	31500
	5号主变	63000
	6号主变	63000
国电华蓥山发电厂	1号主变	9000
国电霍州发电厂	1号主变	120000
	2号主变	150000
国电谏壁发电厂	2号主变	60000
国电洁源风电有限公司	1号主变	20000
	2号主变	50000
国电荆门江山	1号主变	31500
国电精河发电有限公司	1号主变	8000
	2号主变	8000

续表

	电厂升压变压电站	
	台数(台)	铭牌容量(千伏安)
国电六郎洞水力发电厂	1号主变	20000
	2号主变	20000
国电滦河发电厂	1号高备	16000
国电南河水力发电厂	1号主变	25000
国电石嘴山发电厂	5号主变	63000
	6号主变	63000
国电松源发电有限公司	1号主变	50000
	2号主变	50000
国电塔城铁厂沟发电有限公司	3号主变	63000
国电太原发电有限公司	15号主变	31500
国电天风发电股份有限公司	1号主变	40000
国电天津第一热电厂	3号主变	40000
	4号主变	40000
	5号主变	120000
国电万安水电厂	1号主变	120000
国电温州东屿发电厂	1号主变	31500
	2号主变	31500
国电新疆风力发电厂	1号主变	20000
国电一五〇发电厂	1号主变	63000
	2号主变	63000
	3号主变	63000
	4号主变	63000
螺丝湾水电站	1号主变	25000
	2号主变	25000
	3号主变	25000
四川蜀润磨房沟发电厂	1号主变	31500
35千伏	34	1068900
国电成都热电厂	4号主变	31500
国电丹东海洋红风电有限公司	1号主变	25000
国电红枫水力发电厂	1号主变	31500
	2号主变	5600

续表

	电厂升压变压电站	
	台数(台)	铭牌容量(千伏安)
国电吉林热电厂	6号主变	81000
	7号主变	90000
国电南河水力发电厂	2号主变	10000
国电沈阳热电厂	3号主变	31500
	4号主变	31500
国电天津第一热电厂	2号主变	75000
国电温岭江厦潮汐实验电站	1号主变	25000
	2号主变	25000
国电浙江风力发电发展有限公司	1号主变	20000
	2号主变	16000
吉林龙华热电股份有限公司		
白城热电厂	白2号主变	16000
	白3号主变	10000
	白4号主变	15000
长春热电一厂	长1号主变	31500
	长2号主变	31500
龙潭热电厂	吉1号主变	31500
	吉2号主变	31500
	吉3号主变	31500
	吉4号主变	40500
	吉5号主变	81000
	吉6号主变	81000
	吉7号主变	90000
蛟河热电厂	蛟1号主变	16000
	蛟2号主变	20000
	蛟厂高变	5000
龙井热电厂	龙1号主变	8000
	龙2号主变	4000
	龙3号主变	7500
四川紫马电力有限责任公司	1号主变	6300
	2号主变	12500

集团公司控股电力建设项目股权明细

项 目 名 称	项目所在地区	建设规模(万千瓦)	出 资 方	出资比例
在 建 项 目				
水 电				
国电四川南桠河流域水电开发公司冶勒水电站	华中	2×12	国电集团本部	64%
			四川股份	36%

续表

项 目 名 称	项目所在地区	建设规模（万千瓦）	出 资 方	出资比例
国电四川南椏河流域水电开发公司栗子坪水电站	华中	2×6.6	国电集团本部	64%
			四川股份	36%
国电新疆吉林台水电开发有限公司吉林台一级水电站	西北	4×11.5	国电集团本部	72%
			新疆伊犁电力有限责任公司	3%
			中国安能建设总公司	8%
			新疆维吾尔自治区投资公司	12%
			尼勒克县国有资产投资营运公司	1%
			新疆水利水电勘测设计院	4%
国电迪庆香格里拉公司冲江河水电站	南方	2×2.4	国电集团本部	34%
			迪庆州投资公司	18%
			云南省投资有限公司	20%
			云南滇能集团公司	28%
国电迪庆香格里拉公司吉沙水电站	南方	2×6	国电集团本部	34%
			迪庆州投资公司	18%
			云南省投资有限公司	20%
			云南滇能有限公司	28%
国电大渡河流域水电开发公司瀑布沟水电站	华中	6×55	国电集团本部	31%
			国电电力	59%
			四川川投集团	10%
火　　电				
国电豫源发电工程	华中	2×13.5	国电集团本部	55%
			河南豫源热电有限公司	45%
国电泉州发电工程	华东	2×30	国电集团本部	51%
			泉州市国有资产投资经营公司	5%
			福建省源力集团有限公司	21%
			福建省煤炭工业（集团）有限公司	23%
江苏苏源谏壁发电工程	华东	2×30	国电集团本部	33%
			苏源集团江苏发电有限公司	32.5%
			江苏省电力燃料集团有限公司	10%
			其余九家	24.5%
国电宿迁热电工程	华东	2×13.5	国电集团本部	51%
			徐州矿务集团有限公司	15%
			淮安苏源集团有限公司	7%
			宿迁苏源集团有限公司	7%
			江苏省国信资产管理集团有限公司	20%

续表

项 目 名 称	项目所在地区	建设规模（万千瓦）	出 资 方	出资比例
国电库车发电工程	西北	2×13.5	国电集团本部	85%
			阿克苏国兴资产投资公司	10%
			库车县资产经营有限公司	5%
国电四川岷江火力发电工程	华中	2×13.5	国电集团本部	55.65%
			四川电力建设三公司	4.67%
			四川电力建设二公司	4.67%
			四川国华荏原环境工程有限责任公司	4.67%
			四川电力送变电建设公司	18.67%
			四川电力设计咨询有限责任公司	2.33%
			四川启明星发电有限责任公司	9.34%
国电梁能四川华蓥山发电工程	华中	2×30	国电集团本部	51%
			深圳能源集团	49%
国电贵阳发电厂烟气治理改建工程	南方	1×20	国电集团本部	100%
*上海外高桥第二发电工程	华东	2×90	国电电力	40%
			上海电力股份有限公司	20%
			申能股份有限公司	40%
*国电电力宁夏石嘴山电厂扩建工程	西北	4×33	国电集团本部	10%
			国电电力	40%
			宁夏英力特公司	30%
			宁夏电力投资公司	20%
*国电宣威发电工程六期	南方	2×30	国电电力	41%
			昆明耀荣建筑安装工程有限公司	10%
			云南省投资有限公司	34%
			云南银塔电力工程有限公司	10%
			云南电力设计实业有限公司	5%
*国电电力大同发电工程	华北	2×60	国电电力	60%
			北京国际电力投资公司	40%
2004年新开工项目				
国电河北发电龙山发电厂一期工程	华北	2×60	国电集团本部	60%
			河北省建设投资公司	40%
国电双鸭山电厂三期工程	华北	2×60	国电集团本部	74.4%
			黑龙江省电力开发公司	25.6%
*国电荆门热电厂三期扩建工程	华中	2×60	国电集团本部	35%
			长源电力	55%
			荆门市城市建设投资公司	10%

续表

项 目 名 称	项目所在地区	建设规模（万千瓦）	出 资 方	出资比例
国电濮阳热电工程	华中	2×20	国电集团本部	60%
			濮阳三强电力集团有限公司	30%
			河南汤台铁路有限公司	10%
国电常州电厂一期工程	华东	2×60	国电集团本部	51%
			江苏苏源发电有限公司	25%
			常州投资集团有限公司	4%
			江苏国信资产管理有限公司	20%
国电福州江阴电厂	华东	2×60	国电集团本部	51%
			福建省煤炭工业（集团）有限公司	9%
			福建和盛实业有限公司	40%
国电宁夏石嘴山发电技改工程	西北	2×33	国电集团本部	100%
国电成都金堂电厂发电工程	华中	2×60	国电集团本部	65%
			四川省鑫福矿业集团有限公司	20%
			工业投资公司	15%
国电菏泽发电厂三期工程	华北	2×30	国电集团本部	55%
			山东鲁能发展集团有限公司	25%
			山东天泽实业有限公司	5%
			菏泽市投资公司	15%
国电蓬莱发电工程	华北	2×30	国电集团本部	85%
			蓬莱兴源电力投资公司	5%
			山东丰汇投资有限公司	10%
国电费县发电工程	华北	2×60	国电集团本部	55%
			临沂投资公司	10%
			山东鲁能发展有限公司	35%
国电永福发电工程	南方	2×30	国电集团本部	60%
			南宁恒都输变电工程公司	11%
			广西电力工程建设公司	10%
			广西水电工程局	5%
			广西广能公司	14%
*国电宣威发电工程七期	南方	2×30	国电电力	41%
			昆明耀荣建筑安装工程有限公司	10%
			云南省投资有限公司	34%
			云南银塔电力工程有限公司	10%
			云南电力设计实业有限公司	5%

*　为国电电力、长源电力等集团公司子公司控股投资项目。

集团公司控股电力建设项目投产情况

（万千瓦）

项目名称	建设起止年限	建设规模		计划投产容量		实际投产容量			投产机组编号	备注
		台数	容量	台数	容量	台数	容量	投产日期		
合计		52	424.06	8	213.5	43	211.06			
水电		2	24	1	12					
国电四川南桠河流域水电开发公司冶勒水电站	2002.09～2004.07	2	24	1	12					
火电		50	400.06	7	201.5	43	211.06			
江苏苏源谏壁发电工程	2003.05～2005.08	2	66	1	33	1	33	2004.10.31	2号机	
国电宿迁热电工程	2003.12～2005.06	2	27	1	13.5					
国电贵阳发电厂烟气治理改建工程	2002.10～2004.05	1	20	1	20	1	20	2004.5.19	8号机	脱硫未同步投产
*上海外高桥第二发电工程	2000.09～2004.09	2	180	2	180	2	180	2004.04.20，2004.09.22	1、2号机	已全部投产
*国电电力宁夏石嘴山电厂扩建工程	2001.02～2004.06	4	132	1	33	1	33	2004.6.4	4号机	已全部投产
*国电电力宣威发电工程六期	2002.06～2004.06	2	60	1	30	1	30	2004.6.16	10号机	已全部投产
*湖北长源青山油改煤	2003.12～2004.10	1	20			1	20	2004.10.31		已全部投产
*龙源甘肃洁源风电	2003.12～2004.11	36	3.06			36	3.06	2004.8～2004.11		已全部投产

注　建设规模、计划投产容量和累计投产容量合计中上海外高桥按180万千瓦的40%（72万千瓦）计算。

*　为国电电力、长源电力、龙源集团等集团公司子公司控股投资项目。

集团公司控股电力建设项目前期审批情况

项 目 名 称	建设规模（万千瓦）	投资方及股比	批复文件与文号	批 复 时 间
国电深能四川华蓥山发电工程	2×30	国电集团本部 51%； 深圳能源集团 49%	核准文件（发改能源［2004］2187 号）	2004 年 9 月 29 日
国电双鸭山电厂三期工程	2×60	国电集团本部 74.45； 黑龙江省电力开发公司 25.6%	核准文件（发改能源［2004］1984 号）	2004 年 9 月 16 日
* 国电电力宣威发电工程六期	2×30	国电电力 41%； 昆明耀荣建筑安装工程有限公司 10%； 云南省投资有限公司 34%； 云南银塔电力工程有限公司 10%； 云南电力设计实业有限公司 5%	可研文件（发改能源［2004］1172 号）	2004 年 7 月
* 江苏江阴夏港电厂	2×30	雄亚（维尔京）有限公司 25%； 龙源电力集团公司 2%； 江苏电力发展股份有限公司 25%； 江阴电力投资有限公司 25%； 江苏三房巷集团有限公司 16.7%； 江苏茂源投资有限公司 5.3%； 江苏新长江实业集团公司 1%	项目建议书（发改能源［2004］1559 号）	2004 年 9 月 7 日
国电库车发电工程	2×13.5	国电集团本部 85%； 阿克苏国兴资产投资公司 10%； 库车县资产经营有限公司 5%	可研文件（发改能源［2004］551 号）	2004 年 4 月
国电大渡河流域水电开发公司瀑布沟水电站	6×55	国电集团本部 31%；国电电力 59%； 四川川投集团 10%	可研文件（发改能源［2004］450 号）	2004 年 3 月 16 日
国电河北龙山发电厂一期	2×60	国电集团本部 60%； 河北省建设投资公司 40%	项目建议书（发改能源［2004］1552 号）	2004 年 9 月 7 日

续表

项　目　名　称	建设规模（万千瓦）	投资方及股比	批复文件与文号	批　复　时　间
国电黄金埠电厂	2×60	国电集团本部 15%； 湖北长源电力股份公司 50%； 余干城市投资公司 2%； 香港嘉里公司 33%	项目建议书（发改能源［2004］1578 号）	2004 年 8 月 4 日
国电天津东北郊热电厂	2×30	国电集团本部 50%； 天津津能投资公司 50%	项目建议书（发改能源［2004］1576 号）	2004 年 8 月 4 日
国电常州电厂一期	2×60	国电集团本部 51%； 江苏苏源发电有限公司 25%； 常州投资集团有限公司 4%； 江苏国信资产管理有限公司 20%	项目建议书（发改能源［2004］323 号）	2004 年 2 月 24 日
国电濮阳热电工程	2×20	国电集团本部 60%； 濮阳三强电力集团有限公司 30%； 河南汤太铁路有限公司 10%	项目建议书（发改能源［2004］725 号）	2004 年 4 月 29
* 国电电力邯郸热电厂技改	1×20	国电电力 100%	核准文件（发改能源［2004］2458 号）	2004 年 11 月 5 日
沈阳热四	1×5	国电集团本部 55%	核准文件（发改能源［2004］2764 号）	2004 年 12 月 2 日
国电泰州	2×100	国电集团本部 40%； 江苏省国信资产管理集团有限公司 40%； 苏源集团江苏发电有限公司 5%； 泰州市泰能投资管理有限责任公司 4%； 江苏省省交通控股有限公司 11%	同意前期（发改办能源［2004］2160 号）	2004 年 10 月
* 福建平潭风电	10	龙源电力集团 55%； 山东鲁能发展集团有限公司 30%； 福建和盛集团公司 5%； 福建风力发电有限公司 5%； 平潭县电力公司 5%	核准文件（发改能源［2004］3003 号）	2004 年 12 月

*　为国电电力、龙源集团控股投资项目。

资产负债表

企财 01 表

编制单位：中国国电集团（合并） 2004 年 12 月 31 日 金额单位：元

项 目	行次	年初数	期末数
货币资金	1	3701682848.42	6966260202.42
短期投资	2	371396541.90	360624650.44
应收票据	3	248689249.83	260238412.99
应收股利	4	9375762.01	11678497.08
应收利息	5	2854146.64	8161591.99
应收账款	6	4310478579.60	4824617726.71
其中：电、热费	7	3980662750.79	4450338032.71
减：坏账准备	8	280006738.14	315950932.70
应收账款净额	9	4030471841.46	4508666794.01
其他应收款	10	1646654528.59	2504069906.08
减：坏账准备	11	213006916.11	254492513.71
其他应收款净额	12	1433647612.48	2249577392.37
预付账款	13	679072768.12	1117805792.62
期货保证金	14	633393.04	
应收补贴款	15	13717.08	
应收出口退税	16		
存货	17	1126344645.13	1742208610.89
其中：燃料	18	437008910.08	565336902.92
原材料	19	474959694.05	555215178.64
待摊费用	20	22722636.83	20566472.53
待处理流动资产净损失	21		
一年内到期的长期债权投资	22		
其他流动资产	23	17634167.57	905083.35
流动资产合计	24	11644539330.51	17246693500.69
长期投资	25	3389766646.20	4208282824.30
其中：长期股权投资	26	3142608646.20	3906125524.30
长期债权投资	27	247158000.00	302157300.00
合并价差	28	15116301.08	127925876.20
拨付所属资金	29		
长期投资及拨付所属资金合计	30	3404882947.28	4336208700.50
固定资产原价	31	80379673536.62	93773593662.58
减：累计折旧	32	35428056568.52	41592982505.86
固定资产净值	33	44951616968.10	52180611156.72
减：固定资产减值准备	34	9594523.49	10736260.12
固定资产净额	35	44942022444.61	52169874896.60
固定资产清理	36	1267221.81	－938.00
在建工程	37	9559081872.51	19386460734.96
工程物资	38	2462900530.07	7069882023.99
待处理固定资产净损失	39		
固定资产合计	40	56965272069.00	78626216717.55
无形资产	41	390702403.70	440806890.73
其中：土地使用权	42	158137661.01	220483580.58
长期待摊费用	43	152093050.62	388460894.99
其中：固定资产修理	44		

续表

项　　目	行次	年初数	期末数
固定资产改良支出	45		
其他长期资产	46	367549.87	
无形及其他资产合计	47	543163004.19	829267785.72
递延税款借项	48		9504.18
资　产　总　计	49	72557857350.98	101038396208.64
短期借款	50	9608084610.96	16395417655.62
应付票据	51	82165000.00	130006936.90
应付账款	52	3631945118.71	5064344746.52
预收账款	53	107653365.84	473466441.05
应付工资	54	572296931.54	1006784804.40
应付福利费	55	79397734.71	123665930.65
应付股利（利润）	56	252581009.28	263237666.10
应付利息	57		4683050.00
应交税金	58	856437881.29	636507685.77
其他应交款	59	53681020.45	61095944.30
其他应付款	60	3008272864.11	4944347059.23
预提费用	61	91350465.39	75054083.26
预计负债	62		
递延收益	63		
一年内到期的长期负债	64	1599231204.19	2941457875.94
内部往来	65		
其他流动负债	66		1100124053.14
流动负债合计	67	19943097206.47	33220193932.88
长期借款	68	30894253703.04	38816702471.55
应付债券	69	1525814559.50	5449532270.23
长期应付款	70	1156756998.26	850104088.03
专项应付款	71	79697098.42	227512368.90
其他长期负债	72	352863249.35	102671048.93
上级拨入资金	73		
长期负债合计	74	34009385608.57	45446522247.64
递延税款贷项	75		
负债合计	76	53952482815.04	78666716180.52
少数股东权益	77	7854758178.69	11162215792.72
实收资本（股本）	78	12000000000.00	12000000000.00
国家资本	79	12000000000.00	12000000000.00
集体资本	80		
法人资本	81		
其中：国有法人资本	82		
集体法人资本	83		
个人资本	84		
外商资本	85		
资本公积	86	306247427.39	474427533.82
盈余公积	87		41361920.67
其中：法定公益金	88		15027973.56
未确认的投资损失（以“-”号填列）	89	-1549010455.54	-1525164828.08
未分配利润	90	15391943.02	240852166.61
其中：现金股利	91		
外币报表折算差额	92		
所有者权益小计	93	10772628914.87	11231476793.02
减：未处理资产损失	94	22012557.62	22012557.62
所有者权益合计（剔除未处理资产损失后的余额）	95	10750616357.25	11209464235.40
负债及所有者权益合计	96	72557857350.98	101038396208.64

利 润 表

企财 02 表

编制单位：中国国电集团（合并） 2004 年 12 月 31 日 金额单位：元

项 目	行次	上年同期数	本年实际数
一、主营业务收入	1	26208782235.42	33343684184.68
其中：电力产品	2	25146246976.37	31641972300.64
热力产品	3	635086544.12	831824600.08
其 他	4	427448714.93	869887283.96
减：主营业务成本	5	22648370445.23	28878937608.44
其中：电力产品	6	21422942753.03	27197996740.12
热力产品	7	904215991.38	1229955044.05
其 他	8	321211700.82	450985824.27
主营业务税金及附加	9	272535447.17	360342304.00
其中：电力产品	10	260820433.00	325974085.69
热力产品	11	2897238.12	8445527.90
其 他	12	8817776.05	25922690.41
经营费用	13	7309409.81	
其中：电力产品	14	3969201.60	
热力产品	15		
其 他	16	3340208.21	
二、主营业务利润	17	3280566933.21	4104404272.24
其中：电力产品	18	3458514588.74	4118001474.83
热力产品	19	－272026685.38	－406575971.87
其 他	20	94079029.85	392978769.28
加：其他业务利润	21	85886129.00	151792238.17
减：管理费用	22	252968021.77	539480659.37
营业费用	23	16749318.36	129549918.94
财务费用	24	2057581524.14	2117016560.39
其中：利息支出	25	1806605313.24	1982411842.43
利息收入	26	42455114.12	50341139.16
汇兑净损失	27	223864847.80	124248558.52
其 他	28	5566.20	
三、营业利润	29	1039148631.74	1470149371.71
加：投资收益	30	459480206.08	542877291.42
期货收益	31		
补贴收入	32	18275449.20	47721772.46
营业外收入	33	30445423.24	67533901.33
减：营业外支出	34	123835753.36	265012256.26
四、利润总额	35	1423513956.90	1863270080.66
减：所得税	36	333748634.50	367214854.07
少数股东损益	37	848727625.83	1212198381.59
加：未确认的投资损失(以“＋”号填列)	38	50608805.41	－19436169.35
五、净利润	39	291646501.98	264420675.65